Zum europäischen *ne bis in idem* nach Artikel 54 des Schengener Durchführungsübereinkommens

Internationales und Europäisches Strafverfahrensrecht

Herausgegeben von Hans-Heiner Kühne und Robert Esser

Band 1

PETER LANG
Frankfurt am Main · Berlin · Bern · Bruxelles · New York · Oxford · Wien

Sibyl Stein

Zum europäischen *ne bis in idem* nach Artikel 54 des Schengener Durchführungsübereinkommens

Zugleich ein Beitrag zur rechtsvergleichenden Auslegung zwischenstaatlich geltender Vorschriften

PETER LANG
Europäischer Verlag der Wissenschaften

Bibliografische Information Der Deutschen Bibliothek
Die Deutsche Bibliothek verzeichnet diese Publikation in der Deutschen Nationalbibliografie; detaillierte bibliografische Daten sind im Internet über <http://dnb.ddb.de> abrufbar.

Zugl.: Trier, Univ., Diss., 2003

D 385
ISSN 1611-275X
ISBN 3-631-52959-7

www.peterlang.de

Vorwort

Die vorliegende Arbeit wurde im Wintersemester 2003/2004 vom Fachbereich Rechtswissenschaft der Universität Trier als Dissertationsschrift angenommen. Sie befindet sich auf dem Stand von September 2003. Neuere Entwicklungen, Schrifttum und Rechtsprechung konnten überdies in den Fußnoten teilweise noch bis April 2004 berücksichtigt werden.

Meinem verehrten Doktorvater, Herrn Prof. Dr. Hans-Heiner Kühne, der mich mit dem Thema bekannt machte, möchte ich für die vielfältige Unterstützung danken. Er fand in hervorragender Weise die richtige Balance, mir sowohl ausreichend Vertrauen und Freiraum zur Entwicklung der Materie als auch die nötige Anleitung und Förderung zu gewähren. Dank gebührt auch Herrn Prof. Dr. Volker Krey für die zügige Erstellung des Zweitgutachtens.

Die Arbeit entstand im wesentlichen während eines Forschungsaufenthaltes am Max-Planck-Institut für ausländisches und internationales Strafrecht in Freiburg im Breisgau. Die exzellenten Forschungsbedingungen, die Möglichkeit des wissenschaftlichen Austauschs mit Mitarbeitern und Gästen sowie die umfangreich ausgestattete Bibliothek des Instituts leisteten einen wesentlichen Beitrag zum Vorliegen der Arbeit in der jetzigen Form. Gedankt sei für die entgegengebrachte Gastfreundschaft namentlich den jetzigen Direktoren, Herrn Prof. Dr. Hans-Jörg Albrecht und Herrn Prof. Dr. Ulrich Sieber, sowie ganz besonders auch dem früheren Direktor, Herrn Prof. Dr. Dr. h. c. mult. Albin Eser, ebenso wie der jetzigen und früheren Bibliotheksleitung, Frau Elisabeth Wynhoff und Herrn Prof. Dr. Josef Kürzinger. Überdies verdient die EDV-Abteilung Anerkennung für rasche und unbürokratische technische Unterstützung.

Darüber hinaus danke ich herzlich Herrn Emeritus Prof. Dr. Dr. h. c. mult. Hans-Heinrich Jescheck für die Gelegenheit zu stets anregenden Gesprächen und Frau Dr. Sabine Gleß für die geduldige und konstruktiv-kritische Lektüre des Manuskriptes. Danken möchte ich auch der Landesgraduiertenförderung Rheinland-Pfalz und der Studienstiftung des Deutschen Volkes, die die wissenschaftliche Arbeit durch finanzielle und ideelle Förderung ermöglichten und unterstützten.

Schließlich darf ich an dieser Stelle auch all den Freunden danken, die mit dem Schaffen einer wohlwollenden und anspornenden Atmosphäre einen nicht unbeachtlichen Anteil am Gelingen der Arbeit haben.

Den Beitrag meiner Familie an dieser Arbeit kann ich nicht hoch genug schätzen. Ein Versuch des Dankes muß deshalb unvollkommen bleiben.

Waldshut, April 2004

Inhaltsverzeichnis

Abkürzungsverzeichnis

AA	Ars Aequi
abgedr.	abgedruckt
Abl.	Amtsblatt der Europäischen Gemeinschaften
AD	Algemeen Deel (Allgemeiner Teil)
Adv.-Gen.	Advocaat-Generaal
Advbl.	Advocatenblad
ähnl.	ähnlich
allem.	allemand(e)
Anw.	Anwendung
APC	Archives de politique criminelle
ArchVR	Archiv des Völkerrechts
Ausleg.	Auslegung
Auslief.	Auslieferung
B.	Beschluß
belg.	belgisch
BJ	(Schweizer) Bundesamt für Justiz
BJC	The British Journal of Criminology
BMJ	Bundesministerium der Justiz
BOE	Boletín Oficial del Estado
BR-DS	Bundesrats-Drucksache
Bsp.	Beispiel
BT-DS	Bundestags-Drucksache
Bull. crim.	Bulletin des arrêts de la chambre criminelle de la Cour de cassation
BYIL	The British Yearbook of International Law
CA	Cour d´appel
CC	Code Civil
Ch. acc.	Chambre des mises en accusation
Ch. cons.	Chambre du conseil
Ch. réun.	Chambres réunies de la Cour de cassation

CIC	Code d´Instruction Criminelle
Circ.	Circulaire
CJ	Code Judiciaire
CMLR	Common Market Law Review
Comm.	Commentary/ Commentaire(s)
Commun.	Communautaire
comp.	comparative/ comparé(e)
Const.	Constitution
CP	Code Pénal
CPP	Französischer Code de procédure pénale bzw. italienischer Codice di procedura penale
crim.	criminal
Crim.	Arrêt de la chambre criminelle de la Cour de cassation
Criminol.	Criminologie
CSP	Code santé publique
D.	Recueil Dalloz Sirey de doctrine, de jurisprudence et de législation
DD	Delikt en Delinkwent
Def.	Definition
Doctr.	Doctrine
DP	Droit pénal
Dr.	Droit
DS	Denkschrift
E	Entwurf
EGen	Europäische Gemeinschaften
EGKSV	Vertrag über die Europäische Gemeinschaft für Kohle und Stahl (am 23. 07. 2002 ausgelaufen, vgl. http://europa.eu.int/abc/treaties_de.htm, Std. 25. 04. 2004)
EGR	Europäisches Gemeinschaftsrecht
EGV	Vertrag zur Gründung der Europäischen Gemeinschaft
EGVe	Europäische Gemeinschaftsverträge
Einf.	Einführung
Einl.	Einleitung
EJPD	Eidgenössisches Justiz- und Polizeidepartment

EKMR	Europäische Kommission für Menschenrechte
ETS	European Treaty Series (Council of Europe)
EU	Europäische Union
EuAlÜbk	Europäisches Auslieferungsübereinkommen
eur.	europäisch
Eur. Parl.	Europäisches Parlament
EUV	Vertrag über die Europäische Union
EuZW	Europäische Zeitschrift für Wirtschaftsrecht
Fasc.	Fascicule
frz.	französisch
FS	Festschrift
GA	Gutachten, Goltdammer´s Archiv für Strafrecht
Gaz. Pal.	Gazette du Palais
Geltg.	Geltung
Gem.	Gemeinschaft
gen.	generell
gén.	général(e)
Ger.	Gericht
GS	Gedächtnisschrift
GVO	Gerechtelijk vooronderzoek (gerichtliche Voruntersuchung im niederländischen Strafprozeß)
GW	Grondwet (= niederländische Verfassung)
HILJ	Harvard International Law Journal
HR	Hoge Raad (niederländischer Oberster Gerichtshof)
HRLJ	Human Rights Law Journal
i. d. S.	in diesem/dem Sinne
i. d. Zshg.	in diesem/dem Zusammenhang
i. e.	im einzelnen
i. E.	im Ergebnis
i. S. d.	im Sinne des/r
ICLQ	International and Comparative Law Quarterly

ILM	International Legal Materials
insb.	insbesondere/s
Inst.	Instanz
Instr. crim.	Instruction criminelle
Instr. prép.	Instruction préparatoire
Int. Crim. L.	International Criminal Law
Interpr.	Interpretation, Interprétation
Intr.	Introduction
IR	Informations rapides
ital.	italienisch
JBl	(österreichische) Juristische Blätter
JCP	Juris-Classeur périodique (La semaine juridique)
JO	Journal Officiel
JT	Journal des Tribunaux
Jur.	Jurisprudence
Jur.-Cl.	Juris-Classeur de procédure pénale
jurist.	juristisch
Komm.	Kommentar
lat.	lateinisch
Lég.	Législation
Lib. am.	Liber amicorum
LIEI	Legal Issues of European Integration
log.	logisch
mat.	materiell
mehrspr.	mehrsprachig
MI	Ministère de l´Intérieur
MJ	Ministère de la Justice
mod.	modern
N. rép.	Nouveau répertoire de droit Dalloz
nat.	national

NJ	Nederlandse Jurisprudentie
NJB	Nederlands Juristenblad
öff.	öffentlich
Org.	Organisation(en)
öst.	österreichisch
ÖZÖR	Österreichische Zeitschrift für öffentliches Recht
p	Wahrscheinlichkeit der Schuld
pén.	pénal(e/s)
philos.	philosophisch
Proc.	Procédure(s)/ Procedure(s)
R.	Recht
RC	Rechter-commissaris (niederländischer Untersuchungsrichter)
re.	rechtlich, -recht
Rec. des Cours	Recueil des Cours (Collected Courses of The Hague Academy of International Law)
Rec. Sir.	Recueil général des lois et arrêts en matière civile, criminelle, administrative et de droit public (fondé par J.-B. Sirey)
REDI	Recueil d'études de droit international
Rep.	Report
Rép. pén.	Répertoire de droit pénal et de procédure pénale Dalloz
RIDP	Revue internationale de droit pénal
RIDC	Revue internationale de droit comparé
RO	Wet op de rechterlijke organisatie (niederländisches Gerichtsverfassungsgesetz)
RSC	Revue de science criminelle et de droit pénal comparé (Sirey)
RW	Rechtskundig Weekblad
schw.	schweizer(isch)
SDÜ	Übereinkommen zur Durchführung des Übereinkommens von Schengen vom 14. Juni 1985 zwischen den Regierungen der Staaten der Benelux-Wirtschaftsunion, der Bundesrepublik Deutschland und der Französischen Republik betreffend den schrittweisen Abbau der Kontrollen an den gemeinsamen Grenzen

SEW	Sociaal-Economische Wetgeving – Tijdschrift voor Europees en economisch recht
sog.	sogenannte
staatl.	staatlich
Staatsanw.	Staatsanwalt(schaft)/staatsanwaltschaftlich
Stb.	Staatsblad
Std.	Stand
StIGHE	Entscheidungen des Ständigen Internationalen Gerichtshof in deutscher Übersetzung
StVÄGE	Entwurf eines Strafverfahrensänderungsgesetzes
Syst.	System, système
TLR	Tulane Law Review
Trema	Tijdschrift voor de rechterlijke macht
TvP	Tijdschrift voor de politie
üb.	über
umstr.	umstritten
univ.	universell/universal
unveröff.	unveröffentlicht
v.	von/vom
v. a.	vor allem
VCT	The Vienna Convention on the Law of Treaties (vgl. WVRK)
vergleich.	vergleichend
Vertr.	Vertrag/Verträge
vorz.	vorzeitig
W.	Weekblad van het Recht
WAHV	Wet administratiefrechtelijke handhaving verkeersvoorschriften (niederländisches Gesetz zur verwaltungsrechtlichen Durchsetzung von Verkehrsvorschriften)
Wiss.	Wissenschaft
wistra	Zeitschrift für Wirtschafts- und Steuerstrafrecht
WSr	Wetboek van Strafrecht

WSv	Wetboek van Strafvordering
WVRK	Wiener Übereinkommen vom 23. 05. 1969 über das Recht der Verträge
YBILC	Yearbook of the International Law Commission
z. T.	zum Teil
ZEuP	Zeitschrift für Europäisches Privatrecht
ZFIS	Zeitschrift für innere Sicherheit in Deutschland und Europa
Ziff.	Ziffer
ZP	Zusatzprotokoll
Zshg.	Zusammenhang
zum.	zumindest
zust.	zustimmend
zw.	zwischen

Soweit die Abkürzungen nicht angegeben sind, entsprechen sie *Kirchner, Hildebert*: Abkürzungsverzeichnis der Rechtssprache, 4. Auflage, Berlin u. a. 1993.

Einleitung

A. Die Geltung des innerstaatlichen *ne bis in idem*-Prinzips

Im Mittelpunkt der vorliegenden Untersuchung steht der Grundsatz *ne bis in idem*. Dieses lateinisch umschriebene Prinzip, das wörtlich „*nicht zweimal in derselben Sache*" bedeutet, kennzeichnet das Verbot der mehrfachen Verfolgung eines Beschuldigten anläßlich einer einzigen Tat. Vor 130 Jahren, im Jahre 1873, vertrat *August Wilhelm Heffter*, einer der ersten, der dem Prinzip *ne bis in idem* im deutschen Rechtsbereich eine eigenständige Schrift widmete, die Ansicht, daß dieses „... *sich dem natürlichen Verstande und Rechtsgefühl, der naturalis ratio, ganz von selbst als Consequenz entscheidender Richtersprüche aufdrängt [und,* die *Verf.] ... im Allgemeinen auch als ein dem ius gentium im römischen Sinne angehöriges, nämlich als ein bei allen Nationen von Gesittung und Bildung, wenn schon nicht allenthalben in gleichem Umfange eingebürgertes ... bezeichnet werden*"[1] darf. Diese Äußerung vermag jedoch nicht darüber hinweg zu täuschen, daß das Verbot der Mehrfachverfolgung, dessen Ursprünge bereits im griechischen Recht ruhen,[2] auch wahrhaft dunkle Zeitalter gesehen hat und keineswegs, wie zum Teil behauptet wurde,[3] ein quasi „vorgesetzliches" Institut des Strafverfahrens darstellt: Nach der rechtskraftfeindlichen Periode des Inquisitionsprozesses hatte sich der Grundsatz noch bis Mitte des 19. Jahrhunderts in der deutschen Partikulargesetzgebung nicht wirklich wieder durchsetzen können. Bereits das nationalsozialistische Strafverfahren beschnitt die Geltung des Prinzips der Rechtskraft in Deutschland im Anschluß an eine Phase seiner zwischenzeitlichen Geltung erneut in wesentlichen Bereichen.[4]

Heute aber zählt die Regel *ne bis in idem* zu den fundamentalen Prinzipien des Strafprozesses. Dies spiegelt sich nicht zuletzt in multilateralen Übereinkommen wie dem Internationalen Pakt für Bürgerliche und Politische Rechte von 1966[5] oder dem 7. Zusatzprotokoll zur Europäischen Menschenrechtskonvention aus dem Jahre 1984[6] wider.[7] Freilich ist die Reichweite des Prinzips *ne bis in idem* im Einzelfall nicht unumstritten.[8]

---

1 *Heffter*: Non bis in idem, 1873, S. 5.

2 Vgl. *Heffter*: Non bis in idem, 1873, S. 5, der aus der Rede *Demosthenes'* gegen *Leptines* zitiert. Zum historischen Ursprung des Grundsatzes *ne bis in idem* vgl. ferner *Rheingans*: Strafprozessuale Rechtskraftlehre, 1937, S. 3 ff.; *Spinellis*: Mat. Rechtskraft des Strafurteils, 1962, S. 3 f.; *Schwarplies*: Rechtsgeschichtliche Entwicklung von „ne bis in idem", 1970; *Specht*: Ne bis in idem, 1999, S. 7 ff.; zum französischen Strafverfahren: *Prébois*: Révision, 1902, S. 8 ff.; *Gavalda*: Chose jugée au criminel sur le criminel, JCP 1957, I., 1372; zum niederländischen Strafverfahren: *Smidt*: Geschiedenis WSr I, 1881, S. 441 ff.; *van Bemmelen/van Veen*: Strafprocesrecht, 1993, S. 13 ff.

3 Vgl. die Nachweise bei *Radtke*: Systematik des Strafklageverbrauchs, 1994, S. 37, Fn. 57.

4 Vgl. *unten Kapitel 6, B. I.* sowie *Kapitel 11, C. I.* m. w. N.

5 Art. 14 Abs. 7.

6 Art. 4.

7 Vgl. zu diesen beiden Übereinkommen *unten Kapitel 1, B.*

Nicht nur die Vielzahl an Schriften, die zu dieser Problematik erschienen sind,[9] sondern auch die Regelmäßigkeit, mit der der *Europäische Gerichtshof für Menschenrechte* in diesem Zusammenhang befaßt wurde,[10] belegen dies. Gleichwohl beansprucht das Verbot der Mehrfachverfolgung im Grundsatz unbestrittene Geltung in den europäischen Strafverfahrensordnungen.

Allein, in dieser Generalität kann der Befund nicht stehenbleiben. Statt dessen bedarf er einer gravierenden Einschränkung: In vollem Umfang findet das Gesagte nämlich lediglich im *innerstaatlichen* Rahmen Anwendung. Nur dann, wenn die Erstentscheidung zur selben Tat unter der Herrschaft derjenigen Rechtsordnung ergangen ist, in der auch das weitere Verfahren in Rede steht, sperrt sie dieses grundsätzlich.

B. Das zwischenstaatliche *ne bis in idem*

Richtet sich der Blick hingegen auf den *zwischenstaatlichen* Bereich, so eröffnet sich ein anderes Bild: Mit der gleichen Selbstverständlichkeit, mit der mittlerweile die Geltung des *ne bis in idem*-Grundsatzes innerhalb eines nationalen Rechtsraumes angenommen wird,[11] mutete eine Mehrheit von Staaten dem Beschuldigten über lange Zeit hinweg eine Mehrfachverfolgung zu, sobald grenzüberschreitende Sachverhalte im Spiel waren. Man betrachtete die doppelte oder mehrfache Verfolgung, die die Konsequenz sich überschneidender Strafverfolgungskompetenzen darstellt,[12] als zulässig, wenn die wegen einer Tat eingeleiteten verschiedenen Verfahren unter der Federführung unterschiedlicher Staaten erfolgte.[13] Dabei ist die mit einer Mehrfachverfolgung ohnehin schon verbundene Belastung des Beschuldigten in vielerlei Hinsicht als schwerwiegender und weitreichender anzusehen, wenn die Verfahren nicht unter der Herrschaft *einer* Rechtsordnung, sondern in *verschiedenen* Staaten ablaufen.[14] Denn dies bedeutet, daß sich der Beschuldigte im Gegensatz zu einer mehrfachen Verfolgung in einem Land immer zumindest einmal in einem

---

8 Vgl. z. B. die Diskussion um den Tatbegriff im französischen Strafverfahren *unten Kapitel 6, C. IV. 2.*

9 Vgl. insbes. zum deutschen Strafverfahren unten *Kapitel 6, B. I.* sowie die Nachweise bei *Peters*: Strafprozeß, 1985, S. 495 f. u. *Roxin*: Strafverfahrensrecht, 1998, S. 408 f. sowie die Fußnotennachweise zum französischen Verfahren *Kapitel 6, C. I., II.*

10 Vgl. *unten Kapitel 6, C. IV. 2. c.*

11 Vgl. dazu *Lagodny*: Gutachten BMJ, 2001, S. 53, insb. Fn. 114 mit einer Einschränkung zur Situation in den Vereinigten Staaten.

12 Ausführliche Beispiele zu konkurrierenden Strafgewalten in der Rechtspraxis finden sich bei *Lagodny*: Gutachten BMJ, 2001, S. 16 ff.

13 Vgl. dazu näher *unten Kapitel 1, A.*

14 Vgl. auch *Lagodny*: Gutachten BMJ, 2001, S. 36: „*The process is the punishment.*" (zit. nach *Feeley, Malcolm F.*: The Process is the Punishment – Handling Cases in a Lower Criminal Court, Russel Sage Foundation, 1992 New York).

ihm von Sprache und (Rechts-)Kultur her nicht vertrauten Land verteidigen muß.[15] Ausschlaggebend für diese Sichtweise, die sich in der mangelnden Resonanz internationaler Übereinkommen manifestierte, die diesen Zustand zu beseitigen suchten,[16] waren im wesentlichen ausgeprägtes Souveränitätsdenken der Nationalstaaten und fehlendes gegenseitiges Vertrauen in das jeweils andere Rechtssystem.

Unter Kumulation aller für den Beschuldigten ungünstigen Umstände konnte es daher in den achtziger Jahren zu folgender Situation kommen:[17] Der Niederländer *Dost* hatte in seinem Heimatland über mehrere Jahre hinweg mit Cannabis gehandelt und dieses auch an Deutsche verkauft. In den Niederlanden war er aufgrund dessen zu *zwanzig Wochen* Gefängnisstrafe verurteilt worden, von denen zehn Wochen zur Bewährung ausgesetzt worden waren. Zum Teil waren dabei die Taten durch Urteil, zum Teil aber auch *ad informandum*[18] erledigt und damit in der Strafzumessung berücksichtigt worden.[19] Nach internationaler Fahndung zur Strafverfolgung von Spanien an Deutschland ausgeliefert, wurde *Dost* in einem zweiten Verfahren durch das *Landgericht Düsseldorf* unter Anwendung des Weltrechtsprinzips,[20] nach dem bestimmte Taten dem deutschen Strafrecht ohne Rücksicht auf den Tatort, das dort geltende Recht und die Staatsangehörigkeit des Täters unterliegen, wegen Handels mit Betäubungsmitteln in acht Fällen zu einer Freiheitsstrafe von *zehn Jahren* verurteilt. Dieser Fall, der zusätzlich durch die im Drogenbereich weit auseinander driftenden Strafvorstellungen Deutschlands und der Niederlande aufgeladen war, sorgte verständlicherweise für eine beachtliche Verstimmung zwischen beiden Staaten und wurde von niederländischer Seite als eine Einmischung in die eigene Strafrechtspolitik betrachtet. Spätestens angesichts von Fundstücken wie diesem aus der *Düsseldorfer* Urteilsbegründung wird auch deutlich, warum: „*Die in den Niederlanden allgemein geübte Toleranz gegenüber Haschisch ... hat sich beim Angeklagten sicherlich dahin ausgewirkt, daß sich bei ihm der Sinn für das Recht seines Tuns nicht unerheblich gemindert hat.*“[21]

---

[15] Auch Beschuldigte, die in einem anderen als ihrem Heimatland verfolgt werden, sind mit diesen Schwierigkeiten konfrontiert. Bei der grenzüberschreitenden Doppelverfolgung trifft dies allerdings auf alle Beschuldigten zu und mit den aus den mehreren Verfahren resultierenden Belastungen zusammen.

[16] Vgl. *unten Kapitel 1, A.*

[17] Vgl. dazu *BGH* vom 08. 04. 1987, BGHSt 34, S. 334 ff. (= JR 1988, S. 160 ff.); *Schermers*: Non Bis In Idem, in: Capotorti et al. (Hrsg.): Lib. am. Pescatore, 1987, S. 601 ff., 605; *Rüter*: Grenzfall, JR 1988, S. 136 ff.

[18] Zur Erledigung *ad informandum* im niederländischen Strafverfahren *unten Kapitel 12, D. IV.*

[19] Vgl. *Rüter*: Grenzfall, JR 1988, S. 136 ff., 138; *BGH* vom 08. 04. 1987, JR 1988, S. 160 ff., 162.

[20] Vgl. § 6 Nr. 5 StGB: „*unbefugter Vertrieb von Betäubungsmitteln*“. Dazu *Tröndle/Fischer*: StGB, 2003, § 6, Rn. 1.

[21] *LG Düsseldorf*, zit. nach *Rüter*: Grenzfall, JR 1988, S. 136 ff., 137. Vgl. i. d. Zshg. auch *Lagodny*: Gutachten BMJ, 2001, S. 37 mit der plakativ formulierten Frage, ob es um eine „deutsche Wahrheit“ oder eine (Verfahrens-)Wahrheit „Made in Germany“ geht.

C. Das europäische *ne bis in idem* – Artikel 54 des Schengener Durchführungsübereinkommens. Ziel der Untersuchung

Im Jahre 1995 wurde in Europa eine transnationale *ne bis in idem*-Vorschrift in Kraft gesetzt, unter deren Herrschaft die Wiederholung dem Fall *Dost* vergleichbarer Konstellationen ausgeschlossen scheint. Seit dem Jahre 2001 gilt diese Vorschrift sogar für nahezu sämtliche Mitgliedsstaaten der Europäischen Union.[22] Artikel 54 des Schengener Durchführungsübereinkommens (SDÜ) lautet in der deutschen Version:

> „*Wer durch eine Vertragspartei rechtskräftig abgeurteilt worden ist, darf durch eine andere Vertragspartei wegen derselben Tat nicht verfolgt werden, vorausgesetzt, daß im Fall einer Verurteilung die Sanktion bereits vollstreckt worden ist, gerade vollstreckt wird oder nach dem Recht des Urteilsstaats nicht mehr vollstreckt werden kann.*"

Existenz und territorial weitreichende Anwendbarkeit dieser zwischenstaatlichen Regelung an sich können bereits als Erfolg für die Beschuldigtenrechte im grenzüberschreitenden Rahmen gefeiert werden. Gleichwohl ist die Vorschrift nicht unproblematisch. Auf den ersten Blick unkompliziert erscheinend, birgt sie auf den zweiten Blick Tücken: Denn was ist unter der Wendung „*rechtskräftig abgeurteilt*" zu verstehen? Wie muß ein Verfahrensabschluß gekennzeichnet sein, um das Attribut „*rechtskräftig*" zu verdienen?[23] Welche Rechtsfolge resultiert aus dem Eingreifen des zwischenstaatlichen *ne bis in idem*? Ist unter Umständen eine Wieder- oder Neuaufnahme des Verfahrens in einem anderen als dem Erstverfolgungsstaat gestattet?[24] Wie ist „*dieselbe Tat*" zu definieren?[25] Klärungsbedürftig ist auch die Frage, welche verfahrensbeendenden Entscheidungen überhaupt unter den Begriff des „*Urteils*" im Sinne des Art. 54 SDÜ[26] fallen und demnach in der Lage sind, ein transnationales Mehrfachverfolgungsverbot auszulösen? Handelt es sich möglicherweise um Verfahrensabschlüsse, die dem deutschen Urteil gleichen?[27] Würde schließlich Art. 54 tatsächlich die erneute Verfolgung in einem der Sache *Dost* ähnlich gelagerten Fall verbieten?[28]

Ziel der Arbeit ist es, diese Fragen zu beantworten, um klären zu können, in welchen Fällen Art. 54 ein schengenweites *ne bis in idem* auslöst und welche Wirkungen das Eingreifen der Vorschrift hat. Erleichtert werden soll auf diese Weise auch die Handhabung des Art. 54 bei grenzüberschreitenden Sachverhalten in der Praxis. Gleichzeitig sollen die Untersuchungen die Basis für die Bewertung liefern, ob Art. 54 in seiner jetzigen Fassung mit den Anforderungen eines zusammenwachsenden Europas Schritt halten kann oder ob

---

22 Im Jahre 2001 wurde das SDÜ auch für Dänemark, Finnland und Schweden in Kraft gesetzt und ist demnach in dreizehn der fünfzehn Staaten der Europäischen Union anwendbar. Allein auf das Vereinigte Königreich und Irland findet die Regelung noch keine Anwendung. Vgl. dazu *unten Kapitel 1, D.*

23 Vgl. *unten Kapitel 7.*

24 Vgl. *unten Kapitel 8* (insb. *C. II. 1.*)

25 Vgl. *unten Kapitel 8* (insb. *C. II. 2.*).

26 Sämtliche Artikelbezeichnungen ohne Angaben sind solche des SDÜ.

27 Vgl. *unten Teil 4*, insb. *Kapitel 13.*

28 Vgl. dazu *unten Schlußfolgerungen, A.*

eine Erweiterung der Geltung des zwischenstaatlich-europäischen *ne bis in idem*-Prinzips erforderlich ist.[29]

D. Gang der Untersuchung

Der *erste Teil* der Arbeit führt unter drei Aspekten in die Thematik ein. *Kapitel 1* widmet sich zunächst der Darstellung der geschichtlichen Wurzeln und der sachlichen Zusammenhänge der Schengener *ne bis in idem*-Regel, um den Bezugsrahmen der Vorschrift zu erhellen. Auf der Grundlage einer ersten Untersuchung der Struktur des Art. 54 werden anschließend in *Kapitel 2* die an die Auslegung einer zwischenstaatlich geltenden Regelung zu stellenden Anforderungen einerseits und die dabei bestehenden Hürden andererseits einander gegenübergestellt. Die Frage, ob und inwieweit sich die in der bisherigen Diskussion zum Verständnis des Art. 54 vorgebrachten Methodenansätze zur Überbrückung dieser Schwierigkeiten eignen, wird Gegenstand des *Kapitels 3* sein. Dieser Abschnitt bietet gleichzeitig einen Überblick über den Meinungsstand und insbesondere auch die Rechtsprechung zur Schengener Regelung.

Darauf aufbauend dient der *zweite Teil* dazu, die methodischen Grundlagen der Interpretation des Art. 54 anhand der in Kapitel 2 gefundenen Maßstäbe zu erarbeiten. *Kapitel 4* unterzieht dabei die Auslegungsvorschriften des Wiener Übereinkommens über das Recht der Verträge hinsichtlich ihres Potentials bei der Auslegung in Fällen wie dem des Art. 54, die durch ihre Anwendbarkeit auf unterschiedliche Rechtsordnungen gekennzeichnet sind, einer Prüfung. Anschließend befaßt sich *Kapitel 5* mit der rechtsvergleichenden Methodik und entwickelt sodann die für die rechtsvergleichende Auslegung einer zwischenstaatlich geltenden Vertragsvorschrift im einzelnen notwendigen Schritte. Für die Untersuchung ausgewählt werden dabei primär die deutsche, französische und niederländische Strafverfahrensordnung. Das italienische und das englische System werden ergänzend betrachtet.[30]

Der *dritte Teil* wird sich eingehender mit dem Begriff *rechtskräftig* und der Funktionsweise des Schengener *ne bis in idem* auseinandersetzen. Daß ein Verfahrensabschluß als *rechtskräftig* im Sinne des Art. 54 gilt, ist neben dessen notwendiger Einordnung als *Urteil* eine der wesentlichsten Voraussetzungen für das Eingreifen dieser Vorschrift und damit des Auslösens eines schengenweiten *ne bis in idem*-Effektes. Die Untersuchung wird sich dabei allerdings nicht auf die Betrachtung des *ne bis in idem*-Prinzips beschränken, soweit es lediglich für die als *Urteile* im Sinne des Art. 54 bezeichneten Verfahrensbeendigungen wesentlich ist. Statt dessen wird der dritte Teil der Arbeit darüber hinaus gehend den Grundsatz der Rechtskraft umfassend in seiner zwischenstaatlichen Bedeutung erörtern. Auf diese Weise soll erkannt werden, welche innerstaatlichen Verfahrensbeendigungen zwar mit *ne bis in idem*-Wirkung ausgestattet sind, jedoch mangels Urteilseigenschaft im

---

29 Vgl. dazu *unten Schlußfolgerungen*, insb. *D*.

30 Zu den Motiven für die Auswahl dieser fünf Rechtsordnungen vgl. *unten Kapitel 5*, *B. III*.

Sinne des Art. 54 bisher auf der grenzüberschreitenden Ebene ohne Relevanz sind. Anhand der so gewonnenen Ergebnisse kann später gefragt werden, ob es nicht ratsam wäre, neben dem *Urteil de lege ferenda* weitere Erledigungsformen in das transnationale Mehrfachverfolgungsverbot einzubeziehen. Um die transnationale Bedeutung des Begriffes *rechtskräftig* im Sinne des Schengener Durchführungsübereinkommens zu ermitteln, wird die rechtsvergleichende Methode angewandt. Dies gibt folgende Kapitelaufteilung vor: *Kapitel 6* wendet sich der Geltung des Prinzips im deutschen, französischen und niederländischen Strafverfahren auf der jeweils innerstaatlichen Ebene zu. So soll die Grundlage für die rechtsvergleichende Entwicklung des Begriffes auf zwischenstaatlicher Ebene in *Kapitel 7* geschaffen werden. Ist auf diese Weise geklärt, welche innerstaatlichen Verfahrensabschlüsse im Zusammenhang mit Art. 54 als *rechtskräftig* gelten und damit prinzipiell geeignet sind, in ihrer verfahrensabschließenden Wirkung in den europäischen Bereich transformiert zu werden, wird *Kapitel 8* auf einer dritten Ebene nach der Tragweite des Eingreifens des zwischenstaatlichen *ne bis in idem* fragen: Ist unter bestimmten Voraussetzungen eine Neuaufnahme des Verfahrens im Zweitverfolgungsstaat denkbar? Auf welchen Tatbegriff bezieht sich die Verfolgungssperre?

Zentrale Frage des *vierten Teils* der Arbeit ist die Bedeutung des Begriffes *Urteil* im Sinne des Schengener Durchführungsübereinkommens. Ziel ist das Erkennen derjenigen Charakteristika, die eine strafverfahrensabschließende Entscheidung aufweisen muß, um im Rahmen des Art. 54 ein zwischenstaatliches Verfolgungsverbot auszulösen. Da auch hier der Weg der rechtsvergleichenden Auslegung eingeschlagen wird, studiert *Kapitel 9* zunächst das jeweilige innerstaatliche Vorverständnis der mit den Worten *Urteil*, *jugement*, *vonnis*, *sentenza* und *judgment* im deutschen, französischen, niederländischen, italienischen und englischen Strafverfahrensrecht bezeichneten Rechtsinstitute. Von diesem Ausgangspunkt her wird in *Kapitel 10* eine Hypothese dazu aufgestellt, welche der die innerstaatlichen Entscheidungsformen prägenden Merkmale gleichermaßen auch wesentliche Begriffsmerkmale des *Urteils* im Sinne des Art. 54 darstellen. Die *Kapitel 11* und *12* dienen der Verifizierung dieser Hypothese: Dabei wird *Kapitel 11* das Ziel des Strafverfahrens thematisieren, während in *Kapitel 12* andere strafverfahrensabschließende Entscheidungsformen der jeweiligen Rechtssysteme näher betrachtet werden.[31] In *Kapitel 13* kann der zwischenstaatliche Begriff des *Urteils* dann abschließend definiert werden.

---

31 Die Untersuchung beschränkt sich allerdings insoweit auf das deutsche, französische und niederländische Strafverfahren.

Teil 1. Einführung

Kapitel 1. Der geschichtliche Hintergrund des Artikels 54 des Schengener Durchführungsübereinkommens

Oft wird auf die herausragende Vorreiterrolle des Schengener Durchführungsübereinkommens (SDÜ) für die Entfaltung des zwischenstaatlichen *ne bis in idem* hingewiesen.[32] Worin diese zu sehen ist, läßt sich aus einem kurzen Abriß der zu Art. 54 führenden Entwicklung und des Bezugsrahmens dieser Vorschrift erkennen.

A. Ausgangspunkt: Die Ausdehnung der eigenen Verfolgungsbefugnis in Verbindung mit mangelnder Anerkennung fremder Verfahrensabschlüsse

Lange Zeit wurde die Problematik der Doppelverfolgung durch zwei gegensätzliche, für den Beschuldigten in ihrem Zusammenspiel ungünstige Entwicklungen geprägt. Auf der einen Seite strebten und streben[33] die Staaten häufig nach der Ausdehnung ihrer Strafbefugnisse auf ihren unmittelbar eigenen Bereich überschreitende Felder, was eine erhöhte Gefahr der mehrfachen Strafverfolgung nach sich zieht. Auf der anderen Seite fanden sie sich nur schwerlich zur Anerkennung ausländischer Entscheidungen bereit.[34] Letzteres spiegelt sich beispielsweise in der geringen Beitrittsrate zum Europäischen

---

[32] Vgl. *Grotz*: SDÜ u. ne bis in idem, StraFo 1995, S. 102 ff., 103; *Thomas*: Recht auf Einmaligkeit, 2002, S. 91, 95; *Lagodny*: Viele Strafgewalten, in: Donatsch et al. (Hrsg.): FS Trechsel, 2002, S. 253 ff., 254; Meyer-*Eser*: Grundrechte der EU, 2003, Art. 50, Rn. 11 spricht von einem „*beachtlichen europäischen Rechtsbesitzstand*".

[33] Vgl. *Oehler*: Int. Strafrecht, 1983, Rn. 955; *ders.*: European System, in: Bassiouni (Hrsg.): Int. Crim. Law II, 1999, S. 607 ff., 609 f.; *Vander Beken/Vermeulen/Lagodny*: „Beste" Strafgewalt in Europa, NStZ 2002, S. 624 ff., 625; *Lagodny*: Viele Strafgewalten, in: Donatsch et al. (Hrsg.): FS Trechsel, 2002, S. 253 ff., 263: „*Vielmehr zeigt gerade auch die gegenwärtige transnationale Kriminalpolitik, daß man nicht nur weiter am Netzgedanken festhält, sondern ihn auf immer mehr Delikte ausweitet.*" (ebenso: *ders.*: Gutachten BMJ, 2001, S. 9, 23). Zur Verknüpfung des Weltrechtsprinzips mit dem Grundsatz *ne bis in idem* vgl. *Oehler*: Int. Strafrecht, 1983, Rn. 906; *Endriß/Kinzig*: Erweitertes „ne bis in idem", StV 1997, S. 665 ff., 667.

[34] Vgl. *Jung*: „Internationalisierung" des Grundsatzes „ne bis in idem", in: Albrecht et al. (Hrsg.): FS Schüler-Springorum, 1993, S. 493 ff., 501; *Ebensperger*: „Ne bis in idem" in Österreich, ÖJZ 1999, S. 171 ff., 171; *Landau*: Europaweites „ne bis in idem" i. R. d. § 153c StPO, in: Köbler (Hrsg.): FS Söllner, 2000, S. 627 ff., 628.

Übereinkommen über die Internationale Gültigkeit von Strafurteilen vom 28. 05. 1970[35] wider, das in seinen Artikeln 53 ff. eine – bei genauerem Hinsehen gar nicht so umfangreiche[36] – *ne bis in idem*-Regelung gewährleistet. Bisher verpflichtet nur das niederländische,[37] englische[38] und – neuerdings – auch das spanische[39] innerstaatliche Recht[40] zur generellen Anerkennung des transnationalen Doppelverfolgungsverbotes. Andere Staaten wie Belgien,[41] Frankreich[42] und Luxemburg[43] sehen hingegen in ausländischen Urteilen nur dann ein Verfolgungshindernis, wenn die Tat außerhalb ihres Territoriums begangen wurde. Im übrigen beschränkt sich die Berücksichtigung ausländischer Urteile im wesentlichen auf eine Geltung des *ne bis in idem*-Satzes für bestimmte Straftaten[44] oder Anrech-

---

[35] ETS Nr. 70. Vgl. http://conventions.coe.int/Treaty/EN/cadreprincipal.htm, (Std. 25. 04. 04): nur 18 Ratifikationen. Deutschland hat bislang nur unterschrieben. Vgl. auch Art. 35 ff. Eur. Übk. zur Übertragung der Strafverfolgung vom 15. 05. 1972 (ETS Nr. 73): 19 Ratifikationen.

[36] Vgl. insb. zu den zulässigen Ausnahmen (Art. 53 Abs. 2 und 3) krit. *Schermers*: Non Bis In Idem, in: Capotorti et al. (Hrsg.): Lib. am. Pescatore, 1987, S. 601 ff., 609: *„In practice, these exceptions almost exclude the rule of* non bis in idem." Dieser Vorwurf trifft freilich auch die SDÜ-Regelung: vgl. Art. 55 Abs. 1 SDÜ (vgl. dazu *Rat der EU*: Maßnahmenprogramm, Abl. C 12 vom 15. 01. 2001, S. 10 ff., 13: *„In dieser Hinsicht sind die in Artikel 55 dieses Übereinkommens vorgesehenen Möglichkeiten für Vorbehalte ... überprüfungsbedürftig.*").

[37] Vgl. Art. 68 Abs. 2, 3 WSr: Abs. 2 ordnet dies an gegenüber dem Freispruch bzw. der Entlassung aus der Rechtsverfolgung und der Verurteilung, wenn die Strafe vollstreckt, erlassen oder verjährt ist, während sich Abs. 3 auf die endgültige Verfahrensbeendigung durch Erfüllung einer der Abwendung der Strafverfolgung dienenden Bedingung bezieht.

[38] Vgl. *Thomas*: Recht auf Einmaligkeit, 2002, S. 58 f.: vorbehaltlose Anerkennung eines internationalen *ne bis in idem* aufgrund des Verständnisses der *Autrefois Acquit/Convict*-Einreden.

[39] Nach neuester höchstrichterlicher Rechtsprechung (*Tribunal Constitucional* vom 11. 10. 1999 (Sentencia 177/1999), BOE núm. 276, Suplemento, S. 3 ff.) als ungeschriebener Rechtsgrundsatz anerkannt, vgl. dazu *Dannecker*: Community Fines, in: Eser/Rabenstein (Hrsg.): Neighbours in Law, 2001, S. 153 ff., 158 m. w. N.

[40] Vgl. zum Ganzen auch *Grützner*: Anerkennung eur. Strafurteile, NJW 1969, S. 345 ff., 346; *Oehler*: Int. Strafrecht, 1983, Rn. 959 und *Eur. Parl.*: „Non bis in idem" report of 20 February 1984, HRLJ 1984, S. 391 ff., 391 f.; *Dannecker*: Community Fines, in: Eser/Rabenstein (Hrsg.): Neighbours in Law, 2001, S. 153 ff., 157 ff.

[41] Vgl. Art. 13 Abs. 1 Titre Préliminaire vom 17. 04. 1878 zum CPP. Nach *Grützner*: Anerkennung eur. Strafurteile, NJW 1969, S. 345 ff., 346, soll dies zugleich die älteste, den Strafklageverbrauch durch ein ausländisches Urteil anordnende *innerstaatliche* Gesetzesvorschrift sein. Die luxemburgische Regelung (vgl. *Fn. 43*) aber dürfte aus dem Jahre 1808 – dabei handelt es sich um den französischen *Code d'Instruction Criminelle* – stammen und damit noch älter sein.

[42] Vgl. Art. 692 CPP.

[43] Vgl. Art. 5 Abs. 3 CIC.

[44] Vgl. Italien: Art. 7-11 CP (in best. Fällen nur auf Verlangen des Justizministers); Österreich: Art. 65 Abs. 4 StGB (dazu *Ebensperger*: „Ne bis in idem" in Österreich, ÖJZ 1999, S. 171 ff., 175 f.).

nung der zuvor verhängten Strafe.[45] Letzteres gilt auch für Deutschland, wo Art. 103 Abs. 3 GG nur auf nationale Entscheidungen bezogen wird.[46]

Allenfalls im Bereich von Auslieferung und Rechtshilfe[47] verzichteten die insoweit aufeinander angewiesenen Staaten eher auf Teile ihrer Strafgewalt. Zumindest im Hinblick auf die Rechtshilfe scheint dies auch an ihrer Beteiligung an der Verfolgung durch den anderen Staat zu liegen.[48]

B. Zunehmende zwischenstaatliche Zusammenarbeit und Menschen- und Bürgerrechte als Argumente für das transnationale *ne bis in idem*

Diese Umstände sprechen dafür, daß – nüchtern betrachtet – allein die *verstärkte zwischenstaatliche Zusammenarbeit* auf dem Feld der Strafverfolgung zu einer in ihrem Umfang beachtenswerten grenzüberschreitenden Geltung des Doppelverfolgungsverbotes führen könnte. Auf diesen Zusammenhang zielt auch *Jescheck* in seinen Schlußfolgerungen für den endgültigen Generalbericht zum Thema IV des IX. Internationalen Strafrechtskongresses, wenn er die Forderung, „*[d]ie negative Wirkung der Rechtskraft ausländischer Strafurteile ('ne bis in idem') sollte in möglichst weitem Umfange von allen Staaten anerkannt werden ...*",[49] mit der im Jahre 1964 allerdings noch ein wenig euphemistisch anmutenden Einschätzung verbindet, „*[d]er Souveränitätsgedanke steht der Anerkennung nicht entgegen, da der die Völker trennende übersteigerte Nationalismus heute, gerade auf dem Gebiet des Strafrechts, vielfach einer der internationalen Solidarität entsprechenden Bereitschaft zur Rücksichtnahme und Zusammenarbeit gewichen ist.*"[50] Bei der Anerkennung entspreche „... *es dem Geist der internationalen Solidarität, auf die Zuverlässigkeit der ausländischen Justiz im Prinzip zu vertrauen.*"[51] Nicht zufällig stößt man bei der Suche nach der ersten grenzüberschreitenden *ne bis in idem*-Gewährleistung als Verfah-

---

45 Vgl. Italien: Art. 138 CP; Österreich: Art. 66 StGB.

46 H. M. Vgl. insb. *BVerfG* vom 17. 01. 1961, BVerfGE 12, S. 62 ff., 66 und B. vom 31. 03. 1987, NJW 1987, S. 2155 ff. (= BVerfGE 75, 1 ff.); *Mayer*: Ne-bis-in-idem-Wirkung eur. Strafentsch., 1992, S. 20 ff. und *Thomas*: Recht auf Einmaligkeit, 2002, S. 38 jeweils m. w. N. A. A. *Specht*: Ne bis in idem, 1999, S. 202. Vgl. § 51 Abs. 3, 4 StGB.

47 In diesem Rahmen wirkt die Regel *ne bis in idem* als Auslieferungs- (vgl. Art. 9 Europäisches Auslieferungsabkommen vom 13. 12. 1957 [ETS Nr. 24], Art. 2 des 1. ZP [ETS Nr. 86]), als Rechtshilfe- (vgl. Vorbehalte und Zusatzverträge zum Europäischen Übereinkommen über die Rechtshilfe in Strafsachen vom 20. 04. 1959 [ETS Nr. 30, 99, 102], z. B. Art. XV Zusatzvertrag zw. Deutschland und Österreich, abgedr. bei *Lagodny*, in: Schomburg/ders.: IRhStr., 1998, A-ErgVEuRHÜbk.) oder als Verfahrenshindernis nach geleisteter Vollstreckungshilfe (vgl. *Mayer*: Ne-bis-in-idem-Wirkung eur. Strafentsch., 1992, S. 150). Vgl. *Ebensperger*: „Ne bis in idem" in Österreich, ÖJZ 1999, S. 171 ff., 177.

48 Vgl. *Specht*: Ne bis in idem, 1999, S. 112.

49 *Jescheck*: Die internationalen Wirkungen der Strafurteile, ZStW 1964, S. 172 ff., 174.

50 *Jescheck*: Die internationalen Wirkungen der Strafurteile, ZStW 1964, S. 172 ff., 173.

51 *Jescheck*: Die internationalen Wirkungen der Strafurteile, ZStW 1964, S. 172 ff., 176.

renshindernis in Europa auf das Rechtshilfeübereinkommen aus dem Jahre 1969 zwischen den ohnehin schon seit 1960 durch eine Paßunion miteinander eng verbundenen Benelux-Staaten.[52]

Der Ruf nach Anwendung dieses Grundsatzes aus *Gründen der Bürger- und Menschenrechte und des Beschuldigtenschutzes* verstummte nie.[53] Der Einzelne sollte nicht anläßlich einer einzigen Tat mehrfach dem Zugriff der Strafjustiz unterschiedlicher Staaten ausgesetzt sein.[54] So plädierte bereits 1883 das *Institut de Droit International* in seiner Münchner Entschließung für die Einführung des Satzes *ne bis in idem* für Urteile, aus denen eine Strafe vollstreckt war.[55] Über hundert Jahre später konstatierte das Europäische Parlament im Hinblick auf die in vielen Ländern noch immer gegebene Möglichkeit der nochmaligen Verfolgung nach erfolgter Aburteilung in einem anderen Mitgliedsstaat zu Recht:

> „*In the light of the EEC Treaty and the freedoms it enshrines, and particularly the freedom of movement of persons, such provisions clearly present serious problems.*"[56]

Nachdem der Internationale Pakt für Bürgerliche und Politische Rechte von 1966 in der Folge in seinem Art. 14 Abs. 7 zumindest seinem Wortlaut nach die genaue Reichweite offenlassend[57] statuierte:

> „*No one shall be liable to be tried or punished again for an offence for which he has already been finally convicted or acquitted in accordance with the law and penal procedure of each country.*",

erschien es geradezu als ein von Mißtrauen geprägter Rückschritt,[58] als diesem Text noch 1984 zum Zwecke der Entwicklung des Art. 4 des 7. Zusatzprotokolls der EMRK die Worte

---

52 Art. 13 des Übereinkommens über die administrative und strafrechtliche Zusammenarbeit auf dem Gebiet der Regelungen, die im Zusammenhang stehen mit der Verwirklichung der Zielstellungen der Benelux-Wirtschaftsunion vom 29. 04. 1969 (Tractatenblad 1969, S. 1 ff. und UNTS Nr. 11096). Vgl. dazu die Motive, Tractatenblad 1969, S. 52 ff., 62.

53 Dieser Dualismus, Verstärkung der Zusammenarbeit zwischen den Staaten einerseits und Schutz der Persönlichkeitsrechte andererseits kommt auch im Maßnahmenprogramm des *Rates der EU*: (2001/C 12/02), Abl. C 12 vom 15. 01. 2001, S. 10 ff., 10, zum Ausdruck.

54 Vgl. *Jung*: „Internationalisierung" des Grundsatzes „ne bis in idem", in: Albrecht et al. (Hrsg.): FS Schüler-Springorum, 1993, S. 493 ff., 501 f.; *Baauw*: Ne bis in idem, in: Swart/Klip (Hrsg.): Int. Crim. L., 1997, S. 75 ff., 75; *van den Wyngaert/Stessens*: International *non bis in idem*, ICLQ 1999, S. 779 ff., 804; *Specht*: Ne bis in idem, 1999, S. 31 f.

55 Art. 12 der Entschließung (Annuaire de l'Institut de Droit International VII. Année, 1883-85, S. 156 ff., 158). Vgl. zuletzt auch die Budapester Resolution des XVI. Kongresses der *Association Internationale de Droit Pénal* (AIDP) im Jahre 1999, die die Anerkennung der Einmaligkeit der Strafverfolgung als Menschenrecht fordert (Sektion IV., B. 4., Entschließungen: ZStW 2000, S. 723 ff., 735).

56 *Eur. Parl.*: „Non bis in idem" report of 20 February 1984, HRLJ 1984, S. 391 ff., 391. Ähnl. *Schermers*: Non Bis In Idem, in: Capotorti et al. (Hrsg.): Lib. am. Pescatore, 1987, S. 601 ff., 602: „*Increasing European integration and a greater mobility of persons require some certainty in this respect. It seems unacceptable in an integrated Europe that a person can be repeatedly re-tried and re-punished under the legal orders of other Member States ...*".

57 Die Vorschrift wird indessen in einer nur auf inländische Vorverurteilungen bezogenen Weise ausgelegt, vgl. *Thomas*: Recht auf Einmaligkeit, 2002, S. 101 f.

„... *under the jurisdiction of the same State*"

beigefügt wurden.[59]

Die Forderungen, einem Urteil sollten „... *Rechtskraftwirkungen in dem Sinne beigemessen werden, daß kein anderer europäischer Staat erneut den Täter strafrechtlich verfolgt und aburteilt, wenn einer der Staaten wegen desselben Sachverhalts ihn rechtskräftig abgeurteilt hat*",[60] mehrten sich dennoch.[61] Im Jahre 1990 bezeichnete etwa Jung die Vermeidung von Mehrfachverurteilungen als aus international-strafrechtlicher Sicht vorrangig zu lösendes Problem.[62]

C. Der europäische Einigungsprozeß und die Schengener Verträge

Der Verwirklichung eines zwischenstaatlichen *ne bis in idem* kam schließlich die sich seit einigen Jahrzehnten in Europa vollziehende Entwicklung der europäischen Einigung zugute. Mit dem Wachsen der politischen, wirtschaftlichen und kulturellen Solidarität unter seinen Bewohnern begann allmählich auch das überkommene gegenseitige Mißtrauen zwischen den Staaten und ihren Strafverfolgungsapparaten schwächer zu werden.[63]

Gleichzeitig gewinnt seit Mitte des 20. Jahrhunderts schrittweise die Einsicht an Raum, daß die herkömmlichen Methoden der Zusammenarbeit – Auslieferung und Rechtshilfe – dem der verstärkten Mobilität geschuldeten Anwachsen der grenzüberschreitenden Kriminalität nicht mehr ausreichend gewachsen sind. Vielmehr ist eine intensivere Kooperation auf strafrechtlichem Gebiet vonnöten.[64]

---

58 Ähnl. auch *Esser*: Europäisches Strafverfahrensrecht, 2002, S. 99: „*Der auf die nationale Ebene beschränkte Regelungsgehalt des Art. 4 des 7. ZP steht der Harmonisierung der nationalen Strafverfahrensrechte diametral entgegen.*"

59 Vgl. dazu *Schermers*: Non Bis In Idem, in: Capotorti et al. (Hrsg.): Lib. am. Pescatore, 1987, S. 601 ff., 608.

60 *Grützner*: Anerkennung eur. Strafurteile, NJW 1969, S. 345 ff., 351.

61 Vgl. auch die Entschließung zum Thema IV, Nr. III. A. 1. a. des IX. Internationalen Strafrechtskongresses von 1964 in Den Haag, ZStW 1965, S. 680 ff., 686.

62 *Jung*: „Internationalisierung" des Grundsatzes „ne bis in idem", in: Albrecht et al. (Hrsg.): FS Schüler-Springorum, 1993, S. 493 ff., 500. Ähnl. auch *Lagodny*: Grundkonstellationen des int. Strafrechts, ZStW 1989, S. 987 ff., 1004 ff. und *Schomburg*: Europäisierung des Verbots doppelter Strafverfolgung, NJW 2000, S. 1833 ff., 1833. Daß die Relevanz der Gefahr der Doppelverfolgung im zwischenstaatlichen Bereich noch längst nicht gemindert ist, wenngleich die Fälle der Berufung auf *ne bis in idem* innerhalb einer Rechtsordnung sicherlich an Zahl abgenommen haben, kommt auch bei *van Dorst*: Verfolgingsbeletselen, 1989, S. 45 f. zum Ausdruck.

63 Vgl. *Pralus*: *Non bis in idem* en dr. pén. int. et en dr. commun., RSC 1996, S. 551 ff., 552. Ähnl. auch *Schomburg*: Anm. zu BGH vom 02. 02. 1999, StV 1999, S. 246 ff., 248: „... *ein Europa, das eigentlich eine unwahrscheinlich gute Chance zur Weiterentwicklung auch des Rechts ist und als solche wahrgenommen werden sollte* ...".

64 Vgl. *Grützner*: Anerkennung eur. Strafurteile, NJW 1969, S. 345 ff., 346.

Ein mit dieser Entwicklung eng verknüpfter Begriff ist die „Freizügigkeit".[65] Bereits die Römischen Verträge von 1957 zur Gründung der Europäischen Wirtschaftsgemeinschaft (EWG)[66] verfolgten das Ziel, einen gemeinsamen europaweiten Binnenmarkt zu schaffen. In den siebziger Jahren wurde eine immer wieder aufflammende Diskussion um die Erleichterung bzw. gänzliche Aufhebung der Grenzkontrollen auf europäischer Ebene in Gang gesetzt.[67] In der Folge beschloß man nach mehreren Zwischenschritten in der Einheitlichen Europäischen Akte (EEA) von 1986,[68] bis Ende 1992 Personenkontrollen an den Binnengrenzen abzuschaffen. Es hatte sich aber bereits Anfang der achtziger Jahre des letzten Jahrhunderts abgezeichnet, daß nicht alle EG-Staaten gewillt waren, Grenzkontrollen in gleichem Maße abzubauen. Bedeutung gewann in jenem Jahrzehnt insbesondere die Frage, ob Freizügigkeit in Europa nur Bürger der Europäischen Gemeinschaft oder auch Angehörige von Drittstaaten einbeziehen solle. Weil eine Lösung im Sinne der zweiten Alternative, verbunden mit einer Einigung auf die vollständige Abschaffung der Grenzkontrollen innerhalb der Europäischen Gemeinschaft realistischerweise damals nicht in Sicht war, verständigten sich zunächst Deutschland und Frankreich bilateral im Saarbrücker Übereinkommen von 1984[69] auf einen Verzicht systematischer Kontrollen des ein- und ausreisenden Verkehrs. Noch im gleichen Jahre schlossen sich die Benelux-Staaten dem entscheidenden Vorstoß *Kohls* und *Mitterands* an. Die fünf Länder, Deutschland, Frankreich, Belgien, Luxemburg und die Niederlande, kamen nur kurze Zeit später über die Schaffung eines Raumes ohne Binnengrenzen überein: Der sog. Schengenraum, benannt nach dem luxemburgischen Unterzeichnungsort der Verträge, war geboren.[70] Ein erstes Übereinkommen, mehr Absichtserklärung als konkrete Umsetzung,[71] das Schengener Übereinkommen (SÜ) vom 14. 06. 1985,[72] ging voran. „ *[G]etragen von dem Willen, an den gemeinsamen Grenzen die Abschaffung der Kontrollen für den Verkehr der*

---

65 Vgl. *Kühne*: EGMR als Motor für eine Verbesserung der Beschuldigtenrechte, StV 2001, S. 73 ff.: „*Das bürgerliche und geschäftliche Leben ist in Deutschland wie in den anderen Mitgliedstaaten der EU schon seit längerer Zeit weitestgehend emanzipiert von den nationalstaatlichen Grenzen.*"

66 Vom 25. 03. 1957. Vgl. dazu Präambel und Grundsätze (BGBl. 1957 II, S. 766 ff., 770 ff.).

67 Vgl. i. e. *Haas*: Schengener Abkommen, 2001, S. 29 f.

68 Abl. 1987, Nr. L 169, S. 1 ff. Durch die EEA wurde der EWG-Vertrag um Art. 8a (später Art. 7a EGV) ergänzt, der das Ziel der Verwirklichung des Binnenmarktes im Gemeinschaftsrecht verankerte.

69 Abkommen zwischen der Regierung der Bundesrepublik Deutschland und der Regierung der Französischen Republik über den schrittweisen Abbau der Kontrollen an der deutsch-französischen Grenze vom 13. 07. 1984, BGBl. 1984 II, S. 767 ff.

70 Vgl. ergänzend zur Entwicklung des Schengenraums: *Kühne*: Kriminalitätsbekämpfung durch innereuropäische Grenzkontrollen?, 1991, S. 9 ff.; *Taschner*: Schengen, 1997, Rn. 9 ff. Auf die durchaus auch äußerst kritischen Stimmen soll hier nur hingewiesen werden. Vgl. z. B. *Kattau*: Strafverfolgung, 1993, S. 158 ff.: „*Der Vorwurf des Demokratiedefizits als Geburtsmakel hat sich zunehmend bestätigt.*" A. A. aber *Katrakis*: Schengen, 1998, S. 41.

71 So auch *Kühne*: Kriminalitätsbekämpfung durch innereuropäische Grenzkontrollen?, 1991, S. 9.

72 Übereinkommen zwischen den Regierungen der Staaten der Benelux-Wirtschaftsunion, der Bundesrepublik Deutschland und der Französischen Republik betreffend den schrittweisen Abbau der Kontrollen an den gemeinsamen Grenzen, GMBl. 1986, S. 79 ff.

Angehörigen der Mitgliedsstaaten der Europäischen Gemeinschaft zu erreichen ..."[73] vereinbarten die Vertragsparteien in einem ersten Schritt bestimmte Maßnahmen zur sofortigen Erleichterung der Grenzüberschreitung der Binnengrenzen sowie die verstärkte Zusammenarbeit im Kampf gegen Kriminalität (kurzfristig durchzuführende Maßnahmen), um in einem zweiten Schritt insbesondere auf die praktische Umsetzung des Abbaus der Kontrollen und ergänzende Maßnahmen zum Schutz der inneren Sicherheit hinzuwirken (langfristig durchzuführende Maßnahmen).

D. Eine europäische *ne bis in idem*-Regelung im Schengener Durchführungsübereinkommen

Die Ausarbeitung eines umfangreichen Regelwerkes, des am 19. 06. 1990 unterzeichneten Schengener Durchführungsübereinkommens[74] führte zur tatsächlichen Aufhebung der Binnengrenzen der Unterzeichnerstaaten und zur Errichtung einer einzigen Außengrenze.[75] Neben dem Erlaß gemeinsamer Vorschriften für Visaerteilung, Kontrolle der Außengrenzen und Asylrecht führte man eine Reihe von Ausgleichsmaßnahmen[76] ein, um die Koordinierung zwischen Polizei, Zoll- und Justizbehörden zu verbessern und die Bekämpfung von Terrorismus und organisierter Kriminalität zu effektivieren.[77]

---

73 Präambel des SÜ, GMBl. 1986, S. 79 ff., 79.

74 Übereinkommen zur Durchführung des Übereinkommens von Schengen vom 14. Juni 1985 zwischen den Regierungen der Staaten der Benelux-Wirtschaftsunion, der Bundesrepublik Deutschland und der Französischen Republik betreffend den schrittweisen Abbau der Kontrollen an den gemeinsamen Grenzen, BGBl. 1993 II, S. 1013 ff. Das entsprechende innerstaatliche Gesetz ist abgedruckt im BGBl. 1993 II, S. 1010 ff., die Bekanntmachung über das Inkrafttreten im BGBl. 1994 II, S. 631 ff. Zu Abstimmungsschwierigkeiten und spezifisch nationalstaatlichen Vorbehalten der einzelnen Vertragsstaaten: vgl. *Rüter*: Grenzenlos glücklich(er)?, in: Jescheck et al. (Hrsg.): FS Tröndle, 1989, S. 855 ff., 860 ff., *Kattau*: Strafverfolgung, 1993, S. 60 ff. Eine für deutsche Verhältnisse merkwürdig anmutende Befürchtung der griechischen Bevölkerung hinsichtlich der Schengen-Verträge ist bei *Katrakis*: Schengen, 1998, S. 43 ff. nachzulesen.

75 Vgl. Art. 2 ff. SDÜ (Titel II: Abschaffung der Kontrollen an den Binnengrenzen und Personenverkehr).

76 Die Maßnahmen stellen insofern einen „Ausgleich" dar, als sie der Kompensation der befürchteten Auswirkungen des Abbaus der Grenzkontrollen auf die innere Sicherheit dienen sollen (vgl. dazu *Würz*: Das SDÜ, 1997, Rn. 12). Vgl. auch die provokativen Fragen von *Schermers*: Non Bis In Idem, in: Capotorti et al. (Hrsg.): Lib. am. Pescatore, 1987, S. 601 ff., 602: *„A common market for criminals? Do we need to devote our energy to harmonizing criminal law in order to facilitate the free movement of criminals?"* Zur umstr. Relevanz der Staatsgrenzen im Bereich der Strafverfolgung: *Kühne*: Kriminalitätsbekämpfung durch innereuropäische Grenzkontrollen?, 1991, S. 49 f.: *„Der Beitrag der Grenzen zum Erhalt der inneren Sicherheit ist gemessen an den Grenzschutzstatistiken sowohl qualitativ als auch quantitativ äußerst gering ... Nach alledem läßt die Umsetzung des Schengener Abkommens keine merkliche Minderung für die innere Sicherheit befürchten."* Vgl. auch *Kattau*: Strafverfolgung, 1993, S. 20 f.

77 Vgl. Art. 39 ff. SDÜ (Titel III: Polizei und Sicherheit). Zum Effektivitätsgedanke im Zusammenhang mit dem transnationalen *ne bis in idem*: *Lagodny*: Viele Strafgewalten, in: Donatsch et al. (Hrsg.): FS

„La convention d'application de l'accord de Schengen s'efforce de concilier deux objectifs à l'intérieur d'un espace géographique déterminé et le maintien d'un niveau élevé de sécurité.“[78]

Um gegen die aus diesem Grunde eingeführte verstärkte polizeiliche und justizielle Zusammenarbeit wiederum ein Gegengewicht zu schaffen, das dem Schutz des Beschuldigten vor mißbräuchlicher Verwendung der im Rahmen der zwischenstaatlichen polizeilichen Zusammenarbeit ausgetauschten Daten diente, inkorporierte man gleichzeitig einen Vorschriftenkatalog, der die doppelte Verfolgung in den zusammenarbeitenden Ländern zu verhindern bezweckte.

Die deutsche Version verwendet allerdings die Bezeichnung „*Verbot der Doppelbestrafung*“, während die französische und die niederländische Fassung von „*Application du principe ne bis in idem*“ und „*Toepassing van het beginsel ne bis in idem*“ sprechen. Dem entspricht auch die spanische Überschrift: „*Aplicación del principio Non bis in idem*“. Anders formuliert sind aber wiederum beispielsweise die dänische („*Straffedommes negative retsvirkninger [ne bis in idem]*“) und schwedische („*Principen 'Non bis in idem' [icke två gånger för samma sak]*“) Version. Daß auch die deutsche Fassung nicht nur die reine Doppel*bestrafung* verbieten will, ergibt sich aus dem Text des Art. 54: „... *darf* ... *nicht* verfolgt *werden* ...“.[79] Unverständlich bleibt aus diesem Grunde die Wortwahl in der Überschrift.[80]

Darin kam zugleich die Einsicht zum Ausdruck, daß die Nichtanerkennung ausländischer vorangegangener Entscheidungen und die daraus folgende mangelnde Effizienz durch größeren Verfolgungsaufwand sowie das auf diese Weise gezeigte geringere gegenseitige Vertrauen der engen Kooperation auf dem Gebiet der Strafverfolgung schaden könnte.[81] Gerade die deutschen Bundesländer aber hatten angesichts der differierenden Strafverfolgungs- und -zumessungspraxis im Betäubungsmittelbereich in Europa anfangs deutliche und nur langsam zu überwindende Schwierigkeiten mit der Akzeptanz dieser Bestimmungen.[82] Aus diesem Grunde stieß auch das den Art. 54 ff. im wesentlichen gleichende EG-*ne bis in idem*-Übereinkommen[83] aus dem Jahre

---

Trechsel, 2002, S. 253 ff., 262: „*Es liegen zwar keine konkreten Zahlen vor, jedoch ist zu vermuten, daß viele Haushaltsmittel auf Doppelverfolgungen verwendet werden.*“

78 *Hreblay*: Schengen, 1998, S. 44.

79 Hervorhebung der *Verf.*

80 Vgl. auch *Schomburg*, in: ders./Lagodny: IRhStr., 1998, SDÜ, Art. 54, Rn. 10 f. u. Kap. 3 Anm.: „*Zutreffender wäre: Anwendung des Grundsatzes 'ne bis in idem'.*“

81 Zu diesem Gedanken vgl. *Epp*: „Ne bis in idem“ im int. Rechtsbereich, ÖJZ 1979, S. 36 ff., 36; *Schermers*: Non Bis In Idem, in: Capotorti et al. (Hrsg.): Lib. am. Pescatore, 1987, S. 601 ff., 604; *Rüter*: Grenzenlos glücklich(er)?, in: Jescheck et al. (Hrsg.): FS Tröndle, 1989, S. 855 ff., 861 f.; *Schomburg*: Int. „ne bis in idem“, StV 1997, S. 383 ff., 385; *Specht*: Ne bis in idem, 1999, S. 117; *Landau*: Europaweites „ne bis in idem" i. R. d. § 153c StPO, in: Köbler (Hrsg.): FS Söllner, 2000, S. 627 ff., 628; Schlußanträge des Generalanwaltes *Colomers* vom 19. 09. 2002 zu Rs. C-187/01 (*Gözütok*) u. C-385/01 (*Brügge*), Nr. 45 f., EuGRZ 02, S. 556 ff., 559.

82 Vgl. *Rüter*: Grenzfall, JR 1988, S. 136 ff.; *ders.*: Grenzenlos glücklich(er)?, in: Jescheck et al. (Hrsg.): FS Tröndle, 1989, S. 855 ff., 861; *Kattau*: Strafverfolgung, 1993, S. 80; *Grotz*: SDÜ u. ne bis in idem, StraFo 1995, S. 102 ff., 102. Vgl. i. d. Zshg. auch den Fall *Dost* (*oben Einleitung, B.*).

83 Übereinkommen zwischen den Mitgliedsstaaten der Europäischen Gemeinschaften über das Verbot der doppelten Strafverfolgung vom 25. 05. 1987 (BGBl. 1998 II, S. 2227 ff.). Vgl. dazu auch *Bundesrat*: Denkschrift EG-*ne bis in idem*-Übk., BR-DS 283/97, S. 9 ff. Seit dem 22. 06. 1999 ist das Übereinkommen aber auch für Deutschland im Verhältnis zu Belgien, Dänemark, Frankreich, Irland, Italien,

1987 zunächst auf deutschen Widerstand.[84] Gekoppelt an das Maßnahmenbündel des Durchführungsübereinkommens gelang es aber den Niederlanden, die wegen der weitgehenden Anerkennung ausländischer Verfahrensabschlüsse durch Art. 68 Abs. 2 und 3 WSr ein besonderes Interesse am Gleichziehen anderer europäischer Staaten hatten, Deutschland nur drei Jahre später zum Ablegen dieser „Keuschheitsprobe"[85] zu veranlassen.

Obwohl das Durchführungsübereinkommen schon am 01. 09. 1993 in Kraft trat,[86] also völkerrechtlich bindend wurde, konnte es schließlich erst am 26. 03. 1995 nach der Bewältigung technischer Schwierigkeiten, die die Inbetriebnahme des Schengener Informationssystems (SIS) verzögerten, in Kraft gesetzt, also tatsächlich angewandt werden.[87]

Zwischenzeitlich traten Italien,[88] Spanien und Portugal,[89] Griechenland,[90] Österreich,[91] Dänemark, Finnland und Schweden[92] dem Übereinkommen bei. Island und Norwegen wurden zur Aufrechterhaltung der Nordischen Paßunion assoziiert. Der Rat der Europäischen Union hat mittlerweile die Anträge des Vereinigten Königreichs und Irlands, einzelne Vorschriften des Schengen-Besitzstands, unter anderem die *ne bis in idem*-Regelungen, auf sie anzuwenden, angenommen.[93] Die entsprechenden Vorschriften müssen allerdings noch durch einen weiteren Ratsbeschluß für diese beiden Staaten in Kraft gesetzt

---

die Niederlande, Österreich und Portugal vorzeitig anwendbar (BGBl. 2002 II, S. 600 ff.). Vgl. auch *Schomburg*: Anm. zu BGH vom 02. 02. 1999, StV 1999, S. 246 ff., 247 und dessen häufig aktualisierte dankenswerte Übersicht unter http://www.bundesgerichtshof.de (Home -> Bibliothek -> Internationale Rechtshilfe).

84 Vgl. i. d. Zshg. auch *Willems*: Afdoening ad informandum bij vreemdlingen, Advbl. 1981, S. 283 ff., 283, der mit dem Hinweis, daß in Deutschland ausländische rechtskräftige Urteile nicht anerkannt werden, konstatiert: *„Merkwaardig voor een land dat wel voorop loopt als het gaat om een internationale aanpak bij de vervolging van terroristen."* – *„Sonderbar für ein bei dem internationalen Unternehmen der Terroristenverfolgung wegweisendes Land."*

85 *Grotz*: SDÜ u. ne bis in idem, StraFo 1995, S. 102 ff., 102.

86 BGBl. 1994 II, S. 631 ff.

87 Die Inkraftsetzung umfaßte zunächst Deutschland, Frankreich, die Benelux-Staaten, Spanien und Portugal. Zu dieser völkerrechtlichen Besonderheit vgl. *Taschner*: Schengen, 1997, Rn. 39 ff.

88 Unterzeichnung: 27. 11. 1990 (BGBl. 1993 II, S. 1904 ff., 1906). Inkraftsetzung: 26. 10. 1997.

89 Unterzeichnung jeweils: 25. 06. 1991 (BGBl. 1993 II, S. 1912 ff., 1915 und 1921 ff., 1924). Inkraftsetzung: vgl. *Fn. 87*.

90 Unterzeichnung: 06. 11. 1992 (BGBl. 1996 II, S. 2543 ff., 2545). Inkraftsetzung: 08. 12. 1997.

91 Unterzeichnung: 28. 04. 1995 (BGBl. 1997 II, S. 967 ff.). Inkraftsetzung: 01. 12. 1997.

92 Unterzeichnung jeweils: 19. 12. 1996; (BGBl. 2000 II, S. 1106 ff). Inkraftsetzung: 25. 03. 2001 (BGBl. 2002, S. 627 ff.).

93 *Rat der EU*: Beschluß (2000/365/EG), Abl. L 131 vom 01. 06. 2000, S. 43 ff., 44 (Vereinigtes Königreich) und *Rat der EU*: Beschluß (2002/192/EG), Abl. L 64 vom 07. 03. 2002, S. 20 ff., 21 (Irland). Die Ratsbeschlüsse ergingen auf den jeweiligen Antrag der zwei Staaten, der sich wiederum auf Art. 4 des Protokolls zur Einbeziehung des Schengen-Besitzstands in den Rahmen der Europäischen Union vom 02. 10. 1997 stützt. Danach können Irland und das Vereinigte Königreich Großbritannien und Nordirland jederzeit beantragen, daß einzelne oder alle Bestimmungen des Schengen-Besitzstandes auch auf sie Anwendung finden sollen.

werden.[94] Dieser steht derzeit noch aus. Das Schengener *ne bis in idem* gilt daher gegenwärtig für dreizehn Mitgliedsstaaten der Europäischen Union. Die Weichen für eine Beteiligung aller fünfzehn Staaten sind jedoch bereits gestellt.

E. Die Überführung des Schengen-Besitzstandes in den Rahmen der Europäischen Union

Mit dem Protokoll zur Einbeziehung des Schengen-Besitzstands[95] in den Rahmen der Europäischen Union[96] vom 02. 10. 1997, welches als Teil des Amsterdamer Vertrages[97] am 01. 05. 1999 mit diesem in Kraft trat, erfolgte schließlich die Einbettung des Schengener Durchführungsübereinkommens in das Europäische Vertragswerk.[98] Dessen Vorschriften erfuhren durch Beschluß des Rates der Europäischen Union vom 20. 05. 1999[99] unterschiedliche Zuordnungen. Zum Teil wurde an Bestimmungen des EGV geknüpft, zum Teil an jene des EUV. Die Artikel 54 bis 58 verortete der Rat bei den Artikeln 34 und 31 EUV in dessen Titel VI (Bestimmungen über die polizeiliche und justizielle Zusammenarbeit in Strafsachen), mithin innerhalb des „dritten Pfeilers" der Europäischen Union. Bereits das Schengen-Protokoll sieht in seinem Art. 2 Abs. 1 Unterabs. 3 S. 1 vor, daß der „... *Gerichtshof der Europäischen Gemeinschaften im Einklang mit dieser Festlegung die Zuständigkeit wahr[nimmt, die Verf.], die ihm nach den einschlägig geltenden Bestimmungen der Verträge zukommt.*" Für die Überprüfung der Auslegung des Art. 54 bedeutet dies die oft geforderte[100] Kompetenz des *EuGH* aufgrund von Art. 35 Abs. 1 EUV, der dessen Zuständigkeit „... *im Wege der Vorabentscheidung über die Gültigkeit und die Auslegung der Rahmenbeschlüsse und Beschlüsse, über die Auslegung der Übereinkommen nach diesem Titel und über die*

---

94 Vgl. Art. 6 Abs. 1 des Ratsbeschlusses (2000/365/EG) und Art. 4 Abs. 1 des Ratsbeschlusses (2002/192/EG).

95 Abgedruckt in Abl. L/239 vom 22. 09. 2000.

96 Vgl. dazu – eingehend – *Wagner*: Integration of Schengen, LIEI 1998/2, S. 1 ff. und *Oppermann*: Europarecht, 1999, Rn. 1573. Hinsichtlich der Realisierbarkeit einer solchen Zusammenführung noch sehr skeptisch: *den Boer*: Schengen, in: Hailbronner (Hrsg.): Zusammenarbeit, 1996, S. 95 ff., 110: „... *we may conclude that integration between Schengen and Maastricht will not be realised within the short or medium-long term.*"

97 Vom 02. 10. 1997 (BGBl. 1998 II, S. 386 ff.).

98 Die Frage, ob der Schengen-Besitzstand nun primäres (so *Specht*: Ne bis in idem, 1999, S. 130, insb. Fn. 353) oder sekundäres (so *OLG Köln* vom 30. 03. 2001, NStZ 2001, S. 558, 560; *Kuijper*: Communitarization under the Amsterdam Treaty, CMLR 2000, S. 345 ff.,) Gemeinschaftsrecht darstellt, wird wohl – aufgrund des Überführungsaktes durch den Rat der EU und der Behandlung als auf das Europäische Vertragswerk gestützte Rechtsakte – in letzterem Sinne zu entscheiden sein.

99 Abl. L/176 vom 10. 07. 1999. Dieser Beschluß zur Festlegung der Rechtsgrundlagen für die einzelnen, den Schengen-Besitzstand bildenden Bestimmungen und Beschlüsse beruht auf Art. 2 Abs. 1 Unterabs. 2 S. 2 des Schengen-Protokolls.

100 Z. B. *Schomburg*: Int. „ne bis in idem", StV 1997, S. 383 ff., 385 und *Eur. Parl.*: Entschließung Schengen (Nr. 49), ZFIS 1997, S. 188 ff., 192.

Gültigkeit und die Auslegung der dazugehörigen Durchführungsmaßnahmen" festlegt.[101] Die insofern nach Art. 35 Abs. 2 EUV erforderliche, von der Bundesrepublik abgegebene Erklärung zur Anerkennung der Vorabentscheidungszuständigkeit findet ihre innerstaatliche Ausformung im EuGH-Gesetz:[102] § 1 Abs. 1 berechtigt jedes deutsche Gericht, Abs. 2 verpflichtet jedes funktionell letztinstanzliche Gericht[103] zur Vorlage an den EuGH, wenn es eine Entscheidung darüber zum Erlaß seines Urteils oder Beschlusses für erforderlich hält.[104]

F. Zusammenfassung

Die außerordentliche Bedeutung, die der *ne bis in idem*-Garantie des Schengener Durchführungsübereinkommens zuzusprechen ist, resultiert wesentlich aus ihrem Beitrag, das zwischenstaatliche Doppelverfolgungsverbot in einem maßgeblichen Teil Europas von der Ausnahme zur Regel werden zu lassen.[105] Vor allem der praktische Widerhall trägt in eine neue Dimension der international-strafrechtlichen Kooperation.[106] Dies unterscheidet die Bestimmung von dem EG-*ne bis in idem*-Übereinkommen,[107] das nur sehr zögerlich ratifiziert wird.[108] Abgesehen davon erlangte mit dem SDÜ wieder das Verbot der Doppelverfolgung im Hinblick auf ausländische Vorentscheidungen, das vor Abschaffung[109] des § 5 RStGB von 1871 bis 1940 gegolten hatte, in Deutschland eine allgemeinere[110] Verbindlichkeit. Die Schengenstaaten haben die Grenzöffnung und die damit

---

[101] Vgl. *BGH*, B. vom 06. 06. 2002, NStZ 2002, S. 661 ff. (mit Anm. *Hecker*) zur Zugehörigkeit des Art. 62 SDÜ zum Regelungsbereich des EuGHG.

[102] Gesetz betreffend die Anrufung des Gerichtshofes der Europäischen Gemeinschaften im Wege des Vorabentscheidungsverfahrens auf dem Gebiet der polizeilichen Zusammenarbeit und der justiziellen Zusammenarbeit in Strafsachen nach Art. 35 des EU-Vertrages vom 06. 08. 1998 (BGBl 1998 I, S. 2035, in Kraft seit 01. 05. 1999, BGBl 1999 I, S. 728).

[103] Vgl. dazu den Vorlagebeschluß des *OLG Köln* vom 30. 03. 2001, NStZ 2001, S. 558 (niederländische „*transactie*").

[104] Die auf diese Weise sich eröffnende Möglichkeit der einheitlichen Auslegung des Art. 54 SDÜ erscheint sehr begrüßenswert. Bedauerlich allerdings ist der Mangel einer allgemeinen durch Art. 35 EUV statuierten Verpflichtung zur Vorlage. Bleibt es folglich dem einzelnen Staat überlassen, ob er in eigener Regie eine dem Art. 234 Abs. 3 EGV entsprechende Obligation statuiert, läuft dies einer europaweit einheitlichen Auslegung zuwider.

[105] In diesem Sinne auch *Specht*: Ne bis in idem, 1999, S. 119.

[106] Vgl. *van den Wyngaert/Stessens*: International *non bis in idem*, ICLQ 1999, S. 779 ff., 779: „... *the first multilateral convention to succeed effectively in establishing an international* non bis in idem *principle.*"

[107] Vgl. *oben D. Fn. 83*.

[108] Zum aktuellen Stand vgl. http://www.bundesgerichtshof.de (Home > Bibliothek > Internationale Rechtshilfe).

[109] Verordnung über den Geltungsbereich des Strafrechts vom 06. 05. 1940 (RGBl. 1940 I, S. 754 f.).

[110] Daneben existieren schon seit längerer Zeit einschlägige bilaterale Vereinbarungen, vgl. dazu *Schomburg*: Europäisierung des Verbots doppelter Strafverfolgung, NJW 2000, S. 1833 ff., 1835 m. w. N.

einhergehende intensivierte polizeiliche und justizielle Zusammenarbeit zu nutzen gewußt,[111] um ein zwischenstaatliches Doppelverfolgungsverbot mit – im Hinblick auf den territorialen Geltungsbereich – bedeutsamer Reichweite einzuführen. Dies trägt nicht nur selbst wiederum zu einer verstärkten und vertrauensvolleren Kooperation der Staaten bei, sondern leistet auch einen entscheidenden Beitrag zur Verbesserung des Schutzes der Rechte der Betroffenen.

Die Frage, wie weit die Gewährleistung des Art. 54 tatsächlich reicht, wird im Mittelpunkt dieser Arbeit stehen. Zu diesem Zweck soll im *nächsten Kapitel* versucht werden, auf der Basis einer überblicksartigen Betrachtung der Struktur der Vorschrift die Problematik der Auslegung eines völkerrechtlichen Vertrages wie des Schengener Durchführungsübereinkommens herauszuarbeiten.

---

111 Die vermutete erhöhte Erfolgschance für die Einführung eines zwischenstaatlichen *ne bis in idem* durch diese Verknüpfung sprechen auch *van den Wyngaert/Stessens*: International *non bis in idem*, ICLQ 1999, S. 779 ff., 786 f. an.

Kapitel 2. Problemaufriß

A. Zur Struktur des Artikels 54: Transformierende und filternde Funktion

„Wer durch eine Vertragspartei rechtskräftig abgeurteilt[112] *worden ist, darf durch eine andere Vertragspartei wegen derselben Tat nicht verfolgt werden, vorausgesetzt, daß im Fall einer Verurteilung die Sanktion bereits vollstreckt worden ist, gerade vollstreckt wird oder nach dem Recht des Urteilsstaats nicht mehr vollstreckt werden kann.“*

Um einen Überblick zu schaffen und leichteren Zugang zu den späteren Ausführungen zu ermöglichen, soll zu Beginn der Untersuchung die Struktur der Vertragsvorschrift einer knappen Betrachtung unterzogen werden. Die Tatbestandsseite zählt die Voraussetzungen (Vertragspartei, rechtskräftige Aburteilung unter Berücksichtigung der zusätzlichen Bedingungen im Falle einer Verurteilung, dieselbe Tat) auf, unter denen die Rechtsfolge, die Geltung eines Verfolgungshindernisses in den anderen Vertragsstaaten eintritt. Zentrale Frage dieser Arbeit ist das Tatbestandsmerkmal *rechtskräftig abgeurteilt.* Bereits im Vorgriff kann gesagt werden, daß unter diese Voraussetzung nur innerstaatlich mit *ne bis in idem*-Wirkung ausgestattete Entscheidungen zu subsumieren sind.[113] Der Halbsatz des Art. 54, *„[w]er durch eine Vertragspartei rechtskräftig abgeurteilt worden ist ...“*, kann sinnvoll nur so verstanden werden, als damit das Recht des Erstentscheidungsstaates gemeint ist.[114] Daß das Merkmal *rechtskräftig*[115] nur an nationale Sachverhalte anknüpfen kann, resultiert aus der Überlegung, daß zwischenstaatlich mangels gemeinsamer Prozeßordnung gar kein Anknüpfungspunkt existiert, aus dem die Rechtskraft folgen könnte.[116] Zudem geht es bei den transnationalen *ne bis in idem*-Vorschriften stets um die gegenseitige Anerkennung[117] der Wirkungen innerstaatlicher Entscheidungen: Lediglich solche Entscheidungen, die

---

112 Hervorhebungen der *Verf.*

113 So auch die h. M.: *BGH* (vgl. *unten Kapitel 3, B. III.*); *Wolfrum*: Gutachten II (unveröff.), 1996, S. 37; *Lagodny*: Teileuropäisches „ne bis in idem”, NStZ 1997, S. 265; *Kühne*: Ne bis in idem, JZ 1998, S. 876 ff., 877; *Schomburg*: in: Schomburg/Lagodny: IRhStr., 1998, SDÜ, Art. 54, Rn. 32; *Specht*: Ne bis in idem, 1999, S. 153 f.; *Radtke/Busch*: Transnationaler Strafklageverbrauch in den sog. Schengen-Staaten, EuGRZ 2000, S. 421 ff., 426; *Hecker*: Art. 54 SDÜ, StV 2001, S. 306 ff., 309; *Satzger*: Europäisierung des Strafrechts, 2001, S. 690. Zumind. undeutlich allerdings *Grotz*: SDÜ u. ne bis in idem, StraFo 1995, S. 102 ff., 102: *„Das bedeutet nach deutschem Rechtsverständnis ...“*.

114 Vgl. i. d. Zshg. die der griechische Vorschlag für einen Rahmenbeschluß zu *ne bis in idem* (*Rat der EU*: Initiative der Hellenischen Republik zu „ne-bis-in-idem“, Abl. C 100 vom 26. 04. 2003, S. 24 ff., 25): *„... als rechtskräftig gilt jede Entscheidung, die nach dem innerstaatlichen Recht Rechtskraft besitzt.“* (Art. 1 b)).

115 Beziehungsweise *définitif* und *onherroepelijk* in der französischen und flämischen Version.

116 Damit aber nicht gleichzusetzen ist ein kompletter Verweis auf innerstaatliches Recht in dem Sinne, daß jeder Vertragsstaat den Begriff nach seinem Verständnis auffassen könnte. Vgl. insb. *Specht*: Ne bis in idem, 1999, S. 153. Vgl. zum vertragsautonomen Begriff *rechtskräftig* noch *unten Kapitel 7.*

117 Zur Herkunft des Prinzips der gegenseitigen Anerkennung im Gemeinschaftsrecht vgl. *Böse*: Prinzip der gegenseitigen Anerkennung, in: Momsen et al. (Hrsg.): FS Maiwald, 2003, S. 233 ff., 234 ff. Eine verbesserte Anerkennung von gerichtlichen Entscheidungen und Urteilen in der europaweiten justiziellen Zusammenarbeit in Zivil- als auch in Strafsachen wurde vom Europäischen Rat in Tampere 1999 gefordert, vgl. *Europ. Rat (Tampere)*: Schlußfolgerungen, 15./16. 10. 1999, Rn. 33 ff.

innerstaatlich einen Sperreffekt gegenüber zukünftiger Strafverfolgung auslösen, können auch im zwischenstaatlichen Bereich *ne bis in idem*-Wirkung zeitigen.[118]

Die erste Annäherung an den Begriff *aburteilen* des Art. 54 lehrt, daß – selbst wenn dies methodisch zulässig wäre[119] – nicht auf die Terminologie der deutschen Strafprozeßordnung zurückgegriffen werden kann, da dieser der Begriff nicht geläufig ist. Art. 54 steht aber nicht losgelöst, sondern eingebettet in ihm thematisch gleichende Regelungen. Deshalb scheint rasch zu klären zu sein, welche Arten von Entscheidungen das transnationale Doppelverfolgungsverbot auslösen. Unter der in der deutschen Fassung „Verbot der Doppelbestrafung“[120] lautenden Überschrift des dritten Kapitels des Titels III, das die Art. 54-58 umfaßt, liest man neben der eigentlichen *ne bis in idem*-Regelung zu Beginn des Kapitels auch ergänzende und präzisierende Vertragsnormen. Wenn der nachfolgende Art. 55[121] nun die Möglichkeit eröffnet, den Geltungsbereich der Ausgangsvorschrift für die *dem ausländischen Urteil* zugrundeliegenden Taten einzuschränken, die hinsichtlich ihres Tatortes,[122] der von ihr betroffenen Schutzgüter[123] oder der Tätergruppe[124] im einzelnen bestimmt sind, so sind die zwei Artikel in ihrem Zusammenspiel sinnvoll nur so zu verstehen, als daß es sich in beiden um die gleiche Art von Entscheidungen der Strafverfolgungsbehörden handeln soll. Dies tritt spätestens bei der Berücksichtigung der anderen sprachlichen Versionen deutlich zum Vorschein: Ein Vergleich zwischen dem entsprechenden Wortlaut des Art. 54 und des Art. 55 ergibt, daß es sich entweder um dasselbe Substantiv handelt (*vonnis* in der niederländischen Version) oder um das zu der jeweiligen Verbform gehörige Substantiv (*jugée – jugement* in der französischen Fassung). Der Vertragstext in der deutschen Version betrachtet also das Verb *aburteilen*, in dem ja auch schon der Wortstamm *-urteil-* steckt, als die zu einem *Urteil* führende Tätigkeit. Eine Person kann also dann als *rechtskräftig abgeurteilt* in diesem Sinne angesehen werden, wenn ein in Rechtskraft erwachsenes *Urteil* über sie gesprochen wurde.

Gilt eine Tat folglich national als *rechtskräftig abgeurteilt* in diesem Sinne, so sorgt Art. 54 bei gleichzeitigem Vorliegen der restlichen Bedingungen dafür, daß auch in den übrigen Vertragsstaaten kein Verfahren mehr eingeleitet werden darf. Art. 54 hat demnach gleichsam den Effekt eines *Transformators*, der die innerstaatliche Sperrwirkung auf das vertrags-

---

118 Damit ist jedoch noch nicht entschieden, in welchem Umfang dann der Strafklageverbrauch im Ausland wirkt, oder – anders formuliert – ob auch die Durchbrechungsvorschriften mit nach außen transformiert werden. Vgl. dazu *unten Kapitel 8*.

119 Zu den Grundlagen der Vertragsinterpretation siehe *unten B., I.*

120 Zu den Ungenauigkeiten hinsichtlich des Wortlautes der Überschriften in den verschiedenen Fassungen: siehe Schomburg/Lagodny-*Schomburg*: IRhStr., 1998, SDÜ, Art. 54, Rn. 10. Vgl. zudem *Teil 3, vor Kapitel 6*.

121 Zur Weitergeltung der unter Art. 55 SDÜ abgegebenen Erklärungen nach Überführung des SDÜ in den Rahmen der EU vgl. *Plöckinger/Leidenmüller*: Verbot doppelter Strafverfolgung, wistra 2003, S. 81 ff., 82 f.

122 Art. 55 a): Hoheitsgebiet des Zweitstaates.

123 Art. 55 b): Sicherheit oder andere gleichermaßen wesentliche Interessen des Zweitstaates.

124 Art. 55 c): Bediensteter des Zweitstaates unter Verletzung seiner Amtspflichten.

staatliche Ausland überträgt. Auseinanderzuhalten sind deshalb stets zwei[125] verschiedene Ebenen. Auf der Voraussetzungsseite ist die an nationales Recht anknüpfende *ne bis in idem*-Wirkung angesprochen, während die Rechtsfolgeseite sodann die transnationale Geltung des Prinzips im Blick hat.[126]

Obwohl noch keine Aussage darüber getroffen werden kann, was mit *Urteil in concreto* gemeint ist, läßt sich an dieser Stelle bereits erkennen, daß Art. 54 mit der Wendung *abgeurteilt* eine Auswahl aus der Menge der möglichen nationalen Verfahrensabschlüsse trifft. Denn in jedem Land existieren verschiedene Arten rechtskräftiger Entscheidungen. Die herkömmlicherweise im deutschen Strafverfahrensrecht vorgenommene Unterscheidung von in vollem Umfang rechtskräftigen Urteilen und beschränkt rechtskräftigen Beschlüssen[127] mag hier als Beispiel genügen.[128] Aber nur die Prozeßbeendigungen, die zu den *Urteilen* im Sinne des Art. 54 zählen, gelangen in den Kreis der mit Außenwirkung ausgestatteten Entscheidungsformen. Dies ergibt sich aus dem Textzusammenhang der Art. 54-57 mit Art. 58. Der Unterschied zwischen den in den erstgenannten Vorschriften immer wieder verwandten Termini *abgeurteilt/Urteil*, *jugée/jugement* und *vonnis* auf der einen Seite und den *Justizentscheidungen*, den *décisions judiciaires* sowie den *rechterlijke beslissingen*, deren Anerkennung nach Art. 58 durch das nationale Recht über die Bestimmungen des SDÜ hinaus ausdrücklich gestattet sein soll, auf der anderen Seite legt nahe, daß der Ausdruck *ausländische Justizentscheidung* in einem weiteren Sinne als derjenige des *Urteils* zu verstehen ist.[129] Da Art. 58 nur Sinn ergibt, wenn auch die dort genannten Entscheidungsformen der Rechtskraft fähig sind, kann sich der unterschiedliche Wortlaut nur auf die Art der Entscheidung beziehen. Deshalb ist die von *Specht* vertretene Interpretation unzutreffend. Selbst wenn man nämlich ihre Erklärung, Art. 58 beziehe sich auf die Vorbehalte nach Art. 55,[130] für plausibel hält,[131] bleibt die Frage, wodurch in diesem Falle ein abweichender

---

125 Eine dritte, den beiden hier beschriebenen vorgelagerte Ebene ergibt sich unter Hinzunahme des jeweiligen innerstaatlichen Vorverständnisses von *ne bis in idem* (vgl. dazu *unten Kapitel 6 – unterste Ebene* des *ne bis in idem* im Sinne der hier benutzten Systematik) , welches im Rahmen der rechtsvergleichenden Auslegung des Begriffes *rechtskräftig* eine Rolle spielen wird. Vgl. zu diesen drei Ebenen des *ne bis in idem unten Teil 3, vor Kapitel 6.*

126 Ähnl. *Bundesregierung*: Denkschrift SDÜ, BT-DS 12/2453, S. 91 ff., 93; *BGH* vom 10. 06. 1999, StV 1999, S. 478 ff. (mit Anm. *Kühne*); *Hecker*: Art. 54 SDÜ, StV 2001, S. 306 ff., 310.

127 Vgl. die Nachweise bei *Radtke*: Systematik des Strafklageverbrauchs, 1994, S. 140 ff.

128 Vgl. i. e., auch zu französischen und niederländischen Entscheidungen *unten Kapitel 12.*

129 So auch *Radtke/Busch*: Transnationaler Strafklageverbrauch in der Europäischen Union, NStZ 2003, S. 281 ff., 285. Aus diesem Grunde ist die Argumentation des Generalanwaltes *Colomer* in den Schlußanträgen vom 19. 09. 2002 zu Rs. C-187/01 (*Gözütok*) u. C-385/01 (*Brügge*), Nr. 108, EuGRZ 02, S. 556 ff., 564 nicht ganz einsichtig.

130 *Specht*: Ne bis in idem, 1999, S. 143. Ähnl. auch *EuGH* vom 11. 02. 2003, JZ 2003, S. 303 ff., Rn. 45 (*Gözütok/Brügge*, mit Anm. *Kühne* = NJW 2003, S. 1173 ff.) (dazu noch *unten Kapitel 3, B. II.*) und *Plöc??kinger/Leidenmüller*: Verbot doppelter Strafverfolgung, wistra 2003, S. 81 ff., 83.

131 Richtig ist zwar, daß sich Art. 58 auf das gesamte dritte Kapitel bezieht. Wenn jeder Staat aber ohnehin über das „*Ob*" und „*Wie*" eines Vorbehaltes entscheiden kann, wäre der Vorteil einer innerstaatlichen Nichtanwendung des zwischenstaatlich gemachten Vorbehaltes (und damit eine umfangreichere Anwendung des *ne bis in idem*-Grundsatzes) nur im Erhalt der „Verfügungsbefugnis" über die Einschränkungsmöglichkeit zu sehen, denn im Gegensatz zur Rücknahme des Vorbehalts nach Art. 55

Wortlaut veranlaßt war, vor allem auch deshalb unbeantwortet, weil Art. 55 eine mit Art. 54 übereinstimmende Terminologie aufweist. Die sprachlichen Unterschiede zwischen Art. 54 f. und 58 lassen sich auch nicht durch den Einwand allgemeiner sprachlicher Inkonsistenzen entkräften, derentwegen Rückschlüsse aus unterschiedlichen Wortbenutzungen nicht möglich wären. Mögen auch die von *Specht* unter Heranziehung anderer Kapitel des Übereinkommens herausgearbeiteten Unregelmäßigkeiten existieren, so kann man daraus für den deutlichen Kontrast zwischen Art. 54 und 58 aus folgenden zwei Gründen nichts ableiten. Zum einen kann eine konsistente Wortverwendung aufgrund der Unterschiede in der Reichweite der Begriffsinhalte in den einzelnen Sprachen von vornherein nicht erwartet werden. Zum anderen darf auch nicht aus einem begrifflichen „Fehltritt" der Urheber des Vertrages auf die fehlende Verläßlichkeit der übrigen Konzeption geschlossen werden.[132]

Daraus wird ersichtlich, daß Art. 54 nicht nur als Transformator, sondern gleichermaßen als *Filter* fungiert, der nicht alle im Inland mit *ne bis in idem*-Wirkung ausgestatteten Entscheidungen mit transnationaler Relevanz versieht. Da der Begriff des *Urteils* eine Differenzierung im Hinblick auf die Entscheidungsformen veranlaßt, die auf den verschiedenen Stufen eines Strafverfahrens ergehen können, soll von *horizontaler Filterwirkung* gesprochen werden.[133]

Neben dem damit aufgestellten Erfordernis, daß eine innerstaatlich *rechtskräftige* Entscheidung ein *Urteil* sein muß, gebietet Art. 54 gleichzeitig umgekehrt auch die *Rechtskraft* des *Urteils*. Denn nicht jedem Urteil steht dieses Attribut zu. Man denke nur an noch anfechtbare Entscheidungen oder die nicht mit *ne bis in idem*-Wirkung ausgestatteten Prozeßentscheidungen.[134] Demnach präzisieren sich die Merkmale *rechtskräftig* und *Urteil* gegenseitig. Nur wenn beide Charakteristika koinzidieren, kann der *transformierende* Effekt des Art. 54 zum Tragen kommen.

B. Schwierigkeiten bei der Auslegung völkerrechtlicher Verträge

Bei diesem Resultat angekommen, könnte man nun *de Vattels* Grundsatz folgend – „*La première Maxime générale sur l'interprétation est, qu'il n'est pas permis d'interpréter ce qui n'a pas*

(siehe Abs. 3), die jederzeit möglich ist, kann dieser selbst nicht nachträglich erklärt werden, während das nationale Recht geändert werden kann. Daß Art. 58 aber für diesen – eher unwahrscheinlichen – Fall gedacht war, kann kaum angenommen werden.

132 Vgl. allerdings *Ipsen*: EGR, 1972, S. 134, der darauf hinweist, systematische Auslegung dürfe im Gemeinschaftsrecht nicht überschätzt werden, weil dieses dem systematischen Niveau nationaler Gesetzgebung nicht gerecht werde. Dieser Gedanke läßt sich sicherlich auf Verträge völkerrechtlichen Ursprungs im allgemeinen übertragen.

133 Das Gegenstück ist die *vertikale* Unterscheidung, die sich auf die Entscheidungsinhalte bezieht (vgl. dazu *unten Kapitel 7, B. II.*).

134 Vgl. z. B. zur niederländischen Regelung, nach der nur Sachurteile in Rechtskraft erwachsen *unten Kapitel 6, D. III.*

besoin d'interprétation."[135] – weitere Interpretationsversuche unterlassen und sich über die Vielfalt der vertretenen Meinungen[136] wundern: Um die Sperrwirkung des Art. 54 im zwischenstaatlichen Bereich auszulösen, ist also ein rechtskräftiges Urteil erforderlich.

Abgesehen davon, daß auch für dieses Ergebnis durch die Berücksichtigung des Kontextes bereits der Weg der Auslegung beschritten wurde,[137] ist der Verständnisprozeß mit dieser Feststellung aber eben noch längst nicht am Schluß. Denn so bekannt uns der Inhalt des Begriffs *rechtskräftiges Urteil* aus dem deutschen Strafprozeßrecht auch zu sein scheint, so wenig ist damit für die vorliegende Fragestellung gewonnen.

Dies kann man demonstrieren, indem man (I.) die Anforderungen an die Auslegung absteckt und (II.) die Hürden herausarbeitet, die Schwierigkeiten bereiten, diesen Anforderungen gerecht zu werden.

I. Grundlagen der Vertragsinterpretation. Einheit des Vertrages und autonomes Begriffsverständnis

Ein Vertrag kann nur als *Einheit* betrachtet werden.[138] Das scheint eine Selbstverständlichkeit zu sein. Gleichwohl soll dies in diesem Rahmen aufgrund der namentlich im völkerrechtlichen Bereich drohenden Gefahren[139] der Abweichung von dieser Anforderung noch einmal besondere Betonung erfahren. Ein unterschiedlicher Anwendungsbereich in den verschiedenen Vertragsstaaten wäre nicht nur nicht einleuchtend,[140] sondern gipfelte in einer inakzeptablen Zersplitterung in voneinander abweichende inhaltliche Fassungen, der ein Vertrag nicht zugänglich ist. Das Übereinkommen darf, da nur ein einheitlicher, für alle Parteien gleich geltender Vertragsinhalt existiert, nicht vertikal in verschiedene Bedeutungen durchtrennt werden.[141]

Ferner beansprucht ein zweiter Grundsatz neben dem der Einheit des Vertrages Geltung: das Erfordernis der *autonomen* Begriffsbestimmung. Zwar sind sicherlich auch Fälle denkbar, in denen die Vertragsparteien vereinbaren, eine bestimmte Begriffsbedeutung

---

135 *De Vattel*: Le droit des gens, 1758 (1959), § 263. Kritisch z. B. *Sinclair*: VCT, 1984, S. 116 („*petitio principii*"); *Fastenrath*: Lücken im Völkerrecht, 1991, S. 182. Gegen die *sens-clair*-Regel auch *Fikentscher*: Methoden des Rechts III, 1976, S. 659.

136 Dazu vgl. noch *unten Kapitel 3*.

137 Vgl. *Heintschel von Heinegg*: Völkerre. Vertr., in: Ipsen (Hrsg.): Völkerrecht, 1999, S. 92 ff., 117) im Hinblick auf *de Vattels* Regel: 'klarer Wortlaut' oft erst im systematischen Zusammenhang mit anderen Begriffen zu ermitteln.

138 *Hummer*: „Ordinary" versus „Special" Meaning, ÖZÖR 1975, S. 87 ff., 114.

139 Vgl. zu den, insb. auch i. R. d. Auslegung des SDÜ auftretenden Schwierigkeiten *unten B. II.*

140 So *Schlosser*: Vertragsautonome Auslegung, in: Baltzer et al. (Hrsg.): GS Bruns, 1980, S. 45 ff., 49.

141 Vgl. aber *Fastenrath*: Lücken im Völkerrecht, 1991, S. 161, der Rechtsnorm und Bedeutung des Rechtssatzes als nur dann und insoweit identisch betrachtet, als eine Auslegung verbindlich festgelegt wird, andererseits in dieser Trennung auch den Vorteil sieht, daß sich Konflikte aufgrund divergierender, normativer Erwartungen auf die Ebene der Normprojektion begrenzen lassen. Ein hinter einem Formelkompromiß versteckter Dissenz berührt nicht die Gültigkeit des Vertrages.

aus dem nationalen Recht in den internationalen Vertrag zu *übernehmen.*[142] In diesem Fall bliebe die Einheit des Vertrages gewahrt, weil der übernommene Begriffsinhalt für alle Partner in gleicher Weise gälte. Eine solche Vereinbarung müßte indessen anhand der Umstände oder des Sinns und Zwecks des Vertrages besonders erkennbar sein. In der Regel wird dies nämlich nicht beabsichtigt sein, weil meist nicht die Herrschaft einer einzelnen nationalen Rechtsordnung über internationale Verträge gewollt sein wird.[143] Es ergibt sich also bereits aus den bisherigen Überlegungen, daß der Bedeutungsgehalt des Wortes *rechtskräftig abgeurteilt* nicht einem einzigen aller Rechtssysteme der Schengen-Vertragsstaaten entnommen werden sollte. Denn das *Urteil* im Sinne des Art. 54 soll auf die Verfahrensabschlüsse von fünfzehn[144] unterschiedlichen Strafrechtssystemen angewandt werden können. Indessen ist dies im Ergebnis für die Frage der Art und Weise der Auslegung unerheblich. Selbst im Falle der *Rezeption* eines Begriffsinhaltes aus einer der nationalen Rechtsordnungen dürfte nicht auf die innerstaatliche Auslegung zurückgegriffen werden. Denn für zwischenstaatliche Verträge ist allgemein anerkannt, daß die Vertragsbegriffe *autonom* auszulegen sind, und auch dann nicht mit Vorlagen aus den Ursprungssystemen gleichgesetzt werden können, wenn in der betreffenden Sprache derselbe Terminus sowohl in inner- als auch in zwischenstaatlichen Zusammenhängen verwendet wird und seiner Entwicklung nach inhaltlich auch noch aus diesem Recht stammt.[145] Das die nationalen Begriffe rezipierende internationale Recht soll „*... nach seinen Bedürfnissen und Eigenheiten, insbesondere nach seinem bereits bestehenden eigenen System, über den Inhalt des Begriffes, den es sich 'zu eigen' gemacht hat*“[146] entscheiden können.

Unter einer *autonomen Auslegung*, von der im Rahmen der Interpretation des Art. 54 Gebrauch gemacht werden muß, ist also eine Begriffsbestimmung zu verstehen, die sich losgelöst hat von den einzelnen nationalstaatlichen Begriffsinhalten. Solch internationale Sprachkonventionen können beispielsweise durch Legaldefinitionen, durch sog. *soft law*[147] wie UN-Resolutionen, Beschlüsse von Staatenkonferenzen und noch nicht in Kraft getretene Verträge oder durch Entscheidungen bzw. Gutachten der internationalen Ge-

---

142 Vgl. *Bayer*: Auslegung vereinheitlichter Normen, RabelsZ 1955, S. 603 ff., 626; *Dölle*: Mehrsprachige Gesetzes- u. Vertragstexte, RabelsZ 1961, S. 4 ff.; *Kropholler*: Int. Einheitsre., 1975, S. 265.

143 *Kropholler*: Int. Einheitsre., 1975, S. 265.

144 Damit sind die dreizehn Schengenmitglieder sowie die Assoziierten Island und Norwegen gemeint. Vgl. dazu *oben Kapitel 1, D.*

145 Vgl. *Guggenheim*: Landesre. Begriffe im Völkerre., in: Schätzel et al. (Hrsg.): FS Wehberg. 1956, S. 133 ff.; *Bernhardt*: Ausleg. völkerre. Verträge, 1963, S. 42, 58 ff.; *Hilf*: Ausleg. mehrspr. Vertr., 1973, S. 23, 86; *Lipstein*: Practical Comp. Law, TLR 1973/74, S. 907 ff., 911; *Geimer*: Anm. zu EuGH vom 06. 10. 1976, NJW 1977, S. 492 (zum EuGVÜ); *Martiny*: Ausleg. im Eur. Int. Zivilprozeßre., RabelsZ 1981, S. 427 ff., 436 ff.; *Frowein*, in: Frowein/Peukert: EMRK, 1996, Einf., Rn. 8; *Jung*: Die EMRK, EuGRZ 1996, S. 370 ff., 372; *Seidl-Hohenveldern/Loibl*: R. d. Int. Org., 2000, Rn. 1617.

146 *Schulze*: Vergleichende Gesetzesauslegung, ZfRV 1997, S. 183 ff, 190. Ähnl. *Ophüls*: Ausleg. der EGVe, in: Greiß (Hrsg.): FS Müller-Armack, 1961, S. 279 ff., 280, 282 (bloße Übernahme eines Ansatzpunktes des Rechts). Bsp.: der in Art. 33 EGKSV (vgl. zum EGKSV *unten B. II. 2. b. Fn. 203*) benutzte, aus dem französischen Recht übernommene und vom *EuGH* abweichend entwickelte Begriff des „*Détournement de pouvoir*“- „*Ermessensmißbrauch*“.

147 Vgl. dazu *Heintschel von Heinegg*: Weitere Quellen, in: Ipsen (Hrsg.): Völkerrecht, 1999, S. 180 ff., 215 f.

richtshöfe geschaffen werden.[148] So begreift der *EGMR* den Begriff *Gericht* im Rahmen des Art. 5 Abs. 4 EMRK nicht im klassischen Sinne als einen der üblichen Justizorganisation angehörigen Spruchkörper, sondern umfaßt alle Organe, die die allgemeinen, wesentlichen Eigenschaften besitzen, die ein Gericht auszeichnen und ein justizförmiges Verfahren gewährleisten.[149]

Ziel der Auslegung ist es demnach, die Regelungen eines völkerrechtlichen Vertrages wie die des Art. 54 *einheitlich* und *autonom*[150] zu verstehen.[151]

II. Mehrsprachigkeit und divergierende rechtssystemspezifische Begriffsvorprägungen

1. Überblick

„*Niemand spricht europäisch – es gibt keine einheitliche Sprache für Europa –, aber einheitliche Rechtssätze und Rechtsinstitutionen werden in großer Menge geschaffen ...*".[152] Mit dieser Feststellung spricht *Weir* das Problem der *Mehrsprachigkeit* an, welches auch im Rahmen des Schengener Durchführungsübereinkommens Schwierigkeiten für die einheitliche Auslegung bereitet.

Der Vertrag ist in den Landessprachen sämtlicher dreizehn Vertragsstaaten und darüber hinaus seit der Überführung des Schengen-*acquis* in den Rahmen der Europäischen Union auch in englisch und irisch als Sprachen der Europäischen Union,[153] d. h. in zwölf Sprachen authentisch.[154] Gemäß Art. 33 Abs. 1 WVRK[155] erwächst damit der Text in

---

148 Vgl. *Fastenrath*: Lücken im Völkerrecht, 1991, S. 178 ff.

149 *EGMR* vom 18. 06. 1971, Serie A, Nr. 12 („*Vagrancy*"), §§ 76 ff. Vgl. dazu i. e. *Frowein/Peukert*: EMRK, 1996, Art. 5, Rn. 140, Art. 6, Rn. 122 ff. und *Esser*: Europäisches Strafverfahrensrecht, 2002, S. 535 ff.

150 Ebenso Schlußanträge des Generalanwaltes *Colomer* vom 19. 09. 2002 zu Rs. C-187/01 (*Gözütok*) u. C-385/01 (*Brügge*), Nr. 42, EuGRZ 02, S. 556 ff., 559.

151 Wie diesen Maßgaben im Falle der Verweisung auf innerstaatliches Recht gerecht zu werden ist, *vgl. Kapitel 8, C. I.*

152 *Weir*: Sprachen, ZEuP 1995, S. 368 ff., 368. Vgl. i. ü. die äußerst spitzen, aber im Wesentlichen zutreffenden Bemerkungen zu dem, was sich heute „europäische Rechtsprache" nennt, von *Reinhardt*: Europäische Rechtssprache – Verspätete Randbemerkungen über einen fortgeschrittenen Verfall, NJW 2003, S. 3449 ff. Ähnl. lesenswert *Walter*: Entwurf einer Richtlinie zur sprachlichen Gestaltung europarechtlicher Texte, NJW 2004, S. 582 ff.

153 Vgl. Art. 53 EUV und Art. 314 EGV (jeweils i. d. F. von Amsterdam und Nizza) sowie Schomburg/Lagodny-*Schomburg*: IRhStr., 1998, SDÜ, Ausblick, Rn. 3.

154 Vgl. z. B. Art. 6 Abs. 2 des Übereinkommens über den Beitritt des Königreichs Spanien zum SDÜ (BGBl. 1993 II, S. 1912 ff., 1915): „*Der Wortlaut des Übereinkommens von 1990 in spanischer Sprache ... ist gleichermaßen verbindlich wie der Wortlaut des Übereinkommens von 1990 in deutscher, französischer, italienischer und niederländischer Sprache.*" (So auch Italien [BGBl. 1993 II, S. 1904 ff., 1906], Portugal [BGBl. 1993 II, S. 1921 ff., 1924], Griechenland [BGBl. 1996 II, S. 2543 ff., 2545], Dänemark [BGBl. 2000 II, S. 1108 f., 1109], Finnland [BGBl. 2000 II, S. 1112 f., 1113], Schweden [BGBl. 2000 II, S. 1116 f., 1117]). Irr-

jeder Sprache in gleicher Weise in Verbindlichkeit. Bereits dies hindert an der unreflektierten Berufung auf eine einzige der Fassungen unter Außerachtlassung der übrigen. Denn ebenso wie die Interpretation einen Versuch darstellt, „... *vom Unverständlichen ins Verständliche*“[156] zu übersetzen, ist „*[j]ede Übersetzung ... schon Auslegung, ja man kann sagen, sie ist immer die Vollendung der Auslegung, die der Übersetzer dem ihm vorgegebenen Wort hat angedeihen lassen.*“[157] Damit soll gesagt sein, daß die durch die Übertragung in die Zielsprache erfolgende Wahl unter mehreren Deutungsmöglichkeiten des Ausgangstextes[158] diesem zu einer Präzisierung verhelfen kann. Je mehr verbindliche Versionen existieren, desto größer ist möglicherweise die Anzahl der Anhaltspunkte für das von den Vertragsschöpfern Gemeinte. Man könnte im Grunde jede der authentischen Fassungen bereits als eine Interpretation der anderen betrachten.[159] Erst aus der Gesamtschau erschließt sich, welche der Bedeutungen im konkreten Fall gemeint ist.[160] Beschränkt sich der Blick also auf jeweils eine einzige Vertragsversion, so besteht die Gefahr des Auseinanderfallens des *einen* Vertragssinnes in eine Vielzahl verschiedener Inhalte,[161] weil die in den jeweiligen Textfassungen benutzten Worte in der Reichweite ihrer Bedeutung zumindest partiell voneinander abweichen können.[162]

---

tümlicherweise geht *Thomas*: Recht auf Einmaligkeit, 2002, S. 96 von der bloßen Verbindlichkeit der drei Gründungssprachen aus.

155 Wiener Übereinkommen vom 23. 05. 1969 über das Recht der Verträge (BGBl. 1985 II, S. 927; 1987 II, S. 757). Zur Geltung der Auslegungsregeln dieser Konvention vgl. *unten Kapitel 4, A. II.*

156 *Hatz*: Rechtssprache, 1963, S. 43.

157 *Gadamer*: Hermeutik I, 1990, S. 388.

158 Dieses aus der Übersetzungswissenschaft stammende Vokabular – Ausgangstext/-sprache und Zieltext/-sprache – findet sich bei *Braga*: Rechtsvergleichende Arbeit, in: Lüke et al. (Hrsg.): GS Constantinesco, 1983, S. 99 ff., 101 ff.

159 *Hilf*: Ausleg. mehrspr. Vertr., 1973, S. 33 spricht davon, daß der Interpret von der Gebundenheit an nur einen Text enthoben sei und eher zu einer „... *elastischen, dem Vertragszweck entsprechenden Auslegung* ...“ gelangen könne. Vgl. i. d. Zushg. insb. auch *ILC* Final Draft, YBILC 1966 II, S. 177 ff., 225 (Art. 29): „*On the other hand, when the meaning of terms is ambiguous or obscure in one language but it is clear and convincing as to the intentions of the parties in another, the plurilingual character of the treaty facilitates interpretation of the text the meaning of which is doubtful.*“ Ähnl. § 147 Abs. 1 (i) des Entwurfs des American Law Institute (zit. nach *Makarov*: Ausleg. mehrspr. Staatsvertr., REDI 1968, S. 403 ff., 412).

160 Vgl. i. d. Zshg. auch *Hummer*: „Ordinary" versus „Special" Meaning, ÖZÖR 1975, S. 87 ff., 115 f., der sehr zu recht fragt: „... *but, how could the operation properly be carried out if there is no comparison of all the authenticated versions of multilingual treaties from the very beginning of the process of interpretation?*"

161 Vgl. insb. *Jouberts* und *Bevers'* (Schengen Investigated, 1996, S. 11) Beobachtung zum SDÜ: „*It seems that the different versions of the Convention do not correspond with one another and that in some places the French version, for instance, may be interpreted differently than the Dutch version.*"

162 Vgl. dazu *Braselmann*: Übernat. Recht u. Mehrsprachigkeit, EuR 1992, S. 55 ff., 58 f.: „*Aus der Übersetzungstheorie aber wissen wir (...), daß exaktes Übersetzen eigentlich gar nicht möglich ist: Aufgrund der Verschiedenheit der Kulturen, der je eigenen Deutung der Welt und des je unterschiedlichen Zugriffs auf die Wirklichkeit kann im besten Fall eine annähernde Transposition erreicht werden.*" Vgl. auch *Gadamer*: Hermeutik I, 1990, S. 387: „*Wo es einer Übersetzung bedarf, muß der Abstand zwischen dem Geist des ursprünglichen Wortlauts des Gesagten und dem der Wiedergabe in Kauf genommen werden. Seine Überwindung gelingt nie ganz.*" und *Pescatore*: Recht in einem mehrspr. Raum, ZEuP 1998, S. 1, 10: „... *denn jede Sprache hat ihre eigene, unübersetzbare Logik und jede nationale Rechtsordnung ihr eigenes System.*“

Hinzu kommt, daß der französische Rechtsgelehrte – ebenso wie der deutsche Jurist eine bestimmte Vorstellung mit dem Wort *Urteil* verbindet – auch eine besondere Bedeutung bei der Lektüre des Wortes *jugement* assoziiert. Dies trifft in gleicher Weise auf das Tatbestandsmerkmal *rechtskräftig* und alle, durch die dreizehn unterschiedlichen Rechtssysteme vorgeprägten Juristen zu. Die jeweiligen Vorstellungen weichen indessen, und dies ist das Kritische, aufgrund der Eigenheiten der einzelnen Systeme voneinander ab. Die Unterschiede beginnen bei den Zuständigkeiten der jeweiligen richterlichen Spruchkörper für die einzelnen Deliktskategorien, umfassen die Prinzipien der Beweisaufnahme und enden bei systemeigenen Urteilsarten und Rechtsmittelsystemen. So führen beispielsweise in Frankreich der – dauerhaft – mangelnde Strafantrag oder der Tod des Angeklagten als Gründe des Erlöschens der Strafklage zu einem materiell rechtskräftigen Freispruch, in Deutschland als Prozeßhindernis zu einem ebenfalls materiell rechtskräftigen Einstellungsurteil und in den Niederlanden als Gründe der Unzulässigkeit der Anklage zu einer nicht *ne bis in idem*-fähigen Beendigung des Verfahrens. Diese kurze Aufzählung mag hier zur Verdeutlichung der verschiedenartigen Begriffe genügen.[163]

All dies wäre unerheblich, könnte man neben den unterschiedlichen *nationalen Bedeutungen* auf einen bereits bestehenden, im Rahmen des SDÜ zu verwendenden gemeinsamen Begriff zurückgreifen. Dies ist jedoch nicht der Fall.[164] Das SDÜ hat auf eine Definition verzichtet. Trotz zunehmender grenzüberschreitender Zusammenarbeit der Staaten auch auf (straf-)rechtlichen Gebieten hat sich bisher ebensowenig eine internationale, auf alle zwischenstaatlichen Übereinkünfte anwendbare Rechtssprache entwickeln können, aus der die Bedeutung des Terminus *Urteil*[165] zu schöpfen wäre.[166] Insbesondere sind auch die Inhalte der in anderen Übereinkommen enthaltenen Definitionen[167] nicht mit Allgemeingültigkeit in den zwischenstaatlichen Sprachgebrauch eingegangen. Eine unmittelbare Übernahme[168] scheitert schon daran, daß sich die Kreise der Vertragspartner

---

[163] Vgl. zu *Urteil*, *jugement* und *vonnis* genauer noch *unten Kapitel 9.*

[164] Vgl. auch *Plöckinger/Leidenmüller*: Verbot doppelter Strafverfolgung, wistra 2003, S. 81 ff., 84.

[165] Wenn *Barbey*: Non bis in idem, 1930, S. 29, Fn. 1 davon spricht, daß sich im internationalen Strafrecht die Definition *„Le jugement définitif est celui qui épuise l'action pénale"* eingebürgert habe, so bringt dies hier wenig: Das Erlöschen der Strafklage ist in jedem Land auf andere Weise geregelt und kann je nach Art der Entscheidung innerhalb der einzelnen Rechtsordnung von unterschiedlicher Endgültigkeit sein. Infolge der theoretisch nahezu immer (Ausnahme: Freispruch in einzelnen Rechtsordnungen) denkbaren Wiederaufnahme existiert ein absolutes Erlöschen der Strafklage nicht.

[166] Vgl. auch *Zweigert*: Eur. Rechtsvereinheitlichung, RabelsZ 1951, S. 387 ff., 395: *„Während fast alle Wissenschaften für ihre Grundbegriffe eine technische Terminologie besitzen, die überall in der Welt verstanden wird, hat die Rechtswissenschaft eine übernationale Begriffswelt jedenfalls heute nicht mehr."* und *Kropholler*: Int. Einheitsre., 1975, S. 246 f.: „Normative Begriffe, *die in autonomen nationalen Rechtsordnungen bereits eine jeweils eigene Bedeutung erlangt haben, sind nach Möglichkeit entweder ganz zu vermeiden oder aber durch Definitionen zu klären ... Auf längere Sicht ist es jedenfalls nötig, einen* übernationalen Begriffsapparat *zu erarbeiten.*" (Hervorhebungen im Original).

[167] Vgl. z. B. die Definition des *„European Criminal Judgement"* in Art. 1 a) der European Convention on the International Validity of Criminal Judgements (vom 28. 05. 1970, ETS Nr. 70): *„any final decision delivered by a criminal court of a Contracting State as a result of criminal proceedings"*.

[168] So offenbar aber Ministerialrat *Grotz*: Schreiben vom 13. 12. 1995, abgedruckt bei *HansOLG Hamb.*, B. vom 08. 03. 1996, wistra 1996, S. 193 ff., 194, der wohl aus der Definition des *„Europäischen Strafurteils"*

nicht decken und, wie *Kropholler* zutreffend bemerkt, jeder Text des Einheitsrechtes[169] in der Regel ein kleines Rechtssystem für sich bildet.[170]

Es ist sicherlich richtig, daß jeder Staat, je mehr ein Vertrag auf eine innerstaatliche Anwendung hin angelegt ist, auch um so mehr bei der Formulierung des landessprachlichen Textes auf die Konkordanz mit seiner innerstaatlichen Ordnung achten wird.[171] Der Rückgriff auf jeweils eine dieser Vorstellungen vom Begriff des *rechtskräftigen Urteils* im konkreten Fall, sei es der des *Erst-* oder der des *Zweit*entscheidungsstaates, hätte augenscheinlich zur Konsequenz, daß Art. 54 je nachdem, welche Vertragspartner beteiligt wären, von unterschiedlicher Reichweite wäre. Aus diesem Grunde erweisen sich beide Alternativen als gleichermaßen unvereinbar mit dem Bedürfnis nach Einheit des Vertrags. Abgesehen davon stellt *Specht* zu Recht fest, daß der die Vorschrift anwendende Zweitentscheidungsstaat es ohnehin niemals mit einem aus seinem eigenen Rechtssystem stammenden *Urteil* zu tun habe,[172] weshalb das seiner landessprachlichen Version zugrundeliegende Vorverständnis kaum von Nutzen sein könne.[173]

Gerade der letzte Gesichtspunkt – die unterschiedlichen Vorprägungen im Hinblick auf die rechtlichen Begriffe in Verbindung mit dem Mangel eines gemeinsamen, zwischenstaatlich geformten Begriffsverständnisses – erschwert es auch, den Anspruch zu erfüllen, die Vertragsbegriffe *autonom* auszulegen.

Zusammenfassend ist zu konstatieren, daß die *Einheit* des Vertrages sowohl durch die mehrsprachige Fassung als auch durch die divergierenden Begriffsvorstellungen in den beteiligten Vertragsstaaten erschüttert werden kann. Letztgenannter Aspekt wirft auch Konflikte bei der Suche nach einem *autonomen* Begriff auf.

(vgl. Fn. 167) im Europäischen Übereinkommen über die internationale Geltung von Strafurteilen, dessen *ne bis in idem*-Regelungen den einschlägigen Vorschriften des EG-*ne bis in idem*-Übereinkommens als Vorbild gedient haben sollen, an das sich ihrerseits wieder die Art. 54 ff. SDÜ anlehnen, auf den Ausdruck *abgeurteilt* schließen will.

169 Zum Begriff des *Einheitsrechts* vgl. *Kropholler*: Int. Einheitsre., 1975, S. 1 und 240: in mehreren Staaten übereinstimmende, damit einen eigenen Regelungszweck verfolgende Regelungen.

170 *Bernhardt*: Ausleg. völkerre. Verträge, 1963, S. 87 f.; *Kropholler*: Int. Einheitsre., 1975, S. 273; Wolfrum: Gutachten II (unveröff.), 1996, S. 16 f. Vgl. auch *LG Hamburg* vom 24. 06. 1996, wistra 1996, S. 359 ff., 362.

171 Vgl. *von Weber*: Strafre. Bedeutung der EMRK, ZStW 1953, S. 334 ff., 346; *Hilf*: Ausleg. mehrspr. Vertr., 1973, S. 58.

172 *Specht*: Ne bis in idem, 1999, S. 131.

173 Vgl. dazu auch *LG Hamburg* vom 24. 06. 1996, wistra 1996, S. 359 ff., 362, das befürchtet, die Übernahme der deutschen Begrifflichkeiten zwänge zur Entwicklung einer eigenen Strafrechtsprozeßrechtsdogmatik für ausländische Rechtsordnungen.

2. Präzisierung der Problematik

Um in der weiteren Untersuchung gezielt nach adäquaten Problemlösungen suchen zu können, müssen die dabei zu überwindenden Hürden sorgfältig identifiziert und voneinander unterschieden werden.

a. Exkurs. Welt der Wörter und Welt der Begriffe

Vorausgeschickt werden soll folgende terminologische Klärung. Das *Wort* wird als Zeichen, als Name eines *Begriffs* verstanden. Die Bedeutung, der Sinn des Wortes ist demnach der Begriff, der seinerseits gleichgesetzt wird mit der „... *der sprachlichen Wortbildung zu Grunde liegende[n], gedanklich vorausgehende[n]* ideal-objektive[n] geistige[n] *Entität*".[174] Die Bedeutung des Wortes ist dabei nicht das einzelne Ding, sondern das allen durch dieses Wort bezeichneten Dingen gemeinsame *Wesen*, das in bestimmten invarianten Merkmalen abstrahierend erfaßt werden kann.[175] Im juristischen Bereich betrachtet man die *Worte* des Normtextes als bestimmte rechtliche Vorstellungsinhalte, rechtliche *Bedeutungen* bezeichnend. Im vorliegenden Zusammenhang soll – aufgrund der Zielsetzung, die Bedeutung des Art. 54 zu ermitteln – die Fragestellung auf die Worte auf der einen Seite und die von ihnen bezeichnete Bedeutung auf der anderen Seite beschränkt werden, ohne zunächst[176] auf den konkreten, zu subsumierenden Sachverhalt einzugehen. Ob nämlich einzelne Gegenstände unter den Normtext fallen, wäre erst in einer darauffolgenden Stufe, nach der Ermittlung der Bedeutung der Norm zu prüfen.[177] Dabei soll allerdings nicht verschwiegen werden, daß die Bedeutungsermittlung nicht ein einmaliger Vorgang ist, sondern eine sich ständig erneuernde Kette von Einzelschritten, denn die Bedeutung eines Wortes läßt sich ja ihrerseits auch wieder nur sprachlich in Eigenschaften fassen, deren Sinn es wiederum zu erfassen gilt:[178] *„Es fehlt uns der Archimedische Punkt, der es uns erlaubt, außerhalb der Sprache über sie zu denken.*"[179]

---

[174] *Schiffauer*: Wortbedeutung, 1979, S. 73 (Hervorhebungen im Original). Vgl. auch *Christensen/Jeand'Heur*: Zusammenarbeit zw. Rechtstheorie und Linguistik, in: Müller (Hrsg.): Rechtslinguistik, 1989, S. 9 ff., 11.

[175] Als Orientierung dient dabei die traditionelle Semantik (vgl. *Hummer*: „Ordinary" versus „Special" Meaning, ÖZÖR 1975, S. 87 ff., 137; *Schiffauer*: Wortbedeutung, 1979, S. 71 ff. und *Jeand'Heur*: Der Normtext, in: Müller [Hrsg.]: Rechtslinguistik, 1989, S. 149 ff., 161 f.). Einen exzellenten Überblick über die Entwicklung der Rolle der Sprache im Recht bietet *Busse*: Jur. Semantik, 1993, S. 18 ff.

[176] Vgl. aber dazu *unten Kapitel 13, C.*: Welche Entscheidungsformen lassen sich letztlich unter Art. 54 subsumieren?

[177] Ähnl. *Fastenrath*: Lücken im Völkerrecht, 1991, S. 174, Fn. 687. Das Verhältnis von sprachlichem Zeichen (Wort), Begriff (Bedeutung – *Intension*) und Sachverhalt (Gegenstand – *Extension*) wird oft als sog. *semiotisches Dreieck* bezeichnet. Vgl. z. B. *Herberger/Koch*: Methodenlehre u. Sprachphilosophie, JuS 1978, S. 810 ff., 811; *Koch*, in: *Koch/Rüßmann* (Hrsg.): Jurist. Begründungslehre, 1982, S. 128 und *Jeand'Heur*: Der Normtext, in: Müller (Hrsg.): Rechtslinguistik, 1989, S. 149 ff., 164.

[178] Vgl. *Hummer*: „Ordinary" versus „Special" Meaning, ÖZÖR 1975, S. 87 ff., 95; *Busse*: Jur. Semantik, 1993, S. 294 f.

[179] *Kühne*: Strafverfahrensrecht als Kommunikationsproblem, 1978, S. 111.

Um die Darstellung beider Problemkreise, insbesondere deren Abgrenzung voneinander besser und anschaulicher demonstrieren zu können, soll ein vereinfachtes Bild gewählt werden.

1) Grundmodell. Eine Sprache und eine Begriffswelt[180]

Geht man davon aus, daß jedes Wort einen mehr oder weniger präzise umgrenzten Bedeutungsinhalt bezeichnet, so könnte man sich denken, daß eine vorsprachliche *Welt der Begriffe* existiert. Dieser könnte eine *Welt der Worte* gegenübergestellt werden.[181] Die Welt der Begriffe wird dabei durch die von jedem Wort ausgehenden, gedanklich vorzustellenden Lichtkegel ausschnittweise beschienen. In diesem Zusammenhang soll vernachlässigt werden, daß die Welt der Begriffe nicht statisch ist, sondern unablässigen, insbesondere durch neue Erkenntnisse veranlaßten Veränderungen unterliegt.[182] Gleiches gilt für den damit in Zusammenhang stehenden „ständigen tiefgreifenden Wandel" als „Wesensmerkmal aller natürlichen Sprachen", der es im Grunde nicht zuläßt, Bedeutungen als durch den Wortlaut fixiert anzusehen.[183] Hinzu kommt: „*Lebende Sprachen sind ... nie vollständig homogen. Jeder dürfte ein bestimmtes Wort ein wenig anders verstehen als der andere. Deshalb aber gleich jeglichen Wortsinn leugnen zu wollen, ist jedoch überzogen.*"[184] Jedes Wort setzt also einen bestimmten Bedeutungsbereich ins Licht, das regelmäßig im Bereich seiner Ränder

---

180 Zwischen Worten und Begriffen trennen begrüßenswert klar: *Bayer*: Auslegung vereinheitlichter Normen, RabelsZ 1955, S. 603 ff., 626 und *Wróblewski*: Relativity of Judicial Concepts, ÖZÖR 1959/60, S. 269 ff.

181 Vgl. *Jeand'Heur*: Gemeinsame Probleme, in: Müller (Hrsg.): Rechtslinguistik, 1989, S. 17 ff., 20 f.: „*Das Zeichen bildet einen gewissen Teilaspekt des Wirklichkeitsbereiches gleichsam ab, wobei beide Seiten sich aus abgeschlossenen Entitäten zusammensetzen.*" und *Wimmer*: Bemerkungen zu Christensen/Jeand'Heur, in: Müller (Hrsg.): Rechtslinguistik, 1989, S. 13 ff., 15. Der Frage, ob bestimmte, insb. abstrakte Begriffe möglicherweise sprachunabhängig gar nicht bestehen können (vgl. i. e. *Gadamer*: Hermeutik I, 1990, S. 387 ff.), kann hier ebenso wenig nachgegangen werden wie dem Komplex der Rückkopplungen von der Sprachwelt auf die Begriffswelt (vgl. dazu *Kühne*: Strafverfahrensrecht als Kommunikationsproblem, 1978, S. 116 ff. m. w. N.: „*Sprache als Produkt und Produzent sozialer Realität ...*" (S. 119) und *Weir*: Sprachen, ZEuP 1995, S. 368 ff., 369: „*... die Sprache ist nicht nur der Abdruck der Weltansicht des Redenden, sie hat seine Weltansicht auch geformt.*").

182 Vgl. dazu *Wróblewski*: Relativity of Judicial Concepts, ÖZÖR 1959/60, S. 269 ff.; *Podlech*: Rechtslinguistik, in: Grimm (Hrsg.): Rechtswiss., 1976, S. 105 ff., 110 f.: „*Unabgeschlossenheit der Erfahrungshorizonte der Mitglieder einer Sprachgemeinschaft*".

183 Vgl. *Hummer*: „Ordinary" versus „Special" Meaning, ÖZÖR 1975, S. 87 ff., 88 und *Wimmer*: Bemerkungen zu Christensen/Jeand'Heur, in: Müller (Hrsg.): Rechtslinguistik, 1989, S. 13 ff., 14 sowie *Busse*: Jur. Semantik, 1993, S. 226: „*Dieses Vertrauen in die Verläßlichkeit unserer Sprache und in die Objektivierbarkeit von Interpretationsergebnissen ... hat für einen Linguisten etwas Rührendes.*"

184 *Fastenrath*: Lücken im Völkerrecht, 1991, S. 169. Ähnl. auch *Zippelius*: Methodenlehre, 1994, S. 16 f. Vgl. auch die im Rahmen des SDÜ von *Joubert/Bevers*: Schengen Investigated, 1996, S. 10 getroffene Feststellung, daß eine unterschiedliche Terminologie selbst dann Verwendung findet, wenn in zwei Ländern die gleiche Sprache benutzt wird (Niederlande, Belgien bzw. Frankreich, Belgien, Luxemburg).

diffuser sein wird.[185] Dabei kann einerseits ein Wort W_{AB} mehrere Begriffe, nämlich B_A und B_B, anstrahlen (*Homonyme*),[186] während ein Begriff B_M andererseits auch von verschiedenen Worten, nämlich W_M und W_{MN} beleuchtet werden kann (*Synonyme*).[187]

Das Wort *Bank* bezeichnet zum Beispiel sowohl ein *Geldinstitut* als auch eine *Sitzgelegenheit*, während einer der durch das Wort *erklären* bezeichneten Begriffe auch durch das Wort *deuten* ausgedrückt werden kann.

Diese Verbindung zwischen der Welt der Worte und der Welt der Bedeutungen läßt sich als *Referenzverhältnis* charakterisieren.[188]

2) Erste Erweiterung. Mehrere Sprachen und eine Begriffswelt

Bisher beschränkte sich die Beschreibung auf die Situation in einer Sprache. Das Modell soll nun auf die Existenz einer weiteren Sprache ausgedehnt werden. Im Rahmen dieser Stufe wird von dem Idealfall ausgegangen werden, daß sich beide Sprachen auf *eine gemeinsame Begriffswelt* beziehen. Vereinfacht trifft dieses Modell auf die Situation in Staaten mit mehreren Amtssprachen zu.

Unterschiede werden allerdings im Hinblick auf die Verknüpfung zwischen der Welt der Begriffe und der Welt der Worte liegen. Dies bezieht sich auf die Divergenzen der Bedeutungsinhalte der Worte in den einzelnen Sprachen, grenzen diese doch die Bedeutungsfelder der Ausdrücke in ganz unterschiedlicher Weise voneinander ab.[189] So kann *Sacco* im Hinblick auf Übersetzungen feststellen:

„Schwierigkeiten ... sind also dem Umstand zu verdanken, daß das Verhältnis zwischen Wort und Begriff nicht von selbst in allen Rechtssprachen gleich bleibt. Eine Lehre von der Rechtsübersetzung besitzt keinen eigenständigen Wert, wenn sie sich nicht dem Problem der Beziehungen stellt, die in den verschiedenen Sprachen zwischen Wort und Begriff bestehen, und wenn sie nicht die Eigenheiten zu bemerken mag, die dieses Verhältnis in der jeweiligen Sprache charakterisieren.“[190]

---

185 Diese Ränder könnte man mit dem „Begriffs*hof*" von *Philipp Hecks* „Zwei-Bereiche-Modell" (in Gegenüberstellung zum Begriffs*kern*, dazu *Koch*: Unbestimmte Rechtsbegriffe, 1979, S. 40 ff.) oder den „*neutralen* Kandidaten" (neben den *positiven* und *negativen* Kandidaten) *Kochs* (in: *Koch/Rüßmann* [Hrsg.]: Jurist. Begründungslehre, 1982, S. 195: zurückgehend auf *Georg Jellineks* „Drei-Bereiche-Modell" – *positive* Gewißheit, *negative* Gewißheit und *möglicher* Zweifel) gleichsetzen. Zum Problem der *Vagheit* in knapper Weise: *Herberger/Koch*: Methodenlehre u. Sprachphilosophie, JuS 1978, S. 810 ff., 812.

186 Auf die Unterscheidung zwischen *Mehrdeutigkeit* (Ausdruck wird von einer Sprechergruppe mit mehreren Bedeutungen gebraucht) und *Inkonsistenz* (verschiedene Bedeutungen eines Wortes verteilen sich auf unterschiedliche Sprechergruppen) soll hier nicht näher eingegangen werden. Vgl. dazu *Herberger/Koch*: Methodenlehre u. Sprachphilosophie, JuS 1978, S. 810 ff., 814.

187 Erläuterung: *W* = *Wort*, *B* = *Begriff*.

188 Vgl. *Jeand'Heur*: Der Normtext, in: Müller (Hrsg.): Rechtslinguistik, 1989, S. 149 ff., 150; *Busse*: Jur. Semantik, 1993, S. 283.

189 *Fastenrath*: Lücken im Völkerrecht, 1991, S. 170 benutzt i. d. Zshg. die Bezeichnung „semantischer Anisomorphismus".

190 *Sacco*: Rechtsvergleichung, 2001, S. 45.

Stark simplifiziert könnte man dies folgendermaßen demonstrieren:[191] Der Begriff B_A werde in der Sprache S_1 von den Lichtkegeln der Worte W_{A-1} und W_{AB-1} erfaßt. In Sprache S_2 geschieht das durch das Wort W_{AM-2}. Das Wort W_{AM-2} strahlt indessen auch den Begriff B_M an, während dies in Sprache S_1 durch das Wort W_{CM-1} erfolgt.

So hat das in der französischen Version des Art. 85 Abs. 1 EWG[192] – zum Verbot wettbewerbshindernder Vereinbarungen oder Beschlüsse – benutzte Wort *affecter* einen neutralen Sinn, umfaßt also sowohl positive und negative Einflüsse. Nur letztere werden aber durch die eher pejorativen Ausdrücke der anderen Sprachen *beeinträchtigen – pregiudicare – ongunstig beinvloeten* bezeichnet.[193]

Die Schwierigkeiten sind nicht zu übersehen.

3) Zweite Erweiterung. Eine Sprache und mehrere Begriffswelten

Nun soll die Konstellation betrachtet werden, in der sich in den einzelnen Kulturkreisen besondere Eigenheiten, gesellschaftliche Erscheinungen entwickelt haben, die in anderen nicht in der Form existieren, obwohl in beiden Regionen die gleiche Sprache benutzt wird. Die *Begriffswelten divergieren* in diesem Fall zumindest partiell. Die einzelnen, beiden Kulturkreisen gemeinsamen Worte werfen dann ihr Licht auf jeweils unterschiedliche Begriffe.[194] Um zu erkennen, wie häufig diese Fallgruppe in der Praxis ist, braucht man sich nur die verschiedenen Rechtssysteme in Frankreich und im französischsprachigen Kanada oder in Deutschland, Österreich oder der Schweiz zu vergegenwärtigen. Selbst innerhalb eines einzigen Landes kann ein- und dasselbe Wort in unterschiedlichen Regionen jeweils eigene Begriffe beschreiben.[195]

So versteht man beispielsweise unter einem *Untersuchungsrichter* in den Strafverfahrensordnungen einiger Schweizer Kantone (z. B. Glarus, Zug und Fribourg) eine unabhängige Instanz, während das unter diesem Namen tätige Organ in anderen Kantonen (z. B. Zürich, Bern und Luzern) der Weisungsbefugnis der Staatsanwaltschaft untersteht.[196]

---

191 Erläuterung: *S* = *Sprache*. Vgl. auch Fn. 187. Bedeutungsunklarheiten (vgl. oben Fn. 185) werden hier vernachlässigt.

192 Jetzt Art. 85 Abs. 1 EGV.

193 Vgl. dazu *EuGHE* vom 13. 07. 1966, EuGHE 1966, S. 321 ff. (*Consten/Grundig*), insb. Schlußanträge d. Generalanwaltes *Roemer* vom 27. 04. 1966, S. 401 ff., 414.

194 Vgl. dazu auch *von Weber*: Strafre. Bedeutung der EMRK, ZStW 1953, S. 334 ff., 345; *Wróblewski*: Relativity of Judicial Concepts, ÖZÖR 1959/60, S. 269 ff., 274 ff.

195 Am Ende dieser überaus komplexen Materie, die hier bei weitem nicht in ihrer Gänze erfaßt werden kann und soll, müßte man wohl einsehen, daß jeder einzelne Mensch in seiner eigenen, von spezifischen, individuellen Erfahrungen geformten Begriffswelt lebt.

196 Vgl. *EJPD* (Hrsg.): Aus 29 mach 1, 1997, S. 29 f. und *EJDP/BJ* (Hrsg.): Vorentwurf Schw. StPO, 2001, S. 15 ff.

4) Kombination der Modelle 2) und 3). Mehrere Sprachen und mehrere Begriffswelten

In diesem Falle kommt in der Vorstellungswelt jenes Kultur- und Sprachkreises ein spezieller Begriff vor, der ausschließlich durch seine eigene Welt der Worte hell[197] angestrahlt wird.[198] In hervorragendem Maße trifft dies auf rechtstechnische, systemspezifische Begriffe zu, die in besonderer Weise durch die Eigenheiten der jeweiligen Rechtsordnung geprägt und geschliffen wurden. Dieses Phänomen ist schon im Rechtsraum der sich kulturell nahestehenden Staaten Europas zu beobachten.[199] Auf dieser Stufe gesellen sich zu den mit der Mehrsprachigkeit verbundenen Problemen diejenigen, die durch die Verschiedenheit der Vorstellungswelten veranlaßt werden.

b. Anwendung auf völkerrechtliche Verträge

Auf die soeben ausgeführten Punkte kann man in unterschiedlichen Kombinationen in völkerrechtlichen Verträgen stoßen. Dabei sind *vier* Fallgruppen denkbar.

1) Zunächst kann ein *einsprachig* abgefaßtes Übereinkommen[200] *einen Begriff* beschreiben, der bereits in der Vorstellungswelt aller Vertragspartner existiert. In diesem Fall sind weder die oben unter a. 2) noch die unter a. 3) geschilderten Fragen zu erörtern.

Ein einfaches Beispiel liefert dafür die Benutzung von Zahlen in einem einsprachig authentischen Vertrag.

2) Gleichermaßen kann man sich *mehrsprachige* internationale Instrumente vorstellen, bei denen sich die verschiedensprachigen Worte auf einen allen Partnern *gemeinsamen Begriff* beziehen. Dann ist die Problematik auf die der Mehrsprachigkeit (vgl. oben a. 3)) beschränkt.

Demonstriert werden kann dies an Art. 5 Abs. 3 EMRK, der die Frage der angemessenen Dauer der Untersuchungshaft regelt. Während die englische Fassung von *entitled to trial* spricht, heißt es in der französischen Fassung *le droit d'être jugé*. Die beiden authentischen Fassungen sind in ihren Bedeutungsspektren nicht völlig kongruent, denn die Worte strahlen unterschiedliche Ausschnitte *einer* Begriffswelt an, wobei sie sich aber zum Teil überschneiden. Das Wort *trial* umfaßt sowohl den Begriff der erstinstanzlichen Verhandlung als auch deren Abschluß mit dem Urteil. Das Wort *jugement*, auf das die Wendung *être jugé* hinweist, bezeichnet hingegen allein den verfahrensabschließenden Spruch. Erstin-

---

197 Daß ein schwächerer Lichtschein auch aus einer anderen Sprache auf diesen, jener ursprünglich fremden „Sonderbegriff" fallen kann, ist dadurch nicht ausgeschlossen. Allerdings handelt es sich insoweit um eine ungenaue, diffuse Umschreibung, die – abgesehen von dem Fall der Rezeption des Begriffes – längst nicht an die im „*Ursprungs*"kulturkreis erreichte Präzision heranlangt.

198 Beispiele bei *Wróblewski*: Relativity of Judicial Concepts, ÖZÖR 1959/60, S. 269 ff., 272.

199 Darauf weist auch *Fastenrath*: Lücken im Völkerrecht, 1991, S. 171 hin.

200 Auch im Rahmen dieser Fallgruppenerstellung wird wieder von dem idealisierten Fall ausgegangen, daß die Verknüpfungen zwischen Welt der Worte und Welt der Begriffe innerhalb einer Sprache übereinstimmen. Darüber hinaus kann man eventuelle Verschiebungen innerhalb einer Sprache auch der Bedeutungspalette eines Wortes zuordnen, die man dann nicht auf einen bestimmten Lebensbereich beschränkt, sondern so umfassend wie möglich versteht.

stanzliche Verhandlung als auch der Abschluß des Verfahrens mit dem Urteil sind in der hier ausreichenden Globalität[201] Begriffe, die den Konventionsstaaten gemeinsam sind. In dem Bemühen, die Fassungen soweit wie möglich miteinander zu vereinbaren, kam der *Europäische Gerichtshof für Menschenrechte*, da sich die unterschiedlichen Texte im Zeitpunkt des Urteils der ersten Tatsacheninstanz decken, unter Berücksichtigung von Ziel und Gegenstand der EMRK, zu dem Schluß, dem Verdächtigen gebühre bis zum Ausspruch des Gerichts Schutz vor unangemessener Haftdauer.[202]

3) Nimmt ein *einsprachiger* Vertrag indessen auf *Begriffe* Bezug, die *nicht in gleicher Form* in den Ordnungen der Vertragsstaaten vorhanden sind, so scheint es auf den ersten Blick einleuchtend, den Begriff heranzuziehen, der in dem System, dessen Sprache verwandt wurde, mit dem benutzten Wort assoziiert wird. Dies ist jedoch nicht mit dem Prinzip der autonomen Vertragsauslegung zu vereinbaren. Inhaltlich muß auch ein in nur einer Sprache authentischer Vertrag hinsichtlich seiner Ausdrücke unabhängig von dem Ursprungsrechtskreis erfaßt werden, dem die Worte entlehnt sind.

So erforderte auch der allein in französischer Sprache verbindliche EGKS-Vertrag[203] eine europäische Auslegung ohne begriffliche Vorprägung durch französisches Rechtsverständnis:[204] *„Der Vertrag ist zwar französisch geschrieben, aber europäisch gedacht.“*[205]

Solch eine Konstellation unterfällt dem oben unter a. 3) besprochenen Gesichtspunkt.

4) Schließlich bleiben die Fälle wie der hier untersuchte, in denen sowohl die herkömmlich mit der *Mehrsprachigkeit* als auch die mit den partiell *unterschiedlichen Begriffswelten* verbundenen Probleme von Bedeutung sind. Diese Konstellation wurde oben unter a. 4) beschrieben.

c. Ergebnis

Es manifestieren sich also zwei Problemkreise. Zum einen geht es um die Schwierigkeit, die daraus resultiert, daß die in den einzelnen Sprachen benutzten Worte in ihrer Verknüpfung mit der Welt der – gleichen – Begriffe Unterschiede aufweisen, daß folglich die Bedeutungsspektren der in den unterschiedlichen Sprachfassungen benutzten Worte

---

201 Im Rahmen des Art. 5 Abs. 3 EMRK sind Unterschiede in der prozessualen Ausgestaltung im einzelnen nicht von Bedeutung. Soweit die Begriffe insoweit also relevant sind, können sie als übereinstimmend betrachtet werden. Dies zeigt aber zugleich, welche Vielfalt von Begriffen von einem Wort umfaßt werden kann und welche Abstufungen in der Anzahl der einen Begriff bestimmenden Merkmale möglich sind. Die konkrete Auswahl des von einem Wort benannten Begriffes bestimmt sich dann nach Systematik bzw. Sinn und Zweck der jeweiligen Vorschrift. Ob die Begriffswelten in den Rechtssystemen übereinstimmen, kann somit nicht absolut, sondern immer nur in bezug auf die konkrete Konstellation bestimmt werden.

202 *EGMR* vom 27. 06. 1968, Serie A, Nr. 7 („*Wemhoff*"), insb. §§ 6 ff. Dazu *Mosler*: Rechtsvergleichung vor völkerre. Ger., in: Marcic et al. (Hrsg.): FS Verdross, 1971, S. 381 ff., 395.

203 Art. 100 EGKSV (am 23. 07. 2002 ausgelaufen, vgl. http://europa.eu.int/abs/treaties_de).

204 *Winkler*: Rechtsnatur der Geldbuße, 1971, S. 33; *Ress*: Rechtsvergleichung u. R. int. Org., ZaöRV 1976, S. 227 ff., 253 f.

205 *Ophüls*: Ausleg. der EGVe, in: Greiß (Hrsg.): FS Müller-Armack, 1961, S. 279 ff., 280.

verschoben und nicht deckungsgleich sind. Diese Frage ist auf der *Ebene der Welt der Worte* und ihren Verbindungslinien zur Begriffswelt zu verorten.

Zum zweiten sind die, durch das äußerst präzise und ausdifferenzierte, aber inhaltlich divergierende Vorverständnis veranlaßten, sich auf der *Ebene der Welt der Begriffe* befindlichen Probleme angesprochen.

Im Bewußtsein der grundlegenden Unterschiede[206] beider Problembereiche sind dennoch gewisse gegenseitige Beeinflussungen nicht zu leugnen. So kann der oft erwähnten Gefahr des Verständnisses der aus den nationalen Rechtssystemen stammenden Ausdrücke in eben diesem nationalen Sinn und damit der „*sprachlich bedingten Aufsplitterung der wesensmäßig internationalen Rechtstheorie*“[207] auf der einen Seite durch mehrsprachige Versionen Vorschub geleistet werden. Denn „*[u]nwillkürlich denkt jeder Autor in den Kategorien seines eigenen Rechtssystems und übersieht die anderen Denkweisen, die es außer diesen gibt oder in anderen Kulturen gegeben hat.*“[208] Richtet sich der Blick nämlich unter Scheuklappen nur auf jeweils eine, die landessprachliche Fassung des Rechtsanwenders, werden die Normprojektionen tatsächlich noch stärker differieren als bei einem einsprachigen Text, da die Assoziation mit innerstaatlichen Rechtsinstituten durch die sprachliche Vertrautheit besonders naheliegt.[209] Betrachtet man auf der anderen Seite die Fassungen in ihrer Gesamtheit, so verdeutlicht die Fassung eines bi- oder multilateralen Abkommens in mehreren Sprachen besonders augenfällig, daß nicht ohne weiteres von den dem Leser bekannten innerstaatlichen Begriffsbestimmungen auszugehen ist:[210]

> „... *differences in the formulation of the various linguistic versions of the Treaty may inspire a construction that is unaffected by the legal connotations in the domestic laws of the member States.*“[211]

Nachdem in den bisherigen Betrachtungen die besonderen Schwierigkeiten bei der Feststellung des Vertragsinhaltes identifiziert werden konnten, muß nach Lösungswegen gesucht werden, der Forderung nach *einheitlicher* und *autonomer* Auslegung des Vertrags gerecht zu werden.

---

206 Diese Unterscheidung wird auch bei *Fastenrath*: Lücken im Völkerrecht, 1991, S. 171, Fn. 673 a. E. angesprochen: „*All dies [die Unterschiedlichkeit der Normprojektionen*, die *Verf.] ist aber kein spezifisches Problem der Mehrsprachigkeit eines Rechtstextes ...*“.

207 *Zemanek*: Vergleichung staatl. öff. R., ZaöRV 1964, S. 453 ff., 461.

208 *Coing*: Methodenlehre, 1972, S. 10. Vgl. auch – pointiert – *Pescatore*: Recht in einem mehrspr. Raum, ZEuP 1998, S. 1 ff., 5: „*Nationalismus ist heute verpönt, aber juristischen Nationalismus, Verherrlichung des eigenen 'Rechtsdenkens' und, als Ergebnis, juristische Überheblichkeit dürfen die Rechtsfakultäten und andere juristische Ausbildungsstellen aller Länder ungestraft kultivieren.*“

209 Vgl. *Fastenrath*: Lücken im Völkerrecht, 1991, S. 171, Fn. 673.

210 Vgl. *Kropholler*: Int. Einheitsre., 1975, S. 264; *ders.*: IPR, 1994, S. 65; *Schulze*: Vergleichende Gesetzesauslegung, ZfRV 1997, S. 183 ff., 195. Wenn *Winkler*: Rechtsnatur der Geldbuße, 1971, S. 33 schon bei mehrsprachigen Verträgen davon spricht, die Rezeption nationaler Begriffe verdecke die zwischen den Rechten vermittelnde Rechtsauffassung, so gilt dies um so mehr für einsprachige Verträge.

211 *Lipstein*: Practical Comp. Law, TLR 1973/74, S. 907 ff., 911.

C. Zusammenfassung

Durch die Wortgruppe *rechtskräftig abgeurteilt*, *définitivement jugée* bzw. *bij onherroepelijk vonnis is berecht* wird auf die Entscheidungsform *Urteil*, *jugement* bzw. *vonnis* hingedeutet. Dabei knüpft das *rechtskräftige Urteil* an bestimmte innerstaatlich rechtskräftige Entscheidungsformen an, so daß Art. 54 die Rolle eines *horizontal filternden Transformators* zukommt, der dem national mit Sperrwirkung ausgestatteten Verfahrensabschluß, bei dem die Merkmale *Rechtskraft* und *Urteil* koinzidieren müssen, auch zwischenstaatlich *ne bis in idem*-Wirkung verleiht.

Ein zwischenstaatlicher Vertrag wie das Schengener Durchführungsübereinkommen muß trotz oder gerade wegen *mehrerer authentischer Vertragsversionen* und *unterschiedlicher innerstaatlicher Verständnishorizonte einheitlich* und zugleich auch *autonom*, also gelöst vom einzelnen nationalen Bedeutungshintergrund ausgelegt werden. Eben darin liegt insbesondere angesichts des Fehlens eines gemeinsamen, in Bezug genommenen Begriffsinhaltes die Schwierigkeit. Dabei ist sorgfältig zu separieren zwischen dem *Wort* auf der einen Seite als Zeichen für den *Begriff* als Bezeichnetes auf der anderen Seite. Das so gedachte Referenzverhältnis zwischen Welt der Worte und Welt der Bedeutungen verkompliziert sich, je mehr Sprachen und Begriffswelten beteiligt sind, oder, anders ausgedrückt, sobald es sich um mehrsprachige völkerrechtliche Übereinkommen zwischen Partnern mit voneinander abweichenden rechtssystematischen Hintergründen handelt. Daraus resultieren zwei, differierende Normprojektionen provozierende Problemkreise. Zum ersten können die in den einzelnen Sprachen benutzten Worte verschiedene Bedeutungsspektren aufweisen, während zum zweiten die Welt der Begriffe an sich infolge jeweils unterschiedlichen Vorverständnisses divergieren kann.

Im Bewußtsein der bei der Auslegung zu berücksichtigenden Maßstäbe und der zu überwindenden Schwierigkeiten wird sich das *folgende Kapitel 3* mit dem Diskussionsstand über die Reichweite des Art. 54 und den bereits zur Auslegüng der Vorschrift vorgebrachten Lösungsansätzen befassen.

Kapitel 3. Überblick über die Diskussion zur Auslegung des Artikels 54 des Schengener Durchführungsübereinkommens

A. Einleitung

Im *vorangegangenen Kapitel 2* ist das bei der Auslegung des Art. 54 zu erreichende *Ziel* herausgearbeitet worden. Gleichzeitig konnten auch die entgegenstehenden *Schwierigkeiten* – Mehrsprachigkeit des Vertrags und unterschiedliche rechtskulturelle Hintergründe – identifiziert werden.

Auf den folgenden Seiten sollen nun die in Rechtsprechung und Literatur in den vergangenen Jahren bereits vorgetragenen *Methodenansätze* zur Bewältigung der aufgezeigten Probleme auf ihre Funktionstüchtigkeit hin kritisch beleuchtet werden. Zudem soll in den wesentlichen Zügen die um Art. 54 geführte *Diskussion* wiedergegeben werden, in der sich die geschilderte Kompliziertheit der Ermittlung der autonomen Begriffsbedeutung widerspiegelt. Im besonderen soll auch ein Eindruck vom derzeitigen Stand der Rechtsprechung vermittelt werden.

B. Darstellung von Rechtsprechung und Lösungsansätzen der Literatur im Spiegel eigener Überlegungen

I. Überblick

Nachdem das Schengener Durchführungsübereinkommen am 26. 03. 1995 für die Gründerstaaten – Belgien, Deutschland, Frankreich, Luxemburg und die Niederlande – sowie Portugal und Spanien in Kraft gesetzt worden war, verstrich nur kurze Zeit, bis die zwischenstaatliche *ne bis in idem*-Vorschrift Beachtung in Literatur und Rechtsprechung fand. Hinsichtlich der geäußerten Ansichten offenbart sich eine beachtliche Bandbreite, die in ihrer Vielgestaltigkeit *Radbruch*'s Skepsis der Interpretation gegenüber[212] ebenso zu bestätigen scheint wie auch die häufig anzutreffende Feststellung, daß gerade im Falle des

[212] Vgl. *Radbruch*: Einf. in die Rechtswiss., 1913, S. 82: „*... die sogenannten Auslegungsmittel dienen in Wahrheit nur dazu, nachträglich aus dem Text zu begründen, was in schöpferischer Ergänzung des Textes bereits gefunden war, und wie diese schöpferische Ergänzung auch lauten mag, immer steht das eine oder andere Auslegungsmittel ... zu ihrer Begründung bereit.*"

Art. 54 der Wortlaut in den unterschiedlichen Vertragsversionen Schwierigkeiten aufwirft.[213]

Weitestgehend einig scheint man sich in der internationalen Diskussion allein darüber zu sein, daß Verurteilungen und Freisprüche des erkennenden Gerichts die Sperrwirkung des Art. 54 auslösen.[214]

Während sich einige Stellungnahmen auf die Subsumtion dieser *Sachurteile* beschränken,[215] drängen andere auf eine Einbeziehung möglichst sämtlicher, auf irgendeine Weise endgültiger *Verfahrensabschlußformen*.[216] So setzt sich das *LG Hamburg* dafür ein, „... *allein auf die endgültige Erledigung eines Verfahrens in einem der Vertragsstaaten abzustellen.*“[217]

Bei der Auswahl aus der Menge an verfahrensabschließenden Entscheidungen scheint demgegenüber für verschiedene Autoren das *Entscheidungsorgan* – Richter oder Staatsanwalt – keine Rolle zu spielen. Der Schwerpunkt der Auslegung liegt dann demzufolge weniger auf dem Wort ***aburteilen***, also auf dem Verfahrensabschluß selbst, als vielmehr auf dessen Wirkung, dem Attribut ***rechtskräftig***.[218] Unterschiedliche Anforderungen werden an

---

213 Vgl. *Lagodny*: Teileuropäisches „ne bis in idem", NStZ 1997, S. 265 ff., 266; *Schomburg*: Int. „ne bis in idem", StV 1997, S. 383 ff., 384 („... *in Europa mehr und mehr zu beklagende Terminologielosigkeit* ..."); *ders.*: Das SDÜ, JBl 1997, S. 553 ff., 558 f.; *Sommer*: Schengen und Strafverteidigung, StraFo 1999, S. 37 ff., 39; *Lensing*: Ne bis in idem, in: Nederlandse Vereniging voor Rechtsvergelijking (Hrsg.): Preadviezen No. 60, 2000, S. 91 ff., 184; *Stange/Rilinger*: Art. 54 SDÜ, StV 2001, S. 540 f.; *Schwaighofer/Ebensperger*: Int. Rechtshilfe, 2001, S. 25.

214 *Jung*: „Internationalisierung" des Grundsatzes „ne bis in idem", in: Albrecht et al. (Hrsg.): FS Schüler-Springorum, 1993, S. 493 ff., 499; *Grotz*: SDÜ u. ne bis in idem, StraFo 1995, S. 102 ff.; *Schomburg*: Int. „ne bis in idem", StV 1997, S. 383 ff., 384; *Grützner/Pötz*: Int. Rechtshilfeverk., Übk. v. Schengen, Art. 54, Fn. 58 [Std. 03/99]; *Sommer*: Schengen und Strafverteidigung, StraFo 1999, S. 37 ff., 39; *Lensing*: Ne bis in idem, in: Nederlandse Vereniging voor Rechtsvergelijking (Hrsg.): Preadviezen No. 60, 2000, S. 91 ff., 184; *Stange/Rilinger*: Art. 54 SDÜ, StV 2001, S. 540 f.; *Kühne*: Anm. zu EuGH vom 11. 02. 2003, JZ 2003, S. 305 ff.

215 *Grotz*: SDÜ u. ne bis in idem, StraFo 1995, S. 102 ff. Vgl. auch *Landau*: Europaweites „ne bis in idem" i. R. d. § 153c StPO, in: Köbler (Hrsg.): FS Söllner, 2000, S. 627 ff., der § 153c Abs. 1 Nr. 3 StPO als „prozeduralen Hebel" für eine weitgehende Verwirklichung der Rechtswirkungen des ne bis in idem anwenden will: „*Es besteht nicht einmal Anlaß, Art. 54 SDÜ weit auszulegen, da dieses Übereinkommen im Rahmen der europäischen Einigung eine Sonder- und Ausnahmestellung hat.*" Vgl. auch aus der belg. Perspektive: *van den Wyngaert*: Anm. zu BGH v. 13. 05. 1997, NStZ 1998, S. 153 f.; *dies.*: Transformations of int. crim. law, RIDP 1999, S. 133 ff., 176; *dies./Stessens*: International *non bis in idem*, ICLQ 1999, S. 779 ff., 800, 802.

216 *Lagodny*: Teileuropäisches „ne bis in idem", NStZ 1997, S. 265 ff., 266; ähnl. auch *ders.*: Auslieferung und Überstellung, ZRP 2000, S. 175 ff., 176 f. Vgl. zudem *Specht*: Ne bis in idem, 1999, S. 139 u. *Wolfrum*: Gutachten I (unveröff.), 1995, S. 7 (auch Ordnungswidrigkeitsentscheidungen) sowie unter öst. Blickwinkel: *Auer*: Int. „ne bis in idem" für Österreich, ÖRiZ 2000, S. 52 ff., 54, insb. Fn. 30.

217 *LG Hamburg*, B. vom 14. 09. 1995, wistra 1995, S. 358 ff., 359 (*transactie*). Vgl. dazu auch *unten B. III. 1.*

218 Vgl. *Bohnert/Lagodny*: Art. 54 SDÜ im Lichte der nationalen Wiederaufnahmegründe, NStZ 2000, S. 636 ff.; *Satzger*: Europäisierung des Strafrechts, 2001, S. 691 ff.; *Plöckinger/Leidenmüller*: Verbot doppelter Strafverfolgung, wistra 2003, S. 81 ff., 86; *Kniebühler*: Transnationales *'ne bis in idem'*, 2004, § 6, IV. (noch unveröffentl.), § 10 D. III. 4. f); z. T. *Radtke/Busch*: Transnationaler Strafklageverbrauch in

die Qualität der Rechtskraft gestellt.[219] Zum Teil verlangt man, daß der Entscheidung eine dem Sachurteil vergleichbare Rechtskraft[220] innewohnt, so daß Abschlüsse wie die richterliche Ablehnung der Hauptverhandlung oder eines Klageerzwingungsantrages nicht erfaßt werden.[221]

Besonders ausgreifend ist der Vorschlag von *Endriß* und *Kinzig*, die – unter Verzicht auf eine Entscheidung überhaupt – für die Anwendung des Art. 54 auch in Fällen plädieren, in denen das Verfahren schon gar nicht eingeleitet wurde, weil ein unbehebbares Verfahrenshindernis vorlag. Ein solcher Ansatz ist als erweiternde Auslegung oder Analogie zu verstehen.[222]

Andere wollen außergerichtliche Abschlußformen ausschließen, dafür aber nicht nur gerichtlichen Entscheidungen in Urteilsform, sondern auch Beschlüssen die zwischenstaatliche *ne bis in idem*-Wirkung zukommen lassen.[223] Der Umfang der Rechtskraft tritt dabei mehr oder weniger in den Hintergrund, wie ein Urteil des belgischen *Gerichts 1. Instanz Eupen*[224] veranschaulicht. Irrtümlicherweise[225] davon ausgehend, daß die Einstellung

---

den sog. Schengen-Staaten, EuGRZ 2000, S. 421 ff., 426. Ähnl. auch *EuGH* vom 11. 02. 2003, JZ 2003, S. 303 ff. (*Gözütok/Brügge*, mit Anm. *Kühne* = NJW 2003, S. 1173 ff.).

219 Vgl. zur frz. *non-lieu*-Entscheidung einerseits *Kühne*: Ne bis in idem, JZ 1998, S. 876 ff., 879, der ihr grds. keine geringere Bestandskraft als einer Entscheidung mit formal vollständiger Rechtskraft zubilligen will, und *Satzger*: Europäisierung des Strafrechts, 2001, S. 691 ff. andererseits, der in ihr nur eine vorläufige Sachentscheidung in Kontrast zu der „das reale Erlöschen des Strafanspruchs" bewirkenden *transactie* sieht.

220 *Endriß/Kinzig*: Erweitertes „ne bis in idem", StV 1997, S. 665 ff., 668, nehmen die Anwendung des Art. 54 auf deutsche Einstellungsurteile wegen unbehebbarer Prozeßhindernisse als unstreitig an. Deren umstr. Zuordnung zum materiellen oder formellen Recht könne nicht den Ausschlag geben für die Anwendung des Art. 54. A. A. aber *Grotz*: SDÜ u. ne bis in idem, StraFo 1995, S. 102 ff., 102.

221 So z. T. *Radtke/Busch*: Transnationaler Strafklageverbrauch in den sog. Schengen-Staaten, EuGRZ 2000, S. 421 ff., 428 f.

222 *Endriß/Kinzig*: Erweitertes „ne bis in idem", StV 1997, S. 665 ff., 668.

223 *Endriß/Kinzig*: Erweitertes „ne bis in idem", StV 1997, S. 665 ff., 668; *Dannecker*: Community Fines, in: Eser/Rabenstein (Hrsg.): Neighbours in Law, 2001, S. 153 ff., 176; ähnlich z. T. auch *Schomburg*: Schengen II, NJW 1995, S. 1931 ff., 1933. Aus öst. Sicht: *Ebensperger*: „Ne bis in idem" in Österreich, ÖJZ 1999, S. 171 ff., 183 und zust. *Haas*: Schengener Abkommen, 2001, S. 116. Vgl. auch Urteil, zumind. aber gerichtl. Entscheidung fordernd: *HansOLG Hamb.*, B. vom 08. 03. 1996, wistra 1996, S. 193 ff. (*transactie*) und *BayObLG* vom 26. 05. 2000, StV 2001, S. 263 (öst. Straferkenntnis). Aus den Gründen des letzten Urteils ist allerdings nicht eindeutig erkennbar, ob es sich insoweit um eine tragende Erwägung handelt. Das Gericht stützt sich nämlich daneben auch auf die Unanwendbarkeit von Art. 54 aufgrund der jedenfalls teilweisen Begehung der Tat auf deutschem Hoheitsgebiet (Art. 55 Abs. 1 a)). Der von der Bundesrepublik diesbezüglich erklärte Vorbehalt (BGBl. II 1994, S. 631) dürfte aber – entgegen der Ansicht des *BayObLG* – in diesem Fall wegen Art. 55 Abs. 1 a) 2. Hs. nicht zum Tragen kommen, weil die Tat teilweise auf dem Hoheitsgebiet Österreichs begangen wurde, woher auch die Erstentscheidung stammte. Die Erklärung ist wohl nicht in dem Sinne zu verstehen, daß Deutschland gegen den 2. Hs. zu verstoßen beabsichtigte (ähnl. auch *Grützner/Pötz*: Int. Rechtshilfeverk., Übk. v. Schengen, Art. 55, Fn. 60, [Std. 03/99]).

224 *Ger. 1. Inst. Eupen* vom 27. 01. 1999, StraFo 1999, S. 119 f.

nach § 153 StPO „*... nur aufgrund neuer Erkenntnisse revidierbar zu sein [scheint], so daß in Deutschland beim jetzigen Stand der Dinge eine Verfolgung und anschließende Sanktion nicht möglich wäre,*“[226] hält es sogar die einfache staatsanwaltschaftliche Opportunitätseinstellung für ein zwischenstaatlich wirkendes Verfahrenshindernis, „*... da die Wirksamkeit der Einstellungsverfügung ... von einer richterlichen Zustimmung abhängt und sie folglich als Urteil im Sinne der Bestimmungen des Artikels 54 des Schengener Übereinkommens gewertet werden kann.*“ Auch das *OLG Innsbruck* begnügt sich im Rahmen des Art. 54 damit, „*... daß eine richterliche Würdigung des Falles stattgefunden hat und ein Wiederaufgreifen des Falles nur unter qualifizierten Voraussetzungen möglich ist ...*“[227] und bejaht dies im Falle einer vorangegangenen Ablehnung eines Klageerzwingungsantrages aufgrund materiellrechtlicher[228] Prüfung durch ein deutsches OLG.

Zum Teil wird überhaupt darauf verzichtet, ausdrücklich zu bestimmen, welche Entscheidungsformen konkret unter Art. 54 gefaßt werden sollen. So erachtet *Schomburg* den Wortlaut des Art. 54 einerseits als zu eng, um eine Verfahrenseinstellung durch eine Strafverfolgungsbehörde, erging sie auch infolge erfüllter Auflagen oder Weisungen, oder eine ablehnende, auf das Klageerzwingungsverfahren ergangene Entscheidung des OLG zu erfassen.[229] Andererseits hält er es demgegenüber für denkbar, „*[b]ei einer durchaus möglichen und weitergehenden Auslegung ... zu dem Ergebnis [zu] kommen, daß diese Entscheidung des OLG eine 'abschließende gerichtliche' sein kann*“,[230] und tendiert dazu, dem § 153a StPO vergleichbaren Entscheidungen ausländischer Behörden im Rahmen des Art. 54 strafklage-

---

225 Zur staatsanwaltschaftlichen Einstellung nach § 153 Abs. 1 StPO vgl. ausführlich noch *unten Kapitel 12, B. I. 3.*

226 Abl. auch *Satzger*: Europäisierung des Strafrechts, 2001, S. 692.

227 *OLG Innsbruck*, B. vom 02. 02. 2000, NStZ 2000, S. 663 ff., 665. Es handelt sich insoweit allerdings wohl um nichttragende Erwägungen, da das Gericht in diesem, eine Beschwerde gegen die Auslieferungshaft betreffenden Verfahren zuvor die Voraussetzungen des § 17 Nr. 1 öst. ARHG als gegeben ansieht.

228 Nach *EGMR* (vom 13. 02. 2001, NJW 2001, S. 2387 ff., 2387 [*Krombach*]) allerdings hat das *OLG München* den Klageerzwingungsantrag am 09. 09. 1987 als *unzulässig* verworfen (so auch z. T. *OLG Innsbruck*, B. vom 02. 02. 2000, NStZ 2000, S. 663 ff., 664: Tatsachen nicht hinreichend bestimmt bezeichnet, Beweismittel nicht erforderlicher Weise angegeben). Wäre dies richtig, so resultierte daraus in Deutschland mangels Prüfung in der Sache kein Strafklageverbrauch (vgl. dazu *unten Kapitel 12, B. II. 2. e.*. Das *Innsbrucker Gericht* geht gleichwohl davon aus, daß das *OLG* „*... den Antrag ... auch als unbegründet [zurückgewiesen hat], was zwar nicht dem Spruch, jedoch der sehr eingehenden Begründung des Beschlusses, welche mit dem Spruch eine Einheit bildet und zu dessen Deutung heranzuziehen ist, zu entnehmen ist.*“ „*... [D]aß eine Wiederaufnahme des gegen ihn gerichteten Ermittlungsverfahrens 'ohne Vorliegen neuer tatsächlicher Anhaltspunkte' nicht in Betracht komme ...*“, habe des Bayerische Ministerium der Justiz zudem in einem Schreiben an den Beschuldigten bestätigt.

229 *Schomburg*: Schengen II, NJW 1995, S. 1931 ff., 1933; *ders.*: Strafrecht u. Rechtshilfe, in: Kroell/Helmers (Hrsg.): Zus.arbeit der Schengener Staaten, 1996, S. 45 ff., 59.

230 *Schomburg*: Strafrecht u. Rechtshilfe, in: Kroell/Helmers (Hrsg.): Zus.arbeit der Schengener Staaten, 1996, S. 45 ff., 59. Vgl. auch *ders.*: Schengen II, NJW 1995, S. 1931 ff., 1933, Fn. 18: „*Ein de lege ferenda in Kerneuropa nicht akzeptables Ergebnis, daß es dem Betroffenen zum Nachteil gereicht, in Deutschland nicht angeklagt worden zu sein.*“

verbrauchende Wirkung zukommen zu lassen.[231] In diesem Sinne bewertet er es als erstrebenswert, „... *daß schnellstmöglichst höchstgerichtlich verbindlich klargestellt wird, daß jedenfalls auch alle Verfahrensbeendigungen im Ausland, die in Deutschland in etwa vergleichbar die Strafklage verbrauchten, in ihrer Rechtsfriedenswirkung bei uns gleichgestellt werden.*"[232]

II. Rechtsprechung des *Europäischen Gerichtshofes*[233]

1. Die niederländische *transactie* und die deutsche Einstellung unter Auflagen

Mit dem Urteil in den miteinander verbundenen Rechtssachen *Gözütok* und *Brügge* erließ der *Europäische Gerichtshof* auf Vorlage des *OLG Köln* sowie der belgischen *Rechtbank van Eerste Aanleg Veurne* schließlich die lang ersehnte Entscheidung zu Art. 54.[234] In beiden Fällen war der strafgerichtlichen Befassung in Deutschland bzw. Belgien ein ausländisches Verfahren vorausgegangen, das mit einer staatsanwaltschaftlichen Einstellung nach Geldleistung der jeweiligen Angeklagten mit *ne bis in idem*-Wirkung im Inland beendet worden war.

In der Rechtssache C-187/01 hatte der wegen Drogendelikten verfolgte *Hüseyin Gözütok* mit der niederländischen Staatsanwaltschaft zur Vermeidung der Strafverfolgung eine *transactie*[235] abgeschlossen. Diese Vereinbarung beinhaltete die Zahlung eines Geldbetrages seitens des Beschuldigten gegen die endgültige Verfahrensbeendigung durch die Staatsanwaltschaft. Anschließend erhob die Aachener Staatsanwaltschaft wegen desselben Sachverhaltes Anklage wegen Handels mit Betäubungsmitteln. Das *Amtsgericht Aachen* verurteilte Herrn *Gözütok* zu einer zur Bewährung ausgesetzten Freiheitsstrafe. Auf die Berufung beschloß das *Landgericht Aachen*, das Strafverfahren einzustellen, da die niederländische staatsanwaltschaftliche *transactie* im Rahmen des Art. 54 für die deutschen Behörden ein Verfolgungshindernis bewirke. Auf die dagegen von der Staatsanwaltschaft erhobene Beschwerde legte das *OLG Köln* das Verfahren dem *EuGH* zur Vorabentscheidung vor.[236]

In der Rechtssache C-385/01 hatte die belgische Staatsanwaltschaft vor der *Rechtbank van Eerste Aanleg Veurne* gegen *Klaus Brügge* Anklage wegen Körperverletzung erhoben. Bevor es in Belgien zu einem

---

231 In diesen Zusammenhang ist auch seine Zustimmung zum *transactie*-Urteil des *LG Hamburg*, insb. zu dessen Abstellen auf die endgültige Erledigung in einem der Vertragsstaaten, einzureihen (*Schomburg*: Strafrecht u. Rechtshilfe, in: Kroell/Helmers [Hrsg.]: Zus.arbeit der Schengener Staaten, 1996, S. 45 ff., 60 f.).

232 *Schomburg*: Anm. zu BGH vom 02. 02. 1999, StV 1999, S. 246 ff., 247. Aufgrund dieser Auslegungsschwierigkeiten ruft er nach einer rechtsvergleichenden Studie (*Schomburg*: Anm. zu BGH vom 02. 02. 1999, StV 1999, S. 246 ff., 248; *ders.*: Europäisierung des Verbots doppelter Strafverfolgung, NJW 2000, S. 1833 ff., 1834).

233 Zur Zuständigkeit des *EuGH* seit dem 01. 05. 1999 vgl. *oben Kapitel 1, E.*

234 *EuGH* vom 11. 02. 2003, JZ 2003, S. 303 ff. (*Gözütok/Brügge*, mit Anm. *Kühne* = NJW 2003, S. 1173 ff.). Nach *Geiger*: Strafrechtsharmonisierung, EuZW 2002, S. 705 war der *EuGH* „... *in diesem Verfahren erstmalig aufgerufen, zum Strafrecht der EU-Mitgliedsstaaten Stellung zu nehmen.*"

235 Vgl. zur niederländische *transactie unten Kapitel 12, D. III. 2.*

236 *OLG Köln*, B. vom 30. 03. 2001, NStZ 2001, S. 558 ff.

Urteil kam, beendete die Staatsanwaltschaft Bonn das gegen Herrn *Brügge* wegen desselben Vorwurfs in Deutschland eingeleitete Ermittlungsverfahren, indem sie gegen Zahlung eines Geldbetrages nach § 153a Abs. 1 i. V. m. § 153 Abs. 1 S. 2 StPO[237] ohne die Zustimmung des Gerichtes von der Verfolgung absah. In Kenntnis dessen legte die belgische *Rechtbank van Eerste Aanleg* die Sache dem *EuGH* zur Frage der Anwendbarkeit des Art. 54 vor.

Der *EuGH* bejahte die Anwendbarkeit des Art. 54 in beiden Fällen. Denn die Strafverfolgung sei im Rahmen der in Rede stehenden Verfahren „... *durch die Entscheidung einer Behörde beendet ... [worden], die zur Mitwirkung bei der Strafrechtspflege in der betreffenden nationalen Rechtsordnung berufen ist.*“[238] Zudem sei „... *darauf hinzuweisen, daß durch ein solches Verfahren, dessen Wirkungen, wie sie das anwendbare nationale Recht vorsieht, von der Verpflichtung des Beschuldigten abhängen, bestimmte, von der Staatsanwaltschaft festgelegte Auflagen zu erfüllen, das dem Beschuldigten vorgeworfene unerlaubte Verhalten geahndet wird.*“[239] Der Anwendbarkeit des Art. 54 auf diese Verfahrensabschlüsse stehe weder dessen Wortlaut noch die Tatsache entgegen, daß kein Gericht tätig geworden ist und die Entscheidung nicht in Form eines Urteils ergangen ist: „... *solche verfahrensrechtlichen und formalen Gesichtspunkte* ...“[240] könnten keinen Einfluß auf die verfahrensbeendenden Wirkungen haben. Denn mangels eines ausdrücklichen gegenteiligen Hinweises in Art. 54 seien diese *Wirkungen* als ausreichend für die Auslösung des Verbotes der Doppelbestrafung anzusehen.[241] Insbesondere nehme die Anwendung des Art. 54 auf die staatsanwaltschaftlichen Verfahrensbeendigungen der Regelung des Art. 58 nicht ihre praktische Wirksamkeit:

> *„Nach ihrem Wortlaut gestattet diese Vorschrift den Mitgliedsstaaten nämlich, Bestimmungen des nationalen Rechts anzuwenden, die nicht nur weiter als Artikel 54 ..., sondern als alle seine Bestimmungen gehen, die die Anwendung des Verbotes des Doppelbestrafung betreffen. Außerdem erlaubt ihnen diese Vorschrift nicht nur, dieses Verbot auf andere Justizentscheidungen als solche anzuwenden, die in den Anwendungsbereich von Artikel 54 fallen, sondern räumt ihnen unabhängig von der Natur der fraglichen ausländischen Entscheidung allgemeiner das Recht ein, nationale Rechtsvorschriften anzuwenden, die diesem Verbot größere Tragweite verleihen oder seine Anwendung an weniger strenge Voraussetzungen knüpfen.‘*[242]

Da die Geltung des Art. 54 nicht von Harmonisierung oder Angleichung des Strafrechts der Mitgliedsstaaten auf dem Gebiet der zum Strafklageverbrauch führenden Verfahren abhängig gemacht worden sei,[243] könne das Doppelbestrafungsverbot nur dann wirksam umgesetzt werden, wenn „... *gegenseitiges Vertrauen der Mitgliedsstaaten in ihre jeweiligen Strafjustizsysteme besteht und ... jeder Mitgliedsstaat die Anwendung des in den anderen Mitgliedsstaaten geltenden Strafrechts akzeptiert, auch wenn die Anwendung seines eigenen nationalen Rechts zu einem anderen Ergebnis führen würde.*“[244]

---

237 Vgl. zur staatsanwaltschaftlichen Einstellung nach § 153a Abs. 1 StPO *unten Kapitel 1, B. III. 2.*

238 Rn. 28 des Urteils (vgl. *oben Fn. 234*).

239 Rn. 29 des Urteils.

240 Rn. 31 sowie Rn. 41 bis 44 des Urteils.

241 Rn. 31 des Urteils.

242 Rn. 45 des Urteils.

243 Rn. 32 des Urteils.

244 Rn. 33 des Urteils.

Auch das in der Präambel des Protokolls zur Einbeziehung des Schengen-Besitzstandes in den Rahmen der Europäischen Union betonte Ziel, die Union als Raum der Freiheit, der Sicherheit und des Rechts, in dem der freie Personenverkehr gewährleistet ist, zu erhalten und weiterzuentwickeln, sei, so der *EuGH*, nur bei Berücksichtigung auch von verfahrensbeendenden Entscheidungen vollständig zu verwirklichen, die ohne gerichtliche Mitwirkung und nicht in Urteilsform ergehen.[245] Erst dann könne vor allem auch Beschuldigten geringerer Straftaten, für die diese Erledigungsformen in den nationalen Rechtsordnungen vorgesehen seien, die Freizügigkeit zugute kommen.[246]

2. Schlußfolgerung[247]

Der *Europäische Gerichtshof* gelangt in seiner Entscheidung zu dem Ergebnis, daß auch nichtrichterliche, das Verhalten des Beschuldigten aber ahndende Verfahrensabschlußformen als *rechtskräftige Urteile* zu verstehen sind und somit die Schengener *ne bis in idem*-Wirkung auslösen können. Das Urteil ist damit als äußerst beschuldigten- und integrationsfreundlich zu bewerten.[248] Die Beweisführung des *EuGH* stützt sich im wesentlichen auf teleologische Erwägungen. Überlegungen zum Wortlaut weist er als lediglich verfahrensrechtlich und formal zurück. Gegen seine weite Auslegung gerichtete Einwände, die sich auf das systematische Gefüge der Art. 54 ff. stützen, versucht er zu entkräften.

So überzeugend die vom *EuGH* vorgebrachten teleologischen Argumente zum erforderlichen gegenseitigen Vertrauen, zur notwendigen Akzeptanz ausländischer Entscheidungsformen und zum anzustrebenden Ziel eines europäischen Raums der Freiheit, der Sicherheit und des Rechts für sich betrachtet auch sind, so wenig knüpfen sie an die konkrete Formulierung der Art. 54 ff. an.[249] Denn in den Art. 54 f. ist von einem *rechtskräftigen Urteil* die Rede. Im Zusammenspiel mit Art. 58 wird deutlich, daß es damit auch auf die

---

245 Rn. 36 bis 38 des Urteils.

246 Rn. 39 f. des Urteils.

247 Dazu auch *Kühne*: Anm. zu EuGH vom 11. 02. 2003, JZ 2003, S. 305 ff.; *Stein*: Meilenstein für das europäische „ne bis in idem", NJW 2003, S. 1162 ff.; *Radtke/Busch*: Transnationaler Strafklageverbrauch in der Europäischen Union, NStZ 2003, S. 281 ff. und *Mansdörfer*: Anm. zu EuGH vom 11. 02. 2003, StV 2003, S. 313 ff.

248 *Harms*: Von Transactien und anderen europäischen Besonderheiten, in: Hanack et al. (Hrsg.): FS Rieß, 2002, S. 725 ff., 735 spricht davon, daß derzeit nur der *EuGH* berufen und geeignet zu sein scheint, „... *auch für die Strafrechtsordnungen die Aufgabe des 'Motors der Integration' zu übernehmen, die er schon in den Jahren seit Gründung der Europäischen Gemeinschaften in der Fortentwicklung der Verträge und des sekundären Gemeinschaftsrechts so wirkungsvoll übernommen hat.*" Vgl. auch *Stein*: Meilenstein für das europäische „ne bis in idem", NJW 2003, S. 1162 ff., 1163 f.

249 Vgl. auch *Kühne*: Anm. zu EuGH vom 11. 02. 2003, JZ 2003, S. 305 ff., 306 („*Eine ganz andere Frage ist es, ob die Weite dieses Ergebnisses noch vom Wortlaut des Art. 54 SDÜ getragen wird.*"); *Radtke/Busch*: Transnationaler Strafklageverbrauch in der Europäischen Union, NStZ 2003, S. 281 ff., 283 („*Extension des Art. 54 SDÜ darf jedoch auf der derzeitigen positivrechtlichen Grundlage nicht um jeden Preis betrieben werden.*") und *Böse*: Grundsatz „ne bis in idem" in der EU, GA 2003, S. 744 ff., 747f., der dem *EuGH* i. E. aber zustimmt (S. 756), unter Hinweis auf die portugiesische Fassung „*definitivamente julgado por um tribunal*".

Art der Entscheidung ankommt und nicht nur, wie der *EuGH* behauptet,[250] auf deren Wirkungen. Eines zusätzlichen ausdrücklich gegenteiligen Hinweises bedurfte es in Anbetracht der Beschränkung des Wortlauts der Art. 54 f. auf *Urteile* und des sprachlichen Kontrastes zur *ausländischen Justizentscheidung* des Art. 58 dafür nicht noch. Dies allein beinhaltet ein deutliches Anzeichen, daß gerade nicht alle inländisch rechtskräftigen Verfahrensabschlußarten auch im gesamten Schengenbereich ein Verfahrenshindernis darstellen sollen. Das konnte bereits oben[251] festgestellt und auch vom *EuGH* nicht einleuchtend widerlegt werden: Den Nachweis, worin eigentlich die verbleibende praktische Wirkung des Art. 58, der die Anwendung weitergehender Bestimmungen des nationalen Rechts über die Geltung des zwischenstaatlichen Doppelverfolgungsverbotes gestattet, liegen soll, wenn er sich nicht auf andere Entscheidungsformen bezieht, konnte der *EuGH* nicht erbringen. Der Verweis darauf, daß sich Art. 58 nicht nur auf Art. 54, sondern auch auf die anderen Artikel der Schengener *ne bis in idem*-Regelungen bezieht, bleibt rein theoretisch und erklärt vor allem nicht die unterschiedliche Wortwahl. Es kommt daher für Art. 54 nicht allein darauf an, daß es sich um eine *rechtskräftige* Entscheidung handelt, sondern auch darauf, daß diese Entscheidung ein *Urteil* darstellt. Die Unterscheidung zwischen verschiedenen Verfahrensabschlußformen kann auch nicht als rein „*verfahrensrechtlich und formal*" und damit letztlich irrelevant beiseite geschoben werden.[252] Mag diese Differenzierung unter Umständen im heutigen Europa auch ungerechtfertigt sein,[253] so ist sie doch Gegenstand der vertraglichen Regelung geworden. Dabei gehen den verschiedenen verfahrensabschließenden Entscheidungen auch unterschiedliche Verfahren voraus: Wie umfangreich und auf welche Weise beispielsweise die Aufklärung des zugrundeliegenden Sachverhalts erfolgt, ob ein unabhängiger Richter beteiligt ist oder ob dieser am Maßstab seiner Überzeugung entscheiden muß, kann durchaus Einfluß auf die Richtigkeit einer Entscheidung besitzen und hat demnach auch sachliche Bedeutung.[254]

Daß der *Gerichtshof* seine Entscheidung im Grunde mit umfassenden Argumenten zur Unabdingbarkeit einer weitreichenden *ne bis in idem*-Regelung im Bereich der Europäischen Union begründet, sich dabei aber von der konkreten vertraglichen Fixierung der Vorschriften löst, demonstriert, wie verschwommen die Grenze zwischen teleologischen und rechtspolitischen Argumenten ist:[255] Je mehr sich die Erwägungen zu Sinn und Zweck von den grammatikalischen und systematischen Bindungen entfernen, desto eher werden sie zu rechtspolitischen. Gleichwohl eine Entscheidung tragend, verleihen sie dieser einen rechtsfortbildenden Charakter.[256]

---

250 Rn. 31 des Urteils.

251 Vgl. dazu *oben Kapitel 2, A.*

252 Ähnl. auch *Mansdörfer*: Anm. zu EuGH vom 11. 02. 2003, StV 2003, S. 313 ff., 314.

253 Vgl. dazu *unten Schlußfolgerungen und Ausblick, A. IV.*

254 Vgl. dazu i. e. noch *unten Kapitel 11, D.*

255 Zur Bedeutung des *telos* sowohl für die Auslegung und als auch für die Rechtsfortbildung *Everling*: Richterliche Rechtsfortbildung, JZ 2000, S. 217 ff., 223. Vgl. auch *Larenz/Canaris*: Methodenlehre, 1995, S. 186: „*Gesetzesauslegung und richterliche Rechtsfortbildung dürfen nicht als wesensverschieden angesehen werden, sondern nur als voneinander verschiedene Stufen desselben gedanklichen Verfahrens.*"

256 Vgl. zu Legitimation und Grenzen der Rechtsfortbildung durch den *EuGH* in der Europäischen Gemeinschaft *Everling*: Richterliche Rechtsfortbildung, JZ 2000, S. 217 ff.

Ob der *EuGH* hier die Grenzen der Auslegung überschritten hat und rechtsfortbildend[257] tätig geworden ist, kann allerdings erst am Schluß der Arbeit beurteilt werden.[258] Denn bislang konnte nur Kritik an der Begründung, nicht aber am Ergebnis selbst geäußert werden.

III. Rechtsprechung des *Bundesgerichtshofes*

Vor dem *EuGH* hatte der *Bundesgerichtshof* bisher mehrmals[259] Gelegenheit, sich zu Art. 54 zu äußern. Vor allem die Entscheidungen zur belgischen *transactie*[260] einerseits und zur französischen *non-lieu*-Entscheidung[261] andererseits sind dabei von Interesse. Allen drei[262] Entscheidungen ist gemeinsam, daß das Gericht zwar betont, die herkömmliche Auslegung führe dazu, „... *daß sich die Regelungen des Schengener Durchführungsübereinkommens in Art. 54 nur auf gerichtliche Entscheidungen beziehen*",[263] im Ergebnis aber jeweils offen läßt, „... *ob Art. 54 ausschließlich Gerichtsurteile oder auch sonstige gerichtliche Entscheidungen, eventuell sogar Entscheidungen anderer staatlicher Einrichtungen erfaßt, sofern diesen nur eine verfahrensbeendende und*

---

257 Vgl. bereits auch *Geiger*: Strafrechtsharmonisierung, EuZW 2002, S. 705: „... *zweifellos ... wird er [*der *EuGH*, die *Verf.] in seinem neuen Zuständigkeitsbereich ebenso wenig wie in der Vergangenheit zögern, die europäische Einigung im Wege des Richterrechts voranzutreiben und damit neue, für die Grundrechtsverbürgung auf europäischer Ebene relevante Maßstäbe setzen.*"

258 Vgl. dazu *unten Kapitel 13, C. II.*

259 Über die hier näher betrachteten Entscheidungen hinaus befand der *BGH* – soweit ersichtlich – zum einen über die Bedeutung der Wendung *gerade vollstreckt* (*BGH* vom 03. 11. 2000, NStZ 2001, S. 163 ff. [= StV 2001, S. 262 f.]). Zum anderen bestätigte er die schon in den nicht tragenden Gründen der *non lieu*-Entscheidung vertretene Auffassung, nach der ein rechtskräftiger Freispruch Strafklageverbrauch i. S. v. Art. 54 bewirke, mit dem Wortlautargument der Differenzierung zwischen Ab- und Verurteilung (*BGH* vom 28. 02. 2001, StV 2001, S. 495 f. [= NStZ 2001, S. 557 f.]). Vgl. dazu krit., i. E. aber zust. *Radtke*: Anm. zu BGH v. 28. 02. 2001, NStZ 2001, S. 662 ff.

260 *BGH*, B. vom 13. 05. 1997, NStZ 1998, S. 149 ff. ([= wistra 1997, S. 268 ff.] mit Anm. *van den Wyngaert* und *Lagodny* – Anfrage an belg. Justizministerium) und *BGH* vom 02. 02. 1999, StV 1999, S. 244 ff., 245 ([= NJW 1999, S. 1270 f.] mit Anm. *Schomburg*). Vgl. dazu auch – zust. – *Hecker*: BGH vom 02. 02. 1999, JA 2000, S. 15 ff., 18 sowie die zur gleichen Sache ergangenen Entscheidungen des *LG Hamburg* (Nichteröffnungsbeschluß vom 14. 09. 1995, wistra 1995, S. 358 ff. und Einstellungsurteil vom 24. 06. 1996, wistra 1996, S. 359 ff.) und des *HansOLG Hamburg* (B. vom 08. 03. 1996, wistra 1996, S. 193 ff.).

261 *BGH* vom 10. 06. 1999, StV 1999, S. 478 ff. (mit Anm. *Kühne*). Vgl. dazu weiter: krit. *Bohnert/Lagodny*: Art. 54 SDÜ im Lichte der nationalen Wiederaufnahmegründe, NStZ 2000, S. 636 ff. und *Kühne*: Ne bis in idem, JZ 1998, S. 876 ff. sowie zust. *Hecker*: BGH vom 10. 06. 1999, JAR 2000, S. 49 ff., 51 und *Satzger*: Europäisierung des Strafrechts, 2001, S. 691 f.

262 Zur *transactie* ergingen aufgrund des vorherigen Anfragebeschlusses zwei Entscheidungen: vgl. *oben Fn. 260.*

263 *BGH*, B. vom 13. 05. 1997, NStZ 1998, S. 149 ff., 151. Ähnl. *BGH* vom 02. 02. 1999, StV 1999, S. 244 ff., 245 und vom 10. 06. 1999, StV 1999, S. 478 ff., 479.

rechtskraftbewirkende Funktion zukommt".[264] Zudem betont er jeweils auch die Notwendigkeit der innerstaatlichen *ne bis in idem*-Wirkung.[265]

1. Die belgische *transactie*

Die *transactie*-Entscheidung betraf folgenden Sachverhalt:

Die Angeklagten, die 1993 von der Hamburger Staatsanwaltschaft der Hinterziehung von Anti-Dumping-Zöllen angeklagt waren, hatten 1988 Walzstahlerzeugnisse jugoslawischen Ursprungs beim Zollamt Antwerpen zur Abfertigung im freien Verkehr angemeldet und dabei türkische Ursprungszeugnisse vorgelegt, so daß der für derartige Erzeugnisse aus Jugoslawien an sich zu entrichtende Anti-Dumping-Zoll nicht beglichen wurde. Nachdem die belgischen Zollbehörden davon Kenntnis erhalten hatten, wurde in der Folge vor dem Hintergrund der Zollverstöße Ende 1991 eine Vereinbarung (*transactie*) zwischen dem Finanzminister des Königreichs Belgien und dem ehemaligen Mitangeklagten K. getroffen, aufgrund derer der Anti-Dumping-Zoll, Säumniszinsen und eine Zollstrafe entrichtet wurden. Im Gegenzug sollte nach vollständiger Zahlung eine gerichtliche Verfolgung der Fa. K. & Co. und genannter weiterer Firmen ausgeschlossen sein. Bei den zwei (noch)[266] Angeklagten handelte es sich um einen Geschäftsführer und einen Angestellten von in der *transactie* ausdrücklich genannten Firmen.

Der *BGH* hatte eine Auskunft des belgischen Justizministeriums eingeholt[267] um zu klären, ob einerseits der *transactie* nach dortigem Recht überhaupt materielle Rechtskraft mit der Folge einer *ne bis in idem*-Wirkung zukomme und sich diese gegebenenfalls auch auf andere, an der Vereinbarung zwar nicht unmittelbar Beteiligte, beziehe, wenn die von ihnen vertretene oder sie beschäftigende Firma in der *transactie* genannt wird. Das Gericht sah sich nach der (zugegebenermaßen nicht völlig unmißverständlichen) Antwort[268] nicht

---

264 *BGH* vom 10. 06. 1999, StV 1999, S. 478 ff., 479. Ähnl. *BGH*, B. vom 13. 05. 1997, NStZ 1998, S. 149 ff., 152 und U. vom 02. 02. 1999, StV 1999, S. 244 ff., 245.

265 *BGH*, B. vom 13. 05. 1997, NStZ 1998, S. 149 ff., 150 und U. vom 10. 06. 1999, StV 1999, S. 478 ff., 479: „*Dann kommt aber erst recht ein Strafklageverbrauch im Verhältnis Frankreich zur Bundesrepublik Deutschland nicht in Betracht.*"

266 Das Verfahren gegen die anderen drei ursprünglich Angeklagten war eingestellt bzw. abgetrennt worden.

267 *BGH*, B. vom 13. 05. 1997, NStZ 1998, S. 149 ff. Dies begrüßend: *Lagodny*: Anm. zu BGH v. 13. 05. 1997, NStZ 1998, S. 154. Die mit dem Ersuchen verbundenen Schwierigkeiten schildert *Harms*: Von Transactien und anderen europäischen Besonderheiten, in: Hanack et al. (Hrsg.): FS Rieß, 2002, S. 725 ff., 730. Eine Vorlage an den *EuGH* (vgl. dazu *oben Kapitel 1, E.*) war zu jenem Zeitpunkt noch nicht möglich.

268 Abgedruckt bei *BGH* vom 02. 02. 1999, StV 1999, S. 244 ff., 245: Die Strafklage werde durch die *transactie* – allerdings beschränkt auf Zolldelikte – verbraucht, was aber nicht daran hindere, juristische oder natürliche Personen, die bei dem Vergleich nicht als Partei oder protokollarisch ausgewiesene Mitbetroffene beteiligt sind, strafrechtlich zur Rechenschaft zu ziehen. Gemäß den Bestimmungen des vorliegenden Vergleichs hebe dieser die Strafklage gegenüber dem (früheren Mitangeklagten) K. und den im Vergleich aufgeführten Mitbetroffenen auf. Der Arbeitgeber sei für seine Angestellten, sofern diese Handlungen mit dem von ihm ausgeübten Gewerbe zusammenhängen, in strafrechtlicher Weise verantwortlich.

daran gehindert, nun „... *ungeachtet ihrer innerstaatlichen Wirkung in Belgien* ...“[269] zu entscheiden. Die *transactie* wirke nicht als Verfahrenshindernis im Sinne des Art. 54.[270] Denn die von der *transactie* erfaßten Personen, die keine eigene Leistung zu erbringen hatten, könnten erst im Wege der Auslegung ermittelt werden. Zudem entbehre die *transactie* die einer gerichtlichen Sanktion vergleichbare Wertigkeit und entferne sich unter dem Gesichtspunkt der notwendigen Klarheit im grenzüberschreitenden Rechtsverkehr zu weit von den im SDÜ verwendeten Rechtsbegriffen.

Eine andere Ansicht hatte das *LG Hamburg*, das sich – soweit ersichtlich – als erstes deutsches Gericht schon 1995 mit der Vorschrift auseinandersetzen mußte, in dieser Sache zuvor vertreten. Nachdem es die Eröffnung des Hauptverfahrens wegen Strafklageverbrauchs abgelehnt[271] und das *Hanseatische OLG Hamburg* auf die dagegen eingelegte Beschwerde der Staatsanwaltschaft das Verfahren vor dem *LG* eröffnet hatte,[272] blieb jenes seiner Ansicht treu und stellte das Verfahren ein.[273] Es stütze sich im wesentlichen auf den unklaren Wortlaut und den Sinn des Art. 54: *„Ein Gesetzesverstoß, der in einem Mitgliedsstaat nicht mehr geahndet werden kann, weil er aufgedeckt und abschließend sanktioniert worden ist, soll nicht erneut in einem anderen Mitgliedsstaat strafrechtlich verfolgt werden können* ...“.[274] Das *Gericht* sah sich keinen mit jenen des *BGH* vergleichbaren Bedenken gegenüber, die Transaktion als rechtskräftige Verurteilung zu betrachten.[275]

2. Die französische *non-lieu*-Entscheidung

Wie bei der *transactie* lehnte der *BGH* auch im Hinblick auf die Einstellung des Verfahrens aus tatsächlichen Gründen durch den französischen Appellationsgerichtshof (*ordonnance de non-lieu*) [276] eine zwischenstaatliche *ne bis in idem*-Wirkung ab.

Dem französischen Angeklagten wurde vorgeworfen, in Frankreich einen deutschen Staatsangehörigen aus Habgier entweder eigenhändig umgebracht oder dessen Tötung durch andere veranlaßt zu haben. Das in Frankreich eingeleitete Verfahren hatte die Anklagekammer des Appellationsgerichtshofs aufgrund mangelnden Nachweises einer Tatbeteiligung im Jahre 1990 eingestellt. Gleichwohl erhob die

---

[269] *BGH* vom 02. 02. 1999, StV 1999, S. 244 ff., 245 (mit Anm. *Schomburg* = NJW 1999, S. 1270 f.). Vgl. dazu auch – zust. – *Hecker*: BGH vom 02. 02. 1999, JA 2000, S. 15 ff., 18.

[270] *BGH* vom 02. 02. 1999, StV 1999, S. 244 ff., 245. Bei der Lektüre der Entscheidungsgründe fällt auf, daß der *BGH* zu diesem Schluß im Grunde auch ohne die belgische Auskunft hätte kommen können: die Ergebnisse der Anfrage finden sich nur in den nichttragenden Erwägungen wieder, während die Konsequenzen der vorliegenden Transaktion unmißverständlich *„ungeachtet ihrer innerstaatlichen Wirkung“* beurteilt werden.

[271] *LG Hamburg*, B. vom 14. 09. 1995, wistra 1995, S. 358 ff.

[272] *HansOLG Hamburg*, B. vom 08. 03. 1996, wistra 1996, S. 193 ff.

[273] *LG Hamburg* vom 24. 06. 1996, wistra 1996, S. 359 ff.

[274] *LG Hamburg*, B. vom 14. 09. 1995, wistra 1995, S. 358 ff., 359.

[275] Nach *Harms*: Von Transactien und anderen europäischen Besonderheiten, in: Hanack et al. (Hrsg.): FS Rieß, 2002, S. 725 ff., 731 ist das Verfahren in Hamburg mittlerweile schließlich nach § 153 StPO eingestellt worden.

[276] Vgl. zur *ordonnance de non-lieu* unten *Kapitel 12, C. II. 2.*

deutsche Staatsanwaltschaft später Anklage vor dem Landgericht Saarbrücken, welches den Angeklagten zu einer lebenslangen Freiheitsstrafe wegen Mordes verurteilte.

Der *BGH* folgerte aus der Auskunft[277] des französischen Justizministeriums,[278] daß die *non-lieu*-Entscheidung bereits nach französischem Recht keine Rechtskraftwirkung besitze. Damit gliche das der Entscheidung vorausgehende Untersuchungsverfahren nicht dem Hauptverfahren nach der deutschen StPO, sondern vielmehr dem mit einem Nichteröffnungsbeschluß (§§ 204, 211 StPO) endenden Zwischenverfahren. Es fehle, da die Fortsetzung dieses Verfahrens nicht nur unter den strengen Voraussetzungen des Wiederaufnahmeverfahrens nach Art. 662 CPP gestattet sei, „... *an einer endgültigen Sachentscheidung, die allein die weitere Strafverfolgung hindert*".[279]

Diese Entscheidung wurde insbesondere von *Kühne*[280] kritisiert, der zu dem Ergebnis kommt, daß diese Form des Verfahrensabschlusses den Anforderungen des Art. 54 genüge.

3. Schlußfolgerung

In Anbetracht der Ausführungen des *BGH* in den beiden abschließenden Entscheidungen drängt sich der Eindruck auf, daß er das gerichtliche Sachurteil als Prüfstein heranzieht: in Gestalt der „*mit der gerichtlichen Sanktion vergleichbare[n] Wertigkeit*",[281] dem „*Hauptverfahren nach der deutschen Strafprozeßordnung*" und der „*endgültigen Sachentscheidung, die*

---

277 Eine Vorlage an den *EuGH*, die ab dem 01. 05. 1999 möglich gewesen wäre (vgl. oben *Kapitel 1, E.*), hielt der *BGH* für entbehrlich, weil die Auslegung des Art. 54 hier aufgrund schon fehlenden innerstaatlichen Strafklageverbrauches keine entscheidungserhebliche Frage betroffen habe (*BGH* vom 10. 06. 1999, StV 1999, S. 478 ff., 479; zust. offenbar *Schomburg*: Europäisierung des Verbots doppelter Strafverfolgung, NJW 2000, S. 1833 ff., 1839: „*Eine derartige Restriktion auf Fälle bilateral abweichender Rechtspositionen erscheint sachgerecht.*" und *Hecker*: BGH vom 10. 06. 1999, JAR 2000, S. 49 ff., 51). Dieses Verständnis ist aus folgendem Grund fragwürdig. Der *BGH* scheint unter Rechtskraft i. d. S. nur eine Sperrwirkung der Intensität eines Sachurteiles zu subsumieren (vgl. seine nachfolgende Argumentation), was seinerseits auch eine Interpretation beinhaltet, die eine Vorlagepflicht begründen würde (so auch: *Bohnert/Lagodny*: Art. 54 SDÜ im Lichte der nationalen Wiederaufnahmegründe, NStZ 2000, S. 636 ff.). Im Hinblick auf die Nichtvorlage Bedauern äußernd auch *Kühne*: Anm. zu BGH vom 10. 06. 1999, StV 1999, S. 480 f. Vgl. auch *Radtke*: Anm. zu BGH v. 28. 02. 2001, NStZ 2001, S. 662 ff., 663, der die Vorlagepflicht bei Auslegung des Freispruchs als *rechtskräftige Aburteilung* durch den *BGH* erörtert.

278 Dieses hatte auf die in der französischen Literatur häufig anzutreffende Unterscheidung zwischen rechtlich und sachlich begründeten Einstellungsbeschlüssen abgestellt, wonach erstere absolut und endgültig und letztere nur vorläufig und beschränkt rechtskräftig sein sollen (vgl. dazu unten *Kapitel 12, C. II. 2. d.*). Weil es sich im vorliegenden Fall um eine Einstellung aus tatsächlichen Gründen handelte, habe diese „... *unbestreitbar ... keine Rechtskraft erlangen* ..." können (vgl. Antwort der *BGH*-Anfrage, abgedruckt bei *BGH* vom 10. 06. 1999, StV 1999, S. 478 ff.).

279 *BGH* vom 10. 06. 1999, StV 1999, S. 478 ff., 479.

280 Vgl. *Kühne*: Ne bis in idem, JZ 1998, S. 876 ff.; *ders.*: Anm. zu BGH vom 10. 06. 1999, StV 1999, S. 480 ff. Vgl. zu *Kühne* noch *unten B. VI.*

281 *BGH* vom 02. 02. 1999, StV 1999, S. 244 ff., 245 (*transactie*).

allein die weitere Strafverfolgung hindert".[282] Obgleich er im Ergebnis offenläßt, ob auch andere Entscheidungsformen von Art. 54 umfaßt sind, ist der möglicherweise bestehende Spielraum, von den Kriterien und Qualitäten dieses Maßstabs abzuweichen, in den dem Gericht vorliegenden Fällen jedenfalls überschritten. Fest steht nur, daß der *BGH* ein *gewisses Maß an Klarheit im zwischenstaatlichen Bereich* fordert. Dies soll zumindest dann nicht erfüllt sein, wenn der erfaßte Personenkreis erst durch Auslegung zu ergründen ist. Darüber hinaus billigt er eine außergerichtliche Erledigung offenbar nicht als Verfahrensabschluß im Sinne des Art. 54, solange der Betroffene nicht Leistungen in einer *mit einer gerichtlichen Sanktion vergleichbaren Wertigkeit* erbringen muß.

Angesichts des Umstandes, daß der *EuGH* in seinem Urteil *Gözütok/Brügge*[283] auch unterstreicht, daß durch die insoweit jeweils in Rede stehenden Verfahrensbeendigungen durch Einstellung nach Leistung einer Geldsumme das dem Beschuldigten vorgeworfene unerlaubte Verhalten *geahndet* wird, ist nicht mit Sicherheit zu beurteilen, ob die *BGH*-Entscheidung mit der Forderung nach Sanktionierung zu der *EuGH*-Rechtsprechung in Widerstreit steht.

Dies bedeutet, daß die *innerstaatliche ne bis in idem-Wirkung* für den *BGH* notwendige, nicht aber – dies demonstriert das *transactie*-Urteil – hinreichende Voraussetzung ist. Unklar bleibt hingegen, ob das Gericht bestimmte Anforderungen an das Maß der Beendigungswirkung stellt,[284] ob gar als im Rahmen des Art. 54 relevanter Strafklageverbrauch lediglich der einer Sachentscheidung[285] akzeptiert werden soll oder ob das zur Entscheidung führende Verfahren besondere Qualitäten aufweisen muß. Die Urteile lassen zudem nicht erkennen, wie der *BGH* im einzelnen zu der wohl zugrundeliegenden Auffassung gelangt, das gerichtliche Sachurteil diene als Leitlinie, legt er sich doch gerade nicht fest, ob mit dem Resultat der herkömmlichen Auslegung das letzte Wort gesprochen sei.

Soweit der *BGH* die Erledigungswirkung im Erstverurteilungsstaat für maßgeblich hält, ist dem zuzustimmen.[286] Im übrigen müssen gegen die Entscheidung des *BGH* jedoch gewisse Bedenken angemeldet werden. Wenn der Gerichtshof von zwischenstaatlicher Klarheit spricht, drängt sich die Frage auf, ob nicht erst durch dieses nicht eindeutig zu

---

282 Jeweils *BGH* vom 10. 06. 1999, StV 1999, S. 478 ff., 479 (*non-lieu*).

283 Vgl. dazu *oben B., II.* insb. *Fn. 234*, Rn. 29 des Urteils.

284 Denn einerseits spricht der *BGH* in der *non-lieu*-Entscheidung davon, dem Verfahrensabschluß komme gar keine Rechtskraft zu, während er ihn andererseits mit einem deutschen Nichteröffnungsbeschluß vergleicht, der ja nach § 211 StPO auch eine gewisse *ne bis in idem*-Wirkung zukommt (vgl. *BGH* vom 10. 06. 1999, StV 1999, S. 478 ff., 479).

285 Zweifelhaft ist auch, von welchem Verständnis der Sachentscheidung hier ausgegangen werden soll. So führt beispielsweise die Strafverfolgungsverjährung in Deutschland als Verfahrenshindernis zu einem Einstellungs-, also einem bloßen Prozeßurteil (vgl. § 260 Abs. 3 StPO), während sie in Frankreich wegen Erlöschens der öffentlichen Klage einen Freispruch aus rechtlichen Gründen, also eine „*décision sur le fond*" veranlaßt (vgl. *Stefani/Levasseur/Bouloc*: Proc. pén., 2001, Rn. 890). Der Hinweis des *BGH* in diesem Zusammenhang auf *Grotz*: SDÜ u. ne bis in idem, StraFo 1995, S. 102 ff. (Art. 54 „*bedeutet nach deutschem Rechtsverständnis, daß nur eine Sachentscheidung die weitere Strafverfolgung hindert*") deutet allerdings ebenso wie die Feststellung, das der *non-lieu*-Entscheidung vorausgehende Verfahren entspreche nicht dem Hauptverfahren nach der deutschen StPO, darauf hin, daß dem Gericht das deutsche Verständnis als Maßstab dient.

286 Vgl. dazu bereits *oben Kapitel 2, A.*

definierende Merkmal Unklarheiten geschaffen werden. Wer soll die Erfüllung dieses Erfordernisses beurteilen? Läge dies in den Händen der Justizbehörden des Zweitverfolgungsstaates, wäre der Beschuldigte auf deren Vertrautheit mit dem Recht des Erstverfolgungsstaates angewiesen. Dabei sind Reichweite und Wirkungen einzelner Verfahrensabschlüsse fremder Rechtssysteme doch selten rasch und unkompliziert für den außerhalb Stehenden zu durchschauen. Letztlich liefe dies auf eine Beschränkung der Anerkennung auf Entscheidungsformen hinaus, die in ähnlicher oder vergleichbarer Form auch im zweiten Staat existierten, denn insoweit könnte eine relativ klare Einordnung vorgenommen werden. Dies läge ganz im Sinne des *Hanseatischen OLGs Hamburg*,[287] das in seinem Beschluß zur belgischen ***transactie*** die Auffassung vertritt, es entspreche dem europäischen Geist, „... ***derartige Besonderheiten in ihrer Bedeutung zurückzudrängen, damit eine einheitliche europäische Rechtsentwicklung Platz greifen kann, die mit den Rechtsordnungen sämtlicher Mitgliedsstaaten harmoniert und auf diese Weise*** willkürliche Ergebnisse ***wie den Freikauf von Strafe für sich und andere vermeidet. Unter diesem Gesichtspunkt kann ein Verfahrenshindernis lediglich dann angenommen werden, wenn die ausländische Entscheidung unter Beachtung von*** verfahrensrechtlichen Mindestanforderungen ***zustande gekommen ist. Dies ist in einem ausreichendem Maß nur bei Gerichtsentscheidungen gewährleistet.***" Fügt man dem, wie das *Hanseatische OLG*, hinzu, die Vereinheitlichung Europas setze „... ***nicht voraus, daß nationalrechtliche Besonderheiten wie z. B. die belgische 'Transactie' in anderen Mitgliedsstaaten dergestalt Wirkung entfalten, daß sie die dortige Strafverfolgung verhindern und damit dem andern Staat die*** nach seinem Rechtsverständnis ***notwendige Möglichkeit nehmen, auch in seinem Hoheitsgebiet begangene Rechtsverstöße zu ahnden***", wird man unwillkürlich an das vom Schutz der eigenen Hoheitsrechte und dem Mißtrauen gegenüber fremden Rechtsordnungen beherrschte Denken der Staaten erinnert, das über Jahrzehnte hinweg auf die Einführung eines transnationalen ***ne bis in idem*** gerichtete Bestrebungen vereitelt hat.[288]

Die Kritik soll sich nicht gegen die Entscheidung von *BGH* und *Hamburger OLG* richten, die ***transactie*** nicht unter Art. 54 zu subsumieren. Die Frage, ob jene eine ***rechtskräftige Aburteilung*** im Sinne von Art. 54 ist, kann erst nach der Ausarbeitung der Kriterien für die Auslegung dieses Artikels beantwortet werden. Widerspruch erweckt die Herangehensweise. Die Sichtweise des *OLG* ist von einer starken Fixierung auf das eigene, deutsche Rechtssystem geprägt, das so zum Maßstab der Beurteilung erhoben wird.[289] Dies aber entspricht nicht dem Geist eines von enger zwischenstaatlicher Kooperation durchwobenen Übereinkommens,[290] dessen Basis das vertrauensvolle Miteinander der Vertragsstaaten darstellt. Gerecht wird diesem eher „... ***weitestmögliche Toleranz und Akzeptanz anderer Rechtsordnungen innerhalb des Schengener Rechtsraumes ..., nicht einzelfallorientiertes, kleinkariertes***

287 *HansOLG Hamburg*, B. vom 08. 03. 1996, wistra 1996, S. 193 ff., 195 (sämtliche Hervorhebungen der *Verf.*).

288 Vgl. *oben Kapitel 1, A.*

289 Vgl. auch *Sommer*: Schengen und Strafverteidigung, StraFo 1999, S. 37 ff., 40, der insoweit vom „*europäischen Lehrmeister deutscher Nation*" spricht.

290 Vgl. etwa *Hecker*: Art. 54 SDÜ, StV 2001, S. 306 ff., 309.

Mißtrauen."[291] Zielt der *BGH* auf eine von den Behörden des Zweitverfolgungsstaates zu würdigende Klarheit ab, muß diese Kritik auch ihn treffen. Aufgrund der ohnehin zu erwartenden Schwierigkeiten und Zweifelsfragen im zwischenstaatlichen Bereich empfiehlt es sich vielmehr, die – vom *BGH* auch selbst beschrittenen – Anfrage- und Auskunftsmöglichkeiten auszuschöpfen. Orientiert man sich an der Frage, ob gegen den Beschuldigten infolge der vorangegangenen Entscheidung im Erstverfolgungsstaat ein Verfahrenshindernis besteht, ist dem Interesse der Klarheit besser zu dienen, als durch den vom *BGH* vorgeschlagenen zwischengeschalteten Prüfungsschritt. Mit Hilfe von Informationen „aus erster Hand" erübrigte sich die Einführung eines solch problematischen Kriteriums.

IV. *Spechts* Versuch der Auslegung unter Berücksichtigung vergleichender Aspekte

Auf eine umfassende Interpretation des Merkmals *rechtskräftig abgeurteilt* sind *Spechts* Ausführungen gerichtet. Aus der Einsicht der Notwendigkeit einer einheitlichen Auslegung[292] heraus strebt sie die Ermittlung eines spezifisch gemeinschaftsrechtlichen[293] Sinnes der benutzten Ausdrücke anhand deren nationaler Bedeutungshintergründe an. Bei der Untersuchung des zunächst betrachteten fachspezifischen Sprachgebrauchs fordert sie als Voraussetzung der Orientierung an den nationalen Rechtsordnungen, daß „... *alle betroffenen Rechtsordnungen den auszulegenden Begriffen dieselbe Funktion zumessen*."[294] „*Am Beispiel dargestellt bedeutete dies, selbst wenn das niederländische 'vonnis' in seiner Wortbedeutung exakt dem deutschen 'Urteil' entspräche, wäre die vollkommene Übereinstimmung erst dann vollzogen, wenn es auch zu demselben Zweck in gleichem Umfang eingesetzt würde, dasselbe Verfahren voraussetzte, dieselben alternativen Entscheidungsmöglichkeiten bestünden etc.*"[295] Weil hingegen die Rechtsordnungen der Vertragsstaaten weit voneinander abweichen, den aufgestellten Voraussetzungen demnach nicht gerecht werden können, sei die Bestimmung einer gemeinsamen Bedeutung von *Urteil – jugement – vonnis* bzw. *rechtskräftig – définitif –onherroepelijk* unter Benutzung der fachspezifischen Begriffe ausgeschlossen.[296]

---

291 *Schomburg*: Int. „ne bis in idem", StV 1997, S. 383 ff., 385; so auch *ders.*: Das SDÜ, JBl 1997, S. 553 ff., 559 und *ders.*: in: Schomburg/Lagodny: IRhStr., 1998, SDÜ, Art. 54, Rn. 32. Ähnl. u. a. auch *Endriß/Kinzig*: Erweitertes „ne bis in idem", StV 1997, S. 665 ff., 668; *Ebensperger*: „Ne bis in idem" in Österreich, ÖJZ 1999, S. 171 ff., 183; *Sommer*: Schengen und Strafverteidigung, StraFo 1999, S. 37 ff., 40; *Kniebühler*: Transnationales *'ne bis in idem'*, 2004, § 6, IV. (noch unveröffentl.), § 10 D. II. 3. b. dd.

292 *Specht*: Ne bis in idem, 1999, S. 134.

293 „Gemeinschaftsrechtlich", weil sie die damals noch nicht erfolgte Zuordnung im EGV vermutet und infolgedessen einem europarechtlichen Auslegungsansatz folgt (vgl. *Specht*: Ne bis in idem, 1999, S. 124, Fn. 318). Vgl. dazu auch *unten Kapitel 4, A. I.*

294 *Specht*: Ne bis in idem, 1999, S. 135.

295 *Specht*: Ne bis in idem, 1999, S. 135.

296 *Specht*: Ne bis in idem, 1999, S. 135 f.

Dieser Ansatz bietet auf den ersten Blick durchaus eine Lösungsperspektive. Denn er versucht, die Gebote der einheitlichen und autonomen Auslegung zu berücksichtigen, während er gleichzeitig (zunächst) auch den Wortlaut im Auge behält.

Entgegengehalten werden muß diesem Weg allerdings, daß er zu hohe Anforderungen an die Vergleichbarkeit der aus mehreren Rechtssystemen stammenden Begriffen stellt. Darin gründen wesentliche Mängel. *Specht* konstatiert die Unvereinbarkeit der einzelnen Rechtssysteme, die bereits die in Rechtswörterbüchern ermittelten Bedeutungen der Begriffe *vonnis* und *jugement* (Urteil, Beschluß) auseinanderlaufen lassen. Sie gelangt zu der Feststellung, „... *daß für einen europarechtlichen*[297] *Auslegungsansatz Fachtermini nicht zu verwenden sind, die sich im Rahmen nationaler Rechtsordnungen herausgebildet haben.*“[298] Denn letztlich setze „... *die Vergleichbarkeit fachspezifischer Bedeutung ein entsprechendes System voraus.*“[299] Dies sei bei den Vertragsstaaten des SDÜ zu verneinen. Damit entzieht sie nicht nur jeglicher Rechtsvergleichung den Boden, weil diese hauptsächlich bei voneinander abweichenden Rechtssystemen von Interesse ist, sondern negiert von vornherein auch die Möglichkeit, internationale Verträge mehrsprachig unter Verwendung von Fachausdrücken abzuschließen, denn diese werden sich ihrem Inhalt nach nie aufs Haar gleichen.[300] Verlangt sie aber für die vergleichende Interpretation anhand der fachspezifischen Wortbedeutungen sich einander entsprechende Systeme, ist nicht ganz einsichtig, wieso dies nicht ebenso für die allgemeinsprachliche Bedeutung[301] gelten sollte, auf die *Specht* anschließend zurückgreift und mit deren Hilfe sie letztlich zu dem Ergebnis gelangt, daß mit der Formulierung *rechtskräftige Aburteilung* „*eine endgültige Entscheidung*“ bezeichnet ist.[302] Auch insoweit müßte man dann feststellen, daß ein Begriff in der anderen Sprache wohl nie sein absolut dec??kungsgleiches Gegenstück finden wird. Dies verhindert der abweichende (sprach)kulturelle Hintergrund.[303] Das zeigt, daß hinsichtlich der Übereinstimmung der

---

297 Vgl. *oben Fn. 293.*

298 *Specht*: Ne bis in idem, 1999, S. 137.

299 *Specht*: Ne bis in idem, 1999, S. 135.

300 Vgl. *Hilf*: Ausleg. mehrspr. Vertr., 1973, S. 20: „*Grundlegend und scheinbar selbstverständlich ist für die Vertragspartner, die sich auf mehrsprachige Vertragstexte einigen, sowie für die Interpreten, die im völkerrechtlichen und im innerstaatlichen Bereich derartige Texte auszulegen haben, die Erkenntnis, daß Textdivergenzen unvermeidlich sind.*“

301 Zweifelhaft erscheint darüber hinaus, ob ein Rückgriff auf den allgemeinen Sprachgebrauch aufgrund Scheiterns der fachspezifischen Auslegung auch dann möglich ist, wenn – wie hier – in der konkreten Verwendung sehr nahe liegt, daß nicht der allgemeine, sondern eben jener fachspezifische Gebrauch beabsichtigt war. Vgl. dazu auch: *Larenz/Canaris*: Methodenlehre, 1995, S. 143 (Deutung i. S. d. allgemeinen Sprachgebrauchs nur dann, wenn Gesetz erkennbar von besonderem Sprachgebrauch abgewichen). Zudem bezieht *Specht* ihre allgemeinsprachliche Wortdeutung ja doch wieder in den rechtlichen Kontext ein.

302 *Specht*: Ne bis in idem, 1999, S. 139, 157.

303 Vgl. *Novalis*: Werke III, 1957, S. 91 (Nr. 2079): „*Wahre Mitteilung findet nur unter Gleichgesinnten, Gleichdenkenden statt.*“

jeweiligen Textfassungen zu hoch geschraubte Maßstäbe nicht zu halten sind.[304] Denn sie müssen fast zwangsläufig zu einer Kapitulation vor der grammatikalischen Auslegung führen. Konsequenterweise verlöre der Wortlaut als Basis eines mehrsprachigen Vertrages gänzlich seine Relevanz. Selbst wenn also nach der deutschen Fassung nur ein *Urteil*, nach der französischen und niederländischen aber auch ein *Beschluß* umfaßt wäre,[305] rechtfertigt auch die behauptete Verhütung einer ansonsten „... *eintretende[n] Benachteiligung der deutschen Fassung* ...“[306] nicht das Außerachtlassen des (fachsprachlichen) Wortlautes[307] in allen Versionen.[308]

V. Formale Wortlautargumentation

Den Wortlaut lassen demgegenüber Vertreter einer anderen Ansicht, die zu einer restriktiven Interpretation des Wortes *Aburteilung* gelangt,[309] keineswegs unberücksichtigt. Wenn auch die nicht völlig einheitliche Bedeutung der im Vertragstext in den verschiedenen Fassungen verwandten Worte zu konstatieren sei,[310] verlange der deutsche Wortlaut eindeutig eine gerichtliche Entscheidung. Auch der französische Text ziele in diese Richtung, denn das Grundwort *jugement* sei in erster Linie mit „*Urteilsfindung*“ zu übersetzen. Schließlich sei auch unter *vonnis* Ähnliches, nämlich „*Urteil* (eines Amts- oder Landgerichts), *Entscheidung*“, zu verstehen.[311]

Dieser restriktiven Auslegung des Art. 54 ist zugute zu halten, daß sie den Wortlaut im Ergebnis nicht unbeachtet läßt. Allerdings muß sie sich vorwerfen lassen, allein die Bezeichnung der Entscheidung, die benutzten Worte, nicht aber deren sachlichen Gehalt,

---

304 Vgl. in diesem Zusammenhang auch *Hilf*: Ausleg. mehrspr. Vertr., 1973, S. 59: „*Es kann aber nicht unterstellt werden, daß die Vertragspartner trotz des Wissens um die Unvermeidbarkeit von Textdivergenzen in solchen Fällen die Unwirksamkeit der betreffenden Bestimmung wegen eines Dissenses in Kauf nehmen wollen.*“

305 So *Specht*: Ne bis in idem, 1999, S. 136 und ähnlich *LG Hamburg*, B. vom 14. 09. 1995, wistra 1995, S. 358 ff., 359.

306 *Specht*: Ne bis in idem, 1999, S. 136 f.

307 Vgl. auch *LG Hamburg*, B. vom 14. 09. 1995, wistra 1995, S. 358 ff., 359: „*Eine effektive Durchführung der geschlossenen Verträge kann nur gelingen, wenn sie* nicht kleinlich nach Maßgabe ihres Wortlautes *umgesetzt werden* ...“ (Hervorhebung der *Verf.*).

308 Vgl. i. d. Zshg. auch *Riese*: Sprachenproblem, in: von Caemmerer et al. (Hrsg.): FS Dölle II, 1963, S. 507 ff., 524, der die Bemerkung des Generalanwaltes des *EuGH*, die Gleichberechtigung aller vier Sprachen bedeute letzten Endes, daß „*keine maßgebend ist*“, für überspitzt hält.

309 Siehe *HansOLG Hamburg*, B. vom 08. 03. 1996, wistra 1996, S. 193 ff.; *BayObLG* vom 26. 05. 2000, StV 2001, S. 263 ff.; *BGH* (jeweils als *obiter dicta*), B. vom 13. 05. 1997, NStZ 1998, S. 149 ff., 151 und U. vom 02. 02. 1999, StV 1999, S. 244 ff., 245 („*transactie*“) sowie U. vom 10. 06. 1999, StV 1999, S. 478 ff. („*non-lieu*“).

310 *BayObLG* vom 26. 05. 2000, StV 2001, S. 263 ff.

311 *HansOLG Hamburg*, B. vom 08. 03. 1996, wistra 1996, S. 193 ff., 195 unter Berufung auf *Potonnier*: Wörterbuch für Wirtschaft, Recht und Handel, 1990 und Wörterbuch der deutschen und niederländischen Rechtssprache, 1991.

die Begriffe, einem Vergleich unterzogen zu haben.[312] Diese aber lassen sich nur in den seltensten Fällen allein aus dem Wörterbuch zu erkennen.[313] Ohne Prüfung dessen, was sich hinter dem in den verschiedenen Versionen jeweils verwendeten Wort an Substanz verbirgt, ohne Verständnis des vorangegangenen Verfahrens, der Einbettung in das Gesamtsystem des Strafprozeßrechts ist es sinnvoll nicht machbar, einen autonomen Vertragsbegriff zu entwickeln und mit Inhalt zu füllen.[314] Das reine Anknüpfen an Form und Bezeichnung bleibt eine leere Hülle und muß tatsächlich „... *zu zufälligen und willkürlichen Ergebnissen führen.*“[315] Ausdruck der Unzulänglichkeit dieses Interpretationsansatzes ist der Umstand, daß jeweils hinsichtlich der Termini der fremden Vertragssprachen gesagt wird, sie ließen Raum für ein großzügigeres Verständnis, während die aus dem eigenen Rechtssystem stammenden Begriffe enger und präziser umschrieben werden. So wird aus deutscher Sicht konstatiert: „*Während das deutsche Urteil den genannten, detaillierten Voraussetzungen Rechnung tragen muß, erfaßt der niederländische Ausdruck 'vonnis' zwar die Bedeutung des deutschen Urteils ebenfalls, er hat jedoch einen viel weiteren Gehalt*“.[316] Die belgische Perspektive liest sich unterdessen folgendermaßen: „*Der niederländische (...) und der französische (...) Text von Art. 54 SDÜ scheinen in die Richtung zu deuten, daß nur Urteile von Gerichten darunter fallen. Der deutsche Text (...) scheint jedoch ... Raum zu lassen für eine weitergehende Auslegung, die auch außergerichtliche Entscheidungen erfaßt.*“[317]

VI. *Kühnes* sachlicher Vergleich

Der eben ausgeführten Kritik entgeht *Kühne.*[318] Er plädiert auf der Grundlage seiner Forderung, entscheidend könne nur sein, ob nach dem Recht des ausländischen Staates ein endgültiger Verfahrensabschluß gegeben sei,[319] für ein „... *vollständige[s] Verständnis des strafprozessualen Systems, aus dem heraus die mit Sperrwirkung auszustattende Entscheidung*

---

312 Dieser Vorwurf muß auch *Specht*: Ne bis in idem, 1999, S. 135 f. (vgl. *oben B. IV.*) treffen. Denn im Grunde bricht sie leider ihren Vorstoß in die Richtung der nationalen Bedeutungshintergründe ab, noch bevor sie ihn ernsthaft in Angriff nimmt.

313 Vgl. auch *Großfeld*: Rechtsvergleichung, 2001, S. 23: „*Heute wissen wir, daß eine zur Textvergleichung verarmte Rechtsvergleichung ('textism') nicht genügt.*“ Ähnl. *Braga*: Rechtsvergleichende Arbeit, in: Lüke et al. (Hrsg.): GS Constantinesco, 1983, S. 99 ff., 104 und *Harms*: Von Transactien und anderen europäischen Besonderheiten, in: Hanack et al. (Hrsg.): FS Rieß, 2002, S. 725 ff., 728.

314 Vgl. *Kühne*: Ne bis in idem, JZ 1998, S. 876 ff., 877 und *Hilf*: Ausleg. mehrspr. Vertr., 1973, S. 22 f. (m. w. N.): „*Die Übersetzung eines fremdsprachigen Rechtstextes erfordert damit jeweils ein rechtsvergleichendes Bemühen.*“

315 *LG Hamburg*, B. vom 14. 09. 1995, wistra 1995, S. 358 ff., 359 zur Forderung des Vorliegens einer abschließenden Entscheidung in Form eines Urteils.

316 *Specht*: Ne bis in idem, 1999, S. 136. Ähnl. auch *Hecker*: Art. 54 SDÜ, StV 2001, S. 306 ff., 308.

317 *Van den Wyngaert*: Anm. zu BGH v. 13. 05. 1997, NStZ 1998, S. 153 f., 153.

318 *Kühne*: Ne bis in idem, JZ 1998, S. 876 ff.; *ders.*: Anm. zu BGH vom 10. 06. 1999, StV 1999, S. 480 ff. Zu Art. 54 auch *ders.*: Strafprozeßrecht, 2003, Rn. 79, 661 ff.

319 *Kühne*: Ne bis in idem, JZ 1998, S. 876 ff., 877.

kommt."[320] Anhand einer Gegenüberstellung der untersuchungsrichterlichen Entscheidung *non-lieu par des raisons de fait* einerseits und der Verurteilung durch das erkennende Gericht andererseits, hinsichtlich der jeweiligen materiellen und formellen Neu- bzw. Wiederaufnahmevoraussetzungen[321] sowie ihrer Einbettung in das französische Strafverfahrenssystem[322] kommt er zu den Schlußfolgerungen, daß zum einen „... *die Bestandskraft der Entscheidung non-lieu par des raisons de fait grundsätzlich nicht als geringer angesehen werden kann als die einer Entscheidung mit formal vollständiger Rechtskraft (l'autorité de la chose jugée)*"[323] und daß zum anderen aufgrund der Vorwegnahme zentraler Elemente aus der Hauptverhandlung nach deutschem Verständnis „... *untersuchungsrichterliche Entscheidungen nach französischem Recht trotz ihrer formell begrenzten Rechtskraft instanzlichen Entscheidungen nach deutschem Recht gleichzusetzen*"[324] sind.

Ausgehend von dem nach der Hauptverhandlung erlassenen Endurteil des erkennenden Gerichts, das ihm als mit der größten Rechtskraft ausgestattete Entscheidungsform als Maßstab dient, versucht *Kühne* also durch eine Analyse von Verfahren und Wirkung der *non-lieu*-Entscheidung zu zeigen, daß diese ersterem in seinen zwischenstaatlichen Folgen gleichgestellt werden müsse. Die Stärke seines Ansatzes liegt in dem Bemühen, vermöge einer Untersuchung des zur Entscheidung führenden Verfahrens und der Möglichkeiten der Neuaufnahme, bestimmte für die Sperrwirkung im Rahmen des Art. 54 wesentliche Charakteristika des in Frage stehenden Verfahrensabschlusses herauszuarbeiten und – unbeeinflußt durch formale Bezeichnungen – über das Eingreifen des zwischenstaatlichen *ne bis in idem* entscheiden zu können. Allerdings beschränkt sich *Kühnes* Beitrag zur Diskussion um die Vorschrift auf die Frage ihrer Anwendung im Einzelfall, da er sich nur anhand der französischen *non-lieu*-Entscheidung mit Art. 54 auseinandersetzt. Seine Herangehensweise kann aber Basis weiterführender Überlegungen sein.

VII. Betrachtung der rechtskraftrelevanten Kriterien durch *Radtke* und *Busch*

Mit Blick auf das Ziel, nämlich die Erarbeitung bestimmter gemeinsamer Kriterien für die unter Art. 54 zu subsumierenden Entscheidungen, erscheinen auch die Lösungsvorschläge von *Bohnert* und *Lagodny*[325] einerseits und *Radtke* und *Busch*[326] andererseits mit *Kühnes* Konzept in ihren Grundzügen vergleichbar. Auch bei ihnen ist das Bestreben erkenn-

---

320 *Kühne*: Strafprozeßrecht, 2003, Rn. 79. So auch *ders.*: Ne bis in idem, JZ 1998, S. 876 ff., 877.

321 *Kühne*: Ne bis in idem, JZ 1998, S. 876 ff., 877 ff.

322 *Kühne*: Ne bis in idem, JZ 1998, S. 876 ff., 879

323 *Kühne*: Ne bis in idem, JZ 1998, S. 876 ff., 879. Krit. insoweit *Satzger*: Europäisierung des Strafrechts, 2001, S. 692, Fn. 2908.

324 *Kühne*: Ne bis in idem, JZ 1998, S. 876 ff., 879.

325 *Bohnert/Lagodny*: Art. 54 SDÜ im Lichte der nationalen Wiederaufnahmegründe, NStZ 2000, S. 636 ff.

326 *Radtke/Busch*: Transnationaler Strafklageverbrauch in den sog. Schengen-Staaten, EuGRZ 2000, S. 421 ff.

bar, unter Vermeidung der Bezugnahme auf formale Kriterien die Einordnung der Entscheidung anhand sachlicher Anknüpfungspunkte vorzunehmen.

Während sich *Radtke* und *Busch* „*... an den für die Rechtskraft relevanten Faktoren ...*“[327] orientieren, wollen *Bohnert* und *Lagodny* die Entscheidung im Sinne des Art. 54 anhand des Charakteristikums des Umfangs der Sperrwirkung, der „*Qualität der Rechtskraft*“[328] definieren und stellen daher die zentrale Frage „*Welche Qualität von Rechtskraft wird im erstentscheidenden Staat gefordert?*“ Für beide Ansichten verkörpert das Urteil des erkennenden Gerichts augenscheinlich ebenso wie für *Kühne* – mehr oder weniger ausgesprochen[329] – das Entscheidungsleitbild im Rahmen des Art. 54.

Angesichts der herkömmlichen Auslegungsmethoden gelangen *Radtke* und *Busch* zu dem Ergebnis, „*[a]ufgrund der Bedeutungsvielfalt des Merkmals 'abgeurteilt' ist ... insbesondere dem Element* 'rechtskräftig' *Beachtung zu schenken.*“ Zudem führe vor allem die Begrenzung der „*... Anwendbarkeit des Art. 54 SDÜ allein auf abschließende Entscheidungen eines Vertragsstaates in Form eines* Sachurteils ... *zu willkürlichen und zufälligen Ergebnissen.*“[330] Maßgeblich sei deshalb unter Berücksichtigung der unterschiedlichen Konzeptionen verfahrensabschließender Entscheidungen in den Vertragsstaaten der Strafprozeßordnungen die nach nationalem Recht ausgestaltete Rechtskraft.[331] Unter Rückgriff auf die von *Radtke* bereits an anderer Stelle[332] für das deutsche Strafverfahrensrecht erarbeiteten formellen und materiellen Kriterien der materiellen Rechtskraft[333] exemplifizieren sie ihr Vorgehen an deutschen verfahrenserledigenden Entscheidungen und kommen zu dem Resultat, neben dem Sachurteil nur das Einstellungsurteil bei unbehebbaren Prozeßhindernissen sowie den Strafbefehl als *rechtskräftige Aburteilung* im Sinne des Art. 54 zu verstehen, weil die strafklageverbrauchende Wirkung aller anderen gerichtlichen und staatsanwaltschaftlichen Verfahrenserledigungen „*... in mehrfacher Hinsicht gravierend von der Rechtskraftwirkung des als Maßstab*

---

327 *Radtke/Busch*: Transnationaler Strafklageverbrauch in den sog. Schengen-Staaten, EuGRZ 2000, S. 421 ff., 426. Vgl. auch *dies.*: Transnationaler Strafklageverbrauch in der Europäischen Union, NStZ 2003, S. 281 ff., 287.

328 *Bohnert/Lagodny*: Art. 54 SDÜ im Lichte der nationalen Wiederaufnahmegründe, NStZ 2000, S. 636 ff.

329 *Radtke/Busch*: Transnationaler Strafklageverbrauch in den sog. Schengen-Staaten, EuGRZ 2000, S. 421 ff., 427: „*Orientierungspunkt ist ... vielmehr Art und Umfang der materiellen Rechtskraft ... nach dem Strafverfahrensrecht des Erstentscheidungsstaates mit der Rechtskraft des Sachurteils als Maßstabsfigur.*“ Bei *Bohnert* und *Lagodny* ergibt sich dies daraus, daß sie die sachlichen Voraussetzungen des Wiederaufnahmeverfahrens untersuchen.

330 *Radtke/Busch*: Transnationaler Strafklageverbrauch in den sog. Schengen-Staaten, EuGRZ 2000, S. 421 ff., 425 f. (Sämtliche Hervorhebungen im Original).

331 *Radtke/Busch*: Transnationaler Strafklageverbrauch in den sog. Schengen-Staaten, EuGRZ 2000, S. 421 ff., 426.

332 *Radtke*: Systematik des Strafklageverbrauchs, 1994.

333 Z. B. *Form* des Wiederaufnahmeverfahrens, Notwendigkeit der *Überzeugung* des Richters von der Schuld, Methoden der *Sachverhaltsaufklärung* (vgl. i. e. *Radtke/Busch*: Transnationaler Strafklageverbrauch in den sog. Schengen-Staaten, EuGRZ 2000, S. 421 ff., 427; ähnl. auch *Radtke*: Anm. zu BGH v. 28. 02. 2001, NStZ 2001, S. 662 ff., 664).

herangezogenen Sachurteils ...“[334] abweicht.[335] Einer Beurteilung der aus ausländischen Rechtsordnungen stammenden Entscheidungen soll nach *Radtke* ebenfalls zunächst eine Analyse der „... Kriterien, *die nach dem maßgeblichen nationalen Strafverfahrensrecht des Erstverfolgungsstaates* für die Rechtskraftfähigkeit *von Entscheidungen im Rahmen des Strafverfahrens relevant sind*“[336] vorausgehen.

Wie bei *Kühne* liegt auch hier der maßgebliche Vorzug in der Abkehr von einer formalen und damit zwangsläufig oberflächlichen Argumentation und der Hinwendung zu einer eingehenden Betrachtung der individuellen Entscheidungsformen in ihrer Stellung im jeweiligen Strafverfahrenssystem. Zwei Fragen bleiben allerdings offen. Zum einen erscheint unklar, welche Rolle die für das Maß der Rechtskraft maßgeblichen Kriterien im Rahmen einer Auslegung des Art. 54 im einzelnen spielen sollen. Da die Autoren nämlich selbst von einer dem deutschen Strafverfahrensrecht zugrundeliegenden *„geschlossene[n] und in sich widerspruchsfreie[n] Systematik materieller Rechtskraft*”[337] sprechen, muß im Grunde von einer gewissen „Proportionalität” jener Kriterien und der Rechtskraft ausgegangen werden, so daß erstere in *Radtke/Buschs* Erörterung eigentlich nur der Illustration des durch sie beeinflußten Umfangs der Sperrwirkung dienen. Damit verbunden ist die Schwierigkeit, auf eine allgemeine, auch für andere Rechtsordnungen operable Umschreibung der wesentlichen Anforderungen an eine *rechtskräftige Aburteilung* zu schließen. Zum anderen wird nicht ganz deutlich, warum zwar der Strafbefehl noch unter Art. 54 fallen soll, andere Entscheidungen wie der gerichtliche Nichteröffnungsbeschluß hingegen nicht mehr, obgleich auch bei dem erstgenannten wegen der nur auf Aktenlage beruhenden Entscheidung im Vergleich zum Sachurteil hinsichtlich der Rechtskraft Abstriche zu verzeichnen sind (vgl. § 373a StPO).

---

334 *Radtke/Busch*: Transnationaler Strafklageverbrauch in den sog. Schengen-Staaten, EuGRZ 2000, S. 421 ff., 428 und 429.

335 Allerdings befürworten *Radtke* und *Busch* unter der Bedingung der Auslegung des Art. 54 in der Weise, daß bei Vorliegen der materiellen Wiederaufnahmevoraussetzungen im Erstentscheidungsstaat die Verfolgung auch in einem anderen Vertragsstaat zulässig ist, die Subsumtion sämtlicher verfahrensabschließender Entscheidungen – unabhängig vom erlassenden Organ – unter die Vorschrift (*Radtke/Busch*: Transnationaler Strafklageverbrauch in den sog. Schengen-Staaten, EuGRZ 2000, S. 421 ff., 429 f.). Die Kopplung der Auswahl des unter die einschränkende Betrachtung fallenden Kreises von Entscheidungsformen an die Rechtskraftwirkung eines Sachurteils in Verbindung mit den Erwägungen zur Anwendung der materiellen Wiederaufnahmevoraussetzungen durch den Zweitverfolgungsstaat verrät den dahinterstehenden Gedanken. In Fallgestaltungen, in denen im Erstentscheidungsstaat nur geringen Barrieren gegen die Weiterverfolgung gegenüberstehen, mutet ein absolutes Verfahrensverbot für die anderen Vertragsstaaten als nicht gerechtfertigt an. Was sich also für Verfahrensabschlüsse, die dem Umfang der Beendigungswirkung eines Sachurteils *„als Leitbild einer staatlichen Abschlußentscheidung*“ (*Radtke/Busch*: Transnationaler Strafklageverbrauch in den sog. Schengen-Staaten, EuGRZ 2000, S. 421 ff., 426) entsprechen, noch tolerieren läßt, überschreitet eine Erträglichkeitsgrenze, wenn der Sperreffekt unter dieses Maß sinkt.

336 *Radtke*: Anm. zu BGH vom 28. 02. 2001, NStZ 2001, S. 662 ff., 664 (Hervorhebungen im Original).

337 *Radtke/Busch*: Transnationaler Strafklageverbrauch in den sog. Schengen-Staaten, EuGRZ 2000, S. 421 ff., 427.

VIII. *Bohnert* und *Lagodnys* einheitliche Definition nach den Wiederaufnahmevoraussetzungen

Bohnert und *Lagodny* gehen von der Prämisse aus, daß die Rechtskraft richterlicher Entscheidungen in den Schengenstaaten eine unterschiedliche Intensität hat. Diese hängt vor allem von den Voraussetzungen der Durchbrechung durch ein Wiederaufnahmeverfahren zuungunsten des Verurteilten ab. Sie präzisieren ihre Fragestellung folgendermaßen:

> *„Welche Intensität von Rechtskraft (einschließlich ihrer Durchbrechungen zuungunsten des Verurteilten/Freigesprochenen) wird vorausgesetzt: das höchste Niveau (das französisch-romanische) oder das jedenfalls niedrigere nach österreichischem Recht?"*[338]

Auf der Grundlage eines überblicksartigen Vergleiches der Wiederaufnahmevoraussetzungen[339] in den Schengenstaaten gelangen sie unter Abstellen auf den die geringsten Hürden für die Wiederaufnahme errichtenden „kleineren gemeinsamen Nenner" zu dem Ergebnis:

> *„Eine rechtskräftige Entscheidung im Sinne dieser Vorschrift liegt bereits dann vor, wenn eine Wiederaufnahme/eine Wiedereröffnung/etc. nur (aber auch schon) bei Vorliegen neuer Tatsachen möglich ist."*[340]

Diese – soweit den Autoren bekannt – niedrigsten Anforderungen werden von der österreichischen StPO für die Wiederaufnahme zuungunsten des Angeklagten nach einem rechtskräftigen Urteil gestellt. Nur bei deren Maßgeblichkeit ließen sich Wertungswidersprüche vermeiden.

Soweit *Bohnert* und *Lagodny* auf diese Weise die Subsumtion der französischen *non-lieu*-Entscheidung unter Art. 54 untermauern wollen,[341] muß auf die mangelnde Übereinstimmung der materiellen Wiederaufnahmevoraussetzungen beider Entscheidungsformen hingewiesen werden. Während § 355 Nr. 2 öst. StPO[342] für die Wiederaufnahme nach dem gerichtlichen Freispruch Tatsachen oder Beweise verlangt, die sich *ergeben* haben, die also im früheren Verfahren nicht nur nicht vorgekommen sind, sondern dem Ankläger unbekannt waren (*nova reperta*),[343] gelten als *charges nouvelles* im Rahmen des weit

---

338 *Bohnert/Lagodny*: Art. 54 SDÜ im Lichte der nationalen Wiederaufnahmegründe, NStZ 2000, S. 636 ff., 640.

339 Im Hinblick auf Beurteilung der Rechtskraftfähigkeit über Wiederaufnahmeregeln generell zust., krit. aber hinsichtlich des Abstellens allein auf materielle Wiederaufnahmevoraussetzungen: *Radtke*: Anm. zu BGH v. 28. 02. 2001, NStZ 2001, S. 662 ff, 664.

340 *Bohnert/Lagodny*: Art. 54 SDÜ im Lichte der nationalen Wiederaufnahmegründe, NStZ 2000, S. 636 ff., 640.

341 Vgl. *Bohnert/Lagodny*: Art. 54 SDÜ im Lichte der nationalen Wiederaufnahmegründe, NStZ 2000, S. 636 ff., 640: *„Damit schließt sich der Kreis: Die Voraussetzungen für die Wiederaufnahme eines rechtskräftigen Freispruchs durch Urteil in Österreich sind denjenigen vergleichbar, die in Frankreich für eine ordonnance de non lieu par raisons de faits gelten."*

342 Vgl. § 355 öst. StPO: *„Der Staatsanwalt ... kann die Wiederaufnahme ... wegen einer Handlung, hinsichtlich deren der Angeklagte durch rechtskräftiges Urteil freigesprochen worden ist, nur insofern beantragen, als ... 2. ... sich andere neue Tatsachen oder Beweismittel* ergeben, *die allein oder in Verbindung mit den früher erhobenen Beweisen geeignet erscheinen, die Bestrafung des Angeklagten zu begründen."* (Hervorhebung der *Verf.*).

343 Vgl. *Foregger/Fabrizy*: Öst. StPO, 2000, § 355, Rn. 2. Demgegenüber erlaubt § 352 öst. StPO die Wiederaufnahme nach Einstellung, Zurückweisung oder Rücktritt von der Anklage vor der Hauptver-

und neuaufnahmefreundlich ausgelegten Art. 188 CPP[344] bereits auch neue Aspekte schon berücksichtigter Tatsachen. Völlig neue oder übersehene Fakten müssen nicht zwingend vorgebracht werden[345] – es genügt, wenn der Untersuchungsrichter sie im Zeitpunkt seiner Entscheidungsfindung in ihrer Reichweite übersehen hat.[346]

Abgesehen davon aber bieten die Autoren ein um gleichmäßige Anwendung des Art. 54 in allen Vertragsstaaten bemühtes Lösungsmodell, unter welches sich – und insoweit sind sie *Radtke* und *Busch* voraus – auch ausländische Entscheidungen mühelos subsumieren lassen. Indessen neigt aber eine *allein* anhand der Rechtsfolge der Verfahrensabschlüsse orientierte Abgrenzung des Anwendungsbereiches des Art. 54 dazu, die unterschiedlichen Strukturen und Eigenheiten der einzelnen Strafverfahrensordnungen sowie die verschiedenen Abstufungen im Hinblick auf die Endgültigkeit der Entscheidungen innerhalb der Systeme zu mißachten. Die Rechtsordnungen verleihen den individuellen Verfahrensabschlüssen in unterschiedlichem Maße Sperrwirkung.[347] Tendenziell ist beispielsweise zu beobachten, dies betonen auch *Bohnert* und *Lagodny*,[348] daß den Durchbrechungen der Rechtskraft zuungunsten des Angeklagten im romanischen Bereich wesentlich höhere Hürden gegenüberstehen als beispielsweise im österreichisch-deutschen Rechtsbereich. Legt man nun einseitig einen konkreten Rechtskraftumfang als Voraussetzung für die Subsumtion unter Art. 54 fest, so zollt man den Besonderheiten der Rechtskraftsystematik des jeweiligen Strafverfahrensrechts zu wenig Anerkennung.[349]

IX. Tragfähigkeit des Argumentes der Gegenseitigkeit in der Auslegung

Immer wieder wird mit dem aus dem Rechtshilferecht stammenden Gedanken der *Gegenseitigkeit* argumentiert. Ob er für die Auslegung des Art. 54 nutzbar gemacht werden kann, soll im folgenden geprüft werden.

Dieser Gedanke ist in drei unterschiedlichen Zusammenhängen anzutreffen. Schomburg brachte ihn erstmals in die Diskussion ein: „*Jedenfalls das, was ein Land als Erledigungswirkung nach seinem Recht respektiert wissen möchte, muß es auch den Erledigungswirkungen der Part-*

---

handlung bereits, „... *wenn neue Beweismittel* beigebracht *werden* ...“ (Hervorhebung der *Verf.*). Dabei kann es sich um neue oder auch schon früher bekannte Tatsachen handeln (*nova producta*), vgl. *Foregger/Fabrizy*: Öst. StPO, 2000, § 352, Rn. 10.

344 Vgl. Art. 188 CPP: „*La personne mise en examen à l'égard de laquelle le juge d'instruction a dit n'y avoir lieu à suivre ne peut plus être recherchée à l'occasion du même fait, à moins qu'il ne survienne de nouvelles charges.*“

345 Vgl. *Stefani/Levasseur/Bouloc*: Proc. pén., 2001, Rn. 794; *Rassat*: Proc. pén., 2001, Rn. 420.

346 Vgl. *Merle/Vitu*: Proc. pén., 2001, Rn. 540. Vgl. zur *non-lieu*-Entscheidung i. ü. auch *unten Kapitel 12, C. II. 2. d.*

347 Darauf weisen auch *Radtke/Busch*: Transnationaler Strafklageverbrauch in der Europäischen Union, NStZ 2003, S. 281 ff., 286 hin.

348 Vgl. *Bohnert/Lagodny*: Art. 54 SDÜ im Lichte der nationalen Wiederaufnahmegründe, NStZ 2000, S. 636 ff., 640.

349 Krit. auch *Radtke/Busch*: Transnationaler Strafklageverbrauch in der Europäischen Union, NStZ 2003, S. 281 ff., 286.

nerstaaten zukommen lassen."[350] Beansprucht ein Staat also hinsichtlich einer bestimmten nationalen Entscheidungsform die Geltung des Art. 54, soll es vergleichbaren ausländischen Verfahrensabschlüssen ebenso Sperrwirkung zusprechen.

In abgewandelter Form findet sich das Argument der Gegenseitigkeit in dem transactie-Urteil des BGH wieder: Da „... *nach belgischem Recht – anders als in den Niederlanden – ausländischen transacties keine strafklageverbrauchende Wirkung im Verhältnis zur belgischen Strafbefugnis zuerkannt wird*", „... *kann der hier beteiligte Vertragsstaat Belgien jedenfalls keine weiterreichende Anerkennung für sein transactie-Verfahren erwarten, als er selbst im Verhältnis zu anderen Vertragsstaaten anzuerkennen bereit ist.*"[351] Danach soll also der Stand des innerstaatlichen Rechts die Auslegung des zwischenstaatlichen Übereinkommens beeinflussen.

Einem neuerdings von *Radtke* und *Busch* ins Spiel gebrachten Gesichtspunkt zufolge sei es mit dem Gegenseitigkeitsprinzip kaum vereinbar, wenn „... *erhebliche Unterschiede im Anwendungsbereich des SDÜ im Verhältnis zwischen den Vertragspartnern*" zu dulden wären. Denn ansonsten würde von „... *Staaten, in denen die Beendigungswirkung durch Sachurteil vorherrschend ist, ... eine wesentlich größere Bindungswirkung ... ausgeh[en], als von solchen ..., in denen die Beendigung von Strafverfahren in höherem Maße durch nichtrichterliche oder jedenfalls nicht Urteilserledigung erfolgt.*"[352] Demnach soll das Gegenseitigkeitsprinzip ein Gleichgewicht aller Vertragsstaaten im Anwendungsumfang sicherstellen.

In keinem der genannten Zusammenhänge kann das Argument der Gegenseitigkeit aber durchschlagen. Gegenseitigkeit im Rahmen der Rechtshilfe, in der ihre Ursprünge liegen, bedeutet, daß der ersuchende Staat im vergleichbaren umgekehrten Fall ebenfalls zu Rechtshilfe bereit sein muß (*do ut des*).[353] Im Völkerrecht stellt sie ein allgemeines, auf der Gleichberechtigung der Staaten beruhendes Prinzip dar, um andere Staaten zu entsprechenden Gegenleistungen zu bewegen.[354] Ausgehend von „*staatlicher, zumal absolutistischer Souveränität*"[355] spielte sie eine zentrale Rolle bei der Entwicklung der Rechtshilfeübereinkommen überhaupt. Deren Grundlage darstellend, vermindert sich ihre Bedeutung als gesonderte Voraussetzung im vertraglich ausformulierten Bereich aber in zunehmendem Maße,[356] weil der Gegenseitigkeitsforderung bereits dadurch Rechnung

---

350 *Schomburg*: Int. „ne bis in idem", StV 1997, S. 383 ff., 385. Ebenso *ders.*: in: Schomburg/Lagodny: IRhStr., 1998, SDÜ, Art. 54, Rn. 33. I. d. S. auch *Auer*: Int. „ne bis in idem" für Österreich, ÖRiZ 2000, S. 52 ff., 54, Fn. 23.

351 *BGH* vom 02. 02. 1999, StV 1999, S. 244 ff., 245 (*obiter dicta*). Ähnlich auch *OLG Köln*, B. vom 30. 03. 2001, NStZ 2001, S. 558 ff., 559, wonach die strafklageverbrauchende Wirkung ausländischer *transacties* in den Niederlanden (Art. 68 Abs. 3 WSr) für die Anerkennung der *ne bis in idem*-Wirkung der niederländischen Entscheidung sprechen soll.

352 *Radtke/Busch*: Transnationaler Strafklageverbrauch in den sog. Schengen-Staaten, EuGRZ 2000, S. 421 ff., 426.

353 *Schomburg/Lagodny*: IRhStr., 1998, Einl., Rn. 63; *Popp*: Int. Rechtshilfe, 2001, Rn. 428.

354 *Schomburg/Lagodny*: IRhStr., 1998, IRG, Art. 5, Rn. 2.

355 *Popp*: Int. Rechtshilfe, 2001, Rn. 428. Ähnl. *Schwaighofer*: Auslief. u. Int. Strafrecht, 1988, S. 44: „*Ausfluß der Souveränität der Staaten*".

356 Vgl. *Schwaighofer*: Auslief. u. Int. Strafrecht, 1988, S. 44; *Schomburg/Lagodny*: IRhStr., 1998, Einl., Rn. 63 und IRG, Art. 5, Rn. 2.

getragen wird, daß der im Vertrag niedergelegte Pflichtenkreis für die Parteien verbindlich erklärt wird.[357]

Eben dies trifft auf die *ne bis in idem*-Vorschriften des SDÜ zu. Infolge der Kodifizierung gelten die Regeln allein im vertraglich geregelten Ausmaß. Bewirkt der vereinbarte Vertragstext selbst aber eine quantitativ unausgeglichene Anwendung bei den verschiedenen Partnerstaaten, kann dies nicht – wie *Radtke* und *Busch* vorschlagen – eine mit dem Gegenseitigkeitsprinzip begründete, diesen Text unter Umständen sprengende Vertragsauslegung korrigieren, liegt es doch in der Verantwortung jeden Staates, seine Interessen im Rahmen der Vertragsgestaltung durchzusetzen. Stößt dies infolge gegenläufiger Belange der Partner auf Grenzen, darf nicht nachträglich die schließlich zustande gekommene Einigung mit Hilfe des Gegenseitigkeitsprinzips unterlaufen werden.[358] Darüber hinaus muß das Risiko des tatsächlich mengenmäßig unterschiedlichen Eingreifens des Art. 54 als Verfahrenshindernis dem Zusammenspiel der einzelnen andersartigen Verfahrensordnungen zugerechnet werden, welches sich allein durch deren Angleichung beseitigen ließe. Auf eine Harmonisierung der Rechtsordnungen aber zielt das SDÜ nicht ab.[359]

Soll auch der Anwendung des Gegenseitigkeitsprinzips in bestimmten Fällen noch Raum bleiben, wenn die vertraglichen Bestimmungen nicht eindeutig sind oder von den Parteien nicht gleichmäßig ausgelegt werden,[360] ist dies allenfalls in Fällen des Verweises auf das innerstaatliche Recht denkbar, um dessen Umfang im einzelnen zu ergründen. Geht es aber wie hier um das Verständnis eines autonom auszulegenden Vertragsbegriffs,[361] an dem erst in einem nachfolgenden Schritt einzelne nationale verfahrensabschließende Entscheidungen zu messen sind, darf die Gegenseitigkeit nicht von Einfluß sein. Besonders deutlich wird dies, führt man sich die Konsequenzen einer solchen Handhabung bei einem multilateralen Vertrag wie diesem vor Augen. Verfährt man so, daß der Zweitstaat die Entscheidungsform des Erstverfolgungsstaates an die Elle seiner eigenen Verfahrensabschlüsse legt und nur anerkennt, was er selbst respektiert wissen möchte, so besteht die Gefahr, daß eine Entscheidung in unterschiedlichen Staaten verschiedener Anerkennung unterliegt, weil sie letztendlich von jedem Staat jeweils durch die Brille seiner eigenen Rechtsordnung betrachtet wird.[362]

---

357 *Weber*: Gegenseitigkeitsprinzip im EuAlÜbk, 1962, S. 48 f.; *Stein*: Auslieferungsausnahme, 1983, S. 38.

358 Ähnlich auch *Kropholler*: Int. Einheitsre., 1975, S. 288 zum privatre. Einheitsrecht: *„Soweit die 'Belastung' ... nicht gleichmäßig ist, etwa weil das Einheitsrecht an unterschiedliche nationale Rechtseinrichtungen oder Rechtssätze anknüpft, ist es nicht Aufgabe der Interpretation, für einen Ausgleich zu sorgen."*

359 Vgl. *Hecker*: Art. 54 SDÜ, StV 2001, S. 306 ff., 309.

360 So noch *Weber*: Gegenseitigkeitsprinzip im EuAlÜbk, 1962, S. 49.

361 *Hilf*: Auslegung mehrsprachiger Verträge, 1973, S. 86.

362 Vgl. dazu auch *oben B. III. 3.* Dagegen auch *LG Hamburg* vom 24. 06. 1996, wistra 1996, S. 359 ff., 362: *„Würde es darüber hinaus für die 'Anerkennung' im Zweitstaat auf nationales Recht dieses Staates ... ankommen, würde eine derartige Auslegung des Artikel 54 SDÜ dazu nötigen, diese dem deutschen Strafprozeßrecht entstammenden Unterscheidungen und Begrifflichkeiten auch auf die Strafprozeßrechte der anderen Vertragsstaaten zu übertragen und damit allein aus Gründen der deutschen Auslegung ... insoweit eine Strafprozeßrechtsdogmatik für ausländische Rechtsordnungen zu entwickeln."*

Auch der Kontext, in dem der *BGH* die Gegenseitigkeit heranzieht, ist nicht zu unterstützen. Denn der Rechtszustand, der vor und unabhängig von dem geschlossenen zwischenstaatlichen Vertrag existierte[363] und auf dessen Verbesserung das Abkommen gerade abzielt, kann nicht Basis der Auslegung des letzteren darstellen.[364]

Im Grunde genommen widerspricht der dem Souveränitätsdenken entspringende Grundsatz der Gegenseitigkeit, des strengen Sich-Entsprechens von Geben und Nehmen auch den hinter dem SDÜ stehenden Gedanken der Schaffung eines Raums ohne Binnengrenzen und der engeren Kooperation der Vertragspartner.[365] [366] Nicht umsonst sind in jüngerer Vergangenheit Tendenzen erkennbar geworden, die angesichts einer wachsenden grenzüberschreitenden Kriminalität auf die Aufgabe des formalen Grundsatzes der synallagmatischen Ausgewogenheit im Interesse einer verstärkten internationalen Zusammenarbeit drängen.[367]

C. Zusammenfassung

In der Diskussion um das Verständnis des Art. 54 offenbart sich eine umfangreiche Bandbreite an Ansichten, die von einer sehr engen, nur auf gerichtliche Sachurteile beschränkten, bis zu einer nahezu uferlos weiten, sämtliche innerstaatlich endgültigen Entscheidungen einbeziehenden Auslegung der Vorschrift reicht.

Der *EuGH* hat sich bisher nur zur Anwendbarkeit des Art. 54 auf Formen der staatsanwaltschaftlichen Verfahrensbeendigung nach einer Geldleistung des Beschuldigten ausgesprochen und diese bejaht, weil in diesen Fällen zum einen *ein zur Mitwirkung an der Strafrechtspflege berufenes Organ tätig geworden* und das dem Beschuldigten vorgeworfene Verhalten zum anderen auch *geahndet* worden sei. Wenngleich seine – die Ziele der Art. 54 ff. und der Europäischen Union betreffenden – Argumente für das damit zum Ausdruck kommende weite Verständnis des Art. 54 nachvollziehbar sind, lösen sich seine Überlegungen allerdings von Wortlaut und Systematik der Schengener *ne bis in idem*-Vorschriften. Ob der *EuGH* mit dieser Entscheidung richterliche Rechtsfortbildung betrieben hat, kann erst anhand des eigenen Auslegungsergebnisses am Schluß der Arbeit beurteilt werden.

Den bisher ergangenen *BGH*-Entscheidungen kann verbindlich nur entnommen werden: die notwendige, aber nicht hinreichende Voraussetzung der *innerstaatlich existierenden* ne bis in idem-*Wirkung*, die Forderung nach einer gewissen *zwischenstaatlichen Klarheit* sowie einer Belastung des Beschuldigten in einem einer *gerichtlichen Sanktion vergleichbaren Maß*.

---

363 Vgl. Art. 58.

364 Ebenso *Satzger*: Europäisierung des Strafrechts, 2001, S. 692 f.

365 Zu den Zielebenen des SDÜ vgl. *Specht*: Ne bis in idem, 1999, S. 144 ff.

366 *Satzger*: Europäisierung des Strafrechts, 2001, S. 683: *„Nur dieser Ansatz – nicht der in der Nationalstaatlichkeit verhaftete Gedanke der 'Gegenseitigkeit' – wird der Vorstellung von einem einheitlichen 'Raum der Freiheit, der Sicherheit und des Rechts' ... gerecht."*

367 Vgl. *Stein*: Auslieferungsausnahme, 1983, S. 38.

Dennoch scheint das Gericht sich insgesamt wohl am gerichtlichen Sachurteil orientieren zu wollen. Das Kriterium der zwischenstaatlichen Klarheit ist aufgrund seiner eigenen Unbestimmtheit und der wohl zu erwartenden Konsequenz der Begrenzung der Anerkennung auf solche Entscheidungen, die in gleicher oder ähnlicher Weise auch im Zweitverfolgungsstaat existieren, als Auslegungsmaßstab nicht geeignet.

Im Ansatz begrüßenswert ist der Versuch *Spechts*, Art. 54 unter Berücksichtigung der *nationalen Bedeutungshintergründe* zu verstehen, weil er die Möglichkeit einer einheitlichen und autonomen Auslegung bietet. Infolge der zu hoch angesetzten Anforderungen an die Vergleichbarkeit der nationalen Rechtsinstitute muß dieses Unterfangen allerdings in seinen Anfängen steckenbleiben und letztlich zur weitgehenden Irrelevanz des fachspezifischen Wortsinnes führen. Die Berücksichtigung des Wortlautes darf sich auf der anderen Seite aber auch nicht, wie dies teilweise geschieht, auf ein formales Anknüpfen an die *Bezeichnung der Entscheidung* in den verschiedenen Vertragssprachen beschränken. Die vergleichende Gegenüberstellung verlangt gleichermaßen eine Untersuchung des *sachlichen Gehaltes* der bezeichneten Verfahrensabschlußform. Insoweit kann *Kühnes* Annäherung, die, sich allerdings auf die Betrachtung der *non-lieu*-Einstellung beschränkend, vorangegangenes Verfahren und Wirkung der Entscheidung genauer betrachtet, Ausgangspunkt für die weitere Auslegung sein. In der Analyse materieller Kriterien liegt auch der Vorzug der Lösungswege von *Radtke* und *Busch* einerseits sowie *Bohnert* und *Lagodny* andererseits. *Radtke* und *Busch* halten *Charakteristika*, die nach dem nationalen Strafverfahrensrecht für die *Rechtskraftfähigkeit* von Entscheidungen relevant sind, für maßgeblich. Indes bleibt bei ihnen insbesondere noch die Frage offen, wie diese Kriterien für eine auf die beteiligten Rechtsordnungen anwendbare Definition der *rechtskräftigen Aburteilung* nutzbar gemacht werden können. Diese Schwierigkeit bewältigen *Bohnert* und *Lagodny*, indem sie jede Entscheidung, nach der das Verfahren nur aufgrund *neuer Tatsachen* wiederaufgenommen werden kann, als solche im Sinne des Art. 54 ansehen. Kritik verdient dieser Entwurf aber insofern, als er die verschiedenen Abstufungen, Strukturen und Eigenheiten der einzelnen Strafverfahrensordnungen außer Acht läßt. Das mehrfach in unterschiedlichen Zusammenhängen angebrachte, aus dem Rechtshilferecht stammende Argument der *Gegenseitigkeit* kann schließlich bei der Auslegung eines Vertrages, in dem der Pflichtenkreis der Parteien bereits festgeschrieben ist, nicht weiterhelfen.

Im diesem hiermit abgeschlossenen ersten Teil der Arbeit ist Art. 54 zunächst hinsichtlich seines Hintergrundes[368] beleuchtet worden. Ausgehend von der Struktur[369] der Vorschrift wurden anschließend die Anforderungen,[370] denen bei der Auslegung eines mehrsprachigen völkerrechtlichen Vertrages gerecht zu werden ist, sowie die dabei zu überwindenden Hürden[371] identifiziert. Dies ermöglichte sodann eine kritische Auseinandersetzung mit den bereits existierenden Ansätzen zur Auslegung des Art. 54.

---

368 Vgl. *oben Kapitel 1.*

369 Vgl. *oben Kapitel 2, A.*

370 Vgl. *oben Kapitel 2, B. I.*

371 Vgl. *oben Kapitel 2, B. II.*

Das Ziel der einheitlichen und autonomen Vertragsauslegung und die Schwierigkeiten der Mehrsprachigkeit und der divergierenden Begriffsvorstellungen vor Augen, sollen nun im zweiten Teil Lösungswege gesucht und methodische Grundlagen gelegt werden.

Teil 2. Methodische Grundlagen

Im folgenden werden die methodischen Grundlagen für eine Auslegung des Art. 54 entwickelt. Das besondere Augenmerk der Lösungssuche wird dabei auf dem Anspruch der ***einheitlichen*** und ***autonomen*** Auslegung und der Überwindung der mit der ***Mehrsprachigkeit*** des Vertrags und den ***differierenden Begriffsvorstellungen*** verbundenen Schwierigkeiten liegen. Im Anschluß an einige Feststellungen zu den geltenden Auslegungsregeln (*Kapitel 4*) wird darauf aufbauend das Vorgehen im einzelnen entworfen (*Kapitel 5*). Am Ende dieses Teils soll die Basis dafür geschaffen sein, in die praktische Umsetzung der Interpretation des Art. 54 einzutreten.

Kapitel 4. Geltende Auslegungsregeln

Während zunächst die anzuwendenden Interpretationsregeln in knapper Weise identifiziert werden (A.), wird sich der nachfolgende Abschnitt etwas eingehender mit den herausgearbeiteten Vorschriften auseinandersetzen (B.).

A. Vorfragen

I. Europa- oder völkerrechtlicher Auslegungsansatz?

Art. 54 ist Teil eines zwischen mehreren Staaten geschlossenen Übereinkommens, weswegen rein nationale Auslegungsgrundsätze ausscheiden und sich die Frage nach den anzuwendenden Regeln stellt.

Obwohl das SDÜ seinem Ursprung nach einen völkerrechtlichen Vertrag darstellt,[372] drängt sich infolge der Einbeziehung des Schengen-Besitzstandes in den Rahmen der Europäischen Union die Frage auf, nach welchem Ansatz die Art. 54 ff. nun auszulegen sind. Denn klassischerweise unterscheidet man völkerrechtliche und europarechtliche Interpretationstechniken. Die auf dem Verfassungscharakter der Gemeinschaftsverträge basierenden, aus dem Zusammenspiel völker- und verfassungsrechtlicher Regeln entstandenen Auslegungsmaximen des *Europäischen Gerichtshofes* betrachtet man mittlerweile als eine ei-

---

[372] Vgl. dazu auch *Würz*: Das SDÜ, 1997, S. 33; *Thomas*: Recht auf Einmaligkeit, 2002, S. 93.

gene, spezifisch gemeinschaftsrechtliche Form der Interpretation.[373] Soweit eine solche spezielle Auslegungsmethode existiert,[374] gilt sie allein für das Gemeinschaftsrecht. Die *ne bis in idem*-Vorschriften wurden jedoch nicht dem EGV,[375] sondern dem Abschnitt über die Polizeiliche und Justizielle Zusammenarbeit des EUV zugeordnet. Dieser ist jedoch ebenso wie die Gemeinsame Außen- und Sicherheitspolitik völkerrechtlich geprägt,[376] weshalb der *EuGH* im Rahmen des Art. 35 EUV auch eine typisch völkerrechtliche Zuständigkeit ausübt.[377] Die Art. 54 ff. sind demzufolge völkerrechtlich auszulegen, wobei inhaltlich aber die besondere Institutionalisierung des Zusammenwirkens unter dem Dach der Europäischen Union und die Option zur Vergemeinschaftung auch dieses Bereiches nach Art. 42 EUV in Betracht zu nehmen ist, weil dies über die gewöhnlichen Formen der intergouvernementalen Zusammenarbeit hinausgeht.[378]

II. Wiener Übereinkommen über das Recht der Verträge

Auf die Auslegung völkerrechtlicher Verträge finden regelmäßig die Vorschriften des Abschnittes 3 der Wiener Vertragsrechtskonvention[379] Anwendung. In bezug auf das SDÜ könnte sich als problematisch erweisen, daß nicht alle Partner des SDÜ auch Vertragsstaaten der WVRK sind.[380]

---

373 *Lipstein*: Practical Comp. Law, TLR 1973/74, S. 907 ff., 908; *Meyer*: Auslegung im EGR, Jura 1994, S. 455 ff.; *Oppermann*: Europarecht, 1999, Rn. 681; *Lecheler*: Europarecht, 2000, S. 51; Schwarze-*Schwarze*: EU-Komm., 2000, Art. 220 EGV, Rn. 27.

374 Zweifelhaft ist nämlich, ob es sich insoweit tatsächlich um eine eigene Methodik der Auslegung handelt oder ob die Besonderheiten des Gemeinschaftsrechts dieselben Regeln lediglich mit anderen sachlichen Inhalten anfüllen, die zu einer abweichenden Schwerpunktsetzung führen (ähnl. auch *Bleckmann*: Auslegungsmethoden des EuGH, NJW 1982, S. 1177, 1181: *EuGH* folgt – abgesehen von einer Reihe von Verschiebungen – weitgehend „herkömmlichen" Auslegungsmethoden des Völkerrechts; vgl. auch *Bernhardt*: Ausleg. d. EGR, in: Grewe (Hrsg.): FS Kutscher, 1981, S. 17 ff., 21: *„Die Wortlautinterpretation, die systematische und vor allem die teleologische Interpretation sind heute für das Völkerrecht und für das Gemeinschaftsrecht gleichermaßen von Bedeutung, auch wenn man hier und da Unterschiede in der Akzentsetzung feststellen mag."*). Dieser Frage soll an dieser Stelle indessen nicht weiter nachgegangen werden.

375 Diese Zuordnung vermutet aber – weil die Art. 54 ff. Ausdruck der im EGV geregelten Freizügigkeit seien – noch *Specht*: Ne bis in idem, 1999, S. 124, Fn. 318, die infolgedessen schon den europarechtlichen Auslegungsansatz vorwegnimmt, mit der völkerrechtlichen Methode indessen zu keinem anderen Resultat kommt.

376 *Oppermann*: Europarecht, 1999, Rn. 232; Schwarze-*Böse*: EU-Komm., 2000, Art. 29 EUV, Rn. 2; *Satzger*: Europäisierung des Strafrechts, 2001, S. 19; *Streinz*: Europarecht, 2001, Rn. 422.

377 *Herdegen*: Europarecht, 2001, Rn. 469.

378 Schwarze-*Böse*: EU-Komm., 2000, Art. 29 EUV, Rn. 2.

379 Wiener Übereinkommen vom 23. 05. 1969 über das Recht der Verträge (WVRK; BGBl. 1985 II, S. 927; 1987 II, S. 757). Dazu *Bothe*: WVRK, NJW 1991, S. 2169 ff. Einen guten Überblick zur Lage vor Inkrafttreten bietet *Hardy*: Interpr. of plurilingual treaties, BYIL 1961, S. 72 ff.

380 Vgl. http://untreaty.un.org/English/Index.asp (Std. 25. 04. 2004).

Dennoch kommen die Regeln der Konvention hier zum Einsatz. Denn nach allgemeiner Meinung handelt es sich bei der WVRK um kodifiziertes Völkergewohnheitsrecht, weil die Regeln bei der Einzelabstimmung von allen Staaten akzeptiert wurden.[381]

B. Überblick über die Artikel 31 bis 33 der Wiener Vertragsrechtskonvention

I. Einleitung

Durch den Vertrag von 1969 wurden in den Art. 31 bis 33 Auslegungsregeln statuiert, denen gleichwohl eher der Charakter verbindlicher Richtlinien zukommt, da – worauf *Special Rapporteur Sir Humphrey Waldock* in seinem *Report VI* zu den Art. 69 bis 71 des Entwurfs der *International Law Commission* von 1964 zu Recht hinweist – „... *their application in a particular case depends so much on the appreciation of the context and the circumstances of the point to be interpreted.*"[382] Die Prinzipien gleichen einem „*Kompaß in der Hand des Rechtssuchenden*" und dienen dem Einfangen, Gliedern und Disziplinieren juristischer Erwägungen und Wertungen in bestimmten Erwägungsmustern, der Verteilung der Unlogik des Interpretationsvorganges auf kleine, lokalisierbare Sprünge,[383] und sind auf diese Weise in der Lage, die notwendige Anpassungsfähigkeit im Hinblick auf die jeweils auszulegende Vertragsnorm zu bieten.[384]

---

381 Vgl. *Wetzel/Rauschning*: WVRK, 1978, S. 256, 263 (mit den jeweiligen Abstimmungsergebnissen); *Mössner*: Ausleg. mehrspr. Staatsverträge, ArchVR 1971/72, S. 273 ff., 302; *Sinclair*: VCT, 1984, S. 10 ff.; *Verdross/Simma*: Univ. Völkerrecht, 1984, S. 491; *Bieber/Ress*: Dynamik des EGR als Rechtsproblem, in: dies. (Hrsg.): Dynamik des EGR, 1987, S. 13 ff., 51; *Ress*: Verf. u. völkerre. Vertragsrecht, in: Hailbronner et al. (Hrsg.): FS Doehring, 1989, S. 803 ff., 805; *Rosenne*: Law of Treaties, 1989, S. 121; *Dörr*: Das SDÜ-Art. 24 Abs. 1 GG, DÖV 1993, S. 696 ff., 702.

382 *Waldock*: 6th Rep. (Law of Treaties), YBILC 1966 II, S. 51 ff., 94. Ähnl. auch *Bernhardt*: Interpr. in Int. Law, in: ders. (Hrsg.): Encyclopedia II, 1995, S. 1416 ff., 1418: „... *these principles and rules are somewhat vague and cannot be applied in a dogmatic and stringent manner leaving no room for value judgments and a certain discretion.*" und *Mössner*: Ausleg. mehrspr. Staatsverträge, ArchVR 1971/72, S. 273 ff., 302 zu Art. 33 WVRK: „*So bleibt der Interpret weiterhin Zentralfigur der Vertragsauslegung.*"

383 *Fastenrath*: Lücken im Völkerrecht, 1991, S. 163, 166. Vgl. auch *Larenz/Canaris*: Methodenlehre, 1995, S. 26: „*Der Schluß, zu dem er [der Auslegende,* die *Verf.] gelangt, ist kein logisch zwingender Schluß, sondern eine durch hinreichende Gründe motivierte Wahl zwischen verschiedenen Deutungsmöglichkeiten.*" Ähnl. auch *Wolffers*: Log. Grundformen, 1971, S. 37 ff., 42, der im Hinblick auf die Auslegung konstatieren muß, „... *daß kein Denkverfahren angegeben werden kann, welches gestattet, zu kontrollieren, ob man zu einem richtigen Resultat gelangt ist.*"

384 Vgl. schon *Savigny*: System I, 1840, S. 215: „*Es sind ... nicht vier Arten der Auslegung, unter denen man nach Geschmack und Belieben wählen könnte, sondern es sind verschiedene Thätigkeiten, die vereinigt wirken müssen, wenn die Auslegung gelingen soll. Nur wird freylich bald die eine, bald die andere wichtiger seyn und sichtbarer hervortreten, so daß nur die stete Richtung der Aufmerksamkeit nach allen diesen Seiten unerläßlich ist, wenngleich in vielen einzelnen*

II. Artikel 31 der Wiener Vertragsrechtskonvention. Allgemeine Auslegungsregel

Nach Art. 31 Abs. 1 WVRK ist ein Vertrag „... *in good faith in accordance with the ordinary meaning to be given to the terms of the treaty in their context and in the light of its object and purpose* ..." auszulegen. Hinsichtlich der „*gewöhnlichen Bedeutung*" des Vertragsbegriffes ist nicht ausschließlich auf den allgemeinen, sondern unter Umständen auch auf den fachspezifischen Sprachgebrauch zurückzugreifen.[385] Steht allerdings fest, daß die Vertragsparteien beabsichtigt haben, einem Ausdruck eine besondere Bedeutung beizulegen, soll diese nach Art. 31 Abs. 4 maßgeblich sein.[386] Unter einer solch „*special meaning*" wird „... *every form of a deviant usage or of an `artificial' standardization of the semantic contents of contractual concepts* ..."[387] verstanden.

Art. 31 Abs. 2 WVRK zählt die zum Zusammenhang des Vertrages gehörenden Dokumente auf, während Abs. 3 auf weitere, in gleicher Weise zu berücksichtigende Elemente hinweist.

Keinem der Auslegungsansätze, Wortlaut, Systematik und *telos*, gebührt der Vorzug – die Auslegung stellt eine „*single combined operation*" unter Beachtung aller drei in einem sachgemäßen Verbund dar.[388] Vor allem grammatikalische und systematische Auslegung lassen sich ohnehin oftmals kaum sinnvoll auseinanderhalten. Trotz allem wird es sich nahezu immer empfehlen, mit dem Wortlaut als „*Ausgangspunkt und Grenze jeder Auslegung*"[389] zu beginnen. Dies ist aber nicht als ein Abweichen von dem Grundsatz, daß keiner der Interpretationsansätze eine privilegierte Stellung einnimmt, zu verstehen. Die im Anschluß anzusprechenden weiteren Auslegungselemente sind gleichberechtigt.

Fällen die ausdrückliche Erwähnung eines jeden dieser Elemente als unnütz und schwerfällig unterlassen werden kann, ohne Gefahr für die Gründlichkeit der Auslegung."

385 *Fastenrath*: Lücken im Völkerrecht, 1991, S. 177; *Grundmann*: Ausleg. d. Gemeinschaftsrechts, 1997, S. 66; *Heintschel von Heinegg*: Völkerre. Vertr., in: Ipsen (Hrsg.): Völkerrecht, 1999, S. 92 ff., 117. Anders versteht offenbar *Pescatore*: Recht in einem mehrspr. Raum, ZEuP 1998, S. 1 ff., 7 den gewöhnlichen als den Sinn der geläufigen Sprache, weswegen er den „Unsinn" der Bestimmung konstatiert. Ebenfalls krit. *Hummer*: „Ordinary" versus „Special" Meaning, ÖZÖR 1975, S. 87 ff., 102: „*There is in principle no `ordinary meaning' `between the parties' which could be distilled from the ordinary usage of the linguistic expression* ...".

386 Dabei soll die sich auf den unüblichen Sprachgebrauch berufende Partei diesen auch beweisen, vgl. *Grundmann*: Ausleg. d. Gemeinschaftsrechts, 1997, S. 69.

387 *Hummer*: „Ordinary" versus „Special" Meaning, ÖZÖR 1975, S. 87 ff., 96.

388 *Köck*: Vertragsinterpr., 1976, S. 85; *Fastenrath*: Lücken im Völkerrecht, 1991, S. 177; *Heintschel von Heinegg*: Völkerre. Vertr., in: Ipsen (Hrsg.): Völkerrecht, 1999, S. 92 ff., 118.

389 *Westermann/Lepsien*: Auslaufmandate, NJW 1965, S. 430 ff., 431. Vgl. auch *Bernhardt*: Ausleg. völkerre. Verträge, 1963, 58; *ders.*: Interpr. in Int. Law, in: ders. (Hrsg.): Encyclopedia II, 1995, S. 1416 ff., 1420; *Larenz/Canaris*: Methodenlehre, 1995, S. 141 und *Zuleeg*: Auslegung Eur. Gem.recht, EuR 1969, S. 97 ff., 100: „... *ist der Ansatzpunkt für die Auslegung stets im Wortlaut des zu interpretierenden Textes zu suchen, da er trotz aller Zweifel an seiner Bestimmtheit nur eine begrenzte Zahl von Deutungsmöglichkeiten zuläßt.*" Vgl. aber zur nichtanzuerkennenden Wortlautgrenze in Fällen wie dem Art. 54 *unten Kapitel 5, B. VII.*

III. Artikel 32 der Wiener Vertragsrechtskonvention. Ergänzende Auslegungsmittel

Die Heranziehung ergänzender Auslegungsmittel, insbesondere also der *travaux préparatoires* sowie der Umstände des Vertragsabschlusses, ist nach Art. 32 WVRK zweitrangig und darf nur erfolgen, um zum einen ein mit Hilfe der anderen Auslegungsmethoden gewonnenes Ergebnis zu bestätigen oder zum anderen die Bedeutung zu bestimmen, wenn die unter Rückgriff auf jene erfolgte Interpretation die Bedeutung mehrdeutig oder dunkel läßt oder zu einem offensichtlich sinnwidrigen oder unvernünftigen Ergebnis führt. Hintergrund dieser Bedeutungsverminderung insbesondere der vorbereitenden Arbeiten war deren erschwerte Zugänglichkeit für dem Vertrag neu beitretende Staaten und für Staaten der Dritten Welt.[390] Erlaubt ist diese Ergänzung aber unter dem geltenden, dem WVRK zugrunde liegenden objektiven Auslegungsansatz ohnehin nur, wenn die *travaux préparatoires* zugänglich sind.[391] Dies ist für das Schengener Durchführungsübereinkommen nicht der Fall.

IV. Artikel 33 der Wiener Vertragsrechtskonvention. Auslegung von Verträgen mit zwei oder mehr authentischen Sprachen

Die spezielle Problematik mehrsprachiger Verträge, die den Rechtsanwender in besonders ausgeprägter Weise dazu einladen, bei der Lektüre des muttersprachlichen Textes die durch kulturelle und ideologische Divergenzen verursachte Verschiebung der Bedeutungsfelder[392] unbemerkt zu lassen, ist in der WVRK erkannt und durch Art. 33 einer Lösung versucht worden zuzuführen. Gleichwohl sollte der Eindruck vermieden werden, die Bedeutung des mehrsprachigen Vertragscharakters als Auslegungselement wäre überzubetonen.[393] Der Artikel befaßt sich mit der Auslegung von Verträgen in zwei oder mehreren authentischen Sprachen und ordnet an, daß in diesem Fall in der Regel „... *the text is equally authoritative in each language* ...“ (Abs. 1), wobei „*[t]he terms of the treaty are presumed to have the same meaning in each authentic text*“ (Abs. 3). Deckt der Vergleich der authentischen Texte gleichwohl einen durch allgemeine[394] oder ergänzende[395] Auslegungsmittel nicht

---

[390] Vgl. *Köck*: Vertragsinterpr., 1976, S. 92.

[391] *Köck*: Vertragsinterpr., 1976, S. 92. Aus diesem Grunde ist auch der von *Grotz*: Schreiben vom 13. 12. 1995, abgedruckt bei *HansOLG Hamb.*, B. vom 08. 03. 1996, wistra 1996, S. 193 ff., 194 (ähnl. auch *HansOLG Hamb.*, a. a. O., S. 195 f. und *BGH*, B. vom 13. 05. 1997, NStZ 1998, S. 149 ff., 152) vorgenommene Versuch, den erfolglosen belgischen Vorstoß, auch außergerichtliche Verfahrensbeendigungen mit in das EG-*ne bis in idem*-Übk. aufzunehmen, zur Interpretation des SDÜ zum Scheitern verurteilt.

[392] Vgl. *Fastenrath*: Lücken im Völkerrecht, 1991, S. 178.

[393] Aus diesem Grunde führte man die ursprünglich zwei Artikel des *ILC*-Entwurfs zu einem einzigen zusammen: vgl. *Waldock*: 6th Rep. (Law of Treaties), YBILC 1966 II, S. 51 ff., 103.

[394] Art. 31 WVRK: Systematik, *telos*.

auszuräumenden Bedeutungsunterschied auf, „... *the meaning which best reconciles the texts, having regard to the object and purpose of the treaty, shall be adopted*" (Abs. 4). Bei mehrsprachig authentischen Texten ist ein Eigenleben eines Textes ausgeschlossen. Der Vertragsinhalt ergibt sich erst aus der Gesamtheit aller Fassungen.[396]

Vor diesem Hintergrund weist Art. 33 WVRK folgenden Weg der Interpretation.

1. Wortlaut. Textvergleich

a. Allgemeines

Im Rahmen der grammatikalischen Auslegung werden die verschiedenen Texte einer Untersuchung hinsichtlich ihrer Bedeutung unterzogen und im Anschluß daran gegenübergestellt. Die Bedeutung darf nicht in erster Linie durch Nachschlagen im Wörterbuch ermittelt werden. Gegen diese Auffassung hatte man sich bereits während der Verhandlungen zur WVRK ausdrücklich gewandt.[397] Diese an sich selbstverständliche Forderung folgt wohl aus der naheliegenden Gefahr, sich nach dem ersten Schritt der Ergründung des Sinns eines Wortes, der Benutzung des Hilfsmittels Wörterbuch, mit dem gefundenen Resultat zu begnügen. Das Wörterbuch kann nur als Einstieg in die Sinnerforschung dienen, dem weitere Präzisierungen folgen. Statt dessen setzt „... *die Auslegung mehrsprachiger Texte ... sprachvergleichende Analysen voraus*",[398] wobei auch hier schon der Blick auf Textzusammenhang sowie Sinn und Zweck des Vertrages nicht fehlen darf. Aus diesem Grunde wird der von *Bernhardt* geforderte Ausgleich zwischen divergierenden Texten[399] vor der – in seiner Schrift dargestellten und die Mehrsprachigkeit ausklammernden – eigentlichen Auslegung eines als maßgeblich feststellbaren Textes losgelöst nicht funktionieren. Denn eine Beseitigung der Divergenzen als von ihm offenbar verlangter erster Schritt ist nicht zu bewältigen, ohne alle anderen entsprechenden Auslegungselemente einzubeziehen. Von einem integrativen Prozeß, der sich nicht in diese Stufen aufspalten läßt, ging sichtlich auch die Wiener Konvention mit ihrem Art. 33 aus.[400]

Diese vergleichenden Analysen können verschiedene Gestalt annehmen. Bei Worten, die dem allgemeinen Sprachgebrauch ihres jeweiligen linguistischen Herkunftskreises entstammen, genügt es, deren Verwendung in dieser Kultur- bzw. Sprachregion nachzuspü-

---

395 Art. 32 WVRK: insbes. *travaux préparatoires*, Begleitumstände des Vertragsschlusses.

396 Vgl. nur *Mössner*: Ausleg. mehrspr. Staatsverträge, ArchVR 1971/72, S. 273 ff., 293 und *Hilf*: Ausleg. mehrspr. Vertr., 1973, S. 70.

397 Vgl. *Köck*: Vertragsinterpr., 1976, S. 87.

398 *Braselmann*: Übernat. Recht u. Mehrsprachigkeit, EuR 1992, S. 55 ff., 57.

399 Vgl. *Bernhardt*: Ausleg. völkerre. Verträge, 1963, S. 4.

400 Vgl. i. d. Zshg. auch *Waldock*: 3rd Rep. (Law of Treaties), YBILC 1964 II, S. 5 ff., 64 (Art. 75): „*But whether the ambiguity or obscurity is inherent in all the texts, or arises from the plurilingual form of the treaty, the first rule for the interpreter is to look for the meaning intended by the parties to be attached to the term by applying the standard rules for the interpretation of treaties.*"

ren.[401] Rechtsvergleichende Züge kann der Textvergleich annehmen, wenn es sich um Ausdrücke handelt, die im Bereich der Fachsprache beheimatet sind. In diesem Falle ist zu überprüfen, ob die jeweils innerhalb des Bedeutungsspektrums der Worte liegenden, meist sehr präzisen innerstaatlichen Vorstellungen miteinander übereinstimmen[402] oder ob eine gemeinsame zwischenstaatliche Vorstellung existiert.

b. Textvergleich im Rahmen des Artikels 54 des Schengener Durchführungsübereinkommens

Bezüglich des *rechtskräftigen Urteils* im Sinne des Art. 54 konnte bereits im *zweiten Kapitel* festgestellt werden, daß die bezeichneten innerstaatlichen Rechtsinstitute infolge ihrer spezifischen Prägung durch die jeweilige Rechtsordnung nicht miteinander übereinstimmen und ein gemeinsamer zwischenstaatlicher Begriff noch nicht besteht.[403] Daher mangelt es an einer sich deckenden begrifflichen Schnittmenge aller Termini. Daß möglicherweise Überlappungen hinsichtlich einzelner Charakteristika zu verzeichnen sein werden,[404] ändert nichts an der prinzipiellen Unterschiedlichkeit der Begriffe in ihrer Gesamtheit.

Aus diesem Grunde ist am Schluß des Textvergleichs nach Art. 31 Abs. 1 WVRK eine Divergenz zwischen den Fassungen zu konstatieren.

2. Übrige Auslegungselemente. Verweis auf Artikel 31 und 32 der Wiener Vertragsrechtskonvention

a. Allgemeines

Unabhängig davon, ob der Textvergleich im Rahmen der wörtlichen Auslegung einen Bedeutungsunterschied offenbart oder nicht, sind nun zunächst die allgemeinen Auslegungselemente der Art. 31 und 32 WVRK, insbesondere also *telos* und Systematik heranzuziehen. Denn die Auslegung mehrsprachiger Verträge unterliegt – ergänzt durch den Textvergleich – den gleichen Regeln wie die Interpretation einsprachig abgefaßter Abkommen.[405] Dies läßt sich vor allem an der systematischen Stellung des Art. 33 WVRK ablesen, der als spezielle Regelung für mehrsprachige Verträge den allgemeinen Ausle-

---

401 Vgl. *StIGH*, GA vom 12. 08. 1922, StIGHE 1922-23, S. 15 („*Zuständigkeit der Internationalen Arbeitsorganisation in der Landwirtschaft*"), wobei es um die Worte „*industrial*" und „*industriel*" ging.

402 Vgl. *Ress*: Rechtsvergleichung u. R. int. Org., ZaöRV 1976, S. 227 ff., 253, Fn. 76: „*Der Rückgriff auf landessprachliche Bedeutungsinhalte liegt auch dem Art. 33 Abs. 4 WVRK zugrunde, worin sich der Satz findet, daß 'a comparison of the authentic texts discloses a difference of meaning'. Ob eine* difference of meaning *besteht, muß zunächst einmal ermittelt werden. Dazu ist Rechtsvergleichung unumgänglich.*" (Hervorhebungen im Original).

403 Vgl. *oben Kapitel 2, B. II. 1.*

404 Vgl. dazu *unten Kapitel 9.*

405 *ILC* Final Draft, YBILC 1966 II, S. 177 ff., 225; *Germer*: Interpr. of Plurilingual Treaties, HILJ 1970, S. 400 ff., 426.

gungsregeln folgt und diese weder verdrängt noch aufhebt, sondern ergänzt, weshalb der in Abs. 4 aufgenommene Verweis auf Art. 31 und 32 WVRK nicht als eine Reaktion auf eine aufgrund des Textvergleiches festgestellte Divergenz, die nur im Falle deren Auftretens von Relevanz wäre, sondern als eine Betonung der allgemeinen Interpretationsgrundsätze aufzufassen ist.[406]

Während dieser Phase gilt die in Art. 33 Abs. 3 WVRK aufgestellte Vermutung, daß die Ausdrücke des Vertrags in jedem authentischen Text dieselbe Bedeutung haben, trotz der entdeckten Differenzen weiter, weil die WVRK davon ausgeht, daß zu diesem Zeitpunkt noch Mittel zu deren Auflösung offen stehen.[407] Auf diese Weise zeigt sich der eigenständige Sinn des Abs. 3, der darin liegt, von einer Übereinstimmung so lange auszugehen, solange sich nicht unauflösliche[408] Widersprüche manifestiert haben. Die Vermutung wird zur Gewißheit, wenn aus diesen Auslegungsschritten ein klares Auslegungsergebnis, welches mit den einzelnen Texten ebenso wie mit dem Vertragszweck und der Systematik zu vereinbaren ist, resultiert.

b. Systematik und *telos* im Rahmen des Artikels 54 des Schengener Durchführungsübereinkommens

Die im Hinblick auf Art. 54 festgestellten Bedeutungsunterschiede sind die übrigen Auslegungselemente der Art. 31 und 32 WVRK, Systematik und *telos*, nicht in der Lage aufzulösen.

Obwohl unter *systematischen* Gesichtspunkten zu Beginn bereits festgestellt werden konnte, daß die Vorschrift mit der Formulierung *abgeurteilt* nicht alle innerstaatlichen verfahrensabschließenden Justizentscheidungen mit *ne bis in idem*-Wirkung erfassen will,[409] läßt sich guten Gewissens daraus keine Schlußfolgerung für die Auswahl im einzelnen und demzufolge auf eine Begriffsdefinition ziehen. Daß die Frage, ob ein Verfahrensabschluß *rechtskräftig* ist, nach den nationalen Rechtsordnungen bestimmt werden muß, ist alles, was die grammatikalisch-systematische Interpretation insoweit bisher ergeben konnte.[410] Eine genaue inhaltliche Bestimmung des *ne bis in idem*-Grundsatzes wird damit nicht ermöglicht.

---

406 Ähnlich *Mössner*: Ausleg. mehrspr. Staatsverträge, ArchVR 1971/72, S. 273 ff., 301.

407 Deshalb kann *Hilf*: Ausleg. mehrspr. Vertr., 1973, S. 74 nicht zugestimmt werden, der die Vermutung bereits mit dem Aufdecken einer Textdivergenz als widerlegt ansieht und dann erst auf die Art. 31 und 32 WVRK zurückgreifen will. Anders ist wohl auch *Mössner*: Ausleg. mehrspr. Staatsverträge, ArchVR 1971/72, S. 273 ff., 300 f. zu verstehen (von *Hilf* allerdings für seine Ansicht zitiert), der zur Feststellung einer Textdivergenz die Anwendung aller Auslegungsregeln für notwendig hält.

408 Vgl. *ILC* Final Draft, YBILC 1966 II, S. 177 ff., 225: „*This presumption requires that every effort should be made to find a common meaning for the texts before preferring one to another.*" So auch *Germer*: Interpr. of Plurilingual Treaties, HILJ 1970, S. 400 ff., 402.

409 Vgl. *oben Kapitel 2, A.*

410 Vgl. dazu *oben Kapitel 2, A.*

Auch die *teleologische* Auslegung kann zu einer präzisen Begriffsidentifizierung im derzeitigen Stadium[411] der Auslegung nichts beitragen.

Das transnationale *ne bis in idem* des Art. 54 dient an erster Stelle dem Schutz des Beschuldigten vor mehrfacher Verfolgung.[412] Er soll darauf vertrauen können, nach einem abgeschlossenen Verfahren in einem der Vertragsstaaten nicht noch einmal wegen derselben Tat behelligt zu werden, und nicht unablässig erneute Nachteile seitens anderer Schengenstaaten befürchten müssen, die sich ebenfalls als für diese Tat zuständig erklären können.[413] Die auf diese Weise gewährte *individuelle Rechtssicherheit*,[414] ermöglicht dem Beschuldigten zugleich, die Vorteile des Raumes ohne Binnengrenzen, der durch die Regelungen der beiden Schengener Übereinkommen[415] geschaffen werden soll, tatsächlich auch wahrzunehmen. Ohne Schutz vor mehrfacher Verfolgung müßte der Beschuldigte bei jedem Aufenthalt in einem anderen für die bereits einmal verfolgte Tat potentiell zuständigen Staat mit einem erneuten Verfahren rechnen. Diese Bedrohung beeinträchtigte seine Freizügigkeit.[416] Ziel ist es also, „... *dem einzelnen in einem Rechtsraum stetig fortschreitender Integration Schutz vor der Gefahr einer gerade dadurch ermöglichten mehrfachen Strafverfolgung zu bieten.*“[417]

Daneben zielen die *ne bis in idem*-Vorschriften der Art. 54 ff. auch auf die Wahrung der *kollektiven Rechtssicherheit* ab.[418] In vielerlei Hinsicht kann man vom Gebiet der Schengener Staaten als einem gemeinsamen Rechtsraum sprechen. Durch das Schengener Durchführungsübereinkommen sind zahlreiche, beispielsweise die Kontrolle der Außengrenzen sowie Aufenthalt und Asyl betreffende Vorschriften gemeinsam geregelt worden. Vor allem wurde auch die polizeiliche und justizielle Zusammenarbeit intensiviert. Die Behörden der einzelnen Partnerstaaten kooperieren bei der Strafverfolgung und treten deshalb mehr und mehr als Einheit auf.[419] Die Grenzen der Nationalstaaten werden auch insofern durchlässiger, als sie unter bestimmten Voraussetzungen bei den Ermittlungen sogar über-

---

411 Später allerdings wird die Frage nach dem Sinn und Zweck des Art. 54 auf der Basis der rechtsvergleichenden Untersuchung noch einmal von Relevanz sein, vgl. *unten Kapitel 13, B.*

412 Vgl. i. d. Zshg. *Jung*: „Internationalisierung" des Grundsatzes „ne bis in idem", in: Albrecht et al. (Hrsg.): FS Schüler-Springorum, 1993, S. 493 ff., 493: „*Die Trias 'Staat – Souveränität – Strafrecht' wird überlagert vom 'Menschenrechtsstatus' der Bürger.*“

413 Vgl. *Schermers*: Non Bis In Idem, in: Capotorti et al. (Hrsg.): Lib. am. Pescatore, 1987, S. 601 ff., 604; *Jung*: „Internationalisierung" des Grundsatzes „ne bis in idem", in: Albrecht et al. (Hrsg.): FS Schüler-Springorum, 1993, S. 493 ff., 493; *Pralus*: *Non bis in idem* en dr. pén. int. et en dr. commun., RSC 1996, S. 551 ff., 552; *Thomas*: Recht auf Einmaligkeit, 2002, S. 143 f. (allgemein zum internationalen *ne bis in idem*); *Specht*: Ne bis in idem, 1999, S. 149 ff.; *Plöckinger/Leidenmüller*: Verbot doppelter Strafverfolgung, wistra 2003, S. 81 ff., 85 (zum SDÜ).

414 Zur Rechtssicherheit vgl. noch *unten Kapitel 11, B. II. 1.*

415 Vgl. die jeweilige Präambel des Schengener Abkommens, GMBl. 1986, S. 79 ff., 79 sowie des Schengener Durchführungsübereinkommens, BGBl. 1993 II, S. 1013 ff., 1013.

416 Vgl. *Specht*: Ne bis in idem, 1999, S. 149.

417 *Satzger*: Europäisierung des Strafrechts, 2001, S. 690 f.

418 Vgl. auch *Rat der EU*: Maßnahmenprogramm, Abl. C 12 vom 15. 01. 2001, S. 10 ff., 10: „*Die gegenseitige Anerkennung ... ist ferner ein Faktor der Rechtssicherheit innerhalb der Union, insofern sie gewährleistet, daß eine in einem Staat ergangene gerichtliche Entscheidung in einem anderen Mitgliedsstaat nicht wieder in Frage gestellt wird.*“ sowie *Rat der EU*: Initiative der Hellenischen Republik zu „ne-bis-in-idem", Abl. C 100 vom 26. 04. 2003, S. 24 ff., 24.

419 Vgl. z. B. Art. 39 (gegenseitige Verpflichtung zur Hilfeleistung untereinander bei der Aufklärung von Straftaten).

schritten werden dürfen.[420] Aus diesen Gründen darf sich der Blick im Rahmen der kollektiven Rechtssicherheit nicht auf das Tätigwerden der Justizorgane *eines* Staates beschränken. Die Rechtsgemeinschaft der Schengener Bürger muß sich auf die Beständigkeit des in einem der Staaten ergangenen Verfahrensabschlusses verlassen können.[421] Wäre dessen Geltung nicht auch in den anderen Ländern abgesichert, herrschte permanente Unsicherheit, ob nicht doch noch eine andere, nachfolgende Entscheidung zu derselben Sache als verbindlich anzusehen wäre. Damit verbunden wäre die Gefahr sich widersprechender Entscheidungen innerhalb des Schengenraumes.[422]

Dies wäre nicht nur der kollektiven Rechtssicherheit, sondern auch der *vertrauensvollen Zusammenarbeit* der Länder bei der Aufklärung von Straftaten, die die mit der Abschaffung der Grenzkontrollen verbundenen Nachteile für die Strafverfolgungstätigkeit kompensieren soll,[423] abträglich. Denn wenn schon im Vorfeld Befürchtungen gehegt werden müßten, daß ein anderer Staat die in diesem Rahmen ausgetauschten Informationen[424] möglicherweise nutzt, um ein eigenes zusätzliches Verfahren gegen den Beschuldigten einzuleiten und „... *seine kriminalpolitischen Vorstellungen über das Strafrecht anderen Mitgliedsstaaten* ...“[425] aufzuzwingen, wäre dies ein Faktor, der zu mehr Zurückhaltung in der Kooperation verleiten würde.

Letztlich zielen die *ne bis in idem*-Vorschriften des Schengener Durchführungsübereinkommens auch auf den sinnvollen und *effizienten* Einsatz der Ressourcen der Strafverfolgungsapparate der Schengenstaaten ab.[426]

Zweck der Art. 54 ff. ist es also, den Beschuldigten vor den Belastungen und Unsicherheiten eines oder mehrerer weiterer Strafverfahren zu bewahren, der Schengener Rechtsgemeinschaft verläßliche Verfahrensabschlüsse zu sichern, die in ihrer Verbindlichkeit nicht durch widersprechende Entscheidungen geschwächt werden, die vertrauensvolle zwischenstaatliche Zusammenarbeit in der Strafverfolgung zu unterstützen und Effizienz bei der Aufklärung von Straftaten zu garantieren.[427]

---

420 Vgl. Art. 40 (grenzüberschreitende Observation), 41 SDÜ (grenzüberschreitende Nacheile).

421 Vgl. *Eur. Parl.*: „Non bis in idem“ report of 20 February 1984, HRLJ 1984, S. 391 ff., 391.

422 Zur anzustrebenden Vermeidung widersprüchlicher Entscheidungen auch im zwischenstaatlichen Bereich vgl. *van den Wyngaert/Stessens*: International *non bis in idem*, ICLQ 1999, S. 779 ff., 782.

423 Dazu vgl. Art. 8 und 9 des Schengener Abkommens, GMBl. 1986, S. 79 ff., 80; *Specht*: Ne bis in idem, 1999, S. 144 ff.

424 Vgl. Art. 9 des Schengener Abkommens, GMBl. 1986, S. 79 ff., 80: „... *Zu diesem Zweck [verstärkte Zusammenarbeit zwischen Zoll- und Polizeibehörden insbesondere im Kampf gegen Kriminalität,* die *Verf.] bemühen sich die Vertragsparteien im Rahmen ihres jeweiligen innerstaatlichen Rechts, den* Austausch von Informationen *zu verstärken, die für die anderen Vertragsparteien insbesondere im Kampf gegen die Kriminalität von Interesse sein könnten.*“ (Hervorhebung der *Verf.*).

425 *Specht*: Ne bis in idem, 1999, S. 149. Ebenso *BGH*, B. vom 13. 05. 1997, NStZ 1998, S. 149 ff., 152. Vgl. insoweit auch den Fall *Dost*, *Einleitung, B.*

426 Vgl. *Epp*: „Ne bis in idem“ im int. Rechtsbereich, ÖJZ 1979, S. 36 ff., 36; *Schermers*: Non Bis In Idem, in: Capotorti et al. (Hrsg.): Lib. am. Pescatore, 1987, S. 601 ff., 604; *Schomburg*: Int. „ne bis in idem“, StV 1997, S. 383 ff., 385; *Specht*: Ne bis in idem, 1999, S. 149 ff.; *Lagodny*: Viele Strafgewalten, in: Donatsch et al. (Hrsg.): FS Trechsel, 2002, S. 253 ff., 262; *Plöckinger/Leidenmüller*: Verbot doppelter Strafverfolgung, wistra 2003, S. 81 ff., 85.

427 Ähnlich *Specht*: Ne bis in idem, 1999, S. 149 ff.

Wenngleich die Feststellung, all diesen Zielen werde durch eine möglichst umfassende Einbeziehung von Verfahrensabschlüssen am besten gedient,[428] sicherlich nicht falsch ist, erlaubt sie hier nicht, den gesuchten und durch die grammatikalische Interpretation bislang unklar gebliebenen Begriff des *Urteils* – insbesondere im Hinblick auf die aus der systematischen Auslegung resultierenden notwendigen Beschränkung – näher zu bestimmen.[429]

Ebensowenig können die genannte Ziele des Art. 54 im Detail Auskunft darüber geben, wie der Ausdruck *rechtskräftig* und das Prinzip *ne bis in idem* im Schengener Durchführungsübereinkommen zu verstehen sind.

3. Konfliktlösungsregel. Artikel 33 Abs. 4 der Wiener Vertragsrechtskonvention

Bis hierher galt noch eine Vermutung für die Übereinstimmung des Bedeutungsgehaltes in allen Versionen. Zerstört wurde die Vermutung allerdings mit dem endgültigen Scheitern des Auffindens eines gemeinsamen Wortsinns nach dem Ausschöpfen aller allgemeinen und ergänzenden Auslegungsmittel. Absatz 4, der die die Wortlaute unter Berücksichtigung des *telos* des Vertrages am besten in Einklang bringende Bedeutung als maßgebliche bestimmt („... *the meaning which best reconciles the texts, having regard to the object and purpose of the treaty, shall be adopted* ...“), weist auf die Widerlegbarkeit[430] der Übereinstimmungsvermutung hin. Angesichts der Erwähnung von Ziel und Zweck für den Fall der Suche nach einer dem Vertrag entsprechenden Auslegung mit dem Ziel des Einklangs der Wortlaute trotz festgestellten Bedeutungsunterschiedes stellt sich die Frage, was unter „*Einklang*“ in diesem Sinne verstanden werden muß. Denn schon in der vorherigen Stufe sollte eine Übereinstimmung unter Verweis auf Art. 31 WVRK gefunden werden, der gleichermaßen die Berücksichtigung des *telos* verlangt.[431] Da das Mißlingen, die Unterschiede unter Anwendung der allgemeinen Auslegungsregeln auszuräumen, kaum den Schluß zuläßt, daß dies mit Hilfe eines erneuten Rückgriffs auf Sinn und Zweck zu erreichen ist,[432] kann mit der „*reconciliation*“, dem In-Einklang-Bringen, nicht gemeint sein, daß die einzelnen Texte in völliger Gleichberechtigung in Deckung zu bringen sind. Demzufolge bietet Art. 33 Abs. 4 WVRK eine gewisse Freiheit, die es beispielsweise auch ermöglicht, derjenigen der Vertragsversionen den Vorrang einzuräumen, die am besten

---

428 *Specht*: Ne bis in idem, 1999, S. 151. So auch *Schomburg*: Anm. zu BGH vom 02. 02. 1999, StV 1999, S. 246 ff., 247 und *Hecker*: Art. 54 SDÜ, StV 2001, S. 306 ff., 309.

429 Auch *Specht*: Ne bis in idem, 1999, S. 152 gelangt lediglich zu dem Resultat, daß ihr von vornherein sehr weiter Begriff nicht mehr einzuschränken ist (vgl. dazu *oben Kapitel 3, B. IV.*).

430 *Hilf*: Ausleg. mehrspr. Vertr., 1973, S. 73.

431 *Germer*: Interpr. of Plurilingual Treaties, HILJ 1970, S. 400 ff., 425 bezeichnet diese Unterscheidung als „*artificial*“.

432 Vgl. auch den ähnlichen Einwand *Paredes'* i. R. d. Diskussion der Völkerrechtskommission: *Mössner*: Ausleg. mehrspr. Staatsverträge, ArchVR 1971/72, S. 273 ff., 293.

mit allen authentischen Texten vereinbar ist, also nicht in offenem Widerspruch zu diesen steht, gleichzeitig aber auch Ziel und Zweck des Vertrages entspricht.[433]

Hilf findet allerdings „... *nicht recht einleuchtend* ...", warum „... *die erneute Berücksichtigung des Vertragszwecks offensichtlich eine Auflösung soll herbeiführen können*" und sieht deshalb in dieser Gesamtkonzeption den bloßen Versuch, „... *durch die Berücksichtigung aller erreichbaren Anhaltspunkte zu einer stets am Vertragsgegenstand und –zweck orientierten Auslegung zu gelangen.*"[434] Er übersieht dabei aber, daß streng zu unterscheiden ist zwischen der Auflösung von Divergenzen einerseits, durch die sich die von Art. 33 WVRK angestrebte Gleichberechtigung aller Texte[435] realisiert, und dem In-Einklang-Bringen für den Fall des Scheiterns dieses Bemühens andererseits, bei dem einzelne Texte zurücktreten können.

Da der Textvergleich im Rahmen des Art. 54 zu einer bisher auch durch die übrigen Auslegungsmethoden nicht aufzulösenden begrifflichen Divergenz führte, stellt sich die Frage, ob nicht in Art. 33 Abs. 4 WVRK nach Wegen für die Auflösung dieses Konfliktes zu suchen ist.

Skepsis gegen die Lösungssuche im Bereich dieser besonderen Vorschrift für die Auslegung mehrsprachiger Verträge allerdings regt sich, weil das Problem der unterschiedlichen Begriffsvorstellungen eben nicht allein das eines mehrsprachigen Vertrages ist. Auch bei einem einsprachigen Vertrag muß nach einer Lösungsmöglichkeit gesucht werden, welche ihrerseits nicht unmittelbar von den Strukturen des Art. 33 WVRK profitieren könnte.[436]

Gleichwohl soll der Versuch unternommen werden, in dieser Richtung zu einer Lösung zu gelangen. Denn es wäre daran zu denken, die Regelung des Art. 33 WVRK beispielsweise im Wege der Analogie auf einsprachige Verträge zu übertragen. Deshalb ist sie zunächst auf ihr besonderes Leistungsvermögen hin zu überprüfen, die mit den rechtssystemspezifischen Begriffsvorprägungen verknüpften Probleme einer Lösung zuzuführen. Eine kurze Gegenüberstellung der bei einem einsprachigen und jener bei einem mehrsprachigen Vertrag vorzunehmenden Auslegungsschritte soll diesem Zweck dienen.

Im Rahmen eines einsprachigen Vertrages überprüft man, ausgehend von dem bisher bekannten Wortbedeutungsspektrum, die systematischen, die teleologischen und – nach Art. 32 WVRK subsidiär – die ergänzenden Auslegungsaspekte. Ist im Rahmen der grammatikalischen Auslegung nur ein einseitig nationalstaatlich geformter Sinn des verwendeten Ausdruckes zu identifizieren, steht dessen Geltung aber das Erfordernis der autonomen Vertragsauslegung entgegen, werden die herkömmlichen Interpretationselemente in der Regel kaum weiterhelfen können, um diesen Begriff zu identifizieren.[437]

Im Hinblick auf einen mehrsprachigen Vertrag werden zunächst die bekannten Bedeutungsfelder der Worte in den verschiedenen Texten miteinander verglichen. Offenba-

---

433 Vgl. *Mössner*: Ausleg. mehrspr. Staatsverträge, ArchVR 1971/72, S. 273 ff., 301; *Yasseen*: L´interpr. des traités, Rec. des Cours 1976 III, S. 1 ff., 106.

434 *Hilf*: Ausleg. mehrspr. Vertr., 1973, S. 101 f.

435 Vgl. *Mössner*: Ausleg. mehrspr. Staatsverträge, ArchVR 1971/72, S. 273 ff., 298 ff.

436 *Ress*: Rechtsvergleichung u. R. int. Org., ZaöRV 1976, S. 227 ff., 253. Vgl. dazu *oben Kapitel 2, B. II. 2. a. 3)* und *b.*

437 Vgl. *Köck*: Vertragsinterpr., 1976, S. 88 zur Begrenztheit des Nutzens der teleologischen Interpretation.

ren sich Divergenzen, die nicht durch Systematik und *telos* auszuräumen sind – dies wird wie hier regelmäßig auf die Fälle des noch fehlenden autonomen Begriffes zutreffen –, so soll diejenige Bedeutung zugrunde gelegt werden, die unter Berücksichtigung von Ziel und Zweck die Wortlaute am besten miteinander in Einklang bringt. Ein gravierender Unterschied zu der Auslegung des einsprachigen Vertrages ergibt sich daraus nicht. Dieser letzte Versuch zur Vereinigung der Versionen gestattet im Rahmen des Art. 33 Abs. 4 WVRK, einen der Texte zu bevorzugen. Handelt es sich aber um einen der hier im Mittelpunkt stehenden Problemfälle, wird kein besonderer Gewinn in der Bevorzugung eines Textes liegen. Die Wahl eines der innerstaatlichen Begriffe wird meistens mit Ziel und Zweck des Vertrages kollidieren, der eine autonome Auslegung verlangt. Zusätzliche Instrumente zur Ermittlung der Bedeutung stehen hier ebenso wenig wie bei der Interpretation eines einsprachigen Übereinkommens zur Verfügung. In beiden Fällen werden letztlich die gleichen Auslegungselemente, nämlich Systematik, *telos* und ergänzende Auslegungsmittel herangezogen.[438]

Darüber hinaus kann auch davon ausgegangen werden, daß bei der Schaffung der Vorschriften über die völkerrechtliche Vertragsinterpretation kein besonderes Bewußtsein für die mit verschiedenen begrifflichen Vorprägungen verbundenen Schwierigkeiten existierte.[439] So äußerte sich die *International Law Commission (ILC)* in ihrem Kommentar zum *Final Draft* folgendermaßen zu den Ursachen eventueller Textdivergenzen:

> „*Few plurilingual treaties containing more than one or two articles are without some discrepancy between the texts. The different genius of the languages, the absence of a complete consensus ad idem, or lack of sufficient time to co-ordinate the texts may result in minor or even major discrepancies in the meaning of the texts.*“[440]

Selbst wenn man sich aber zum Zeitpunkt der Wiener Vertragsrechtskonferenz über die durch unterschiedliche rechtliche Vorstellungswelten drohenden Konflikte klar gewesen wäre, hätte kein Grund bestanden, dieses auf ein- wie mehrsprachige Verträge gleichermaßen zutreffende Problem mit Rücksicht auf letztere einer separaten Lösung zuzuführen. Hauptmotivation der Ergänzung der Auslegungsvorschriften durch eine Regelung für mehrsprachige Verträge war offenbar das Bestreben, einen Mechanismus bereitzustellen, der die durch die formale Aufsplitterung in den Vertrag hinein getragenen Unklarheiten beseitigen hilft. Dies bestätigt der Kommentar der *ILC* unter Bezugnahme auf die oben erwähnten Ursachen der Bedeutungsdiskrepanzen:

---

438 In diesem Sinne auch *Kropholler*: Int. Einheitsre., 1975, S. 268: „*In Übereinstimmung mit Art. 33 IV der Konvention, wo zunächst auf Artt. 31 und 32 verwiesen wird, sind Bedeutungsunterschiede zwischen mehreren authentischen Texten mittels der übrigen Interpretationsmittel zu beseitigen, im Einheitsrecht also mittels der systematischen, historischen, teleologischen und rechtsvergleichenden Interpretation. Die zusätzliche Möglichkeit des Textvergleiches rechtfertigt es nicht, die üblichen Interpretationsregeln zu verlassen.*" und *Dölle*: Mehrsprachige Gesetzes- u. Vertragstexte, RabelsZ 1961, S. 4 ff., 38 f.

439 Vgl. i. d. Zshg. auch *Fastenrath*: Lücken im Völkerrecht, 1991, S. 171: „*Allein innerhalb des europäischen Rechtsraumes sind ganz unterschiedliche Rechtsinstitute ausgebildet worden, die kein Pendant in einem anderen Land haben. ... Solche Bedeutungsverschiebungen in den verschiedenen Sprachen werden bislang im Völkerrecht zu wenig beachtet.*"

440 *ILC* Final Draft, YBILC 1966 II, S. 177 ff., 225 (Art. 29) (Hervorhebungen im Original).

„In that event the plurality of the texts may be a serious additional source of ambiguity or obscurity in the terms of the treaty.“[441]

Diese Beschränkung der Aufgabe des Art. 33 WVRK auf die Bewältigung von Unstimmigkeiten, die dadurch verursacht werden, daß ein Vertrag in äußerlich verschiedene Formen gegossen wird, findet sich wieder in der Zwecksetzung der Entwicklung zur Mehrsprachigkeit[442] im Rahmen internationaler Übereinkommen. Sie spiegelt nämlich in dem Recht der Vertragsstaaten, als Vertragssprache seine Landessprache mit in den Vertrag aufzunehmen, die Prinzipien der Gleichheit und Gegenseitigkeit der Partner.[443] Nicht beabsichtigt ist jedoch eine inhaltliche Veränderung des Vertrags.

Wird andererseits gesagt, *„[t]he plurality of the authentic texts of a treaty is always a material factor in its interpretation, since both or all the texts authoritatively state the terms of the agreement between the parties“*,[444] begründet dies keinen Widerspruch. Mit dieser Aussage soll die gleichberechtigte Stellung aller Vertragsversionen betont und gesichert werden. Durch Abgleichung der jeweiligen Bedeutungsspielräume der in den einzelnen Sprachen benutzten Worte sollen grundsätzlich alle Fassungen in demselben Maße Berücksichtigung finden.[445]

Zusammenfassend ist deshalb zu sagen, daß Art. 33 WVRK eine Regelung darstellt, die Unklarheiten auf der *textlichen Ebene* beseitigen soll. Ein mehrsprachiger Vertrag bietet im besonderen wegen der Anisomorphismen[446] und der mit der Vervielfältigung der Texte verbundenen Vermehrung der ohnehin schon in der Unvollkommenheit der Sprache[447] angelegten Fehlerquellen Anlaß dazu.[448]

Davon zu unterscheiden sind jedoch Divergenzen auf *begrifflicher Ebene*, die durch den Mangel gemeinsamer autonomer Begriffe der Vertragspartner hervorgerufen werden. Auf diese Fallgruppe zielt Art. 33 WVRK nicht ab.[449] Unabhängig von der Anzahl der authentischen Versionen muß deshalb nach einem Weg gesucht werden, der in den Kon-

---

441 *ILC* Final Draft, YBILC 1966 II, S. 177 ff., 225 (Art. 29).

442 Zur Geschichte der mehrsprachigen Vertragspraxis: *Hilf*: Ausleg. mehrspr. Vertr., 1973, S. 5 ff.

443 Vgl. *Hilf*: Ausleg. mehrspr. Vertr., 1973, S. 28; *Yasseen*: L'interpr. des traités, Rec. des Cours 1976 III, S. 1 ff., 96.

444 *ILC* Final Draft, YBILC 1966 II, S. 177 ff., 225 (Art. 29).

445 Aus diesem Verständnis heraus ist *Fastenrath*: Lücken im Völkerrecht, 1991, S. 171, Fn. 673 zu widersprechen, der den *ILC*-Kommentar bezüglich des hier zitierten Abschnittes als zu weitgehend betrachtet.

446 Vgl. dazu auch *oben Kapitel 2, B. II. 2. a. 2)*

447 Dazu *Larenz/Canaris*: Methodenlehre, 1995, S. 141 nach der Feststellung, daß die juristische Fachsprache sich nicht allzu weit von der allgemeinen Sprache entfernen dürfe: *„Die Flexibilität, der Nuancenreichtum und die Anpassungsfähigkeit der allgemeinen Sprache ist ihre Stärke und ihre Schwäche zugleich.“*

448 Vgl. dazu *Braga*: Rechtsvergleichende Arbeit, in: Lüke et al. (Hrsg.): GS Constantinesco, 1983, S. 99 ff., 104, der hervorhebt, die Übersetzungswissenschaft zeige, daß *„mehrseitige Äquivalenz“*, d. h. Identität der in alle EG-Sprachen übersetzten Vorlagen nicht zu erreichen ist.

449 Deshalb ist es auch nur folgerichtig, daß man im Rahmen der Erörterungen mehrsprachiger Verträge kaum Hinweise auf die mit der autonomen Begriffsbildung verbundenen Schwierigkeiten findet (vgl. z. B. *Makarov*: Ausleg. mehrspr. Staatsvertr., REDI 1968, S. 403 ff.; *Haraszti*: Law of Treaties, 1973, S. 174 ff.; *Tabory*: Multilingualism, 1980, S. 168 ff.; *Reuter*: Law of Treaties, 1989, Rn. 138 ff.).

stellationen des Auseinanderdriftens der Begriffsvorstellungen zu einer autonomen Auslegung führt.

C. Zusammenfassung

Auf Art. 54 sind – aufgrund seiner Angliederung an den Abschnitt der Polizeilichen und Justiziellen Zusammenarbeit des EUV – der völkerrechtliche Auslegungsansatz und mithin die Regeln des Wiener Übereinkommens über das Recht der Verträge anzuwenden.[450]

Die Prüfung der mit Art. 54 verknüpften Auslegungsproblematik zeigt, daß die durch die Art. 33 ff. WVRK beschriebenen herkömmlichen Auslegungsmethoden die den unterschiedlichen rechtssystematischen Hintergründen geschuldeten und durch den Textvergleich nach Art. 33 Abs. 1 der Konvention aufgedeckten begrifflichen Divergenzen nicht beseitigen können.[451]

Wenn zwar anhand des engeren Textzusammenhangs des Art. 54 erkannt werden konnte, daß der Begriff *Urteil* nicht sämtliche rechtskraftfähigen Entscheidungsformen umfassen soll („*filternde*" Wirkung des Art. 54), konnte dies zur Erkenntnis der genauen Bedeutung trotz allem nur wenig beitragen. Auch die Frage nach dem Sinn und Zweck der *ne bis in idem*-Vorschrift des SDÜ ermöglichte bisher noch kein klares Auslegungsergebnis.[452] Ähnlich offen mußte auch der Begriff *rechtskräftig* bleiben. Insoweit konnte allein die Maßgeblichkeit des Anknüpfens an das Strafverfahrensrecht des einzelnen Vertragsstaates festgestellt werden.

Letztlich konnte auch die im Rahmen des Art. 33 Abs. 4 WVRK vorgesehene „*reconciliation*" der einzelnen Texte im herkömmlichen Sinne[453] nicht zu einer Klärung verhelfen. Deutlich ist nämlich geworden, daß die Interpretation mehrsprachiger von derjenigen einsprachiger Übereinkommen sich allein hinsichtlich des Elementes des Textvergleiches im Rahmen der Wortlautauslegung sowie des Konfliktlösungsmechanismus des Art. 33 Abs. 4 unterscheidet. Im übrigen stimmen die anzuwendenden Regeln – systematische, teleologische und historische Auslegung – miteinander überein. Diese Ergänzung um den vergleichenden Gesichtspunkt spiegelt deutlich eben diejenigen Probleme wider, die durch die Abfassung eines Vertrages in mehreren verbindlichen Versionen zu erwarten sind. Dabei kann der Textvergleich nicht nur vermeidbare Nachlässigkeiten bei der Über-

---

450 Vgl. *oben A. I.* und *II.*

451 Vgl. *oben B. IV. 1.*

452 Vgl. *oben B. IV. 2.*

453 Man kann die rechtsvergleichende Begriffsbildung allerdings auch als ein In-Einklang-Bringen der verschiedenen nationalen Begriffe betrachten. Darauf zielt jedoch Art. 33 Abs. 4 WVRK seinem Ursprung nach nicht ab. Dies wird schon daran deutlich, daß das Problem des Mangels eines überstaatlichen Begriffes auch bei einsprachig abgefaßten Verträgen relevant werden kann (vgl. dazu *oben Kapitel 2, B. II. 2. b. 3)*).

tragung[454] und die bereits beschriebenen unvermeidbaren Verschiebungen der Bedeutungsfelder in den verschiedenen Sprachen zutage fördern. Darüber hinaus werden sich an dieser Stelle auch die (rechts-)kulturell bedingten, voneinander abweichenden Begriffe offenbaren.

Das aber für diesen Fall gestattete Zugrundelegen derjenigen Bedeutung, die unter Berücksichtigung von Ziel und Zweck die Wortlaute am besten miteinander in Einklang bringt, kann nicht weiterführen, soweit sämtliche Begriffe unterschiedlichen Rechtssystemen entstammen. Einen von ihnen zu bevorzugen, ergäbe bei der Suche nach einem autonomen Begriff keinen Sinn. Art. 33 Abs. 4 WVRK dient der Bewältigung von Differenzen im Bereich des Textes, nicht aber auf der begrifflichen Ebene.[455]

Im *nächsten Kapitel* soll daher versucht werden, rechtsvergleichende Überlegungen für eine einheitliche und autonome Auslegung nutzbar zu machen.

---

454 Vgl. *Hilf.* Ausleg. mehrspr. Vertr., 1973, S. 25, wo das besonders markante Beispiel des „orientalischen Freistaates Uruguay" genannt ist.

455 Vgl. *oben B. IV. 3.*

Kapitel 5. Rechtsvergleichende Auslegung

„Zuzugeben ist vor allem, daß eine autonome Auslegung sich leichter fordern als verwirklichen läßt.“[456]

Wenngleich diese Feststellung sicherlich in vollem Umfang richtig ist, soll sie im folgenden weniger Abschreckung als Ansporn sein, die Herausforderung anzunehmen und den Versuch zu wagen, Art. 54 hinsichtlich des Ausdruckes *rechtskräftiges Urteil* einheitlich und autonom auszulegen.

A. Ausgangspunkt

I. Einleitung

Das zentrale Problem in Fällen wie der Auslegung des Art. 54 besteht darin, daß auf der einen Seite sehr präzise und differenzierte, in den einzelnen Ländern aber nicht dec??kungsgleiche Begriffsvorstellungen existieren, auf der anderen Seite aber an Stelle des im Rahmen des Vertrages notwendigen autonomen, gemeinsamen Vertragsbegriffes eine Lücke klafft.

Diese Lücke ließ sich nicht anhand der herkömmlichen Auslegungsmethoden schließen. Systematische und teleologische Erwägungen benötigen eine Grundlage, um entweder einen groben Rahmen vorzugeben oder anfängliche Schlußfolgerungen zu bestätigen oder zu modifizieren.[457] Beide Regeln sind eher formend als schöpferisch und erweisen sich mehr als selektierende, ausfeilende und präzisierende Hilfsmittel, die der Auslegung eine bestimmte Richtung weisen, denn als Methoden, die dazu verhelfen würden, einen bisher unbekannten Begriff zu erkennen. Dies verdeutlichte die bisherige Bedeutung dieser beiden Methoden im Rahmen des Art. 54.[458]

Wird also nach einer noch nicht identifizierten Bedeutung gesucht, so muß zunächst das „Rohmaterial“ geschaffen werden, um an diesem gegebenenfalls mit Hilfe systematischer oder teleologischer Argumente Verfeinerungen vornehmen.

In diese Bresche könnte die Rechtsvergleichung treten. Aus dem „Material“ der nationalen Hintergründe könnte mittels vergleichender Betrachtungen der Begriff im Vertragssinne erkannt werden.[459] Dies ermöglichte zum einen die Bildung eines einheitlichen Begriffes, der auch den Anforderungen der autonomen Vertragsauslegung gerecht würde.

---

[456] *Martiny*: Ausleg. im Eur. Int. Zivilprozeßre., RabelsZ 1981, S. 427 ff., 435. *Martiny* weist außerdem zu Recht auf die mit dem Mangel an einheitlichen Begriffsinhalten verbundenen Gefahr der Rechtsunsicherheit hin.

[457] *Sinclair*: VCT, 1984, S. 130.

[458] Vgl. *oben Kapitel 4, B. IV. 2. b.*

[459] *„Auf Vergleichen läßt sich wohl alles Erkennen, Wissen zurückführen.“* (*Novalis*, zit. nach *Zweigert/Kötz*: Rechtsvergleichung, 1996, S. V).

Denn das „Schöpfen“ aus dem Stoff der innerstaatlichen Bedeutungen widerspricht nicht dem Gebot der Unabhängigkeit von einzelnen nationalen Begriffsinhalten, da der übernationale Begriff aus deren Gesamtschau resultiert. Zum anderen hätte dies den Vorteil der Auslegung auf einem sachlichen Fundament, so daß die oben kritisierte formale Wortlautargumentation[460] zu vermeiden wäre. Die in dieser Hinsicht begrüßenswerten Interpretationsansätze von *Kühne*, *Radtke* und *Busch* sowie *Bohnert* und *Lagodny*[461] könnten fortgeschrieben werden.

II. Kollision mit den Artikeln 31 bis 33 der Wiener Vertragsrechtskonvention?

Nun fragt sich aber, ob die Rechtsvergleichung neben den in den Art. 31 bis 33 WVRK kodifizierten *canones* als weitere Auslegungsmethode akzeptiert werden kann. Betrachtet man die genannten Vorschriften als abschließende Regelung, so bliebe kein Raum für zusätzliche Elemente. Die *International Law Commission* hat unterdessen nie einen Zweifel daran gelassen, daß die Kodifikation der Interpretationsprinzipien keinerlei beschränkende Wirkung haben sollte. So ist im Kommentar zum *Final Draft* der Konvention zu lesen:

> *„Any attempt to codify the conditions of the application of those principles of interpretation whose appropriateness in any given case depends on the particular context and on a subjective appreciation of varying circumstances would clearly be inadvisable. Accordingly, the Commission confined itself to trying to isolate and codify the comparatively few general principles which appear to constitute general rules for the interpretation of treaties.“*[462]

Die Rechtsvergleichung darf demzufolge prinzipiell als zusätzliche Methode zur Ermittlung des Sinnes einer Vorschrift herangezogen werden, ohne im Widerspruch zu den Auslegungsgrundsätzen der Wiener Konvention zu stehen.[463]

III. Rechtsvergleichung und Ansätze rechtsvergleichender Auslegung

Bevor der Gedanke der Rechtsvergleichung als Interpretationsmethode im einzelnen weiterentwickelt werden wird, sollen einige Bemerkungen über die Rechtsvergleichung im allgemeinen und ihre Rolle im Rahmen der Auslegung im besonderen vorangestellt werden.

---

460 Vgl. *oben Kapitel 3, B. V.*

461 Vgl. *oben Kapitel 3, B. VI., VII., VIII.*

462 *ILC* Final Draft, YBILC 1966 II, S. 177 ff., 218 (Art. 27 f.).

463 Vgl. auch *Kropholler*: Int. Einheitsre., 1975, S. 268; *Grundmann*: Ausleg. d. Gemeinschaftsrechts, 1997, S. 143.

1. Aufgaben und Ziele der Rechtsvergleichung

Die Rechtsvergleichung, die zu Beginn des vorigen Jahrhunderts eng mit dem Zivilrecht verbunden war,[464] „... *wo die weltumspannende Verflechtung von Wirtschaft und Verkehr, die Gründung internationaler Industrie- und Handelsgesellschaften und die ständige Anwendung fremder Gesetze im internationalen Privatrecht das Studium des Auslandszivilrechts geradezu als selbstverständlich erscheinen lassen*",[465] und deren Ziele und Methoden in diesem Bereich ausgearbeitet worden sind, gewinnt mit intensiverer internationaler Zusammenarbeit auf strafrechtlichen Gebieten auch dort zunehmend wieder an Wichtigkeit.[466] Dies läßt sich schon an der Vielzahl vergleichender Darstellungen unterschiedlicher Strafverfahrensrechte ablesen.[467] Bereits im 19. Jahrhundert war das Strafrecht klassisches Gebiet der damals legislativen Rechtsvergleichung, die eng mit Namen wie *Feuerbach*, *Franz von Liszt*, *Mittermaier*, *Hegler* und *Kohlrausch* verbunden ist.[468] Nicht zuletzt hinsichtlich des Grundsatzes ne bis in idem profitierte das deutsche Recht ab 1848 vom Blick auf das französische Strafverfahren.[469] Weitere Betätigungsfelder der Rechtsvergleichung sind sowohl öffentliches Recht[470] als auch Europa[471]- und Völkerrecht[472]. Ihre Ziele lassen sich im wesentlichen drei verschiedenen Punkten[473] zuordnen.

Als Hauptzweck und zugleich Basis jeder weiteren Aufgabe wird der *Erkenntnisgewinn* gesehen, die Suche nach „Wahrheit", die Erkenntnis des Rechts als soziokulturelles Phänomen und die Ableitung bestimmter Gesetzmäßigkeiten in der Entwicklung des

---

464 Vgl. *Zweigert/Kötz*: Rechtsvergleichung, 1996, S. 49 f.; *Koch* et. al.: IPR u. Rechtsvergleichung, 1996, S. 233 ff.; *Koch*: Rechtsvergleichung im IPR, RabelsZ 1997, S. 623.

465 *Jescheck*: Strafrechtsvergleichung, 1955, S. 25.

466 *Jung*: Strafrechtsvergleichung, JuS 1998, S. 1 ff., 1.

467 S. nur *van den Wyngaert* et al. (Hrsg.): Crim. proc. systems, 1993; *Delmas-Marty* (Hrsg.): Proc. pén. d'Europe, 1995; *Kangaspunta* et al. (Hrsg.): Criminal Justice Systems, 1999; *Fairchild/Dammer*: Comp. Crim. Justice Syst., 2001.

468 Zur Geschichte der Rechtsvergleichung im Strafrecht auch: *Eser*: Strafrechtsvergleichung, in: Albrecht et al. (Hrsg.): FS Kaiser, 1998, S. 1499 ff., 1500 ff.

469 Vgl. *unten Kapitel 6, B. I.*

470 Vgl. *Krüger*: Rechtsvergleichung im öff. R., in: Ziemske et al. (Hrsg.): FS Kriele, 1997, S. 1393 ff.; *Starck*: Rechtsvergleichung im öff. R., JZ 1997, S. 1021 ff.

471 Vgl. *Bleckmann*: Rechtsvergleichung in den EGen, ZvglRwiss 1976, S. 106 ff.; *Pescatore*: Normes déduites de la comparaison, RIDC 1980, S. 337 ff.; *Daig*: Rechtsvergleichung u. Methodenlehre im Eur. Gemeinschaftsre., in: Bernstein et al. (Hrsg.): FS Zweigert, 1981, S. 395 ff.; *Meyer*: Auslegung im EGR, Jura 1994, S. 455 ff.

472 Vgl. *Guggenheim*: Landesre. Begriffe im Völkerre., in: Schätzel et al. (Hrsg.): FS Wehberg. 1956, S. 133 ff.; *Seidl-Hohenveldern*: Rechtsvergleichung im Völkerre., in : Heydte et al. (Hrsg.): FS Verdross, 1960, S. 253 ff.; *Hailbronner*: Völkerre. relevante Rechtsvergleichung, ZaöRV 1976, S. 190 ff.; *Bothe*: Rechtsvergleichung in der Praxis int. Gerichte, ZaöRV 1976, S. 280 ff.

473 Eine ähnl. Einteilung findet sich bei *Zitelmann*: Aufgaben u. Bedeutung d. Rechtsvergleichung (1900), in: Zweigert/Puttfarken (Hrsg.): Rechtsvergleichung, 1978, S. 11 ff.

Rechts.[474] Die Rechtsvergleichung ermöglicht das bessere Verständnis der fremden ebenso wie der eigenen Rechtsordnung, denn *„[s]ie befreit aus der geistigen Enge des nationalen Positivismus.“*[475] Sie kommt in der wissenschaftlichen Diskussion im Rahmen der Ausarbeitung allgemeiner Theorien des Rechts oder rechtlicher Idealtypen[476] ebenso wie in der Ausbildung zum Einsatz, vermittelt einen „... *Anstoß durch das Fremde, ... das innere und äußere Gespräch mit ihm.*“[477]

Des weiteren dient die Rechtsvergleichung der *Gestaltung des Rechts.*[478] Im innerstaatlichen Bereich soll sie im Rahmen der Gesetzgebung „... *die nationalen Rechte an Bedürfnisse und Erfordernisse der dynamischen Welt von heute und morgen anpassen helfen.*“[479] Indem sie uns die verschiedenen nationalen Antworten auf gesellschaftliche Phänomene näherbringt, verschafft sie uns Zugang zu einem *„weltweiten Vorrat an Lösungen“*.[480] [481] Auf der zwischenstaatlichen Ebene ist sie Grundlage der Rechtsvereinheitlichung und –angleichung, der Entwicklung internationaler Verträge.[482] Im Geflecht der Beziehungen der Nationalstaaten untereinander, ihrer Zusammenschlüsse zu größeren Einheiten, ist die

---

474 *Jescheck*: Strafrechtsvergleichung, 1955, S. 26; *Constantinesco*: Rechtsvergleichung II, 1972, S. 331 ff.; *ders.*: Droit comparé, ZvglRwiss 1976, S. 144 ff.; *Zweigert/Kötz*: Rechtsvergleichung, 1996, S. 14; *Kokkini-Iatridou*: Rechtsvergelijking, 1985, S. 14: *„Haar 'doel' is nieuwe kennis te brengen.“* (*„Ihr 'Ziel' ist es, neue Kenntnisse zu verschaffen.“*); *Rheinstein*: Rechtsvergleichung, 1987, S. 27; *Koch et. al.*: IPR u. Rechtsvergleichung, 1996, S. 234; *Sacco*: Rechtsvergleichung, 2001, Rn. 17 sogar: *„Die Rechtsvergleichung ist reine Erkenntnis.“*

475 *Kropholler*: IPR, 1994, S. 69. Ähnlich *Ebert*: Rechtsvergleichung, 1978, S. 36: „... *die nationalrechtliche Welt aus ihrer Vereinzelung herauszuführen.*“

476 *Jescheck*: Strafrechtsvergleichung, 1955, S. 27: *„allgemeine Strafrechtslehre“*; *Rheinstein*: Rechtsvergleichung, 1987, S. 30: *„allgemeine Morphologie des Rechts“*.

477 *Großfeld*: Rechtsvergleichung, 2001, S. 23. Häufig wird auch auf den völkerverständigenden Aspekt hingewiesen (z. B. *Koch et. al.*: IPR u. Rechtsvergleichung, 1996, S. 236; *Rösler*: Rechtsvergleichung, JuS 1999, S. 1084 ff., 1089).

478 Dabei soll nicht verkannt werden, daß die Grenzen zwischen Gestaltung und Anwendung des Rechts zum Teil fließend sind. Vgl. *Vogel*: Juristische Methodik, 1998, 171 f. und insb. zur Abgrenzung von Rechtsanwendung und freier Rechtsfortbildung bzw. Lückenfüllung *Coing*: Methodenlehre, 1972, S. 45 ff. und *Zimmermann*: Rechtsanwendung, 1977.

479 Vgl. *Ebert*: Rechtsvergleichung, 1978, S. 36, der hierin sogar den letzten Sinn der Rechtsvergleichung sieht.

480 *Bartels*: Intersystemare Rechtsvergleichung, 1982, S. 1 f.; *Koch et. al.*: IPR u. Rechtsvergleichung, 1996, S. 26. Ähnl. auch schon: *Zitelmann*: Aufgaben u. Bedeutung d. Rechtsvergleichung (1900), in: Zweigert/Puttfarken (Hrsg.): Rechtsvergleichung, 1978, S. 11 ff., 13.

481 *Constantinesco*: Rechtsvergleichung II, 1972, S. 372 ff. spricht in diesem Zusammenhang von „Orientierungs- und Kontrollfunktion“, die sich freilich ihrerseits nicht eindeutig der Erkenntnisgewinnung, der Rechtsgestaltung oder –auslegung zuordnen läßt, sondern alle drei Kategorien berührt.

482 *Jescheck*: Strafrechtsvergleichung, 1955, S. 29 ff.; *Constantinesco*: Rechtsvergleichung II, 1972, S. 421 ff.; *ders.*: Droit comparé, ZvglRwiss 1976, S. 144 ff.; *Bleckmann*: Rechtsvergleichung in den EGen, ZvglRwiss 1976, S. 106 ff.; *Ebert*: Rechtsvergleichung, 1978, S. 37; *Seidl-Hohenveldern*: Rechtsvergleichung im Völkerre., in : Heydte et al. (Hrsg.): FS Verdross, 1960, S. 253 ff., 261: *„Eines der vornehmsten Ziele der Rechtsvergleichung ist ja die Rechtsvereinheitlichung.“*; ähnl. auch *Leser*: Rabel – Begründer der mod. Rechtsvergleichung, JuS 1987, S. 852 ff., 853.

Vergleichung berufen, gegenseitiges Verständnis aufzubauen und auf diese Weise die Basis für gemeinsame Problemlösungen zu schaffen.

Ein wesentlicher dritter Aufgabenkreis läßt sich der *Rechtsanwendung* zuordnen. Das gilt gleichermaßen für inner- und zwischenstaatliches Recht. Nationale Normen mit Auslandsbezug verlangen das Verständnis ausländischen Rechts: insoweit sei nur an international-privatrechtliche, an Auslieferungs- und Rechtshilfevorschriften sowie an die Bestimmungen des sogenannten internationalen Strafrechts und den Verbotsirrtum erinnert.[483] Daneben kann die vergleichende Betrachtung dazu beitragen, Lücken im Recht zu füllen, Normen fortzubilden.[484]

2. Ansätze rechtsvergleichender Auslegung

Unter der Kategorie der Rechtsanwendung ist auch die Auslegung unter rechtsvergleichenden Bezügen aufzuführen,[485] die – trotz *Bleckmanns* Einschätzung, die Funktion der Rechtsvergleichung als Auslegungsmethode sei kaum entwickelt[486] – immerhin bereits in den unterschiedlichsten Zusammenhängen thematisiert wird.

Ernst Rabel[487] entwickelte im Internationalen Privatrecht den Gedanken der rechtsvergleichenden Auslegung. Um die Probleme, die sich daraus ergeben, daß innerstaatliche Kollisionsnormen auch ausländische Rechtserscheinungen erfassen müssen, zu bewältigen, drängte er in seinem grundlegenden Aufsatz „*Das Problem der Qualifikation*"[488] darauf, die Systembegriffe in den Kollisionsnormen autonom, also losgelöst von den Begriffen der *lex fori* oder der *lex causae* auszulegen, und machte den bahnbrechenden Vor-

---

483 Vgl. *Jescheck*: Strafrechtsvergleichung, 1955, S. 26 f.; *Eser*: Strafrechtsvergleichung, in: Albrecht et al. (Hrsg.): FS Kaiser, 1998, S. 1499 ff., 1507; *Jung*: Strafrechtsvergleichung, JuS 1998, S. 1 ff., 5 f.; *Großfeld*: Rechtsvergleichung, 2001, S. 15. Insoweit ist allerdings die Abgrenzung zur Auslandsrechtskunde zu berücksichtigen (dazu *Jescheck*: Strafrechtsvergleichung, 1955, S. 26 f. – Auslandsrechtskunde als nationale Aufgabe der Strafrechtsvergleichung; *Ebert*: Rechtsvergleichung, 1978, S. 146; *Rheinstein*: Rechtsvergleichung, 1987, S. 23), der allerdings hier nicht intensiver nachgegangen werden soll.

484 *Schulze*: Vergleichende Gesetzesauslegung, ZfRV 1997, S. 183 ff., 190.

485 Vgl. allerdings zur herkömmlichen, zum Teil schwierigen Trennung von Rechtsanwendung und –auslegung: *Bernhardt*: Ausleg. völkerre. Verträge, 1963, S. 32 ff. und *Waldock*: 3rd Rep. (Law of Treaties), YILC 1964 II, S. 5 ff., 8 f. (Art. 56 Abs. 1 und 2). Der hier i. R. dieser groben Einteilung benutzte Begriff der Anwendung ist weiter (vgl. *Schiffauer*: Wortbedeutung, 1979, S. 102, der die Paare Rechtsanwendung/–fortbildung und Auslegung/Analogie aufstellt sowie *Bos*: Int. Law, 1984, S. 112).

486 *Bleckmann*: Rechtsvergleichung in den EGen, ZvglRwiss 1976, S. 106 ff., 108. Ähnl. *Zweigert*: Rechtsvergleichung als univ. Interpretationsmethode, RabelsZ 1949/50, S. 5 ff., 18 (rechtsvergleichende Auslegung vor allem Arbeitsprogramm).

487 Zu *Rabels* Verdiensten um die Rechtsvergleichung s. *Leser*: Rabel – Begründer der mod. Rechtsvergleichung, JuS 1987, S. 852 ff.

488 Im IPR bedeutet „Qualifikation" die Subsumtion unter den Tatbestand einer Kollisionsnorm (Rechtsanwendungs-, Verweisungs- oder Anknüpfungsregel), deren sachlichen Anwendungsbereich also in Frage steht (*Kropholler*: IPR, 1994, S. 87, 98).

schlag,[489] *„[f]ür das System des internationalen Privatrechts ... eigene Begriffe zu bilden.“*[490] Dabei sollte sich die Auslegung der Kollisionsnormen *„... soweit sie durch den Gedankenkreis des einheimischen Rechtssystems nicht gebunden, die fremden Rechtserscheinungen frei erfassen kann, der Rechtsvergleichung bedienen.“*[491] *Rabel* bezog dies nicht allein auf gleichlautende innerstaatliche Kollisionsnormen, sondern auch auf zwischenstaatliche Vereinbarungen.[492] Wenngleich ihm häufig der Vorwurf der Unpraktikabilität gemacht wurde,[493] ist ihm doch das Verdienst zuzurechnen, den Gedanken des Verständnisses zwischenstaatlich anzuwendender Begriffe anhand einer Gesamtschau der unterschiedlichen nationalen Hintergründe aufgebracht zu haben.

Die Rechtsvergleichung ist heute im Rahmen der Auslegung und Ermittlung des Völkergewohnheitsrechts[494] und der gemeinsamen Rechtsgrundsätze[495] wie beispielsweise denen von den Kulturvölkern anerkannten i. S. d. Art. 38 Abs. 1 c) IGH-Statuts[496] oder den allgemeinen der Rechtsordnungen der Mitgliedsstaaten[497] von Bedeutung. Daneben fällt ihr eine Rolle zu bei der Auslegung nationaler,[498] darunter vor allem der in mehreren Staaten gleichlautenden oder ähnlichen (übernommenen) Rechtsnormen.[499] Schließlich

---

489 Vgl. *von Hoffmann*: IPR, 2000, S. 204.

490 *Rabel*: Qualifikation, RabelsZ 1931, S. 241 ff., 283.

491 *Rabel*: Qualifikation, RabelsZ 1931, S. 241 ff., 287.

492 *Rabel*: Qualifikation, RabelsZ 1931, S. 241 ff., 287. Dazu auch *ders.*: Rechtsvergleichung, RabelsZ 1927, S. 5 ff., 14, 17: Erforschung des Gedankens eines Vertrages in *„sinnvoller Rechtsvergleichung“*.

493 Z. B. *Sandrock*: Zivilistische Rechtsvergleichung, 1966, S. 25; *Koch* et. al.: IPR u. Rechtsvergleichung, 1996, S. 11.

494 *Hailbronner*: Völkerre. relevante Rechtsvergleichung, ZaöRV 1976, S. 190 ff., 201 ff.

495 Vgl. auch *Kreß*: Rechtsfindung im Völkerstrafrecht, ZStW 1999, S. 597 ff., 611 ff. zur *„wertenden Rechtsvergleichung im Völkerstrafrecht“*.

496 *Seidl-Hohenveldern*: Rechtsvergleichung im Völkerre., in : Heydte et al. (Hrsg.): FS Verdross, 1960, S. 253 ff., 253; *Constantinesco*: Rechtsvergleichung II, 1972, S. 396 ff. (bei Verständnis der allgemeinen Rechtsgrundsätze als Verweis auf positives Recht der Staaten anstelle von Naturrecht Rechtsvergleichung *„einzig denkbare Methode zur Gewinnung dieser Grundsätze“*); *Hailbronner*: Völkerre. relevante Rechtsvergleichung, ZaöRV 1976, S. 190 ff., 205 ff.

497 Über Art. 215 Abs. 2 EGV (außervertragliche Haftung der Gemeinschaft) zieht der *EuGH* solche allgemeinen Grundsätze zur Lückenfüllung im Gemeinschaftsrecht heran. Vgl. *Zweigert*: Einfluß des Europäischen Gemeinschaftsrechts, RabelsZ 1964, S. 601 ff., 608 ff.; *Meyer*: Auslegung im EGR, Jura 1994, S. 455 ff., 457 und *Coing*: Aufgaben der Rechtsvergleichung, NJW 1981, S. 2601 ff., 2603.

498 Vgl. z. B. zur Rolle der rechtsvergleichenden Auslegung im Rahmen des Verfassungsrechts: *Häberle*: Rechtsvergleichung als „fünfte" Auslegungsmethode (1989), in: ders.: Rechtsvergleichung im Kraftfeld des Verfassungsstaates, 1992, S. 27 ff., 36 ff.; *ders.*: Verfassungslehre, 1998, S. 312 ff.

499 *Zweigert*: Rechtsvergleichung als univ. Interpretationsmethode, RabelsZ 1949/50, S. 5 ff., 17; *Zweigert/Kötz*: Rechtsvergleichung, 1996, S. 16 ff.; *Großfeld*: Kernfragen, 1996, S. 1; *Eser*: Strafrechtsvergleichung, in: Albrecht et al. (Hrsg.): FS Kaiser, 1998, S. 1499 ff., 1509. Zum Einheitsrecht und dessen Definition: *Kropholler*: Int. Einheitsre., 1975, S. 1, 161, 178 f. Dazu auch *Bayer*: Auslegung vereinheitlichter Normen, RabelsZ 1955, S. 603 ff., 627, Fn. 92: für vergleichende Auslegung staatlicher Normen Geltendes erst recht auf überstaatliche, mit nationalen Begriffen operierende Normen anwendbar.

werden auch – ganz im Sinne *Rabels* – bei der Auslegung einzelner Begriffe, die aus internen Rechtssystemen entlehnt wurden, im internationalen Vertragsrecht[500] und im Europarecht[501] rechtsvergleichende Überlegungen herangezogen. Da viele der in diesem Rahmen benutzten Begriffe dem nationalen Recht entstammen, können sie „... *nur in der vergleichenden Rückführung auf die nationalen Grundelemente richtig verstanden werden.*“[502] Dies gilt maßgeblich für sog. *traités-lois,* den eher rechtlichen, in innerstaatliche Lebenssachverhalte eingreifende Verträge.[503] Besonderheit dieser Art der Rechtsvergleichung ist der Umstand, daß sie zugleich Erkenntnisse über den Inhalt einer ganz anderen, von den nationalen Rechtsordnungen grundsätzlich verschiedenen rechtlichen Ordnung offenbart.[504] Gerade in der europarechtlichen Ordnung nimmt die Rechtsvergleichung mittlerweile eine hervorragende Stellung ein.[505]

Die praktische Bedeutung, die die Rechtsvergleichung inzwischen im Rahmen der Auslegung doch gewonnen hat, zeigt sich ganz besonders in der Rechtsprechung der internationalen Gerichte.

Die Gerichtshöfe *EGMR, EuGH* und *IGH* verfolgen rechtsvergleichende Ansätze vor allem bei der Bestimmung allgemeiner Rechtsgrundsätze, aber auch im Rahmen der Auslegung von den einzelnen Rechtsordnungen entstammenden Begriffen, wobei sie sich der Problemlösung meist eher intuitiv und pragmatisch denn durch eine präzise analytische Untersuchung der einzelnen Rechtsordnungen annähern.[506]

Dies ist beispielsweise an einer Entscheidung des *EuGH* zur Auslegung des Begriffs *eheliche Güterstände* im Sinne des Art. 1 Abs. 2 Nr. 1 EuGVÜ erkennbar. Nachdem er die Funktion der Rechtsvergleichung auf die Feststellung der Unterschiedlichkeit der nationalen Rechtsordnungen beschränkt hat,

---

500 *Bayer:* Auslegung vereinheitlichter Normen, RabelsZ 1955, S. 603 ff., 627; *Bernhardt:* Rechtvergleichung im öff. R., ZaöRV 1964, S. 431 ff., 448; *Mosler:* Rechtsvergleichung vor völkerre. Ger., in: Marcic et al. (Hrsg.): FS Verdross, 1971, S. 381 ff.; *Hailbronner:* Völkerre. relevante Rechtsvergleichung, ZaöRV 1976, S. 190 ff., 194, 222; *Schwarz-Liebermann v. Wahlendorf:* Dr. comp., 1978, S. 84; *Frowein,* in: Frowein/Peukert: EMRK, 1996, Einf., Rn. 8.

501 *Martiny:* Ausleg. im Eur. Int. Zivilprozeßre., RabelsZ 1981, S. 427 ff., 441 f.; *Meyer:* Auslegung im EGR, Jura 1994, S. 455 ff., 457 f.; *Bleckmann:* Europarecht, 1997, Rn. 551; *ders.:* Ausleg. eur. Richtlinien, ZGR 1992, S. 364 ff., 365; *Großfeld:* Rechtsvergleichung, 2001, S. 13.

502 *Hailbronner:* Völkerre. relevante Rechtsvergleichung, ZaöRV 1976, S. 190 ff., 194, 222.

503 Gegenstück der *traités-lois* sind die sog. *traités-contrats* (eher politische, das Verhalten der staatlichen Organe bestimmende Verträge). Vgl. *Constantinesco:* Rechtsvergleichung II, 1972, S. 392.

504 *Hailbronner:* Völkerre. relevante Rechtsvergleichung, ZaöRV 1976, S. 190 ff., 193.

505 *Bleckmann:* Rechtsvergleichung in den EGen, ZvglRwiss 1976, S. 106 ff., 106. Trotz der immer wieder zu konstatierenden Knappheit seiner rechtsvergleichenden Ausführungen wird der *EuGH* zu Recht als *„Hochburg der angewandten Rechtsvergleichung“* bezeichnet (so *Daig:* Rechtsvergleichung u. Methodenlehre im Eur. Gemeinschaftsre., in: Bernstein et al. (Hrsg.): FS Zweigert, 1981, S. 395 ff., 413 ff).

506 Vgl. *Mosler:* Rechtsvergleichung vor völkerre. Ger., in: Marcic et al. (Hrsg.): FS Verdross, 1971, S. 381 ff., 390 f., 401; *Constantinesco:* Rechtsvergleichung II, 1972, S. 400; *Hailbronner:* Völkerre. relevante Rechtsvergleichung, ZaöRV 1976, S. 190 ff. *Bothe:* Rechtsvergleichung in der Praxis int. Gerichte, ZaöRV 1976, S. 280 ff., 283 geht auch auf die Gründe für die Zurückhaltung der Gerichte ein (S. 286 f.); *Pescatore:* Normes déduites de la comparaison, RIDC 1980, S. 337 ff., 338.

entwic??kelte der *Gerichtshof* ohne weiteren Rückgriff auf die nationalen Begriffe einen systematischen Oberbegriff einer umfassenderen Reichweite als der jeder der nationalen Rechtsordnungen.[507]

Der *IGH* verzichtet seinerseits zum Teil gänzlich auf die Niederlegung rechtsvergleichender Erwägungen in den Urteilsgründen, obgleich von ihm vorausgesetzte Vorstellungen nur dem gedanklichen Rückgriff auf nationales Recht entspringen können.[508]

Nicht unerwähnt bleiben soll die Methode der sog. „wertenden Rechtsvergleichung",[509] die der *EuGH* insbesondere im Hinblick auf das Erkennen der allgemeinen Rechtsgrundsätze anwendet. Nach einer zum Teil in ihren vergleichenden Ausführungen recht knapp[510] gehaltenen Betrachtung der einzelnen mitgliedsstaatlichen Rechtsprinzipien, die für ihn mehr eine Art Reservevorrat als bindende Vorgaben darstellen, wählt er die „beste", also fortschrittlichste und den Zielen und Strukturen der Gemeinschaft am besten gerecht werdende Lösung aus.[511] Auch im Rahmen des Verständnisses der in der EMRK benutzten Begriffe bestimmt der wertende Vergleich der nationalen Rechtsordnungen die Auslegung.[512]

3. Ergebnis

Anhand der Ausführungen im letzten Abschnitt ist deutlich geworden, daß der Gedanke der rechtsvergleichenden Auslegung keineswegs ein völliges Novum darstellt. Vor allem in der Praxis der internationalen Gerichte spielt der Vergleich der verschiedenen Rechtsordnungen bei der Interpretation von Vorschriften zwischenstaatlicher Vereinbarungen eine bedeutsame Rolle. Überwiegend wird jedoch, zumindest soweit man die Urteilsgründe betrachtet,[513] auf detailliertere Ausführungen zu den Rechtssystemen im

---

507 *EuGH* vom 27. 03. 1979, EuGHE 1979, S. 1055 ff. (*de Cavel*); Vgl. dazu *Schlosser*: Vertragsautonome Auslegung, in: Baltzer et al. (Hrsg.): GS Bruns, 1980, S. 45 ff., 50.

508 Vgl. *IGH* vom 20. 02. 1969, ILM 1969, S. 340 ff. (*North Sea Continental Shelf*), Nr. 88 zu den Anforderungen an die Entscheidung eines Gerichts: „*Whatever the legal reasoning of a court of justice, its decisions must by definition be just, and therefore in that sense equitable.*"

509 Vgl. schon *Fuß*: Rechtssatz u. Einzelakt im EGR, NJW 1964, S. 945 ff., 946, Fn. 11; *Zweigert*: Einfluß des Europäischen Gemeinschaftsrechts, RabelsZ 1964, S. 601 ff., 611. *Satzger*: Europäisierung des Strafrechts, 2001, S. 75 schlägt vor, dieses Konzept der „wertenden Rechtsvergleichung" anzuwenden, um den beim Vergleich der in den mitgliedsstaatlichen Kategorien „Kriminalstrafrecht" gefundenen „kleinsten gemeinsamen Nenner" anzufüllen.

510 Vgl. *Mosler*: Rechtsvergleichung vor völkerre. Ger., in: Marcic et al. (Hrsg.): FS Verdross, 1971, S. 381 ff., 409 f.; *Pescatore*: Normes déduites de la comparaison, RIDC 1980, S. 337 ff., 338, der auf die häufiger in den Ausführungen der Generalanwälte und den Stellungnahmen der Kommission zu findenden rechtsvergleichenden Elemente hinweist; *Meyer*: Auslegung im EGR, Jura 1994, S. 455 ff., 457.

511 *Constantinesco*: Rechtsvergleichung II, 1972, S. 404; *Mertens de Wilmars*: Le droit comparé, JT 1991, S. 37 ff., 40; *Bleckmann*: Wertende Rechtsvergleichung, in: Baur et al. (Hrsg.): FS Börner, 1992, S. 29 ff.; *Meyer*: Auslegung im EGR, Jura 1994, S. 455 ff., 457 f. Krit. zur „wertenden Rechtsvergleichung": *Hailbronner*: Völkerre. relevante Rechtsvergleichung, ZaöRV 1976, S. 190 ff., 219.

512 *Frowein*, in: Frowein/Peukert: EMRK, 1996, Einf., Rn. 8.

513 Vgl. vor und Fn. 510.

einzelnen verzichtet. Zum Teil dient der Vergleich auch nur dazu, die Inkompatibilität der nationalen Vorstellungen miteinander zu konstatieren.

Zusammenfassend kann man wohl sagen, daß bei der rechtsvergleichenden Auslegung tendenziell eher eine pragmatische Herangehensweise vorherrscht.

B. Vorgehen bei der rechtsvergleichenden Auslegung

Auf der Grundlage der Erkenntnis, daß die Rechtsvergleichung eine durchaus anerkannte und gebräuchliche Methode der Auslegung ist, soll im folgenden untersucht werden, auf welche Weise sie im Rahmen der vorliegenden Problematik von Nutzen sein kann.

I. Vorüberlegungen

In der Notwendigkeit des rechtsvergleichenden Ansatzes spiegelt sich der Mangel einer gefestigten, eigenständigen übernationalen Begriffsbestimmung[514] wider, den die Vertragskonstrukteure durch Verwendung national belegter Termini so gut als möglich zu kompensieren suchten. Gleichzeitig schufen sie auf diese Weise einen neuen gemeinsamen Sinn, der dann selbst zu einer Erweiterung des Bedeutungsgehalts der Worte in den einzelnen Sprachen wird oder werden könnte.[515] *Ophüls* hat herausgearbeitet, daß es sich in diesen Fällen um eine durch den Zusammenhang erzeugte *implizite Definition* eines neuen Begriffes handelt.[516] Ziel muß es daher sein, die Operation der Vertragsschöpfer zurückzuverfolgen, die den zwischenstaatlichen Begriffsgehalt mangels sprachlicher Alternativen unter Verwendung von Worten, die aus dem nationalen Sprachgebrauch stammen, zu befördern suchten.[517]

---

514 Falls eine solche Bedeutung bereits existierte, könnte sie auch durch Worte transportiert werden, die im innerstaatlichen Gebrauch bereits mit einer nationalen Bedeutung belegt sind. Im Falle einer solchen Mehrdeutigkeit eines Wortes, welches dann sowohl (mehrere) nationale als auch internationale Bedeutungen umfaßte, ermöglichte dann ein reiner Textvergleich unter Berücksichtigung der anderen Auslegungsmethoden die Entschlüsselung des Terminus im Sinne des Vertrages. In der zwischenstaatlichen Bedeutung müßten sich dann alle Textversionen treffen und insoweit zu Deckungsgleichheit gelangen.

515 Parallel ist darunter auch ein Beitrag zur Verfestigung des Verständnisses der zwischenstaatlichen Bedeutung eines Begriffes zu sehen.

516 *Ophüls*: Ausleg. der EGVe, in: Greiß (Hrsg.): FS Müller-Armack, 1961, S. 279 ff., 281: Daneben stehen die explizite Definition sowie die Rezeption aus einer bestehenden Rechtsordnung (hierzu aber *oben Kapitel 2, B. I.*).

517 Vgl. ebenso *Ophüls*: Ausleg. der EGVe, in: Greiß (Hrsg.): FS Müller-Armack, 1961, S. 279 ff., 280: „... *muß die Auslegung ... den Weg zurückverfolgen, den die Verfasser des Vertrages gegangen sind; sie muß das synthetische Produkt, das ihr im Vertrag entgegentritt, analytisch in seine Bestandteile auflösen und aus dieser Analyse im Zu-*

Bei der Umsetzung dessen fragt sich, anhand welchen „Materials" die Rechtsvergleichung durchgeführt werden soll. Welche Gegenstände sollen miteinander verglichen werden (unten II.)? Damit verbunden ist die Frage der Auswahl der *Rechtsordnungen* (unten III.). Außerdem muß geklärt werden, welchen *Charakter* der übernationale Begriff haben soll. Maßgebliche Fragen sind: Welche Kriterien müssen im Rahmen seiner Bestimmung herangezogen werden? Welche Rolle spielt dabei der Vergleich der nationalen Rechtsinstitute (unten IV.)? Gleichermaßen bedarf es einer Untersuchung, wie mit den Ergebnissen des Vergleiches umgegangen werden soll. Entspricht die zwischenstaatliche Bedeutung beispielsweise dem „kleinsten gemeinsamen Nenner" aller verglichenen Gegenstände (unten V.)? Darüber hinaus ist zu prüfen, welche Position die Rechtsvergleichung zweckmäßigerweise innerhalb des *Auslegungscanones* einnehmen sollte. An welcher Stelle verspricht ihre Einordnung den meisten Gewinn (unten VI.)? Schließlich stellt sich die Frage, ob der *Wortlaut* als ein bestimmtes Bedeutungsspektrum umfassend im herkömmlichen Sinne *Grenze der Auslegung* sein kann (unten VII.).

II. Material der Rechtsvergleichung

Als „Material" der rechtsvergleichenden Auslegung überstaatlicher Begriffe werden zum einen die Auffassungen der ausländischen Rechtsprechung und Doktrin zu eben jenem Vertrag genannt.[518] Im Kontext des Art. 54 ist dieser Aspekt aber nicht von Interesse, weil er nur eine Art Auslegung „aus zweiter Hand" darstellt und primär der Wahrung der Rechtseinheit dient.[519] Zum anderen stützt man sich auf solche Regelungen, die sich aus einer Betrachtung der beteiligten nationalen Rechtsordnungen ergeben. Dem ist auch die rechtsvergleichende Auslegung einzelner in einem Vertrag verwandter Begriffe unter Rückgriff auf deren innerstaatliche Ursprünge zuzuordnen. In den Fällen, in denen ein übernationaler Begriffsapparat noch nicht existiert, scheinen demzufolge allein die im *innerstaatlichen Bereich bekannten Begriffsinhalte*[520] als Anknüpfungspunkte einer Auslegung

sammenhang mit dem allgemeinen Sinn des Vertrages die Auslegung finden." und *Winkler*: Rechtsnatur der Geldbuße, 1971, S. 33: „... *durch die Vergleichung der Rechte der Mitgliedsstaaten ist hinter dem Gemeinschaftsrecht wieder die Verschiedenartigkeit der nationalen Rechtsauffassungen sichtbar zu machen, um dann unter Berücksichtigung der spezifischen Interessenlage des Gemeinschaftsrechts den Begriffsinhalt voll zu entfalten.*"

518 *Mansel*: Rechtsvergleichung, JZ 1991, S. 529 ff., 531; *Kropholler*: IPR, 1994, S. 66.

519 *Kropholler*: IPR, 1994, S. 66. Vgl. dazu auch die Aufforderung des *Eur. Parl.* an die Schengenländer, eine Kompilation der Schengenrechtsprechung auf der Grundlage bestmöglicher Methoden einzuführen, um so eine optimale Rechtspraxis festzulegen: Entschließung Schengen (Nr. 24, 26), ZFIS 1997, S. 188 ff.

520 An dieser Stelle soll kurz erwähnt werden, daß dies natürlich in gleicher Weise für einsprachige Verträge gilt (vgl. auch *oben Kapitel 2, B. II. 2. a) 3)* sowie *Kapitel 4, B. IV. 3.*). Auch bei deren Auslegung ist der rechtsvergleichende Blick auf die einzelnen Rechtsinstitute der Vertragsstaaten zu richten. In diesem Rahmen ist allerdings eine zusätzliche Schwierigkeit zu bewältigen: Die jeweils entsprechenden Begriffe müssen erst im nationalen Recht gefunden werden. Dies ist bei mehrsprachigen Verträgen erleichtert, da die in den verschiedenen Fassungen benutzten Ausdrücke bereits auf das gesuchte Institut im innerstaatlichen System hindeutet. Wohl aus diesem Grunde griffen sowohl der *EuGH* als

erfolgversprechend zu sein, wenn die Auslegung nicht völlig losgelöst im Raum schweben soll.[521] Daß das völlige Einander-Entsprechen der nationalen Begriffsinhalte keine Voraussetzung für den Vergleich sein kann, wurde bereits klargestellt.[522] In diesem Rahmen sind freilich Rechtsprechung und Lehre heranzuziehen. Denn „*[e]in Gesetz ist ohne die zugehörige Rechtsprechung nur wie ein Skelett ohne Muskel. Und die Nerven sind die herrschenden Lehrmeinungen. ... Nicht minder dem Wissen unentbehrlich sind die geschichtliche Herkunft und die Geburtsstunde des Gesetzes.*“[523] Diese Aussage trifft nicht nur auf Gesetze an sich zu, sondern läßt sich auf innerstaatliche Begriffsbestimmungen übertragen.

III. Auswahl der Rechtsordnungen

Ist nun eine Antwort auf die Frage der dem Vergleich zu unterziehenden Gegenstände gefunden, soll entschieden werden, welche Rechtsordnungen im Rahmen des Vergleiches zu konsultieren sind.

Ebenso wie bei der Geltung eines Vertrages in unterschiedlichen authentischen Sprachen alle Textfassungen berücksichtigt werden müssen,[524] sind Ausgangspunkt der Untersuchung auf der begrifflichen Ebene die Rechtssysteme der Staaten, die den Hintergrund der Abfassung des Vertragstextes bildeten. Denn mangels ausdrücklicher Hinweise auf die Inbezugnahme anderer Begriffsausprägungen[525] steht zu vermuten, daß die Partner ihre übereinstimmenden innerstaatlichen Konzeptionen auch dem transnationalen Vertrag zugrunde legen wollten.[526] Bei der Erweiterung des Kreises der Vertragsstaaten

---

auch die Generalanwälte im Rahmen der Auslegung des nur in der französischen Version authentischen EGKSV (vgl. zum EGKSV *oben Kapitel 2, B. II. 2. b.*) oftmals gleichermaßen auf die amtlichen Übersetzungen zurück (vgl. *Grundmann*: Ausleg. d. Gemeinschaftsrechts, 1997, S. 218 und Fn. 984).

521 So auch *Bayer*: Auslegung vereinheitlichter Normen, RabelsZ 1955, S. 603 ff., 626, der eine rechtsvergleichende Auslegung angesichts der Tatsache, daß die völkerrechtlichen Vertragspartner in Ermangelung einer besonderen völkerrechtlichen Begriffsbildung häufig gezwungen sind, nationale Rechtsbegriffe, die in der Sprache, deren sich die Konvention bedient, in einem technischen Sinn gebraucht werden, zu übernehmen oder sich zumindest an sie anzulehnen, für zwangsläufig hält. Ebenso *Constantinesco*: Rechtsvergleichung II, 1972, S. 392 und *Bleckmann*: Rechtsvergleichung in den EGen, ZvglRwiss 1976, S. 106 ff., 107 f.: „*Nur wenn die Begriffe des Europarechts rechtsvergleichend festgelegt werden, wird auch dem Gebot der Gleichheit, dem Ziel der Einigung, der Notwendigkeit eines Zusammenwirkens zwischen dem Gemeinschaftsrecht und dem nationalen Recht der Mitgliedstaaten voll entsprochen.*“

522 Vgl. *oben Kapitel 3, B. IV.*

523 *Rabel*: Aufgabe u. Notwendigkeit d. Rechtsvergleichung (1924), in: Zweigert/Puttfarken (Hrsg.): Rechtsvergleichung, 1978, S. 85 ff., 88.

524 Vgl. *oben Kapitel 2, B. II. 1.*

525 Dabei kann es sich beispielsweise um andere völkerrechtliche Übereinkommen handeln.

526 So auch *Constantinesco*: Rechtsvergleichung II, 1972, S. 393, Fn. 252; *Hailbronner*: Völkerre. relevante Rechtsvergleichung, ZaöRV 1976, S. 190 ff., 222. Vgl. auch *Bernhardt*: Ausleg. völkerre. Verträge, 1963, S. 161.

wird auch die Berücksichtigung der Systeme der neu Hinzutretenden erforderlich,[527] da die Auslegung andernfalls dem Zusammenspiel zwischen dem Vertrag und dem nationalen Recht aller Vertragspartner nicht gerecht werden könnte.[528] Darin spiegelt sich die Dynamik eines solchen rechtsetzenden und auf die Rechtssysteme der Vertragsstaaten anwendbaren Vertrages wider, der in ausreichendem Maße die Flexibilität aufweisen muß, sich auch den Rechtsordnungen neu hinzutretender Partner anzupassen.

Auf das Schengener Durchführungsübereinkommen angewendet, bedeutet dies, daß zunächst die Rechtsordnungen der dreizehn derzeitigen Mitgliedsstaaten und der zwei assoziierten Staaten betrachtet werden müßten. Dabei handelt es sich um Belgien, Dänemark, Deutschland, Finnland, Frankreich, Griechenland, Italien, Luxemburg, die Niederlande, Österreich, Portugal, Schweden und Spanien sowie Norwegen und Island.[529] Daneben stand dem Vereinigten Königreich und Irland als Mitgliedsstaaten der Europäischen Gemeinschaften die Möglichkeit des sogenannten *opt-in* schon immer offen.[530] Sobald für diese beiden Staaten die *ne bis in idem*-Vorschriften des 3. Kapitels mit Ratsbeschluß in Kraft gesetzt sind, wird das Schengener Mehrfachverfolgungsverbot auch für sie gelten.[531] Aus diesem Grunde ist es ratsam, auch die Rechtsordnungen dieser beiden Staaten im Auge zu behalten.

Den Rahmen dieser Arbeit allerdings sprengte die Untersuchung aller genannten Rechtsordnungen. Deshalb soll eine sinnvolle Beschränkung erfolgen. Dabei bietet es sich an, auf die Systeme der Gründungsstaaten zurückzugreifen, denn diese Länder wagten den ersten Schritt zur Intensivierung ihrer Zusammenarbeit.[532]

Hierbei steht das französische System als Stellvertreter für Untersuchung der Rechtsordnungen Belgiens und Luxemburgs. Historisch ist eine sehr enge Verbindung beider Systeme zum französischen zu verzeichnen,[533] welches diesen sog. Tochterordnungen

---

527 *Hailbronner*: Völkerre. relevante Rechtsvergleichung, ZaöRV 1976, S. 190 ff., 221.

528 So einleuchtend *Bleckmann*: Rechtsvergleichung in den EGen, ZvglRwiss 1976, S. 106 ff., 108 f. zur Auslegung gemeinschaftsre. Verträge bei Hinzutreten neuer Mitgliedsstaaten.

529 Vgl. *oben Kapitel 1, D.*

530 Vgl. Art. 140 SDÜ. Darauf wurde nunmehr in Art. 4 des Prot. zur Einbeziehung des Schengen-Besitzstands in den Rahmen der Europäischen Union noch einmal verwiesen. Im übrigen bestimmt Art. 8 des Prot., daß der Schengen-Besitzstand von den Beitrittskandidaten im Rahmen einer EU-Erweiterung vollständig zu übernehmen ist. Der Zeitpunkt der Untersuchung deren Rechtssysteme wird jedoch erst beim tatsächlichen Beitritt gekommen sein (ähnl. *Kropholler*: Int. Einheitsre., 1975, S. 279 für die Zeit vor dem Beitritt Dänemarks, Großbritanniens und Irlands zu den EGen). Dies läßt sich damit rechtfertigen, daß den Verfassern des SDÜ deren mögliche Einbeziehung im einzelnen – in Unterschied zu dem des Vereinigten Königreichs und Irland – noch nicht bekannt sein konnte. Durch die mögliche Erweiterung des Kreises der EU-Mitgliedsstaaten kann noch nicht von einer universellen Mitgliedschaft gesprochen werden.

531 Vgl. dazu *oben Kapitel 1, D.*

532 Vgl. auch *Joubert/Bevers*: Schengen Investigated, 1996, S. 13, die die Auswahl der von ihnen untersuchten Staaten ebenfalls an diesem Kriterium ausrichteten.

533 Vgl. *van den Wyngaert*: Belgium, in: dies. et al. (Hrsg.): Crim. proc. systems, 1993, S. 1 ff., 3; *Spielmann/Spielmann*: Lux., in: van den Wyngaert et al. (Hrsg.): Crim. proc. systems, 1993, S. 261 ff. Aufgrund der Geltung des französischen *Code d'instruction criminelle* von 1808 orientiert sich die luxembur-

gegenüber als Mutterordnung bezeichnet werden kann. Die zusätzliche Prüfung beider bedeutete keinen so wesentlichen ergänzenden Erkenntnisgewinn, da der Stil der Rechtsordnung in beiden Fällen starke Ähnlichkeiten aufweist.[534]

Demzufolge werden Deutschland, Frankreich und die Niederlande näher betrachtet, wobei allerdings nicht versäumt werden soll, den Blick auch auf ausgewählte andere Ordnungen zu richten. Ergänzend herangezogen wird dementsprechend zum einen das italienische Recht. Denn wenn man die drei primär untersuchten Systeme als klassisch kontinental bezeichnen kann, so fließen mit dem italienischen Strafverfahren, veranlaßt durch die umfassende Reform im Jahre 1988, auch adversarische Züge ein. Zum anderen soll auch das durch den Parteienprozeß geprägte englische Verfahren als Vertreter des *common law* berücksichtigt werden.[535]

IV. Charakter des übernationalen Begriffs. Funktionale Rechtsvergleichung

Der zwischenstaatliche Begriff, der im Rahmen des Vertrages zu ermitteln ist, stellt seinerseits eine vorsprachliche Entität[536] dar. Seine Beschreibung ist aber wiederum auf sprachliche Mittel angewiesen. Am Ende soll deshalb eine Definition stehen, die sich aus den für den Begriff wesentlichen Merkmalen zusammensetzt und die Subsumtion all der Gegenstände ermöglicht, bei denen eben jene Merkmale vorkommen.[537] Auf die sich aufdrängende Frage, welches denn die *wesentlichen* Kriterien bei der Bestimmung des Begriffsgehaltes sind, wird sogleich noch einzugehen sein.

Zuvor soll jedoch überprüft werden, was über den Charakter des zu bestimmenden Begriffs bislang bekannt ist. Geht es um eine Konstellation wie die des Art. 54, kann immerhin aus dem Zweck der Vorschrift erschlossen werden, daß nationale Rechtsinstitute unter den zwischenstaatlichen Begriff fallen sollen.[538] Das bedeutet für die übernationale Bedeutung, daß es sich um einen übergeordneten Systembegriff handeln muß.[539] Anson-

---

gische Rechtsprechung traditionell an derjenigen Frankreichs. Daß dies nun allerdings angesichts der französischen Neukodifizierung durch den *Code de procédure pénale* von 1958 auf Schwierigkeiten stößt, führte sogar zu Angleichungsbestrebungen des luxemburgischen Rechts an das französische (vgl. *Thiry*: Instr. crim., 1971, Rn. 3).

534 Vgl. dazu *Zweigert/Kötz*: Rechtsvergleichung, 1996, S. 40.

535 Vgl. i. e. *unten Kapitel 9, E.* (zur italienischen *sentenza*), *F.* (zum englischen *judgment*).

536 Vgl. *oben Kapitel 2, B. II. 2. a.*

537 Vgl. *Hatz*: Rechtssprache, 1963, S. 49 ff., 59; *Larenz/Canaris*: Methodenlehre, 1995, S. 266. Ziel ist nicht die – wohl ohnehin nicht erreichbare – Charakterisierung der Gesamtbedeutung des Wortes durch Bedeutungsmerkmale (vgl. dazu *Busse*: Jur. Semantik, 1993, S. 269), sondern die Beschreibung des mit dem Wort *Urteil* im konkreten Zusammenhang bezeichneten Begriffs.

538 Vgl. dazu *oben Kapitel 2, A.*

539 *Ebert*: Rechtsvergleichung, 1978, S. 148; *Starck*: Rechtsvergleichung im öff. R., JZ 1997, S. 1021 ff., 1027. Vgl. auch *Bayer*: Auslegung vereinheitlichter Normen, RabelsZ 1955, S. 603 ff., 627: Rechtsbegriffe in überstaatlichem Sinne „... *werden bloße Sammelbegriffe, die lediglich aus dem Zweck des Abkommens*

sten wäre die notwendige Kompatibilität in bezug auf die zu subsumierenden einzelnen innerstaatlichen Begriffe nicht zu gewährleisten. Anzustreben ist daher, „... *hinter den national getönten Begriffen ... das auf einer höheren Ebene liegende juristische Phänomen ... [zu erkennen] und ihm in der Formulierung eine Weite der Fassung ... [zu verleihen], welche die Vielfalt der nationalen Begriffe umfaßt und dennoch an juristischer Schärfe nicht verliert.*“[540]

Die Schwierigkeit, gerade diesem letzten Anspruch gerecht zu werden, resultiert daraus, daß dieser auf einer höheren Abstraktionsstufe liegende, übergeordnete Begriff, notwendig von einer geringeren Anzahl an Merkmalen geprägt ist als derjenige auf der unteren Stufe.[541] Er besitzt demzufolge einen weiteren Anwendungsbereich, einen größeren Umfang, kann aber nicht mehr das gleiche Maß an Substanz erreichen, ist unvermeidlich inhaltsleerer.[542] Der damit verknüpften Gefahr der Sinnentleerung[543] kann nur durch sachgerechte Auswahl und Betonung der oben bereits angesprochenen *wesentlichen* Kriterien begegnet werden. Vermieden werden muß insbesondere die zufällige Auswahl der einzelnen Begriffsmerkmale, die sich lediglich an dem Gemeinsamen der unter den Begriff zu fassenden Gegenstände orientiert. Bloße Gemeinsamkeiten befähigen noch längst nicht dazu, Gültiges über einen, in einem bestimmten Zusammenhang benutzten Begriff auszusagen.[544] Zu diesem Zweck ist es notwendig, den spezifischen Sinngehalt sowie die Funktion der einzelnen Gegenstände herauszuarbeiten.[545]

---

und dem Gesamtinhalt aller verwandten Normen der beteiligten Rechtsordnungen ausgelegt werden können." (Zitat aus *Frankenstein*: IPR (Grenzrecht) I, 1926, S. 295 f.).

540 *Zweigert*: Eur. Rechtsvereinheitlichung, RabelsZ 1951, S. 387 ff., 395. Ähnl. auch *Constantinesco*: Rechtsvergleichung II, 1972, S. 360, 365.

541 Vgl. auch *Braga*: Rechtsvergleichende Arbeit, in: Lüke et al. (Hrsg.): GS Constantinesco, 1983, S. 99 ff., 106: „*Nun, die Rechtsbegriffe, die durch rechtsvergleichende Synthese gewonnen werden, beruhen zwar auf einer noch höheren Stufe der Abstraktion, die jedoch auf eine noch viel reichere und deshalb noch konzentriertere Erfahrung innerhalb mehrerer Rechtsordnungen zurückzuführen ist.*“

542 Vgl. *Kuhlen*: Denkform des Typus, in: Koch (Hrsg.): Methodenlehre, 1976, S. 53 ff., 57; *Larenz/Canaris*: Methodenlehre, 1995, S. 266.

543 Vgl. *Larenz/Canaris*: Methodenlehre, 1995, S. 283. Daran, daß sich der Aussagegehalt eines Begriffes um so mehr verringert, je höher er innerhalb der „Begriffspyramide" zu verorten, d. h. je höher sein Abstraktionsgrad ist, scheiterte letztlich auch die *Begriffsjurisprudenz*, die sich die Entwicklung eines lüc??kenlosen Systems der abstrakten Begriffe zum Ziel gesetzt hatte.

544 Vgl. *Hegel*: Philos. Wissenschaften (1830) I, § 163 Zusatz 1, 1970, S. 312: „*Nun aber ist das Allgemeine des Begriffs nicht bloß ein Gemeinschaftliches, welchem gegenüber das Besondere seinen Bestand für sich hat, sondern vielmehr das sich selbst Besondernde (Spezifizierende) und in seinem Anderen in ungetrübter Klarheit bei sich selbst Bleibende. Es ist von der größten Wichtigkeit sowohl für das Erkennen als auch für unser praktisches Verhalten, daß das bloß Gemeinschaftliche nicht mit dem wahrhaft Allgemeinen, dem Universellen, verwechselt wird.*“

545 Vgl. *Larenz/Canaris*: Methodenlehre, 1995, S. 312. Nichtsdestotrotz handelt es sich hier nicht um einen *funktionsbestimmten Begriff* im Sinne von *Larenz/Canaris*. Dieser wird nämlich als „... *das zugrunde liegende Rechtsprinzip in seinem Inhalt* ..." aufnehmend, „... *eben deshalb aber zur Subsumtion nicht geeignet* ..." begriffen (*Larenz/Canaris*: Methodenlehre, 1995, S. 314). In unserem Zusammenhang aber wird nach einem Begriff gesucht, der in handhabbarer Weise die Zuordnung einzelner Rechtsinstitute ermöglicht. Zur Lösung von Einzelproblemen eignet sich der in diesem Sinne verstandene *funktionsbestimmte Begriff* hingegen nicht.

Die *Wesentlichkeit* der Merkmale ist deshalb anhand der konkreten *Funktion* des Begriffes zu suchen.

An dieser Stelle schließt sich der Kreis und der Berührungspunkt zur Rechtsvergleichung ist erreicht. Denn auch in der Rechtsvergleichung hat sich – als eines der wenigen allgemein akzeptierten methodischen Prinzipien[546] – die *funktionelle Methode* durchgesetzt.[547] Das Recht dient der sozialen Organisation und Steuerung, der Aufgabe, die dem mitmenschlichen Zusammenleben entstammenden Konflikte zu lösen.[548] Aus dieser Erkenntnis der Problemorientiertheit rechtlicher Normen ist der Weg bei der Suche nach einer gemeinsamen Vergleichsbasis, dem *tertium comparationis*, vorgegeben. Danach werden die Gegenstände dem Vergleich unterzogen, die in den betreffenden Rechtsordnungen die gleiche Funktion erfüllen.[549] Denn „*Unvergleichbares kann man nicht sinnvoll vergleichen, und vergleichbar ist nur, was dieselbe Aufgabe, dieselbe Funktion erfüllt.*"[550] Die Fragestellungen dürfen sich daher allein an dem sozialen Konflikt, dem zu lösenden Problem orientieren,[551] welche „... *erbarmungslos von den Systembegriffen der eigenen Rechtsordnung gereinigt*"[552] werden müssen. Dogmatische Kategorien, deren bloß dienende und ordnende Funktion spätestens an dieser Stelle offenbar wird, müssen gesprengt und neue, weitmaschige und treffendere Oberbegriffe gefunden werden.[553] Dabei bezieht sich das Prinzip der funktionellen Vergleichung nicht nur auf die Funktion der Norm, sondern auch auf die des zu vergleichenden Rechtsinstitutes.

Die *Funktionalität* spielt mithin auf drei verschiedenen Ebenen eine Rolle, die in einem engen Bezug zueinander stehen.

Zum einen muß sich die Rechtsvergleichung selbst hinsichtlich der Auswahl der zu betrachtenden *Rechtsinstitute* am funktionalen Prinzip orientieren. Erleichtert wird die Suche nach dem funktional entsprechenden Rechtsinstitut bei einem mehrsprachigen Vertrag wie hier dadurch, daß davon ausgegangen werden kann, daß in den einzelnen Sprachversionen bereits die relevanten innerstaatlichen Begriffe bezeichnet sind. So ist im Rahmen des Art. 54 anzunehmen, daß beispielsweise mit den Worten *jugement* und *vonnis* auf die einander und dem mit dem Wort *Urteil* benannten Begriff funktional korrespon-

---

546 Vgl. *Zweigert/Kötz*: Rechtsvergleichung, 1996, S. 32: „*Die richtige Methode muß auch heute noch weithin selbst erst durch versuchsweises Herantasten in jedem Fall herausgefunden werden. ... Auch heute ist es durchaus zweifelhaft, ob sich überhaupt eine logisch ableitbare, geschlossene Methodenlehre der Rechtsvergleichung aufstellen läßt, die Unfehlbarkeit für sich in Anspruch nehmen könnte.*"

547 Zur veralteten *dogmatischen* oder *beschreibenden* Methode: *Pintens*: Rechtsvergelijking, 1998, S. 84.

548 *Ebert*: Rechtsvergleichung, 1978, S. 27; *Rheinstein*: Rechtsvergleichung, 1987, S. 25.

549 In der Übersetzungswissenschaft ist insoweit von *Äquivalenz* zweier Begriffe die Rede: vgl. *Braga*: Rechtsvergleichende Arbeit, in: Lüke et al. (Hrsg.): GS Constantinesco, 1983, S. 99 ff., 101.

550 *Zweigert/Kötz*: Rechtsvergleichung, 1996, S. 33.

551 *Schwarz-Liebermann v. Wahlendorf*: Dr. comp., 1978, S. 185; *Koch et. al.*: IPR u. Rechtsvergleichung, 1996, S. 237; *Pintens*: Rechtsvergelijking, 1998, S. 85.

552 *Kötz*: Rechtsvergleichung und Rechtsdogmatik, RabelsZ 1990, S. 203 ff., 209.

553 *Kötz*: Rechtsvergleichung und Rechtsdogmatik, RabelsZ 1990, S. 203 ff., 210; *Rösler*: Rechtsvergleichung, JuS 1999, S. 1084 ff., 1086.

dierenden innerstaatlichen Begriffe gedeutet wird. Bei einem einsprachigen Vertrag kann sich die Suche nach dem funktional Korrespondierenden schwieriger gestalten.[554]

Zum zweiten muß sich auch die Auswahl der konkret miteinander zu vergleichenden *Merkmale* der gegenüberzustellenden Rechtsinstitute am Prinzip der Funktionalität ausrichten. Von Interesse können nämlich nur die Aspekte der Rechtsinstitute sein, die die Funktion betreffen, mit Blick auf die der Vergleich erfolgt. Die sich auf den ersten Blick bietende unerschöpfliche Breite der unterschiedlichsten Charakteristika, von denen strafverfolgungsabschließende Erkenntnisse gekennzeichnet sein können – Art und Anzahl der Entscheidungsorgane, Funktion und Position der Maßnahme im Rechtssystem, die vielen verschiedenen Verfahrensprinzipien, die den Weg hin zum Spruch regieren können, alternative Entscheidungsmöglichkeiten und schließlich das Ob und die Art und Weise der Anfechtbarkeit sind einige der prägenden Eigenschaften –, verlangen nach einer sinnvollen Einschränkung.[555] Richtungsweisend ist auch hier wieder die Funktionalität.[556]

Schließlich muß, wie oben bereits festgestellt wurde, auch im Rahmen der Definition des Begriffs im Sinne des Art. 54, der Bestimmung der *wesentlichen Merkmale* die funktionale Zielrichtung maßgeblich sein. Dies steht in engem Zusammenhang mit dem vorherigen Punkt. Aus der obigen Charakterisierung des zwischenstaatlich-autonomen Begriffs als übergeordnetem Systembegriff folgt, daß er von Merkmalen geprägt sein muß, die in den unter ihn zu subsumierenden innerstaatlichen Begriffen ebenfalls enthalten sein müssen. Deshalb wird die Auswahl der zu vergleichenden Charakteristika der innerstaatlichen Begriffe bereits die Basis für den Kreis der wesentlichen Merkmale des zwischenstaatlichen Begriffes bieten.[557] Die Frage, in welchem Verhältnis die in allen nationalen Begriffen enthaltenen Charakteristika zu denjenigen des übernationalen Begriffes stehen werden, wird im Rahmen des nächsten Punktes zu behandeln sein.

V. Übernationaler Begriff als „kleinster gemeinsamer Nenner" aller nationalen Begriffe?

Sind beim Vergleich der verschiedenen Rechtsinstitute gewisse Übereinstimmungen hinsichtlich der Merkmale zutage getreten, während bezüglich anderer Charakteristika Unterschiede zu konstatieren sind, wird sich die Frage erheben, anhand welcher Maßstäbe die Auswahl der für den übernationalen Begriffe *wesentlichen* Kriterien zu treffen ist. Wird man sich auf das gemeinsame Skelett, das *gemeinsame Minimum* beschränken müssen?[558]

---

554 Vgl. *oben B. II. Fn. 520.*

555 Ähnlich *Jung*: Strafrechtsvergleichung, JuS 1998, S. 1 ff., 2: *„Denn vergleichen kann man mehrere Rechtssysteme nur miteinander, wenn man über Bewertungskriterien für diesen Vergleich verfügt."*

556 Vgl. *unten Kapitel 10, A.*

557 Vgl. *unten Kapitel 13.*

558 So wohl *Bayer*: Auslegung vereinheitlichter Normen, RabelsZ 1955, S. 603 ff., 627 f.

Oder wird es notwendig sein, Schwerpunkte zu setzen und den gemeinsamen Merkmalen weitere hinzuzufügen, wobei es sich einerseits wiederum um solche handeln kann, die bereits Bestandteil eines oder mehrerer der nationalen Begriffe waren[559] oder andererseits um dritte, bislang noch nicht Behandelte?[560]

Folgende Überlegung ist dabei einer Antwort voranzustellen. Der Begriff des gemeinsamen Minimums wird oftmals in Verbindung gebracht mit dem möglichst weitgehenden Schutz der Souveränität[561] der Vertragsstaaten.[562] Die Annahme aber, daß der kleinste gemeinsame Nenner die Hoheitsrechte eines Staates in besonderem Maße zu schützen in der Lage ist, setzt voraus, daß er einer engen Vertragsauslegung entspricht. Diese Prämisse trifft aber auf die Konstellation der Begriffsbildung nicht zu. Gemeinsames Minimum bedeutet in diesem Rahmen nämlich, daß ein Mindestmaß an übereinstimmenden Kriterien konstatiert werden kann. Betrachtet man diese Charakteristika aber als allein begriffsformend,[563] so gelangt man zu einem sehr umfassenden Rechtsinstitut. Je geringer nämlich die Anzahl der einen Begriff prägenden Merkmale, desto weiter dessen Anwendungsbereich.[564]

Wirft dies schon die Frage auf, wie ein die Souveränität nach diesem Verständnis möglichst wenig einschränkendes *kleinstes gemeinsames Minimum* dann in diesem Fall überhaupt zu verstehen und zu realisieren wäre, werden darüber hinaus zwei weitere Bemerkungen provoziert.

Zum einen ist zu bezweifeln, ob hier ohne weiteres davon auszugehen ist, daß eine restriktive Auslegung des Anwendungsbereiches des Art. 54 einem besonderen Schutz nationaler Hoheitsrechte gleichkäme. Eine weite Interpretation im Sinne der Anwendung der zwischenstaatlichen *ne bis in idem*-Regelung auf eine größere Vielfalt verfahrensabschließender Entscheidungen bedeutete nämlich gleichermaßen einen erhöhten Schutz dieser nationalen Hoheitsakte in ihrem substanziellen Bestand in den anderen Vertragsstaaten.[565] Deutlich wird auf diese Weise zumindest, daß sich diese Frage nicht ganz so einfach beantworten läßt.

---

559 Vgl. dazu *Bleckmann*: Europarecht, 1997, Rn. 541.

560 Ähnl. wohl *Kropholler*: Int. Einheitsre., 1975, S. 268 und *Dölle*: Mehrsprachige Gesetzes- u. Vertragstexte, RabelsZ 1961, S. 4 ff., 27.

561 Vgl. zur Souveränität im Völkerrecht: *Ipsen*: Regelungsbereich, in: ders. (Hrsg.): Völkerrecht, 1999, S. 1 ff., 37 f. und *Epping*: Völkerrechtssubjekte, in: Ipsen (Hrsg.): Völkerrecht, 1999, S. 51 ff., 56 f.

562 Vgl. *Kropholler*: Int. Einheitsre., 1975, S. 286.

563 Zudem ist nicht in jedem Fall sicher, daß die gemeinsamen Merkmale einen Begriff ergäben, der die notwendige Vollständigkeit aufwiese. Vgl. i. d. Zshg. skeptisch *Constantinesco*: Rechtsvergleichung II, 1972, S. 366 und *ders.*: Droit comparé, ZvglRwiss 1976, S. 144 ff., 150: „*Ces éléments communs* [die durch den Vergleich gewonnenen gemeinsamen Elemente der verglichenen Begriffe, die Verf.] *peuvent difficilement être considérés comme des notions nouvelles.*"

564 Vgl. *oben B. IV.* und *Larenz/Canaris*: Methodenlehre, 1995, S. 266.

565 Ähnl. schon *Grützner*: Anerkennung eur. Strafurteile, NJW 1969, S. 345 ff., 352; *Schermers*: Non Bis In Idem, in: Capotorti et al. (Hrsg.): Lib. am. Pescatore, 1987, S. 601 ff., 604: „*Once a State has tried an offender no other State should contradict this by initiating a new trial. That would be an insult to the sovereignty of the*

Zum zweiten erweist sich schon die größtmögliche Wahrung der innerstaatlichen Souveränität als generelles Ziel der Auslegung an sich als fragwürdig. Durch eine solch pauschale Beschränkung besteht die Gefahr der mangelnden Berücksichtigung der Eigenart des Vertrages, seiner Ziele und Zwecke. Folglich kann die Einbindung dieser Überlegung nur im Zusammenspiel mit den übrigen Erwägungen sachgemäß verwertet werden. Insbesondere muß dann gegebenenfalls auch ein Ausgleich mit dem Effektivitätsgrundsatz[566] gesucht werden.

Die Prämisse, das gemeinsame Minimum sei allein und generell ausschlaggebend für die Bildung des übernationalen Begriffes, trifft also auf eine Vielzahl von Vorbehalten. Dennoch ist damit nicht von vornherein ausgeschlossen, daß die Begriffsbestimmung auf diese Weise zustande kommt.

Maßgeblich müssen nämlich letztlich Systematik sowie Ziel und Zweck der jeweiligen Vorschrift sein. Erst nach Prüfung dieser Auslegungselemente im konkreten Fall kann beurteilt werden, ob, inwieweit und mit welchen Mitteln ein Begriff weiter auszufüllen ist.[567] Unter Berücksichtigung der genannten Aspekte ist dann auch zu entscheiden, ob die „beste Lösung" – im Sinne der wertenden Rechtsvergleichung – zugrunde zu legen ist.[568]

VI. Zweckmäßige Positionierung der rechtsvergleichenden Erwägungen

Rechtsvergleichende Elemente werden innerhalb der Auslegung an unterschiedlichen Orten angesprochen. Während sie zum einen als eigenständiger Gesichtspunkt geprüft werden,[569] betrachtet man sie zum anderen als Komponente oder Ergänzung der grammatikalischen,[570] der systematischen[571] oder der teleologischen Auslegung.[572] Da die

---

first State"; *Bundesrat*: Denkschrift EG-*ne bis in idem*-Übk., BR-DS 283/97, S. 9 ff.: *„Der damit verbundene Souveränitätsverlust des einzelnen Staates darf in Anbetracht der erlangten Vorteile nicht überbewertet werden.*"

566 Dazu *Heintschel von Heinegg*: Völkerre. Vertr., in: Ipsen (Hrsg.): Völkerrecht, 1999, S. 92 ff., 120.

567 Ähnl. auch *Dölle*: Mehrsprachige Gesetzes- u. Vertragstexte, RabelsZ 1961, S. 4 ff., 29; *ILC* Final Draft, YBILC 1966 II, S. 177 ff., 255 (Art. 29) zur Divergenz aufgrund der Mehrsprachigkeit; *Mosler*: Rechtsvergleichung vor völkerre. Ger., in: Marcic et al. (Hrsg.): FS Verdross, 1971, S. 381 ff., 386: zu prüfen, wie Sachregelung besser entsprochen wird; *Constantinesco*: Rechtsvergleichung II, 1972, S. 393, Fn. 256: Ergänzung durch Ergebnisse der Rechtsvergleichung oder durch Vertrag selbst; *Geimer*: Anm. zu EuGH vom 06. 10. 1976, NJW 1977, S. 492 ff. zum EuGVÜ; *Bleckmann*: Europarecht, 1997, Rn. 541; *ders.*: Ausleg. eur. Richtlinien, ZGR 1992, S. 364 ff., 366; *Grundmann*: Ausleg. d. Gemeinschaftsrechts, 1997, S. 231 und *Satzger*: Europäisierung des Strafrechts, 2001, S. 75 zum Europarecht.

568 Dazu *Kropholler*: Int. Einheitsre., 1975, S. 279.

569 *Martiny*: Ausleg. im Eur. Int. Zivilprozeßre., RabelsZ 1981, S. 427 ff., 441; *Häberle*: Rechtsvergleichung als „fünfte" Auslegungsmethode (1989), in: ders.: Rechtsvergleichung im Kraftfeld des Verfassungsstaates, 1992, S. 27 ff., 37: „Kanonisierung" der Rechtsvergleichung als „fünfte" Auslegungsmethode; *Mertens de Wilmars*: Le droit comparé, JT 1991, S. 37 ff., 37.

570 *Constantinesco*: Rechtsvergleichung II, 1972, S. 392; *Lutter*: Auslegung angeglichenen Rechts, JZ 1992, S. 593 ff., 599.

Auslegungsregeln ohnehin mehr eine Orientierung für den Interpretierenden darstellen, weniger aber rechtlich verbindlichen Regeln gleichen, was insbesondere hinsichtlich ihrer Reihenfolge gilt,[573] kann es jeweils nur darauf ankommen, die für die konkrete Konstellation zweckmäßigste Lösung zu finden.

Da es sich hier um einen mehrsprachigen Vertrag handelt, finden rechtsvergleichende Elemente bereits im Rahmen der grammatikalischen Auslegung Anwendung, um die Bedeutung der in den jeweiligen Versionen benutzten Begriffe zu ermitteln.[574] Allerdings dienen die insoweit angesprochenen rechtsvergleichenden Aspekte zunächst allein der Feststellung der Bedeutungsunterschiede. Dies gilt insbesondere mit Blick auf das oben zur Brauchbarkeit der Regeln des Art. 33 WVRK im Rahmen der autonomen Begriffsbildung Gesagte.[575]

Die rechtsvergleichende Auslegung im eigentlichen Sinne, nämlich die zur Auflösung begrifflicher[576] Divergenzen und zur Bildung eines autonomen Vertragsbegriffes führende Tätigkeit, schließt sich sinnvollerweise an die Prüfung der herkömmlichen Auslegungsgesichtspunkte an. Sobald diese nicht zu einem Ergebnis führen, muß auf die rechtsvergleichende Methode zurückgegriffen werden. Dies bedeutet jedoch nicht, daß nicht auf der Grundlage dieser Überlegungen noch systematische und teleologische Auslegungselemente zur Geltung kommen können. Erforderlich wird das beispielsweise dann, wenn eine Auswahl hinsichtlich der zur Umschreibung des übergeordneten Systembegriffs heranzuziehenden Merkmale zu treffen ist.[577]

Dies allerdings kann nur eine grobe Vorgabe sein: die aufgestellten Regeln sind „... *freilich höchst abstrakte Feststellungen, die sich erst am konkreten Fall fruchtbar erweisen können.*“[578]

VII. Wortlaut als Grenze der Auslegung?

Traditionell geht man bei der Auslegung davon aus, daß sich deren Ergebnis innerhalb der Grenzen des Wortlautes halten muß.[579] Ungeachtet der Vorbehalte, die gegen diese

---

571 *Oppermann*: Europarecht, 1999, Rn. 684.

572 *Kropholler*: Int. Einheitsre., 1975, S. 279; *Starck*: Rechtsvergleichung im öff. R., JZ 1997, S. 1021 ff., 1024.

573 Vgl. *oben Kapitel 4, B. II.* („*single combined action*“) sowie *Hatz*: Rechtssprache, 1963, S. 41.

574 Vgl. *oben Kapitel 4, B. IV. 1. a.*

575 Vgl. *oben Kapitel 4, B. IV. 3.*

576 Zu unterscheiden von den Divergenzen, die bei Übereinstimmung in der Begriffswelt auf der rein textlichen Ebene bestehen und mit Hilfe der Konfliktlösungsmechanismen des Art. 33 Abs. 4 WVRK zu bewältigen sind. Vgl. *unten A. I.* sowie *oben Kapitel 4, B. IV. 3.*

577 Stichwort „kleinster gemeinsamer Nenner“, vgl. *oben B. V.*

578 *Dölle*: Mehrsprachige Gesetzes- u. Vertragstexte, RabelsZ 1961, S. 4 ff., 29.

579 Vgl. z. B. *Kropholler* Int. Einheitsre., 1975, S. 279 unter Hinweis auf die Abgrenzung von Auslegung und Rechtsfortbildung; *Lutter*: Auslegung angeglichenen Rechts, JZ 1992, S. 593 ff., 596; *La-*

Regel generell vorgebracht werden,[580] fragt sich, ob sie sich bei der hier gewählten Auslegungsmethode als passend bewähren kann.

Aus der Eigenart der rechtsvergleichenden Interpretation resultiert folgendes: Das Auslegungsbestreben geht hier nicht allein dahin, den im konkreten Fall gemeinten Sinn aus einem fest abgesteckten und anfänglich schon bekannten Feld von Bedeutungen auszuwählen, wie dies das Konzept des Wortlauts als Grenze der Auslegung voraussetzt.

Ob die Bedeutung im Sinne des Vertrages Teil eines bekannten Bedeutungsbereiches ist oder – zum Teil – außerhalb dessen gelagert ist, kann zu Beginn des Auslegungsvorganges noch nicht gesagt werden.[581] Der bekannte Rahmen des jeweiligen *innerstaatlichen* Vorverständnisses stellt deshalb nur den Ausgangspunkt der Untersuchung dar. Die im Vertrag verwandten Begriffe müssen, wie *Constantinesco* mit Blick auf die Begriffe der Kollisionsnormen im IPR konstatiert, „... *gerade die Grenzen und die Strukturen der Rechtsbegriffe des internen Rechts überschreiten und Elementen Rechnung tragen, die die entsprechenden Rechtsbegriffe im ausländischen Recht aufweisen.*“[582] Die Auslegung verfolgt gleichzeitig auch das Ziel, den Rahmen dieses bisher unbekannten Bedeutungsfeldes erst zu umreißen. Insofern beinhaltet sie ein Element, welches die Starrheit der Begriffe, soweit diese überhaupt existiert,[583] aufweicht und durch einen unter Einbeziehung aller nationalen Rechtsinstitute erfolgenden integrativen Akt eine *zwischenstaatliche* Bedeutung zu erkennen sucht.

Verfolgt man diesen Ansatz, ist kaum zu beurteilen, ob das Auslegungsergebnis dem Maßstab, sich im Rahmen des möglichen Wortsinnes zu halten, gerecht geworden ist. Denn erst das Resultat bringt Licht ins Dunkel des möglichen Wortsinnes. Demnach ist in der Wortlautgrenze im herkömmlichen Sinne keine Beschränkung der rechtsvergleichenden Auslegung anzuerkennen.[584]

---

renz/Canaris: Methodenlehre, 1995, S. 143 und *Grundmann*: Ausleg. d. Gemeinschaftsrechts, 1997, S. 213 ff. zur Auslegung durch den *EuGH*. Vgl. zur Wichtigkeit des Textes auch *Bernhardt*: Ausleg. völkerre. Verträge, 1963, S. 107 f. und *Reuter*: Law of Treaties, 1989, Rn. 142: „*The primacy of the text, especially in international law, is the cardinal rule for any interpretation.*“

580 Vgl. *Wank*: Auslegung, 1997, S. 50 f. und *Schiffauer*: Wortbedeutung, 1979, S. 76: Obgleich Wortlaut in der Regel eindeutig, werden über bezeichneten Begriff, über seine Auslegung in die Sprache verschiedene Meinungen bestehen, deren Vielfalt unbegrenzt ist, da sie sich nicht unmittelbar auf den Begriff berufen können: „*Die Rede von der Grenze des Wortsinns wird damit sinnlos: Sie begrenzt nichts, bleibt ein Gedankenkonstrukt ohne Wirklichkeit.*“ (vgl. auch a. a. O., S. 87 anhand der Auseinandersetzung mit *Wittgenstein*'s Sprachspiel).

581 Abgesehen davon kann die Frage aufgeworfen werden, ob ein – neuer – Begriff, der Elemente enthält, von denen bereits ganz klar vom Wortlaut umfaßte Bedeutungen – u. a. – definiert werden, außerhalb der sogenannten Wortlautgrenze liegen. Dies ist Spiegelbild der Zweifelhaftigkeit einer Wortlautgrenze.

582 *Constantinesco*: Rechtsvergleichung II, 1972, S. 408.

583 Vgl. *Larenz/Canaris*: Methodenlehre, 1995, S. 141.

584 Vgl. auch *Sacco*: Rechtsvergleichung, 2001, S. 52: „*Der Gesetzgeber hat ... die Macht, ein neues Wort einzuführen oder einem alten, bereits gebrauchten Wort eine neue Bedeutung zu geben.*“ Gleiches muß für Vertragsschöpfer gelten. Ähnl. auch *Wolffers*: Log. Grundformen, 1971, S. 16 f., der zwischen *analytischer* und hier interessierender *synthetischer* Interpretationsbegründung unterscheidet. Mit letzterer wird eine bestimmte Wortverwendungsweise neu eingeführt.

Abweichend davon ist die Situation im Hinblick auf das innerstaatliche Vorverständnis der im Vertrag benutzten Worte zu beurteilen. Die Orientierung an den nationalrechtlichen Begriffen bedeutet hier eine Absicherung gegen das Zerfließen der zwischenstaatlichen Bedeutung und bewahrt das Verständnis der transnational geltenden Vorschrift vor einem Abgleiten in eine vom Text des Vertrages losgelöste Beliebigkeit. Die jeweiligen Formen des innerstaatlichen Vorverständnisses dienen damit als Ausgangs- und Bezugspunkte der rechtsvergleichenden Interpretation. Kristallisieren sich dabei gemeinsame Merkmale heraus, so muß mangels entgegenstehender Anzeichen davon ausgegangen werden, daß diese auch in den zwischenstaatlichen Begriff einfließen. Wird dem nicht Rechnung getragen, verwischt sich die Grenze zwischen Auslegung einerseits und Rechtsfortbildung andererseits und den Vertragsschöpfern wird die Möglichkeit entzogen, einer zwischenstaatlichen Vorschrift mit den ihnen gegebenen Begriffen des innerstaatlichen Vorverständnisses einen klar umrissenen Sinn zu verleihen.[585]

C. Zusammenfassung

Als Ergebnis dieses *fünften Kapitels* kann nun festgehalten werden, daß die rechtsvergleichende Auslegungsmethode der geeignete Weg ist, die mit dem Mangel eines gemeinsamen zwischenstaatlichen Begriffsinhaltes verbundene Lücke zu schließen. Die rechtsvergleichende Interpretation, die nicht mit den Art. 31 ff. WVRK kollidiert, kann sich auf bereits bestehende komparatistische Ansätze in Wissenschaft und Praxis berufen. Insbesondere bei den internationalen Gerichten finden sich Vorstöße in Richtung rechtsvergleichender Auslegung.

Zurückgegriffen werden muß dabei auf Begriffsinhalte des nationalen Rechts der Rechtssysteme sowohl der bereits an dem Übereinkommen beteiligten Staaten als auch derjenigen, auf die unter ausgewählten anderen Vorschriften die *ne bis in idem*-Regelungen anwendbar sind. Hier sollen primär drei der Schengen-Gründungsstaaten, Deutschland, Frankreich und die Niederlande, zum Zwecke des Vergleiches herangezogen werden. Sekundär soll die italienische und die englische Ordnung betrachtet werden. Der gesuchte zwischenstaatliche Begriff des *rechtskräftigen Urteils* entspricht einem übergeordneten Systembegriff. Dieser ist geprägt durch Merkmale, deren Relevanz aus ihrer Wesentlichkeit im gegebenen Zusammenhang, der Funktion des Begriffs resultiert. Dies entspricht der funktionellen Methode in der Rechtsvergleichung, die das zu Vergleichende nach der jeweils übernommenen Aufgabe im Rechtssystem auswählt. Das „gemeinsame Minimum" hinsichtlich der untersuchten Begriffscharakteristika eignet sich nicht als allgemeiner Orientierungsmaßstab der Auslegung. Statt dessen muß anhand der übrigen Auslegungsmethoden entschieden werden, ob der Kreis der ermittelten Merkmale des durch Synthese zu entwickelnden Begriffes eng oder weit zu ziehen ist. Obgleich keine bestimmte Reihenfolge der einzelnen Auslegungscanones zwingend zu berücksichtigen ist, erscheint es

---

[585] Vgl. dazu unten zur Rechtsfortbildung im Zusammenhang mit dem Urteil des *EuGH* zu Art. 54: *Kapitel 13, C. II.*

zweckmäßig, das rechtsvergleichende Element nach der Prüfung der übrigen Auslegungsaspekte zu untersuchen. Der Wortlaut seinerseits kann aufgrund der mit dem Fehlen eines etablierten zwischenstaatlichen Begriffs verknüpften Besonderheiten keine Grenze der Auslegung im herkömmlichen Sinne darstellen. Er besitzt jedoch insoweit Bedeutung, als er die dem nationalen Recht entstammenden Formen des Vorverständnisses der im Vertrag benutzten Worte in den Vordergrund stellt und die Orientierung der Interpretation an diesen verlangt.

An diesem Punkt soll nun angeknüpft und anhand der im *zweiten Teil* entwickelten methodischen Grundlagen für die Auslegung zwischenstaatlicher Begriffe einer völkerrechtlichen Vertragsvorschrift wie des Schengener Durchführungsübereinkommens die Bedeutung *rechtskräftiges Urteil* mittels rechtsvergleichenden Vorgehens ermittelt werden.

Teil 3. Die transformierende Funktion des Artikels 54 des Schengener Durchführungsübereinkommens. Das Prinzip *ne bis in idem* auf drei verschiedenen Ebenen

„Wer durch eine Vertragspartei rechtskräftig abgeurteilt worden ist, darf durch eine andere Vertragspartei wegen derselben Tat nicht verfolgt werden ...“[586]

Die Hervorhebungen in dieser zitierten Passage des Art. 54 verdeutlichen die *transformierende* Funktion[587] der Vorschrift: Ein *rechtskräftiger* innerstaatlicher Verfahrensabschluß wird in seiner Sperrwirkung auf den gesamten Schengenbereich übertragen und zieht dort ein *Verfolgungsverbot* nach sich; das *innerstaatliche* wird kraft Art. 54 zum *zwischenstaatlichen ne bis in idem.*

Im Mittelpunkt des *dritten Teils* der Arbeit wird demzufolge die *transformierende* Wirkung dieser zwischenstaatlichen Vorschrift stehen.

Aus der Formulierung des Art. 54 folgt – im Zusammenspiel mit den übrigen Vorschriften des Kapitels 3 des SDÜ („Verbot der Doppelbestrafung“) – auch, daß *nicht jede* rechtskräftige Verfahrensbeendigung, sondern nur *Urteile* im Sinne des SDÜ[588] zu einem grenzüberschreitenden *ne bis in idem* führen: Dies spiegelt die *filternde* Wirkung der Schengener Regelung wider.[589] Da die transformierende Funktion somit im Rahmen der geltenden Fassung des Art. 54 im Ergebnis nicht in vollem Umfang, sondern nur im Hinblick auf das *Urteil* von Interesse ist, könnte man nun erwarten, daß die Arbeit mit der Untersuchung des Begriffes *Urteil* beginnt und sich erst anschließend dem sich auf das *Urteil* beziehenden Begriff *rechtskräftig* sowie den Rechtsfolgen des zwischenstaatlichen *ne bis in idem* widmet. Denn auf diesem Wege könnte sich die Diskussion des Prinzips *ne bis in idem* gezielt auf die mit der Entscheidungsform *Urteil* verknüpften Probleme konzentrieren.

Eine derartige Beschränkung der Untersuchung ist aber gerade nicht beabsichtigt. Für eine Auslegung des Art. 54, die nicht über die *de lege lata* geltende Fassung hinaus geht,

---

586 Hervorhebung der *Verf.*

587 Zur *transformierenden Funktion* des Art. 54 bereits *oben Kapitel 2, A.* Im Gegensatz dazu wird sich der *vierte Teil* der Arbeit, indem er die Auslegung des Begriffes *Urteil* zum Thema hat, der *Filterwirkung* des Art. 54 zuwenden.

588 Dazu siehe *unten Teil 4.*

589 Vgl. i. e. dazu *oben Kapitel 2, A.*

mag dies zwar unter Umständen[590] ausreichen. Das Erkenntnisinteresse der Arbeit erstreckt sich jedoch auch darauf, den Grundstock für die Beantwortung der Frage zu legen, ob die derzeitige Fassung des Art. 54 angesichts der Rechtslage in den nationalen Strafrechtsordnungen dem fortschreitenden Zusammenrücken der europäischen Staaten gerecht wird oder ob der Anwendungsbereich der Vorschrift ausgebaut werden sollte.[591] Beurteilt werden kann das indes nur, wenn das *ne bis in idem*-Prinzip umfassend untersucht wird und nicht durch eine vorangegangene Beschäftigung mit dem Urteilsbegriff weitergehende Punkte des Grundsatzes im zwischenstaatlichen Sinne abgeschnitten werden. Denn erst vor dem Hintergrund aller mit *ne bis in idem*-Wirkung ausgestatteten innerstaatlichen Verfahrensbeendigungen ist später einschätzbar, welche dieser Verfahrensabschlüsse durch Art. 54 nicht mit einer grenzüberschreitenden *ne bis in idem*-Wirkung ausgestattet werden, weil sie zwar *rechtskräftig* im Sinne der Vorschrift sind, nicht aber dem Begriff des *Urteils* unterfallen. Zudem kann bei einer unbeschränkten Untersuchung der transformierenden Wirkung die Frage der Neuaufnahme des Verfahrens bei Eingreifen des zwischenstaatlichen *ne bis in idem* prinzipieller und mit Blick auf eine *de lege ferenda* unter Umständen zu fordernde erweiterte Geltung des europäischen Mehrfachverfolgungsverbotes beantwortet werden.[592]

Im übrigen wird die Klärung des Begriffes *rechtskräftig* im Sinne des Art. 54 später auch bei der Ermittlung der Bedeutung des *Urteils* von Nutzen sein. Im Laufe der Arbeit wird deutlich werden,[593] daß in diesem Zusammenhang die Betrachtung einer Reihe innerstaatlicher Verfahrensabschlüsse notwendig ist, um die wesentlichen Begriffsmerkmale des *Urteils* zu entwickeln. Diese Erledigungsformen können aber nur insoweit Berücksichtigung finden, als sie im Sinne des Art. 54 mit *ne bis in idem*-Wirkung ausgestattet sind. Wann dies der Fall ist, muß also vorab geklärt werden.

Aus diesen Gründen wird sich der *dritte Teil* der Arbeit mit der transformierenden Wirkung der Schengener *ne bis in idem*-Vorschrift befassen, als wäre sie der Einschränkung durch das Tatbestandsmerkmal *Urteil* entkleidet.

An erster Stelle (*Kapitel 6* und *7*) soll dabei eine Antwort auf die nachstehenden Fragen gegeben werden:

> Wie ist der Ausdruck *rechtskräftig* – *définitif* – *onherroepelijk*[594] im Sinne des Art. 54 aufzufassen? Welche Eigenschaften muß, mit anderen Worten, ein Verfahrensabschluß aufweisen, um als *rechtskräftig* in diesem Sinne bezeichnet werden zu können?

Die vorangegangenen Kapitel haben die Unzulänglichkeit der herkömmlichen Interpretationsweisen in Fällen aufzeigen können, in denen unterschiedliche rechtssystemspezifische Begriffsvorstellungen existieren, das zwischenstaatliche Übereinkommen aber

---

590 Vgl. aber nachfolgend auch zur hier notwendigen Klärung des Begriffes *rechtskräftig* für die Ermittlung der wesentlichen Begriffsmerkmale des *Urteils*.

591 Vgl. *oben Einleitung, C.* und *unten Schlußfolgerungen*, insb. *D.*

592 Vgl. dazu *unten Kapitel 8 sowie Schlußfolgerungen, E.*

593 Dazu insb. *Kapitel 10, C. II.*

594 *Définitif* wird mit endgültig, abschließend, rechtskräftig (vgl. *Doucet/Fleck*: Französisch-Deutsch, 1997) und *onherroepelijk* mit unwiderruflich, unanfechtbar (vgl. *Langendorf*: Niederländisch-Deutsch, 1976) übersetzt.

nach einer einheitlichen und autonomen Auslegung verlangt.[595] Im Mittelpunkt wird deshalb nun die *rechtsvergleichende Methode* stehen. Dazu muß zunächst in *Kapitel 6* das innerstaatliche Recht Deutschlands, Frankreichs und der Niederlande auf die jeweilige Ausformung des *ne bis in idem*-Prinzips untersucht werden. Darauf aufbauend soll anschließend in *Kapitel 7* die Bedeutung des Begriffs *rechtskräftig* im Sinne des Übereinkommens entwickelt werden.

In diese Richtung, wenngleich viel umfassender, deutet auch *Schomburg*, wenn er davon spricht, „... *daß es dringend einer empirischen rechtsvergleichenden Studie bedarf, was 'ne bis in idem' in den Partnerstaaten meint und welche Schlußfolgerungen daraus für die harmonisierte Auslegung einschlägiger Konventionsklauseln und die Fassung künftiger zwischenstaatlicher Übereinkommen zu ziehen sind.*“[596]

An zweiter Stelle (*Kapitel 8*) soll nach den Wirkungen gefragt werden, die die Vertragsvorschrift im Falle ihres Eingreifens hat. Denn dies steht, wie noch zu sehen sein wird,[597] in einem sehr engen Zusammenhang mit dem in diesem *dritten Teil* primär behandelten Fragenkreis. Untersucht werden soll daher folgendes:

Wie weit reicht die Sperre gegenüber der erneuten Verfolgung? Das heißt: Ist trotz des Eingreifens des Art. 54 unter Umständen an eine spätere Neuaufnahme[598] in einem anderen als dem Erstverfolgungsstaat zu denken? Und für welchen Gegenstand, welchen Tatbegriff also gilt das Verfolgungshindernis?

In den bisherigen Ausführungen sind die verschiedenen Stufen des *ne bis in idem* bereits angeklungen: Drei aufeinander aufbauende Ebenen müssen stets streng voneinander getrennt werden:

Die *unterste Ebene* bildet das jeweilige innerstaatliche Verständnis des Prinzips in den Schengenstaaten.[599] Es ist Grundlage der rechtsvergleichenden Auslegung und fließt daher nur indirekt in die mittlere Ebene ein.

Die *mittlere Ebene* kommt ihrerseits in dem in Art. 54 benutzten Begriff *rechtskräftig* zum Ausdruck.[600] Dabei handelt es sich, wie bereits früher betont wurde,[601] um einen zwischenstaatlich autonom zu bestimmenden Begriff, dessen Inhalt somit *nicht* je nach gerade anzuwendendem Rechtssystem disponibel ist. Allein die konkreten Eigenschaften der unter diese autonome Bedeutung zu subsumierenden einzelnen Verfahrensabschlüsse sind dem innerstaatlichen Recht zu entnehmen. Ein Beispiel mag dies verdeutlichen:

---

595 Vgl. *oben* insb. *Kapitel 4, B. IV. 2., 3.*

596 *Schomburg*: Europäisierung des Verbots doppelter Strafverfolgung, NJW 2000, S. 1833 ff., 1834 f. Zust. *Lensing*: Ne bis in idem, in: Nederlandse Vereniging voor Rechtsvergelijking (Hrsg.): Preadviezen No. 60, 2000, S. 91 ff., 202.

597 Vgl. *unten Kapitel 8, A.*

598 Der Terminus *Neuaufnahme* (alternativ wird auch von *Wiedereröffnung* gesprochen) bezeichnet sämtliche Möglichkeiten, das Verfahren nach einer Entscheidung mit Sperrwirkung fortzusetzen, und umfaßt deshalb auch *Wiederaufnahme – révision – herziening* im engeren Sinne (ähnl. auch *Kühne*: Ne bis in idem, JZ 1998, S. 876 ff.).

599 Vgl. dazu das nachfolgende *Kapitel 6.*

600 Damit wird sich das *Kapitel 7* befassen.

601 Vgl. dazu *oben Kapitel 2, B. I.*

Im französischen Strafverfahrensrecht wird zum Teil daran gezweifelt,[602] ob der aus sachlichen Gründen, wie beispielsweise wegen unzureichender belastender Tatsachen, erlassenen untersuchungsrichterlichen Einstellung (*ordonnance de non-lieu par des raisons de fait*) das Attribut der Rechtskraft, der *autorité de la chose jugée*, zugesprochen werden kann.[603] Das Gesetz sieht vor, daß das Verfahren nach einer solchen Einstellung lediglich dann fortgesetzt werden darf, wenn neues Belastungsmaterial auftaucht. Die *autonom* vorzunehmende Auslegung der Formulierung *rechtskräftig* im Sinne des Art. 54 bewirkt nun, daß diese gegenüber einer ungehinderten Verfolgungsfortsetzung gesetzlich angeordnete Sperre *unabhängig* von der begrifflichen Bewertung innerhalb des französischen Rechts beurteilt wird. Für die Frage, ob die untersuchungsrichterliche Einstellung samt ihren Rechtsfolgen unter Art. 54 subsumiert werden kann, spielt die französische Sichtweise bei der Einordnung daher eben gerade *keine* Rolle.

Daß ein innerstaatlicher Verfahrensabschluß als *rechtskräftig* in der Bedeutung des SDÜ betrachtet werden kann, ist eine der *Voraussetzungen* der Anwendbarkeit des Art. 54.

Demgegenüber liegt das auf der *höchsten Ebene* verortete, zwischen den Schengenvertragsstaaten geltende, also transnationale *ne bis in idem* auf der *Rechtsfolgenseite* der Vorschrift („... *darf ... wegen derselben Tat nicht verfolgt werden* ..."): In welchem Umfang genau erstreckt sich der Strafklageverbrauch auf den zwischenstaatlichen Raum?[604]

Zusammenfassend kann gesagt werden: Notwendige, nicht aber hinreichende Bedingung des auf der *höchsten Ebene* liegenden zwischenstaatlichen *ne bis in idem* ist die *Rechtskraft* des innerstaatlichen Verfahrensabschlusses (*mittlere Ebene*), wobei der Begriff der *Rechtskraft* durch Vergleich des nationalen *ne bis in idem*-Verständnisses (*unterste Ebene*) gewonnen wird.

---

602 Vgl. dazu *Stefani/Levasseur/Bouloc*: Proc. pén., 2001, Rn. 981 und *Rassat*: Proc. pén., 2001, Rn. 515 in bezug auf die *non-lieu*-Entscheidung: „*Mais nous savons que jusqu'à la prescription acquise un non-lieu peut toujours être l'occasion d'une réouverture de l'information sur charges nouvelles. Cela contredit toute idée d'autorité de la chose jugée qui comporte une notion de caractère définitif.*"

603 Zur *ordonnance de non-lieu* vgl. im einzelnen noch *unten Kapitel 12, C. II. 2.*

604 Dazu vgl. *Kapitel 8.*

Kapitel 6. Das Prinzip *ne bis in idem* im deutschen, französischen und niederländischen Strafprozeß (Unterste Ebene)

A. Einleitung

Bei der folgenden Untersuchung des *ne bis in idem*-Grundsatzes in den drei ausgewählten Rechtsordnungen[605] als Basis der rechtsvergleichenden Auslegung soll der Schwerpunkt nicht auf Detailregelungen liegen, sondern auf der Geltung des Prinzips im Wesentlichen.

Zu den Einzelheiten der jeweiligen Verfahrensabschlußformen ist auf deren spätere eingehende Darstellung zu verweisen.[606]

Der behandelte Grundsatz *ne bis in idem* wird hinsichtlich seiner für Kapitel 3 des SDÜ maßgeblichen Funktion untersucht, nämlich ein Hindernis für eine strafrechtliche Verfolgung nach einem abgeschlossenen Strafverfahren zu errichten.

Daß der Grundsatz *ne bis in idem* im Sinne des Übereinkommens die Beendigung des ersten Verfahrens verlangt, folgt zum einen aus der grammatikalischen Form der Prädikate *abgeurteilt – jugée – is berecht* (Perfekt) und zum anderen aus dem Erfordernis eines manifestierten Verfahrensabschlusses (*Urteil – jugement – vonnis*).[607]

Nur soweit sie dies bewirken, werden innerstaatliche Regelungen berücksichtigt. Aus diesem Grunde bleiben beispielsweise Wirkungen unbeachtet, die – unter der Bezeichnung *ne bis in idem* – die Einleitung eines Zweitverfahrens vor Beendigung der ersten Verfolgung untersagen.[608]

Im Hinblick auf die unter dem Gesichtspunkt dieser Funktion der Verfahrensbeendigung zu beurteilenden wesentlichen Züge des Prinzips soll das Augenmerk auf die *Voraussetzungen* (jeweils III.) und die *Wirkungen*[609] (IV.) seines Eingreifens gerichtet werden. Zum besseren Verständnis des *ne bis in idem*-Grundsatzes sollen neben *geschichtlichen Aspekten* (I.) auch die *Gründe* in die Untersuchung einfließen, die man zugunsten der Notwendigkeit dieser Sperrwirkung anführt (II.).

---

605 Zum belgischen Recht vgl. *Kniebühler*: Transnationales *'ne bis in idem'*, 2004, § 6, IV. (noch unveröffentl.), § 3.

606 Vgl. *unten Kapitel 12.*

607 In diesem Sinne auch *Specht*: Ne bis in idem, 1999, S. 138 f.

608 Zum französischen Recht vgl. *Stefani/Levasseur/Bouloc*: Proc. pén., 2001, Rn. 637: Verbot der Einleitung einer zweiten Verfolgung durch Untersuchung (*instruction*), wenn bereits die Ladung an ein erkennendes Gericht erfolgt ist, aufgrund des Prinzips *ne bis in idem*.

609 Die Problematik der persönlichen Reichweite des *ne bis in idem* allerdings soll außen vor gelassen werden: vgl. dazu z. B. *BGH* vom 02. 02. 1999, StV 1999, S. 244 ff., 245 (mit Anm. *Schomburg* = NJW 1999, S. 1270 f. und *oben Kapitel 3, B. III. 1)*, der sich mit dieser Thematik im Hinblick auf die belgische *transactie* beschäftigen mußte.

B. *Ne bis in idem* im deutschen Strafprozeß. Strafklageverbrauch, Sperrwirkung, negativer Aspekt der materiellen Rechtskraft

I. Einleitung. Maßgebliche Vorschriften und geschichtliche Aspekte

„Die Fragen der materiellen Rechtskraft gehören ... zu den am heftigsten umstrittenen Problemen des deutschen Strafprozeßrechts."[610]

An der Richtigkeit dieses von *Grünwald* stammenden Befundes aus dem Jahre 1974 hat sich, abgesehen von gelegentlichen Verschiebungen hinsichtlich der erörterten Fragestellungen,[611] kaum etwas geändert.[612]

Gleichwohl fand und findet sich neben der grundgesetzlichen Regelung des Art. 103 Abs. 3 GG bis heute keine einzige Vorschrift in der deutschen Strafprozeßordnung, die das Prinzip *ne bis in idem*, den praktisch wichtigsten[613] Teil der materiellen[614] Rechtskraft eines Verfahrensabschlusses, ausdrücklich anspricht. Die engen Möglichkeiten des Wiederaufnahmeverfahrens, unter denen eine formell rechtskräftig abgeschlossene Sache erneut der Beurteilung unterzogen werden kann, verdeutlichen jedoch im Umkehrschluß die Geltung einer für die Zukunft erzeugten Sperrwirkung. Über diesen herkömmlicherweise genannten Anhaltspunkt hinaus signalisieren aber auch die Vorschriften der §§ 153a Abs. 1 S. 5[615] und 174 Abs. 2[616] sowie des § 211 StPO[617] die Anerkennung des Grundsatzes im gegenwärtigen Strafverfahrensrecht.

---

610 *Grünwald*: Materielle Rechtskraft, ZStW-Beih. 1974, S. 94 ff., 96.

611 So ist beispielsweise das vorher stark umstrittene Problem des (beschränkten) Strafklageverbrauchs durch den Strafbefehl (vgl. dazu noch *Vogler*: Rechtskraft des Strafbefehls, 1959) infolge der gesetzgeberischen Klarstellung 1987 (§ 373a n. F. StPO) gegenstandslos geworden. Allmählich rückt der Schwerpunkt des *ne bis in idem*-Diskussion vom innerstaatlichen in den zwischenstaatlichen Bereich.

612 Vgl. die Nachweise bei *Peters*: Strafprozeß, 1985, S. 495 f. u. *Roxin*: Strafverfahrensrecht, 1998, S. 408 f.

613 Vgl. *Beling*: Reichsstrafprozeßrecht, 1928, S. 266: *„Für den Strafprozeß steht unbestrittenermaßen die* negative *Funktion der materiellen Rechtskraft (...) im Vordergrunde."* (Hervorhebung im Original). Aber *Peters*: Strafprozeß, 1985, S. 502: *„Würde man die Rechtskraftwirkung vornehmlich in der Sperrwirkung sehen, so würde man damit der rechtlichen und sozialen Wirkung des Urteils nicht gerecht werden."* Vgl. i. ü. zu den umstrittenen, hier aber nicht relevanten Problemen der Feststellungs- und Bindungswirkung: *Grünwald*: Materielle Rechtskraft, ZStW-Beih. 1974, S. 94 ff., 117; *Zaczyk*: Bindungswirkungen, GA 1988, S. 356 ff.; *Radtke*: Systematik des Strafklageverbrauchs, 1994, S. 71 ff.

614 Zur Herkunft der Bezeichnung „materielle" Rechtskraft vgl. *Beling*: Reichsstrafprozeßrecht, 1928, S. 266: *„Von der Auffassung aus, daß es sich um materiellrechtliche Wirkungen handle, hat das Institut der 'materiellen' Rechtskraft diesen seinen Namen erhalten."* Ebenso *Henkel*: Strafverfahrensrecht, 1968, S. 385.

615 *„Erfüllt der Beschuldigte die Auflagen und Weisungen, so kann die* Tat nicht mehr *als Vergehen* verfolgt werden." (Einstellung des Verfahrens bei Erfüllung von Auflagen und Weisungen, Hervorhebungen der *Verf.*).

616 *„Ist der Antrag verworfen, so kann die* öffentliche Klage nur aufgrund neuer Tatsachen und Beweismittel erhoben werden." (OLG-Entscheidung nach Klageerzwingungsverfahren, Hervorhebungen der *Verf.*).

Bereits vor Inkrafttreten des Grundgesetzes wurde das *ne bis in idem*-Prinzip aus dem Zusammenhang der Strafprozeßordnung hergeleitet und kraft einer allgemeinen Rechtsüberzeugung als Teil des geltenden Verfahrensrechts angewandt.[618]

Dieser Status konnte allerdings erst erreicht werden, nachdem eine lange Periode weitgehenden Verschwindens der Regel überwunden war. Zwar galt im älteren gemeinen Recht das Prinzip der Rechtskraft. Rechtsquelle des gemeinen Rechts war dabei auch das römische Recht, in dem bereits der Grundsatz der Rechtskraft im Sinne der Unabänderlichkeit anerkannt war.[619] Während des Inquisitionsprozesses und der nachfolgenden Periode[620] verlor die Rechtskraft infolge von einschneidenden Durchbrechungen und Ausnahmen stark an Bedeutung.[621] Als mit den Ideen der Aufklärung sowohl der Anklageprozeß als auch der Gedanke der Rechtssicherheit mehr in den Vordergrund rückten, gelang dem Rechtskraftgedanken im deutschen Recht schließlich nach 1848 wieder in größerem Umfang der Durchbruch.[622] Anleihen konnten dabei im französischen Verfahren gemacht werden, das sich bereits früher aus der Umklammerung der Praxis der vorläufigen Lossprechung durch das *arrêt de plus ample informé*[623] gelöst hatte.[624] Während der Zeit des sogenannten Dritten Reiches fiel der *ne bis in idem*-Gedanke indes noch einmal für kurze Zeit einer erheblichen Einschränkung anheim: Die Berufung auf das „volksgenössische Rechtsempfinden" gestattete die unbegrenzte Verwirklichung der nationalsozialistischen Vorstellung von Gerechtigkeit.

Mit Einführung des Grundgesetzes 1949 erfuhr *ne bis in idem* eine verstärkt den individualschützenden Aspekt betonende Ausprägung.[625] Art. 103 Abs. 3 GG erhob das Prinzip in den Rang eines Verfahrensgrundrechtes:

---

617 „*Ist die Eröffnung des Hauptverfahrens durch einen nicht mehr anfechtbaren Beschluß abgelehnt, so kann die* Klage nur auf Grund neuer Tatsachen oder Beweismittel wieder aufgenommen werden." (Ablehnung der Eröffnung des Hauptverfahrens, Hervorhebungen der *Verf.*).

618 *Schwarplies*: Rechtsgeschichtliche Entwicklung von „ne bis in idem", 1970, S. 3.

619 Vgl. dazu *Rheingans*: Strafprozessuale Rechtskraftlehre, 1937, S. 3 ff.; *Spinellis*: Mat. Rechtskraft des Strafurteils, 1962, S. 3 f.; *Schwarplies*: Rechtsgeschichtliche Entwicklung von „ne bis in idem", 1970, S. 21

620 Auch in der Partikulargesetzgebung der ersten Hälfte des 19. Jahrhunderts erwies sich die die Rechtskraft ablehnende Ansicht als stärker, vgl. *Rheingans*: Strafprozessuale Rechtskraftlehre, 1937, S. 60; *Spinellis*: Mat. Rechtskraft des Strafurteils, 1962, S. 6 f.

621 Vgl. *Rheingans*: Strafprozessuale Rechtskraftlehre, 1937, S. 7 ff.; *Spinellis*: Mat. Rechtskraft des Strafurteils, 1962, S. 4 f.

622 Vgl. *Spinellis*: Mat. Rechtskraft des Strafurteils, 1962, S. 4 ff.; *Schwarplies*: Rechtsgeschichtliche Entwicklung von „ne bis in idem", 1970, S. 98 ff.

623 Vgl. dazu *unten C. I.* Dort auch knapp zur Geschichte des *ne bis in idem* im französischen Strafprozeß.

624 Zum Einfluß der französischen Rechtskraftlehre auf den deutschen Strafprozeß vgl. *Rheingans*: Strafprozessuale Rechtskraftlehre, 1937, S. 84 ff.

625 Zum Teil weist man, um die politische Bedeutung von *ne bis in idem* als Bürgergarantie zu betonen, darauf hin, daß das Prinzip und die Rechtskraft aufgrund der ihnen gemeinsamen Klageerschöpfung nur „verschwägert", nicht aber dasselbe seien (vgl. *Maier*: Rechtsstaatliches Denken, in: Dornseifer et

„Niemand darf wegen derselben Tat auf Grund der allgemeinen Strafgesetze mehrmals bestraft werden.“[626]

Ihrem Wortlaut nach ist die Vorschrift allerdings gleichermaßen zu eng als auch zu weit. Über den Text hinaus erstreckt man die Regel deshalb einerseits auf den Fall des vorherigen Freispruchs und versteht sie andererseits auch als ein Verbot, das bereits gegenüber einer erneuten Verfolgung wirkt.[627] Daß der Wortlaut in anderer Hinsicht zu großzügig ist, ergibt sich daraus, daß Art. 103 Abs. 3 GG nach allgemeinem Verständnis keinen Schutz gegenüber ausländischen Verfahrensabschlüssen gewährleistet.[628] Inhaltlich zog die grundgesetzliche Verankerung indes keine Veränderung der Rechtslage nach sich. Nach Auffassung des *Bundesverfassungsgerichtes* hatte der Verfassungsgeber nämlich – unter Berücksichtigung der objektiven Wertordnung des Grundgesetzes[629] – im wesentlichen den vorkonstitutionellen *ne bis in idem*-Anwendungsbereich übernehmen wollen.[630] Dennoch ist die Bedeutung des Art. 103 Abs. 3 GG als institutionelle und vor Aushöhlung des Prinzips schützende Garantie zu sehen.[631] Aufgrund der einseitigen Schutzrichtung zugunsten des ehemals Angeklagten liegt sie indessen nicht völlig mit dem Grundsatz des Verbrauchs der Strafklage in Deckung, der auch einen nachträglichen Freispruch eines rechtskräftig Verurteilten verhindert.[632]

II. Begründung der Notwendigkeit des Grundsatzes

An Art. 103 Abs. 3 GG wird einer der beiden im deutschen Strafverfahrensrecht für die Notwendigkeit des Doppelverfolgungsverbotes angeführten rechtspolitischen[633] Begründungsaspekte des *ne bis in idem*-Grundsatzes deutlich: der *individuelle* Aspekt der Rechtssicherheit.[634] Es geht um den Schutz des Angeklagten in seiner persönlichen Frei-

---

al. (Hrsg.): GS Kaufmann, 1989, S. 789 ff., 793; *Weber-Klatt*: Wiederaufnahme zu Ungunsten, 1997, S. 32).

626 Hervorhebung der *Verf.*

627 Vgl. nur *Schmidt, Eb.*: Lehrkommentar I, 1964, Rn. 184.

628 Vgl. nur *BVerfG*, B. vom 17. 01. 1961, BVerfGE 12, S. 62 ff., 66 u. vom 31. 03. 1987, BVerfGE 75, S. 1 ff. A. A. allerdings *Specht*: Ne bis in idem, 1999, S. 202.

629 Vgl. *BVerfG*, B. vom 07. 03. 1968, BVerfGE 23, S. 191 ff., 202.

630 Vgl. insb. *BVerfG* vom 18. 12. 1953, BVerfGE 3, S. 248 ff., 252 f. Krit. AK-*Wassermann*: GG, 1989, Art. 103, Rn. 55.

631 Vgl. *Schäfer, K.*: Strafprozeßrecht, 1976, S. 172.

632 Vgl. *Schäfer, K.*: Strafprozeßrecht, 1976, S. 171.

633 Vgl. zur früher vertretenen Fiktions- und zur Billigkeitstheorie: *Chevalier*: „Ne bis in idem“ im bernischen Strafprozeß, 1941, S. 23 ff. u. *Peifer*: Rechtskraft der §§ 153 ff. StPO, 1965, S. 108 f.

634 Vgl. dazu auch *Radtke*: Systematik des Strafklageverbrauchs, 1994, S. 51 ff. und Meyer-*Eser*: Grundrechte der EU, 2003, Art. 50, Rn. 7.

heit, die Bewahrung seines Interesses, in Ruhe gelassen zu werden, nachdem das gegen ihn geführte Verfahren mit einem Spruch über seine Sache abgeschlossen wurde.[635]

In der folgenden Einschätzung *Belings* klingt der andere Teilaspekt der Idee der Rechtssicherheit an:

„*Die tiefgreifenden Wirkungen der Rechtskraft erscheinen an sich unzweifelhaft anstößig: durch sie werden Entscheidungsinhalte zu endgültigen, auch wenn sich die Entscheidung nachher als in tatsächlicher oder rechtlicher Hinsicht fehlgehend oder den Prozeßgegenstand nicht erschöpfend erweist. Aber eine ständige Prozeßerneuerung ohne Ende, wie sie ohne die materielle Rechtskraft zulässig wäre, verträgt das Rechtsleben nicht. Die irdische Rechtsordnung nimmt die endgültige Sperrwirkung der res judicata als das kleinere Übel in den Kauf* ....“[636]

Das Verlangen der Gesellschaft nach Ordnung ist Ausdruck des *kollektiven* Aspektes der Rechtssicherheit.[637] Gewährleistet wird dieser Aspekt insbesondere auch durch die aufgrund der Beständigkeit der Verfahrensabschlüsse gewahrte Autorität richterlicher Entscheidungen[638] sowie durch die gesteigerte Effektivität der Strafverfolgungsorgane,[639] die sich nicht mehrfach mit einem Vorfall befassen müssen. Die Autorität der Entscheidungen sichert ebenso wie die Verfolgungseffektivität ab, daß das Recht für die Gemeinschaft realisierbar und damit verläßlich bleibt.[640]

Die individuelle und die kollektive Komponente der Rechtssicherheit ergänzen sich gegenseitig und üben in den einzelnen Konstellationen des Verfahrensabschlusses unterschiedliches Gewicht aus.[641]

Bisweilen werden auch Gesichtspunkte der Prävention von Fehlurteilen und der Sanktionierung der Strafverfolgungsorgane für unzulängliche Tatsachenaufklärung[642] – gewissermaßen zwei Seiten einer Medaille – als Legitimation der Rechtskraft genannt. Im

---

635 Vgl. *Kimmel*: „Ne bis in idem“, 1926, S. 11; *Schmidt, Eb.*: Lehrkommentar I, 1964, S. 312; *Grünwald*: Materielle Rechtskraft, ZStW-Beih. 1974, S. 94 ff., 106; *Trepper*: Rechtskraft strafprozessualer Beschlüsse, 1996, S. 20; *Esser*: Europäisches Strafverfahrensrecht, 2002, S. 98 (Schutz des Beschuldigten vor Nachlässigkeiten der staatlichen Stellen bei der Sachverhaltsermittlung).

636 *Beling*: Reichsstrafprozeßrecht, 1928, S. 268 f. Ähnl. *Schwarplies*: Rechtsgeschichtliche Entwicklung von „ne bis in idem“, 1970, S. 7.

637 Vgl. *Kurz*: Rechtskraft im Strafprozeß, 1913, S. 16; *Gantzer*: Rechtskraft strafprozessualer Beschlüsse, 1967, S. 65; *Tiedemann*: Entwicklungstendenzen, 1969, S. 5; *Deml*: Reform der Wiederaufnahme, 1979, S. 52, 54; *Schroeder*: Rechtsnatur von „ne bis in idem“, JuS 1997, S. 227 ff., 228.

638 Vgl. *Schmidt, Eb.*: Lehrkommentar I, 1964, S. 312; *Henkel*: Strafverfahrensrecht, 1968, S. 384. Vgl. auch *Dürig* (zit. nach MD-*Schmidt-Aßmann*: GG, Art. 103, Rn. 260 [Std. 12/1992]): „*Diese an sich auf den Bürger hin orientierte Wirkung des Art. 103 Abs. 3 zeitigt dann gleichzeitig die Nebenwirkung, daß auch die Autorität des staatlichen Richterspruches in Verfassungsglanz erstrahlt.*“

639 Vgl. *Deml*: Reform der Wiederaufnahme, 1979, S. 53.

640 Der hier angesprochenen *Realisierungssicherheit* als Gesichtspunkt der Rechtssicherheit wird die *Orientierungssicherheit* gegenübergestellt, vgl. dazu und zum Begriff der Rechtssicherheit i. e. *unten Kapitel 11, B. II. 1.*

641 Vgl. dazu *Radtke*: Systematik des Strafklageverbrauchs, 1994, S. 46 ff. und *unten Kapitel 11, B. II. 1.*

642 Vgl. *Gantzer*: Rechtskraft strafprozessualer Beschlüsse, 1967, S. 65; *Achenbach*: Strafprozessuale Ergänzungsklage, ZStW 1975, S. 74 ff., 87 f.; *Trepper*: Rechtskraft strafprozessualer Beschlüsse, 1996, S. 21 f.; *Roxin*: Strafverfahrensrecht, 1998, S. 411.

Gegensatz zu den Aspekten der Rechtssicherheit handelt es sich dabei indessen eher um von der Rechtskraft ausgehende psychologische Nebeneffekte denn um deren Rechtfertigung.

III. Voraussetzungen des *ne bis in idem*. Entscheidungsform und Entscheidungsthema

Voraussetzung für das Eintreten der materiellen ist die formelle[643] Rechtskraft, die sich in ihren Folgen auf das abgeschlossene Verfahren bezieht: Die Entscheidung ist vor allem[644] mit Rechtsmitteln nicht mehr angreifbar.

In der Regel ist die Erörterung des Strafklageverbrauchs mit dem strafverfahrensabschließenden Urteil verknüpft.[645] Dort sieht man traditionell die „... *eigentliche Kernbedeutung des Ne bis in idem* ...".[646] Gleichwohl war das Prinzip auch schon früh im Hinblick auf die „... *blos vorläufige[n] Aufhebung eines Strafverfahrens wegen ermangelnder thatsächlicher Begründung der Anklage* ..." anerkannt, nach der „... *das Ne bis in idem ... nur in sofern eingreift, dass nicht die bisheran schon geprüften, aber unzureichend befundenden Thatsachen und Beweise an und für sich allein zur Grundlage der fortgesetzten Procedur dienen können.*"[647] Dementsprechend wird heute nicht nur dem Strafbefehl, sondern auch anderen gerichtlichen Beschlüssen – die oftmals sogenannte beschränkte[648] – strafklageverbrauchende Wirkung zugesprochen. Abgesehen von der ausdrücklichen Anordnung des § 153a Abs. 1 S. 5 i. V. m. Abs. 2 StPO lehnt man hingegen einen *ne bis in idem*-Effekt in bezug auf staatsanwaltschaftliche Entscheidungen überwiegend ab.[649] Unterschiedliche Entscheidungsformen besitzen im deutschen Strafverfahrensrecht *ne bis in idem*-Wirkung. Organ dieser Verfahrensabschlüsse ist in der Regel der Richter, ausnahmsweise auch der Staatsanwalt.

---

643 Vgl. aber den Hinweis von *Peters*: Fehlerquellen III, 1974, S. 3 darauf, daß die Differenzierung zwischen materieller und formeller Rechtskraft im Gesetz keinen Ausdruck gefunden hat.

644 Darüber hinaus werden der formellen Rechtskraft die Komponenten der Unabänderbarkeit der Entscheidung durch das sie erlassende Organ (z. T. auch als zur materiellen Rechtskraft gehörig betrachtet, vgl. *Geppert*: Rechtskraft strafprozessualer Beschlüsse, GA 1972, S. 165 ff., 171) und der Sperrwirkung für das laufende Verfahren zugeschrieben. Vgl. dazu knapp *Radtke*: Systematik des Strafklageverbrauchs, 1994, S. 27 f.

645 Vgl. *Peters*: Anm. zu BayObLG, B. vom 06. 05. 1970, JR 1970, S. 392, der den Schwerpunkt der Rechtskraftlehre im wesentlichen in der Bindungskraft und der Unveränderlichkeit der Urteile sieht. *Neu-Berlitz*: Einstellungsverfügung nach § 170 II 1 StPO, 1983, S. 6 f. prägt insoweit die Bezeichnung „Rechtskraft i. e. S.", während sie für andere prozeßabschließende Entscheidungen den Terminus „Rechtskraft i. w. S." benutzt. Aus dieser Unterscheidung resultiert indessen kein weitergehender Vorteil.

646 *Heffter*: Non bis in idem, 1873, S. 14.

647 *Heffter*: Non bis in idem, 1873, S. 14.

648 Vgl. *Radtke*: Systematik des Strafklageverbrauchs, 1994, S. 140 ff. m. w. N.

649 Vgl. *Radtke*: Systematik des Strafklageverbrauchs, 1994, S. 152, 159 m. w. N. und i. e. *unten Kapitel 12, B. I.*

Im Hinblick auf die Thematik des Ausspruches kann unterschieden werden zwischen *Prozeß-* und *Sachentscheidungen* sowie Verfahrensabschlüssen, die die *Zweckmäßigkeit* der Verfolgung betreffen.

Eine *Prozeßentscheidung* ist beispielsweise ein aufgrund der Verjährung der Straftat ergehendes Einstellungsurteil. Demgegenüber handelt es sich bei Verurteilung oder Freispruch um *Sachentscheidungen*. Die Einstellung nach § 153a StPO bemißt sich nach der *Zweckmäßigkeit* der Verfolgung.

Soweit das Gericht durch Freispruch oder Verurteilung über die Schuld befunden hat, unterliegt der Strafklageverbrauch keinem Zweifel. Anerkannt ist zudem, daß dies auch für formal als Prozeßurteile ergehende Sachentscheidungen zutrifft.

Das sind etwa Fälle, in denen wegen eines fehlenden Strafantrages die Verfolgung einer Tat formell rechtskräftig eingestellt wurde und sich später herausstellt, daß mit ihr nicht nur das Antragsdelikt, sondern auch ein Offizialdelikt verwirklicht wurde. Diesbezüglich geht man davon aus, daß der Einstellung eine negative Entscheidung über das Vorliegen des Offizialdeliktes, ein sogenannter „latenter Freispruch"[650] innewohnt, weshalb dieser im Gewande einer prozessual auftretenden sachlichen Entscheidung[651] auch Strafklageverbrauch zuzusprechen ist.[652]

Auch Beschlüsse, die Tatverdacht oder Opportunität der Verfolgung verneinen, können grundsätzlich einer *ne bis in idem*-Wirkung fähig sein. Dies zeigen Vorschriften wie §§ 211 und 153a Abs. 1 S. 5 StPO. Umstritten ist allerdings, ob eine Entscheidung, die sich auf unbehebbare Verfahrenshindernisse bezieht,[653] in materielle Rechtskraft erwachsen kann, ob ihr also eine Sperrwirkung für ein zukünftiges Verfahren zukommt.[654]

Ein unbehebbares Verfahrenshindernis liegt beispielsweise dann vor, wenn die Strafantragsfrist abgelaufen oder die Verfolgungsverjährung eingetreten ist. Die Einstellung des Verfahrens in einem solchen Falle ist eine Prozeßentscheidung.

Die verneinende Ansicht[655] argumentiert vor allem damit, daß das Einstellungsurteil nur das Bestehen eines Prozeßhindernisses feststelle, aber keine Sachentscheidung treffe. Dieser allein sei eine die Strafklage verbrauchende Wirkung eigen.[656] Diese Argumenta-

---

650 Vgl. *Beling*: Reichsstrafprozeßrecht, 1928, S. 271.

651 *Peters*: Parallelität, ZStW 1956, S. 374 ff., 379, 392 nennt diese Fallgruppe „... *im Anschluß an Bezeichnungen, die aus der Konkurrenzlehre geläufig sind* ..." „ideale Parallelität" von Prozeß- und Sachentscheidungen.

652 Vgl. *Peters*: Strafprozeß, 1985, S. 517; LR-*Gollwitzer*: StPO, § 260, Rn. 115 (Std. 12/99); KMR-*Stuckenberg*: StPO, § 260, Rn. 34, 82 (Std. 06/00).

653 Behebbare Verfahrenshindernisse bilden ohnehin kein dauerhaftes Hemmnis für die zukünftige Verfolgung.

654 Dazu im zwischenstaatlichen Kontext auch *Kniebühler*: Transnationales *'ne bis in idem'*, 2004, § 6, IV. (noch unveröffentl.), § 10 D. IV. 5.

655 Vgl. *Bennecke*: Reichs-Strafprozeßrecht, 1895; *Gössel*: Strafverfahrensrecht, 1977, S. 294; *Ranft*: Strafprozeßrecht, 1995, Rn. 1834, 1868, 2254; KMR-*Stuckenberg*: StPO, § 260, Rn. 82 (Std. 06/00); *Pfeiffer*: StPO, 2002, § 260, Rn. 23; *KMG*: StPO, 2003, Einl., Rn. 172, § 260, Rn. 48; *Kühne*: Strafprozeßrecht, 2003, Rn. 990; offenbar auch Meyer-*Eser*: Grundrechte der EU, 2003, Art. 50, Rn. 7. Nicht ganz eindeutig: KK-*Schoreit*: StPO, 2003, § 260, Rn. 48 und *BGH* vom 20. 07. 1962, BGHSt 18, S. 1 ff., 5.

656 *BGH* vom 20. 12. 1983, BGHSt 32, S. 209 f.; *Gössel*: Strafverfahrensrecht, 1977, S. 294; KMR-*Stuckenberg*: StPO, § 260, Rn. 82 f. (Std. 06/00); *KMG*: StPO, 2003, Einl., Rn. 172, § 260, Rn. 47 f.; KK-*Schoreit*: StPO, 2003, § 260, Rn. 48.

tion ist jedoch nur auf den ersten Blick überzeugend. Denn eine Gesetzmäßigkeit, die verhinderte, daß andere als Sachentscheidungen in materielle Rechtskraft erwachsen dürften, existiert nicht.[657] Im Gegenteil,

„... *wenn es im Sinne des Gesetzes läge, daß neue Verfahren ohne alle Rücksicht auf zuvorige formale Prozeßerledigung zulässig sein sollten, so wäre nicht erfindlich, weshalb diesen Gerichtsaussprüchen auch nur formelle Rechtskraft beigelegt wäre (...); denn es wäre dann der einfachere Weg der Fortführung des Erstprozesses (Widerruflichkeit, Anfechtbarkeit) zugunsten des prozeßökonomisch umständlicheren: des Verfahrensneubeginns vertauscht.*“[658]

Darin klingt das Argument der Effektivität des Strafverfahrens an, denn tatsächlich sprechen prozeßökonomische Überlegungen dafür, einen einmal gerichtlich entschiedenen Gegenstand nicht erneut in Frage zu stellen, auch nicht in einem neuen Verfahren. Ergänzung findet dies durch folgende Gedanken: Das Gericht beabsichtigt die Existenz des Verfahrenshindernisses endgültig streiterledigend festzustellen.[659] Deshalb verlangen sowohl die Rechtssicherheit im allgemeinen als auch die Autorität der Justiz und der Schutz des Angeklagten im besonderen nach Unantastbarkeit der auf diese Weise erledigten Frage, also Sperrwirkung für das weitere Verfahren, soweit der Inhalt des Urteiles reicht.[660] Für diese Argumentation spricht auch, daß eine scharfe Grenze zwischen Strafbarkeits- und Prozeßvoraussetzungen oft nicht gezogen werden kann.[661] Warum eine die ersteren betreffende Entscheidung der materiellen Rechtskraft fähig sein soll, die die

---

657 Vgl. *Volk*: Prozeßvoraussetzungen, 1978, S. 87: „*Ebensowenig ... ist es sachgerecht, den Rechtskraftumfang von Sachurteil und Prozeßurteil auf Grund einer Denkweise zu bestimmen, die axiomatisch auf die scharfe Distinktion von Prozeßrecht und materiellem Recht festgelegt ist.*“

658 *Beling*: Reichsstrafprozeßrecht, 1928, S. 271.

659 Vgl. *Spinellis*: Mat. Rechtskraft des Strafurteils, 1962, S. 41; *Volk*: Prozeßvoraussetzungen, 1978, S. 85: „*Solche Einstellungsurteile [aufgrund unbehebbaren Verfahrenshindernisses, die Verf.] bewirken die endgültige sachliche Erledigung des Straffalles.*“; *Többens*: Freibeweis, 1979, S. 102; *Schlüchter*: Strafverfahren, 1983, Rn. 601.

660 Vgl. schon *Barbarino*: Rechtskraft des Strafurteils, 1902, S. 49 f.; *Chevalier*: „Ne bis in idem“ im bernischen Strafprozeß, 1941, S. 45 f.: „*Doch fordern dieselben Gründe, die zur Anerkennung der Rechtskraft überhaupt führten, daß solchen Urteilen wenigstens eine beschränkte Rechtskraftwirkung zuerkannt werde.*“; *Marxen/Tiemann*: Wiederaufnahme, 1993, Rn. 20; LR-*Rieß*: StPO, Einl. J, Rn. 94 (Std. 08/98). Ähnliche Erwägungen mögen auch den *BGH* vom 20. 07. 1962, BGHSt 18, S. 1 ff., 5 (vgl. oben Fn. 655) dazu geführt haben, der Entscheidung über die Zuständigkeit auch für spätere Verfahren Sperrwirkung gegenüber einer Anklage bei dem erstentscheidenden Gericht anzunehmen. Wohl weil herkömmlicherweise die materielle Rechtskraft immer mit der Sachentscheidung in Verbindung gebracht wird, zu der es hier unzweifelhaft nicht kam, ordnete der *BGH* diese Wirkung – irrtümlicherweise, denn sie beschränkte sich nicht auf das erste Verfahren – der formellen Rechtskraft zu.

661 Vgl. näher *Többens*: Freibeweis, NStZ 1982, S. 184 ff., 187; *Volk*: Prozeßvoraussetzungen, 1978, S. 11 ff.; *ders.*: Strafwürdigkeitskriterien jenseits des Deliktsaufbaus, ZStW 1985, S. 871 ff., 905 ff.; *Peters*: Strafprozeß, 1985, S. 676. Ähnl. *Geppert*: Rechtskraft strafprozessualer Beschlüsse, GA 1972, S. 165 ff., 179 zur Unterscheidung „schuldbezogener“ und „sonstiger“ Prozeßvoraussetzungen. *Volk*: Prozeßvoraussetzungen, 1978, S. 162 macht außerdem darauf aufmerksam, daß die StPO ursprünglich aufgrund der mit der Abschaffung der *absolutia ab instantia* beabsichtigten Konzentration auf endgültige Entscheidungen kein Prozeßurteil vorsah. Ähnliches gilt übrigens auch für die Niederlande für die Verfahrenshindernisse: vgl. *van Dorst*: Verfolgingsbeletselen, 1989, S. 17.

letzteren betreffende hingegen nicht, erscheint unklar.[662] Im ganzen spricht also mehr dafür, Prozeßentscheidungen aufgrund endgültiger Verfahrenshindernisse eine *ne bis in idem*-Wirkung zuzuerkennen.[663]

IV. Wirkung des *ne bis in idem*

1. Umfang des *ne bis in idem*

Spricht man im deutschen Strafverfahrensrecht zum Teil auch von „voller" Rechtskraft des Sachurteils,[664] so unterliegt diese im Wiederaufnahmeverfahren[665] gleichwohl gewissen Durchbrechungsmöglichkeiten. Eine völlig unbeschränkte *ne bis in idem*-Wirkung existiert im deutschen Strafverfahren demnach nicht. Anhand des rechtskräftigen Urteils läßt sich aber verdeutlichen, daß die Sperrwirkung eines Verfahrensabschlusses nicht ohne die gleichzeitige Berücksichtigung der Vorschriften betrachtet werden kann, die die Umstände bestimmen, unter denen das Verfahren ausnahmsweise doch fortgesetzt werden kann.[666]

Der *Umfang* der *ne bis in idem*-Wirkung bezeichnet demzufolge das jeweilige Verhältnis der Sperrwirkung zur Durchbrechungsmöglichkeit bei einem Verfahrensabschluß. Je enger umgrenzt die Voraussetzungen einer Wiedereröffnung sind, desto größer ist der Strafklageverbrauch, die *ne bis in idem*-Wirkung eines Verfahrensabschlusses.

Dementsprechend ist der Umfang des Strafklageverbrauchs des Urteils umfangreicher als das eines Strafbefehls. Denn die Wiederaufnahme des Verfahrens ist nach ersterem nur in den Grenzen der §§ 359 ff. StPO gestattet. Nach einem Strafbefehl ist sie darüber hinaus zuungunsten des Verurteilten auch dann zulässig, wenn neue Tatsachen oder Beweismittel beigebracht sind, die allein oder in Ver-

---

662 Früher wurde der Verjährung als fehlende „Bedingung der Strafbarkeit", die dann zu einem Freispruch führte, ein materieller Charakter zuerkannt, (vgl. *Bennecke*: Reichs-Strafprozeßrecht, 1895, S. 559, 711), während sie heute in der Regel als prozessuales Institut gesehen wird.

663 So auch *Kurz*: Rechtskraft im Strafprozeß, 1913, S. 26; *Beling*: Reichsstrafprozeßrecht, 1928, S. 271; *Henkel*: Strafverfahrensrecht, 1968, S. 390; *Schäfer, K.*: Strafprozeßrecht, 1976, S. 178; *Többens*: Freibeweis, 1979, S. 100 f.; *ders.*: Freibeweis, NStZ 1982, S. 184 ff., 186; *Schlüchter*: Strafverfahren, 1983, Rn. 601 (mißverständlich allerdings SK-*dies.*: StPO, § 260, Rn. 46 [Std. 05/95]); *Peters*: Strafprozeß, 1985, S. 517 f.; *Schäfer, G.*: Strafverfahrensrecht, 2000, Rn. 1645; AK-*Loos*: StPO, 1993, Anhang § 264, Rn. 11 (bzgl. endgültiger, auf die Tat bezogener Hindernisse); *Marxen/Tiemann*: Wiederaufnahme, 1993, Rn. 20; *Roxin*: Strafverfahrensrecht, 1998, S. 414; LR-*Rieß*: StPO, Einl. J, Rn. 94 (Std. 08/98): „spezifische materielle Rechtskraft"; *Beulke*: Strafprozeßrecht, 2002, Rn. 503; *Volk*: Strafprozeßrecht, 2002, S. 239; KK-*Pfeiffer*: StPO, 2003, Einl., Rn. 170.

664 Vgl. *Radtke*: Systematik des Strafklageverbrauchs, 1994, S. 140 f. sowie *Kühne*: Anm. zu EuGH vom 11. 02. 2003, JZ 2003, S. 305 ff., 307.

665 Vgl. §§ 359 ff. StPO.

666 Vgl. *Grünwald*: Materielle Rechtskraft, ZStW-Beih. 1974, S. 94 ff., 95: „*... man kann Bedeutung und Tragweite eines Grundsatzes nicht zutreffend erfassen, wenn man nicht zugleich seine Ausnahmen mit im Auge behält.*" Auch *Radtke*: Systematik des Strafklageverbrauchs, 1994, S. 314 ff. stellt dies klar heraus.

bindung mit den früheren Beweisen geeignet sind, die Verurteilung wegen eines Verbrechens zu begründen.[667]

Die Strafprozeßordnung verleiht den mit Sperrwirkung ausgestatteten Verfahrensabschlüssen also Strafklageverbrauch in unterschiedlichem Umfang. Dieser ist jeweils klar umrissen durch die Bedingungen, die ausnahmsweise die Fortsetzung des Verfahrens gestatten: Neben den schon erwähnten Wiederaufnahmevoraussetzungen nach Urteil und Strafbefehl sind die neuen Tatsachen oder Beweismittel der §§ 174 und 211 StPO sowie die notwendige Verbrechenseigenschaft der Tat nach § 153a StPO zu nennen.

2. Gegenstand des *ne bis in idem*. Dieselbe Tat

Die Sperrwirkung der Rechtskraft bezieht sich im deutschen Strafverfahren auf die *Tat im prozessualen Sinne*, so wie sie Gegenstand des Urteils ist.[668] Die Frage der Identität der Tat, die Anlaß zu zahlreichen Gerichtsentscheidungen und Stellungnahmen in der Literatur[669] gegeben hat, ist äußerst komplex und geprägt durch facettenreiche Einzelfallgestaltungen. Deshalb können an dieser Stelle nur die groben Linien nachgezeichnet werden.

Die Rechtsprechung hat sich schon immer im wesentlichen an einem *weiten* natürlichen Tatbegriff orientiert.[670] Dieser rote Faden windet sich, mehr oder weniger kontinuierlich, durch die Verdikte des *Preußischen Obertribunals*, des *Reichsgerichts* sowie des *Bundesgerichtshofes*. Ersteres hatte sich – aus liberaler Überzeugung – in seinem Kurs gewollt gegen die enge Auslegung der französischen Rechtsprechung[671] gestellt und die Formel des *„gleichen historischen Vorgangs“* geprägt.[672] In der Umsetzung dieses Maßstabs allerdings näherte sich das *Obertribunal*, indem es auf *„dieselben konkreten Tatsachen“* abstellte, doch wieder der französischen Enge an.[673] Aus diesem Grunde erfuhr der Tatbegriff anschließend mit dem vom *Reichsgericht* vertretenen *vorjuristischen* Verständnis insoweit eine Ausdehnung, als nicht mehr die völlige Gleichheit des äußeren Verhaltens verlangt wurde. Der *Bundesgerichtshof* bewegt sich weiter in die vom Reichsgericht zuvor eingeschlagene Richtung und betrachtet eine Tat im prozessualen Sinne als „... *das gesamte Verhalten des Angeklagten, soweit es mit dem durch die Anklage bezeichneten geschichtlichen Vorgang nach der Auffassung des Lebens ein* ein-

---

[667] Vgl. § 373a StPO.

[668] Vgl. §§ 155, 264 StPO und Art. 103 Abs. 3 GG. Herrschender Meinung entspricht es, daß hinsichtlich Rechtshängigkeit, Urteilsfindung und Rechtskraft grundsätzlich von *einem* Tatbegriff auszugehen ist (vgl. *KMG*: StPO, 2003, § 264, Rn. 1).

[669] Vgl. die relativ aktuelle Literaturübersicht bei LR-*Gollwitzer*: StPO, § 264 (Std. 03/01).

[670] Vgl. *Wolter*: Tatidentität, GA 1986, S. 143 ff., 144.

[671] Vgl. dazu *unten C. IV. 2.*

[672] Vgl. erstmals *Preuß.Ob.Tr.* vom 10. 06. 1953, GA 1853, S. 357 f. (zit. nach *Neuhaus*: Tatbegriff, 1985, S. 32 m. w. N.). So auch das *Reichsgericht* (vgl. dazu *Oehler*: Identität der Tat, in: Wegner (Hrsg.): FS Rosenfeld, 1949, S. 139 ff., 146).

[673] Vgl. dazu *Neuhaus*: Tatbegriff, 1985, S. 32.

heitliches Vorkommnis *bildet* ...",[674] das sich von anderen ähnlichen oder gleichartigen unterscheidet und „... *innerhalb dessen der Angeklagte einen Straftatbestand verwirklicht haben soll.*"[675] Soweit eine, über den räumlichen und zeitlichen Zusammenhang bestehende *innerliche Verknüpfung* der Sachverhalte existiert, bilden diese eine Tat, wenn ihre getrennte Aburteilung als *unnatürliche Aufspaltung eines einheitlichen Lebensvorgangs* empfunden würde.[676]

So hat der *BGH* in einem Fall, in dem der Angeklagte nach einem Banküberfall mit dem Pkw floh, im Hinblick auf das gesamte Geschehen das Vorliegen einer Tat im prozessualen Sinne bejaht. Die vorangegangene rechtskräftige Verurteilung wegen Fahrens ohne Fahrerlaubnis verbrauchte demnach auch die Strafklage wegen der schweren räuberischen Erpressung. Denn da die Art der Flucht bei einer räuberischen Erpressung eine wesentliche Rolle spielt, führte es zu einer unnatürlichen Aufspaltung eines einheitlichen Lebensvorgangs, wenn man sie bei der Würdigung der räuberischen Erpressung nicht mit heranzöge.[677] Demgegenüber ging der *BGH* in folgendem Sachverhalt von zwei unterschiedlichen prozessualen Taten aus. Der Angeklagte entwendete bei einem Überfall auf einen Kassenboten einer Sparkasse unter anderem zwei Aktien. Später übergab er diese Aktien einem Bekannten, der versuchte, diese zu verkaufen. Die abgetrennte Verfolgung des schweren Raubes verstieß nicht gegen das Verbot wiederholter Strafverfolgung, weil beide Lebensvorgänge – nach Ort, Zeit, Tatumständen und verletztem Rechtsgut – derart gegeneinander abgegrenzt waren, daß sie bei natürlicher Betrachtungsweise nicht einen einheitlichen geschichtlichen Geschehensablauf darstellen.[678]

Maßgeblich für die Verbindung zweier solcher Verhaltensweisen sind in der Regel Tatort, -zeit, -objekt und -bild sowie auch die Angriffsrichtung des Täters.[679]

Das zuletzt genannte Kriterium deutet aufgrund seines Bezuges zum angegriffenen Rechtsgut schon an, daß die Rechtsprechung den *faktischen Begriff* immer wieder durch *normative Aspekte* ergänzte und schärfte.[680] So orientierte sich schon das *Reichsgericht* zum Teil am materiellrechtlichen Handlungsbegriff oder an der in Frage stehenden Rechtsgutsverletzung.[681] Auch in den Urteilen des *Bundesgerichtshofes* tritt der Rückgriff auf die

---

674 *BGH* vom 29. 09. 1987, BGHSt 35, S. 60 ff., 61 (Hervorhebung der *Verf.*).

675 *BGH* vom 21. 12. 1983, BGHSt 32, S. 215 ff., 216.

676 *BGH* vom 19. 12. 1995, BGHSt 41, S. 385 ff., 388; vom 01. 10. 1997, BGHSt 43, S. 252 ff., 255. Zuletzt auch *BGH* vom 26. 09. 2002, NStZ-RR 2003, S. 82 f.

677 *BGH* vom 11. 04. 1995, NStZ 1996, S. 41 f.

678 *BGH* vom 29. 09. 1987, BGHSt 35, 60 ff.

679 Vgl. z. B. *BGH* vom 21. 12. 1983, BGHSt 32, S. 215 ff., 218; vom 29. 09. 1987, BGHSt 35, S. 60 ff., 61; vom 16. 03. 1989, BGHSt 36, S. 151 ff., 154 sowie vom 11. 03. 1999, NStZ 1999, S. 363 f.

680 *Wolter*: Tatidentität, GA 1986, S. 143 ff., 145 spricht insofern von einem „gemischten naturalistisch-normativen Tatbegriff" und kennzeichnet den durch die Rechtsprechung des *BGH* vom 03. 11. 1983, BGHSt 32, S. 146 ff.; vom 21. 12. 1983, BGHSt 32, S. 215 ff.; vom 17. 04. 1984, NStZ 1984, S. 469 f. entwickelten Begriff als „gestuften faktisch-normativen": bei untrennbaren, sich überschneidenden Handlungen gehe es nach der natürlichen Auffassung, während andernfalls die rechtliche Vergleichbarkeit maßgeblich sei.

681 Dazu *Neuhaus*: Tatbegriff, 1985, S. 35 f.; *Wolter*: Tatidentität, GA 1986, S. 143 ff., 143; *Radtke*: Systematik des Strafklageverbrauchs, 1994, S. 92 f.

strafrechtliche Bedeutung und den Unrechts- und Schuldgehalt der jeweils in Frage stehenden Handlung zu Tage.[682]

Besondere Problemfälle[683] stellen die *Organisations- und Dauerdelikte* dar, während derer ein anderes, schwereres Delikt begangen wurde, wenn es sich insoweit um eine Tat im materiellrechtlichen Sinne handelt. In einem Verfahren, in dem es um die Bildung einer kriminellen Vereinigung ging, in deren Rahmen ein Mord begangen worden war, stellte der *BGH* mit Blick auf § 129 StGB klar, daß solch eine materiellrechtliche Tat durchaus in mehrere prozeßrechtliche Taten aufgespalten werden kann:[684] Der Grundsatz, daß eine sachlichrechtlich einheitliche Tat auch eine Tat im Sinne des § 264 StPO bildet, müsse nicht immer Anwendung finden. Der besondere Charakter des Vergehens der Mitgliedschaft in einer kriminellen Vereinigung, das die Bedingungen der Strafverfolgung verbessern soll, erfordere die Möglichkeit einer abgetrennten Anklage schwererer Straftaten, weil andernfalls eine Privilegierung der Mitglieder einer kriminellen Vereinigung anderen Straftätern gegenüber die Folge wäre. Diese Rechtsprechung wurde vom *BVerfG* gebilligt.[685] In einer vergleichbaren, das Dauerdelikt des unerlaubten Besitzes und Führens einer Pistole und das Verbrechen der versuchten schweren räuberischen Erpressung betreffenden Konstellation entschied der *BGH* später allerdings anders und nahm von vornherein im materiellrechtlichen Bereich Realkonkurrenz an, so daß er problemlos auch von einer prozessualen Tatmehrheit ausgehen konnte.[686] Auf diese Weise bekannte sich das Gericht zu der trotz des Grundsatzes der theoretischen Unabhängigkeit von materieller und prozessualer Tat praktisch prinzipiell verfolgten Parallelität beider Tatbegriffe.

Im Falle zweier *alternativ möglicher Handlungsverläufe* und Tatbestände hat sich der *BGH* gegen die sogenannte „Spiegelbild"-Betrachtung gewandt,[687] die die Alternativität an sich als Verknüpfung zur prozessualen Tateinheit im Grunde genügen ließ. Maßgeblich soll statt dessen die Zugehörigkeit beider Geschehnisse zu einem einheitlichen Lebensvorgang sein.

Zusammenfassend ist festzustellen, daß der Tatbegriff im deutschen Strafverfahren zwar grundsätzlich einer *faktisch-natürlichen* Betrachtungsweise unterliegt, diese jedoch im einzelnen immer wieder durch *normative* Kriterien beeinflußt und ausgeformt wird. Trotz

---

682 *BGH* vom 24. 02. 1959, BGHSt 13, S. 21 ff., 26; vom 05. 11. 1969, BGHSt 23, 141 ff., 147; *BGH* vom 11. 06. 1980, BGHSt 29, S. 288 ff., 293; vom 15. 01. 1981, NJW 1981, S. 997 f., 998; vom 21. 12. 1983, BGHSt 32, S. 215 ff. (Strafvereitelung und Mord: unterschiedliche Angriffsrichtung); vom 17. 04. 1984, NStZ 1984, S. 469 f.; vom 16. 10. 1987, BGHSt 35, S. 80 ff., 81 (Diebstahl und Begünstigung: unterschiedliche Angriffsrichtung).

683 Die Schwierigkeiten mit den Fortsetzungstaten sind mit der Abschaffung dieser Rechtsfigur entfallen (vgl. *BGH* vom 03. 05. 1994, BGHSt 40, S. 138 ff.)

684 *BGH* vom 11. 06. 1980, BGHSt 29, 288 ff.

685 *BVerfG* vom 08. 01. 1981, BVerfG 56, S. 22 ff. Kritische Stimmen hingegen z. T. aus der Literatur, vgl. z. B. *Schäfer, G.*: Strafverfahrensrecht, 2000, Rn. 1296; *Kühne*: Strafprozeßrecht, 2003, Rn. 651.

686 *BGH* vom 16. 03. 1989, BGHSt 36, S. 151 ff.

687 *BGH* vom 03. 11. 1983, BGHSt 32, 146 ff.; vom 29. 09. 1987, BGHSt 35, S. 60 ff.

dieser groben Richtungsbestimmung erscheint eine generelle Begriffsbestimmung für die klare Anwendung des Begriffs in jedem individuellen Fall unmöglich.[688]

C. *Ne (non*[689]*) bis in idem* im französischen Strafprozeß.[690] *Autorité de la chose jugée*[691] *négative/au criminel sur le criminel*[692]

I. Einleitung. Maßgebliche Vorschriften und geschichtliche Aspekte

Positivrechtlich verankert ist das Prinzip der Rechtskraft im strafrechtlichen[693] Zusammenhang in Art. 6 Abs. 1[694] einerseits und Art. 368 CPP[695] andererseits. Art. 6 Abs. 1 CPP ordnet das Erlöschen der öffentlichen Klage hinsichtlich der *chose jugée*, des durch Richterspruch Entschiedenen an. Die *faits délictueux*, die den Gegenstand der in Rechtskraft erwachsenen Entscheidung bildeten, dürfen nun nicht mehr Anlaß für eine neue Verfolgung durch die Strafgerichtsbarkeit bieten.[696] Dabei ist die „Einrede der

---

688 *Schmidt, Eb.*: Lehrkommentar I, 1964, Rn. 300; *Beulke*: Tatbegriff, in: Roxin/Widmaier (Hrsg.): FG BGH, 2000, S. 781 ff., 796, 806; *RG* vom 12. 03. 1883, RGSt 8, S. 135 ff., 139; vom 05. 05. 1885, RGSt 12, S. 187 ff., 189; *BGH* vom 24. 02. 1959, BGHSt 13, S. 21 ff., 25; vom 17. 04. 1984, NStZ 1984, S. 469 f. Eine Zusammenstellung von Beispielen aus der Rechtsprechung findet sich bei LR-*Gollwitzer*: StPO, § 264, Rn. 44 ff. (Std. 03/01).

689 Häufig in der französischen Literatur benutzt. Sprachlich richtiger wäre nach *Eser*: The need for a General Part, in: Bassiouni (Hrsg.): Commentaries, 1993, S. 43 ff., 48, Fn. 16 wohl „*ne*".

690 Ob und inwieweit die vom erkennenden Gericht verhängten Rechtsfolgen auch an der Rechtskraft teilhaben, ist ein relativ aktueller Fragenkomplex, der angesichts der diesbezüglichen Abänderungsbefugnisse des Strafvollzugsgerichtes zutage getreten ist, hier aber nicht weiter interessieren soll (vgl. dazu *Cédras*: Action publique, Jur.-Cl., Art. 6, Fasc. 2, 1995, Rn. 50).

691 Vgl. den ähnl. ital. Ausdruck: „*autorità des giudicato*".

692 Neben dieser negativen Rechtskraftwirkung umfaßt die *chose jugée* auch den Einfluß auf ein nachfolgendes Zivilurteil (*au criminel sur le civil*), und auf Verwaltungs- und Disziplinarentscheidungen. Vgl. dazu i. e. z. B. *Lacoste*: De la chose jugée, 1894; *Valticos*: Chose jugée au criminel sur le civil, 1953; *Vergé/Hamel* (Hrsg.): Chose jugée, in: N. rép. I, 1962, Rn. 198 ff.; *Hébraud*: Chose jugée au criminel sur le civil, 1929; *Batut*: Autorité de la chose jugée, Jur.-Cl., Art. 6, Fasc. 556, 1995 und *Conte/Maistre du Chambon*: Proc. pén., 2002, Rn. 663, 669 ff.

693 Zu den Problemen, die im innerstaatlichen Recht auftauchen infolge der Verletzung unterschiedlicher Ordnungen (z. B. Straf-, Disziplinar-, Verwaltungsrecht), für deren Schutz unterschiedliche Autoritäten (z. B. Strafverfolgungs- und Verwaltungsbehörden) zuständig sind, vgl. die sehr systematische Aufarbeitung durch *Pralus*: *Non bis in idem* en droit interne, ACP 1997, S. 37 ff.

694 „L'action publique *pour application de la peine* s'éteint par *la mort du prévenu, la prescription, l'amnistie, l'abrogation de la loi pénale et* la chose jugée." (Hervorhebungen der *Verf.*).

695 „*Aucune personne acquittée légalement ne peut plus être reprise ou accusée à raison des mêmes faits, même sous une qualification différente.*"

696 *Crim.* vom 20. 03. 1956, D. 1957, Jur., S. 33 mit Anm. *Huguеney* (Fall *Chevalot*).

Rechtskraft" eine unabdingbare Norm, eine Bestimmung des *ordre public*,[697] die der Richter von Amts wegen und auch erstmals im Kassationsverfahren berücksichtigen muß. Seinem Wortlaut nach ist Art. 368 CPP seinerseits nur auf Freisprüche, seiner systematischen Stellung nach nur auf Entscheidungen des Schwurgerichts (*Cour d'assises*) anwendbar. Die *ne bis in idem*-Maxime gilt nach ganz h. M. darüber hinaus grundsätzlich auch für Verurteilungen und für Verdikte der beiden anderen Gerichte (das Korrektionalgericht, *Tribunal correctionnel*, und das Polizeigericht, *Tribunal de police*[698]).[699] Es ist aber wohl diese, von *Rassat* so benannte „... *avarice de textes sur un principe qui devrait être considéré comme fondamental* ...",[700] die insoweit beachtliche Zweifelsfragen im Hinblick auf die Bestimmung ihrer Reichweite im einzelnen, insbesondere des Tatbegriffs,[701] aufwirft. Als Ausdruck der Geltung des *ne bis in idem* kann schließlich auch Art. 188 CPP[702] betrachtet werden, der eine gewisse Sperrwirkung untersuchungsrichterlicher Einstellungen gegenüber der zukünftigen Verfolgung anordnet.

Formal beanspruchte das Prinzip *ne bis in idem* in Frankreich bereits unter dem *Ancien Régime* Anerkennung.[703] Tatsächlich jedoch sprach der Richter in der Regel anstelle eines *acquittement*, eines Freispruchs, eine vorläufige Entbindung von der Instanz aus. Diese ermöglichte mangels genügender Beweise für Verurteilung oder Freispruch im ersten Verfahren die Wiederaufnahme der Verfolgung bei Auftauchen neuer Verdachtsmomente.[704] Die mit der französischen Revolution verbundenen Umwälzungen durchdrangen in der Folge den Strafprozeß mit – maßgeblich vom englischen Verfahren beeinflußten[705]– Gedanken der bürgerlichen Freiheiten und verhalfen auch dem Grundsatz der Rechtskraft zu stärkerer Geltung. Kapitel 5 Artikel 9 der Verfassung von 1791 bestimmte:

> „*Tout homme acquitté par un jury légal ne peut plus être repris ni accusé à raison du même fait.*"[706]

Über den *Code vom 3. Brumaire an IV* und den *Code d'instruction criminelle* von 1808 gelangte diese Regel bis in den heutigen Art. 368 des *Code de procédure pénale*.[707] [708]

---

697 *Cédras*: Action publique, Jur.-Cl., Art. 6, Fasc. 2, 1995, Rn. 54. Vgl. auch *Garcin*: Proc. pén., 1996, Rn. 305: „*Le principe de l'autorité de la chose jugée est d'ordre public dans la mesure où il correspond à un impératif de sécurité et de justice dans une démocratie. En effet, les citoyens ne doivent pas rester sous la menace de nouvelles poursuites concernant des faits pour lesquels ils ont déjà été jugés.*"

698 Zur Zuständigkeit der Gerichte vgl. *unten Kapitel 9, C. II.*

699 Vgl. *Merle/Vitu*: Proc. pén., 2001, Rn. 885. Vgl. allerdings auch *Rassat* (vor Fn. 740).

700 *Rassat*: Proc. pén., 2001, Rn. 516.

701 Zum Tatbegriff vgl. *unten C. IV. 2.*.

702 „*La personne mise en examen à l'égard de laquelle le juge d'instruction a dit n'y avoir lieu à suivre ne peut plus être recherchée à l'occasion du même fait, à moins qu'il ne survienne de nouvelles charges.*"

703 Zur Geschichte der Rechtskraft im französischen Strafverfahren vgl. auch *Prébois*: Révision, 1902, S. 8 ff.

704 Sog. *arrêt de plus ample informé*. Vgl. dazu *Gavalda*: Chose jugée au criminel sur le criminel, JCP 1957, I., 1372, Nr. 5; *Merle/Vitu*: Proc. pén., 2001, Rn. 885.

705 Dazu auch *Albrecht*: Die vergessene Freiheit, 2003, S. 160.

706 Vgl. *Rheingans*: Strafprozessuale Rechtskraftlehre, 1937, S. 36.

II. Begründung der Notwendigkeit des Grundsatzes

Die Geltung des Prinzips *ne bis in idem* im Strafverfahren[709] wird folgendermaßen gerechtfertigt.[710] Zum einen soll das Verfahren ein für allemal *beendet* werden.[711] Denn, wie *Montesquieu* schon erkannte, „*[l]e repos ... de la société toute entière se fonde non seulement sur ce qui est juste, mais sur ce qui est fini*."[712] Der gesellschaftliche Frieden unterläge beachtlichen Erschütterungen, wäre es möglich, die gefällten Entscheidungen unablässig in Frage zu stellen. Denn dann hätte die Gesellschaft Grund zum Zweifel an der Fähigkeit des Strafverfahrens, zu einer ausreichenden Wahrheit zu gelangen.[713] Damit ist die als unentbehrlich betrachtete Achtung vor richterlichen Entscheidungen angesprochen.[714] Dem entspricht es, wenn das rechtskräftige Endurteil als *expression de la vérité* angesehen wird, selbst wenn es das Recht verletzt.[715] Weiter würde sich auch in unerträglichem Maße die Anzahl der Prozesse erhöhen und damit die Schnelligkeit und Sicherheit des Verfahrens beeinträchtigt.[716]

Zum zweiten erscheint von großer Wichtigkeit sicherzustellen, daß des Angeklagten Schicksal nicht erneut in Frage gestellt werden wird. Die in der Revolution erkämpften individuellen Freiheitsgarantien gelten nicht nur im Rahmen des Prozesses, sondern glei-

---

707 Der *Code de procédure pénale*, der durch Gesetz vom 31. 12. 1957 eingeführt wurde, trat die Nachfolge des *Code d'instruction criminelle* von 1808 an.

708 Vgl. *Rheingans*: Strafprozessuale Rechtskraftlehre, 1937, S. 36 f.; *Spinellis*: Mat. Rechtskraft des Strafurteils, 1962, S. 137.

709 Vgl. *Lemoine*: Révision, 1896, S. 7 ff., 19 f., der die Ansicht vertritt, „... *que l'autorité de la chose jugée n'est pas essentielle à la déclaration rendue par le juge en matière pénale, comme elle l'est en matière civile*", weil es sich im letzten Falle um einen Schiedsspruch handle, während es im Strafrecht darum ginge, „... *de faire respecter la loi, de punir le coupable et d'intimider ceux qui seraient tentés de l'imiter*." Ähnlich auch *Mongibeaux*: Erreur judiciaire, 1906, S. 15.

710 Vgl. *Homney*: Chose jugée en matière criminelle, 1869, S. 6; *Fossereau*: Chose jugée, in: Rép. pén. II, 1967, Rn. 6; *Merle/Vitu*: Proc. pén., 2001, Rn. 886; *Cédras*: Action publique, Jur.-Cl., Art. 6, Fasc. 2, 1995, Rn. 4.

711 *Najarian*: Chose jugée au criminel sur le criminel, 1973, S. 1.

712 Zit. nach *Gridel*: Intr. au droit, 1994, S. 75.

713 *Bouzat/Pinatel*: Dr. pén. et criminol. II, 1970, Rn. 1529; *Cédras*: Action publique, Jur.-Cl., Art. 6, Fasc. 2, 1995, Rn. 8.

714 *Fossereau*: Chose jugée, in: Rép. pén. II, 1967, Rn. 5 f.; *Angevin*: Révision, Jur.-Cl., Art. 622-626, Comm., 1990, Rn. 1; *Cédras*: Action publique, Jur.-Cl., Art. 6, Fasc. 2, 1995, Rn. 9. Vgl. auch *Hélie*: Instr. crim. II, 1866, Rn. 983: „*L'autorité des jugements, en effet, cette sauvegarde de tous les droits et de tous les intérêts de la société civile, n'existe que parce qu'ils sont inattaquables; toute leur souverainité réside dans leur fixité*."

715 *Crim.* vom 02. 06. 1999, Bull. crim. 1999, Nr. 119; *Najarian*: Chose jugée au criminel sur le criminel, 1973, S. 3. In diesem Zusammenhang taucht zuweilen der Begriff des „Dogmas der Unfehlbarkeit des Richters" (*dogme de l'infaillibilité du juge*) auf. Daß es sich dabei um eine Unfehlbarkeit *ex volontate legis*, die der Entscheidung erst ab einem bestimmten Zeitpunkt beigemessen wird, kurz um eine Fiktion handelt, ist offensichtlich (*Merle/Vitu*: Proc. pén., 2001, Rn. 884).

716 *Merle/Vitu*: Proc. pén., 2001, Rn. 886; *Pradel*: Proc. pén., 2002, Rn. 976.

chermaßen nach dessen Abschluß.[717] Zum Teil stützt man sich auch auf die Fiktion eines in der Demokratie geltenden *contrat social*, der dem einzelnen gewissermaßen als Gegenleistung zur Verfolgungsbefugnis der Gesellschaft das Recht einräumt, von deren Mißgeschicken oder Ineffizienzen zu profitieren. Vergleichbar dem Grundsatz *in dubio pro reo* soll die Rechtskraft zu seinen Gunsten „*un droit à la tranquillité*", einen Anspruch auf Frieden, begründen. Vor allem spiele es dabei keine Rolle, ob eine Verurteilung oder ein Freispruch vorangegangen sei. Im ersten Falle nämlich zwinge ein „*souci humanitaire*" dazu, nicht von neuem zu strafen, während im letztgenannten der Gesellschaft allein die Schuld für die nicht rechtzeitige Entdeckung der Gründe einer möglich gewesenen Verurteilung zufalle.[718]

Im französischen Strafverfahren wird also das Bedürfnis nach *Rechtssicherheit* gerade im Strafrecht, und zwar – ähnlich wie im deutschen Recht – sowohl im *kollektiven* als auch im *individuellen* Sinne, als Grundlage der Rechtskraft betrachtet.[719]

III. Voraussetzungen des *ne bis in idem*. Entscheidungsform und Entscheidungsthema

Voraussetzung für den Eintritt der *ne bis in idem*-Wirkung ist in der Regel eine nicht mehr anfechtbare, in „*force de chose jugée*"[720] erwachsene Entscheidung.[721] [722] Als solche gelten primär Entscheidungen der erkennenden Gerichtsbarkeit, der *juridiction de jugement*.[723] Obgleich die untersuchungsrichterliche Einstellung[724] weder als *chose jugée* im Sinne

---

717 *Cédras*: Action publique, Jur.-Cl., Art. 6, Fasc. 2, 1995, Rn. 6.

718 *Rassat*: Proc. pén., 2001, Rn. 297, 516.

719 *Pradel*: Proc. pén., 2002, Rn. 976; *Conte/Maistre du Chambon*: Proc. pén., 2002, Rn. 664.

720 Eine nicht mehr anfechtbare Entscheidung ist demnach „*passé en force de chose jugée irrévocable*". Ähnl. im ital. Recht: „*passagio in giudicato*".

721 Vgl. z. B. *Fossereau*: Chose jugée, in: Rép. pén. II, 1967, Rn. 1; *Cédras*: Action publique, Jur.-Cl., Art. 6, Fasc. 2, 1995, Rn. 1; *Stefani/Levasseur/Bouloc*: Proc. pén., 2001, Rn. 970; *Merle/Vitu*: Proc. pén., 2001, Rn. 884; *Pradel*: Proc. pén., 2002, Rn. 975.

722 Spricht man im französischen Recht von „*autorité de la chose jugée*" in einem allgemeineren Sinne, so wird die Unanfechtbarkeit einer Entscheidung insoweit nicht als Voraussetzung betrachtet. Vgl. *Valticos*: Chose jugée au criminel sur le civil, 1953, S. 42; *Vergé/Hamel* (Hrsg.): Chose jugée, in: N. rép. I, 1962, Rn. 1: „... *les jugements qui n'ont que* l'autorité de la chose jugée: *jugements susceptibles d'être attaqués même par les voies de recours ordinaires.*"; *Terré*: Intr. gén., 1996, Rn. 640: „*L'*autorité de la chose jugée *est attachée aux jugements sur le fond*, indépendamment *de la possibilité d'une* voie de recours." (Hervorhebungen der *Verf.*). Dies entspricht dem Hinweis *Valticos*' (Chose jugée au criminel sur le civil, 1953, S. 36 ff., 42), daß die französische Lehre der terminologischen Unterscheidung zwischen formeller und materieller Rechtskraft, wie sie im deutschen und auch im italienischen Recht betrieben wird, nichts abgewinnen konnte.

723 *Clec'h*: Autorité de la chose jugée, Jur.-Cl., Art. 1-4, Fasc. I, 1951, Rn. 73; *Fossereau*: Chose jugée, in: Rép. pén. II, 1967, Rn. 62; *Gridel*: Intr. au droit, 1994, S. 549.

724 Zur untersuchungsrichterlichen Einstellung (*ordonnance de non-lieu*) vgl. i. e. *unten Kapitel 12, C. II. 2.*

des Art. 6 Abs. 1 CPP noch als Ausdruck der Wahrheit betrachtet wird und deshalb den öffentlichen Klaganspruch nicht erlöschen läßt,[725] ist auch sie in beschränktem Maße einer *ne bis in idem*-Wirkung fähig. Auch im Hinblick auf die unterschiedlichen Arten des strafrechtlichen Vergleichs,[726] die die Verfolgung durch Tätigwerden des Staatsanwaltes (*composition pénale*) oder der Verwaltungsbehörden (*transaction*) mit oder ohne richterliche Mitwirkung abzuschließen in der Lage sind, spricht man von *ne bis in idem.*[727] Allerdings enthält Art. 6 Abs. 3 CPP[728] für die transaktionelle Erledigung eine besondere Anordnung des Erlöschens der Strafklage. Demgegenüber gesteht man einer staatsanwaltschaftlichen Einstellung[729] generell keinerlei *ne bis in idem*-Wirkung zu.[730] Sehr verschiedene Verfahrensabschlußformen besitzen im französischen Strafverfahren strafklageverbrauchende Wirkung. Dabei handelt es sich nicht nur um richterliche, sondern zum Teil auch um staatsanwaltschaftliche und verwaltungsbehördliche Entscheidungen.

Entscheidungen sind nur der Rechtskraft fähig, soweit sie ihrem Inhalt nach das Verfahren beenden. Dies trifft nicht zu auf vorbereitende Aussprüche wie Urteile über die Unzuständigkeit des Gerichts (*jugements d'incompétence*) und Zwischenentscheidungen (*jugements avant-dire droit*).[731] Auch Aussprüche, die sich auf die Feststellung von entscheidungshindernden Verfahrensfehlern (*irrégularité de la procédure*) beschränken, besitzen keine *ne bis in idem*-Wirkung.[732] In Rechtskraft erwachsen hingegen die *décisions sur le fond*, über die Sache befindende Entscheidungen. Dazu zählen auch Freisprüche, die aufgrund Erlöschens der Strafklage wegen Todes des Beschuldigten, Verjährung, Amnestie, Abschaffung des Strafgesetzes, Rechtskraft, Erlöschens durch Ausführung eines strafrechtlichen Vergleiches (*transaction* oder *composition pénale*) und Rücknahme des notwendigen Strafantrages ergehen. Die mit Sperrwirkung ausgestatteten Vergleichsmöglichkeiten zeigen, daß auch in Frankreich aufgrund von Opportunitätserwägungen ergehende Entscheidungen *ne bis in idem*-fähig sind.

---

725 Vgl. *Najarian*: Chose jugée au criminel sur le criminel, 1973, S. 227.

726 Zu *transaction* und *composition pénale* vgl. i. e. *unten Kapitel 12, C. III. 2., 3.*

727 Vgl. *Pralus*: *Non bis in idem* en droit interne, ACP 1997, S. 37 ff., 39, 46, der im Hinblick auf Verwaltungsentscheidungen von „*autorité de la chose décidée*" spricht.

728 „*Elle* (die öffentliche Klage, die *Verf.*) *peut, en outre, s'éteindre par transaction lorsque la loi en dispose expressément ou par l'exécution d'une composition pénale ...*".

729 Zur staatsanwaltschaftlichen Einstellung (*classement*) vgl. i. e. *unten Kapitel 12, C. I. 2.*

730 Vgl. *Najarian*: Chose jugée au criminel sur le criminel, 1973, S. 258.

731 Entscheidungen über streitige Vorfragen (z. B. Zulässigkeit der Zivilpartei, Gültigkeit einer Verfahrenshandlung, Zurückweisen der Einreden der Verjährung oder der Unzuständigkeit), die Freilassung oder die angeordnete richterliche Kontrolle (*contrôle judiciaire*) des Angeklagten oder die Anordnung zusätzlicher Ermittlungen. Im Unterschied zu den Unzuständigkeitsurteilen entheben die „*jugements avant-dire droit*" das Gericht in der Regel nicht seiner Entscheidungskompetenz.

732 Vgl. *Crim.* vom 14. 12. 1954, Bull. crim. 1954, Nr. 393.

IV. Wirkung des *ne bis in idem*

1. Umfang des *ne bis in idem*

Auch im französischen Strafverfahren lassen sich verschiedene Stufen des Umfangs[733] des Strafklageverbrauchs identifizieren. Im Unterschied zu Deutschland kann man hier jedoch bezüglich des freisprechenden Urteils sowie des Strafbefehls (*ordonnance pénale*)[734] tatsächlich von *voller* Rechtskraft sprechen: Der *CCP* sieht weder nachteilige Wiederaufnahmegründe[735] vor noch läßt er dieses außerordentliche Rechtsmittel bei Entscheidungen, die Übertretungen[736] betreffen, zu. Im übrigen gelten die begrenzten Gründe der *révision* (Wiederaufnahme) zugunsten des Beschuldigten nach einer Verurteilung und die Notwendigkeit neuen Belastungsmaterials nach einer untersuchungsrichterlichen Einstellung.

2. Gegenstand des *ne bis in idem. Les mêmes faits*[737]

Der in der französischen *ne bis in idem*-Diskussion wohl problematischste Bereich betrifft den Begriff der Tat, mithin die gegenständliche Reichweite des Strafklageverbrauchs. Um die wesentlichen Linien der geltenden Rechtslage zu schildern, ist es aufgrund des restriktiven Verständnisses in der französischen Rechtsprechung geboten, auch die Entscheidungen des *Europäischen Gerichtshofes für Menschenrechte* zu Art. 4 Abs. 1 des 7. Zusatzprotokolls zur EMRK zu skizzieren (c.).

Mit der Erörterung der Frage, ob eine erneute Verfolgung unter einem anderen rechtlichen Gesichtspunkt, einer *anderen Qualifikation*, erlaubt wäre (a.), läßt sich zum Teil schon die Frage beantworten, wann es sich um „*les mêmes faits*“ handelt (b.).

a. Erneute Verfolgung unter anderer Qualifikation?

Für die Verfahrensabschlüsse des Schwurgerichtes, der *Cour d'assises*, existiert eine klare gesetzliche Regelung: Nach Art. 368 CPP bilden die „*mêmes faits*“ Gegenstand des Strafklageverbrauchs, die „*même sous une qualification différente*“ nicht mehr Objekt einer Verfolgung sein dürfen. Von der Sperre erfaßt sind also „... *les mêmes faits matériels, indépendamment*

---

733 Siehe dazu *oben B. IV. 1.*

734 Zur *ordonnance pénale* vgl. i. e. *unten Kapitel 12, C. IV. 2.*

735 Zu *einer* Einschränkung allerdings vgl. *unten Kapitel 9, C. V. 3*

736 Zur Übertretung (*contravention*) vgl. *unten Kapitel 9, C. II.*

737 Dazu *Conte/Maistre du Chambon*: Proc. pén., 2002, Rn. 666 f.; *Merle/Vitu*: Proc. pén., 2001, Rn. 894 f.; ausführlich: *Cédras*: Action publique, Jur.-Cl., Art. 6, Fasc. 2, 1995, Rn. 59 ff. Insb. zum historischen Verständnis des Tatbegriffes siehe *Tiedemann*: Entwicklungstendenzen, 1969, S. 34 ff. sowie die bündige Zusammenfassung bei *Stefani/Levasseur/Bouloc*: Proc. pén., 2001, Rn. 976.

de leur qualification juridique ...".[738] Im Anschluß an die früher geltenden und noch zweideutigen Vorschriften des Art. 359 CIC, der lediglich von „*à raison des mêmes faits*" sprach, oder gar des zuvor bis 1941 verbindlichen Art. 360 CIC, der sich auf den Singular („*à raison du même fait*")[739] beschränkte, ist die Rechtslage damit nun für die *Cour d'assises* unmißverständlich.

Im Gegensatz dazu ist die Frage der Reichweite der Sperrwirkung *korrektional- und polizeigerichtlicher Entscheidungen* noch immer offen.

Manche Autoren sehen sich angesichts der gegenwärtigen Rechtsprechung gar zu resignierenden Feststellungen wie dieser veranlaßt: „*Le droit positif est donc aujourd'hui plutôt en faveur d'une absence de chose jugée au pénal sur le pénal dans le cas d'une condamnation correctionnelle ou de police.*"[740]

Das Verbot der Doppelverfolgung bzw. -bestrafung genießt im französischen Recht nicht wie in Deutschland Verfassungsrang. Ferner legt die systematische Stellung des Art. 368 CPP auf den ersten Blick nahe, daß dessen Geltung auf die *Cour d'assises* beschränkt ist.[741] Beides ist Ursache dieser gerade bei den Urteilen der *Tribunaux correctionnels* und *de police* auftauchenden Problematik.

In einer unter dem Namen *Thibaud* bekannt gewordenen Entscheidung aus dem Jahre 1954[742] hatte der Kassationsgerichtshof, die *Cour de cassation*, noch die Ansicht vertreten, daß es ohne Verstoß gegen den Grundsatz *ne bis in idem* zulässig sei, einen wegen *fahrlässiger Tötung* Verurteilten später unter dem Gesichtspunkt der *vorsätzlichen Tötung* erneut zu verfolgen.

Dem Angeklagten war ursprünglich vorgeworfen worden, den Tod seiner Frau fahrlässig verursacht zu haben, indem er sich ihrem Bett mit einer Lampe genähert hatte, die explodiert sei. In der Folge stellte sich dann heraus, daß er ihr Bett, während sie schlief, absichtlich mit Petroleum getränkt hatte, um dies dann in Brand zu setzen.

Demgegenüber dehnte die höchstrichterliche Rechtsprechung wenig später, in den Anfangsjahren des *Code de procédure pénale*,[743] die Vorschrift des Art. 368 CPP über die unmittelbare Geltung für das Schwurgericht hinaus zunächst auch auf die anderen Ge-

---

738 *Stefani/Levasseur/Bouloc*: Proc. pén., 2001, Rn. 976. So auch schon *Crim.* vom 20. 03. 1956, D. 1957, Jur., S. 33 (Fall *Chevalot*) mit Anm. *Hugueney* unter Geltung des Art. 359 CIC – freilich stammte die vorangegangene Entscheidung von einem Schwurgericht.

739 Ebenso Kapitel 5 Artikel 9 der Verfassung von 1791 (vgl. *oben C. I. vor Fn. 706*) sowie die Art. 241 und 255 der Strafprozeßordnung aus der Zeit der Republik vom *3. Brumaire IV*. Damals allerdings folgte der Kassationshof einer weiten Auslegung der Worte „*même fait*". Die Änderung der Rechtsprechung im Jahre 1812 hin zu einer Beschränkung auf das bestimmte Verbrechen war politisch zu verstehen (vgl. *Oehler*: Identität der Tat, in: Wegner (Hrsg.): FS Rosenfeld, 1949, S. 139 ff., 145 und *Neuhaus*: Tatbegriff, 1985, S. 31 f.).

740 *Rassat*: Proc. pén., 2001, Rn. 520.

741 Vgl. dazu *oben C. I.*

742 *Crim.* vom 25. 03. 1954, Bull. crim. 1954, Nr. 121.

743 Der *Code de procédure pénale* von 1958 ersetzte den alten *Code d'instruction criminelle* (CIC) von 1808.

richtsbarkeiten aus.[744] Damit verbot sich auch im Hinblick auf deren Urteile die erneute Verfolgung unter einer anderen rechtlichen Qualifikation.

Im Fall *Meyer* untersagte der *Kassationsgerichtshof* beispielsweise eine erneute Verfolgung wegen fahrlässiger Tötung aufgrund des Todes des Opfers, nachdem der Angeklagte bereits wegen fahrlässiger Körperverletzung rechtskräftig verurteilt worden war.[745]

Von dieser relativ *liberalen* Auslegung rückte der *Kassationsgerichtshof* anschließend jedoch wieder zugunsten eines schon der Vergangenheit angehörig scheinenden *engen* Verständnisses der Sperrwirkung von Entscheidungen der Korrektional- und Polizeigerichte ab.

In einem *arrêt* von 1983[746] gestattete die *Cour de cassation* nach Verurteilung wegen fahrlässiger Tötung im ersten Prozeß wiederum eine zweite Verfolgung wegen der vorsätzlichen Tat und knüpfte mit dieser Sichtweise an seine Rechtsprechung im vergleichbar gelagerten Fall *Thibaud* an.[747]

Indem in dieser Entscheidung eine Übereinstimmung sowohl der tatsächlichen Elemente (*éléments de fait*) als auch der rechtlichen Elemente (*éléments de droit*) gefordert und *in concreto* wegen der Unterschiede im subjektiven Tatbestand verneint wurde, kehrte das Gericht zu dem Begriff des „*fait juridique*", einem rechtlich bestimmten Tatbegriff zurück. Dies ermöglicht das Festhalten an zwei verschiedenen Qualifikationen, deren konstitutive Elemente Unterschiede aufweisen, auch wenn nur eine Handlung betroffen ist.[748] [749]

---

744 *Crim.* vom 08. 10. 1959, Bull. crim. 1959, Nr. 418 (Fall *Meyer*); *Crim.* vom 03. 03. 1959, Bull. crim. 1959, Nr. 143; vom 06. 06. 1979, Bull. crim. 1979, Nr. 193; vom 13. 12. 1990, Bull. crim. 1990, Nr. 433 (Wiederverkauf von Heroin und Handel mit Betäubungsmitteln) und vom 09. 05. 1961, JCP 1961, II., 12223 mit Anm. *Chambon* (einen Fall betreffend, in dem das erste Verfahren nicht einmal mit einer Sachentscheidung abgeschlossen wurde: *ne bis in idem* wurde hier angewandt, obwohl – oder gerade weil – das erste Verfahren noch anhängig war, vgl. dazu *oben A. Fn. 608*).

745 *Crim.* vom 08. 10. 1959, Bull. crim. 1959, Nr. 418: „*La règle* non bis in idem *s'oppose à ce qu'un même fait puisse donner lieu à deux actions pénales distinctes et successives.*"

746 *Crim.* vom 19. 05. 1983, Bull. crim. 1983, Nr. 149 (Fall *Laurent*).

747 Bemerkenswert ist die parallele Rechtsprechung, die sich im Rahmen der Idealkonkurrenz (*cumul idéal d'infractions*) seit 1960 (*Crim.* vom 03. 03. 1960, Bull. crim. 1960, Nr. 138; vom 22. 04. 1986, Bull. crim. 1986, Nr. 133) entwickelt hat. Mehrere durch eine Tat verwirklichte Straftatbestände dürfen nach dem Kassationsgericht gleichzeitig verfolgt werden, wenn unterschiedliche subjektive Tatbestände zu bejahen sind und durch die Tat verschiedene gesellschaftliche Werte verletzt wurden. Ist dies zu verneinen, so wendet man allein die die höchste Strafe androhende Norm an (vgl. dazu *Pradel*: Dr. pén. gén., 2002, Rn. 300 ff.; *Rassat*: Anm. zu Crim. vom 22. 06. 1994, JCP 1994, II., S. 328, 330; *Légal*: Anm. zu Crim. vom 30. 01. 1937, S. 1939, I., S. 193).

748 *Stefani/Levasseur/Bouloc*: Proc. pén., 2001, Rn. 976. Vgl. auch *Cédras*: Action publique, Jur.-Cl., Art. 6, Fasc. 2, 1995, Rn. 74 ff. m. w. N., der unter Hinweis auf die nicht immer eindeutig zu erkennenden Unterscheidungskriterien des Kassationsgerichts doch die bisweilen zu bemerkende Orientierung am *subjektiven Tatbestand* oder am *verletzten gesellschaftlichen Wert* auszumachen vermag.

749 Gleichermaßen entschied der Kassationsgerichtshof im Jahre 1994, daß im Anschluß an eine Verurteilung wegen Betruges im Zusammenhang mit dem Vertrieb von aidsverseuchten Blutprodukten eine zweite Verfolgung wegen Vergiftung zulässig sei. Das Verbrechen Vergiftung enthalte – vor allem im Hinblick auf den subjektiven Tatbestand – „*des éléments constitutifs distincts*". (*Crim.* vom 22. 06. 1994, JCP, II., 22310 mit Anm. *Rassat* [Fall *Sida transfusionnel*]). Allerdings ist im Rahmen der Verfolgung dieses speziellen Betrugstatbestands umstritten, ob das Erstverfolgungsgericht *in rem* angerufen worden war und demzufolge die Qualifikation ändern durfte.

Doch selbst in Fällen, in denen nicht einmal solche Abweichungen feststellbar sind, gestattete der *Kassationshof* die Zweitverfolgung.

So durfte beispielsweise nach einem Freispruch wegen Untreue ein weiterer Prozeß unter dem Gesichtspunkt der Veruntreuung von Gesellschaftsvermögen geführt werden.[750]

In der Literatur erfährt diese Sichtweise verständlicherweise Kritik. Denn auch die *in rem* angerufenen Korrektional- und Polizeigerichte sind verpflichtet, die Tat unter allen ihren rechtlichen Gesichtspunkten zu würdigen, wobei sie sich, falls die Qualifikation ihre Verurteilungsmöglichkeiten übersteigt, für unzuständig erklären und der Staatsanwaltschaft das weitere Vorgehen anheimstellen können und müssen (Art. 469, 540 CPP). Beruft man sich zugunsten der erneuten Verfolgung auf die systematische Verortung des Art. 368 CPP, so wird dem zweierlei entgegengehalten: Einerseits zählten die das Strafrecht betreffenden Gesetze *Napoleons* ohnehin in ihrer Systematik nicht immer zu den verläßlichsten, weshalb diesbezügliche Schlüsse auf wackligen Füßen stünden. Andererseits beanspruchten oftmals die sich in vorderen Teilstücken der Strafprozeßordnung befindlichen Regeln auch – sofern nicht eine anderslautende Normierung oder ein offensichtlicher Widerspruch entgegenstehen – für die nachfolgenden Abschnitte Geltung. Schließlich stünde ferner auch einer analogen Anwendung des Art. 368 CPP nichts im Wege. Denn es handelt sich doch um eine prozeßrechtliche und darüber hinaus auch für den Beschuldigten vorteilhafte Vorschrift.[751]

Zusammenfassend ist festzuhalten, daß die Zweitverfolgung unter einer anderen juristischen Qualifikation *gesetzlich* nur nach einer Erstentscheidung des Schwurgerichtes verboten ist. Im Hinblick auf die Korrektional- und Polizeigerichte existiert keine entsprechende Regelung. In diese Lücke tritt die höchstrichterliche Rechtsprechung des *Kassationsgerichtshofs*, deren Entscheidungen faktisch die erneute Verfolgung ein- und desselben Sachverhaltes zulassen, falls das Verfahren zur Anklage eines anderen Straftatbestandes eröffnet werde.

b. „*Les mêmes faits*". Verlagerung der Diskussion auf die Problematik der „*faits nouveaux*"

Rückschlüsse lassen sich aus diesem Ergebnis auch hinsichtlich der Umschreibung der „*mêmes faits*" ziehen. Diese umfassen damit, spricht man von einer schwurgerichtlichen Entscheidung, die Tat von vornherein nicht nur unter einer einzigen rechtlichen Qualifikation. Denn ansonsten wäre der in Art. 368 CPP aufgenommene, klarstellende Zusatz nicht erforderlich gewesen.

Eine neue, andere Tat, deren Verfolgung erlaubt wäre, liegt darüber hinaus nicht schon im Falle des Offenbarwerdens lediglich eines neuen Beweiselementes vor. Gleiches gilt für Umstände, die das Ge-

---

750 *Crim.* vom 02. 04. 1990, Bull. crim. 1990, Nr. 141.

751 Vgl. *Gavalda*: L'autorité de la chose jugée, JCP 1957, I., 1372, Rn. 21; *Fossereau*: Chose jugée, in: Rép. pén. II, 1967, Rn. 55; *Cédras*: Action publique, Jur.-Cl., Art. 6, Fasc. 2, 1995, Rn. 73, 85 m. w. N.; *Rassat*: Proc. pén., 2001, Rn. 519 und *Hugueney*: Anm. zu Crim. vom 20. 03. 1956, D. 1957, Jur., S. 33, 34: „*Il serait étrange qu'aujourd'hui, chez nous, une nouvelle poursuite fût admise plus facilement après un jugement correctionnel ou de simple police qu'après un arrêt de cour d'assises.*"

sicht der Tat nur modifizieren. So können beispielsweise erschwerende Umstände allein das Strafmaß beeinflussen, während sie aber keinen „*fait distinct*"[752] ausmachen.[753]

Dagegen soll eine neue Verfolgung in der Regel bei gewohnheitsmäßigen Straftaten (*infractions d'habitude*) möglich sein, da es sich insoweit nicht mehr um die ursprüngliche Tat handele, während die Aufrechterhaltung des deliktischen Zustandes bei einer Dauertat (*infraction permanente*) nach dem Urteil nicht Anlaß einer zweiten Verfolgung bieten soll.[754]

Abgesehen von den genannten Fallgruppen bestehen Schwierigkeiten, die ursprüngliche von einer neuen Tat abzugrenzen, die ihrerseits eine neue Verfolgung rechtfertigen könnte. Der Streit rankt sich damit um die an die „*faits distincts/nouveaux*" zu stellenden Anforderungen.

Das Erstaunliche an dieser Debatte ist allerdings, daß man hier im Grunde auf Altbekanntes stößt, das aber in seinem neuen Gewand von noch größerer Reichweite zu sein scheint. Das Prinzip ist einfach: Umschreibt man die Tat von vornherein enger, so kann man der Debatte um die doppelte Verfolgung einer Tat unter verschiedenen Straftatbeständen entgehen. Verlagert man aber die mit Rücksicht auf die Frage der neuen Verfolgung unter einer anderen Qualifikation angesprochenen Problempunkte auf die Umschreibung der Tat, so überträgt man diese gleichzeitig auch auf die Fälle, in denen die Erstentscheidung von der *Cour d'assises* stammt.[755]

Tatsächlich geht eine Strömung in der Literatur in diese Richtung und behandelt Konstellationen wie die Fälle *Thibaud*[756] und *Laurent*[757] nicht mehr unter dem Gesichtspunkt der Verfolgung der gleichen Tat unter einer anderen Qualifikation, sondern betrachtet die später entdeckten Aspekte als „*faits nouveaux*". Diese seien zwar an sich allein nicht geeignet, eine gesonderte Tat, eine *infraction distincte* zu begründen. Sie können aber zusammen mit den bereits im ersten Prozeß abgeurteilten Elementen eine neue Tat entstehen lassen.[758] Materiell abweichende Tatsachen sollen schon dann genügen, wenn nur nachträglich eine *Änderung* hinsichtlich des *subjektiven Tatbestands* oder des *verletzten gesellschaftlichen Wertes* zum Vorschein kommt. Diese Betrachtungsweise wird gerechtfertigt mit der Erwägung, unter derartigen Umständen führe die Möglichkeit einer zweiten Verfolgung zu einem befriedigenden Ergebnis, da der Beschuldigte nicht vom mangelnden „Glück" der

---

752 Zu Beispielen aus der Rechtsprechung, in denen eine andere Tat angenommen wurde, siehe *Cédras*: Action publique, Jur.-Cl., Art. 6, Fasc. 2, 1995, Rn. 61.

753 *Gavalda*: L'autorité de la chose jugée, JCP 1957, I., 1372, Rn. 22 f.

754 Dazu *Gavalda*: L'autorité de la chose jugée, JCP 1957, I., 1372, Rn. 25 ff. m. w. N.; *Cédras*: Action publique, Jur.-Cl., Art. 6, Fasc. 2, 1995, Rn. 62 ff.; *Pradel*: Proc. pén., 2002, Rn. 988.

755 Vgl. *Pradel*: Proc. pén., 2002, Rn. 988 a. E., der sich sogar ausdrücklich auf Art. 368 CPP beruft. Schon *Hugueney*: Anm. zu Amiens vom 12. 07. 1954, D. 1955, Jur., S. 318 betont, es sei nicht einsichtig, warum man, läßt man die Verfolgung der Vorsatztat im Anschluß an die Entscheidung zur Fahrlässigkeitstat zu, nicht auch umgekehrt nach einem Urteil hinsichtlich des vorsätzlichen Deliktes die Verfolgung wegen der fahrlässigen Straftat gestatte.

756 Siehe *oben C. IV, 2. a. und Fn. 742.*

757 Siehe *oben C. IV. 2. a. und Fn. 746.*

758 *Gavalda*: L'autorité de la chose jugée, JCP 1957, I., 1372, Rn. 28 ff.; *Merle/Vitu*: Proc. pén., 2001, Rn. 894; *Pradel*: Proc. pén., 2002, Rn. 988.

Polizei oder des Untersuchungsrichters begünstigt werden solle.[759] Konsequenz ist faktisch die Ignoranz der Errungenschaften des Art. 368 CPP in seiner jetzigen Form. Denn eine neue Verfolgung unter einer anderen Qualifikation wird unter Anwendung dieses schmalen Tatbegriffs bis auf wenige Ausnahmefälle, in denen sich tatsächlich keinerlei Abweichungen zur ersten Qualifikation ergeben, nahezu immer möglich sein – vor allem auch bei Erstentscheidungen des Schwurgerichts. Die berechtigte Kritik gegen diese Aushöhlung des *ne bis in idem*-Grundsatzes richtet sich vor allem gegen die unzulässige *Umgehung der Wiederaufnahmevorschriften.*[760]

Wenn *Pradel*[761] dieser Kritik entgegenhält, die *Thibaud*-Rechtsprechung könne technisch mit den Wiederaufnahmevorschriften nicht gleichgesetzt werden, da jene eine Änderung der Qualifikation nicht voraussetzten, räumt er damit letztlich ein, daß für ihn die *„faits distincts"* einer neuen Qualifikation entsprechen.

Zudem soll, so die Kritik an der engen Umschreibung des Tatbegriffs, ein verändertes rein subjektives Element noch keine neue Tat begründen können.[762]

c. Konformität mit Art. 4 des 7. Zusatzprotokolls zur EMRK

Ob diese Interpretation der Reichweite des Prinzips *ne bis in idem* durch die französischen Gerichte mit Art. 4 Abs. 1 des 7. Zusatzprotokolls zur EMRK[763] übereinstimmt, ist schwierig zu beurteilen.[764]

Orientiert man sich am Fall *Gradinger* gegen Österreich aus dem Jahre 1995, kann nahezu mit Gewißheit angenommen werden, daß die derzeitige französische Rechtspraxis einen Verstoß gegen den Grundsatz des 7. Zusatzprotokolls bedeutete. Der *Europäische Gerichtshof für Menschenrechte*[765] hielt in jenem Fall *„le même comportement"*[766] für maßgeblich und mißbilligte die aufeinanderfolgende Anwendung der Vorschriften wegen fahrlässiger Tötung – durch Urteil des Landesgerichts – und wegen alkoholbedingten Fahrens –

---

759 *Pradel*: Proc. pén., 2002, Rn. 988. Gegen dieses Argument: *Rassat*: Proc. pén., 2001, Rn. 520.

760 *Hugueney*: Anm. zu Amiens vom 12. 07. 1954, D. 1955, Jur., S. 318; *Rassat*: Proc. pén, 2001, Rn. 520.

761 *Pradel*: Proc. pén., 2002, Rn. 988 a. E.

762 *Hugueney*: Anm. zu Amiens vom 12. 07. 1954, D. 1955, Jur., S. 318. Dagegen *Pradel*: Proc. pén., 2002, Rn. 988, der ins Feld führt, der subjektive Tatbestand werde in Zeiten der Schwerpunktsetzung auf psychologische Gegebenheiten ohnehin unterbewertet.

763 ETS Nr. 117: Art. 4 Abs. 1: *„No one shall be liable to be tried or punished again in criminal proceedings under the jurisdiction of the same State* for an offence *for which he has already been finally acquitted or convicted in accordance with the law and penal procedure of that State."* – *„Nul ne peut être poursuivi ou puni pénalement par les juridictions du même État* en raison d'une infraction *pour laquelle il a déjà été acquitté ou condamné par un jugement définitif conformément à la loi et à la procédure pénale de cet État."* (Hervorhebungen der *Verf.*) Gegenüber Frankreich ist das Protokoll 1988 in Kraft getreten (vgl. http://conventions.coe.int).

764 Zur *ne bis in idem*-Rechtsprechung des *EGMR* vgl. auch *Esser*: Europäisches Strafverfahrensrecht, 2002, S. 95 ff.

765 Sämtliche Urteile des Gerichtshofes sind im Internet unter http://www.echr.coe.int/Eng/Judgments.htm nachzulesen.

766 § 55 des Urteils vom 23. 10. 1995 (auch abgedruckt in Serie A, Nr. 328-C).

durch ein Straferkenntnis der Bezirkshauptmannschaft – , obwohl „... *les dispositions ... se distinguent non seulement sur le plan de l'appellation des infractions mais aussi sur celui, plus fondamental, de leur* nature *et de leur* but."[767]

In die gänzlich andere Richtung schlug das Pendel hingegen 1998 in der Sache *Oliveira* gegen die *Schweiz* aus.[768] Art. 4 des Zusatzprotokolls, so das Gericht, „... *ne s'oppose pas à ce que des juridictions distinctes connaissent d'infractions différentes, fussent-elles les* éléments d'un même fait pénal ...".[769] Dieser enge Tatbegriff, der es dem Gericht erlaubte, die Verurteilung wegen fahrlässiger Körperverletzung durch den Strafrichter in einem separaten Verfahren nach einer durch den Polizeirichter ausgesprochenen Bestrafung wegen Nichtbeherrschen des Fahrzeugs infolge Nichtanpassens der Geschwindigkeit an die Straßenverhältnisse zu tolerieren, entspricht wohl der *Norm*bezogenheit der französischen Rechtsprechung.

Mittlerweile hatte der *EGMR* Gelegenheit, seine Auffassung in weiteren Entscheidungen zu präzisieren.

In der aus dem Jahre 1999 stammenden *Entscheidung über die Zulässigkeit* in der Sache *Ponsetti* und *Chesnel* gegen *Frankreich*[770] kam der *Gerichtshof* zu dem Ergebnis, daß die *„éléments constitutifs"* (*„constitutive elements"*) zweier Vorschriften aus dem *Code général des impôts* derart voneinander abweichen, daß kein Verstoß gegen Art. 4 Abs. 1 des 7. ZP vorliege, wenn die eine Norm nur fordert, daß der Beschuldigte „... *s'abstient de souscrire cette déclaration ... dans les délais* ...",[771] während die andere verlangt, „... *qu'il ait* volontairement *omis de faire sa déclaration dans les délais*".[772] Aus diesem Grunde erklärte der *EGMR* die Beschwerde aufgrund offensichtlicher Unbegründetheit für unzulässig.

Auch diese Sichtweise scheint sehr *eng* und, an die Differenzierung im französischen Strafprozeß erinnernd, hier allein an der *subjektiven Tatseite* ausgerichtet.

In einer neueren Entscheidung stellt der französische *Kassationsgerichtshof* ebenfalls auf die Übereinstimmung der *„éléments constitutifs"* der nacheinander verfolgten Delikte ab und verneint dies im Falle der Verfolgung eines Gastwirts wegen fahrlässiger Tötung und fahrlässiger Körperverletzung infolge der Trunkenheitsfahrt eines Gastes, die der Verurteilung wegen des Ausschanks an einen sichtbar Trunkenen nachfolgte. Der Einwand der Rechtskraft könne nur dann erfolgreich geltend gemacht werden, wenn die Tatsachen beider Prozesse „... *dans leurs éléments tant légaux que matériels* ..." identisch sind.[773]

Die Linien der Entscheidung *Ponsetti* fortschreibend, hält die dritte Kammer des *EGMR* in ihrem Urteil zu *Franz Fischer* gegen *Österreich*[774] die Frage, ob die verfolgten De-

---

767 § 55 des Urteils (Hervorhebungen der *Verf.*). Diesem Verständnis der *„offence"* schloß sich die *Kommission* in den Sachen *Marte/Achberger* gg. *Österreich* (Bericht vom 09. 04. 1997, aufgrund einer Einigung der Parteien aus dem Register des *EGMR* gestrichen) sowie *Oliveira* gg. *Schweiz* (Bericht vom 01. 07. 1997) an.

768 Urteil vom 30. 07. 1998. Krit. *Esser*: Europäisches Strafverfahrensrecht, 2002, S. 98.

769 § 27 des Urteils (Hervorhebungen der *Verf.*).

770 Entscheidung vom 14. 09. 1999, vgl. insb. § 5.

771 Art. 1728 Abs. 1.

772 Art. 1741 (Hervorhebung der *Verf.*).

773 *Crim.* vom 04. 09. 2001 (zit. nach *Marsat*: Chose jugée, DP 2002 (7/8), S. 6 [zust.]).

774 Urteil vom 29. 05. 2001.

likte auf „*the same essential elements*" basieren, für maßgeblich. Sie bejaht dies im Falle einer aufgrund Fahrens unter Alkoholeinfluß verhängten Verwaltungsstrafe auf der einen Seite und der Verurteilung wegen fahrlässiger Tötung unter Alkoholisierung zum Tatzeitpunkt auf der anderen Seite.[775] In zwei weiteren Urteilen gegen Österreich aus dem Jahre 2002, *W. F.*[776] und *Sailer*,[777] bestätigen die dritte und die erste Kammer die *Fischer*-Rechtsprechung.

Nach derzeitigem Stand der Rechtsprechung des *EGMR* kann also gesagt werden, daß eine Zweitverfolgung nur dann unter das Verbot des Art. 4 Abs. 1 des ZP fällt, wenn das zweite Delikt *dieselben wesentlichen Elemente* aufweist. Dies soll offenbar zutreffen, wenn sich eine Straftat aus den gleichen Bestandteilen wie eine andere, ergänzt durch ein zusätzliches Element, konstituiert. Wie der *Gerichtshof* aber aufeinanderfolgende Verurteilungen wegen Untreue und Veruntreuung von Gesellschaftsvermögen[778] beurteilen würde, muß an dieser Stelle letztlich offen bleiben.

Festzuhalten bleibt, daß der *Gerichtshof*, auch unter Berücksichtigung seiner letzten, im Vergleich zu *Oliveira*[779] gemäßigteren Urteile, ebenfalls eher dazu neigt, unter *rechtlichen* als unter tatsächlichen Gesichtspunkten zu differenzieren.

d. Ergebnis

Schon nach einer kurzen Untersuchung ist festzustellen, daß die Tat, deren Aburteilung zu einer Sperre im Hinblick auf einen nachfolgenden Prozeß führen soll, im französischen enger als im deutschen Strafprozeßrecht ausgelegt wird. Statt des geschichtlichen Vorgangs, der das gesamte Verhalten des Täters umschließt, soweit es nach natürlicher Auffassung einen einheitlichen Lebensvorgang darstellt,[780] ist der französische Begriff dicht – zumindest hinsichtlich der die quantitative Mehrheit darstellenden *korrektional-* und *polizeigerichtlichen* Urteile – an die einzelnen Elemente der Strafnorm geknüpft. Soweit die Entscheidungen des *Schwurgerichts* betroffen sind, existiert – soweit ersichtlich – noch kein Kassationsurteil,[781] welches in neuerer Zeit die Grundsätze von *Thibaud/Laurent* auf

---

775 Vgl. insb. §§ 25 ff. des Urteils.

776 Urteil vom 30. 05. 2002, insb. §§ 20 ff.

777 Urteil vom 06. 06. 2002, insb. §§ 21 ff.

778 Vgl. *oben C. IV. 2. a. Fn. 750.*

779 In der Sache *Göktan* gegen *Frankreich* (Urteil vom 02. 07. 2002) allerdings spricht sich die zweite Kammer des *Gerichtshofes* noch einmal zu Art. 4 des 7. ZP aus. Allerdings handelt es sich dort nicht um nacheinander durchgeführte Verfahren, sondern um die Verhängung zweier Strafen – für Drogendelikte auf der einen Seite und Einfuhr von Schmuggelgut auf der anderen Seite – in einem Prozeß. Verwunderlich ist jedoch, daß der *Gerichtshof* lediglich auf das *Oliveira*-Urteil Bezug nimmt, ohne auf die seit *Fischer* einigermaßen etablierte Rechtsprechung auch nur mit einem Wort einzugehen. Dementsprechend lehnt er eine Konventionsverletzung ab: Wie in der Sache *Oliveira* zerfalle auch hier „*... un fait pénal unique ... en deux infractions distinctes: un délit pénal général et un délit douanier.*" (§ 50).

780 Siehe nur *KMG*: StPO, 2003, § 264, Rn. 2 m. w. N. zur Rechtsprechung.

781 Vgl. insoweit auch *Marsat*: Chose jugée, DP 2002 (7/8), S. 6, die generell feststellt, daß die Rechtsprechung im Bereich der Rechtskraftproblematik nicht sehr reichlich ausfällt.

diese angewendet hätte. Es kann deshalb nicht beurteilt werden, ob die Rechtsprechung mit der von Teilen der Literatur vorgenommenen Verlagerung der Debatte um die Verfolgung unter einer anderen rechtlichen Qualifikation auf den Tatbegriff mit der Konsequenz der Verengung dieses Begriffes konform ginge. Obwohl hier keine abschließende Aussage darüber getroffen werden soll, ob die französische Sichtweise der Interpretation des Art. 4 Abs. 1 des 7. ZPEMRK durch den *EGMR* gerecht wird, kann zumindest festgehalten werden, daß die beiden Sichtweisen gewisse Parallelen aufweisen und letztlich nicht allzu weit voneinander entfernt sind.

Im Hinblick auf die Motivation dieses restriktiven Verständnisses der Tat kann man über einen Zusammenhang mit dem Verbot der Wiederaufnahme nach einem Freispruch nur spekulieren. Nicht völlig abwegig erscheint aber die Vermutung, daß die Rechtsprechung mit der weiten und demnach rechtskraftunfreundlichen Auslegung des Begriffes des *„fait distinct"* danach strebt, nach dem Freispruch verbleibende, ungerecht anmutende Ergebnisse zu korrigieren.[782]

D. *Ne bis in idem* im niederländischen Strafprozeß. *Negatief*[783] *gezag van het strafrechterlijk gewijsde*[784]

I. Einleitung. Maßgebliche Vorschriften und geschichtliche Aspekte

Die zentrale Regelung des *ne bis in idem*-Grundsatzes findet sich im niederländischen Strafgesetzbuch von 1881[785] (*Wetboek van Strafrecht, WSr*) unter dem Titel *„Erlöschen des Rechts zur Strafverfolgung und der Strafe"* und wird deshalb dem materiellen Recht zugeordnet.[786] Art. 68 Abs. 1 WSr[787] lautet:

---

782 Vgl. *Fossereau*: Chose jugée, in: Rép. pén. II, 1967, Rn. 57 und *Ziemba*: Wiederaufnahme zuungunsten, 1974, S. 128 (enger Tatidentitätsbegriff ermöglicht „verdecktes" nachteiliges Wiederaufnahmeverfahren). Dies bestätigt die Beobachtung von *Gavalda*: L'autorité de la chose jugée, JCP 1957, I., 1372, Rn. 21, Fn. 69, daß die Korrektionalgerichte im Falle einer vorhergehenden Verurteilung für den zweiten Prozeß selten oder nie eine bloß abweichende rechtliche Beurteilung ausreichen lassen, sondern nahezu immer eine neue Tatsache heranziehen.

783 Zur positiven Rechtskraft vgl. *Strijards*: Revisie, 1989, S. 65 (bestimmte, von Rechts wegen mit dem Spruch eintretende Rechtsfolgen, Vollstreckungsbefugnis der Strafverfolgungsbehörden, Geltendmachung der strafrichterlichen Entscheidung im Zivilprozeß).

784 *„Gezag"*: Gewalt, Macht, Autorität; *„gewijsde"*: rechtskräftiges Urteil (vgl. *Langendorf*: Niederländisch-Deutsch, 1976; *van Dale*: Nederlands-Duits, 1986).

785 In Kraft getreten am 01. 09. 1886.

786 Vgl. *Lensing/Mulder*: Strafprocesrecht, 1994, S. 148; *Rayar/Lensing*: WSr, 1997, S. 26; *Minkenhof*: Strafvordering, 1999, S. 71.

787 Zur Entstehung: *Smidt*: Geschiedenis WSr I, 1881, S. 471 ff.

„Behoudens de gevallen waarin rechterlijke uitspraken voor herziening vatbaar zijn, kan niemand andermaal worden vervolgd wegens een feit waarover te zijnen aanzien bij gewijsde van de rechter in Nederland, de Nederlandse Antillen of Aruba onherroepelijk is beslist."[788]

Zurückführen läßt sich diese Vorschrift letztlich auf die französische Verfassung von 1791.[789] Die dort aufgenommene *ne bis in idem*-Maxime wurde im *Code d'instruction criminelle* umgesetzt. Nach einer Periode der weitgehenden Zersplitterung des niederländischen Rechts bis nahezu in die napoleonische Zeit hinein[790] brachte die kurzzeitige französische Besetzung von 1811 bis 1813 mit der Einführung dieser Strafverfahrensordnung eine Vereinheitlichung des Rechts mit sich. Noch bis 1838 galt der *Code d'instruction criminelle* auf niederländischem Territorium. Über diesen Weg gelangte der Grundsatz in das niederländische Strafprozeßgesetz von 1838: Art. 218 des *Wetboek van Strafvordering* (*WSv*) ordnete an:

„Een ieder die vrijgesproken is kan terzake van hetzelfde feit niet weder in rechten worden betrokken."[791]

Über einen Entwurf einer Strafprozeßordnung von 1861 erreichte die Regel schließlich das heutige *Wetboek van Strafrecht*.

Daneben beinhaltet die heutige Strafprozeßordnung[792] mit Art. 255 WSv ein sogenanntes „schwaches" *ne bis in idem*,[793] das durch bestimmte staatsanwaltschaftliche und gerichtliche Entscheidungen ausgelöst[794] wird.

II. Begründung der Notwendigkeit des Grundsatzes

Die im niederländischen Recht als Gründe für die Existenz des Prinzips *ne bis in idem* aufgeführten Aspekte entsprechen denjenigen der deutschen und der französischen Rechtsordnung im wesentlichen: Auch hier stehen sowohl die *kollektive*[795] als auch die *individuelle* Rechtssicherheit im Vordergrund. Danach bildet der Gedanke, „... *dat het proces eens moet zijn afgelopen*",[796] die Grundlage. Da die Gesellschaft ein Interesse daran hat zu

---

788 *„Vorbehaltlich der Fälle, in denen Urteile der Wiederaufnahme unterliegen, kann niemand nochmals wegen einer Tat verfolgt werden, über die in bezug auf seine Person durch einen Urteilsspruch des Richters in den Niederlanden, in den Niederländischen Antillen oder Aruba rechtskräftig entschieden wurde.*"

789 Vgl. *oben C. I.*

790 Vgl. *van Bemmelen/van Veen*: Strafprocesrecht, 1993, S. 13 ff.

791 *„Jeder, der freigesprochen wurde, kann wegen derselben Tat nicht wieder belangt werden.*"

792 *Wetboek van Strafvordering* von 1926.

793 Vgl. *HR* vom 20. 12. 1956, NJ 1957, Nr. 174; *van Bemmelen/van Veen*: Strafprocesrecht, 1993, S. 210; *Paridaens*: Overdracht van de tenuitvorlegging van strafvonnissen, 1994, S. 357; Cleiren/Nijboer-*Valkenburg*: WSv, 2001, Art. 255, Rn. 1; Cleiren/Nijboer-*Koopmans*: WSv, 2001, Art. 348, Rn. 4. a.

794 Zu den Erledigungsformen, die die *ne bis in idem*-Wirkung nach Art. 255 WSv auslösen, vgl. i. e. *unten Kapitel 12, D. I. 4. II. 2.*

795 *Osinga*: Transactie, 1992, S. 205.

796 „... *daß das Verfahren einmal beendet sein muß.*" (*Vennix*: Herziening ten nadele? DD 2001, S. 711 ff., 716).

wissen, wie der Staat auf strafbares Verhalten reagiert, und eine endlose Unsicherheit nicht tragbar wäre, verlangt die öffentliche Ordnung ein verläßliches Ende des Verfahrens.[797] Damit im Zusammenhang steht die Forderung nach der Sicherung der unteilbaren staatlichen Autorität.[798] Die Sprüche zweier niederländischer Strafrichter über ein- und dieselbe Tat könnten zur Folge haben, daß sich der Staat, der durch diese beiden Organe verkörpert wird, selbst widerspricht. Ebensowenig wünschenswert wäre es, den Richter zu nötigen, sich zu wiederholen. Dem entspricht das Verlangen nach Zweckmäßigkeit und Effektivität des Strafverfahrens.[799]

Vor allem in jüngster Vergangenheit[800] wird aber dem Rechtssicherheitsgrundsatz in seiner *individuellen* Ausprägung, dem Schutz des *Vertrauens des Beschuldigten* auf die definitive Beendigung der Sache, offenbar noch größere Bedeutung zugemessen.[801] Dem Einzelnen sollen „*rust en zekerheid*"[802] gewährleistet werden, eine Forderung, der die Möglichkeit der uferlosen Wiedereröffnung des Verfahrens entgegensteht. Diese Betonung läuft parallel zu einer gewissen Asymmetrie in der Betrachtungsweise der niederländischen Dogmatik: *Ne bis in idem* wird im wesentlichen als eine Garantie gegenüber der nachteiligen Neuaufnahme des Verfahrens betrachtet. Demzufolge faßt man den Einbruch in die Rechtskraft zum Vorteil des Verurteilten begrifflich als außerhalb des Aktionsradius des Prinzips liegend auf.[803]

Unterstützend führt man zum Teil auch noch die Regel, „... *wie zijn processuele bevoegdheden heeft gebruikt, heeft ze ook verbruikt*",[804] sowie den Schutz gegen Willkür seitens der

---

797 *Strijards*: Erkenning van strafgewijsden, in Lib. am. Remmelink, 1987, S. 587 ff., 592; *Osinga*: Transactie, 1992, S. 205; *Vennix*: Herziening ten nadele? DD 2001, S. 711 ff., 716.

798 *Corstens*: Ne bis in idem, in: Vademecum, S. [26]-92-94 ff. (Std. 03/92); *ders.*: Strafprocesrecht, 1999, S. 190; *Strijards*: Materieel strafrecht, 1992, S. 311; *de Doelder/van der Hulst*: EEG-sancties en ne bis in idem, SEW 1993, S. 722 ff., 725; *Hazewinkel-Suringa/Remmelink*: Strafrecht, 1996, S. 594; *Baauw*: Ne bis in idem, in Swart/Klip: Int. Crim. L., 1997, S. 75 ff., 75; *Lensing*: Ne bis in idem, in: Nederlandse Vereniging voor Rechtsvergelijking (Hrsg.): Preadviezen No. 60, 2000, S. 91 ff., 100; *Vennix*: Herziening ten nadele? DD 2001, S. 711 ff., 716.

799 *Osinga*: Transactie, 1992, S. 205 f.

800 Vgl. *Vennix*: Herziening ten nadele? DD 2001, S. 711 ff., 716, der vom „... *vertrouwen aan de (verdachte) burger, hetgeen de uiteindelijke grondslag voor de regel vormt*" – „... *Vertrauen beim (verdächtigen) Bürger, welches letztendlich die Basis der Regel bildet*", spricht.

801 *Schrijvers/Smeets*: Strafrecht en Strafprocesrecht, 1985, S. 105; *Osinga*: Transactie, 1992, S. 205; *Strijards*: Materieel strafrecht, 1992, S. 311; *de Doelder/van der Hulst*: EEG-sancties en ne bis in idem, SEW 1993, S. 722 ff., 725; *Lensing*: Art. 68 WSr, in: Balkema et al. (Hrsg.): Dynamisch Strafrecht, 1995, S. 203 ff., 205; *Hazewinkel-Suringa/Remmelink*: Strafrecht, 1996, S. 594; *Baauw*: Ne bis in idem, in Swart/Klip: Int. Crim. L., 1997, S. 75 ff., 75.

802 „*Ruhe und Sicherheit*" (*Hazewinkel-Suringa/Remmelink*: Strafrecht, 1996, S. 594).

803 Vgl. – krit. – *Strijards*: Revisie, 1989, S. 8. Vgl. insoweit auch ähnl. zum deutschen Recht *oben B. I., Fn. 625*.

804 „... *wer seine prozessualen Befugnisse gebraucht hat, hat sie auch verbraucht*" (*Hazewinkel-Suringa/Remmelink*: Strafrecht, 1996, S. 594); vgl. auch *Enschedé*: Strafrecht, 2000, S. 196 f. und *Franken*: Hetzelfde feit, 1995, S. 11.

Strafverfolgungsorgane[805] in Feld. Die in Frankreich vertretene Ansicht, das Erlöschen des Verfolgungsrechts beruhe auf der anzunehmenden Richtigkeit des Urteils (*res iudicata pro veritate habetur*), wird in der niederländischen Lehre hingegen abgelehnt.[806]

III. Voraussetzungen des *ne bis in idem*. Entscheidungsform und Entscheidungsthema

Der Eintritt der *ne bis in idem*-Wirkung, auch umschrieben mit „*negatief gezag van het strafrechterlijk gewijsde*",[807] setzt die „*kracht van gewijsde*"[808] voraus. Diese entspricht der formellen Rechtskraft des deutschen Rechts und tritt ein, sobald kein ordentliches Rechtsmittel mehr offensteht.[809]

Obwohl sich die Erörterungen des Prinzips *ne bis in idem* gewöhnlich auf das Urteil konzentrieren, wird es auch im Zusammenhang mit anderen Verfahrensabschlüssen ins Spiel gebracht. Dies gilt beispielsweise für die Transaktion (*transactie*), eine Art strafrechtlicher Vergleich:[810] Nach Art. 74 Abs. 1 WSr verfällt das Recht zur Strafverfolgung, sobald der Beschuldigte die im Rahmen einer *transactie* durch den Staatsanwalt gestellten Bedingungen erfüllt.[811] Beachtenswert ist auch die gesetzliche Regelung des Art. 68 Abs. 3 WSr, der unter der Überschrift *ne bis in idem* auch die Anerkennung ausländischer endgültiger Einstellungen gegen die Erfüllung von Bedingungen anordnet. Eine in der Regel als *ne bis in idem* bezeichnete Sperrwirkung ist auch Konsequenz der Erledigung durch *voeging ad informandum*.[812] Hier kommt ein endgültiger Verfahrensabschluß zustande, wenn der

---

805 *Corstens*: Strafprocesrecht, 1999, S. 190; *Vennix*: Herziening ten nadele? DD 2001, S. 711 ff., 715.

806 *Hazewinkel-Suringa/Remmelink*: Strafrecht, 1996, S. 594. Siehe auch *Franken*: Hetzelfde feit, 1995, S. 11.

807 Zur Terminologie vgl. *oben D. Fn. 784*.

808 „*Kracht*": Kraft, Stärke, Gültigkeit (vgl. *van Dale*: Nederlands-Duits, 1986).

809 Dazu *Rosheuvel*: Straf- en strafprocesrecht, 1974, S. 65 f. Vgl. aber *Strijards*: Revisie, 1989, S. 40, der eine Unterscheidung zwischen *kracht* und *gezag van gewijsde* (formeller und materieller Rechtskraft) im Strafrecht nicht für sinnvoll hält, weil die Vollstreckbarkeit, die im Zivilrecht an die *gezag* anknüpft, hier ohnehin mit der Endgültigkeit zusammenfalle.

810 Zur niederländischen Transaktion vgl. *unten Kapitel 12, D. III. 2.*

811 Vgl. z. B. *HR* vom 17. 12. 1963, NJ 1964, Nr. 385 (*Joy-riding II*); *Corstens*: De werkstraf, DD 1984, S. 25 ff., 27; *Paridaens*: Overdracht van de tenuitvorlegging van strafvonnissen, 1994, S. 357; Cleiren/Nijboer-*Koopmans*: WSv, 2001, Art. 348, Rn. 4. a.; *Lensing*: Ne bis in idem, in: Nederlandse Vereniging voor Rechtsvergelijking (Hrsg.): Preadviezen No. 60, 2000, S. 91 ff., 110.

812 Vgl. dazu *Myjer*: Verdachte in het geding, DD 1974, S. 244 ff., 246 f.; *Tak*: Voeging ad informandum, DD 1978, S. 79 ff., 87 (Vorschlag, daß Richter die *ad informandum* erledigten Taten in seinem Urteil nach Art. 36 WSv für beendet erklärt, womit in Anbetracht dieser die Wirkung des Art. 255 WSv eintreten könnte); *Corstens*: De werkstraf, DD 1984, S. 25 ff., 27; *Franken*: Afdoeningsmogelijkheden, in: Vademecum, S. [23]-1 ff., [23]-49 (Std. 04/96); *Josephus Jitta*: Voeging, DD 1989, S. 407 ff., 409; *Hazewinkel-Suringa/Remmelink*: Strafrecht, 1996, S. 500; *van Bemmelen/van Veen*: Strafrecht AD, 1998, S. 343 f.; *Hendriks et al.*: Strafprocesrecht, 1999, S. 338 f.; *Cleiren/Nijboer*: WSv, 2001, Art. 258, Rn. 13. b.; *Reijntjes*, in: Melai/Groenhuijsen: WSv, Art. 167, 23.2 (Std. 02/01).

Richter die den Verfahrensakten durch den Staatsanwalt beigefügten Informationen über weitere Straftaten bei der Strafzumessung für die regulär angeklagten Taten berücksichtigt.[813] Schließlich bleibt auf die bereits oben erwähnte *ne bis in idem*-Vorschrift des Art. 255 WSv[814] hinzuweisen, die für bestimmte staatsanwaltschaftliche und richterliche Entscheidungen gilt. Auch im niederländischen Strafprozeßrecht existiert demnach eine Mehrzahl von durch Richter oder Staatsanwalt erlassenen Verfahrensabschlußformen, die einen *ne bis in idem*-Effekt zur Folge haben können.

Art. 68 WSr verbietet die zweifache Verfolgung nur „... *wegens een* feit waarover *te zijnen aanzien bij gewijsde* ... onherroepelijk is beslist".[815] Im Hinblick auf den Entscheidungsinhalt wird daraus geschlossen, daß die materielle Rechtskraft darüber hinaus inhaltlich auch eine sachliche Entscheidung, also einen *Freispruch*, eine *Entlassung aus der Strafverfolgung*[816] oder eine *Verurteilung* verlangt.[817] Als nicht ausreichend, um die Wirkung von Art. 68 WSr auszulösen, wird dementsprechend eine nur *anläßlich* der Tat wegen Nichtigkeit der Ladung, Unzuständigkeit des Richters, Unzulässigkeit der Anklage oder Aussetzung der Verfolgung erlassene Entscheidung (Art. 349 Abs. 1 WSv) betrachtet.[818] Um Endurteile (*einduitspraken*) im Sinne des Art. 138 WSv[819] handelt es sich bei diesen Entscheidungen gleichwohl.

Ein zum Beispiel wegen Mangels des erforderlichen Strafantrages, des Todes des Angeklagten oder eines Verstoßes gegen das Doppelverfolgungsverbot ergangener Richterspruch erwächst damit nicht in materielle Rechtskraft.[820]

Wenn man trotzdem betont, daß dies im Falle der Unzulässigkeit der Anklage kaum Bedeutung habe, weil das Verfolgungsrecht bis auf seltene Ausnahmefälle[821] ohnehin nicht wieder aufleben kann, die Unzulässigkeit also endgültig ist, ist dies nicht der *ne bis in idem*-Wirkung zuzuschreiben, sondern dem die Entscheidung begründenden Verfahrenshindernis.[822]

---

813 Zur Erledigung durch *voeging ad informandum* vgl. *unten Kapitel 12, D. IV.*

814 Vgl. dazu *oben D. I. Fn. 794.*

815 „... *wegen einer* Tat, über die *durch einen Urteilsspruch* ... rechtskräftig entschieden wurde" (*Corstens*: Strafprocesrecht, 1999, S. 191 [Hervorhebungen der *Verf.*]).

816 Zur *Entlassung aus der Strafverfolgung* siehe *unten Kapitel 9, D. IV.*

817 *Rosheuvel*: Straf- en strafprocesrecht, 1974, S. 65 f.; *Schrijvers/Smeets*: Strafrecht en Strafprocesrecht, 1985, S. 105; *Lensing/Mulder*: Strafprocesrecht, 1994, S. 148; *Baauw*: Ne bis in idem, in Swart/Klip: Int. Crim. L., 1997, S. 75 ff., 76; *Corstens*: Strafprocesrecht, 1999, S. 191.

818 *HR* vom 07. 03. 1932, NJ 1932, S. 1242; vom 11. 03. 1952, NJ 1952, Nr. 241; vom 18. 10. 1988, NJ 1989, Nr. 307.

819 Vgl. dazu *Kapitel 9, D. I.*

820 Vgl. zu den Gründen für die Unzulässigkeit der Anklage: *Corstens*: Strafprocesrecht, 1999, S. 179 ff., Cleiren/Nijboer-*Koopmans*: WSv, 2001, Art. 348, Rn. 4.

821 Dazu zählt beispielsweise der Fall, daß das Verfolgungshindernis aufgrund eines bisher ausgebliebenen, aber noch nachholbaren Strafantrages (*klacht*) ausgesprochen wurde.

822 Vgl. dazu noch *unten Kapitel 7, A. I.*

Art. 255 WSv,[823] der insbesondere die staatsanwaltschaftliche Einstellung nach Einleitung der Verfolgung betrifft, unterscheidet seinerseits nicht zwischen Sach-, Prozeß- oder Opportunitätsentscheidungen. Die sogenannte schwache *ne bis in idem*-Wirkung kommt demzufolge auch den letzten beiden zu.

IV. Wirkung des *ne bis in idem*

1. Umfang des *ne bis in idem*

Auch im niederländischen Strafverfahren existieren verschiedene Abstufungen im Hinblick auf den Umfang[824] des Strafklageverbrauchs. Freisprüche sind – wie auch in Frankreich – in umfassender Weise endgültig, Verurteilungen hingegen nur in beschränktem Maße zugunsten des ehemals Angeklagten mit der Wiederaufnahme angreifbar. Soweit Art. 255 WSv gilt,[825] müssen vor einer Fortsetzung des Verfahrens neue Verdachtsgründe vorliegen.

2. Gegenstand des *ne bis in idem. Dezelfde feiten*

Wenn Art. 68 Abs. 1 WSr davon spricht, niemand könne „... *andermaal worden vervolgd wegens* een feit *waarover te zijnen aanzien bij gewijsde ... is beslist*",[826] so stellt sich die Frage, wie die *Tat* zu verstehen ist, wie weit mithin der Schutz des Art. 68 WSr gegen eine erneute Verfolgung reicht. Der Begriff „*feit*" hat in der Vergangenheit bereits sehr verschiedene Auslegungsversionen erfahren. Von 1886 bis 1932 galt – gemäß den gesetzgeberischen Intentionen[827] – ein äußerst weites Verständnis, so daß jedes Verhalten, auch wenn dadurch mehrere Strafbestimmungen verletzt wurden, als *eine* Tat zu verstehen war. Dieser *physische Handlungsbegriff* führte im Laufe der Zeit zu sehr unbefriedigenden Ergebnissen.

So mußte beispielsweise die Verfolgung wegen Bedrohung mit Totschlag oder schwerer Mißhandlung an einer Vorverurteilung wegen Verstoßes gegen das Viehgesetz scheitern.[828]

Dies veranlaßte den *Obersten Gerichtshof* (*Hoge Raad*) in der Folge zu einer Definition der Tat durch Funktion, Zeit und Ort, die nur wenig abwich vom *juristischen Straftatbestand*.[829] Weil es dem Staatsanwalt aufgrund dessen leicht möglich war, rechtskräftige, darunter vor

---

823 Vgl. dazu *oben, D. I. Fn. 794.*

824 Siehe dazu *oben B. IV. 1.*

825 Vgl. dazu *oben D. I. Fn. 794.*

826 „... *nochmals wegen* einer Tat *verfolgt werden, über die in bezug auf seine Person durch einen Urteilsspruch ... entschieden wurde*" (Hervorhebung der *Verf.*).

827 Vgl. *Franken*: Hetzelfde feit, 1995, S. 35, 48.

828 *Arnhem* vom 01. 10. 1931, NJ 1932, S. 908.

829 *HR* vom 27. 06. 1932, NJ 1932, S. 1659.

allem auch freisprechende Urteile mittels einer auf andere Strafbestimmungen gestützten Anklage ihrer Wirkung zu berauben, verfolgte der *Oberste Gerichtshof* ab den sechziger Jahren wieder einer *liberalere* Rechtsprechungstendenz.[830] In einem Urteil aus dem Jahre 1961 erklärte er eine erneute Verfolgung aufgrund von Art. 68 WSr für unzulässig, wenn zwischen dem bereits abgeurteilten und dem nun in Rede stehenden Sachverhalt „... *een zodanig verband met betrekking tot de gelijktijdigheid van de gedragingen en den wezenlijken samenhang in het handelen en in de schuld van de dader* ...“[831] besteht, „... *dat de strekking van art. 68 Sr. medebrengt, dat degene te wiens aanzien terzake van overtreding van een der beide bepalingen onherroepelijk is beslist als in dit artikel is bedoeld, niet andermaal kan worden vervolgd ter zake van overtreding van de andere bepaling.*“[832]

In dem der Entscheidung zugrunde liegenden Fall, bei dem es um einen Angeklagten ging, der betrunken auf einer öffentlichen Straße ein Moped geführt hatte, im ersten Prozeß bereits wegen öffentlicher Trunkenheit rechtskräftig verurteilt worden und nun wegen Fahrens unter Rauschmitteleinfluß angeklagt war, nahm der *Hoge Raad* dies an und erklärte die Anklage für unzulässig.

Die genannte Formel[833] hat bis heute ihre Gültigkeit behalten,[834] wobei inzwischen allerdings verlangt wird, daß es sich um Strafbestimmungen mit gleichartigen Zwecken sowie gleichartige Vorwürfe handelt.[835] Neben der *Gleichzeitigkeit* beider Sachverhalte muß demnach ein *wesentlicher Zusammenhang in Handlung und Schuld* des Täters bejaht werden können, um eine zweite Verfolgung auszuschließen. Der *Oberste Gerichtshof* legt infolgedessen sowohl einen *tatsächlichen* (Gleichzeitigkeit) als auch einen *juristischen* (Handlung und Schuld) Maßstab an.[836] Nach einem höchstrichterlichen Urteil von 1994 kann es sich indessen sogar bei Unterschieden in Zeit und Ort noch um dieselbe Tat handeln.[837] Der

---

830 *HR* vom 13. 04. 1954, NJ 1954, Nr. 369; vom 13. 11. 1956, NJ 1957, Nr. 173. Vgl. jedoch die in der Literatur vertretene enge Ansicht, nach der die Verfolgung wegen vorsätzlicher Tötung nach einer Verurteilung wegen fahrlässiger Tötung möglich sein soll, da es sich um eine andere Tat handele (*Corstens*: Strafprocesrecht, 1999, S. 194 f. Dies erinnert in seiner Enge an die frz. Rechtsprechung [vgl. *oben C. IV. 2.*]. A. A. *Lensing*: Ne bis in idem, 2000, S. 136, 150).

831 „... *eine solche Verbindung bezüglich Gleichzeitigkeit der Verhalten und wesentlichen Zusammenhang in Handeln und Schuld des Täters* ...“.

832 „... *daß der Zweck von Art. 68 Sr nach sich zieht, daß derjenige, der wegen Übertretung einer von beiden Bestimmungen endgültig verurteilt (als auch freigesprochen oder aus der Rechtsverfolgung entlassen) wurde, nicht noch einmal für die Übertretung der anderen Bestimmung verfolgt werden kann.*“ (*HR* vom 21. 11. 1961, NJ 1962, Nr. 89 ([*Emmense bromfietsarrest*]).

833 *Corstens*: Strafprocesrecht, 1999, S. 193 und *Franken*: Hetzelfde feit, 1995, S. 50 sprechen nicht ganz zu Unrecht von einem Zirkelschluß.

834 Vgl. v. a. *HR* vom 25. 04. 1989, NJ 1989, Nr. 790; vom 13. 12. 1994, NJ 1995, Nr. 252; vom 19. 11. 1996, NJ 1997, Nr. 155; vom 26. 11. 1996, NJ 1997, Nr. 209; vom 02. 11. 1999, NJ 2000, Nr. 174; vom 30. 11. 1999, NJ 2000, Nr. 93 (im Zushg. m. Änderung der Anklage).

835 *HR* vom 18. 01. 1972, NJ 1972, Nr. 378 (*Joyriding te Oostvoorne*); vom 25. 03. 1975, NJ 1975, Nr. 296 (*Beschonken zondagsrijder*); vom 29. 04. 1980, NJ 1980, Nr. 445; vom 30. 01. 1990, DD 1990, 90.248 (*Valse onderzoeksrapporten*). Dazu vgl. i. e. *Corstens*: Strafprocesrecht, 1999, S. 194 f.

836 *Franken*: Hetzelfde feit, 1995, S. 51.

837 *HR* vom 13. 12. 1994, NJ 1995, Nr. 252.

Richter ist beim Vergleich zwischen zwei Sachverhalten gehalten, neben der Anklage auch die Beweismittel in seine Bewertung einzubeziehen.[838]

E. Zusammenfassung

Die kurze Darstellung der Geltung des *ne bis in idem*-Prinzips in den drei unterschiedlichen Strafverfahrenssystemen Deutschlands, Frankreichs und der Niederlande hat in den Grundzügen vor allem Gemeinsamkeiten aufgezeigt. Deren Überwiegen ist sicherlich auf die gleichen, im 18. und 19. Jahrhundert liegenden historischen Wurzeln des Grundsatzes in seiner jetzigen Geltung zurückzuführen. Gewisse Abweichungen müssen allerdings als unvermeidlich betrachtet werden, hält man sich die Verschiedenheit der aktuellen Strafverfahrenssysteme vor Augen.

Dies trifft insbesondere auf die konkrete Umsetzung des Prinzips auf einzelne Verfahrensabschlüsse zu. Existieren insoweit unterschiedliche Modalitäten, kann nichts anderes erwartet werden, als daß sich dies auch in Differenzen im Strafklageverbrauch widerspiegelt.

Große Diskrepanzen, insbesondere zwischen Deutschland und den Niederlanden auf der einen Seite und Frankreich auf der anderen Seite, hat aber vor allem die Untersuchung des jeweiligen Verständnisses des Tatbegriffes offenbart.

Deutlich ist auch geworden, daß das Prinzip im wesentlichen als Ausdruck des Verlangens nach *Rechtssicherheit* gesehen wird. Mittels der unbestreitbaren Geltung einer Entscheidung im repressiven Bereich versichert die Rechtskraft die *Gesellschaft* des Wertes ihrer strafrechtlichen Ordnung und schützt ferner das *Individuum* in seiner Freiheit, indem sein Schicksal nicht mehr in Frage gestellt werden darf.[839]

Anhand dieser Ergebnisse ist nun im nächsten Kapitel zu untersuchen, wie der Grundsatz im Sinne des Art. 54 zu charakterisieren ist.

---

838 *HR* vom 19. 11. 1996, NJ 1997, Nr. 155.

839 Vgl. auch *Eur. Parl.*: „Non bis in idem" report of 20 February 1984, HRLJ 1984, S. 391 ff., 391: „*The 'non bis in idem' rule therefore rests on two complementary principles: one is the protection of individual freedom and the other is the importance for social peace of the validity in criminal law of 'res judicata'*".

Kapitel 7. „Rechtskräftig" im Sinne des Schengener Durchführungsübereinkommens (Mittlere Ebene)

A. Einleitung

Im *letzten Kapitel* wurden mit der Untersuchung des Prinzips *ne bis in idem* im deutschen, französischen und niederländischen Strafverfahrensrecht die Grundlagen für die rechtsvergleichende Auslegung des Begriffes *rechtskräftig* im Sinne des Art. 54 gelegt. Auf dieser Basis soll das Schengener *ne bis in idem* in *Kapitel sieben* anhand seiner Voraussetzungen (B.) und Wirkungen (C.) umschrieben werden. Ziel ist es, auf diese Weise zu einem zwischenstaatlich-autonomen Begriff zu gelangen, unter den die Verfahrensabschlüsse des nationalen Rechts subsumiert werden können.

B. Voraussetzungen des Eingreifens von *ne bis in idem*

Folgende Fragen sollen in diesem Abschnitt beantwortet werden: Sind besondere Eigenschaften eines Verfahrensabschlusses Voraussetzung für die Rechtskraft im Sinne des Art. 54? Können also lediglich bestimmte Formen oder Themen einer Entscheidung Strafklageverbrauch auslösen?

I. Horizontale Einschränkung bezüglich der Entscheidungsform? Notwendigkeit einer Entscheidung

Herkömmlicher Anwendungsbereich des Grundsatzes *ne bis in idem* ist in allen drei Ländern das Urteil des erkennenden Richters als auf der höchsten Stufe eines Strafverfahrens stehende Entscheidung.

Dies drückt sich dadurch aus, daß man die *ne bis in idem*-Wirkung im deutschen Recht als Ausfluß der materiellen Rechtskraft betrachtet, die uneingeschränkt nur dem Urteil zugebilligt wird. Bei richterlichen Beschlüssen ist von „beschränkter Rechtskraft",[840] bei staatsanwaltschaftlichen Entscheidungen, soweit ihnen ausnahmsweise eine gewisse Sperrwirkung zuerkannt wird, von „Bestandskraft"[841] oder „Rechtskraft i. w. S."[842] die Rede. Auch im französischen Recht knüpft sich die Diskussion in der Regel an die *„autorité de la chose jugée"*, die primär und in vollem Umfang nur dem Urteil eignet und der *non-lieu*-Entscheidung des *juge d'instruction*[843] zum Teil gar nicht[844] oder nur in beschränktem Maße[845] zuer-

---

[840] Vgl. die Nachweise bei *Radtke*: Systematik des Strafklageverbrauchs, 1994, S. 141 ff.

[841] Vgl. *Neu-Berlitz*: Einstellungsverfügung nach § 170 II 1 StPO, 1983, S. 47; *Radtke*: Systematik des Strafklageverbrauchs, 1994, S. 159 ff. m. w. N.

[842] Vgl. *Neu-Berlitz*: Einstellungsverfügung nach § 170 II 1 StPO, 1983, S. 6 f.

[843] Zur untersuchungsrichterlichen *non-lieu*-Entscheidung vgl. ausführlich *unten Kapitel 12, C. II. 2.*

kannt wird. Gleichwohl wird auch im Zusammenhang mit anderen Entscheidungsformen von *ne bis in idem* gesprochen. Ähnliches läßt sich in den Niederlanden beobachten. Die „*negatief gezag van het strafrechterlijk gewijsde*",[846] als die man das Prinzip *ne bis in idem* auch umschreibt, bezieht sich ihrem Wortlaut nach ausdrücklich auf das rechtskräftige Urteil (*gewijsde*). Dies schließt jedoch nicht aus, den Grundsatz auch im Hinblick auf staatsanwaltschaftliche Abschlußentscheidungen oder andere Verfahrensbeendigungen zu bemühen.

Grund dieser Fokussierung ist die traditionelle Ausrichtung des Strafverfahrens auf die Entscheidung durch den Richter im Urteilsverfahren. Aus der Gesamtschau der drei Systeme tritt aber hervor, daß sich das *ne bis in idem*-Prinzip darauf nicht beschränken läßt. Es ist seinem Wesen nach nicht an bestimmte Entscheidungsformen gebunden und gelangt mit der Zunahme alternativer Erledigungsarten im Strafverfahren auch insoweit zu wachsender Bedeutung. Demgemäß birgt *ne bis in idem* als Grundsatz im Sinne des Art. 54 keine *horizontale*[847] Restriktion. Das Charakteristikum *rechtskräftig* ist daher *an sich* von der Entscheidungsform und damit auch von dem Entscheidungsorgan unabhängig, wird aber seinerseits durch das Merkmal des *Urteils*, einer weiteren Tatbestandsvoraussetzung des Art. 54 horizontal eingeschränkt.

Demgegenüber verdeutlichen die Ergebnisse der Analyse der nationalen Regelungen, daß eine *Entscheidung* eines Strafverfolgungsorganes selbst notwendige Voraussetzung des *ne bis in idem*-Effektes ist. Darin unterscheidet sich diese Regel auch von anderen Verfahrenshindernissen. Die unter anderem auf die Wahrung der staatlichen Autorität Bezug nehmende Begründung der Sperrwirkung in allen drei Ländern bestätigt dies. Denn die Autorität kann erst in einer formellen Äußerung staatlicher Organe zum Ausdruck kommen. Nicht zuletzt ist auch jede verfahrensbeendende Entscheidung Ausdruck eines durchgeführten, wenn auch im Einzelfall unter Umständen nur kurzen Verfahrens. Erst die vorangegangene Befassung mit der Tat provoziert das Verbot: *Ne bis in idem.*

Aus diesem Grunde kann folgende niederländische Regelung nicht unter das *ne bis in idem*-Prinzip subsumiert werden: Art. 255 Abs. 4 i. V. m. Abs. 1 WSv ordnet an, daß der Beschuldigte, nachdem die Staatsanwaltschaft bestimmte Fristen versäumt hat, nur dann wegen derselben Tat wieder verfolgt werden darf, wenn neue Verdachtsgründe bekannt geworden sind. In dieser Konstellation liegt aber gerade keine Entscheidung der Staatsanwaltschaft über den Einzelfall vor.

Weder überzeugend noch praktikabel erscheint der Vorschlag von *Thomas*, auch die Verjährung der Straftat als „*... funktionale[s] Äquivalent zu einem Freispruch ...*"[848] zu betrachten. Dieses Konzept würde letztlich zu einem Zerfließen sämtlicher Verfahrenshindernisse führen. Die besondere Erwartung der Gesellschaft und des betroffenen Einzelnen, sich auf die Entscheidung, die eine staatlicherseits vorangegangene Befassung mit einem strafrechtlich relevanten Verhalten und die damit zusammenhängenden Belastungen abschließt, verlassen zu können, ist Eigenart gerade des *ne bis in idem*-Verfolgungshindernisses und vornehmlicher Grund für die Notwendigkeit seiner Transformation in den zwischenstaatlichen Bereich. Weitergedacht hätte die transnationale Geltung innerstaatlicher Verjährungsvor-

---

844 Vgl. *oben Teil 3, vor Kapitel 6.*

845 „*Autorité de la chose jugée relative et provisoire*" (vgl. *Bouzat/Pinatel*: Dr. pén. et criminol. II, 1970, Rn. 1533).

846 Dazu vgl. *oben Kapitel 6, D.*

847 Zur *horizontalen* Differenzierung vgl. *oben Kapitel 2, A.* Gegenstück ist die *vertikale* Einschränkung. Dazu *unten B. II.*

848 *Thomas*: Recht auf Einmaligkeit, 2002, S. 304.

schriften ferner zur Folge, daß die Verfolgung in allen anderen Staaten ausgeschlossen wäre, wenn in einem Staat ein beliebiges Verfolgungshindernis vorläge. Dessen Feststellung wäre zum einen aber wesentlich aufwendiger als die einer vorangegangenen Entscheidung. Zum anderen würde dies letztlich in einer die Verfahrenshindernisse betreffende Harmonisierung des Rechtsraums in dem Sinne münden, daß hinsichtlich jedes Hindernisses die für den Beschuldigten günstigste Regelung heranzuziehen wäre. Ob eine solche, völlig andere Dimension aber gewollt ist, ist eine separate Problematik, in deren Rahmen auch die Frage nach der Vereinbarkeit mit dem innerstaatlich austarierten Recht aufzuwerfen wäre.

Anders aber sind vergleichsähnliche Abschlüsse wie die deutsche Einstellung nach § 153a StPO oder die französischen und niederländischen Transaktionsregelungen zu bewerten. Die Sperrwirkung tritt in diesen Fällen zwar erst mit der Erfüllung der Bedingungen oder Auflagen ein.[849] Gleichwohl wird der Weg zu dieser Erledigungsform durch die nach Prüfung aller Umstände getroffene Wahl des Verfolgungsorgans, also eine Entscheidung, eröffnet und beherrscht.

II. Vertikale Einschränkung bezüglich des Entscheidungsthemas?

Die Varietät des Eingreifens des *ne bis in idem*-Prinzips in den drei verschiedenen Rechtsordnungen[850] veranschaulicht, daß keine generelle Beschränkung seiner Anwendbarkeit auf solche Entscheidungen existiert, die unmittelbar die Schuldfrage[851] betreffen. Statt dessen können auch auf Verfahrenshindernisse gestützte oder die Opportunität der Verfolgung verneinende Aussprüche die Sperrwirkung auslösen. Dies gilt allerdings nicht uneingeschränkt: Das niederländische Urteil, das sich nicht unmittelbar zur Tat selbst ausspricht, erwächst beispielsweise nicht in Rechtskraft.

Dies veranlaßt die Frage, ob der Begriff *rechtskräftig* im Sinne des 3. Kapitels des SDÜ nicht eine diesbezügliche Einschränkung, eine Art *vertikaler* Begrenzung, erfordert.

Die Bezeichnung *„vertikal"* wurde gewählt, weil die unterschiedlichen Entscheidungsthemen prinzipiell auf jeder Entscheidungsstufe des Strafverfahrens vorkommen können. So kann eine staatsanwaltschaftliche Einstellung sowohl auf prozessualen (Tat/Täter nicht verfolgbar), sachlichen (Tat/Täter nicht strafbar) oder Opportunitätsgründen (Verfolgung nicht zweckmäßig) basieren. Von den letztgenannten Motiven abgesehen können die Gründe auf jeder höheren Stufe (z. B. gerichtliche Ablehnung der Eröffnung des Hauptverfahrens oder Endurteil) zur Verfahrensbeendigung führen.[852]

Ein hinsichtlich der Entscheidungsthemen weites, also sowohl Prozeß-, Sach- und Opportunitätsentscheidungen einbeziehendes Verständnis implizierte, daß ein Vertrags-

---

849 Vgl. z. B. § 153a Abs. 1 S. 5 StPO und Art. 74 Abs. 1 S. 2 WSr.

850 Vgl. *oben Kapitel 6, B., C., D., jeweils III.*

851 Mit der „Schuldfrage" sind in diesem Zusammenhang nicht nur die Konstellationen gemeint, in denen das Gericht die Frage, ob es von der Schuld des Täters *überzeugt* ist, bejahend oder verneinend beantwortet. Bezeichnet werden sollen auch die Entscheidungen, die über das Vorliegen eines *Verdachtes* der Schuld ergehen.

852 Der Begriff des *Urteils* gebietet hingegen eine Differenzierung im Hinblick auf die *horizontale* Ebene, denn er definiert, die Entscheidungen welcher Verfahrensstufen einzubeziehen sind (vgl. *unten B. I.* und *oben Kapitel 2, A.*).

staat einen ausländischen Verfahrensabschluß anerkennen müßte, obgleich eine inhaltlich vergleichbare Entscheidung nach seinem eigenen Recht nicht rechtskräftig wäre.

Unter dieser Voraussetzung dürfte beispielsweise in den Niederlanden keine Strafverfolgung mehr wegen eines Geschehens eingeleitet werden, hinsichtlich dessen der Beschuldigte in Frankreich bereits freigesprochen wurde, weil diese Tat dort verjährt war. Dies gilt selbst dann, wenn sich nachträglich herausstellt, daß die Verjährung tatsächlich noch gar nicht eingetreten war. In Frankreich hat nämlich ein Umstand, der – wie die Verjährung – die öffentliche Klage erlöschen läßt, einen die Strafklage verbrauchenden Freispruch zur Folge.[853] Hätte die Verjährung der Tat demgegenüber in den Niederlanden zu einem Urteil geführt, würde dort ein zweites Verfahren nach niederländischem Recht nicht gegen das Doppelverfolgungsverbot verstoßen und wäre zulässig, wenn sich im nachhinein herausstellt, daß die Voraussetzungen der Verjährung gar nicht vorliegen.

Eine Alternative läge darin, den Begriff *rechtskräftig* im Sinne des Art. 54 an die Voraussetzung einer Entscheidung über die Schuldfrage zu knüpfen. Dies wird zum Teil befürwortet.[854] In diesem Falle wären all jene innerstaatlichen Verfahrensabschlüsse nicht im Sinne des Übereinkommens *rechtskräftig*, die aufgrund eines Verfahrenshindernisses oder der mangelnden Opportunität der Verfolgung ergehen, selbst wenn sie nach innerstaatlichem Recht eine Sperrwirkung für die Zukunft besitzen.

Ausgeschlossen wären in diesem Falle Entscheidungen wie das deutsche Einstellungsurteil aufgrund eines unbehebbaren Verfahrenshindernisses.

Indizien zugunsten einer derartigen Einschränkung des Begriffes *rechtskräftig* bietet Art. 54 jedoch nicht. Dies gilt zum einen unter dem grammatikalisch-systematischen Gesichtspunkt: Die Vorschrift erwähnt in Verbindung mit den Vollstreckungserfordernissen zwar das verurteilende Erkenntnis besonders. Im übrigen aber läßt sie offen, worauf die Verfahrensbeendigungen in inhaltlicher Hinsicht gründen müssen.

Zum anderen aber sprechen Sinn und Zweck der Schengener *ne bis in idem*-Vorschrift[855] nicht für, sondern gegen eine Restriktion. Eine solche würde nämlich zu einer Lockerung des Schutzes des Beschuldigten vor erneuter Verfolgung wegen derselben Tat innerhalb der Schengenstaaten führen. In Fällen, in denen zwar noch nicht zur Täterschaftsfrage selbst Stellung genommen, das Verfahren im Erstentscheidungsstaat gleichwohl endgültig abgeschlossen wurde, könnte er nicht darauf vertrauen, auch in anderen Staaten unbehelligt zu bleiben. Dies würde der individuellen Rechtssicherheit des Beschuldigten zuwiderlaufen, deren Wahrung Art. 54 bezweckt. Auch der Wunsch nach einer vertrauensvollen polizeilichen und justiziellen Zusammenarbeit rechtfertigt keine entscheidungsthematische Einschränkung. Denn die Gefahr der doppelten Verwendung von Informationen, die im Rahmen der Kooperation erlangt wurden, besteht unabhängig davon, ob das Erstverfahren mit einer Prozeß-, Sach- oder Opportunitätsentscheidung endet. Begünstigt

---

[853] Vgl. *unten Kapitel 9, C. IV.*

[854] Vgl. z. B. *Grotz*: SDÜ u. ne bis in idem, StraFo 1995, S. 102 ff. Ähnl. auch schon *Grützner*: Anerkennung eur. Strafurteile, NJW 1969, S. 345 ff., 351 im Rahmen der Forderung nach einem internationalen *ne bis in idem*: „*Hinzu kommt, daß der Täter entweder aus anderen als verfahrensrechtlichen Gründen freigesprochen worden ist* ...".

[855] Vgl. dazu i. e. *Kapitel 4, B. IV. 2. b.*

wäre durch den Verzicht auf eine Beschränkung schließlich das Streben nach effizientem Einsatz der Ressourcen der Strafverfolgungsorgane im Schengenbereich.[856]

Speziell gegen eine Unterscheidung zwischen Verfahrens- und Sachentscheidungen sprechen im übrigen auch die Schwierigkeiten bei der Abgrenzung beider.[857] Zum Teil wird sogar der Sinn der Trennung zwischen „Begründung" und „Verfolgung" eines „Strafanspruches" geleugnet und vorgeschlagen, „... *im Strafrecht von einer Einheit der Bestimmungen auszugehen, die dem Richter die Voraussetzungen nennen, unter denen er eine Strafrechtsfolge festsetzen soll.*"[858] In diesem Sinne stellt sich auch die Frage, inwieweit wertungsmäßig eine Differenzierung zwischen der aufgrund eines Verfahrenshindernisses beendeten Verfolgung und einem Freispruch gerechtfertigt wäre, der durch ein Beweisverbot veranlaßt wurde. Man denke beispielsweise an das im niederländischen Strafverfahren geltende Verbot, lediglich aufgrund der Angaben des Angeklagten selbst zu verurteilen.[859] Warum sollen die sogenannte Sachentscheidung *beeinflussende* und *modifizierende* Verfahrensregeln im zwischenstaatlichen Bereich Wirkung besitzen, nicht aber solche, die diese gänzlich *verhindern*? Eine Grenzziehung zwischen prozessual und sachlich begründeten Verfahrensabschlüssen im Rahmen des zwischenstaatlichen *ne bis in idem* müßte daher willkürlich erscheinen.

Der Umstand, daß im Einzelfall bei den Folgen konkreter Entscheidungsinhalte Unterschiede zwischen den verschiedenen Schengener Rechtsordnungen existieren,[860] kann kein Argument für ein eingeschränktes Begriffsverständnis sein. Denn dies ist Konsequenz der im Zusammenhang mit dem zwischenstaatlichen *ne bis in idem* immer notwendigen Anerkennung der Eigenheiten eines anderen Rechtssystems. Diese Akzeptanz ausländischer Entscheidungen verbietet gerade die Frage, ob die Strafverfolgungsbehörden im zweiten Staat aufgrund der dortigen Rechtslage zu demselben Ergebnis gelangt wären.

„*Mutual recognition is not only about admitting that we will accept a foreign decision as if it were our own, it is also about admitting that it might not fit in with our own legal system.*"[861]

Eine entscheidungsthematische, somit *vertikale* Einschränkung des *ne bis in idem*-Prinzips im Rahmen des Art. 54 ist demnach weder durch die grammatikalisch-systematische noch durch die teleologische Auslegung geboten. Daher kann sowohl die Wirkung des auf verfahrensrechtlichen oder sachlichen als auch des auf Zweckmäßigkeitsgründen basierenden Verfahrensabschlusses im Grundsatz übertragen werden.

---

856 Dies hebt auch *Specht*: Ne bis in idem, 1999, S. 151 f. hervor.

857 Vgl. z. B. *Schmidhäuser*: Strafbarkeitsbedingungen, ZStW 1959, S. 545 ff., 552; *Volk*: Prozeßvoraussetzungen, 1978, S. 11 ff. Zum niederländischen Recht vgl. *van Dorst*: Verfolgingsbeletselen, 1989, S. 106 f. mit Beispielen.

858 Vgl. *Schmidhäuser*: Strafbarkeitsbedingungen, ZStW 1959, S. 545 ff., 551.

859 Vgl. dazu *unten Kapitel 9, D. IV.*

860 Vgl. *oben um Fn. 853.*

861 *Nilsson*: Mutual Trust, in: Kerchove/Weyembergh (Hrsg.): La reconnaissance mutuelle, 2001, S. 155 ff., 157.

III. Ergebnis

Hinsichtlich seiner Voraussetzungen knüpft der Begriff *rechtskräftig* im Sinne des Art. 54 an eine *Entscheidung* eines Strafverfolgungsorgans an. Verfahrensbeendigungen, die auf andere Weise zustande kommen und nicht auf einer Entscheidung beruhen, erfüllen dieses Erfordernis nicht und können daher auch nicht *rechtskräftig* sein. Soweit eine Entscheidung vorliegt, spielt es keine Rolle, in welcher Form und durch welches Organ, mithin auf welcher Stufe des Strafverfahrens sie ergangen ist. Ebensowenig ist dann von Bedeutung, ob es sich inhaltlich um eine Prozeß-, Sach- oder Opportunitätsentscheidung handelt. Grundsätzlich sind also alle *Entscheidungen* geeignet, unter den Schengener *ne bis in idem*-Begriff zu fallen.

C. Wirkungen des Eingreifens von *ne bis in idem*

Unter dieser Überschrift soll überprüft werden, welche Wirkungen ein Verfahrensabschluß haben muß, um als *rechtskräftig* im Sinne des Art. 54 zu gelten.

Ne bis in idem verbietet grundsätzlich die erneute Befassung mit dem Gegenstand der vorangegangenen Entscheidung. Der für die Zukunft sperrende Effekt tritt also aufgrund der mangelnden inhaltlichen Revisibilität der Entscheidung ein. Diese ist jedoch in den meisten Fällen nicht gänzlich absolut, da die Wiederaufnahmevorschriften selbst bei rechtskräftigen Urteilen eine Überprüfung der Entscheidung und damit eine Durchbrechung der *ne bis in idem*-Wirkung gestatten.[862] Daraus resultiert erstens die Frage, ob von *ne bis in idem* im zwischenstaatlich-autonomen Sinne möglicherweise nur dann gesprochen werden kann, wenn ein bestimmter (Mindest-)Umfang der Sperrwirkung Folge der Entscheidung ist.

Zweitens ist zu untersuchen, ob der Gegenstand der Sperrwirkung, also die Tat, für das *ne bis in idem*-Prinzip des Art. 54 von Bedeutung ist.

Schließlich veranlassen drittens bestimmte Arten niederländischer Verfahrensabschlüsse die Frage, ob tatsächlich *jedes*, auf einer Entscheidung basierende Hindernis gegenüber einer erneuten Verfolgung als *ne bis in idem*-Effekt betrachtet werden kann.

I. Umfang der Sperrwirkung

Keinerlei Einschränkung veranlaßt die rechtsvergleichende Auslegung hinsichtlich des *Umfangs*[863] der Sperrwirkung, also des Verhältnisses der Sperrwirkung zu ihrer jeweiligen Durchbrechungsmöglichkeit bei einem Verfahrensabschluß. Eine Grenzziehung, durch

---

862 Vgl. *oben Kapitel 6, B., C., D., jeweils IV. 1.* sowie *Kapitel 9, B., C., D., V.*

863 Zum Begriff des Umfangs der Sperrwirkung siehe *oben Kapitel 6, B. IV. 1.*

die beispielsweise nur solche Entscheidungen als *rechtskräftig* betrachtet würden, nach denen das Verfahren gar nicht oder lediglich im Falle des Auftauchens von *nova* fortgesetzt werden kann, wäre angesichts der unterschiedlichen Rechtskraftregelungen in den einzelnen Rechtsordnungen willkürlich. Aus diesem Grunde ist das Prinzip zwangsläufig weit zu begreifen.

Eine Restriktion, die auf systemkompatible Weise geschehen muß und damit sachgerecht nicht durch eine exakte Umschreibung der Sperrwirkung zu leisten ist,[864] erfolgt erst durch den Begriff des *Urteils*. Dieser führt seinerseits mittelbar auch dazu, daß nur mit einem höheren Maß an Sperrwirkung ausgestattete Verfahrensabschlüsse durch Art. 54 berücksichtigt und damit als Verfolgungshindernis auf den zwischenstaatlichen Bereich transformiert werden.[865]

II. Gegenstand der Sperrwirkung

Der *Gegenstand* der innerstaatlichen Sperrwirkung ist in den drei untersuchten Strafverfahrensordnungen sehr unterschiedlich. In Abweichung zur französischen Praxis kann sowohl dem deutschen als auch dem niederländischen Tatbegriff ein erheblich weiteres Verständnis attestiert werden.[866] Während in Frankreich – vor allem im Hinblick auf die zahlenmäßig weitaus bedeutsameren polizei- und korrektionalgerichtlichen Urteile – fast ausschließlich normative Elemente geprüft werden, werden in Deutschland und den Niederlanden vor allem vorjuristische Maßstäbe angewandt, die allerdings ihrerseits auch mit rechtlichen Elementen angereichert werden. Durch das Zusammenspiel der Auffassung über den Umfang des *„feit"*[867] mit dem Verbot der Wiederaufnahme zuungunsten des ehemals Angeklagten gewährt das niederländische Strafverfahrensrecht einen weitreichenderen Schutz gegen eine erneute Verfolgung als dies in den beiden anderen Ländern der Fall ist. Diese Differenzen verdeutlichen am Beispiel des Tatbegriffes ein weiteres Mal, daß die grundsätzliche Geltung des Prinzips unabhängig sein muß von seinem Umfang im Einzelfall: Ob also einer verfahrensbeendenden Entscheidung im Einzelfall *ne bis in idem*-Wirkung zuerkannt werden kann, ist abgekoppelt von dem konkret von der Sperrwirkung umfaßten Gegenstand zu würdigen.

Eine andere, später noch zu erörternde Frage ist allerdings, ob nach Bejahung des innerstaatlichen *ne bis in idem* im Rahmen der Transformation des Verfolgungshindernisses in den zwischenstaatlichen Raum ein dem Art. 54 eigener Tatbegriff zwischenzuschalten ist oder ob die nationale Sichtweise exakt auch nach außen getragen wird.[868]

---

864 Vgl. *oben Kapitel 3, B. VIII.* (*Bohnert/Lagodny*).

865 Dazu noch *unten Teil 4, insb. Kapitel 10, A.*

866 Vgl. *oben Kapitel 6, B., C., D., jeweils IV. 2.*

867 *„Tat"*.

868 Vgl. *unten Kapitel 8.*

III. Abwägungsunabhängige Wirkung des *ne bis in idem*

Die polizeiliche[869] und die informelle staatsanwaltschaftliche Einstellung[870] im niederländischen Strafverfahren bewirken, daß die Verfolgung anschließend nur dann eingeleitet werden darf, wenn das *berechtigte Vertrauen* des Beschuldigten nicht entgegensteht. Ob das Vertrauen letztlich berechtigt ist, hängt von den Umständen des Einzelfalls ab, die zur Abwägung des Beschuldigtenvertrauens auf die Einstellungsentscheidung gegen die für die Verfolgung sprechenden Punkte herangezogen werden.[871] Ist dieses Hindernis gegenüber erneuter Verfolgung, das durch das vom Beschuldigten gebildete Vertrauen vermittelt wird, auch als *ne bis in idem* zu verstehen?

Vertritt man die Ansicht, daß *jede* der Fortsetzung oder Wiedereröffnung gegenüber bestehende Hürde nach einem durch Entscheidung abgeschlossenen Verfahren als *ne bis in idem*-Wirkung gilt, muß man die Frage positiv beantworten. *Radtke* sieht dies wohl so und bejaht daher die *ne bis in idem*-Wirkung einer auf § 153 Abs. 1 StPO basierenden Einstellung, soweit als Voraussetzung für die Neuaufnahme ein *sachlich einleuchtender Grund* gefordert wird:

> „*Hängt die Möglichkeit, ein abgeschlossenes Strafverfahren wiederaufzunehmen, von bestimmten sachlichen Voraussetzungen ab, so setzt dies voraus, daß die ursprünglich verfahrensbeendende Entscheidung in dem Maße rechts- bzw. bestandskräftig wird, in dem die Wiederaufnahme unzulässig ist.*"[872]

Sachliche Voraussetzung der Neuaufnahme der durch die genannten niederländischen Einstellungsarten beendeten Verfahren wären die für die Verfolgung sprechenden Belange, die schwerer wiegen als der Vertrauensschutz.

Der Ansatz, jedes Hindernis gegenüber einer Neuaufnahme des Strafverfahrens und damit auch das Vertrauen des Beschuldigten oder das Fehlen eines sachlich einleuchtenden Grundes als *ne bis in idem*-Wirkung zu sehen, ist jedoch zu umfassend und erfordert eine Einschränkung. Das Prinzip *ne bis in idem* basiert wesentlich auch auf der Forderung nach kollektiver Rechtssicherheit. Die Berücksichtigung des Vertrauens kann aber allenfalls der individuellen Rechtssicherheit als Grundlage der *ne bis in idem*-Regel dienen. Denn Maßstab der Beurteilung, ob schutzwürdiges Vertrauen vorliegt, sind immer die konkreten Umstände des Einzelfalls, die in ihrer Bedeutung gewichtet und abgewogen werden müssen. Gleiches trifft auf *Radtkes* Kriterium des sachlichen Grundes für die Fortsetzung des Verfahrens zu: Was im Einzelfall nämlich sachlich einleuchtend wäre und nicht gegen das Willkürverbot verstieße, müßte sich immer nach den konkreten Umständen beurteilen, wobei auch die Lage des Beschuldigten zu berücksichtigen wäre.[873] Vertrauensschutz

---

869 Zur polizeilichen Einstellung vgl. *unten Kapitel 12, D. I. 3.*

870 Zur informellen staatsanwaltschaftlichen Einstellung vgl. *unten Kapitel 12, D. I. 2.*

871 Dazu i. e. *unten Kapitel 12, D. I. 2. e.*

872 *Radtke*: Systematik des Strafklageverbrauchs, 1994, S. 245 (Hervorhebungen der *Verf.*).

oder individuelle Rechtssicherheit als Rechtfertigung des Strafklageverbrauchs meint indessen *institutionalisierten Vertrauensschutz*, nicht aber Abwägung im Einzelfall.[875] Es geht also gerade nicht darum zu prüfen, ob die Person auf die Richtigkeit der Entscheidung vertrauen durfte.[876] Die individuelle Komponente der Rechtssicherheit wird auf diese Weise im Interesse der kollektiven Komponente begrenzt. Denn im Hinblick auf das Sicherheitsbedürfnis der Gemeinschaft bieten Aspekte, die mit ihrem *relativen* Gewicht erst noch in eine Abwägung einfließen, nicht ausreichend Verläßlichkeit.[877] Dies gilt in verstärktem Maße für den zwischenstaatlichen Bereich. Daß im Zweitverfolgungsstaat nicht beurteilt werden kann, ob im konkreten Fall unter Berücksichtigung aller Umstände ein sachlicher Grund für die Weiterverfolgung besteht oder ob der Betroffene Vertrauensschutz beanspruchen kann, zeigen schon die Schwierigkeiten des Umgangs mit der fremden Rechtsordnung, wenn es lediglich um Rechtsvorschriften geht. Wie weit also die Beendigungswirkung einer Entscheidung reicht, in welchen Fällen Durchbrechungen gestattet sind, muß von einer Abwägung unabhängig bestimmt und erkennbar sein. In diesem Sinne spricht *Eberhard Schmidt* auch von der *„Rechtskraftwirkung mit ihrer unabdingbaren Starrheit"*.[878]

Dies korrespondiert auch mit den in den drei Rechtsordnungen geschilderten Beendigungswirkungen. Unabhängig vom Umfang der Sperrwirkung ermöglicht die jeweilige Regelung stets eine präzise Bestimmung der Reichweite des Verfolgungsverbots und der Gestattung der Fortsetzung des Verfahrens. Im Gegensatz zu Erwägungen des Vertrauensschutzes oder zu der Frage nach einem sachlichen Grund für das Umstoßen einer vorangegangenen Einstellungsentscheidung ist die Frage nach enumerierten Wiederaufnahmevoraussetzungen, nach neuen Verdachtsgründen oder einer höheren Deliktskategorie[879] klar umgrenzt. Aus diesem Grunde stellt es auch keinen Widerspruch dar, gleichzeitig mit der Forderung nach Vertrauensschutz oder einem sachlich einleuchtenden Grund das Vorliegen des Strafklageverbrauchs zu verneinen.[880]

---

873 Vgl. auch *Schroeder*: Rechtskraft staatsanwaltschaftlicher Einstellungsverfügungen, NStZ 1996, S. 319 f., 320: „... *schon die Darlegung, der Amtsvorgänger habe die Geringfügigkeit fälschlich zu hoch angesetzt, kann 'sachlich einleuchten'.*"

874 Vgl. auch *Schroeder*: Rechtskraft staatsanwaltschaftlicher Einstellungsverfügungen, NStZ 1996, S. 319 f., 320: *„Denn schon die Darlegung, der Amtsvorgänger habe die Geringfügigkeit fälschlich zu hoch angesetzt, kann 'sachlich einleuchten'.*"

875 Insoweit ähnl. auch *Radtke*: Systematik des Strafklageverbrauchs, 1994, S. 243 f., 279: *„Ein umfassend verstandenes Vertrauensschutzprinzip ist zwar Grundlage sowohl des Instituts der Rechtskraft als auch der Bestandskraft, es eignet sich aber nicht zur Lösung von Einzelproblemen aus dem Bereich der Rechtskraft.*"

876 Auf diese Weise aber möchte *Neu-Berlitz*: Einstellungsverfügung nach § 170 II 1 StPO, 1983, S. 65 f. die Bestandskraft der staatsanwaltschaftlichen Einstellung nach § 170 Abs. 2 StPO begründen. Krit. dazu *Radtke*: Systematik des Strafklageverbrauchs, 1994, S. 278 ff.

877 Vgl. auch *Radtke*: Systematik des Strafklageverbrauchs, 1994, S. 382 selbst: *„Die Ausrichtung der Sperrwirkung der Verfügung gemäß § 170 Abs. 2 anhand des verfassungsrechtlichen Willkürverbotes ist vage ...*".

878 *Schmidt, Eb.*: Lehrkommentar I, 1964, Rn. 312.

879 Vgl. zu den verschiedenen Neuaufnahmevoraussetzungen i. e. *oben Kapitel 6, B., C., D., jeweils IV. 1.* sowie *unten Kapitel 12*, jeweils *„Sperrwirkung"*.

880 Vgl. KK-*Schoreit*: StPO, 2003, § 153, Rn. 44. Anders aber *Radtke*: Systematik des Strafklageverbrauchs, 1994, S. 245.

IV. Ergebnis

Maß und Gegenstand, das heißt Reichweite der Durchbrechungsmöglichkeiten und Tatbegriff, sind irrelevant, soweit es um die Frage des „*Ob*" der *ne bis in idem*-Wirkung geht. Insoweit ist der Begriff *rechtskräftig* hinsichtlich seiner Wirkung nicht konkret ausgeformt. Allerdings kann von einer im Sinne des Art. 54 *rechtskräftigen* Entscheidung nur gesprochen werden, wenn ihre Wirkung in einer *abwägungsunabhängigen* Sperre gegen die erneute Verfolgung besteht. Gemeint ist damit ein Hindernis, das frei von einer Abwägung der Umstände des Einzelfalls festgestellt werden kann. Nicht ausreichend für die Bejahung des Merkmals *rechtskräftig* ist deshalb ein relatives Hindernis wie beispielsweise der Vertrauensschutz.

D. Zusammenfassung

Ziel des *Kapitels sieben* war es, den zwischenstaatlich-autonomen Begriff *rechtskräftig* im Sinne des Art. 54 zu ermitteln:

Als *rechtskräftig* kann jede *Entscheidung* bezeichnet werden, die eine *abwägungsunabhängige Sperrwirkung* gegenüber erneuter Verfolgung auslöst.[882]

Das bedeutet, daß zum einen ein nicht auf einer Entscheidung beruhender, beispielsweise durch Fristablauf veranlaßter Verfahrensabschluß – selbst, wenn er eine *ne bis in idem*-ähnliche Verfolgungssperre darstellt – nicht unter den Begriff *rechtskräftig* fällt. Zum anderen aber sind auch Erledigungsformen ausgenommen, aus denen ein im Einzelfall erst noch durch Abwägung der konkreten Umstände zu ermittelndes Verfolgungshindernis resultiert.

Im Auge zu behalten ist allerdings, daß selbst eine rechtskräftige, also eine abwägungsunabhängige Verfolgungssperre bewirkende Entscheidung nicht automatisch ein zwischenstaatliches *ne bis in idem* auslöst. Die *Rechtskraft* im Sinne des Art. 54 stellt nur *eine* notwendige Voraussetzung dafür dar. Hinreichende Voraussetzung ist sie nicht. Denn nur diejenigen rechtskräftigen Verfahrensabschlüsse führen zu einer Sperrwirkung im Ausland, die gleichzeitig auch *Urteile* sind. Durch das Erfordernis des *Urteils* filtert Art. 54 in horizontaler Hinsicht bestimmte Formen rechtskräftiger Entscheidungen aus.[883]

Gegenüber der Entscheidungsform ist der Begriff *rechtskräftig* des Art. 54 an sich allerdings ebenso indifferent wie gegenüber dem Thema der Entscheidung (es ergibt sich weder eine *horizontale* noch eine *vertikale* Einschränkung). Es spielt daher keine Rolle, ob es sich um ein richterliches Urteil oder um eine staatsanwaltschaftliche Einstellung, ob es sich um eine Sach- oder um eine Opportunitätsentscheidung handelt. Weitere Voraussetzungen als diejenige, daß er eine Entscheidung darstellt, muß der Verfahrensabschluß nicht erfüllen.

---

881 Vgl. *unten Kapitel 8.*

882 Vgl. auch *Biehler/Kniebühler/Lelieur-Fischer/Stein* (eds.): Freiburg Proposal, 2003, § 6 (2) (d): „*'Finally disposed of' refers to a decision terminating the prosecution in a way that – according to the legal system which ruled the first proceeding – bars future prosecution and makes reopening subject to exceptional substantial circumstances.*"

883 Vgl. dazu *oben Kapitel 2, A. und unten Teil vier.*

Ähnliches gilt für die Seite der Wirkungen einer Prozeßerledigung. Unerheblich sind der konkrete Umfang des jeweiligen Strafklageverbrauchs, also das Verhältnis zwischen Sperrwirkung und Möglichkeit der Rechtskraftdurchbrechung, sowie der Gegenstand, die Tat, auf die sich die Sperrwirkung bezieht. Dazu spricht sich der Rechtskraftbegriff nicht aus.

Als Ergebnis kann also ein relativ weiter zwischenstaatlicher Begriff[884] festgehalten werden, dessen zwei Merkmale, *Entscheidung* und *abwägungsunabhängige Sperrwirkung*, im übrigen viel Raum für die Ausformung *in concreto* durch innerstaatliches Recht lassen. So bestimmen sich Entscheidungsform, -organ und -thematik ebenso nach nationalen Vorschriften wie die Reichweite der Durchbrechungsmöglichkeiten und der Tatbegriff.

Gerade die beiden letztgenannten durch den Begriff *rechtskräftig* offengelassenen Aspekte auf Rechtsfolgenseite, nämlich Umfang sowie Gegenstand der Sperrwirkung, werfen bei der Übertragung auf den zwischenstaatlichen Bereich Schwierigkeiten auf. Die damit im Zusammenhang stehenden Probleme werden im folgenden *Kapitel acht* untersucht.

---

[884] Zum Charakter des übernationalen Begriffs vgl. *oben Kapitel 5, B. IV.*

Kapitel 8. Das transnationale *ne bis in idem*. Konsequenzen für die Funktionsweise des Artikels 54 des Schengener Durchführungsübereinkommens (Höchste Ebene)

A. Einleitung. Problemaufriß

Die Untersuchung hat gezeigt, daß die Reichweite der *ne bis in idem*-Wirkung einer Entscheidung sehr unterschiedlich sein kann. Umfang[885] und Gegenstand der Sperrwirkung können verschieden weit greifen. Abhängig ist dies auf der einen Seite von der jeweiligen innerstaatlichen *Neuaufnahmeregelung* und auf der anderen Seite vom nationalen Verständnis des *Tatbegriffes*.

Diese Feststellung veranlaßt die Untersuchung der Frage, wie sich diese einzelstaatlichen Differenzen auf die Reichweite des zwischenstaatlichen Verfolgungshindernisses auswirken können. Welche *Rechtsfolgen* resultieren also aus dem Eingreifen des Art. 54?

Verursacht Art. 54 immer ein unumstößliches und vollständiges Verfahrenshindernis für die anderen Vertragsstaaten, wie es der kategorisch wirkende Wortlaut der Vorschrift – „... *darf durch eine andere Vertragspartei wegen derselben Tat nicht verfolgt werden* ...“ – zumindest auf den ersten Blick nahelegt? Oder kann dieses grundsätzliche Verfolgungsverbot unter bestimmten Umständen auch durchbrochen werden? Wäre also eine *Neuaufnahme* im zweiten Staat nach rechtskräftigem Abschluß im Erstverfolgungsstaat denkbar?

Welchen Gegenstand betrifft das Verfolgungsverbot? Was ist, anders ausgedrückt, mit der Formulierung *dieselbe Tat* gemeint? Existiert ein völlig eigenständiger Begriff im Sinne des Art. 54 oder verweist die Regelung – zumindest zum Teil – auf das nationale Recht?

Insbesondere im Hinblick auf die Neuaufnahme entfaltet sich erst neuerdings ein gewisses Problembewußtsein in der das grenzüberschreitende *ne bis in idem* betreffenden Diskussion.[886] In Ansehung der jahrzehntelangen Erörterung, ob ausländische Strafurteile im Inland überhaupt anerkannt werden sollen, ist dies auch nur allzu verständlich: Viele Rechtsordnungen verbieten die nachteilige Wiederaufnahme nach einem rechtskräftigen Strafurteil gänzlich. Auch in den Staaten, in denen sie gestattet ist, zählt diese Rechtskraftdurchbrechung – aufgrund ihrer hohen Voraussetzungen – gewöhnlich zu den äußerst seltenen Vorkommnissen. Das Problem, ob die Verfolgung in einem zweiten Staat nach den Regeln der Neuaufnahmevorschriften fortgesetzt werden darf, war praktisch nicht relevant. Seit man allerdings beginnt, auch über die Berücksichtigung von Entschei-

---

885 Siehe dazu *oben Kapitel 6, B. IV. 1.*

886 Siehe beispielsweise den Vorschlag der *Kommission der Europäischen Gemeinschaft unten C. I. vor Fn. 902*; *OLG Innsbruck*, B. vom 02. 02. 2000, NStZ 2000, S. 663 ff., 665; *Kühne*: Anm. zu BGH vom 10. 06. 1999, StV 1999, S. 480 ff., 481; *Specht*: Ne bis in idem, 1999, S. 158; *Bohnert/Lagodny*: Art. 54 SDÜ im Lichte der nationalen Wiederaufnahmegründe, NStZ 2000, S. 636 ff., 640; *Radtke/Busch*: Transnationaler Strafklageverbrauch in den sog. Schengen-Staaten, EuGRZ 2000, S. 421 ff., 429; *Hecker*: Art. 54 SDÜ, StV 2001, S. 306 ff., 309. Vgl. aber bereits *Strijards*: Revisie, 1989, S. 135.

dungen mit einer geringeren Sperrwirkung nachzudenken, erwächst dieser Bereich zu einem bedeutsamen Fragenkreis. An dieser Stelle soll die Problematik – wie zuvor bereits angekündigt[887] – offen und unter Einbeziehung aller im Sinne des Art. 54 rechtskräftigen[888] Erledigungsformen behandelt werden.

B. Theoretische Möglichkeiten

Zwei[889] verschiedene Möglichkeiten des Umgangs mit dieser Problematik kommen in Betracht. *Erstens* wäre es denkbar, unmittelbar an die Wirkung des Verfahrensabschlusses im Inland anzuknüpfen und diese in ihrem exakten Umfang in den zwischenstaatlichen Bereich zu transformieren. Nach dieser Lösung würde eine Sperrwirkung auch in anderen Vertragsstaaten nur dann existieren, wenn nach dem Recht des Erstverfolgungsstaates kein Grund für eine Wiedereröffnung des Verfahrens vorliegt.[890] Desgleichen würde die Sperrwirkung in allen anderen Partnerstaaten nicht mehr und nicht weniger als den Gegenstand umfassen, hinsichtlich dessen auch im Vorentscheidungsstaat Strafklageverbrauch gilt.[891]

A wurde in Deutschland wegen Mordes angeklagt und rechtskräftig freigesprochen. Später gesteht er die Tat in glaubwürdiger Weise vor Gericht im Rahmen eines Verfahrens in Frankreich. Die französische Staatsanwaltschaft möchte verfolgen, weil sich das dem *A* angelastete Geschehen zum Teil auch auf französischem Territorium[892] abgespielt haben soll. Wenn der Umfang der auf die Schengenpartnerstaaten transformierten Sperrwirkung von den Wiederaufnahmeregelungen des Erstentscheidungsstaates begrenzt wird, wäre dieses zweite Verfahren in Frankreich zulässig. Denn nach

---

887 Vgl. *oben Teil 3, vor Kapitel 6.*

888 Zum Begriff *rechtskräftig* im Sinne des Art. 54 vgl. *oben Kapitel 7.*

889 Eine *dritte* Möglichkeit, die des Abstellens auf das Recht des *Zweitverfolgungsstaates* hinsichtlich Neuaufnahmevorschriften und Tatbegriff, entfällt angesichts prinzipieller Erwägungen von vornherein: Zu nennen ist vor allem der Verstoß gegen das Prinzip der *Anerkennung* der *Erst*entscheidung, auf der das staatenübergreifende *ne bis in idem* gründet. Ferner wären auch insoweit *praktische Schwierigkeiten* zu befürchten, als die Kompatibilität der Rechtsordnungen auf dem Prüfstand wäre: Welcher Umfang der Rechtskraft im zweiten Staat entspricht welchem Verfahrensabschluß im ersten Staat?

890 In diese Richtung geht *Barbey*: Non bis in idem, 1930, S. 207 f.

891 In diesem Sinne für die *Neuaufnahme*: *Radtke/Busch*: Transnationaler Strafklageverbrauch in den sog. Schengen-Staaten, EuGRZ 2000, S. 421 ff., 429; wohl auch *Kühne*: Anm. zu BGH vom 10. 06. 1999, StV 1999, S. 480 ff., 481 und *Specht*: Ne bis in idem, 1999, S. 158; z. T. auch *Hecker*: Art. 54 SDÜ, StV 2001, S. 306 ff., 309; für die *Tat*: *Hecker*: Art. 54 SDÜ, StV 2001, S. 306 ff., 309; *Kniebühler*: Transnationales *'ne bis in idem'*, 2004, § 6, IV. (noch unveröffentl.), § 10 D. VI. 4.

892 In diesem Fall ist das deutsche Urteil nach französischem Recht kein Verfolgungshindernis: vgl. Art. 692 CPP (dazu *Kapitel 1, A.*). Hier wird davon ausgegangen, daß sich das Geschehen teilweise auch auf deutschem Territorium abgespielt hat. Aus diesem Grunde greift der von Frankreich zu Art. 55 Abs. 1 a) erklärte Vorbehalt (vgl. JO vom 22. 03. 1990) nicht.

§ 362 Nr. 4 StPO ist die Wiederaufnahme zuungunsten des Angeklagten in Deutschland zulässig, *„wenn von dem Freigesprochenen vor Gericht oder außergerichtlich ein glaubwürdiges Geständnis der Straftat abgelegt wird.“*[893]

Eine erneute Verfolgung wäre unter dieser Sichtweise auch in folgendem Fall in Deutschland zulässig:[894] *B* wurde in Frankreich wegen fahrlässiger Tötung rechtskräftig verurteilt. Später stellt sich heraus, daß er das Opfer vorsätzlich getötet hat. Die deutsche Staatsanwaltschaft will *B* anklagen. Nach der Rechtsprechung der französischen *Cour de cassation*, der ein enger Tatbegriff zugrunde liegt, ist ein zweites Verfahren ohne Verstoß gegen den innerstaatlichen *ne bis in idem*-Grundsatz in einer solchen Konstellation gestattet.[895] Wenn also das Tatverständnis des Erstverfolgungsstaates, hier Frankreich, auch für die Reichweite des zwischenstaatlichen Strafklageverbrauchs maßgeblich sein soll, kann *B* noch wegen vorsätzlichen Totschlags in Deutschland verfolgt werden.[896]

Angesichts der kategorischen Formulierung des Art. 54,

„*Wer durch eine Vertragspartei rechtskräftig abgeurteilt worden ist, darf durch eine andere Vertragspartei wegen derselben Tat nicht verfolgt werden ...*“,

wäre *zweitens* auch eine andere Möglichkeit denkbar: Das transnationale Verfolgungsverbot könnte bereits dann bestehen, wenn das Tatbestandsmerkmal des innerstaatlichen *ne bis in idem* an sich erfüllt ist – unabhängig davon, wie weit dieses reicht.[897] Auch in diesem Falle würde Art. 54 als Transformator des einzelstaatlichen *ne bis in idem* in den zwischenstaatlichen Bereich fungieren. Die Übertragung wäre indes auf das reine Faktum der Existenz des Strafklageverbrauchs an sich beschränkt, während die konkret verursachte Sperrwirkung der Erstentscheidung bezüglich Umfang und Gegenstand an den Landesgrenzen zurückbliebe. Konsequenz wäre dann zum einen, daß grundsätzlich auch geringe Hürden des nationalen Verfahrensrechts Anlaß zu einer umfänglichen transnationalen Sperrwirkung bieten würde.

---

893 Zum Wiederaufnahmeverfahren in Deutschland vgl. *unten Kapitel 9, B. V.*

894 Auch hier wird wieder davon ausgegangen, daß die Tat teilweise in Frankreich und teilweise in Deutschland begangen wurde, denn auch Deutschland hat erklärt, daß es im Falle des Art. 55 Abs. 1 a) nicht gebunden sein will (vgl. BGBl. 1994 II, S. 631). Dazu auch *oben Fn. 892 a. E.*

895 Vgl. dazu *oben Kapitel 6, C. IV. 2. a. insb. Fn. 152 (Thibaut)* und *156 (Laurent)*.

896 Das im deutschen Strafverfahren vertretene Verständnis des Tatbegriffs würde ein zweites Verfahren verbieten. Denn ein erheblich höherer Unrechtsgehalt beseitigt die Tatidentität ebensowenig wie ein Wechsel in der Schuldform (vgl. LR-*Rieß*: StPO, § 264, Rn. 52 [Std. 03/01]; KMR-*Stuckenberg*: StPO, § 264, Rn. 54 [Std. 09/01], jeweils m. w. N.).

897 In diesem Sinne für die *Neuaufnahme*: *OLG Innsbruck*, B. vom 02. 02. 2000, NStZ 2000, S. 663 ff., 665 und *Bohnert/Lagodny*: Art. 54 SDÜ im Lichte der nationalen Wiederaufnahmegründe, NStZ 2000, S. 636 ff., 640; z. T. auch *Hecker*: Art. 54 SDÜ, StV 2001, S. 306 ff., 309; für die *Tat*: *Specht*: Ne bis in idem, 1999, 159 ff.; *Radtke/Busch*: Transnationaler Strafklageverbrauch in den sog. Schengen-Staaten, EuGRZ 2000, S. 421 ff., 430; *Radtke*: Anm. zu BGH vom 28. 02. 2001, NStZ 2001, S. 662 ff., 664; *Plöckinger/Leidenmüller*: Verbot doppelter Strafverfolgung, wistra 2003, S. 81 ff., 86 f. (alle *Lebenssachverhalt*); *Böse*: Grundsatz „ne bis in idem“ in der EU, GA 2003, S. 744 ff., 763 (*Unrechtsgehalt des Straftatbestandes*); *van den Wyngaert/Stessens*: International *non bis in idem*, ICLQ 1999, S. 779 ff. (*Rechtsverstoß*). Vgl. dazu auch *Oehler*: European System, in: Bassiouni (Hrsg.): Int. Crim. Law II, 1999, S. 607 ff., 613: *„Contemporary tendency is that this maxim ought to prohibit not only a renewed punishment for the same offense, but also renewed prosecution for the same criminal conduct.“*

So dürfte beispielsweise nach einem deutschen rechtskräftigen Strafbefehl wegen fahrlässiger Körperverletzung auch dann kein zweites Verfahren im einem der anderen Schengenstaaten eingeleitet werden,[898] wenn dort Tatsachen oder Beweismittel zur Verfügung stehen, die dem deutschen Richter noch nicht vorlagen, aber geeignet sind, die Verfolgung wegen des Verbrechens des versuchten Totschlags zu begründen. In Deutschland wäre die Wiederaufnahme demgegenüber nach § 373a Abs. 1 StPO in diesem Falle zulässig.[899]

Im Zweifel würde die Außenwirkung einer Entscheidung immer weiter als ihre Wirkung im Inland reichen. Bliebe der national geltende Entscheidungsgegenstand in diesem Sinne unberücksichtigt, so müßte zum anderen ein eigenständiger Tatbegriff[900] im Sinne des Übereinkommens entwickelt werden.[901]

C. Diskussion

I. Vorgaben durch Artikel 54 selbst? Allgemeine Auslegungsgrundsätze

Eine Betrachtung des Art. 54 zeigt, daß die Vorschrift ihrem Wortlaut nach keine der beiden Lösungen präferiert. Zwar scheint es hinsichtlich der *Neuaufnahmefrage* auf den ersten Blick so, als löse innerstaatlicher Strafklageverbrauch – unabhängig von den dort geltenden Beschränkungen – ein umfassendes und ausnahmsloses Verfolgungsverbot in den Partnerstaaten aus. Vermissen läßt das Durchführungsübereinkommen vor allem eine besondere Regelung wie sie etwa die *Kommission der Europäischen Gemeinschaften* im *Grünbuch zum strafrechtlichen Schutz der finanziellen Interessen der Europäischen Gemeinschaften und zur Schaffung einer Europäischen Staatsanwaltschaft* empfiehlt:

> *„Stellt sich bei der Erhebung jedoch heraus, daß die Untersuchung von den nationalen Strafverfolgungsbehörden mangels ausreichender Beweise eingestellt worden ist, kann der Europäische Staatsanwalt den Fall auf seiner Ebene weiterverfolgen, wenn er über neue Elemente verfügt.*"[902]

---

[898] Dies gilt natürlich nur, falls der in diesem Fall zwischenstaatlich zu fassende Tatbegriff (vgl. nachfolgend) nicht so eng ist, daß die fahrlässige Körperverletzung einerseits und der versuchte Totschlag andererseits als zwei unterschiedliche Taten aufgefaßt werden. Daran wird erkennbar, wie Neuaufnahmevorschriften und Tatbegriff miteinander verknüpft sein können.

[899] Vgl. zum Strafbefehl *unten Kapitel 12, B. IV. insb. 4.*

[900] Eine klare Definition des Tatbegriffes sieht das *Freiburg Proposal* (*Biehler/Kniebühler/Lelieur-Fischer/Stein* (eds.): Freiburg Proposal, 2003) in § 6 (2) (c) vor: „'Act' is to be understood as substantially the same facts, irrespective of their legal character."

[901] Eine eigenständige und vom nationalen Recht abgekoppelte Neuaufnahmeregelung im Rahmen des Art. 54 SDÜ, wie sie von der Kommission (vgl. *unten zu Fn. 902*) vorgeschlagen wurde, kommt hier mangels ausdrücklicher Regelung demgegenüber nicht in Frage.

[902] *Kommission*: Grünbuch zum strafrechtlichen Schutz, KOM (2001) 715 endgültig, 6.2.1.2. (Hervorhebung der *Verf.*). Ähnlich auch *Rat der EU*: Initiative der Hellenischen Republik zu „ne-bis-in-idem", Abl. C 100 vom 26. 04. 2003, S. 24 ff., 25: *„Die Wiederaufnahme des Verfahrens ist möglich, falls neue Tatsachen oder Umstände vorliegen, die nach Erlaß der Entscheidung bekannt werden oder das vorausgegangene Verfahren*

Das bedeutet jedoch nur, daß durch Art. 54 keine eigenständige, von den innerstaatlichen Vorschriften unabhängige Wiederaufnahmeregelung geschaffen werden sollte,[903] und hindert nicht, den Text von Art. 54 folgendermaßen zu verstehen: Eine Person gilt nur insoweit als *rechtskräftig abgeurteilt*, als die *ne bis in idem*-Wirkung greift. Ist dieser Bereich aufgrund der Existenz von Neuaufnahmegründen überschritten, wirkt die Entscheidung zwischenstaatlich nicht mehr als Verfahrenshindernis: Die Verfolgung in einem anderen Vertragsstaat ist zulässig. Mit dem Wortlaut der Vorschrift ist dies durchaus vereinbar.

Art. 54 statuiert, daß, wer von einer Vertragspartei rechtskräftig abgeurteilt worden ist, in einem anderen Vertragsstaat wegen *derselben Tat* (*les mêmes faits, dezelfde feiten*) nicht mehr verfolgt werden darf. Damit bleibt offen, ob hinsichtlich des Entscheidungsgegenstandes auf die innerstaatliche Betrachtungsweise verwiesen werden soll oder ob der Tatbegriff der vertraglichen und demnach umfassend einheitlichen Bestimmung unterliegt.[904] Auf eine Definition im Übereinkommen wurde insoweit verzichtet. Die Verschiedenartigkeit der in den einzelnen Schengenstaaten existierenden Auffassungen zum jeweiligen Gegenstand der Sperrwirkung, die mit den bereits innerstaatlich bestehenden Schwierigkeiten bei der Bestimmung des Tatbegriffs im konkreten Fall zusätzlich aufgeladen wird, steht im Gegensatz zu *Spechts* Einschätzung, der Begriff *dieselbe Tat* im Rahmen des Art. 54 besitze eine „... *deutliche[n] allgemeinverständliche[n] Bedeutung* ...“, weshalb bei der Auslegung kein „... *Rückgriff auf nationales Recht ... vorzunehmen* ...“ sei.[905]

Ein *Verweis* auf innerstaatliches Recht bezüglich des Tatbegriffs könnte allerdings gegen das Ziel der *einheitlichen* und *autonomen* Vertragsinterpretation[906] verstoßen und damit von vornherein ausgeschlossen sein.[907]

In Anbetracht dessen ist es wesentlich, sich noch einmal die Problematik überstaatlicher Vertragsbegriffe vor Augen zu führen. Diese müssen stets die Verhältnisse mehrerer Staaten berücksichtigen und differierende Konstellationen auffangen. Sie sind deshalb nahezu zwangsläufig gröber geflochten. Die *Regelungsdichte* ist nicht so hoch wie die nationaler Vorschriften.[908]

Ein Beispiel dafür ist das *Urteil* im Vertragssinne, das verschiedenartige einzelstaatliche Rechtsinstitute umfaßt. Ähnliches gilt auch für den *Rechtskraft*begriff, der zwar in umfassender Weise bestimmen kann, welche Phänomene einzubeziehen sind (Entscheidungen mit abwägungsunabhängiger Sperrwir-

---

nach den materiellen Strafvorschriften und den Strafverfahrensvorschriften des Urteilsmitgliedsstaats schwere, möglicherweise den Ausgang des Verfahrens berührende Mängel aufweist.“ (Art. 2 Abs. 2).

903 Vgl. *oben Fn. 901*.

904 So auch *Thomas*: Recht auf Einmaligkeit, 2002, S. 203 ff., 349.

905 *Specht*: Ne bis in idem, 1999, S. 159. Zu den Schwierigkeiten bei der Bestimmung des Tatbegriffs auf internationaler Ebene auch *Oehler*: European System, in: Bassiouni (Hrsg.): Int. Crim. Law II, 1999, S. 607 ff., 616 f.

906 Vgl. dazu *oben Kapitel 2, A. I.*

907 In diesem Sinne *Böse*: Grundsatz „ne bis in idem“ in der EU, GA 2003, S. 744 ff., 757.

908 Vgl. dazu bereits *oben Kapitel 5, B. IV.*

kung),[909] hinsichtlich der konkreten Ausgestaltung des *ne bis in idem* (Art der Entscheidung, Reichweite der *ne bis in idem*-Wirkung)[910] allerdings schweigen muß.[911]

Je mehr Merkmale den zwischenstaatlichen Begriff charakterisieren, desto enger spannt sich das Netz und desto weniger ist zur Ergänzung auf nationales Recht zurückzugreifen. Umgekehrt steigert sich mit der Verringerung der Begriffscharakteristika auch die Anzahl der nationalrechtsspezifischen Merkmale, durch die der Begriff Ergänzung finden muß. Da diese landesrechtlichen Elemente eben nicht mehr vorgegeben sind, erhöht sich deren Vielfalt. Damit einher geht eine Ausdehnung des Begriffs, der infolgedessen eine größere Menge unterschiedlicher Sachverhalte in sich aufnimmt. Die Grenze ist erst dann überschritten, die Einheit des Vertrages nicht mehr gewahrt, wenn kein einziges autonomes, also völkerrechtlich unabhängiges Merkmal mehr den zwischenstaatlichen Begriff definiert und es im freien Belieben eines jeden Vertragsstaates steht, seiner Interpretationsweise zu folgen und seine eigenen Vorstellungen auf den zwischenstaatlichen Vertrag zu projizieren. Dem widersetzt sich das Gebot der einheitlichen und vertragsautonomen Auslegung.[912]

Dies führt zu der Erkenntnis, daß die herkömmlich gezogene Trennung[913] zwischen *vertragsautonomem Verständnis* und *Verweisung* nicht viel weiter bringt. Denn die Übergänge sind fließend:

Guggenheim zitiert als Beispiel für den vollständigen Verweis auf Landesrecht die in Art. 10 des schweizerisch-französischen Doppelbesteuerungsabkommens von 1937 genannte „Kollektivgesellschaft des Handelsrechts", ein „... *Begriff, dessen Anwendung für Frankreich nach französischem Recht, für die Schweiz nach schweizerischem Rechts zu bestimmen ist*".[914] Aber ebenso wie bei dem ebenfalls von ihm aufgeführten Exempel des Begriffs der „Staatsangehörigkeit" existiert auch diesbezüglich eine zwar grobe, gleich-

---

909 Vgl. *oben Kapitel 7, D.*

910 Vgl. *oben Kapitel 7, D.*

911 Vgl. dazu auch *Schlosser*: Vertragsautonome Auslegung, in: Baltzer et al. (Hrsg.): GS Bruns, 1980, S. 45 ff., 57, der auf das Problem hinweist, das sich stellt, „... *wenn ein internationales Übereinkommen sich isoliert einer Rechtsfrage annimmt die nur in Abhängigkeit von Prämissen gelöst werden kann, die aus dem Regelungsgegenstand des Übereinkommens herausfallen.*"

912 An der Grenze liegt wohl *EuGH* vom 06. 10. 1976, NJW 1977, S. 491 (*Tessili*): In diesem (Ausnahme-)Fall hielt der *EuGH* die Bestimmung eines gemeinsamen europäischen Begriffs des „Erfüllungsorts" i. S. d. Art. 5 Nr. 1 EuGVÜ für unmöglich und verwies vollumfänglich auf die Bestimmung nach Maßgabe des in der Sache anwendbaren Rechts. Zu diesem Ergebnis gelangt auch *Schlosser*: Vertragsautonome Auslegung, in: Baltzer et al. (Hrsg.): GS Bruns, 1980, S. 45 ff., 56: „*Die Inhalte der verschiedenen Rechtsordnungen können auch nicht nach dem Prinzip weiter oder enger Erfüllungsortbegriff klassifiziert werden. Daher läßt sich eine Einheitlichkeit nicht einmal auf der formalen Basis der Verallgemeinerung von allen finden, was die nationalen Rechtsordnungen je Erfüllungsort nennen.*"

913 *Guggenheim*: Landesre. Begriffe im Völkerre., in: Schätzel/Schlochauer (Hrsg.): FS Wehberg, 1956, S. 133 ff., 137 f., Fn. 9; *Grundmann*: Ausleg. d. Gemeinschaftsrechts, 1997, S. 211; *Hugger*: Strafre. Anweisungen, 2000, S. 63.

914 *Guggenheim*: Landesre. Begriffe im Völkerre., in: Schätzel/Schlochauer (Hrsg.): FS Wehberg, 1956, S. 133 ff., 137.

wohl aber *völkerrechtliche begriffliche Vorstellung*, die aufgrund ihrer Weite durch die jeweiligen nationalen Vorschriften ergänzt wird.[915]

Wie eng oder wie grob die Maschen eines in einem völkerrechtlichen Vertrag benutzten Begriffes allerdings im Einzelfall gestrickt sind, folgt aus den jeweiligen Umständen.

Im Falle des *Urteils* konnte beispielsweise aus dem Zusammenhang der Vorschriften des gesamten Kapitels 3 erkannt werden, daß nicht lediglich eine verfahrensabschließende Entscheidung, sondern weitere präzisierende Merkmale erforderlich sind.[916]

In Anbetracht der *Tat* muß demzufolge gefragt werden, ob eine eher detaillierte oder eine Regelung gewollt war, die vertraglicherseits nur minimale Forderungen aufstellt.

Solange die *Tat* auch im letzteren Falle autonom als *Gegenstand der von der jeweiligen Verfahrensabschlußentscheidung ausgelösten Sperrwirkung* begriffen wird, liegt darin kein Verstoß gegen das Gebot der einheitlichen und autonomen Vertragsauslegung.

Als Zwischenergebnis bleibt demnach festzuhalten, daß sowohl hinsichtlich der *Neuaufnahme-* als auch der *Tatproblematik* beide der oben aufgezeigten theoretischen Möglichkeiten grundsätzlich vom Wortlaut gedeckt wären und den Regeln der völkerrechtlichen Auslegung entsprächen.

II. Weitere Erwägungen

Zugunsten einer umfassenden *Transformation der konkreten innerstaatlichen Sperrwirkung* im Hinblick auf Neuaufnahmevorschriften sowie Tatbegriff spricht zunächst einmal der *Anerkennungsgrundsatz*. Konsequent angewandt fordert er, daß die internationale Wirkung eines Verfahrensabschlusses dessen nationalen Effekt in vollem Umfang widerspiegelt. Der Beschuldigte würde im Ausland von den gleichen Privilegien wie im Erstverfolgungsstaat profitieren. Sein Schutz wäre in den anderen Schengenstaaten nicht umfangreicher, aber auch nicht geringer als im Staat des ersten Verfahrensabschlusses. Allein wenn dort die Weiterverfolgung oder ein neues Verfahren wegen eines von der Sperrwirkung noch nicht umfaßten Gegenstandes statthaft wären, müßte er auch in anderen Vertragsstaaten Maßnahmen der Strafverfolgungsorgane gewahr sein. Sobald diese Bedingungen aber erfüllt sind, endete sein Schutz auch. Im Hinblick auf den betroffenen Fall würde dann das Verfahrensrecht des zuerst befaßten Schengenstaates Geltung für die Gebiete sämtlicher Partner beanspruchen.

---

915 So auch der *Internationale Gerichtshof* in bezug auf den Staatsangehörigkeitsbegriff: vgl. *Guggenheim*: Landesre. Begriffe im Völkerre., in: Schätzel/Schlochauer (Hrsg.): FS Wehberg, 1956, S. 133 ff., 138, Fn. 9b.

916 Vgl. *oben Kapitel 2, A*.

1. Zur Problematik der Neuaufnahme

Die daraus resultierende Möglichkeit der *Neuaufnahme im Zweitverfolgungsstaat* würde sich ferner auch deshalb vorteilhaft auswirken, weil sich in der Regel dort das gegebenenfalls für eine Fortsetzung des Verfahrens notwendige neue *Beweismaterial* befindet. Dessen Berücksichtigung an Ort und Stelle ist einer Übertragung in den Erstverfahrensstaat vorzuziehen, die meist einem umständlichen und schwierigen *procedere* zu folgen hätte. Allerdings sind im ersten Verfahren bereits Ermittlungen geführt worden, deren Resultate auch im zweiten Verfahren genutzt werden können. In der Regel ermöglicht erst das Zusammenspiel von bereits bekanntem und neuem Tatsachen- und Beweismaterial die sachgerechte Fortsetzung des Verfahrens. Dies spricht wiederum für die Durchführung des Neuaufnahmeverfahrens im erstbefaßten Staat. Denn damit blieben den Behörden des zweiten Staates aufwendige Maßnahmen zur umfassenden Aufklärung des Sachverhaltes erspart. Dies wäre dem Ziel des effizienten Einsatzes der Ressourcen der Strafverfolgung in den Schengenstaaten dienlich.[917] Der Übersendung der bisherigen Ermittlungsergebnisse vom ersten in den zweiten Staat stehen die gleichen Bedenken gegenüber wie der der neuen Beweise vom zweiten in den ersten.

Zudem ist nicht immer das Vorliegen von *nova* Bedingung der Neuaufnahme. Schwieriger gestaltet sich die Beantwortung der Frage nach deren Zulässigkeit aus dem Blickwinkel einer ausländischen Rechtsordnung, wenn, wie dies § 153a Abs. 1 S. 5 StPO vorschreibt, die Verfolgung einer Tat als Verbrechen, nicht aber mehr als Vergehen zulässig ist. Muß in diesem Falle der fremdstaatlichen Deliktsordnung die Elle des deutschen *Verbrechensbegriffs* angelegt werden?[918] Ähnliche Fragen resultieren aus der Geltung des *Opportunitätsprinzips*[919] für einen und des *Legalitätsprinzips*[920] für einen anderen Vertragspartner: Ist es akzeptabel, wenn der zweite Staat die Verfolgung bei Existenz der notwendigen Vorbedingungen nach dem Legalitätsgrundsatz ohne weiteres[921] in Gang setzt, obgleich dieser Entscheidung im Erststaat der dem Beschuldigten zugute kommende Puffer der Zweckmäßigkeitsprüfung vorausginge und ein Verdacht nicht unbedingt auch ein Strafverfahren nach sich zieht? Ein weiterer Vorbehalt resultiert aus den *prozessualen Wiederaufnahmevorschriften*: Zu deren Einhaltung ist der ausländische Staat, der nach seinen eigenen Verfahrensregeln vorgehen muß, nicht in der Lage. Solange es dabei lediglich um die erneute Einleitung von Ermittlungen geht, sind damit noch keinerlei nennenswerte Probleme verbunden.

---

917 Vgl. dazu *oben Kapitel 4, B. IV. 2. b.*

918 Vgl. dazu *Hecker*: Art. 54 SDÜ, StV 2001, S. 306 ff., 310, der die Verfolgung im Ausland zulassen will, das die Tat nach deutschem Recht als Verbrechen zu bewerten wäre.

919 Dem Opportunitätsprinzip unterliegen beispielsweise *Belgien*, *Dänemark*, *Frankreich* und die *Niederlande*.

920 Das Legalitätsprinzip gilt grundsätzlich in *Deutschland*, *Italien* und *Österreich*.

921 Im deutschen Strafverfahren allerdings trifft dies angesichts der §§ 153 ff. StPO auch längst nicht mehr auf alle Fälle zu. Vgl. dazu *unten Kapitel 12, B. I. 1.*

Nach einer gerichtlichen Ablehnung der Eröffnung des Hauptverfahrens[922] beispielsweise gestattet § 211 StPO die Weiterverfolgung aufgrund neuer Tatsachen und Beweismittel. Liegen diese vor, so kann die Staatsanwaltschaft die Ermittlungen wieder aufnehmen.[923] Ein Ermittlungsverfahren könnte auch in einem Zweitverfolgungsstaat eingeleitet werden.

Auch in bestimmten Fällen, in denen spezielle verfahrensrechtliche Einschränkungen gegenüber der Fortsetzung der Verfolgung existieren, ist deren Kompensation durch das Verfahrensrecht des zweiten, neu aufnehmenden Staates denkbar.

Die Neuaufnahme der Verfolgung nach einer französischen untersuchungsrichterlichen Einstellung[924] ist in prozessualer Hinsicht nur durch einen staatsanwaltschaftlichen Antrag auf eine gerichtliche Voruntersuchung zulässig. Die damit verbundene richterliche Prüfung der (neuen) Vorwürfe dient dem besonderen Schutz des Beschuldigten vor einer unbegründeten Belastung mit einem erneuten Verfahren. Diese Funktion könnte im deutschen Strafverfahren durch das vor dem Hauptverfahren zu durchlaufende gerichtliche Zwischenverfahren erfüllt werden. Auch hier prüft ein richterliches Organ die in dem Neuaufnahmeverfahren vorgebrachte Beschuldigung auf ihre Stichhaltigkeit.

Weitere Kreise zieht allerdings die Frage, wie die differenzierten Stufenfolgen des Wiederaufnahmeverfahrens im engeren Sinne[925] berücksichtigt werden können. Diese komplexe Form der Wiederaufnahme bewahrt den Verfahrensabschluß zusätzlich in seiner Bestandskraft und schützt den Beschuldigten gleichermaßen vor übereilter Verschlechterung seiner Situation.[926] Vor allem in den Prozeßordnungen, in denen die Wiederaufnahme zum Nachteil des Beschuldigten gar nicht zur Verfügung steht, muß eine adäquate Umsetzung scheitern.

Im obengenannten Beispielsfall[927] könnten dem Zweitverfahren gegen *A* in Frankreich nicht Aditions- und Probationsverfahren vorgeschaltet werden, wie dies die Wiederaufnahmevorschriften des deutschen Strafverfahrens vorschreiben. Denn der französische Strafprozeß kennt die Wiederaufnahme (*révision*) zuungunsten des Angeklagten nicht.[928]

Die konsequente Verfolgung des Anerkennungsgrundsatzes ist damit im Hinblick auf die Problematik der *Neuaufnahme* nicht ausschließlich vorteilhaft. Im Gegenteil, eine Vielzahl von Schwierigkeiten wäre mit der Fortsetzung des Verfahrens in einem Zweitverfolgungsstaat verbunden. Letztlich ausschlaggebend ist aber der Schutz des Beschuldigten als einem der wesentlichsten Zwecke der Geltung des transnationalen *ne bis in idem*.[929] Hält man sich die zusätzliche Belastung eines zweiten Verfahrens in einem fremden Staat vor Augen, so spricht dies gegen die Zulässigkeit der Neuaufnahme in einem anderen als dem Erstverfolgungsstaat. Denn der Beschuldigte müßte den ausländischen Behörden zur Ver-

---

922 Vgl. dazu *unten Kapitel 12, B. II. 3.*

923 Vgl. *Radtke*: Systematik des Strafklageverbrauchs, 1994, S. 225.

924 Zur *ordonnance de non-lieu* vgl. i. e. *unten Kapitel 12, C. II. 2. insb. d.*

925 Vgl. zum deutschen Wiederaufnahmeverfahren, das auch zuungunsten des Angeklagten zulässig ist, *unten Kapitel 9, B. V. 2.*

926 Vgl. *Radtke*: Systematik des Strafklageverbrauchs, 1994, S. 320 ff.

927 Vgl. *oben B. bei Fn. 892.*

928 Vgl. zum Wiederaufnahmeverfahren in Frankreich *unten Kapitel 9, C. V. 1.*

929 Vgl. dazu *oben Kapitel 4, B. IV. 2. b.*

fügung stehen, müßte unter Umständen im Ausland vor Gericht erscheinen etc. In Anbetracht des in der Regel in beiden Fällen notwendigen zwischenstaatlichen Austausches von Informationen und Beweismaterial greift die Alternative des nachfolgenden Verfahrens im zweiten Staat weiter als für eine effektive Strafverfolgung erforderlich in seine Rechte ein, weil damit kein wesentlicher Vorteil für die Aufklärung des Verdachts verbunden ist. Vor allem aber besteht das Risiko, daß unter Umständen in mehreren Schengenpartnerstaaten parallel Neuaufnahmeverfahren eingeleitet werden. Dies würde nicht nur die Nachteile für den Beschuldigten vervielfachen, sondern auch der Verfahrenswirtschaftlichkeit zuwiderlaufen. Effektiver ist daher die Bündelung aller wegen eines Vorwurfs nacheinander gegebenenfalls notwendigen Verfahren in einem Staat, dem Erstverfolgungsstaat.

Die Zulässigkeit der Neuaufnahme in einem zweiten Staat ist demnach abzulehnen. Eine Verfahrensfortsetzung hat gegebenenfalls in dem Staat zu erfolgen, in dem die erste verfahrensabschließende Entscheidung erging.[930]

Weil letztlich die prinzipielle Erwägung des Schutzes des Beschuldigten vor einem zweiten Verfahren in einem anderen Staat maßgeblich war, kommt auch eine differenzierte und an der Existenz prozessualer Neuaufnahmevoraussetzungen orientierte Unterscheidung der jeweiligen Verfahrensabschlüsse nicht in Betracht.

2. Zur Problematik des Tatbegriffs

Die strikte Anwendung des Anerkennungsprinzips mit Rücksicht auf den *Tatbegriff* würde der *Akzeptanz* der erstbefaßten Rechtsordnung zugute kommen und die Stimmigkeit von *Kognitionspflicht*[931] des Entscheidungsorgans und Verfahren einerseits und Gegenstand des zukünftigen Strafklageverbrauchs andererseits gewährleisten.[932]

Im englischen Strafprozeß umfaßt der Einwand des *autrefois acquit/convict* beispielsweise solche Delikte nicht, hinsichtlich derer die Verfolgung im Rahmen einer *plea bargaining*-Absprache fallengelassen wurde, weil der Beschuldigte insofern nicht ernsthaft in der Gefahr einer Verurteilung stand.[933] Die gerichtliche Kognitionspflicht ist insoweit beschränkt.

Dem Konzept der individuellen Anerkennung ist das Ziel der *Einheitlichkeit des Strafklageverbrauchs* entgegenhalten worden.[934] Der (Mehr-)Wert einer solchen Angleichung ist jedoch zweifelhaft. Zuzugeben ist, daß damit unter Umständen eine *vereinfachte Feststellung* des von der *ne bis in idem*-Wirkung umfaßten Gegenstandes verbunden sein könnte. Das

---

930 Ebenso die Lösung bei *Biehler/Kniebühler/Lelieur-Fischer/Stein* (eds.): Freiburg Proposal, 2003, § 10: „*The reopening of a case as referred to in § 6 (2) (d) is only permissible in the jurisdiction in which the case was first disposed of.*"

931 Auf den Zusammenhang zwischen Kognitionspflicht und Strafklageverbrauch weist auch *Thomas*: Recht auf Einmaligkeit, 2002, S. 205 hin.

932 Vgl. i. d. Zushg. z. B. auch Art. 313 Abs. 2 S. 2 WSv, der dem niederländischen Staatsanwalt eine Änderung der Anklage nur im Rahmen der Tat im Sinne des Art. 68 WSr gestattet.

933 Vgl. dazu *Thomas*: Recht auf Einmaligkeit, 2002, S. 206, 247 f.

934 *Thomas*: Recht auf Einmaligkeit, 2002, S. 207.

Zweitverfolgungsorgan wäre nicht gezwungen, sich auf den besonderen Tatbegriff der vorbefaßten Rechtsordnung einzulassen, sondern könnte unproblematisch auf einen gemeinsamen Maßstab rekurrieren.[935] Wenn für dessen Auslegung dann auch noch eine gemeinsame gerichtliche Instanz wie der *Europäische Gerichtshof* für Art. 54 zuständig ist, wäre eine relativ klare und einheitliche Regelung erreichbar. Dieser Vorteil tritt besonders anschaulich zutage, wenn man in einer eigenständigen Begriffsbestimmung die Tat als dasselbe Delikt definiert.

Gerade der letztgenannte Fall einer *einheitlichen* deliktsorientierten Definition der Tat verdeutlicht aber auch, welch weitreichender Einschränkung das Prinzip dann unterliegen würde. Denn die Verfolgung unter einem anderen rechtlichen Gesichtspunkt wird unter der Herrschaft einer anderen Rechtsordnung leicht möglich sein. Ein wesentlicher Aspekt des *ne bis in idem*, der *Schutz vor den Belastungen* durch mehrere aufeinanderfolgende Verfahren, geriete in Gefahr, nahezu leerzulaufen. Gerechtfertigt könnte das noch erscheinen, soweit der Beschuldigte innerhalb *einer* Rechtsordnung ohnehin mit der nachträglichen Anklage anderer Deliktstatbestände rechnen müßte,[936] nicht aber dann, wenn das Verfahrensrecht eine umfassende einmalige Erledigung im Rahmen des angeklagten geschichtlichen Vorganges vorsieht. Die individuelle Rechtssicherheit des Angeklagten wäre über Gebühr eingeschränkt, wenn er sich nicht darauf verlassen könnte, daß er in dem Umfang, in dem er im Erstverfolgungsstaat geschützt ist, auch in den anderen Vertragsstaaten nicht mehr verfolgt werden darf. Stellt man sich umgekehrt die Situation vor, daß zwischenstaatlich ein weiter, im Erstentscheidungsstaat jedoch ein auf die konkrete Straftat beschränkter Tatbegriff Anwendung fände, bestünde das Risiko, daß bestimmte Delikte gänzlich und auf Dauer *von der Kognition* in den Vertragsstaaten *ausgeschlossen* wären.

Diese Gefahr würde sich beispielsweise realisieren, wenn ein englisches Gericht aufgrund des Entschlusses der Staatsanwaltschaft, bestimmte Straftaten von der Verfolgung auszunehmen, in seiner Urteilsbefugnis auf die angeklagten Tatbestände beschränkt war, im transnationalen Bereich aber anschließend eine umfassende Verfolgungssperre gilt. In diesem Fall dürfte hinsichtlich der staatsanwaltschaftlich eingestellten Delikte, bezüglich derer in England selbst keine *ne bis in idem*-Wirkung zu beachten wäre,[937] im Ausland nicht verfolgt werden.

Dies käme zwar dem Beschuldigten zugute. Ein so weitreichender Schutz, der letztlich dazu führen würde, daß sich der Beschuldigte der Strafverfolgung wegen bestimmter Delikte entziehen könnte, wäre deshalb aber nicht mehr gerechtfertigt.

Abgesehen von der erleichterten Handhabung verursacht ein einheitlicher Tatbegriff also im zwischenstaatlichen Bereich eine Vielzahl von Friktionen an den Berührungspunkten zum jeweiligen innerstaatlichen Recht.[938] Zwar birgt auch die mit dem Verzicht

---

935 Zu den Schwierigkeiten und Unterschieden in der nationalen Rechtspraxis vgl. auch *Rat der EU*: Initiative der Hellenischen Republik zu „ne-bis-in-idem", Abl. C 100 vom 26. 04. 2003, S. 24 ff., 24.

936 Im englischen Recht erstreckt sich die Rechtskraft lediglich auf das einzelne, konkret zu beurteilende Delikt, vgl. *Thomas*: Recht auf Einmaligkeit, 2002, S. 198.

937 Vgl. *Thomas*: Recht auf Einmaligkeit, 2002, S. 236 ff.

938 Zu den Schwierigkeiten bei einer potentiellen Übertragung des Tatbegriffs vgl. auch *Lagodny*: Gutachten BMJ, 2001, S. 60.

auf einen übereinstimmenden Tatbegriff verbundene Anerkennungslösung Unstimmigkeiten in sich – lediglich an anderer Stelle.

Wäre die Verfolgung des B nach einem französischen Verfahrensabschluß aufgrund des dort relativ engen Tatbegriffes beispielsweise wie in dem obengenannten Fall[939] in Deutschland noch möglich, so stünden die deutschen Strafverfolgungsbehörden vor der Frage, wie sie den innerhalb des von ihnen gewürdigten Lebenssachverhaltes in Frankreich erledigten Teil in ihre Bewertung einbeziehen. Die denkbare Anrechnungslösung ist jedenfalls immer darauf beschränkt, daß es beiderseits zu einer Sanktionierung kommt.

Doch erscheinen diese Nachteile als eher hinnehmbar, denn die Vorteile der Orientierung an dem Tatbegriff des Strafverfahrensrechts des Erstverfolgungsstaates wiegen schwerer. Zum einen ist damit die Übereinstimmung mit der Kognitionspflicht der Behörden des erstverfolgenden Staates gewährleistet: Nur soweit das Verfahren im ersten Staat erledigt werden konnte, existiert auch eine Sperre in den anderen Staaten. Zum anderen kann auf diese Weise auch am besten der individuellen Rechtssicherheit des Beschuldigten gedient werden. An der Reichweite des im ersten Verfahren erledigten Gegenstands kann er sich am besten ausrichten. Das Verständnis der Tat im Sinne des Art. 54 als *Gegenstand der von der jeweiligen Verfahrensabschlußentscheidung ausgelösten Sperrwirkung* bringt damit die Interessen der effektiven Strafverfolgung und die des Beschuldigtenschutzes in ein ausgewogenes Verhältnis. So können einerseits keine Lücken in der Strafverfolgung entstehen, wie dies bei einem generell weiten zwischenstaatlichen Begriff der Fall wäre. Gleichermaßen aber erfährt der Beschuldigte, dessen Verfahren in einem Staat mit einem weiten Tatbegriff abgeschlossen wurde, andererseits einen umfangreicheren Schutz als durch ein enges vertragsautonomes Verständnis gewährleistet werden könnte.

D. Zusammenfassung

Im Mittelpunkt des vorliegenden Kapitels stand die Funktionsweise des transnationalen *ne bis in idem* des Art. 54. Denn die Unterschiedlichkeit der Reichweite des innerstaatlichen Strafklageverbrauchs im Hinblick auf die Möglichkeit der Neuaufnahme und den Tatbegriff stellt auf der *Rechtsfolgenseite* des Art. 54 die Problematik des *Wie* der Transformation des nationalen Strafklageverbrauches in den Raum: Genügt allein schon das Vorliegen des innerstaatlichen *ne bis in idem*, um ein *umfängliches* Verfolgungsverbot für die Schengenpartner auszulösen, ohne daß diesen auch die im Erstentscheidungsstaat unter Umständen gestattete Neuaufnahme des Verfahrens zugute kommt? Welcher durch den *Tatbegriff* erfaßte Gegenstand wäre dann Objekt der Sperrwirkung im Ausland? Oder reflektiert die transnationale die nationale Verfahrenssperre exakt in ihrem Umfang hinsichtlich der Möglichkeiten der *Wiedereröffnung* und/oder der *nationalen* Ausprägung des *Tatbegriffes*?

Die Überlegungen haben zunächst gezeigt, daß beide Alternativen im Hinblick auf Maß und Gegenstand der Sperrwirkung grundsätzlich mit Art. 54 vereinbar wären. Insbe-

---

939 Vgl. *oben B.*

sondere würde auch ein Verweis auf die konkrete Ausformung des Tatbegriffs nach dem jeweiligen innerstaatlichen Strafverfahrensrecht keinen Verstoß gegen das Gebot der einheitlichen und autonomen Auslegung zwischenstaatlicher Verträge bedeuten. Weitere Erwägungen konnten die Schwierigkeiten verdeutlichen, die sich sowohl hinsichtlich des Neuaufnahme- als auch der Tatproblematik bei beiden Lösungen ergeben. Mit jedem Weg sind unausweichlich Klippen und Hürden verknüpft, die durch die Unterschiedlichkeit der einzelnen Regelungen der Prozeßrechte verursacht werden. Besonders die Tatbegriffsproblematik unterstreicht, daß eine Harmonisierung in Teilbereichen lediglich eine Verschiebung der Reibungen an die Grenzen des harmonisierten Gebietes nach sich zieht.[940] Die Spannungen können aber keinesfalls vollkommen beseitigt werden.

Eine Abwägung der mit den einzelnen Lösungen verbundenen Vor- und Nachteile führt unter Berücksichtigung der Zwecke des transnationalen *ne bis in idem* zu jeweils verschiedenen Resultaten hinsichtlich der Neuaufnahme und der Tat. Im ersten Fall spricht mehr gegen die exakte Transformation der Wirkungen des innerstaatlichen Verfahrensabschlusses in den zwischenstaatlichen Rechtsbereich: Die Möglichkeit der Neuaufnahme im Zweitverfolgungsstaat nach Maßgabe der Vorschriften des Erstverfolgungsstaates würde vor allem den Beschuldigten, der damit im Ausland mit (einem) weiteren Verfahren konfrontiert wäre, zusätzlich und zu stark belasten. Im zweiten Fall ist hingegen die Übertragung der *ne bis in idem*-Wirkung in der konkreten gegenständlichen Reichweite der nationalen Verfahrenserledigung auf den transnationalen Bereich zu befürworten. Ein Vergleich mit den Konsequenzen der Anwendung eines gemeinsamen Tatbegriffs, sei dieser eng oder weit, zeigt auf, daß auf diese Weise sowohl dem Schutz des Beschuldigten als auch der Strafverfolgung bestmöglich zu dienen ist. Dies bedeutet, daß jeweils der konkrete Umfang des Tatbegriffs im Erstverfolgungsstaat maßgeblich ist.

Innerhalb des Art. 54 existiert auf Voraussetzungsseite eine horizontale Einschränkung dadurch, daß lediglich Erledigungen durch Urteile im Sinne des Übereinkommens anerkannt werden. Wie weit diese Restriktion reicht, sollen die Untersuchungen des folgenden vierten Teils zeigen. Dabei wird sich ergeben, welche innerstaatlichen, dem hier definierten *ne bis in idem*-Prinzip gemäß rechtskräftigen Entscheidungsformen tatsächlich durch Art. 54 in ihrer strafklageverbrauchenden Wirkung auf den zwischenstaatlichen Bereich transformiert werden.

---

940 Vgl. i. d. Zshg. allerdings auch *Geiger*: Strafrechtsharmonisierung, EuZW 2002, S. 705 zur Vorgehensweise des *EuGH*, indirekte Harmonisierung durch Postulation gegenseitiger Anerkennung von Normen und Verfahren zu betreiben.

Teil 4. Die filternde Funktion des Artikels 54 des Schengener Durchführungsübereinkommens. Eingeschränkte *ne bis in idem*-Transformation durch das „Urteil"

Im Mittelpunkt des *vierten Teils* der Arbeit wird die zwischenstaatliche Bedeutung des Begriffs des *Urteils*[941] stehen. Damit widmen sich die *Kapitel neun bis dreizehn* der filternden Funktion des Art. 54. Denn da mit den *Urteilen* in diesem Sinne nur eine bestimmte Auswahl aller verfahrensabschließenden und mit *ne bis in idem*-Effekt ausgestatteten Entscheidungsformen in ihrer Sperrwirkung auf den Schengenbereich übertragen werden, kommt Art. 54 die Rolle eines Filters zu.[942]

Am Schluß dieses Teils soll folgende Frage beantwortet werden können: Welche Charakteristika müssen Entscheidungsformen aufweisen, um die Bezeichnung *Urteil* im Sinne des Art. 54 tragen zu dürfen? Mit anderen Worten, die Sperrwirkung welcher Verfahrensabschlüsse wird durch Art. 54 in den zwischenstaatlichen Raum transformiert?

Aus den Erkenntnissen der im *zweiten Teil*[943] der Arbeit gelegten methodischen Grundlagen folgt auch hier[944] die Anwendung der rechtsvergleichenden Auslegung. Dementsprechend soll zunächst das jeweilige innerstaatliche Vorverständnis der durch Art. 54 benannten Rechtsinstitute untersucht werden (*Kapitel neun*). Auf der Basis dieser Ergebnisse stellt sich die Frage nach den für die zwischenstaatliche Begriffsbestimmung maßgeblichen Charakteristika: Die in *Kapitel zehn* an der Richtschnur der funktionalen Rechtsvergleichung[945] zu entwickelnde Hypothese soll in der Folge in den *Kapiteln elf* und *zwölf* überprüft werden, um in *Kapitel dreizehn* eine abschließende Definition des *Urteils* im Sinne des Schengener Durchführungsübereinkommens zu ermöglichen.

---

941 Sowie seiner Bezeichnungen in den anderen Sprachen des Schengener Durchführungsübereinkommens.

942 Vgl. dazu bereits *oben Kapitel 2, A.*

943 Vgl. *insb. Kapitel 5.*

944 Gleiches galt auch schon für die Untersuchung des Begriffs *„rechtskräftig" oben Teil 3.*

945 Vgl. *oben Kapitel 5, B. IV.*

Kapitel 9. Das innerstaatliche Vorverständnis der durch Artikel 54 des Schengener Durchführungsübereinkommens bezeichneten Rechtsinstitute

A. Einleitung

Zunächst soll untersucht werden, welche *Rechtsinstitute* von den entsprechenden Bezeichnungen *in den jeweiligen Rechtsordnungen der Vertragsstaaten* erfaßt werden.[946] Der Begriff, auf den die in den unterschiedlichen Sprachen benutzten Worte verweisen, soll im Rahmen des Art. 54 eine bestimmte Kategorie verfahrensabschließender Entscheidungen bezeichnen, die außer der nationalen auch eine transnationale *ne bis in idem*-Wirkung auszulösen vermögen. Das *Urteil* tritt also ebenso wie *jugement* und *vonnis* in seiner Funktion als *ne bis in idem*-auslösendes Rechtsinstitut auf.

Wie bereits oben erläutert,[947] kann davon ausgegangen werden, daß die im Übereinkommen benutzten *Bezeichnungen* auf die einander funktional entsprechenden innerstaatlichen *Begriffe* verweisen. Die Gegenüberstellung der nationalen Rechtsinstitute, auf die durch die Vertragstermini verwiesen wird, entspricht damit der funktionalen Rechtsvergleichung. Eine Betrachtung der genannten Prozeßabschlüsse kann sich nicht auf die Entscheidung an sich (IV.) beschränken, sondern muß gleichermaßen das vorangegangene Verfahren insoweit mit einbeziehen, als es für die Entscheidungsfindung unmittelbar relevant ist. Denn die Entscheidung ist in ihrer Qualität ein Resultat des sie vorbereitenden Verfahrens und kann deshalb nicht von diesem losgelöst gewürdigt werden. Daher wird die Untersuchung auch die Entscheidungsorgane (II.) sowie die geltenden Prinzipien des Verfahrens im allgemeinen und der Beweisaufnahme im besonderen (III.) einbeziehen. Außerdem ist auf den Umfang der Rechtskraft der nicht mehr anfechtbaren Entscheidung einzugehen (V.). Zunächst jedoch ist in terminologischer Hinsicht klarzustellen, welches Rechtsinstitut national jeweils unter die verwendete Bezeichnung fällt (I.).

Neben den entsprechenden Rechtsinstituten *Deutschlands* (*Urteil*, B.), *Frankreichs* (*jugement*, C.) und der *Niederlande* (*vonnis*, D.) sollen, allerdings weniger ausführlich, aus den obengenannten Gründen[948] außerdem die *italienische sentenza* (E.) und das *englische judgment* (F.) untersucht werden. Bei den Bezeichnungen *sentenza* und *judgment* handelt es sich um die in den Artikeln 54 ff. jeweils benutzten Worte der italienisch- und der englischsprachigen Version.[949]

---

946 Siehe *oben Kapitel 5, B. II.*

947 Vgl. *oben Kapitel 5, B. IV.*

948 Vgl. *oben Kapitel 5, B. III.*

949 Vgl. *unten* E. *Fn. 1212* und F. *Fn. 1242.*

B. Das deutsche Urteil

I. Terminologie

Das Urteil bezeichnet im deutschen Strafprozeß eine instanzerledigende Entscheidung des erkennenden Gerichts.[950] Grundsätzlich[951] setzt ein Urteil zwingend eine Hauptverhandlung voraus.[952] So ordnet § 260 Abs. 1 StPO an: „*Die Hauptverhandlung schließt mit der auf die Beratung folgenden Verkündung des Urteils.*" Von den Sach- müssen die Prozeßurteile unterschieden werden, die ohne sachliche Prüfung des Anklagevorwurfs ergehen und insbesondere die Einstellung aufgrund von Verfahrenshindernissen nach § 260 Abs. 3 StPO umfassen.[953]

II. Zuständigkeit der Gerichte und Rechtsmittelzug

Die erstinstanzliche Zuständigkeit richtet sich grundsätzlich nach der Schwere der Straftat und der Straferwartung und ist den Amts-, Land- und – in Ausnahmefällen – den Oberlandesgerichten zugewiesen.[954] Gegen erstinstanzliche Urteile der Strafrichter oder der Schöffengerichte können – die ordentlichen Rechtsmittel – Berufung (§ 312 StPO) oder (Sprung-)Revision (§ 335 StPO) eingelegt werden, während Urteile der Strafkammern, der Schwurgerichte oder der Oberlandesgerichte in erster Instanz lediglich mit der Revision (§ 333 StPO) angefochten werden können.[955]

---

950 Vgl. Peters: Strafprozeß, 1985, S. 469; Ranft: Strafprozeßrecht, 1995, Rn. 199; Kühne: Urteil, in: Ulsamer (Hrsg.): Lexikon, 1996, S. 1102 f.; ders.: Strafprozeßrecht, 1999, Rn. 989; Roxin: Strafverfahrensrecht, 1998, S. 391; Volk: Strafprozeßrecht, 2002, S. 233.

951 Ausnahmsweise allerdings darf im Rahmen des Wiederaufnahmeverfahrens ein freisprechendes Urteil auch ohne Erneuerung der Hauptverhandlung ergehen (vgl. § 371 StPO).

952 *Radtke*: Systematik des Strafklageverbrauchs, 1994, S. 20.

953 Vgl. *KMG*: StPO, 2003, § 260, Rn. 7.

954 Vgl. zu den Einzelheiten §§ 24 ff., 74 ff., 120 GVG sowie *Roxin*: Strafverfahrensrecht, 1998, S. 26 ff. Einen kurzen Überblick zur Geschichte des deutschen Schwurgerichtes bietet *Schroeder*: Strafprozeßrecht, 2001, Rn. 177.

955 Auf die ordentlichen Rechtsmittel soll hier nicht weiter eingegangen werden. Vgl. im einzelnen die Literaturhinweise bei *Peters*: Strafprozeß, 1985, S. 607, 622, 632 ff. und *Roxin*: Strafverfahrensrecht, 1998, S. 418, 429, 437 ff.

III. Prinzipien des Verfahrens und der Beweisaufnahme

Die Wahrheitserforschung im Strafverfahren ist in Deutschland auf die materielle Wahrheit gerichtet:[956]

> *„Das Gericht hat zur Erforschung der Wahrheit die Beweisaufnahme von Amts wegen auf alle Tatsachen zu erstrecken, die für die Entscheidung von Bedeutung sind."* *(§ 244 Abs. 2 StPO).*

Geltung beansprucht demzufolge der *Untersuchungsgrundsatz*, der auf die Wahrheitsermittlung von Amts wegen abzielt. Die Hauptverhandlung zeichnet sich insbesondere[957] durch die Prinzipien der *Öffentlichkeit*,[958] der *Mündlichkeit*[959] sowie der *Unmittelbarkeit*[960] in ihrer formellen Ausprägung (Durchführung der Beweiserhebung durch das entscheidende Gericht selbst[961]) und ihrer materiellen Ausprägung (Verwertung des tatnächsten Beweismittels bei der Vernehmung von Zeugen und Sachverständigen, § 250 StPO)[962] aus,[963] so daß das „*Kernstück*"[964] der Beweisaufnahme im deutschen Strafverfahren noch die Hauptverhandlung und nicht das vorgeschaltete Ermittlungsverfahren ist.[965] Übersehen

---

956 Vgl. z. B. § 274 StPO. Siehe i. e. *Schäfer, K.*: Strafprozeßrecht, 1976, S. 94, 239; *Kühne*: Strafprozeßrecht, 2003, Rn. 299.

957 Zu den weiteren, die Hauptverhandlung bestimmenden Prinzipien wie Grundsatz der Verhandlungseinheit, Konzentrationsgrundsatz vgl. *Peters*: Strafprozeß, 1985, S. 551 ff. und *Volk*: Strafprozeßrecht, 2002, S. 140 ff.

958 Vgl. § 169 ff. GVG. Wenngleich der Grundsatz der Öffentlichkeit insbesondere dem Informationsinteresse des rechtsunterworfenen Bürgers dient (vgl. *KMG*: StPO, 2003, § 169 GVG, Rn. 1), ist ihr auch heute eine gewisse Kontrollfunktion nicht abzusprechen (vgl. *Peters*: Strafprozeß, 1985, S. 554 und *Kühne*: Strafprozeßrecht, 2003, Rn. 696). Zumindest mittelbar fördert sie damit auch die ordnungsgemäße Wahrheitsfindung (beachte allerdings auch die von *Stock* [Ziel des Strafverfahrens, in: Engisch/Maurach (Hrsg.): FS Mezger, 1954, S. 429 ff., 445] insoweit genannten Gefahren der Öffentlichkeit).

959 Vgl. §§ 249 Abs. 1, 261, 264 StPO.

960 Vgl. aber § 251 StPO-E des Diskussionsentwurfs (*Fraktionen SPD/B90Grüne, BMJ*: Diskussionsentwurf StPO, 02/2004), der die Möglichkeiten der Ersetzung einer Zeugen-, Sachverständigen- oder Mitbeschuldigtenvernehmung nicht unerheblich erweitern würde.

961 Vgl. §§ 250 f., 261 („*Inbegriff der Verhandlung*") StPO.

962 Dazu siehe noch *unten Kapitel 11, D. V.*

963 *KMG*: StPO, 2003, Vor § 226, Rn. 3. Zur Frage, inwieweit diese Verfahrensgrundsätze durch die Praxis der *Verständigung im Strafverfahren* tangiert sind, vgl. *Bömeke*: Rechtsfolgen fehlgeschlagener Absprachen im deutschen und englischen Verfahren, 2001, S. 37 ff.; *Kühne*: Strafprozeßrecht, 2003, Rn. 748.

964 Vgl. *BVerfG*, B. vom 03. 06. 1992, NJW 1992, S. 2947 ff., 2949 („*... Struktur des Strafprozesses ..., in dem die Hauptverhandlung auf die Feststellung von strafrechtlicher Schuld angelegt und als Kernstück des Strafverfahrens auf die Ermittlung aller erheblichen objektiven und subjektiven Tatsachen gerichtet ist.*"); *KMG*: StPO, 2003, Vor § 226, Rn. 1.

965 Vgl. *Juy-Birmann*: Syst. allem., in: Delmas-Marty (Hrsg.): Proc. pén. d'Europe, 1995, S. 69 ff., 91 und LR-*Rieß*: StPO, (Std. 08/98), Einl. F, Rn. 9: „*... kennzeichnende Elemente des deutschen Prozeßmodells finden sich (auch im Vergleich mit verwandten Prozeßmodellen des modernen kontinentaleuropäischen Rechtskreises) in dem hohen Grad an Unmittelbarkeit und Mündlichkeit der gerichtlichen Beweiserhebung*".

werden darf aber trotz allem nicht, daß der Ausgang der Hauptverhandlung nicht unerheblich durch das Ermittlungsergebnis vorgeprägt sein kann.[966]

Beweismittel sind für Schuld- und Strafzumessungsfragen auf die Vernehmung des Angeklagten[967] und von Zeugen, das Hören Sachverständiger, die Augenscheinseinnahme sowie das Verlesen von Urkunden beschränkt (sog. *Strengbeweis*). Das Verfahren zur Feststellung von Prozeßvoraussetzungen unterliegt hingegen dem pflichtgemäßen Ermessen des Gerichts (sog. *Freibeweis*).[968]

IV. Urteilsfindung, -arten und -begründung

Das Urteil, dessen Gegenstand durch die Anklage beschränkt ist,[969] ergeht aufgrund, nicht anläßlich der auf diese Weise durchgeführten Hauptverhandlung.[970]

Zwei eng miteinander verknüpfte Grundsätze bestimmen die Urteilsfindung und finden Ausdruck in § 261 StPO:

> „*Über das Ergebnis der Beweisaufnahme entscheidet das Gericht nach seiner freien, aus dem Inbegriff der Verhandlung geschöpften Überzeugung.*“[971]

Erstens ermöglicht das Prinzip der *freien Beweiswürdigung* dem Gericht, sich grundsätzlich[972] unabhängig von bindenden Beweisregeln[973] sein persönliches Urteil über die Tat zu bilden. Verurteilen darf der Richter zweitens nur, wenn er im Verlaufe der Verhandlung die *Überzeugung* von der Schuld des Angeklagten gewinnen konnte.

---

966 *Peters*: Parallelität, ZStW 1956, S. 374 ff., 384.

967 Obwohl nach § 244 Abs. 1 StPO die Beweisaufnahme *nach* der Vernehmung des Angeklagten folgt, ist dessen Einlassung materiell wegen ihres erheblichen Einflusses auf die richterliche Überzeugungsbildung dennoch zur Beweisaufnahme zu zählen (vgl. *Kühne*: Strafprozeßrecht, 2003, Rn. 792).

968 Die Anwendung des Freibeweises für die Feststellung von Prozeßvoraussetzungen (so die h. M. – vgl. z. B. *Radtke*: Systematik des Strafklageverbrauchs, 1994, S. 220; *Trepper*: Rechtskraft strafprozessualer Beschlüsse, 1996, S. 51; *Kühne*: Strafprozeßrecht, 2003, Rn. 760, der allerdings nun – im Gegensatz zu den Vorauflagen – die Ansicht vertritt, für Verfahrensverstöße nach § 136a StPO müsse das Strengbeweisverfahren gelten), die auch von der Rechtsprechung (*BGH* vom 28. 06. 1961, BGHSt 16, S. 164 ff., 164; vom 27. 10. 1981, NStZ 1982, S. 79; vom 08. 12. 1994, NStZ 1995, S. 244 f.) propagiert und angewandt wird, findet keine ungeteilte Zustimmung. Bedenkt man, welchen Einfluß die auf diese Weise festgestellten Verfahrensvoraussetzungen oder –hindernisse auf den Fortgang des Prozesses besitzen können, erscheint die Kritik an dieser Aufteilung berechtigt. Vgl. z. B. *Volk*: Prozeßvoraussetzungen, 1978, S. 73 ff.; *Többens*: Freibeweis, 1979; *Peters*: Strafprozeß, 1985, S. 339; *Roxin*: Strafverfahrensrecht, 1998, S. 163 und *Schroeder*: Strafprozeßrecht, 2001, Rn. 268.

969 Weitere Straftaten können allerdings mit Zustimmung des Angeklagten mittels einer Nachtragsanklage in die Verhandlung einbezogen werden (§ 266 StPO).

970 Anders: §§ 153 ff. StPO. Vgl. dazu *unten Kapitel 12, B. I. 3.*

971 Hervorhebungen der *Verf.*

972 Zu den ausnahmsweise geltenden Beweisregeln vgl. *Schäfer, K.*: Strafprozeßrecht, 1976, S. 239, 271 ff.

973 Vgl. zu den früher im deutschen Recht geltenden Beweisregeln *Kühne*: Strafprozessuale Beweisverbote, 1970, S. 15 ff.

Nichts anderes gilt im Falle der *Verständigung im Strafverfahren*. Auch hier muß der Richter sich von der Schuld des Angeklagten überzeugen, bevor er eine Verurteilung ausspricht.[974] Ob diese Gewißheit allerdings in der Praxis tatsächlich stets erreicht wird, ist eine generelle Frage, die sich nicht nur im Falle der Absprachen stellt. Dem kann hier jedoch nicht weiter nachgegangen werden kann, weil vorliegend die normative und rechtstheoretische, nicht aber die empirische Seite im Vordergrund steht.[975] Danach aber ist notwendige Bedingung eines Schuldspruchs die richterliche Überzeugung.

An dieser Stelle soll nicht im einzelnen die Entwicklung von der objektiven Beweismaßtheorie[976] über die subjektive Beweiswürdigungstheorie[977] zu einer Berücksichtigung von subjektiven wie objektiven Elementen nachgezeichnet werden.[978] Wichtig ist, daß der *Bundesgerichtshof* heute die auf objektiven Grundlagen basierende persönliche Gewißheit als Voraussetzung für eine Verurteilung fordert. In einem aus dem Jahre 2001 stammenden Urteil ist nachzulesen, daß die tatsächlichen Fundamente „*... aus rationalen Gründen den Schluß erlauben [müssen], daß das festgestellte Geschehen mit hoher Wahrscheinlichkeit mit der Wirklichkeit übereinstimmt.*“[979]

Das Gericht, das auch in seiner rechtlichen Beurteilung frei ist,[980] kann zu drei verschiedenen Ergebnissen kommen.

Besteht nach Überzeugung[981] des Gerichts ein Verfahrenshindernis,[982] dringt das Gericht in der Regel[983] nicht zur Beurteilung der Schuldfrage i. e. S. vor, sondern spricht durch ein sog. Prozeßurteil[984] die *Einstellung* aus, mit der die Verfolgung für unzulässig erklärt wird (§ 260 Abs. 3 StPO). Nach einer materiellen Prüfung des Anklagevorwurfes ergeht ein auf *Freispruch*, *Verurteilung* und/oder Anordnung

---

974 Vgl. *Bömeke*: Rechtsfolgen fehlgeschlagener Absprachen im deutschen und englischen Verfahren, 2001, S. 58.

975 Vgl. dazu auch *unten Kapitel 11, D. IV. 3. b.*

976 Insb. *RG* vom 15. 02. 1927, RGSt 61, S. 202 ff., 206: „*Ein solcher Grad von Wahrscheinlichkeit [wie er bei möglichst erschöpfender und gewissenhafter Anwendung der vorhandenen Mittel der Erkenntnis entsteht] gilt als Wahrheit, und das Bewußtsein des Erkennenden von dem Vorliegen einer so ermittelten hohen Wahrscheinlichkeit als die Überzeugung von der Wahrheit.*“

977 Vgl. *BGH* vom 09. 02. 1957, BGHSt 10, S. 208 ff., 209 f.: „*... diese persönliche Gewißheit ist für die Verurteilung notwendig, aber auch genügend. ... Schließlich kann eine Überzeugung auch bei höchstmöglicher Wahrscheinlichkeit ihrer Richtigkeit nicht 'gefordert' werden.*“

978 Dazu *Ebert*: Der Tatverdacht, 2000, S. 180 ff.; *Geis*: Überzeugung?, 2000, S. 75 ff.; HK-*Julius*: StPO, 2001, § 261, Rn. 8.

979 *BGH* vom 12. 12. 2001, StV 2002, S. 235. So auch schon *BGH* vom 26. 09. 1994, StV 1995, S. 453 f. Vgl. auch *BGH* vom 08. 01. 1988, NStZ 1988, S. 236 f.; *KMG*: StPO, 2003, § 261, Rn. 2.

980 Vgl. zur rechtlichen Situation in den Niederlanden *unten D. IV.*

981 Vgl. *BGH*, B. vom 30. 03. 2001, NJW 2001, S. 1734 ff. u. LR-*Rieß*: StPO, § 203, Rn. 16 m. w. N., § 206a, Rn. 30 (Std.: 05/01).

982 Die Begriffe Verfahrens- bzw. Prozeßhindernis und Verfahrens- bzw. Prozeßvoraussetzung besagen das Gleiche – ausgedrückt in negativer und positiver Form (vgl. dazu LR-*Rieß*: StPO, § 206a, Rn. 22 (Std. 05/01). Vgl. zu Verfahrenshindernissen im einzelnen *Roxin*: Strafverfahrensrecht, 1998, S. 157; *KMG*: StPO, 2003, Einl., Rn. 141 ff.

983 In besonderen Fällen gilt indessen der Grundsatz des *Vorrangs des Freispruchs*, vgl. *KMG*: StPO, 2003, § 260 , Rn. 44 ff. Vgl. *Volk*: Prozeßvoraussetzungen, 1978, S. 90 ff.

984 Die Prozeßentscheidung hat es, wie von *Peters*: Parallelität, ZStW 1956, S. 374 ff., 374 treffend herausgearbeitet wurde, mit der Angemessenheit, Zweckmäßigkeit, Zulässigkeit und Regelung des Verfahrens zu tun, richtet sich auf die Formung des Verfahrens.

von *Maßregeln* der Besserung und Sicherung (§§ 61 ff. StGB) und/oder Maßnahme des Verfalls oder der Einziehung (§§ 73 ff. StGB) lautendes *Sachurteil*.[985]

Das Gericht muß seine tatsächlichen und rechtlichen Erwägungen in den *Urteilsgründen* niederlegen (§ 267 StPO).[986]

V. Verfahrensbeendende Wirkung des „Urteils". Grenzen der Rechtskraft: Das Wiederaufnahmeverfahren[987]

Ist das Urteil nicht mehr anfechtbar, also formell rechtskräftig geworden, erwächst es in materielle Rechtskraft.[988] Durchbrochen werden kann diese jedoch durch das Wiederaufnahmeverfahren nach §§ 359 ff. StPO.

Im Gegensatz zu den beiden noch zu schildernden Wiederaufnahmeverfahren läßt das deutsche Recht auch die Durchbrechung der Rechtskraft zuungunsten des Angeklagten zu,[989] die allerdings die Überwindung höherer Hürden erfordert als diejenige zugunsten des Verurteilten. Dieses Ungleichgewicht wird mit der grundsätzlich stärkeren Stellung des Staates im Ermittlungsverfahren[990] sowie dem individualschützenden Aspekt der Rechtssicherheit als Basis des *ne bis in idem*-Prinzips[991] gerechtfertigt.

An den heute geltenden Wiederaufnahmegründen läßt sich noch immer die Prägung durch den inquisitorischen als auch durch den akkusatorischen Verfahrenstypus ablesen:[992] Die Möglichkeit der Wiederaufnahme aufgrund von *nova* nach den §§ 359 Nr. 5 und 362 Nr. 4 StPO ist Kennzeichen des ersteren, die §§ 359/362 Nr. 1-3 StPO spiegeln das auf der Rüge von Verfahrensfehlern ruhende Schwergewicht des letzteren wieder.[993]

---

985 Vgl. *Kühne*: Urteil, in: Ulsamer (Hrsg.): Lexikon, 1996, S. 1102 f.

986 Vgl. aber auch § 267 Abs. 4 und 5 StPO. Dazu i. e. *KMG*: StPO, 2003, § 267, Rn. 24 ff.

987 Darüber hinaus kann die Rechtskraft insbesondere auch aufgrund der Revisionserstreckung auf Mitverurteilte (§ 357 StPO) und der praktisch wenig relevanten Regelung des § 79 BVerfGG durchbrochen werden.

988 Zur materiellen Rechtskraft des Prozeßurteils wegen unbehebbaren Verfahrenshindernissen vgl. *oben Kapitel 6, B. III.*

989 Dagegen wendet sich aus südamerikanischer Sicht vehement *Maier*: Rechtsstaatliches Denken, in: Dornseifer et al. (Hrsg.): GS Kaufmann, 1989, S. 789 ff.: *„Man kann sich ohne weiteres vorstellen, was Juristen ..., die aus Ländern stammen, wo die Wiederaufnahme des Verfahrens zuungunsten des Angeklagten rechtlich unzulässig ist, diesem Rechtssatz gegenüber empfinden."* (S. 790 bzgl. § 362 Nr. 4 StPO).

990 Vgl. *Peters*: Fehlerquellen III, 1974, S. 41.

991 Vgl. *Radtke*: Systematik des Strafklageverbrauchs, 1994, S. 52.

992 Vgl. zur historischen Entwicklung der deutschen Wiederaufnahmeregelung *Deml*: Reform der Wiederaufnahme, 1979, S. 5 ff.; *Wasserburg*: Wiederaufnahme, 1983, S. 6 ff. Interessant ist, daß die Gesetzgeber der StPO die Wiederaufnahme vorwiegend in der Funktion des Ausgleichs der fehlenden Berufungsinstanz bei Schwerkriminalität sahen, vgl. *Wasserburg*: Wiederaufnahme, 1983, S. 7 m. w. N.

993 Vgl. dazu *Deml*: Reform der Wiederaufnahme, 1979, S. 5, 8.

Daß die Mißerfolgsquote im Wiederaufnahmeverfahren außerordentlich hoch erscheint, ist ein weithin bekanntes und beanstandetes Problem.[994] Die geringe Erfolgschance spiegelt sich in der hohen Quote der Ablehnungen als unzulässig wider. Damit scheint die höchste zu überwindende Hürde – ähnlich wie in Frankreich[995] – in Deutschland das Aditionsverfahren zu sein.[996]

1. Voraussetzungen der Wiederaufnahme

Bedingung des Wiederaufnahmeverfahrens ist das Vorliegen eines rechtskräftigen Urteils – der Antrag auf Wiederaufnahme kann sich also gegen eine Verurteilung, sei sie auch nur bezüglich ihres Schuldspruches rechtskräftig,[997] einen Freispruch oder ein Einstellungsurteil[998] richten, die mit ordentlichen Rechtsmitteln nicht mehr angreifbar sind. Ziel des Antrags muß bei der Wiederaufnahme *zugunsten* des Verurteilten der Freispruch, die Einstellung,[999] die mildere Verurteilung aufgrund eines anderen Strafgesetzes oder eine wesentlich andere Entscheidung über Sicherungsmaßregeln sein.[1000] Die Wiederaufnahme *zuungunsten* des Freigesprochenen hingegen muß dessen (schwerere) Verurteilung intendieren. Immer unzulässig ist es, lediglich eine andere Strafzumessung aufgrund desselben Strafgesetzes oder eine Strafmilderung wegen verminderter Schuldfähigkeit herbeiführen zu wollen (§ 363 StPO).

In beiden Fällen gelten folgende Gründe *propter falsa* gleichermaßen (vgl. §§ 359/362 Nr. 1-3 StPO):

Nr. 1: in der Hauptverhandlung als echt vorgebrachte unechte oder verfälschte Urkunde;

Nr. 2: vorsätzliche oder fahrlässige Verletzung der Eidespflicht oder vorsätzliche falsche uneidliche Aussage eines Zeugen oder Sachverständigen in der Hauptverhandlung;

Nr. 3: Mitwirkung eines Richters oder Schöffen, der sich in Beziehung auf die Sache einer strafbaren Verletzung seiner Amtspflichten schuldig gemacht hat.

Daneben ist die Wiederaufnahme *propter nova* zugunsten und zuungunsten unterschiedlich geregelt.

---

994 Vgl. nur *Peters*: Begleitwort, in: Wasserburg: Wiederaufnahme, 1983, S. IX; *Marxen/Tiemann*: Wiederaufnahme, 1993, Rn. 2; *Theobald*: Barrieren im Wiederaufnahmeverfahren, 1998, S. 1.

995 Vgl. *unten C. V. 1. b. Fn. 1095.*

996 Vgl. *Theobald*: Barrieren im Wiederaufnahmeverfahren, 1998, S. 3.

997 Vgl. *OLG München* vom 20. 11. 1980, MDR 1981, S. 340.

998 Die materielle Rechtskraft des Einstellungsurteils ist umstritten: vgl. dazu *oben Kapitel 6, B. III.*

999 Der allein genannten Freisprechung ist durch die Rechtsprechung die Einstellung zur Seite gestellt worden (*OLG Bamberg* vom 11. 02. 1955, NJW 1955, S. 1121 f.). Zum Teil taucht in diesem Zusammenhang das problematische Kriterium der Tat- oder Schuldbezogenheit auf (vgl. *KMG*: StPO, 2003, § 359, Rn. 39 und zu recht krit. *Marxen/Tiemann*: Wiederaufnahme, 1993, Rn. 58). Umstritten ist auch, ob eine Einstellung aus Opportunitätsgründen umfaßt ist (vgl. dazu – verneinend – *Peters*: Fehlerquellen III, 1974, S. 90 m. w. N.).

1000 Der nur im Zusammenhang mit den *nova* genannte Katalog wird einhellig auf sämtliche Fälle des § 359 StPO verallgemeinert (vgl. *Marxen/Tiemann*: Wiederaufnahme, 1993, Rn. 52).

Um erstere zu erreichen, müssen neue Tatsachen und Beweismittel[1001] beigebracht werden, die allein oder in Verbindung mit den früher erhobenen Beweisen die oben genannten, begünstigenden Wiederaufnahmeziele zu begründen geeignet sind (§ 359 Nr. 5 StPO). Als speziell geregelter Unterfall dessen kann die Aufhebung eines dem Strafurteil zugrundeliegenden Zivilurteils durch ein anderes rechtskräftiges Urteil betrachtet werden (Nr. 4).[1002] Im Jahre 1998 ergänzte der Gesetzgeber die Wiederaufnahmegründe durch die Möglichkeit, eine durch den EGMR festgestellte Verletzung der EMRK geltend zu machen (Nr. 6).[1003] Ein nicht in der Strafprozeßordnung geregelter Wiederaufnahmegrund folgt aus § 79 Abs. 1 Nr. 3 BVerfGG, wonach auch eine mit dem Grundgesetz für unvereinbar oder nach § 78 BVerfGG für nichtig erklärte Norm Anlaß zur Wiederaufnahme geben kann.[1004] Als *novum* zuungunsten des Freigesprochenen kann allein dessen vor Gericht oder außergerichtlich abgelegtes glaubwürdiges Geständnis dienen (§ 362 Nr. 4 StPO).

2. Verfahren der Wiederaufnahme

Drei unterschiedliche, aufeinander aufbauende Stadien charakterisieren das deutsche Wiederaufnahmeverfahren:[1005] das sog. *Aditionsverfahren*[1006] (§§ 365 ff. StPO), die Prüfung der Zulässigkeit des Wiederaufnahmeantrages, der verworfen wird, wenn nicht die vorgeschriebene Form eingehalten, kein gesetzlicher Grund der Wiederaufnahme geltend gemacht oder kein geeignetes Beweismittel angeführt wurde, das sog. *Probationsverfahren*[1007] (§§ 369 ff. StPO), eine vorläufige Beweisaufnahme durch einen von dem Wiederaufnahmegericht beauftragten Richter, und schließlich die *neue Hauptverhandlung*, die nur angeordnet wird, wenn die im Wiederaufnahmeantrag aufgestellten Behauptungen genügende Bestätigung[1008] oder es sich nicht als ausgeschlossen erweist, daß die Urkundenfälschung oder die Falschaussage von Zeugen und Sachverständigen die Entscheidung beeinflußt hat.

1001 Zum Begriff der neuen Tatsachen und Beweismittel siehe *Dippel*: Deutschland, in: Jescheck/Meyer (Hrsg.): Wiederaufn. im dt. u. ausl. Recht, 1974, S. 13 ff., 80 ff.

1002 Vgl. *Schroeder*: Strafprozeßrecht, 2001, Rn. 341.

1003 Gesetz vom 09. 07. 1998 (BGBl. 1998 I, S. 1802 ff.).

1004 Darüber hinaus hat der *BGH* im Zusammenhang mit der Strafverfolgung früherer MfS-Agenten die Wiederaufnahme in analoger Anwendung von § 79 Abs. 1 BVerfGG auch dann für zulässig erklärt, wenn ein vom *BVerfG* aus der Verfassung abgeleitetes Verfolgungshindernis im ersten Verfahren noch nicht berücksichtigt werden konnte (vgl. *BGH*, B. vom 28. 11. 1996, BGHSt 42, S. 314 ff., 322).

1005 Diese dreistufige Ausgestaltung zeugt ebenso wie die Nennung der Aufrechterhaltung des Urteils nach der erneuten Hauptverhandlung an erster Stelle in § 373 Abs. 1 StPO von der Zurückhaltung des Gesetzgebers gegenüber der Beseitigung eines rechtskräftigen Urteils (vgl. *Dippel*: Deutschland, in: Jescheck/Meyer (Hrsg.): Wiederaufn. im dt. u. ausl. Recht, 1974, S. 13 ff., 96 und *Schroeder*: Strafprozeßrecht, 2001, Rn. 344).

1006 Aus dem gleichbedeutenden lat. *aditio* zu *adire*: herantreten.

1007 Aus dem gleichbedeutenden lat. *probatio*: Prüfung, Untersuchung.

1008 Hinreichende Wahrscheinlichkeit, keinesfalls aber voller Beweis ist damit gemeint. Ob bei der Begründetheitsprüfung, der Prognose *selbst* schon der Grundsatz *in dubio pro reo* anwendbar ist, ist umstritten (vgl. *Wasserburg*: Wiederaufnahme, 1983, S. 194 ff. und *Kühne*: Strafprozeßrecht, 2003, Rn. 1123 m. w. N.).

VI. Ergebnis

Das Urteil im deutschen Strafverfahren bezeichnet eine richterliche Endentscheidung, die grundsätzlich auf einer kontradiktorischen Hauptverhandlung basiert. Diese verläuft nach den Prinzipien der Öffentlichkeit, der Mündlichkeit und der materiellen Unmittelbarkeit. Zu einer Verurteilung darf der Richter nur dann gelangen, wenn er von der Täterschaft des Angeklagten überzeugt ist. Gegen das materiell rechtskräftige Urteil ist das Wiederaufnahmeverfahren sowohl zugunsten als auch – unter restriktiveren Voraussetzungen – zuungunsten des Angeklagten statthaft.

C. Das französische *jugement*

I. Terminologie

Der Ausdruck „*jugement*“ besitzt im französischen Strafprozeß unterschiedliche Bedeutungen. Der *Code de procédure pénale* benutzt das Wort zum einen als Bezeichnung für die erstinstanzlichen Entscheidungen des *Tribunal de police* (Polizeigericht) und des *Tribunal correctionnel* (Korrektionalgericht).[1009] In diesem engen Sinne steht dem „*jugement*“ als Entscheidung der „*tribunaux*“ der Ausdruck „*arrêt*“ als Entscheidung der „*cours*“ gegenüber, mit dem die Urteile der *Cour d'assises* (Schwurgericht), der *Cour d'appel* (Berufungsgericht) sowie der *Cour de cassation* (Kassationsgerichtshof) benannt werden.[1010]

Zum anderen dient der Terminus „*jugement*“ auch der Unterscheidung zwischen dem Verfahrensabschnitt vor der Untersuchungsgerichtsbarkeit (*juridiction d'instruction*)[1011] und jenem vor der erkennenden Gerichtsbarkeit (*juridiction de jugement*).[1012] Jede Entscheidung, auf die sich das Verfahren vor der letztgenannten richtet, trägt folglich den Namen „*jugement*“.[1013]

> „*Au sens large, un jugement est toute décision rendue par une juridiction au cours d'une instance ou pour mettre fin à une instance.*“[1014]

Die erste, enge und eher formale Unterscheidungsweise zwischen „*jugement*“ und „*arrêt*“ kann indessen im Zusammenhang mit dem SDÜ keine Rolle spielen, schlösse dies doch die Berücksichtigung der schwur-, berufungs- und kassationsgerichtlichen Entscheidungen von vornherein aus. Dies wäre im thematischen Rahmen des Strafklageverbrauches sachlich nicht nachvollziehbar. Ausgangspunkt der Betrachtungen muß statt dessen der weitere mit dem „*jugement*“ verbundene Begriff sein. Inhaltlich auszuscheiden sind jedoch

---

1009 Zur deren Zuständigkeiten siehe *unten* C. II.

1010 Vgl. Art. 306, 508 und 605 CPP sowie *Vincent*: Jugement, in: Rép. pén. IV, 1969, Rn. 1; *Rassat*: Proc. pén., 2001 und *Merle/Vitu*: Proc. pén., 2001, Rn. 802.

1011 Vgl. Art. 79 ff. CPP.

1012 Vgl. Art. 231 ff. CPP

1013 *Merle/Vitu*: Proc. pén., 2001, Rn. 726.

1014 *Merle/Vitu*: Proc. pén., 2001, Rn. 802.

die insoweit noch umfaßten und auch als *„jugement“* bezeichneten Entscheidungen über die Unzuständigkeit (*jugement d'incompétence*) sowie über Zwischenfragen (*jugement avant-dire droit*). Diese Urteile dienen ausschließlich der Beurteilung von Vorfragen bzw. der Vorbereitung der Endentscheidung, können keinerlei Sperrwirkung für die Verfolgung der vorgeworfenen Tat erzeugen und sind demzufolge im Rahmen der vorliegenden Problematik irrelevant.[1015]

II. Zuständigkeit der Gerichte und Rechtsmittelzug

Das Urteilsverfahren ist – je nach Schwere der Straftat – drei verschiedenen Gerichten zugewiesen. Für Verbrechen[1016] ist die *Cour d'assises* zuständig, welche aus dem Gericht im eigentlichen Sinne[1017] und der Jury[1018] besteht. Vergehen[1019] werden vom *Tribunal correctionnel*[1020] und Übertretungen[1021] schließlich vom *Tribunal de police*[1022] abgeurteilt.[1023]

Mit Gesetz vom 09. 09. 2002[1024] wurde außerdem die sogenannte erstinstanzliche *„juridiction de proximité“* (etwa *„Gerichtsbarkeit der Nähe“*) eingeführt. Im strafrechtlichen Bereich ist sie für spezielle, durch den *Conseil d'Etat* bestimmte Übertretungen zuständig.[1025] Dabei entscheidet der Einzelrichter nach den Regeln, die für das polizeigerichtliche Verfahren gelten. Zudem ist auch eine Verhandlung an öf-

---

1015 Vgl. *oben Kapitel 6, C. III.* und *Najarian*: Chose jugée au criminel sur le criminel, 1973, S. 12, der im Gegensatz zu diesen vorhergehenden Entscheidungen vom Endurteil als *„jugement proprement dit“* spricht.

1016 Die Strafen für Verbrechen (*crimes*) umfassen gemäß Art. 131-1 CP Zuchthaus (*réclusion criminelle*) für gemeinrechtliche oder Festungshaft (*détention criminelle*) für politische Verbrechen (lebenslang oder zeitig: 10 Jahre bis zu 30, 20 oder 15 Jahren). Ergänzend können Geld(summen)strafen oder diverse Zusatzstrafen verhängt werden (Art. 131-2 CP). Vgl. dazu auch *Bauknecht/Lüdicke*: Frz. Strafgesetzbuch, 1999, S. 26).

1017 Vorsitzender und zwei Beisitzer.

1018 Neun Geschworene in der erstinstanzlichen Verhandlung, während in der zweiten Tatsacheninstanz, die erst mit Gesetz Nr. 2000-516 vom 15. 06. 2000 eingeführt wurde, nun zwölf statt neun Geschworene zur Entscheidung über die Berufung (Art. 296 Abs. 1 CPP) sitzen.

1019 Für Vergehen (*délits*) können nach Art. 131-3 CP Gefängnis (*emprisonnement*, höchstens bis zu 10 Jahren), Geldstrafe (*amende*), Geldstrafe in Tagessätzen (*jour-amende*), gemeinnützige Arbeit (*travail d'intérêt général*), verschiedene rechtsentziehende oder –einschränkende Strafen oder Zusatzstrafen verhängt werden.

1020 Aus Vorsitzendem und zwei Richtern, unter Umständen nur aus dem Einzelrichter zusammengesetzt, vgl. Art. 398 CPP.

1021 Gemäß Art. 131-12 CP können gegen Übertretungen (*contraventions*) Geldstrafen oder besondere rechtsentziehende bzw. – einschränkende Strafen angeordnet werden.

1022 Vgl. Art. 521 CPP. Wird durch einen Richter des Instanzgerichtes (*Tribunal d'instance*, Art. 523 CPP) verkörpert.

1023 Im übrigen können nach frz. Strafrecht Strafen auch gegen juristische Personen verhängt werden (vgl. Art. 131-37 ff. CP).

1024 Gesetz Nr. 2002-1138, JO vom 10. 09. 2002.

1025 Vgl. Art. 706-72 CPP i. d. F. vom 09. 09. 2002.

fentlichen Orten außerhalb des Gerichts unter den vom *Conseil d'Etat* festgelegten Bedingungen möglich.

In diesem Zusammenhang ist indessen die Praxis der Korrektionalisierung (*correctionnalisation judiciaire*) im französischen Strafverfahrensrecht im Auge zu behalten, die die Behandlung von Verbrechen hinsichtlich ihrer Rechtsfolgen als Vergehen zum Inhalt hat. Dieses Phänomen ist heute[1026] noch in zwei verschiedenen Formen anzutreffen: Im Rahmen der *correctionnalisation antérieure au jugement* verweisen Staatsanwalt oder Untersuchungsrichter unter Vernachlässigung erschwerender Umstände an das *Tribunal correctionnel*. Die *correctionnalisation concomitante du jugement*, die gegenwärtig wohl schon an praktischer Bedeutung eingebüßt hat, durch die *Cour d'assises* erfolgt durch negative Beantwortung bestimmter Fragen durch die Jury.[1027]

Seit dem 01. Januar 2001 können nicht mehr nur Entscheidungen der Korrektional- und Polizeigerichte[1028] mit der *Berufung* (*appel*) angefochten werden. Auch für Verurteilungen der Schwurgerichte gilt seit diesem Zeitpunkt die „*règle du double degré de juridiction*".[1029] Diese Neuregelung des französischen Rechtsmittelrechts[1030] kann geradezu als eine Revolution betrachtet werden, denn wenngleich der Ruf nach einer zweiten Tatsacheninstanz für Verbrechenssachen vor allem in den letzten Jahren immer lauter geworden war,[1031] wird durch deren tatsächliche Einführung mit einer immerhin zweihundertjährigen Tradition gebrochen. Vor allem der Einwand, daß eine Entscheidung der das Volk verkörpernden Jury mit einer der des Parlamentes ähnelnden Souveränität nicht berufungsfähig ist, weil das Volk unmöglich die Berufung über des Volkes Urteil hören kann, wurde in diesem Rahmen von den Gegnern eines Berufungsverfahrens ins Feld geführt.[1032] Schließlich aber konnten sich die Argumente der Befürworter durchsetzen, die insbesondere das Postulat von der Unfehlbarkeit der Jury angegriffen und die Widersprüche herausgearbeitet hatten, die mit der Nachprüfungsmöglichkeit von geringere Straftaten und Folgen betreffenden Entscheidungen verknüpft waren. Im Gegensatz zu den bislang üblichen Berufungsmöglichkeiten, die gegen jede Art der Entscheidung gestattet

---

1026 Früher klagte der Staatsanwalt oftmals nach einem Freispruch wegen eines Verbrechens noch einmal vor dem Korrektionalgericht mit dem Vorwurf eines Vergehens an: *correctionnalisation postérieure au jugement*. Der Konflikt mit dem Prinzip der Rechtskraft ist nicht zu übersehen. Doch auch in den Fällen der *correctionnalisation antérieure au jugement* drängt sich ein Konflikt mit den Prinzipien des hierarchischen Aufbaus der Gerichte und dem *ordre-public*-Charakter der Zuständigkeitsregeln auf.

1027 Dazu im einzelnen: *Malibert*: Ministère public, Jur.-Cl., Art. 31-44, Comm., 1994; Rn. 295 ff.; *Barth*: Frankreich, in: Perron (Hrsg.): Beweisaufnahme im Ausland, 1995, S. 89 ff., 98 f.; *Merle/Vitu*: Proc. pén., 2001, Rn. 717 ff.

1028 Vgl. Art. 496 ff. und 546 ff. CPP.

1029 Vgl. Art. 380-1 ff. CPP (eingeführt durch Gesetz Nr. 2000-516 vom 15. 06. 2000).

1030 Im gleichen Zuge schaffte man die früher obligatorische zweite Untersuchungsinstanz für Verbrechen ab: vgl. Art. 181 CPP. Krit. *Jeandidier*: La chambre d'accusation, JCP 2000, I 270, S. 2059 ff.: „*L'instruction définitive s'enrichit au détriment de l'instruction préparatoire.*"

1031 Vgl. *Merle/Vitu*: Proc. pén., 2001, Rn. 626.

1032 Zu den Argumenten für und wider die Möglichkeit der Berufung bei Verbrechen sowie zur Einführung der zweiten Tatsacheninstanz in das französische Verfahrensrecht siehe i. e. *Merle/Vitu*: Proc. pén., 2001, Rn. 628 ff. m. w. N. (insb. Rn. 626, Fn. 2). Vgl. auch *Angevin*: Mort d'un dogme, JCP 2000, I 260, S. 1795 ff. und *Jeandidier*: La chambre d'accusation, JCP 2000, I 270, S. 2059 ff.

waren, beschränkte man den *appel* zunächst gegen das schwurgerichtliche Urteil auf die *Verurteilung*,[1033] um die Situation des von der *Cour d'assises* Freigesprochenen nicht zu verschlechtern.[1034] Mit Gesetz vom 04. März 2002[1035] entfiel diese Einschränkung allerdings. Art. 380-2 CPP wurde durch folgenden Absatz ergänzt: „*Le procureur général peut également faire appel des arrêts d'acquittement.*" Damit wurde die Anfechtbarkeit der schwurgerichtlichen Urteile nun der der Urteile von Korrektional- und Polizeigerichten angeglichen.[1036]

Letztinstanzliche Urteile können darüber hinaus mit dem außerordentlichen und der Korrektur von Rechtsfehlern bestimmten Rechtsmittel der *cassation* angegriffen werden. Der deutschen Revision entspricht im wesentlichen die fristgebundene „*cassation dans l'intérêt des parties*", die im französischen Recht allerdings als „*voie de recours extraordinaire*" betrachtet wird.[1037] Sie ist gemäß Art. 572 CPP dagegen nicht gestattet, soweit die Vorentscheidung einen Freispruch des Schwurgerichts darstellt.

III. Prinzipien des Verfahrens und der Beweisaufnahme

Die Beweisaufnahme findet vor allen erkennenden Gerichten grundsätzlich *öffentlich*,[1038] *mündlich* und *streitig*[1039] statt. Im Gegensatz zum inquisitorischen Charakter der Voruntersuchung[1040] trägt die Hauptverhandlung bestimmte akkusatorische Züge.[1041] Allerdings unterscheiden sich das französische Verfahren und das angelsächsisch-akkusatorischen Verfahren[1042] insofern als der Richter hier aktiv die Verhandlung leitet, die Beweisaufnahme betreibt und nach der materiellen Wahrheit forscht, während die Präsentation der Tatsachen dort Aufgabe der Parteien ist, der Richter eher eine passive Rolle einnimmt und nur das von den Parteien Vorgetragene würdigt. Das akkusatorische Element des französischen Verfahrens kommt im wesentlichen in der kontradiktorischen

---

1033 Vgl. Art. 380-1 Abs. 1 CPP: „*Les arrêts de* condamnation *rendus par la cour d'assises en premier ressort peuvent faire l'objet d'un appel*".(Hervorhebung der *Verf.*).

1034 Zu den Besonderheiten vgl. i. e. Art. 380-1 ff. CPP.

1035 Gesetz vom 04. 03. 2002, Nr. 2002-307, JO vom 05. 03. 2002, S. 4169.

1036 Vgl. dazu *Pradel*: La loi n° 2002-307, D. 2002, Chron., S. 1693 ff., 1697.

1037 Vgl. Art. 567 ff. CPP. Daneben existieren zwei Formen der „*cassation dans l'intérêt de la loi*", die gegen rechtskräftig gewordene Entscheidungen zur Anwendung kommen: vgl. Art. 620 f. CPP und *C., V., Fn. 1081.*

1038 Vgl. Art. 306, 400, 512, 534 CPP zur Öffentlichkeit und ihren Ausnahmen. Die Öffentlichkeit dient der Vermeidung des Verdachtes der Willkür (*Renault-Brahinsky*: Proc. pén., 2001, S. 171) und mithin indirekt auch der Wahrheitsfindung: die Aufklärung ist in geringerem Maße der Beeinflussung durch eine blinde oder parteiische Gerichtsbarkeit ausgesetzt (*Merle/Vitu*: Proc. pén., 2001, Rn. 728).

1039 Dazu vgl. *Nicolopoulos*: Le principe du contradictoire, RSC 1989, S. 1 ff.

1040 Vgl. dazu *unten Kapitel 12, C. II. 1.*

1041 *Salas*: Juge, in: Delmas-Marty (Hrsg.): Proc. pén. d'Europe, 1995, S. 424 ff., 425; *Ginestet*: Procédure de contumace, DP 2001 (11), S. 4 ff., 6.

1042 Vgl. zum angelsächsisch-adversatorischen Verfahren *unten F. II.* sowie *Kapitel 11, C. II. 2.*

Diskussion der Beweisergebnisse durch die „Parteien" zum Ausdruck.[1043] Im Kontrast zum angelsächsischen Verfahren liegt der Schwerpunkt dieses Verfahrenstypus doch eher auf den inquisitorischen Charakteristika.[1044] Damit ist der im französischen Verfahren geltende *Untersuchungsgrundsatz* angesprochen. Der Richter ist befugt, alle Maßnahmen zu treffen, die er als der Wahrheitsfindung dienlich erachtet.[1045] Auf diese Weise kann er neue Beweismittel herbeischaffen lassen, so zum Beispiel auch nicht formell geladene und benannte Zeugen[1046] vernehmen. Trotz dieser theoretischen Möglichkeit ruht der Schwerpunkt auf der erneuten Prüfung und Gegenüberstellung der im Vorverfahren bereits erhobenen Beweise: Tendenzen zu neuen Beweiserhebungen sind kaum ausgeprägt.[1047] Obwohl die Beweisaufnahme,[1048] die grundsätzlich mit Hilfe aller Beweismittel erfolgen kann und nicht an einen geschlossenen Beweismittelkatalog gebunden ist,[1049] dem Prinzip der Mündlichkeit unterliegt,[1050] findet dies in Wahrheit in einer gewissen Konsequenz nur vor der *Cour d'assises* Anwendung. Wenn der Vorsitzende aber sogar vor diesem Gericht die Aussage eines abwesenden Zeugen verlesen kann,[1051] ergeht die Entscheidung vor den beiden anderen Gerichten häufig im wesentlichen auf der Grundlage schriftlichen Beweises.[1052] Daraus wird ersichtlich, daß der Grundsatz der *Unmittelbarkeit* in der Art und Weise wie er in Deutschland in seiner materiellen[1053] Ausprägung Gültigkeit besitzt, die

---

1043 Vgl. *Barth*: Frankreich, in: Perron (Hrsg.): Beweisaufnahme im Ausland, 1995, S. 89 ff., 100, Fn. 21.

1044 Vgl. *Delmas-Marty* (Hrsg.): Proc. pén. d'Europe, 1995, S. 512; *Gleß* et al. (Hrsg.): Justitielle Einbindung, 2001, S. 3.

1045 Zum freien Ermessen *(pouvoir discrétionnaire)* des Vorsitzenden des Schwurgerichts nach Art. 310 Abs. 1 CPP vgl. *Merle/Vitu*: Proc. pén., 2001, Rn. 741 ff.

1046 Deren Erklärungen besitzen zwar gemäß Art. 310 Abs. 3 CPP nur den Wert einfacher Auskünfte. Die praktische Auswirkung dieser Einschränkung kann aber unter dem Gesichtspunkt der freien Beweiswürdigung angezweifelt werden.

1047 Vgl. *Barth*: Frankreich, in: Perron (Hrsg.): Beweisaufnahme im Ausland, 1995, S. 89 ff., 108; *Renault-Brahinsky*: Proc. pén., 2001, S. 172.

1048 Vgl. zur Beweisaufnahme in den verschiedenen Verfahrensstadien: *Barth*: Frankreich, in: Perron (Hrsg.): Beweisaufnahme im Ausland, 1995, S. 89 ff.

1049 Vgl. Art. 427 Abs. 1 HS. 1 CPP und *Essaid*: La présomption d'innocence, 1971, S. 172 ff. sowie *Vitu*: Frz. Strafverfahren, in: Jung (Hrsg.): Strafprozeß im Spiegel, 1990, S. 7 ff., 24.

1050 Vgl. dazu *Merle/Vitu*: Proc. pén., 2001, Rn. 727.

1051 Vgl. *Spencer*: Preuve, in: Delmas-Marty (Hrsg.): Proc. pén. d'Europe, 1995, S. 515 ff., 533 (zum Vergleich des Verfahrens vor dem Schwurgericht einerseits und den Polizei- und Korrektionalgerichten andererseits: „... *il s'ensuit que la situation n'est pas si différente en pratique.*"). Vgl. dazu *Crim.* vom 16. 10. 1985, Bull. crim. 1985, Nr. 318 und vom 14. 03. 1984, Bull. crim. 1984, Nr. 111 (kein Grund der Nichtigkeit, falls Verlesung der während der Voruntersuchung gemachten Aussage eines abwesenden, sein Berufsgeheimnis geltend machenden Zeugen oder des während polizeilicher und gerichtlicher Voruntersuchung erstellten Protokolls des nicht erschienenen Angeklagten).

1052 Vgl. *Barth*: Frankreich, in: Perron (Hrsg.): Beweisaufnahme im Ausland, 1995, S. 89 ff., 108; *Dadomo/Farran*: French Legal System, 1996, S. 211, Fn. 87 und *Merle/Vitu*: Proc. pén., 2001, Rn. 727.

1053 Das Prinzip der im deutschen Recht sog. formellen Unmittelbarkeit, d. h. die Regel, daß das das Urteil fällende Gericht die Beweise selbst wahrgenommen haben muß, gilt allerdings sinngemäß auch im französischen Verfahren (vgl. Art. 427 Abs. 2 CPP). Vgl. dazu *Barth*: Frankreich, in: Perron (Hrsg.): Beweisaufnahme im Ausland, 1995, S. 89 ff., 107.

Pflicht also, die Tatsachen möglichst aus der tatnächsten Beweisquelle zu schöpfen, vor französischen Gerichten nicht existiert.[1054]

Resümierend kann also festgestellt werden, daß Ziel des Verfahrensabschnittes vor der *juridiction de jugement* das Beibringen der Beweise vor dem erkennenden Gericht sowie deren öffentliche, mündliche und kontradiktorische Erörterung ist.[1055] Kern des französischen Hauptverfahrens ist – im Kontrast zu den Phasen der polizeilichen Ermittlungen und der gerichtlichen Voruntersuchung – eindeutig die *Würdigung* der Überzeugungskraft der in jenen Phasen gesammelten Beweiselemente zum Zwecke der Entscheidungsfindung.[1056]

IV. Urteilsfindung, -arten und -begründung

Im französischen Strafverfahren gilt für die Urteilsfindung das Prinzip der „*intime conviction*".[1057] So verliest beispielsweise der Vorsitzende Richter des Schwurgerichtes, nachdem er die entsprechenden Fragen hinsichtlich der Schuld im Hinblick auf jede Straftat, der erschwerenden Umstände und der Strafbefreiung oder -minderung (Art. 349 CPP) gestellt hat, vor der Jury gemäß Art. 353 CPP folgende Entscheidungsrichtlinien:

> „*La loi ne demande pas compte aux juges des moyens par lesquels ils se sont convaincus, elle ne leur prescrit pas de règles desquelles ils doivent faire particulièrement dépendre la plénitude et la suffisance d'une preuve; elle leur prescrit de s'interroger eux-mêmes, dans le silence et le recueillement et de chercher, dans la sincérité de leur conscience, quelle impression ont faite, sur leur raison, les preuves rapportées contre l'accusé, et les moyens de sa défense. La loi ne leur fait que cette seule question, qui renferme toute la mesure de leurs devoirs: 'Avez-vous une intime conviction?'*".[1058]

Dieser Grundsatz der „*inneren Überzeugung*" wird unter zweierlei, einander bedingenden Gesichtspunkten thematisiert.

Zunächst geht es, und dies scheint der in der französischen Literatur am häufigsten angesprochene Sinngehalt zu sein,[1059] um die Verkörperung eines bestimmten Prinzips der Beweiswürdigung. In Abgrenzung vom „*système de la preuve légale*", derjenigen Beweisordnung, die das Gewicht der einzelnen Beweise abstrakt und *a priori* gesetzlich determiniert,[1060] ist hier das „*système de la preuve morale*",[1061] umschrieben, innerhalb dessen der Richter die ihm vorgelegten Beweise in ihrem Wert und ihrer konkreten Tragweite grund-

---

1054 Vgl. *Spencer*: Preuve, in: Delmas-Marty (Hrsg.): Proc. pén. d'Europe, 1995, S. 515 ff., 533. Dazu siehe noch *unten Kapitel 11, D. V.*

1055 *Merle/Vitu*: Proc. pén., 2001, Rn. 726.

1056 *Soyer*: Dr. pén. et proc. pén., 2002, Rn. 701.

1057 Vgl. Art. 353, 427 Abs. 1 und 536 CPP.

1058 Hervorhebung der *Verf.*

1059 So auch *Spencer*: Preuve, in: Delmas-Marty (Hrsg.): Proc. pén. d'Europe, 1995, S. 515 ff., 522.

1060 *Rached*: L'intime conviction, 1942, S. 23; *Conte/Maistre du Chambon*: Proc. pén., 2002, Rn. 59.

1061 Synonym dazu wird auch die Wendung „*système de l'intime conviction*" benutzt.

sätzlich[1062] frei würdigt.[1063] Damit eng verbunden und häufig in diesem Zusammenhang erwähnt ist der bereits oben[1064] angesprochene Grundsatz der Freiheit der Beweise.[1065] Schließlich liegt ein weiterer – gewissermaßen gleichzeitig ihre Grenzen absteckender – Teilaspekt dieser Seite der „*intime conviction*" auch in ihrer Rolle als Prinzip der Entscheidung, das dem Richter verbietet, sich trotz Fehlens jeglicher Nachweiselemente, jeglicher objektiver Anknüpfungspunkte von der Schuld überzeugt zu erklären.[1066] Insoweit ermöglicht die – allerdings nicht für die Schwurgerichte – bestehende Begründungspflicht auch eine gewisse Kontrolle durch die Rechtsmittelgerichte. Der Schwerpunkt der Bedeutung scheint in diesem Zusammenhang auf dem Wort „*intime*" zu ruhen.

Im Gegensatz dazu betont die weitere Verwendung eher den Begriff „*conviction*". Sie beschreibt die vom Richter zu verlangende Gewißheit (*certitude*),[1067] die – und hier liegt die Schnittstelle zur Bedeutung als „*système de la preuve morale*" – nach der Abkehr von den starren gesetzlichen Beweisregeln[1068] eine Verurteilung allein tragen kann.[1069] Eine Vermutung, sei sie auch noch so ernsthaft und naheliegend, reicht in der Urteilsphase nicht mehr aus.[1070] Um eine absolute Sicherheit geht es allerdings angesichts dessen, daß der Beweis nicht naturwissenschaftlich geführt werden kann, nicht. Eine sehr große Wahrscheinlichkeit reicht aus.[1071]

Kommt das Gericht unter Berücksichtigung dieses Maßstabes zu einer *Verurteilung*,[1072] verhängt es in der Regel eine Strafe. Unter bestimmten Umständen kann aber auch durch Korrektional- und Polizeigericht von der Strafe abgesehen oder deren Verhängung aufge-

---

1062 Vgl. aber die vor den Korrektional- und Polizeigerichten existierenden Ausnahmen: Art. 537 Abs. 1 (Beweis von Übertretungen entweder durch Protokolle oder Berichte oder bei deren Fehlen durch Zeugen) und Art. 431, 537 Abs. 2, 3 CPP (Gegenbeweis gegen Feststellung von Vergehen/Übertretungen durch Protokolle oder Berichte von mit besonderer Befugnis ausgestatteten Beamten nur schriftlich oder durch Zeugen; entspr. Protokolle und Berichte über Übertretungen gelten bis zum Beweis des Gegenteils).

1063 *Zollinger*: L'intime conviction, in: Léauté (Hrsg.): L'innocence, 1977, S. 33; *Larguier*: Proc. pén., 2001, S. 310; *Merle/Vitu*: Proc. pén. 2001, Rn. 166; *Rassat*: Proc. pén., 2001, Rn. 220. Vgl. auch *Crim.* vom 11. 06. 1985, Bull. crim. 1985, Nr. 226.

1064 Vgl. *B. III. vor Fn. 1049.*

1065 Vgl. *Essaid*: La présomption d'innocence, 1971, S. 172.

1066 *Conte/Maistre du Chambon*: Proc. pén., 2002, Rn. 40; *Merle/Vitu*: Proc. pén. 2001, Rn. 143; *Rassat*: Proc. pén., 2001, Rn. 221.

1067 Zu der Schwierigkeit, das geforderte Niveau der Gewißheit festzustellen vgl. *Spencer*: Preuve, in: Delmas-Marty (Hrsg.): Proc. pén. d'Europe, 1995, S. 515 ff., 522.

1068 Vgl. *Spencer*: Preuve, in: Delmas-Marty (Hrsg.): Proc. pén. d'Europe, 1995, S. 515 ff., 521 f.

1069 *Zollinger*: L'intime conviction, in: Léauté (Hrsg.): L'innocence, 1977, S. 33, 34; *Conte/Maistre du Chambon*: Proc. pén., 2002, Rn. 40, 59; *Merle/Vitu*: Proc. pén. 2001, Rn. 150.

1070 Vgl. *Crim.* vom 30. 10. 1956, D. 1957, Jur., S. 127 f.: „*Mais attendu que ... il est ... nécessaire qu'il [lé juge] affirme, en termes non équivoques, que sa conviction est certaine; que tel n'est pas les cas en l'éspèce, les juges du fond se bornant ... à déclarer qu'il y a à son encontre une présomption sérieuse de culpabilité*" und *Essaid*: La présomption d'innocence, 1971, S. 287 sowie *Rassat*: Proc. pén., 2001, Rn. 221.

1071 *Rassat*: Proc. pén., 2001, Rn. 193.

1072 Vgl. Art. 362, 464, 466 f., 539 CPP.

schoben werden.[1073] Trotz der – vor allen Gerichten möglichen – *Strafbefreiung* wegen Vorliegens eines Strafbefreiungsgrundes[1074] wird der Täter auch im Falle dieser *exemption de peine*[1075] für schuldig erklärt. Deshalb darf diese Entscheidung nicht mit einem Freispruch verwechselt werden. Fällt die dem Angeklagten vorgeworfene Tat indessen nicht oder nicht mehr unter die Anwendung eines Strafgesetzes, ist sie nicht erwiesen oder dem Angeklagten nicht zurechenbar, wird dieser *freigesprochen.*[1076] Dies geschieht auch dann, wenn die öffentliche Klage erloschen ist. Dazu führen gemäß Art. 6 Abs. 1 und 3 CPP die Fälle des Todes des Beschuldigten, der Verjährung, der Amnestie, der Abschaffung des Strafgesetzes, der Rechtskraft, des Erlöschens durch Transaktion oder Ausführung eines strafrechtlichen Vergleiches (*composition pénale*) und schließlich der Rücknahme des notwendigen Strafantrages.

Schriftlich begründet werden muß das Urteil nur durch die *tribunaux*,[1077] während man den Spruch des Volkes, die besondere Art der Entscheidungsfindung vor dem Schwurgericht als eine Begründung verhindernd, ja sogar verbietend betrachtet.[1078]

V. Verfahrensbeendende Wirkung des „*jugements*".[1079] Grenzen der Rechtskraft

Sind die Rechtsmittel der Berufung und der Kassation im Interesse der Parteien ausgeschöpft oder die Rechtsmittelfristen ungenutzt verstrichen, bewirkt eine Sachentscheidung im oben beschriebenen Sinne eine Sperre gegenüber der zukünftigen Befassung mit

---

1073 Vgl. Art. 469-1 (eingefügt durch Gesetz vom 11. 07. 1975), 539 Abs. 1 a. E. CPP sowie *Stefani/Levasseur/Bouloc*: Proc. pén., 2001, Rn. 895 und *dies.*: Dr. pén. gén., 2000, Rn. 626 ff.

1074 Vgl. *Stefani/Levasseur/Bouloc*: Dr. pén. gén., 2000, Rn. 623 ff. Die Strafbefreiungsgründe sind exakt gesetzlich definiert und an die Anzeige bestimmter schwerer Taten geknüpft: s. Art. 414-2, 422-1, 434-37, 442-9 und 450-2 CP.

1075 Vgl. Art. 363 Abs. 2, 468 und 542 CPP. Vor 1994 bezeichnete man die *exemption de peine* als *excuse absolutoire* (vgl. noch Art. 366 Abs. 1, 3 CPP: „*absolution*").

1076 Vgl. Art. 363 Abs. 1, 470 und 541 CPP. „*Acquittement*" wird der von den Schwurgerichten ausgesprochene Freispruch genannt, der im Hinblick auf Entscheidungen der Korrektional- und Polizeigerichte seine exakte Entsprechung in dem Ausdruck „*relaxe*" findet (vgl. *Merle/Vitu*: Proc. pén., 2001, Rn. 774, die auch die frühere Bedeutung erläutern, a. a. O., Fn. 1).

1077 Vgl. Art. 485 und 543 CPP sowie *Stefani/Levasseur/Bouloc*: Proc. pén., 2001, Rn. 880; *Rassat*: Proc. pén., 2001, Rn. 481.

1078 Vgl. *Crim.* vom 30. 04. 1996, Bull. crim. 1996, Nr. 181 (Konformität mit EMRK) sowie *Crim.* vom 15. 12. 1999, Bull. crim. 1999, Nr. 307 f. (Verbot ergänzender Präzisierungen der Entscheidung). Krit. *Rassat*: Proc. pén., 2001, Rn. 481 a. E.

1079 Siehe zur Rechtskraftwirkung von Urteilen, die lediglich einen Schuldspruch enthalten und die Entscheidung über die Verhängung der Strafe aussetzen (Art. 469-1 CPP): *Cédras*: Action publique, Jur.-Cl., Art. 6, Fasc. 2, 1995, Rn. 48.

der betroffenen Tat: Wenngleich dies durch Art. 368 CPP ausdrücklich nur für den schwurgerichtlichen Freispruch gesetzlichen Ausdruck findet[1080] –

> „*Aucune personne acquitté légalement ne peut plus être reprise ou accusée à raison des mêmes faits, mêmes sous une qualification différente.*"

– folgt aus Art. 6 Abs. 1 CPP, daß dies auch für die übrigen in Rechtskraft erwachsenen Urteile der erkennenden Gerichte gilt.

Diese Rechtskraft kann hauptsächlich[1081] auf drei verschiedene Arten durchbrochen werden, von denen die Wiederaufnahme, die mit dem deutschen ordentlichen Rechtsmittel Revision nicht zu verwechselnde *révision*, die weitaus bekanntere und praktisch bedeutsamere ist. Relativ jung ist noch die prozessuale Möglichkeit der Reaktion auf ein Urteil des *Europäischen Gerichtshofes für Menschenrechte*. Auf die dritte Variante, die aufgrund ihrer möglichen Relevanz für freisprechende Entscheidungen von wesentlicher theoretischer Tragweite ist, soll gleichwohl nur kurz eingegangen werden.

1. *Révision*[1082]

Bei der Auflösung der Konfliktlage, vor der jede Wiederaufnahmeregelung steht, nämlich der Aufgabe der Vereinbarung der der rechtskräftig abgeurteilten Sache geschuldeten Achtung einerseits mit dem die Berichtigung von Tatsachenirrtümern fordernden Volksempfinden von Gerechtigkeit andererseits,[1083] hat sich das französische Recht –

1080 Vgl. *oben Kapitel 6, C. I.*

1081 Darüber hinaus kann eine Rechtskraftdurchbrechung auch durch einen Antrag auf Kassation im Interesse des Rechts infolge einer Weisung des Justizministers (*pourvoi en annulation sur l'ordre du garde des Sceaux*, Art. 620 CPP) oder aus eigenem Antrieb durch den Generalstaatsanwalt (Art. 621 CPP) bewirkt werden. Während die Aufhebung aufgrund der Möglichkeit der Zurückverweisung im erstgenannten Falle durchaus auch positive Wirkungen für den Verurteilten haben kann, hält sich die Rechtskraftdurchbrechung im Falle des Art. 621 CPP im rein formellen Rahmen, da das Verfahren keinerlei Auswirkungen auf den Abschluß des Prozesses hat. Diese Varianten sollen allerdings angesichts ihrer Ausnahmestellung (vgl. *Pradel*: Proc. pén., 2002, Rn. 959 ff.; *Guinchard/Buisson*: Proc. pén., 2002, Rn. 1471 ff.) in diesem Rahmen nicht näher besprochen werden. Vgl. auch *B. II. Fn. 1037* und *Grebing*: Frankreich, in: Jescheck/Meyer (Hrsg.): Wiederaufn. im dt. u. ausl. Recht, 1974, S. 297 ff., 308 ff.

1082 Die französischen Wiederaufnahmevorschriften wurde im Laufe ihrer Existenz mehrfach verändert und in ihrem Anwendungsbereich erweitert. Anlaß dazu bot oftmals eine konkrete Affäre, die die Wellen in der öffentlichen Diskussion hoch schlagen ließ. Siehe dazu die Darstellungen bei *Merle/Vitu*: Proc. pén., 2001, Rn. 875 und *Grebing*: Frankreich, in: Jescheck/Meyer (Hrsg.): Wiederaufn. im dt. u. ausl. Recht, 1974, S. 297 ff., 303, 315.

1083 *Merle/Vitu*: Proc. pén., 2001, Rn. 875; *Angevin*: Révision, Jur.-Cl., Art. 622-626, Comm., 1997, Rn. 3; *Mongibeaux*: Erreur judiciaire, 1906, S. 11, 14, der in ähnlichem Sinne die widerstreitenden Interessen zum einen in „*les exigences du droit individuel, de la raison et de la vraie justice*" und zum anderen in „*le respect quasi-fétichique dû, dans une société bien organisée, à l'autorité de la chose jugée*" sieht und bei der Aufgabe, beide in Einklang zu bringen, folgendes Prinzip für entscheidend hält: „*Il n'y a pas d'intérêt général qui puisse légitimer la méconnaissance d'un droit particulier ...*".

korrespondierend mit dem geschichtlich[1084] gewachsenen Verständnis dieser Institution[1085] – im Gegensatz zur deutschen Rechtslage dafür entschieden, die Wiederaufnahme niemals zuungunsten des Betroffenen zuzulassen.[1086] So bleibt der Zugang zu dem außerordentlichen Rechtsbehelf versperrt, wenn auf die Verurteilung eines mutmaßlich zu Unrecht Freigesprochenen oder die schwerere Bestrafung eines bereits Verurteilten abgezielt wird.

a. Voraussetzungen der *révision*

Berechtigt zur Stellung des Antrags, der an eine sich aus fünf Richtern der *Cour de cassation* zusammensetzende *Kommission* gerichtet werden muß, sind neben dem Justizminister der Verurteilte, im Falle seiner Geschäftsunfähigkeit sein gesetzlicher Vertreter und schließlich nach seinem Tode oder der Verschollenheitserklärung sein Ehegatte, seine Kinder, Verwandte, Erben und der von ihm ausdrücklich Beauftragte (Art. 623 Abs. 1, 2 CPP).

Mit der *révision* kann lediglich eine endgültige Entscheidung zu Fall gebracht werden, die den Verurteilten eines Verbrechens oder Vergehens für schuldig[1087] erkennt. Die dies fordernde Vorschrift des Art. 622 CPP hat die Unzulässigkeit eines Wiederaufnahmeantrages in Anbetracht eines noch mit ordentlichen Rechtsmitteln angreifbaren Urteils einerseits und der Verurteilung wegen einer Übertretung[1088] andererseits zur Folge. Das Wiederaufnahmeverfahren erweist sich – neben dem Erfordernis der Unanfechtbarkeit –

1084 Vgl. zur Geschichte der Wiederaufnahme die deutschsprachige Schilderung von *Grebing*: Frankreich, in: Jescheck/Meyer (Hrsg.): Wiederaufn. im dt. u. ausl. Recht, 1974, S. 297 ff., 299 f. und die detaillierte Darstellung der Entwicklung bis 1895: *Sevestre*: Révision, 1899, S. 13 ff.

1085 Dabei ist vor allem auf die in den „*lettres de grâce de dire contre les arrêts*" zu findenden Wurzeln des Wiederaufnahmeverfahrens zu verweisen. Diese „*königlichen Gnadenbriefe*", außerordentliche Rechtsbehelfe, die im 14. Jahrhundert durch königliche Verordnungen errichtet wurden, konnten selbstverständlich nur Verurteilten gewährt werden. Vgl. *Lemoine*: Révision, 1896, S. 57 sowie *Sevestre*: Révision, 1899, S. 27 f.

1086 Dies wegen der daraus folgenden Unerreichbarkeit des Zieles der Bestrafung des Schuldigen kritisierend: *Lemoine*: Révision, 1896, S. 20.

1087 Da eine zurückweisende Entscheidung des Kassationshofes keine Verurteilung beinhaltet, ist ein Wiederaufnahmeantrag dagegen nicht zulässig (*Crim.* vom 05. 05. 1994, Bull. crim. 1994, Nr. 171).

1088 *Grebing*: Frankreich, in: Jescheck/Meyer (Hrsg.): Wiederaufn. im dt. u. ausl. Recht, 1974, S. 297 ff., 313 hält die mangelnde Wiederaufnahmemöglichkeit im Bereich der *contraventions* aufgrund der Strafregistereintragung der Übertretungen fünfter Klasse (Art. 768 Abs. 1 CPP) und der damals möglichen Verhängung von Freiheitsstrafen für eine „*Lücke des Wiederaufnahmerechts*". Stellte die Zulässigkeit von Freiheitsstrafen bis zu zwei Monaten für Übertretungen der fünften Klasse auch nur ein vorübergehendes Intermezzo dar (mit Einführung des neuen Strafgesetzbuches von 1994 in verspäteter Reaktion auf die Feststellung des Verfassungsrates von 1973, wegen Übertretungen verhängte Freiheitsstrafen verstießen gegen die Verfassung, abgeschafft), bewahrt diese Einschätzung aufgrund der beeinträchtigenden Wirkung der Registrierung trotz allem ihre Gültigkeit. Einschränkend ist allerdings hinzuzufügen, daß die *révision* Übertretungen ausnahmsweise dann erfaßt, wenn diese untrennbar mit Verbrechen oder Vergehen verbunden sind, die selbst deren Gegenstand bilden (*Crim.* vom 05. 11. 1987, Bull. crim. 1987, Nr. 392).

auch insoweit als subsidiär, als darauf nur zurückgegriffen werden darf, wenn eine Berichtigung des Fehlers auf andere Weise nicht möglich ist.[1089] Da aber der Ausspruch einer Strafe nicht als Voraussetzung genannt wird, unterliegen auch Entscheidungen, die einen Schuldspruch unter Strafbefreiung erklären, der Wiederaufnahme.[1090]

Vier Wiederaufnahmegründe definiert das Gesetz:

1) Beibringen geeigneter Nachweise zur Begründung ausreichender Indizien für das Leben des angeblich Getöteten nach einer Verurteilung wegen Totschlags (Art. 622 Nr. 1 CPP);

2) Unvereinbarkeit zweier Verurteilungen wegen derselben Tat (Art. 622 Nr. 2 CPP);

3) Falsche Aussage eines deshalb rechtskräftig verurteilten Zeugen (Art. 622 Nr. 3 CPP);

4) Neue, Zweifel an der Schuld[1091] des Verurteilten erweckende Tatsachen und Beweismittel[1092] (Art. 622 Nr. 4 CPP).[1093]

b. Verfahren der *révision*[1094]

Im Vorfeld der eigentlichen Wiederaufnahme findet – gewissermaßen zum Zwecke der ersten Ausfilterung[1095] – eine Untersuchung statt, in deren Rahmen die obengenannte *Kommission*[1096] sämtliche zweckdienlichen Nachforschungen, Anhörungen, Gegenüberstellungen und Überprüfungen vornimmt sowie die schriftlichen und mündlichen Stellungnahmen des Antragstellers oder seines Anwaltes und jene der Staatsanwaltschaft einholt. Hinsichtlich der Anträge, die ihr berechtigt erscheinen, ruft sie durch zu begründende, unanfechtbare Entscheidung die Strafkammer an, die als Wiederaufnahmegericht entscheiden wird (Art. 623 CPP). Nachdem der Antrag diese Hürde überwunden hat, entscheidet jenes nun – nachdem es gegebenenfalls noch neue Ermittlungen durchgeführt hat (Art. 625 Abs. 1 CPP) – über die Begründetheit des Wiederaufnahmeantrages durch

1089 *Crim.* vom 21. 07. 1966, Gaz. Pal. 1966, II., S. 210 (Berichtigung des Strafregisters).

1090 *Crim.* vom 23. 11. 1876, D. 1877, I., S. 284 ff.

1091 Seine jetzige Form („... *de nature à faire naître un* doute sur la culpabilité *du condamné*") verlieh dieser Bestimmung die Änderung von 1989 (Gesetz Nr. 89-431 vom 23. 06. 1989), die die alte Version („... *de nature à* établir l'innocence *du condamné*") ersetzte, die zuletzt bereits in dem wiederaufnahmefreundlicheren Sinne der nun geltenden Fassung Anwendung fand. Für das Ausreichen einer „*présomption suf??fisante en faveur de la* non-culpabilité" schon *Mayer*: Révision, 1894, S. 119 (Hervorhebung der *Verf.*).

1092 Vgl. die eingehende Studie des Begriffes der neuen Tatsachen von *Pinatel*: Le fait nouveau, 1935.

1093 Siehe hinsichtlich der Einzelheiten: *Stefani*: Révision, in: Rép. pén. VI, 2001, Rn. 26 ff. (mit Nachweisen zur Rspr.).

1094 Zum Gang des Wiederaufnahmeverfahrens vor der Gesetzesänderung 1989 siehe *Grebing*: Frankreich, in: Jescheck/Meyer (Hrsg.): Wiederaufn. im dt. u. ausl. Recht, 1974, S. 297 ff., 328 ff. und *Stefani*: Révision, in: Rép. pén. VI, 2001, Rn. 63 ff.

1095 Betrachtet man die bei *Grebing*: Frankreich, in: Jescheck/Meyer (Hrsg.): Wiederaufn. im dt. u. ausl. Recht, 1974, S. 297 ff., 335 f. genannten Zahlen zum Verhältnis zwischen den Wiederaufnahmeersuchen und den vor dem Wiederaufnahmegericht geführten Verfahren und dem zwischen letzterem und den tatsächlich aufgehobenen Verurteilungen, so scheint die Vorprüfung die höchste Barriere auf dem Weg zur Aufhebung des Urteils zu sein.

1096 Vgl. *oben C. V. 1. a. (am Anfang)*.

ebenfalls begründetes und unanfechtbares Urteil. Die Entscheidungsfindung basiert auf einer öffentlichen Verhandlung, in der die Stellungnahmen des Antragstellers oder seines Anwaltes, der Staatsanwaltschaft und unter Umständen der Zivilpartei oder deren Vertreter zusammengetragen werden. Hält das *Wiederaufnahmegericht* den Antrag für unbegründet, so weist es ihn ab. Andernfalls hebt es die Verurteilung auf und verweist, falls der Eintritt in eine erneute kontradiktorische Verhandlung möglich ist, die Sache zurück an ein *anderes Gericht gleicher Art und Instanz* wie jenes, von dem die aufgehobene Entscheidung stammt (Art. 625 Abs. 2 CPP). Im Falle der Unmöglichkeit einer abermaligen Verhandlung (z. B. wegen Amnestie oder Verjährung) befindet das Wiederaufnahmegericht sogleich selbst über die Sache (Art. 625 Abs. 3 CPP).

2. Überprüfung einer Entscheidung infolge eines Urteils des Europäischen Gerichtshofs für Menschenrechte

Eine dem französischen Strafverfahren bis dahin unbekannte Variante ergänzte im Jahre 2000 die Möglichkeiten der Rechtskraftdurchbrechung.[1097] Nach den in den *Code de procédure pénale* neu eingefügten Artikeln 626-1 ff. CPP kann zugunsten jeder einer Straftat für schuldig befundenen Person die Überprüfung einer rechtskräftigen Strafentscheidung unter der Voraussetzung verlangt werden, daß der *EGMR* eine Verletzung der EMRK oder ihrer Zusatzprotokolle durch diese Verurteilung festgestellt hat. Hinsichtlich des innerhalb eines Jahres nach der Entscheidung des *EGMR* zu stellenden Antrages gilt allerdings eine Einschränkung hinsichtlich der Schwere der Verletzung.[1098] Zunächst wird das Begehren in einer öffentlichen Verhandlung durch eine aus sieben Richtern des Kassationsgerichtshofes bestehenden *Kommission* beurteilt. Betrachtet diese den Antrag als begründet, verweist sie die Sache vor die *Cour de cassation*, falls die festgestellte Verletzung auf diese Weise zu beseitigen ist, andernfalls vor eine der Vorentscheidungsinstanz entsprechende Gerichtsbarkeit. In seiner Struktur ähnelt dieses Verfahren damit stark dem herkömmlichen Wiederaufnahmeverfahren.

3. Art. 6 Abs. 2 CPP[1099]

Im Jahre 1958 fand Abs. 2 des Art. 6 CPP, der einer Aufzählung von Gründen des Erlöschens der Strafklage durch Abs. 1 folgt, Eingang in den französischen *Code de procédure pénale.*[1100] Fälle wie beispielsweise jener durch den *Kassationshof* im Jahre 1950 entschiedene,[1101] bei dem sich das Gericht aufgrund des Grundsatzes ***ne bis in idem*** gehin-

---

[1097] Vgl. Gesetz Nr. 2000-516 vom 15. 06. 2000.

[1098] Vgl. Art. 626-1 a. E. CPP („... *dès lors que, par sa nature et sa gravité, la violation constatée entraîne pour le condamné des conséquences dommageables auxquelles la 'satisfaction équitable' allouée sur le fondement de l'article 41 de la convention ne pourrait mette un terme.*").

[1099] Auf die Frage der durch diese Vorschrift mögliche Durchbrechung der ***ne bis in idem***-Wirkung geht man in der französischen Literatur nur selten ein.

[1100] Verordnung Nr. 58-1296 vom 23. 12. 1958.

[1101] *Crim.* vom 20. 07. 1950, Bull. crim. 1950, Nr. 120.

dert sah, eine zweite Verfolgung nach Erklärung des Erlöschens der Strafklage aufgrund einer gefälschten Todeserklärung zu gestatten, haben infolge des daraus resultierenden Gefühls der Unbefriedigtheit 1958 zur Ergänzung des Artikels 6 CPP geführt:

„*Toutefois, si des poursuites ayant entraîné condamnation ont révélé la fausseté du jugement ou de l'arrêt qui a déclaré l'action publique éteinte, l'action publique pourra être reprise; la prescription doit alors être considérée comme suspendue depuis le jour où le jugement ou arrêt était devenu définitif jusqu'à celui de la condamnation du coupable de faux ou usage de faux.*"

Stellt das erkennende Gericht fest, daß die öffentliche Klage erloschen ist, erläßt es einen Freispruch, mit dem das Erlöschen der *action publique* erklärt wird. Offenbart sich in einem späteren, insoweit auch zu einer Verurteilung führenden Prozeß, daß diese Feststellung auf einer Fälschung[1102] beruhte, gestattet Art. 6 Abs. 2 CPP nun die Fortsetzung der Verfolgung des vormals rechtskräftig Freigesprochenen. Die Vorschrift kann damit nur als eine die den Freigesprochenen schützende *ne bis in idem*-Wirkung durchbrechende verstanden werden.

VI. Sonderfälle: Abwesenheitsverfahren

1. Kontumazverfahren (*procédure de contumace*, Art. 627-21 f. CPP)[1103]

Das Kontumazverfahren ist ein besonderes Verfahren vor dem Schwurgericht, dem im Falle der Abwesenheit des Angeklagten unter folgenden Voraussetzungen gefolgt wird.

1102 Ob der Angeklagte des ersten der Verurteilte des zweiten Verfahrens sein muß, erschließt sich nicht eindeutig aus dem Wortlaut. Dafür spricht allerdings viel (so auch *Grebing*: Frankreich, in: Jescheck/Meyer (Hrsg.): Wiederaufn. im dt. u. ausl. Recht, 1974, S. 297 ff., 319), da die Vorschrift andernfalls in ihrer Struktur dem Wiederaufnahmegrund des Art. 622 Nr. 3 CPP zu ähnlich und damit als Einbruchstelle in den Schutz des Freigesprochenen zu umfangreich wäre: dem rechtskräftig wegen Falschaussage verurteilten Zeugen dort entspräche hier die gerichtliche Feststellung der Fälschung eines Dokumentes. Die Bedeutung wird deshalb zu beschränken sein auf die Sanktionierung der Fälschung durch den sich auf diese Weise selbst dienenden Angeklagten.

1103 Die Zahl der jährlich vorkommenden Kontumazverfahren ist relativ gering: *Merle/Vitu*: Proc. pén., 2001, Rn. 849. Vgl. aber den deutsch-französischen Fall *Krombach*, mit dem sich zuletzt der *EGMR* (vom 13. 02. 2001, NJW 2001, S. 2387 ff.) zu befassen hatte: Nachdem das gegen den Deutschen *K.* wegen des Ablebens eines 14jährigen französischen Mädchens eingeleitete Verfahren in Deutschland nach § 170 Abs. 2 StPO mangels Beweises eingestellt worden und ein Klageerzwingungsantrag durch das *OLG München* als unzulässig (vgl. dazu *oben Kapitel 3, B. I.*) abgewiesen worden war, wurde in Frankreich ein Strafverfahren in Gang gesetzt, in dessen Folge *K.* in Abwesenheit von der *Cour d'assises de Paris* wegen Körperverletzung mit Todesfolge zu einer Freiheitsstrafe von 15 Jahren und zivilrechtlichem Schadensersatz verurteilt wurde. (zum zivilrechtlichen Vollstreckungsversuch in Deutschland vgl. *BGH*, B. vom 04. 12. 1997, EuZW 1999, S. 26 ff. [Vorlage an den *EuGH* bzgl. *ordre public*-Vorbehalt des Art. 27 Nr. 1 EuGVÜ], *EuGH* vom 28. 03. 2000, NJW 2000, S. 1853 ff. [Berücksichtigung der Versagung der Verteidigung möglich] und *BGH* vom 29. 06. 2000, NJW 2000, S. 3289 ff. [Zurückweisung des Antrags auf Erklärung der Vollstreckbarkeit]; vgl. zudem auch die Entscheidung des *OLG Innsbruck*, B. vom 02. 02. 2000, NStZ 2000, S. 663 ff., welches die Auslieferung an Frankreich aufgrund der vorangegangenen Entscheidung im Klageerzwingungsverfahren u. a. wegen Art. 54 SDÜ für unzulässig erklärte – siehe dazu auch *oben Kapitel 3, B. I.*).

Kann der vor dem Schwurgericht Angeklagte nach einem Beschluß auf Anklageerhebung (*arrêt de mise en accusation*) nicht gefaßt werden und stellt er sich auch nicht innerhalb von zehn Tagen nach der Zustellung des Beschlusses an seinen Wohnort, oder entweicht er, nachdem er sich bereits in den Händen der Justiz befand, erläßt der Vorsitzende des Schwurgerichts einen Beschluß, der die Verpflichtung des Angeklagten enthält, sich innerhalb der nächsten zehn Tage zu stellen, da er andernfalls zum *rebelle à la loi*[1104] erklärt, die Ausübung seiner Staatsbürgerrechte ausgesetzt, sein Vermögen während der Untersuchung des Kontumazverfahrens sequestriert, ihm innerhalb dieser Phase jegliche gerichtliche Klage verboten und jedermann verpflichtet sein wird, seinen Aufenthaltsort anzugeben. Nach einer Frist von zehn Tagen entscheidet das Gericht ohne Jury[1105] während der normalen Sitzung der *Cour d'assises* über die Anklage, wobei wesentliche Verfahrensrechte ausgesetzt sind.[1106] Mit der Abwesenheit des Angeklagten ist nämlich das Auftreten eines Verteidigers unmöglich.[1107] Auch Zeugen werden nicht gehört. Es handelt sich demzufolge um ein nichtkontradiktorisches und allein auf Aktenmaterial gestütztes Verfahren,[1108] welches – obwohl das Gericht natürlich in seiner Entscheidung frei ist – nahezu immer zu einer Verurteilung führt.[1109] Gegen die Entscheidung kann gemäß Art. 636 CPP kein Kassations- und wohl auch kein Berufungsbegehren[1110] gestellt werden.

Im Gegensatz zu den selten vorkommenden freisprechenden oder strafbefreienden *arrêts*, denen dieselben Wirkungen wie den im normalen Verfahren ergangenen innewohnen,[1111] wird die Verurteilung als eine endgültige, aber unter der auflösenden Bedingung

---

1104 *„Aufrührer gegen das Gesetz"*.

1105 Art. 632 Abs. 4 S. 1 CPP.

1106 *Merle/Vitu*: Proc. pén., 2001, Rn. 851.

1107 Art. 630 CPP. Vgl. dazu noch sogleich. Allerdings können, ist es dem Angeklagten völlig unmöglich, dem obengenannten Befehl, sich zu stellen, nachzukommen, seine Angehörigen oder Freunde seine Entschuldigung vorbringen.

1108 *Stefani/Levasseur/Bouloc*: Proc. pén., 2001, Rn. 865.

1109 Vgl. *Larguier*: Proc. pén., 2001, S. 269.

1110 Hinsichtlich der erst seit dem 01. 01. 2001 möglichen Berufung gegen die Verurteilung wegen eines Verbrechens ist von einer Regelungslücke auszugehen, wenngleich Art. 380-1 Abs. 1 CPP seinem Wortlaut nach die Anwendung des Berufungsverfahrens zuläßt. Folgende Argumente lassen sich jedoch gegen die Zulässigkeit der Berufung in diesem Falle anführen: Die Berufung hat die Aufgabe, eine erneute tatsächliche Bewertung aufgrund einer Beweisaufnahme vorzunehmen. Nach einem Urteil, welches beim Erscheinen des Verurteilten ohne weiteres der Nichtigkeit anheimfällt (Art. 639 CPP) und von einem Normalverfahren gefolgt wird, kann diese Funktion durch letztgenanntes übernommen werden. Gerade dieser besonderen Regelung der *purge de la contumace* haftet der Charakter der Ausschließlichkeit an, denn nur gegen den auch Anwesenden soll das Verfahren fortgeführt werden. Außerdem ist die zweite Tatsacheninstanz nach den Vorschriften der Art. 380-1 ff. CPP von ihrer Struktur her auf ein kontradiktorisches Verfahren zugeschnitten (siehe Art. 380-1 Abs. 2 CPP, der hinsichtlich des Verfahrens auf die für die erste Schwurgerichtsinstanz geltenden Vorschriften verweist). Erscheint der Betroffene indessen, bietet das Normalverfahren, weil mit der ersten Instanz beginnend, sogar einen besseren Rechtsschutz als es die bloße Berufung könnte. Diese Argumentation findet Bestätigung in der im Oktober 2004 in Kraft tretenden Neuregelung (vgl. *unten Fn. 1121*): Danach schließt Art. 379-5 CPP n. F. die Berufung ausdrücklich aus.

1111 *Garraud*: Dr. crim., 1934, Rn. 518.

der Greifbarkeit des Flüchtigen innerhalb der Vollstreckungsverjährung stehende Entscheidung betrachtet.[1112] Bis zum Eintritt dieser Bedingung zeitigt die Verurteilung all ihre Wirkungen, und zwar sowohl in Anbetracht der Person als auch des Vermögens des Betroffenen.[1113] Zwar kann die im Kontumazverfahren ausgesprochene Hauptstrafe aufgrund des Bedingungseintrittes bei Festnahme selbst nie Gegenstand der Vollstreckung werden. Kompensiert wird dieser Mangel indes durch Maßnahmen der Öffentlichkeit, Anschläge und Veröffentlichungen in der Presse.[1114]

Stellt sich der *contumax* zum Strafantritt oder wird er festgenommen, bevor die Vollstreckungsverjährung vollendet ist, verfällt das Abwesenheitsurteil und es wird wie im Normalverfahren prozessiert. Einzige Abweichung im Verhältnis zu diesem stellt allerdings die Möglichkeit dar, schriftliche Aussagen von Zeugen, die in der mündlichen Verhandlung nicht erscheinen können, ebenso wie schriftliche Erwiderungen von wegen desselben Verbrechens Angeklagten und alle übrigen Unterlagen, die vom Vorsitzenden als der Feststellung der Wahrheit dienlich betrachtet werden, in der mündlichen Verhandlung zu verlesen.[1115]

Erst wenn die Vollstreckungsverjährung abgelaufen ist, wird das Urteil unwiderruflich und rechtskräftig.[1116] In diesem Fall kann auch die Wiederaufnahme beantragt werden.[1117]

Die *procédure de contumace* wurde anläßlich des Falles *Krombach*[1118] auf den Prüfstand der EMRK gezogen. Die in diesem Verfahren anwesenden Verteidiger *Krombachs* wurden vom Schwurgericht aufgrund der Bestimmung des Art. 630 CPP nicht zugelassen, die Rechte des Angeklagten wahrzunehmen. Diesen Verlust sämtlicher Verteidigungsrechte beanstandete der *Europäische Gerichtshof für Menschenrechte*: *„Das Nichterscheinen des ordnungsgemäß geladenen Angeklagten darf ... nicht mit dem Verlust seines in Art. 6 III c EMRK garantierten Rechts auf Beistand eines Verteidigers geahndet werden.“*[1119] Aus dieser Kritik hat der französische Gesetzgeber[1120] Konsequenzen gezogen: Im Oktober 2004 sollen Bestimmungen in Kraft treten, die das herkömmliche Kontumazverfahren abschaffen und durch eine gesetzliche Neuregelung für den Abwesenheitsfall in Verbrechenssachen ersetzen. Ein Ausschluß des Verteidigers ist danach nicht mehr vorgesehen.[1121]

1112 *Angevin*: Contumace, Jur.-Cl., Art. 627-641, Comm., 1993, Rn. 43; *Merle/Vitu*: Proc. pén., 2001, Rn. 852.

1113 Zu den Folgen im einzelnen: *Merle/Vitu*: Proc. pén., 2001, Rn. 852 ff.

1114 Sogenannte *„exécution par effigie“*, Art. 634 CPP.

1115 Vgl. Art. 640 CPP.

1116 *Crim.* vom 05. 01. 1898, D. 1899, I., S. 56; *Cédras*: Action publique, Jur.-Cl., Art. 6, Fasc. 2, 1995, Rn. 47; *Angevin*: Contumace, Jur.-Cl., Art. 627-641, Comm., 1993, Rn. 80.

1117 *Stefani*: Révision, in: Rép. pén. VI, 2001, Rn. 23.

1118 Vgl. zum Verfahren in dieser Sache ausführlich *oben C. VI. 1. Fn. 1103*.

1119 EGMR vom 13. 02. 2001, NJW 2001, S. 2387 ff., 2387 (4. LS).

1120 Überlegungen zu den gesetzgeberischen Möglichkeiten finden sich bei Ginestet: Procédure de contumace, DP 2001 (11), S. 4 ff.

1121 Vgl. Gesetz Nr. 2004-204 vom 09. 03. 2004, Art. 156 (JO vom 10. 03. 2004, S. 4567).

2. *Jugement par défaut*

Das Verfahren in Abwesenheit des Angeklagten vor Korrektional- und Polizeigericht entspricht im Gegensatz zum Kontumazverfahren im wesentlichen dem Normalverfahren.[1122] Um eine *procédure par défaut* handelt es sich nur in zwei Konstellationen, nämlich zum einen, wenn die Ladung nicht an den Angeklagten zugestellt werden konnte und es des Nachweises ermangelt, daß dieser gleichwohl Kenntnis von der Ladung besaß (Art. 412 CPP); zum anderen, wenn er eine gültige Entschuldigung für sein Fehlen vorzubringen in der Lage ist (Art. 410 Abs. 1 CPP). In diesen eng begrenzten Fällen ist die Verhandlung nicht kontradiktorisch, weshalb auch die anwaltliche Verteidigung entfällt. Besonderes Rechtsmittel ist der Einspruch (*opposition*),[1123] der gemäß Art. 489 CPP nur von dem Verurteilten eingelegt werden kann und die Nichtigkeit des Abwesenheitsurteils sowie die erneute, in diesem Falle streitige Verhandlung vor demselben Spruchkörper zur Folge hat.

Das in Abwesenheit ergangene Urteil erwächst als solches nur unter der Voraussetzung vollständig in Rechtskraft, daß der Verurteilte von seinem Einspruchsrecht nicht Gebrauch macht.[1124] Auf diese Weise bringt er zum Ausdruck, daß er das *jugement par défaut* hinnimmt.

VII. Ergebnis

Das französische *jugement* ergeht im Normalverfahren aufgrund einer streitigen Hauptverhandlung. Das Prinzip der materiellen Unmittelbarkeit gilt im französischen Strafverfahren im Gegensatz zum deutschen Strafverfahren nicht. Häufig, vor allem vor dem *Tribunal correctionnel* und dem *Tribunal de police* liegt der Beweis lediglich schriftlich vor. Zeugen werden hingegen meist nur vor der *Cour d'assises* gehört. Eine Verurteilung darf auch hier nur ausgesprochen werden, wenn Richter oder Jury zu der Gewißheit gelangen, daß der Angeklagte die ihm vorgeworfene Tat begangen hat. Gegen ein rechtskräftiges Urteil ist in Frankreich die Wiederaufnahme (*révision*) allein zugunsten des Verurteilten zulässig.[1125]

Im Gegensatz zum Normalverfahren verlaufen die Abwesenheitsverfahren vor dem Schwurgericht (*procédure de contumace*) und den anderen beiden Gerichten (*jugement par défaut*) nichtstreitig. Das schwurgerichtliche Kontumazurteil erwächst erst mit Eintritt der Vollstreckungsverjährung in Rechtskraft, das korrektional- bzw. polizeigerichtliche Abwesenheitsurteil wird bei Verzicht des Verurteilten auf den Einspruch endgültig.

1122 Vgl. Art. 487 und 545 CPP.

1123 Gegen das *jugement par défaut* ist allerdings auch die Berufung statthaft (vgl. *Merle/Vitu*: Proc. pén., 2001, Rn. 824, Fn. 2).

1124 *Cédras*: Action publique, Jur.-Cl., Art. 6, Fasc. 2, 1995, Rn. 47.

1125 Vgl. allerdings auch *oben C. V. 3.*

D. Das niederländische *vonnis*

I. Terminologie

Art. 54 benutzt in seiner niederländischen Fassung das Wort „*vonnis*". Führt der erste Gedanke den Blick zu der innerstaatlichen *ne bis in idem*-Regelung in der Hoffnung auf Verständnis der Bezeichnung, so wird man enttäuscht: Art. 68 WSr verwendet diesen Ausdruck nicht und spricht vielmehr von „*rechterlijke uitspraken*"[1126] und „*gewijsde*".[1127] Auf den Ausdruck „*vonnis*" stößt man indessen in einer Anzahl Vorschriften der niederländischen Strafprozeßordnung.[1128] Allein, an einer Definition, die danach durchaus erwartet werden könnte,[1129] mangelt es. In verschiedenen Regelungen kommt zum Ausdruck, daß ein „*vonnis*" sowohl *innerhalb* („*tussenvonnis*",[1130] „*interlocutoir vonnis*"[1131]) als auch *am Schluß* der Hauptverhandlung („*eindvonnis*") gesprochen werden kann. Neben der Verwendung des Wortes im Sinne des eigentlichen Ausspruchs,[1132] findet man auch Zusammenhänge, aus denen sich ergibt, daß zumindest auch die schriftliche Niederlegung, d. h. die Urteilsurkunde umfaßt sein soll.[1133]

Unter Vernachlässigung des die schriftliche Verkörperung der Entscheidung betreffenden Sinnes, die im Rahmen des SDÜ offenbar ebenso wenig eine Rolle spielen kann wie die Unterscheidung[1134] zwischen *arrest* als Bezeichnung für die Entscheidungen der Gerichtshöfe (*gerechtshoven*) bzw. des Hohen Rates (*Hoge Raad*) und *vonnis* als Terminus für die Urteile der Bezirksgerichte,[1135] läßt sich bei einer Gesamtschau der betreffenden Arti-

---

1126 „*Richterliche Urteile*".

1127 „*Rechtskräftige Urteile*".

1128 Siehe z. B. Art. 356 ff. (Beratung und Urteilsverkündung), Art. 378 ff. (Besondere Bestimmungen über das Verfahren vor dem Polizeirichter), Art. 395 ff. (Verfahren vor dem Kreisrichter), Art. 399 ff. (Einspruch gegen Endurteile), Art. 404 ff. (Berufung gegen Urteile), Art. 453 ff. (Rücknahme und Verzicht auf ordentliche Rechtsmittel), Art. 457 ff. (Wiederaufnahme), Art. 509d (Aburteilung von Verdächtigen, bei denen mangelhafte Entwicklung oder krankhafte Störung des Geistesvermögens vermutet wird), Art. 554 ff. (Vollstreckung) (vgl. dazu auch *Melai/Groenhuijsen*: WSv, Art. 138, Rn. 4 [Std. 10/89]).

1129 Vgl. Art. 138 WSv, der die Termini „*rechterlijke beslissingen*" (richterliche Entscheidungen: Beschlüsse als auch Urteile), „*beschikkingen*" (Beschlüsse: nicht in der Hauptverhandlung erlassene Entscheidungen), „*uitspraken*" (Urteile: in der Hauptverhandlung erlassene Entscheidungen), „*einduitspraken*" (Endurteile: Urteile zur Aussetzung des Verfahrens oder zur Erklärung der Unzuständigkeit, zur Unzulässigkeit oder Nichtigkeit der Anklage und die, welche nach Ablauf der gesamten Untersuchung in der Hauptverhandlung über die Sache gefällt werden) definiert.

1130 *HR* vom 03. 12. 1957, NJ 1958, Nr. 283.

1131 *HR* vom 12. 01. 1942, NJ 1942, Nr. 234.

1132 Art. 366 Abs. 1 (Mitteilung des in Abwesenheit ergangenen *vonnis*), 404, 406, 427 Abs. 1, 428 (Rechtsmittel) WSv.

1133 Art. 357 ff. (Inhalt des *vonnis*), 365 (Unterschrift von Richtern und Gerichtsschreiber) WSv.

1134 Vgl. zu der in Frankreich ähnlich vorgenommenen terminologischen Trennung auch *oben C. I.*

1135 Vgl. auch Cleiren/Nijboer-*Barels*: WSv, 2001, Art. 138b, Rn. 2, der darauf hinweist, daß unter einem verkürzten *vonnis* auch ein verkürzter *arrest* verstanden wird.

kel schlußfolgern, daß es sich zum einen um eine richterliche Entscheidung handeln, und diese zum anderen im Rahmen der Hauptuntersuchung durch den erkennenden Richter ergangen sein muß. Daraus wird deutlich, daß ein „*vonnis*" den Charakter einer „*uitspraak*" i. S. d. Art. 138 WSv besitzt, die dort als „*op te terechtzitting gegeven beslissing*"[1136] beschrieben wird.[1137] In Abgrenzung zu bestimmten Verfahren der Beschlußkammern (*raadkamern*), die mit Gesetz vom 08. 11. 1993[1138] mit Blick auf Art. 6 EMRK öffentlich geworden sind,[1139] trotz allem aber nicht mit *uitspraken* oder *vonnissen* enden, liegt der entscheidende Unterschied darin, daß es sich in diesen Fällen nicht um eine öffentliche *Hauptverhandlung* (*terechtzitting*) handelt, die ihrerseits letztendlich auf die Klärung der Schuldfrage abzielt.[1140]

Zusammengefaßt kann demnach gesagt werden, daß unter dem Terminus „*vonnis*" im niederländischen Strafprozeß im Laufe oder am Schluß der Hauptverhandlung ergangene richterliche Entscheidungen verstanden werden können.[1141] Von Interesse können im vorliegenden Rahmen gleichwohl nicht alle, sondern nur die rechtskraftfähigen dieser Urteile sein: Damit müssen – wie oben gesehen[1142] – die nur *anläßlich* der Tat ergangenen Entscheidungen wie solche die Nichtigkeit der Ladung, die Unzulässigkeit der Anklage oder die richterliche Unzuständigkeit feststellenden ausgeschieden werden.

II. Zuständigkeit der Gerichte und Rechtsmittelzug

Seit dem Jahre 2001 existieren in den Niederlanden nur noch zwei Eingangsgerichte für Strafsachen, von denen eines nur in seltenen Ausnahmefällen zuständig ist. Im Normalfall reicht der Staatsanwalt die Klage bei dem Bezirksgericht (*arrondissementsrechtbank*) ein. Neben jenem existierte unlängst noch das Kreisgericht (*kantongerecht*), welches nun jedoch mit Gesetz vom 06. Dezember 2001[1143] als selbständige Organisationseinheit abgeschafft wurde. In Wahrheit zeitigte diese organisatorische Neuordnung aber keine Konsequenzen für die sachliche Zuständigkeitsverteilung, denn noch immer urteilt der jetzt den Bezirksgerichten zugeordnete Kreisrichter schwerpunktmäßig[1144] über Übertretungen

---

[1136] „*in der Hauptverhandlung erlassene Entscheidung*".

[1137] So auch *Melai/Groenhuijsen*: WSv, Art. 138, Rn. 4 (Std. 10/89) und Cleiren/Nijboer-*Barels*: WSv, 2001, Art. 138, Rn. 1.

[1138] Stb. 1993, Nr. 591.

[1139] Z. B. Art. 552a WSv (Klage gegen best. Zwangsmittel).

[1140] Cleiren/Nijboer-*Barels*: WSv, 2001, Art. 138, Rn. 3.

[1141] Vgl. auch: *Algra et al.*: Juridisch woordenboek, 2001, S. 510: „*... in ruime zin: uitspraak door de rechter gegeven ter voorloopige of definitieve beëindiging van een voor hem gebracht geding ... uitspraken van de Hoge Raad en van Gerechtshoven heten arresten* " – „*... in weitem Sinn: Entscheidung durch den Richter zur vorläufigen oder endgültigen Beendigung der ihm vorliegenden Sache ... Entscheidungen des Hohen Rates und der Gerichtshöfe heißen 'arrest'*".

[1142] Vgl. *oben Kapitel 6, D. III.*

[1143] Stb. 2001, Nr. 584.

[1144] Zudem wird vor dem Kreisrichter auch das Verbrechen der Wilddieberei (Art. 314 WSr) angeklagt.

(*overtredingen*),[1145] während der Polizeirichter (*politierechter*), ebenfalls ein Einzelrichter, für einfach gelagerte Verbrechen (*misdrijven*)[1146] und schließlich eine aus drei Richtern bestehende Kammer für die ernstere Verbrechen zuständig ist.[1147] Der *Hoge Raad*, der Oberste Gerichtshof, ist als erstinstanzliches Gericht allein für die Verfolgung von Parlamentariern, Ministern und Staatssekretären wegen in dieser Funktion begangener Delikte anzurufen.[1148]

Gegen die Urteile aller Spruchkörper des Bezirksgerichts ist gemäß Art. 404 WSv grundsätzlich die Berufung (*hoger beroep*) zum Gerichtshof statthaft, wobei allerdings gewisse Einschränkungen zu berücksichtigen sind bei Entscheidungen, die Übertretungen betreffen.[1149] Mit der Abschaffung der Kreisgerichte als eigenständige Organisationseinheiten verloren die Bezirksgerichte ihre alte Funktion als Berufungsinstanzen.

Die als ein *gewoon rechtsmiddel*, als ordentliches Rechtsmittel betrachtete Kassation im Interesse der Parteien[1150] ist gegen Berufungsurteile des Gerichtshofes vorgesehen. Auch hier sind Einschränkungen im Bereich der Übertretungen zu berücksichtigen.[1151] Ein der deutschen Sprungrevision vergleichbares Institut kennt das niederländische Verfahren grundsätzlich nicht.[1152] Unzulässig war es gemäß Art. 430 WSv a. F. bis zum 01. 01. 2003, gegen einen Freispruch des Verdächtigen mit der Kassation vorzugehen. Daß der Freispruch demnach bereits nach der zweiten Instanz Rechtskraft gewann, wurde in einer Li-

---

1145 Die *overtredingen* lassen sich inhaltlich im groben mit den deutschen Ordnungswidrigkeiten vergleichen, gehören aber – im Gegensatz zu jenen – im niederländischen Recht dem Gebiet des Strafrechts an (*van de Reyt* et al.: Niederlande, in: Eser/Huber (Hrsg.): Strafrechtsentwicklung, 1994, S. 887 ff., 892).

1146 Dagegen entsprechen die *misdrijfen* annähernd den Verbrechen und Vergehen im deutschen Strafrecht (*van de Reyt* et al.: Niederlande, in: Eser/Huber (Hrsg.): Strafrechtsentwicklung, 1994, S. 887 ff., 892).

1147 Vgl. Art. 57 RO. Vor dem Polizeirichter ist ein besonderes, vereinfachtes Verfahren anzuwenden (vgl. Art. 367 ff. WSv). Neben den Verbrechen fallen auch bestimmte Übertretungen und alle Wirtschaftsdelikte in die Kompetenz der Bezirksgerichte (vgl. Art. 56 Abs. 1, 3 und 4 RO). Vgl. zur praktischen Kompetenzverteilung zwischen Polizeirichter und Kammer *Corstens*: Consensualiteit, DD 1994, S. 4 ff., 4: Behandlung von *misdrijven* in der Regel durch Polizeirichter.

1148 Vgl. Art. 119 GW und Art. 92 RO.

1149 Vgl. Art. 404 Abs. 2 u. 3 WSv.

1150 Vgl. Art. 427 ff. WSv. Daneben existiert als ein außerordentliches Rechtsmittel, welches erst nach Eintritt der Rechtskraft statthaft ist und ausschließlich der Einheit der Rechtsprechung dient, die Kassation im Interesse des Gesetzes auf Veranlassung des Generalstaatsanwaltes: Art. 456 WSv. Da sich ihr Ergebnis auf die Position des Angeklagten nicht auswirkt, soll diese Form der Rechtskraftdurchbrechung hier vernachlässigt werden.

1151 Vgl. Art. 427 WSv.

1152 Vgl. Art. 404 Abs. 4, 427 WSv. Eine Ausnahme bildet allerdings wohl die durch die Gesetzesänderung 2001 eingeführte Regelung, nach der ein Kassationsantrag gestellt werden darf gegen die Verurteilung wegen einer Übertretung der Verordnung einer Provinz, einer Gemeinde, eines Gewässerschutzverbandes oder einer öffentlichen Körperschaft, die sie unter Anwendung des Gesetzes gemeinschaftliche Regelungen erlassen hat, vgl. Art. 404 Abs. 4, 427 Abs. 3 WSv.

nie mit dem Verbot der Wiederaufnahme zuungunsten des Freigesprochenen gesehen.[1153] Diese Vorschrift wurde jedoch ersatzlos gestrichen.[1154]

III. Prinzipien des Verfahrens und der Beweisaufnahme

Im Hinblick auf die Prinzipien des *öffentlichen,*[1155] *mündlichen*[1156] und *kontradiktorischen*[1157] Verfahrens und dem Verhältnis von *Inquisitions-* und *Akkusationsgrundsatz* gilt im niederländischen Strafverfahren im wesentlichen nichts anderes als im französischen.[1158] Anders aber als dort beanspruchte in der niederländischen Prozeßordnung ursprünglich die Maxime der Unmittelbarkeit der Beweiserhebung (*onmiddellijkheidsbeginsel*) auch[1159] in seiner materiellen Ausformung Geltung.[1160] Danach darf der Richter sein Urteil allein auf die Untersuchung direkter Quellen stützen.[1161] Das Prinzip ist jedoch vielfach, insbesondere durch Richterrecht[1162] durchbrochen: Praktisch treten heute Zeugen in der Hauptver-

---

1153 Vgl. *Schaffmeister*: Niederlande, in: Jescheck/Meyer (Hrsg.): Wiederaufn. im dt. u. ausl. Recht, 1974, S. 428 ff., 436 und *unten D. V.*

1154 Gesetz vom 31. 10. 2002, Stb. 2002, Nr. 539 (in Kraft seit 01. 01. 2003, Stb. 2002, Nr. 601).

1155 Vgl. dazu Art. 121 GW, Art. 20 Abs. 1 RO, Art. 269 WSv. Die Öffentlichkeit wird – wie im französischen – auch im niederländischen Strafverfahren als Schutz des Beschuldigten gegen willkürliches Auftreten des Richters betrachtet. Vorrangig aber geht es um die gesellschaftliche Wahrnehmung der Reaktion der Gemeinschaft auf die Verletzung von Verhaltensregeln zum einen und der Bindung der Strafverfolgungsorgane an Recht und Gesetz zum anderen (vgl. *Minkenhof*: Strafvordering, 1999, S. 281).

1156 Beachte aber auch Ausnahmen wie Art. 301 Abs. 5 (Berücksichtigung von nicht vorgelesenen Schriftstücken zum Vorteil des Beschuldigten möglich) und Art. 344 Abs. 2 WSv (Schuldbeweis möglich einzig aufgrund Protokoll eines Ermittlungsbeamten). Vgl. dazu auch *Perron*: Rechtsvergleichender Querschnitt, in: Perron (Hrsg.): Beweisaufnahme im Ausland, 1995, S. 549 ff., 569.

1157 Vgl. zu den Fällen, in denen unter Abwesenheit des Angeklagten kontradiktorisch verhandelt werden kann: Art. 273 Abs. 3, 279 f. WSv.

1158 Vgl. *Corstens*: Strafprocesrecht, 1999, S. 7 f., 56, 537, 544 und 550 ff. sowie Cleiren/Nijboer-*dies.*: WSv, 2001, Einl. Tit. VI, Rn. 5 e. Zum französischen Verfahren s. *oben C. III.*

1159 Der sog. *formelle* Aspekt, daß der Richter bei seiner Entscheidungsfindung an die Untersuchung in der Hauptverhandlung gebunden ist, gilt ebenfalls und findet seinen Ausdruck in den Art. 338, 348 und 350 WSv. Vgl. dazu *Perron*: Rechtsvergleichender Querschnitt, in: Perron (Hrsg.): Beweisaufnahme im Ausland, 1995, S. 549 ff., 569 und *Corstens*: Strafprocesrecht, 1999, S. 57.

1160 Cleiren/Nijboer-*Wöretshofer*: WSv, 2001, Vor Art. 268 (Titel VI, 1. Abschnitt), Rn. 3; a. a. O., Vor Art. 338, Rn. 4 c. (*Nijboer*). Vgl. zum Ganzen auch *Garé*: Onmiddellijkheidsbeginsel, 1994.

1161 Vgl. Cleiren/Nijboer-*Nijboer*: WSv, 2001, Vor Art. 338, Rn. 4 c.: „... *dat alleen informatie die ter terechtzitting* ... in de meest authentieke vorm *en bij voorkeur als onderdeel van mondelinge ondervraging en mondeling debat, ten laste van de verdachte als bewijsmateriaal wordt gebezigd*" – „... *daß lediglich Information, die in der Hauptverhandlung* ... in der authentischsten Form *und vorzugsweise als Bestandteil der mündlichen Vernehmung und der mündlichen Verhandlung, zu lasten des Verdächtigen als Beweismaterial verwendet wird*" (Hervorhebung der *Verf.*).

1162 Schon unmittelbar nach Inkrafttreten des WSv 1926 gestattete der *Hoge Raad* (vom 20. 12. 1926, NJ 1927, S. 85 ff. – *de auditu*) die Beweiserhebung durch Hörensagen. Insb. ließ er auch den Gebrauch eihandlung nur noch dann auf, wenn dies im konkreten Falle besonders wünschenswert erscheint.[1163] Die Gesetzesänderung von 1998[1164] paßte die Regelungen der tatsächlichen Situation an, nahm endgültig Abschied vom Unmittelbarkeitsprinzip und trug zur Betonung des *„verifikatorischen"* und effizienten, weil nicht durch langwierige Beweisaufnahmen belasteten Charakters der Hauptverhandlung bei.[1165] Zusammenfassend kann daher konstatiert werden, daß das materielle Unmittelbarkeitsprinzip im niederländischen Strafprozeß mittlerweile keine Anerkennung mehr findet.[1166] Trotz allem sind gewisse rückläufige Tendenzen erkennbar.[1167] Angesichts der Rechtsprechung des *EGMR*[1168] im Zusammenhang mit den Verteidigungsrechten des Angeklagten entschied der *Hohe Rat*, daß eine Zeugenaussage in der Regel nur dann in der Hauptverhandlung verlesen werden darf, wenn der Seite des Angeklagten in einem früheren Verfahrensabschnitt die Möglichkeit gegeben war, den Zeugen persönlich zu befragen.[1169]

Im Gegensatz zu dem das Ermittlungsverfahren und die gerichtliche Voruntersuchung einschließenden Vorverfahren, das bezweckt, die Sache aufzuklären, um eine Entscheidung über die weitere Verfolgung zu ermöglichen, und gleichermaßen Beweise für die Hauptverhandlung zusammenzutragen,[1170] richtet sich die Untersuchung in der Hauptverhandlung auf den Nachweis der Schuld des Angeklagten.[1171] Wie in Frankreich ist die Enduntersuchung in der Regel[1172] aus den eben genannten Gründen weder Zeit noch Ort

---

ner in einem Ermittlungsprotokoll aufgenommenen Zeugenerklärung über eine Erklärung des Angeklagten zu. Diese Entscheidung ist noch heute sehr umstritten – man sagt, sie habe den Charakter des Gesetzbuches in einschneidender Weise verändert (vgl. *Garé*: Onmiddellijkheidsbeginsel, 1994, S. 184 f.; *Minkenhof*: Strafvordering, 1999, S. 19).

1163 Vgl. *Swart*: Netherlands, in: van den Wyngaert et al. (Hrsg.): Crim. proc. systems, 1993, S. 279 ff., 298; *de Doelder/ 't Hart*: Aparte procedure?, NJB 1992, S. 629 f.; *Garé*: De enkele bekentenis van de verdachte, NJB 1992, S. 631 ff., 632. Vgl. z. B. Art. 301 Abs. 3 WSv: Verlesung einer Zeugenaussage auf Antrag des Angeklagten zum Zwecke der Betrachtung dieser als in der Sitzung abgelegt.

1164 Gesetz vom 15. 01. 1998, Stb. 1998, Nr. 31.

1165 Vgl. Cleiren/Nijboer-*dies.*: WSv, 2001, Vor Art. 268 (Titel VI), Rn. 5 e.; a. a. O., Vor Art. 268 (Titel VI, 1. Abschnitt), Rn. 3 (*Wöretshofer*). Dazu siehe noch *unten Kapitel 11, D. V.*

1166 I. d. S. auch *Corstens*: Strafprocesrecht, 1999, S. 57; *Tak*: Ermittlungsverfahren in den Niederlanden, ZStW 2000, S. 170 ff., 184.

1167 Vgl. *Corstens*: Strafprocesrecht, 1999, S. 638 ff. und Cleiren/Nijboer-*Nijboer*: WSv, 2001, Vor Art. 338, Rn. 4 c., 5 b. Vgl. zu dieser Frage auch *Tak*: Ermittlungsverfahren in den Niederlanden, ZStW 2000, S. 170 ff., 183 ff.

1168 Vgl. die Urteile vom 22. 10. 1986 (*Unterpertinger*), vom 25. 10. 1989 (*Kostovski*) und vom 23. 08. 1993 (*Saidi*) (abrufbar unter: http://www.echr.coe.int/Eng/Judgments.htm).

1169 *HR* vom 01. 02. 1994, NJ 1994, Nr. 427.

1170 Vgl. *Swart*: Netherlands, in: van den Wyngaert et al. (Hrsg.): Crim. proc. systems, 1993, S. 279 ff., 298: *„... the focus of investigation into the truth of the matter gradually shifted from the trial proper to the investigative stage, that has become the phase most crucial to the evidence."* Ähnl. auch *van den Biggelaar*: Buitengerechtelijke afdoening, 1994, S. 1 f.

1171 Vgl. *de Hullu/Rüter*: Een gewone strafzaak, 1996, S. 5, die betonen, daß dies zwar nicht die einzige, mit dem Gesetz in Einklang stehende Rollenverteilung zwischen Vor- und Hauptuntersuchung, gleichwohl aber niederländische Strafrechtspraktik ist.

1172 In den meisten Fällen führt die Präsentation neuen Beweises in der Hauptverhandlung zu einer erneuten gerichtlichen Voruntersuchung.

des Sammelns von Beweismaterial oder des Hervorbringens neuer Umstände.[1173] Deren Schwerpunkt liegt statt dessen auf der *Diskussion* und *Würdigung* der vorgebrachten Beweise.[1174] Zu den gesetzlich anerkannten Beweismitteln zählen laut Art. 339 WSv die eigene Wahrnehmung des Richters, die Aussagen des Verdächtigen, von Zeugen und Sachverständigen sowie schriftliche Unterlagen.[1175]

IV. Urteilsfindung, -arten und -begründung

Das Gericht prüft auf der Grundlage der Anklage und der Untersuchung in der Hauptverhandlung zunächst die Gültigkeit der Ladung, seine eigene Zuständigkeit, die Zulässigkeit der Anklage sowie das Nichtvorliegen von Gründen für die Aussetzung des Verfahrens. Fällt die Antwort auf eine dieser Fragen negativ aus, stellt das Gericht dies durch Endurteil im Sinne des Art. 138 WSv fest und beendet damit das Verfahren.[1176] Halten diese Punkte der Prüfung stand, schneidet das Gericht die folgenden vier materiellen Fragen an (Art. 350 WSv):

1. Ist die Begehung der Tat durch den Angeklagten bewiesen? Die verneinende Beantwortung führt zu einem *Freispruch* (*vrijspraak*, Art. 352 Abs. 1 WSv).

2. Welche Straftat stellt sie nach dem Gesetz dar? Hält das Gericht die bewiesene Handlung für nicht strafbar, *entläßt es den Angeklagten aus der Rechtsverfolgung* (*ontslag van rechtsvervolging*, Art. 352 Abs. 2 WSv).

3. Ist der Angeklagte strafbar? Hier geht es um sog. Strafausschließungsgründe,[1177] wobei solche, die Schuld von jenen, die die Rechtswidrigkeit entfallen lassen, unterschieden werden.[1178] Sind solche Faktoren aufzufinden, gilt gleiches wie unter 2.

4. Welche Strafe oder Maßregel soll schließlich verhängt werden (*Verurteilung*, *veroordeling*)?[1179]

1173 Vgl. dazu auch *Groenhuijsen/Knigge*: Algemeen Deel, in: Groenhuijsen/Knigge (Hrsg.): Onderzoek ter zitting, 2001, S. 1 ff., 7 ff.

1174 *De Hullu/Rüter*: Een gewone strafzaak, 1996, S. 5. Nach den Materialien zu urteilen, hatte sich der Gesetzgeber von 1926 dieses Verhältnis offensichtlich anders vorgestellt: „*Alles, was den selbständigen Wert der mündlichen, in der Regel öffentlichen, abschließenden Verhandlung erhöhen kann, verdient es, vom Gesetzgeber gefördert zu werden. Die vorbereitende Untersuchung muß auch wirklich nur vorbereitend bleiben.*" (zit. nach *Tak*: Ermittlungsverfahren in den Niederlanden, ZStW 2000, S. 170 ff., S. 170 f.).

1175 Vgl. zum niederländischen Beweisrecht im Ganzen: *Nijboer*: Bewijsrecht, 2000.

1176 Vgl. Art. 348, 349 Abs. 1 WSv. Zur mangelnden *ne bis in idem*-Wirkung dieser Beendigungsformen vgl. *oben Kapitel 6, D. III.*

1177 *Strafuitsluitingsgronden.*

1178 *Van Bemmelen/van Veen*: Strafprocesrecht, 1993, S. 325; *Corstens*: Strafprocesrecht, 1999, S. 677; Cleiren/Nijboer-*Koopmans*: WSv, 2001, Art. 350, Rn. 5 f. A. A. *Enschedé*: Strafrecht, 2000, S. 37: Rechtfertigungsgründe schließen Strafbarkeit der Tat und Schuldausschließungsgründe die des Täters aus.

1179 Sämtliche Entscheidungen können auch als *Säumnisurteile* gemäß Art. 280 WSv in Abwesenheit des Angeklagten ergehen (vgl. dazu *unten D. VI.*). Dieser ist grds. (Ausn.: gerichtl. Vorführungsanordnung [Art. 278 Abs. 2 WSv]) nicht zum Erscheinen verpflichtet. Wenn er sich aber durch einen bevoll-

Die richterliche Prüfung „*op den grondslag der telastlegging*"[1180] hat nicht nur Folgen im Hinblick auf den Umfang der *tatsächlichen* Prüfung. Darüber hinaus darf der Richter auch nicht wegen nicht angeklagter *Straftatbestände* verurteilen. Angesichts der nichtexistenten Verfolgungsverpflichtung des niederländischen Staatsanwaltes hält man es für widersprüchlich, ihm nicht auch entsprechende Möglichkeiten zuzugestehen, im Raum zwischen Verfolgung und Nichtverfolgung im Rahmen einer Tat zu variieren. Als im bestehenden System nur folgerichtig erweist sich damit die Befugnis der Verfolgungsbehörde, Teile einer Tat „*wegseponeren*"[1181] zu können. Anerkannt ist, daß der Staatsanwalt, dessen Stellung als *dominus litis* auf diese Weise zusätzliche Betonung erfährt, die Verfolgung erstens qualitativ durch Anklage nur der leichteren unter Ignoranz der schwereren Strafnorm (z. B. Grunddelikt und Qualifikation) und zweitens quantitativ durch Außerachtlassung bestimmter, abtrennbarer Gesichtspunkte einer Tat beschränken kann.[1182] Unbenommen bleibt es dem Richter allerdings, die tatsächlich verwirklichten Delikte in seiner Strafzumessung zu berücksichtigen, solange er sich im Strafrahmen der zur Last gelegten Strafnorm bewegt.

Um die Begehung der Tat durch den Angeklagten für bewiesen zu erklären, fordert das Gesetz (Art. 338 WSv) die Überzeugung (*overtuiging*)[1183] des Richters.[1184] Zum einen ist damit die „*hoogst persoonlijke subjectieve overtuiging*"[1185] der Richter angesprochen, zum anderen eine bis zu einem gewissen Maße objektivierbare Überzeugung. Dementsprechend ist der niederländische Richter in seiner *Beweiswürdigung* zwar grundsätzlich *frei*.[1186] Gleichwohl darf er nicht verurteilen, wenn er zwar von der Täterschaft überzeugt ist, aber nur unzureichende Beweismittel im Sinne der niederländischen Strafprozeßordnung vorhanden sind:[1187] Der Schuldbeweis kann nicht ausschließlich aufgrund der Angaben des Angeklagten selbst, eines einzigen Zeugen, bedrohter Zeugen oder schriftlicher Unterlagen, die Aussagen nicht identifizierter Personen enthalten, angenommen werden.[1188] Der Objektivierbarkeit der Überzeugung entsprechen die durch das Gesetz gestellten hohen und detaillierten Anforderungen an die *Begründung* der Entscheidung,[1189] von denen man aber in der Vergangenheit in der Praxis häufig stark abgewichen ist. Verbreitet ist das sog. „*kop-staart-vonnis*",[1190] ein Urteil ohne Wiedergabe von Beweismitteln, das erst, wenn ein

mächtigten Rechtsanwalt verteidigen läßt, gilt das Verfahren gemäß Art. 279 Abs. 2 WSv als *kontradiktorisches* gilt.

1180 „*auf der Grundlage der Anklage*" (vgl. Art. 348 und 350 WSv).

1181 Sinngemäß: „*durch Einstellung zu erledigen*".

1182 Vgl. Melai/Groenhuijsen-*Reijntjes*: WSv, Art. 167, Rn. 15 (Std. 02/01).

1183 Vgl. *Nijboer*: Bewijsrecht, 2000, S. 83 ff.

1184 Hinsichtlich der Strafausschließungsgründe genügt hingegen, daß deren Vorliegen nicht „*aannemelijk*", das heißt nicht anzunehmen, nicht glaubhaft ist (Cleiren/Nijboer-*Nijboer*: WSv, 2001, Vor Art. 338, Rn. 2. o.).

1185 „*höchst persönliche subjektive Überzeugung*" (Cleiren/Nijboer-*Nijboer*: WSv, 2001, Art. 338, Rn. 7).

1186 „*Vrije waardering door de rechter*". Vgl. dazu *Nijboer*: Bewijsrecht, 2000, S. 79 ff.

1187 *Corstens*: Strafprocesrecht, 1999, S. 618.

1188 Vgl. Art. 341 Abs. 4, 342 Abs. 3 und 344a WSv.

1189 Art. 359 WSv.

1190 „*Kop*" = „*Kopf*", „*staart*" = „*Schwanz*".

Rechtsmittel eingelegt wird, vollständig ausgearbeitet wird. Zwischenzeitlich wurde diese Praxis auch legalisiert: Mit Art. 138b WSv wurde das *„abgekürzte Urteil"* (*„verkort vonnis"*) eingeführt, in das weder die Beweismittel noch die tragenden Tatsachen und Umstände einfließen müssen.[1191]

V. Verfahrensbeendende Wirkung des *„vonnis"*. *Herziening*[1192]

Das nicht mehr anfechtbare Urteil sperrt gemäß Art. 68 Abs. 1 WSr eine erneute Verfolgung hinsichtlich der rechtskräftig entschiedenen Tat. Dies gilt allerdings vorbehaltlich der Möglichkeiten der *Durchbrechung* dieser Beendigungswirkung durch die Wiederaufnahme.

Durchbrochen[1193] werden kann die Rechtskraft und damit die Geltung des Verbotes der doppelten Verfolgung aufgrund der Wiederaufnahmevorschriften, auf die Art. 68 WSr bereits selbst hinweist. In den Niederlanden ist die Wiederaufnahme – ebenso wie in Frankreich – traditionell nur zugunsten des Verurteilten möglich. Dies wird unter anderem damit begründet, daß eine Verurteilung eines Unschuldigen *„het rechtsbewustzijn der natie"*[1194] wesentlich mehr schockierte als ein unbegründeter Freispruch, selbst wenn dieser durch Bestechung, Täuschung oder Verschweigen durch den Verfolgten erschlichen wurde.[1195]

Heute allerdings diskutiert man, veranlaßt durch die Möglichkeiten neuerer, den Nachweis noch nach beachtlichen Zeitspannen erlaubenden technischen Beweismöglichkeiten wie der DNA-Analyse und inspiriert durch Entwicklungen im Ausland[1196] über die Schaffung von Wiederaufnahmegründen zum Nachteil des Freigesprochenen.[1197]

1191 Vgl. dazu Cleiren/Nijboer-*Koopmans*: WSv, 2001, Art. 359, Rn. 9.

1192 Alternativ wird die Wiederaufnahme auch *„revisie"* genannt.

1193 Zur umstrittenen – vom Gesetz bejahten (vgl. Wortlaut Art. 68 WSr) – Frage, ob die Wiederaufnahme einen Eingriff in die Rechtskraft darstellt: *Vennix*: Herziening ten nadele? DD 2001, S. 711 ff., 716 und *Strijards*: Revisie, 1989, S. 45. Hintergrund der Ansicht, die Wiederaufnahme sei im niederländischen Recht kein Einbruch in das *ne bis in idem*-Prinzip, weshalb der Hinweis in Art. 68 WSr unnötig sei, bildet die Auffassung, eine Durchbrechung des Grundsatzes erfolge nur durch eine Wiederaufnahme zuungunsten des ehemals Angeklagten (krit. dazu *Strijards*: Revisie, 1989, S. 8). Vgl. dazu auch *oben Kapitel 6, D. II.*

1194 *„das Rechtsbewußtsein der Nation"*.

1195 Nach *Strijards*: Revisie, 1989, S. 116. Vgl. aber auch *unten Kapitel 11, C. III. 1.*

1196 Siehe zum Vorschlag der britischen *Law Commission* (LAW COM Nr. 267, 03/01), unter Umständen die Wiedereröffnung des Verfahrens nach einem Freispruch zuzulassen: *Nijboer*: Ne bis in idem in het Verenigd Koninkrijk, AA 2001, S. 428 ff. Vgl. auch *Criminal Justice Bill* (08/2002, eingebracht in das *House of Commons* am 21. 11. 2002), Part 10 (*Retrial for serious offences*), nach dem die Wiederaufnahme des Verfahrens nach einem Freispruch bei 32 Delikten möglich sein soll.

1197 Vgl. den Brief von Justizminister *Korthals* vom 06. 11. 2001 an die 2. Kammer (nach NJB 2001, S. 2028), in dem er kurzfristig zwar keinen dringenden Regelungsbedarf sieht, die Problematik aber externen Sachverständigen zur Begutachtung vorlegen will. Weiter auch: *Vennix*: Herziening ten nadele?

1. Voraussetzungen der *herziening*

Art. 457 WSv sieht drei Wiederaufnahmegründe[1198] nach rechtskräftiger Verurteilung (Abs. 1) oder Bewiesenerklärung einer Tat ohne Verurteilung (Abs. 2)[1199] vor. Danach kann *herziening* beantragt werden,

a. aufgrund zweier in Rechtskraft erwachsener oder in Abwesenheit[1200] ergangener Urteile, die für bewiesen erklärt haben, was nicht in Übereinstimmung zu bringen ist (Nr. 1),

b. aufgrund eines Umstandes, der sich dem Richter bei der Untersuchung in der Hauptverhandlung nicht gezeigt hat (Nr. 2),

und seit dem 01. 01. 2003[1201] auch

c. aufgrund eines Urteils des Europäischen Gerichtshofes für Menschenrechte, in dem festgestellt wird, daß die Europäische Konvention zum Schutze der Menschenrechte und Grundfreiheiten oder eines ihrer Protokolle in dem zu der Verurteilung oder einer Verurteilung wegen derselben Tat aufgrund derselben Beweismittel führenden Verfahrens verletzt wurde, wenn die Wiederaufnahme im Hinblick auf die Wiedergutmachung gemäß Artikel 41 des Vertrages notwendig ist (Nr. 3).

Im Fall der Nr. 2 (*novum*) muß der Umstand allein oder zusammen mit vorher erhobenen Beweisen ernsthaft vermuten lassen, daß die ursprüngliche Untersuchung zu einem Freispruch, aufgrund mangelnder Strafbarkeit des Täters zur Entlassung aus der Rechtsverfolgung, zur Unzulässigkeit der Anklage oder zur Anwendung einer minder schweren Strafbestimmung führen würde. Insoweit ist zudem bedeutsam, daß es sich nur um einen neuen tatsächlichen Umstand handeln kann. Die Rechtsprechung betrachtet ordentliche Beweismittel oder durch diese selbst beweisbare Tatsachen als *Umstände* in diesem Sinne.[1202] Dazu zählen auch neue forensische Untersuchungen, zusätzliche Sachverständigengutachten, die auf veränderten Untersuchungstechniken basieren.[1203]

DD 2001, S. 711 ff. und die diesbezügliche Anfrage des Parlamentariers *Dittrich* an Justizminister *Donner*: *Tweede Kamer der Staten-Generaal*: Vergaderjaar 2001-2002 (Nr. 1524), S. 3233.

1198 Bis 1899 herrschte ein der Einführung des französischen *Code d'instruction criminelle* 1811 entstammendes enges kasuistisches System (vgl. *Schaffmeister*: Niederlande, in: Jescheck/Meyer (Hrsg.): Wiederaufn. im dt. u. ausl. Recht, 1974, S. 428 ff., 432 f.).

1199 Dabei handelt es sich um die Fälle von *ontslag van rechtsvervolging*, Entlassung aus der Rechtsverfolgung (s. *oben D. IV. 2., 3.*). Hintergrund dieser Ausweitung stellt die Möglichkeit der insoweit verursachten nachteiligen Auswirkungen (z. B. Anordnung freiheitsentziehender Maßregeln) dar. Vgl. Cleiren/Nijboer-*de Hullu*: WSv, 2001, Art. 457, Rn. 2 c.

1200 Da bei Abwesenheitsurteilen die Rechtskraft lange auf sich warten lassen kann (vgl. Art. 399 Abs. 2 WSv: Einspruchsfrist 14 Tage nachdem Verurteiltem Urteil bekannt geworden), ohne daß der Wiederaufnahmeantragsteller darauf Einfluß nehmen kann, wird in diesen Fällen die Unanfechtbarkeit des *verstekvonnis* nicht gefordert. Allerdings wird die Vorschrift so interpretiert, daß lediglich das zweite Urteil ein Abwesenheitsurteil sein kann, allein der rechtskräftig Verurteilte also Wiederaufnahme und der in Abwesenheit Verurteilte nur Einspruch beantragen kann. Vgl. Cleiren/Nijboer-*de Hullu*: WSv, 2001, Art. 457, Rn. 3. c.

1201 Eingefügt durch Gesetz vom 12. 09. 2002, Stb. 2002, Nr. 479 (in Kraft getreten 01. 01. 2003, Stb. 2002, Nr. 600). Dazu *Barkhuysen/van Emmerik*: Herzieningsvoorstel, NJB 2001, S. 1291 ff.

1202 *HR* vom 24. 06. 1901, W. 1901, Nr. 7629.

1203 Vgl. *HR* vom 26. 06. 2001, NJ 2001, S. 564 ff. (*Puttense moordzaak*).

Aufgrund dessen lehnte der niederländische Justizminister im Jahre 2002 einen Vorschlag zur Ausdehnung der Wiederaufnahmegründe im Hinblick auf neue und fortschrittliche forensisch-wissenschaftliche Untersuchungstechniken ab. Im Zusammenhang mit der *Puttenser* Mordsache hatte der Verteidiger einen entsprechenden Vorschlag gemacht. Der Minister hält eine Gesetzesänderung angesichts der höchstrichterlichen Rechtsprechung nicht für erforderlich.[1204]

Rechtsirrtümer, veränderte Rechtsauffassungen oder abweichende höchstrichterliche Auslegung allein können hingegen nicht Anlaß einer Wiederaufnahme sein, was sich auch darin widerspiegelt, daß eine zur Entlassung aus der Rechtsverfolgung wegen Nichtstrafbarkeit der Tat führende Wiederaufnahme nicht zulässig ist. Eine scharfe Trennlinie zu ziehen ist vor allem bei Fakten mit rechtlicher Komponente schwierig.[1205] Neu muß die Tatsache nur dem Richter sein – daß sie Dritten bereits zur Zeit der Hauptverhandlung bekannt war (z. B. Falschheit des zur Verurteilung führenden Geständnisses), tut nichts zur Sache.[1206]

2. Verfahren der *herziening*

Nachdem das Wiederaufnahmegesuch durch den Generalstaatsanwalt, den Verurteilten[1207] oder seinen Verteidiger an den *Hohen Rat* gerichtet wurde,[1208] ordnet dieser, handelt es sich um eine für begründet gehaltene *Berufung auf Nr. 1* des Art. 457 Abs. 1 WSv,[1209] sofort die *Aufhebung* der sich widersprechenden Entscheidungen und eine *erneute Untersuchung* vor einem dritten Gericht an. Im Fall der *Nr. 2* beraumt er eine *öffentliche Hauptverhandlung* an, wobei der Entscheidung gegebenenfalls eine Untersuchung, die dann als gerichtliche Voruntersuchung gilt, vorausgehen kann. Hält der Hohe Rat den Antrag für begründet, verweist er die Sache ebenfalls an ein *drittes Gericht*, welches dann das ursprüngliche Urteil bestätigen oder aufheben, die Anklage für unzulässig erklären, den Verdächtigen freisprechen oder als nicht strafbar aus der Rechtsverfolgung entlassen kann oder unter Anwendung einer minder schweren Strafbestimmung erneut verurteilen kann (Art. 467 Abs. 1 WSv). Im Falle der Wiederaufnahme aufgrund Urteils des *EGMR* kann der Hohe Rat, wenn er den Antrag für begründet hält, das Verfahren ebenfalls verweisen oder unmittelbar selbst entscheiden (Art. 467 Abs. 2 WSv).

1204 Vgl. *Tweede Kamer der Staten-Generaal:* Vergaderjaar 2002-2003 (Nr. 109), S. 225 f. und NJB 2002, S. 1875 (*Actualiteiten*) m. w. N.

1205 Vgl. *HR* vom 17. 06. 1975, NJ 1976, Nr. 71.

1206 Cleiren/Nijboer-*de Hullu*: WSv, 2001, Art. 457, Rn. 2. d.

1207 Nach dessen Tod sind auch Ehegatte und jeder in gerader Linie oder in zweitem Grad in Seitenlinie Blutsverwandter zur Antragstellung berechtigt (Art. 479 WSv).

1208 Die Wiederaufnahme aufgrund der Verletzung der EMRK oder ihrer Protokolle (Art. 457 Abs. 1 Nr. 3 WSv) ist gemäß Art. 458 Abs. 2 WSv befristet auf drei Monate, nachdem Umstände offenbar werden, aus denen die Kenntnis des Verurteilten von dem EGMR-Urteil folgt

1209 Vgl. *oben D. V. 1.*

VI. Sonderfälle. Abwesenheitsverfahren

Gemäß Art. 280 WSv stellt das Gericht die *Säumnis* des Angeklagten fest, wenn die Ladung nicht für nichtig erklärt werden muß, kein Befehl zur Vorführung erlassen werden soll und der Angeklagte sich nicht durch einen Rechtsanwalt verteidigen läßt. Das Verfahren wird in diesem Fall nichtkontradiktorisch[1210] fortgesetzt. Gegen eine so ergangenes erstinstanzliches *verstekvonnis* (Säumnisurteil) ist, soweit es sich nicht um einen Freispruch handelt, nur der fristgebundene[1211] Einspruch (*verzet*) durch den Säumigen, der zur kontradiktorischen Neubehandlung in gleicher Instanz führt, statthaft (Art. 399 WSv). Dies gilt aus Beschleunigungsgründen gemäß Art. 399 Abs. 3 WSv allerdings nicht in Fällen, in denen die Berufung offensteht. Dies hat eine erhebliche Bedeutungsverringerung des Einspruchs zur Folge.

Rechtskraft erlangt das nichtkontradiktorisch zustande gekommene *verstekvonnis* nur dann, wenn alle in Frage kommenden Rechtsmittelfristen ungenutzt verstrichen sind, der Verurteilte also auf das Einlegen von Einspruch oder Berufung verzichtet und damit seine Akzeptanz des Urteils zum Ausdruck gebracht hat.

VII. Ergebnis

Auch das niederländische *vonnis* ergeht in der Regel auf der Grundlage einer kon-tradiktorischen Hauptverhandlung, die – ebenso wie in Frankreich – nicht dem Prinzip der materiell unmittelbaren Beweisaufnahme unterliegt. Um verurteilen zu können, muß der niederländische Richter von der Schuld des Angeklagten überzeugt sein. Ist das Urteil in Rechtskraft erwachsen, ist deren Durchbrechung durch die Wiederaufnahme (*herziening*) im Unterschied zu Deutschland lediglich zugunsten zulässig.

Darüber hinaus kann ein *vonnis* auch im Abwesenheitsverfahren erlassen werden. Die Verhandlung verläuft in diesem Fall nichtkontradiktorisch. Nur bei Verzicht des Verurteilten auf Berufung oder Einspruch und damit auf die Behandlung der Tat in einem streitigen Verfahren erlangt das Abwesenheitsurteil Rechtskraft.

1210 Vgl. *oben D. III. Fn. 1157 und IV. Fn. 1179* zu den Fällen der kontradiktorischen Verhandlung trotz Abwesenheit des Angeklagten.

1211 Die vierzehntägige Frist beginnt entweder nach der Urteilsverkündung oder nach Kenntnis des Angeklagten von dem Urteil. Aus diesem Grunde kann sich der Eintritt der Rechtskraft wesentlich verzögern.

E. Die italienische *sentenza*[1212]

I. Einleitung

Im italienischen Strafverfahren[1213] existieren neben dem gewöhnlichen Urteilsverfahren (*dibattimento*) verschiedene besondere Verfahrensformen (*procedimenti speciali*), die ebenfalls zu einem Verfahrensabschluß durch Urteil (*sentenza*) führen.[1214] Auf das *dibattimento* soll nicht weiter eingegangen werden, weil es sich um ein dem angelsächsischen ähnliches kontradiktorisches,[1215] mündliches und unmittelbares[1216] Hauptverfahren handelt.[1217] Wie sowohl in den bereits dargestellten kontinentalen als auch im englischen Normalverfahren der Fall, muß der Richter auch hier aufgrund der Beweisaufnahme von der Schuld des Angeklagten *überzeugt* sein.[1218] Gleiches gilt für zwei weitere, hier nicht darzustellende nichtkonsensuale Sonderverfahren, das Schnellverfahren (*giudizio direttissimo*) und das sofortige Hauptverfahren (*giudizio immediato*), die beide aufgrund einer offensichtlichen Beweislage den Verzicht auf die andernfalls obligatorische Vorverhandlung gestatten, ansonsten aber keine wesentlichen Merkmale aufweisen.[1219]

II. Das abgekürzte Verfahren. *Giudizio abbreviato* (Art. 438 ff. CPP[1220])[1221]

Das abgekürzte Verfahren, das durch die umfassende Reform des Strafverfahrens von 1988[1222] eingeführt und etwa zehn Jahre später erneut grundlegend verändert wurde,

---

1212 Die italienischsprachige Version der Art. 54 ff. spricht von „*sentenza definitiva*". Zum Begriff der „*sentenza*" im italienischen Strafverfahren vgl. *Tonini*: Procedura Penale, 2000, S. 136.

1213 Eine Einführung zum italienischen Strafprozeß findet sich bei *Kühne*: Strafprozeßrecht, 2003, Rn. 1250 ff.

1214 Vgl. Art. 442 und 448 CPP.

1215 Allerdings sind seit der tiefgreifenden gesetzgeberischen Umgestaltung des Strafverfahrens 1989 durch die Rechtsprechung bereits wieder instruktorische Elemente in das Verfahren getragen worden. Vgl. dazu *Bogner*: Absprachen im deutschen und italienischen Strafprozeßrecht, 2000, S. 141 f.

1216 Dazu siehe noch *unten Kapitel 11, D. V.*

1217 Dazu *Tonini*: Procedura Penale, 2000, S. 443 ff. und *Bogner*: Absprachen im deutschen und italienischen Strafprozeßrecht, 2000, S. 136 ff. Vgl. zur englischen Hauptverhandlung *unten F. II.*

1218 Vgl. *Tonini*: Procedura Penale, 2000, S. 166.

1219 Vgl. dazu *Tonini*: Procedura Penale, 2000, S. 538 ff. und *Bogner*: Absprachen im deutschen und italienischen Strafprozeßrecht, 2000, S. 144 ff.

1220 In der Fassung nach der umfassenden Reformierung durch Gesetz vom 16. 12. 1999, Nr. 479 (ergänzt und verbessert durch Gesetzesverordnung vom 07. 04. 2000, Nr. 82; umgesetzt mit Modifikationen im Gesetz vom 05. 06. 2000, Nr. 144).

1221 Vgl. dazu *Bogner*: Absprachen im deutschen und italienischen Strafprozeßrecht, 2000, S. 217 ff., der allerdings die in *Fn. 1220* genannten Neuerungen noch nicht berücksichtigt.

1222 Strafprozeßordnung (*Codice di procedura penale*) vom 22. 09. 1988, in Kraft getreten am 24. 10. 1989.

ermöglicht die Erledigung eines Strafverfahrens bereits durch den Richter für Vorerhebungen (*giudice per le indagini preliminari*) in der Vorverhandlung.[1223]

Theoretisch dürfen alle Delikte auf diese Weise behandelt werden. Während nach der anfänglich geltenden Fassung die Einigung von Angeklagtem und Staatsanwalt über diese Verfahrensart Voraussetzung des Verfahrens war, kann der Angeklagte das *giudizio abbreviato* nun auch gegen den Willen der Staatsanwaltschaft erzwingen.[1224]

An die Stelle der früher erforderlichen richterliche Einschätzung, die Sache eigne sich für eine Erledigung aufgrund der Aktenlage, ist zum einen die Möglichkeit des Angeklagten getreten, seinen Antrag auf Entscheidung im abgekürzten Verfahren unter den Vorbehalt der Einbeziehung neuen Beweises zu stellen. Der Richter ordnet das *giudizio abbreviato* dann an, falls er die Einbeziehung unter Berücksichtigung der ihm vorliegenden Akten für notwendig und vereinbar mit dem Ziel der Prozeßökonomie erachtet. In diesem Fall darf der Staatsanwalt auch Gegenbeweis antreten.[1225] Mit dieser Neuregelung wurde der früheren Kritik entgegengetreten, die sich wesentlich auf den Ausschluß neuen Verteidigungsvorbringens stützte.[1226] Zum anderen darf der Richter nun auch von Amts wegen die Erhebung notwendiger neuer Beweiselemente anordnen, sofern er sich nicht in der Lage sieht, auf Aktenbasis zu entscheiden.[1227] Obwohl die Entscheidung noch immer im wesentlichen auf den Ermittlungsakten basiert, ist eine *neue Beweisaufnahme* damit nicht mehr, wie unter der Herrschaft der anfänglichen Regelung, gänzlich ausgeschlossen.

Die Entscheidung selbst ergeht aufgrund einer grundsätzlich[1228] nichtöffentlichen Vorverhandlungssitzung, bei der allein die Anwesenheit von Staatsanwalt und Verteidiger[1229] erforderlich ist. Sie wird unter den gleichen Voraussetzungen erlassen und zeitigt die gleichen Wirkungen wie das Urteil im regulären Verfahren.[1230]

Die Attraktivität des *giudizio abbreviato* liegt für den Angeklagten in der obligatorischen Strafmilderung um ein Drittel.[1231]

1223 Die Vorverhandlung (*udienza preliminare*, Art. 416 ff. CPP) muß der Hauptverhandlung stets vorausgehen. Die dient der Prüfung der Ermittlungsergebnisse.

1224 Vgl. Art. 438 Abs. 1 CPP n. F. Ohne das Einverständnis des Angeklagten kann diese Verfahrensart nicht beschritten werden. Dabei handelt es sich um einen rein *verfahrensbezogenen Konsens*. Vgl. dazu *unten Kapitel 11, D. II. 1.*

1225 Vgl. Art. 438 Abs. 5 CPP n. F.

1226 Vgl. *Bogner*: Absprachen im deutschen und italienischen Strafprozeßrecht, 2000, S. 227 f. m. w. N.

1227 Art. 441 Abs. 5 CPP n. F.

1228 Wenn allerdings alle Angeklagten eine öffentliche Verhandlung verlangen, muß das Gericht dem Rechnung tragen. Vgl. Art. 441 Abs. 3 CPP n. F.

1229 Der Angeklagte hingegen muß nicht präsent sein. Vgl. *Bogner*: Absprachen im deutschen und italienischen Strafprozeßrecht, 2000, S. 226.

1230 *Bogner*: Absprachen im deutschen und italienischen Strafprozeßrecht, 2000, S. 231.

1231 Art. 442 Abs. 2 CPP. Die lebenslängliche Strafe wird auf dreißig Jahre Freiheitsstrafe, die lebenslängliche Strafe mit Tagesisolationshaft wird auf einfache lebenslängliche Freiheitsstrafe reduziert.

III. Strafzumessung auf Antrag der Parteien. *Applicazione della pena su richiesta delle parti (patteggiamento*, Art. 444 ff. CPP)

Die Wurzeln der seit 1989 geltenden gesetzlichen Regelung des Verfahrensabschlusses durch ein sogenanntes *patteggiamento*, das soviel wie Übereinkunft bedeutet, liegen bereits in einer Vorgängerregelung von 1981, die die Verhängung einer Ersatzstrafe auf Antrag des Angeklagten vorsah.[1232]

Ebenso wie das damalige Rechtsinstitut ist auch das heutige *patteggiamento* durch den *Konsens* zwischen dem Angeklagten und dem Staatsanwalt im Vorverfahren bedingt. Die Übereinstimmung der Parteien muß sich sowohl auf die Wahl des Verfahrens als auch auf die strafrechtliche Verantwortlichkeit und die konkrete Strafe beziehen.[1233] Ziel ist die möglichst frühzeitige Erledigung einer Sache. Demnach kann ein Antrag auf diese Erledigungsweise bereits während der Ermittlungen oder der Vorverhandlung gestellt werden. Spätestens aber vor Eröffnung der Hauptverhandlung erster Instanz muß die Einigung jedoch vorliegen.[1234] Zuständig ist, je nachdem, ob der Antrag vor oder nach der Vorverhandlung gestellt wird, der *Richter* für die Vorerhebungen oder das Gericht der Hauptsache.[1235] Die von den Parteien selbst festgesetzte Strafe kann eine nach Art und Maß bestimmte Ersatzstrafe sowie eine um ein Drittel[1236] reduzierte Geld- oder Freiheitsstrafe umfassen. Dabei darf die Freiheitsstrafe nach der Herabsetzung eine Dauer von zwei Jahren nicht übersteigen.

Der Richter überprüft und bewilligt die Vereinbarung zwischen Staatsanwalt und Beschuldigtem im Hinblick auf die Einhaltung dieser Vorgaben auf der Grundlage des *Akteninhaltes* ohne weitere Beweisaufnahme. Art. 444 Abs. 2 CPP verlangt vom Richter einen Freispruch, falls dessen Voraussetzungen vorliegen.

Obwohl es in der Absicht des Gesetzgebers lag, den Richter von einer zwingend notwendigen Schuldfeststellung zu entbinden,[1237] darf nach der Rechtsprechung des *Verfassungsgerichts* jedoch nicht auf den Nachweis der Schuld verzichtet werden. Allerdings darf sich die Überzeugungsbildung des Richters in bezug auf die Schuldfrage angesichts des freiwilligen Verzichts des Angeklagten, die Anklage bestreiten zu wollen, im Vergleich zur kontradiktorischen Beweisaufnahme auf ein geringeres Maß beschränken: Der Um-

---

[1232] Dazu *Weigend*: Absprachen, 1990, S. 101 f.; *Bogner*: Absprachen im deutschen und italienischen Strafprozeßrecht, 2000, S. 151 ff.

[1233] Vgl. *Bogner*: Absprachen im deutschen und italienischen Strafprozeßrecht, 2000, S. 157, 187.

[1234] Art. 446 Abs. 1 CPP.

[1235] Art. 447 f. CPP.

[1236] Die gesetzliche Bestimmung spricht zwar von einer *„bis zu einem Drittel herabgesetzten"* Strafe (Art. 444 Abs. 1 CPP). Die Vereinigten Abteilungen des Kassationsgerichtshofes haben indes klargestellt, daß damit eine Strafmilderung auf maximal zwei Drittel der regelmäßig zu verhängenden Strafe gemeint ist. Vgl. *Bogner*: Absprachen im deutschen und italienischen Strafprozeßrecht, 2000, S. 160.

[1237] Vgl. *Bogner*: Absprachen im deutschen und italienischen Strafprozeßrecht, 2000, S. 173, 190.

fang der *Überzeugung* braucht nicht den nur von einem Beweisverfahren in der Hauptverhandlung zu erbringenden zu erreichen.[1238]

Bei der notwendigen Kontrolle der rechtlichen Bewertung der Fakten sowie der Anwendbarkeit und Abwägung von Strafmilderungs- und -schärfungsgründen durch die Parteien muß sich der Richter deshalb unmittelbar auf die in den Akten enthaltenen Ermittlungsergebnisse stützen und deren eigene Bewertung vornehmen. Er ist nicht etwa an die Sicht der Parteien vom Geschehensablauf gebunden. Darüber hinaus darf der Richter auch von den Parteien nicht berücksichtigte Strafmilderungs- und -schärfungsgründe einbeziehen.

Art. 444 Abs. 2 CPP sieht an sich keine Angemessenheitsprüfung der Strafe durch den Richter vor. Aufgrund eines damit verbundenen Verfassungsverstoßes erklärte das *Verfassungsgericht* diese Vorschrift aber insoweit als verfassungswidrig. Dementsprechend darf der Richter das *patteggiamento* nun bei Überschreitung der konstitutionalen Grenzen der Strafangemessenheit[1239] zurückweisen.[1240]

Das *patteggiamento* steht gemäß Art. 445 Abs. 1 S. 3 CPP einer im ordentlichen Verfahren ergangenen Verurteilung gleich und erwächst damit in ebenso in materielle Rechtskraft.

IV. Ergebnis

Der Erledigung des Strafverfahrens durch *giudizio abbreviato* und durch *patteggiamento* ist gemeinsam,[1241] daß es sich bei beiden ebenso wie bei dem nach einer regulären Hauptverhandlung gesprochenen Urteil um richterliche Entscheidungen handelt. Im Unterschied zu jenem aber gründen die Urteile in den zwei hier besprochenen Fällen im wesentlichen auf den Ermittlungsakten. Allerdings ist die Berücksichtigung neuen Beweises im Rahmen des *giudizio abbreviato* unter Umständen möglich. In beiden Konstellationen muß sich der jeweilige Richter von der Verantwortlichkeit des Täters überzeugen. Falls sich Angeklagter und Staatsanwalt beim *patteggiamento* in nicht zu beanstandender Weise über ein bestimmtes Strafmaß geeinigt haben, muß der Richter das Urteil erlassen. Da er aber gehindert ist, neue Beweiselemente zu berücksichtigen, besteht deshalb die Möglichkeit, daß er auf aus seiner Sicht unvollständiger Tatsachenbasis entscheiden muß. Dies rechtfertigt man mit der Konsensualität der Entscheidung, die sich nicht nur auf die Wahl des

---

1238 Urteil Nr. 313 des *Verfassungsgerichts* vom 02. 07. 1990. Dazu *Bogner*: Absprachen im deutschen und italienischen Strafprozeßrecht, 2000, S. 187 ff.

1239 Art. 27 Abs. 3 der italienischen Verfassung: Keine dem Menschlichkeitsempfinden widersprechende Strafen sowie Berücksichtigung des Gebotes der Erziehung.

1240 So das Urteil Nr. 313 des *Verfassungsgerichts* vom 02. 07. 1990. Dazu *Bogner*: Absprachen im deutschen und italienischen Strafprozeßrecht, 2000, S. 175 ff.

1241 Obgleich diese beiden Verfahrensarten erhebliche Vorteile für den Beschuldigten implizieren, verhält sich ihre Resonanz in der Praxis nicht in dem vielleicht zu erwartenden Umfang. Dies hängt damit zusammen, daß im Rahmen eines ordentlichen Verfahrens – infolge der langen Verfahrensdauer oftmals nicht unbegründet – auf das Eintreten der Verjährung spekuliert werden kann.

Verfahrens beschränkt, sondern auch sachlich die täterschaftliche Verantwortlichkeit umfaßt.

F. Das englische *judgment*[1242]

I. Einleitung

Im englischen Strafverfahren[1243] sind im wesentlichen zwei verschiedene Wege zu unterscheiden, die zu einem Urteil führen können. Gemeinsam sind beiden Wegen zunächst die Entscheidungsorgane, unabhängige *Richter* des *Crown Court* oder des *Magistrates' Court*.

II. *Judgment* ohne Schuldplädoyer

Bekennt sich der Angeklagte *nicht* selbst für schuldig (*guilty plea*), muß ihm im Rahmen der Hauptverhandlung in herkömmlicher Weise seine Täterschaft nachgewiesen werden. Zahlenmäßig ist dieses Verfahren allerdings die Ausnahme: Über 90 Prozent der Anklagen vor den *Magistrates' Courts* und ungefähr zwei Drittel der Verfahren vor *Crown Courts* werden aufgrund eines formellen Schuldbekenntnisses erledigt.[1244]

Wesentlichster Abschnitt des *kontradiktorischen* Verfahrens vor dem erkennenden Gericht ist die Beweisaufnahme, die durch die Prinzipien der *Mündlichkeit* und der *Unmittelbarkeit*[1245] geprägt ist.[1246] Die Anklage, in der Regel der *Crown Prosecution Service* und die Verteidigung präsentieren jeweils ihre Beweismittel. Die Rolle des Richters beschränkt sich im Grundsatz auf eine Beobachterposition und die Überwachung der Beachtung der Verfahrensregeln. Ausnahmsweise ist es ihm jedoch auch gestattet, unter Umständen in

1242 Seit der Einbeziehung des Schengen-Besitzstandes in den Rahmen der Europäischen Union handelt es sich auch bei dem englischen um einen verbindlichen Text, da das SDÜ auf diese Weise zu einem EU-Vertragsdokument wurde (vgl. Art. 53 EUV, Art. 314 EGV [jeweils i. d. F. von Amsterdam und Nizza]). Dort wird in den Art. 54 f. von „*finally disposed of*" und „*judgment*" die Rede.

1243 Zum englischen Strafverfahren vgl. *Smith*: England, in: van den Wyngaert (Hrsg.): Crim. proc. systems, 1993, S. 73 ff.; *Deleuze*: Système anglais, in: Delmas-Marty (Hrsg.): Proc. pén. d'Europe, 1995, S. 125 ff.; *Sprack*: Crim. Proc., 2002, *Kühne*: Strafprozeßrecht, 2003, Rn. 1149 ff..

1244 Vgl. *Ashworth*: Crim. Process, 1998, S. 302 und *Sanders/Young*: Crim. Justice, 2000, S. 396. Vgl. zur *guilty plea* noch unten.

1245 Dazu siehe noch *unten Kapitel 11, D. V.*

1246 *Deleuze*: Système anglais, in: Delmas-Marty (Hrsg.): Proc. pén. d'Europe, 1995, S. 125 ff., 139 f.; *Huber*: England und Wales, in: Perron (Hrsg.): Beweisaufnahme im Ausland, 1995, S. 11 ff., 43.

die Beweisaufnahme einzugreifen, eigene Zeugen zu laden und zusätzliche Beweise einzubringen.[1247]

Grundsätzlich gilt im englischen Verfahren das Prinzip der freien richterlichen Beweiswürdigung.[1248] Voraussetzung für eine Verurteilung ist die auf dieser Basis gewonnene *Überzeugung* von der Täterschaft: Die Richter und Geschworenen müssen sich „*beyond reasonable doubt*",[1249] also über jeden vernünftigen Zweifel hinaus, gewiß sein, daß der Angeklagte die ihm vorgeworfene Tat begangen hat.

Bei den sogenannten *indictable offences*,[1250] schweren Delikten, beurteilt die Jury des *Crown Court* die Schuldfrage. Hinsichtlich der *summary offences*, leichteren Taten, sind die Richter des *Magistrates' Court* berufen und für die *offences triable either way* können schließlich beide Gerichte zuständig sein.[1251]

III. *Guilty Plea*[1252]

„*If the defendant pleads guilty, there is no trial.*"[1253]

Bekennt sich der Angeklagte[1254] nämlich formell[1255] für schuldig, ersetzt dies sowohl Beweisaufnahme als auch richterliche Beurteilung der Schuldfrage. Aus diesem Grunde erübrigt sich im *Crown-Court*-Verfahren dann die Teilnahme der Jury: Der Einzelrichter entscheidet allein.

In den meisten Fällen äußert sich die Verfolgungsbehörde nach der *guilty plea* lediglich noch über die zugrunde liegenden Tatsachen, so daß das Gericht anschließend zur Verhängung der Strafe schreiten kann.[1256] Nur in Ausnahmefällen, wenn der Angeklagte trotz des Schuldplädoyers von der Verfolgungsbehörde vorgebrachte Tatsachen bestreitet, kommt es zu einer Art Beweisaufnahme, eines sog. „*Newton hearing*". Der Richter hört

---

1247 Vgl. *Deleuze*: Système anglais, in: Delmas-Marty (Hrsg.): Proc. pén. d'Europe, 1995, S. 125 ff., 139 f.; *Kühne*: Strafprozeßrecht, 2003, Rn. 1189.

1248 Vgl. – auch zu den Ausnahmen – *Deleuze*: Système anglais, in: Delmas-Marty (Hrsg.): Proc. pén. d'Europe, 1995, S. 125 ff., 157.

1249 *Spencer* (Preuve, in: Delmas-Marty [Hrsg.]: Proc. pén. d'Europe, 1995, S. 515 ff., 521 f.) ist der Ansicht, daß zwischen der Überzeugung „*beyond reasonable doubt*" und der „*intime conviction*" hinsichtlich des Grades kein wirklicher Unterschied existiert.

1250 Der Name ist abgeleitet von *indictment*, einem förmlichen Anklageverfahren, welches nur vor dem *Crown Court* erforderlich ist. Vor dem *Magistrates' Court* hingegen verläuft das Verfahren eher summarisch – deshalb *summary offences*.

1251 Vgl. *Sanders/Young*: Crim. Justice, 2000, S. 395.

1252 Vgl. dazu *Sprack*: Crim. Proc., 2002, S. 245 ff., *Archbold*: Criminal Pleading, 2002, § 4-104 ff.

1253 *Ashworth*: Crim. Process, 1998, S. 267.

1254 Der Angeklagte muß die *plea* persönlich abgeben. Sein Verteidiger kann ihn in diesem Fall nicht vertreten. Vgl. *Sprack*: Crim. Proc., 2002, S. 245.

1255 Materiell kann er gleichwohl auf seiner Unschuld beharren. Vgl. dazu die bei *Ashworth*: Crim. Process, 1998, S. 269 erwähnte Studie von *Bottoms* und *McClean*.

1256 *Ashworth*: Crim. Process, 1998, S. 266; *Sprack*: Crim. Proc., 2002, S. 246.

dann die Beweise zu den der Tat zugrundeliegenden Fakten, um über die angemessene Strafe entscheiden zu können.[1257]

Der *guilty plea* liegt die Annahme zugrunde, der Angeklagte werde in der Regel nicht auf seine Schuld plädieren, wenn dies nicht auch den Tatsachen entspricht.[1258] Deshalb unternimmt der Richter keine Prüfung dahingehend, ob der Angeklagte tatsächlich schuldig ist. Obwohl der Richter von der Schuld des Angeklagten deshalb nicht *„beyond reasonable doubt"* überzeugt sein muß,[1259] obliegt es ihm, vor der Annahme der *guilty plea* deren Gültigkeit zu prüfen. Hat der Angeklagte die Bedeutung des Eingeständnisses nicht richtig verstanden, erscheint dieses zweideutig oder ist er durch Zwang oder Täuschung zu dessen Abgabe veranlaßt worden, weist der Richter dieses Verfahren zurück.[1260]

Die Entscheidung des Angeklagten zugunsten der *guilty plea* wird beeinflußt durch die zu erwartenden hohen Strafreduktionen, die bis zu einem Drittel zur Verringerung der eigentlich verhängenden Strafe führen können.[1261]

IV. Ergebnis

Das zu einem Urteil führende Verfahren kann im englischen Strafprozeß zwei verschiedene Gesichter aufweisen. Das Bild der gewöhnlichen *kontradiktorischen Hauptverhandlung*, in der die an den Prinzipien der Mündlichkeit sowie formellen und materiellen Unmittelbarkeit ausgerichtete Beweisaufnahme eine essentielle Rolle spielt und die die *richterliche Überzeugung* von der Schuld für eine Verurteilung voraussetzt, ist bereits in ähnlicher Weise aus den drei bereits untersuchten kontinentaleuropäischen Rechtsordnung bekannt.

Ein gänzlich anderen Anblick bietet dagegen die effiziente und zeitsparende Erledigung durch die *guilty plea*: Hauptverhandlung mit Beweisaufnahme erübrigen sich ebenso wie die richterliche Schuldüberzeugung, denn „... *the accused has convicted himself out of his own mouth.*"[1262] Die Verurteilung basiert daher nicht auf einem richterlichen Schuldnachweis, sondern auf dem Konsens zwischen Verfolgungsbehörde und Angeklagtem über den strafrechtlichen Vorwurf.

1257 Vgl. *Smith*: England, in: van den Wyngaert (Hrsg.): Crim. proc. systems, 1993, S. 73 ff., 92; *Sprack*: Crim. Proc., 2002, S. 330 ff.

1258 Vgl. aber *oben Fn. 1255.*

1259 Vgl. *Spencer*: Preuve, in: Delmas-Marty (Hrsg.): Proc. pén. d'Europe, 1995, S. 515 ff., 516; *Sanders/Young*: Crim. Justice, 2000, S. 397.

1260 *Smith*: England, in: van den Wyngaert (Hrsg.): Crim. proc. systems, 1993, S. 73 ff., 92.

1261 Vgl. *Ashworth*: Crim. Process, 1998, S. 302. Infolgedessen ist jedoch der Druck auch für unschuldig Angeklagte beachtlich, das Risiko einer schweren Bestrafung nach Durchführung der Beweisaufnahme abzuschneiden und statt dessen eine verringerte Strafe *„freiwillig"* auf sich zu nehmen.

1262 *Sprack*: Crim. Proc., 2002, S. 246.

G. Zusammenfassung

Die Beschäftigung mit den innerstaatlichen Verfahrensabschlüssen der fünf Rechtsordnungen hat Unterschiede, aber auch wesentliche Gemeinsamkeiten aufgezeigt:

Zunächst sollen die *regulären* Verfahren betrachtet werden. Die Beweisaufnahme in Deutschland ist noch immer stark geprägt durch die Prinzipien der Mündlichkeit und der im Hinblick auf Zeugen- und Sachverständigenvernehmungen geltenden materiellen Unmittelbarkeit. Diese beiden Prinzipien sind auch im italienischen Normalverfahren, dem *dibattimento*, und dem englischen kontradiktorischen Verfahren ohne Schuldplädoyer von großer Bedeutung. In Frankreich und in den Niederlanden besitzt hingegen keines der zwei Prinzipien im Rahmen der Beweisaufnahme eine starke Stellung. Insbesondere die materielle Unmittelbarkeit kann in beiden Verfahrensordnungen nicht als angewandter Grundsatz bezeichnet werden. Daraus resultieren auch Unterschiede im Hinblick auf die Funktion der dem Urteil vorangehenden Hauptverhandlung: In Deutschland, Italien und England ist sie der eigentliche Ort für die Erhebung der Beweise, während den polizeilichen und staatsanwaltschaftlichen Ermittlungen lediglich die Funktion der Vorbereitung der Beweisaufnahme in der Sitzung zukommt. In den beiden anderen Staaten indessen liegt der Schwerpunkt der Hauptverhandlung auf der kontradiktorischen Diskussion und Würdigung der im Laufe des Vorverfahrens gesammelten Beweise.[1263]

Auch im Hinblick auf die Anfechtbarkeit der Entscheidungen existieren Unterschiede. Während in Deutschland ein Urteil des Landgerichts keiner weiteren tatsächlichen, sondern nur einer rechtlichen Überprüfung unterzogen werden kann, ist die Berufung nun[1264] grundsätzlich[1265] gegen Urteile aller französischen und niederländischen Strafgerichte zulässig. Die Wiederaufnahme ist im deutschen Strafverfahren ein außerordentliches Rechtsmittel, das nicht nur, wie in Frankreich und den Niederlanden, als Mittel zugunsten, sondern auch, unter bestimmten engeren Voraussetzungen, als solches zuungunsten des Abgeurteilten eingesetzt werden kann.

Trotz der genannten Unterschiede im einzelnen sind wesentliche strukturelle Gemeinsamkeiten auszumachen: *Erstens* handelt es sich in all diesen Fällen um eine *richterliche* Entscheidung. *Zweitens* ist das zu all diesen Prozeßabschlüssen führende Verfahren jenes, in dem die Schuldfrage gestellt und beantwortet werden soll. Dies geschieht im Grundsatz durch eine *öffentliche, mündliche und kontradiktorische Hauptverhandlung*, wobei die vorgelegten Beweise durch das Gericht unabhängig von dem Grad der geforderten materiellen Unmittelbarkeit prinzipiell frei gewürdigt werden.[1266] Darüber hinaus und mit letzterem im Zusammenhang stehend erfordert die Bejahung der Schuldfrage, *drittens*, in allen Rechtsordnungen die *persönliche Überzeugung* des Richters von der Schuld.

1263 Vgl. dazu auch *Perron*: Rechtsvergleichender Querschnitt, in: Perron (Hrsg.): Beweisaufnahme im Ausland, 1995, S. 549 ff., 569.

1264 Vgl. *oben C. II.* zur französischen Neuregelung.

1265 Hinzuweisen ist allerdings auf gewisse Einschränkungen im Hinblick auf wegen Übertretungen ergangene niederländische Urteile.

1266 Vgl. *Spencer*: Preuve, in: Delmas-Marty (Hrsg.): Proc. pén. d´Europe, 1995, S. 515 ff., 534 ff.

Neben dem gewöhnlichen Hauptverhandlungsverfahren konnten auch verschiedene, ebenfalls unter die im Übereinkommen verwendeten Termini fallende *Sonderverfahren* identifiziert werden. Lediglich nichtkontradiktorisch, also unter Abwesenheit des Angeklagten oder seines Verteidigers, finden die zum französischen *jugement par défaut* und zum niederländischen *verstekvonnis* führenden Verfahren statt. Allerdings erwachsen diese Entscheidungen nur dann in Rechtskraft, wenn der Verurteilte auf die Möglichkeit, das Verfahren durch Einspruch oder Berufung in eine kontradiktorische Verhandlung zu bringen, verzichtet. Dies bedeutet, daß nach Urteilserlaß ein Element der Billigung, des *Konsenses* vom Verurteilten – durch Untätigkeit – zum Ausdruck gebracht werden muß.[1267] Auf einer nichtöffentlichen Vorverhandlungssitzung und den Ermittlungsakten ohne erneute Beweisaufnahme basiert in der Regel das italienische abgekürzte Verfahren (*guidizio abbreviato*). Das nichtstreitige Kontumazverfahren in Frankreich stützt sich immer allein auf Aktenmaterial. Eine Beweisaufnahme entfällt bei diesem Abwesenheitsverfahren stets. Letzteres trifft auch auf das *patteggiamento* des italienischen Strafverfahrens zu. Für dieses ist zudem der *Konsens* zwischen dem Staatsanwalt und dem Angeklagten über die strafrechtliche Verantwortlichkeit und die Strafe von grundlegender Bedeutung.

All den eben genannten Verfahren ist jedoch gemein, daß sich der Richter im Falle einer Verurteilung die Überzeugung von der Schuld des Angeklagten bilden muß. Lediglich für das englische *judgment* aufgrund einer *guilty plea* gilt dies nicht. Grundlage der Verurteilung ist in diesem Fall das Schuldplädoyer des Angeklagten, welches eine Sachverhaltsfeststellung in der Hauptverhandlung überflüssig werden läßt.

Resümierend ist also festzuhalten, daß es sich bei allen Entscheidungen, die von den in Art. 54 ff. benutzten Termini *Urteil, jugement, vonnis, sentenza* und *judgment* in den nationalen Rechtsordnungen bezeichnet werden, um *richterliche Entscheidungen* handelt. Die regulären Verfahren basieren darüber hinaus auf einer *öffentlichen, mündlichen und kontradiktorischen Hauptverhandlung*, an deren Abschluß eine Entscheidung steht, die am Maßstab der persönlichen *Überzeugung* des Richters über die Schuld orientiert ist. Für Deutschland gilt es festzuhalten, daß das Urteilsverfahren immer ein Hauptverhandlungsverfahren in der geschilderten Art ist. Die richterliche *Überzeugung* muß auch in allen besonderen Verfahren der untersuchten *kontinentalen* Rechtsordnungen geprüft werden. Die *angelsächsische* Verurteilung aufgrund einer *guilty plea* erfordert hingegen als einzige Verfahrensform keine richterliche Überzeugung.

Dieses Ergebnis wirft folgende Fragen auf:

I. Sind diese Charakteristika *wesentlich* für die Definition des zwischenstaatlichen Begriffs des *Urteils* im Sinne des SDÜ? Dies wird unter dem Gesichtspunkt der *Funktion* des Begriffes[1268] zu beantworten sein.[1269]

II. Gelten diese Charakteristika *kumulativ* oder *alternativ*? In diesem Zusammenhang ist zu fragen, ob eine *weite oder eine enge Auslegung* angebracht ist, oder anders ausgedrückt, ob tendenziell weniger oder mehr Begriffsmerkmale in die Definition aufgenommen werden müssen. Letzteres muß im Rahmen einer teleologischen Betrachtung entschieden werden. Dabei ist zu berücksichtigen, daß im deutschen

---

1267 Vgl. zu diesem *passiven Konsens unten Kapitel 11, D. II. 2.*

1268 Vgl. dazu bereits *oben Kapitel 5, B. IV.*

1269 Vgl. zu dieser Problematik die folgenden *Kapitel 10, 11* und *12.*

Strafverfahren ein Urteil nur gesprochen werden kann, wenn der Richter den Schuldvorwurf aufgrund einer öffentlichen, mündlichen und kontradiktorischen Hauptverhandlung am Maßstab seiner Überzeugung geprüft hat.[1270]

Im nächsten, *zehnten* Kapitel sollen daher Überlegungen darüber angestellt werden, auf welche Weise die *Wesentlichkeit* der gefundenen Merkmale im gegebenen Zusammenhang untersucht werden könnte.

1270 Vgl. dazu *Kapitel 13*.

Kapitel 10. Wesentlichkeit der Begriffsmerkmale. Hypothese und Wege der Verifizierung

A. Einleitung

Aufbauend auf die im *neunten Kapitel* konstatierten Eigenschaften der beleuchteten Rechtsinstitute soll in diesem *zehnten Kapitel* nun die Überprüfung der Relevanz dieser Charakteristika im Rahmen des übernationalen Begriffs des *Urteils* vorbereitet werden. Ziel ist es, zunächst eine *Hypothese*[1271] aufzustellen (B.) und im Anschluß daran Wege zu entwickeln, um die Richtigkeit deren Prämissen zu *überprüfen* (C.).

An anderer Stelle wurde bereits erarbeitet, daß es, um einer zufälligen Auswahl der Begriffsmerkmale entgegensteuern zu können, erforderlich ist, sich an der *Funktion* des Begriffs im gegebenen Kontext auszurichten.[1272] Das *Urteil* fungiert im Rahmen des Art. 54 als *ne bis in idem*-Wirkung auslösender Abschluß eines Strafverfahrens.

Das konkrete Maß der jeweiligen Sperrwirkung variiert in den einzelnen Rechtsordnungen. Ausdruck findet dies in den unterschiedlichen Wiederaufnahmevorschriften.

Anhand der gesetzgeberischen Bejahung oder Verneinung der Wiederaufnahme des Verfahrens zuungunsten des Beschuldigten in Deutschland auf der einen Seite und Frankreich und den Niederlanden auf der anderen Seite wird die Verschiedenheit besonders deutlich.

Aus der strafklageverbrauchenden Funktion des Urteils könnte man im vorliegenden Zusammenhang ableiten, daß es die *absolut* und *konkret* bestimmte Sperrwirkung sei, durch die sich der zwischenstaatliche Begriff definieren ließe.

Veranschaulicht hieße dies beispielsweise: „*Ein Urteil im Sinne der Art. 54 ff. umfaßt alle Verfahrensabschlüsse, nach denen die Wiedereröffnung des Verfahrens zuungunsten des Beschuldigten allenfalls dann zulässig ist, wenn eine in der Hauptverhandlung zu seinen Gunsten als echt vorgebrachte Urkunde unecht oder verfälscht war ... wenn von dem Freigesprochenen vor Gericht oder außergerichtlich ein glaubwürdiges Geständnis abgelegt wird.*" Die Definition würde sich in diesem Fall am Umfang der Sperrwirkung des deutschen Urteils gegenüber der Wiederaufnahme zuungunsten gemäß § 362 StPO orientieren. Unter diese Begriffsbestimmung könnten das deutsche *Urteil*, das französische *jugement* und das niederländische *vonnis*, nicht aber der deutsche Strafbefehl[1273] subsumiert werden, da die Wiederaufnahme gemäß § 373a Abs. 1 StPO dort schon erlaubt ist, „... *wenn neue Tatsachen oder Beweismittel beigebracht sind, die allein oder in Verbindung mit den früheren Beweisen geeignet sind, die Verurteilung wegen eines Verbrechens zu begründen.*" Auch das österreichische freisprechende Strafurteil fiele nicht darunter, weil danach die Wiederaufnahme schon dann möglich ist, wenn „... *sich andere neue Tatsachen oder Beweismittel ergeben, die allein oder in Verbindung mit den früher erhobenen Beweisen geeignet erscheinen, die Bestrafung des Angeklagten zu begründen.*"[1274] Darüber hinaus träfe diese

---

[1271] Vgl. *Larenz/Canaris*: Methodenlehre, 1995, S. 277 zum Verhältnis von *Hypothese* und *Theorie*: „*Daher sollte man entgegen einer verbreiteten Unsitte nicht jede Hypothese über die Lösung eines Problems ohne weiteres als Theorie bezeichnen; zwar ist jede Theorie (nur) eine Hypothese, aber darum noch längst nicht jede Hypothese schon ein Theorie.*"

[1272] Vgl. *oben Kapitel 5, B. IV.*

[1273] Zum deutschen Strafbefehl vgl. *unten Kapitel 12, B. IV.*

[1274] Vgl. § 355 Nr. 2 öst. StPO und *oben Kapitel 3, B. VIII.*

Definition aber auf die französische und die niederländische Transaktion zu, da eine Neuaufnahme des Verfahrens zuungunsten des Beschuldigten in diesen Fällen gar nicht gestattet ist.

Schon aber an der Frage, aus welcher Rechtsordnung die Neuaufnahmeregelung ausgewählt werden soll, werden die Schwierigkeiten deutlich. Soll die Regelung eines großzügig die Rechtskraftdurchbrechung gestattenden oder die eines insoweit sehr restriktiven Strafverfahrenssystem herangezogen werden? Bereits in Zusammenhang mit dem in diese Richtung weisenden Ansatz *Bohnerts* und *Lagodnys* wurde herausgearbeitet, daß es sich hierbei nicht um den richtigen Weg handeln kann, da die Strukturen der jeweiligen Strafverfahrensordnungen nicht genügend Berücksichtigung finden.[1275] Es ist also nicht möglich, *Urteil*, *jugement* und *vonnis* im nationalen Sinne lediglich mit Blick auf das Maß ihrer tatsächlichen Rechtskraft in dem jeweiligen System zu vergleichen und den übernationalen Begriff demgemäß allein durch diese konkrete Rechtsfolge zu bestimmen.

Die an diesem absoluten Maßstab beanstandete fehlende Berücksichtigung der internen Systematik einer Rechtsordnung[1276] kann allerdings durch die Suche nach einer *relativen Grenze* vermieden werden. Mit dieser relativen Grenze ist eine *Unterscheidungslinie* zwischen Verfahrensabschlüssen gemeint, auf die Art. 54 anwendbar ist, und solchen, bei denen das nicht zutrifft, *die das Maß nicht starr an der Rechtsfolge ansetzt, sondern die Stellung des Verfahrensabschlusses mit seiner jeweiligen* ne bis in idem-*Wirkung im entsprechenden Rechtssystem betrachtet.* Die *Relativität* besteht dann im Hinblick auf die einzelnen Strafverfahrensordnungen.

Wenn demzufolge nicht nach der konkreten Sperrwirkung selbst als Definitionsmerkmal gefragt werden soll, muß auf einer anderen Ebene nach Kriterien gesucht werden, die eine Abgrenzung und damit die überstaatliche Definition des Urteilsbegriffs ermöglichen. Angesichts der Funktion des *Urteils*, *ne bis in idem*-Wirkung auszulösen, müssen die zu ermittelnden Faktoren in diesem Zusammenhang relevant sein. Sie müssen also das *Maß der Rechtskraft* beeinflussen.

B. Hypothese des Zusammenhangs zwischen den Charakteristika einer Entscheidung und dem Maß der *ne bis in idem*-Wirkung

Die hier angestrebte Definition einer Verfahrensabschlußform anhand bestimmter, für die Rechtskraft maßgeblicher Entscheidungskriterien beinhaltet zunächst einmal die Behauptung eines Zusammenhangs zwischen diesen Kriterien und der *ne bis in idem*-Wirkung.

Daß eine solche Verknüpfung existiert, hat *Radtke* in seiner Untersuchung „*Zur Systematik des Strafklageverbrauchs verfahrenserledigender Entscheidungen im Strafprozeß*" (1994) für das deutsche Strafverfahren bereits nachgewiesen.

[1275] Vgl. *oben Kapitel 3, B. VIII.*

[1276] Vgl. *oben Kapitel 3, B. VIII.*

I. *Radtkes* Systematik des Strafklageverbrauchs

Radtke unternimmt es, der Frage nachzugehen, „… *welchen Entscheidungen aus welchen Gründen* … " strafklageverbrauchende Wirkung zukommt, um „… *allgemeingültige Kriterien in bezug auf die für den Umfang der Sperrwirkung relevanten Faktoren zu ermitteln*" und letztlich Regelungen „… *über den Strafklageverbrauch auch für solche Entscheidungen aufzustellen, bei denen die Rechtskraftfähigkeit bisher ungeklärt ist.*"[1277] Aus der Einzelbetrachtung verschiedener richterlicher und staatsanwaltschaftlicher Verfahrenserledigungen zieht er induktiv Schlüsse auf die Bedeutung bestimmter Kriterien dieser Erledigungsformen für das Maß deren *ne bis in idem*-Wirkung und gelangt unter anderem zu folgenden Ergebnissen:

Aufgrund seiner Analyse *richterlicher* Entscheidungsformen konstatiert er einen Zusammenhang zwischen der Notwendigkeit, die sanktionierende Verfahrenserledigung auf die richterliche *Überzeugung* von der Schuld des Angeklagten zu stützen, einerseits, und der Wiederaufnahme des Verfahrens in dem dreistufigen System der *§§ 359 ff. StPO* andererseits. Nach Prozeßabschlüssen, die keine Schuldüberzeugung erfordern, dürfe das Verfahren demgegenüber durch Einleitung neuer Ermittlungen seitens der Staatsanwaltschaft fortgesetzt werden. Die materiellen Neuaufnahmevoraussetzungen seien beeinflußt von drei verschiedenen Faktoren: *Erstens* stellt *Radtke* die Maßgeblichkeit des *Umfangs der Ermittlungs- und Entscheidungspflicht* (Kognitionspflicht) fest. Dabei unterscheidet er hinsichtlich der Art der Sachverhaltsaufklärung zwischen solcher, die die Überzeugungsbildung, jener, die die Beurteilung des hinreichenden Tatverdachts und schließlich der, die die Bewertung des Anfangsverdachts ermöglicht.[1278] Je weitgehender das Gebot zur Sachverhaltsaufklärung sei, desto höher sei auch die Sperrwirkung. Die *Methoden der Sachverhaltsaufklärung*, mündliche Verhandlung oder schriftliches Verfahren, sind nach seiner Untersuchung *zweitens* von Bedeutung. Eine Tatsachenfeststellung durch letzteres vermindere das Maß der Rechtskraft. Schließlich erscheint ihm *drittens* das Erfordernis einer *dokumentierten Begründung* der Erledigung entscheidend für die Ausgestaltung der materiellen Wiederaufnahmevoraussetzungen zu sein. Der Strafklageverbrauch begründungsloser Abschlüsse könne aus Gründen der praktischen Nachprüfbarkeit nicht durch das Vorhandensein neuer Tatsachen und Beweismittel beschränkt sein.[1279]

Da bei *staatsanwaltschaftlichen* Entscheidungen eine Neuaufnahme im deutschen Strafverfahren stets nur durch die Einleitung eines nachfolgenden Ermittlungsverfahrens erfolgen kann, beschränken sich die maßgeblichen Faktoren auf einen Einfluß auf die materiellen Kriterien der Neuaufnahme. Insoweit gelangt *Radtke* zu denselben Ergebnissen wie bei richterlichen Entscheidungen.[1280]

[1277] *Radtke*: Systematik des Strafklageverbrauchs, 1994, S. 20, 26. Vgl. i. d. Zushg. auch *Larenz/Canaris*: Methodenlehre, 1995, S. 278 zur heuristischen Funktion von juristischen Theorien.

[1278] Vgl. *Radtke*: Systematik des Strafklageverbrauchs, 1994, S. 330, 342.

[1279] Vgl. *Radtke*: Systematik des Strafklageverbrauchs, 1994, S. 391 ff. Vgl. dazu noch *unten Kapitel 10, B. II. 6.*

[1280] Vgl. *Radtke*: Systematik des Strafklageverbrauchs, 1994, S. 394 f.

II. Formulierung einer Hypothese

1. Einleitung

An die Arbeiten *Radtkes* soll angeknüpft werden. Im Unterschied zu dessen Forschung ist es allerdings nicht Ziel, ein umfassendes System des Strafklageverbrauchs zu erarbeiten. Insbesondere sollen auch keine neuen Vorschriften für bisher hinsichtlich ihrer *ne bis in idem*-Wirkung zweifelhafte Fälle des innerstaatlichen Rechts entwickelt werden. Statt dessen soll lediglich analysiert werden, ob ein Konnex zwischen einzelnen Charakteristika der innerstaatlichen Entscheidungsformen wie *Urteil*, *jugement* und *vonnis* und deren Funktion der strafklageverbrauchenden Prozeßbeendigung hergestellt werden kann. Berücksichtigung müssen dabei über Deutschland hinaus auch die zwei übrigen untersuchten Rechtsordnungen Frankreichs und der Niederlande finden. Diese differierenden Weichenstellungen verhindern jedoch nicht die Möglichkeit, sich im Rahmen einer Hypothesenbildung auch an den von *Radtke* erarbeiteten Kriterien zu orientieren.

2. Richter als Entscheidungsorgan

Der Vergleich der innerstaatlichen Rechtsinstitute ergab, daß in allen Fällen ein *Richter* das zuständige Entscheidungsorgan ist.

In *Radtkes* Arbeit kann das Kriterium des Entscheidungsorgans als für den Strafklageverbrauch relevantes keine Rolle spielen, da er richterliche und staatsanwaltschaftliche Verfahrensabschlüsse separat betrachtet. Allerdings argumentiert er im Hinblick auf die von einer staatsanwaltschaftlichen Einstellungsverfügung nach § 170 Abs. 2 StPO ausgehenden Sperrwirkung mit der *„Gleichartigkeit gerichtlicher und staatsanwaltschaftlicher Verfahrenserledigung"*.[1281] Daraus leitet er die Forderung nach einer gesetzgeberischen Angleichung des § 170 Abs. 2 StPO an die §§ 174 Abs. 2, 211 StPO ab.[1282] Dies läßt den Schluß zu, daß er es gerade nicht für bedeutsam hält, ob ein Richter oder ein Staatsanwalt die Beendigung des Verfahrens verfügt hat.

Andererseits stellt *Radtke* im Zusammenhang mit einer terminologischen Klärung die Unterschiede zwischen Staatsanwälten und Richtern heraus und benutzt aufgrund dessen für die strafklageverbrauchende Wirkung staatsanwaltschaftlicher Prozeßbeendigungen nicht die Bezeichnung *Rechtskraft*, sondern spricht insoweit von *Bestandskraft*.[1283]

Auch im Rahmen der Untersuchung zum *ne bis in idem*-Grundsatz in den drei Rechtsordnungen liegen die Ergebnisse so, daß eine Relevanz des Entscheidungsorganes für den Strafklageverbrauch einer Erledigung zumindest nicht ausgeschlossen ist.

1281 *Radtke*: Systematik des Strafklageverbrauchs, 1994, S. 378. Siehe auch a. a. O., S. 278.

1282 Vgl. *Radtke*: Systematik des Strafklageverbrauchs, 1994, S. 390.

1283 Vgl. *Radtke*: Systematik des Strafklageverbrauchs, 1994, S. 160.

Im deutschen[1284] und französischen[1285] Recht lehnt man größtenteils – abgesehen von bestimmten gesetzlichen Regelungen wie § 153a StPO oder der *transaction* – die Rechtskraftfähigkeit staatsanwaltschaftlicher Entscheidungen ab. Dies gilt übrigens auch für das englische Strafverfahren: Staatsanwaltschaftlichen Einstellungen kommt dort keine *ne bis in idem*-Wirkung zu.[1286]

Die Relevanz des Entscheidungsorgans[1287] *Richter* für Existenz oder Maß der strafklageverbrauchenden Wirkung kann deshalb in die Hypothese aufgenommen werden.

3. Prüfung der Überzeugung als Voraussetzung der Entscheidung

Ein weiteres Resultat der komparativen Betrachtung der einzelstaatlichen Bedeutungen des *Urteils* war die prinzipielle Bedeutsamkeit der richterlichen *Überzeugungsbildung* als Bedingung einer schuldfeststellenden Entscheidung. Eine Ausnahme bildete allein die englische, auf einem Schuldplädoyer beruhende Verurteilung.

Wie oben erwähnt, gelangt auch *Radtke* zu dem Ergebnis, daß die Überzeugung des Richters als Voraussetzung für eine Verurteilung für die Frage der Sperrwirkung von Relevanz ist: Nur auf dieser Basis getroffene Entscheidungen werden im deutschen Strafverfahren durch die besonderen formellen Voraussetzungen des Wiederaufnahmeverfahrens geschützt.[1288]

Aus diesem Grunde soll die *Überzeugung* in den Kreis derjenigen Charakteristika eingeschlossen werden, die hinsichtlich ihres Einflusses auf das Maß des Strafklageverbrauchs noch näher zu überprüfen sind. Vorweggenommen werden soll schon jetzt der Hinweis, daß die *Überzeugung* als *Verdachtsgrad in einem weiteren Sinne* betrachtet wird.[1289]

4. Öffentliche, mündliche und kontradiktorische Hauptverhandlung als Weg der Sachverhaltsermittlung

Für alle *Normalverfahren*, die zu einem *Urteil* oder seinen ausländischen Entsprechungen führen, gilt, daß der Beweis, der der richterlichen Entscheidung zugrunde liegt, in einer öffentlichen und mündlichen Hauptverhandlung, wenn schon nicht stets – wie grund-

---

1284 Vgl. *oben Kapitel 6, B. III.*

1285 Vgl. *oben Kapitel 6, C. III.*

1286 *Thomas*: Recht auf Einmaligkeit, 2002, S. 238.

1287 Wenn hier von der Relevanz des *Entscheidungs*organs Richter gesprochen wird, so deshalb, weil der Richter in der Regel auch entscheidet, wenn er den Sachverhalt festgestellt hat. Ausnahmsweise ergeben sich jedoch auch Konstellationen, in denen der Richter – wie in der niederländischen gerichtlichen Voruntersuchung (vgl. dazu *unten Kapitel 12, D. I. 4. a., c.*) – den Sachverhalt zwar ermittelt, die Entscheidung über den Fortgang der Verfolgung aber der Staatsanwaltschaft überlassen muß. Auch in diesem Fall ist das richterliche Tätigwerden in Betracht zu ziehen. Vgl. dazu auch *unten Kapitel 11, D. III. 5.* und *Kapitel 12, D. V. 1. a.*

1288 Vgl. *Radtke*: Systematik des Strafklageverbrauchs, 1994, S. 320 ff.

1289 Vgl. dazu *unten Kapitel 11, D. IV. 2. b.* Auch *Radtke*: Systematik des Strafklageverbrauchs, 1994, S. 342 ff. scheint *Überzeugung, hinreichenden Tatverdacht* und *Anfangsverdacht* als Stufenfolge zu sehen.

sätzlich in Deutschland, Italien und England – erhoben, so doch zumindest streitig erörtert wird. In der Art und Weise der Sachverhaltsaufklärung unterscheiden sich diese Verfahren von den nichtkontradiktorischen, nichtöffentlichen oder von vornherein nur auf den Ermittlungsakten basierenden Entscheidungsfindungen.

Für das deutsche Strafverfahren konnte *Radtke* den Weg der Ermittlung des Sachverhalts als für die Rechtskraft wesentlichen Faktor identifizieren.

Ob diese Feststellung auch auf die anderen untersuchten Rechtsordnungen ausgedehnt werden kann, bedarf noch weiterer Untersuchungen. Der Anknüpfungspunkt für die Berücksichtigung des Faktors der *öffentlichen, mündlichen und kontradiktorischen Hauptverhandlung* in einer Hypothese ist jedenfalls gegeben.

5. Konsens als Grundlage einer Verurteilung

Die Möglichkeit des englischen Richters, den Angeklagten allein aufgrund dessen *guilty plea* zu verurteilen, veranlaßt die Vermutung, daß die auf diese Weise erreichte formelle *Übereinstimmung* zwischen Angeklagtem und Staatsanwaltschaft im Rahmen der Rechtskraft eine Rolle spielen könnte. Denn sowohl die ansonsten notwendige Beweisaufnahme in der Hauptverhandlung als auch die richterliche Überzeugung von der Schuld des Angeklagten werden bei dieser angelsächsisch-adversatorischen Verfahrensform durch dessen Schuldplädoyer ersetzt. Wenn in der Hypothese von einer Relevanz der Faktoren Hauptverhandlung und Überzeugung für den Strafklageverbrauch ausgegangen wird, sich am Maß der Rechtskraft des Urteils durch das Beruhen auf der *guilty plea* aber nichts ändert, folgt daraus, daß das diese beiden ersetzende Kriterium von ähnlicher Bedeutung ist.[1290]

In der Hypothese soll demnach von einem Zusammenhang zwischen dem *Konsens* und der *ne bis in idem*-Wirkung einer Entscheidung ausgegangen werden.

6. Erfordernis der Begründung einer Entscheidung?

Auf den ersten Blick legen *Radtkes* Ergebnisse nahe, daß auch die *Begründung* des Urteils ein für dessen Strafklageverbrauch wesentlicher Faktor ist.

Bei der Begründung handelt es sich jedoch um ein Kriterium, das im vorliegenden Rahmen aus folgendem Grund keine weitere Rolle mehr spielen wird: Bereits anhand der

---

1290 In diesem Sinne betrachten *Groenhuijsen* und *Knigge* (Algemeen Deel, in: Groenhuijsen/Knigge (Hrsg.): Onderzoek ter zitting, 2001, S. 1 ff., 18) den subjektiv überzeugten Richter als *eine* Garantie der Wahrheitsfindung unter anderen. Dies habe nicht nur zur Folge, daß diese Garantie mit anderen kombiniert, sondern auch, daß sie gegen andere *ausgetauscht* werden könne. Dies sei bei den Arten der *konsensualen Erledigung* der Fall. Da die Autoren dabei speziell auf das Geständnis des Beschuldigten als konsensuales Element abstellen, sehen sie die Konformität mit dem materiellen Wahrheitsbegriff als unbeeinträchtigt, lassen aber letztlich offen, ob auf diese Weise das Risiko einer falschen Entscheidung in ausreichendem Maße verringert wird. Zum Zusammenhang zwischen *konsensualen Elementen* und *Gerechtigkeit* vgl. *unten Kapitel 11, C. II. 2.*

bisherigen Untersuchungen wurde erkennbar, daß die Begründungserfordernisse für Urteile sehr unterschiedlich sein können, ohne daß sich dadurch an den Voraussetzungen für eine Rechtskraftdurchbrechung durch die Wiederaufnahme etwas änderte.

In *Frankreich* ist das Schwurgericht – im Gegensatz zu den *tribunaux* – generell von der Begründung des Urteils entbunden. Die Regeln der *révision* gelten jedoch für Urteile aller Verfahren gleichermaßen. Auch in den *Niederlanden* kann unter bestimmten Umständen von der grundsätzlichen Urteilsbegründung insoweit abgewichen werden, als Tatsachen und Beweismittel nicht in die Entscheidung aufgenommen werden müssen. Obgleich sich die Umstände im übrigen nicht verändern, hat dies ebenfalls auf den Umfang der Sperrwirkung des rechtskräftigen *vonnis* keine Auswirkung.

Ob sich im Einzelfall die technische Ausgestaltung der Neuaufnahmevorschriften für andere Entscheidungen als das Urteil – motiviert durch praktische Überlegungen – an der Erforderlichkeit einer Begründung ausrichtet, kann hier dahingestellt bleiben. Ausschlaggebend ist, daß ein Einfluß des Vorhandenseins oder des Umfangs der Entscheidungsbegründung auf die Rechtskraft der hier betrachteten Art von Verfahrensabschlüssen nicht gegeben ist.

Der Faktor der Begründung kann infolgedessen bereits an dieser Stelle ausgeschieden werden.

7. Ergebnis

Zusammenfassend kann also folgende Hypothese formuliert werden:

Die Charakteristika *richterliches* Entscheidungsorgan, *Überzeugung* als zu prüfender Verdachtsgrad, *öffentliche, mündliche* und *kontradiktorische Hauptverhandlung* sowie *Konsens* zwischen Angeklagtem und Verfolgungsbehörde sind speziell ausgeprägte Faktoren, die Einfluß auf die *ne bis in idem*-Wirkung des *Urteils* und seiner korrespondierenden ausländischen Entscheidungsformen ausüben. Indem sie als solche für das *Urteil* im Sinne der Art. 54 ff. funktionsrelevant sind, müssen sie im Rahmen der Bildung des zwischenstaatlichen Begriffs als wesentliche Merkmale einfließen.

Wenn die Behauptung in dieser, auf das *Urteil* zugeschnittenen Form Geltung beansprucht, so muß sie sich auch verallgemeinern lassen.

Denn ist im Rahmen eines Verfahrensabschlusses eben beispielsweise keine *Überzeugung* von der Schuld des Täters zu prüfen, so tritt an ein anderer Maßstab an deren Stelle: Im Rahmen des § 203 StPO ist dies der *hinreichende Tatverdacht.* Übt aber die Überzeugung – gemäß der Hypothese – in ihrer Art Einfluß auf den Umfang der *ne bis in idem*-Wirkung aus, muß dies auch für ihr Fehlen und den sie ersetzenden Faktor gelten.

Abgeleitet heißt dies: Die Art des *Entscheidungsorganes*, der zu prüfende *Verdachtsgrad* im Hinblick auf die Täterschaft, die *Art der Sachverhaltsermittlung* sowie *konsensuale Elemente* stehen in einem Zusammenhang mit dem Maß des Strafklageverbrauchs einer Entscheidung.

C. Wege der Verifizierung der aufgestellten Hypothese

I. Erste Säule. Theoretische Rechtfertigung des behaupteten Zusammenhangs

Zu Beginn soll nach der theoretischen Rechtfertigung des behaupteten Zusammenhanges gesucht werden: Aus welchem Grunde kann die strafklageverbrauchende Wirkung verfahrensabschließender Entscheidungen dem Einfluß der identifizierten Kriterien unterliegen?

Diese theoretische Absicherung impliziert einerseits die Betrachtung der Verknüpfung der *Rechtskraft* selbst mit dem *Ziel des Strafverfahrens* einerseits. Welche Rolle spielt der Strafklageverbrauch auf dem Weg zum Strafverfahrensziel?

Andererseits ist die Bedeutung der erkannten *Kriterien* für das *Verfahrensziel* zu untersuchen. Können die Fragen nach dem Entscheidungsorgan, dem Grad des Verdachts, der Art der Sachverhaltsermittlung und letztlich dem Einfluß konsensualer Elemente in eine Beziehung zu dem Prozeßziel gebracht werden?

Dies soll schließlich die nähere Bestimmung des Verhältnisses der Eigenschaften der Verfahrensabschlüsse und der Rechtskraft zueinander – vermittelt durch das Ziel des Strafverfahrens – gestatten: Ist ein Abhängigkeitsverhältnis zwischen der *ne bis in idem*-Wirkung und dem Prozeßziel, in das sich die Kriterien in ihrer spezifischen Bedeutung für letzteres einfügen lassen, zu erkennen?

II. Zweite Säule. Betrachtung anderer strafverfahrensabschließender Entscheidungen in den Rechtsordnungen Deutschlands, Frankreichs und der Niederlande

Nach der theoretischen Rechtfertigung soll die Verifizierung der Hypothese auf eine zweite Säule gestellt werden: Die Hypothese muß sich auf das gegebene, geltende Recht[1291] beziehen. Zum Zwecke dessen Verständnisses ist sie angetreten.

Daraus folgt, daß sich die Behauptung auch am geltenden Recht messen lassen muß. Aus diesem Grunde sollen die – neben dem *Urteil* – in den einzelnen Rechtssystemen existierenden *verfahrensabschließenden Entscheidungen* im Hinblick auf die bei ihnen vorkommenden Ausprägungen der Faktoren untersucht werden, von denen in der Hypothese ausgegangen wird.

Welches Entscheidungsorgan, die Prüfung welchen Verdachtsgrades und welche Art der Sachverhaltsermittlung sind Voraussetzung einer bestimmten Prozeßbeendigung? Wie ist – korrespondierend dazu – die Sperrwirkung dieser Erledigung einzustufen?

[1291] Dabei ist das geltende Recht nicht auf bloße Gesetzestexte beschränkt, sondern umfaßt gleichermaßen ungeschriebenes und Richterrecht (vgl. *Larenz/Canaris*: Methodenlehre, 1995, S. 25).

Erst vor dem Hintergrund anderer Verfahrensabschlußformen innerhalb der Rechtsordnung eines Vertragsstaates, nur anhand der Konsequenzen ihres Fehlens oder ihrer abgeschwächten Existenz kann der tatsächliche Zusammenhang zwischen dem Vorhandensein der relevanten Eigenschaften und dem daraus resultierenden Effekt, der *ne bis in idem*-Wirkung in unterschiedlicher Intensität verifiziert werden. Insofern wird ein eher phänomenologischer Pfad beschritten.

Die Schwierigkeit der Überprüfung einer solchen juristischen Hypothese am geltenden Recht besteht aber nun darin, daß das Recht in der vorhandenen Form akzeptiert werden muß. Daraus resultiert hier die Problematik der eingeschränkten Vergleichbarkeit unterschiedlicher Entscheidungsformen. Um die Auswirkung eines variablen Merkmals in seiner konkreten Ausprägung auf die Rechtskraft bestimmen zu können, müßten bei zwei miteinander konfrontierten Erledigungsarten im Grunde sämtliche übrigen Entscheidungsfaktoren kongruieren. Nur dann könnte mit größtmöglicher Sicherheit der Einfluß dieses bestimmten Merkmals auf das Maß des Strafklageverbrauchs behauptet werden. Diese idealen Vergleichsbedingungen sind indessen in keinem der Rechtssysteme aufzufinden. Die Rechtswirklichkeit erscheint zu vielgestaltig, als daß andere Einflußfaktoren ausgeschlossen werden könnten. Die Betrachtung der in den jeweiligen Strafverfahren existierenden Verfahrensabschlüssen muß sich daher auf den rein korrelativen Zusammenhang beschränken. Eine Aussage über den kausalen Zusammenhang übersteigt die Möglichkeiten dieser rechtsphänomenologischen Untersuchung. Denn falls durch die Gegenüberstellung der konkreten Ausprägung des *Faktors* und des *Umfangs* der *ne bis in idem*-Wirkung bei verschiedenen Entscheidungen die gesuchte Abhängigkeit konstatiert werden kann, ist noch immer offen, ob der erste tatsächlich die Ursache für letzteren darstellt: Denkbare andere Stör- bzw. Einflußfaktoren können nicht – wie dies im naturwissenschaftlichen Bereich oftmals möglich ist – durch entsprechende experimentelle Anordnung ausgeschlossen werden. Umgekehrt stellt sich die Sachlage dar, wenn entgegen der Erwartung gerade keine Korrelation zwischen einem (fehlenden) Kriterium und dem Maß des Strafklageverbrauchs festzustellen ist, die These also nicht bestätigt wird. Auch hier könnten Störkomponenten, also sich auf das Maß der Rechtskraft auswirkende und den Effekt des gerade untersuchten Entscheidungscharakteristikums aufhebende Einflußfaktoren, eine Rolle spielen. In beiden Fällen gilt es, die entsprechenden Einflußfaktoren zu identifizieren und auf ihre eventuelle Rolle für die Rechtskraft des *Urteils* zu überprüfen. Kann kein plausibler Grund für die Abweichung vom erwarteten Zusammenhang erkannt werden, muß gefragt werden, ob sich die am Strafverfahrensziel orientierte Begründung tatsächlich im geltenden Recht widerspiegelt.

III. Ergebnis

Die Hypothese kann dann als bestätigt gelten, wenn die Relevanz der Kriterien für das Maß der Rechtskraft zum einen theoretisch in ihrer und der Rechtskraft Beziehung zum Strafverfahrensziel wiedergefunden werden kann, und wenn zum anderen auch die übrigen Strafverfahrensabschlüsse der drei untersuchten Rechtsordnungen eine Einflußnahme erkennen lassen.[1292]

D. Zusammenfassung

Ausgangspunkte der in *diesem Kapitel* aufgestellten Hypothese waren zum einen die Notwendigkeit des Ausrichtens der Begriffsmerkmale an der strafklageverbrauchenden Funktion des *Urteils* im Sinne des Kapitels 3 des SDÜ, zum anderen die Erkenntnis, daß eine lediglich an der absoluten Grenze von Strafklageverbrauch bzw. Neuaufnahmevoraussetzungen orientierte Definition die innere Systematik der einzelnen Rechtsordnungen nicht genügend respektierte.

Aus diesen Gründen mußte nach einer relativen, also im Einklang mit den Strukturen der jeweiligen Strafverfahrensrechte stehenden definitorischen Grenze gesucht werden, die gleichwohl mit der Funktion, dem *ne bis in idem*-Effekt in Zusammenhang steht.

Bei der Ermittlung der in die Hypothese aufzunehmenden und die Grenzlinie bestimmenden Faktoren konnte einerseits auf die das deutsche *Urteil* und seine korrespondierenden ausländischen Verfahrensabschlüsse *charakterisierenden Eigenschaften*, die im Rahmen des *neunten Kapitels* ermittelt werden konnten, und andererseits auf die *Ergebnisse von* Radtkes *Arbeit* zurückgegriffen werden. Für den deutschen Strafprozeß hat er eine Beziehung zwischen Umfang der Kognitionspflicht, Methode der Sachverhaltsaufklärung und Notwendigkeit einer Begründung zu dem Maß des Strafklageverbrauchs nachweisen können.

Anhand dieser Vorgaben konnte die Hypothese aufgestellt werden, daß die Kriterien *Art des Entscheidungsorganes* (beim *Urteil* und seinen Entsprechungen: *Richter*), zu prüfender *Verdachtsgrad* (*Urteil*: *Überzeugung*), *Art der Sachverhaltsermittlung* (*Urteil*: z. T. *Hauptverhandlung*) sowie *konsensuale* Elemente (*judgment* aufgrund *guilty plea*: *Konsens zwischen Angeklagtem und Verfolgungsbehörde*) in einem Zusammenhang stehen mit dem Maß des Strafklageverbrauches.

Die Verifizierung dieser Behauptung soll sich auf zwei Pfeiler stützen:

Eine Untersuchung des behaupteten Konnexes im Hinblick auf das Ziel des Strafverfahrens soll diesen Zusammenhang *theoretisch* verankern.

Die Betrachtung anderer deutscher, französischer und niederländischer verfahrensabschließender Entscheidungen dient der Untersuchung eines *korrelativen* Zusammenhangs zwischen den in der Hypothese genannten Merkmalen und der *ne bis in idem*-Wirkung ei-

---

1292 Vgl. dazu *Larenz/Canaris*: Methodenlehre, 1995, S. 281: „*Daß die Aussagen darüber* [Vereinbarkeit der aus der Theorie folgenden Ergebnisse mit dem geltenden Recht, die *Verf.*] *und damit die juristischen Basissätze nicht durch Beobachtung, Messung und dgl., sondern mit den spezifischen Mitteln juristischer Argumentation gewonnen werden und eine Falsifikation hier demgemäß i. d. R. nicht annähernd dieselbe Stringenz erreicht wie in den Naturwissenschaften, ist zwar selbstverständlich unbestreitbar, ändert aber nichts an der Ähnlichkeit des gedanklichen Grundansatzes.*“

ner Erledigung. Auf diese Weise soll erkannt werden, ob die Realität der Strafverfahrensordnungen die theoretische Begründung auch reflektiert.

Diesen Vorgaben entsprechend geht es im folgenden *Kapitel elf* zunächst um die theoretische Rechtfertigung der vermuteten Einflußnahme der ermittelten Faktoren auf das Maß des Strafklageverbrauchs.

Kapitel 11. Erste Säule. Das Verhältnis zwischen dem Ziel des Strafverfahrens, der Rechtskraft und den identifizierten Charakteristika

A. Einleitung

Im *zehnten Kapitel* wurde die Hypothese herausgearbeitet, daß ein Zusammenhang zwischen der Art des Entscheidungsorganes, dem zu prüfenden Verdachtsgrad, der Art der Sachverhaltsermittlung sowie konsensualen Elementen einerseits und dem Maß des Strafklageverbrauches andererseits besteht.

Das *elfte Kapitel* wird nun mit der theoretischen Verifizierung beginnen. Dies erfordert einiges Ausholen: An erster Stelle muß die Identifizierung des Verfahrenszieles selbst stehen. Denn zu der Frage, welches Gut als das Ziel des Strafverfahrens zu betrachten ist, werden unterschiedliche Ansichten vertreten. Mit diesen gilt es sich auseinanderzusetzen. In diesem Zusammenhang werden sich auch die in bezug auf den Strafklageverbrauch für das Verfahrensziel im einzelnen maßgeblichen Zwischenziele herauskristallisieren (B.). Auf diese Weise wird die Grundlage erarbeitet, um sich, unter Berücksichtigung des Prozeßziels, mit dem Verhältnis dieser Zwischenziele zueinander befassen zu können (C.). Schließlich kann, daran anknüpfend, untersucht werden, ob die in der Hypothese vermuteten Charakteristika, vermittelt durch eines der Zwischenziele, in einer Beziehung zu dem Verfahrensziel stehen und damit auch Rückwirkungen auf das Maß des Strafklageverbrauchs erzielen können (D.). Eine Zusammenfassung wird das *Kapitel* abschließen (E.).

B. Das Ziel des Strafverfahrens

I. *Goldschmidt*. Rechtskraft als Verfahrensziel

Die Frage nach dem Verhältnis zwischen Rechtskraft und Prozeßziel deutet bereits an, daß hier nicht die Ansicht vertreten wird, die *Rechtskraft selbst* sei Ziel des Strafverfahrens. In diesem Falle erwiese sich die Frage nach ihrem Verhältnis zu jenem als sinnlos. *Goldschmidt* aber bezeichnet den Prozeß als „... *das auf die Herbeiführung von Rechtskraft gerichtete Verfahren* ...“ und erhebt somit die Rechtskraft zum Ziel des Strafverfahrens.[1293] Hauptkritikpunkt[1294] an dieser Auffassung muß sein, daß sie die Rechtskraft als zu wichtig einstuft. Vom Standpunkt *Goldschmidts* her allerdings erscheint diese Wertung verständlich,

---

[1293] *Goldschmidt*: Prozeß als Rechtslage, 1925, S. 151. Ähnl. auch *Vogler*: Rechtskraft des Strafbefehls, 1959, S. 37 ff.

[1294] I. e. dazu *Volk*: Prozeßvoraussetzungen, 1978, S. 177 ff.; *Pickert*: Verfolgungsbeschränkung gem. § 154a StPO, 1984, S. 215; *Weber-Klatt*: Wiederaufnahme zu Ungunsten, 1997, S. 86 ff.

betrachtet er doch die Rechtsordnung als eine noch unfertige Materie,[1295] die der Konkretisierung durch Richterspruch bedürfe. Rechtskraft stellt für ihn damit auf der Macht des Gerichts ruhende „*Gerichtskraft*" dar.[1296] Aus der Einschätzung, daß letztere die vom Richter geschaffene Entscheidung inhaltlich über die eigentliche Rechtsordnung stellt,[1297] erschließt sich deren überragende Bedeutung für *Goldschmidt*. Abgesehen davon, daß dem Richter auf diese Weise eine weitaus zu umfangreiche Macht zugesprochen wird, die letztlich – durch die Schaffung einer zweiten Rechtsordnung – zur Geltung auch des gegen die erste, normierte Rechtsordnung Verstoßenden führt und damit in bedenkliche Nähe zu der nicht akzeptablen und überholten materiell-rechtlichen Rechtskrafttheorie[1298] rückt,[1299] geht mit dieser Ansicht die Existenz des Prozesses als Selbstzweck einher. Bei einem so definierten alleinigen Ziel des Strafverfahrens käme es auf den Inhalt der Entscheidung und deren Verhältnis zur Normenordnung an sich demzufolge niemals an.[1300] „*Das Problem der materiellen 'Richtigkeit' wird auf eine andere Ebene verschoben und damit irrelevant ....*"[1301]

II. Rechtssicherheit

Aus diesem Grunde erscheint auch das Ziel der *Rechtssicherheit* als Verfahrenszweck nicht geeignet. An dieser Stelle soll zunächst allerdings der Terminus Rechtssicherheit geklärt werden.

1. Begriff Rechtssicherheit

Die Rechtssicherheit wird herkömmlicherweise in unterschiedliche Komponenten aufgeteilt. Zurückgehend auf *Geiger*[1302] trennt man zwischen Orientierungs- und Realisierungssicherheit.[1303] Die *Orientierungssicherheit* oder *Ordnungsgewißheit* bezeichnet die

---

1295 *Goldschmidt*: Prozeß als Rechtslage, 1925, S. 246.

1296 *Goldschmidt*: Prozeß als Rechtslage, 1925, S. 211 f.

1297 Vgl. *Volk*: Prozeßvoraussetzungen, 1978, S. 182; *Weber-Klatt*: Wiederaufnahme zu Ungunsten, 1997, S. 85.

1298 Kurz und bündig läßt sich diese Theorie mit den Worten von *Pagenstecher*: Materielle Rechtskraft, 1905, S. 305 folgendermaßen charakterisieren: „*Ziel des Prozesses ist also die Wahrheitserforschung. Das Resultat ist seiner Idee nach Deklaration der Wahrheit. Ist das, was der Richter deklariert, aber nicht die Wahrheit, so wird wahr, was er (als wahr) deklariert.*" Vgl. dazu z. B. *Radtke*: Systematik des Strafklageverbrauchs, 1994, S. 32 ff. und *Weber-Klatt*: Wiederaufnahme zu Ungunsten, 1997, S. 76 ff.

1299 Vgl. *Weber-Klatt*: Wiederaufnahme zu Ungunsten, 1997, S. 86.

1300 Ähnl. *Pickert*: Verfolgungsbeschränkung gem. § 154a StPO, 1984, S. 216 f.

1301 *Volk*: Prozeßvoraussetzungen, 1978, S. 182.

1302 *Geiger*: Vorstudien, 1987, S. 64 f.

1303 Vgl. schon *Scholz*: Rechtssicherheit, 1955, S. 4 („*Rechtssicherheit ist das gewährleistete Vertrauen in das Bestehen des Rechts und in seine unparteiische und gerechte Handhabung.*") und *Tiedemann*: Entwicklungstendenzen,

Fähigkeit der Rechtsunterworfenen, die Konsequenzen seines Verhaltens abzusehen, das Wissen, welche Handlungsweisen in welchen Situationen, „...*frei von dem Risiko, soziale Nachteile der als 'öffentliche Reaktion' bezeichneten Art nach sich zu ziehen*",[1304] sind. Voraussetzung dessen ist es, daß das Recht, womit allgemeines Normenrecht, aber auch konkretes Entscheidungsrecht gemeint sein kann, positiv, bestimmt und von Stabilität geprägt ist.[1305] Der *Realisierungssicherheit* oder *Ordnungszuversicht* hingegen wird die Durchsetzbarkeit und Unverbrüchlichkeit des geltenden Rechtes zugeordnet.[1306] Als Voraussetzung der Orientierungssicherheit existiert sie nur dann, wenn sich der Bürger darauf verlassen kann, daß das die Rechtsordnung prägende Recht auch umgesetzt wird und zur Anwendung gelangt.[1307]

Sicherlich erscheint diese Unterteilung zur Veranschaulichung der verschiedenen Stufen und der notwendigen Voraussetzungen der Existenz von Rechtssicherheit angebracht und nützlich. Im hier besprochenen Rahmen kann sie jedoch keine verwertbaren Konsequenzen zeitigen. Keinem der beiden Aspekte kommt nämlich tatsächlich ein eigenständiger Wert zu: Der Realisierungssicherheit mangelt es an einem Bezugspunkt, wenn man sie sich ohne die Orientierungssicherheit denkt. Diese wiederum kann nicht ohne die erstgenannte bestehen. Klaffen also beide auseinander, liegt keine Rechtssicherheit in diesem Sinne vor.[1308]

Vor allem aber ist folgende Verknüpfung zu berücksichtigen. Will man die Orientierungssicherheit einerseits auf das generell normierte Recht beziehen, so verlangt diese auch dessen Realisierung durch Einzelakte der Staatsgewalt. Nur wenn das konkrete Entscheidungsrecht auch dem allgemeinen Normenrecht entspricht, kann im Hinblick auf jenes auch die so verstandene Rechtssicherheit bestehen.[1309] Andererseits sind auch die Einzelentscheidungen der staatlichen Organe als konkretisiertes Recht ihrerseits Grundlage der Orientierungssicherheit, die wiederum bedingt ist durch deren Umsetzung, deren

---

1969, S. 44 f.; *Herzberg*: Ne bis in idem, JuS 1972, S. 113 ff., 116; *Henkel*: Rechtsphilosophie, 1977, S. 437 ff.; *Radtke*: Systematik des Strafklageverbrauchs, 1994, S. 40; *Zippelius*: Wesen des Rechts, 1997, S. 103 ff. Ähnl. *Weber-Klatt* (Wiederaufnahme zu Ungunsten, 1997, S. 61): *Ordnungssicherheit* (Erkennbarkeit der maßgeblichen Rechtsinhalte, Voraussehbarkeit zu erwartender künftiger Rechtsakte bzw. Rechtsfolgen und Gebot der Rechtsbestimmtheit für den Gesetzgeber) und *Sicherheit der Rechtsbewährung* (Unverbrüchlichkeit und Durchsetzbarkeit des Rechts).

1304 *Geiger*: Vorstudien, 1987, S. 64.

1305 *Hruschka*: Begriff der „Tat", JZ 1966, S, 700 ff., 701; *Henkel*: Rechtsphilosophie, 1977, S. 440, 442.

1306 *Hruschka*: Begriff der „Tat", JZ 1966, S, 700 ff., 701.

1307 *Zippelius*: Wesen des Rechts, 1997, S. 104.

1308 Deshalb spricht *Geiger*: Vorstudien, 1987, S. 64 ausdrücklich nicht von zwei Arten, sondern von zwei Dimensionen der Ordnungssicherheit.

1309 Vgl. *Stock*: Ziel des Strafverfahrens, in: Engisch/Maurach (Hrsg.): FS Mezger, 1954, S. 429 ff., 451 f.; *Dippel*: Deutschland, in: Jescheck/Meyer (Hrsg.): Wiederaufn. im dt. u. ausl. Recht, 1974, S. 13 ff., 31: „*Wenn ... davon die Rede ist, daß die materielle Rechtskraft der Rechtssicherheit diene, so bezieht sich das auf das* richtige *Urteil; nur insoweit wird das Recht gesichert.*" (Hervorhebung im Original).

Realisierung durch Vollstreckung und dauerhafte und faktische Geltung.[1310] Setzt nun eine Einzelentscheidung inhaltlich nicht das allgemeine Normenrecht um, so ist die Orientierungssicherheit bezüglich des letzteren mangels Realisierungssicherheit in Gefahr.[1311] Gleichwohl ist man sich weitgehend[1312] darüber einig, daß auch eine materiell falsche Entscheidung Ausgangspunkt der Rechtssicherheit sein kann und Aussprüche der öffentlichen Gewalt verläßlich sein müssen.[1313] Dies offenbart, daß die Rechtssicherheit nicht immer ein in sich geschlossener, allgemeiner Zustand ist, sondern durchaus auch in sich widerstreitende Aspekte tragen kann.[1314]

Thematisiert man die Rechtssicherheit im Rahmen der Rechtskraftproblematik, erscheint es aus diesen Gründen zweckmäßig, sie begrifflich auf die Entscheidungen der staatlichen Organe im Einzelfall zu beschränken. Andernfalls kreiert man bereits innerhalb dieses Institutes den Widerstreit zwischen *Endgültigkeit* eines auch fehlerhaften Spruches als auf die Einzelentscheidung bezogene Rechtssicherheit und *materieller Gerechtigkeit* als durch generelle Verhaltensnormen und deren Bewährung gewährleistete Rechtssicherheit.[1315] Damit wäre der begrifflichen Klarheit nicht gedient. Soll die Rechtssicherheit der Rechtfertigung der Endgültigkeit einer Einzelentscheidung dienen, empfiehlt es sich deshalb, ihren Anwendungsbereich auch insoweit einzugrenzen. Allein aus der Bezeichnung „*Rechts*“sicherheit läßt sich noch keine Aussage über die an die inhaltliche Richtigkeit zu stellenden Anforderungen herleiten.[1316]

1310 Vgl. *Zippelius*: Wesen des Rechts, 1997, S. 108: „*... für Gerichtsurteile gilt, daß sie Rechtsgewißheit nicht nur offenbaren, sondern nicht selten erst schaffen.*“

1311 Diese Problematik spricht *Rümelin* an: „*... es widerspricht der Rechtssicherheit, wenn die positive Rechtsordnung nicht zur Durchführung gelangt, das Gesetz falsch ausgelegt wird, selbst, falls dies andauernd und gleichmäßig geschehen sollte.*“ (Rechtssicherheit, 1924, S. 5 f., vgl. auch S. 20: Vertrauens- gegen Rechtsbewährungsinteresse).

1312 Anders aber wohl die in *Fn. 1309* Genannten.

1313 Vgl. nur *Henkel*: Rechtsphilosophie, 1977, S. 443 und *Zippelius*: Wesen des Rechts, 1997, S. 108.

1314 Insoweit ebenso *Weber-Klatt*: Wiederaufnahme zu Ungunsten, 1997, S. 60 ff. Vgl. auch *Peters*: Anm. zu BayObLG, B. vom 06. 05. 1970, JR 1970, S. 392.

1315 So *Weber-Klatt*: Wiederaufnahme zu Ungunsten, 1997, S. 62: „*Auf die Strafverfolgung bezogen, enthält die Rechtssicherheit somit ... zwei gegenläufige Komponenten: Gewißheit und Schutz des einzelnen vor erneuter Strafverfolgung zum einen, möglichst gleichmäßige und vollständige Rechtsanwendung im Interesse der Allgemeinheit, also Sicherheit der Rechtsverwirklichung, zum anderen.*“ (Ähnl. auch *Achenbach*: Strafprozessuale Ergänzungsklage, ZStW 1975, S. 74 ff., 85). In dieser Gegenüberstellung unterschlägt sie aber – aus dem Blickwinkel ihrer Fragestellung, der Wiederaufnahme zuungunsten, heraus, in gewisser Weise nachvollziehbar – die durch die Verläßlichkeit der Einzelentscheidung auch gerade für die Allgemeinheit erzeugte Rechtssicherheit. Wie wäre ansonsten die Sperrwirkung einer für den Angeklagten nachteiligen Entscheidung gegenüber einer Berichtigung zu rechtfertigen?

1316 Ähnl. (aber z. T. widersprüchlich, vgl. *oben Fn. 1315*) *Weber-Klatt*: Wiederaufnahme zu Ungunsten, 1997, S. 59 f.

Dementsprechend beschreibt man die Rechtssicherheit in diesem Zusammenhang auch als „... *Forderung, das Vertrauen des einzelnen und der Allgemeinheit in den Bestand einer als endgültig getroffenen gerichtlichen Entscheidung zu fördern und zu erhalten.*“[1317]

In diesem Sinne wird die Rechtssicherheit auch in Deutschland, Frankreich und den Niederlanden verstanden, wenn sie als Rechtfertigung des *ne bis in idem*-Grundsatzes bemüht wird: Nicht um die Verläßlichkeit des Bestandes der Rechtsordnung an sich geht es dabei, sondern lediglich um diejenige der einzelnen, das Strafverfahren abschließenden Entscheidung.[1318]

Diese Definition deutet bereits eine weitere Differenzierungsmöglichkeit an, die sich ebenfalls in der jeweiligen Begründung der Notwendigkeit des Rechtskraftprinzips in den drei untersuchten Rechtsordnungen widerspiegelt:[1319] Die *kollektive* wird der *individuellen* Rechtssicherheit gegenübergestellt. Der kollektive Aspekt ermöglicht ein vernünftiges, friedliches Zusammenleben in der Gemeinschaft durch den endgültigen Abschluß eines Strafverfahrens.[1320] Der Vertrauensschutz im Hinblick auf den schon einmal Angeklagten oder durch die Strafverfolgung Betroffenen verkörpert den individuellen Aspekt. Er soll sich auf den ihm gegenüber gefällten Spruch verlassen können, denn „... *diese Pflicht der Verantwortung [kann] nicht als eine stets fortdauernde gelten, ohne zur Qual, zu einem Damoclesschwert zu werden, geeignet, jeden Lebenszweck zu stören.*“[1321]

Im deutschen Recht betrachtet man Art. 103 Abs. 3 GG als Ausdruck dieser Schutzfunktion.[1322] Der individuelle Aspekt der Rechtssicherheit verkörpert den institutionalisierten Vertrauensschutzgedanken. Gemeint ist hingegen nicht der der Abwägung im konkreten Fall unterworfene Vertrauensschutz, der nach dem im Einzelfall tatsächlich entwickelten Vertrauen des Betroffenen fragt.[1323]

Auf der Stufe konkreter Einzelakte ist eine Unterscheidung zwischen diesen beiden Aspekten angeraten. Das Bedürfnis nach individuellem Vertrauens- und Bestandsschutz kann – bei einer den Einzelnen begünstigenden, aber fehlerhaften Entscheidung – unter Umständen als weiterreichend eingeschätzt werden als jenes der Gemeinschaft nach Rechtssicherheit.

Dies widerspiegeln die asymmetrischen Wiederaufnahmeregelungen nach *Urteil, jugement* und *vonnis*: In allen Fällen überschreiten die Möglichkeiten der Rechtskraftdurchbrechung zugunsten jene zuungunsten des Angeklagten existierenden.[1324]

1317 *Schmidhäuser*: Ziel des Strafprozesses, in: Bockelmann/Gallas (Hrsg.): FS Eb. Schmidt, 1961, S. 511 ff., 515. Ähnl. *Peters*: Fehlerquellen III, 1974, S. 1 f., 32 f.; *Henkel*: Rechtsphilosophie, 1977, S. 443; *Deml*: Reform der Wiederaufnahme, 1979, S. 41 und *Schöneborn*: Wiederaufnahmeproblematik, 1980, S. 5.

1318 Vgl. *oben Kapitel 6, B. II. (Deutschland), C. II. (Frankreich), D. II. (Niederlande).*

1319 Vgl. *Fn. 1318.*

1320 *Radtke*: Systematik des Strafklageverbrauchs, 1994, S. 47.

1321 Vgl. *Heffter*: Non bis in idem, 1873, S. 15.

1322 Vgl. dazu *oben Kapitel 6, B. I.*

1323 Vgl. *oben Kapitel 7, C. III.*

1324 Vgl. *oben Kapitel 9, B. V. (Deutschland), C. V. 1. (Frankreich), D. V. (Niederlande).*

2. Rechtssicherheit nicht letztes Verfahrensziel

Ist die Verläßlichkeit einer Entscheidung auch wünschenswert, darf dies jedoch nicht insoweit *ad absurdum* geführt werden, als es letztendlich ohne Rücksicht auf inhaltliche Vorgaben lediglich noch um die Endgültigkeit der Entscheidung geht.[1325] Zudem werfen die *de lege lata* existenten Wiederaufnahmemöglichkeiten in allen untersuchten Rechtsordnungen die Frage der Vereinbarkeit eines Prozeßzieles der Rechtssicherheit mit der Beseitigung von rechtskräftigen Entscheidungen auf.[1326]

III. Wahrheit und Gerechtigkeit

Stützte sich die Kritik bisher im wesentlichen auf die Nichtberücksichtigung der materiellen Rechtsordnung und die Vernachlässigung des Entscheidungsinhaltes, erhebt sich konsequenterweise die Frage, ob das Verfahren nicht die Erreichung von *Wahrheit* oder *Gerechtigkeit* durch die Abschlußentscheidung anstrebt,[1327] ob „... *das Ziel des Strafprozesses nur die Gewinnung eines auf Wahrheit beruhenden gerechten Urteils sein* ...“[1328] kann.

1. Wahrheit

Begreift man Wahrheitserforschung[1329] als einen Versuch der Wirklichkeitserkenntnis,[1330] läßt sich gegen diese als Strafverfahrensziel ohne weiteres einwenden, daß sie nur

---

1325 Ähnl. *Weber-Klatt*: Wiederaufnahme zu Ungunsten, 1997, S. 99. Vgl. auch *Gaul*: Zweck des Zivilprozesses, AcP 1968, S. 27 ff., 59, der den Rechtsfrieden wohl i. S. d. Rechtssicherheit versteht und sich gegen diesen als Verfahrensziel wendet, weil es dann gerade nicht darauf ankäme, daß sich das Recht stets bewährt. In diese Richtung geht auch *Murmann*: Über den Zweck des Strafprozesses, GA 2004, S. 65 ff., 67 mit der Bemerkung: „Prozesse werden offenbar nicht mit dem Ziel geführt, die Prozeßordnung einzuhalten.“

1326 Vgl. *Schmidhäuser*: Ziel des Strafprozesses, in: Bockelmann/Gallas (Hrsg.): FS Eb. Schmidt, 1961, S. 511 ff., 515.

1327 So z. B. *Stock*: Ziel des Strafverfahrens, in: Engisch/Maurach (Hrsg.): FS Mezger, 1954, S. 429 ff., 446; *Schmidt, Eb.*: Lehrkommentar I, 1964, Rn. 20; *Dippel*: Deutschland, in: Jescheck/Meyer (Hrsg.): Wiederaufn. im dt. u. ausl. Recht, 1974, S. 13 ff., 30; *Deml*: Reform der Wiederaufnahme, 1979, S. 40; *Gössel*: Stellung des Verteidigers, ZStW 1982, S. 5 ff., 19; *Geis*: Überzeugung?, 2000, S. 145 („*Erreichen der materiellen Wahrheit*“). Ähnl. *Pickert*: Verfolgungsbeschränkung gem. § 154a StPO, 1984, S. 215, der aber die Ansicht, die Rechtsfrieden als Verfahrensziel fordert, mit seiner eigenen für vereinbar hält, da das Strafprozeßrecht mit der Durchsetzung des auf Rechtsfrieden abzielenden materiellen Strafrechts an dessen Zielverwirklichung partizipiere (S. 218).

1328 *Schmidt, Eb.*: Lehrkommentar I, 1964, Rn. 329.

1329 Zum französischen Recht insoweit vgl. *Rassat*: Proc. pén., 2001, vor Rn. 191 („*L'objectif poursuivi par la procédure pénale est d'aboutir à un degré raisonnable de* certitude *eu égard aux faits et à la personne* ... .“); *Stefani/Levasseur/Bouloc*: Proc. pén., 2001, Rn. 1; *Merle/Vitu*: Proc. pén., 2001, Rn. 4. Für das niederländische Recht vgl. *Garé*: De enkele bekentenis van de verdachte, NJB 1992, S. 631 ff., 631;

Zwischenziel auf dem Weg zur Entscheidung sein kann. Denn der Spruch beschränkt sich nicht auf die Feststellung tatsächlicher Gesichtspunkte, sondern nimmt auch rechtlich zum Prozeßgegenstand Stellung:[1331] Auf Wahrheit[1332] basierende Gerechtigkeit „... *setzt zweierlei voraus: die richtige Ermittlung des Geschehnisses und der Persönlichkeit des Verdächtigen sowie die angemessene Beurteilung aufgrund der erfolgten Ermittlung.*“[1333]

2. Begriff Gerechtigkeit Teil 1.[1334] Gerechtigkeit als relative Größe

Dementsprechend versteht man unter Gerechtigkeit im Strafverfahren im vorliegenden Zusammenhang herkömmlicherweise[1335] die „... *Verwirklichung und Bewährung des materiellen Strafrechts* ...“,[1336] die die Bestrafung eines im Sinne des materiellen Rechts Schuldigen der Schwere seiner Schuld entsprechend ebenso wie den Schutz des Unschuldigen umfaßt[1337] und im „... *Erlaß eines gerechten, also inhaltlich richtigen Urteils* ...“[1338] mündet. Das Verfahrensziel der Gerechtigkeit in diesem Sinne schwebt auch der französischen und niederländischen Literatur[1339] vor Augen, wenn davon gesprochen wird, Zweck des Strafprozesses

---

Minkenhof: Strafvordering, 1999, S. 3: „ ... *moet het strafprocesrecht er op zijn gericht om zo veel mogelijk strafbare feiten tot klaarheid te brengen en behoren daarmee strijdende belangen te wijken. De* waarheidsvinding *staat dan voorop.*“ – „ ... *muß das Strafprozeßrecht darauf gerichtet sein, soviel als möglich Straftaten aufzuklären, während damit im Widerstreit stehende Interessen zu weichen haben. Die* Wahrheitsfindung *steht dann an erster Stelle.*“(Hervorhebungen der *Verf.*). Zur Suche nach der materiellen Wahrheit in den kontinentalen Rechtsordnungen: *Gleß*: Rechtsvergleichender Querschnitt, in: Gleß et al. (Hrsg.): Justitielle Einbindung, 2001, S. 643 ff., 654.

1330 Vgl. *Volk*: Wahrheit und materielles Recht, 1980, S. 7; LR-*Rieß*: StPO, Einl. G, Rn. 43, (Std. 08/98).

1331 So auch *Schmidhäuser*: Ziel des Strafprozesses, in: Bockelmann/Gallas (Hrsg.): FS Eb. Schmidt, 1961, S. 511 ff., 512. Ähnl. auch *Volk*: Prozeßvoraussetzungen, 1978, S. 193: „... *notwendige, wenn auch nicht hinreichende Bedingung für die Verbürgung eines gerechten Urteils.*“

1332 Zu der auf *Konsens* beruhenden Gerechtigkeit vgl. *unten C. II. 2.*

1333 *Peters*: Strafprozeß, 1985, S. 80. Ähnl. auch *Groenhuijsen/Knigge*: Algemeen Deel, in: Groenhuijsen/Knigge (Hrsg.): Onderzoek ter zitting, 2001, S. 1 ff., 17: „*De waarheidsvinding in het strafproces staat in dienst van de juiste toepassing van de wet.*“ – „*Die Wahrheitsfindung im Strafprozeß steht im Dienst der gerechten Gesetzesanwendung.*“

1334 Zu einer weiterer Präzisierung des Gerechtigkeitsbegriffes, die hier noch nicht erforderlich erscheint, vgl. unten *C. II. 1.*

1335 Zum hier vertretenen Verständnis von Gerechtigkeit in dieser Hinsicht vgl. den Verweis in *Fn. 1334*.

1336 *Deml*: Reform der Wiederaufnahme, 1979, S. 40. Vgl. auch *Gössel*: Strafverfahrensrecht, 1977, S. 18 und *Murmann*: Über den Zweck des Strafprozesses, GA 2004, S. 65 ff., 70, der betont, das Verfahren sei dem Recht als gegenseitigem Anerkennungsverhältnis unter Freien und Gleichen zu dienen bestimmt.

1337 *Deml*: Reform der Wiederaufnahme, 1979, S. 40, 51.

1338 *Radtke*: Systematik des Strafklageverbrauchs, 1994, S. 40.

1339 Vgl. zum englischen Strafverfahren auch *Ashworth*: Crim. Process, 1998, S. 50: „*One fundamental purpose of the criminal process is to ensure accuracy of outcomes, or what Bentham termed 'rectitude'. In practical terms, this requires recognition of the weaknesses of certain types of evidence, and the taking of steps to avoid or minimize the risks of mistaken assessments of evidence ..., leading to wrongful acquittals or convictions.*“ A. A. *Sanders/Young*: Crim. Jussei „... *la juste et prompte répression des délits* ...",[1340] wobei es darum gehe, „... *de strafwet toe te passen op schuldigen en toepassing ervan op onschuldigen te verhinderen.*"[1341]

Versteht man dies in übersteigerter Weise, könnte man dem die Annahme der Erkennbarkeit und Erreichbarkeit „*absoluter Wahrheit*",[1342] „*absoluter Richtigkeit*" und in ihrer Folge auch „*absoluter Gerechtigkeit*" entnehmen. Daß eine so begriffene Gerechtigkeit in unseren heutigen Rechtsordnungen nicht Intention des Verfahrens sein könnte, bedarf kaum einer Erklärung. Der Glaube an eine im irdischen Verfahren erreichbare absolute Gerechtigkeit ist einer aus der Selbsterkenntnis resultierenden Selbstbeschränkung gewichen.[1343] Die Gewähr für den Erlaß eines endgültig absolut und objektiv materiell gerechten Urteils existiert nicht.[1344] So entspricht diese Interpretation auch nicht mehr dem heutigen Begriff von Gerechtigkeit in diesem Kontext. „... *[D]iese absoluten Werte sind menschlichem Können nicht erreichbar.*"[1345] Die der menschlichen Justiz dienenden Aufklärungsmöglichkeiten sind – auch in einem gegebenenfalls zweiten Verfahren – begrenzt, eine hundertprozentig mit dem realen Geschehen übereinstimmende Rekonstruktion des Geschehens muß ebenso Illusion bleiben wie die uneingeschränkte Aufdeckung des objektiv rechtlich Richtigen.

Wenn die strafverfahrensrechtliche Literatur oftmals zwischen richtigem und falschem, zwischen materiell gerechtem und materiell ungerechtem Urteil unterscheidet, suggeriert

---

tice, 2000, S. 35, 51 im Hinblick auf das Ziel des Strafverfahrens: „ ... *what is the point of protecting victims, offenders, and, indeed, anyone affected by the criminal justice system. In our view it is primarily to protect and enhance freedom.*"

1340 *Hélie*: Instr. crim. I, 1866, S. 4.

1341 „... *das Strafgesetz auf Schuldige anzuwenden und seine Anwendung auf Unschuldige zu verhindern.*" (*Corstens*: Strafprocesrecht, 1999, S. 5). Ähnl. *Cleiren/Nijboer*: WSv, 2001, Art. 1, Rn. 1 b. und *Groenhuijsen/Knigge*: Algemeen Deel, in: Groenhuijsen/Knigge (Hrsg.): Onderzoek ter zitting, 2001, S. 1 ff., 15 unter Berufung auf die Motive zum Entwurf der heutigen niederländischen Strafverfahrensordnung.

1342 Vgl. *Volk*: Prozeßvoraussetzungen, 1978, S. 193: „*Einem 'absoluten' Wahrheitsbegriff zufolge ist eine Aussage 'wahr' dann, wenn sich die Dinge 'wirklich' so verhalten.*" Dazu auch RG vom 15. 02. 1927, RGSt 61, S. 202 ff., 206: „*Ein 'absolut sicheres' Wissen ... ist der menschlichen Erkenntnis bei ihrer Unvollkommenheit überhaupt verschlossen.*"

1343 Vgl. *Kühne*: Strafverfahrensrecht als Kommunikationsproblem, 1978, S. 26: „*Während die Gerichte zum Teil noch die heile juristische Welt der durch objektive Entscheidungskriterien zwangsläufig gesteuerten Entscheidung verteidigen, hat sich in der Wissenschaft heute weitgehend eine gewisse* mit Resignation gemischte Bescheidenheit *verbreitet* ..." (Hervorhebung der *Verf.*).

1344 Vgl. *Fliedner*: Verfassungsrechtliche Grenzen, AöR 1974, S. 242 ff., 253; *Radtke*: Systematik des Strafklageverbrauchs, 1994, S. 43; *Bogner*: Absprachen im deutschen und italienischen Strafprozeßrecht, 2000, S. 253. Ähnl. zum englischen Prozeß *Ashworth*: Crim. Process, 1998, S. 301: „... *it should be clear that central concepts such as 'the facts', 'innocence', and 'guilt' are sometimes not objective phenomena ..., but rather compromises or value-judgements emanating from the practices and pressures of the process.*"

1345 *Schmidt, Eb.*: Lehrkommentar I, 1964, Rn. 20. Vgl. auch *Schmidhäuser*: Ziel des Strafprozesses, in: Bockelmann/Gallas (Hrsg.): FS Eb. Schmidt, 1961, S. 511 ff., 514: „*Gerechtigkeit ist ein ideales Ziel, letztlich immer unerreichbar* ...". Ähnl. *Grünwald*: Materielle Rechtskraft, ZStW-Beih. 1974, S. 94 ff., 104; *Gössel*: Stellung des Verteidigers, ZStW 1982, S. 5 ff., 20; *Theobald*: Barrieren im Wiederaufnahmeverfahren, 1998, S. 7.

dies indes noch allzu oft,[1346] daß „... *das (historisch) Wahre und das (rechtlich) Richtige als bekannt postuliert werden ...*“.[1347]

Ausdruck dessen sind beispielsweise folgende Ausführungen *Sinners*:[1348] „*Ohne die Feststellung des wahren Sachverhalts, also des dem wirklichen Geschehen entsprechenden Sachverhalts, kann es keine Freiheitsverletzung in Form der Strafe geben. Nur der unter die Strafnorm subsumierte wahre Sachverhalt vermag die staatliche Strafe zu legitimieren. ... Allein auf diese Weise können das materielle Recht und das Verfahrensrecht korrekt angewendet ... werden.*“

Meßlatte für die Beurteilung dessen kann – wie gesehen – nicht eine absolute und objektive Gerechtigkeit sein: Ein nicht sichtbarer (und vor allem auch nicht freizulegender) Maßstab ist seiner Aufgabe nicht gewachsen.[1349] Von *Grünwald*[1350] zu Recht kritisiert, werden insoweit aus der Erkenntnis der Unerreichbarkeit absoluter Gerechtigkeit häufig keine Konsequenzen gezogen. Dies soll hier versucht werden.

Bezugspunkte müssen auf der einen Seite die *zum Entscheidungszeitpunkt* höchstmögliche Wirklichkeitserkenntnis und auf der anderen Seite die bestmögliche Rechtsanwendung auf den so festgestellten Sachverhalt sein.

Zwei Problembereiche öffnen sich dabei. Erstens ist zu sehen, daß das Bild des Geschehens mit der Zeit variieren kann. Die vorangegangene Entscheidung kann angesichts neuer Erkenntnisse in anderem Licht, ja unrichtig erscheinen. Es liegt demzufolge nahe, Gerechtigkeit als eine relative Größe zu betrachten, die in Beziehung zum aktuellen Erkenntnisstand zu setzen ist. War eine Entscheidung in Relation zu dem der Erstentscheidung zugrundeliegenden Sachverhaltsbild als gerecht einzustufen, kann sie unter Einbeziehung der neuen Information als ungerecht gelten.[1351] Man kann deshalb von der Gerechtigkeit als einer *erkenntnis-relativen Größe* sprechen.

Nun bleibt zweitens die Frage der Subjektivität der tatsächlichen und rechtlichen Beurteilung zu beantworten. Schwierigkeiten ergeben sich nämlich daraus, daß aus den zur Verfügung stehenden Umständen, bei denen es sich immer nur um Indizien handeln

---

1346 Vgl. nur *Stock*: Ziel des Strafverfahrens, in: Engisch/Maurach (Hrsg.): FS Mezger, 1954, S. 429 ff., 447 ff.

1347 *Grünwald*: Materielle Rechtskraft, ZStW-Beih. 1974, S. 94 ff., 104. Zust. *Volk*: Prozeßvoraussetzungen, 1978, S. 198; *Loos*: Beschränkte Sperrwirkung, JZ 1978, S. 592 ff., 593; *Radtke*: Systematik des Strafklageverbrauchs, 1994, S. 43. In diesem Sinne spricht *Lüderssen*: Verständigung im Strafprozeß, in: ders.: Abschaffen des Strafens?, 1995, S. 323 ff., 327 von einer „... *Rechtstradition ..., die bei aller nach und nach sich einstellenden Aufgeklärtheit von einem absoluten Wahrheits- und Richtigkeitsbegriff getragen ist*“.

1348 *Sinner*: Der Vertragsgedanke, 1999, S. 91 m. w. N. Vgl. auch *Dippel*: Reform des Wiederaufnahmerechts, GA 1972, S. 97 ff., 98 (Fehlurteil: Urteil, durch das der Angeklagte zu Unrecht [nicht] verurteilt wird, das vom Standpunkt der materiellen Gerechtigkeit her betrachtet falsch ist). Der StPO hingegen ist der Begriff des falschen oder des Fehlurteils nicht bekannt (vgl. auch *Theobald*: Barrieren im Wiederaufnahmeverfahren, 1998, S. 7).

1349 „*‚Realität‘ (eines der wenigen Worte, die ohne Anführungszeichen nichts bedeuten.)*“ (*Nabokov*: Lolita. Über ein Buch mit dem Titel „Lolita“ (1955), dt. Ausgabe Rowohlt, 1997, S. 509).

1350 *Grünwald*: Materielle Rechtskraft, ZStW-Beih. 1974, S. 94 ff., 104.

1351 Vgl. dazu auch *Grünwald*: Materielle Rechtskraft, ZStW-Beih. 1974, S. 94 ff., 105: „*Die Erwartung, daß eine spätere Verhandlung zu einer besseren Erkenntnis der historischen Wahrheit führen würde, besteht im übrigen generell nur bei einer Konstellation: wenn neue Tatsachen oder Beweismittel verfügbar sind.*“

kann, noch Schlüsse gezogen werden müssen, die die Nachbildung des Geschehenen erlauben (Beweiswürdigung).[1352] Bei diesem Vorgang existieren unzweifelhaft ebenso gewisse Spielräume wie bei der Anwendung des Rechts auf die so entstandene Geschehensrekonstruktion,[1353] da in beiden Fällen meist keine einzig richtige Lösung determinierbar ist. Demnach können unterschiedliche, die Positionen im Justizapparat ausfüllende Individuen aufgrund der gleichen Erkenntnisse zu verschiedenen, gleichermaßen vertretbaren[1354] Lösungen gelangen.[1355] Konsequenterweise ist Gerechtigkeit nicht nur erkenntnisrelativ, sondern in ihrer konkreten Umsetzung auch durch das Element der Subjektivität geprägt. Insofern kann man sie als *persönlich-relative* Größe bezeichnen. Dies ist insoweit unproblematisch, als innerhalb des Spektrums der vertretbaren Möglichkeiten der Gerechtigkeit Genüge getan ist.[1356] Nur eine unvertretbare tatsächliche oder rechtliche Würdigung nämlich bedeutete eine ungerechte Entscheidung. Bereits bei der Determinierung der Grenze des Vertretbaren verliert der Gerechtigkeitsbegriff aber seine klaren Konturen. Das Problem besteht darin, daß in den Randbereichen zwischen Vertretbarem und Unvertretbarem häufig Zweifelsfälle auftreten. Um die damit verbundenen Unsicherheiten zu vermeiden, wäre daran zu denken, einer bestimmten Instanz die Letztentscheidung zuzuweisen. Auf diese Weise könnte eine konkretisierte Lösung mit einer Art objektiver oder intersubjektiver Geltung ausgestattet werden. Ähnliches scheint *Radtke* im Blick zu haben, wenn er davon spricht, über den Wert neuer Aspekte sei in der Regel noch nichts bekannt, vielmehr bedürfe es erst einer umfassenden Prüfung hinsichtlich der Stichhaltigkeit der jetzt vorliegenden *nova* und „*... erst nach Abschluß eines Prüfungsverfahrens ließe sich eine Aussage darüber treffen, ob im Einzelfall Rechtssicherheit und Gerechtigkeit tatsächlich für den konkreten Fall in einem Spannungsverhältnis stehen.*"[1357] Offenbar betrachtet er das Gericht als endgültige Entscheidungsinstanz über die Frage der Gerechtigkeit im Hinblick auf eine momentane Sachlage. Auch *Volks* Bemerkung, die Richtigkeitskontrolle sei „*... monopolartig dem Verfahren zugewiesen ...*",[1358] geht in diese Richtung. Dies ist sicherlich auch der Fall in einem Verfahren, in dem die in ihm entwickelte Entscheidung in Rechtskraft erwächst. Betont man die Bedeutung des Verfahrens für die Feststellung von Gerechtigkeit, so geschieht dies deshalb, weil die Feststellung, daß etwas gerecht sei, ihre Autorität aus eben diesem Verfahren mit seinem Abschluß herleitet. Erst die Rechtskraft läßt die gerichtliche Endentscheidung zu einer aus dem Prozeß heraus legitimierten In-

---

[1352] Vgl. *Kühne*: Strafverfahrensrecht als Kommunikationsproblem, 1978, S. 50: „*Bereits im Tatsächlichen wird materiell-Rechtliches geformt ...* "

[1353] Vgl. zu diesen beiden Fällen der Rechtsauffassung und der Beweiswürdigung auch *Grünwald*: Materielle Rechtskraft, ZStW-Beih. 1974, S. 94 ff., 104 f.

[1354] Ein deutliches Beispiel bietet der bei der Strafzumessung für den Richter bestehende Spielraum (vgl. dazu *Henkel*: Rechtsphilosophie, 1977, S. 455).

[1355] Insofern decken die Begriffe „*Wahrheit*" und „*Richtigkeit*" „*... einen weiten Bereich vielfältiger, jeweils 'vertretbarer' Alternativen ab.*" (*Volk*: Prozeßvoraussetzungen, 1978, S. 197). Dazu auch *Kühne*: Strafverfahrensrecht als Kommunikationsproblem, 1978, S. 27 ff.

[1356] Vgl. *Volk*: Prozeßvoraussetzungen, 1978, S. 197.

[1357] *Radtke*: Systematik des Strafklageverbrauchs, 1994, S. 43.

[1358] *Volk*: Prozeßvoraussetzungen, 1978, S. 197.

stanz des Urteils über Gerechtigkeit werden. Ermangelt es dem Verfahren aber gerade an einem Abschluß, so verliert jenes selbst seine Bedeutung als Institution, innerhalb derer über die „... *'wahre' Sach- und (oder) Rechtslage* ..."[1359] befunden wird. Aus diesem Grunde darf auch die Annahme einer solchen „*Letztentscheidungsinstanz*" im Rahmen der isolierten Betrachtung der Gerechtigkeit nicht gestattet sein. Denn „*Letzt*entscheidungsinstanz" kann ein Organ nur dann sein, wenn Autorität und Verbindlichkeit seiner Entscheidungen aus deren Endgültigkeit hergeleitet werden. Dies aber bedeutet zwingend auch schon – in unzulässiger Weise – die aus der gegenläufigen Komponente Rechtssicherheit resultierende Rechtskraft mitzudenken.

Die Entscheidung über die Gerechtigkeit muß demnach dem in den einzelnen Verfahrensstadien jeweils zuständigen Justizorgan obliegen.[1360] Auf diese Weise kann – unter Vermeidung des Fehlers der Verunreinigung der Gerechtigkeit durch Elemente der Rechtssicherheit – das Verschwimmen jener Komponente vermieden werden. Konstatiert das zuständige Organ also eine Differenz zwischen Ist- und Sollzustand, eine im Hinblick auf die sich (nun) bietende Sachlage sachlich und rechtlich unvertretbare vorangehende Entscheidung, müßte es eine Überprüfung mit dem Ziel einleiten können, beide Aspekte miteinander in Einklang zu bringen. Denn Gerechtigkeit erfordert nicht unbedingt eine abweichende Entscheidung, sondern ist auch schon dann erreicht, wenn etwaiger Zweifel aus der Welt geschafft werden[1361] und die Erstentscheidung das Gewand der Ungerechtigkeit wieder abstreifen konnte.[1362] Dies könnte auch schon in der Folge weiterer Aufklärungsmaßnahmen geschehen. Gerechtigkeit ist – vorläufig – dann erreicht, wenn das befaßte Organ die Übereinstimmung von getroffener Entscheidung und ihm vorliegenden Sachverhalt befindet. Der Lauf beginnt jedoch von neuem, sobald die Ermittlungsbehörde abermals eine Divergenz feststellt.

Das fortgesetzte Streben nach Gerechtigkeit stellt sich damit im Grunde als die Fortführung des Strafverfahrens i. w. S. zugunsten oder zuungunsten des Betroffenen dar, um

---

[1359] *Volk*: Prozeßvoraussetzungen, 1978, S. 197.

[1360] Dabei ist insbesondere zu beachten, daß die Beschränkung der Möglichkeiten der Nachprüfung auf ein bestimmtes Verfahren wie das formelle Wiederaufnahmeverfahren bereits auch Ausdruck der Rechtskraft ist. Dies hat *Radtke*: Systematik des Strafklageverbrauchs, 1994, S. 316 überzeugend herausgearbeitet. Vgl. auch *Grünwald*: Materielle Rechtskraft, ZStW-Beih. 1974, S. 94 ff., 106: „*Allerdings werden durch einige Mängel des gegenwärtigen Wiederaufnahme*verfahrens ... *Hindernisse auf dem Weg zur Korrektur von Urteilen errichtet.*"

[1361] Ähnlich auch *Jung*: Einheit und Vielfalt, GA 2002, S. 65 ff., S. 74 allerdings in bezug auf das von ihm angenommene Prozeßziel *Verdachtsaufklärung*: „... *so impliziert dies für mich, daß sich Verbrechenskontrolle bereits durch Verdachtsaufklärung und nicht ausschließlich durch Verurteilungen vollzieht.*"

[1362] Hier kann schon eine Parallele gezogen werden zu Verfahrensabschlußentscheidungen, die vor dem Endurteil liegen: Die Gerechtigkeit verlangt bei Vorliegen eines Anfangsverdachtes die weitere Aufklärung. Stellt sich aber heraus, daß die Vermutung einer Straftat nach dem späteren Informationsstand unbegründet ist, besteht die gerechte Entscheidung darin, die Verfolgung nicht fortzusetzen. Vgl. auch nachfolgend zu den Wahrscheinlichkeitsgraden (*D. IV.*) und zur Gerechtigkeit im Hinblick auf andere Reaktionen als die durch Urteil verhängten (*C. II. 1.*).

die Antwort des Staates auf eine momentan in einer bestimmten Weise erscheinende Sachlage nachzujustieren.[1363]

3. Gerechtigkeit nicht letztes Verfahrensziel

Ließe man die erneute Überprüfung aller in diesem Sinne unrichtig erscheinenden Abschlußentscheidungen (unvertretbare tatsächliche oder rechtliche Würdigung bei unveränderten Umständen oder Veränderung der Sachlage) zu, so könnte nach alledem die Behauptung aufrechterhalten werden, der Strafprozeß diene allein dem Streben nach Gerechtigkeit. Denn in Anbetracht dieser Entscheidungen wäre das so verstandene Ziel noch nicht aufgegeben, im Falle der übrigen wäre es schon erreicht.

Demgemäß meint *Eberhard Schmidt*, der die Gerechtigkeit als Verfahrensziel betrachtet, konstatieren zu können: „*Wie ernst die Prozeßordnungen die Wahrspruchqualität des richterlichen Urteils nehmen, zeigen sie schon dadurch, daß sie eine Durchbrechung der Rechtskraft gerade für den Fall vorsehen, wo nachträglich Umstände bekannt werden, die an die Wahrspruchqualität des Urteils nicht mehr glauben lassen.*“[1364] Diese Argumentation schlägt aus zwei Gründen nicht durch. An erster Stelle ist das Streben nach Gerechtigkeit im oben geschilderten Sinne – wie gesehen – noch nicht mit der Neuaufnahme nach Zweifeln am „Wahr“spruch aufgrund neu bekannt gewordener Umstände gleichzusetzen. Dabei würde der subjektive Faktor bei der Bestimmung der Vertretbarkeit von Sach- und Rechtswürdigung vernachlässigt. Zudem demonstrieren die Wiederaufnahmevorschriften aller drei untersuchten Rechtsordnungen, daß die Durchbrechung der Rechtskraft auch bei weitem nicht immer schon dann zulässig ist, „ ... *wo nachträglich Umstände bekannt werden, die an die Wahrspruchqualität des Urteils nicht mehr glauben lassen.*“ In Deutschland ist die Wiederaufnahme zuungunsten des ehemals Angeklagten nur unter eng umgrenzten Voraussetzungen möglich, längst aber nicht in all den Fallgestaltungen, die Anlaß zu berechtigtem Zweifel an der Richtigkeit des Urteils geben. Sowohl in Frankreich als auch in den Niederlanden ist der Weg zu *révision* oder *herziening* bei dieser Konstellation gleich gänzlich versperrt.[1365]

Abgesehen von diesem gesetzlichen Korsett wird die erneute Überprüfungsmöglichkeit in derartigen Fällen wohl auch von keinem der Vertreter der „*Gerechtigkeitstheorie*“ ernsthaft gefordert.[1366] Denn Konsequenz wäre, daß „... *kein Raum für die endgültige Verfahrensbeendigung [wäre], da dieses Ziel ständig gefährdet und niemals auszuschließen ist, daß ein Richterspruch der wahren Rechtslage widerspricht.*“[1367] Dies ernst genommen, stünde das Ringen

---

1363 Vgl. *Henkel*: Strafverfahrensrecht, 1968, S. 383: „*In der Idee muß das Streben einer Rechtsgemeinschaft nach der richtigen Entscheidung unendlich sein. Folgerichtig durchgeführt würde dies bedeuten, daß eine abgeurteilte Strafsache immer wieder aufgerollt werden könnte, wenn Zweifel an der Richtigkeit des ergangenen Urteils auftauchen.*“

1364 *Schmidt, Eb.*: Lehrkommentar I, 1964, Rn. 20, Fn. 44 (Hervorhebung im Original).

1365 Selbst die Wiederaufnahme zugunsten stößt an die Grenzen des formalisierten Wiederaufnahmeverfahrens. Vgl. dazu *oben B. III. 2. Fn. 1360.*

1366 Vgl. dazu *Weber-Klatt*: Wiederaufnahme zu Ungunsten, 1997, S. 36 f. (insb. Fn. 74).

1367 *Deml*: Reform der Wiederaufnahme, 1979, S. 41. Vgl. auch *Grünwald*: Materielle Rechtskraft, ZStW-Beih. 1974, S. 94 ff., 104.

um Gerechtigkeit als Ziel des Strafverfahrens keiner Grenze gegenüber und „... *hieße das Problem des* Perpetuum Mobile *auf das Gebiet der Rechtswissenschaft übertragen.*"[1368] Ein Rückfall in dem Zeitalter des gemeinrechtlichen Inquisitionsprozesses ähnliche Zustände, in dem man annahm, die Instrumente der objektiven und absoluten Wahrheitsfindung in Händen zu halten,[1369] mit seinem Institut der *absolutio ab instantia*[1370] wäre die Konsequenz.

Aus dieser Einsicht heraus begrenzt man statt dessen das Streben nach Gerechtigkeit durch das Prinzip der Rechtssicherheit, die es erfordere, eine Entscheidung ab einem bestimmten Zeitpunkt als endgültig zu akzeptieren und ihren Inhalt nicht mehr in Frage zu stellen.[1371] Die Rechtfertigung der daraus resultierenden Konsequenz, auch fehlerhafte Entscheidungen letztendlich zu akzeptieren und das so verstandene Prozeßziel der Gerechtigkeit somit notbehelfsmäßig preiszugeben,[1372] bereitet den Vertretern dieser Ansicht Probleme. Wenn *Eberhard Schmidt* auf der einen Seite feststellt, „*[d]as unrichtige Urteil kann nirgends in einer 'Ordnung' untergebracht werden*",[1373] auf der anderen Seite aber zugibt, daß es „... *weder im Interesse der Autorität der Justiz noch der Rechtssicherheit des einzelnen ... liegen [würde], wenn auf die Rechtskraftwirkung mit ihrer unabdingbaren Starrheit verzichtet werden würde*",[1374] wird das Dilemma der Beschränkung des Verfahrenszieles auf die Gerechtigkeit deutlich. In all den angesprochenen Situationen, in denen aus Rechtssicherheitserwägungen auf der Endgültigkeit der jeweiligen Entscheidung beharrt wird, wäre also zum einen das Prozeßziel verfehlt worden.[1375] Zum anderen aber könnten die Rechtskraft und der hinter ihr stehende Gedanke der Rechtssicherheit aus dieser Sichtweise heraus nur als dem Prozeß an sich fremde und von außen Grenzen setzende Phänomene sein. Dem ist aber entgegenzuhalten, daß ein Verfahren, welches – wie das Strafverfahren – der Lösung eines Konfliktes dient, diese Aufgabe nicht erfüllen könnte, wenn ihm nicht an sich bereits ein Ende innewohnte. „*Das nie endende Verfahren nähert sich asymptotisch der Justizverweigerung.*"[1376] Die Gerechtigkeit kann daher nicht alleiniges Ziel des Strafverfahrens sein.[1377]

1368 *Barbarino*: Rechtskraft des Strafurteils, 1902, S. 20.

1369 Vgl. *Schöneborn*: Wiederaufnahmeproblematik, 1980, S. 63: „*Das Streben nach Wahrheit mußte 'unverjährbar' sein, eben weil sie verfügbar erschien.*"

1370 Eine mit dem Inquisitionsprozeß eng verknüpfte Entscheidungsform, die den Angeklagten, gegen den nur eine Schuldwahrscheinlichkeit bestand, aus der Instanz entließ und dem Richter die Möglichkeit vorbehielt, die Untersuchung fortzusetzen, falls sich neue Beweise ergaben. Vgl. dazu *Schwarplies*: Rechtsgeschichtliche Entwicklung von „ne bis in idem", 1970, S. 22 ff.; *Volk*: Prozeßvoraussetzungen, 1978, S. 157 ff. und *Schöneborn*: Wiederaufnahmeproblematik, 1980, S. 60.

1371 Vgl. *Gaul*: Zweck des Zivilprozesses, AcP 1968, S. 27 ff., 60 (Rechtskraft nicht Ziel des Strafverfahrens, sondern Schranke).

1372 *Beling*: Reichsstrafprozeßrecht, 1928, S. 268, Fn. 4.

1373 *Schmidt, Eb.*: Lehrkommentar I, 1964, Rn. 284.

1374 *Schmidt, Eb.*: Lehrkommentar I, 1964, Rn. 312.

1375 Vgl. *Stock*: Ziel des Strafverfahrens, in: Engisch/Maurach (Hrsg.): FS Mezger, 1954, S. 429 ff., 447; *Deml*: Reform der Wiederaufnahme, 1979, S. 43 f.

1376 *Volk*: Prozeßvoraussetzungen, 1978, S. 196.

1377 Vgl. auch *Corstens*: Strafprocesrecht, 1999, S. 10, der als Nebenfunktionen Spezial- und Generalprävention, Verhinderung von Selbstjustiz, Schaffen von Ordnung und Genugtuung für das Opfer aufzählt.

IV. *Schmidhäuser.* Rechtsfrieden

Schmidhäuser hat deshalb zu Recht die Frage nach einem „*übergeordneten*" Verfahrensziel aufgeworfen.[1378] Vor dem Hintergrund, „... *daß jede Rechtsordnung die Grundlagen eines gedeihlichen Gemeinschaftslebens erhalten soll* ...",[1379] findet er die Antwort im *Rechtsfrieden.*[1380] Diesen begreift er als Ziel des Strafverfahrens so, „... *daß die mögliche Antinomie von Gerechtigkeit und Rechtssicherheit überhöht wird und daß die Synthese als das Ergebnis der Abwägung beider auf der höheren Stufe als Teil der Rechtsordnung erscheint.*"[1381]

Dem ist zuzustimmen. Wie gesehen, vermag weder das Ziel der Rechtskraft bzw. der Rechtssicherheit noch das der Gerechtigkeit das Strafverfahren hinreichend plausibel zu erklären. Stets bleibt ein ungelöster Rest zurück, der sich nicht mit dem so definierten Prozeßzweck erklären läßt. Die jeweils einseitige Betrachtung führt unausweichlich zur Frage, warum in bestimmten Situationen auch das gegenläufige Prinzip akzeptiert werden muß. Aufklärung ist deshalb nur auf einer höheren, übergreifenden Ebene zu erwarten. Das dort verortete Ziel muß eines sein, dem letztendlich die gesamte Ausgestaltung des

---

Minkenhof. Strafvordering, 1999, S. 2 f. nennt neben der Wahrheitsfindung zwei weitere gleichwertige Ziele: Beschränkung der Eingriffsrechte des Staates in Bürgerrechte und Verhinderung des Strafgesetzanwendung auf die verkehrten Personen. Nach *Pradel.* Proc. pén., 2002, Rn. 357 soll das Strafverfahren das Gleichgewicht aufrechterhalten zwischen zwei gleichstarken Interessen, dem allgemeinen Interesse der Gesellschaft an gerechter und schneller Repression und dem Interesse des Angeschuldigten, welches letztendlich auch den gesellschaftlichen Belangen entspreche. Ähnl. auch *Rassat.* Proc. pén., 2001, Rn. 2. Vgl. schließlich auch *Neumann*: Materiale und prozedurale Gerechtigkeit, ZStW 1989, S. 52 ff., 52: „*Der Diskussion offen steht nur die Frage, ob es sich dabei [bei der gerechten Entscheidung, die Verf.] um das einzige oder lediglich um* ein *Ziel des Prozesses handelt.*" Vgl. auch *Lesch*: Strafprozeßrecht, 2001, Rn. 4 und *Murmann*: Über den Zweck des Strafprozesses, GA 2004, S. 65 ff., 68.

1378 *Schmidhäuser*: Ziel des Strafprozesses, in: Bockelmann/Gallas (Hrsg.): FS Eb. Schmidt, 1961, S. 511 ff., 515.

1379 *Schmidhäuser*: Ziel des Strafprozesses, in: Bockelmann/Gallas (Hrsg.): FS Eb. Schmidt, 1961, S. 511 ff., 516. Ähnl. auch *Henkel*: Rechtsphilosophie, 1977, S. 457.

1380 So auch *Volk*: Prozeßvoraussetzungen, 1978, S. 183: „... *Sicherung des Rechtsfriedens (die Bewährung der Rechtsordnung)*"; *Rieß*: Gesamtreform, in: Hassenpflug (Hrsg.): FS Schäfer, 1980, S. 155 ff., 170; *ders.*, in: LR: StPO, Einl. B, Rn. 4, (Std. 08/98); *Kühl*: Unschuldsvermutung, 1983, S. 90; KMR-*Paulus*: StPO, § 244, Rn. 302 (Std. 10/89); *Freund*: Zweckgedanke, GA 1995, S. 4 ff., 12; *Weber-Klatt*: Wiederaufnahme zu Ungunsten, 1997, S. 104 ff.; *KMG*: StPO, 2003, Einl., Rn. 4. Ähnl. zum französischen Recht *Poisot*, in: Jur.-Cl.: Art. 1er (Action publique), Comm., Rn. 2 (Std. 01/98): „*L'action publique ... a pour objet de faire réprimer la perturbation ainsi causée à l'ordre sociale.*" und *Najarian*: Chose jugée au criminel sur le criminel, 1973, S. 3: „... *maintien de l'ordre public et ... de la paix dans la société* ...". In terminologischer Hinsicht ist allerdings Wachsamkeit geboten (vgl. *Weber-Klatt*: Wiederaufnahme zu Ungunsten, 1997, S. 101). *Radtke* (Systematik des Strafklageverbrauchs, 1994, S. 46 f., vgl. insb. auch Fn. 123 u. 134) verwendet den Begriff des Rechtsfriedens beispielsweise enger als Teil der Rechtssicherheit (Rechtsfriedensfunktion der Rechtssicherheit).

1381 *Schmidhäuser*: Ziel des Strafprozesses, in: Bockelmann/Gallas (Hrsg.): FS Eb. Schmidt, 1961, S. 511 ff., 521. Ähnl. *Roxin*: Strafverfahrensrecht, 1998, S. 415, 462.

Strafverfahrens, der Ausgleich einander widerstrebender Prinzipien zu dienen bestimmt sind.[1382]

Dreh- und Angelpunkt ist dabei die Funktion des Rechts als Friedens- und Schutzordnung insgesamt.[1383] Die Errichtung und Ausgestaltung eines Straftatensystems, das soziale Unwerturteil, das verbunden ist mit der Strafbarstellung bestimmter abweichender und gemeinschaftsschädlicher Verhaltensweisen durch den Gesetzgeber dient dem Funktionieren der Sozietät und „... *dem Schutz des Zusammenlebens der Menschen in der Gemeinschaft.*"[1384] Der Gesetzgeber[1385] setzt dabei die von ihm im Hinblick auf den Schutz der gesetzlich normierten Ver- und Gebote[1386] und schließlich des gesellschaftlichen Friedens für angemessen erachteten Reaktionen fest.[1387] Jede einzelne Antwort des Gesetzes auf eine Störung der Rechtsordnung strebt für sich deren Entstörung an.

Das gilt nicht nur für die im Strafgesetz normierten Sanktionsarten und -höhen, sondern gleichermaßen für prozessuale Regelungen und Reaktionen.[1388] Vor diesem Hintergrund sind beispielsweise die Opportunitätseinstellungen als prozessuale Reaktionen auf den Verdacht einer Straftat zu sehen. Da gerade nicht in allen Fällen sicher ist, daß Strafverfolgung wegen eines Einbruchs in die Rechtsordnung sinnvoll ist und staatliches Tätigwerden manchmal mehr schlechte als gute Folgen zeitigt, kann eine andersartige Konfliktlösung zuweilen zu besseren Resultaten führen.[1389] Zur Wiederherstellung der gestörten Ordnung genügt es unter Umständen, dem Beschuldigten gegenüber mit einer Auflagenerteilung zu reagieren.[1390]

Im ganzen kann man sagen, daß die *Identifikation gemeinschaftsschädlichen Verhaltens* als strafrechtlich relevant den *gesellschaftlichen* Frieden zu schützen intendiert, während die an dieses Verhalten geknüpften, auch die Strafandrohung umfassenden *Folgen* die Geltung

---

1382 Vgl. i. d. Zshg. auch *Mayer*: Ne-bis-in-idem-Wirkung eur. Strafentsch., 1992, S. 59, Fn. 168: „*Das Abwägungsergebnis zwischen Rechtssicherheit und individualisierender Gerechtigkeit muß wiederum der 'Idee der Gerechtigkeit' entsprechen.*" Das, was *Mayer* mit der *'Idee der Gerechtigkeit'* zu meinen scheint, entspricht dem hier vertretenen Verständnis von Rechtsfrieden.

1383 Vgl. *Henkel*: Rechtsphilosophie, 1977, S. 167 ff.; *Jescheck/Weigend*: Strafrecht AT, 1996, S. 2 und *Würtenberger*: Rechtsfriede, in: Baumann/Tiedemann (Hrsg.): FS Peters, 1974, S. 209 ff., 210: „*Die heutige Abwendung von der Geschichte läßt in Vergessenheit geraten, daß Friede und Recht seit jeher in einem unlösbaren inneren Zusammenhang stehen.*"

1384 *Jescheck/Weigend*: Strafrecht AT, 1996, S. 2.

1385 Im *Common Law* gilt dies selbstverständlich gleichermaßen für Richterrecht.

1386 *Jescheck/Weigend*: Strafrecht AT, 1996, S. 2: „*Unverbrüchlichkeit der Rechtsordnung*".

1387 Dabei ist er ohne Zweifel gleichermaßen an das Prinzip der Gerechtigkeit gebunden. Um diesen Aspekt der Gerechtigkeit soll es hier aber nicht gehen. „*So häufig die Worte 'gerecht' und 'Gerechtigkeit' gebraucht werden, so vieldeutig ist ihr Sinn.*" (*Rümelin*: Gerechtigkeit, 1920, S. 3).

1388 Vgl. dazu auch *Lesch*: Strafprozeßrecht, 2001, Rn. 3.

1389 *Corstens*: Strafprocesrecht, 1999, S. 51. Ähnl. *Volk*: Prozeßvoraussetzungen, 1978, S. 259 und *Pradel*: Proc. pén., 2002, Rn. 2: „ ... *les inconvénients d'un système défectueux d'incriminations et de sanctions peuvent être partiellement neutralisés par le jeu de certaines institutions de procédure comme la règle de l'opportunité des poursuites ou la correctionnalisation.*"

1390 *Freund*: Zweckgedanke, GA 1995, S. 4 ff., 16.

jener Ver- und Gebote, also den *Rechts*frieden[1391] zu verteidigen bezwecken. Dies vor Augen läßt sich schließen, daß das Ziel des Rechtsfriedens bereits auch einem Teil des materiellen Strafrechts, nämlich der Strafbewehrung innewohnt.[1392] Diese Ebene soll hier jedoch im einzelnen nicht weiter erörtert werden.

Die so bezweckte Bewährung der Rechtsordnung[1393] kann jedoch nicht eindimensional durch die bloße Realisierung der gerechten Strafe oder – weiter begriffen – der gerechten Reaktion[1394] geschehen.

In seiner Geltung positiv verstärkt wird das Normsystem auch schon dann, wenn „... *die Leistung 'Verfahren' unter allen ihren Kautelen erbracht ist.*"[1395] Hält *Gaul* der Prozeßzweckbestimmung *Schmidhäusers* vor, es komme gerade nicht auf die Bewährung des Rechts an, statt dessen könne bei solchem Verständnis auch ein administrativer Machtspruch zum Ziel führen,[1396] trifft dies deshalb daneben. Die Vertreter der *Rechtsfriedensauffassung* verkennen keinesfalls die Befriedungsfunktion des Verfahrens an sich, das durch „... *das gewissenhafte Streben nach Gerechtigkeit*"[1397] geprägt ist. Ein administrativer Spruch könnte mittels seiner Endgültigkeit allenfalls Rechts*sicherheit*, nicht aber Rechts*frieden* schaffen. Inhaltlich mißdeutet *Gaul* in dieser Hinsicht wohl die Zielbestimmung.

Demnach stellt die tatsächliche Verwirklichung der *Gerechtigkeit* nur *ein* Mittel oder Zwischenziel zur Herstellung des Rechtsfriedens, nicht aber selbst einen Endzweck dar.[1398] In diesen Zusammenhang sind auch Verfahrensgarantien oder Wahrheitsermittlungsmechanismen zu sehen.[1399] Der Schutz der Beschuldigtenrechte kann ebenso wie ein Verbot von Beweiserhebungen oder -verwertungen die Suche nach Wahrheit und Ge-

---

1391 *Rechts*frieden wird hier also allein zur *Rechts*-, und nicht allgemein zur gesellschaftlichen Ordnung in Beziehung gesetzt.

1392 Ähnl. wohl auch *Jescheck/Weigend*: Strafrecht AT, 1996, S. 109: „*Gerade das Strafrecht sollte kodifiziert sein, um jedermann einen leicht zugänglichen Überblick zu verschaffen, ... welche Handlungen es sind, die vom Staat für den Rechtsfrieden der Allgemeinheit als so unerträglich angesehen werden, daß sie mit Strafe bedroht sind.*" Vgl. auch *Volk*: Prozeßvoraussetzungen, 1978, S. 201 f.: „... *auch das materielle Recht hat seine 'Zwecke'. Sie lassen sich vereint im Rechtsfrieden als normativem Leitbild der Regelung gesellschaftlicher Konflikte denken. Insofern gilt, daß der Zweck des Prozesses der Zweck des Rechts ist.*"

1393 Vgl. – allerdings unter Beschränkung auf den Prozeß – *Volk*: Prozeßvoraussetzungen, 1978, S. 183.

1394 Dazu weiter *unten C. II. 1.*

1395 *Volk*: Prozeßvoraussetzungen, 1978, S. 201. Ähnl. auch *Lesch*: Strafprozeßrecht, 2001, Rn. 3 f.

1396 *Gaul*: Zweck des Zivilprozesses, AcP 1968, S. 27 ff., 59.

1397 *Schmidhäuser*: Ziel des Strafprozesses, in: Bockelmann/Gallas (Hrsg.): FS Eb. Schmidt, 1961, S. 511 ff., 523.

1398 Vgl. *Weber-Klatt*: Wiederaufnahme zu Ungunsten, 1997, S. 103 (allerdings unter Bezugnahme auf das materielle Recht).

1399 Vgl. dazu auch *Volk*: Prozeßvoraussetzungen, 1978, S. 201 und 194: „*Zum zweiten kann nicht verborgen bleiben, daß selbst der so verstandenen Forderung nach Wahrheit mancherlei Einreden entgegenstehen. Die erstrebenswerte 'Wahrheit' wird zum Ergebnis einer Güterabwägung. In dem Versuch, die überlange Verfahrensdauer als Verfahrenshindernis etablieren zu wollen, kommt etwas davon zum Ausdruck: Der Verfahrensaufwand darf ... nicht überproportional gesteigert werden.*" Ähnl. *Arzt*: Amerikanisierung der Gerechtigkeit, in: Schmoller (Hrsg.): FS Triffterer, 1996, S. 527 ff., 527: „*Die Verwirklichung des materiellen Rechts darf nicht mit ungerechten Mitteln herbeigeführt werden.*" Vgl. i. d. Zshg. auch *Albrecht*: Die vergessene Freiheit, 2003, S. 104 f.

rechtigkeit im Sinne der Umsetzung der gesetzlichen Befehle blockieren.[1400] Beide dienen indes dem übergeordneten Ziel des Rechtsfriedens.

Weil Gerechtigkeit eben nur einer von verschiedenen Wegen zur Erreichung des Verfahrensziels ist, vermag das gerechtigkeitsorientierte[1401] „... *Verfahren dem Rechtsfrieden auch dann noch zu dienen, wenn sich hernach herausstellen sollte, daß falsch entschieden worden ist.*"[1402] Denn Rechtsfrieden impliziert zugleich die Notwendigkeit eines Abschlusses. Ein nicht enden wollendes Zuviel an Verfahren bedeutete letztlich die Kapitulation vor der Fähigkeit der geltenden Verfahrensregeln, das Recht sich bewähren zu lassen. So aber wäre eine Entstörung des Rechtsbruches nicht zu erreichen. Diese Erkenntnis legt den Weg frei zu der Einsicht, daß neben dem Element der richtigen Umsetzung der gesetzlich vorgegebenen Antworten auf eine Störung der Rechtsordnung erst auch die Endgültigkeit der gefundenen Lösungen die Bewährung des Rechts ermöglicht. Die somit zu erreichende *Rechtssicherheit* stellt ein *anderes* Mittel oder Zwischenziel auf dem Weg zum Rechtsfrieden dar.[1403]

Beschränkt auf den Bereich des Strafprozesses zeigt sich Rechtsfrieden demnach „... *als ein Zustand, bei dem von der Gemeinschaft vernünftigerweise erwartet werden kann, daß sie sich über den Verdacht einer Straftat beruhige.*"[1404]

V. Ergebnis

Abschließend läßt sich konstatieren, daß weder *Rechtskraft* im *Goldschmidtschen* Sinne noch *Rechtssicherheit* als höchstes Prozeßziel akzeptabel wären. Unter dieser Prämisse fehlten die inhaltlichen Maßstäbe der Entscheidung ebenso wie eine Erklärung für die geltenden Möglichkeiten der Wiederaufnahme. Rechtssicherheit wird in diesem Zusammenhang verstanden als „... *Forderung, das Vertrauen des einzelnen und der Allgemeinheit in den Bestand einer als endgültig getroffenen gerichtlichen Entscheidung zu fördern und zu erhalten.*"[1405]

Auch *Wahrheit und Gerechtigkeit* können nicht in einleuchtender Weise als Verfahrensendziele benannt werden. Wahrheit verkörpert ohnehin nur eine Grundlage der Gerechtigkeit. Gerechtigkeit, die herkömmlich als „... *Verwirklichung und Bewährung des materiellen Strafrechts* ..."[1406] definiert wird, ist als in bezug auf die bekannte Sachlage und das zu-

---

[1400] Vgl. *Neumann*: Materiale und prozedurale Gerechtigkeit, ZStW 1989, S. 52 ff., 55.

[1401] Vgl. insb. *Rieß*: Gesamtreform, in: Hassenpflug (Hrsg.): FS Schäfer, 1980, S. 155 ff., 170 u. Fn. 65.

[1402] *Schmidhäuser*: Ziel des Strafprozesses, in: Bockelmann/Gallas (Hrsg.): FS Eb. Schmidt, 1961, S. 511 ff., 523.

[1403] Vgl. *Damaška*: Faces of Justice and State Authority, 1986, S. 145: „*Where decisions can easily be disturbed, the legal process cannot absorb the conflict effectively: disputes can drag on and on or can be rekindled.*"

[1404] *Schmidhäuser*: Ziel des Strafprozesses, in: Bockelmann/Gallas (Hrsg.): FS Eb. Schmidt, 1961, S. 511 ff., 522.

[1405] Vgl. *oben B. II. 1. Fn. 1317.*

[1406] Vgl. *oben B. III. 2. Fn. 1336.*

ständige Justizorgan relative Größe zu charakterisieren. Als solche vermag sie als Verfahrensziel nicht zu erklären, warum das Streben nach Gerechtigkeit einer Begrenzung durch das Prinzip der Rechtssicherheit bedarf, was die Hinnahme auch einer fehlerhaften Entscheidung als endgültig mit sich bringt.

Aus der Einsicht der Notwendigkeit eines Rechtssicherheit und Gerechtigkeit vereinigenden Verfahrenszieles heraus erscheint es einleuchtend, dieses im Rechtsfrieden „... *als ein[em] Zustand, bei dem von der Gemeinschaft vernünftigerweise erwartet werden kann, daß sie sich über den Verdacht einer Straftat beruhige,*“[1407] zu identifizieren. Verschiedene Zwischenziele dienen der Verwirklichung des Rechtsfriedens. Angedeutet hat sich in den vorangegangenen Ausführungen bereits, daß im Zusammenhang mit dem Strafklageverbrauch[1408] die zwei folgenden Belange eine Rolle spielen: Die Existenz der an die materiell-strafrechtlich normierten Ver- und Gebote geknüpften Konsequenzen selbst fördern den Rechtsfrieden als gesetzlich angedrohte Reaktionen. Die darauf aufbauende *Umsetzung* durch das Strafverfahren (*Gerechtigkeit*) kann dem Rechtsfrieden jedoch nur bis zu einem gewissen Grad dienen. Erst durch die grundsätzliche Möglichkeit, auch zu einem endgültigen *Abschluß* zu gelangen, ist der Rechtsfrieden gewährleistet (*Rechtssicherheit*).[1409]

C. Zusammenspiel der Zwischenziele zur Erreichung des Verfahrensziels Rechtsfrieden

I. Einleitung

Unterschiedliche Wege führen in ihrer Abstimmung auf die jeweilige Situation, gegebenenfalls auch in Kombination miteinander, zum Verfahrensziel Rechtsfrieden.

Die zum Rechtsfrieden als einem *normativen*,[1410] nicht als einem faktischen Zustand führenden Komponenten sind nicht abstrakt vorgegeben und Wandlungen in Zeit und Ort unterworfen.

So stellt *Schmidhäuser* zu recht heraus, daß der Rechtsfriede „ ... *schon zu einer Zeit Ziel des Prozesses [war], als man im Prozeß nicht nach Gerechtigkeit, insbesondere nicht nach Wahrheit im heutigen Sinne strebte, also etwa im altdeutschen Verfahren, in dem die Entscheidung durch Zweikampf oder Gottesurteil herbeigeführt wurde.*“[1411]

Wann dieser normative Zustand erreicht sein soll, unterliegt der Einschätzung des Gesetzgebers. Er ist es auch, der das Verhältnis zwischen Intensität, Möglichkeiten und

---

1407 Vgl. *oben B. IV. Fn. 1404.*

1408 Welche Zwischenziele außer Gerechtigkeit und Rechtssicherheit möglicherweise bei der Lösung anderer Rechtsprobleme noch zur Diskussion stehen und abzuwägen sind, sei hier dahingestellt.

1409 Vgl. auch *Schwarplies*: Rechtsgeschichtliche Entwicklung von „ne bis in idem“, 1970, S. 1 f., der Gerechtigkeit und Rechtssicherheit als Hauptziele der Rechtspflege bezeichnet.

1410 Vgl. *Deml*: Reform der Wiederaufnahme, 1979, S. 55.

1411 *Schmidhäuser*: Ziel des Strafprozesses, in: Bockelmann/Gallas (Hrsg.): FS Eb. Schmidt, 1961, S. 511 ff., 522.

Dauer der Umsetzung und Anwendung der gegebenen Reaktionsmöglichkeiten auf den Straftatverdacht auf der einen Seite und Endgültigkeit der Resultate auf der anderen Seite bestimmen muß. Der Rechtsfrieden kann unter Umständen also ebenso gestört werden durch die Wiederaufnahme und die damit verbundene Infragestellung der Urteilsautorität als auch durch das Belassen dieses fehlerhaften Zustandes.[1412] Die Gewichtung kann dabei in Abhängigkeit zu Zeitströmung und gesellschaftlicher Ordnung historisch und regional höchst unterschiedlich ausfallen:[1413] Man denke nur an die mittels der Gleichsetzung der Gründe der Wiederaufnahme zuungunsten mit jenen zugunsten des Angeklagten[1414] sowie der unter Berufung auf das *„gesunde Volksempfinden"* sogar noch weitreichender bewerkstelligten Möglichkeiten zur Rechtskraftdurchbrechung im Nationalsozialismus.[1415]

Bevor im folgenden geprüft wird, wie die im Rahmen der *ne bis in idem*-Problematik auf dem Weg zum Rechtsfrieden wesentlichen Zwischenziele[1416] – Gerechtigkeit und Rechtssicherheit – im *Verhältnis zueinander* positioniert und ihrerseits mit dem Verfahrensziel verzahnt sind (III.), bedarf der Begriff der *Gerechtigkeit* zunächst noch einer weiteren Verfeinerung und Aufklärung (II.).

II. Präzisierung des Gerechtigkeitsbegriffes

1. Begriff Gerechtigkeit Teil 2.[1417] Realisierung des vorgegebenen Reaktionsapparates

Wer von Gerechtigkeit als „... *Verwirklichung und Bewährung des materiellen Strafrechts* ..." spricht, meint in der Regel die Verhängung der im materiellen Strafrecht vorgesehenen Sanktion gegenüber dem Schuldigen, verbunden mit dem Schutz des Unschuldigen.[1418]

1412 Vgl. *Peters*: Anm. zu BayObLG, B. vom 06. 05. 1970, JR 1970, S. 392; *Weber-Klatt*: Wiederaufnahme zu Ungunsten, 1997, S. 106.

1413 Vgl. *Hanack*: Wiederaufnahme, JZ 1973, S. 393 ff., 394.

1414 VO vom 29. 05. 1943 (RGBl. 1943 I, S. 342 ff., 345) unter dem Vorbehalt: *„Die Wiederaufnahme zuungunsten des Angeklagten ist nur zulässig, wenn die neue Verfolgung zum Schutze des Volkes notwendig ist."* Vgl. auch *Müller*: Wiederaufnahmegründe, 1940, S. 75 ff. Bezeichnenderweise entfiel ab 1952 auch in der DDR die Unterscheidung beider Wiederaufnahmerichtungen (vgl. *Meyer*: Wiederaufnahme, ZStW 1972, S. 909 ff., 925; *Dippel*: Deutschland, in: Jescheck/Meyer (Hrsg.): Wiederaufn. im dt. u. ausl. Recht, 1974, S. 13 ff., 69, Fn. 272).

1415 Vgl. *Dippel*: Reform des Wiederaufnahmerechts, GA 1972, S. 97 ff., 116 ff.; *Deml*: Reform der Wiederaufnahme, 1979, S. 17 ff.

1416 Vgl. zur Problematik „Rechtsfrieden auch 'Wahrheit' und 'Gerechtigkeit'" auch *Duttge*: Möglichkeiten eines Konsensualprozesses, ZStW 2003, S. 538 ff., 542 ff.

1417 Soweit bereits eine teilweise Begriffsbestimmung vorgenommen wurde, soll nach *oben B. III. 2.* verwiesen werden.

1418 Vgl. die Nachweise in den *B. III. 2 Fn. 1336 bis 1341*.

Dies ist durch den Erlaß eines „*gerechten Urteils*“ zu realisieren. Hintergrund dessen ist das in der Theorie noch immer im Vordergrund stehende klassische Strafverfahren im engeren Sinne, das im Erlaß eines Urteils mündet. Praktisch betrachtet entbehrt jedoch dieser beschränkte Blickwinkel der Realität.

Wenn *Rieß* mit der wohl vorherrschenden Meinung davon spricht, das materielle Strafrecht umfasse die „ ... *Summe derjenigen Regelungen, die darüber Auskunft geben, welche Handlungen unter welchen Voraussetzungen eine Straftat darstellen und welche Rechtsfolgen sich bejahendenfalls hieran knüpfen*“,[1419] so ist das nur angesichts der Voraussetzungen, nicht aber der Rechtsfolgen der Straftat in vollem Umfang richtig. Ebenso wenig kann man behaupten, das Prozeßrecht umfasse (nur), „ ... *die Summe derjenigen Regelungen, die den Weg zur Feststellung, ob eine Straftat vorliegt und zur Bestimmung der Sanktion ordnen.*“[1420] Die Konsequenzen, die strafrechtlich relevantes Verhalten haben kann, sind längst nicht alle im materiellen Strafrecht geregelt, sondern finden sich auch im Verfahrensrecht. Und dies gilt nicht allein für die Rechtsordnungen, in denen generell das Opportunitätsprinzip im Strafverfahren gilt. Auch in Deutschland erstreckt sich das Spektrum der möglichen Reaktionen mittlerweile auf das Strafverfahrensrecht: Man denke an die §§ 153 ff. StPO.

Denn indem die modernen Strafverfahrensordnungen Erledigungsweisen wie das – unter Umständen an Bedingungen geknüpfte – Absehen von Verfolgung oder Erhebung der Anklage in vielen Fällen gleichberechtigt neben das klassische Strafverfahren als Erwiderung auf den Verdacht einer Straftat stellen, bewährt sich das materielle Strafrecht – als Normierung von Ver- und Geboten aufgefaßt – auch auf diese Weise.

Zu recht konstatiert deshalb Generalanwalt *Colomer* mit Blick auf die niederländische *transactie*:[1421] „*Die Strafrechtspflege im Wege eines solchen Vergleichs ist kein Ersatz, sondern eine andere Form der Geltendmachung des Strafanspruchs, die bei bestimmen Verstößen eine Alternative zu einem streng gerichtlichen Verfahren ist.*“[1422] Dieser Gedanke findet sich auch bei *Le Page-Seznec*: „*Aujourd'hui, il faut admettre que le recours au procès pénal n'est plus la seule et unique forme d'exercice de l'action publique. Les transactions pénales constituent un mode d'exercice de l'action publique et l'exécution des sanctions contenues dans l'acte transactionnel a pour effet d'éteindre cette action, excluant définitivement le procès pénal.*“[1423]

Somit zielen die prozessualen Regelungen in dieser Beziehung darauf ab, „ ... *in Ergänzung der insoweit unvollständigen materiell-rechtlichen Vorschriften in bestimmten Fällen die (insgesamt)*

[1419] LR-*Rieß*: StPO, Einl. B, Rn. 20, (Std. 08/98).

[1420] LR-*Rieß*: StPO, Einl. B, Rn. 20, (Std. 08/98).

[1421] Zur niederländischen *transactie*, einer Art des strafrechtlichen Vergleichs, siehe *unten Kapitel 12, D. III. 2.*

[1422] Schlußanträge des Generalanwaltes *Colomer* vom 19. 09. 2002 zu Rs. C-187/01 (*Gözütok*) u. C-385/01 (*Brügge*), Nr. 100, EuGRZ 02, S. 556 ff., 564. Vgl. auch *Frisch*: Grenzen des Strafrechts, in: Küper/Welp (Hrsg.): FS Stree/Wessels, 1993, S. 69 ff., S. 100 f., der, die „*Straftat*“ in materiellem Sinne an den Einsatz von Strafe knüpfend, diese in den Fällen der Opportunitätseinstellung nicht als gegeben ansieht, weil das Gesetz in *diesen* Fällen davon ausgehe, daß sie „... *den Einsatz von Strafe nicht erfordern (oder verdienen)* ...“ und gegebenenfalls Reaktionen unterhalb der Strafe ausreichen: „*Daß dies vielfach nicht klar erkannt ist, liegt an der traditionellen Trennung zwischen materiellem Recht und Prozeßrecht und der Einkleidung der materialen Begrenzung in ein prozessuales Instrumentarium* ...“.

[1423] *Le Page-Seznec*: Fondements des amendes forfaitaires, RSC 1996, S. 839 ff., 844.

adäquaten Rechtsfolgen überhaupt erst zuzuordnen."[1424] Daran zeigt sich, und diese Verbindung zum materiellen Strafrecht soll an dieser Stelle zumindest kurz angedeutet werden, daß die maßvolle Begrenzung des *„strafrechtlichen Risikos"* nicht allein eine materiellrechtliche Aufgabe ist.[1425] *„Die 'fragmentarische Natur' des Strafrechts findet im Prozeß ihre genaue Entsprechung in den justizförmigen Bedingungen der Wahrheitsermittlung ebenso wie in der kriminalpolitisch zu verstehenden 'selektiven' Funktion des Verfahrens.*"[1426] Neben der Durchsetzung des substantiellen Strafrechts[1427] – Tatbestand und Rechtsfolge umfassend – sind Teil des Strafverfahrens[1428] bei diesem Verständnis darüber hinaus durchaus auch weitere[1429] Gesichtspunkte wie beispielsweise die Anwendung der Opportunitätsvorschriften.

In diesem Sinne meinen auch Groenhuijsen und Knigge in ihrem Untersuchungsprojekt zur niederländischen Strafprozeßordnung mit Blick auf den : *„Een juiste toepassing van de strafwet houdt dan ook mee in dat een doelmatig en evenwichtig gebruik wordt gemaakt van het aan de overheid toekomende vervolgingsrecht.*"[1430]

Das Verfahren mündet so ebenfalls in einer *„... gerechte[n] Entscheidung über den Verdacht einer Straftat ...*".[1431] Zu recht hält *Schroeder* fest, bei den Begriffen Legalität und Opportunität werde übersehen, *„... daß auch das Opportunitätsprinzip nicht etwa 'illegal' ist, sondern seinerseits auf einer gesetzlichen Anordnung ('lex') beruht ...*".[1432] Wie nahe sich prozessuale und mate-

---

1424 *Frisch*: Grenzen des Strafrechts, in: Küper/Welp (Hrsg.): FS Stree/Wessels, 1993, S. 69 ff., S. 101. Ähnl. auch *Schroeder*: Legalitäts- und Opportunitätsprinzip, in: Baumann/Tiedemann (Hrsg.): FS Peters, 1974, S. 411 ff., 417 f. (*„Daher könnten sich der § 153 StPO ebensogut im Rahmen der Vorschriften über die Strafzumessung i. w. S. oder als persönlicher Strafausschließungsgrund ... finden.*") und *Weigend*: „Opportunitätsprinzip", ZStW 1997, S. 103 ff., 106 ff., der allerdings – unter bestimmten Bedingungen – für die Einordnung solcher Regelungen in das materielle Strafrecht und ihre Verlängerung in das Vorverfahren hinein plädiert.

1425 Die *„Entkriminalisierung*" auf strafprozessualem Wege durch die Opportunitätsvorschriften tritt angesichts der Nichtangreifbarkeit der Einstellungsentscheidungen nach den §§ 153 ff. StPO mit dem Klageerzwingungsverfahren besonders deutlich zutage. Zur verfahrensrechtlichen Entkriminalisierung als Reaktion auf steigenden Geschäftsanfall auch *Heinz*: Die Staatsanwaltschaft im statistischen Graufeld, in: Albrecht et al. (Hrsg.): FS Kaiser, 1. Hb., 1998, S. 85 ff., 97 ff.

1426 *Volk*: Prozeßvoraussetzungen, 1978, S. 185.

1427 So aber eine noch verbreitete Ansicht: vgl. z. B. *Schmidt, Eb.*: Lehrkommentar I, 1964, Rn. 24 (*„Das Strafprozeßrecht dient der Verwirklichung des materiellen Strafrechts ...*"); *Pickert*: Verfolgungsbeschränkung gem. § 154a StPO, 1984, S. 213. *Terré*: Intr. gén., 1996, Rn. 662; *Guinchard/Buisson*: Proc. pén., 2002, Rn. 2 zum französischen Verfahren.

1428 Hier ist nicht das Strafverfahren in engem Sinne vor dem erkennenden Gericht gemeint.

1429 So auch *Volk*: Prozeßvoraussetzungen, 1978, S. 192 f.; *Rieß*: Gesamtreform, in: Hassenpflug (Hrsg.): FS Schäfer, 1980, S. 155 ff., 168; *Peters*: Strafprozeß, 1985, S. 7 ff.; *Neumann*: Materiale und prozedurale Gerechtigkeit, ZStW 1989, S. 52 ff., 53 ff., 58.

1430 *„Eine gerechte Anwendung des Strafgesetzes beinhaltet dann auch den zweckmäßigen und ausgewogenen Gebrauch des dem Staate zukommenden Verfolgungsrechts.*" (*Groenhuijsen/Knigge*: Algemeen Deel, in: Groenhuijsen/Knigge (Hrsg.): Onderzoek ter zitting, 2001, S. 1 ff., 16).

1431 *Schmidhäuser*: Ziel des Strafprozesses, in: Bockelmann/Gallas (Hrsg.): FS Eb. Schmidt, 1961, S. 511 ff., 512 f. Vgl. auch *Jung*: Einheit und Vielfalt, GA 2002, S. 65 ff., 74: *„... daß sich Verbrechenskontrolle bereits durch Verdachtsklärung und nicht ausschließlich durch Verurteilungen vollzieht.*"

1432 *Schroeder*: Legalitäts- und Opportunitätsprinzip, in: Baumann/Tiedemann (Hrsg.): FS Peters, 1974, S. 411 ff., 412.

riale Regelungen manchmal stehen können, wird im deutschen Recht angesichts eines Vergleiches zwischen der Einstellung wegen Unerheblichkeit und dem Absehen von Strafe deutlich.[1433]

Soll als Maß der Gerechtigkeit im Strafverfahren demnach die Bewährung des materiellen Strafrechts gelten, kann es nicht allein um dessen Anwendung beim Erlaß eines *Urteils* gehen. Unter Gerechtigkeit in diesem Sinne muß die ihren Voraussetzungen entsprechende *Umsetzung der in den Straf- wie auch den Strafverfahrensnormen jeweils vorgesehenen Reaktionen* auf den Verdacht einer Straftat begriffen werden.[1434] Nur dieses weite Verständnis ermöglicht auch die sachgerechte Berücksichtigung derjenigen Entscheidungsformen, die das Strafverfahren in einer früheren Stufe vor dem Urteil abbrechen oder einen alternativen Weg der Erledigung beschreiten.[1435] Andernfalls stünde eine Erklärung dieser Verfahrensbeendigungen im Verhältnis zum Verfahrensziel aus.

Insofern ähnelt die Situation derjenigen im Bereich der *ne bis in idem*-Wirkung. Ebenso wie sich dort angesichts der quantitativen Bedeutsamkeit von gegenüber dem Urteil alternativen Entscheidungen allmählich die Tendenz einer begrifflichen Ausdehnung der Rechtskraft auch auf diese Erledigungen durchsetzt, müssen aus dieser Erkenntnis auch für den Gerechtigkeitsbegriff Konsequenzen gezogen werden.

Zu verdeutlichen ist an dieser Stelle noch einmal, daß es hier nicht um übergesetzliche Gerechtigkeitserwägungen geht,[1436] sondern um bloße „*Gesetzesgerechtigkeit*", die aber ihrerseits wieder einseitig nur auf die gesetzlich normierten *Folgen* einer Straftat beschränkt ist. Dies entspricht auch dem üblichen Gebrauch des Terminus Gerechtigkeit im Zusammenhang mit der Rechtskraftproblematik.

„*Die Frage nach der Gerechtigkeit dieses Strafrechts wird in diesem Zusammenhang nicht zugelassen ...*".[1437]

Gesetzlich normierte *Beschränkungen* der Durchsetzung dieser Folgen wie *ne bis in idem*-Regelungen sind hingegen nicht Bestandteil der so verstandenen Gerechtigkeit.[1438]

1433 Vgl. *Peters*: Strafprozeß, 1985, S. 11. Dazu auch LR-*Rieß*: StPO, Einl. B, Rn. 26, (Std. 08/98), der von „*Austauschbarkeit*" prozessualer und materiellrechtlicher Institutionen aus einer funktionellen, kriminalpolitischen Betrachtungsweise heraus spricht.

1434 Anders und enger versteht offenbar KMR-*Paulus*: StPO, § 244, Rn. 302 (Std. 10/89) den Gerechtigkeitsbegriff, wenn er meint, obgleich die Opportunitätseinstellung eine prozeßordnungsgemäße Reaktion sei, verfehle sie das Ziel der Gerechtigkeit.

1435 Vgl. i. d. Zshg. *Lesch*: Strafprozeßrecht, 2001, Rn. 3: „*Selbst im Fall einer Einstellung des Verfahrens oder eines Freispruchs des Beschuldigten wird schon allein mit der Thematisierung des Konflikts durch die dazu berufenen staatlichen Organe demonstriert, daß an der betroffenen Norm festgehalten werden und man auch weiterhin im Recht sein soll, wenn man sie eigenem Verhalten als Orientierungsmaßstab zugrundelegt.*"

1436 In diesem Sinne verwendet aber *Achenbach*: Strafprozessuale Ergänzungsklage, ZStW 1975, S. 74 ff., 86 den Begriff, wenn er davon spricht, das Absehen von erneuter Verfolgung diene gerade der (materiellen) Gerechtigkeit.

1437 *Neumann*: Materiale und prozedurale Gerechtigkeit, ZStW 1989, S. 52 ff., 52. Ähnl. *Weber-Klatt*: Wiederaufnahme zu Ungunsten, 1997, S. 47. Vgl. auch *Rümelin*: Gerechtigkeit, 1920, S. 10: „*Bei der Beurteilung der richterlichen Gerechtigkeit scheint freilich die Antwort auf die Frage nach dem objektiven Maßstab selbstverständlich zu sein. ... und es unterliegt ja auch keinem Zweifel, daß das Gesetz im weitesten Sinn, d. h. die geltende positive Rechtsordnung, den ersten und obersten Ausgangspunkt für den Richter bildet.*"

Vor diesem Hintergrund entpuppt sich auch der Vorwurf *Schöneborns* gegenüber *Schmidhäusers* Auffassung, der Topos des Rechtsfriedens werde „... *auf ein derartiges Abstraktionsniveau gehoben, daß nicht mehr einsichtig ist, wie er sich vom Gerechtigkeitsgedanken unterscheiden soll*",[1439] als ungerechtfertigt und auf rein begrifflicher Ebene verortet. Diese Kritik träfe nur zu, legte *Schmidhäuser* seinen Gedanken einen ebenso weiten Gerechtigkeitsbegriff zugrunde wie dies *Schöneborn* selbst tut, der auch die Rechtssicherheit als prozessuale Gerechtigkeit Teil der „... *spezifizierte[n] Ausprägung der 'umfassenden Gerechtigkeitsidee'* ..."[1440] sein läßt.

2. Die Gerechtigkeit in den Strafverfahrenssystemen Europas

Bisher wurde im Text mehr oder weniger ausdrücklich davon ausgegangen, daß sich die Verwirklichung von *Gerechtigkeit* auf die *Wahrheitsfindung* stützt.[1441] Daß es sich in beiden Fällen um lediglich relative Größen handelt, braucht an dieser Stelle nicht noch einmal gesondert betont zu werden.[1442]

Die Umsetzung der in den Straf- wie auch den Strafverfahrensnormen jeweils vorgesehenen Reaktionen auf den Verdacht einer Straftat setzt grundsätzlich die Ermittlung des zugrundeliegenden Sachverhaltes voraus. Dieses Streben nach der Wahrheit ist nicht nur sämtlichen kontinentalen Rechtsordnungen gemein, sondern zeichnet auch den angloamerikanischen Rechtskreis aus.[1443] Unterschiede existieren allein in den Methoden der Rekonstruktion des Geschehenen. So läßt sich „*[ü]ber den brauchbarsten und sichersten Weg zur Wahrheit und Gerechtigkeit richterlichen Urteilens ... streiten.*"[1444] Wenn schon in einer Rechtsordnung neue psychologische Erkenntnisse und Erfahrungen, wechselnde politische und weltanschauliche Perspektiven den Kurs beeinflussen können, gilt dies erst recht für unterschiedliche Systeme wie das kontinentale und das angelsächsische.[1445]

1438 Insoweit entspricht diese Sichtweise der klassischen, Gerechtigkeit und Rechtssicherheit im Rahmen von Rechtskraftproblemen einander gegenüberstellenden (vgl. *Schmidhäuser*: Ziel des Strafprozesses, in: Bockelmann/Gallas [Hrsg.]: FS Eb. Schmidt, 1961, S. 511 ff., 512 m. w. N.). Nichts zu tun hat Gerechtigkeit i. d. S. mit der „*Bewährung der Rechtsordnung*" *Volks* (Prozeßvoraussetzungen, 1978, S. 202). Er setzt diese nicht mit der *Durchsetzung* des Rechts gleich: „*Bewährung des (materiellen) Strafrechts geschieht im Vollzuge seiner Anwendung mit dem Ziele der 'Streitbeilegung'*, gleichviel *zu welchem* Ergebnis *dieses Prüfungsverfahren führt.*" (Hervorhebungen der *Verf.*).

1439 *Schöneborn*: Wiederaufnahmeproblematik, 1980, S. 22.

1440 *Schöneborn*: Wiederaufnahmeproblematik, 1980, S. 22.

1441 Vgl. oben *B. III. 1.* sowie die dortigen Nachweise zum französischen und niederländischen Strafverfahren (*Fn. 1329*).

1442 Vgl. *oben B. III. 2.*

1443 Vgl. *Jörg* et al.: Are Inquisitorial and Adversarial Systems Converging?, in: Fennell et al. (Hrsg.): Criminal Justice in Europe, 1995, S. 41 ff., 42 f.; LR-*Rieß*: StPO, (Std. 08/98), Einl. B, Rn. 4 („*alle Kulturvölker*"). Insb. zum anglo-amerikanischen System: *Herrmann*: Reform der deutschen Hauptverhandlung, 1971, S. 158 f.

1444 *Schmidt, Eb.*: Lehrkommentar I, 1964, Rn. 329.

1445 Vgl. *Sanders/Young*: Crim. Justice, 2000, S. 14: „*Both systems are concerned with establishing the truth, but they differ on the best way of achieving that end.*"

Während die kontinentaleuropäischen Systeme ihrem Ursprung nach instruktorisch geprägt sind und deshalb im wesentlichen auch heute noch dem Richter in Voruntersuchung oder Hauptverhandlung eine aktive Rolle bei der Sachverhaltsaufklärung zuweisen, versteht sich der Prozeß im englischen Rechtskreis als adversarisch und überläßt dem Richter eher die Stellung eines unparteiischen „*Schiedsrichters*",[1446] der die ihm dargelegten Beweise würdigt, nicht aber selbst in die Erforschung des Falles eingreift.[1447] Zuweilen spricht man im Hinblick auf das adversarische Verfahren aus Sicht instruktorisch veranlagter Rechtsordnungen angesichts der Dominanz der Parteien bei der Beweisaufnahme von lediglich formellem Wahrheitsstreben.[1448] Damit soll eine Situation gekennzeichnet werden, in der nicht nach dem tatsächlich Geschehenen gesucht wird, sondern in der die Parteien – ähnlich wie im Zivilprozeß – durch Einigung bestimmen können, von welchem Bild der Wahrheit die richterliche Beurteilung ausgehen soll. Dies trifft indes nicht den Kern der Sache. Denn mit der relativ passiven Rolle des Richters ist nicht zwingend die Verständigung von Staatsanwaltschaft und Angeklagtem über die zugrunde zu legende Version verknüpft.[1449] Zudem darf der Richter auch selbst die Beweisaufnahme ergänzen und vervollständigen.[1450]

Nach *Huber* läßt sich gar „*[i]n der Praxis des englischen Strafverfahrens ... zunehmend eine aktivere Haltung von Richtern beobachten.*"[1451]

Hintergrund dieser kontradiktorischen Wahrheitsermittlung ist vielmehr der Gedanke, daß der Rekonstruktion der Wirklichkeit am besten durch den Wettstreit der verschiedenen Darstellungen gerecht zu werden ist.[1452]

1446 Vgl. *Damaška*: Faces of Justice and State Authority, 1986, S. 3; *Huber*: England und Wales, in: Perron (Hrsg.): Beweisaufnahme im Ausland, 1995, S. 11 ff., 37; *Ashworth*: Crim. Process, 1998, S. 302.

1447 Ein eingehender Vergleich beider Systeme findet sich bei *Damaška*: Faces of Justice and State Authority, 1986. Zur allmählichen Annäherung beider Systeme vgl. *Chiavario*: La justice négociée, ACP 1993, S. 27 ff., 35; *Jörg* et al.: Are Inquisitorial and Adversarial Systems Converging?, in: Fennell et al. (Hrsg.): Criminal Justice in Europe, 1995, S. 41 ff. *Weigend*: Reform des Strafverfahrens, ZStW 1992, S. 486 ff., 488 ist der Ansicht, das inquisitorische System verliere an Bedeutung und werde durch kontradiktorische und konsensuale Verfahrensformen verdrängt.

1448 Vgl. die Nachweise bei *Herrmann*: Reform der deutschen Hauptverhandlung, 1971, S. 115 ff. Ähnl. auch *Perron*: Rechtsvergleichender Querschnitt, in: Perron (Hrsg.): Beweisaufnahme im Ausland, 1995, S. 549 ff., 564: „*Eine umfassende Wahrheitsermittlung kommt dagegen nur selten zustande.*"

1449 Dementsprechend hat der italienische *Verfassungsgerichtshof* trotz der starken Ausrichtung der italienischen Strafprozeßordnung am Parteienprozeß seit dem Jahre 1989 festgehalten, daß sich am Ziel der Ermittlung der *Wahrheit* nichts geändert hat (vgl. *Bogner*: Absprachen im deutschen und italienischen Strafprozeßrecht, 2000, S. 140).

1450 Vgl. *Herrmann*: Reform der deutschen Hauptverhandlung, 1971, S. 158.

1451 *Huber*: England und Wales, in: Perron (Hrsg.): Beweisaufnahme im Ausland, 1995, S. 11 ff., 37. Ähnl. auch *Gleß*: Rechtsvergleichender Querschnitt, in: Gleß et al. (Hrsg.): Justitielle Einbindung, 2001, S. 643 ff., 657.

1452 Vgl. *Herrmann*: Reform der deutschen Hauptverhandlung, 1971, S. 167 f., der zudem hervorhebt, daß ein Strafverfahren immer Elemente des Kampfes enthält. Empirische Forschung konnte bisher die Frage noch nicht klar beantworten, welche Art und Weise der Beweisaufnahme das bessere Instru-

Darauf, daß die auch im niederländischen Recht verbreitete Auffassung der unmittelbaren Verbindung zwischen materieller Wahrheitsfindung und einem aktiven Richter nicht logisch zwingend ist, weisen auch *Groenhuijsen* und *Knigge* hin: „*De eis van een niet-lijdelijke rechter heeft namelijk* geen betrekking op het gehanteerde waarheidsbegrip, *maar op de* wijze *waarop de waarheid in het strafproces dient te worden achterhaald.*"[1453]

Zwar trifft es zu, daß das adversarische System eine gemeinsame Festlegung des Tatsachenverlaufes strukturell eher ermöglicht und erleichtert als dies in Strafverfahren mit vorwiegend instruktorischen Zügen der Fall ist.[1454] Dies bezeugt nicht nur die tiefe Verankerung und Akzeptanz des Verfahrensabschlusses durch *guilty plea* im angloamerikanischen Rechtskreis,[1455] auf den sogleich noch einzugehen sein wird. Ferner deutet auch die Tatsache, daß der Angeklagte das Recht hat, einen bestimmten Geschehensablauf förmlich zuzugestehen, so daß sich insoweit eine Beweisaufnahme erübrigt,[1456] in diese Richtung. Der Raumgewinn der Absprachen im deutschen Strafprozeß beweist aber, daß auch das instruktorische Verfahren keineswegs vor vergleichbaren Phänomenen gefeit ist, obschon zur theoretischen Legitimation ein ungleich größerer Aufwand betrieben wird.[1457] Festzuhalten bleibt aus diesem Grunde, daß es auch dem adversarischen Verfahren schwerpunktmäßig um Gerechtigkeitsfindung auf der Basis materieller Wahrheit geht.[1458]

---

ment zur Wahrheitssuche ist (vgl. die Nachweise bei *Damaška*: Faces of Justice and State Authority, 1986, S. 122, Fn. 44).

1453 „*Das Erfordernis eines aktiven Richter steht nämlich* nicht in Beziehung zum angewandten Wahrheitsbegriff, *sondern zur* Art und Weise, *auf die die Wahrheit im Strafprozeß ermittelt werden muß.*" (*Groenhuijsen/Knigge*: Algemeen Deel, in: Groenhuijsen/Knigge (Hrsg.): Onderzoek ter zitting, 2001, S. 1 ff., 18) (Hervorhebungen der *Verf.*).

1454 Ebenso *Weigend*: Reform des Strafverfahrens, ZStW 1992, S. 486 ff., 496 f.; *Ashworth*: Crim. Process, 1998, S. 303. Vgl. auch *Damaška*: Faces of Justice and State Authority, 1986, S. 111: „*The plaintiff or the prosecutor chooses what to allege, and the defendant, what to contest and what to admit: what is not contested should not be made an object of proof.*"

1455 Vgl. *Mulcahy*: Justifications of 'justice', BJC 1994, S. 411 ff., 411. Zur Entstehung: *Nelle-Rublack*: Der modernisierte Strafprozeß, 1999, S. 116 m. w. N.

1456 *Herrmann*: Reform der deutschen Hauptverhandlung, 1971, S. 164; *Huber*: England und Wales, in: Perron (Hrsg.): Beweisaufnahme im Ausland, 1995, S. 11 ff., 32 (zur Möglichkeit des Angeklagten, sich einer leichteren Form der vorgeworfenen Straftat für schuldig zu bekennen); Criminal Justice Act 1967, s. 10, dazu: *Archbold*: Criminal Pleading, 2002, § 10-7 f.

1457 Vgl. dazu z. B. *Lüderssen*: Verständigung im Strafprozeß, in: ders.: Abschaffen des Strafens?, 1995, S. 323 ff., 328; *Sinner*: Der Vertragsgedanke, 1999. Im Rahmen des kontinentalen Systems stellen zudem auch *Groenhuijsen/Knigge*: Algemeen Deel, in: Groenhuijsen/Knigge (Hrsg.): Onderzoek ter zitting, 2001, S. 1 ff., 22 nicht zu Unrecht fest: „*Feiten die worden betwist verdienen een grondiger onderzoek dan feiten die niet worden bestreden of die zelfs worden erkend.*" – „*Tatsachen, die abgeleugnet wurden, verdienen eine gründlichere Untersuchung als Tatsachen, die nicht bestritten oder gar anerkannt wurden.*"

1458 *Herrmann*: Reform der deutschen Hauptverhandlung, 1971, S. 158 f.; *Cramer*: Absprachen, in: Eyrich et al. (Hrsg.): FS Rebmann, 1989, S. 145 ff., 156.

Anzumerken bleibt freilich, daß der Begriff *„materielle Wahrheit"* an sich schon fragwürdig ist. Denn der Weg zur Wahrheit ist in beiden Systemen bis zu einem gewissen Grade formalisiert.[1459] Entspricht ein auf der Basis eines Beweisverwertungsverbotes ergangener Freispruch der materiellen Wahrheit?[1460] Die die deduktive Wertung und die objektive Tatsachenerkenntnis ersetzenden Zuschreibungsprozesse (wie beim Vorsatz) – als Zeichen der Disponibilität rechtlicher Konkretisierung und der Erstellung der Tatsachenbasis – hebt *Lüderssen* zutreffend hervor. Obgleich dem hier nicht weiter nachgegangen werden soll, wird daran erkennbar, wie zweifelhaft Polarisierungen wie diejenige zwischen formeller und materieller Wahrheit sein können.[1461]

Fraglich ist allerdings, ob diese Behauptung auch angesichts der *guilty plea*[1462] aufrechterhalten werden kann. Plädiert der Angeklagte nämlich auf schuldig, so wird auf jegliche (weitere) Beweisaufnahme verzichtet und der Richter *muß* grundsätzlich[1463] eine Verurteilung aussprechen. Man könnte zunächst annehmen, daß ein von der *plea* umfaßtes *Geständnis* Basis der Verurteilung bildet.[1464] Übersehen würde dabei aber, daß der Richter in dieser Konstellation nicht – wie im normalen Verfahren – von der Schuld des Angeklagten überzeugt sein muß. Demzufolge ist zwischen Geständnis und Verurteilung nicht – wie im kontinentalen Verfahren – der Filter der richterlichen Prüfung geschaltet, der es verhindert, daß das Bekenntnis unausbleiblich zum Schuldspruch führt. Bei der *guilty plea* handelt es sich um ein formelles Schuldbekenntnis – der Angeklagte kann gleichzeitig materiell auf seiner Unschuld beharren.[1465] Denkbar wäre es allerdings, in der prinzipiellen Verpflichtung zur Verurteilung aufgrund der *guilty plea* eine Art normierter Beweisregel zu sehen, die darin bestünde, durch die *plea* die Schuld des Angeklagten als bewiesen anzusehen. Parallelen zu den Beweisregeln des Inquisitionsverfahrens – etwa Beweis der Schuld durch Geständnis und Aussage zweier klassischer Zeugen[1466] – erschei-

---

[1459] Vgl. dazu auch *Volk*: Diverse Wahrheiten, in: Eser et al. (Hrsg.): FS Salger, 1995, S. 411 ff., 412 und *Bömeke*: Rechtsfolgen fehlgeschlagener Absprachen im deutschen und englischen Verfahren, 2001, S. 13.

[1460] Vgl. i. d. Zshg. *Arzt*: Amerikanisierung der Gerechtigkeit, in: Schmoller (Hrsg.): FS Triffterer, 1996, S. 527 ff., 537: Freispruch aus materiellrechtlichen Gründen sei eine Rarität.

[1461] Allerdings könnte ein grundlegender Unterschied zwischen den beiden Systemen darin zu sehen sein, daß Formalisierungen im angelsächsischen Recht auch zum Nachteil des Angeklagten bestehen, während diejenigen des kontinentalen Rechts als Verfahrensgarantien seinem Schutze dienen. Dies bedürfte indes weiterer Untersuchungen, die sich auch auf die eventuelle Existenz von Beweisausschlußregeln richten müßten.

[1462] Zur *guilty plea oben Kapitel 9, F. III.*

[1463] Gewisse Prüfungspflichten verbleiben allerdings auch in diesem Falle beim Richter: Vgl. *oben Kapitel 9, F. III.*

[1464] Zum Verhältnis von *guilty plea* und Geständnis vgl. *Bömeke*: Rechtsfolgen fehlgeschlagener Absprachen im deutschen und englischen Verfahren, 2001, S. 12.

[1465] Siehe dazu *oben Kapitel 9, F. III.* Zur vergleichbaren Frage im italienischen Recht, ob der Antrag des Angeklagten auf das Verfahren der *applicazione della pena su richiesta delle parti* (*patteggiamento*) ein Geständnis der Tat enthält siehe *Bogner*: Absprachen im deutschen und italienischen Strafprozeßrecht, 2000, S. 184.

[1466] Vgl. *Schöneborn*: Wiederaufnahmeproblematik, 1980, S. 59.

nen nicht völlig abwegig.[1467] Spätestens an diesem Vergleich tritt hervor, daß es sich im Fall der *guilty plea* doch um eine stark formalisierte Wahrheitsfindung handelt.[1468]

Unbeantwortet bleibt jedoch auch angesichts dessen der im Verhältnis zum Verfahrensziel Rechtsfrieden bestehende Grund für die Möglichkeit der Verurteilung infolge eines bloßen Schuldplädoyers.

Daß die im wesentlichen *auf der Suche nach der materiellen Wahrheit basierende Gerechtigkeit* zur Beruhigung der Gesellschaft über den Verdacht einer Straftat zu führen geeignet ist, erscheint ohne weiteres einleuchtend. Auch die Beschränkungen, die dem Streben nach einer höchstmöglichen Wirklichkeitserkenntnis auferlegt werden („*Keine Wahrheit um jeden Preis.*"), erklären sich, ohne daß in diese Materie tiefer eingedrungen werden soll,[1469] durch die Abwägung, daß der Rechtsfrieden durch weitere Rechtsverletzungen in höherem Maße beeinträchtigt wäre als durch den Verzicht auf die Offenlegung bestimmter strafrechtlich relevanter Tatsachen.

Zweifellos strebt auch die Verurteilung aufgrund einer *guilty plea* nach der Umsetzung der in den Straf- wie auch den Strafverfahrensnormen jeweils vorgesehenen Reaktionen auf den Verdacht einer Straftat, also nach Gerechtigkeit.[1470] Anknüpfungspunkt ist das von Polizei und Verfolgungsbehörde ermittelte Geschehen. Allein, indem der Angeklagte auf schuldig plädiert, entbindet er den *Crown Prosecution Service* von der Pflicht, Tat und Täterschaft „*beyond reasonable doubt*" nachzuweisen.

In diesem Sinne kann *Mulcahy* in seiner Studie zu den von Praktikern genannten Gründen der Rechtfertigung von *plea negotiations* feststellen, daß, „*... through the entry of 'appropriate' guilty pleas, negotiated settlements are thought to achieve* substantive justice *by linking the disposition with the 'facts' of the case.*"[1471] Dies

---

1467 Eine Verbindung zwischen Absprache und Inquisitionsprozeß sieht offenbar auch *Sinner*: Der Vertragsgedanke, 1999, S. 279: „*Unter der schönen Larve der Vertragsorientierung lugt die häßliche Fratze des Inquisitionsprozesses hervor, der den Beschuldigten als das 'sicherste' Beweismittel gegen sich selbst einsetzt.*"

1468 Vgl. auch *Schöneborn*: Wiederaufnahmeproblematik, 1980, S. 59 f., der im Zusammenhang mit Beweisregeln von „*starren Wahrheitsfiktionen*" und einer „*prozessual abgesicherten Wahrheitsfindung*" spricht. Weitergehend *Volk*: Diverse Wahrheiten, in: Eser et al. (Hrsg.): FS Salger, 1995, S. 411 ff., 419: „*Absprachen machen nichts wahr.*"

1469 Vgl. eingehend zu diesem „*strafverfahrensrechtlichen Basiskonflikt*" zwischen „*Wahrheitsfindung als Voraussetzung der Verwirklichung von Gerechtigkeit*" auf der einen Seite und *Individualschutz* auf der anderen Seite *Kühne*: Strafverfahrensrecht als Kommunikationsproblem, 1978, S. 59 ff. *Kühne* behandelt diesen Konflikt allerdings nicht wie unserer Ansatz unter dem übergeordneten Ziel des Rechtsfriedens, sondern unter dem der Gerechtigkeit: „*Pointiert könnte man formulieren, daß das* Ziel *der Gerechtigkeit der perfektionistischen Übersteigerung der* Handlungsprinzipien *der Wahrheitserforschung wie auch des Individualschutzes vorbeugt.*" (Hervorhebungen im Original).

1470 Inwieweit das im einzelnen gelingt, darf hier dahingestellt bleiben. Sicherlich existiert Anlaß zur Kritik an der Handhabung im einzelnen (vgl. dazu *Mulcahy*: Justifications of 'justice', BJC 1994, S. 411 ff., 412 ff.; zu kritischen Punkten im Bereich der deutschen Absprachepraxis vgl. *Salditt*: Möglichkeiten eines Konsensualprozesses, ZStW 2003, S. 570 ff.). In unserem Zusammenhang geht es jedoch um die theoretische Rechtfertigung des Prinzips, die grundsätzlich von einzelnen praktischen Problemen unberührt bleibt.

1471 *Mulcahy*: Justifications of 'justice', BJC 1994, S. 411 ff., 411 f., 421 (Hervorhebung der *Verf.*).

entspricht der Auffassung, daß auf diese Weise eine Art Einzelfallgerechtigkeit („*individualized justice*") zu erreichen ist.[1472]

Welcher Weg aber führt in diesen Fällen zur Gerechtigkeit, wenn es nicht die materielle Wahrheit ist?

Auch wenn „*[u]nsere Prozeßrechtsdoktrin [dazu] neigt ... , die Wahrheit als den Garanten von Gerechtigkeit zu überschätzen*,"[1473] muß anerkannt werden, daß das Ziel der Gerechtigkeit nicht auf dieses Instrument beschränkt ist.[1474] Hintergrund der *guilty plea* ist die Idee, daß eine freiwillige Akzeptanz der Schuld durch den Angeklagten bezüglich der ihm von der Verfolgungsbehörde vorgeworfenen Taten gleichermaßen Grundlage der Gerechtigkeit sein und die Wahrheit als deren Basis ersetzen kann.[1475] Bekräftigt wird dieser Zusammenhang von Gerechtigkeit und Konsens auch durch andere Gesichtspunkte des Strafverfahrens, von denen hier nur einige aufgezeigt werden sollen:[1476]

„*Gerade die noch legitimen Strafzwecke ..., nämlich: Wiedergutmachung und Resozialisierung setzen eine konsensorientierte Argumentation voraus und sind daher mit der Praxis der Absprachen vereinbar ...*".[1477] Spuren des Konsenses finden sich auch in der besonderen Bedeutung wieder, die dem Geständnis zugemessen wird: Obgleich man sich über den zweifelhaften Wahrheitswert von Geständnissen weitgehend einig ist,[1478] ist ihre Wertschätzung damit zu begründen, daß sie „*... dem Richter ... die Übernahme von Verantwortung für das Prozeßergebnis*"[1479] erleichtern.

Die durch den Verdacht einer Straftat entstandene Störung kann der konsensuale Weg zur Gerechtigkeit damit zum Teil[1480] in gleicher Weise beseitigen wie ein auf einem der Wahrheitsfindung gewidmeten Verfahren beruhender Richterspruch.[1481] Denn dieser Form von *Konsens*, die durch die Annahme der Täterschaft durch das Schuldplädoyer zwischen dem Angeklagten und der Verfolgungsbehörde unter richterlicher Kontrolle errungen wird, wohnt eine befriedende Funktion inne.[1482] Sie ist daher geeignet, die Gemein-

---

1472 Vgl. *Mulcahy*: Justifications of 'justice', BJC 1994, S. 411 ff., 413 und *Sinner*: Der Vertragsgedanke, 1999, S. 135 f., 222.

1473 *Volk*: Diverse Wahrheiten, in: Eser et al. (Hrsg.): FS Salger, 1995, S. 411 ff., 417. Vgl. auch *Lüderssen*: Verständigung im Strafprozeß, in: ders.: Abschaffen des Strafens?, 1995, S. 323 ff., 328.

1474 *Volk*: Diverse Wahrheiten, in: Eser et al. (Hrsg.): FS Salger, 1995, S. 411 ff., 417 spricht sich dafür aus, andere im Prozeß relevante Interessen aus dem ideologischen Verbund mit der Wahrheit zu lösen und sie unmittelbar mit der Gerechtigkeit in Verbindung zu bringen.

1475 Ähnl. auch *Sinner*: Der Vertragsgedanke, 1999, S. 136, 207 (als gerecht betrachtete Entscheidung, weil der Angeklagte in Verfahren und Ergebnis eingewilligt hat: *volenti non fit iniuria*).

1476 Vgl. i. ü. auch *Albrecht*: Die vergessene Freiheit, 2003, S. 93 krit. zur These der größeren Orientierung an den Umständen des Einzelfalls durch Erhöhung von Beteiligungschancen und informelle Steuerungsmechanismen.

1477 *Lüderssen*: Verständigung im Strafprozeß, in: ders.: Abschaffen des Strafens?, 1995, S. 323 ff., 330.

1478 Ausdruck dessen ist beispielsweise auch Art. 341 Abs. 4 WSv, der die Verurteilung allein aufgrund der Angaben des Verdächtigen verbietet.

1479 *Volk*: Wahrheit und materielles Recht, 1980, S. 14 f.

1480 Zu dieser Einschränkung sogleich noch *unten*.

1481 Vgl. dazu *Damaška*: Faces of Justice and State Authority, 1986, S. 123.

1482 Vgl. *Volk*: Wahrheit und materielles Recht, 1980, S. 15.

schaft sich über den Verdacht einer Straftat beruhigen zu lassen und demnach Rechtsfrieden[1483] zu schaffen.[1484]

Demnach existieren im englischen Urteilsverfahren zwei verschiedene Wege[1485] zur Gerechtigkeit als Zwischenziel zum Rechtsfrieden nebeneinander:[1486] zum einen die *Wahrheitserforschung* und zum anderen der *Konsens*. Dies begründet jedoch keinen Widerspruch. Ebenso wie sich weder das instruktorische noch das adversarische Verfahrensmodell in der Realität in Reinform wiederfinden lassen,[1487] können auch insofern unter dem Dach eines Strafverfahrens unterschiedliche Ausprägungen existieren:[1488] „... *les modèles ne sont jamais purs en droit pénal. Entre la justice négociée et la justice imposée, différentes interactions existent.*“[1489]

Das somit gefundene Ergebnis beschränkt sich nicht auf das angelsächsische Strafverfahren, sondern ist verallgemeinerungsfähig. Denn die für die Verknüpfung von Konsens und Gerechtigkeit sprechenden Erwägungen gelten auch für Verfahrensweisen der originär inquisitorischen Prozeßformen des kontinentalen Rechts, soweit dort konsensuale Elemente Einzug halten konnten. Dies geschah und geschieht, dies wird im Laufe der Arbeit noch zu sehen sein,[1490] in der letzten Zeit verstärkt.[1491]

Wenn eben gesagt wurde, daß der Konsens die Wahrheitserforschung als Fundament der Gerechtigkeit aufwiegen kann, so bedarf dies einer Einschränkung. Dabei sind die

---

1483 Dem Rechtsfrieden kommt zudem auch die Schnelligkeit der Entstörung der Rechtsordnung zugute.

1484 *Cramer*: Absprachen, in: Eyrich et al. (Hrsg.): FS Rebmann, 1989, S. 145 ff., 156; *Schünemann*: Richterl. Überzeugung, in: von Gamm et al. (Hrsg.): FS Pfeiffer, 1988, S. 461 ff., 481, 483. Zum Ziel des Rechtsfriedens durch Konsens auch – allerdings kritisch – *Albrecht*: Die vergessene Freiheit, 2003, S. 132 f. Argumente gegen eine Legitimation des Verfahrensabschlusses durch Konsens finden sich bei *Duttge*: Möglichkeiten eines Konsensualprozesses, ZStW 2003, S. 538 ff., 542 ff.

1485 Vgl. *Weigend*: Abgesprochene Gerechtigkeit, JZ 1990, S. 774 ff., 777: „... *die konsensuale Entscheidungsfindung ist kein mangelhaftes Normalverfahren, sondern ein aliud*.“

1486 Die oben erwähnten förmlichen Tatsachenzugeständnisse des Angeklagten, die im Normalverfahren möglich sind, tragen Elemente des Konsenses auch in das gewöhnliche adversatorische Verfahren. Vgl. dazu auch *Herrmann*: Reform der deutschen Hauptverhandlung, 1971, S. 164: „... *tritt die Wahrheitserforschung zugunsten der Dispositionsbefugnis des Angeklagten zurück*.“

1487 Vgl. *Weigend*: Reform des Strafverfahrens, ZStW 1992, S. 486 ff., 489.

1488 *Weigend*: Reform des Strafverfahrens, ZStW 1992, S. 486 ff., 488, 497 spricht von „*Dichotomie*“ zwischen einvernehmlicher Erledigung und mit großem Aufwand betriebenen Parteiverfahren in England und den USA und unterscheidet ausdrücklich auch noch einmal zwischen *konsensualen* und *kontradiktorischen* Verfahrenselementen.

1489 *Tulkens*: Justice négociée, in: Delmas-Marty (Hrsg.): Proc. pén. d'Europe, 1995, S. 551 ff., 553. Ähnl. auch *Weigend*: Absprachen, 1990, S. 104.

1490 Vgl. dazu *unten Kapitel 12, insb. E.*

1491 Vgl. dazu *Tulkens*: Justice négociée, in: Delmas-Marty (Hrsg.): Proc. pén. d'Europe, 1995, S. 551 ff., 559; *Jung*: Einheit und Vielfalt, GA 2002, S. 65 ff., 75 ff. *Lüderssen*: Verständigung im Strafprozeß, in: ders.: Abschaffen des Strafens?, 1995, S. 323 ff., 329 m. w. N. weist auf die Aufnahme konsensorientierter Elemente in das materielle Strafrecht hin. Nach *Corstens*: Strafprocesrecht, 1999, S. 12 ist das kontinentale Prinzip bereits in enge Nachbarschaft mit der angloamerikanischen Weise der Erledigung gekommen.

strukturell entgegengesetzten Rollen von Beschuldigtem und Verfolgungsbehörde von wesentlichem Einfluß. Im Interesse letzterer liegt es, dem Beschuldigten die vermutete Straftat nachzuweisen. Allein dieser Nachweis kann durch eine zwischen diesem und der Verfolgungsbehörde erzielte Übereinstimmung entfallen.[1492] Eines Konsenses über die mangelnde Täterschaft des Beschuldigten bedarf es nicht. In diesem Fall unterlassen die Justizorgane von sich aus weitere Schritte.

Darüber hinaus hätte das Bekenntnis des Verdächtigen, nicht schuldig zu sein, aufgrund seiner Interessenausrichtung keinen weiterführenden Wert. Diesen gewinnt sein konsensuales Verhalten erst durch die Bereitschaft, damit auch Nachteile auf sich zu nehmen.

Daraus folgt, daß durch den Konsens eine gewisse Asymmetrie produziert wird. Die Wahrheitserforschung als Basis der Gerechtigkeit läßt sich insoweit nicht durch Konsens austauschen als es um für den Beschuldigten günstige Umstände geht. Dies schließt auch die in dem Schuldplädoyer oder in einer Einwilligung zu einer nachteiligen Rechtsfolge implizit enthaltene Erklärung ein: „*Über die bereits bekannten und der Einigung zugrunde gelegten Tatsachen hinaus habe ich keine weiteren Delikte begangen.*"

Dies will aber nicht sagen, daß es diesbezüglich dann jeglicher Absicherung der Gerechtigkeit entbehrt. Immerhin sind zu der Sache ja bereits Ermittlungen der Justizorgane vorangegangen, auf deren Informationsbasis der Verfahrensabschluß ergeht.[1493] Die Sachverhaltsaufklärung schließt auch die Frage nach eventuell schwereren Umständen ein.

III. Gerechtigkeit und Rechtssicherheit im Verhältnis zueinander und zum Rechtsfrieden

Auf der Grundlage der Erkenntnis, daß zum einen zur Gerechtigkeit sowohl über die Erforschung der Wahrheit als auch auf Konsens basierend gefunden werden kann, und daß zum anderen für den Rechtsfrieden im Rahmen der Strafklageverbrauchsproblematik auch die Rechtssicherheit von Bedeutung sein kann, soll untersucht werden, wie diese Belange zueinander und in Beziehung zum Rechtsfrieden positioniert sind.

1. Ausgangspunkt. Gerechtigkeit und Rechtssicherheit bei eindimensionaler Betrachtung

Grundlage der Untersuchung soll zunächst das Zusammenspiel von Gerechtigkeit und Rechtssicherheit in einer Dimension, d. h. anhand einer Form des Verfahrensabschlusses sein.

[1492] Vgl. *Weigend*: Abgesprochene Gerechtigkeit, JZ 1990, S. 774 ff., 781: „*Der Betroffene erspart dem Staat die zeremonielle Arbeit des Schuldnachweises und nimmt die Strafe schon nach den ersten Ermittlungen 'freiwillig' auf sich.*"

[1493] Zum Verhältnis von Sachverhaltsaufklärung während der Ermittlungen einerseits und in der Hauptverhandlung andererseits in bezug auf die Richtigkeitsgewähr siehe *unten D. V.*

Zu diesem Zweck wird jeweils kurz auf die Konstellation der richtig und auf die der unrichtig erscheinenden Entscheidung eingegangen.

Wirkt eine Entscheidung zu einem gegebenen Zeitpunkt und bei einem bestimmten Kenntnisstand in Relation auf die Umsetzung des von der anwendbaren Rechtsordnung vorgegebenen Reaktionsapparates als *richtig*, ist der Gerechtigkeit Genüge getan. Dies entspricht schon an sich dem finalen Ziel des Rechtsfriedens. So wird, um dies anhand eines Urteils zu veranschaulichen, dem Rechtsfrieden durch einen Freispruch dadurch gedient, daß der Konflikt „... *als in Wahrheit nicht vorhanden aus der Welt geschafft wird*“, durch eine Einstellung wegen eines Prozeßhindernisses hingegen durch die Feststellung, daß „... *kein Anlaß zur Entstörung der Rechtsordnung mehr vorhanden ist* ...“.[1494] Die Verurteilung trägt ihrerseits mittels zutreffender Anwendung des materiellen Strafrechts, sei es durch auf Wahrheitserforschung basierender richterlicher Überzeugung, sei es durch Konsens, zur Befriedung bei. Dieses Zwischenziel ummantelnd, perpetuiert die Endgültigkeit der Entscheidung aufgrund ihrer Fähigkeit, den Entscheidungsinhalt zu verstärken und zu transportieren, damit auch die positiven Wirkungen für den Rechtsfrieden. Im Falle des gerecht erscheinenden und mit *ne bis in idem*-Wirkung ausgestatteten Urteils läuft die Rechtssicherheit demnach der Gerechtigkeit parallel[1495] und kommt dem Rechtsfrieden gleichermaßen zugute. Eine erneute Beschäftigung mit der Sache ist im Hinblick auf den zu erreichenden „... *Zustand, bei dem von der Gemeinschaft vernünftigerweise erwartet werden kann, daß sie sich über den Verdacht einer Straftat beruhige,*“[1496] nicht mehr erforderlich.

Soweit sich die Entscheidung nach gegenwärtigem Informationsstand als *unrichtig* darstellt, verlangt die Diskrepanz zu dem Zwischenziel Gerechtigkeit das weitere Prozessieren zum Zwecke der Überwindung dieses Grabens und des Erlasses eines gerechten Spruches. Die Rechtssicherheit hingegen fordert das inhaltliche Festhalten an der einmal getroffenen Entscheidung. In dieser Konstellation stehen sich also das Streben nach Gerechtigkeit auf der einen Seite und die Rechtssicherheit auf der anderen Seite in entgegengesetzte Richtungen weisend gegenüber.[1497] Soweit in diesem Fall die Rechtskraft greift, ist der Weg zum Erreichen von Gerechtigkeit durch die Rechtssicherheit abgeschnitten. Soweit die Rechtslage aber eine Verfahrensfortsetzung gestattet, gewinnt das Gerechtigkeitsstreben die Oberhand, während die „... *Forderung, das Vertrauen des einzelnen und der Allgemeinheit in den Bestand einer als endgültig getroffenen gerichtlichen Entscheidung zu fördern und zu erhalten*“[1498] zurücktreten muß.

1494 *Volk*: Prozeßvoraussetzungen, 1978, S. 245 f. Vgl. auch *Rassat*: Proc. pén., 2001, Rn. 297 zur Verjährung: „ ... *on constate qu'il n'est pas utile d'agiter l'opinion publique en lui rappelant, des infractions anciennes et qu'elle a oubliées.*“

1495 Vgl. *Deml*: Reform der Wiederaufnahme, 1979, S. 43 und *Radtke*: Systematik des Strafklageverbrauchs, 1994, S. 46 m. w. N.

1496 Vgl. *oben B. IV.*

1497 Zur Kritik *Radtkes* (Systematik des Strafklageverbrauchs, 1994, S. 43) an dieser Sichtweise, die auf einer unzulässigen Prämisse beruht, vgl. *oben B. III. 2.*

1498 Vgl. *oben B. II. 1.*

Wie im Rahmen der exemplarischen Darstellung des deutschen Urteils und der korrespondierenden Abschlüsse der anderen beiden Länder zu beobachten war, ist die Wiederaufnahme zuungunsten des Freigesprochenen oder Verurteilten gar nicht oder unter im Vergleich zur Wiederaufnahme zugunsten erschwerten Voraussetzungen möglich. Daraus läßt sich die Eigenständigkeit des individuellen Rechtssicherheitsprinzips ersehen. In diesen Fällen greift es über das Vertrauen der Allgemeinheit hinaus und fordert eine weitergehende Sperrwirkung. Keine selbständig ins Gewicht fallende Komponente ist die individuelle Rechtssicherheit aber, wenn es sich um ein neues, zugunsten des Verurteilten initiiertes Verfahren handelt.

Eigene Bedeutung erlangt die Rechtssicherheit im Grunde damit nur dann, wenn die Nachprüfung einer unrichtig erscheinenden Entscheidung nicht möglich ist.

Wenn *Stock* in diesem Zusammenhang von „*Unrechtssicherheit*“[1499] spricht, bezieht er sich im Hinblick auf das „*Recht*“ einseitig auf die normierte Rechtsordnung. Hier aber wird davon ausgegangen, daß Anknüpfungspunkt der Rechtssicherheit das konkrete Entscheidungsrecht ist.[1500]

In den Fällen der richtig erscheinenden Entscheidung kommt eine gesetzgeberische Abwägung zwischen Gerechtigkeit und Rechtssicherheit nicht in Frage, da beide Komponenten ohnehin schon in die gleiche Richtung weisen. Für die Fälle ungerecht anmutender Entscheidungen ist indes durch normative Dezision des Gesetzgebers im voraus festzulegen, wann sich die Gemeinschaft über den Verdacht einer Straftat beruhigen kann.

Wenn dies nur durch Klärung der Zweifel an dem Verfahrensabschluß und damit verbundener Fortsetzung des Strebens nach Gerechtigkeit erreichbar ist und demnach „... *das Prozeßziel des Rechtsfriedens im Grundverfahren verfehlt worden ist*“,[1501] erscheint die Wiederaufnahme des Verfahrens konsequent. In anderen Fällen liefe dies aber dem Befriedungsinteresse zuwider, so daß die Unüberprüfbarkeit des ersten Spruches den Vorzug verdient.

2. Gerechtigkeit und Rechtssicherheit bei mehrdimensionaler Betrachtung

Bekannt ist, daß das Verhältnis von Sperrwirkung und Durchbrechungsmöglichkeit zwischen den verschiedenen Verfahrensabschlüssen variiert. So darf die Klage im *deutschen* Strafverfahrensrecht nur aufgrund neuer Tatsachen oder Beweismittel wieder aufgenommen werden, wenn das Gericht die Eröffnung des Hauptverfahrens durch nicht mehr anfechtbaren Beschluß abgelehnt hat.[1502] Demgegenüber ist die Weiterführung der staatsanwaltschaftlichen Verfolgung nach einer einfachen Einstellung mangels hinrei-

---

1499 *Stock*: Ziel des Strafverfahrens, in: Engisch/Maurach (Hrsg.): FS Mezger, 1954, S. 429 ff., 451, Fn. 1. Er fordert demzufolge: „*Wenn die sachliche Unrichtigkeit eines Strafurteils zuungunsten des Verurteilten feststeht und ein Wiederaufnahmegrund nicht vorhanden ist, muß es daher als Rechtspflicht des Gnadeninstanz angesehen werden, im Gnadenweg für Wiedergutmachung zu sorgen.*“

1500 Vgl. *oben B. II. 1.*

1501 *Weber-Klatt*: Wiederaufnahme zu Ungunsten, 1997, S. 115.

1502 Vgl. i. e. *unten Kapitel 12, B. II. 3. b.*

chenden Tatverdachts jederzeit und ohne Beschränkungen möglich.[1503] In *Frankreich* kann das Verfahren nach einer *non-lieu*-Entscheidung des Untersuchungsrichters zuungunsten des Beschuldigten fortgesetzt werden, sobald sich neues Belastungsmaterial zeigt,[1504] während eine Rechtskraftdurchbrechung nach einem erkenntnisrichterlichen Urteil zuungunsten grundsätzlich gar nicht zulässig ist.[1505] Ähnliches gilt in den *Niederlanden* für das Verhältnis der formellen staatsanwaltschaftlichen Einstellung und das richterliche *vonnis*.[1506]

Die sich daraus ergebende Frage nach der Ursache dieser offenbar differierenden Abwägungsergebnisse zwischen dem Interesse der Rechtssicherheit auf der einen und dem der Gerechtigkeit auf der anderen Seite ist jedoch in den bisherigen Ausführungen noch unbeantwortet geblieben.

Der jeweilige Gesetzgeber betrachtet den Rechtsfrieden demnach durch *eine* bestimmte Art von Verfahrensabschlüssen für nahezu immer erreicht und beschränkt die Korrekturmöglichkeiten in einem Folgeverfahren deshalb auf seltene Ausnahmefälle, während er nach *anderen* Entscheidungsformen das fortgesetzte Streben nach Gerechtigkeit billigt und die Möglichkeit der Verfahrensfortsetzung im Interesse des Rechtsfriedens für erforderlich hält.

Dies läßt auf eine Art *qualitative Divergenz* zwischen den einzelnen Entscheidungen schließen. Bei der Suche nach diesem die qualitative Divergenz bestimmenden fehlenden Faktor sind folgende Gesichtspunkte von wesentlicher Bedeutung.

In den Strafverfahrensordnungen fällt dem Streben nach Gerechtigkeit eine gewichtige Rolle zu. Wenngleich die Gerechtigkeit selbst auch nicht Prozeßziel sein kann,[1507] dominiert sie den Strafprozeß doch zentral.

Nicht zuletzt drückt sich dieser Stellenwert darin aus, daß die Gerechtigkeit noch immer häufig für das Strafverfahrensziel gehalten wird.[1508]

Insofern muß diesem Zwischenziel auf dem Weg zum Rechtsfrieden auch eine im Vergleich zum Zwischenziel der Rechtssicherheit vorrangige Stellung zugestanden werden. Primär strebt der Strafprozeß die richtige Umsetzung des im Falle des Verdachts einer Straftat normativ vorgesehenen Reaktionsapparates an.[1509]

1503 Vgl. i. e. *unten Kapitel 12, B. I. 2. c.*

1504 Vgl. i. e. *unten Kapitel 12, C. II. 2. d.*

1505 Eine im allgemeinen wenig beachtete Ausnahme existiert allerdings. Vgl. i. e. *oben Kapitel 9, C. V. 3.*

1506 Vgl. i. e. *unten Kapitel 12, D. I. 4.* (formelle staatsanwaltschaftliche Einstellung) und *oben Kapitel 9, D. V.* (*vonnis*).

1507 Vgl. dazu *oben B. III. 3.*

1508 Dazu *oben B. III. 3. Fn. 1327, 1339-1341.*

1509 Vgl. *Lesch*: Strafprozeßrecht, 2001, Rn. 4: „*Zweitens muß sich die Entscheidungsfindung von einer intersubjektiv akzeptablen, in hohem Maße plausiblen Argumentation leiten lassen. Deshalb ist es insbesondere erforderlich, keine unzuverlässigen Beweismittel zugrunde zu legen und Fehlerquellen so weit wie möglich auszuschalten.*"

In diesem Sinne stellt *Kühne* klar, daß *Schmidhäusers* Ausführungen zum Rechtsfrieden als Zweck des Strafprozesses letztlich auch davon ausgehen, „... *daß oberstes Ziel das Erreichen von Gerechtigkeit ist* ...“.[1510]

Im Gegensatz dazu richtet sich die Intention nicht ebenso unmittelbar auf das Ziel der Rechtssicherheit. Während Rechtssicherheit nämlich isoliert in Form eines zwar unumstößlichen Spruches, aber bar der Orientierung an Gerechtigkeitselementen in unseren heutigen Strafrechtsordnungen niemals zu Rechtsfrieden führen könnte, kann umgekehrt eine gerechte Entscheidung an sich schon befriedende Wirkung haben. In dieser Konstellation spielt die Rechtssicherheit eine untergeordnete Rolle.

Darüber hinaus muß auch an die befriedende Funktion des Verfahrens erinnert werden.[1511] Schon die Tatsache an sich, daß überhaupt eine prozessual geregelte Reaktion auf den Verdacht eines Rechtsbruches folgt, trägt in gewisser Weise zur Linderung des Konfliktes bei.

Die Bedeutung des geregelten Verfahrens für den Rechtsfrieden kommt beispielsweise auch darin zum Ausdruck, daß im deutschen Verfahren zahlenmäßig mehr Wiederaufnahmegründe existieren, die sich mit *Verfahrens*fehlern begründen.[1512]

Die Rechtssicherheit gewinnt erst nach Durchführung eines die Gerechtigkeit intendierenden Verfahrens an Bedeutung. Unerläßlich ist deshalb zumindest „... *das gewissenhafte Streben nach Gerechtigkeit*“,[1513] wenngleich es unter Umständen auch damit sein Bewenden haben muß.

Aus dem Stellenwert, die der Gerechtigkeit einerseits und dem Verfahren andererseits für den Rechtsfrieden zukommen, läßt sich schließen, daß die gesuchte qualitative Komponente in der ***grundsätzlichen Eignung des*** einer bestimmten Entscheidung vorausgehenden *Verfahrens* zu sehen ist, ***einen gerechten Abschluß hervorzubringen.*** Je besser deshalb die Bedingungen für das dauerhafte Erreichen des Ziels Gerechtigkeit durch das erste Verfahren, um so geringer ist das Bedürfnis nach Weiterverfolgung das Zieles Gerechtigkeit in einem zweiten Verfahren und um so berechtigter ist die Erwartung von Rechtssicherheit,[1514] was mit einer umfangreicheren Rechtskraft und beschränkteren Wiederaufnahmemöglichkeiten einher geht. Ein äußerst sorgfältiges, am Ziel der Gerechtigkeit stark orientiertes Verfahren trägt bereits in so hohem Maße zum Rechtsfrieden bei, daß das Bedürfnis der Gesellschaft nach wiederholter Überprüfung geringer ist als nach einer Abschlußentschei-

---

[1510] *Kühne*: Strafverfahrensrecht als Kommunikationsproblem, 1978, S. 59, Fn. 2.

[1511] Vgl. *oben B. IV.*

[1512] Darauf weist *Neumann*: Materiale und prozedurale Gerechtigkeit, ZStW 1989, S. 52 ff., 56 hin. In diesem Sinne auch *Damaška*: Faces of Justice and State Authority, 1986, S. 145: „*While even substantively erroneous decisions can enjoy a high degree of immunity from subsequent change, this immunity does not extend to decisions obtained through unfair practice or fraud.*“

[1513] *Schmidhäuser*: Ziel des Strafprozesses, in: Bockelmann/Gallas (Hrsg.): FS Eb. Schmidt, 1961, S. 511 ff., 523.

[1514] Ähnl. auch *Stock*: Ziel des Strafverfahrens, in: Engisch/Maurach (Hrsg.): FS Mezger, 1954, S. 429 ff., 442 (Überzeugung der Allgemeinheit von Gerechtigkeit nur, wenn die Allgemeinheit den Eindruck hat, daß auch der Verlauf des Ganzen diese Überzeugung rechtfertigt) und *Dippel*: Reform des Wiederaufnahmerechts, GA 1972, S. 97 ff., 109.

dung, der ein Verfahren vorangegangen ist, welches geringere Garantien aufwies, um das spätere Hervortreten einer *„neuen"* relativen Gerechtigkeit auszuschließen.

Selbstverständlich kann es in diesem Rahmen nur um die generelle Eignung des Verfahrens gehen, ein gerechtes Ergebnis hervorzubringen, nicht aber um die Durchführung im Einzelfall – die Betrachtung der Rechtsvorschriften muß notwendigerweise abstrakt sein.

Das Verhältnis von Gerechtigkeit und Rechtssicherheit beschränkt sich damit nicht auf ihre Gegenspielerschaft im *konkreten* Fall im Konflikt um Wiederaufnahme und Rechtskraft. Darüber hinaus beeinflußt der *generelle* Umfang der Gerechtigkeitsgarantien des jeweiligen Erstverfahrens die Stärke des Faktors Rechtssicherheit, dem die Reichweite der Rechtskraft der dieses Verfahren abschließenden Entscheidung Ausdruck verleiht.

Dies findet eine interessante Bestätigung in folgender historischer Beobachtung *Prébois'*: „... *on constate que la révision était plus facile là où les garanties d'une bonne justice existaient moins.*"[1515]

IV. Ergebnis

Auf der Basis des letzten Abschnittes, der den Rechtsfrieden als Verfahrensziel sowie Gerechtigkeit und Rechtssicherheit als im Zusammenhang mit dem Strafklageverbrauch für das so verstandene Verfahrensziel bedeutsam gezeigt hatte, konnten nun hinsichtlich des Gerechtigkeitsbegriffs weitere Präzisierungen vorgenommen werden.

Zum einen ergab sich, daß unter Gerechtigkeit nicht nur – wie herkömmlich üblich – die Verwirklichung und Bewährung des materiellen Strafrechts durch Erlaß eines gerechten Urteils, sondern – weiter – die Umsetzung der in den Straf- wie auch in den Strafverfahrensnormen jeweils vorgesehenen Reaktionen auf den Verdacht einer Straftat zu verstehen ist. Dies ermöglicht auch die Einbeziehung verschiedener prozeßbeendender Entscheidungen, die das Verfahren vor dem Urteil abbrechen, und deren Einordnung im Hinblick auf das Ziel des Rechtsfriedens.

Zum anderen konnte festgestellt werden, daß Gerechtigkeit nicht allein durch Wahrheitserforschung, sondern auch durch Konsens zu erreichen ist. Beide Wege sind geeignet, Rechtsfrieden herbeizuführen. Konsens ist gleichwohl immer nur in der Lage, die Wahrheitserforschung als Gerechtigkeitsgarantie in einseitiger Weise zu ersetzen: Erstens kann er lediglich zu nachteiligen Folgen für den Beschuldigten führen. Damit eng verbunden ist zweitens die Unmöglichkeit der konsensgetragenen Absicherung der Gerechtigkeit im Hinblick auf Tatsachen, die gegen den Beschuldigten sprechen.

Betrachtet man das Verhältnis von Gerechtigkeit und Rechtssicherheit zunächst ohne Berücksichtigung der Vielfalt der Entscheidungsformen, wird erkennbar, daß die beiden Komponenten bei der richtig erscheinenden Entscheidung parallel laufen und beide gleichermaßen dem Rechtsfrieden dienen. Bei der unrichtig erscheinenden Entscheidung hingegen erweisen sie sich als gegenläufig: Während die Gerechtigkeit die Fortführung des Verfahrens anstrebt, tritt die Rechtssicherheit für dessen endgültigen Abschluß ein. Die

---

[1515] *Prébois*: Révision, 1902, S. 8 ff., 9.

Fälle, in denen das Gesetz eine Sperre gegenüber der Nachprüfung einer als falsch vermuteten Entscheidung errichtet, verdeutlichen die eigenständige Bedeutung des Rechtssicherheitsfaktors. Selbständiges Gewicht kommt darüber hinaus der individuellen Rechtssicherheit dann zu, wenn die Möglichkeiten der Fortsetzung des Verfahrens zuungunsten des Beschuldigten begrenzter sind als diejenigen zu seinen Gunsten.

Eine Erweiterung des Blickfelds auf ein Spektrum unterschiedlicher Verfahrensabschlüsse zeigt, daß diese in ihrer Sperrwirkung beachtliche Abstufungen aufweisen. Die vermutete qualitative Divergenz zwischen den einzelnen Entscheidungsarten erweist sich durch den Faktor Gerechtigkeit beeinflußt. Das Streben nach Gerechtigkeit nimmt in unseren heutigen Rechtsordnungen, ohne höchstes Verfahrensziel zu sein, eine herausragende Stellung ein und ist, im Zusammenspiel mit der befriedenden Funktion des Verfahrens, von maßgeblicher Bedeutung für den Umfang der Beendigungswirkung einer Erledigungsform. Denn je besser die durch das erste Verfahren bereitgehaltenen Bedingungen für das dauerhafte Erreichen von Gerechtigkeit sind, um so geringer ist das Bedürfnis der Gemeinschaft nach Einleitung einer anschließenden Verfolgung, um so berechtigter ist die Erwartung von Rechtssicherheit und um so eher kann schließlich das Ziel des Strafprozesses Rechtsfrieden mit dem ersten Verfahren erreicht werden. Wesentliches Ergebnis ist demnach der Zusammenhang zwischen den Gerechtigkeitsgarantien des Erstverfahrens und dem Maß an *ne bis in idem*-Wirkung der daraus hervorgehenden Entscheidung.

D. Zusammenhang zwischen den Charakteristika und der Gerechtigkeitsgewähr

I. Einleitung

Auf der Erkenntnis aufbauend, daß der Umfang der Rechtskraft in Relation zu den Gerechtigkeitsgarantien des Grundverfahrens, dem ersten Verfahren zu einem Gegenstand, steht, fällt es nun leicht, das letzte Verbindungsglied zwischen den identifizierten Kriterien *Entscheidungsorgan*, *Verdachtsgrad* und *Methoden der Sachverhaltsermittlung* sowie *Konsens* auf der einen Seite und der *Rechtskraft* auf der anderen Seite zu überprüfen. Wenn diese Faktoren nämlich in ihrer unterschiedlichen Ausprägung in den jeweiligen Verfahrensabschlußformen Einfluß auf die Gewähr der Gerechtigkeit haben, dann setzt sich dieser Einfluß schließlich auf das Maß der Rechtskraft fort.

Das Verhältnis zwischen den Faktoren und der Gerechtigkeitsgewähr soll nun deshalb untersucht werden: Nicht nur „[d]ie Qualität der Wahrheit hängt ... von der Qualität des Verfahrens ab, das zur Verfügung gestellt wird, um die Sache zu klären ...“,[1516] sondern gleichermaßen die Qualität der Gerechtigkeit.

1516 *Volk*: Diverse Wahrheiten, in: Eser et al. (Hrsg.): FS Salger, 1995, S. 411 ff., 411.

II. Konsens und Gerechtigkeitsgewähr. Präzisierung

Der Konsens zwischen den Strafverfolgungsbehörden und dem Beschuldigten kann in unterschiedlichen Konstellationen und Formen auftreten.

So muß der Angeschuldigte beispielsweise seine Zustimmung zur richterlichen Einstellung nach § 153 Abs. 2 StPO[1517] erteilen, obgleich für ihn mit diesem Verfahrensabschluß keinerlei nachteilige Folgen verbunden sind. Insoweit ist das Vorliegen seines Einverständnisses ebenso wie bei der sanktionsbehafteten Einstellung nach § 153a StPO[1518] bereits Vorbedingung der Verfahrensabschlußentscheidung. Demgegenüber geht der Erlaß des Strafbefehls[1519] zum Beispiel voran; erst anschließend verleiht der Verurteilte durch seinen Verzicht auf den Einspruch seiner Akzeptanz Ausdruck.

1. Unterscheidung zwischen sach- und verfahrensbezogenem Konsens

Der Konsens kann sich zum einen auf die Tat und ihre Sanktionierung beziehen. Dies ist der Fall, wenn der Beschuldigte sich hinsichtlich der tatsächlichen und rechtlichen Beurteilung der ihm vorgeworfenen Straftat in Übereinstimmung mit der Verfolgungsbehörde befindet oder zumindest in die konkreten Konsequenzen des gegen ihn gerichteten Verdachts einwilligt.[1520]

Dies gilt etwa für die bedingte Einstellung nach § 153a StPO. Die Zustimmung des Beschuldigten oder Angeschuldigten hat hier die Akzeptanz der Auflagen und Weisungen zum Gegenstand. Gleiches trifft auch auf die Transaktionsformen in Frankreich und in den Niederlanden[1521] zu. Im Rahmen der niederländischen Erledigung durch *voeging ad informandum*[1522] müssen Angeklagter und Staatsanwaltschaft sich hinsichtlich der tatsächlichen und der rechtlichen Bewertung der auf diese Weise durch den erkennenden Richter in die Strafzumessung einbezogene Tat einig sein. Im englischen Verfahren setzt die Verurteilung aufgrund einer *guilty plea* das Schuldbekenntnis des Angeklagten voraus. Die konkret verhängten Sanktionen nimmt der Angeschuldigte beispielsweise mit dem Verzicht auf den Einspruch gegen den Strafbefehl hin.

Insofern handelt es sich um *sachbezogenen* Konsens. Dieser ist allerdings nur notwendig und wesentlich, wenn er auch belastende Folgen für den Beschuldigten umfaßt.[1523]

Zum anderen kann sich der Konsens auch auf die Behandlung des Verdachts im Strafverfahren beziehen. Diesbezüglich kann man von verfahrensbezogenem Konsens sprechen.

1517 Vgl. *unten Kapitel 12, B. II. 4.*

1518 Vgl. *unten Kapitel 12, B. III. 3., 4.*

1519 Vgl. *unten Kapitel 12, B. IV.*

1520 Nicht immer ist ein Geständnis oder eine ausdrückliche Billigung der strafverfolgungsseitigen rechtlichen Bewertung notwendig: dies gilt beispielsweise für die Einstellung nach § 153a StPO. Vgl. dazu *KMG*: StPO, 2003, § 153a, Rn. 10, 12: Zustimmung bezieht sich auf die Auflagen und Weisungen.

1521 Vgl. *unten Kapitel 12, C. (Frankreich), D. (Niederlande), III.*

1522 Vgl. *unten Kapitel 12, D. IV.*

1523 Vgl. dazu *oben C. II. 2.*

Als ein Beispiel für einen bloß *verfahrensrelativen* Konsens ist die Zustimmung des Angeschuldigten im Rahmen der deutschen Einstellung nach § 153 Abs. 2 StPO zu nennen, die lediglich den Verzicht auf die greifbare und unmittelbar bevorstehende Durchführung der die Möglichkeit einer günstigen Entscheidung einschließenden Hauptverhandlung beinhaltet. Daß der Beschuldigte in diesem Falle der Einstellung nicht sachlich hinsichtlich der konkreten, nämlich für ihn folgenlosen Reaktion zustimmen muß, ergibt sich im Vergleich mit der gleichgelagerten staatsanwaltschaftlichen Einstellung, die seine Einwilligung nicht erfordert. Denn zu diesem Zeitpunkt ist er noch nicht in den Status des Angeschuldigten/Angeklagten versetzt. Erst dieser verleiht ihm das (Verfahrens-)Recht auf Erzwingung der Hauptverhandlung.[1524]

Auch die Einwilligung des Angeklagten im italienischen Recht, das Verfahren des *guidizio abbreviato* zu beschreiten, stellt einen rein verfahrensbezogenen Konsens dar.[1525]

Der verfahrensbezogene Konsens kann im vorliegenden Zusammenhang keine Rolle spielen. Er dient nicht dem Interesse der Gerechtigkeit, verstanden als Umsetzung der in den Straf- und Strafverfahrensnormen jeweils vorgesehenen Reaktionen auf den Verdacht einer Straftat.[1526] Statt dessen kürzt er das Verfahren ab, ohne die Garantien für die Gerechtigkeitssuche zu erhöhen.

Für das Zwischenziel der Gerechtigkeit kann demnach allein der sachbezogene Konsens bedeutsam sein. Daß sich die Einwilligung in Konstellationen des sachbezogenen Konsenses gleichzeitig notwendigerweise auf einen Verzicht auf die Garantien eines ordentlichen Hauptverfahrens erstreckt, ist allerdings subsidiär. Denn der Schwerpunkt ruht auf dem materiellen Konsens. Nur rein verfahrensrelative Einigungen bleiben unberücksichtigt.

2. Unterscheidung zwischen aktivem und passivem Konsens

Darüber hinaus kann das Einverständnis des Beschuldigten mit einer belastenden Folge der Straftat in zwei verschiedenen Formen bekundet werden:

Zum einen ist die aktive Äußerung denkbar. Der Beschuldigte muß aktiv seine Einwilligung mit den ihm angebotenen Bedingungen ausdrücken, bevor der Verfahrensabschluß zustande kommen kann. Existiert die Übereinstimmung zwischen dem Beschuldigten und der zuständigen Strafverfolgungsbehörde nicht im vorhinein, scheitert diese Erledigungsweise.

Dies verlangen beispielsweise sämtliche strafverfahrensrechtliche Vergleichsformen.[1527]

Die passive Zustimmung stellt den anderen Fall dar. Damit ist die Situation gemeint, in der ein Tätigwerden des Beschuldigten nicht schon Bedingung für das Zustandekommen eines Verfahrensabschlusses ist. Statt dessen ist dieser bereits erlassen und besteht fort, wenn der Beschuldigte passiv bleibt. Hier muß er, um seine Billigung zu signalisieren,

---

[1524] Vgl. *KMG*: StPO, 2003, § 153, Rn. 27.

[1525] Vgl. dazu *oben Kapitel 9, E. II.*

[1526] Vgl. dazu *oben C. II. 1.*

[1527] Vgl. dazu *oben Kapitel 12, B. (Deutschland), C. (Frankreich), D. (Niederlande)*, jeweils *III.*

untätig bleiben, während er umgekehrt gezwungen ist, seine Mißbilligung aktiv zu artikulieren.

Dies gilt für Entscheidungen wie den Strafbefehl[1528] oder die Abwesenheitsentscheidungen der französischen Polizei- und Korrektionalgerichte[1529] oder des niederländischen Verfahrens.[1530] In diesen Fällen werden die Verurteilungen rechtskräftig, wenn der Angeklagte nicht in der jeweiligen Frist Einspruch[1531] einlegt.

Im Zusammenhang mit der Gerechtigkeitsgewähr ist der durch aktives Tun des Beschuldigten entstandene Konsens von größerem Gewicht. Denn er setzt eine bewußte Entscheidung des Beschuldigten voraus. Der passive Konsens birgt eher die Gefahr, auf bloßer Nachlässigkeit, Gleichgültigkeit und Fristversäumung des Beschuldigten zu basieren, und besitzt damit in geringerem Maße die, mit der auf Akzeptanz und Übereinstimmung gründenden Verfahrenserledigung verbundene befriedende Wirkung.

III. Entscheidungsorgan und Gerechtigkeitsgewähr durch Wahrheitsfindung

1. Einleitung

Ziel des folgenden Abschnittes ist es, die These zu stützen, daß der Faktor der *richterlichen* Entscheidung auf das Maß der Wahrheits- und Gerechtigkeitsgewähr und demnach auf den Umfang der Rechtskraft Einfluß hat. Zu diesem Zweck soll die Stellung des Richters in Abgrenzung zu der des Staatsanwaltes[1532] in den drei untersuchten Rechtsordnungen exemplarisch betrachtet werden.

2. Deutschland

Ein wesentliches Kennzeichen des deutschen Richters ist dessen *Unparteilichkeit*, die abgesichert wird durch die Vorschriften über Ausschließung und Ablehnung von Gerichtspersonen.[1533] Diese finden auf die Staatsanwaltschaft keine Anwendung.[1534] Sie ist als Institution vielmehr geprägt durch eine Art Doppelcharakter. Auf der einen Seite ver-

---

1528 Zum deutschen und zum französischen Strafbefehlsverfahren vgl. *unten Kapitel 12, B. IV.* und *D. IV. 2.*

1529 Vgl. *oben Kapitel 9, C. VI. 2.*

1530 Vgl. *oben Kapitel 9, D. VI.*

1531 Bzw. Berufung in den meisten Fällen des niederländischen Abwesenheitsurteils.

1532 Was für die Staatsanwaltschaft gilt, trifft in noch verstärkterem Maße für die verschiedenen Verwaltungsbehörden oder die Polizei zu, soweit diese wie z. B. in Frankreich (vgl. *Kapitel 12, C. III. 2.* [Verwaltungstransaktion]) oder in den Niederlanden (vgl. *Kapitel 12, D. I. 3.* [polizeil. Einstellung] und *III. 3.* [polizeil. Transaktion]) auch für verfahrensabschließende Entscheidungen zuständig sind.

1533 Vgl. §§ 22 ff. StPO.

1534 Vgl. *KMG*: StPO, 2003, Vor § 22, Rn. 3 ff.

waltungsmäßig aufgebaute Strafverfolgungsbehörde, ist sie auf der anderen Seite auch Justizbehörde und Organ der Rechtspflege.[1535] Reflektiert werden diese beiden Aspekte durch die Weisungsgebundenheit einerseits und die Verpflichtung zu Objektivität andererseits. Als *„objektivste Behörde der Welt“*[1536] hat sie dementsprechend gemäß § 160 Abs. 2 StPO „... *nicht nur die zur Belastung, sondern auch die zur Entlastung dienenden Umstände zu ermitteln* ...“. Ihr Handeln gilt folglich ausschließlich der Rechtsverwirklichung und -durchsetzung. In dieser Zielsetzung gleicht sie den gerichtlichen Organen. Im Gegensatz zu jenen aber profitieren Staatsanwälte nicht von der verfassungsmäßig gewährleisteten *richterlichen sachlichen und persönlichen Unabhängigkeit*,[1537] die durch *Weisungsfreiheit* und *Inamovabilität* umgesetzt wird.[1538] Statt dessen haben sie, so bestimmt es § 146 GVG, „... *den dienstlichen Anweisungen ihres Vorgesetzten nachzukommen.*“

Bei *Peters* ist ein amüsantes Beispiel zur Inanspruchnahme der richterlichen Unabhängigkeit aus dem Jahre 1510 zu lesen: Auf die Forderung des Kurfürsten Maximilian von Bayern, das Hofgericht solle künftig gemäß der Regierungslinie urteilen, schrieb dessen Präsident zurück, daß „... *er auf solche Weise lieber Sauhirt als Präsident sein wolle* ...“.[1539]

Dieser Unterschied kommt in der unterschiedlichen Aufgabenverteilung[1540] im Strafprozeß zur Geltung. Im Laufe des Ermittlungsverfahrens, welches in den Händen der Staatsanwaltschaft liegt, fällt einem unabhängigen richterlichen Organ aufgrund seiner Sonderstellung die Aufgabe zu, mit Grundrechtseingriffen gravierender Art verknüpfte Zwangsmittel anzuordnen.[1541] So darf Untersuchungshaft gemäß § 114 Abs. 1 StPO nur auf Befehl des Richters angeordnet werden. Auch für Beweisgewinnungsmaßnahmen wie Beschlagnahme, Durchsuchung und Überwachung der Telekommunikation bedarf der Staatsanwalt regelmäßig[1542] der Ermächtigung eines Richters.[1543] Der verschiedenartigen Stellung beider Organe verleiht die Strafprozeßordnung schließlich auch durch den gesetzlich anerkannten höheren Beweiswert von Ermittlungshandlungen des Richters im Vorverfahren im Vergleich zu jenen des Staatsanwaltes Ausdruck: nur Protokolle über die Einnahme des richterlichen Augenscheins dürfen verlesen werden; die Ersetzung der Vernehmung eines Zeugen, Sachverständigen oder Mitbeschuldigten durch Verlesung

---

1535 *Peters*: Strafprozeß, 1985, S. 161; *Kühne*: Strafprozeßrecht, 2003, Rn. 133.

1536 Von dem Berliner Generalstaatsanwalt *Isenbiel* stammende Bezeichnung (zit. nach *Schäfer, G.*: Strafverfahrensrecht, 2000, Rn. 38, Fn. 21).

1537 Vgl. Art. 97 GG und §§ 25 ff. DRiG. Vgl. auch *Schroeder*: Legalitäts- und Opportunitätsprinzip, in: Baumann/Tiedemann (Hrsg.): FS Peters, 1974, S. 411 ff., 425.

1538 Vgl. MD-*Herzog*: GG, Art. 97, Rn. 8 ff. (Std. 1977) u. Art. 92, Rn. 96 (Std. 1971).

1539 *Peters*: Strafprozeß, 1985, S. 107.

1540 Zu sehen ist daneben allerdings auch, daß die Staatsanwaltschaft von der reinen Ermittlungs- und Anklagebehörde mittlerweile zu einer in erheblichem Maße Kriminalität abschließend erledigenden Behörde geworden ist (vgl. *Heinz*: Die Staatsanwaltschaft im statistischen Graufeld, in: Albrecht et al. (Hrsg.): FS Kaiser, 1. Hb., 1998, S. 85 ff., 88).

1541 Vgl. *Peters*: Strafprozeß, 1985, S. 106.

1542 Ausnahmen bestehen im Fall von Gefahr im Verzug, vgl. §§ 98 Abs. 1, 105 Abs. 1, 100b Abs. 1 S. 2 StPO.

1543 Vgl. §§ 98, 105, 100b StPO.

eines richterlichen Vernehmungsprotokolls ist unter erleichterten Bedingungen gestattet.[1544] Zur Entscheidung über Schuld und Strafe sind schließlich allein Richter berufen.[1545]

3. Frankreich

Ebenso wie die französische Gerichtsbarkeit ist die Staatsanwaltschaft, das *ministère public*, ein selbständiges Organ der Rechtspflege. Nachdem sie in der Vergangenheit zum Teil allein der Exekutive zugerechnet wurde, geht man heute davon aus, daß die Anklagebehörde eine Zwischenstellung einnimmt: Zum einen repräsentiert sie tatsächlich die vollziehende Gewalt, zum anderen ist sie eine wesentliche und notwendige Beteiligte am Strafverfahren, wobei sie der Rolle des Richters näher steht als der einer Partei.[1546] Nicht nur die gemeinsame Ausbildung von Richtern und Staatsanwälten sowie die Beteiligung des *Conseil supérieur de la magistrature* an der Ernennung beider[1547] legt die Ähnlichkeit beider Justizorgane nahe. Letztlich läßt auch die ebenfalls für Staatsanwälte benutzte Bezeichnung „*magistrat*" – „*magistrats debout*" im Gegensatz zu den „*magistrats du siège*", den Richtern – auf Parallelen schließen.[1548] Dementsprechend entschied der französische Verfassungsrat (*Conseil constitutionnel*) im Jahre 1993, daß die Mitglieder der Staatsanwaltschaft Teil der *autorité judiciaire* (Gerichtsbarkeit) im Sinne des Art. 66 der Verfassung[1549] bilden.[1550] So kann man durchaus auch sagen, daß die Anklagebehörde, wenn sie bei weitgehender Entscheidungsfreiheit die Verfolgungsentscheidung unter Berücksichtigung von Zweckmäßigkeitserwägungen trifft, eine „*quasi-richterliche*" Funktion ausübt.[1551]

Über diesen Ähnlichkeiten dürfen aber die wesentlichen Unterschiede zwischen Richterschaft und Staatsanwaltschaft nicht übersehen werden, die aus der engen Verflechtung letzterer mit der vollziehenden Gewalt und ihrer besonderen Aufgabe, die durch die Regierung definierte Kriminalpolitik umzusetzen, resultieren.[1552] Während die *magistrats du*

1544 Vgl. §§ 249 Abs. 1, 251 Abs. 1 und 2 StPO.

1545 Vgl. *Peters*: Strafprozeß, 1985, S. 106; *Schäfer, G.*: Strafverfahrensrecht, 2000, Rn. 11.

1546 Vgl. *Grebing*: Frankreich, in: Jescheck/Leibinger (Hrsg.): Anklagebehörde im ausländischen Recht, 1979, S. 13 ff., 23 f.; *Stefani/Levasseur/Bouloc*: Proc. pén., 2001, Rn. 170.

1547 Vgl. Art. 65 Const. Der Oberste Richterrat besteht seit 1993 (Gesetz Nr. 93-952 vom 27. 07. 1993) aus zwei Abteilungen, von denen eine für die Staatsanwaltschaft zuständig ist.

1548 *Rassat*: Proc. pén., 2001, Rn. 151.

1549 Art. 66 Const.: „*Niemand darf willkürlich in Haft gehalten werden. Die Gerichtsbarkeit sichert als Hüterin der persönlichen Freiheit die Beachtung dieses Grundsatzes nach den im Gesetz vorgesehenen Bedingungen.*" (Übersetzung nach *Lottig*: Französische Verfassung, 1961, S. 91).

1550 Vgl. *Cons. const.* vom 11. 08. 1993, Nr. 93-326, RJC 1994, I., Nr. 339: „*Considérant que l'autorité judiciaire qui, en vertu de l'article 66 de la Constitution, assure le respect de la liberté individuelle, comprend à la fois les magistrats du siège et ceux du parquet ...*".

1551 Vgl. *Grebing*: Frankreich, in: Jescheck/Leibinger (Hrsg.): Anklagebehörde im ausländischen Recht, 1979, S. 13 ff., 24.

1552 *De Villiers/Renoux*: Const., 2000, Art. 64, S. 542.

siège, die sowohl die Untersuchungs- als auch die erkennende Gerichtsbarkeit personell ausfüllen, in ihrer *Unabhängigkeit*[1553] durch konstitutionell abgesicherte[1554] *Unabsetzbarkeit* geschützt werden,[1555] sind die Angehörigen des *Parquet* in eine hierarchische Struktur eingebunden,[1556] weitgehend weisungsabhängig[1557] und nach einer Stellungnahme des zuständigen Abteilung des *Conseil supérieur de la magistrature* auch absetzbar.[1558] Im Gegensatz zum Richter[1559] ist der Staatsanwalt nicht wegen Besorgnis der Befangenheit *ablehnbar*, weil er bis zu einem gewissen Grade auch Gegner des Verfolgten ist, von dem Neutralität nicht zu erwarten ist.[1560]

Diese unterschiedliche Stellung beider Justizorgane findet ihren Ausdruck in den Kompetenzzuweisungen innerhalb der Strafprozeßordnung. Während des unter der Leitung der Staatsanwaltschaft stehenden polizeilichen Ermittlungsverfahrens dürfen Untersuchungsmaßnahmen grundsätzlich[1561] nur mit dem Einverständnis des Betroffenen vorgenommen werden.[1562] Die Anordnung gewisser, stark in die individuellen Freiheitsrechte eingreifender Zwangsmaßnahmen bleibt generell dem *juge des libertés et de la détention*[1563] oder dem *juge d'instruction* im Rahmen der gerichtlichen Voruntersuchung auf Antrag der Staatsanwaltschaft vorbehalten.[1564] Dazu zählen die freiheitsentziehenden und -beschränkenden Maßnahmen[1565] sowie die Überwachung der Telekommunikation.[1566]

Zusammenfassend läßt sich sagen, daß die Staatsanwaltschaft nach der Initialentscheidung über die Frage der Verfolgung in ihrer Rolle als Vertreterin der Gesellschaft,[1567] de-

---

1553 Zur richterlichen Unabhängigkeit vgl. *de Villiers/Renoux*: Const., 2000, Art. 64, S. 545 ff.

1554 Art. 64 Abs. 4 Const.: „*Les magistrats du siège sont inamovibles.*"

1555 *Terré*: Intr. gén., 1996, Rn. 119; *de Villiers/Renoux*: Const., 2000, Art. 64, S. 540 ff.; *Merle/Vitu*: Proc. pén., 2001, Rn. 390 ff., 671 ff.

1556 Vgl. i. e. *Grebing*: Frankreich, in: Jescheck/Leibinger (Hrsg.): Anklagebehörde im ausländischen Recht, 1979, S. 13 ff., 25 ff. und *Merle/Vitu*: Proc. pén., 2001, Rn. 225 f.

1557 Vgl. Art. 33 CPP: „*Il est* tenu *de prendre des réquisitions écrites conformes aux instructions qui lui sont données dans les conditions prévues aux articles 36, 37 et 44. Il développe* librement *les observations orales qu'il croit convenables au bien de la justice.*" (Hervorhebungen der Verf.). Darin kommt die alte Regel, „*Si la plume est serve, la parole est libre.*", zum Ausdruck, vgl. *Rassat*: Proc. pén., 2001, Rn. 159.

1558 *Stefani/Levasseur/Bouloc*: Proc. pén., 2001, Rn. 168; *Rassat*: Proc. pén., 2001, Rn. 160.

1559 Vgl. Art. 668 ff. CPP.

1560 Vgl. *Rassat*: Proc. pén., 2001, Rn. 46.

1561 Eine Ausnahme bilden die Flagranzermittlungen, in deren Rahmen der justiziellen Polizei Zwangsinstrumente zur Verfügung stehen, die ansonsten unter Richtervorbehalt stehen, vgl. Art. 53 ff. CPP.

1562 Vgl. Art. 76 CPP.

1563 Eingeführt durch Gesetz Nr. 2000-516 vom 15. 06. 2000, vgl. Art. 137 ff. CPP.

1564 Vgl. insb. auch die bei der Erforschung von Terrorismus- und Drogendelikten zulässigen Maßnahmen: Art. 706-23 ff. und 706-28 ff. CPP. Dazu auch *Lebois-Happe/Barth*: Frankreich, in: Gleß et al. (Hrsg.): Justitielle Einbindung, 2001, S. 239 ff., 271.

1565 Untersuchungshaft (*détention provisoire*) und gerichtliche Aufsicht (*contrôle judiciaire*), vgl. Art. 137 ff. CPP.

1566 Vgl. Art. 100 ff. CPP.

1567 *Rassat*: Proc. pén., 2001, Rn. 151.

ren grundlegende Aufgabe darin besteht, die öffentliche Klage in Gang zu setzen und vor den Strafgerichten zu vertreten, eine mehr einseitig verfolgende Position einnimmt, während der Gerichtsbarkeit trotz der Untersuchungsfunktionen, die der *juge d'instruction* auch übernimmt,[1568] eine eher entscheidende Funktion zukommt. Wenngleich auch die Anklagebehörde dem Recht verpflichtet ist,[1569] demnach auch eine untersuchungsrichterliche Einstellung oder einen Freispruch fordern kann, bleibt ihr doch eine der richterlichen Unabhängigkeit vergleichbare Position vorenthalten. Ausdruck dessen ist die Überantwortung von Entscheidungen über die Anordnung von Eingriffen in sensible Freiheitsrechte an unabhängige richterliche Organe.[1570]

4. Niederlande

Die sich aufgrund der Kombination ihres Verfolgungsmonopols mit dem Opportunitätsprinzip durch eine sehr starke Position auszeichnende niederländische Staatsanwaltschaft wird traditionell der richterlichen Gewalt („*rechterlijke macht*") zugeordnet. Ihre Tätigkeit trägt dennoch auch stark verwaltende Züge.[1571] Sie untersteht der politischen Verantwortlichkeit des Justizministers und ist dementsprechend gemäß Art. 5 RO an die Weisungen des Justizministers gebunden.[1572] Im Gegensatz dazu hat der Richter im niederländischen Rechtssystem eine hervorgehobene Stellung inne. Das ist schon daran ersichtlich, daß ihm das Grundgesetz (*Grondwet*) eine Reihe von Artikeln widmet. So bestimmt Art. 113 GW beispielsweise: „*1. Der richterlichen Gewalt ist darüber hinaus die Aburteilung von Straftaten übertragen. ... 3. Eine freiheitsentziehende Strafe kann ausschließlich durch die richterliche Gewalt auferlegt werden.*"[1573] In diesem Zusammenhang wird der Begriff „*rechterlijke macht*" enger ausgelegt und auf die Bedeutung eines zur richterlichen Gewalt gehörenden Gerichts beschränkt. Er bezieht sich nicht auf das *openbaar ministerie*, die Staatsanwaltschaft.[1574] Art. 117 GW gewährt den mit der Rechtsprechung betrauten Mitgliedern der richterlichen Gewalt eine Ernennung auf Lebenszeit.[1575] Dies unterscheidet die Richter

---

1568 Zur Doppelrolle des Untersuchungsrichters als *instructeur* und als *juge*: *Merle/Vitu*: Proc. pén., 2001, Rn. 437.

1569 Vgl. Art. 31 CPP: „*Le ministère public exerce l'action publique et requiert l'application de la loi.*"

1570 Vgl. *de Villiers/Renoux*: Const., 2000, Art. 66, S. 584: „ *... l'organe judiciaire compétent dépend du degré de caractère contraignant de la mesure: ainsi, seul un juge professionnel, magistrat du siège, peut décider d'une détention au-déla de 48 heures ..., prononcer une peine privative de liberté ..., décider et contrôler le correct déroulement d'une mesure de perquisition ou de saisie ... .* "

1571 Vgl. *Minkenhof*: Strafvordering, 1999, S. 44.

1572 *Simons*: Rechterlijke organisatie, 1996, S. 54.

1573 „*1. Aan de rechterlijke macht is voorts opgedragen de berechting van strafbare feiten. ... 3. Een straf van vrijheidsontneming kann uitsluitend door de rechterlijke macht worden opgelegd.*" Fand dieser Artikel auch erst mit der Grundgesetzänderung 1983 Eingang in die Verfassung, ging diese doch schon vorher stillschweigend von der Befugnis des ordentlichen Richters aus (*Akkermans/Koekkoek-Bax*: Grondwet, 1992, Art. 113, Rn. 2).

1574 Vgl. *Akkermans/Koekkoek-Bax*: Grondwet, 1992, Art. 113, Rn. 5 u. Art. 117, Rn. 4.

1575 Dazu *Simons*: Rechterlijke organisatie, 1996, S. 127 ff.

von den Angehörigen der Staatsanwaltschaft, von denen allein der Generalstaatsanwalt zur Sicherung der ihm übertragenen Aufgabe der Verfolgung der Generalstaaten,[1576] der Minister und der Staatssekretäre dieses Vorrecht genießt.[1577] Damit im Prinzip *unabsetzbar*, ist der Richter auf diese Weise vor allem in seiner *Unabhängigkeit* gegenüber der Exekutive geschützt.[1578] Richter sind zudem zur *Unparteilichkeit* verpflichtet. Ausdruck dessen sind die Vorschriften der Strafprozeßordnung zur Ausschließung und Ablehnung von Richtern (Art. 512 ff. WSv), zu denen für Staatsanwälte geltende Korrelate nicht existieren. Wenngleich der Staatsanwalt heute – im Gegensatz zu seiner Stellung in der Vergangenheit – nicht mehr nur *„Verfolger"*, sondern auch *„Entscheider"* ist, haftet ihm doch, aufgrund seiner mit dem Richter nicht vergleichbaren Stellung, noch der Schein der Parteilichkeit an.[1579]

Folglich ist die Anordnung bestimmter Zwangsmaßnahmen[1580] dem Richter ebenso vorbehalten wie die der Untersuchungshaft.[1581] Ihm wird die Verantwortung dafür zugeschrieben, daß der Verdächtige zu seinem Recht kommt, weil er garantiert, daß sowohl die Belange der Gesellschaft und des Opfers als auch diejenigen des Verdächtigen Berücksichtigung finden.[1582] Gleiches gilt in der gerichtlichen Voruntersuchung.[1583] In seiner unparteiischen Stellung hat der Richter im Strafverfahren die Funktion der Verifikation des ihm vorgelegten Beweismaterials, während der Staatsanwalt schwerpunktmäßig für das Sammeln des Beweises zuständig ist.[1584]

[1576] *Staten-Generaal*: niederländisches Parlament (vgl. *Algra* et al.: Juridisch woordenboek, 2001, S. 439).

[1577] *Akkermans/Koekkoek-Bax*: Grondwet, 1992, Art. 117, Rn. 3.

[1578] *Akkermans/Koekkoek-Bax*: Grondwet, 1992, Art. 117, Rn. 2.

[1579] *Van den Biggelaar*: Buitengerechtelijke afdoening, 1994, S. 132. Vgl. auch *Corstens*: Strafprocesrecht, 1999, S. 287: *„In de rolverdeling van het strafproces zijn zij* (Staatsanwaltschaft und Polizei, die *Verf.*) *evenwel de 'natuurlijke' tegenstanders van de verdachte."* – *„In der Rollenverteilung des Strafverfahrens sind sie jedoch die 'natürlichen' Gegner des Beschuldigten."*

[1580] Z. B. Art. 103 WSv (Beschlagnahme zur Sicherung einer Geldstrafe oder einer Zahlungsverpflichtung zur Einziehung eines widerrechtlich erlangten Vorteils); Art. 125i WSv (Untersuchung von Daten in ADV-Anlagen); Art. 126 WSv (Strafrechtliche Untersuchung der Vermögensverhältnisse); Art. 126l Abs. 4, Art. 126m WSv (Ermächtigung zur Aufnahme vertraulicher Kommunikation mittels technischer Hilfsmittel u. zur Untersuchung der Telekommunikation); Art. 196 WSv (Einweisung in ein psychiatrisches Krankenhaus zur Beobachtung).

[1581] Art. 63 WSv. Die Verlängerung der Untersuchungshaft darf gemäß Art. 65 WSv nur durch das Bezirksgericht angeordnet werden.

[1582] *Van den Biggelaar*: Buitengerechtelijke afdoening, 1994, S. 132; *Reijntjes*: Het openbaar ministerie, DD 2002, S. 21 ff., 29 f.

[1583] Vgl. *Mols*: Gerechtelijk vooronderzoek, in: Hendriks et al.: Strafprocesrecht, 1999, S. 193 ff., 203: *„Waar de R-C zelf rechtstreeks onderzoekshandelingen verricht, geschiedt dat met het oogmerk een aan zijn rechtersambt ontleende extra waarborg van zorgvuldigheid en onkreukbaarheid te verkrijgen."* – *„Wo der Untersuchungsrichter unmittelbar selbst Untersuchungshandlungen durchführt, geschieht dies in der Absicht, eine seinem Richteramt entspringende besondere Garantie für Sorgfalt und Unbestechlichkeit zu erzielen."* Ähnl. Corstens: Strafprocesrecht, 1999, S. 287.

[1584] *Minkenhof*: Strafvordering, 1999, S. 67.

Daraus wird ersichtlich, daß dem Dazwischentreten des Richters als unabhängiger Instanz eine besondere Bedeutung beigemessen wird.

5. Zwischenergebnis

Aus alledem ist festzustellen, daß in allen drei der untersuchten Staaten die Hauptaufgabe des Richters darin besteht, anhand eines von ihm festgestellten Sachverhaltes unter Berücksichtigung aller Aspekte eine Entscheidung zu treffen. Stellt man die Staatsanwaltschaft dem gegenüber, so wird offenbar, daß sie zwar auch nicht nur einseitig zuungunsten des Verdächtigen agieren, durchaus also auch Anträge zu dessen Gunsten stellen darf, aufgrund ihrer Stellung als Anklägerin und die Anklage vertretendes Organ aber *strukturell* eher in der Gefahr einer einseitigen Sicht- und Entscheidungsweise schwebt.

Darüber hinaus sichert der Status der richterlichen Unabhängigkeit in *institutioneller* Hinsicht in besonderer Weise ab, daß eine Entscheidung allein anhand des Rechts und der Verantwortung dem persönlichen Gewissen gegenüber getroffen wird.[1585] Die Bedeutung der richterlichen Unabhängigkeit als Garant für ein unparteiisches und mit höchstmöglichem Richtigkeitsgehalt ausgestattetes Verdikt[1586] spiegelt nicht zuletzt die Europäische Menschenrechtskonvention in ihrem Art. 6 Abs. 1 S. 1 wider: Nur ein unabhängiges Gericht soll über die Stichhaltigkeit der strafrechtlichen Anklage entscheiden können.[1587] Diese institutionelle Garantie der Unabhängigkeit verbürgt gleichzeitig eine gesteigerte Richtigkeitsgewähr, wenn dem richterlichen Organ in Einzelfällen – wie in der niederländischen gerichtlichen Voruntersuchung – allein die Sachverhaltsermittlung obliegt, während anschließend der Staatsanwaltschaft die Entscheidung zufällt.

IV. Verdachtsgrad und Gerechtigkeitsgewähr durch Wahrheitsfindung

1. Einleitung

Im Laufe des Strafverfahrens gewinnen verschiedene Verdachtsgrade Bedeutung.[1588] Im folgenden soll die Geltung der zuvor aufgestellten These des Zusammenhangs von Verdachtsgrad und Gerechtigkeitsgewähr untersucht werden.

1585 *Peters*: Strafprozeß, 1985, S. 110 f.

1586 Vgl. zur Bedeutung der richterlichen Unabhängigkeit auch *Kühne*: Strafverfahrensrecht als Kommunikationsproblem, 1978, S. 64: „*Ein Gericht mit weisungsunterworfenen (sachliche Abhängigkeit) oder potentiellen Repressionen (persönliche Abhängigkeit) ausgesetzten Richtern ist eine denkbar schlechte Basis für die realitätsnahe Ermittlung und rechtskonforme Beurteilung von Sachverhalten.*“

1587 „*In the determination ... of any criminal charge against him, everyone is entitled to a fair and public hearing ... by an independent and impartial tribunal established by law.*“

1588 Vgl. z. B. *Ebert*: Der Tatverdacht, 2000, S. 101 ff. (Deutschland); *Rassat*: Proc. pén., 2001, Rn. 193 (Frankreich); Cleiren/Nijboer-*Spronken*: WSv, 2001, Art. 27, Rn. 3 a. (Niederlande).

Aus der Thematik der Behandlung *verfahrensabschließender Entscheidungen* resultiert die Fokussierung auf Verdachtsformen, die in diesem Zusammenhang von Relevanz sind. Im wesentlichen außerhalb des betrachteten Feldes liegen demzufolge Verdachtsstufen, die lediglich für die Anwendung von Zwangsmitteln von Bedeutung sind. Exemplarisch ist der „*dringende Tatverdacht*" zu nennen.

Im übrigen finden aber sowohl Verfahrensabschlüsse Berücksichtigung, deren Voraussetzung die *Bejahung* des Verdachts ist, als auch solche, denen dessen *Verneinung* vorauszugehen hat.

Zur ersten Fallgruppe zählt beispielsweise die deutsche Einstellung nach § 153a StPO, die nur ergehen kann, falls Staatsanwalt oder Richter den hinreichenden Tatverdacht annehmen. Gleiches gilt im französischen Recht für die *composition pénale* oder die von den Verwaltungen angebotenen *transactions* und im niederländischen Strafverfahren für die strafrechtliche *transactie.*

Die zweite, durch Prüfung und Ablehnung des entsprechenden Tatverdachts gekennzeichnete Fallgruppe umfaßt Entscheidungen wie die staatsanwaltschaftliche Einstellung nach § 170 Abs. 2 StPO und den richterlichen Nichteröffnungsbeschluß im Zwischenverfahren nach § 204 StPO mangels hinreichenden Tatverdachtes im deutschen Recht, die französische *non-lieu*-Entscheidung des Untersuchungsrichters sowie die nach durchgeführter gerichtlicher Voruntersuchung erlassene Legalitätseinstellung des niederländischen Staatsanwalts. Auch die letztgenannten Fallgestaltungen sollen in die folgende Untersuchung einbezogen werden.

2. Begriffliches. Verdacht und Überzeugung

a. Überzeugung mit variierendem Bezugspunkt oder unterschiedliche Wahrscheinlichkeitsgrade?

In der deutschen und französischen Literatur wird zum Teil davon gesprochen, daß bloße Wahrscheinlichkeiten niemals Grundlage richterlicher Entscheidungen sein könnten. Aus diesem Grunde müßten Richter immer zu einer Überzeugung, der „*certitude de la vérité sur laquelle porte leur décision*"[1589] gelangen. Es könne und dürfe „ ... *daher nur der* Bezugspunkt *der Überzeugung des Richters (Möglichkeit – Wahrscheinlichkeit – Gewißheit) wechseln, nicht aber der* Grad *seiner Überzeugung. Der Richter muß also bei Erlaß des Eröffnungsbeschlusses von der Wahrscheinlichkeit überzeugt sein, nicht aber genügt eine wahrscheinliche Überzeugung.*"[1590]

Zweckmäßiger erscheint es allerdings, nicht den Bezugspunkt der Entscheidungsfindung variieren zu lassen, sondern allein hinsichtlich des Grades der Wahrscheinlichkeit zu differenzieren. Denn die Unterscheidung zwischen den Bezugspunkten Möglichkeit,

---

[1589] *Rached*: L'intime conviction, 1942, S. 174.

[1590] *Gantzer*: Rechtskraft, 1967, S. 159 (Hervorhebungen der *Verf.*). Zust. *Radtke*: Systematik des Strafklageverbrauchs, 1994, S. 210, Fn. 64. Ähnl. *Rached*: L'intime conviction, 1942, S. 174: Gegenstand der Gewißheit bei erkennender Gerichtsbarkeit *Schuld*, bei Untersuchungsgerichtsbarkeit *Existenz ernsthaften Belastungsmaterials*.

Wahrscheinlichkeit und Gewißheit läßt die Frage offen, woran diese letztlich anknüpfen. Dies kann nur die Schuld des Beschuldigten sein. Soll sich aber die Überzeugung beispielsweise auf die Möglichkeit der Schuld richten, so läuft dies darauf hinaus, daß die befaßte Entscheidungsinstanz Täterschaft und Verfolgbarkeit für möglich halten muß.[1591] Eine inhaltliche Differenz ergibt sich daraus nicht.[1592] Allenfalls die notwendige sorgfältige Prüfung durch das Entscheidungsorgan erfährt eine zusätzliche Betonung. Der Übersichtlichkeit halber soll im folgenden nicht von „*Überzeugung von der Möglichkeit/Wahrscheinlichkeit/Gewißheit*" die Rede sein, sondern von den unterschiedlichen Verdachts- bzw. Wahrscheinlichkeitsstufen selbst.

b. Verwandtschaft von Verdacht und Überzeugung. Terminologische Konsequenzen

Die Termini *Verdacht* und *Wahrscheinlichkeit* werden hier in einem weiten Sinne, als auch die hundertprozentige Probabilität, die Gewißheit von der Schuld umfassend, verstanden.[1593]

Die Ähnlichkeit zwischen Verdacht und Überzeugung wird allerdings zum Teil in Abrede gestellt. „... *[D]ie richterliche Überzeugung ... [sei] ... kein Mehr, sondern ein aliud.*"[1594] *Ebert* führt zur Untermauerung seiner Behauptung, es wäre „... *irreleitend, die Überzeugung als höchsten Grad der Wahrscheinlichkeit zu bezeichnen und zu den Verdachtsstufen in Relation zu setzen*",[1595] zum einen die unterschiedliche Qualität der dem Tatverdacht auf der einen Seite und der Überzeugung auf der anderen Seite zugrundeliegenden Tatsachengrundlage an. Trifft es auch auf eine aus dem Inbegriff der mündlichen Verhandlung gewonnene Überzeugung zu, daß sie auf in der Hauptverhandlung aufgenommenen Beweisen und nicht auf bloßem Aktenstudium basiert, ist dem jedoch der Strafbefehl entgegenzuhalten, der offenbart, daß die Überzeugung nicht zwingend an die Hauptverhandlung geknüpft ist.[1596] Damit kann die besondere Qualität der Tatsachenermittlung in der mündlichen Verhandlung auch kein der Überzeugung als solcher anhaftendes Merkmal sein. Soweit *Ebert* zum anderen mit den quantitativen Unterschieden im Hinblick auf die Tatsachengrundlage argumentiert, liegt darin gerade eine Abstufung, auf die noch einzugehen sein wird,[1597] die aber keinesfalls geeignet scheint, eine grundlegende Andersartigkeit von Verdacht und Über-

---

1591 Wie hier z. B. auch *Peifer*: Rechtskraft, 1965, S. 161; *Essaid*: La présomption d'innocence, 1971, S. 287.

1592 Dies beweist auch die Darstellung bei *Radtke*: Systematik des Strafklageverbrauchs, 1994, der einerseits die unterschiedlichen Verdachtsgrade in den Mittelpunkt stellt (S. 212, 220), andererseits aber auch die „*Überzeugung von der Wahrscheinlichkeit als Bezugspunkt*" vertritt (S. 210, Fn. 64 u. S. 285).

1593 Vgl. *Kühne*: Definition des Verdachts, NJW 1979, S. 617 ff., 619; *Lundberg*: Beweiserhebung im Zwischenverfahren, 1993, S. 11. Vgl. auch *Lohner*: Tatverdacht, 1994, S. 61: „*Der Verdacht liegt auf einer Schiene von geringem bis hin zu dem an die bewiesene Schuld grenzenden Verdacht.*"

1594 *Ebert*: Der Tatverdacht, 2000, S. 195.

1595 *Ebert*: Der Tatverdacht, 2000, S. 195.

1596 Dem stimmt auch *Ebert*: Der Tatverdacht, 2000, S. 241 zu. Zum Verdachtsgrad beim Strafbefehlsverfahren vgl. *unten Kapitel 12, B. IV. 2.*

1597 Vgl. *unten D. IV. 3.*

zeugung zu begründen. Konsequenterweise wäre diese nämlich dann auch für einzelne Verdachtsstufen zu konstruieren.

3. Der Verdacht als Prognose

Jeder Verdacht, die Überzeugung eingeschlossen, stellt sich als Schluß von bekannten Tatsachen und Umständen auf eine in der Vergangenheit geschehene unbekannte Tatsache, die vermutete Straftat, dar. *Kühne*[1598] hat für diese Konklusion die Bezeichnung *retrospektive Prognose* geprägt.[1599]

a. Ausgangsbasis der Prognose. Verhältnis von bekannten und unbekannten Elementen

Partiell enthält das auf die Vergangenheit bezogene Urteil über den Verdacht in sich allerdings auch *prospektive*[1600] Elemente.[1601] Diese finden über den Umweg der prognostisch einzuschätzenden Möglichkeiten der Aufklärbarkeit der vermuteten Straftat Eingang in die Verdachtswürdigung.[1602] Je früher im Verlaufe des Strafverfahrens die Wahrscheinlichkeit der Schuld beurteilt wird, desto größer ist dabei in der Regel noch die Unsicherheit über das Maß der Aussicht auf weitere – die anfängliche Vermutung bestätigende oder entkräftende – Erkenntnisse und die Bedeutung, die der Frage nach den durch weitere Nachforschungen noch zu erwartenden Elementen damit zukommt. So werden die Ermittlungen grundsätzlich[1603] aufgrund eines Anfangsverdachtes aufgenommen.[1604] Dieser einfache Tatverdacht knüpft an bestimmte Tatsachen an, die an sich noch keine große

---

[1598] *Kühne*: Definition des Verdachts, NJW 1979, S. 617 ff., 619.

[1599] So auch *Lundberg*: Beweiserhebung im Zwischenverfahren, 1993, S. 10. Ähnl. auch *Lohner*: Tatverdacht, 1994, S. 46, der auch die Rechtsfrage mit einbezieht, die allerdings hier nicht weiter interessieren soll.

[1600] Zur Klarstellung sei hinzugefügt, daß hier *nicht* die gewöhnlich im Rahmen der Verurteilungswahrscheinlichkeit mit der prospektiven Prognose bezeichnete Beurteilung von prozessualen Verfolgbarkeitsfragen gemeint ist (vgl. *Lundberg*: Beweiserhebung im Zwischenverfahren, 1993, S. 15 f.; *Lohner*: Tatverdacht, 1994, S. 44, 63, 109). Insofern kommen die Autoren zu dem Ergebnis, daß das Gewicht der so verstandenen prospektiven Prognose im Laufe des Verfahrens zunimmt. Diese Frage soll in diesem Zusammenhang mangels Relevanz vernachlässigt werden.

[1601] Ähnlich *Ebert*: Der Tatverdacht, 2000, S. 22 mit der „*Vorbehaltlichkeit*" als Merkmal des Verdachts.

[1602] Vgl. *Lohner*: Tatverdacht, 1994, S. 111 f. A. A. *Ebert*: Der Tatverdacht, 2000, S. 17: „*Eine Begriffserklärung, die eine so verstandene Erfolgsprognose beinhaltet, beschreibt nicht den Tatverdacht im allgemeinen, sondern stellt Voraussetzungen für die Annahme bestimmter Verdachtsstufen auf.*" Ist diese Prognose aber Teil und Unterscheidungsmerkmal bestimmter Verdachtsformen, muß die allgemeine Definition dafür offengehalten werden.

[1603] Auf proaktive bzw. Vorfeldermittlungen soll hier nicht eingegangen werden. S. dazu *Lohner*: Tatverdacht, 1994, S. 137 ff.

[1604] Vgl. dazu § 152 Abs. 2 StPO für Deutschland, die Nachweise bei *D. IV. 3. b.* Fn. 1622 für Frankreich und Art. 27 Abs. 1 WSv für die Niederlande.

Wahrscheinlichkeit der Schuld indizieren müssen (*rein retrospektive Prognose*).[1605] Sie bieten gleichwohl Anlaß zur Einleitung eines Ermittlungsverfahrens, falls darüber hinaus eine gewisse Probabilität besteht, bestätigende Tatsachen und Beweismittel aufzuspüren. Insoweit muß eine prospektive Prognose über die Ermittlungserfolge abgegeben werden. Tendiert diese gegen Null, ist der Anfangsverdacht zu verneinen. Bei dem für die Anklage erforderlichen hohen Schuldwahrscheinlichkeitsmaß ist der prospektive Anteil stark verringert und auf die Unsicherheiten reduziert, die sich durch die richterliche Sachverhaltsbeurteilung in der Hauptverhandlung[1606] ergeben.[1607] Denn der Staatsanwalt muß die Sache so weitgehend wie möglich aufgeklärt, mithin durchermittelt haben.[1608] Im Rahmen des höchsten der Wahrscheinlichkeitsgrade, der erkenntnisrichterlichen Überzeugung, ist schließlich gar kein Raum mehr für prospektive Elemente: Der Sachverhalt muß umfänglich ermittelt sein.

In der Regel bietet der sichtbare Geschehensablauf mit zunehmenden Recherchen einen anderen, differenzierteren Anblick: Neue Facetten eröffnen sich, ein rundes Bild entsteht schließlich. Aber auch, wenn dies im Einzelfall entgegen der anfänglichen Perspektive nicht der Fall sein sollte, weil Nachforschungen erfolglos bleiben, und der Informationsstand tatsächlich ebenso dürftig wie zu Beginn der Ermittlungen ausfällt, so gründet sich die Prüfung des Verdachts doch auf das Wissen, daß mit den verfügbaren Mitteln keine zusätzlichen Erkenntnisse zu erlangen waren. Vernachlässigt werden dürfen darüber hinaus auch diejenigen Fallgestaltungen nicht, in denen ohne weiteres schon zu Beginn übersehen werden kann, daß weitere Ermittlungen keine zusätzlichen Feststellungen nach sich ziehen würden. Unter dieser Voraussetzung tendiert der Anteil der prospektiven Elemente schon zu einem früheren Zeitpunkt gegen Null. Der Ausnahmefall, in dem die Bestätigung der eine geringe Wahrscheinlichkeit für die Täterschaft begründenden Umstände von vornherein aussichtslos erscheint, wurde schon erwähnt. In der entgegengesetzten Konstellation kann bei einer anfänglich angenommenen hohen Schuldwahrscheinlichkeit, die durch eine mangelnde Prognose zugunsten ihrer Widerlegung ergänzt wird, bereits in einem frühen Stadium von einem hinreichenden Tatverdacht ausgegangen werden.

Ergebnis ist demnach, daß der Unterschied zwischen den verschiedenen Verdachtsstufen teils in dem Verhältnis zwischen der ***bekannten*** Faktenbasis auf der einen Seite und dem im Zusammenhang mit dem Geschehen stehenden voraussichtlich noch zu entschleiernden und bisher ***unbekannten*** Fakten auf der anderen Seite ruht.

1605 Vgl. zum Wahrscheinlichkeitsgrad der aus den vorliegenden Umständen zu ziehenden Schlüsse genauer noch *unten D. IV. 3. b.*

1606 Oder auch im schriftlichen Strafbefehlsverfahren.

1607 Vgl. *von Hindte*: Verdachtsgrade, 1973, S. 58; *Ebert*: Der Tatverdacht, 2000, S. 20.

1608 Vgl. *Ebert*: Der Tatverdacht, 2000, S. 173: „*Hinreichender Tatverdacht kann niemals angenommen werden, wenn nicht alle zur Verfügung stehenden Aufklärungswege beschritten worden sind ... Die Basis der Tatsachengrundlage muß erschöpfend sein, einen weiteren Aufklärungsbedarf zur Absicherung der Anklage darf es nicht gegeben.*" Zum französischen Recht: *Leblois-Happe/Barth*: Frankreich, in: Gleß et al. (Hrsg.): Justitielle Einbindung, 2001, S. 239 ff., 256, Fn. 42: Entscheidungsreife vor Anklage.

b. Überzeugungskraft der prognostischen Schlußfolgerung

Von der eben besprochenen mehr oder minder unvollständigen Tatsachenbasis ausgehend, zieht das Entscheidungsorgan seine Schlußfolgerungen hinsichtlich der Wahrscheinlichkeit der Schuld. Unterschiedliche Stufen der Täterschaftswahrscheinlichkeit können voneinander abgehoben werden. Quantifiziert wird mit dem Eingehen auf diesen Gesichtspunkt die *Überzeugungskraft der Schlußfolgerung.*

Betont werden muß, daß es sich hierbei um eine rechtstheoretische Betrachtung handelt, die die normativen Maßstäbe im Blick hat, an denen sich die jeweiligen Entscheidungsorgane ausrichten sollen. Nicht thematisiert werden soll hingegen die empirische Seite der Entscheidungsfindung: Bei welchem Verdachtsgrad ein Richter oder Staatsanwalt in der Realität beispielsweise zu Verurteilung oder Anklage gelangt, muß hier außen vor bleiben.

Obgleich der Begriff der Wahrscheinlichkeit, „ ... *der Ungewißheit als notwendigen Bestandteil impliziert, ... dem Juristen, der sich vorwiegend mit der Eliminierung von Ungewißheit beschäftigt, von vornherein Mißbehagen bereiten*“[1609] muß, macht es Sinn, „ ... *die Scheu vor exakt analytischem Umgang mit dem Begriff ...* “[1610] abzulegen. Dabei wird die verbleibende Grobheit, mit der Systematisierungsansätze in diesem Bereich behaftet sind, nicht unterschätzt. Eine präzise Unterscheidung wird nicht immer möglich sein.[1611] Aus diesem Grunde sind unklare Zweifelsfälle auch mittels einer Kategorisierung nicht zu beseitigen. Denn „*[j]eder Versuch einer Präzisierung der Grenzlinien zwischen Wahrscheinlichkeitsgraden mittels Prozentzahlen oder anderer mathematischer Angaben wird nicht der Komplexität der in einem Wahrscheinlichkeitsurteil zum Ausdruck kommenden subjektiven Überzeugung gerecht.*“[1612]

Trotz dieser mit der modellhaften Darstellung verbundenen Unzulänglichkeiten bleibt es ein maßgeblicher Vorteil dieser Vorgehensweise, Orientierung und Maßstab zur Ausfüllung solch unbestimmter Rechtsbegriffe wie des Verdachtes bilden zu können.

Zunächst soll deshalb die Einordnung der hier relevanten, in der Strafprozeßordnung angesprochenen Verdachtsgrade einschließlich der Überzeugung auf einer Skala der Wahrscheinlichkeit der Schuld (p) von Null bis Eins nachgezeichnet werden.

1609 *Kühne*: Definition des Verdachts, NJW 1979, S. 617 ff., 619.

1610 *Kühne*: Definition des Verdachts, NJW 1979, S. 617 ff., 619 f.

1611 Vgl. auch *Guéry*: Paliers de la vraisemblance, JCP 1998, I, S. 1031 ff., 1035: „*S'il est en effet aisé théoriquement de faire une hiérarchie entre indices, charges, et preuves, il est bien difficile de théoriser davantage le propos en donnant une définition qui puisse distinguer chaque concept. ... C'est donc à différentes étapes de la procédure les mêmes éléments qui seront nommés successivement indices, charges et preuves.*“ und Melai/Groenhuijsen-*Reijntjes*: WSv, Art. 67, Rn. 3 (Std. 02/01): „*... verschil tussen 'blote verdenking' en 'ernstige bezwaren' is moeilijk te concretiseren. In feite hebben we te doen met een instructienorm, waardoor OM en rechter op het hart wordt gedrukt toch vooral niet lichtvaardig met vh om te gaan.*” – „ ... *der Unterschied zwischen 'einfachem Verdacht' und 'ernsten Verdachtsgründen' ist schwierig zu konkretisieren. Tatsächlich haben wir es mit einer Richtliniennorm zu tun, durch die Staatsanwaltschaft und Richter ans Herz gelegt wird, doch vor allem nicht leichtfertig mit der Untersuchungshaft umzugehen.* “

1612 *Lundberg*: Beweiserhebung im Zwischenverfahren, 1993, S. 32. Ähnl. auch schon *Kühne*: Definition des Verdachts, NJW 1979, S. 617 ff., 619; *Lohner*: Tatverdacht, 1994, S. 61.

§ 152 Abs. 2 StPO spricht im *deutschen* Recht von der Pflicht der Staatsanwaltschaft, „... *wegen aller verfolgbaren Straftaten einzuschreiten, sofern* zureichende tatsächliche Anhaltspunkte *vorliegen*".[1613] Damit wird der sogenannte *einfache* oder *Anfangsverdacht* umschrieben, der – soweit er gegen einen konkreten Beschuldigten besteht[1614] – im vorliegenden Rahmen für die einfache Einstellung nach § 153 StPO bedeutsam ist.[1615] Der zu diesem Zeitpunkt bekannte Sachverhalt muß die Schuld des Verdächtigen möglich erscheinen lassen; die Zweifel an der Richtigkeit der Vermutung dürfen noch überwiegen.[1616] *Kühne* hat dieser Alternative der überzufälligen Wahrscheinlichkeit den Bereich des unter 0,5 Liegenden zugewiesen.[1617] Der einfache Verdacht entfällt demnach erst, wenn die Wahrscheinlichkeit der Unschuld gegen Eins tendiert.[1618] Ähnlich stellt sich die Lage im *französischen* Strafprozeß dar. Obgleich der *Code de procédure pénale* keine dem § 152 Abs. 2 StPO entsprechende Vorschrift enthält, korrespondieren die Voraussetzungen für die Einleitung der grundsätzlich nicht von Zwangsmaßnahmen[1619] begleiteten Präliminarermittlungen[1620] mit jenen des deutschen Rechts für die Einleitung eines Ermittlungsverfahrens. Der Verdacht in diesem Bereich wird durch den Terminus „*indice*" umschrieben. Der *indice* ist ein „*signe apparent qui indique avec probabilité*".[1621] Demnach rechtfertigt auch hier eine einfache Wahrscheinlichkeit die Aufnahme von Ermittlungen gegen eine bestimmte Person.[1622] Im

---

1613 Hervorhebungen der *Verf.*

1614 Da im gegebenen Zusammenhang ohnehin nur täterbezogene, nicht aber allein tatbezogene Verdachtsformen von Relevanz sein können, erübrigt sich eine diesbezügliche Unterscheidung. Vgl. dazu *Ebert*: Der Tatverdacht, 2000, S. 101 ff.

1615 Vgl. *unten Kapitel 12, B. I. 3. b.*

1616 Vgl. *Lohner*: Tatverdacht, 1994, S. 61; *Geis*: Überzeugung?, 2000, S. 169; *KMG*: StPO, 2003, § 152, Rn. 4. Ähnl. *Schlüchter*: Strafverfahren, 1981, Rn. 393.2 u. *Lundberg*: Beweiserhebung im Zwischenverfahren, 1993, S. 36: „*geringe Wahrscheinlichkeit*".

1617 *Kühne*: Definition des Verdachts, NJW 1979, S. 617 ff., 622. Ähnl. auch *Lundberg*: Beweiserhebung im Zwischenverfahren, 1993, S. 31 f.

1618 Man könnte den einfachen Tatverdacht demnach mathematisch wie folgt umschreiben: $0 < p </= 0{,}5$.

1619 Gemäß Art. 76 CPP dürfen Durchsuchungen, Haussuchungen und Beschlagnahmen allein mit dem ausdrücklichen Einverständnis des Betroffenen erfolgen. Allerdings kann die Polizei jede Person, hinsichtlich derer „*une ou plusieurs raisons plausibles de soupçonner qu'elle a commis ou tenté de commettre un infraction*" (Art. 77 Abs. 1 CPP n. F., G. Nr. 2002-307 vom 04. 03. 2002, früher: „*des indices faisant présumer*" – jedoch keine inhaltliche Änderung: vgl. *Pradel*: La loi n° 2002-307, D. 2002, Chron., S. 1693 ff., 1695) bestehen, in Polizeihaft (*garde à vue*) nehmen. Ein sachlicher Unterschied dieser Verdachtsform im Vergleich zum einfachen Tatverdacht dürfte nur insoweit existieren, als er sich immer gegen eine konkrete Person zu richten hat. Allein insofern ist aber auch der einfache Tatverdacht hier im Rahmen eventueller Sperrwirkungen von Interesse. Bestimmte Zwangsbefugnisse stehen der Polizei auch im Rahmen der Flagranzermittlungen zur Verfügung, vgl. Art. 54, 56 CPP.

1620 *Leblois-Happe/Barth*: Frankreich, in: Gleß et al. (Hrsg.): Justitielle Einbindung, 2001, S. 239 ff., 260. Die *enquête préliminaire* bezeichnet die regulären Votermittlungen im Gegensatz zu der *enquête de flagrance*, Ermittlungen, die sich auf einen auf frischer Tat betroffenen Täter beziehen.

1621 *Guéry*: Paliers de la vraisemblance, JCP 1998, I, S. 1031 ff., 1032.

1622 Vgl. *Rached*: L'intime conviction, 1942, S. 173; *Stefani/Levasseur/Bouloc*: Proc. pén., 2001, Rn. 783; *Conte/Maistre du Chambon*: Proc. pén., 2002, Rn. 436.

niederländischen Verfahren beinhaltet Art. 27 Abs. 1 WSv in seiner Definition des *verdachte*, des Beschuldigten, die Definition des Anfangsverdachts gegen eine bestimmte Person. Demnach muß aus Tatsachen oder Umständen die begründete Vermutung hervorgehen, daß sie sich einer Straftat schuldig gemacht hat.[1623]

Der *hinreichende Tatverdacht*, der im *deutschen* Strafverfahren im Rahmen der Einstellung nach § 153a StPO, der Einstellung nach § 170 Abs. 2 StPO, der oberlandesgerichtlichen Verwerfung des Klageerzwingungsantrages nach § 174 StPO und dem Nichteröffnungsbeschluß nach § 204 StPO relevant ist,[1624] setzt eine überwiegende Wahrscheinlichkeit der Schuld voraus.[1625] In Zahlen ausgedrückt entspricht dies einer Wahrscheinlichkeit von $0{,}5 < p < 1$.[1626] Im *französischen* Strafprozeß ist Voraussetzung für einen Verweis der Person, gegen die sich die gerichtliche Voruntersuchung gerichtet hat, an eines der erkennenden Gerichte durch den Untersuchungsrichter, das Vorliegen von „*charges suffisantes*".[1627] Wenngleich dies in der Konstellation der unmittelbaren Anklage im Gesetz nicht ausdrücklich klargestellt wird,[1628] gleicht jener Verdachtsgrad dem bei einem Verweis durch die Untersuchungsgerichtsbarkeit notwendigen. In beiden Fällen müssen die gleichen Voraussetzungen vorliegen, die in Deutschland mit dem hinreichenden Tatverdacht umschrieben werden.[1629] Dies gilt auch für die Erhebung der Anklage im *niederländischen* Verfahren: Denn diese erfolgt nur dann, „... *indien voldoende uitzicht bestaat op een veroordeling* ... ".[1630]

Die richterliche Überzeugung als Prüfungsmaßstab des Urteils und des Strafbefehls, die als höchster Wahrscheinlichkeitsgrad[1631] den Ausschluß anderer Möglichkeiten bedeu-

---

[1623] Vgl. Art. 27 Abs. 1 WSv: „*Als verdachte wordt vóórdat de vervolging is aangevangen, aangemerkt degene te wiens aanzien uit feiten of omstandigheden een redelijk vermoeden van schuld aan eenig strafbaar feit voortvloeit.*" – „*Vor Beginn des Strafverfahrens wird als Verdächtiger derjenige angesehen, bezüglich dessen sich aus Tatsachen oder Umständen eine berechtigte Vermutung dafür ergibt, daß er sich irgendeiner Straftat schuldig gemacht hat.*" Vgl. dazu *Unger/Hajda*: Strafverfahren, 1995, S. 42.

[1624] Vgl. *unten Kapitel 12, B. III. 2. b.* (§ 153a StPO), *I. 2. b.* (§ 170 Abs. 2 StPO), *II. 2. b.* (§ 174 StPO), *II. 3. a.* (§ 204 StPO).

[1625] Vgl. nur *Ebert*: Der Tatverdacht, 2000, S. 166 m. w. N. Noch strenger versteht offenbar *Ranft*: Strafprozeßrecht, 1995, Rn. 1089 den hinreichenden Tatverdacht: „... *wenn die Wahrscheinlichkeit der Verurteilung diejenige einer Nichtverurteilung* erheblich *überwiegt*."

[1626] *Kühne*: Definition des Verdachts, NJW 1979, S. 617 ff., 622. Ähnl. auch *Lundberg*: Beweiserhebung im Zwischenverfahren, 1993, S. 31 f.

[1627] Vgl. Art. 176 CPP: „*Le juge d'instruction examine s'il existe contre la personne mise en examen des* charges constitutives d'infraction, *dont il détermine la qualification juridique*." und Art. 177 Abs. 1 CPP: „... *s'il n'existe pas de* charges suffisantes *contre la personne mise en examen* ... " (ähnl. Art. 211 CPP; Hervorhebungen der *Verf.*) sowie *Guéry*: Paliers de la vraisemblance, JCP 1998, I, S. 1031 ff., 1035; *Stefani/Levasseur/Bouloc*: Proc. pén., 2001, Rn. 783.

[1628] Vgl. die Art. 388, 531 CPP.

[1629] Vgl. hinsichtlich der untersuchungsrichterlichen Verweisung *Leblois-Happe/Barth*: Frankreich, in: Gleß et al. (Hrsg.): Justitielle Einbindung, 2001, S. 239 ff., 257.

[1630] „... *[W]enn eine genügende Aussicht auf eine Verurteilung besteht* ..." (*Minkenhof*: Strafvordering, 1999, S. 261). Ähnl. *Unger/Hajda*: Strafverfahren, 1995, S. 166.

[1631] A. A. *Ebert*: Der Tatverdacht, 2000, S. 195. Vgl. dazu aber *oben D. IV. 2. b.*

tet,[1632] kann modellhaft[1633] mit $p = 1$ umschrieben werden. Im *französischen* Strafverfahrensrecht spricht man in diesem Zusammenhang von *„preuves"* im Gegensatz zu den *„charges"* im Rahmen der gerichtlichen Voruntersuchung oder den *„indices"*, die bei den Ermittlungen von Bedeutung sind.[1634]

Aus dem Gesagten wird ersichtlich, daß die mit dem Fortschreiten des Strafverfahrens geforderte Wahrscheinlichkeitshöhe der Schuld stetig steigt.

4. Verdacht in Relation zur Gerechtigkeitsgewähr

Verdachtsformen können sich somit im Hinblick auf zwei Aspekte unterscheiden. Zum einen differieren sie in ihren *Ausgangspunkten* für das im Hinblick auf die Schuld abzugebende Wahrscheinlichkeitsurteil. Von Bedeutung ist hier die Relation von aufgeklärtem Geschehen einerseits und noch offenen und unaufgeklärten Fragen andererseits. Zum zweiten variieren die Verdachtsarten im Hinblick auf die *Überzeugungskraft* der Schlußfolgerung für die Schuld. Deren Intensität kann auf einer Schiene von Null bis Eins gleiten.

a. Ausgangsbasis der Prognose im Verhältnis zur Gerechtigkeitsgewähr

Zunächst soll der Fokus auf den *Umfang der Tatsachenbasis* gerichtet werden. Ist der Anteil des noch zu beleuchtenden Tatsachenfeldes weit, so fällt der prospektiven Prognose, die im Hinblick auf die noch zu ermittelnden Umstände in den Verdacht einfließen muß, ein erhebliches Gewicht zu. Infolgedessen gesellt sich ein zusätzlicher Unsicherheitsfaktor zu dem retrospektiven Wahrscheinlichkeitsurteil über die Schuld. Daraus resultieren Differenzen hinsichtlich der Richtigkeitsgewähr.[1635]

Dies ist insbesondere von Bedeutung bei wahrscheinlichkeits*verneinenden* Verfahrensabschlüssen. So wird bei Entscheidungen wie der Einstellung nach § 170 Abs. 2 StPO oder

---

1632 Vgl. *Peters*: Strafprozeß, 1985, S. 280 zum deutschen Recht u. Cleiren/Nijboer-*Spronken*: WSv, 2001, Art. 27, Rn. 3. a. zum niederländischen Recht.

1633 Daß es sich hier nur um eine modellhafte Umschreibung zur Verdeutlichung des höchstmöglichen Wahrscheinlichkeitsgrades handeln kann, ist selbstverständlich (vgl. *Rassat*: Proc. pén., 2001, Rn. 193). Dies genügt aber für die hier verfolgten Zwecke. Aus diesem Grunde soll weder auf die Psychologie der richterlichen Entscheidungsfindung (vgl. dazu *Geis*: Überzeugung?, 2000, S. 101 ff. m. w. N.) noch auf die Differenzierung zwischen objektiver und subjektiver Überzeugungsbildung (dazu *Hanack*: Richterliche Überzeugungsbildung, JuS 1977, S. 727 ff., 728; *Ebert*: Der Tatverdacht, 2000, S. 180 ff.; *Freund*: Tatfrage, in: Eser et al. [Hrsg.]: FS Meyer-Goßner, 2001, S. 409 ff., 411 ff.) eingegangen werden.

1634 Vgl. *Guéry*: Paliers de la vraisemblance, JCP 1998, I, S. 1031 ff., 1031; *Stefani/Levasseur/Bouloc*: Proc. pén., 2001, Rn. 783.

1635 Vgl. dazu *Kühne*: Definition des Verdachts, NJW 1979, S. 617 ff., 619; *Lundberg*: Beweiserhebung im Zwischenverfahren, 1993, S. 11, 42 f.; *Lohner*: Tatverdacht, 1994, S. 44; *Ebert*: Der Tatverdacht, 2000, S. 20, 172, 194 und S. 22: *„Wo Unwägbarkeiten einen Beschluß beeinflussen, ja sogar beeinträchtigen, müssen Türen offenstehen, um auf sie angemessen reagieren zu können."*

dem Freispruch das Vorliegen von hinreichendem Tatverdacht oder Überzeugung gerade abgelehnt. Die Wahrscheinlichkeit kann sich demzufolge, um dies mathematisch zu verdeutlichen, bei einer Einstellung auf der Skala von $0 </= p </= 0{,}5$, bei einem Freispruch von $0 </= p < 1$ bewegen. Eine Differenzierung zwischen einer auf Anfangsverdacht basierenden Einstellung nach § 153 StPO und einem Freispruch, der veranlaßt wurde, weil die Wahrscheinlichkeit der Täterschaft $p = 0{,}5$ nicht übersteigen konnte, erscheint folglich – allein von der Warte des Maßes der Schuldwahrscheinlichkeit heraus betrachtet – nicht plausibel. Lenkt man den Blick allerdings auf die tatsächliche Ausgangsbasis der Schuldkonklusion, wird die Verschiedenheit deutlich: Das für die einfache Opportunitätseinstellung erforderliche Wahrscheinlichkeitsurteil darf auf unvollständiger Tatsachenbasis beruhen, während der Freispruch aufgrund eines umfänglich ermittelten Sachverhalts ergeht.

Dieser Effekt spielt darüber hinaus gleichermaßen in Anbetracht der wahrscheinlichkeits*bejahenden* Entscheidungen eine Rolle. Anhand dessen offenbart sich auch die Differenz zwischen hinreichendem und im Rahmen der Haftanordnung bedeutsamem dringendem Tatverdacht, die beide vom Blickpunkt der Schuldwahrscheinlichkeit her gesehen in ihren Voraussetzungen übereinstimmen,[1636] in der Regel[1637] jedoch auf unterschiedlich breiter Informationsbasis beruhen. Die Frage, ob eine Probabilität von $p > 0{,}5$[1638] vorliegt, muß beim dringenden Verdacht in jedem Stadium der Aufklärung, beim hinreichenden Verdacht hingegen ausschließlich nach Abschluß der Ermittlungen beantwortet werden.[1639]

b. Überzeugungskraft der prognostischen Schlußfolgerung im Verhältnis zur Gerechtigkeitsgewähr

Die Bedeutung der *Überzeugungskraft* der prognostischen Schlußfolgerung scheint sich auf den ersten Blick auf die Fälle der *Bejahung* der entsprechenden Wahrscheinlichkeit zu beschränken. Mit der für einen Verfahrensabschluß vorausgesetzten *Schuldvermutung* steigt auch die Richtigkeitsgewähr der entsprechenden affirmativen Entscheidung, weil mehr Elemente für das Zutreffen des angenommenen Verlaufes sprechen.

Gleichwohl erhöht sich auch die Richtigkeitsgarantie für die Entscheidungen, in denen die geforderte Wahrscheinlichkeit *verneint* wird unter einem anderen Gesichtspunkt. Dies

---

[1636] So z. B. *Kühne*: Definition des Verdachts, NJW 1979, S. 617 ff., 622; *Ranft*: Strafprozeßrecht, 1995, Rn. 623; SK-*Paeffgen*: StPO, § 203, Rn. 11 (Std. 03/96); *Geis*: Überzeugung?, 2000, S. 173 ff.; LR-*Rieß*: StPO, § 203, Rn. 12 (Std. 05/01). Zum Teil wird allerdings für den dringenden Tatverdacht eine höhere Wahrscheinlichkeitsstufe verlangt: vgl. z. B. *Radtke*: Systematik des Strafklageverbrauchs, 1994, S. 219; *Ebert*: Der Tatverdacht, 2000, S. 174; *Schäfer, G.*: Strafverfahrensrecht, 2000, Rn. 508. Auf diese Diskussion soll hier jedoch mangels Relevanz für die vorliegenden Fragen nicht weiter eingegangen werden.

[1637] Ausnahme: Die Haft- und die Anklageentscheidung werden gleichzeitig gefällt.

[1638] Vgl. *Kühne*: Definition des Verdachts, NJW 1979, S. 617 ff., 622.

[1639] Vgl. *Geis*: Überzeugung?, 2000, S. 172 f., der auch den Unterschied zwischen frühem und spätem dringenden Tatverdacht hervorhebt.

liegt in der im Zusammenhang mit der Steigerung des vorausgesetzten Verdachtsgrades wachsenden *Prüfungsintensität* des Entscheidungsorgans begründet.

In Anbetracht der Überzeugung beispielsweise ist zunächst zu berücksichtigen, daß im Rahmen dieser Frage auch erstmals die Beseitigung der Unschuldsvermutung zur Debatte steht.[1640] Die Frage nach der Gewißheit von der Tatbegehung impliziert zugleich im Hinblick auf die subjektiven Anforderungen an das Entscheidungsorgan bei der Prüfung der Plausibilität des Geschehensablaufes eine andere Dimension. Alternativen des Herganges müssen subjektiv nahezu sicher ausgeschlossen werden können, vernünftige Zweifel schweigen.[1641] „*Die Überzeugung enthält ...*", wie *Hanack* zu Recht akzentuiert, „... *ein qualitativ andersartiges Moment, nämlich das subjektive Gefühl der Gewißheit, d. h. ein Moment, hinter dem auch die Person des Urteilenden steht.*"[1642] Dieser muß deshalb „... *die Verantwortung für die Gerechtigkeit seiner Entscheidung übernehmen*, überzeugt sein, seine Entscheidung auch metaphysisch rechtfertigen zu können."[1643] Steht der Richter also vor der Frage der Überzeugung von einer Tatsache, appelliert diese persönliche Verantwortung an eine besonders eingehende Prüfungspflicht des Richters und bedeutet zugleich eine zusätzliche Gewähr für die Richtigkeit der Entscheidung.[1644] Die Existenz dieser besonderen Garantie ist unabhängig von der Antwort, zu der der Richter findet, umfaßt also auch die Verneinung der Gewißheit, denn sie ist mit dem Weg der Entscheidungsfindung, nicht mit dem Resultat verknüpft.

Ähnliches läßt sich auch von der Prüfung der überwiegenden Wahrscheinlichkeit des hinreichenden Tatverdachts[1645] im Vergleich zum Anfangsverdacht sagen. Die Untersuchung der höheren Wahrscheinlichkeit verlangt ein sorgfältigeres Abwägen der für und gegen die Täterschaft sprechenden Umstände in ihrem besonderen Gewicht. Wesentliches tragen dazu auch die auf dem Spiel stehenden Konsequenzen bei, denn mit Anwach-

---

1640 Zwar wird der gesetzliche Nachweis der Schuld erst durch ein *rechtskräftiges* Urteil erbracht (vgl. *Frowein/Peukert*: EMRK, 1996, Art. 6, Rn. 156; *KMG*: StPO, 2003, Art. 6 MRK, Rn. 15) – wobei unklar ist, ob die Unschuldsvermutung noch bis zur Rechtskraft der Verurteilung bestehen bleibt (vgl. *Frowein/Peukert*: EMRK, 1996, Art. 6, Rn. 156, Fn. 717 m. w. N.) – , doch zieht das Stellen der Schuldfrage durch den Richter erstmals die Möglichkeit der Beendigung der Unschuldsvermutung nach sich.

1641 Ähnl. auch *Zollinger*: L´intime conviction, in: Léauté: L´innocence, 1977, S. 33 ff., 33 f.; *Radtke*: Systematik des Strafklageverbrauchs, 1994, S. 321 f.

1642 *Hanack*: Richterliche Überzeugungsbildung, JuS 1977, S. 727 ff., 728.

1643 *Lampe*: Richterl. Überzeugung, in: von Gamm et al. (Hrsg.): FS Pfeiffer, 1988, S. 353 ff., 376 (Hervorhebungen im Original) m. w. N.

1644 Ähnl. *Hanack*: Richterliche Überzeugungsbildung, JuS 1977, S. 727 ff., 729 („... *sachliche Sicherungsfunktion von erheblicher Bedeutung* ...") sowie *Radtke*: Systematik des Strafklageverbrauchs, 1994, S. 322 („*Die vollständige Beweiswürdigung bietet grundsätzlich die Gewähr für die Richtigkeit der ergangenen Entscheidung.*") und *Rassat*: Proc. pén., 2001, Rn. 221 („*L´intime conviction n´est pas la consécration légale de la paresse et de la fantaisie des magistrats puisque le texte lui-même évoque l´impression faite sur leur raison par les éléments de preuve rapportés. Il impose donc aux juges de faire des efforts raisonnables* ... ").

1645 Gleiches trifft auf den dringenden Tatverdacht zu.

sen der Schuldwahrscheinlichkeit erlaubt das Gesetz tendenziell auch stärkere Eingriffe in Individualrechte und Rechts- und Lebensverhältnisse des Betroffenen.[1646]

c. Keine Kollision mit *Schöneborns* Ergebnissen

Zum Schluß soll geprüft werden, ob die hier gefundenen Resultate durch die Ergebnisse *Schöneborns* entkräftet werden:

Schöneborn hat sich mit dem Einfluß der Ungewißheitsrate einer Entscheidung auf die Rechtskraft befaßt. Nach seinen Erkenntnissen gewinnt der Rechtskraftgedanke immer dann an Gewicht, wenn er „... – *funktional gesehen – der auftretenden Ungewißheitsrate durch Endgültigkeitsverbürgung gegensteuern muß, damit Systeminstabilitäten verhindert werden.*“[1647] Dieses Ergebnis legt den Schluß nahe, daß gerade mit größerem Fehlerrisiko belastete Entscheidungen einer höheren Rechtskraft zur Sicherung ihrer Autorität bedürfen. Auf den ersten Blick scheint dies geeignet, der hier angenommenen direkten Proportionalität zwischen der einer Entscheidung prozessual vorangehenden und ihr innewohnenden Gerechtigkeitsgarantien zur Rechtskraft zu widersprechen.

Zu berücksichtigen ist aber, daß *Schöneborn* zu diesem Ergebnis angesichts der Betrachtung *unterschiedlicher* historischer Wahrheitsfindungskonzepte gelangt. So stellt er maßgeblich den gemeinrechtlichen Prozeß mit seinen starr strukturierten Formen der Beweisaufnahme dem auf der subjektiven richterlichen Überzeugung basierenden reformierten Verfahren gegenüber[1648] und kommt zu der einleuchtenden Konklusion, daß „... *wenn letztlich doch die subjektive Überzeugung des Richtenden den Ausschlag* ...“ gibt, von einer Neubeschäftigung kein glatter Gewinn zu erhoffen und vielmehr zu gewärtigen sei, „... *daß bei einem Antasten der einmal gefällten Entscheidung die Gefahr allgemeiner Unsicherheit über das, was nun als wahr zu gelten habe, massiv anwüchse.*“[1649] Dies offenbart die Restriktion seiner Aussage zum einen auf die Frage der *Subjektivität* der Entscheidungsfindung und zum anderen zugleich auf das *Verhältnis* der verschiedenen Wahrheitsfindungskonzepte zueinander. Die hier erörterte Frage des Einflusses von abgestuften Richtigkeitsgarantien *innerhalb* eines Systems wird damit nicht tangiert. Denn innerhalb dieses, von *Schöneborn* so bezeichneten „*unsicheren Konzeptes*“ sind die Entscheidungen auf allen Stufen des Verfahrens in gleicher Weise von den Fehlerhaftigkeiten des Subjektiven beeinträchtigt, weil sie auf freier Beweiswürdigung[1650] beruhen.

[1646] Vgl. dazu *von Hindte*: Verdachtsgrade, 1973, S. 52 ff., 102 ff.

[1647] *Schöneborn*: Wiederaufnahmeproblematik, 1980, S. 66.

[1648] *Schöneborn*: Wiederaufnahmeproblematik, 1980, S. 57 ff., 70 ff.

[1649] *Schöneborn*: Wiederaufnahmeproblematik, 1980, S. 74.

[1650] Dies trifft auf alle drei der untersuchten Rechtsordnungen zu.

5. Zwischenergebnis

Insgesamt kann festgehalten werden, daß die Relevanz der Abstufungen der Verdachtsformen für die Erreichung des Zwischenzieles Gerechtigkeit zum einen in der variierenden Fülle der *Tatsachenbasis* liegt. Zum anderen spielt aber auch die zu prüfende *Wahrscheinlichkeitshöhe* der Schuld in diesem Zusammenhang eine Rolle: unter dem Aspekt der sich verstärkenden Prüfungspflicht des Entscheidungsorgans für wahrscheinlichkeitsverneinende und -bejahende Verfahrensabschlüsse sowie für letztere unter dem Gesichtspunkt der höheren Probabilität selbst.

Dies bedeutet, daß die Prüfung des jeweiligen Entscheidungsorgans, ob Anfangsverdacht, hinreichender Tatverdacht oder Gewißheit hinsichtlich der Schuld des Täters gegeben ist, in dieser Reihenfolge eine sich steigernde Richtigkeitsgewähr mit sich bringt. Ein Zusammenhang zwischen Wahrscheinlichkeitsgrad und Gerechtigkeitsgewähr kann demnach bejaht werden.

V. Sachaufklärungsmethoden und Gerechtigkeitsgewähr durch Wahrheitsfindung

1. Einleitung

Ein weiterer Zusammenhang ist zwischen den Methoden der Sachaufklärung, der Gerechtigkeitsgewähr und damit auch der *ne bis in idem*-Wirkung in folgendem Sinne zu vermuten: Je besser die Methoden der Ermittlung des der Entscheidung zugrundeliegenden Geschehensbildes, desto höher ist die Gewähr für die Gerechtigkeit einer Entscheidung und desto umfangreicher ist deren *ne bis in idem*-Wirkung. Bereits die Betrachtung der innerstaatlichen Rechtsinstitute *Urteil, jugement, vonnis, sentenza* und *judgment* in *Kapitel neun*[1651] hat angedeutet, daß die Vorstellungen von der möglichst zuverlässigen Sachverhaltsfeststellung in der Hauptverhandlung in einzelnen Rechtsordnungen zum Teil differieren. Erkennbar sind dabei zwei verschiedene Typen:[1652] Während die Hauptverhandlung in *Deutschland, Italien* (*dibattimento*) und *England* nach dem Prinzip der *materiellen Unmittelbarkeit* bei der Beweisaufnahme gestaltet ist, entbehrt dieses Prinzip seine Anerkennung im *französischen* und *niederländischen* Verfahren.

Die beiden im Hinblick auf die Geltung des Unmittelbarkeitsprinzips zu unterscheidenden Typen des Strafverfahrens sollen allerdings selbst nicht miteinander verglichen

---

1651 Insb. jeweils *III*.

1652 Zu dieser Zweiteilung *Gleß*: Die „Verkehrsfähigkeit von Beweisen" im Strafverfahren, ZStW 2003, S. 131 ff., 141: „... *zwei unterschiedliche Konzepte einer Beweisform ..., die beide (auf verschiedene Weise) absichern wollen, daß aus der Präsentation von Informationen in der Gegenwart zuverlässige Rückschlüsse über das Vorliegen von Tatsachen in der Vergangenheit gezogen werden können ...* .". Insb. zur unterschiedlichen Funktion der Hauptverhandlung *dies.*: Rechtsvergleichender Querschnitt, in: Gleß et al. (Hrsg.): Justitielle Einbindung, 2001, S. 643 ff., 655.

werden. Die Frage lautet also nicht, ob die mündliche Verhandlung in den Rechtsordnungen mit oder in jenen ohne Geltung des materiellen Unmittelbarkeitsprinzips einen höheren Grad an Richtigkeit des festgestellten Sachverhaltes garantieren kann. Denn hinter beiden dieser Ausprägungen stehen verschiedene Konzepte der Wahrheitsermittlung, deren wertende Gegenüberstellung der vorliegenden Zielstellung nicht dienen könnte: Geprüft werden soll, ob das Maß der Rechtskraft eines Verfahrensabschlusses *innerhalb eines einzelnen der Strafverfahrenssysteme* durch das Maß der im vorangegangenen Verfahren vorhandenen Garantien für eine gerechte Entscheidung beeinflußt wird.

In ähnlicher Weise stellte sich auch oben nicht etwa die Frage, ob die instruktorische oder die adversarische Prägung der Hauptverhandlung zu besseren Ergebnissen bei der Wahrheitsfindung führt. Insoweit wurde bereits betont, daß es sich nur um verschiedene, systemspezifische Wege zur materiellen Wahrheit handelt.[1653]

Das Interesse liegt also auf den Unterschieden zwischen den Verfahrensabschlüssen *einer* Rechtsordnung. Diese sind allerdings nur adäquat einzuordnen und zu bewerten, indem sie in Beziehung zu dem jeweils geltenden Wahrheitsermittlungskonzept gesetzt werden.

Die Fragestellung lautet daher: Ist zwischen den verschiedenen Methoden der Ermittlung des Sachverhalts innerhalb einer Rechtsordnung ein qualitatives Stufenverhältnis zu erkennen? Bereits an dieser Stelle können Strafverfahrenssysteme mit einer ähnlichen Konzeption der Sachverhaltsermittlung zusammengefaßt werden (2. und 3.). Anschließend kann gefragt werden, ob auch zwischen den – unterschiedlichen Konzepten unterworfenen – Systemen noch Gemeinsamkeiten bestehen. Gibt es beispielsweise eine Entscheidungsform in beiden Systemen, die sich auf bestimmte gemeinsame Grundzüge zurückführen läßt (4.)?

2. Am Prinzip materieller Unmittelbarkeit ausgerichtete Systeme

Die Herrschaft dieses Prinzips bedeutet, daß die eigentliche Beweiserhebung in der mündlichen Verhandlung vor dem erkennenden Gericht stattfindet, wobei nach dem jeweils sachnächsten Beweismittel gestrebt wird.[1654] Die Hauptverhandlung ist in diesem Fall eine Prozeßphase, in der die Beweise neu und unmittelbar *erhoben* werden. Von den hier untersuchten Rechtssystemen zählen *Deutschland*,[1655] *England*[1656] und *Italien*[1657] zu die-

---

[1653] Vgl. dazu bereits *oben C. II. 2.* Die Thematik der unterschiedlichen Vorstellungen von den besten Methoden der Wahrheitsfindung im instruktorischen und im adversarischen Verfahren wurde bereits oben behandelt, weil sie im Kontext mit der Bedeutung der einzelnen Zwischenziele (Gerechtigkeit/Rechtssicherheit) für den Rechtsfrieden die Frage aufwarf, ob im adversarisch geprägten System überhaupt um die materielle Wahrheit geht.

[1654] *Perron*: Rechtsvergleichender Querschnitt, in: Perron (Hrsg.): Beweisaufnahme im Ausland, 1995, S. 549 ff., 569; *Spencer*: Preuve, in: Delmas-Marty (Hrsg.): Proc. pén. d'Europe, 1995, S. 515 ff., 531 ff.

[1655] Vgl. *oben Kapitel 9, B. III.*

[1656] Vgl. *oben Kapitel 9, F. II.*

[1657] Vgl. *oben Kapitel 9, E. I.*

ser Gruppe mit einem starken Fokus auf der Beweiserhebung in der mündlichen Verhandlung.

Im *deutschen* Strafverfahren bestimmt § 250 StPO, daß, wenn der Beweis einer Tatsache auf der Wahrnehmung einer Person beruht, diese grundsätzlich[1658] in der Hauptverhandlung zu vernehmen ist und deren Vernehmung nicht durch Verlesung des über eine frühere Vernehmung aufgenommenen Protokolls oder einer schriftlichen Erklärung ersetzt werden darf. Damit ist, um eine möglichst zuverlässige Beweisgewinnung zu gewährleisten, der Vorrang des Personal- vor dem Urkundenbeweis festgeschrieben. Verboten ist es nach deutschem Recht dementsprechend nicht, *Zeugen vom Hörensagen* zu vernehmen.[1659] Anders ist dies in *England*: Dort gebietet die *rule against hearsay evidence* den direkten mündlichen Beweis der Personen, die die Tatsachen, über die Beweis geführt wird, selbst gesehen oder gehört haben.[1660] Darüber hinaus untersagt das weit verstandene Verbot des Hörensagen-Beweises im Prinzip[1661] auch die Verwertung einer Angabe oder Aussage als Beweis einer Tatsache, wenn sie nicht von einem Zeugen während seiner mündlichen Vernehmung gemacht wird, und somit den Rückgriff auf schriftlich niedergelegte frühere Aussagen vor der Polizei.[1662] Das Prinzip der materiellen Unmittelbarkeit wurde in *Italien* erst mit der 1989 in Kraft getretenen umfassend reformierten Strafprozeßordnung eingeführt. Ursprünglich in seiner Geltung sehr streng konzipiert und gehandhabt, sollten die Ermittlungsergebnisse nur in äußerst begrenztem Umfang in die Hauptverhandlung einfließen. Eine nachträgliche Gesetzesänderung[1663] aber bewirkte eine Ausdehnung dieser Möglichkeiten. Ungeachtet dieser im nachhinein eingefügten Abschwächung des Unmittelbarkeitsprinzips dominiert dessen Geltung noch immer das Normalverfahren.[1664] Das Verbot des Zeugen vom Hörensagen gilt allerdings auch hier nicht.[1665]

Unter Geltung des *materiellen Unmittelbarkeitsprinzips* wird es als für die richtige Sachverhaltsermittlung zuträglich betrachtet, daß der entscheidende Richter die erforderlichen tatsächlichen Umstände im Rahmen einer Hauptverhandlung in der Regel selbst feststellt. Dies wird als eine Methode angesehen, die zu einer qualitativ erheblich höheren Tatsachenfeststellung führt.[1666] Vor allem betrifft dies die Vernehmung eines in der Hauptverhandlung erschienenen Zeugen im Vergleich zu einer schriftlich protokollierten und aus einem früheren Verfahrensstadium stammenden Aussage in den Ermittlungsakten. Als

---

1658 Bestimmte, eng umgrenzte Ausnahmen von diesem Grundsatz läßt § 251 StPO zu.

1659 Vgl. dazu *KMG*: StPO, 2003, § 250, Rn. 1 ff.

1660 *Huber*: England und Wales, in: Perron (Hrsg.): Beweisaufnahme im Ausland, 1995, S. 11 ff., 43.

1661 Durchbrechungen dieses Grundsatzes existieren auch hier: vgl. *Huber*: England und Wales, in: Perron (Hrsg.): Beweisaufnahme im Ausland, 1995, S. 11 ff., 43 ff.; *Spencer*: Preuve, in: Delmas-Marty (Hrsg.): Proc. pén. d'Europe, 1995, S. 515 ff., 531 ff.

1662 Vgl. *Huber*: England und Wales, in: Perron (Hrsg.): Beweisaufnahme im Ausland, 1995, S. 11 ff., 43; *Spencer*: Preuve, in: Delmas-Marty (Hrsg.): Proc. pén. d'Europe, 1995, S. 515 ff., 531.

1663 Durch Gesetz vom 06. 08. 1992 wurde Art. 500 CPP so verändert, daß in der Ermittlungsakte befindliche Erklärungen von Zeugen und Privatparteien über Vorhaltungen unmittelbar als Beweis in die Hauptverhandlung eingeführt werden können. Vgl. *Bogner*: Absprachen im deutschen und italienischen Strafprozeßrecht, 2000, S. 141 f.

1664 *Perron*: Rechtsvergleichender Querschnitt, in: Perron (Hrsg.): Beweisaufnahme im Ausland, 1995, S. 549 ff., 572; *Spencer*: Preuve, in: Delmas-Marty (Hrsg.): Proc. pén. d'Europe, 1995, S. 515 ff., 534.

1665 Vgl. *Spencer*: Preuve, in: Delmas-Marty (Hrsg.): Proc. pén. d'Europe, 1995, S. 515 ff., 534.

1666 So z. B. *BVerfG*, B. vom 03. 06. 1992, NJW 1992, S. 2947 ff., 2950. Vgl. auch *Gleß*: Rechtsvergleichender Querschnitt, in: Gleß et al. (Hrsg.): Justitielle Einbindung, 2001, S. 643 ff., 657.

entscheidend für den Umfang der Aussagekraft eines Zeugenbeweises wird unter der Herrschaft des Unmittelbarkeitsprinzips die Frage beurteilt, ob sich der Richter ein eigenes Bild von der Person des Vernommenen machen kann. Die persönliche Glaubwürdigkeit, die für den Wert einer Einlassung von so entscheidender Bedeutung sein kann, ist allein anhand eines Gesamteindruckes der Aussageperson, ihrer Reaktionen auf Nachfragen und ihres gesamten Auftretens einschätzbar.[1667]

Außer der den Grundsätzen der Unmittelbarkeit gehorchenden Beweisaufnahme beansprucht auch das *kontradiktorische Prinzip* in der mündlichen Verhandlung Geltung. Es ist nicht nur Teil der Verteidigungsrechte des Beschuldigten, sondern erleichtert auch die richtige Einordnung einzelner Indizien in das Sachverhaltsnetz. Die prozessuale Gelegenheit zu Stellungnahme und Äußerung durch die Verfahrensbeteiligten zu den einzelnen Beweiserhebungen[1668] kann in besserem Umfang den Ausschluß von Mißverständnissen und Irrtümern gewährleisten als dies die einseitige Beurteilung des Beweismaterials jemals tun könnte.[1669] Die Durchführung einer streitigen Verhandlung ist damit geeignet, wesentlich zu einer richtigen Rekonstruktion des Tatgeschehens beizutragen.[1670]

Aus diesem Grunde ist auch der Vermutung entgegenzutreten, daß *„[e]in von der Staatsanwaltschaft gründlich durchermittelter Tatvorwurf, der entsprechend in der Ermittlungsakte dokumentiert ist, ... der Wahrheit mit einem ähnlich hohen Grad an Wahrscheinlichkeit nahe zu kommen [vermag], wie sie auch in der Hauptverhandlung erreichbar gewesen wäre.“*[1671] Zwar ist die Beobachtung sicherlich nicht gänzlich unbegründet, daß auch in Systemen mit grundsätzlicher Geltung des Unmittelbarkeitsprinzips zunehmend Polizei und Staatsanwaltschaft bereits außergerichtlich auf die Entscheidung über Tat und Strafe Einfluß nehmen.[1672] Die Frage aber, *„... wie hoch das Wahrheitsfindungspotenzial einer Hauptverhandlung im Vergleich zu dem Ermittlungsergebnis ist“*,[1673] muß auch in Anbetracht des kontradiktorischen Prinzips in der Hauptverhandlung beantwortet werden. Dessen Geltung in diesem Verfahrensabschnitt verbessert die Chancen der Sachaufklärung im Gegensatz zum aktenmäßig niedergelegten Ermittlungsergebnis.

Die Entscheidungsfindung aufgrund einer *unmittelbaren* und *kontradiktorischen* Hauptverhandlung wird daher als derjenigen, von diesen Grundsätzen abweichenden im Hinblick auf die Richtigkeitsgewähr der Tatsachenermittlung überlegen betrachtet.

1667 Vgl. dazu *Huber*: England und Wales, in: Perron (Hrsg.): Beweisaufnahme im Ausland, 1995, S. 11 ff., 56; *Spencer*: Preuve, in: Delmas-Marty (Hrsg.): Proc. pén. d'Europe, 1995, S. 515 ff., 532; *Ebert*: Der Tatverdacht, 2000, S. 195; *Geis*: Überzeugung?, 2000, S. 164; *Tak*: Ermittlungsverfahren in den Niederlanden, ZStW 2000, S. 170 ff., 200.

1668 Vgl. z. B. § 244 StPO.

1669 Vgl. auch *Nicolopoulos*: Le principe du contradictoire, RSC 1989, S. 1 ff., 2.

1670 Vgl. dazu auch *Tak*: Ermittlungsverfahren in den Niederlanden, ZStW 2000, S. 170 ff., 183 unter Berufung auf die Rechtsprechung des *EGMR*: „ *... vielmehr kommt es darauf an, daß der Beweis in einem kontradiktorischen Verfahren erhoben wird.*“

1671 *Bogner*: Absprachen im deutschen und italienischen Strafprozeßrecht, 2000, S. 255.

1672 Vgl. *Schünemann*: Richterl. Überzeugung, in: von Gamm et al. (Hrsg.): FS Pfeiffer, 1988, S. 461 ff., 483; *Jörg* et al.: Are Inquisitorial and Adversarial Systems Converging?, in: Fennell et al. (Hrsg.): Criminal Justice in Europe, 1995, S. 41 ff., 50 f.; *Jung*: Einheit und Vielfalt, GA 2002, S. 65 ff., 69 (*„fortschreitende Erosion des Unmittelbarkeitsprinzips“*).

1673 *Bogner*: Absprachen im deutschen und italienischen Strafprozeßrecht, 2000, S. 255.

Deutlich wird dies beispielsweise in folgenden Ausführungen des *Bundesverfassungsgerichts* aus dem Jahre 1992: „*Die Regeln für die Hauptverhandlung sind so ausgestaltet, daß sie die* größtmögliche Gewähr für die Erforschung der Wahrheit *ebenso wie für die bestmögliche Verteidigung des Angekl. und damit für ein* gerechtes Urteil *bieten.*“[1674]

Im Unterschied dazu werden im *deutschen* Strafverfahren beispielsweise bezüglich des schriftlich, auf reiner Aktenbasis ergehenden Strafbefehls[1675] immer wieder die Mängel bei der Sachverhaltsermittlung im Vergleich zur regulären Hauptverhandlung hervorgehoben.[1676] Auch im *italienischen* Strafprozeß indiziert die Tatsache, daß das abgekürzte Verfahren[1677] nur dann eingeleitet werden kann, wenn der Angeklagte mit dieser Verfahrensweise einverstanden ist, daß der unmittelbaren Beweisaufnahme in der Hauptverhandlung grundsätzlich der Vorrang für die Sachverhaltsermittlung gebührt. Durch seine Einwilligung verzichtet der Angeklagte damit auf die besonderen Richtigkeitsgewährleistungen des *dibattimento*, des Normalverfahrens. Denn obgleich bei diesem Verfahren nach der Reform des Jahres 1999 eine erneute Beweisaufnahme nicht mehr gänzlich ausgeschlossen ist, bilden die Ermittlungsakten und damit die *Verwertung* der im Vorverfahren bereits aufgenommenen Beweise nach wie vor den Kern der Entscheidungsgrundlage.

3. Nicht am Prinzip materieller Unmittelbarkeit ausgerichtete Systeme

Wird der Grundsatz der materiellen Unmittelbarkeit in der Hauptverhandlung, wie in den anderen Rechtsordnungen, nicht als wesentliches Prinzip angesehen, impliziert dies, daß die Entscheidung schwerpunktmäßig auf der *Verwertung* von Beweisen beruht, die im Laufe des Vorverfahrens, also des Ermittlungsverfahrens und/oder der gerichtlichen Voruntersuchung, erhoben wurden und dem Gericht durch die ihm vorliegenden Akten vermittelt werden. Eine eigene Beweiserhebung unterbleibt in dieser Konstellation überwiegend. Findet sie statt, so handelt es sich nur in sehr seltenen Fällen tatsächlich um neue Beweise.

Aus dem Kreis der untersuchten Strafverfahrensordnungen gehören zu dieser Gruppe *Frankreich*[1678] und die *Niederlande*.[1679] In den Verfahren vor den *französischen* Korrektional- sowie Polizeigerichten, also im Vergehens- und Übertretungsbereich stützen sich die Richter im wesentlichen auf die Ermittlungsergebnisse. Soweit im Verbrechen betreffenden schwurgerichtlichen Verfahren Beweise erhoben werden, handelt es sich kaum um neue Erhebungen.[1680] Die *niederländische* Hauptverhandlung dient in allen

---

1674 *BVerfG*, B. vom 03. 06. 1992, NJW 1992, S. 2947 ff., 2950 (Hervorhebungen der *Verf.*).

1675 Vgl. *unten Kapitel 12, B. IV. 3.*

1676 Vgl. z. B. *Müller*: Das Strafbefehlsverfahren, 1993, S. 113; *Radtke*: Systematik des Strafklageverbrauchs, 1994, S. 290 f.; SK-*Weßlau*: StPO, Vor § 407, Rn. 15 (Std. 07/00) m. w. N. und die *Bundesregierung*: StVÄGE 1984, BT-DS 10/1313, S. 1 ff., 33: „*Daß neue Tatsachen und Beweismittel bei einem durch Urteil aufgrund einer Hauptverhandlung Freigesprochenen die Wiederaufnahme nicht zu rechtfertigen vermögen, findet seinen Grund darin, daß nach der Grundvorstellung der Strafprozeßordnung allein die mündliche Hauptverhandlung eine umfassende Gewähr für eine vollständige Sachverhaltsaufklärung bietet, die mit der reinen Aktenlageentscheidung des Strafbefehlsverfahrens nicht in diesem Maße verbunden ist.*“

1677 Vgl. *oben Kapitel 9, E. II.*

1678 Vgl. *oben Kapitel 9, C. III.*

1679 Vgl. *oben Kapitel 9, D. III.*

1680 *Barth*: Frankreich, in: Perron (Hrsg.): Beweisaufnahme im Ausland, 1995, S. 89 ff., 108.

Eingangsinstanzen vorrangig der Diskussion des Aktenmaterials und der Bestätigung des Untersuchungsverfahrens. Beweise werden kaum erhoben, zum Teil reicht sogar die Zusammenfassung des wesentlichen Inhalts eines Schriftstücks anstelle dessen Verlesung in der mündlichen Verhandlung aus.[1681]

Hinter der Gestaltung der Hauptverhandlung *ohne* den Grundsatz der *materiellen Unmittelbarkeit* und der damit verbundenen Verlagerung der eigentlichen Beweiserhebung in das Vorverfahren steht der Gedanke, die Beweise möglichst schnell und nur kurze Zeit nach dem Tatgeschehen festzuhalten, um deren Verfall und Qualitätsminderung durch Prozesse wie Spurenverwischung oder Erinnerungsverlust bei Zeugen entgegen zu steuern.[1682] Wie in *Frankreich* und den *Niederlanden* der Fall, werden diese in Ermittlungsverfahren oder Voruntersuchung erhobenen und „konservierten" Beweise meist durch Aktenmaterial[1683] in die Hauptverhandlung eingeführt und dort lediglich noch verifiziert.

Große Bedeutung für die Wahrheitsermittlung besitzt in diesem Fall der *kontradiktorische Charakter* der Verhandlung.[1684] Deutlich wird dies insbesondere daran, daß die Hauptverhandlung in den Verfahrensordnungen, in denen das materielle Unmittelbarkeitsprinzip nicht gilt, vor allem der Diskussion der im Vorverfahren erhobenen Beweise dient. In der streitigen Verhandlung werden die aus den Ermittlungsakten ersichtlichen Beweise geprüft, gegenübergestellt und erörtert.[1685] Daß dies Einfluß auf die Qualität der Wahrheitsfindung hat, wurde oben bereits ausgeführt.[1686] Insofern bestehen in beiden Systemtypen keine Unterschiede. Das kontradiktorische Element setzt die Anwesenheit[1687] des Beschuldigten und/oder seines Verteidigers voraus.

Als hinsichtlich der Richtigkeitsgewähr mangelhaft werden demzufolge immer diejenigen mündlichen Verhandlungen betrachtet, die nichtstreitig verlaufen.[1688] Dabei handelt es sich um die

---

1681 *Van de Reyt*: Niederlande, in: Perron (Hrsg.): Beweisaufnahme im Ausland, 1995, S. 283 ff., 299 f.; *Tak*: Ermittlungsverfahren in den Niederlanden, ZStW 2000, S. 170 ff., 200.

1682 *Gleß*: Die „Verkehrsfähigkeit von Beweisen" im Strafverfahren, ZStW 2003, S. 131 ff., 140. Vgl. auch *Barth*: Frankreich, in: Perron (Hrsg.): Beweisaufnahme im Ausland, 1995, S. 89 ff., 100: Der Zweiteilung in inquisitorisches Vorverfahren und akkusatorisches Hauptverfahren „*... liegt die Idealvorstellung zugrunde, daß die Beweise in ersterem bereits vollständig ermittelt wurden und in dem von den Grundsätzen der Öffentlichkeit, Mündlichkeit und streitigen Verhandlung bestimmten Hauptverfahren lediglich noch zum Zweck der Entscheidungsfindung gewürdigt werden.*"

1683 Vgl. in diesem Sinne *Conte/Maistre du Chambon*: Proc. pén., 2002, Rn. 513 zu den Gefahren rein mündlicher Beweisaufnahme für die Wahrheitssuche.

1684 Vgl. Art. 312 CPP, Art. 292 f. WSv.

1685 Vgl. *oben Kapitel 9, C. III.* (*Frankreich*) und *D. III.* (*Niederlande*) sowie *Perron*: Rechtsvergleichender Querschnitt, in: Perron (Hrsg.): Beweisaufnahme im Ausland, 1995, S. 549 ff., 569.

1686 Vgl. auch *Conte/Maistre du Chambon*: Proc. pén., 2002, Rn. 518 („*Par principe, sa [la personne poursuivi, die Verf.] présence est nécessaire, qui est utile à la manifestation de la vérité comme au respect des droits de la défense.*") und *Ginestet*: Procédure de contumace, DP 2001 (11), S. 4 ff., 6.

1687 Zumindest muß der Verteidigung Gelegenheit zur Anwesenheit gegeben werden. Vgl. z. B. zu den Fällen im niederländischen Verfahren, in denen die Hauptverhandlung trotz Abwesenheit des Angeklagten als kontradiktorische gilt, *oben Kapitel 9, D. III.*

1688 Vgl. *Conte/Maistre du Chambon*: Proc. pén., 2002, Rn. 518.

Abwesenheitsverfahren des französischen und niederländischen Strafprozesses. So gründet beispielsweise das Urteil (*jugement*) im *französischen* schwurgerichtlichen Kontumazverfahren[1689] auf einer Verhandlung, in der der abwesende Angeklagte auch nicht durch seinen Verteidiger vertreten werden kann. Nichtkontradiktorisch verlaufen auch die zum *jugement par défaut* durch das französische Korrektional- oder Polizeigericht[1690] und zum niederländischen Säumnisurteil (*verstekvonnis*)[1691] führenden Verfahren.

Auf der Basis einer nichtstreitigen Sachverhaltsermittlung ergehen auch die schriftlichen Verfahren. Für den *französischen* Strafprozeß ist in diesem Zusammenhang beispielsweise die *ordonnance pénale*, der französische Strafbefehl,[1692] zu nennen. Daß das zu dieser Entscheidung hinführende Verfahren in diesem Fall durch den Gesetzgeber als defizitär angesehen wird, läßt sich aus seiner auf Übertretungen beschränkten Zulässigkeit schließen.

4. Zwischenergebnis

Daraus läßt sich ableiten: Für die Systeme, die den Schwerpunkt der Beweis*aufnahme* auf die Hauptverhandlung legen, ist die mündliche Verhandlung dem schriftlichen Verfahren vor allem aufgrund des Prinzips der *materiellen Unmittelbarkeit* in der Richtigkeitsgewähr überlegen. Der Grundsatz der *streitigen* Verhandlung verstärkt diese Garantie. In den Systemen hingegen, in denen die Hauptverhandlung mehr der *Verwertung* als der Erhebung der Beweise dient, unterscheidet sie sich im Hinblick auf die Qualität des zu beurteilenden Tatsachenmaterials in der Regel kaum von Verfahrensabschlüssen, die aufgrund schriftlicher Unterlagen ergehen. In Kontrast zu diesen regiert in der Hauptverhandlung der Normalverfahren allerdings das *kontradiktorische Prinzip*, das die Würdigung und Diskussion des Aktenmaterials durch die Verfahrensbeteiligten impliziert und von großer Wichtigkeit für die Gewährleistung einer richtigen und gerechten Entscheidung ist. Unter diesem Gesichtspunkt lassen sich auch die nichtkontradiktorischen Abwesenheitsverfahren von der regulären Hauptverhandlung abgrenzen.

Dies bedeutet, daß die mündliche Verhandlung sowohl in den Strafverfahrenssystemen unter dem Regime des Prinzips der Unmittelbarkeit als auch in jenen auf dieses Prinzip verzichtenden das Sachverhaltsermittlungsverfahren mit dem Potential für die umfangreichste Gewährleistung der Richtigkeit der sie abschließenden Entscheidung ausgestattet ist. Realisiert wird dieses Potential in vollem Umfang,[1693] wenn die Beweise im erstgenannten Fall in der Verhandlung materiell unmittelbar erhoben werden und das Verfahren im zweitgenannten Fall kontradiktorisch abläuft. Denn in diesen beiden Fällen gelten jeweils diejenigen Prinzipien der Sachverhaltsfeststellung, die systemimmanent die

---

1689 Vgl. *oben Kapitel 9, C. VI. 1.*

1690 Vgl. *oben Kapitel 9, C. VI. 2.*

1691 Vgl. *oben Kapitel 9, D. VI.*

1692 Vgl. *unten Kapitel 12, C. IV. 2. c.*

1693 Nicht voll ausgeschöpft wird das Potential demgegenüber in der mündlichen Verhandlung des *italienischen* abgekürzten Verfahrens, weil die Beweisaufnahme nicht materiell unmittelbar erfolgt. Ähnliches gilt für die mündliche Verhandlung im Rahmen der verschiedenen Abwesenheitsverfahren *Frankreichs* und der *Niederlande*, denn insoweit wird auf das kontradiktorische Prinzip verzichtet.

größte Garantie für den gerechten Verfahrensabschluß bilden. Dies trifft in allen Rechtsordnungen jeweils auf die reguläre Hauptverhandlung zu. Da sie unter der Herrschaft beider Systeme die Entscheidungsform ist, die im Hinblick auf die Methoden der Sachverhaltsaufklärung die höchste Richtigkeitsgewähr bietet, kann insofern eine Gemeinsamkeit festgestellt werden.

Die Methode der Sachverhaltsfeststellung – (un)mittelbar bzw. (nicht)kontradiktorisch – ist demzufolge als für die Gerechtigkeitsgewähr einer Entscheidung maßgeblich. Die Vermutung eines Zusammenhangs kann demzufolge als bestätigt gelten.

VI. Ergebnis

Die Frage nach dem Zusammenhang zwischen den in die Hypothese aufgenommenen Charakteristika und der Gerechtigkeitsgewähr konnte im Hinblick auf alle Charakteristika positiv beantwortet werden.

Für konsensuale verfahrensabschließende Entscheidungen wurde dies bereits im letzten Abschnitt festgestellt. Allerdings mußte diese Aussage auf den *sachbezogenen* Konsens beschränkt werden. Zudem unterscheiden sich aktiv und passiv zustande gekommener Konsens zugunsten des ersteren hinsichtlich ihres Gewichtes für die Gerechtigkeitsgewähr. Aus der Betrachtung von Stellung und Aufgaben von *Richter und Staatsanwalt* in den drei exemplarisch untersuchten Rechtsordnungen ergab sich, daß richterlichen Entscheidungen generell eine höhere Richtigkeitsgarantie zuzusprechen ist. Auch bei den verschiedenen *Verdachtsstufen* variieren aufgrund der ungleichen Tatsachenfülle einerseits und der jeweils zu prüfenden unterschiedlichen Schuldwahrscheinlichkeitshöhe andererseits die Gewährleistungen der Gerechtigkeit. Am höchsten ist dabei die Gerechtigkeitsgewähr, wenn das Entscheidungsorgan den Maßstab der Überzeugung zu prüfen hat. Schließlich konnte auch festgestellt werden, daß die *reguläre Hauptverhandlung* in allen der untersuchten Rechtsordnungen der Garant für die größte Richtigkeitsgewähr ist. Dies gilt unabhängig davon, ob systemimmanent im Schwerpunkt der materielle Unmittelbarkeitsgrundsatz oder das kontradiktorische Prinzip als Gewähr für die beste Wahrheitsermittlung betrachtet werden. Denn in beiden Systemen wird die jeweilige Gewähr in der Hauptverhandlung realisiert.

E. Zusammenfassung

Aufgabe dieses *elften Kapitels* war es, die in *Kapitel zehn* aufgestellte Hypothese theoretisch zu rechtfertigen. Dies implizierte die Einordnung des *ne bis in idem*-Prinzips vor dem Hintergrund des Verfahrenszieles. Als solches konnte der Rechtsfrieden erkannt werden „... *als ein Zustand, bei dem von der Gemeinschaft vernünftigerweise erwartet werden kann, daß sie sich über den Verdacht einer Straftat beruhige.*“[1694] Dies erklärt, warum dem Streben nach Gerechtigkeit, auch wenn eine Entscheidung unrichtig erscheint, durch das in diesem Falle gegenläufige Prinzip der Rechtssicherheit ein Ende bereitet werden muß. Damit sind zugleich die beiden im Zusammenhang mit dem Strafklageverbrauch bedeutsamen Zwischenziele auf dem Weg zum Rechtsfrieden genannt: Die Rechtssicherheit umfaßt dabei die „... *Forderung, das Vertrauen des einzelnen und der Allgemeinheit in den Bestand einer als endgültig getroffenen gerichtlichen Entscheidung zu fördern und zu erhalten.*“[1695] Die Gerechtigkeit als eine nicht absolut zu bestimmende, sondern erkenntnis- und persönlich-relative Größe ist – weiter als herkömmlicherweise üblich – als Umsetzung der in den Straf- und Strafverfahrensnormen jeweils vorgesehenen Reaktionen auf den Verdacht einer Straftat zu verstehen und schließt auf diese Weise auch die zum Urteil alternativen Verfahrenserledigungen mit ein. Eine Untersuchung ihrer Stellung in den Strafverfahrenssystemen Europas verdeutlichte, daß ihre Verwirklichung sowohl im kontinental-europäischen als auch im angelsächsischen Bereich grundsätzlich durch das Zwischenziel materielle Wahrheit verfolgt wird. Zum Teil kann die Wahrheitssuche aber auch durch konsensuale Elemente ersetzt werden. Ein prägnantes Beispiel dafür ist die auf eine *guilty plea* gestützte Verurteilung im englischen Verfahren. Folglich können sowohl Wahrheit als auch Konsens Wege zur Gerechtigkeit sein. Die hervorgehobene Bedeutung der Gerechtigkeit gegenüber der Rechtssicherheit im heutigen Strafverfahren, wird daran spürbar, daß letztere, verkörpert durch einen endgültigen Spruch ohne Berücksichtigung jeglicher Gerechtigkeitselemente, isoliert nicht zu Rechtsfrieden führen könnte, eine gerecht erscheinende Entscheidung umgekehrt jedoch wohl. Dies erlaubt den Schluß, daß es die Komponente der Gerechtigkeitsgewähr ist, die den Gesetzgeber motiviert, das Verhältnis von Sperrwirkung und Neuaufnahmemöglichkeit bei verschiedenen Erledigungsformen unterschiedlich zu gestalten. Je besser die Bedingungen dafür sind, im ersten Verfahren zu einer gerechten Entscheidung zu gelangen, desto berechtigter ist die Erwartung von Endgültigkeit diesem Verfahrensabschluß gegenüber, desto höher ist tendenziell die Sperrwirkung. Der Kreis zur Untermauerung der aufgestellten Hypothese des Zusammenhangs zwischen den Faktoren Entscheidungsorgan, Verdachtsgrad, Sachverhaltsaufklärungsmethode und *Konsens* einerseits und der Rechtskraft andererseits ließ sich schließen durch den Nachweis deren Relevanz für die Gerechtigkeitsgewähr. Eine besonders hohe Gewähr bieten dabei das Entscheidungsorgan *Richter*, der Verdachtsgrad *Überzeugung* und die Aufklärung durch die *kontradiktorische (und unmittelbare)*[1696] *Hauptverhandlung.*

Zusammenfassend kann die Hypothese als durch die strafverfahrenstheoretische Betrachtung gestützt angesehen werden.

[1694] *Schmidhäuser*: Ziel des Strafprozesses, in: Bockelmann/Gallas (Hrsg.): FS Eb. Schmidt, 1961, S. 511 ff., 522.

[1695] *Schmidhäuser*: Ziel des Strafprozesses, in: Bockelmann/Gallas (Hrsg.): FS Eb. Schmidt, 1961, S. 511 ff., 515. Ähnl. *Peters*: Fehlerquellen III, 1974, S. 1 f., 32 f.; *Henkel*: Rechtsphilosophie, 1977, S. 443; *Deml*: Reform der Wiederaufnahme, 1979, S. 41 und *Schöneborn*: Wiederaufnahmeproblematik, 1980, S. 5.

[1696] Die den Grundsätzen der *materiell unmittelbaren Beweisaufnahme* gehorchende Hauptverhandlung ist dies in *Deutschland*, *Italien* und *England*. In den übrigen Rechtsordnungen (*Frankreich* und *Niederlande*) muß die Hauptverhandlung lediglich *kontradiktorisch* verlaufen.

Die folgenden Untersuchungen werden sich nun der Frage zuwenden, wie sich die Beziehungen zwischen den genannten Kriterien und der Rechtskraft in den Strafverfahrensordnungen Deutschlands, Frankreichs und der Niederlande widerspiegeln.

Kapitel 12. Zweite Säule. Überprüfung des vermuteten Zusammenhangs zwischen den Charakteristika und der *ne bis in idem*-Wirkung anhand anderer verfahrensabschließender Entscheidungen

A. Einleitung

Neben dem *Urteil*, dem *jugement* und dem *vonnis* existieren im innerstaatlichen Strafverfahren Deutschlands, Frankreichs und der Niederlande weitere Verfahrensabschlüsse, die in *diesem Kapitel zwölf* erörtert werden. Hierdurch soll die in *Kapitel zehn* aufgestellte Hypothese über den Zusammenhang zwischen den Merkmalen des zu einer Entscheidung hinführenden Verfahrens einerseits – Entscheidungsorgan, Verdachtsgrad, Art der Sachverhaltsfeststellung und konsensuale Elemente – und der *ne bis in idem*-Wirkung dieser Entscheidung andererseits anhand des geltenden Rechts überprüft werden. Die Betrachtung dieser Verfahrensabschlüsse wird nach der Erkennbarkeit korrelativer[1697] Abhängigkeitsverhältnisse in folgendem Sinne fragen:

> Ist die Rechtskraftwirkung einer Entscheidungsform im Vergleich zu anderen Verfahrensabschlüssen stärker, wenn statt der Staatsanwaltschaft (Polizei/Verwaltungsbehörde) der Richter entschieden hat, wenn der zu prüfende Verdachtsgrad höher ist oder wenn der zugrunde liegende Sachverhalt in einer kontradiktorischen (und unmittelbaren) mündliche Verhandlung[1698] statt in einem nichtkontradiktorischen, nicht unmittelbaren oder schriftlichen Verfahren festgestellt wurde? Stellt sich der Konsens zwischen dem Beschuldigten und den Strafverfolgungsorganen als ein Faktor heraus, der mit der *ne bis in idem*-Wirkung in Zusammenhang steht?

Zu diesem Zweck sollen die Verfahrensabschlüsse der drei Strafverfahrensordnungen (B., C. und D.) zunächst geschildert (I.-IV.) und anschließend ausgewertet (V.) werden.

Konzentrieren wird sich die Darstellung dabei auf wesentliche Abschlußformen eines jeden der drei Rechtssysteme. Meßlatte wird die praktische Bedeutsamkeit der Erledigungen sein. Gleichzeitig kann auf diese Weise eine Übersicht über die für die Anerkennung im Ausland in Betracht kommenden Entscheidungsformen vermittelt werden. Denn das europäische Zusammenwachsen[1699] ist „... *schon so weit gediehen, daß bezüglich der transnationalen Kriminalitätsahndung ohne Kenntnis nicht nur des Kooperationsrechts, sondern vor allem des ausländischen aktuellen Straf- und Strafverfahrensrechts, nicht auszukommen ist.*“[1700] Dem entspricht es,

---

1697 Zur Unmöglichkeit der Feststellung eines *Kausal*zusammenhangs auf diesem Wege vgl. *oben Kapitel 10, C. II.*

1698 Zur kontradiktorischen bzw. unmittelbaren mündlichen Verhandlung vgl. *oben Kapitel 11, D. V. 2., 3.*

1699 *Schomburg*: Anm. zu BGH vom 02. 02. 1999, StV 1999, S. 246 ff., 248 spricht vom „*europäischen Zusammenwuchern*“.

1700 *Schomburg*: Anm. zu BGH vom 02. 02. 1999, StV 1999, S. 246 ff., 248. Siehe auch *Vernimmen*: Décisions sentencielles, in: Kerchove/Weyembergh (Hrsg.): La reconnaissance mutuelle, 2001, S. 147 ff., daß die Beschäftigung mit den Verfahrensbeendigungen in Teilen umfangreicher ausfallen wird, als dies vielleicht unter der Perspektive der Überprüfung der Korrelation der charakteristischen Faktoren und der Rechtskraft notwendig wäre. Daher wird die Untersuchung des jeweiligen Verfahrensabschlusses zwar primär die in der Hypothese genannten Charakteristika einerseits und die *ne bis in idem*-Wirkung andererseits beleuchten. Ferner aber wird sie sich auch auf allgemeinere Eigenschaften erstrecken, soweit dies dem Verständnis nützlich erscheint. Auch Erledigungen, bei denen letztlich keinerlei strafklageverbrauchende Wirkung konstatiert werden kann, die aber häufig vorkommen, sollen besprochen werden. Ihre Untersuchung strebt zum einen nach der Feststellung eben dieser mangelnden Wirkung und zum zweiten nach einer Antwort auf die Frage, welche (fehlenden) Eigenschaften die Ursache sind, daß ihnen keine *ne bis in idem*-Wirkung zugeschrieben wird, anderen Erledigungsformen aber schon.

Das Ziel der Vermittlung fremder Entscheidungsformen rechtfertigt auch, daß die Intensität der Befassung mit dem französischen und dem niederländischen Recht den dem deutschen Recht zugebilligten Umfang etwas übersteigen wird. Denn nur für diese Rechtskreise werden bestimmte Hintergrunderklärungen für sachdienlich erachtet. Daneben kann im deutschen Bereich partiell auf eingehendere wissenschaftliche Vorarbeiten zurückgegriffen werden. Dies ist geeignet, den Begründungsaufwand zu schmälern.[1701]

Die Prüfung der Verfahrensabschlüsse innerhalb eines Systems wird sich im Rahmen des Möglichen am chronologischen Fortgang des Verfahrens orientieren. Daher sollen zunächst *staatsanwaltschaftliche* (I.) und sodann *richterliche Einstellungen* (II.) geprüft werden. Ausgenommen davon sind *strafrechtliche Vergleiche*, deren Zuordnung formal zum Teil auch unter die staatsanwaltschaftlichen Einstellungen möglich wäre. Statt auf die äußere Bezeichnung soll es auf die substantiellen Züge einer Entscheidung ankommen. Eine gemeinsame und separate Behandlung (III.) ist angezeigt, weil bei diesen Verfahrensabschlüssen das Element der Einigung von herausragender[1702] Bedeutung ist.

Unter *strafrechtlichen Vergleichen* sollen die verschiedenen Formen konsensueller Verfahrensbeendigungen verstanden werden, die aufgrund der freiwilligen Zahlung oder der Ausführung einer anderen Leistung durch den Beschuldigten eine strafklageverbrauchende Wirkung zur Folge haben.[1703]

148: „*Reconnaître les décisions c'est, tout d'abord, les 'connaître'.*" Vgl. i. d. Zshg. auch *Europ. Rat (Tampere)*: Schlußfolgerungen, 15./16. 10. 1999, Nr. 33 und *Kommission*: Gegenseitige Anerkennung, KOM (2000) 495 endgültig, S. 6 (zu Europäischem Strafregister).

1701 Das betrifft beispielsweise die Frage nach dem *Verdachtsgrad*. Während in Deutschland in der Regel Klarheit darüber herrscht, welche Schuldwahrscheinlichkeit im Rahmen welcher Entscheidung zu prüfen ist, wird dies in Frankreich und den Niederlanden zum Teil gar nicht (ausdrücklich) thematisiert und ist erst herzuleiten.

1702 Dies schließt gerade nicht aus, daß auch in andere Erledigungen konsensuale Elemente einfließen.

1703 Vgl. *Leblois-Happe*: Réponses à la petite délinquance, 1998, Rn. 1134 zur *transaction*: „*Elle est une sanction consensuelle réprimant le délit commis, au moyen d'une convention de nature mixte par laquelle le contrevenant s'engage à verser au Trésor une indemnité transactionnelle qui correspond en général à une fraction des pénalités encourues ou bien à effectuer la prestation demandée par l'autorité poursuivante (...). L'exécution de la transaction a pour effet d'éteindre l'action publique née de la commission de l'infraction.*" Ähnl. auch *Dobkine*: La transaction, D. 1994, Chron., S. 137 ff., 139. Enger ist die Definition von *Weigend*: Absprachen, 1990, S. 13: nur Zahlung einer Geldsumme. Die von *Le Page-Seznec*: Fondements des amendes forfaitaires, RSC 1996, S. 839 ff., 844 ge-

Abschließend folgen jeweils *Sonderformen* der Verfahrenserledigung (IV.), die weder als Einstellung noch als Vergleich charakterisiert werden können.

Eine Trennung zwischen Legalitäts- und Opportunitätsentscheidungen wird – abgesehen von den ohnehin vorgegebenen gesetzlichen Unterscheidungen – nicht bewußt vorgenommen. Erstere bezeichnen die Verfahrensabschlüsse, die ergehen, weil die Verfolgungs- oder Strafbarkeitsvoraussetzungen nicht gegeben sind. Letztere nehmen Bezug auf Entscheidungen, die trotz Vorliegens der rechtlichen Bedingungen der Verfolgung motiviert sind durch Überlegungen zu deren Zweckmäßigkeit.[1704] Ein besonderer Erkenntnisgewinn wäre daraus nicht zu erwarten, weil die Rechtsfolgen in beiden Fällen korrespondieren. Darüber hinaus entspricht die Gleichordnung beider Entscheidungsmotive dem hier vertretenen Verständnis von Gerechtigkeit.

Danach bedeutet *Gerechtigkeit* nicht nur die Verhängung der im materiellen Strafrecht vorgesehenen Sanktion gegenüber dem Schuldigen, verbunden mit dem Schutz des Unschuldigen, sondern weiter die mit ihren Voraussetzungen übereinstimmende ***Realisierung der in den Straf- und Strafverfahrensnormen vorgesehenen Reaktionen*** auf den Verdacht einer Straftat.[1705]

B. Verfahrensbeendende Entscheidungen im deutschen Strafprozeß

I. Staatsanwaltschaftliche Einstellungsentscheidungen

1. Einführung

Die deutsche Strafprozeßordnung enthält unterschiedliche Vorschriften, die eine für den Beschuldigten folgenlose Beendigung des Verfahrens zum Gegenstand haben. Auf der einen Seite umfaßt § 170 Abs. 2 StPO die staatsanwaltschaftliche Einstellung aus Legalitätsgründen in den Fällen, in denen sich der anfängliche Verdacht nicht erhärten ließ. Auf der anderen Seite existieren aber auch Möglichkeiten der Anklagebehörde, in bestimmten, eng umgrenzten Fällen ohne weitere Folgen von der an sich rechtmäßigen Verfolgung abzusehen:[1706] Durch die Emminger Verordnung aus dem Jahre 1924,[1707] die den

---

wählte Umschreibung – „... *des pratiques non juridictionnelles d'application du droit pénal* ...“ – erscheint demgegenüber zu weit.

[1704] Vgl. dazu *Ranft*: Strafprozeßrecht, 1995, Rn. 1139; *Stefani/Levasseur/Bouloc*: Proc. pén., 2001, Rn. 599 ; *Corstens*: Strafprocesrecht, 1999, S. 229.

[1705] Vgl. dazu i. e. *oben Kapitel 11, C. II. 1.*

[1706] Vgl. zum Verhältnis von Legalitäts- und Opportunitätsprinzip: *Rieß*: Zukunft des Legalitätsprinzips, NStZ 1981, S. 2 ff.

[1707] Verordnung über Gerichtsverfassung und Strafrechtspflege vom 04. 01. 1924 (RGBl. 1924 I, S. 15). Dazu LR-*Beulke*: StPO, § 153, Entstehungsgeschichte (Std. 09/01). Vgl. auch *Albrecht*: Die vergessene Freiheit, 2003, S. 29 m. w. N. zum entsprechenden Ermächtigungsgesetz, der sog. „Lex-Emminger“, das starke Veränderungen des Strafverfahrensrechts der Weimarer Republik mit sich brachte.

Beginn eines zunehmenden Prozesses der Durchbrechung des durch die Strafprozeßordnung von 1877 nahezu uneingeschränkt verwirklichten Legalitätsprinzips[1708] markiert, wurden die §§ 153 und 154 StPO eingeführt.[1709]

2. Die staatsanwaltschaftliche Legalitätseinstellung nach § 170 Abs. 2 StPO

a. Besteht nach Abschluß der Ermittlungen kein „*genügender Anlaß zur Erhebung der öffentlichen Klage*"[1710] (§ 170 Abs. 1 StPO), existiert also ein Verfahrenshindernis, soll eine Verweisung auf den Privatklageweg erfolgen oder der Beschuldigte schließlich nicht „*hinreichend verdächtig*" im Sinne des § 203 StPO,[1711] muß das Verfahren eingestellt werden.[1712]

b. Ein „*hinreichende Tatverdacht*" liegt vor, wenn die vorgeworfene Handlung überhaupt einer Strafnorm unterfällt, keine Rechtfertigungs- oder Schuldausschließungsgründe eingreifen und die Tat nachweisbar ist.

Bezüglich der juristischen Bewertung ist Gewißheit des Staatsanwaltes zu verlangen, da auch in einer etwaigen Hauptverhandlung keine günstigeren Bedingungen existieren.[1713]

Im übrigen muß sich bei der Beurteilung der tatsächlichen Gesichtspunkte eine *überwiegende Wahrscheinlichkeit*[1714] für die Verurteilung,[1715] das heißt eine Wahrscheinlichkeit zwi-

---

1708 Vgl. dazu *Sinner*: Der Vertragsgedanke, 1999, S. 115 f. Zur Geschichte der Einführung des Legalitätsprinzips in Deutschland vgl. auch *Albrecht*: Die vergessene Freiheit, 2003, S. 89 f.

1709 Krit. zum „*Abschied des deutschen Strafrechts vom Legalitätsprinzip*" *Albrecht*: Die vergessene Freiheit, 2003, S. 90 f., der auf die Folgen des Raumgewinnens des Opportunitätsprinzips hinweist.

1710 LR-*Graalmann-Scheerer*: StPO, § 170, Rn. 21 ff. (Std. 05/01) weist darauf hin, daß heute auch eine insoweit neue Interpretation des „*genügenden Anlasses*" möglich erscheint, als die Nichtverfolgungsermächtigungen nach den §§ 153 ff. StPO sowie die Verneinung des öffentlichen Strafverfolgungsinteresses nach § 376 StPO einbezogen werden. Dies wohl zu Recht ablehnend u. a. *Miehe*: Anklage und Eröffnung, in: Samson et al. (Hrsg.): FS Grünwald, 1999, S. 379 ff., 382, KMR-*Plöd*: StPO, § 170, Rn. 12 (Std. 07/98), da Rechtsgrundlage der Opportunitätseinstellungen die §§ 153 ff. StPO sind. Dem soll jedoch hier nicht weiter nachgegangen werden, da es auch im Rahmen dieser Betrachtungsweise dabei bliebe, daß der genügende Anlaß jedenfalls bei Mangel hinreichenden Tatverdachts zu verneinen wäre.

1711 Das parallele Verständnis des „*genügenden Anlasses*" und des „*hinreichenden Tatverdachtes*" entspricht der überwiegenden Meinung, vgl. nur *Lüttger*: Der „genügende Anlaß", GA 1957, S. 193 ff., 197 u. die Nachweise bei LR-*Graalmann-Scheerer*: StPO, § 170, Rn. 21 (Std. 05/01). Abweichend davon betrachtet *Miehe*: Anklage und Eröffnung, in: Samson et al. (Hrsg.): FS Grünwald, 1999, S. 379 ff., 400 allerdings den letzteren als retrospektive Verdachtsprüfung, die im Falle des ersteren durch eine Prognose des weiteren Verfahrensganges zu ergänzen sei.

1712 Gegen die Einstellung kann der Verletzte das Klageerzwingungsverfahren beschreiten. Vgl. dazu *unten B. II. 2.*

1713 Vgl. *Lüttger*: Der „genügende Anlaß", GA 1957, S. 193 ff., 211; *Lundberg*: Beweiserhebung im Zwischenverfahren, 1993, S. 27; *Radtke*: Systematik des Strafklageverbrauchs, 1994, S. 218; KMR-*Plöd*: StPO, § 170, Rn. 5 (Std. 07/98); HK-*Julius*: StPO, 2001, § 203, Rn. 3.

1714 Vgl. *Kühne*: Strafprozeßrecht, 2003, Rn. 337, 339. Ähnl. auch KMR-*Plöd*: StPO, § 170, Rn. 4 (Std. 07/98); HK-*Krehl*: StPO, 2001, § 170, Rn. 2.

schen 0,5 und 1,[1716] herauskristallisieren. Da das Verfahren durchermittelt sein muß, bevor die Frage nach der Anklageerhebung gestellt werden darf, gestaltet sich das Verhältnis von bekannten und unbekannten Tatsachen wesentlich zugunsten ersterer. Denn die *Ausgangsbasis der Prognose* umfaßt alle ermittelbaren und entscheidungsrelevanten Informationen.[1717]

c. Grundlage der Einschätzung des Staatsanwaltes, dem in diesem Rahmen ein nicht unerheblicher Beurteilungsspielraum[1718] zukommt, ist das während des Ermittlungsverfahrens zusammengetragene *Aktenmaterial*.

d. Obschon in Anbetracht immer wieder zur Diskussion gestellter gegenläufiger Vorschläge[1719] ein gewisses, durch die herkömmliche Lösung hervorgerufenes Unbehagen deutlich wird, kommt danach einer staatsanwaltschaftlichen Einstellung nach § 170 Abs. 2 S. 1 StPO keine Verzehrwirkung zu.[1720] Das Ermittlungsverfahren kann danach jederzeit „*nach Belieben*"[1721] und ohne die Voraussetzung einer Änderung der Sach- oder Rechtslage, sondern gleichfalls bei einer neuen (internen) Beurteilung der Rechts- oder Sachlage wiederaufgenommen werden.

Hauptargument für diese Ansicht ist der Umkehrschluß aus den §§ 174, 211 StPO, die für die gerichtliche Entscheidung im Klageerzwingungsverfahren und den Nichteröffnungsbeschluß Sperrwirkung bis zum Auftauchen neuer Tatsachen oder Beweise anord-

---

1715 Gegen die herrschende Auffassung, daß das Verfahren auf die Verurteilungswahrscheinlichkeit hin untersucht werden müsse (vgl. z. B. HK-*Julius*: StPO, 2001, § 203, Rn. 3), wendet sich *Miehe*: Anklage und Eröffnung, in: Samson et al. (Hrsg.): FS Grünwald, 1999, S. 379 ff., 400 (vgl. auch *oben B. I. 2. a. Fn. 1711*). Betrachtet man allerdings den Zweck des Zwischenverfahrens, ungerechtfertigte Anklagen auszufiltern (vgl. LR-*Rieß*: StPO, Vor § 198, Rn. 12 [Std. 05/01]), so erscheint jede andere Lösung nicht schlüssig (vgl. i. e. auch LR-*Rieß*: StPO, § 203, Rn. 9a [Std. 05/01]).

1716 Vgl. bereits *oben Kapitel 11, D. IV. 3. b.*

1717 Vgl. *oben Kapitel 11, D. IV. 3. a.* Dem Prinzip *in dubio pro reo* kommt dabei nur insoweit mittelbar Geltung zu, als in der anzustellenden Prognose über die Verurteilungswahrscheinlichkeit zu berücksichtigen ist, ob ihn das Gericht bei seiner Entscheidungsfindung respektieren müßte (vgl. nur *Radtke*: Systematik des Strafklageverbrauchs, 1994, S. 264).

1718 Ein Ermessensspielraum kann ihm allerdings nicht zugestanden werden: Liegen die Voraussetzungen der Anklage vor, muß er diese auch erheben.

1719 Vgl. *Neu-Berlitz*: Einstellungsverfügung nach § 170 II 1 StPO, 1983; *Rieß*: Zukunft des Legalitätsprinzips, NStZ 1981, S. 2 ff., 9; *Schroeder*: Rechtskraft staatsanwaltschaftlicher Einstellungsverfügungen, NStZ 1996, S. 319 f., 320. Dazu auch den von *Radtke*: Systematik des Strafklageverbrauchs, 1994, S. 390 *de lege ferenda* gemachten Vorschlag.

1720 So die ganz h. M.: vgl. nur *Radtke*: Systematik des Strafklageverbrauchs, 1994, S. 382; *Roxin*: Strafverfahrensrecht, 1998, S. 314 f.; HK-*Krehl*: StPO, 2001, § 170, Rn. 4; KK-*Schmid*: StPO, 2003, § 170, Rn. 23 u. *KMG*: StPO, 2003, § 170, Rn. 9.

1721 *Loos*: Beschränkte Sperrwirkung, JZ 1978, S. 592 ff., 594.

nen, während für die Einstellung nach § 170 Abs. 2 StPO keine derartige Regelung existiert.[1722]

Die dagegen von *Schroeder*[1723] mit dem Ziel der Begründung einer Sperrwirkung der staatsanwaltschaftlichen Einstellung angeführten Argumente können nicht überzeugen.

Soweit er einen Analogieschluß zu den §§ 174 Abs. 2, 211 StPO begründen will, fehlt es dafür an einer unbewußten gesetzlichen Regelungslücke als Voraussetzung der Analogie.[1724] Darüber hinaus sieht *Schroeder* den Sinn der genannten Vorschriften nicht in der Anordnung einer (beschränkten) Rechtskraft, sondern in einer Einschränkung der Rechtskraft, da bei keiner anderen Entscheidung die materielle Rechtskraft ausdrücklich festgelegt sei, sondern als selbstverständlich vorausgesetzt werde.[1725] Konsequenterweise müßte er dann aber, da ja im Rahmen des § 170 Abs. 2 StPO keine solche „*Einschränkung der Rechtskraft*" existiert, insoweit eine unbegrenzte Sperrwirkung annehmen. Statt dessen aber fordert er die Möglichkeit der Wiederaufnahme beim Auftreten neuer Tatsachen und Beweismittel.[1726] Wenn es auch zutrifft, daß die StPO keine Vorschrift enthält, die einer Entscheidung ausdrücklich materielle Rechtskraft zuerkennt, so ist doch gleichermaßen zu sehen, daß sich deren Existenz in der Regel nur aus dem Umkehrschluß der nur unter eingeschränkten Voraussetzungen möglichen Wiederaufnahme ergibt. Dies ist angesichts der §§ 359 ff. StPO selbst beim verfahrensabschließenden Urteil der Fall. Aus diesem Grunde läßt sich aus dem Schweigen des § 170 Abs. 2 StPO gerade nicht auf eine von vornherein vorhandene strafklageverbrauchende Wirkung, sondern eher auf deren Fehlen schließen. Der zudem von *Schroeder* angeführte Einwand, die §§ 174 Abs. 2, 211 StPO regelten das Verhältnis zwischen unterschiedlichen an der Strafverfolgung Beteiligten,[1727] was aber bei § 170 Abs. 2 StPO wegen bloßer Betroffenheit der Beziehung von Staatsanwaltschaft und Beschuldigtem nicht notwendig sei,[1728] erscheint ebensowenig stichhaltig. Da es letztendlich auch in den Fällen der §§ 174 Abs. 2, 211 StPO um die Befugnis der Staatsanwaltschaft geht, dem Beschuldigten gegenüber die Verfolgung fortzusetzen, veranlassen weder die Initiierung der oberlandesgerichtlichen Entscheidung durch den Verletzten (§ 174 Abs. 2 StPO) noch die Beteiligung des Gerichts selbst (§§ 174 Abs. 2, 211 StPO) eine besondere Anordnung der (Beschränkung der) Sperrwirkung. Vor allem läßt sich § 174 Abs. 2 StPO nicht – wie es *Neu-Berlitz* anstrebt – damit erklären, daß das Klageerzwingungsverfahren zu einem definitiven Abschluß führen muß, damit ein wiederholter Antrag des Verletzten verhindert wird.[1729] Denn dieses Ziel ließe sich auch durch eine allein gegenüber dem Verletzten errichtete Sperre erreichen: die umfassende Beschränkung der erneuten Klageerhebung durch die Staatsanwalt schießt darüber hinaus.

1722 Vgl. *Loos*: Beschränkte Sperrwirkung, JZ 1978, S. 592 ff., 594; *Rieß*: Zukunft des Legalitätsprinzips, NStZ 1981, S. 2 ff., 9 („... *auf den ersten Blick einigermaßen zwingend* ..."); *Radtke*: Systematik des Strafklageverbrauchs, 1994, S. 276.

1723 *Schroeder*: Rechtskraft staatsanwaltschaftlicher Einstellungsverfügungen, NStZ 1996, S. 319 f., 320.

1724 So auch *Radtke*: Systematik des Strafklageverbrauchs, 1994, S. 379 in bezug auf § 170 Abs. 2 StPO.

1725 *Schroeder*: Rechtskraft staatsanwaltschaftlicher Einstellungsverfügungen, NStZ 1996, S. 319 f., 320.

1726 *Schroeder*: Rechtskraft staatsanwaltschaftlicher Einstellungsverfügungen, NStZ 1996, S. 319 f., 320.

1727 Neben dem Beschuldigten und der Staatsanwaltschaft ist in diesem Fall zusätzlich noch der Verletzte bzw. das Gericht beteiligt.

1728 *Schroeder*: Rechtskraft staatsanwaltschaftlicher Einstellungsverfügungen, NStZ 1996, S. 319 f., 320. Ähnl. auch schon *Neu-Berlitz*: Einstellungsverfügung nach § 170 II 1 StPO, 1983, S. 14: Klageerzwingungsverfahren als eigenes Prozeßverfahren zwischen Antragsteller und Staatsanwaltschaft.

1729 *Neu-Berlitz*: Einstellungsverfügung nach § 170 II 1 StPO, 1983, S. 46.

Neu-Berlitz hat versucht, eine Sperrwirkung[1730] aus dem dem Verwaltungsrecht entnommenen Vertrauensschutzsystem zu entwickeln.

Danach sei der Staatsanwalt an die gegebene Begründung gebunden, *sofern der Betroffene auf diese Würdigung vertraut hat.* Das folge aus der Interessenabwägung zwischen dem staatlichen Interesse am Wiederaufgreifen des Ermittlungsverfahrens und dem des Beschuldigten an dessen definitiven Abschluß, soweit er den Sachverhalt tatsächlich und rechtlich gewürdigt hat. Aus anderen als in dem Einstellungsbescheid genannten Gesichtspunkten könne er demzufolge das Ermittlungsverfahren wieder aufgreifen, da Vertrauensschutz einen Vertrauenstatbestand voraussetze, der in diesem Fall mangels Mitteilung der Einstellungsgründe fehle.[1731] Wie dieser Vorschlag im einzelnen zu bewerten ist,[1732] kann hier dahingestellt bleiben. Diese relative und einzelfallbezogene Wirkung des Vertrauensschutzes ist – wie oben bereits dargelegt[1733] – nicht gleichzusetzen mit der *ne bis in idem*-Wirkung.[1734]

Zum Teil wird verlangt, daß die Staatsanwaltschaft – aufgrund des verfassungsrechtlichen Willkürverbotes – zumindest eines *sachlich einleuchtenden Grundes* für die Neuaufnahme bedürfe.[1735]

Selbst, wenn man diese Forderung verfolgte, wofür sicherlich gute Gründe sprechen, kann dies im vorliegenden Rahmen dahingestellt bleiben, weil es sich – entgegen *Radtke*[1736] – dennoch nicht um eine *ne bis in idem*-Wirkung handeln würde. Das verfassungsrechtliche Willkürverbot und der sachlich einleuchtende Grund sind im Vergleich zu den sonstigen Wiederaufnahmegründen – z. B. neue Tatsachen

---

1730 *Neu-Berlitz*: Einstellungsverfügung nach § 170 II 1 StPO, 1983, S. 47 spricht i. d. Zshg. von Bestandskraft, da das Institut der Rechtskraft ihrer Ansicht nach für Entscheidungen während des Vorverfahrens nicht einschlägig ist. Auch *Radtke*: Systematik des Strafklageverbrauchs, 1994, S. 159 f. hält es für besser, auf die Verwendung dieser Bezeichnung, die typischerweise mit der rechtsprechenden Funktion der Gerichte verknüpft sei, zu verzichten, da die staatsanwaltschaftlichen Verfügungen gerichtlichen Entscheidungen nicht gleichwertig seien, ihnen der das Wesen einer gerichtlichen Entscheidung kennzeichnende Wahr- und Rechtsspruch (als der den Prozeß abschließenden eigentlichen Rechtsprechungsakt, vgl. *Schmidt, Eb.*: Staatsanw. als Justizbehörde, in: ders.: Aufsätze u. Vorträge, 1970, S. 176 ff., 181) fehle sowie hinsichtlich der Rechtsstellung zwischen Richtern und Staatsanwälten Unterschiede bestünden. Abgesehen davon, daß auch längst nicht alle in Rechtskraft erwachsenden richterlichen Entscheidungen Wahr- und Rechtssprüche i. d. S. enthalten – man denke nur an den Verwerfungsbeschluß nach § 174 StPO, der sich inhaltlich in nichts von der korrespondierenden staatsanwaltschaftlichen Einstellung nach § 170 Abs. 2 StPO unterscheidet –, ist die Notwendigkeit, im Strafverfahren ein neues Institut der (formellen und materiellen) Bestandskraft für nichtrichterliche Entscheidungen zu kreieren und mit denjenigen Argumenten, die gegen den Strafklageverbrauch dieser Entscheidungen angeführt werden, an der eigentlich passenden Terminologie zu rütteln, nicht ausreichend ersichtlich. Die bestehenden Ungleichheiten der Entscheidungsorgane allein vermögen eine differierende Terminologie für die die gleiche Wirkung, den Strafklageverbrauch, zeitigende Institute (vgl. *Radtke*: Systematik des Strafklageverbrauchs, 1994, S. 276) nicht zu rechtfertigen.

1731 *Neu-Berlitz*: Einstellungsverfügung nach § 170 II 1 StPO, 1983, S. 59 f.

1732 Sehr krit. *Radtke*: Systematik des Strafklageverbrauchs, 1994, S. 278 ff.

1733 Vgl. *oben Kapitel 7, C. III.*

1734 Anders aber *Radtke*: Systematik des Strafklageverbrauchs, 1994, S. 278: *„strafklageverbrauchende Wirkung"*.

1735 *Rieß*: Zukunft des Legalitätsprinzips, NStZ 1981, S. 2 ff., 9; LR-*Graalmann-Scheerer*: StPO, § 170, Rn. 49 (Std. 05/01).

1736 Vgl. *Radtke*: Systematik des Strafklageverbrauchs, 1994, S. 245.

oder Beweismittel, Verbrechen statt Vergehen – zu unbestimmt, mit dem Einzelfall verknüpft und erfordern eine Abwägung – sie ähneln in gewisser Weise dem Vertrauensschutz.[1737]

Als sachliches Argument zugunsten der unterschiedlichen Wirkungen von staatsanwaltschaftlichen und gerichtlichen Abschlußentscheidungen und damit zugunsten der mangelnden *ne bis in idem*-Wirkung der Einstellung nach § 170 Abs. 2 StPO bringt *Loos* vor, eine „... *rechtlich auch nur teilweise bindende Verneinung des Strafanspruchs ist ... erst durch eine gerichtliche Entscheidung im Klageerzwingungs- oder Zwischenverfahren möglich.*“[1738]

Aber auch dies erscheint nicht überzeugend. Denn im Rahmen der genannten gerichtlichen Verfahren ergeht – und darauf weist zu recht schon *Neu-Berlitz*[1739] hin – ebenfalls keine Entscheidung über den Strafanspruch an sich. Wie die Einstellungsverfügung befinden auch Verwerfungs- und Nichteröffnungsbeschluß nur über die Frage des für eine Anklage hinreichenden Tatverdachtes, nicht aber über die Schuldfrage selbst. Gegenteiliges läßt sich auch den §§ 174, 211 StPO nicht entnehmen, denn dann schlösse man von der Rechtsfolge, nach deren materieller Legitimation gesucht wird, geradewegs auf dieselbe, begründete also den formalen Umkehrschluß mit der materiellen Verschiedenheit der Entscheidungen hinsichtlich ihres Inhaltes, deren Existenz erst einmal aus der formalen Unterschiedlichkeit gefolgert wurde und drehte sich damit im Kreis.

Festzuhalten bleibt also, daß die staatsanwaltschaftliche Einstellung nach § 170 Abs. 2 StPO mangels gesetzlicher Anordnung nach derzeitiger Rechtslage keinerlei *ne bis in idem*-Wirkung auszulösen in der Lage ist.

3. Die staatsanwaltschaftliche Opportunitätseinstellung nach § 153 Abs. 1 StPO

a. Der Zweck dieser Vorschrift, die die Einstellung eines Strafverfahrens aus Opportunitätsgründen gestattet, ist zweigeteilt: Zum einen soll in Anbetracht permanenter Überlastung der Strafverfolgungsbehörden deren Effizienz im Hinblick auf schwerere Straftaten durch eingeschränkten Verfolgungszwang bei Vergehen geringer Schwere aufrechterhalten, zum anderen sollen aber auch die mit einem ordentlichen Strafverfahren oftmals verbundenen Stigmatisierungswirkungen durch informelle Konfliktlösung vermieden werden.[1740]

§ 153 Abs. 1 StPO findet keine Anwendung, wenn die Tat nicht straf- oder nicht verfolgbar ist. In diesen Fällen ist eine Einstellung nach § 170 Abs. 2 StPO geboten.[1741] Dies ergibt sich schon daraus, daß die Regelung voraussetzt, daß die Tat rechtlich als ein Vergehen zu würdigen ist, die Schuld des Täters als gering anzusehen wäre[1742] und schließlich

---

[1737] Vgl. *oben den Verweis in Fn. 1733.*

[1738] *Loos*: Beschränkte Sperrwirkung, JZ 1978, S. 592 ff., 594.

[1739] *Neu-Berlitz*: Einstellungsverfügung nach § 170 II 1 StPO, 1983, S. 30.

[1740] LR-*Beulke*: StPO, § 153, Rn. 1 (Std. 09/01).

[1741] *KMG*: StPO, 2003, § 153, Rn. 3.

[1742] Zur geringen Schuld vgl. nur *Rieß*: Zukunft des Legalitätsprinzips, NStZ 1981, S. 2 ff., 8 und LR-*Beulke*: StPO, § 153, Rn. 24 (Std. 09/01) m. w. N.

kein öffentliches Interesse[1743] an der Verfolgung[1744] besteht. Nach der gesetzlichen Formulierung muß der Staatsanwalt in der Regel die Zustimmung des Gerichtes einholen. Die Durchbrechung des Legalitätsprinzips soll grundsätzlich vom Gericht mitverantwortet werden.[1745] Ist das Vergehen allerdings nicht mit einer im Mindestmaß erhöhten Strafe bedroht und sind die durch die Tat verursachten Folgen gering,[1746] bedarf es ihrer gemäß § 153 Abs. 1 S. 2 StPO[1747] nicht.[1748]

Förmliche Rechtsbehelfe sind gegen die Einstellung nicht gegeben. Insbesondere ist das Klageerzwingungsverfahren unzulässig (§ 172 Abs. 2 S. 3 StPO). Allerdings kann sich der Verletzte der Gegenvorstellung und der Dienstaufsichtsbeschwerde bedienen. Die gerichtliche Zustimmung unterliegt als Prozeßerklärung nicht der Anfechtbarkeit.[1749]

b. Aus dem im Gesetz verwendeten Konjunktiv („... *Schuld ... als gering anzusehen wäre ...*") folgt, daß ein vollständiger Nachweis der Schuld nicht erforderlich ist. Die Gesamtschau mit der in § 153a Abs. 1 S. 1 StPO benutzten Formulierung („... *Schwere der Schuld nicht entgegensteht*") legt nahe, daß hier ein geringerer Grad an Wahrscheinlichkeit gefordert wird als im Rahmen jener bedingten Einstellung. Wie noch zu sehen sein wird, muß dort hinreichender Tatverdacht gegeben sein.[1750] Demzufolge reicht für die Einstellung nach § 153 Abs. 2 StPO die einfache Wahrscheinlichkeit der Schuld ($p < 0,5$),[1751] ein *Anfangsverdacht*, aus;[1752] ein Freispruch muß jedenfalls unwahrscheinlich sein.[1753] Diese hypothetische Schuldbeurteilung bedeutet – dem Zweck der Entlastung der Strafverfolgungsbe-

---

1743 Zum öffentlichen Interesse vgl. Kühne: Strafprozeßrecht, 2003, Rn. 588 und LR-*Beulke*: StPO, § 153, Rn. 28 (Std. 09/01).

1744 Allgemein wird eine notwendige Berichtigung des Gesetzeswortlautes dahingehend befürwortet, daß es nicht auf das öffentliche Interesse an der *Verfolgung*, sondern an der *Bestrafung* des Täters ankommt. Vgl. *Radtke*: Systematik des Strafklageverbrauchs, 1994, S. 167.

1745 *KMG*: StPO, 2003, § 153, Rn. 10.

1746 Maßstab für die geringen Folgen sind die von der Rechtsprechung zu § 248a StGB entwickelten Grundsätze. Die Geringfügigkeit richtet sich bei Vermögensdelikte nach dem entstandenen Schaden und ist bei etwa 50 Euro anzusetzen. Vgl. LR-*Beulke*: StPO, § 153, Rn. 51 (Std. 09/01); *KMG*: StPO, 2003, § 153, Rn. 17.

1747 Zur vielfach geäußerten Kritik an dieser Vorschrift, auf die hier nicht eingegangen werden soll: LR-*Beulke*: StPO, § 153, Rn. 48 (Std. 09/01).

1748 Dies wird in den in der Praxis vorkommenden Fällen der staatsanwaltschaftlichen Einstellung meist der Fall sein.

1749 *KMG*: StPO, 2003, § 153, Rn. 11.

1750 Vgl. *unten B. II. 2. b.*

1751 Vgl. *oben Kapitel 11, D. IV. 3. b.*

1752 *Radtke*: Systematik des Strafklageverbrauchs, 1994, S. 168 m. w. N.; abweichend: *Lohner*: Tatverdacht, 1994: „... *irgendwo zwischen dem Anfangsverdacht und dem hinreichenden Tatverdacht anzusiedeln* ...".

1753 *Ranft*: Strafprozeßrecht, 1995, Rn. 1148; KK-*Schoreit*: StPO, 2003, § 153, Rn. 7; *KMG*: StPO, 2003, § 153, Rn. 3. A. A. *Kühne*: Strafprozeßrecht, 2003, Rn. 586: „*Für die Schuld muß hinreichender Verdacht, d. h. ein Verdacht vorliegen, der auf einem Ermittlungsergebnis beruht, welches zum Zeitpunkt der Einstellung die Verurteilung des Beschuldigten als gewiß erscheinen läßt.*"

hörden entsprechend – gleichermaßen, daß die Staatsanwaltschaft, sobald sie diese Voraussetzung zu bejahen in der Lage ist, von weiterer Aufklärung mit dem Ziel einer völligen Entlastung des Beschuldigten absehen kann.[1754] Dies bedeutet, daß der Sachverhalt nicht umfassend durchermittelt sein muß.[1755]

c. Ebenso wie bei der Einstellung nach § 170 Abs. 2 StPO trifft der Staatsanwalt die Entscheidung auf der Basis der *Ermittlungsakten*. Gleiches trifft auch auf die richterliche Zustimmungsentscheidung zu.

d. Ausdrücklich ordnet das Gesetz keine Sperrwirkung der staatsanwaltschaftlichen Einstellung nach § 153 Abs. 1 StPO an. Überwiegend wird ihr demzufolge auch kein Strafklageverbrauch zugeschrieben. Trotz erteilter richterlicher Zustimmung könne die Verfügung jederzeit und nach Belieben wieder zurückgenommen und die Verfolgung fortgesetzt werden.[1756]

Daneben aber treten verschiedene Ansichten auch für die Existenz gewisser Hindernisse gegenüber der Weiterverfolgung durch die Staatsanwaltschaft ein. Unterschiedliche Ansätze werden gewählt.[1757] So stützt sich *Loos* auf den *Vertrauensschutzgedanken*.

Aufgrund dessen wäre eine erneute Verfolgung jedenfalls gesperrt, wenn die Staatsanwaltschaft trotz unveränderten Sachverhalts und unveränderter Subsumtion an der Beurteilung des Strafverfolgungsinteresses nicht mehr festhalten will. Zulässig wäre die Verfahrensfortsetzung indessen, wenn sie die Erfüllung eines weiteren Tatbestandes aufgrund einer abweichenden Beurteilung des bisherigen Beweisergebnisses oder aufgrund einer strengeren Rechtsansicht nicht mehr ausschließt.[1758] Da *Loos* von der „... *wohl notwendige[n] Voraussetzung einer Mitteilung an den Beschuldigten ...*"[1759] spricht, betrachtet er offenbar das konkrete Vertrauen des Beschuldigten als Bedingung einer Sperrwirkung. Damit aber begründet nicht der Strafklageverbrauch als institutionalisierter Vertrauensschutz, in dessen Rahmen es gerade nicht auf das tatsächlich vorliegende Vertrauen ankommt, sondern das im Einzelfall zu bestimmende Vertrauen die Sperrwirkung. So verstanden, müssen *Loos* die bereits oben geltend gemachten

---

1754 HK-*Krehl*: StPO, 2001, § 153, Rn. 7.

1755 Vgl. *oben Kapitel 11, D. IV. 3. a.*

1756 AK-*Schöch*: StPO, 1993, § 153, Rn. 55; *Roxin*: Strafverfahrensrecht, 1998, S. 415; KMR-*Plöd*: StPO, § 153, Rn. 36 (Std. 07/99); *Pfeiffer*: StPO, 2002, § 153, Rn. 6; *KMG*: StPO, 2003, § 153, Rn. 37; *Kühne*: Strafprozeßrecht, 2003, Rn. 605.

1757 *Kühne* kommt für den Fall eines bindenden Versprechens der Einstellung durch die Staatsanwaltschaft, für ihn ein Justizverwaltungsakt, zu dem Ergebnis, dieses begründe ein *subjektiv-öffentliches Recht des Beschuldigten auf Einstellung*. Die Neuaufnahme wäre aber – dem Gedanken des § 211 StPO entsprechend – bei Vorliegen neuer Tatsachen gestattet. (*Kühne*: Strafprozeßrecht, 2003, Rn. 603, 605; krit. *Radtke*: Systematik des Strafklageverbrauchs, 1994, S. 260 ff.) Hierbei kann es sich aber, wie *Kühne* selbst betont, nicht um Strafklageverbrauch durch die Einstellung handeln. Vielmehr ähnelt diese Konstellation derjenigen, in der lediglich das im Einzelfall bei dem Beschuldigten geweckte Vertrauen ein Hindernis gegenüber einer zweiten Verfolgung darstellt.

1758 *Loos*: Beschränkte Sperrwirkung, JZ 1978, S. 592 ff., 595.

1759 *Loos*: Beschränkte Sperrwirkung, JZ 1978, S. 592 ff., 595.

Bedenken treffen.[1760] Im übrigen aber wurde der institutionalisierte Vertrauensschutz in Form eines Verzehrs der Strafklage im Gesetz gerade nicht verankert.

Radtke hingegen will *§ 153a Abs. 1 S. 4 StPO analog* anwenden.[1761] Die Tat könne dann nur wieder verfolgt werden, wenn sich nachträglich ihre Verbrechensqualität herausstellt.

Vorbehalte gegen eine solche Analogie resultieren aber daraus, daß eine unbewußte Regelungslücke hier ebensowenig vorliegt wie im Rahmen des § 170 Abs. 2 StPO. Als der Gesetzgeber 1974 die mit der Sperrwirkung versehene Regelung des § 153a StPO einführte, ergänzte er den § 153 StPO gerade nicht durch eine vergleichbare Vorschrift.

Zu der auch in diesem Zusammenhang zur Sprache gebrachten Argumentation mit *§§ 174 Abs. 2, 211 StPO* gilt schließlich das gleiche wie das bereits im Rahmen des § 170 Abs. 2 StPO Gesagte.[1762]

Als Ergebnis läßt sich daher festhalten, daß der staatsanwaltschaftlichen Einstellung gemäß § 153 Abs. 1 StPO nach heutiger gesetzlicher Lage kein Strafklageverbrauch zukommt.

4. Die staatsanwaltschaftliche Opportunitätseinstellung nach § 154 Abs. 1 StPO

a. Mit § 154 StPO wurde eine Vorschrift in die Strafprozeßordnung eingefügt,[1763] die die Beschränkung der Verfolgung bei Mehrfachtätern auf einige seiner Delikte erlaubt. Weniger bedeutsame Tatvorwürfe[1764] dürfen unter Durchbrechung des Legalitätsgrundsatzes durch Einstellung beiseite gelassen werden. Durch Konzentration des Verfahrensstoffes dient diese Einstellungsmöglichkeit der Entlastung der Verfolgungsorgane und damit der Beschleunigung.[1765] Dementsprechend kann die Staatsanwaltschaft von der Verfolgung einer Tat absehen, wenn zum einen die Sanktion, zu der deren Verfolgung führen kann, neben der, die gegen den Beschuldigten wegen einer anderen Tat rechtskräftig verhängt worden ist oder die er wegen einer anderen Tat zu erwarten hat, nicht beträchtlich ins Gewicht fällt (Nr. 1), oder wenn zum anderen ein Urteil wegen dieser Tat in angemessener Frist nicht zu erwarten ist und eine bereits rechtskräftig verhängte oder noch zu erwartende Sanktion zur Einwirkung auf den Täter und zur Verteidigung der Rechtsordnung ausreichend erscheint (Nr. 2).

1760 Vgl. *oben den Verweis in B. I. 2. d. Fn. 1733.* Ähnlich verhält es sich mit der auch hier vertretenen Forderung nach einem *sachlich einleuchtenden Grund* für die Wiederaufnahme (vgl. *Rieß*: Zukunft des Legalitätsprinzips, NStZ 1981, S. 2 ff., 9; KK-*Schoreit*: StPO, 2003, § 153, Rn. 44).

1761 *Radtke*: Systematik des Strafklageverbrauchs, 1994, S. 385.

1762 Vgl. *oben B. I. 2. d.*

1763 Vgl. dazu *oben B. I. 1.*

1764 Im Gegensatz zu § 154a StPO, bei dem es um eine Beschränkung auf abtrennbare Teile oder einzelne Gesetzesverletzungen *einer* Tat geht, handelt es sich i. R. d. § 154 StPO um die Konzentration auf bestimmte selbständige prozessuale Taten.

1765 KMR-*Plöd*: StPO, § 154, Rn. 1 (Std. 07/01); LR-*Beulke*: StPO, § 154, Rn. 1 (Std. 09/01). Zur kriminalpolitischen Begründung vgl. *Ranft*: Strafprozeßrecht, 1995, Rn. 1180.

§ 154 Abs. 1 StPO findet bei allen Straftaten, also auch bei Verbrechen Anwendung. Voraussetzung ist nur, daß sich die sogenannte Bezugstat im Rahmen des hypothetischen Vergleiches als hinreichend gewichtig herausstellt. Im Rahmen des Falles Nr. 2 kann, solange den genannten Strafzwecken Genüge getan wird, selbst dann von der Verfolgung abgesehen werden, wenn die Strafe beträchtlich ins Gewicht fiele. Aufgrund des weitgehenden Verzichts auf den rechtsgemeinschaftlichen Strafverfolgungsanspruch darf von dieser Alternative nur als *ultima ratio* Gebrauch gemacht werden.[1766]

Gegen die Entscheidung der Staatsanwaltschaft, von der Verfolgung abzusehen, ist kein ordentlicher Rechtsbehelf gegeben.[1767] Der Verletzte kann aber im Rahmen einer Gegenvorstellung oder Dienstaufsichtsbeschwerde gegen die Einstellung vorgehen.

b. Dem Beschleunigungsziel gemäß ist die Verfolgungsbehörde nicht verpflichtet, die Aufklärung des Sachverhalts vor der Entscheidung über die Einstellung bis zur Anklagereife voranzutreiben. Statt dessen soll sie möglichst frühzeitig von § 154 Abs. 1 StPO Gebrauch machen.[1768] Ausreichend ist es, wenn sie das Vorliegen der Einstellungsvoraussetzungen feststellen kann. Falls aber die Voraussetzungen des § 170 Abs. 2 StPO gegeben sind, gilt selbstverständlich auch hier der Vorrang der Legalitätseinstellung. Daraus folgt, daß die Staatsanwaltschaft einen *Anfangsverdacht* bejahen können muß.

c. Die Entscheidung basiert auch hier auf den *schriftlich* vorliegenden polizeilichen Ermittlungsakten.

d. Im Hinblick auf die Sperrwirkung einer Einstellung nach § 154 Abs. 1 StPO ist man sich weitgehend einig darüber, daß die § 154 Abs. 3 und 4 StPO, der gesetzlichen Formulierung entsprechend, sich allein auf die gerichtliche Einstellung nach Absatz 2 beziehen.[1769] In Absatz 1 ist die Rede davon, die Staatsanwaltschaft könne *„von der Verfolgung absehen"*, während im Hinblick auf den gerichtlichen Beschluß und die Absätze 3 und 4 übereinstimmend von *„vorläufig einstellen"* gesprochen wird.[1770] Die staatsanwaltschaftliche Einstellung zeitigt demnach *keinerlei Strafklageverbrauch*, so daß die Verfahrensfortsetzung bis zum Eintritt der Verjährung jederzeit möglich bleibt.

[1766] LR-*Beulke*: StPO, § 154, Rn. 23 (Std. 09/01).

[1767] HK-*Krehl*: StPO, 2001, § 154, Rn. 9.

[1768] *KMG*: StPO, 2003, § 154, Rn. 6.

[1769] *Ranft*: Strafprozeßrecht, 1995, Rn. 1188; HK-*Krehl*: StPO, 2001, § 154, Rn. 10; KMR-*Plöd*: StPO, § 154, Rn. 15 (Std. 07/01); *KMG*: StPO, 2003, § 154, Rn. 21a. A. A. *Momberg*: Wiederaufnahme bei § 154 StPO, NStZ 1984, S. 535 ff.

[1770] A. A. *Momberg*: Wiederaufnahme bei § 154 StPO, NStZ 1984, S. 535 ff., 536, der die Anwendung der Abs. 3, 4 für die Wiederaufnahme nach staatsanwaltschaftlicher Einstellung für durchaus möglich hält.

Zunehmend wird allerdings – gemäß dem Vorschlag von *Rieß*[1771] – ein sachlich einleuchtender Grund für die Fortsetzung des Verfahrens gefordert.[1772] Daß dies allein aber nicht die Voraussetzungen einer *ne bis in idem*-Wirkung erfüllt, wurde oben bereits erläutert.[1773]

5. Ergebnis

Im vorangegangenen Abschnitt wurden drei verschiedene *staatsanwaltschaftliche* Einstellungsentscheidungen untersucht, von denen keine mit nachteiligen Folgen für den Beschuldigten verbunden ist. Allerdings besitzt auch *keine* der Entscheidungsformen *strafklageverbrauchende Wirkung*, die den Beschuldigten in Zukunft vor weiterer Verfolgung bewahren könnte. Gemeinsam ist ihnen neben Entscheidungsorgan und Wirkung auch die Art der Sachverhaltsfeststellung: In allen Fällen bezieht der Staatsanwalt die entscheidungsrelevanten Informationen aus den Ermittlungsakten, also rein *schriftlichen* Unterlagen. Unterschiede existieren allerdings im Hinblick auf den zu prüfenden Verdachtsgrad. Im Rahmen der wegen mangelnder Rechtmäßigkeit der Verfolgung ergehenden Einstellung § 170 Abs. 2 StPO muß der Staatsanwalt auf der Basis eines *durchermittelten* Sachverhaltes prüfen, ob er die Täterschaft des Beschuldigten für *überwiegend wahrscheinlich* hält. Muß dies verneint werden, wird das Verfahren eingestellt. In den beiden anderen Fällen, § 153 Abs. 1 und § 154 Abs. 1 StPO, kann von der Verfolgung bereits abgesehen werden, wenn anhand eines lediglich *noch nicht gänzlich durchermittelten* Sachverhalts eine *einfache Schuldwahrscheinlichkeit* angenommen werden kann, die Verfolgung aber im konkreten Fall nicht zweckmäßig wäre. Lediglich der Verfahrensabschluß nach § 153 Abs. 1 StPO erfordert unter Umständen eine *richterliche Zustimmung*.

II. Richterliche Einstellungsentscheidungen

1. Einführung

Auch Gerichte haben die Möglichkeit, Verfahren im Vorfeld des erkenntnisrichterlichen Urteils aus Legalitäts- *oder* aus Opportunitätsgründen zum Abschluß zu bringen. Die jeweiligen Voraussetzungen sind im deutschen Recht auch hier – der gesetzessystematisch nur ausnahmsweisen Geltung des Opportunitätsprinzips entsprechend – in unterschiedlichen Vorschriften geregelt.

Ob die zur Beendigung des Verfahrens führenden Legalitätsentscheidungen nun technisch als Verwerfung des Klageerzwingungsantrages oder als Ablehnung der Eröffnung des Hauptverfahrens ergehen, soll im vorliegenden Zusammenhang für die Einordnung als richterliche *Einstellungen* keine Rolle spielen. Denn sämtliche der genannten Abschlüsse brechen das Verfahren *vor* der Entscheidung des erken-

[1771] *Rieß*: Zukunft des Legalitätsprinzips, NStZ 1981, S. 2 ff., 9.

[1772] KMR-*Plöd*: StPO, § 154, Rn. 15 (Std. 07/01); LR-*Beulke*: StPO, § 154, Rn. 35 (Std. 09/01).

[1773] Vgl. *oben B. I. 2. d.*, insb. Verweis in *Fn. 1733*.

nenden Gerichts über die Täterschaft ab. Richtig ist zwar, daß die oberlandesgerichtliche Verwerfung des Klageerzwingungsantrages die staatsanwaltschaftliche Einstellung aufrecht erhält, dieser also zur Fortgeltung verhilft. Dies begründet jedoch in diesem Zusammenhang keinen Unterschied, da das Oberlandesgericht umfänglich alle von der Staatsanwaltschaft geprüften Verfolgungsvoraussetzungen selbst untersucht.

2. Die oberlandesgerichtliche Verwerfung des Klageerzwingungsantrages nach § 174 StPO

a. Das Klageerzwingungsverfahren nach den §§ 172 ff. StPO, welches gegen die staatsanwaltschaftliche Einstellung mangels genügenden Anlasses zur Erhebung der öffentlichen Klage eingeleitet werden kann, dient der Sicherung des Legalitätsprinzips bei Taten, die nicht nach § 153 StPO eingestellt oder auf dem Privatklageweg verfolgt werden können.[1774]

Wenngleich die Erfolgschancen äußerst gering sind[1775] und die Zahl der Verwerfungen des Antrags bei den durchgeführten Verfahren bei weitem überwiegt, ist die in seiner Präventivwirkung liegende rechtspolitische Relevanz des Klageerzwingungsverfahrens groß.

Das gesamte Verfahren gliedert sich in zwei Abschnitte. Nach der Legalitätseinstellung der Staatsanwaltschaft nach § 170 Abs. 2 StPO muß der Verletzte,[1776] der zuvor bereits die Erhebung der öffentlichen Klage beantragt haben muß,[1777] innerhalb von zwei Wochen nach deren Bekanntmachung bei dem vorgesetzten Beamten der Staatsanwaltschaft eine sogenannte *Vorschaltbeschwerde* einlegen. Nach einem ablehnenden Bescheid des Generalstaatsanwaltes kann der Verletzte unter strengen Formvorschriften[1778] innerhalb eines Monats die *gerichtliche Entscheidung* beantragen.

[1774] Vgl. LR-*Graalmann-Scheerer*: StPO, § 172, Rn. 1 (Std. 05/01); KMR-*Plöd*: StPO, § 172, Rn. 1 (Std. 07/01); *KMG*: StPO, 2003, § 172, Rn. 1. Wenn zur Begründung dieser Ausnahme das Ziel der Sicherung des Legalitätsprinzips ins Feld geführt wird (vgl. nur *KMG*: StPO, 2003, § 172, Rn. 3), erscheint dies nicht völlig einleuchtend. Denn diesem Ziel diente auch die Kontrolle der richtigen Anwendung der Opportunitätsvorschriften, um ein ungesetzliches Übergreifen dieser Bestimmungen in den, dem Legalitätsgrundsatz vorbehaltenen Bereich zu verhindern. Unter der Sicherung des Legalitätsprinzips soll demnach allein die Überprüfung der auf der Grundlage der dem Legalitätsgrundsatz verpflichteten Regelungen ergehenden Entscheidungen gemeint sein.

[1775] Vgl. *Schäfer, G.*: Strafverfahrensrecht, 2000, Rn. 686 („... *daß das Klageerzwingungsverfahren kaum jemals Erfolg hat.*"); KMR-*Plöd*: StPO, § 172, Rn. 3 (Std. 07/01).

[1776] Der Terminus des Verletzten wird, eingedenk der Aufgabe dieses Verfahrens, weit aufgefaßt und schließt jeden ein, in dessen Rechte die behauptete strafbare Handlung unmittelbar eingegriffen hat. Vgl. *Schäfer, G.*: Strafverfahrensrecht, 2000, Rn. 689; *KMG*: StPO, 2003, § 172, Rn. 9. Zur Kasuistik: LR-*Graalmann-Scheerer*: StPO, § 172, Rn. 63 ff. (Std. 05/01) u. KMR-*Plöd*: StPO, § 172, Rn. 24 ff. (Std. 07/01).

[1777] Bei Antragsdelikten muß er einen Strafantrag gestellt haben.

[1778] Vgl. i. e. KMR-*Plöd*: StPO, § 172, Rn. 47 ff. (Std. 07/01). Oftmals ist deren Nichtbeachtung der Grund des Scheiterns von Klageerzwingungsanträgen zu sehen (vgl. a. a. O., Rn. 3). Krit. dazu *Kühne*: Strafprozeßrecht, 2003, Rn. 581.

b. Erweist sich der Klageerzwingungsantrag als begründet, beschließt das OLG gemäß § 175 S. 1 StPO die Erhebung der öffentlichen Klage. Maßstab ist ebenso wie bei den §§ 170 Abs. 2 und 203 StPO der *„genügende Anlaß zur Erhebung der öffentlichen Klage"*, der *hinreichende Tatverdacht.*[1779] Andernfalls verwirft es gemäß § 174 Abs. 1 StPO den Antrag in einem gemäß § 34 StPO zu begründenden Beschluß. Das OLG entscheidet gänzlich unabhängig vom Einstellungsbescheid der Staatsanwaltschaft gemäß der eigenen tatsächlichen und rechtlichen Würdigung.[1780]

c. Im Rahmen des gerichtlichen Verfahrens können zusätzliche Ermittlungen durch einen beauftragten oder ersuchten Richter angeordnet werden. Im übrigen entscheidet das OLG anhand der von der Staatsanwaltschaft geführten *Ermittlungsakten.* Die Beteiligung des Beschuldigten selbst steht im Ermessen des Gerichts – sogar eine Anhörung ist vor einer Verwerfung des Antrags nicht erforderlich.[1781]

d. Nur, wenn das Gericht auch die Begründetheit untersucht hat und zur Frage des hinreichenden Tatverdachts vorgedrungen ist, hat der Beschluß zur Folge, daß die öffentliche Klage gemäß § 174 Abs. 2 StPO nur noch aufgrund *neuer Tatsachen und Beweismittel* erhoben werden kann. Dieser Strafklageverbrauch erstreckt sich allerdings nur auf die Offizial-, nicht aber auf die Privatklagedelikte.[1782] Auch die Verwerfung des Antrags aufgrund eines Verfahrenshindernisses führt, da die durch jenes errichtete Sperre ebenfalls erst beseitigt werden muß, zur Zulässigkeit der öffentlichen Klage allein aufgrund diesen Verwerfungsgrund betreffender *nova.*[1783]

Die neuen Tatsachen oder Beweismittel müssen, um die durch § 174 Abs. 2 StPO angeordnete Verzehrwirkung entfallen zu lassen, auf der Grundlage der im Verwerfungsbeschluß vertretenen Rechtsauffassung[1784] nun eine Bejahung des hinreichenden Tatverdachts ermöglichen. *Nova* stellen Belastungsmaterialien dann dar, wenn sie dem OLG zur Zeit seiner Entscheidung unbekannt und nicht aus den Akten ersichtlich waren. Darauf, ob der Antragsteller selbst Kenntnis von den Umständen besaß, kommt es nicht an.[1785] Gegenüber den den Verwerfungsbeschluß tragenden Gründen müssen die *nova* erheblich sein. Dies kann bejaht werden, wenn sie – unter Berücksichtigung der früheren Erkenntnisse – genügenden Anlaß zur Erhebung der öffentlichen Klage bieten.[1786]

1779 Vgl. dazu schon *oben B. I. 2. b.*

1780 Vgl. *Lundberg*: Beweiserhebung im Zwischenverfahren, 1993, S. 57 f.; HK-*Krehl*: StPO, 2001, § 174, Rn. 2.

1781 Anders aber im Falle der Erhebung der öffentlichen Klage: § 175 S. 1 StPO.

1782 Vgl. *KMG*: StPO, 2003, § 174, Rn. 6.

1783 Vgl. LR-*Graalmann-Scheerer*: StPO, § 174, Rn. 15 (Std. 05/01); *Pfeiffer*: StPO, 2002, § 174, Rn. 5.

1784 *Ranft*: Strafprozeßrecht, 1995, Rn. 1358; LR-*Rieß*: StPO, § 211, Rn. 9 (Std. 05/01).

1785 Vgl. HK-*Krehl*: StPO, 2001, § 174, Rn. 5; LR-*Rieß*: StPO, § 211, Rn. 10 (Std. 05/01); KMR-*Plöd*: StPO, § 174, Rn. 8 (Std. 07/01).

1786 LR-*Rieß*: StPO, § 211, Rn. 11 (Std. 05/01).

3. Die gerichtliche Ablehnung der Eröffnung des Hauptverfahrens nach §§ 204, 211 StPO[1787]

Nach staatsanwaltschaftlicher Anklageerhebung prüft das für die Hauptverhandlung zuständige Gericht in einem Zwischenverfahren, ob das Hauptverfahren zu eröffnen ist. Verneint es diese Frage, so erläßt es einen verfahrensbeendenden Nichteröffnungsbeschluß.

Auch hier ist der maßgebliche Entscheidungsmaßstab der *hinreichende Tatverdacht*.[1788] Das Gericht entscheidet auf *schriftlicher* Grundlage: Die Ermittlungsakten sowie die Anklageschrift liegen vor.[1789]

Die Staatsanwaltschaft ist berechtigt, gegen den Nichteröffnungsbeschluß die befristete sofortige Beschwerde einzulegen.[1790] Erst nach Ablauf der einwöchigen Beschwerdefrist, nach Rücknahme oder Verwerfung der sofortigen Beschwerde erwächst die Entscheidung somit in formelle Rechtskraft.

Die *ne bis in idem*-Wirkung verursachende Sperre gemäß § 211 StPO greift infolge des Nichteröffnungsbeschlusses gegenüber der Neuverfolgung ein gleichgültig, ob die Ablehnung der Eröffnung auf sachlichen Gründen oder auf dem dauerhaften Mangel an Verfahrensvoraussetzungen beruht.[1791] Dies bedeutet, daß eine erneute Verfolgung bei unveränderter Sachlage nicht zulässig ist. Erst wenn *neue Tatsachen oder Beweismittel*[1792] in Erscheinung treten, die geeignet sind, den Ablehnungsgrund zu beseitigen, entfällt die in gleichem Umfang wie nach der Verwerfung des Klageerzwingungsantrages bestehende Verfolgungsschranke.

4. Die richterliche Opportunitätseinstellung nach § 153 Abs. 2 StPO

a. Wenn Verfahrensgegenstand ein Vergehen ist, hat auch das für die Sachentscheidung zuständige Gericht die Möglichkeit, das Verfahren aus Opportunitätsgründen einzustellen, sobald die öffentliche Klage erhoben ist.

1787 Dieser Entscheidung steht die *Ablehnung des Erlasses eines Strafbefehles* (§ 408 Abs. 2 StPO) in ihren Wirkungen gleich: „*Erachtet der Richter den Angeschuldigten nicht für* hinreichend verdächtig, *so lehnt er den Erlaß eines Strafbefehls ab. Die Entscheidung steht dem Beschluß gleich, durch den die Eröffnung des Hauptverfahrens abgelehnt ist (§§ 204, 210 Abs. 2, § 211).*" (Hervorhebung der *Verf.*). Da auch das Strafbefehlsverfahren ein *schriftliches* ist, entsprechen sich Voraussetzungen und Wirkungen im hier interessanten Umfang vollkommen.

1788 Vgl. dazu schon *oben B. I. 2. b.*

1789 *KMG*: StPO, 2003, § 203, Rn. 1.

1790 § 210 Abs. 2 StPO.

1791 Vgl. *BGH* vom 08. 12. 1954, BGHSt 7, S. 64 ff.; *Ranft*: Strafprozeßrecht, 1995, Rn. 1354; KMR-*Seidl*: StPO, § 211, Rn. 3 (Std. 01/99); LR-*Rieß*: StPO, § 211, Rn. 4 (Std. 05/01); HK-*Julius*: StPO, 2001, § 211, Rn. 2; *KMG*: StPO, 2003, § 211, Rn. 1. A. A. allerdings *Kühne*: Strafprozeßrecht, 2003, Rn. 619 f.: „*Diese Sperrwirkung tritt jedoch nur insoweit ein, als der Beschluß auf endgültige Sachentscheidung gerichtet ist. ... Dies [Nichteröffnung als Prozeßentscheidung, die Verf.] hat zur Folge, daß das Verfahren jederzeit wieder aufgenommen werden kann.*"

1792 Vgl. dazu *oben B. II. 2. d., vor Fn. 1786.*

Obwohl § 153 Abs. 2 S. 4 StPO *expressis verbis* die Unanfechtbarkeit des Einstellungsbeschlusses anordnet, versteht man diese Beschränkung indessen unter Berücksichtigung ihrer Zwecksetzung als lediglich den Bereich der Beurteilung der Tatbestandsmerkmale *geringe Schuld* und *öffentliches Interesse* betreffend: Die Entscheidung soll nämlich in bezug auf die unbestimmten Rechtsbegriffe nicht überprüfbar sein. Das Nichtvorliegen der übrigen prozessualen Voraussetzungen (*Vergehen, wirksame Zustimmung*) kann hingegen mit der Beschwerde nach § 304 StPO durch den Angeschuldigten oder die Staatsanwaltschaft beanstandet werden.[1793]

b. Im wesentlichen gelten *rechtlich* dieselben Bedingungen wie für die staatsanwaltschaftliche Einstellung nach § 153 Abs. 1 StPO.[1794] Das heißt, das Gericht müßte zumindest einen *Anfangsverdacht* hinsichtlich des Vorliegens der Tat bejahen. *Tatsächlich* allerdings wird sich das Verfahren in der Regel auf der Aufklärungsstufe des hinreichenden Tatverdachts befinden, da das Gericht für die Einstellung erst nach Anklageerhebung zuständig ist. Dies setzt eine weitestgehende Aufklärung[1795] sowie einen hohen, für die Täterschaft sprechenden Wahrscheinlichkeitsgrad[1796] voraus.

Zwar wäre es infolge der selbständigen Sachverhaltsbeurteilung durch das Gericht theoretisch denkbar, daß jenes trotz allem lediglich eine Wahrscheinlichkeit in Höhe eines Anfangsverdachtes für gegeben hält. Dies wird in der Praxis hingegen selten vorkommen. Daß die Beurteilung des hinreichenden Tatverdachts durch Staatsanwaltschaften und Gerichte weitgehend parallel läuft, zeigt sich an der geringen Zahl von Nichteröffnungsbeschlüssen nach § 204 StPO.[1797] Bejaht das Gericht aber nur einen Anfangsverdacht, muß ein Nichteröffnungsbeschluß ergehen, denn die Legalitätseinstellung nach § 204 StPO genießt ebenso wie der Freispruch Priorität.[1798] Die Situation, daß das Gericht lediglich einen *Anfangsverdacht* bejaht, das Verfahren aber weder nach § 204 StPO einstellen noch den Angeklagten freisprechen muß, kann also nur dann eintreten, wenn im Zwischen- oder Hauptverfahren noch weitere Aufklärung möglich wäre.[1799] Auf diese darf dann bei Vorliegen der Einstellungsvoraussetzungen selbst in den Fällen verzichtet werden, in denen eine für den Angeklagten günstigere Erledigungsform vorstellbar ist.[1800]

c. Im Zwischenverfahren liegt der Sachverhalt dem Gericht in schriftlicher Aktenform vor, während bei einer Einstellung in der Hauptverhandlung unter Umständen auch Ergebnisse der Beweisaufnahme einfließen können. Letzteres ist aber natürlich nicht zwingend.[1801] Damit entsprechen die Voraussetzungen der richterlichen Einstellung *rechtlich*

1793 Vgl. LR-*Beulke*: StPO, § 153, Rn. 82 (Std. 09/01); *KMG*: StPO, 2003, § 153, Rn. 34.

1794 Vgl. *oben B. I. 3. a., b.*

1795 Vgl. dazu bereits *oben Kapitel 11, D. IV. 3. a.* zur *tatsächlichen Ausgangsbasis der Verdachtsprognose.*

1796 Vgl. dazu bereits *oben Kapitel 11, D. IV. 3. b.* zur *Überzeugungskraft der prognostischen Schlußfolgerung.*

1797 Vgl. HK-*Julius*: StPO, 2001, § 203, Rn. 1, § 204, Rn. 2.

1798 Vgl. *Radtke*: Systematik des Strafklageverbrauchs, 1994, S. 169.

1799 Auch im Verlauf der Hauptverhandlung kann der Wahrscheinlichkeitsgrad bei Auftauchen entlastender Aspekte noch einmal auf Anfangsverdachtsniveau sinken.

1800 Vgl. *KMG*: StPO, 2003, § 153, Rn. 3.

1801 Dies berücksichtigt der *BGH*, B. vom 26.08.2003, NJW 2004, S. 375 ff., 377, nicht, wenn er behauptet: „*Wenn der Richter den Sachverhalt umfassend ermittelt, rechtfertigt dies regelmäßig nicht, zu Lasten des Betr. eine* jenen der staatsanwaltschaftlichen Einstellung (*Anfangsverdacht* und *schriftliche Entscheidungsgrundlage*). Im Hinblick auf *tatsächliche* Erkenntnisse werden sie diese aber gegebenenfalls auch übersteigen (*hinreichender Tatverdacht* und möglicherweise auch *mündliche Verhandlung*).

d. In Abweichung zu der staatsanwaltschaftlichen Einstellung nach § 153 Abs. 1 StPO erfordert die Erledigung nach Absatz 2 darüber hinaus auch die *Zustimmung* der Staatsanwaltschaft, deren Anklagemonopol auf diese Weise Rechnung getragen wird, und des *Angeschuldigten.*[1802] Diesem soll nach der Anklageerhebung oder dem Eröffnungsbeschluß auf diese Weise die Befugnis verliehen werden, die Durchführung des Hauptverfahrens mit dem Ziel eines Freispruchs zu erzwingen.[1803] Allerdings verzichtet der Angeschuldigte mit seinem Einverständnis lediglich auf bestimmte, mit der Hauptverhandlung verbundene Verfahrensgarantien. Sein Konsens bezieht sich hingegen nicht auf für ihn nachteilige Folgen der Tat selbst wie dies bei den sachbezogenen Arten des Konsenses der Fall ist. Dieser somit rein verfahrensbezogene Konsens des § 153 Abs. 2 StPO kann demnach die Entscheidung inhaltlich nicht tragen und stellt somit keine verbesserte Bedingung für einen gerechten Verfahrensabschluß dar.[1804] Aus diesem Grunde spielt er im Zusammenhang mit der strafklageverbrauchenden Wirkung keine Rolle.

e. § 153 StPO ordnet selbst keine Sperrwirkung an. Gleichwohl geht man bei der gerichtlichen – im Unterschied zur staatsanwaltschaftlichen – einfachen Einstellung heute allgemein von einer *Rechtskraftwirkung* aus,[1805] dessen Umfang allerdings umstritten ist.

Die früher vertretene Auffassung, nach der dem Einstellungsbeschluß eine urteilsgleiche Rechtskraft zukommen sollte, die sich nur mittels des Wiederaufnahmeverfahrens nach §§ 359 ff. StPO durchbrechen lasse,[1806] ist angesichts der Einführung des *§ 153a Abs. 1 S. 5 StPO* im Jahre 1974 nicht mehr haltbar.[1807]

Die Schaffung dieser Vorschrift aber wurde ihrerseits zum Anknüpfungspunkt eines *Analogieschlusses*, nach dem auch die unbedingte richterliche Einstellung nur dann beseitigt werden könne, wenn sich nachträglich die Verbrechenseigenschaft des Deliktes heraus-

---

Durchbrechung der Rechtssicherheit zuzulassen, sofern sich neue Tatsachen ergeben. Die gerichtliche Einstellung nach § 153 II StPO ist dem Urteilsverfahren ähnlich."

1802 Bei Abwesenheit des Angeschuldigten braucht unter den Voraussetzungen der §§ 205, 231 Abs. 2, 232, 233 StPO die Zustimmung allerdings nicht eingeholt werden, vgl. § 153 Abs. 2 S. 2 StPO.

1803 Vgl. HK-*Krehl*: StPO, 2001, § 153, Rn. 21 f.; *KMG*: StPO, 2003, § 153, Rn. 26 f.

1804 Vgl. *oben Kapitel 11, D. II.*

1805 Vgl. nur LR-*Beulke*: StPO, § 153, Rn. 88 (Std. 09/01).

1806 So zuletzt noch *Gantzer*: Rechtskraft strafprozessualer Beschlüsse, 1967, S. 162 m. w. N. (insb. S. 149, Fn. 489) u. *Herzog*: Rechtskraft strafgerichtlicher Beschlüsse, 1971, S. 182.

1807 In diesem Sinne auch *Loos*: Beschränkte Sperrwirkung, JZ 1978, S. 592 ff., 596. Allerdings scheint die Argumentation des *BGH*, B. vom 26.08.2003, NJW 2004, S. 375 ff., 377, von der damals vertretenen Auffassung nicht allzu weit entfernt: „*Kommt das Gericht, dem im Vorfeld der Einstellung nach § 153 II StPO dasselbe Aufklärungspotential zur Verfügung steht, zu dem Ergebnis, an Stelle eines Urteilsspruchs das Verfahren nach § 153 II StPO einzustellen, wäre schwerlich nachvollziehbar, warum die richterliche Entscheidung in diesem Falle bei Auftreten neuer Tatsachen durch eine Neueröffnung des Verfahrens faktisch gegenstandslos werden sollte.*"

stellt.[1808] Dieser Auffassung hat sich nun auch der *BGH* in einem Beschluß vom 26.08.2003 angeschlossen.[1809] Eine andersartige[1810] Verzehrwirkung wird gefordert, wenn – in Analogie zu den §§ 174 Abs. 2, 211 StPO und 47 Abs. 3 JGG – *neue Tatsachen und Beweismittel* Voraussetzung der Verfahrensfortsetzung sein sollen.[1811] Schließlich findet man auch Stimmen, die die beiden zuletzt genannten Gesichtspunkte kombinieren und die Neuaufnahme bei *Verbrechen* stets und darüber hinaus auch bei dem Beschluß seine Grundlage entziehenden *neuen Tatsachen und Beweismitteln* zulassen. Zusätzliche Bedingung soll im letztgenannten Fall zum Teil die veränderte rechtliche Beurteilung der Tat sein,[1812] während andere bereits auch die nicht mehr als gering zu betrachtende Schuld oder das nun ersichtliche Interesse an der Strafverfolgung ausreichen lassen wollen.[1813]

Zunächst ist festzustellen, daß einem Beschluß, der ohne die notwendige wirksame Zustimmung der Beteiligten oder im Falle eines verkannten Verbrechens[1814] zustande kam, von vornherein keine Sperrwirkung innewohnt.[1815] Denn soweit man die unbefristete einfache Beschwerde nach § 304 StPO zuläßt, ist es dem Beschluß verwehrt, in formelle Rechtskraft zu erwachsen und damit auch Strafklageverbrauch zu zeitigen.[1816] Diese Konsequenz der von der herrschenden Meinung angenommenen Anfechtbarkeit für die *ne bis in idem*-Wirkung findet kaum Berücksichtigung.

Damit ist zunächst eine Grenze der Sperrwirkung dieser richterlichen Einstellung abgesteckt: Falls sich die eigentliche *Verbrechenseigenschaft* der Tat herausstellt, dürfen die Ermittlungen jedenfalls wieder aufgenommen werden. Dies entspricht der Neuaufnahmeregelung der Einstellung unter Auflagen nach § 153a StPO. Eine analoge Übernahme dieser Vorschrift kann gleichwohl nur schwerlich angenommen werden:[1817] Der Gesetzgeber unterzog gleichzeitig mit der Einführung des § 153a StPO auch den § 153 StPO Veränderungen, fügte diesem jedoch gerade keine, der Sperrwirkung des erstgenannten entsprechende Regelung bei. Aus diesen Gründen erscheint die Ansicht, die die Neuaufnahme

---

1808 So *Loos*: Beschränkte Sperrwirkung, JZ 1978, S. 592 ff., 598 f.; AK-*Schöch*: StPO, 1993, § 153, Rn. 57; *Radtke*: Systematik des Strafklageverbrauchs, 1994, S. 350; *Trepper*: Rechtskraft strafprozessualer Beschlüsse, 1996, S. 117, 172 f.; KMR-*Plöd*: StPO, § 153, Rn. 37 (Std. 07/99); HK-*Krehl*: StPO, 2001, § 153, Rn. 28; KK-*Schoreit*: StPO, 2003, § 153, Rn. 64 f.

1809 *BGH*, B. vom 26.08.2003, NJW 2004, S. 375 ff.

1810 Zu recht konstatieren *Loos*: Beschränkte Sperrwirkung, JZ 1978, S. 592 ff., 599 und *Radtke*: Systematik des Strafklageverbrauchs, 1994, S. 349, daß sich die Wiederaufnahme aufgrund Verbrechensqualität und diejenige wegen Vorliegens neuer Tatsachen und Beweismittel quantitativ infolge ihrer unterschiedlichen Qualität nicht in ein Rangverhältnis bringen lassen.

1811 So *Peifer*: Rechtskraft der §§ 153 ff. StPO, 1965, S. 165 ff.; *Kleinknecht*: Legalitätsprinzip, in: Frisch/Schmid (Hrsg.): FS Bruns, 1978, S. 475 ff., 482; *Ranft*: Strafprozeßrecht, 1995, Rn. 1159; *Schäfer, G.*: Strafverfahrensrecht, 2000, Rn. 1555, 1640.

1812 So *Pfeiffer*: StPO, 2002, § 153, Rn. 9; *KMG*: StPO, 2003, § 153, Rn. 37.

1813 So LR-*Beulke*: StPO, § 153, Rn. 90 (Std. 09/01).

1814 Dies entspricht auch dem weitgehenden Konsens, vgl. *Radtke*: Systematik des Strafklageverbrauchs, 1994, S. 176 m. w. N. u. LR-*Beulke*: StPO, § 153, Rn. 88 (Std. 09/01).

1815 In diesem Sinne auch *Schäfer, G.*: Strafverfahrensrecht, 2000, Rn. 1639.

1816 Vgl. dazu *Gantzer*: Rechtskraft strafprozessualer Beschlüsse, 1967, S. 78 f.

1817 Ebenso LR-*Beulke*: StPO, § 153, Rn. 89 (Std. 09/01). Anders aber *BGH*, B. vom 26.08.2003, NJW 2004, S. 375 ff., 376.

nicht nur bei Verbrechen, sondern darüber hinaus auch bei Auftauchen von *nova* gestattet, als die sachgerechteste.

Dies wird nicht erschüttert durch die Argumentation des *BGH*: Danach sei § 153 Abs. 2 StPO nicht mit der Einstellung im Zwischenverfahren vergleichbar, deren Sperrwirkung gemäß § 211 StPO bei Auftauchen von *nova* zu beseitigen ist. Denn dort finde eine „ ... *bloße Verdachtsprüfung, die außerhalb einer Hauptverhandlung im schriftlichen Verfahren getroffen wird*" statt. Die Regelung des § 153 II StPO stelle ihrer Struktur nach hingegen eine verfahrensbeendende Entscheidung dar, die „ ... *die grundsätzlich nach umfassender Sachprüfung* ..."[1818] ergehe. Dieser argumentativen Konstruktion fehlt indes das Fundament: Denn für die Einstellung nach § 153 Abs. 2 StPO, die nach Anklageerhebung bereits auch im Zwischenverfahren erfolgen kann, ist, wie oben bereits festgehalten wurde, eine umfassende Sachprüfung deshalb gerade nicht zwingend. An dieser Feststellung zerbricht auch das weitere Argument des *BGH*, es sei nicht ohne weiteres einsichtig, „ ... *weshalb der Strafbefehl trotz geringerer Prüfungsdichte einen 'höheren Bestandsschutz' genießen soll als die gerichtliche Einstellung nach § 153 II StPO* ... ".[1819]

Radtke hält dem die mangelnde Begründungspflicht bei der Einstellungsentscheidung entgegen. Diese versperre den Weg der Überprüfung, welche Tatsachen und Beweismittel denn nun tatsächlich *neu* sind.[1820] Welche Tatsachen und Beweismittel dem einstellenden Richter aber zur Verfügung standen, läßt sich später noch den Ermittlungsakten entnehmen. Diese können dann zum Vergleich herangezogen werden, ob eine nachfolgende Entdeckung tatsächliche Veränderungen nach sich zieht. Auch bei der Beurteilung der im Rahmen der Neuaufnahme nach den §§ 211, 174 Abs. 2 StPO geforderten Neuheit wird die Frage gestellt, ob die *nova* früher aus den Akten ersichtlich waren oder nicht.[1821] Demgegenüber läßt sich aus den Ermittlungsakten aber kaum ablesen, welche rechtliche Bewertung der Tat das Gericht für richtig gehalten hat.[1822] Folglich müssen bei Auftauchen neuer Tatsachen und Beweismittel auch die Berichtigung von Subsumtionsfehlern zugelassen werden: Ob die Einstellungsvoraussetzungen nun noch gegeben sind, kann nicht – wie beispielsweise bei § 174 Abs. 2 StPO[1823] – auf der Grundlage der früher vertretenen Rechtsauffassung beantwortet werden. Dies spricht gegen die zum Teil vertretene Ansicht, Bedingung einer Wiederaufnahme müsse die veränderte rechtliche Beurteilung der Tat sein. Gleichwohl müssen neue Tatsachen und Beweismittel von einer gewissen nachprüfbaren Relevanz für die Einstellungsvoraussetzungen sein. Zu verlangen ist deshalb, daß die *nova* eine nicht mehr geringe Schuld oder das öffentliche Interesse an der Strafverfolgung begründen.

Festzuhalten ist deshalb, daß der richterlichen Einstellung nach § 153 Abs. 2 StPO in gewissem Umfang *ne bis in idem*-Wirkung zukommt. Fortgesetzt werden darf das Verfahren allerdings, wenn sich die *Verbrechensqualität* der Tat herausstellt, oder, wenn – an den Ermittlungsakten gemessen – *neue Tatsachen oder Beweismittel* auftauchen, die eine *nicht mehr geringe Schuld* oder das *öffentliche Interesse* an der Verfolgung begründen.

[1818] *BGH*, B. vom 26.08.2003, NJW 2004, S. 375 ff., 377.

[1819] *BGH*, B. vom 26.08.2003, NJW 2004, S. 375 ff., 377.

[1820] *Radtke*: Systematik des Strafklageverbrauchs, 1994, S. 335 ff., 345. Ähnl. *BGH*, B. vom 26.08.2003, NJW 2004, S. 375 ff., 378. Den Gedanken der Wesentlichkeit der Begründung für die Ausgestaltung des Strafklageverbrauchs führt schon *Loos*: Beschränkte Sperrwirkung, JZ 1978, S. 592 ff., 596 aus.

[1821] Vgl. *Radtke*: Systematik des Strafklageverbrauchs, 1994, S. 224 m. w. N. und *oben B. II. 2. c.* bei *Fn. 1785*.

[1822] Auf die Schwierigkeiten bei der Prüfung eines neuen rechtlichen Gesichtspunkts weist auch *Loos*: Beschränkte Sperrwirkung, JZ 1978, S. 592 ff., 596 hin.

[1823] Vgl. dazu *oben B. II. 2. d.*, *bei Fn. 1784*.

5. Die richterliche Opportunitätseinstellung nach § 154 Abs. 2 StPO

Auf Antrag der Staatsanwaltschaft darf das Gericht, sobald die Anklage erhoben ist, gemäß § 154 Abs. 2 StPO eine von mehreren durch einen Angeschuldigten begangenen Taten unter den oben zu § 154 Abs. 1 StPO dargestellten Voraussetzungen[1824] – selbst noch im Revisionsverfahren[1825] – einstellen.

Wenn die Vorschrift von „*vorläufig einstellen*" spricht, so ist dies mißverständlich und entstehungsgeschichtlich nur anhand der Wiederaufnahmemöglichkeiten der Absätze 3 bis 5 erklärlich.[1826] Eine weitere abschließende Entscheidung – wie beispielsweise im Rahmen des § 153a StPO – ist nicht erforderlich, da die Einstellung die gerichtliche Anhängigkeit beendet.

Die Einstellung nach § 154 Abs. 2 StPO ist grundsätzlich unanfechtbar[1827] und erwächst in materielle Rechtskraft. Allerdings steht der Staatsanwaltschaft[1828] etwa im Falle fehlender Zustimmung oder mangelnder Zuständigkeit, ausnahmsweise das Recht zur einfachen Beschwerde zu, so daß der Beschluß nicht einmal der formellen Rechtskraft fähig ist.[1829] Falls die Einstellung angesichts einer wegen einer anderen Tat rechtskräftig erkannten Sanktion erfolgte, ist die Fortsetzung des Verfahrens durch Wiederaufnahmebeschluß bis zum Eintritt der Verjährung möglich (Absatz 3). Nach Absatz 4 kann die Verfolgung binnen drei Monaten nach rechtskräftigem Abschluß des anderen Verfahrens[1830] fortgesetzt werden, wenn im Hinblick auf eine diesbezüglich zu erwartende Sanktion eingestellt wurde und sich im nachhinein herausstellt, daß die anfängliche Sanktionsprognose fehlerhaft war.

Beide dieser Wiederaufnahmemöglichkeiten betreffen nach h. M. allein die hinsichtlich der *Bezugstat* verhängten Rechtsfolgen.[1831] Für die Konstellation der abweichenden Beurteilung der *eingestellten Tat* bietet das Gesetz selbst keine Lösung an. Die Fortsetzung der Verfolgung soll – insbesondere auch unabhängig von der Frist des Absatzes 4 – über die obengenannten Fälle hinaus auch dann zulässig sein, wenn es sich bei der eingestellten Tat, entgegen der ursprünglichen Einschätzung nicht um ein Vergehen, sondern tatsäch-

---

1824 Vgl. *oben B. I. 4.*

1825 LR-*Beulke*: StPO, § 154, Rn. 37 (Std. 09/01); *KMG*: StPO, 2003, § 154, Rn. 16.

1826 Vgl. LR-*Beulke*: StPO, § 154, Rn. 42 (Std. 09/01).

1827 Vgl. *BGH* vom 21. 12. 1956, BGHSt 10, S. 88 ff., 91 ff.

1828 Der Angeschuldigte, der durch die Einstellung grundsätzlich nicht beschwert ist, darf, abgesehen vom Fall des eindeutigen Feststehens seiner Unschuld (*BVerfG*, B. vom 15. 08. 1996, NJW 1997, S. 46 – Anfechtung der Auslagenentscheidung) keine Beschwerde einlegen (*BGH* vom 21. 12. 1956, BGHSt 10, S. 88 ff., 92 f.).

1829 Vgl. *Peifer*: Rechtskraft der §§ 153 ff. StPO, 1965, S. 71 f.; *Schäfer, G.*: Strafverfahrensrecht, 2000, Rn. 1639; HK-*Krehl*: StPO, 2001, § 154, Rn. 13; KMR-*Plöd*: StPO, § 154, Rn. 26 (Std. 07/01); LR-*Beulke*: StPO, § 154, Rn. 48 (Std. 09/01); *KMG*: StPO, 2003, § 154, Rn. 20. Offengelassen: *BGH* vom 21. 12. 1956, BGHSt 10, S. 88 ff.

1830 Neben dem Urteil genügt insoweit auch einer der Beschlüsse nach den §§ 153 ff., 204, 206a StPO.

1831 Vgl. *Rieß*: Anm. zu BGH vom 12. 06. 1985, NStZ 1986, S. 36 f. u. *Ranft*: Strafprozeßrecht, 1995, Rn. 1191.

lich um ein *Verbrechen* handelte.[1832] Hier bietet der Vorschlag von *Rieß* – vom Gesichtspunkt der Systemgerechtigkeit her betrachtet – eine angemessene Lösung: Die Frage, ob und inwieweit im übrigen Durchbrechungsmöglichkeiten existieren, soll nach den im Rahmen des § 153 Abs. 2 StPO verwendeten[1833] Kriterien beantwortet werden.[1834]

Nach hier vertretener Ansicht[1835] wäre demnach die grundsätzliche *ne bis in idem*-Wirkung des richterlichen Einstellungsbeschlusses nach § 154 Abs. 2 StPO zum einen im Rahmen der *Absätze 3 und 4*, und zum anderen dann zu durchbrechen, wenn sich mit Rücksicht auf die *eingestellte Tat* deren tatsächliche *Verbrechensqualität* herausstellt oder aufgrund *neuer Tatsachen und Beweismittel* die fälschliche Annahme der Einstellungsvoraussetzungen offenbar wird.

6. Ergebnis

Alle erläuterten *richterlichen* Einstellungsentscheidungen *verbrauchen* in begrenztem Umfang die *Strafklage*:

Nach den beiden Legalitätsentscheidungen, der oberlandesgerichtlichen Verwerfung des Klageerzwingungsantrages sowie der gerichtlichen Ablehnung der Eröffnung des Hauptverfahrens, darf die Verfolgung nur aufgrund *neuer Tatsachen und Beweismittel* wieder aufnommen werden. Die einfache Opportunitätseinstellung nach § 153 Abs. 2 StPO verbietet die Fortsetzung des Verfahrens hingegen, solange sich nicht die *Verbrechensqualität* der Tat oder anhand von *nova* herausstellt, daß die *Einstellungsvoraussetzungen* (geringe Schuld und mangelndes öffentliches Interesse an der Verfolgung) *nicht vorlagen*. Auch nach einer Einstellung nach § 154 Abs. 2 StPO, darf weiterverfolgt werden, wenn neue Tatsachen oder Beweismittel das Fehlen der Einstellungsvoraussetzungen offenbaren. Darüber hinaus ermöglicht der Eintritt der die Bezugstat betreffenden *Voraussetzungen der Absätze 3 und 4* eine Verfolgungsfortsetzung.

In allen Fällen der richterlichen Verfahrenseinstellung ergeht die Entscheidung nach Beurteilung des *schriftlich* in Aktenform vorliegenden Sachverhalts.

Die zwei Legalitätsentscheidungen stimmen auch in ihren Einstellungsvoraussetzungen überein: Die Richter müssen prüfen, ob der Beschuldigte (Angeschuldigte) *hinreichend tatverdächtig* ist. Im Gegensatz dazu verlangen die aus Zweckmäßigkeitsgründen ergehenden Einstellungen nach den § 153 Abs. 2 und § 154 Abs. 2 StPO nicht die Prüfung des hinreichenden Tatverdachts, sondern nur die Bejahung eines *Anfangsverdachts*.

1832 *BGH* vom 12. 06. 1985, NStZ 1986, S. 36 mit Anm. *Rieß* (aus neuen Tatsachen u. Beweismitteln resultierend, daß Verbrechen statt Vergehen); *Ranft*: Strafprozeßrecht, 1995, Rn. 1191; KMR-*Plöd*: StPO, § 154, Rn. 22 (Std. 07/01); LR-*Beulke*: StPO, § 154, Rn. 63 (Std. 09/01); *KMG*: StPO, 2003, § 154, Rn. 22. Abw. *Peifer*: Rechtskraft der §§ 153 ff. StPO, 1965, S. 170, der die materielle Rechtskraft *allgemein* durch das Hervortreten neuer Tatsachen und Beweismittel auflösend bedingt betrachtet, aus denen sich ergibt, daß die eingestellte Tat gegenüber der Bezugstat doch ins Gewicht fällt. Ähnl. HK-*Krehl*: StPO, 2001, § 154, Rn. 14 und KK-*Schoreit*: StPO, 2003, § 154, Rn. 47: bei neuen schwerwiegenden Umständen.

1833 Vgl. *oben B. II. 4. e.*

1834 *Rieß*: Anm. zu BGH vom 12. 06. 1985, NStZ 1986, S. 36 f. Ebenso LR-*Beulke*: StPO, § 154, Rn. 63 (Std. 09/01).

1835 Vgl. zur Sperrwirkung der Einstellung nach § 153 Abs. 2 StPO *oben B. II. 4. e.*

III. Strafrechtliche Vergleiche[1836]

1. Einleitung

Im Jahre 1974 erweiterte das Einführungsgesetz zum Strafgesetzbuch das deutsche (Erwachsenen-)Strafverfahren erstmals seit 1877 um eine Möglichkeit des strafrechtlichen Vergleichs.[1837] § 153a StPO verkörpert eine Variante des Umgangs mit leichterer Kriminalität, hinsichtlich derer – im Unterschied zu den Fällen des § 153 StPO – das öffentliche Interesse an der Verfolgung zunächst gegeben ist, unter bestimmten Voraussetzungen aber beseitigt werden kann.

Das Rechtspflegeentlastungsgesetz von 1993 dehnte den Anwendungsbereich, insoweit einer bereits vorweggenommenen extensiven Auslegung in der Praxis folgend, mit der Ersetzung der Bedingung der geringen Schuld durch die Formulierung „... *wenn ... die Schwere der Schuld nicht entgegensteht* ..." auf die mittlere Kriminalität aus. Wenngleich die Regelung, insbesondere aufgrund der staatsanwaltschaftlichen Sanktionsbefugnis, Ziel umfangreicher Kritik geworden ist,[1838] nimmt sie in der Praxis eine wesentliche Beschleunigungs- und Entlastungsfunktion ein.

2. Die staatsanwaltschaftliche Einstellung nach § 153a Abs. 1 StPO

a. Der Staatsanwalt darf von der Verfolgung einer Straftat absehen, wenn es sich insoweit um ein Vergehen handelt, in Anbetracht dessen das bestehende öffentliche Interesse[1839] an der Strafverfolgung durch die Erfüllung von Auflagen oder Weisungen beseitigt werden kann. Delikte, die unter erschwerenden Umständen oder von vorbestraften Tätern begangen wurden, fallen beispielsweise aus dem Anwendungsbereich der Vorschrift heraus. Die Schuld muß sich, um dieser Erledigungsart nicht entgegenzustehen, im mittleren Bereich halten. Die gerichtliche Zustimmung[1840] ist – abweichend vom gesetzlichen Grundsatz – bei geringfügigen Vergehen entbehrlich, soweit nicht die Teilnahme an einem Aufbauseminar nach dem Straßenverkehrsgesetz betroffen (Nr. 6) ist.[1841]

Der in § 153a Abs. 1 S. 2 StPO enthaltene Auflagen- und Weisungskatalog, der „*insbesondere*" die Schadenswiedergutmachung (Nr. 1), die Geldzahlung zugunsten einer gemeinnützigen Einrichtung oder der Staatskasse (Nr. 2), das Erbringen gemeinnütziger Leistungen (Nr. 3), Unterhaltszahlungen (Nr. 4), einen Täter-Opfer-Ausgleich (Nr. 5) sowie das straßenverkehrsgesetzliche Aufbauseminar (Nr. 6) nennt,

---

1836 Zum hiesigen Verständnis des *strafrechtlichen Vergleiches* siehe *oben A.*

1837 Vgl. *Fezer*: Vereinfachte Verfahren, ZStW 1994, S. 1 ff., 32.

1838 Vgl. dazu *Radtke*: Systematik des Strafklageverbrauchs, 1994, S. 247 und LR-*Beulke*: StPO, § 153a, Rn. 11 ff. (Std. 09/01) m. w. N.

1839 Zum öffentlichen Interesse vgl. *oben B. I. 3. a.*

1840 Allerdings wird die richterliche Zustimmung in der Regel wohl eher routinemäßig erteilt (vgl. *Heinz*: Die Staatsanwaltschaft im statistischen Graufeld, in: Albrecht et al. (Hrsg.): FS Kaiser, 1. Hb., 1998, S. 85 ff., 86 m. w. N.).

1841 Vgl. den Verweis auf § 153 Abs. 1 S. 2 StPO.

ist nicht abschließend und läßt die – allerdings stets der richterlichen Zustimmung unterliegende – Erweiterung auf gleichartige Fälle zu.

Die Einstellung vollzieht sich in zwei Stufen. Mit der Anordnung von Auflagen und Weisungen stellt der Staatsanwalt das Verfahren zunächst vorläufig ein. Sobald der Beschuldigte ihnen nachgekommen ist, bedarf es einer endgültigen Einstellung, die indessen einen lediglich deklaratorischen Charakter besitzt, da die Verfolgung bereits mit der ordnungsgemäßen Erfüllung der Bedingungen beendet ist.[1842]

b. Im Falle des § 153a StPO muß die Tat bis zur Anklagereife durchermittelt werden.[1843] Denn dem Beschuldigten soll die freiwillige Übernahme von Verpflichtungen nur dann zugemutet werden, wenn ein *hinreichender Tatverdacht*[1844] besteht. Auf der einen Seite reicht damit ein bloßer Anfangsverdacht nicht aus, während auf der anderen Seite aber auch keine Überzeugung des Staatsanwaltes gefordert werden kann, weil die Schuldfeststellung dem Gericht vorbehalten sein muß.[1845]

c. Der Staatsanwalt würdigt das Vorliegen der Einstellungsvoraussetzungen auch in diesem Fall anhand der *schriftlichen* Erkenntnisse aus den Ermittlungsakten.

d. Der Charakter dieser Erledigungsart als „*Beendigungsverfahren mit Selbstunterwerfung*"[1846] verlangt die *Zustimmung* des Beschuldigten zu den von der Staatsanwaltschaft ausgewählten Auflagen und Weisungen ebenso wie zu den Modalitäten der Erfüllung. Sein Einverständnis ist somit sachbezogen und als Vorbedingung des Zustandekommens der Verfahrensbeendigung nach § 153a StPO aktiv zu äußern. Notwendig ist demnach ein *sachbezogener* und *aktiver* Konsens.[1847]

e. Durch Erfüllung der Auflagen und Weisungen entsteht ein Verfahrenshindernis, denn ab diesem Zeitpunkt kann die Tat gemäß § 153a Abs. 1 S. 5 StPO *nicht mehr als Vergehen* verfolgt werden. Demzufolge bewirkt die staatsanwaltschaftliche Einstellung nach § 153a Abs. 1 StPO, nachdem der Beschuldigte den selbst übernommenen Verpflichtungen nachgekommen ist, einen Verbrauch der Strafklage. Sobald sich allerdings herausstellt,

---

1842 Vgl. *Ranft*: Strafprozeßrecht, 1995, Rn. 1167.

1843 *Lohner*: Tatverdacht, 1994, S. 25; *Radtke*: Systematik des Strafklageverbrauchs, 1994, S. 249; *Freund*: Zweckgedanke, GA 1995, S. 4 ff., 17 („*Eine Einstellung unter Auflagen erscheint nur dann gerechtfertigt, wenn die Möglichkeiten der Sachverhaltsermittlung in angemessenem Umfang ausgeschöpft worden sind und nach dem sich daraus ergebenden Stand der Erkenntnis eine förmliche Überführung und Verurteilung bei verweigerter Zustimmung nicht ernsthaft in Frage gestellt ist.*"); *Ranft*: Strafprozeßrecht, 1995, Rn. 1123; *Kühne*: Strafprozeßrecht, 2003, Rn. 589.2, Fn. 44; *KMG*: StPO, 2003, § 153a, Rn. 7.

1844 Bezüglich des „*hinreichenden Tatverdachtes*" vgl. zu § 170 Abs. 2 StPO *oben B. I. 2. b.*

1845 Vgl. *Lohner*: Tatverdacht, 1994, S. 25.

1846 HK-*Krehl*: StPO, 2001, § 153a, Rn. 1; *KMG*: StPO, 2003, § 153a, Rn. 12.

1847 Vgl. zum Konsens *oben Kapitel 11, D. II.*

daß dieselbe Tat unter dem rechtlichen Gesichtspunkt eines Verbrechens zu würdigen ist, gestattet die Vorschrift die Neuaufnahme der Verfolgung.

Umstritten ist indessen, ob auf diese Weise auch Subsumtionsfehler korrigiert werden können, ob es also ausreicht, wenn der Verbrechenscharakter bereits aus den Akten ersichtlich war und lediglich übersehen wurde,[1848] oder ob neue Tatsachen und Beweismittel zu dieser Erkenntnis führen müssen.[1849] Teilweise führt man gegen die letztgenannte Variante an, die Beschränkung der Neuaufnahme auf den Fall des Vorliegens von *nova* ließe sich mangels Begründungspflicht und daraus folgender Undurchführbarkeit der diesbezüglichen Nachprüfung praktisch nicht verwirklichen.[1850] Daß die fehlende Begründung der Einstellung kein plausibler Grund für die Ablehnung des Erfordernisses von *nova* ist, wurde bereits oben erläutert.[1851] Eine Untersuchung auf die Novität der Erkenntnisse kann unter Betrachtung der Ermittlungsakten im nachhinein auch ohne schriftliche Begründung vorgenommen werden. Jedoch zeigt der Vergleich mit der den Strafbefehl betreffenden Wiederaufnahmeregelung § 373a Abs. 1 StPO, daß die auf das zusätzliche Vorliegen von *nova* verzichtende Lösung überzeugender ist. Denn § 373a Abs. 1 StPO macht die Begründung der Verbrecheneigenschaft im Gegensatz zu § 153a Abs. 1 S. 5 StPO ausdrücklich von neuen Tatsachen oder Beweismitteln abhängig.

Damit genügt einzig die neu entdeckte *Verbrecheneigenschaft* der Tat, um eine Weiterverfolgung zu legitimieren.

3. Die richterliche Einstellung nach § 153a Abs. 2 StPO

Von der Anklageerhebung an bis zum Schluß der letzten Tatsachenverhandlung darf auch das Gericht das Verfahren gegen Auflagen oder Weisungen einstellen. Bezüglich der Voraussetzungen dieser Einstellung gilt im wesentlichen Gleiches wie für das korrespondierende staatsanwaltschaftliche Absehen von der Verfolgung. Neben der *Zustimmung des Angeschuldigten* ist hier auch die der Staatsanwaltschaft erforderlich.[1852]

Wenngleich § 153a Abs. 2 S. 4 StPO die Unanfechtbarkeit der *vorläufigen* gerichtlichen Einstellung statuiert, kann gegen diesen Beschluß auch hier[1853] die einfache Beschwerde nach § 304 StPO erhoben werden, wenn er der prozessualen Voraussetzungen entbehrt, die Tat also in Wahrheit ein Verbrechen darstellt oder eine der notwendigen Zustimmungen fehlte.[1854] Gemäß Absatz 2 Satz 5 erstreckt sich die Unanfechtbarkeit auch auf die Feststellung der Erfüllung der Auflagen und Weisungen. Damit kann

---

1848 So *Radtke*: Systematik des Strafklageverbrauchs, 1994, S. 383; *Schäfer, G.*: Strafverfahrensrecht, 2000, Rn. 1635; HK-*Krehl*: StPO, 2001, § 153a, Rn. 20; KMR-*Plöd*: StPO, § 153a, Rn. 47 (Std. 07/01); LR-*Beulke*: StPO, § 153a, Rn. 99 (Std. 09/01); *KMG*: StPO, 2003, § 153a, Rn. 54.

1849 So *Kleinknecht*: Legalitätsprinzip, in: Frisch/Schmid (Hrsg.): FS Bruns, 1978, S. 475 ff., 482; *Ranft*: Strafprozeßrecht, 1995, Rn. 1168; KK-*Schoreit*: StPO, 2003, § 153a, Rn. 59.

1850 Vgl. *Radtke*: Systematik des Strafklageverbrauchs, 1994, S. 335 ff., 345.

1851 Vgl. *oben B. II. 4. e.*

1852 Falls die erforderliche staatsanwaltschaftliche Zustimmung fehlt, hält das *OLG Karlsruhe*, B. vom 17. 07. 1986, NStZ 1987, S. 42 den Eintritt der Sperrwirkung gleichwohl aufgrund des Vertrauensschutzprinzips für gegeben, wenn der Angeschuldigte keine Kenntnis von dem Mangel erlangte.

1853 Vgl. zu § 153 Abs. 2 StPO *oben B. II. 4. a.*

1854 Vgl. LR-*Beulke*: StPO, § 153a, Rn. 134 (Std. 09/01); *KMG*: StPO, 2003, § 153a, Rn. 57.

insoweit nicht Beschwerde gegen die *endgültige* Verfahrenseinstellung erhoben werden.[1855] Darüber hinaus ist in diesem Falle aber auch keine Möglichkeit der Anfechtung mit der Begründung prozessualer Mängel gegeben. Diese müssen bereits gegen die vorläufige Einstellung geltend gemacht werden.[1856]

Der mit der vollständigen Erfüllung der Auflagen und Weisungen eintretende Strafklageverbrauch steht dem der staatsanwaltschaftlichen Einstellung gleich.[1857]

4. Ergebnis

Im deutschen Strafverfahrensrecht existieren zwei Formen des strafrechtlichen Vergleichs, die sich lediglich im Hinblick auf das Entscheidungsorgan, *Staatsanwalt* oder *Richter*, unterscheiden, im übrigen aber in Voraussetzungen und Wirkung übereinstimmen: Um ein Verfahren nach § 153a StPO beenden zu können, muß auf der Grundlage der *Ermittlungsakten hinreichender Tatverdacht* zu bejahen sein. Darüber hinaus muß der Beschuldigte in die von ihm geforderten Leistungen *einwilligen*. Kommt die Einstellung des Verfahrens auf diese Weise zustande, so besitzt sie auch strafklageverbrauchende Wirkung: Die Fortsetzung des Verfahrens ist nur möglich, wenn sich herausstellt, daß durch die Tat in Wahrheit der Tatbestand eines *Verbrechens* verwirklicht wurde.

IV. Sonstige Erledigungsformen. Der Erlaß eines Strafbefehls nach § 408 StPO

1. Dem maßgeblich der Beschleunigung[1858] dienenden Strafbefehlsverfahren ist – zuletzt durch das Rechtspflegeentlastungsgesetz von 1993 mit einer Erweiterung des Sanktionsrahmens – ein immer größer werdender Anwendungsbereich zugesprochen worden.[1859] Unter Durchbrechung des in der deutschen Strafprozeßordnung vorgesehenen Grundsatzes, daß eine Entscheidung über Schuld und Strafe nur aufgrund einer mündlichen Verhandlung erfolgen soll,[1860] erlaubt es dieses summarische[1861] Verfahren dem

---

1855 LR-*Beulke*: StPO, § 153a, Rn. 134 (Std. 09/01). A. A. HK-*Krehl*: StPO, 2001, § 153a, Rn. 37; *KMG*: StPO, 2003, § 153a, Rn. 57.

1856 Vgl. KMR-*Plöd*: StPO, § 153a, Rn. 61 (Std. 07/01); LR-*Beulke*: StPO, § 153a, Rn. 135 (Std. 09/01); wohl auch HK-*Krehl*: StPO, 2001, § 153a, Rn. 37. A. A. *KMG*: StPO, 2003, § 153a, Rn. 57.

1857 Vgl. *oben B. III. 2. e.*

1858 Angesichts der Arbeitsbelastung von Staatsanwälten und Richtern ist der Strafbefehl als Erledigungsform mittlerweile praktisch unentbehrlich geworden. Vgl. *Schaal*: Hinreichender Tatverdacht?, in: Geppert et al. (Hrsg.): GS Meyer, 1990, S. 427 ff., 427.

1859 Vgl. i. e. LR-*Gössel*: StPO, § 407, Entstehungsgeschichte (Std. 04/00). Umfassend zur Geschichte auch: *Müller*: Das Strafbefehlsverfahren, 1993, S. 167 ff. SK-*Weßlau*: StPO, Vor § 407, Rn. 22 (Std. 07/00) betrachtet das Strafbefehlsverfahren in der gegenwärtigen Ausgestaltung als einen Verstoß gegen Art. 103 Abs. 1 GG u. Art. 6 Abs. 1 EMRK.

1860 LR-*Gössel*: StPO, Vor § 407, Rn. 10 (Std. 04/00).

Richter, schriftlich und einseitig ohne Urteilserlaß sogar eine auf Bewährung ausgesetzte Freiheitsstrafe festzusetzen.[1862] Das Verfahren steht nach allgemeiner Meinung sowohl im Interesse des Angeschuldigten als auch der Verfolgungsbehörden. Denn es schützt ersteren auch vor öffentlichem Aufsehen und einem allzu großen Kostenrisiko und bereitet letzteren eine gesteigerte Effizienz.[1863]

Der Antrag auf Erlaß eines Strafbefehles ist zulässig, wenn es sich um ein zur Zuständigkeit des Amtsgerichtes gehörendes Vergehen handelt, nach Einschätzung des Staatsanwaltes, der den auf eine bestimmte Rechtsfolge lautenden schriftlichen Strafbefehlsantrag stellt, eine Hauptverhandlung nach dem Ergebnis der Ermittlungen nicht erforderlich[1864] und schließlich eine Rechtsfolge innerhalb des von § 407 Abs. 2 StPO genannten Spektrums angemessen ist.

Der für die Entscheidung über den Antrag zuständige Vorsitzende des Schöffengerichts oder Strafrichter, entspricht diesem, „... *wenn dem Erlaß des Strafbefehls keine Bedenken entgegenstehen*" (§ 408 Abs. 3 S. 1 StPO) und ohne Hauptverhandlung, sondern aufgrund einer Beweisaufnahme im *Freibeweisverfahren*,[1865] entschieden werden kann. Um die Übereinstimmung von Staatsanwaltschaft und Gericht zu gewährleisten, darf der Strafbefehl weder in seiner rechtlichen Beurteilung noch in seinen Rechtsfolgen von den Vorstellungen der Staatsanwaltschaft abweichen.

Hält der Richter dies aber für angebracht, den Fall noch nicht für entscheidungsreif oder möchte er nicht ohne persönlichen Eindruck des Angeschuldigten befinden, so beraumt er eine Hauptverhandlung an.[1866] Betrachtet er den Angeschuldigten hingegen als nicht hinreichend verdächtig, lehnt er den Erlaß des Strafbefehls ab. Gemäß § 408 Abs. 2 S. 2 StPO zeitigt dieser Beschluß die Folgen eines Nichteröffnungsbeschlusses.[1867] Steht der Durchführung der Hauptverhandlung schließlich ein wichtiger Grund entgegen, ist das Strafbefehlsverfahren gemäß § 408a StPO auch nach Eröffnung des Hauptverfahrens noch möglich.

2. Aus dem gesetzlichen Kriterium des mangelnden *hinreichenden Tatverdachts* für die Ablehnung des Strafbefehls resultiert die Frage, ob dieser Wahrscheinlichkeitsgrad spie-

---

1861 Krit. zu dieser Bezeichnung: *Fezer*: Vereinfachte Verfahren, ZStW 1994, S. 1 ff., 20 f.: „... *erweckt den Eindruck, als ob Richter die Dinge nicht so genau zu nehmen bräuchte.*"

1862 *KMG*: StPO, 2003, Vor § 407, Rn. 1.

1863 HK-*Kurth*: StPO, 2001, § 407, Rn. 1; KK-*Fischer*: StPO, 2003, Vor § 407, Rn. 1. Vgl. auch die bei LR-*Gössel*: StPO, Vor § 407, Rn. 13 ff. (Std. 04/00) abgedruckten Erledigungsstatistiken.

1864 Das ist der Fall, wenn das Ermittlungsverfahren eindeutige Resultate erbringen konnte und die mündliche Verhandlung keine weiteren Beweise erwarten läßt. Vgl. *Kirch*: Das Strafbefehlsverfahren, 1987, S. 33; *Müller*: Das Strafbefehlsverfahren, 1993, S. 61. Nach den Vorstellungen des Gesetzentwurfes (*Bundesregierung*: StVÄGE 1984, BT-DS 10/1313, S. 1 ff., 34; vgl. auch Nr. 175 Abs. 3 RiStBV) soll dagegen die Durchführung der Hauptverhandlung darüber hinaus aus spezial- und generalpräventiven Gründen nicht geboten erscheinen. Diesbezüglich allerdings zu Recht kritisch: LR-*Gössel*: StPO, § 407, Rn. 48a (Std. 04/00) u. SK-*Weßlau*: StPO, § 407, Rn. 7 (Std. 07/00).

1865 Vgl. dazu KMR-*Metzger*: StPO, Vor § 407, Rn. 22 (Std. 10/98).

1866 Vgl. SK-*Weßlau*: StPO, § 408, Rn. 14 (Std. 07/00).

1867 Vgl. auch *oben B. II. 3 Fn. 1787.*

gelbildlich bereits für den Erlaß des Strafbefehls ausreicht oder ob der Richter von der Schuld *überzeugt* sein muß. Um diese Problematik hat sich, insbesondere nach der durch das Strafverfahrensänderungsgesetz[1868] von 1987 veranlaßten Neufassung des § 408 StPO, der daraufhin erstmals die tatsächliche und rechtliche Würdigung in den Absätzen 2 und 3 gesetzlich ansprach,[1869] eine lebhafte Diskussion entsponnen. Diese wurde kürzlich durch zwei sich eingehend mit der Problematik beschäftigende und zu konträren Ergebnissen gelangende Arbeiten inhaltlich bereichert.[1870] Von der Gesetzessystematik her argumentierend, zieht man den auf § 408 Abs. 2 S. 1 StPO bauenden Umkehrschluß heran und leitet daraus ab, der Richter müsse den Strafbefehl erlassen, wenn sich der Tatverdacht als hinreichend erweise.[1871]

Zwingend erscheint diese Konklusion jedoch nicht: Gemäß § 408 Abs. 3 StPO entspricht der Richter dem Antrag, wenn dem Erlaß des Strafbefehls keine Bedenken entgegenstehen. Ohne weiteres ließe sich an dieser Stelle die Überzeugung prüfen. Bei einem Wahrscheinlichkeitsgrad zwischen hinreichendem Tatverdacht und Überzeugung könnte er hingegen, aufgrund der sich in der fehlenden Überzeugung realisierenden „... *Bedenken ... , ohne eine solche zu entscheiden* ..." (Abs. 3 S. 2), Hauptverhandlung anberaumen.[1872] Ebensowenig zwangsläufig führt der Schluß aus den jeweiligen Änderungsentwürfen des Strafbefehlsverfahrens[1873] auf die Notwendigkeit der richterlichen Überzeugung, denn die dort zugrundeliegenden Vorstellungen fanden keinen Eingang in die Gesetz gewordenen Regelungen.[1874]

Neben diesen Erwägungen ruht die Argumentation derjenigen, die sich mit einer richterlichen Entscheidung aufgrund hinreichenden Tatverdachts begnügen, im wesentlichen zum einen auf der Behauptung, infolge der Schriftlichkeit des Verfahrens sei eine Über-

---

1868 StVÄG vom 27. 01. 1987 (BGBl. 1987 I, S. 1475 ff.).

1869 Vgl. *Schaal*: Hinreichender Tatverdacht?, in: Geppert et al. (Hrsg.): GS Meyer, 1990, S. 427 ff., 429 f.

1870 *Geis*: Überzeugung?, 2000, S. 165 f. (*hinreichender Tatverdacht*, so auch: *Schlüchter*: Strafverfahren, 1983, Rn. 788.5; *Lohner*: Tatverdacht, 1994, S. 25; *Sinner*: Der Vertragsgedanke, 1999, S. 164; *Beulke*: Strafprozeßrecht, 2002, Rn. 527; *KMG*: StPO, 2003, Vor § 407, Rn. 1) und *Ebert*: Der Tatverdacht, 2000, S. 241 (richterliche *Überzeugung*, so auch: *Müller*: Das Strafbefehlsverfahren, 1993, S. 73, 76; *Fezer*: Vereinfachte Verfahren, ZStW 1994, S. 1 ff., 17 f.; *Radtke*: Systematik des Strafklageverbrauchs, 1994, S. 287 ff.; AK-*Loos*: StPO, 1996, Vor § 407, Rn. 7, § 408, Rn. 21 [auch staatsanw. Überzeugung, § 407, Rn. 27]; KMR-*Metzger*: StPO, Vor § 407, Rn. 24 [Std. 10/98]; LR-*Gössel*: StPO, § 408, § 408, Rn. 36 [Std. 04/00]; HK-*Kurth*: StPO, 2001, § 408, Rn. 16; *Kühne*: Strafprozeßrecht, 2003, Rn. 1127; KK-*Fischer*: StPO, 2003, § 408, Rn. 9, 15. *Schaal*: Hinreichender Tatverdacht?, in: Geppert et al. (Hrsg.): GS Meyer, 1990, S. 427 ff., S. 441 f. wehrt sich gegen die Bezeichnung „*richterliche Überzeugung*" und führt statt dessen jene der „*Gewißheit*" ein, die im Vergleich dazu ein „*Weniger*" sei. SK-*Weßlau*: StPO, Vor § 407, Rn. 16 [Std. 07/00]) vertritt die Ansicht, es sei die Prognose zu fordern, daß auch bei Durchführung der Hauptverhandlung eine Veränderung der Beweislage nicht zu erwarten ist („*Prozedurale Theorie des Schuldnachweises*").

1871 Vgl. *KMG*: StPO, 2003, Vor § 407, Rn. 1. Ähnl. auch *Schaal*: Hinreichender Tatverdacht?, in: Geppert et al. [Hrsg.]: GS Meyer, 1990, S. 427 ff., S. 429.

1872 Dies hat überzeugend *Rieß*: Zweifelsfragen, JR 1988, S. 133 ff. dargetan.

1873 *Bundesregierung*: StVÄGE 1984, BT-DS 10/1313, S. 1 ff., 33 f.: „*einwandfreie Überzeugung*" u. *Bundesrat*: RpflEntlGE, BT-DS 12/1217, S. 1 ff., 42: „... *muß der Richter ... von der Täterschaft und Schuld überzeugt sein.*"

1874 Vgl. *Radtke*: Systematik des Strafklageverbrauchs, 1994, S. 287 f. u. *Geis*: Überzeugung?, 2000, S. 35 (Materialien nicht überzubewerten).

zeugung gar nicht zu erreichen, zum anderen auf der Rechtfertigung des niedrigeren Wahrscheinlichkeitsgrades mit Hilfe des durch den nachträglich nicht eingelegten Einspruch zum Ausdruck gebrachten Konsenses des Angeschuldigten mit dem Strafbefehl.

Den ersten Punkt hat *Geis* neuerdings vor allem mit ausführlichen Untersuchungen zur Überzeugungsbildung in psychologischer Hinsicht zu belegen versucht. Demnach belasse das Wissen um die prozessuale Ausklammerung Dritter und darum, nicht das beste erreichbare Beweismittel verwendet zu haben, beim Richter „... strukturbedingte Grundzweifel *am Zutreffen der vorgestellten Lösung, die, verlangt man eine endgültige Festlegung zur Schuldfrage, als* strukturbedingte Restzweifel *der Bildung einer Überzeugung entgegenstehen.*“[1875] Dem ist vor allem die Tatsache entgegenzuhalten, daß der Richter aufgrund des vorhandenen Aktenmaterials nicht zu einer Überzeugung kommen *muß*. Abgesehen davon, daß es ihm frei steht, im Freibeweisverfahren unter analoger Anwendung des § 202 StPO weitere Aufklärungsmaßnahmen anzuordnen,[1876] um gewisser Zweifel Herr zu werden, darf er den Strafbefehl ohnehin nur erlassen, wenn er prognostizieren kann, daß auch bei Durchführung einer Hauptverhandlung eine Veränderung der Beweislage nicht zu erwarten ist.[1877] Gelangt er zu dieser Auffassung, umfaßt das gerade auch die Einschätzung, daß das bestmöglich erreichbare Beweismittel ebensowenig weitere Aufklärung bringen wird wie die Verfahrensbeteiligung Dritter. Demzufolge verringert sich die Bedeutung des Wissens um die Verfügbarkeit abstrakt als überlegen zu bezeichnender Aufklärungsmethoden nahezu auf Null. Die generell sicherlich gerechtfertigten *„strukturbedingten Grundzweifel“* an der Eignung des schriftlichen Verfahrens zur Wahrheitserforschung verschwinden im konkreten Falle beim Richter mit Erlangung der subjektiven Gewißheit. Darin widerspiegelt sich die Betrachtung der Überzeugungsbildung als auf objektiven als auch auf subjektiven Grundlagen beruhend.[1878] Im Rahmen des Strafbefehlsverfahrens erweist sich allein die intersubjektive Faktenbasis als mangelhafter.[1879] Dies spielt indessen für die innere Überzeugungsbildung keine Rolle. Denn es handelt sich hierbei, wie *Ebert* zutreffend herausstellt, „... *um einen inneren Beurteilungsvorgang, dessen denkschöpferischer Vorgang als solcher unabhängig von der zugrundeliegenden Tatsachenebene funktioniert.*“[1880] Die Vorstellung, durch das Kriterium der *„Überzeugung“* sei eine statische, für den Schuldnachweis ausreichende und erforderliche Erkenntnisqualität zu sichern, die sich wohl schon in der Gegenüberstellung einzelner Normalverfahren als irrig herausstellen wird, erweist sich im Vergleich mit dem Strafbefehlsverfahren als unrichtig.[1881] Infolge

---

1875 *Geis*: Überzeugung?, 2000, S. 165 (Hervorhebungen im Original).

1876 Zur Befugnis des Richters zu eigenen Ermittlungen siehe *Ebert*: Der Tatverdacht, 2000, S. 243 m. w. N.

1877 Vgl. *Fezer*: Vereinfachte Verfahren, ZStW 1994, S. 1 ff., 21; SK-*Weßlau*: StPO, Vor § 407, Rn. 16 Std. 07/00). *Weßlau* bringt auch zu Recht zur Sprache, daß der Richter auch im Normalverfahren prognostizieren muß, ob bei Erstreckung der Beweisaufnahme auf weitere Themen oder Mittel die entfernte Möglichkeit einer Veränderung der bisherigen Beweislage besteht.

1878 Vgl. die Nachweise bei *Ebert*: Der Tatverdacht, 2000, S. 182, Fn. 801. Siehe i. d. Zshg. auch *Geis*: Überzeugung?, 2000, S. 97: *„Es zeigt sich damit eine kontinuierliche geschichtliche Entwicklung hin zur Anerkennung eines* rationalen *Bildes der richterlichen Überzeugungsbildung, in welchem die Faktoren der* Emotionalität und Personalität *aber nunmehr emanzipierte Bestandteile geworden sind.*“ (Hervorhebungen der *Verf.*).

1879 Die generellen Defizite eines schriftlichen Verfahrens gegenüber der Strengbeweisaufnahme in der Hauptverhandlung können kaum bestritten werden und sind wohl auch allgemein anerkannt (vgl. *Müller*: Das Strafbefehlsverfahren, 1993, S. 113 u. SK-*Weßlau*: StPO, Vor § 407, Rn. 15 [Std. 07/00] m. w. N.).

1880 *Ebert*: Der Tatverdacht, 2000, S. 245.

1881 Ähnl. SK-*Weßlau*: StPO, Vor § 407, Rn. 16 [Std. 07/00]. Ähnl. auch *Müller*: Das Strafbefehlsverfahren, 1993, S. 132: *„Schon der Begriff der richterlichen Überzeugung ist relativ, da im Strafverfahren nicht der Wahrheitsbegriff exekutiert werden kann, der die Wahrheitssuche der empirischen Wissenschaften steuert.“*

der Mängel der auf schriftlicher Grundlage gewonnenen Erkenntnisse ist die Überzeugungsbildung im Strafbefehlsverfahren der nach § 261 StPO „... *aus dem Inbegriff der Verhandlung geschöpften Überzeugung*" nicht vollständig gleichzusetzen.[1882] Daß die von *Fezer*[1883] so treffend bezeichnete „*Aktenüberzeugung*" an sich aber trotz allem zu erlangen ist,[1884] läßt sich nicht mit der wesensmäßig mit dem schriftlichen Verfahren verbundenen schlechteren Tatsachenbasis und der damit zu erzielenden Aufklärungsgüte verneinen.

Im Mittelpunkt des zweiten Arguments, der Ergänzung des hinreichenden Tatverdachtes durch den nicht eingelegten Einspruch des durch Strafbefehl Verurteilten steht die Frage, ob[1885] der Unschuldsvermutung[1886] auch unter Verzicht auf den vollen, mit richterlicher Überzeugung verbundenen Schuldnachweis und Legitimation durch einen Konsens genügt werden kann.[1887]

Die Konstruktion, die Parallelen zur strafprozessualen Absprachepraxis erkennen läßt,[1888] erscheint an sich nicht abwegig:[1889] Durch seine nachträglich durch Nichteinlegung des Einspruches geäußerte Billigung der gerichtlichen Entscheidung wird die mangelnde Überzeugung kompensiert: „*Weshalb soll sich der über den Erlaß des Strafbefehls entscheidende Richter also eine eigene Überzeugung bilden, wenn die Wahrheit letztlich doch eine ausgehandelte ist, und sei es nur in der Weise, daß kein Einspruch erfolgt?*"[1890] Generell scheint es zwar ohne Verstoß gegen die Verfassung[1891] oder die EMRK[1892] möglich zu sein, die Verhängung von Strafe auch auf Konsens anstelle von Erkenntnis zu gründen.[1893] *Ebert* weist aber nach, daß aufgrund gewisser Abweichungen des Einspruchs- vom Regelverfahren zum Nachteil des Beschuldigten eine

---

1882 *Ebert*: Der Tatverdacht, 2000, S. 245.

1883 *Fezer*: Vereinfachte Verfahren, ZStW 1994, S. 1 ff., 21.

1884 *Müller*: Das Strafbefehlsverfahren, 1993, S. 130, 132; *Fezer*: Vereinfachte Verfahren, ZStW 1994, S. 1 ff., 20 f. Ähnl. KMR-*Metzger*: StPO, Vor § 407, Rn. 18 (Std. 10/98): „... *Abweichung in der Gewinnung der Beweise, nicht in der Art ihrer Würdigung.*"

1885 So die sog. *Unterwerfungs-* und *Fiktionstheorien* (Nachweise i. e. bei *Geis*: Überzeugung?, 2000, S. 196 ff.; vgl. auch *Weigend*: Abgesprochene Gerechtigkeit, JZ 1990, S. 774 ff., 774). A. A. die Anhänger der *Überzeugungstheorie* wie KMR-*Metzger*: StPO, Vor § 407, Rn. 24 (Std. 10/98); LR-*Gössel*: StPO, § 407, Rn. 34 (Std. 04/00). Ähnl. auch *Radtke*: Systematik des Strafklageverbrauchs, 1994, S. 288: „*Kriminalstrafe darf lediglich verhängt werden, wenn der Richter von der Schuld des Angeklagten überzeugt ist.*"

1886 Vgl. Art. 6 Abs. 2 EMRK. Zu ihrer Bedeutung als wesentliches Grundprinzip eines rechtsstaatlichen Strafrechts: vgl. *Frister*: Schuldprinzip, 1988, S. 13.

1887 Vgl. *Geis*: Überzeugung?, 2000, S. 194 u. SK-*Weßlau*: StPO, Vor § 407, Rn. 13 (Std. 07/00).

1888 Vgl. dazu i. e.: *Ebert*: Der Tatverdacht, 2000, S. 234 ff.

1889 Vgl. dazu *oben Kapitel 11, C. II. 2., D. II.* und *unten B. V. 4. b.*

1890 *Ebert*: Der Tatverdacht, 2000, S. 235.

1891 Vgl. *Stuckenberg*: Unschuldsvermutung, 1997, S. 567.

1892 Die englische Praxis der *guilty plea* wurde bisher nicht als Verstoß gegen die Unschuldsvermutung betrachtet. (Entscheidung der *EKMR* vom 23. 03. 1972 [5076/71], nach SK-*Weßlau*: StPO, Vor § 407, Rn. 13 [Std. 07/00]). Vgl. außerdem *Kühl*: Unschuldsvermutung, 1983, S. 117.

1893 *Radtke*: Systematik des Strafklageverbrauchs, 1994, S. 288 f. hält immerhin theoretisch ein Abweichen vom Grundsatz der notwendigen richterlichen Überzeugung für die Verurteilung zu einer Kriminalstrafe für möglich, befürwortet dies aber nicht. Vgl. auch *Geis*: Überzeugung?, 2000, S. 203: „*Konsensuales Verhalten ... ist nicht notwendig dem Prinzip der materiellen Wahrheit entgegengerichtet.*"

umfassende Kompensation der durch einen auf bloßem Verdacht basierenden Strafbefehl Mängel nicht möglich ist.[1894]

Nach alledem erweist sich schließlich auch folgendes als eher für die Anforderung der Überzeugung sprechend. Unser Strafverfahrensrecht ist auf die Suche nach materieller Wahrheit ausgerichtet.[1895] Dieser näher zu kommen bestehen größere Chancen durch den hohen Anspruch der richterlichen Überzeugung.[1896] Dabei sind die urteilsgleichen Wirkungen des Strafbefehls im Auge zu behalten:

Die Parallelen springen angesichts der seit 1993 bestehenden Möglichkeit der Verhängung zur Bewährung ausgesetzter Freiheitsstrafe besonders ins Auge. Muß gleichwohl schon die Entscheidungsgrundlage im schriftlichen Strafbefehlsverfahren dem Beschleunigungsziel[1897] zugunsten Einbußen erleiden, hat dies nicht gleichermaßen automatisch auch für den Grad der persönlichen Gewißheit zu gelten. Die Erreichung dieses Ziels erfordert das ebensowenig wie dies durch die Ausgestaltung des Verfahrens behindert wird. Mit dem Genügenlassen bloß hinreichenden Tatverdachts wiche man ohne Not von der Möglichkeit ab, eine höhere Richtigkeit der Entscheidung zu gewährleisten.

Demzufolge ist als Voraussetzung des Strafbefehlserlasses die richterliche *Überzeugung* von der Schuld des Angeklagten zu fordern.

3. Dem Richter liegen die Ermittlungsergebnisse der Staatsanwaltschaft aktenmäßig vor. Eine Ergänzung dieses Informationsmaterials ist in gewissem Umfang durch einzelne Beweiserhebungen möglich, die dem Richter zur besseren Aufklärung der Sache analog § 202 StPO gestattet sind.[1898] Diese freibeweisliche Kenntnisgewinnung ist jedoch nicht geeignet, dem Strafbefehlsverfahren den insgesamt *schriftlichen* Charakter zu nehmen. Auch *kontradiktorische* Wesenszüge sind diesem Verfahren *nicht* eigen.

4. Der Strafbefehl wird allein dann rechtskräftig und vollstreckbar, wenn der Angeklagte darauf verzichtet, innerhalb von zwei Wochen Einspruch einzulegen, und den Strafbefehl auf diese Weise *akzeptiert*. Eine Beendigung der Verfolgung unter Verzicht auf eine mündliche, unmittelbare und kontradiktorische Beweisaufnahme ist also nur mit Zustimmung des durch Strafbefehl Verurteilten möglich. Daraus wird deutlich, daß der Konsens zum einen ein verfahrensrelativer ist. Das Einverständnis beschränkt sich jedoch nicht darauf. Hinzu kommt zum anderen, daß der Angeklagte die Verurteilung in ihrer konkreten Form hinnimmt.[1899] Seine Zustimmung bezieht sich demnach auch auf die Sa-

---

1894 *Ebert*: Der Tatverdacht, 2000, S. 236 ff.

1895 Vgl. *Fezer*: Vereinfachte Verfahren, ZStW 1994, S. 1 ff., 5 f. Darin ist allerdings kein Verfassungsprinzip zu sehen: *Stuckenberg*: Unschuldsvermutung, 1997, S. 568 m. w. N.

1896 Vgl. *oben Kapitel 11, D. IV. 4. a., b.*

1897 Zu den mit dem schriftlichen Erkenntnisverfahren verfolgten Zielen: *Müller*: Das Strafbefehlsverfahren, 1993, S. 137.

1898 Vgl. *oben B. IV. 2. Fn. 1876.*

1899 *Weigend*: Abgesprochene Gerechtigkeit, JZ 1990, S. 774 ff., 781 spricht im Zusammenhang mit dem Strafbefehlsverfahren von einem „*Unterwerfungsverfahren*". Vgl. auch *Sinner*: Der Vertragsgedanke, 1999, S. 165: „*Der Einspruchsverzicht bedeutet eine Einwilligung in die einseitige Straffestsetzung ohne Hauptverhandlung* che selbst; der Konsens ist gleichermaßen *sachbezogen.*[1900] Um sein Einverständnis auszudrüc??ken, braucht der Verurteilte eines Strafbefehls nur untätig zu bleiben. Damit ist diese Art des Konsenses *passiv.*[1901]

5. Macht der Angeklagte von seinem Einspruchsrecht keinen Gebrauch, steht der Strafbefehl „... *einem rechtskräftigen Urteil gleich.*" Dies bedeutet im Zusammenspiel mit § 373a StPO, daß er in materielle Rechtskraft erwächst und Strafklageverbrauch in nahezu urteilsgleichem Umfang nach sich zieht. Mit der Novelle durch das StVÄG[1902] entzog der Gesetzgeber der fast hundert Jahre währenden dogmatischen Diskussion[1903] über den Umfang der Rechtskraft des Strafbefehls letztlich die Grundlage: § 410 Abs. 3 StPO wurde neu gefaßt und § 373a StPO ergänzt durch die Zulässigkeit der Wiederaufnahme zuungunsten des Verurteilten, „... *wenn neue Tatsachen und Beweismittel beigebracht sind, die allein oder in Verbindung mit den früheren Beweisen geeignet sind, die Verurteilung wegen eines Verbrechens zu begründen*" (Abs. 1).

6. Der Erlaß eines Strafbefehls erfordert nicht nur hinreichenden Tatverdacht, sondern darüber hinaus die – aufgrund der *schriftlich* vorliegenden Ermittlungsakten gebildete – *Überzeugung* des *Richters* von der Täterschaft des Angeschuldigten. Die Rechtskraftwirkung erreicht die eines rechtskräftigen Urteils im Umfang aufgrund der Wiederaufnahmemöglichkeit bereits bei Auftauchen von die Verbrechenseigenschaft belegenden *nova* nicht ganz. Sie erfordert darüber hinaus insoweit ein *konsensuales* Element, als der durch Strafbefehl Verurteilte diesen durch Verzicht auf Einspruch und damit verbundenen Übergang in die reguläre Hauptverhandlung akzeptieren muß.

V. Auswertung

Anhand der dargestellten Verfahrensabschlüsse des deutschen Strafprozesses soll nun untersucht werden, inwieweit sich in dieser Rechtsordnung ein Zusammenhang zwischen den Charakteristika Entscheidungsorgan, zu prüfendem Verdachtsgrad, Art der Sachverhaltsfeststellung und Konsens als das zur Entscheidung führende Verfahren prägende Faktoren einerseits und dem Umfang der strafklageverbrauchenden Wirkung andererseits nachweisen läßt.

---

und Urteil auf schriftlicher Grundlage. Das Schweigen des Angeklagten wird als Zustimmung zum Schuldspruch und zur Rechtsfolge des Strafbefehls gewertet ...".

[1900] Vgl. zu sach- und verfahrensbezogenem Konsens *oben Kapitel 11, D. II. 1.*

[1901] Vgl. zu aktivem und passivem Konsens *oben Kapitel 11, D. II. 2.*

[1902] Vgl. *oben B. IV. 2. Fn. 1868.*

[1903] Vgl. dazu nur *Vogler*: Rechtskraft des Strafbefehls, 1959 sowie die ausführlichen Nachweise bei *Kirch*: Das Strafbefehlsverfahren, 1987, S. 57, Fn. 1 und *Müller*: Das Strafbefehlsverfahren, 1993, S. 101 ff.

1. Charakteristikum Entscheidungsorgan[1904]

Im deutschen Strafverfahren findet man mehrere Beispiele, welche die Korrelationsannahme bestätigen.

a. Staatsanwaltschaftliche Legalitätseinstellung und richterliche Verwerfung des Klageerzwingungsantrages/ Ablehnung der Eröffnung des Hauptverfahrens

Ganz besonders deutlich tritt der Zusammenhang zwischen Entscheidungsorgan und Maß der Sperrwirkung an drei Verfahrensabschlüssen hervor. Auf der einen Seite steht die *staatsanwaltschaftliche* Einstellung nach § 170 Abs. 2 StPO, die keinerlei *ne bis in idem*-Wirkung gegenüber einem neuen Verfahren zur Folge hat.[1905] Auf der anderen Seite sind der oberlandesgerichtliche Verwerfungsbeschluß gemäß § 174 Abs. 1 StPO nach einem Klageerzwingungsverfahren[1906] und der gerichtliche Nichteröffnungsbeschluß nach § 204 StPO im Zwischenverfahren[1907] zu nennen. Nach den aufgezählten *richterlichen* Entscheidungen „... *kann die öffentliche Klage nur auf Grund neuer Tatsachen oder Beweismittel erhoben werden.*“[1908]

Für die Gegenüberstellung qualifizieren sich die staatsanwaltschaftliche Einstellung und die richterlichen Entscheidungen durch die Übereinstimmung der übrigen Faktoren: In allen Fällen muß das Entscheidungsorgan auf der Grundlage der schriftlichen Ermittlungsakten überprüfen, ob hinreichender Tatverdacht gegeben ist.

Von all diesen, hinsichtlich der hier untersuchten Kriterien ansonsten übereinstimmenden Entscheidungsformen ist eine strafklageverbrauchende Wirkung folglich nur mit den richterlichen Verfahrensabschlüssen verbunden. Dies deutet auf die Relevanz des Entscheidungsorgans für die *ne bis in idem*-Wirkung hin.

b. Staatsanwaltliche und richterliche Einstellung nach § 153 StPO

Der Blick auf die einfache, auf Opportunitätsgründen basierende Einstellung nach § 153 StPO ergibt den gleichen Befund: Während der *staatsanwaltschaftliche* Verfahrensabschluß[1909] keinerlei Strafklageverbrauch zeitigt, verbraucht die durch den *Richter* erlassene Einstellung[1910] bei ansonsten gleichen Voraussetzungen die Strafklage, soweit sich nicht

---

[1904] Vgl. *oben Kapitel 11, D. III.*

[1905] Vgl. *oben B. I. 2.*

[1906] Vgl. *oben B. II. 2.*

[1907] Vgl. *oben B. II. 3.* Für die amtsrichterliche Ablehnung des Strafbefehls (§ 408 Abs. 2 StPO) gilt dasselbe wie für den Nichteröffnungsbeschluß. Beide Verfahrensabschlüsse stimmen auch in den hier zu untersuchenden Voraussetzungen überein.

[1908] Vgl. § 174 Abs. 2 StPO. Ähnl. § 211 StPO.

[1909] Vgl. *oben B. I. 3.*

[1910] Vgl. *oben B. II. 4.*

nachträglich die Verbrechensqualität der eingestellten Tat oder anhand neuer Tatsachen oder Beweismittel das mangelnde Vorliegen der Einstellungsvoraussetzungen offenbart.

c. Staatsanwaltliche und richterliche Einstellung nach § 154 StPO

Auch der Vergleich des *staatsanwaltschaftlichen*[1911] mit dem *richterlichen* Absehen[1912] von der Verfolgung aufgrund Mehrfachtäterschaft nach § 154 StPO zeigt, daß die durch die Absätze 3 und 4 angeordnete Beschränkung der Wiederaufnahme trotz der Kongruenz der übrigen Voraussetzungen allein für die richterliche Einstellung gilt. Demzufolge ist auch hier mit dem Entscheidungsorgan Richter eine gesteigerte Sperrwirkung verknüpft.

d. Staatsanwaltliche und richterliche Einstellung nach § 153a StPO (strafverfahrensrechtlicher Vergleich)?

Betrachtet man nun die *staatsanwaltschaftliche* und die *richterliche* Einstellung unter Auflagen nach § 153a StPO,[1913] stößt man auf eine Deckungsgleichheit des *ne bis in idem*-Effektes. Obwohl von unterschiedlichen Entscheidungsorganen stammend, weisen beide Verfahrensabschlüsse die gleiche Rechtskraft und auch bezüglich ihrer übrigen Voraussetzungen Übereinstimmung auf. Dies könnte die Behauptung erschüttern, daß der Strafklageverbrauch höher ist, wenn ein Richter entschieden hat.

Im Auge zu behalten ist aber, daß der Verdächtige hier in beiden Fällen *freiwillig* Sanktionen auf sich nimmt.[1914] Infolge der akzeptierten Belastungen kommt dem *konsensualen Element* ein wesentliches Gewicht für die Erreichung des Zieles der Gerechtigkeit zu. Dies gilt insbesondere, da es sich hier um einen aktiven Konsens handelt, der nicht lediglich auf Schweigen und Untätigkeit, sondern auf bewußter Zustimmung gründet.[1915] Angesichts der so erreichten Einigung zwischen Beschuldigtem und Strafverfolgungsorganen fällt den unterschiedlichen Entscheidungsorganen keine maßgebliche Bedeutung mehr zu, zumal auch kaum Raum für eine nochmalige Differenzierung hinsichtlich des Umfanges des Strafklageverbrauches innerhalb beider Vergleichsformen verbleibt. Darüber hinaus wäre dies nur schwerlich mit dem durch die Vorschrift des § 153a StPO verfolgten Ziel

---

[1911] Vgl. *oben B. I. 4.*

[1912] Vgl. *oben B. II. 5.*

[1913] Vgl. *oben B. III. 2., 3.*

[1914] Vgl. *KMG*: StPO, 2003, § 153a, Rn. 52: *„Insofern ist hier der Strafklageverbrauch stärker als bei der Einstellung nach § 153 II, weil es sich um eine Verfahrensbeendigung mit Sanktionen handelt.“* Das Sanktionselement ist dabei allerdings nur mittelbar von Einfluß: nämlich als Faktor, der der Zustimmung des Beschuldigten, dem konsensualen Element Gewicht verleiht (vgl. dazu *oben Kapitel 11, C. II. 2.*). Allerdings ist auch die Beweisführung von *Loos*: Beschränkte Sperrwirkung, JZ 1978, S. 592 ff., 598, der anhand des Rechtskraftsvergleiches von Verurteilung und Freispruch dokumentieren will, daß eine (nicht-)vorliegende Sanktionierung keinen Einfluß auf die Endgültigkeit einer Entscheidung hat, nicht ganz schlüssig. Denn da der Konsens nur im Falle von nachteiligen Folgen für den Beschuldigten den die richterliche Sachaufklärung ersetzen kann, kommt der Sanktionierung eben doch eine Rolle zu.

[1915] Vgl. zu aktivem und passivem Konsens *oben Kapitel 11, D. II. 2.*

der Effektivität und Beschleunigung zu vereinbaren. Denn sobald mit der richterlichen Einstellung eine weitergehende *ne bis in idem*-Wirkung verbunden wäre als mit der staatsanwaltschaftlichen, wäre der Beschuldigte geneigt zu warten, bis das Verfahren erst vor den Richter gelangt, um mit dem erwartungsgemäß gleichen Aufwand zur Erfüllung von Bedingungen oder Auflagen einen umfassenderen Schutz vor erneuter Verfolgung zu erlangen.

Aus all dem läßt sich schließen, daß die Übereinstimmung der *ne bis in idem*-Wirkung der richterlichen und der staatsanwaltschaftlichen Einstellung nach § 153a StPO nicht geeignet ist, die Hypothese des Zusammenhangs zwischen Entscheidungsorgan und Umfang der Rechtskraft zu entkräften, sondern in den Besonderheiten der stark konsensuell geprägten Erledigungsform begründet liegt.

e. Zwischenergebnis

Die Untersuchung bestätigt insgesamt die Hypothese des Zusammenhangs zwischen dem Entscheidungsorgan und dem Strafklageverbrauch: Verfahrensabschlüsse, die von einem Richter erlassen wurden, besitzen eine umfangreichere *ne bis in idem*-Wirkung als staatsanwaltschaftliche Erledigungen bei ansonsten vergleichbaren Bedingungen.

2. Charakteristikum Verdachtsgrad[1916]

Die Überprüfung der Hypothese stellt sich bei dem Charakteristikum des Verdachtsgrades als für das Maß der *ne bis in idem*-Wirkung wesentlichem Einflußfaktor für das deutsche Strafverfahren schwieriger dar als dies im Hinblick auf das Entscheidungsorgan der Fall war. Ursache dafür ist die Unterschiedlichkeit der Verfahrensabschlüsse, die es erschwert, Erledigungsarten zu finden, die nur in ihrem Verdachtsgrad variieren.

a. Verwerfung des Klageerzwingungsantrages/ Ablehnung der Eröffnung des Hauptverfahrens/ amtsgerichtliche Strafbefehlsablehnung (hinreichender Tatverdacht) und Erlaß des Strafbefehles (Überzeugung)

Daß der Verdachtsgrad, der für eine Entscheidung zu prüfen ist, und die *ne bis in idem*-Wirkung einer Entscheidung in einem Zusammenhang stehen, tritt anhand eines Vergleiches des oberlandesgerichtlichen Verwerfungsbeschlusses nach einem Klageerzwingungsverfahren,[1917] des gerichtlichen Nichteröffnungsbeschlusses im Zwischenverfahren[1918] und der amtsgerichtlichen Strafbefehlsablehnung[1919] auf der einen Seite sowie des Strafbe-

---

1916 Vgl. *oben Kapitel 11, D. IV.*

1917 Vgl. zur Verwerfung des Klageerzwingungsantrages *oben B. II. 2.*

1918 Vgl. zum Nichteröffnungsbeschluß *oben B. II. 3.*

1919 Vgl. zur Strafbefehlsablehnung *oben B. II. 3. Fn. 1787* fehlserlasses[1920] auf der anderen Seite zutage. Sämtliche Verfahrensabschlüsse werden von richterlichen Organen und auf Aktengrundlage erlassen. Sie unterscheiden sich aber durch den anzulegenden Verdachtsmaßstab: Im Rahmen der Entscheidungsfindung der erstgenannten Verfahrensabschlüsse muß die Angelegenheit auf *hinreichenden Tatverdacht* untersucht werden. Der Strafbefehl hingegen darf nur erlassen werden, wenn der Richter von der Täterschaft des Angeschuldigten *überzeugt* ist. Der auf Überzeugung gegründeten Entscheidung folgt eine stärkere *ne bis in idem*-Wirkung. Denn nach einem Strafbefehl kann die Rechtskraft zuungunsten des Verurteilten lediglich im formellen Wiederaufnahmeverfahren und aufgrund der engen sachlichen Wiederaufnahmevorschriften oder „... *wenn neue Tatsachen oder Beweismittel beigebracht sind, die allein oder in Verbindung mit den früheren Beweisen geeignet sind, die Verurteilung wegen eines Verbrechens zu begründen*",[1921] durchbrochen werden. Bei den übrigen Entscheidungen begründen allein schon neue Tatsachen und Beweismittel die Fortsetzung der Verfolgung.

Gegen diese Gegenüberstellung könnte man einwenden, daß der rechtskräftige Strafbefehl auch auf einem konsensualen Element gründet: Das Schweigen des durch Strafbefehl Verurteilten angesichts der Einspruchsmöglichkeit zeigt die Akzeptanz der Verurteilung an.[1922] Allerdings handelt es sich erstens um einen bloß passiven Konsens, der in seinem Gewicht geringer anzusetzen ist.[1923] Zum anderen verdeutlicht ein Vergleich des Strafbefehls mit dem Urteil, daß das Einverständnis des Angeschuldigten beim Strafbefehl nur von einseitiger und damit eingeschränkter Wirkung ist: Die in Kontrast zur Hauptverhandlung verschlechterten Sachverhaltsaufklärungsmöglichkeiten im schriftlichen Strafbefehlsverfahren[1924] können durch das konsensuale Element nur insoweit ausgeglichen werden als es um die für den Verurteilten günstigen Umstände geht. Daher ist die Wiederaufnahme zugunsten trotz der Schriftlichkeit der Sachverhaltsfeststellung im Vergleich zum Urteil nicht erleichtert zulässig. Die Wiederaufnahme zum Nachteil des Verurteilten ist hingegen über die regulären Wiederaufnahmevorschriften hinaus erweitert statthaft.

b. Richterliche Einstellung nach § 153a Abs. 2 StPO (hinreichender Tatverdacht) und Strafbefehl (Überzeugung)

Konfrontiert man die bedingte richterliche Einstellung nach § 153a Abs. 2 StPO[1925] mit dem Strafbefehl,[1926] so offenbart sich, daß beide Verfahrensabschlüsse in dem Entscheidungsorgan Richter und der schriftlichen Sachverhaltsfeststellung Parallelen aufweisen. Allerdings geht die beim Strafbefehl erforderliche *Überzeugung*, die dem *hinreichenden Tatverdacht* bei der Einstellung gegenübersteht, mit einer im Vergleich zur Einstellung erhöhten *ne bis in idem*-Wirkung einher: Nach einer Erledigung durch Strafbefehl ist die Wiederaufnahme der Verfolgung nur unter den engen Vorschriften der §§ 359 ff. StPO

1920 Vgl. zum Strafbefehlserlaß *oben B. IV.*

1921 § 373a Abs. 1 StPO.

1922 Vgl. *oben B. IV. 5.*

1923 Vgl. zu aktivem und passivem Konsens *oben Kapitel 11, D. II. 2.*

1924 Vgl. dazu bereits *oben Kapitel 11, D. V.* und *unten B. V. 5.*

1925 Vgl. dazu *oben B. III. 3.*

1926 Vgl. dazu *oben B. IV.*

sowie dann zulässig, wenn sich anhand neuer Tatsachen oder Beweismittel die Möglichkeit der Verfolgung als Verbrechen herausstellt. Die Fortsetzung der Verfolgung nach einer Einstellung gemäß § 153a Abs. 2 StPO ist indessen bereits bei Bekanntwerden der Verbrechensqualität möglich, ohne daß dies durch *nova* veranlaßt sein muß.

Der konsensuelle Charakter beider Erledigungsformen kann das Ergebnis hier allenfalls bestätigen. Während der Strafbefehl nämlich lediglich einen passiven, die Einstellung jedoch einen aktiven Konsens erfordert, ist deren strafklageverbrauchende Wirkung gleichwohl geringer.

c. Einstellungen nach § 153/ § 154 (Anfangsverdacht) und nach § 153a StPO (hinreichender Tatverdacht)

Schließlich fällt auch im Hinblick auf die zwei Formen der staatsanwaltschaftlichen und richterlichen folgenlosen[1927] und der bedingten Opportunitätseinstellung[1928] ein korrelierendes Stufenverhältnis in Tatverdacht und Sperrwirkung auf.[1929]

Das einfache *staatsanwaltschaftliche* Absehen von der Verfolgung nach § 153 Abs. 1 sowie § 154 Abs. 1 StPO, welches nur einen *Anfangsverdacht* voraussetzt, bildet kein Hindernis für eine spätere Neuaufnahme des Verfahrens. Nach der durch *hinreichenden Tatverdacht* bedingten staatsanwaltschaftlichen Einstellung unter Auflagen nach § 153a Abs. 1 StPO hingegen darf die Tat nicht mehr als Vergehen verfolgt werden. Ähnlich stellt es sich auch bei den *richterlichen* Verfahrensabschlüssen dar: Während das Verfahren nach Anwendung des § 153 Abs. 2 oder des § 154 Abs. 2 StPO, die beide in rechtlicher[1930] Hinsicht lediglich einen *Anfangsverdacht* voraussetzen, nur solange gesperrt ist, bis sich anhand von *nova* das Nichtvorliegen der Einstellungsvoraussetzungen oder, im Falle des § 153 Abs. 2 StPO, die Verbrechensqualität der Tat herausstellt bzw., im Falle des § 154 Abs. 2 StPO, die Voraussetzungen des Absätze 3 und 4 erfüllt sind, kann die Verfolgung nach § 153a Abs. 2 StPO, zu dessen Voraussetzungen der *hinreichende Tatverdacht* zählt, allein bei der nachträglichen Feststellung der Verbrechensqualität wiederaufgenommen werden.

Wenngleich diese Erledigungsformen zwar hinsichtlich ihres Entscheidungsorganes (jeweils Staatsanwalt oder Richter) und auch der Art der Sachverhaltsfeststellung (schriftliche Ermittlungsakten) übereinstimmen, differieren sie doch in einem wesentlichen Punkt: Die Einstellung nach § 153a StPO verlangt einen sachbezogenen Konsens zwischen dem Beschuldigten und den Strafverfolgungsorganen. Die Einstellung nach den §§ 153 und 154 StPO kommt hingegen ohne die Zustimmung des Beschuldigten aus. Daher trägt der Konsens die *ne bis in idem*-Wirkung zumindest mit. Inwieweit im Rahmen des § 153a StPO die Zustimmung und inwieweit der Verdachtsgrad für die im Vergleich zu den folgenlosen Opportunitätseinstellungen erhöhte Sperrwirkung steht, kann letztlich nicht entschieden werden.

[1927] Vgl. *oben B. I.. 3., 4.* und *II. 4., 5.*

[1928] Vgl. *oben B. III. 2., 3.*

[1929] So auch *Radtke*: Systematik des Strafklageverbrauchs, 1994, S. 383.

[1930] Oftmals wird tatsächlich darüber hinaus bereits ein hinreichender Tatverdacht zu bejahen sein. Vgl. *oben B. II. 4., 5.* (jeweils *b.*).

d. Zwischenergebnis

Trotz der erwähnten Schwierigkeiten, unmittelbar vergleichbare Entscheidungsformen gegenüberzustellen zu können, läßt sich zumindest die Tendenz bestätigen, daß mit einem erhöhten zu prüfenden Verdachtsgrad auch das Maß des Strafklageverbrauches steigt.

3. Charakteristikum Art der Sachverhaltsfeststellung:[1931] Schriftliches Verfahren beim Strafbefehl und Hauptverhandlung beim Urteil

Deutlich ist eine Korrelation zwischen der Methode der Sachverhaltsermittlung und der Rechtskraft anhand eines Vergleiches zwischen dem Strafbefehls-[1932] und dem Urteilsverfahren[1933] zu erkennen. Obwohl beide Entscheidungen von richterlichen Organen anhand des Prüfungsmaßstabs der Überzeugung erlassen werden, beruht der Strafbefehl auf einer *schriftlichen* Sachverhaltsgrundlage, während das Urteil aus dem Inbegriff der Beweisaufnahme in der *Hauptverhandlung* ergeht. Dementsprechend darf das Verfahren nach einem Strafbefehl über die regulären Wiederaufnahmevorschriften hinaus zuungunsten des Verteilten bereits dann wiederaufgenommen werden, wenn für die Verurteilung wegen eines Verbrechens geeignete *nova* beigebracht werden.

4. Charakteristikum Konsens[1934]

a. Staatsanwaltschaftliche Legalitätseinstellung (nichtkonsensual) und Einstellung nach § 153a Abs. 1 StPO (konsensual)

Die Gegenüberstellung der Legalitätseinstellung nach § 170 Abs. 2 StPO[1935] und der Einstellung gegen Bedingungen nach § 153a Abs. 1 StPO,[1936] die beide staatsanwaltschaftlicherseits auf schriftlicher Grundlage und nach Prüfung des hinreichenden Tatverdachts erlassen werden, zeigt einen deutlichen Unterschied hinsichtlich des Sperrwirkungsumfangs auf: Während das Verfahren nach der Einstellung gemäß § 170 Abs. 2 StPO jederzeit fortgesetzt werden darf, wenn der Staatsanwalt die Voraussetzungen einer Verfolgung für gegeben erachtet, ist dies nach jener gemäß 153a Abs. 1 StPO nur unter der Bedingung zulässig, daß sich die Verbrecheneigenschaft der Tat herausstellt. Dies korreliert mit einem gewichtigen aktiv-konsensualen Element durch vorherige Zustimmung des Beschuldigten mit der Verfahrensweise im letztgenannten Fall und einem gänzlichen Mangel an Konsens im erstgenannten.

1931 Vgl. *oben Kapitel 11, D. V.*

1932 Vgl. dazu *oben B. IV.*

1933 Vgl. dazu *oben Kapitel 9, B.*

1934 Vgl. dazu *oben Kapitel 11, D. II.*

1935 Vgl. *oben B. I. 2.*

1936 Vgl. *oben B. III. 2.*

Ein Vergleich der *nichtkonsensualen* richterlichen Entscheidungsformen Verwerfung des Klageerzwingungsantrages, Ablehnung der Eröffnung des Hauptverfahrens und amtsgerichtliche Strafbefehlsablehnung mit der *konsensgeprägten* richterlichen Einstellung nach § 153a Abs. 2 StPO scheitert daran, daß sich die Neuaufnahmevoraussetzungen neue Tatsachen und Beweismittel einerseits und Verbrechenseigenschaft andererseits nicht in ein Stufenverhältnis bringen lassen.[1937]

b. Urteil (nichtkonsensual) und Strafbefehl (konsensual)

Die Bedeutung des konsensualen Elementes wird auch bei der Untersuchung von Urteil[1938] und Strafbefehl[1939] deutlich: Die geringere Richtigkeitsgewähr des schriftlichen Strafbefehlsverfahrens im Vergleich zur mündlichen, unmittelbaren und kontradiktorischen Hauptverhandlung kann durch den passiven Konsens[1940] ausgeglichen werden, der mit dem Verzicht auf den zulässigen Einspruch einhergeht. Da die so zum Ausdruck kommende Akzeptanz des Strafbefehls aber nur einseitig, nämlich bezogen auf die nachteiligen Folgen des Strafbefehls wirken kann, verhält sich lediglich die Wiederaufnahme *zugunsten* des Verurteilten nach einem Strafbefehl ebenso wie nach einem Urteil.

c. Zwischenergebnis

Die betrachteten Beispiele konnten aufzeigen, daß das konsensuale Element im zu einer Entscheidung hinführenden Verfahren entweder mit einer höheren *ne bis in idem*-Wirkung im Vergleich zu nichtkonsensualen Erledigungen zusammentrifft oder daß es in der Lage ist, andere Verfahrensdefizite zu kompensieren, so daß letztlich keine Differenz zwischen den jeweiligen Sperrwirkungen mehr bleibt.

5. Ergebnis

Die in *Kapitel zehn* aufgestellte Hypothese eines Zusammenhangs zwischen dem Entscheidungsorgan, dem Verdachtsgrad, der Art der Sachverhaltsfeststellung und der Prägung einer Verfahrenserledigung durch konsensuale Elemente einerseits und dem Umfang der *ne bis in idem*-Wirkung andererseits kann anhand der deutschen strafverfahrensabschließenden Entscheidungen als bestätigt betrachtet werden. Diejenigen Erledigungen, die von einem Richter stammen, die die Prüfung von Überzeugung oder hinreichendem Tatverdacht anstelle eines niedrigeren Verdachtsgrades voraussetzen, auf der Sachverhaltsermittlung in der mündlichen, unmittelbaren und kontradiktorischen Verhandlung basieren sowie konsensuale Elemente in sich tragen, besitzen regelmäßig einen weiter greifenden Strafklageverbrauch.

1937 Vgl. *oben B. II. 4. e. Fn. 1810.*

1938 Vgl. dazu *oben Kapitel 9, B.*

1939 Vgl. dazu *oben B. IV.*

1940 Vgl. dazu *oben Kapitel 11, D. II. 2.*

C. Verfahrensbeendende Entscheidungen im französischen Strafprozeß

I. Staatsanwaltschaftliche Einstellungsentscheidungen

1. Einführung

Wenn die französische Staatsanwaltschaft (*ministère public*[1941]) durch eine Strafanzeige des Verletzten (*plainte*), eines Dritten (*dénonciation*), durch eigene Feststellungen oder solche der Polizei[1942] mit dem Verdacht einer Straftat befaßt wird, muß sie sich entscheiden, ob sie dem Vorwurf weiter nachgeht oder von der Verfolgung absieht und das Verfahren einstellt. Neben der rechtlich begründeten Einstellung ist ihr dabei ein im Vergleich zur deutschen Rechtslage wesentlich großzügigerer Spielraum auf dem Feld der Zweckmäßigkeit der Verfolgung erschlossen. Denn in Frankreich gilt das Opportunitätsprinzip.

Zwar ordnete der napoleonische *Code d'instruction criminelle* (*CIC*) 1808 noch die Geltung des Legalitätsprinzips an. Gleichwohl prägt das Opportunitätsprinzip bereits seit den zwanziger Jahren des 19. Jahrhunderts das französische Strafverfahren gewohnheitsrechtlich. Eine Vorschrift, die diesen Grundsatz jedoch ausdrücklich anordnet, existiert auch heute unter Geltung des *Code de procédure pénale* (*CPP*) nicht.[1943]

Zum Teil beruft man sich allerdings auf Art. 40 Abs. 1 S. 1 CPP: „*Le procureur de la République reçoit les plaintes et les dénonciations et* apprécie la suite à leur donner."[1944] Diese Vorschrift ist insofern jedoch nicht eindeutig, denn ihre Formulierung wäre auch unter Geltung des Legalitätsprinzips passend: Die Wür-

---

[1941] Als andere Bezeichnung für die Anklagebehörde findet sich auch heute noch häufig der historische Begriff *parquet*. Zu den verschiedenen Ansichten über dessen Herkunft siehe *Rassat*: Proc. pén., 2001, Rn. 151. Die Staatsanwaltschaft, die sich in der Verhandlung zur Verlesung ihrer Anträge erhebt, ist auch gemeint, wenn von *magistrats debout* gesprochen wird, was den Gegensatz zu den *magistrats du siège*, den Richtern, verdeutlichen soll. Im übrigen unterscheidet das Gesetz innerhalb der hierarchisch aufgebauten Behörde zwischen *Procureur général près la Cour de cassation*, dem Generalstaatsanwalt beim Kassationshof, *Procureur général près la cour d'appel*, dem Oberstaatsanwalt beim Appellationshof (Art. 34 ff., 510 Abs. 2 CPP), *Procureur de la République du tribunal de grande instance*, dem Staatsanwalt am Großinstanzgericht, der die Aufgaben der Behörde vor dem *tribunal correctionnel* und in einigen Fällen (siehe Art. 45, 523 CPP) vor dem *tribunal de police* wahrnimmt (Art. 39, 398-3 CPP). Zur Vertretung der Staatsanwaltschaft vor der *Cour d'assises* siehe Art. 34, 39 Abs. 2 CPP. Zum Ganzen: *Stefani/Levasseur/Bouloc*: Proc. pén., 2001, Rn. 168 ff.; *Rassat*: Proc. pén., 2001, Rn. 152 ff.; *Conte/Maistre du Chambon*: Proc. pén., 2002, Rn. 146. Eine deutsche Darstellung findet sich bei *Grebing*: Frankreich, in: Jescheck/Leibinger (Hrsg.): Anklagebehörde im ausländischen Recht, 1979, S. 13 ff.

[1942] Insofern erscheint der Wortlaut von Art. 40 Abs. 1 S. 1 CPP, der sich nur auf angezeigte Taten bezieht, als etwas eng. Unbestritten ist indessen, daß der Staatsanwaltschaft im Fall der der Justiz von Amts wegen bekannt gewordenen Delikte die gleiche Handlungsfreiheit zusteht (siehe *Merle/Vitu*: Proc. pén., 2001, Rn. 327).

[1943] Vgl. dazu *Grebing*, in: Jescheck/Leibinger (Hrsg.): Funktion und Tätigkeit der Anklagebehörde im ausländischen Recht, 1979, S. 13 ff., 43 ff.

[1944] Hervorhebung der *Verf.*

digung (*appréciation*) durch den Staatsanwalt könnte sich auch lediglich auf die Frage der Legalität beziehen.[1945]

Ursache dieser gesetzgeberischen Zurückhaltung in der Formulierung bei der Einführung des CPP war nicht etwa die beabsichtigte Wiedereinführung des Legalitätsprinzips. Stattdessen befürchtete man, die Beschuldigten mit einer expliziten Regelung zum Opportunitätsgrundsatz zu einer Überflutung der Staatsanwaltschaften mit Nachweisen der Unzweckmäßigkeit ihrer jeweiligen Verfolgungen zu ermuntern.[1946]

Anders als beispielsweise in den Niederlanden[1947] bezieht sich die Herrschaft des Prinzips allein auf die Einleitung der Verfolgung. Sobald sich der Staatsanwalt einmal entschieden hat, das Verfahren zu betreiben, die Verfolgung also auszuüben, ist es ihm nicht mehr gestattet, die Anklage fallen zu lassen. Das ab diesem Zeitpunkt geltende Legalitätsprinzip bewahrt die untersuchende oder erkennende Gerichtsbarkeit so davor, daß ihr eine Sache durch die Anklagebehörde wieder entzogen wird.[1948] Sie wird damit in ihrer Unabhängigkeit besonders geschützt.

Die staatsanwaltschaftliche Einstellungsentscheidung selbst ist in ihrer Wirksamkeit weder von einer richterlichen Zustimmung abhängig[1949] noch der nachträglichen richterlichen Kontrolle unterworfen.[1950]

2. Die staatsanwaltschaftliche Einstellung nach Art. 40 Abs. 1 CPP (*classement sans suite*[1951])

a. Die Voraussetzungen der einfachen Einstellung stehen in Abhängigkeit zu den Einstellungsmotiven:[1952] Gelangt der *procureur de la République* zu der Einschätzung, ein Gericht käme nicht zu einer Verurteilung, so stellt er das Verfahren aus *Legalitätsgründen* ein. Voraussetzung sind dann tatsächliche oder rechtliche Gründe, die eine Anklage unbegründet (z. B. mangelnde strafrechtliche Relevanz oder Beweisbarkeit des in Frage stehenden Verhaltens, Vorliegen von Rechtfertigungs- oder Schuldunfähigkeitsgrün-

---

1945 So zutreffend *Rassat*: Proc. pén., 2001, Rn. 283.

1946 Vgl. *Rassat*: Proc. pén., 2001, Rn. 283.

1947 Vgl. *unten D. I. 4. a.*

1948 Vgl. *Merle/Vitu*: Proc. pén., 2001, Rn. 334; *Rassat*: Proc. pén., 2001, Rn. 283.

1949 Anders aber bei der *composition pénale*, einer Art des strafrechtlichen Vergleiches: Dort muß der Richter den Vergleich validieren. Vgl. dazu *unten C. III. 3.*

1950 *Crim.* vom 21. 05. 1979, Bull. crim. 1979, Nr. 178.

1951 Zur staatsanwaltschaftlichen Einstellung im französischen Strafverfahren: *Stefani/Levasseur/Bouloc*: Proc. pén., 2001, Rn. 599; *Merle/Vitu*: Proc. pén., 2001, Rn. 329; *Rassat*: Proc. pén., 2001, Rn. 285 ff.; *Pradel*: Proc. pén., 2002, Rn. 544 ff.; *Guinchard/Buisson*: Proc. pén., 2002, Rn. 884 ff.; *Conte/Maistre du Chambon*: Proc. pén., 2002, Rn. 310

1952 Zur Unterscheidung vgl. *Stefani/Levasseur/Bouloc*: Proc. pén., 2001, Rn. 599; *Conte/Maistre du Chambon*: Proc. pén., 2002, Rn. 310. Das Gesetz allerdings trennt nicht zwischen beiden Alternativen.

den[1953])[1954] oder unzulässig (z. B. Erlöschen des staatlichen Strafverfolgungsanspruches[1955]) werden lassen.[1956]

Dieser Fall des *classement sans suite* ist der deutschen staatsanwaltschaftlichen Einstellung nach § 170 Abs. 2 S. 1 StPO[1957] wegen nicht hinreichenden Tatverdachts oder dem niederländischen *technisch sepot*[1958] gemäß Art. 167 Abs. 2 WSv vergleichbar.

Im Fall der Einstellung aus *Opportunitätsgründen*,[1959] die nach allgemeiner Meinung gleichermaßen von Art. 40 Abs. 1 S. 1 CPP umfaßt ist,[1960] muß der französische Staatsanwalt zunächst die Rechtmäßigkeit der Verfolgung bejahen.[1961] Anschließend darf er sich von verschiedenen Motiven der Zweckmäßigkeit, etwa dem mangelnden öffentlichen Interesse, der Geringfügigkeit der Tat oder politischen und sozialen Umständen, leiten lassen.[1962]

Hier läßt sich die Parallele zum niederländischen *beleidssepot*[1963] ziehen, einer Einstellung, die ebenso wie jene im französischen Recht Ergebnis einer freien Zweckmäßigkeitseinschätzung des Staatsanwaltes ist.

Die Einstellung selbst ergeht formlos, beispielsweise durch schlichte Untätigkeit der Behörde[1964] oder auch implizit durch Einleitung eines Verfahrens wegen falscher Anschuldigung (*dénonciation calomnieuse*) gegen den Anzeigenden.[1965] Gegebenenfalls muß der Staatsanwalt dem Anzeigeerstatter oder dem Verletzten gemäß Art. 40 Abs. 1 S. 2 CPP Mitteilung von der Einstellung machen.[1966] Vor seiner Entscheidung über die

---

1953 *Stefani/Levasseur/Bouloc*: Proc. pén., 2001, Rn. 599; *Conte/Maistre du Chambon*: Proc. pén., 2002, Rn. 310.

1954 Gründe indessen, die zur *exemption de peine* (Strafbefreiung wegen Vorliegens eines Strafbefreiungsgrundes), also auch zur Straflosigkeit führen können, hindern allerdings nicht die Begründetheit der Strafklage aus Sicht des Staatsanwalts, denn über deren Eingreifen entscheidet nur das erkennende Gericht.

1955 Vgl. Art. 6 Abs. 1 und 3 CPP: Tod des Beschuldigten, Verjährung, Amnestie, Abschaffung des Strafgesetzes, Rechtskraft, Transaktion (falls im Gesetz ausdrücklich vorgesehen), Abschluß eines strafrechtlichen Vergleiches, Rücknahme des Strafantrages (falls dieser notwendige Voraussetzung der Verfolgung).

1956 Zu dieser „*appréciation de la légalité des poursuites*" vgl. auch *Malibert*: Ministère public, Jur.-Cl., Art. 31-44, Comm., 1994, Rn. 287 ff.; *Stefani/Levasseur/Bouloc*: Proc. pén., 2001, Rn. 590 f.

1957 Dazu *oben B. I. 2.*

1958 Wörtlich: „*technische Einstellung*": Vgl. dazu *unten D. I. 2. a*

1959 Dazu *Malibert*: Ministère public, Jur.-Cl., Art. 31-44, Comm., 1994, Rn. 290 ff.; *Conte/Maistre du Chambon*: Proc. pén., 2002, Rn. 310.

1960 Dazu *Rassat*: Proc. pén., 2001, Rn. 283. Vgl. auch *oben C. I. 1.*

1961 Der Staatsanwalt soll in der hier genannten Stufenfolge prüfen (*Stefani/Levasseur/Bouloc*: Proc. pén., 2001, Rn. 599).

1962 Zu Gesichtspunkten für die Ermessensausübung siehe *Barth*: Frankreich, in: Perron (Hrsg.): Beweisaufnahme im Ausland, 1995, S. 89 ff., 97; *Merle/Vitu*: Proc. pén., 2001, Rn. 329.

1963 Wörtlich: „*politische Einstellung*". Vgl. dazu *unten D. I. 2. a.*

1964 *Conte/Maistre du Chambon*: Proc. pén., 2002, Rn. 310.

1965 *Crim.* vom 30. 05. 2000, Bull. crim. 2000, Nr. 205.

1966 Vgl. dazu auch *unten Fn. 1976.*

öffentliche Klage kann der Staatsanwalt gemäß Art. 41-1 CPP verschiedene Maßnahmen einleiten, um den Ersatz des dem Opfer zugefügten Schadens sicherzustellen, der durch die Tat hervorgerufenen Unruhe ein Ende zu bereiten oder die Wiedereingliederung des Täters zu fördern.[1967] Auch die erfolgreiche Durchführung der vorgesehenen Maßnahme führt aber nicht zwangsläufig zu einer Einstellung des Verfahrens.[1968]

Gegen die Einstellung existiert kein Rechtsweg.[1969] Dem Verletzten steht allerdings die Möglichkeit offen, die Einstellungsentscheidung der Staatsanwaltschaft auch gegen deren Willen durch die Eröffnung des Verfahrens vor dem Untersuchungsrichter[1970] oder die unmittelbare Anklageerhebung (*citation directe*[1971]) vor dem Korrektional- oder Polizeigericht zu konterkarieren.[1972] Ansonsten Betroffenen steht gegen die Einstellungsentscheidung lediglich eine Aufsichtsbeschwerde (*recours hiérarchique*) an *procureur général* oder *garde des Sceaux*[1973] offen, die eine Verfolgung zwar anordnen können, zur Zeit[1974] aber noch nicht über das Recht verfügen, sie selbst auch einzuleiten.[1975] Aus diesem Grunde plant ein Reformprojekt, Personen mit hinreichendem Interesse, die aber nicht berechtigt sind, die öffentliche Klage selbst in Gang zu setzen, ein Rechtsmittel zu eröffnen. Dabei handelt es sich um eine Art Klageerzwingungsverfahren.[1976]

b. Die Beantwortung der Frage, welcher Verdachtsgrad hinsichtlich des Vorliegens der in Rede stehenden Straftat als Prüfungsmaßstab dient, stößt auf Schwierigkeiten.

In der französischen Literatur wird das Problem nicht thematisiert, was durch die – im Kontrast zu den detaillierten Regelungen des deutschen Rechts – umfangreiche Entscheidungsfreiheit des Staats-

---

1967 Mahnung des Täters an seine aus dem Gesetz resultierenden Pflichten, Kontaktaufnahme des Täters mit einer Gesundheits-, Sozial- oder Arbeitsinstitution, Forderung an den Täter, seine Situation auf die bestehenden Gesetze oder Vorschriften einzurichten (aktive Reue), Forderung an den Täter nach Wiedergutmachung des entstandenen Schadens, Veranlassung eines Mediationsprozesses mit Einverständnis der Parteien.

1968 *Conte/Maistre du Chambon*: Proc. pén., 2002, Rn. 311.

1969 Vgl. *Rassat*: Proc. pén., 2001, Rn. 285.

1970 *Constitution de la partie civile devant le juge d'instruction,* Art. 85 ff. CPP.

1971 Vgl. Art. 388, 512 CPP.

1972 Dies stellt neben der hierarchischen Kontrolle innerhalb der Anklagebehörde (Art. 36, 37 CPP) und den Art. 202-204 CPP gleichzeitig eine Garantie gegen den möglichen Mißbrauch der Opportunitätsregel dar – selbstverständlich nur, wenn auch ein verletztes Individualinteresse existiert.

1973 Französischer Justizminister und höchster Dienstvorgesetzter der hierarchisch aufgebauten Staatsanwaltschaft.

1974 In der Diskussion befindet sich allerdings die Frage, ob dem Justizminister gesetzlich das Recht übertragen werden sollte, im Falle einer Einstellung die öffentliche Klage selbst einleiten zu können (siehe dazu *Pradel*: Procédure pénale française, D. 2000, Chron., S. 1 ff., 3 sowie Art. 1 des Reformvorschlags von 1998 [*oben C. I. 2. a. Fn. 1966*]).

1975 Vgl. *Stefani/Levasseur/Bouloc*: Proc. pén., 2001, Rn. 585.

1976 Gesetzesentwurf vom 03. 06. 1998 (*Projet de loi relatif à l'action publique en matière pénale et modifiant le code de procédure pénale*, vgl. http://www.justice.gouv.fr/actua/action1.htm, Std. 25. 04. 2004). In diesem Zusammenhang soll auch eine staatsanwaltschaftliche Begründungspflicht eingeführt werden, um das „Klageerzwingungsverfahren" zu ermöglichen. Vgl. auch *Conte/Maistre du Chambon*: Proc. pén., 2002, Rn. 311.

anwaltes bedingt sein mag. Eine gesetzliche Regelung existiert, was nicht weiter überrascht, ebenfalls nicht.[1977]

Aus diesem Grunde sollen die Entscheidungsschritte, die der Staatsanwalt zu durchlaufen hat, vor Augen geführt werden: Zunächst untersucht er den ihm vorliegenden Sachverhalt daraufhin, ob überhaupt Indizien auf eine Straftat hindeuten, ob also ein *Anfangsverdacht* vorliegt.[1978] Erst anschließend darf sich der Staatsanwalt mit der Frage der Opportunität der Verfolgung befassen.

Die Auffassung, dieser niedrige Verdachtsgrad reiche aus, um in die Prüfung der Zweckmäßigkeit der Verfolgung einzutreten, rechtfertigt sich angesichts des weitgehenden Spielraums der Anklagebehörde bei der Verfolgungsentscheidung. Ist es dem Staatsanwalt gestattet, auch aus Zweckmäßigkeitsgründen von der Verfolgung abzusehen, erschiene es widersprüchlich, eine weitergehende Erhärtung des Tatverdachts zu verlangen, wenn die Frage nach der Opportunität bereits negativ zu beantworten ist. Dabei ist vor allem bedeutsam, daß mit der hier in Rede stehenden Einstellung keine für den Beschuldigten belastenden Folgen verbunden sind.

Erweist sich die Verfolgung als zweckmäßig, muß die Prüfung fortgesetzt werden, denn die rechtmäßige Verfolgung erfordert mehr als einen bloßen Anfangsverdacht. Erst wenn auch die höheren Voraussetzungen nicht vorliegen, kann und muß aus Legalitätsgründen eingestellt werden. Dabei basiert diese Art der Einstellung auf einem so weit als möglich aufgeklärten Sachverhalt. Existieren noch Anhaltspunkte, deren Erforschung weitere Kenntnisse verspricht, muß dem zunächst nachgegangen werden. Kann dies lediglich mit den besonderen Befugnissen der gerichtlichen Voruntersuchung (*instruction*) geschehen, muß der Staatsanwalt einen entsprechenden Antrag an den Untersuchungsrichter richten. Im Falle eines Verbrechensverdachts besteht die Besonderheit, daß ein Antrag auf gerichtliche Voruntersuchung auch dann gestellt werden muß, wenn der Sachverhalt bereits umfassend aufgeklärt erscheint, weil die *instruction* insoweit obligatorisch ist. Erweist sich die Wahrscheinlichkeit der Täterschaft des Beschuldigten schließlich auf der Grundlage dieses weitgehend erforschten Geschehens als ungenügend, so stellt der Staatsanwalt ein. Er muß also insoweit prüfen, ob *hinreichender Tatverdacht* besteht.[1979]

Falls der Staatsanwalt also aus *Opportunitätsgründen* einstellen will, muß er zumindest einen *Anfangsverdacht* bejahen können. Die Einstellung aus *Legalitätsgründen* erfolgt, wenn kein *hinreichender Tatverdacht* vorliegt.

1977 Vgl. dazu die Feststellung von *Joubert* und *Bevers* (Schengen Investigated, 1996, S. 9), daß der Rechtsbegriff des *Verdachts* in Frankreich (ebenso wie in Belgien und Luxemburg, aber im Gegensatz zu Deutschland und den Niederlanden) weder in der Rechtsprechung noch in der Literatur entwickelt worden sein. Vgl. nun aber *Guéry*: Paliers de la vraisemblance, JCP 1998, I, S. 1031 ff.

1978 Im folgenden sollen die für das deutsche Recht geprägten Bezeichnungen für die Verdachtsgrade verwendet werden. Anlaß dafür ist die geringere Entwicklung dieser Begriffe im französischen Recht, so daß das Verständnis durch die Möglichkeit des Rückgriffs auf die im deutschen Rechtsbereich bekannten Bedeutungen wesentlich erleichtert wird. Inhaltliche Konsequenzen sollen damit freilich nicht verknüpft sein. Vgl. dazu *oben Kapitel 11, D. IV. 3.*

1979 Vgl. *Stefani/Levasseur/Bouloc*: Proc. pén., 2001, Rn. 590. Dazu auch *oben Kapitel 11, D. IV. 3.*

c. Die Beamten der Kriminalpolizei[1980] sowie jede bestellte Behörde, jeder öffentliche Amtsträger und jeder Beamte[1981] sind zur Weitergabe jeglicher Informationen über ihnen bekannt gewordene Verbrechen, Vergehen und Übertretungen[1982] an den *procureur de la République* gesetzlich verpflichtet. Bei ihm laufen demnach sämtliche Feststellungen, Berichte, Protokolle sowie Strafanzeigen ein. Art. 41 Abs. 6 CPP berechtigt den Staatsanwalt darüber hinaus zur Aufklärung der materiellen, familiären und sozialen Situation des Beschuldigten zu besonderen Schritten.

Der staatsanwaltschaftlichen Entschließung müssen nicht notwendig eigene oder polizeiliche Ermittlungen vorangehen. Zwar verlangten die Gerichte[1983] früher eine vorherige polizeiliche Untersuchung[1984] (*enquête de flagrance*, Art. 53 ff. CPP, oder *enquête préliminaire*, Art. 75 ff. CPP) für ein „*classement véritable*". Diese Regel galt jedoch lediglich im Rahmen des Prozesses gegen den Anzeigeerstatter wegen falscher Anschuldigung, innerhalb dessen das Gericht bis zur Änderung des Strafgesetzes 1992 nach Art. 373 Abs. 3 CP a. F.[1985] gehalten war, die angezeigten Tatsachen wegen der Einstellung als falsch zu behandeln. Um diese Wirkung des *classements* etwas einzuschränken, begrenzte die Rechtsprechung den Begriff der Einstellungen auf solche nach vorangegangenen polizeilichen Ermittlungen.[1986] Ein weiteres Argument gegen die Pflicht, Ermittlungen durchzuführen oder durchführen zu lassen, resultiert aus Art. 80 Abs. 3 CPP. Diese Vorschrift regelt den Fall, in welchem der Untersuchungsrichter von anderen als vom Antrag des Staatsanwalts umfaßten Tatsachen Kenntnis erlangt, und ordnet diesbezüglich die sofortige Benachrichtigung des letzteren an. Dieser kann sich dann entscheiden, ob er die Erstrec??kung der Untersuchung auf die betreffenden Tatsachen oder eine zweite Untersuchung verlangt, ob er unmittelbar die erkennende Gerichtsbarkeit anruft, zunächst eine polizeiliche Untersuchung (*enquête*) einleitet, unmittelbar einstellt (*classement sans suite*), nach den Artikeln 41-1 bis 41-3 CPP[1987] verfährt oder den Fall an den örtlich zuständigen Staatsanwalt abgibt. Diese Regelung ist Ausdruck der Grundsatzes der staatsanwaltschaftlichen Freiheit[1988] bei der Verfolgungsentscheidung und des Prinzips,[1989] daß der Untersuchungsrichter nicht von Amts wegen tätig werden darf.[1990] Darüber hinaus verdeutlicht Art. 80 Abs. 3 CPP durch das gleichrangige Nebeneinanderstellen der Alternativen Verfolgung, polizeiliche Voruntersuchung und Einstellung aber auch, daß den Ermittlungen kein Vorrang eingeräumt wird und sie demnach vor der Entscheidung über die Verfolgung nicht zwingend sind.

1980 *Officiers* und *agents de police judiciaire*, vgl. Art. 19 CPP.

1981 Vgl. Art. 40 Abs. 2 CPP.

1982 Hinsichtlich der in Art. 40 Abs. 2 CPP Genannten beschränkt das Gesetz die Informationspflicht allerdings auf die ihnen *in Ausübung ihres Amtes* bekannt gewordenen *Verbrechen* und *Vergehen.*

1983 *Crim.* vom 21. 11. 1990, Bull. crim. 1990, Nr. 396; vom 06. 02. 1991, Bull. crim. 1991, Nr. 60.

1984 Siehe zur polizeilichen Untersuchung die Literaturnachweise bei *Pradel/Casorla*: CPP, 2003, jew. vor Art. 53, vor Art. 75.

1985 Siehe heute Art. 226-10 Abs. 2 CP, nach dem die Unwahrheit der angezeigten Tatsachen „... *nécessairement de la décision, devenue définitive, d'acquittement, de relaxe ou de non-lieu* ..." – also nicht mehr aus der bloßen staatsanwaltschaftlichen Einstellung – resultiert.

1986 Vgl. *Conte/Maistre du Chambon*: Proc. pén., 2002, Rn. 311.

1987 Vgl. *unten C. III. 3.*

1988 Zu den Einschränkungen vgl. *Stefani/Levasseur/Bouloc*: Proc. pén., 2001, Rn. 602 ff.

1989 Zu den Ausnahmen hinsichtlich der *chambre d'instruction* siehe Art. 202, 204 CPP.

1990 Vgl. Art. 80 Abs. 1 CPP.

Das für die Einstellungsentscheidung bedeutsame Tatsachenmaterial liegt dem Staatsanwalt *schriftlich* in Aktenform vor.

d. Dem *classement sans suite* werden keinerlei rechtliche Wirkungen zugeschrieben.[1991] Vor allem – und das ist im vorliegenden Zusammenhang von besonderem Interesse – kommt der Einstellung keine Rechtskraft (*l'autorité de la chose jugée*) zu.[1992] Sie läßt die öffentliche Klage also weder aufgrund dessen, noch aus anderen Gründen erlöschen. Bis zum Ablauf der Verjährungsfrist ist die Staatsanwaltschaft demzufolge in der Lage, ihre Einschätzung jederzeit zurückzunehmen und die Verfolgung wieder aufzunehmen, ohne sich in irgendeiner Weise rechtfertigen zu müssen. Dies gilt selbst dann, wenn keine neuen belastenden Umstände Anlaß zu dem Sinneswandel geben.[1993]

3. Ergebnis

Die *staatsanwaltschaftliche* Einstellung des Verfahrens kann aus Gründen der mangelnden Verfolgbarkeit oder der fehlenden Zweckmäßigkeit der Verfolgung ergehen. Der Staatsanwalt muß beim Absehen von der Verfolgung aus Opportunitätsgründen das Vorliegen eines *Anfangsverdachts* bejahen können, während die Einstellung aus Legalitätsgründen die Prüfung des *hinreichenden Tatverdachts* erfordert. In allen Fällen zeitigt die auf *schriftlicher* Aktenbasis ergehende Entscheidung *keinerlei strafklageverbrauchende Wirkung*.

II. Richterliche Einstellungsentscheidungen

1. Einführung

Eine richterliche Einstellung des Verfahrens existiert im französischen Strafverfahrensrecht lediglich im Zusammenhang mit der gerichtlichen Voruntersuchung. Die Phase der sogenannten *information* oder *instruction préparatoire* dient der Aufbereitung eines Falles für die Hauptuntersuchung (*instruction définitive*) vor der erkennenden Gerichtsbarkeit.[1994]

1991 Vgl. *Rassat*: Proc. pén., 2001, Rn. 285.

1992 Vgl. *Fossereau*: Chose jugée, in: Rép. pén. II, 1967, Rn. 169; *Cédras*: Action publique, Jur.-Cl., Art. 6, Fasc. 2, 1995, Rn. 19 (der jedoch in Rn. 20 irrtümlicherweise auch nach dem neuen Recht noch von einer Bindungswirkung der staatsanwaltschaftlichen Einstellung der angezeigten Tat gegenüber dem mit der falschen Anschuldigung befaßten Richter ausgeht, vgl. *oben C. I. 2. d. Fn. 1985*); *Stefani/Levasseur/Bouloc*: Proc. pén., 2001, Rn. 599; *Rassat*: Proc. pén., 2001, Rn. 285; *Conte/Maistre du Chambon*: Proc. pén., 2002, Rn. 311; *Pradel/Casorla*: CPP, 2003, Art. 40, Rn. 5.

1993 *Crim.* vom 06. 06. 1952, Bull. crim. 1952, Nr. 142; *Crim.* vom 05. 12. 1972, Bull. crim. 1972, Nr. 375.

1994 *Chambon*: Juge d'instr., 1997, Rn. 47. Die Praxis der Korrektionalisierung (vgl. *oben Kapitel 9, C. II.*) führt dazu, daß dem Beschuldigten im Verbrechensbereich z. T. wesentliche Verfahrensrechte mit dem Verzicht auf die an sich obligatorische Voruntersuchung verloren gehen: vgl. insoweit auch *Eser*:

Der Untersuchungsrichter leitet zu diesem Zwecke alle Schritte ein, die er zur Aufklärung des Tatsachenkomplexes[1995] für notwendig hält. Ihm steht dabei eine Reihe von Ermittlungsmöglichkeiten zur Verfügung, die die Kompetenz des Staatsanwaltes überschreiten.[1996] Aus diesem Grunde motiviert häufig das Verlangen nach der Anordnung einer bestimmten Ermittlungsmaßnahme das staatsanwaltschaftliche Einschalten des Untersuchungsrichters.[1997] Die gerichtliche Voruntersuchung *muß* durchlaufen werden, wenn der Verdacht eines Verbrechens im Raum steht. *Fakultativ* ist dieser Prozeßabschnitt im Bereich der Vergehen und Übertretungen.[1998] Da die Untersuchungsgerichtsbarkeit von sich aus nicht tätig werden kann, ist ein Antrag der Staatsanwaltschaft (*réquisitoire introductif*) oder, was allerdings allein bei Verbrechen und Vergehen zulässig ist, der Zivilpartei (*constitution initiale de partie civile*[1999]) notwendig.

Grundsätzlich trifft den Untersuchungsrichter die Verpflichtung,[2000] die beantragte gerichtliche Voruntersuchung zu eröffnen. Diese Obligation besteht nur ausnahmsweise nicht. Schon seit langem in der gerichtlichen Praxis[2001] akzeptiert, fand die Möglichkeit, eine *ordonnance de non-informer* zu erlassen, erst in Art. 86 Abs. 4 des *Code de procédure pénale* gesetzliche Anerkennung.[2002] Gleichwohl soll diese Art der richterlichen Einstellung hier unberücksichtigt bleiben. Die ausnahmsweise[2003] Verweigerung der Einleitung einer gerichtlichen Voruntersuchung, zum einen, weil die öffentliche Klage noch nicht oder nicht mehr zulässig ist, oder zum anderen, weil die behaupteten Tatsachen evident kei-

---

Entwicklung des Strafverfahrensrechts in Europa, ZStW 1996, S. 86 ff., 89. Vgl. zur Schwerpunktverteilung im französischen Strafverfahren auch *oben Kapitel 9, C. III.* sowie *Kapitel 11, D. V. 3.*

1995 Der Untersuchungsrichter wird *in rem* angerufen. Er kann sich demnach mit den Tatsachen befassen, die ausdrücklich in dem Antrag auf Voruntersuchung genannt wurden. Vgl. i. d. Zshg. auch zum Gegenstand der strafklageverbrauchenden Wirkung bei der untersuchungsrichterlichen Einstellung *unten C. II. 2. d.*

1996 Vgl. *Conte/Maistre du Chambon*: Proc. pén., 2002, Rn. 347 ff.

1997 Vgl. *Stefani/Levasseur/Bouloc*: Proc. pén., 2001, Rn. 621.

1998 Vgl. Art. 79 CPP.

1999 Vgl. Art. 85 CPP. Dazu *Stefani*, *Levasseur* und *Bouloc* (Proc. Pén., 2000, Rn. 649) unter Hinweis auf die Entscheidung in *Crim.* vom 08. 12. 1906, Rec. Sir. 1907, I, S. 377 (Rapport *Laurent-Atthalin*), die das Recht der Zivilpartei, die Voruntersuchung zu verlangen, festschrieb. Vgl. dazu auch *Jeandidier/Belot*: Gr. déc.–Proc. pén., 1986, S. 112 und *Garcin*: Proc. Pén., 1996, Rn. 107: „... *l'une des plus importantes de procédure pénale* ...".

2000 Vgl. *Guery*: Liberté de qualification, D. 1996, Chron., S. 335 ff., 337; *Stefani/Levasseur/Bouloc*: Proc. Pén., 2001, Rn. 649.

2001 *Crim.* vom 27. 05. 1875, Bull. Crim. 1875, Nr. 163 (eine Entscheidung, die regelmäßig versehentlich mit der Fundstelle Nr. 183 zitiert wird); *Ch. acc. Alger* vom 28. 10. 1949, JCP 1950, II, Nr. 5318 mit Anm. *Colombini*.

2002 Vgl. *Robert*: Procédure pénale, RSC 1974, S. 609 ff., 611. Auch der luxemburgische *Code d'instruction criminelle* enthält eine entsprechende Regelung erst seit 1989.

2003 Vgl. *Crim.* vom 17. 10. 1995, Bull. crim. 1995, Nr. 308; *Bolze*: Refus d'informer, RSC 1982, S. 311 ff., 312; *Soyer*: Dr. pén. et proc. pén., 2002, Rn. 750; *Rassat*: Proc. pén., 2001, Rn. 361: „*Elle ne peut être rendue que si l'on est d'ores et déjà certain qu'il n'y a actuellement aucune infraction punissable.*"

nerlei strafrechtliche Qualifikation gestatten, tritt relativ selten auf und ist daher im vorliegenden Zusammenhang von verminderter Bedeutung.[2004]

Hält der Untersuchungsrichter die Voruntersuchung für abgeschlossen, setzt er die Parteien darüber in Kenntnis. Diese haben dann letztmalig Gelegenheit, Anträge auf Untersuchungshandlungen zu stellen. Sodann leitet er die Akten dem Staatsanwalt zu, um diesen zu einer schriftlichen[2005] Antragstellung zu veranlassen. Nach Eingang dessen Schlußantrages erläßt der Richter, ohne an diesen gebunden zu sein,[2006] seine *ordonnance de clôture.*[2007]

Hält er den Beschuldigten im Hinblick auf den ihm vorgelegten Sachverhalt für strafbar, verweist er – je nach Schwere des Deliktes[2008] – durch eine *ordonnance de renvoi* an das Polizei- oder das Korrektionalgericht oder durch eine *ordonnance de mise en accusation* an das Schwurgericht.

Andernfalls beendet der Untersuchungsrichter das Verfahren durch eine *ordonnance de non-lieu* gemäß Art. 177 CPP, der zweiten Art der untersuchungsgerichtlichen Einstellung.[2009]

2. Untersuchungsrichterliche Einstellung des Verfahrens (*ordonnance de non-lieu*)

a. Hinsichtlich der untersuchungsrichterlichen *non-lieu*-Entscheidung wird oftmals die Parallele zu einem Freispruch gezogen:[2010]

> „*Si le juge d'instruction estime que les faits ne constituent ni crime, ni délit, ni contravention, ou si l'auteur est resté inconnu, ou s'il n'existe pas de charges suffisantes contre la personne mise en examen, il déclare, par une ordonnance, qu'il n'y a lieu à suivre.*" (Art. 177 Abs. 1 CPP).

Die Einstellung kann zum einen alle verfolgten Taten und Personen umfassen. Es kann sich zum anderen aber auch nur auf einen Ausschnitt der Taten[2011] oder auf be-

---

2004 Vgl. dazu *oben A.*

2005 *Crim.* vom 11. 04. 1959, Bull. crim. 1959, Nr. 213.

2006 *Crim.* vom 25. 09. 1824, Bull. crim. 1824, Nr. 126.

2007 Vgl. Art. 175 CPP.

2008 Vgl. Art. 178 (Übertretung: Polizeigericht), Art. 179 (Vergehen: Korrektionalgericht) und Art. 181 CPP (Verbrechen: Schwurgericht).

2009 Was im folgenden für den Einstellungsbeschluß des *juge d'instruction* gesagt wird, gilt selbstverständlich auch für einen solchen auf die Beschwerde (*appel*) hin von der *chambre de l'instruction* nach Art. 212 CPP erlassenen (*Stefani/Levasseur/Bouloc*: Proc. pén., 2001, Rn. 811). Soweit Abweichungen auftreten, wird gesondert darauf hingewiesen werden.

2010 Siehe z. B. *Merle/Vitu*: Proc. pén. 2001, Rn. 539 und – aus deutscher Sicht – *Kühne*: Ne bis in idem, JZ 1998, S. 876 ff., 877 f. Eine Gegenüberstellung beider Entscheidungsformen samt ihrer Wirkungen erfolgt später (siehe *unten C. V. 2.*).

2011 Unzulässig ist demgegenüber die Praxis der teilweisen Einstellung im Hinblick auf eine bestimmte, von der Staatsanwaltschaft vorgegebene Qualifikation unter gleichzeitigem Verweis an das erkennende Gericht unter einer anderen rechtlichen Würdigung (*Crim.* vom 14. 03. 1868, D. 1868, I., S. 508 f.; vom 23. 06. 1992, Bull. crim. 1992, Nr. 248). Denn da die Einstellung gerade die Aussage beinhaltet, stimmte, von dem Untersuchungsverfahren betroffene Personen beziehen. Im übrigen kann ein partielles *non-lieu* sofort ergehen, falls die Voraussetzungen der Einstellung bereits im Verlauf der Untersuchung hinsichtlich eines der Beschuldigten oder eines Teiles der Vorwürfe vorliegen.[2012]

Die von Art. 177 Abs. 1 CPP genannten Gründe für die *non-lieu*-Entscheidung lassen sich in zwei unterschiedliche Gruppen unterteilen: Das Gesetz spricht zum einen von dem Fall, „... *que les faits constituent ni crime, ni délit, ni contravention* ...", und zum anderen davon, daß „... *l'auteur est resté inconnu* ..." oder „... *il n'existe pas de charges suffisantes contre la personne mise en examen* ...".

Im erstgenannten Fall handelt es sich um rechtliche Erwägungen (*raisons de droit*). Die mangelnde strafrechtliche Relevanz läßt die Verfolgung scheitern:

> Dieser Kategorie werden die Fälle zugeordnet, in denen der Tatbestand nicht erfüllt ist, ein Rechtfertigungs- (*fait justificatif*)[2013] oder Zurechnungsunfähigkeitsgrund (*cause de non-imputabilité*)[2014] eingreift oder die Verfolgung wegen Erlöschens der Strafklage[2015] oder Immunität[2016] unzulässig[2017] ist.[2018]

Die zweite Gruppe, die das Unentdecktbleiben des Täters und den Mangel hinreichenden Belastungsbeweises umfaßt, zielt demgegenüber auf tatsächliche Mängel des Tatnachweises ab (*raisons de fait*):

---

daß die gesamte untersuchte Tat unter keinem Gesichtspunkt einer strafrechtlichen Verfolgung zugänglich ist, steht es dazu im Widerspruch, wenn wegen derselben Tat letztendlich doch ein Verfahren für notwendig erachtet wird.

2012 Vgl. *Merle/Vitu*: Proc. pén. 2001, Rn. 536.

2013 Vier verschiedene Rechtfertigungsgründe (zu deren umstrittener Einordnung in den Verbrechensaufbau: *Larguier*: Dr. pén. gén., 2001, S. 42) kommen in Betracht: gesetzlich oder durch berechtigte Behörde vorgeschriebenes/ erlaubtes Handeln (*couvert de la loi ou de l'autorité légitime*), Notwehr/-hilfe (*légitime défense*), Notstand (*état de nécessité*), mit Einschränkungen: Einwilligung des Opfers (*consentement de la victime*). Dazu z. B. *Soyer*: Dr. pén. et proc. pén., 2002, Rn. 236 ff.; *Pradel*: Dr. pén. gén., 2002, Rn. 307 ff.

2014 Unter die *causes de non-imputabilité*, die zum Fehlen des *élément moral* (subjektives Element, Schuld) führen (*Larguier*: Dr. pén. gén., 2001, S. 41 f.), werden ebenfalls vier unterschiedliche Typen gerechnet: Geisteskrankheit (*démence*), Nötigung/Zwang (*contrainte/force majeur*), Alter unter 13 Jahren, unvermeidbarer Rechtsirrtum (*erreur de droit inévitable*). Dazu z. B. *Soyer*: Dr. pén. et proc. pén., 2002, Rn. 213 ff.; *Pradel*: Dr. pén. gén., 2002, Rn. 462 ff.

2015 Fälle des Art. 6 CPP: Tod des Beschuldigten, Amnestie, Abschaffung des Strafgesetzes, Rechtskraft, Erlöschen durch Transaktion oder Ausführung eines strafrechtlichen Vergleiches (*composition pénale*), Rücknahme des notwendigen Strafantrages.

2016 Dazu *Larguier*: Dr. pén. gén., 2001, S. 18 f.

2017 Was die Unzulässigkeit der Verfolgung anbelangt, könnte man bei streng wortlautgetreuer Interpretation bezweifeln, daß sie noch von Art. 177 Abs. 1 CPP erfaßt ist. Französische Rechtsprechung und Lehre subsumieren diesen Fall gleichwohl hierunter: denn welchen zulässigen Zweck könnte eine Fortsetzung des Verfahrens erfüllen? Man könnte sogar die Ansicht vertreten, das Gesetz habe die Erwähnung dieses Falles bewußt unterlassen, folgt doch schon aus der Tatsache der Unzulässigkeit der Verfolgung an sich das Gebot der sofortigen Einstellung nach ihrer Entdeckung.

2018 *Conte* und *Maistre du Chambon* (Proc. pén., 2002, Rn. 396) unterteilen die Einstellungen aus rechtlichen Gründen noch einmal in solche, die in der Sache (keine Straftat) und solche, die im Verfahren (Erlöschen der öffentlichen Klage) begründet liegen.

Entweder war es unmöglich, den Urheber des ansonsten in seinem Ablauf rekonstruierbaren Deliktes aufzuspüren oder die Ermittlungen waren nicht in der Lage, ausreichendes Material für den Täterschaftsnachweis des Beschuldigten zusammenzutragen.

Das Gesetz stellt allerdings Fallgruppen auf, die in ihren Reinformen in Wirklichkeit nicht häufig vorliegen werden. Man führe sich nur den Fall vor Augen, daß hinsichtlich einer Tat zwei verschiedene Straftatbestände in Frage kommen, von denen der eine schon verjährt ist, während es im Hinblick auf den anderen an der ausreichenden Nachweisbarkeit eines Tatbestandsmerkmales mangelt. Die dann erlassene *ordonnance de non-lieu* ruht teils auf rechtlichen (Verjährung) und teils auf tatsächlichen Gründen (*pas de charges suffisantes*).

Gegen die untersuchungsrichterliche Einstellungsentscheidung kann Berufung bei der *Chambre de l'instruction* eingelegt werden[2019] – nach Art. 185 Abs. 1 CPP durch die Staatsanwaltschaft, gemäß Art. 186 Abs. 2 CPP durch die Zivilpartei.[2020] Dem Beschuldigten ist die Rechtsmitteleinlegung gegen diese ihn begünstigende Entscheidung verwehrt.[2021] Gegen die Einstellungsentscheidung der Untersuchungskammer wiederum ist ein Kassationsantrag statthaft, zum einen seitens der Staatsanwaltschaft, die sich dieses Rechtsmittels gegen jede von dieser Instanz stammenden Entscheidung bedienen kann (Art. 567, 591 CPP), zum anderen seitens der Zivilpartei, die sich aber grundsätzlich dem Antrag der Staatsanwaltschaft nur anschließen (Art. 575 Abs. 1 CPP) und lediglich in den limitativ aufgezählten Ausnahmefällen des Art. 575 Abs. 2 CPP selbständig gegen das *non-lieu* vorgehen darf.[2022]

b. Nach Abschluß der Untersuchung muß der *juge d'instruction* gemäß Art. 176 CPP die Frage stellen, ob ein Verweis an eines der Gerichte des Hauptverfahrens erfolgen muß:

„*Le juge d'instruction examine s'il existe contre la personne mise en examen des charges constitutives d'infraction, dont il détermine la qualification juridique.*" (Art. 176 CPP).

„... *[S]'il n'existe pas de charges suffisantes contre la personne mise en examen, il déclare, par une ordonnance, qu'il n'y a lieu à suivre.*"[2023] (Art. 177 Abs. 1 CPP).

Prüfungsmaßstab sind – mit anderen Worten – demzufolge die „*charges suffisantes*". Bei der Beurteilung dieser Belastungselemente geht es allein um deren Schlüssigkeit, noch

---

2019 Vgl. *Rassat*: Proc. pén., 2001, Rn. 419.

2020 Hervorzuheben ist in diesem Zusammenhang, daß die Untersuchungskammer auch aufgrund der allein durch die Zivilpartei gegen das *non-lieu* erhobenen Beschwerde für die Strafklage zuständig wird. Insoweit zeigt sich ein wesentlicher Unterschied zu der durch sie eingelegten Berufung gegen einen Freispruch, die – bei Verzicht seitens der Staatsanwaltschaft auf die Rechtsmitteleinlegung – nur die Befassung der höheren Instanz mit den zivilrechtlichen Ansprüchen zur Folge hat (*Larguier*: Proc. pén., 2001, S. 219).

2021 Vgl. *Merle/Vitu*: Proc. pén. 2001, Rn. 537. Siehe allgemein zum Erfordernis des Nachteils für die Rechtsmitteleinlegung: *Conte/Maistre du Chambon*: Proc. pén., 2002, Rn. 485.

2022 Vgl. *Conte/Maistre du Chambon*: Proc. pén., 2002, Rn. 486.

2023 Hervorhebungen der *Verf.*

nicht aber um die Frage der Überzeugung von der Schuld.[2024] Im Hinblick auf die Täterschaft muß eine überwiegende Wahrscheinlichkeit festzustellen sein.[2025]

„... *[O]n parle de* charges, *non de preuves, car il s'agit de* possibilités, *de* vraisemblances *non de certitudes.*“[2026]

Daraus läßt sich schließen, daß der Untersuchungsrichter prüfen muß, ob die Schuld mit einer Wahrscheinlichkeit zu bejahen ist, die dem die Anklage ermöglichenden *hinreichenden Tatverdacht* im deutschen Strafverfahren entspricht.[2027]

c. Der Untersuchungsrichter würdigt im Rahmen seines Beschlusses sämtliches, während der gerichtlichen Voruntersuchung gesammeltes Tatsachenmaterial.

Dies kann sich aus Augenscheinseinnahme, Durchsuchung und Beschlagnahme (Art. 92–99-2 CPP), Überwachung der Telekommunikation (Art. 100–100-7 CPP), Vernehmung von Zeugen (Art. 101–113-8 CPP) und Beschuldigten (unter Umständen verbunden mit Gegenüberstellungen, Art. 114–121 CPP) sowie Sachverständigengutachten (Art. 156–169-1 CPP) ergeben.

Allerdings verläuft die Untersuchung noch immer im wesentlichen schriftlich, geheim und nicht kontradiktorisch.[2028] In der Regel macht der Untersuchungsrichter, soweit dies gestattet ist,[2029] Gebrauch von seinem Recht, die Ermittlungsarbeit abzugeben und nicht selbst durchzuführen. Er beauftragt statt dessen die zuständigen Offiziere der Gerichtspolizei und stützt sich anschließend auf die ihm übermittelten schriftlichen Unterlagen.[2030] Der mangelnde kontradiktorische Charakter der Voruntersuchung impliziert, daß auch der Schutz der Verteidigungsrechte bisher nicht uneingeschränkt gewährleistet wird.[2031]

So ist der Richter nicht verpflichtet, den Beschuldigten nach Erhalt der staatsanwaltschaftlichen Schlußanträge zu hören. Denn das Prinzip des letzten Wortes der Verteidigung gilt allein im Rahmen

---

2024 Vgl. *Rached*: L'intime conviction, 1942, S. 174; *Merle/Vitu*: Proc. pén., 2001, Rn. 166; *Rassat*: Proc. pén., 2001, Rn. 221; *Pradel*: Proc. pén., 2002, Rn. 796.

2025 Vgl. *Essaid*: La présomption d'innocence, 1971, S. 290; *Pradel*: Proc. pén., 2002, Rn. 796.

2026 *Conte/Maistre du Chambon*: Proc. pén., 2002, Rn. 329 (Hervorhebungen der *Verf.*).

2027 Vgl. *Leblois-Happe/Barth*: Frankreich, in: Gleß et al. (Hrsg.): Justitielle Einbindung, 2001, S. 239 ff., 257. Vgl. auch *oben Kapitel 11., D. IV. 3. b.*

2028 An dieser Stelle gelten in Anbetracht des Gesagten allerdings Einschränkungen, was das Untersuchungsverfahren in zweiter Instanz vor der *Chambre de l'instruction* betrifft: heute partiell kontradiktorisch und mündlich verlaufend, kann sie unter gewissen Voraussetzungen auch in öffentlicher Verhandlung (Art. 199 Abs. 1 CPP, unlängst geändert durch Gesetz vom 15. 06. 2000) stattfinden (vgl. *Merle/Vitu*: Proc. pén., 2001, Rn. 592).

2029 Allein die Vernehmungen und Gegenüberstellungen des Beschuldigten oder ihm gleichgestellter Personen dürfen gemäß Art. 152 Abs. 2 CPP nicht von Polizeibeamten übernommen werden.

2030 Vgl. *Barth*: Frankreich, in: Perron (Hrsg.): Beweisaufnahme im Ausland, 1995, S. 89 ff., 103.

2031 Vgl. *Barth*: Frankreich, in: Perron (Hrsg.): Beweisaufnahme im Ausland, 1995, S. 89 ff., 133 f. und *Chambon*: Juge d'instr., 1997, Rn. 47. Zu den Reformen der gerichtlichen Voruntersuchung bis in neueste Zeit siehe *Merle/Vitu*: Proc. pén., 2001, Rn. 403 ff.

eines kontradiktorischen Verfahrens, welches die Untersuchung in erster Instanz aber nicht darstellt.[2032]

Zusammenfassend läßt sich also festhalten, daß sich der untersuchungsrichterliche Einstellungsbeschluß zwar auf einem Fundament breiter und umfangreicher Tatsachenermittlungen vollzieht. Es handelt sich indessen um ein hauptsächlich *schriftliches* Verfahren. Der Untersuchungsrichter entscheidet *nicht* auf der Basis einer *mündlichen* und *kontradiktorischen Verhandlung*, sondern primär auf Grundlage der Akten. Nur in geringem Umfang fließt auch der persönliche Eindruck des Untersuchungsrichters von unmittelbar selbst vorgenommenen Ermittlungshandlungen in die Entscheidungsfindung ein.

d. Die unanfechtbare untersuchungsgerichtliche Einstellung beendet das Verfahren auch für die Zukunft.[2033] Das gilt allerdings nicht uneingeschränkt. Deshalb führt die *non-lieu*-Entscheidung auch nicht, wie ein freisprechendes Urteil, zum Erlöschen der Strafklage.[2034] Nach Art. 188 CPP kann der Beschuldigte, hinsichtlich dessen der Untersuchungsrichter eine Einstellung ausgesprochen hat, wegen derselben Tat nicht mehr verfolgt werden, sofern nicht neues Belastungsmaterial (*charges nouvelles*) auftaucht:

„*La personne mise en examen à l'égard de laquelle le juge d'instruction a dit n'y avoir lieu à suivre ne peut plus être recherchée à l'occasion du même fait, à moins qu'il ne survienne de nouvelles charges.*"

Aus dieser gesetzlichen Vorgabe folgt zweierlei: Art. 188 CPP verbietet zum einen die erneute Verfolgung „*à l'occasion du même fait*". Nach der Rechtsprechung ist damit auch die Verfahrensfortsetzung unter dem Blickwinkel einer bloß abweichenden strafrechtlichen Qualifikation gesperrt.[2035] Dementsprechend muß die Untersuchungsgerichtsbarkeit die Tat auch umfänglich und auf alle Qualifikationen hin prüfen.[2036] Zum zweiten existiert eine *Barriere gegenüber jeglicher Verfolgung*, solange kein neues Belastungsmaterial zum Vorschein gekommen ist. Demzufolge ist nicht nur die Fortsetzung der gerichtlichen Vorun-

---

2032 *Crim.* vom 24. 01. 1984, Bull. crim. 1984, Nr. 30. Abweichend davon muß aber vor Abschluß der Untersuchung in zweiter Instanz vor der *Chambre de l'instruction* dem Beschuldigten oder seinem Verteidiger auf sein Verlangen das letzte Wort gewährt werden (*Crim.* vom 14. 04. 1999, Bull. crim. 1999, Nr. 80 zur früheren *Chambre d'accusation*), was jedoch dann nicht gelten soll, wenn der Staatsanwalt eine Einstellung des Verfahrens beantragt hat (*Larguier*: Proc. pén., 2001, S. 232).

2033 Darüber hinaus hat die *non-lieu*-Entscheidung auch noch weitere Konsequenzen, die hier nur aufgezählt werden sollen: Freilassung des sich in Untersuchungshaft befindlichen Beschuldigten (wobei der Beschuldigte auch eine Entschädigung für die erlittene Untersuchungshaft beantragen kann, Art. 149 CPP) oder Ende der richterlichen Aufsicht (*contrôle judiciaire*, Art. 177 Abs. 2, 212 Abs. 2 CPP); Entscheidung des Untersuchungsrichters über die Rückgabe der beschlagnahmten Gegenstände (Art. 177 Abs. 3, 212 Abs. 3 CPP), über die Publikation der Einstellungsentscheidung (Art. 177-1, 212-1 CPP) und über die Erstattung der Verteidigungskosten (Art. 800-2 CPP). Gleichzeitig ist dem Beschuldigten die Möglichkeit eröffnet, gemäß Art. 91 CPP einen Schadensersatzanspruch gegen den Antragsteller der Voruntersuchung geltend zu machen. Unbeschadet dessen kann der Anzeigeerstatter nach einem *non-lieu* wegen falscher Anschuldigung (Art. 226-10 CP) verfolgt werden.

2034 *Crim.* vom 18. 06. 1997, Bull. crim. 1997, Nr. 239.

2035 *Crim.* vom 05. 05. 1933, Rec. Sir. 1935, I., S. 39.

2036 Vgl. *Crim.* vom 11. 01. 2000, D. 2000, IR, S. 84 f.

tersuchung, sondern auch die unmittelbare Ladung vor das erkennende Gericht[2037] und selbst die Einleitung eines polizeilichen Ermittlungsverfahrens[2038] verboten.

Demgegenüber verbietet Art. 188 CPP es der Staatsanwaltschaft nicht, das in ihr Blickfeld gerückte neue Belastungsmaterial von der Polizei feststellen zu lassen, bevor die Verfolgung erneut ins Rollen gebracht wird. Von dieser erlaubten Verifizierung umfaßt ist hingegen nicht die Suche nach oder die Provokation von neuen Anhaltspunkten durch die Ermittlungsbehörden.[2039]

Art. 189 CPP[2040] erläutert näher, was unter den „*charges nouvelles*" zu verstehen ist: Zeugenerklärungen, Unterlagen und Protokolle, die dem Untersuchungsrichter nicht zur Prüfung vorgelegt werden konnten, die jedoch geeignet sind, die als zu schwach befundenen Beweise zu verstärken oder dem Sachverhalt neue, der Wahrheitsermittlung dienliche Gesichtspunkte zu verleihen.

Diese gesetzliche Bestimmung erfährt in jeder Hinsicht in der französischen Rechtspraxis eine großzügige und weite, also sperrwirkungsfeindliche[2041] Auslegung. Auf der einen Seite vertritt die Rechtsprechung die Ansicht, bei der *Aufzählung der Beweisarten* handele es sich nicht um eine beschränkende.[2042] So wurden beispielsweise über die enge Enumeration hinausgehend auch Photographien und topographische Aufnahmen,[2043] die Tatsache der Festnahme des im Besitze unterschlagener Güter angetroffenen Beschuldigten im Ausland oder im Verlaufe der Ermittlungen anläßlich einer neuen Tat des Beschuldigten getroffenen Feststellungen[2044] akzeptiert. Auf der anderen Seite werden auch an die *Bedeutung der neuen Elemente für die Beweissituation* nur geringe Anforderungen gestellt.[2045] Unbedeutend ist zunächst, ob die *charges nouvelles* ihrerseits eine eigene Straftat darstellen.[2046] Sie müssen in ihrer Existenz oder auch nur in ihrer Reichweite zum Zeitpunkt des Erlasses der untersuchungsrichterlichen Einstellung dem Richter unbekannt

---

2037 Vgl. *Crim.* vom 14. 12. 1901, Bull. crim. 1901, Nr. 318; *Garé/Ginestet*: Dr. pén., Proc. pén., 2002, Rn. 516; *Pradel*: Proc. pén., 2002, Rn. 630 (mit der Begründung, daß die erkennende Gerichtsbarkeit andernfalls quasi als Berufungsinstanz für den untersuchungsrichterlichen Beschluß fungierte).

2038 *Merle/Vitu*: Proc. pén. 2001, Rn. 542; *Chambon*: Juge d´instr., 1997, Rn. 861.

2039 Umstr., siehe dazu: *Chambon*: Juge d´instr., 1997, Rn. 851, 861.

2040 „*Sont considérées comme charges nouvelles les déclarations des témoins, pièces et procès-verbaux qui, n´ayant pu être soumis à l´examen du juge d´instruction, sont cependant de nature soit à fortifier les charges qui auraient été trouvées trop faibles, soit à donner aux faits de nouveaux développements utiles à la manifestation de la vérité.*"

2041 Aus diesem Grunde ist die Bewertung von *Levasseur* et al.: Dr. pén. gén. et Proc. pén., 1999, Rn. 864, die der tatsächlich begründeten Einstellung aufgrund der Neueröffnungsmöglichkeit bei Auftauchen neuer Belastungspunkte eine nur Rechtskraft „*d´une manière très faible*" zuschreiben, wohl eher zutreffend als die *Pradels*: Proc. pén., 2000, Rn. 619, der davon spricht, daß eine *ordonnance de non-lieu* in nahezu absoluter Weise die Neuaufnahme der Verfolgung ausschließe.

2042 *Crim.* vom 06. 07. 1923, Bull crim. 1923, Nr. 253; vom 12. 05. 1950, Bull. crim. 1950, Nr. 151; vom 09. 11. 1965, Bull. crim. 1965, Nr. 224.

2043 *Crim.* vom 09. 11. 1965, Bull. crim. 1965, Nr. 224.

2044 *Crim.* vom 17. 01. 1867, Bull. crim. 1867, Nr. 11.

2045 Siehe dazu auch *Pinatel*: Le fait nouveau, 1935, S. 48: „*Le mot* charges nouvelles *est un terme générique, embrassant toutes preuves servant à établir la culpabilité de l´inculpé.*"

2046 *Crim.* vom 06. 08. 1935, Rec. Sir. 1937, I., S. 37.

gewesen sein.[2047] Vorausgesetzt werden folglich weder völlig unbeachtet gebliebene noch komplett neue Tatsachen. Bereits neue Aspekte derselben Tatsachen können ausreichen, wenn sie sich eignen, Licht auf bei der ersten Untersuchung im Dunklen gebliebene Punkte zu werfen.[2048]

Demgegenüber darf es sich nicht lediglich um geringfügige Veränderungen, eine bloß neue Interpretation der Tatsachen oder eine abweichende strafrechtliche Qualifikation handeln.[2049] Als ungenügend ist auch die schlichte Festnahme des Verfolgten[2050] oder die Versicherung bereits bekannter Tatsachen durch neue Zeugen[2051] erachtet worden.

Unzulässig wäre es demgegenüber allerdings, wenn die Staatsanwaltschaft bereits bekannte Beweisstücke zurückhielte, um sie dann nach Erlaß des *non-lieu* plötzlich zur Begründung einer Fortsetzung des Verfahrens benutzen zu wollen.[2052]

Zusammenfassend kann festgehalten werden, daß der Begriff „*charges nouvelles*" jegliche zur Erkenntnis der Schuld – und zwar einerseits bezüglich des Beschuldigten Teilnahme an der verfolgten Tat, andererseits hinsichtlich seiner geistigen Zurechnungsfähigkeit – geeignete Indizien einschließt.[2053] Nur die *Staatsanwaltschaft*, nicht aber die Zivilpartei darf gemäß Art. 190 CPP einen Antrag auf Wiedereröffnung wegen neuer Belastungselemente bei dem Gericht stellen, das die *non-lieu*-Entscheidung erlassen hat.[2054] Eine Fortsetzung des Verfahrens auf diese Weise muß mit einer *zweiten gerichtlichen Voruntersuchung* beginnen. Die unmittelbare Ladung vor das erkennende Gericht ist ausgeschlossen.

Angesichts dieser gesetzlichen Vorgaben differenzierte man in der französischen Literatur lange Zeit streng zwischen der Rechtskraftwirkung der rechtlich und der tatsächlich begründeten Einstellungsentscheidung.

Der *ordonnance de non-lieu motivée en droit* schrieb und schreibt man zum Teil noch eine absolute[2055] und endgültige Rechtskraft zu,[2056] auf die sich jeder – auch der nicht Beschuldigte – berufen[2057] und die

---

[2047] *Chambon*: Juge d´instr., 1997, Rn. 849.

[2048] *Pradel*: Proc. pén., 2002, Rn. 633.

[2049] *Crim.* vom 14. 03. 1957, Bull. crim. 1957, Nr. 252; *Pradel*: Proc. pén., 2002, Rn. 633.

[2050] *Crim.* vom 10. 12. 1943, Bull. crim. 1943, Nr. 144.

[2051] *Crim.* vom 17. 01. 1962, Bull. crim. 1962, Nr. 38.

[2052] *Chambon*: Juge d´instr., 1997, Rn. 849. Dahinter steht wohl der Gedanke des Verbots des widersprüchlichen Verhaltens.

[2053] *Chambon*: Juge d´instr., 1997, Rn. 850.

[2054] Siehe Art. 190 CPP, der auf eine Entscheidung des *Großen Senates des Kassationsgerichtes* (*Ch. réun.* vom 29. 01. 1931, D. 1931, I., S. 89) zurückgeht.

[2055] Der Begriff der „*absoluten Rechtskraft*" oder des „*absoluten Hindernisses*" scheint in unterschiedlicher Weise benutzt zu werden. Zum einen dient er im Gegensatz zur relativen Wirkung der Entscheidung als Inbegriff der Geltung gegenüber allen Personen (vgl. *Guinchard/Buisson*: Proc. pén., 2002, Rn. 1055: „*Absolue, car toute personne peut l´invoquer, même non mise en cause, ni partie civile.*"). Zum anderen soll er die höhere Stufe der Rechtskraft im Vergleich mit der tatsächlich begründeten Einstellung ausdrücken (vgl. *Stefani/Levasseur/Bouloc*: Proc. pén., 2001, Rn. 972, die das *non-lieu motivé en droit* als absolutes Hindernis für eine neue Verfolgung bezeichnen, aber gleichzeitig die Nichtexistenz einer Rechtskraftwirkung im Hinblick auf Personen, gegen die nicht ermittelt wurde, betonen [Fn. 2]).

gegenüber jedem – auch dem nicht als Zivilpartei Beteiligten – geltend gemacht werden könne. Die Rechtskraft dieser Art des *non-lieus* wird als stärker als die des tatsächlich begründeten eingestuft.[2058] Die Untersuchung dürfe nicht neu eröffnet werden,[2059] selbst wenn sich ein Irrtum bezüglich des die Einstellung tragenden Grundes herausstellen sollte.[2060]

Die *ordonnance de non-lieu motivée en fait* sei demgegenüber nur von einer *„autorité de la chose jugée relative et provisoire"*.[2061] Die Relativität auf der einen Seite wird mit der Tatsache begründet, daß sich das Verbot der erneuten Verfolgung allein auf die von der Entscheidung Begünstigten bezieht, auf die Personen also, die *„l'objet de l'instruction"* waren.[2062] Die Vorläufigkeit auf der anderen Seite folgt aus der Möglichkeit, die gerichtliche Voruntersuchung im Falle des Auftauchens neuer Belastungspunkte wieder zu eröffnen.[2063]

In letzter Zeit wird allerdings verstärkt darauf hingewiesen, daß durchaus auch im Falle rechtlich begründeter Einstellungsentscheidungen die Tatsachenbasis – veranlaßt durch nachträglich hervorgetretenes Belastungsmaterial – einer gewandelten Betrachtung unterliegen kann, die dann wiederum Rückkopplungen auf die rechtliche Beurteilung haben kann.[2064] Berechtigter Ausgangspunkt der Unterscheidung zwischen rechtlich und tatsäch-

---

2056 *Cédras*: Action publique, Jur.-Cl., Art. 6, Fasc. 2, 1995, Rn. 38; *Garcin*: Proc. Pén., 1996, Rn. 210; *Levasseur et al.*: Dr. pén. gén. et Proc. pén., 1999, Rn. 864; *Pradel*: Juge d'instruction, 1996, S. 70; *Merle/Vitu*: Proc. pén. 2001, Rn. 536.

2057 *Conte/Maistre du Chambon*: Proc. pén., 2002, Rn. 398. A. A. *Chambon*: Juge d'instr., 1997, Rn. 844, der unter Ablehnung des „... *concept artificiel d'unité des poursuites, qui réunirait tout les faits et tous les inculpés compris dans une même information* ... " betont, daß sich der Einwand der Rechtskraft nur auf die „... *faits et ... inculpés visés dans cette ordonnance* ... " erstreckt. Ebenso *Pradel*: Instr. prép., 1990, Rn. 318 mit den Argumenten, daß zum einen der Begriff der *„charges"* ein persönlicher ist und zum anderen die Forderung nach neuen Beweisen hinsichtlich bisher noch nicht Beteiligter zu einer Lähmung der Justiz führte, sobald einmal ein falscher Weg eingeschlagen worden wäre.

2058 *Merle/Vitu*: Proc. pén. 2001, Rn. 544.

2059 *Garé/Ginestet*: Dr. pén., Proc. pén., 2002, Rn. 515; *Pradel*: Proc. pén., 2002, Rn. 630 („... *une nouvelle poursuite est radicalement impossible.*") weist allerdings an anderer Stelle (Rn. 435) auf die Einschränkung hin, die sich im Falle eines als vermeintlich verjährtes Vergehen angesehenen Verbrechens ergibt, dessen wahre Rechtsnatur im nachhinein offenbar wird.

2060 *Levasseur et al.*: Dr. pén. gén. et Proc. pén., 1999, Rn. 864.

2061 *Bouzat/Pinatel*: Dr. pén. et criminol. II, 1970, Rn. 1533; *Cédras*: Action publique, Jur.-Cl., Art. 6, Fasc. 2, 1995, Rn. 40; *Garcin*: Proc. pén., 1996, Rn. 210; *Merle/Vitu*: Proc. pén. 2001, Rn. 536; *Rassat*: Proc. pén., 2001, Rn. 419; *Garé/Ginestet*: Dr. pén., Proc. pén., 2002, Rn. 515; *Pradel*: Proc. pén., 2002, Rn. 630. Zum Teil spricht man ihr – zumindest in der Formulierung – die Rechtskraft sogar gänzlich ab (siehe z. B. *Levasseur et al.*: Dr. pén. gén. et Proc. pén., 1999, Rn. 703, die indessen an anderer Stelle (Rn. 864) immerhin noch von Rechtskraft *„d'une manière très faible"* sprechen).

2062 Obwohl der Untersuchungsrichter *in rem* angerufen wird, ergeht sein Abschlußentscheidung in der Regel *in personam*.

2063 *Rassat*: Proc. pén., 2001, Rn. 419.

2064 *Pradel*: Instr. prép., 1990, Rn. 316; *ders.*: Proc. pén., 2000, Rn. 435; *Chambon*: Juge d'instr., 1997, Rn. 842; *Stefani/Levasseur/Bouloc*: Proc. pén., 2001, Rn. 972; *Merle/Vitu*: Proc. pén. 2001, Rn. 540, 889; *Rassat*: Proc. pén., 2001, Rn. 419; *Conte/Maistre du Chambon*: Proc. pén., 2002, Rn. 398 a. E. Vgl. auch *Larguier*: Proc. pén., 2001, S. 299 f., der eine neue Verfolgung nach rechtlich begründeter Einstellung als prinzipiell unmöglich betrachtet, aber eine Ausnahme für den Fall macht, daß sich die Entscheidung lich begründeter Einstellung ist der Umstand, daß eine veränderte rechtliche Beurteilung die Fortsetzung des Verfahrens nicht veranlassen kann, während dies eine neue tatsächliche Basis vermag. Dies läßt auf den ersten Blick vermuten, daß rein rechtlich begründete Einstellungen eine uneingeschränkte Sperrwirkung zur Folge haben. Dabei übersähe man aber, daß jede rechtliche Bewertung an eine tatsächliche Grundlage anknüpft. Ändert sich diese aufgrund neuer Belastungsmaterialien, so kann auch die juristische Qualifikation mit all ihren Konsequenzen ihre Grundlage verlieren. Infolge der zwingenden Verknüpfung tatsächlicher und rechtlicher Elemente existiert weder die eine noch die andere Motivation in ihrer Reinform. Die Differenzierung erscheint aus diesen Gründen nicht erforderlich. Festzuhalten bleibt, daß Art. 188 CPP mit der Forderung von *„charges nouvelles"* die Fortsetzung der Verfolgung allein bei Veränderungen im tatsächlichen Bereich gestattet, während eine bloß abweichende rechtliche Beurteilung nicht diesem Maßstab genügt.

3. Ergebnis

Die *non-lieu*-Entscheidung ergeht aufgrund der Beurteilung im wesentlichen *schriftlich* vorliegender Ermittlungsakten, wenn der *Untersuchungsrichter* annimmt, es existierten *nicht genügend Belastungselemente* (*charges suffisantes*). Damit wird ein dem hinreichenden Tatverdacht entsprechender Verdachtsgrad geprüft. Die unanfechtbare untersuchungsrichterliche Einstellung hat in beschränktem Maße *strafklageverbrauchende Wirkung*. Das Verfahren kann lediglich bei Auftauchen *neuen Belastungsmaterials* durch *staatsanwaltschaftliche* Einleitung einer *weiteren gerichtlichen Voruntersuchung* fortgesetzt werden.

III. Strafrechtliche Vergleiche

1. Einführung[2065]

Auf den ersten Blick erscheint es – im Gegensatz zum Zivilrecht[2066] – innerhalb eines kontinental-inquisitorischen Strafverfahrens unmöglich, daß der Beschuldigte mit den Vertretern der Gesellschaft einen Vergleich, eine Transaktion, abschließt. Denn im Prinzip entspricht es der übereinstimmenden Meinung: Die Staatsanwaltschaft, die die Strafklage, ohne deren Herr zu sein, nur im Namen der Gesellschaft ausübt, verfügt grund-

allein auf die aktuelle Situation gründet. Ähnlich auch *Cédras*: Action publique, Jur.-Cl., Art. 6, Fasc. 2, Rn. 38.

2065 Zur Debatte über das Prinzip der Transaktion im französischen Recht generell: *Leblois-Happe*: Réponses à la petite délinquance, 1998, Rn. 1158 ff.

2066 Die zivilrechtliche *transaction* zwischen Opfer und Täter läßt die Zivilklage erlöschen, entbehrt aber der Wirkung gegenüber der Strafklage (Art. 2046 CC: *„On ne peut transiger sur l'intérêt civil qui résulte d'un délit. La transaction n'empêche pas la poursuite du ministère public."*).

sätzlich nicht über ein Dispositionsrecht[2067] hinsichtlich der zum *ordre public* gehörenden öffentlichen Klage, sie ist nicht befugt, sich mit dem Beschuldigten zu vergleichen.[2068]

Selbst unter Geltung des mißverständlichen Wortlauts des Art. 1 CIC, „... *l'action pour l'application des peines n'appartient qu'aux fonctionnaires auxquels elle est confiée par la loi* ... “, zweifelte man nicht an der Richtigkeit dieses Grundsatzes.[2069]

Ausnahmsweise erlaubt das Gesetz trotzdem die *transaction* mit strafrechtlichen Konsequenzen, wie durch Art. 6 Abs. 3 CPP, der das Erlöschen der öffentlichen Klage in den gesetzlich ausdrücklich bestimmten Fällen anordnet, verdeutlicht wird.[2070] Die Gesellschaft kann also doch durch gesetzliche Bestimmung der die Strafklage ausübenden Institution das Recht übertragen, hinsichtlich bestimmter Delikte über diese zu verfügen.[2071] Zwei[2072] Regelungen können dabei unterschieden werden: Zum einen steht den *Verwaltungen* in den strafrechtlichen Nebengebieten – zum Teil schon seit langer Zeit[2073] – die Möglichkeit zum Transaktionsabschluß offen. Das ist mit der besonderen Natur der von ihnen ausgeübten öffentlichen Klage zu begründen. Sie nimmt nämlich eine Position zwischen der normalen Straf- und der traditionellen Zivilklage ein, weil sie gleichzeitig der Strafverfolgung und der Geltendmachung von Schadensersatz dient.[2074] Im Gegensatz zur Staatsanwaltschaft wird die Administration – wie die Zivilpartei und anders als die Staatsanwaltschaft – gewissermaßen als Inhaberin ihrer Klage betrachtet, so daß sie sich immer

---

2067 Über die Strafklage verfügt ein Verfolgungsorgan erst dann, wenn das Recht diese auszuüben aufgrund der Vereinbarung mit dem Beschuldigten verloren geht. An diesem Punkt unterscheidet sich die Einstellung nach Art. 40 Abs. 1 S. 1 CPP von den Transaktionsvorschriften, weshalb im Rahmen ersterer zu Recht insoweit auch kein Problem gesehen wird.

2068 Vgl. *Stefani/Levasseur/Bouloc*: Proc. pén., 2001, Rn. 17, 198; *Merle/Vitu*: Proc. pén., 2001, Rn. 65, 172; *Rassat*: Proc. pén., 2001, Rn. 307; *Gassin*: Transaction, in: Rép. pén. VI, 2001, Rn. 3.

2069 Vgl. *Garraud*: Instr. Crim. I, 1907, Rn. 90.

2070 Siehe in diesem Zusammenhang auch *Renoux*: Anm. zu *Cons. const.* vom 02. 02. 1995, D. 1997, Somm., S. 131, der hervorhebt, daß die Aufhebung der *injonction pénale* durch den Verfassungsrat (vgl. *unten C. III. 3. a.*) weniger als Ablehnung der Transaktion im Grundsatz als eine solche in deren konkreter Ausgestaltung zu verstehen sei.

2071 Vgl. *Volff*: L'injonction pénale, D. 1995, Chron., S. 201 ff., 201.

2072 Schließlich befähigt ein aufgrund von strafrechtspolitischen Beweggründen 1970 eingeführtes Gesetz (Gesetz Nr. 70-1320 vom 31. 12. 1970, Art. L. 628-1 CSP) den Staatsanwalt, drogenabhängigen Beschuldigten die Wahl zwischen einem Strafprozeß und einer Entziehungskur zu lassen (vgl. *Simmat-Durand*: Toxicomanie, 2000, S. 31 f.). Entscheidet sich letzterer zugunsten der Entgiftung, so *erlischt die öffentliche Klage* nach vollständiger Durchführung der Therapie mit Rücksicht auf die die Rauschgiftsucht betreffenden Taten (umstr., ob Transaktion [so *Conte/Maistre du Chambon*: Proc. pén., 2002, Rn. 163] oder Maßnahme der Prävention und Behandlung, die als Alternative zur Verfolgung lediglich Ausübung der öffentlichen Klage behindert [so *Volff*: L'injonction pénale, D. 1995, Chron., S. 201 ff., 203], vgl. auch *Crim.* vom 04. 05. 1972, Bull. crim. 1972, Nr. 156). Auf diese Spezialregelung soll hier jedoch nicht eingegangen werden.

2073 So geht beispielsweise die Transaktion im Fiskalbereich noch auf vorrevolutionäre Gesetze zurück. Nach der Revolution wurden transaktionelle Regelungen im Namen der Gleichheit abgeschafft. Praktische Schwierigkeiten aber zwangen wenig später zu deren Wiedereinführung und Ausweitung auf andere Bereiche. Vgl. dazu *Leblois-Happe*: Réponses à la petite délinquance, 1998, Rn. 1128.

2074 Insofern sind Parallelen zur *indemnité forfaitaire* (vgl. *unten C. IV. 3. a. Fn. 2229*) nicht zu leugnen.

vergleichen kann.[2075] Damit scheint es sich insofern nicht wirklich um eine Ausnahme des obengenannten Prinzips, welches Geltung nur für die Staatsanwaltschaft beansprucht, zu handeln. Gleichwohl ist *Dobkine*[2076] für die Fälle, in denen die Staatsanwaltschaft der Verwaltungstransaktion zustimmen muß, beizupflichten, wenn er die Entscheidung als von Verwaltung und Staatsanwaltschaft gemeinsam getroffen betrachtet und feststellt, daß letzterer insoweit auch das Recht übertragen wurde, über die öffentliche Klage zu verfügen. Die *composition pénale* zum anderen, die zudem die richterliche Kontrolle vorsieht, ist noch sehr jungen Datums und bezieht sich nur auf enumerativ aufgezählte Vergehen und Übertretungen. Sie fügt sich damit in eine generell zu konstatierende Entwicklung hin zu einem zunehmenden Platzgreifen konsensualer Erledigungsweisen im Strafverfahren ein. Bemerkenswert ist allerdings, daß durch die *composition pénale*, wie dies schon zuvor durch die *injonction pénale* versucht wurde, erstmals ein Transaktionsverfahren eingeführt wurde, welches – im Gegensatz zu den bisher existierenden Instituten, die sich nur auf sogenannte *délits techniques* bezogen – ermöglicht, auch Delikte zu erledigen, deren Strafbarkeit für unentbehrlich gehalten wird (*droit pénal 'naturel'*).[2077] Alles in allem kann aber noch kaum behauptet werden, daß die Transaktion allgemein im französischen Strafprozeß Fuß gefaßt hat.[2078] Bislang sind die Anwendungsbereiche solcher Verfahrensbeendigungsmöglichkeiten im Hinblick auf Schwere und/oder Bedeutung der Straftaten begrenzt. Eine Ausweitung erscheint indes angesichts der allgemeinen Tendenz sowie dem ungebrochenen Streben nach Effektivierung des Strafverfahrens nicht gänzlich unwahrscheinlich.[2079]

2. Die Transaktion zwischen Beschuldigtem und Verwaltung

a. Zunächst handelt es dabei sich um *Transaktionen zwischen dem Beschuldigtem und der Verwaltung*[2080] in den Fällen, in denen ihr die Ausübung der öffentlichen Klage anvertraut ist.[2081] Auf diese Weise ist es den zuständigen Behörden in den Bereichen[2082] der indirekten Steuern,[2083] des Zolls[2084],[2085] der Wasser- und Forstverwaltung,[2086] der zivilen Luft-

---

[2075] Vgl. *Rassat*: Proc. pén., 2001, Rn. 164, 306.

[2076] *Dobkine*: La transaction, D. 1994, Chron., S. 137 ff., 138. Zust. *Volff*: L'injonction pénale, D. 1995, Chron., S. 201 ff., 201.

[2077] Vgl. *Volff*: L'injonction pénale, D. 1995, Chron., S. 201 ff., 203.

[2078] Vgl. *Leblois-Happe*: La composition pénale, JCP 2000, I., S. 63 ff., 64.

[2079] Vgl. *Berthéas*: Amende, in: Rép. pén. I, 1982, Rn. 164; *Le Page-Seznec*: Fondements des amendes forfaitaires, RSC 1996, S. 839 ff., 844.

[2080] In diesem Rahmen soll allein auf die Transaktionen eingegangen werden, die *vor* Erlaß eines rechtskräftigen Urteiles abgeschlossen werden, weil die andere Art im Hinblick auf eine zwischenstaatlich wirkende Erledigung des Verfahrens angesichts des Urteils nicht von Interesse ist (vgl. dazu z. B. *Merle/Vitu*: Proc. pén., 2001, Rn. 65).

[2081] Vgl. *Molins*: Action publique, in: Rép. pén. I, 2001, Rn. 170.

[2082] Früher war der Transaktionsabschluß nach dem 1986 abgeschafften Gesetz vom 09. 07. 1965 auch auf wirtschaftlichem Gebiet möglich.

[2083] Art. 1879 Allg. Steuergesetz; Art. L. 248 f. Fiskalprozeßbuch.

[2084] Art. 350 Zollgesetz von 1948.

fahrt,[2087] der Hochseefischerei[2088] und der Rheinschiffahrt[2089] unter bestimmten Bedingungen gestattet, dem Beschuldigten die Niederschlagung der Verfolgung gegen das Geständnis[2090] der Tat und die Zahlung einer von der Behörde festgelegten Geldsumme vorzuschlagen.[2091] Auf diese Fallgruppen verweist Art. 6 Abs. 3 Alt. 1 CPP. Das jeweils einzuhaltende Verfahren richtet sich nach denen die Transaktion im einzelnen regelnden Vorschriften. In allen Fällen leitet die Verwaltung ein Vergleichsverfahren ein,[2092] indem sie dem Beschuldigten in der ersten Stufe einen Vorschlag zukommen läßt, der die an die öffentliche Hand zu zahlende Summe konkretisiert. Die darauffolgende zweite Stufe vollzieht sich mit dem Unterschreiben des Vergleichsvorschlages. Erfordern die konkreten Vorschriften auch die Zustimmung einer übergeordneten oder dritten Behörde,[2093] erreicht die Transaktion Endgültigkeit erst mit deren Erteilung.[2094] Erwägt die zuständige Verwaltung die Einleitung eines Transaktionsverfahrens, so befindet sie sich in einer ähnlichen Lage, wie der Staatsanwalt, der die Einstellung unter Bedingungen prüft. Ist jener

---

2085 *Dobkine*: La transaction, D. 1994, Chron., S. 137 ff., 137 allerdings der Ansicht, daß es sich bei Transaktionen im fiskalischen sowie im Zollbereich in dem Maße nicht eigentlich um strafrechtliche handelt, wie Fiskal- und Zolltatbestände eher Verletzungen des staatlichen Vermögens als solche der gesellschaftlichen Ordnung ahnden. Als strafrechtliche Transaktionen könnten seiner Meinung nach nur diejenigen eingeordnet werden, die unter Bezugnahme auf eine wegen der Verletzung des geltenden Rechts verwirkten Geldstrafe auf die Zahlung eines Geldbetrages gerichtet sind.

2086 Art. L. 153-2, R. 153-1 Forstgesetz (geänd. durch Gesetz vom 04. 12. 1985); Art. L. 238-1 Neue Feldpolizeiordnung (*N. C. rural*).

2087 Gesetz vom 10. 07. 1989; Art. L. 150-16-1, L. 330-9 Gesetz zur zivilen Luftfahrt.

2088 Verordnung vom 02. 08. 1989 und Runderlaß vom 02. 08. 1989, JCP 1989, II., Nr. 63030 und Nr. 63031.

2089 Verordnung vom 15. 03. 1993, Gaz. Pal. 1993, I., S. 433.

2090 Nach der Rechtsprechung (*CA Paris* vom 17. 01. 1942, Gaz. Pal. 1942, I., S. 162 f.) macht das Geständnis einen integralen Bestandteil der Transaktion aus, so daß deren Scheitern auch jenes zum Verschwinden bringt. Eine andere Frage, der hier nicht weiter nachgegangen werden soll, ist allerdings, ob diese Entscheidung auf alle Transaktionsformen zu übertragen ist, oder ob sie auf jene, bei denen keinerlei wirklicher Verhandlungseinfluß des Beschuldigten besteht, zu beschränken ist.

2091 Vgl. *Conte/Maistre du Chambon*: Proc. pén., 2002, Rn. 163.

2092 Dies schließt allerdings nicht aus, daß das Transaktionsverfahren auch seinen Ursprung in einer Initiative des Beschuldigten haben kann, vgl. *Gassin*: Transaction, in: Rép. pén. VI, 2001, Rn. 46.

2093 Eine Transaktion im Bereich des Forstes oder der Fischerei setzt z. B. die Einwilligung der Staatsanwaltschaft voraus (Art. L. 153-2, R. 153-1 Forstgesetz; Art. R. 238-2 u. 3 Neue Feldpolizeiordnung [*N. C. rural*]). Ist im übrigen zum Zeitpunkt des Transaktionsabschlusses auf den Gebieten der indirekten Steuern und des Zolls bereits ein gerichtliches Verfahren eingeleitet worden, muß seit dem Gesetz Nr. 77-1453 vom 29. 12. 1977, sind fiskalische Sanktionen und Strafen involviert, die Staatsanwaltschaft zustimmen. Geht es hingegen nur um erstere, ist die Zustimmung des Präsidenten des Gerichtes gefordert (Art. 16 Gesetz 77-1453 vom 29. 12. 1977). Die erforderliche Billigung beschränkt sich indessen auf die Frage des „*Ob*" und nicht die des „*Wie*" der Transaktion (vgl. *Berr/Trémeau*: Droit douanier, 2001, Rn. 1034, 1040 zur zollrechtlichen Regelung). Zur Natur der Stellungnahme der justiziellen Behörde vgl. *Berr/Trémeau*: Droit douanier, 2001, Rn. 1040.

2094 Vgl. *Gassin*: Transaction, in: Rép. pén. VI, 2001, Rn. 53 ff.

gehalten, die Legalität der Verfolgung zu prüfen, könnte man dies auf den ersten Blick aber hinsichtlich der Verwaltung unter folgendem Gesichtspunkt in Zweifel ziehen.

Aufgrund der betroffenen Eigeninteressen sowie der ihr zuerkannten Vergleichsbefugnis weist deren Position gewisse Parallelen zu derjenigen der Zivilpartei auf.[2095] Jene aber ist selbstverständlich nicht verpflichtet, sich auf die Suche nach der materiellen Wahrheit zu begeben; die Annahme des Vergleichsvorschlages durch die andere Partei reicht aus, um in völlig legitimer Weise eine *transaction* auch für den Fall abzuschließen, daß in Wahrheit gar keine rechtliche Grundlage für den Anspruch existiert. Vergleichbar könnte man, die Ähnlichkeiten zum Zivilprozeß betonend, hier dafür plädieren, die Verwaltung brauche sich bei ihrer Entschließung nur auf die formelle Wahrheit, also das mit der Annahme des Transaktionsangebotes verbundene Geständnis, zu stützen. Dagegen spricht indessen, daß Gegenstand der Transaktion nicht – wie das beim zivilrechtlichen Vergleich der Fall ist – allein die Entschädigung,[2096] sondern die aus der Verletzung einer Strafvorschrift resultierende Strafdrohung ist, womit der Eintritt in eine Dimension des Rechts verbunden ist, die im französischen Strafverfahren eine sich lediglich auf formelle Voraussetzungen stützende Vereinbarung nicht zuläßt. Ist mit der Transaktion auch kein Schuldspruch verbunden, so stellt sie doch ein dem Strafrecht angehöriges Instrument der Reaktion auf ein strafrechtlich relevantes Verhalten dar, das als Eingriff von staatlicher Seite die eigenständige Untersuchung der Behörde verlangt, ob dieser Anknüpfungspunkt überhaupt gegeben ist. Dies gilt insbesondere, weil die Transaktion als Leistung der Verwaltung ja gerade den Verzicht auf die Verfolgung beinhaltet,[2097] deren Voraussetzungen also gegeben sein müssen.

Angesichts des grundsätzlich instruktorischen Strafverfahrenstypus in Frankreich hat die Verwaltung also die Legalität der Verfolgung zu prüfen.[2098] Ist schon der Verdacht einer Straftat zu verneinen, so kommt eine solche Maßnahme von vornherein gar nicht in Betracht. In den meisten Fällen wird aber sicherlich das vom Beschuldigten während der Vergleichsverhandlungen abgegebene Geständnis diese Untersuchung erleichtern. Nur, wenn die Rechtmäßigkeit der Verfolgung aus Sicht von Verwaltung oder Staatsanwaltschaft zu bejahen ist, besteht Anlaß, in die nächste Prüfungsstufe, die der Zweckmäßigkeit, einzutreten. Erscheint es angebracht, an deren Stelle besser eine außergerichtliche Lösung anzustreben, wird der Weg der Transaktion eingeschlagen.

b. Das Maß des zu erreichenden Verdachtsgrades muß von zwei Seiten her bestimmt werden. Zum einen kann es nicht ausreichen, daß die Verwaltungsbehörde die Schuld nur im Umfang eines Anfangsverdachtes für wahrscheinlich hält. Dies bedeutete, daß lediglich eine Wahrscheinlichkeit vorliegen müßte, in deren Rahmen die Zweifel an der Schuld des Verdächtigen noch überwiegen dürfen.[2099] Angesichts der nicht unerheblichen Sanktionen, die dem Beschuldigten bei seiner Zustimmung zur Transaktion auferlegt werden

---

2095 Vgl. *Conte/Maistre du Chambon*: Proc. pén., 2002, Rn. 184; *Rassat*: Proc. pén., 2001, Rn. 164.

2096 Zu diesem Aspekt, der insbesondere im Rahmen der Fiskaltransaktion zum Tragen kommt: *Boitard*: La transaction, RSC 1941, S. 151 ff., 160.

2097 *Conte/Maistre du Chambon*: Proc. pén., 2002, Rn. 163: „*En échange de l'abandon des poursuites, elles [administrations] obtiennent la reconnaissance de l'infraction par le délinquant (aveu) et le versement d'une somme d'argent ou l'exécution de certaines obligations.*"

2098 Vgl. auch *Gassin*: Transaction, in: Rép. pén. VI, 2001, Rn. 27, der von dem Erfordernis einer „*situation litigieuse*" spricht, die vor dem Urteil durch die festgestellte Straftat bestehe.

2099 Vgl. dazu *oben Kapitel 11, D. IV. 3. b.*

können, darf er nicht in die Lage versetzt werden, zwischen Einwilligung und statt dessen möglicherweise zu befürchtender Verfolgung wählen zu müssen, ohne daß deren Voraussetzungen sicher vorliegen. Auch die Funktion der *transaction* als Alternative zur Verfolgung spricht dafür, daß die Behörde ein entsprechendes Transaktionsangebot nur machen darf, wenn zumindest die Bedingungen für eine Anklage gegeben wären.[2100]

Im übrigen muß die Verwaltung auch eine gewisse Kenntnis von der in Frage stehenden Tat besitzen, um die Höhe des Transaktionsangebotes angemessen festsetzen zu können.

Das heißt, daß die Wahrscheinlichkeit für eine Verurteilung im Falle der Verfolgung überwiegen müßte und ein bloßer Anfangsverdacht nicht ausreicht. Unter Berücksichtigung des Geständnisses wird diese Höhe des Verdachtsgrades in der Regel ohne weiteres zu erreichen sein.

In Anbetracht des in seinen wesentlichen Zügen instruktorisch geprägten und auf die Suche nach der materiellen Wahrheit gerichteten französischen Strafverfahrenssystems dürfen sich indessen weder Staatsanwaltschaft noch Verwaltungsbehörden in den Fällen, in denen sie trotz des Geständnisses durch objektive Anhaltspunkte begründete Zweifel an dessen Richtigkeit hegen, nicht mit dem Hinweis auf die Aussage des Beschuldigten begnügen.

Zum anderen kann in diesem Stadium des Verfahrens nicht zu verlangen sein, daß sich die jeweils zuständige Instanz eine Überzeugung von der Täterschaft des Beschuldigten bildet.[2101] Dies ist Aufgabe des Richters und würde die Befugnisse der verfolgenden Verwaltung überschreiten.[2102]

Notwendiger Wahrscheinlichkeitsgrad für ein Transaktionsangebot ist also der *hinreichende Tatverdacht.*

c. Im Hinblick auf die Methode der Sachverhaltsfeststellung gilt das für die staatsanwaltschaftliche Einstellung Gesagte.[2103] Die Verwaltung trifft ihre Entscheidung gleichermaßen auf der Grundlage *schriftlicher* Unterlagen.

d. Der Vergleich mit der Verwaltung setzt zum einen das *Geständnis* des Beschuldigten voraus. Zum anderen ist seine *Mitwirkung* bei der Erfüllung der in der *transaction* festgelegten Bedingungen erforderlich. Auch auf diese Weise kommt ein Einverständnis mit der

---

2100 Ähnlich auch *Gassin*: Transaction, in: Rép. pén. VI, 2001, Rn. 27: *„Avant le jugement, en effet, il est admis qu'il n'est pas nécessaire que la culpabilité du transigeant soit établie d'une façon décisive lors de la conclusion de l'acte transactionnel; il suffit qu'un litige puisse naître.“* Vgl. auch *Leblois-Happe*: Réponses à la petite délinquance, 1998, Rn. 1138.

2101 Vgl. *Weigend*: Absprachen, 1990, S. 15, Fn. 30.

2102 Den Beschuldigten ohne gerichtliche Verurteilung in dieser Phase für schuldig zu erklären, stünde außerdem im Widerspruch zur Unschuldsvermutung (Art. 6 Abs. 2 MRK). Zu diesem Problem auch *Dobkine*: La transaction en matière pénale, D. 1994, Chron., S. 137 ff., 138, der zu Recht betont, in der Transaktion könne in dieser Hinsicht keine rechtliche Entsprechung einer Verurteilung gesehen werden, weswegen sich auch um einen *„abus de langage“* handle, wenn die Texte von dem *„auteur de l'infraction“* sprechen.

2103 Vgl. *oben C. I. 2. c.*

konkreten Art und Weise der Erledigung zum Ausdruck. Ohne diesen Konsens des Beschuldigten mit der Verfolgungsbehörde kommt ein solcher Vergleich nicht zustande.

e. Eine wirksam geschlossene Transaktion ist, selbst im Falle einer Rechtsverletzung oder eines Rechtsirrtums nicht angreifbar.[2104] Nachträglich kann sich der Beschuldigte vor allem nicht darauf berufen, die den Gegenstand der Einigung bildende Straftat existiere nicht.[2105] Der Vergleich besitzt Rechtskraft in letzter Instanz, *„autorité de la chose jugée en dernier ressort"*.[2106] Mit dieser Formulierung, die Art. 2052 Abs. CC,[2107] den zivilrechtlichen Vergleich betreffend, entstammt, wird auf die sofortige Unanfechtbarkeit dieser Einigung angespielt.[2108] In Anbetracht der Frage, welche Wirkung einer realisierten[2109] Transaktion zukommt, ist zunächst auf den Wortlaut des Art. 6 Abs. 3 CPP zu verweisen, der vom Erlöschen der öffentlichen Klage spricht, wenn dies ausdrücklich im jeweiligen, die Transaktion regelnden Spezialgesetz angeordnet ist.[2110] Soweit die Transaktion reicht, steht fest, daß der Beschuldigte mit Rücksicht auf diese Delikte weder mit einer Geldstrafe, noch auch mit einer Freiheitsstrafe bestraft werden darf.[2111] In *subjektiver Hinsicht* erfaßt die Transaktion grundsätzlich lediglich die Person desjenigen, der sie unterschrieben hat, nicht also seinen Mittäter oder Teilnehmer.[2112] Erfolgte der Abschluß des Vergleichs allerdings mit einer juristischen Person, so dehnt sich die Sperrwirkung auch auf deren rechtlichen Vertreter aus, soweit er in dieser Eigenschaft verfolgt wird.[2113]

2104 *Causse*: La transaction, 1945, S. 125; *Dupré*: La transaction, 1977, S. 148.

2105 *Crim.* vom 27. 06. 1983, Bull. crim. 1983, Nr. 198; *Dupré*: La transaction, 1977, S. 148.

2106 Vgl. *Causse*: La transaction, 1945, S. 125; *Dupré*: La transaction, 1977, S. 149; *Cédras*: Action publique, Jur.-Cl., Art. 6, Fasc. 2, 1995, Rn. 22 (zur zollrechtlichen Transaktion).

2107 Art. 2052 CC: *„Les transactions ont, entre les parties, l'autorité de la chose jugée en dernier ressort. Elles ne peuvent être attaquées pour cause d'erreur de droit, ni pour cause de lésion."*

2108 Ausnahmsweise kann sich der auf Beschuldigtenseite stehende Transaktionspartner über den hierarchischen oder den Gnadenweg oder unter Berufung auf Machtüberschreitung durch die Verwaltung bei Erstellung des Transaktionsangebotes gegen dieses in seiner konkreten Form wehren. Dazu: *Gassin*: Transaction, in: Rép. pén. VI, 2001, Rn. 109 ff.

2109 Die hier interessanten verfahrensabschließenden Wirkungen der Transaktion treten erst mit deren Durchführung ein. Vgl. dazu aber auch *Crim.* vom 18. 04. 1983, Bull. crim. 1983, Nr. 106, wonach die Verwaltung mit der Annahme der verspäteten Zahlung auf das Recht verzichtet, sich auf die in der Transaktionsvereinbarung enthaltene Strafabrede zu berufen, die die Einleitung der Verfolgung im Falle der Überschreitung der vereinbarten Frist vorsah.

2110 *Crim.* vom 10. 10. 1962, Bull. crim. 1962, Nr. 270; vom 12. 02. 1990, Bull. crim. 1990, Nr. 72.

2111 *Crim.* vom 12. 02. 1990, Bull. crim. 1990, Nr. 72.

2112 *Crim.* vom 26. 11. 1964, Bull. crim. 1964, Rn. 314; *Schoen*: Douanes, in: Rép. pén. III, 1997, Rn. 561; *Berr/Trémeau*: Droit douanier, 2001, Rn. 1049.

2113 *Crim.* vom 20. 01. 1992, Bull. crim. 1992, Nr. 18. Vgl. auch *Crim.* vom 13. 12. 1993, Bull. crim. 1993, Nr. 384: Zolltransaktion zwischen juristischer Person und Verwaltung beendet Verfolgung ihres Erfüllungsgehilfen. Allerdings hat der *Kassationsgerichtshof* jetzt entschieden, daß ein Freispruch des gesetzlichen Vertreters einer juristischen Person, der persönlich verfolgt wurde, nicht verhindern kann, daß er diese in dem gegen sie aufgrund der gleichen Tat eingeleiteten Verfahrens vertreten muß (vgl. *Crim.* vom 30. 05. 2000, Bull. crim. 2000, Nr. 206).

Der staatliche Strafverfolgungsanspruch erlischt allerdings grundsätzlich nur mit Bezug auf diejenigen Straftaten, die ausdrücklich *Gegenstand der Transaktion* waren, die also in dem die Grundlage der Transaktion bildenden Protokoll Erwähnung fanden.[2114] Insoweit verhilft dann auch die nachträgliche Entdeckung eines bisher ungekannten Ausmaßes des berücksichtigten Deliktes nicht zu einer anderen Beurteilung.[2115] Daneben greift die Erlöschenswirkung aber ebenfalls auf die höhere Qualifikation über, wenn die Straftat in der Vereinbarung unter ihrer geringeren berücksichtigt wurde.[2116] Gleichermaßen werden leichtere Straftaten, derentwegen dann auch nicht noch einmal separat verfolgt werden darf, absorbiert.[2117] Als statthaft wird die Verfolgung indessen in folgendem Falle angesehen: Nach Abschluß der Transaktion werden der Verwaltung *neue Beweiselemente* offenbar, die zur Entdeckung einer von der den Gegenstand der vorangegangenen Einigung bildenden *zu unterscheidenden Straftat* führen. Darüber hinaus ist die Transaktionswirkung beschränkt auf die Tatbestände des jeweiligen Spezialgebietes, während jene dazu *konkurrierenden* des allgemeinen Strafrechtes oder anderer spezieller Bereiche unberührt bleiben. Deren Verfolgung ist demzufolge noch möglich.[2118]

Gleichwohl scheint die Rechtsprechung im Bereich der Zolldelikte[2119] eine andere Lösung zu verfolgen.[2120] In einer oft zitierten Entscheidung des Kassationsgerichtshofes aus dem Jahre 1984 heißt es:

„*En vertu de la règle* non bis in idem, *les mêmes faits concernant la même personne ne peuvent plus, à la suite d'une transaction douanière ayant eu pour effet d'éteindre l'action publique, être poursuivis sous une autre qualification juridique.*“[2121]

2114 *Dupré*: La transaction, 1977, S. 152; *Berr/Trémeau*: Droit douanier, 2001, Rn. 1049.

2115 *Crim.* vom 03. 03. 1951, Doc. cont. 1951, Nr. 961 (zit. nach *Berr/Trémeau*: Droit douanier, 2001, Rn. 1049) für den Fall, daß die Zollbehörde im nachhinein einen größeren Betrugsumfang als bisher angenommen aufspürte.

2116 *Crim.* vom 03. 03. 1951, Doc. cont. 1951, Nr. 961 (zit. nach *Berr/Trémeau*: Droit douanier, 2001, Rn. 1049); *Berr/Trémeau*: Droit douanier, 2001, Rn. 1049; *Gassin*: Transaction, in: Rép. pén. VI, 2001, Rn. 63.

2117 *Conte/Maistre du Chambon*: Proc. pén., 2002, Rn. 185.

2118 *Crim.* vom 19. 02. 1964, D. 1964, Jur., S. 376 m. Anm. *Mazard*; vom 20. 02. 1969, Bull. crim. 1969, Nr. 88; *Causse*: La transaction, 1945, S. 123 hinsichtl. Fiskaltransaktionen; *Schoen*: Douanes, in: Rép. pén. III, 1997, Rn. 558; *Berr/Trémeau*: Droit douanier, 2001, Rn. 1049; *Conte/Maistre du Chambon*: Proc. pén., 2002, Rn. 185; *Gassin*: Transaction, in: Rép. pén. VI, 2001, Rn. 32, 59, 63, 117 ff.; *Molins*: Action publique, in: Rép. pén. I, 2001, Rn. 35, 37 und *Guardia*: Transaction avec l'administration des douanes, GP 1984, Doctr., S. 412: „*Toutefois, la sérénité que la transaction procurera au justiciable ne saurait être étendue à ses rapports avec les autres Administrations appelées à se pencher sur les mêmes faits.*“

2119 Art. 350 Zollgesetz: „*L'administration des douanes est autorisée à transiger avec les personnes poursuivies pour infraction douanière ou pour infraction à la législation et à la réglementation relatives aux relations financières avec l'étranger ...*“. Vgl. dazu: *Viala/Amadio*: Protection du contribuable, 1978; *Guardia*: Transaction avec l'administration des douanes, GP 1984, Doctr., S. 412 ff.

2120 So auch *Rassat*: Proc. pén., 2001, Rn. 306, Fn. 7. In der Regel wird diese Abweichung in der Literatur lediglich zitiert, nicht kommentiert: z. B. *Merle/Vitu*: Proc. pén., 2001, Rn. 65, Fn. 2; *Pradel*: Proc. pén., 2002, Rn. 237.

2121 *Crim.* vom 07. 03. 1984, Bull. crim. 1984, Nr. 96.

Danach dürfte eine Tat gegenüber derselben Person nach Abschluß einer zollrechtlichen Transaktion auch nicht unter einer anderen rechtlichen Qualifikation noch einmal verfolgt werden. Ihrem Inhalt nach an Art. 368 CPP erinnernd, der das Verfolgungsverbot gegenüber einem Freigesprochenen in Anbetracht einer anderen rechtlichen Einordnung derselben Tat, festschreibt, scheint die Entscheidung die Wirkung der zollrechtlichen Transaktion auf die gesamte Tat, nicht nur auf die konkret von der Transaktion erfaßten Delikte, erstrecken zu wollen. Die Sperrwirkung wäre in ihrem Umfang demnach derjenigen eines rechtskräftigen Urteiles gleichzusetzen.

Mit der Entscheidung von 1984 wies der *Kassationsgerichtshof* den Antrag der Zivilpartei zurück, die sich gegen den Freispruch eines Angeklagten durch das Berufungsgericht zur Wehr setzen wollte. Dieser stand wegen Beleidigung einer mit einem öffentlichen Amt betrauten Person,[2122] des als Zivilpartei auftretenden Zollkontrolleurs, vor Gericht. Dem Urteil war eine Transaktion zwischen dem Angeklagtem und der Zivilpartei vorangegangen, in der auf die „*injures*", beleidigende Worte des erstgenanntem gegenüber der letzteren, Bezug genommen wurde. Neben der den Gegenstand des Strafverfahrens bildenden Vorschrift des allgemeinen Strafrechts erfüllt die Beleidigung auch den Tatbestand eines zollrechtlichen Deliktes. Das Berufungsgericht hatte seinen Freispruch auf das Erlöschen der Strafklage infolge der Transaktion gestützt, da es sich um „*... la même infraction prise sous deux qualifications*[2123] *différentes ...*" handle und „*... il ne peut y avoir dualité de poursuites ...*".

Das Berufungsurteil bestätigend, weitet die *Cour de cassation* diese Formulierung indessen noch etwas aus, indem sie sich nicht mit einer Verfolgungssperre im Hinblick auf die „*même infraction*" begnügt, sondern diese auf „*les mêmes faits*" erstreckt und sich im Leitsatz auf den Grundsatz *ne bis in idem* beruft. Mit dieser Entscheidung weicht die *Cour de cassation* von ihrer bisherigen Linie ab und hält nun den Grundsatz *ne bis in idem* bei der zollrechtlichen Transaktion dem verwendeten Wortlaut zufolge („*les mêmes faits*") auch hinsichtlich der gesamten historischen Tat für anwendbar. Letzte Zweifel an der Berufung auf diesen Grundsatz verschwinden angesichts des Verweises auf ältere Entscheidungen, die die Reichweite der Rechtskraft einer Verurteilung zum Inhalt haben.[2124]

Was diese Wendung veranlaßte, bleibt allerdings im Unklaren. Verfrüht wäre es jedenfalls, aus diesem Urteil allgemeingültige Schlüsse ziehen zu wollen. Zum einen handelt es sich, soweit ersichtlich, um einen Einzelfall. Zum anderen spricht die *Cour de cassation* ausdrücklich nur von einer *transaction douanière*. Daher müßten sich generalisierende Folgerungen ohnehin von vornherein auf das Gebiet des Zoll-

---

2122 Heute unter leichten Veränderungen Art. 433-5 CP.

2123 Unter *infraction* versteht man im französischen Strafrecht vordergründig die Straftat. Gleichwohl ist deswegen noch keine Deckungsgleichheit mit dem Begriff der *qualification* anzunehmen, die allein die Subsumtion unter einen Straftatbestand kennzeichnet. Offenbar versieht man den Ausdruck *infraction* zusätzlich mit einem materiellen Element, nämlich der Verletzung eines gesellschaftlichen Wertes (*valeur sociale*). Sind demzufolge formell zweierlei Strafnormen verletzt, die aber beide denselben Wert, dasselbe Rechtsgut schützen, so handelt es sich zwar um zwei *qualifications*, aber nur um eine *infraction*. Auf der anderen Seite ist dieser Terminus abzugrenzen von dem des *fait (matériel)*, der die strafbare Handlung, das historische Tatgeschehen umschreibt, die wiederum mehrere *infractions* einschließen kann. (Siehe dazu *Pradel*: Dr. pén. gén., 2002, Rn. 298 ff.). Im Zusammenhang mit der Subsumtion unter verschiedene rechtliche Qualifikationen schreibt man häufig von einer „*inflation législative et réglementaire*" (z. B. *Garcin*: Proc. pén., 1996, Rn. 307). Freilich ist zuzugeben, daß in der Literatur zum Teil (z. B. *Rassat*: Proc. pén., 2001, Rn. 517) offenbar *infraction* auch im Sinne von *fait* verwendet wird.

2124 Siehe vor allem die Entscheidung *Crim.* vom 25. 03. 1954, Bull. crim. 1954, Nr. 121 (Fall *Thibaud*), die die spätere Verfolgung ohne Verstoß gegen das Prinzip *ne bis in idem* wegen Mordes für zulässig erachtet, obwohl bereits eine Verurteilung wegen fahrlässiger Tötung vorangegangen war. Ähnlich auch *Crim.* vom 19. 05. 1983, Bull. crim. 1983, Nr. 149 (Fall *Laurent*) (siehe dazu auch *oben Kapitel 6, C. IV. 2. a., b.*).

rechts beschränken. Aber schon dies mutet voreilig und die Besonderheiten des konkreten Falles ignorierend an. Die betroffene Beleidigung läßt sich nämlich zwar unter zwei unterschiedliche Straftatbestände subsumieren, die aber im Grunde beide dem Schutz derselben Rechtsgüter, nämlich der Achtung vor dem bekleideten Amt und der Würde der dieses innehabenden Person, zu dienen bestimmt sind. Zugegebenermaßen existieren danach zwei *qualifications*, aber nur eine *infraction*. Wenn gleichwohl die Begründung in ihrer Reichweite erstaunlich bleibt, erscheint das vom Gericht gefundene Ergebnis damit wertungsmäßig vorgegeben, denn es wäre unter diesen speziellen Umständen nicht einsichtig, nach Abschluß des Zollvergleiches wegen der Beleidigung noch einmal ein Verfahren anläßlich der allgemeinstrafrechtlichen Dimension eben dieser Beleidigung zuzulassen.

Als Ergebnis bleibt demzufolge festzuhalten, daß sich auch durch die abweichende Kassationsgerichtsentscheidung aus dem Jahre 1984 nichts an der Regel geändert hat, nach der sich das durch eine strafrechtliche Transaktion hervorgerufene Erlöschen der Strafklage allein auf die im Einzelfall einbezogenen Straftatbestände begrenzt. Der staatliche Strafverfolgungsanspruch verschwindet nicht hinsichtlich der gesamten Tat, sondern lediglich bezüglich bestimmter Straftatbestände. Soweit aber das Erlöschen reicht, können auch nachträglich offenbarte Umstände nicht zu einer erneuten oder fortgesetzten Verfolgung führen.

Die der Transaktion innewohnende strafklagevernichtende Wirkung wird dem Prinzip *ne bis in idem* zugeschrieben. Kraft dessen ist die erneute Verfolgung verboten.[2125] Die Transaktion ersetzt die rechtskräftig entschiedene Sache (*chose jugée*), genauer, die rechtskräftig durch Verurteilung entschiedene Sache.[2126]

3. Die *composition pénale* gemäß Art. 41-2 und Art. 41-3 CPP[2127]

a. Die Alternative 2 des Art. 6 Abs. 3 CPP spricht den Fall des in Art. 41-2 bis 41-3 CPP gesetzlich[2128] geregelten *strafrechtlichen Vergleiches* (*composition pénale*) an, der ebenfalls die Charakterzüge der Transaktion trägt.[2129]

2125 *Boitard*: La transaction, RSC 1941, S. 151 ff., 180; *Gassin*: Transaction, in: Rép. pén. VI, 2001, Rn. 121; *Mazard*: Anm. zu Crim. vom 19. 02. 1964, D. 1964, Jur., S. 378: „... *la transaction éteint l'action publique en vertu du principe non bis in idem*."; *Crim.* vom 07. 03. 1984, Bull. crim. 1984, Nr. 96: „*En vertu de la règle non bis in idem ...*". A. A. aber *Gassin*: Transaction, in: Rép. pén. VI, 2001, Rn. 61 zu den Fiskaltransaktionen, denen er im Gegensatz zu jenen die Wirtschaft betreffenden keine Rechtskraftwirkung zuerkennt, da es sich nur um einen „*versilberten Verzicht*" („*renonciation monnayée*") der Verwaltung auf die öffentliche Klage handle. Vgl. insoweit auch *Dobkine* (oben Fn. 2085).

2126 Skeptisch aber *Dobkine*: La transaction, D. 1994, Chron., S. 137 ff., 139. Dazu auch *Hugueney*: „*La transaction n'est pas un jugement de condamnation.*" (zit. nach *Causse*: La transaction, 1945, S. 174).

2127 Durch Gesetz Nr. 2004-204 vom 09. 03. 2004, Art. 69 ff., (JO vom 10. 03. 2004, S. 4567) wurde die *composition pénale* sowohl hinsichtlich ihres Anwendungsbereichs (Ausdehnung auf alle mit einer Freiheitsstrafe bis einschließlich fünf Jahren zu ahndende Vergehen, Art. 41-2 Abs. 1 CPP n.F.) als auch des Maßnahmekataloges (Ausdehnung z.B. auf Maßnahmen wie die Übergabe des Kraftfahrzeugs, Verbote der Scheckausstellung, der Kartenzahlung, des Aufsuchens des Tatortes und der Kontaktaufnahme zum Opfer) erweitert.

Der *composition pénale* ging bereits ein ähnlicher Vorstoß voraus. Im Dezember 1994 verabschiedete der Gesetzgeber das Instrument der *injonction pénale*, die geplanten Art. 48-1 ff. CPP, die dem Staatsanwalt erlauben sollte, den Täter mit dessen Einverständnis aufzufordern, bestimmte Bedingungen, wie die Zahlung einer Geldsumme an die öffentliche Hand, zu erfüllen, deren Ausführung zum Erlöschen der Strafklage geführt hätte. Die tatsächliche Einführung dieses Verfahrens scheiterte jedoch an dessen Annullierung durch den Verfassungsrat (*Conseil constitutionnel*).[2130] Dieser hielt den Ausspruch von solchen Maßnahmen, die, falls sie durch ein Gericht angeordnet werden, Strafen darstellen, durch einen Staatsanwalt unter Berücksichtigung der Unschuldsvermutung, der Stellung der richterlichen Autorität als Wächterin der individuellen Freiheiten und der Rechte der Verteidigung trotz der Einwilligung des Beschuldigten für einen Verstoß gegen das Prinzip der Trennung zwischen Verfolgung und Urteil.[2131]

Aus dem Scheitern dieses Vorstoßes zog der Gesetzgeber seine Lehren und entwic??kelte, diesmal unbeanstandet, ein transaktionelles Verfahren unter richterlicher Beteiligung. Diese Variante, die nun mit Gesetz vom 23. Juni 1999[2132] Eingang in die Strafprozeßordnung fand, beschränkt sich auf den Bereich enumerativ bestimmter Vergehen (*délits*)[2133] oder Übertretungen (*contraventions*).[2134] Art. 41-2 CPP eröffnet dem Staatsanwalt die Möglichkeit, dem geständigen volljährigen Täter eine *composition pénale*[2135] vorzuschlagen. Voraussetzung ist, daß die öffentliche Klage noch nicht in Gang gesetzt wurde. Wie schon im Rahmen des vor dem Verfassungsrat gescheiterten Vorhabens sind auch hier die zur Wahl stehenden Maßnahmen[2136] zum größten Teil Strafen (Geldstrafe, Einziehung, Aberkennung von Rechten, gemeinnützige Arbeit) sehr ähnlich:

[2128] Daß die Gesellschaft auf diese Weise dem Staatsanwalt ausnahmsweise das Recht überträgt, in bezug auf bestimmte Straftaten über die öffentliche Klage zu disponieren, erfordert eine gesetzliche Regelung (*Volff*: L'injonction pénale, D. 1995, Chron., S. 202). Vgl. insoweit auch *oben C. I. 1.*

[2129] Vgl. *Merle/Vitu*: Proc. pén., 2001, Rn. 332, die aber auch die Parallele zum vereinfachten Verfahren (*ordonnance pénale*) ziehen.

[2130] Entscheidung vom 02. 02. 1995 Nr. 95-360 DC, D. 1997, Somm., S. 130 m. Anm. *Renoux*.

[2131] Zur Kritik der Entscheidung des *Conseil constitutionnel* vgl. *Pradel*: L'injonction pénale, D. 1995, Chron., S. 171 ff., insb. Nr. 4, der vor allem die Unterschiede zwischen einer Strafe und den vorgesehenen Maßnahmen herausstellt, und *Volff*: L'injonction pénale, D. 1995, Chron., S. 202 ff.

[2132] Gesetz Nr. 99-515. Dazu zum Teil kritisch siehe *Leblois-Happe*: La composition pénale, JCP 2000, I., S. 63 ff., 67 ff.

[2133] Die betreffenden Artikel des Strafgesetzes (Gewaltdelikte, Drohungen usw. – Freiheitsstrafe unter drei Jahren), des die Ordnung des Kriegsmaterials, der Waffen und der Munition regelnden Gesetzesdekretes vom 18. 04. 1939, der Straßenverkehrsordnung und der Gesundheitsordnung sind in Art. 41-2 Abs. 1 S. 1 CPP aufgezählt. Zur Ausdehnung des Straftatenkataloges durch Gesetz Nr. 2004-204 vom 09. 03. 2004, Art. 69 ff. (JO vom 10. 03. 2004, S. 4567) vgl. *oben Fn. 2127.*

[2134] Art. 41-3 Abs. 1 CPP nennt Fälle von leichten, als Übertretungen eingestuften Gewalt- und Beschädigungsdelikten sowie besondere, vom *Conseil d'Etat* bestimmte Übertretungen.

[2135] Siehe dazu: *Pradel*: La composition pénale, D. 1999, Chron., S. 379 ff.; *Conte/Maistre du Chambon*: Proc. pén., 2002, Rn. 312. Zur Kritik der aktuellen gesetzlichen Regelung der *composition pénale*: *Pradel*: Procédure pénale française, D. 2000, Chron., S. 1 ff., 3.

[2136] Zur Ausdehnung des Maßnahmenkataloges durch Gesetz Nr. 2004-204 vom 09. 03. 2004, Art. 69 ff. (JO vom 10. 03. 2004, S. 4567) vgl. *oben Fn. 2127*

1) Zahlung einer gebührenpflichtigen Verwarnung (*amende de composition*) an die Staatskasse, deren Betrag weder 3.750 Euro (*délit*)/ 750 Euro (*contravention*)[2137] noch die Hälfte der durch das Delikt höchstens verwirkten Geldstrafe übersteigen darf, wobei die Schwere der Tat, die Geldmittel und die Verpflichtungen des Betroffenen berücksichtigt werden; die Zahlung kann innerhalb eines Jahres gestaffelt erfolgen,

2) Aushändigung eines Gegenstandes, der zu der Begehung des Deliktes gebraucht worden, bestimmt gewesen oder durch sie hervorgebracht worden ist, an den Staat,

3) Abgabe der Fahrerlaubnis für einen Höchstzeitraum von sechs (*délit*)/ zwei (*contravention*) Monaten oder der Jagderlaubnis für einen Höchstzeitraum von vier (*délit*)/ zwei (*contravention*) Monaten an die Geschäftsstelle des *Tribunal de grande instance*,

4) Ableistung von maximal 60 (*délit*)/ 30 (*contravention*) Stunden gemeinnütziger Arbeit während eines Zeitraumes von sechs (*délit*)/ drei (*contravention*) Monaten,

5) Teilnahme an einem Praktikum oder einer Ausbildung in einer Gesundheits-, Sozial- oder Arbeitseinrichtung für die Höchstdauer von drei Monaten innerhalb eines Zeitraumes von maximal achtzehn Monaten,

6) Wiedergutmachung des dem Opfer zugefügten Schadens innerhalb eines Zeitraumes von maximal sechs Monaten, soweit das Opfer bekannt und dies nicht schon geschehen ist.[2138]

Wegen der Ähnlichkeit der Maßnahmen mit Strafen verlangt die *composition pénale* nach verfahrensrechtlichen Garantien.[2139] Zum einen muß der Vorschlag des Staatsanwaltes dem Betroffenen, der sich der Unterstützung eines Anwaltes bedienen darf, schriftlich, unterschrieben und in ausreichend bestimmter Weise übermittelt werden. Zum anderen ist die protokollarisch aufgenommene Zustimmung des Betroffenen hinsichtlich des Vorschlags des Staatsanwaltes und vor dem Richter erforderlich.[2140] Schließlich durchläuft der Vergleich ein richterliches Genehmigungsverfahren (*validation*, vgl. Art. 41-2 Abs. 6, Art. 41-3 Abs. 3 CPP). Der Vorsitzende des *Tribunal de grande instance* bei einem Vergehen bzw. der Strafrichter (*juge d'instance*) bei einer Übertretung entscheiden über die Wirksamerklärung.[2141] Die Anhörung des Betroffenen sowie des Opfers[2142] ist fakultativ.

2137 Die für die Übertretungen gültigen Besonderheiten ergeben sich jeweils aus Art. 41-3 CPP.

2138 Art. 41-2 Abs. 2 S. 1 CPP.

2139 *Conte/Maistre du Chambon*: Proc. pén., 2002, Rn. 312. *Leblois-Happe*: La composition pénale, JCP 2000, I., S. 63 ff., 69 vertritt die Ansicht, daß eine Beschränkung dieser transaktionellen Regelung auf die Zahlung eines Geldbetrages als für Transaktionen typische Sanktion ohne Verstoß gegen die Entscheidung des *Conseil constitutionnel*, D. 1997, Somm., S. 130 m. Anm. *Renoux* das Entfallen des richterlichen Genehmigungsverfahrens ermöglicht hätte.

2140 Vgl. Art. 41-2 Abs. 5, 6 CPP. Die Verweigerung der oder die unvollständige Ausführung der Maßnahme entspricht der mangelnden Zustimmung, vgl. *Merle/Vitu*: Proc. pén., 2001, Rn. 332.

2141 Nach Art. 706-72 Abs. 2 n. F. CPP kann auch die neu eingeführte „*juridiction de proximité*" (vgl. dazu *oben Kapitel 9, C. II.* m. w. N.) durch den Präsident des Großinstanzgerichts mit der Validierung der *composition pénale* beauftragt werden.

2142 Vgl. Art. 41-2 Abs. 6 S. 3, 4 CPP. Siehe auch *Merle/Vitu*: Proc. pén., 2001, Rn. 332, die aufgrund dessen bemerken, das Verfahren „*... risque fort de ressembler à une audience correctionnelle ou de police, et de ne pas remédier au désencombrement du tribunal.*"

Bisher wurde sie darüber hinaus auch zur Pflicht, wenn die Beteiligten sie einforderten. Dieser Anspruch auf Anhörung durch den Richter ist mit Gesetz vom 09. 09. 2002[2143] aus Vereinfachungs- und Effektivitätsgründen abgeschafft worden.[2144]

Des Richters Entscheidung kann nur in einer Genehmigung oder einer Zurückweisung bestehen – eine inhaltliche Veränderung des Vergleichs ist ausgeschlossen.[2145] Genehmigt er die *composition pénale*, wird diese ausgeführt. Scheitert das Verfahren indes am Fehlen der Zustimmung des Betroffenen, der richterlichen *validation* oder daran, daß der Betroffene letztlich den beschlossenen Maßnahmen nicht nachkommt, so gewinnt der Staatsanwalt seine Entscheidungsfreiheit zurück.[2146] Im Falle einer späteren Verurteilung werden geleistete Arbeiten oder gezahlte Beträge in Rechnung gestellt.

Bei dem *„strafrechtlichen Vergleich"* handelt es sich um den sogenannten *„dritten Weg"* zwischen einfacher Einstellung und Anrufung der Gerichte.[2147] Diese Einordnung weist den Weg zu den Entscheidungskriterien. Die Wahl dieses Mittelweges wird von Erwägungen der Legalität und der Opportunität der Verfolgung bestimmt. Demzufolge ist der Staatsanwalt zunächst gehalten, die Verurteilungswahrscheinlichkeit zu beurteilen. Dabei wird ihm das Bekenntnis des Beschuldigten, die Tat begangen zu haben, die Prüfung sicherlich in den meisten Fällen erleichtern, diese aber nicht ersetzen können. Mit der Rolle des Staatsanwaltes als *„représentant de la société"*, der gegebenenfalls im wohlverstandenen Interesse der Gesellschaft auch den Freispruch des Angeklagten fordern muß, wenn der Schuldnachweis nicht zweifelsfrei möglich ist,[2148] ließe es sich nicht vereinbaren, wenn man Art. 41-2 CPP in der Weise verstehen würde, daß Grundlage des staatsanwaltlichen Handelns die formale Voraussetzung des – möglicherweise falschen – Geständnisses und nicht der unter Würdigung aller anderen Umstände begründete Tatverdacht sein soll. Kommt der Staatsanwalt zu dem Schluß, daß die Verfolgung nicht rechtmäßig wäre, entfällt die Variante des strafrechtlichen Vergleichs. Er muß das Verfahren einstellen.[2149] Ansonsten prüft der Staatsanwalt hingegen die Zweckmäßigkeit der Verfolgung. Ausgangspunkt der Überlegungen muß auch hier die Frage sein, ob die Verfolgung der in Frage stehenden Tat von vornherein opportun erscheint. Ist dies ohnehin nicht der Fall, so ist kein Grund ersichtlich, an eine *composition pénale* zu denken. Deren Einführung erfolgte nämlich aufgrund des Motivs der Effektivität: Diejenigen Fälle, die nicht zur einfachen

---

2143 Gesetz Nr. 2002-1138, JO vom 10. 09. 2002.

2144 Vgl. die Überschrift im Gesetz Nr. 2002-1138, unter der diese Änderung zu finden ist: *„Dispositions tendant à simplifier la procédure pénale et à accroître son efficacité"*.

2145 Vgl. *Leblois-Happe*: La composition pénale, JCP 2000, I., S. 63 ff., 68 unter Hinweis auf die *travaux préparatoires*.

2146 Vgl. Art. 41-2 Abs. 7 S. 1 CPP: „... *le procureur de la République* apprécie *la suite à donner à la procédure*." (Hervorhebung der *Verf.*).

2147 *Pradel*: La procédure pénale française, D. 2000, Chron., S. 1 ff., 2; *Leblois-Happe*: La composition pénale, JCP 2000, I., S. 63 ff., 67.

2148 *Garraud*: Instr. crim. I, 1907, Rn. 90; *Rassat*: Proc. pén., 2001, Rn. 161.

2149 Auch wenn dies in der französischen Strafprozeßliteratur nicht so deutlich ausgesprochen wird, so verstieße der Staatsanwalt in der – allerdings wohl eher theoretischen Situation – gegen seine Pflichten, betriebe er einen Fall hinsichtlich eines Verhaltens weiter, von dessen Straflosigkeit er ausgeht.

Einstellung geeignet waren, sollten eine strafrechtliche Reaktion erfahren, ohne das Verfahren einer Hauptverhandlung durchlaufen zu haben.[2150] Folglich erstreckt sich das Anwendungsgebiet dieses strafrechtlichen Vergleichs auf Delikte, hinsichtlich derer die Verfolgung an sich schon opportun wäre. In diesem Fall erwägt der Staatsanwalt, ob sich die Opportunität durch die in Art. 41-2 CPP genannten *sanctions punitives*[2151] beseitigen läßt, so daß auf eine Verfolgung letztlich verzichtet werden kann. In diesem Fall wird er dem Beschuldigten eine oder mehrere der in Art. 41-2 Abs. 1 und 2 CPP genannten Sanktionen vorschlagen.

Welche Kriterien der *Richter* im Rahmen der nachfolgenden *validation* zu prüfen hat, legt das Gesetz nicht eindeutig fest. Allerdings läßt sich aus der Entstehungsgeschichte der *composition pénale* schlußfolgern, daß es sich um eine umfängliche Kontrolle handelt.

Der *Verfassungsrat*, der das vorangegangene Gesetzesvorhaben der *injonction pénale* scheitern ließ, richtete seine Kritik wesentlich gegen die Einführung bestimmter Maßnahmen durch die *injonction pénale*, die ihrer Natur nach die individuelle Freiheit verletzen können und, falls durch ein Gericht ausgesprochen, Strafen darstellen. Dabei betonte er die Wichtigkeit der Trennung der mit der Erhebung der öffentlichen Klage betrauten staatlichen Gewalt von jener zum Urteilsspruch Berufenen für den Schutz der individuellen Freiheit. Ausspruch und Ausführung dieser Maßnahmen könnten trotz der Einwilligung der strafrechtlich verfolgbaren Person nicht allein in den Händen der mit der Einleitung der öffentlichen Klage befaßten Behörde liegen, da es sich um Repression von allgemein-strafrechtlichen Delikten handle. Erforderlich sei stattdessen – entsprechend den verfassungsrechtlichen Forderungen – die Entscheidung einer *autorité de jugement*.[2152]

Um die Entwicklung der *composition pénale* verfassungskonform zu gestalten, führte man die richterliche *validation* ein, die nur dann ihre Funktion zu erfüllen in der Lage ist, wenn der Richter selbst sämtliche Umstände untersucht und nicht auf eine Überprüfung der Formalitäten beschränkt ist.[2153] Ebensowenig wie die staatsanwaltschaftliche Entscheidung ist auch die Genehmigungsentscheidung des Richters anfechtbar. Die *composition pénale* stellt keine Verurteilung dar. Bis 2002 hinterließ diese Erledigungsform mangels Vermerks im Strafregister auch keine Spuren, weswegen der unbeschränkten Wiederholung dieser Erledigungsmethode angesichts aufeinanderfolgender Delikte nichts entgegenstand.[2154] Neuerdings aber werden die ausgeführten Vergleiche im Strafregister erfaßt.[2155] Die Eintragung wird nach drei Jahren nur dann gelöscht, wenn die betroffene Person in-

---

2150 *Pradel*: La composition pénale, D. 1999, Chron., S. 379.

2151 *Pradel*: La composition pénale, D. 1999, Chron., S. 379 ff., 381.

2152 *Cons. const.* vom 02. 02. 1995 Nr. 95-360 DC, D. 1997, Somm., S. 130 m. Anm. *Renoux*.

2153 Vgl. auch *Renoux*: Anm. zu *Cons. const.* vom 02. 02. 1995, D. 1997, Somm., S. 131: „*Mais la véritable* ratio decidendi *de la décision nous semble davantage située dans l'absence de contrôle réel et effectif du juge, magistrat du siège, sur l'objet, le contenu et les modalités de la transaction.*" Vgl. auch Circ. CRIM 99-16 F1 vom 13. 12. 1999, 1.2.

2154 *Rassat*: Proc. pén., 2001, Rn. 307.

2155 Vgl. 41-2 Abs. 10 und Art. 768 Nr. 9 CPP n. F. (Gesetz Nr. 2002-1138 vom 09. 09. 2002, JO vom 10. 09. 2002).

nerhalb dieses Zeitraums weder zu einer Verbrechens- oder Vergehensstrafe verurteilt wurde noch eine neue *composition pénale* abgeschlossen hat.[2156]

b. Im Hinblick auf den Verdachtsgrad, zu dem die Staatsanwaltschaft hinsichtlich der Begehung der Tat gelangen muß, gilt im wesentlichen das gleiche wie für die Transaktionen zwischen dem Beschuldigten und der Verwaltung.[2157] Auch hier ist zumindest ein *hinreichender Tatverdacht* erforderlich. Dabei ist das Geständnis des Beschuldigten auch hier nicht lediglich formell, sondern materiell zu bewerten: Sind also Hinweise auf ein falsches Geständnis erkennbar, muß dies berücksichtigt und gegebenenfalls weiter aufgeklärt werden.

Aus der oben konstatierten Parallelität der von Staatsanwalt und Richter vorzunehmenden Prüfung läßt sich folgern, daß der *Richter* zumindest auch zur Bejahung des hinreichenden Tatverdachts gelangen muß.[2158] Andernfalls darf er die *validation* nicht beschließen. Trotzdem bleibt die Frage offen, ob er nicht darüber hinaus von der Täterschaft des Beschuldigten überzeugt sein muß. Zu klären ist also, ob das Niveau der vom Richter angenommenen Schuldwahrscheinlichkeit ebenso hoch sein muß wie bei einer Verurteilung.

Dafür könnte die Argumentation des *Verfassungsrates* in seiner Entscheidung zur *injonction pénale* sprechen. Unter anderem bezog er sich nämlich auch auf die Unschuldsvermutung nach Art. 9 der Menschen- und Bürgerrechtserklärung von 1789, nach der jedermann bis zu seiner Schuldigerklärung für unschuldig gehalten wird.[2159] Dies könnte im Zusammenhang mit der betonten Ähnlichkeit der Maßnahmen mit richterlich verhängten Strafen implizieren, daß deren staatsanwaltschaftliche Anordnung ohne richterliche Schuldfeststellung einen Verstoß gegen die Unschuldsvermutung bedeutete.[2160] Die Entwicklung der *composition pénale* war durch das Bestreben getragen, die durch den *Conseil constitutionnel* aufdeckten Mängel der *injonction pénale* zu vermeiden. Deshalb wäre Konsequenz für die *composition pénale* dann die Notwendigkeit richterlicher Schuldfeststellung gewesen. Nach bisherigem französischen Recht kann eine Person allein aufgrund der durch den erkennenden Richter gebildeten *intime conviction*, nicht aber, wie dies im angelsächsischen Bereich aufgrund des *guilty plea* der Fall sein kann, aufgrund eines Geständnisses der Tat für schuldig erklärt werden.[2161] Daß dieses Prinzip mit der Neuregelung über Bord geworfen werden sollte, ist nicht erkennbar. Daraus müßte man schließen, daß auch die *composition pénale* die richterliche Überzeugung verlangt.

Dies erscheint jedoch aus verschiedenen Aspekten zweifelhaft.[2162] Um wirkliche Strafen handelt es sich bei den in Art. 41-2 CPP vorgesehenen Maßnahmen nicht. Darauf deutet erstens die von den Strafen

---

[2156] Vgl. Art. 769 Abs. 4 Nr. 6 CPP n. F.

[2157] Vgl. *oben C. III. 2. b.*

[2158] Der instruktorische Charakter kommt im übrigen durch die richterliche Möglichkeit der Anordnung einer Anhörung der Beteiligten nach Art. 41-2 Abs. 6 CPP zum Ausdruck.

[2159] Vgl. Art. 9 der *Déclaration des Droits de l'homme et du citoyen du 26 août 1789*: *„Tout homme étant présumé innocent jusqu'à ce qu'il ait été déclaré coupable ...“*

[2160] Vgl. *Pradel*: L'injonction pénale, D. 1995, Chron., S. 171 ff., 172.

[2161] Vgl. *Spencer*: Preuve, in: Delmas-Marty (Hrsg.): Proc. pén. d'Europe, 1995, S. 515 ff., 516.

[2162] Skeptisch auch *Renoux*: Anm. zu *Cons. const.* vom 02. 02. 1995, D. 1997, Somm., S. 131, der zu Recht bemerkt, daß man dann auch die Frage der Verfassungsmäßigkeit der 1993 eingeführten Mediation (1999 in die bedingte Einstellung nach Art. 41-1 CPP übernommen) stellen müsse, die dem Staatsanabweichende Terminologie hin: nicht von *amende, confiscation* und *travail d'intérêt général*, sondern von *amende de composition, dessaisissement* und *travail rémunéré* ist die Rede. Zweitens ist der Beschuldigte in der Lage, die Maßnahmen zurückzuweisen.[2163] Im übrigen signalisieren auch andere Aspekte die mangelnde Notwendigkeit einer Schuldfeststellung:[2164] Zunächst drängt sich dabei die Frage auf, warum die *composition pénale* eine Alternative zur Verfolgung sein sollte, wenn am Ende des Verfahrens doch Schuldfeststellung und Bestrafung stehen sollten.[2165] Darüber hinaus werden auch im Vergleich mit dem Strafbefehlsverfahren (*ordonnance pénale*)[2166] Unterschiede deutlich.[2167] Bei jener Form der *Verfolgung* entscheidet der Richter durch Verurteilung oder Freispruch,[2168] während der Richter hier den Vergleich lediglich für gültig erklärt, ohne eine Verurteilung auszusprechen.[2169] Der Wortlaut „*validation*" kennzeichnet eher die *Nach*prüfung des durch den Staatsanwalt Vorgeschlagenen und vom Beschuldigten Akzeptierten. Demzufolge liegt in der Kontrolle, nicht in der eigenständigen Entscheidung der Schwerpunkt.[2170] Eine über die staatsanwaltschaftliche Beurteilung hinausgehende Wahrscheinlichkeitsuntersuchung entspricht dem nicht. Ein weiteres Indiz ist in der Beschreibung der Wirkung der erfolgreichen Ausführung der *composition pénale* zu finden. Art. 6 Abs. 3 CPP nennt diesen Fall des Erlöschens der öffentlichen Klage besonders. Demnach soll er nicht schon unter den Grund der „*chose jugée*" fallen, wie dies beispielsweise auf die *ordonnance pénale* zutrifft. Die Strafklage erlischt demnach nicht durch ein auf der Basis richterlicher Überzeugung gefälltes Urteil. Der Hinweis des *Verfassungsrates* in seiner Entscheidung zur *injonction pénale* auf die Unschuldsvermutung muß daher im Zusammenhang mit dem Hinweis auf den Schutz der individuellen Freiheit und die Rechte der Verteidigung gelesen werden, die aber eine richterliche Überzeugung nicht erfordern.[2171]

Der Richter prüft demnach ebenso wie der Staatsanwalt nicht seine Überzeugung von der Schuld, sondern den hinreichenden Tatverdacht.

c. Die Basis der staatsanwaltschaftlichen Entscheidung für diese Art der Beendigung des Verfahrens stellt sich nicht anders dar, als jene für die Einstellung.[2172] Um allerdings

---

walt erlaube, einen Dritten mit der Wiederversöhnung des Opfers mit dem Täter zu beauftragen. Zudem auch *Pradel*: L'injonction pénale, D. 1995, Chron., S. 171 ff., 172 zur *injonction pénale.*

2163 Vgl. *Renoux*: Anm. zu *Cons. const.* vom 02. 02. 1995, D. 1997, Somm., S. 131; *Pradel*: La composition pénale, D. 1999, Chron., S. 379 ff., 380 f.; *Leblois-Happe*: La composition pénale, JCP 2000, I., S. 63 ff., 65.

2164 Vgl. auch *Pradel*: L'injonction pénale, D. 1995, Chron., S. 171 ff., 172 zur *injonction pénale. Leblois-Happe*: La composition pénale, JCP 2000, I., S. 63 ff., 65 weist darauf hin, daß es besser gewesen wäre klarzustellen, daß die Annahme der Transaktion keinem Schuldeingeständnis gleichkommt.

2165 Vgl. *Pradel*: La composition pénale, D. 1999, Chron., S. 379 ff., 381: „*... la décision validée n'est pas juridiquement une condamnation puisque l'action publique n'a pas été mise en mouvement.*" Vgl. auch *Leblois-Happe*: La composition pénale, JCP 2000, I., S. 63 ff., 67.

2166 Vgl. dazu *unten C. IV. 2.*

2167 Dazu auch *Leblois-Happe*: La composition pénale, JCP 2000, I., S. 63 ff., 68.

2168 Art. 525 Abs. 2 CPP: „*Le juge statue par une ordonnance pénale portant soit relaxe, soit condamnation ...*".

2169 Art. 41-2 Abs. 6 CPP: „*... une ordonnance validant la composition ...*".

2170 Vgl. auch *Conte/Maistre du Chambon*: Proc. pén., 2001, Rn. 313: Der Staatsanwalt qualifiziert die Tat – unter richterlicher Kontrolle.

2171 Ähnlich auch *Renoux*: Anm. zu *Cons. const.* vom 02. 02. 1995, D. 1997, Somm., S. 131 und *Leblois-Happe*: La composition pénale, JCP 2000, I., S. 63 ff., 66 : „*Il* (*Cons. const.*, die *Verf.*) *n'affirme nullement l'incompatibilité de la transaction avec celle-ci* (*présomption d'innocence*, die *Verf.*)"

2172 Vgl. *oben C. I. 2. c.*

hinsichtlich der angemessenen Auswahl aus dem Maßnahmenkatalog und der Festsetzung des konkreten Vorschlages sachgerecht entscheiden zu können, ist die Anklagebehörde auf ausreichende Informationen zur Tat und deren Umstände („*gravité de faits*", „*chose qui a servi ou était destinée à commettre l'infraction ou qui en est le produit*") sowie zur Person des Betroffenen („*des ressources et des charges de la personne*") angewiesen. Die wesentlichen Informationen entnimmt der Staatsanwalt den Ermittlungsakten. Gleiches gilt auch für den Richter, der die *validation* auszusprechen hat. Insbesondere seit das Recht der Parteien abgeschafft wurde, ihre Anhörung zu erzwingen, ist die grundlegende Informationsquelle die dem Richter zugeleitete Akte. Ob darüber hinaus eine Anhörung stattfindet, ist eine Frage des Einzelfalls.

d. Wesentliche Basis der *composition pénale* ist der Konsens über die Art und Weise der Erledigung zwischen dem Staatsanwalt, dem Richter und dem Beschuldigten. Dieser muß sich zunächst hinsichtlich der ihm vorgeworfenen Delikte geständig zeigen. Das genügt jedoch noch nicht. Die Akzeptanz des Vergleichs in seiner konkreten Form von seiner Seite muß bis zur vollständigen Ausführung der durch den Staatsanwalt vorgeschlagenen und den Richter validierten Maßnahmen andauern. Zieht der Beschuldigte seine Zustimmung zu irgendeinem Zeitpunkt vor Abschluß des Vergleichsverfahrens zurück, so scheitert diese Erledigungsform. Daran wird deutlich, wie weitgehend die Verfahrensbeendigung durch *composition pénale* von der einverständlichen Mitwirkung des Beschuldigten getragen wird.

e. Im Falle des Gelingens des Verfahrens, haben also der Beschuldigte seine Zustimmung, der Richter seine Genehmigung erteilt und ist die Ausführung der Maßnahmen vollständig verlaufen, ohne daß die Erhebung der öffentlichen Klage durch die Zivilpartei die Bemühungen zunichte macht,[2173] ordnet Art. 41-2 Abs. 9 S. 1 CPP[2174] das Erlöschen der öffentlichen Klage an. An dieser Stelle muß die Frage beantwortet werden, ob sich dieses Erlöschen allein auf die konkret einbezogenen Straftatbestände oder auch auf die gesamte Tat bezieht. Dafür, daß sich das Verfolgungsverbot auf die juristischen Qualifikationen beschränkt, spricht die ansonsten für Transaktionen gültige Regel.[2175] Im übrigen ist auch festzustellen, daß allein im Rahmen des Erlöschensgrundes der *autorité de la chose jugée* darüber diskutiert wird, ob die Entscheidung nicht auch in bezug auf andere Tatbestände wirkt. Demgegenüber stellt die *composition pénale* aber ebenso wie die sonstigen Transaktionen einen selbständigen Erlöschensgrund dar.[2176] Schließlich ist die *composition pénale* in ihrer Anwendbarkeit von vornherein auf bestimmte Delikte beschränkt. Nichts deutet darauf hin, daß ein Verfolgungshindernis darüber hinaus gehen soll. Die

---

[2173] Siehe Art. 41-2 Abs. 1 S. 1 CPP.

[2174] „L'exécution de la composition pénale *éteint l'action publique.*" (Hervorhebung der *Verf.*). Vgl. auch Art. 6 Abs. 3 CPP.

[2175] Vgl. *oben C. III. 2. e.*

[2176] Vgl. Art. 6 Abs. 1 und 3 CPP.

erfolgreiche Durchführung der *composition pénale* sperrt demnach eine erneute Verfolgung wegen der darin in Bezug genommenen Tatbestände.

4. Ergebnis

Sowohl die *transaction* als auch die *composition pénale* stellen Erledigungsweisen dar, die den auf *schriftlicher* Grundlage festgestellten *hinreichenden Tatverdacht* sowie den *Konsens* des Beschuldigten voraussetzen. Nach erfolgreicher Durchführung besitzen beide *strafklageverbrauchende Wirkung* im Hinblick auf diejenigen Straftaten, die ihren Gegenstand bildeten. Während die Transaktion allerdings eine Maßnahme der Verwaltungsbehörden verkörpert, ist die *composition pénale* eine *staatsanwaltschaftliche* Erledigungsform, die zudem von der *richterlichen Zustimmung* abhängt.

IV. Sonstige Erledigungsformen

1. Einführung

Im folgenden sollen zwei Verfahrensabschlüsse vorgestellt werden, die beide der vereinfachten und beschleunigten Erledigung vor allem von *Übertretungen* dienen: Das *Strafbefehlsverfahren* (2.) ist dabei bei nahezu allen Straftaten der geringsten Deliktskategorie[2177] des französischen Strafrechts und neuerdings auch bei ausgewählten *Vergehen* anwendbar, während die *pauschale Geldstrafe* (3.) nur bei bestimmten enumerativ festgelegten *Übertretungen* verhängt werden darf. Die Verhängung der jeweiligen Sanktion hat, wie noch zu sehen sein wird, in beiden Fällen unterschiedlich hohe Voraussetzungen und verschiedene Wirkungen. Dabei erscheint der Strafbefehl eher dem Urteil[2178] und die pauschale Geldstrafe eher dem transaktionellen Verfahrensabschluß[2179] vergleichbar.

2. Das Strafbefehlsverfahren nach den Art. 524 ff. CPP (*procédure simplifiée*)

a. Angeregt durch das ehemalige elsässisch-lothringische Strafbefehlsverfahren wurde im Jahre 1972[2180] die sogenannte *procédure simplifiée* in die französische Strafprozeßordnung

---

2177 Zu den Straftatkategorien vgl. *oben Kapitel 9, C. II.*

2178 Dies gilt insbesondere hinsichtlich des Entscheidungsorgans *Richter*, des Verdachtsgrades *Überzeugung* und der die gesamte Tat umfassende *ne bis in idem*-Wirkung.

2179 Hier sind gleichermaßen Parallelen im Hinblick auf die jeweils *nichtrichterlichen* (Haupt-)entscheidungsorgane (nur bei der *composition pénale* ist der Richter beteiligt), den erforderlichen Grad des *hinreichenden Tatverdachts* und die auf die einzelnen Straftatbestände *begrenzte Sperrwirkung* zu erkennen.

2180 Gesetz Nr. 72-5 vom 03. 01. 1972.

eingefügt.[2181] Die Beschleunigung des Verfahrens vor allem mit Blick auf kleinere Sachen war dafür wesentliches Motiv.[2182] Um dieses Ziel besser erreichen zu können, wurde das ursprünglich lediglich auf *Übertretungen*[2183] anwendbare Verfahren schriftlich und nicht-kontradiktorisch ausgestaltet. Das Streben nach Vereinfachung und Effizienz des Strafverfahrens[2184] motivierte auch die Ausdehnung der *procédure simplifiée* auf bestimmte *Vergehen*: Seit Ende 2002 steht das Strafbefehlsverfahren auch im Falle von Vergehen des Straßenverkehrsgesetzes (*Code de la Route*) offen.[2185] War der Beschuldigte zur Tatzeit noch nicht achtzehn Jahre alt, hat das Opfer während der Untersuchung seine Schäden geltend gemacht oder vor Erlaß des Strafbefehls bereits die Strafverfolgung durch Anklage eingeleitet,[2186] so ist der Pfad dieses vereinfachten Verfahrens verschlossen.[2187] Ansonsten steht es im Ermessen des Staatsanwaltes, welche Alternative der Verfolgung er wählt.[2188] Allerdings betont das Gesetz für den Fall eines Vergehens noch einmal besonders, daß das Strafbefehlsverfahren nur gewählt werden darf, wenn die polizeilichen Ermittlungen bereits die Tat erhellen und für die Strafzumessung ausreichende Informationen über Persönlichkeit und finanzielle Verhältnisse des Beschuldigten erbringen konnten.[2189] Entscheidet sich der Staatsanwalt für die *procédure simplifiée*, übermittelt er die Akte samt seinen Anträgen an den Richter des Polizeigerichtes (*Übertretung*) oder den Vorsitzenden des Korrektionalgerichts. Der Richter erläßt nur dann einen Strafbefehl, wenn er nicht die Durchführung einer Hauptverhandlung als dienlich erachtet. Andernfalls *verweist* er die Akte *zurück* an den Staatsanwalt zum Zwecke der Einleitung eines normalen Verfah-

---

2181 Vgl. *Vitu*: Frz. Strafverfahren, in: Jung (Hrsg.): Strafprozeß im Spiegel, 1990, S. 7 ff., 43; *Volff*: L´injonction pénale, D. 1995, Chron., S. 202 ff., 204. *Pradel*: Proc. pén., 2002, Rn. 834 merkt kritisch an: *„Ce n´est donc qu´en méconnaissant plusieurs principes fondamentaux de la procédure pénale (publicité, contradiction, motivation, caractère accessoire de l´action civile, autorité de chose jugée), que le législateur de 1972 a simplifié la procédure.*"

2182 Vgl. *Stefani/Levasseur/Bouloc*: Proc. pén., 2001, Rn. 91; *Merle/Vitu*: Proc. pén., 2001, Rn. 784.

2183 Ausgenommen sind durch Art. 524 Abs. 2 CPP sowohl die Übertretungen, die im Arbeitsgesetzbuch vorgesehen sind (Nr. 1) als auch jene der fünften Klasse, die von einem Täter begangen wurden, der zur Tatzeit jünger als achtzehn Jahre war (Nr. 2).

2184 Vgl. den Titel IV des Gesetzes Nr. 2002-1138 vom 09. 09. 2002, unter dem die entsprechenden Vorschriften zu finden sind: *„Dispositions tendant à simplifier la procédure pénale et à accroître son efficacité*".

2185 Vgl. Art. 495 ff. CPP (eingefügt durch Gesetz Nr. 2002-1138 vom 09. 09. 2002). Dies gilt nicht, wenn das in Rede stehende Vergehen mit einem fahrlässigen Tötungs- oder Körperverletzungsdelikt begangen wurde (Art. 495 Abs. 2 Nr. 3 CPP.

2186 Vgl. Art. 495 Abs. 2 Nr. 2 (Vergehen) und Art. 524 Abs. 3 CPP (Übertretungen). Art. 495-6 und 528-2 CPP betonen das uneingeschränkte Recht der Zivilpartei, den Zuwiderhandelnden vor dem Polizeigericht anzuklagen. Selbst nach Erlaß eines Strafbefehls ist dies noch möglich, wobei sich die Entscheidung allerdings auf den Zivilanspruch beschränkt, wenn kein Einspruch eingelegt, nachträglich auf diesen verzichtet wurde oder die Zahlung freiwillig erfolgte.

2187 Nach dem *Kassationshof* (*Crim.* vom 03. 02. 1998, Bull. crim. 1998, Nr. 41) darf der Staatsanwalt bis zum Verstreichen der Einspruchsfrist auf die normale Prozedur umsteigen. Begründet wird dies mit dem subsidiären und fakultativen Charakter des Strafbefehlsverfahrens bis zu diesem Zeitpunkt.

2188 *Conte/Maistre du Chambon*: Proc. pén., 2001, Rn. 567.

2189 Art. 495 Abs. 3 CPP.

rens.[2190] Sieht er sich hingegen in der Lage, ohne Hauptverhandlung zu entscheiden, *spricht* er den Angeschuldigten durch Strafbefehl *frei*, wenn er der Ansicht ist, die Tat falle nicht unter eine strafrechtliche Qualifikation.

Dies unterscheidet das französische Verfahren von seinem deutschen Korrelat, bei dem der Richter keinen Freispruch erläßt, sondern den Erlaß des Strafbefehls schon mangels hinreichenden Tatverdachts ablehnt.[2191]

Im gegenteiligen Fall *verurteilt* er zu einer Geldstrafe und – seit 1999[2192] – gegebenenfalls auch zu einer oder mehreren Nebenstrafen,[2193] die im Falle des Vergehensstrafbefehls auch als Hauptstrafen verhängt werden dürfen.[2194] Vor allem im Vergleich zum deutschen Strafbefehlsverfahren ist hier der Umstand hervorzuheben, daß der Richter *nicht* an die Anträge des Staatsanwaltes gebunden ist, sondern in seiner Verurteilung von diesen durchaus auch abweichen darf.[2195] Im Gegensatz zu dem wegen einer Übertretung verhängten Strafbefehls[2196] muß der Vergehensstrafbefehl nun begründet werden.[2197] Nach Erlaß des Strafbefehls ist der Staatsanwalt innerhalb von zehn Tagen zum Einspruch[2198] gegen Freispruch oder Verurteilung berechtigt.[2199] Dieser Rechtsbehelf des Verfolgungsorgans kann als Ausgleich für die mangelnde Bindung des Richters an dessen Antrag betrachtet werden.[2200] Verzichtet der Staatsanwalt darauf, Einspruch einzulegen, wird der – verurteilende – Strafbefehl dem Angeschuldigten zugestellt und gemäß den für Urteile des Korrektional-[2201] bzw. des Polizeigerichtes[2202] geltenden Regeln vollstreckt. Innerhalb einer Frist von 45 (*Vergehen*)/ 30 (*Übertretung*) Tagen ab Zustellung des Strafbefehls kann sich nun der Angeschuldigte mit einem Einspruch gegen dessen Vollstreckung zur Wehr setzen. Abweichend davon ist der Einspruch aber bis zum Ablauf einer dreißigtägigen Frist ab dem Tag der tatsächlichen Kenntniserlangung von der Verurteilung und den Formen des Einspruchs zulässig, wenn aus der Empfangsbestätigung nicht ersichtlich ist, daß den Angeschuldigten die Zustellung erreicht hat.[2203] Der Einspruch von Staatsan-

---

2190 Vgl. Art. 495-1 Abs. 3 und 525 Abs. 3 CPP.

2191 Vgl. zum deutschen Strafbefehlsverfahren *oben* B. IV.

2192 Gesetz Nr. 99-515 vom 23. 06. 1999 (bzg. des Übertretungsstrafbefehls).

2193 Z. B. Aussetzung der Fahrerlaubnis, Einziehung.

2194 Art. 495-1 Abs. 2 CPP.

2195 Vgl. *Pradel*: Proc. pén., 2002, Rn. 833.

2196 Art. 526 Abs. 2 CPP.

2197 Art. 495-2 Abs. 2 CPP.

2198 *Opposition*, Art. 495-3 Abs. 1 und Art. 527 Abs. 1 CPP.

2199 Vgl. *Merle/Vitu*: Proc. pén., 2001, Rn. 786.

2200 *Merle/Vitu*: Proc. pén., 2001, Rn. 786.

2201 Art. 495-3 Abs. 4 CPP.

2202 Art. 527 Abs. 2 CPP.

2203 Art. 495-3 Abs. 5 und 527 Abs. 3, 5 CPP.

walt oder Angeschuldigten suspendiert die Beitreibung der Geldstrafe[2204] und führt zu einer Verhandlung im normalen Verfahren vor dem Polizeigericht.[2205]

b. Der Richter muß, um verurteilen zu können, von der Schuld des Täters überzeugt sein. Dies wird allerdings nicht ausdrücklich durch die das Strafbefehlsverfahren regelnden Vorschriften angeordnet.

Der auf die „*intime conviction*" verweisende Artikel ist im Gegenteil im Rahmen des Abschnittes „*jugement des contraventions*" unter den Regelungen der Hauptverhandlung vor dem Polizeigericht und damit nach den Vorschriften zur *procédure simplifiée* positioniert: Art. 536 CPP ordnet die Anwendbarkeit des Art. 427 CPP[2206] an. Systematisch ist daraus zu schließen, daß Art. 427 CPP nur für die richterliche Entscheidung nach durchgeführter Hauptverhandlung gilt. Angesichts der Tatsache, daß Absatz 2 ausdrücklich die Beweisaufnahme in der Hauptverhandlung in Bezug nimmt, erscheint dies auch einleuchtend. Denn Art. 427 CPP betont das Prinzip der freien, aus der mündlichen Verhandlung geschöpften Beweiswürdigung,[2207] das im Rahmen des schriftlichen Verfahrens ohnehin so nicht gelten kann.

Dennoch ist damit nicht gesagt, daß Art. 525 Abs. 2 CPP im Umkehrschluß die Verurteilung unter Verzicht auf die richterliche Gewißheit gestattet. Entscheidend ist, daß mit der Einführung des Strafbefehlsverfahrens 1972 nicht von dem für das französische Strafverfahrensrecht wesentlichen Prinzip abgewichen werden sollte,[2208] nach dem der Angeklagte allein aufgrund der richterlichen *Überzeugung* für schuldig erklärt werden kann.[2209]

Daher muß auch der Strafbefehlsrichter seine Überzeugung von der Schuld des Angeklagten prüfen.

c. Der Richter entscheidet aufgrund der ihm vom Staatsanwalt vorgelegten Akten. Eine mündliche, kontradiktorische Verhandlung findet nicht statt. Demnach handelt es sich um ein rein *schriftliches* Verfahren.

d. Voraussetzung einer endgültigen Erledigung durch einen verurteilenden Strafbefehl ist der Verzicht des Staatsanwaltes sowie des Angeklagten auf Einspruchseinlegung. Akzeptiert einer der beiden beteiligten Seiten die *ordonnance pénale* in ihrer konkreten Form nicht, so geht die Verfolgung in das Normalverfahren über. Dies verdeutlicht, daß der

---

2204 Art. 527 Abs. 6 CPP. Zum Suspensiveffekt des Einspruchs siehe auch *Stefani/Levasseur/Bouloc*: Proc. pén., 2001, Rn. 917.

2205 Art. 528 CPP.

2206 „*Hors les cas où la loi en dispose autrement, les infractions peuvent être établies par tout mode de preuve et le jugé décide d'après son intime conviction. Le juge ne peut fonder sa décision que sur des preuves qui lui sont apportées au cours des débats et contradictoirement discutées devant lui.*"

2207 Zu den beiden im Grundsatz der „*intime conviction*" enthaltenen Teilprinzipien vgl. *oben Kapitel 9, C. IV.*

2208 Eine Aufzählung der Prinzipien, von denen die *procédure simplifiée* aber abgewichen ist, findet sich *Pradel*: Proc. pén., 2002, Rn. 834.

2209 Vgl. *Spencer*: Preuve, in: Delmas-Marty (Hrsg.): Proc. pén. d'Europe, 1995, S. 515 ff., 516.

Konsens auch für die Verurteilung durch Strafbefehl eine nicht unerhebliche Bedeutung hat. Ein Freispruch in der *procédure simplifiée* erfordert hingegen als für den Angeklagten günstige Entscheidung naturgemäß nicht dessen Affirmation.

e. Wird gegen den Strafbefehl von keiner Seite her Einspruch eingelegt, nimmt dieser die Wirkungen eines „*jugement passé en force de chose jugée*", eines in Rechtskraft erwachsenen Urteils, an, und ist damit selbst mit Rechtskraft ausgestattet.[2210] Ausgeschlossen ist allein die auf die Zivilklage wirkende Rechtskraft.[2211] Fraglich ist, ob sich die Sperrwirkung gegenüber einer erneuten Verfolgung allein auf die bereits im Strafbefehl berücksichtigte rechtliche Qualifikation bezieht oder ob darüber hinaus die zugrundeliegenden Tatsachen unabhängig von ihrer juristischen Einordnung umfaßt sind. Für letzteres spricht zunächst der Wortlaut des Art. 528-2 Abs. 2 CPP beim Übertretungsstrafbefehl. Diese Vorschrift ordnet an, daß das Polizeigericht im Falle einer vorangegangenen *ordonnance pénale* hinsichtlich der gleichen Tatsachen – „*les mêmes faits*" – nur über die Zivilinteressen entscheiden darf, falls kein Einspruch eingelegt wurde. Daraus läßt sich schließen, daß die *ne bis in idem*-Wirkung bezüglich der Strafklage in eben diesem Umfang existiert. Dies korrespondiert auch mit der Anordnung des Art. 495-5 Abs. 1 und des Art. 528-1 Abs. 1 CPP:[2212] „*L'ordonnance pénale à laquelle il n'a pas été formé opposition* (...) *a les* effets d'un jugement passé en force de chose jugée."[2213]

Der engen Auslegung des Tatbegriffes[2214] im Zusammenhang mit den Urteilen der Polizei- und der Korrektionalgerichte entspricht eine Entscheidung des *Kassationsgerichtshofes*, nach der eine Verfolgung wegen einer Trunkenheitsfahrt[2215] auch nach einer Verurteilung durch Strafbefehl wegen offensichtlicher Trunkenheit in der Öffentlichkeit[2216] noch möglich ist. Denn es handle sich infolge der unterschiedlichen „*éléments constitutifs*"[2217] um zwei verschiedene, durch jeweils eigene Texte vorgesehene Delikte.[2218]

Eine Durchbrechung der Rechtskraft durch die Wiederaufnahme zugunsten des durch Strafbefehl Verurteilten ist nur zulässig, wenn die Verurteilung ein Vergehen betrifft, denn die *révision* ist nicht wegen der Verurteilung wegen einer Übertretung möglich.[2219]

2210 *Cédras*: Action publique, Jur.-Cl., Art. 6, Fasc. 2, 1995, Rn. 46. Vgl. *Crim.* vom 14. 01. 1987, Gaz. Pal. 1987, II., S. 432.

2211 Art. 495-5 Abs. 2 und 528-1 CPP.

2212 Ebenso *Vitu*: Crimes et délits, RSC 1980, S. 123 ff., 129 f.

2213 Hervorhebungen der *Verf.*

2214 Vgl. *oben Kapitel 6, C. IV. 2.*

2215 Art. 1 Code de la route: *Conduite de véhicule en état d'ivresse* (Vergehen).

2216 Art. 4 Code des débits de boissons: *Ivresse publique et manifeste* (Übertretung).

2217 Insbesondere könne die Trunkenheitsfahrt auch verfolgt werden, ohne daß Zeichen der Trunkenheit offensichtlich sind (vgl. *Crim.* vom 31. 05. 1979, Gaz. Pal. 1979, II., S. 591).

2218 *Crim.* vom 31. 05. 1979, Gaz. Pal. 1979, II., S. 591.

2219 Vgl. Art. 622 Abs. 1 CPP.

3. Die pauschale Geldstrafe gemäß Art. 529 ff. CPP (*amende forfaitaire*)[2220]

a. Ein besonderes Verfahren stellt das der *amende forfaitaire*, der *pauschale Geldstrafe*, dar. Die Ursprünge dieser der Effektivität geschuldeten Erledigungsform für Übertretungen liegen bereits im Jahre 1926. Damals wurde durch ein Gesetzesdekret die Möglichkeit eingeführt, unmittelbar an die Verkehrspolizei eine pauschale Geldsumme zu zahlen. Seither durchlief diese Verfahrensweise verschiedene Umformungen: 1952 in den *Code d'instruction criminelle* integriert und später in den *Code de procédure pénale* übernommen, wurde ihr 1966 vor allem die klageerlöschende zu- und die rückfallauslösende Wirkung aberkannt. Modifikationen, auch Ausweitungen des Anwendungsbereichs erfolgten zudem durch Reformen der Jahre 1972, 1985 und 1999.[2221] Wurzeln der *amende forfaitaire* liegen zum Teil auch in der seit 1945 existierenden „*amende de composition*". Die entsprechenden Vorschriften sahen vor, daß grundsätzlich im Hinblick auf jede in den Zuständigkeitsbereich des Polizeigerichtes gehörende Übertretung ein der Ladung vorgeschaltetes Verfahren stattfinden sollte. Sie entfielen allerdings 1972 mit der Einführung des Strafbefehles.[2222] Hinter dem heutigen Oberbegriff „*amende forfaitaire*" verbergen sich in Wahrheit zwei verschiedene Formen der pauschalen Geldstrafe. Zum einen ist damit die Rede von der „*amende forfaitaire*" im engeren Sinne, zum anderen von der „*indemnité forfaitaire*"[2223] oder „*transaction*".[2224] Die erstgenannte ist auf Übertretungen der ersten vier Klassen anwendbar, die durch Erlaß des *Conseil d'Etat* festgestellt wurden. Die *indemnité forfaitaire* wurde hingegen für Übertretungen dieser Klassen im Bereich des Rechts der Bahntransportverwaltung und der öffentlichen Personenbeförderung geschaffen. In allen Fällen scheitert der Einsatz des Verfahrens allerdings insgesamt, wenn gleichzeitig mehrere Straftaten festgestellt werden, von denen auch nur eine nicht unter die enumerative Beschränkung fällt.[2225] Das Verfahren ist einfach: Stellt der protokollaufnehmende Be-

---

2220 Die *amende forfaitaire* ist nach dem hiesigen Verständnis des Vergleichs (vgl. *oben A.*) kein solcher (so auch *Leblois-Happe*: Réponses à la petite délinquance, 1998, Rn. 1135). Gleichwohl sind in der Regelung gewisse konsensuale Elemente zu erkennen – dazu noch *unten C. IV. 3. d.*

2221 Vgl. i. e. *Berthéas*: Amende, in: Rép. pén. I, 1982, Rn. 208; *Le Page-Seznec*: Fondements des amendes forfaitaires, RSC 1996, S. 839 ff.; *Stefani/Levasseur/Bouloc*: Proc. pén., 2001, Rn. 833.

2222 Vgl. dazu *Berthéas*: Amende, in: Rép. pén. I, 1982, Rn. 172 f.; *Stefani/Levasseur/Bouloc*: Proc. pén., 2001, Rn. 833.

2223 Wörtlich bedeutet „*amende forfaitaire*" (Art. 529–529-2, 529-6–529-8 CPP) pauschale Geldstrafe oder -buße, während „*indemnité forfaitaire*" (Art. 529-3–529-5 CPP) mit pauschaler Entschädigung übersetzt werden kann. Die unterschiedlichen Bezeichnungen rechtfertigen sich daraus, daß Transaktionspartner im zweiten Fall der Unternehmer ist. Vgl. auch *Rassat*: Proc. Pén., 2001, Rn. 308, die diese begriffliche Unterscheidung aber für überflüssig hält, da „... *la nature juridique des sommes en question ... ne se définit pas par leur affectation mais par leur source. ... [E]lles ne peuvent être que des sanctions pénales, amendes* lato sensu *et non pas des peines privées.*" (a. A. aber hinsichtlich der *indemnité forfaitaire*: *Stefani/Levasseur/Bouloc*: Proc. pén., 2001, Rn. 836: „*véritable peine privée*"). Dies tritt deutlich daran zum Vorschein, daß die Zahlungsverweigerung bei beiden Formen gleichermaßen in einer *amende majorée* mündet.

2224 Die Bezeichnung „*transaction*" wird in Art. 529-3 CPP anders als nach der hier verwendeten Umschreibung benutzt (vgl. *oben Fn. 2220*).

2225 Vgl. Art. 529 Abs. 2, Art. 529-3 Abs. 2 CPP.

amte[2226] bzw. der vereidigte Angestellte des Transportunternehmers[2227] die Übertretung fest, bietet er dem Beschuldigten die Zahlung einer pauschalen Summe an. Zwei Möglichkeiten des Begleichens sind vorgesehen: Schon vor Ort kann der Beschuldigte die Summe an den jeweiligen Beamten oder Angestellten aushändigen. Ist er dazu nicht in der Lage, kann er sich des Betrages[2228] innerhalb von 30 Tagen (*amende forfaitaire*) bzw. 2 Monaten (*indemnité forfaitaire*) nach Feststellung der Straftat oder nach der schriftlichen Anzeige gegenüber einer besonders bezeichneten Stelle entledigen.[2229] Falls der Beschuldigte innerhalb dieser Frist nicht zahlt, wird die nun erhöhte[2230] Summe mittels eines vom Staatsanwalt für vollstreckbar erklärten Titels durch die Staatskasse nach den Regeln der Vollstreckung eines Urteils des *tribunal de police* eingetrieben.[2231] Verschiedene Rechtsbehelfe sind gegen die beiden Formen der *amende forfaitaire* vorgesehen. Der Betroffene kann gegen die verhängte Geldstrafe zunächst *innerhalb der Zahlungsfrist* bei der jeweils bezeichneten Stelle einen Antrag auf Befreiung[2232] (*amende forfaitaire* i. e. S.) bzw. einen Einspruch[2233] (*indemnité forfaitaire*) einlegen, der dann an den Staatsanwalt weitergeleitet wird. Beide Rechtsbehelfe wirken gegenüber der Vollstreckung aufschiebend.[2234] *Während der Vollstrec??kungsphase* kann darüber hinaus beim Staatsanwalt eine begründete Beschwerde[2235] eingereicht werden. Die Nichtigkeit des vollstreckbaren Titels, soweit er in Streit steht, ist die Folge. Zulässig ist dieser Rechtsbehelf grundsätzlich innerhalb von 30 Tagen nach der schriftlichen Zahlungsaufforderung, gegebenenfalls aber auch bis zur Verjährung der Strafe, wenn sich nicht aus einer Vollstreckungshandlung oder einem anderen Beweismittel ergibt, daß der Betroffene Kenntnis von der erhöhten Geldstrafe gehabt hat.[2236] Wird einer dieser Rechtsbehelfe ausgeübt, sieht sich der Staatsanwalt gemäß Art. 530-1 CPP vor die Wahl gestellt, entweder auf die Ausübung der Verfolgung

---

2226 *Agent verbalisateur*, Art. 529-1 CPP.

2227 *Agent assermentés de l'exploitant*, Art. 529-3 Abs. 1 CPP.

2228 Im Hinblick auf bestimmte, in der Straßenverkehrsordnung geregelte Übertretungen kann die Höhe der pauschalen Geldstrafe herabgesetzt werden, wenn der Betroffene spätestens innerhalb von drei Tagen ab Feststellung oder von sieben Tagen nach schriftlicher Anzeige der Straftat zahlt (Art. 529-7 f. CPP). Das Versäumen der 30-Tage- bzw. Zwei-Monats-Frist führt hingegen in allen Fällen zu einer automatischen Erhöhung der geschuldeten Summe („*amende forfaitaire majorée*", Art. 529-2 Abs. 2, 529-5 Abs. 2 CPP), um die fehlende Einsicht des Betroffenen zu sanktionieren (vgl. *Vitu*: Frz. Strafverfahren, in: Jung (Hrsg.): Strafprozeß im Spiegel, 1990, S. 7 ff., 44).

2229 Vgl. Art. 529-1, 529-4 CPP. Während die *amende forfaitaire* in die Staatskasse einverleibt wird, kommt die *indemnité forfaitaire* dem Unternehmer als eine Art pauschaler Schadensersatz zugute. Bei nicht fristgerechter Zahlung wird verwandelt sich aber auch die *indemnité forfaitaire* in eine *amende forfaitaire majorée* (siehe *Fn. 2228 a. E.*), die dann ebenfalls vom Staate kassiert wird.

2230 Siehe *Fn. 2228 a. E.*

2231 Art. 530 CPP.

2232 *Exonération*, Art. 529-2 CPP.

2233 *Protestation*, Art. 529-5 CPP.

2234 Art. 529-2 Abs. 2, 529-5 Abs. 2 CPP.

2235 *Réclamation*, Art. 530 Abs. 2 CPP.

2236 Art. 530 CPP. Sehr kritisch steht dieser gesetzlichen Lösung *Rassat*: Proc. pén., 2001, Rn. 308 gegenüber.

zu verzichten, den Erlaß eines Strafbefehls zu beantragen, Anklage vor dem Polizeigericht zu erheben oder schließlich den Betroffenen von der Unzulässigkeit der Beschwerde zu benachrichtigen.

b. Darüber, mit welcher Wahrscheinlichkeit das deliktische Verhalten des Beschuldigten feststehen muß, gibt das Gesetz keine Auskunft: allein von „*constatation*" – Feststellung – der Übertretung durch die zuständigen Organe ist die Rede. Das läßt jedoch nur darauf schließen, daß ein Verdacht hinsichtlich der Straftatbegehung vorliegen muß. Angesichts der die pauschale Geldstrafe aussprechenden Organe – Angehörige der Polizei oder vereidigte Angestellte des Transportunternehmens – kann es nicht darum gehen, die Schuld des Verdächtigen festzustellen.[2237] Denn dies läge außerhalb deren Kompetenz. Aus diesem Grunde muß keine der richterlichen Überzeugung entsprechende Gewißheit von der Tat erlangt werden. Dies ist eine den *magistrats du siège* vorbehaltene Befugnis.[2238] Allerdings darf auch nicht nur ein Anfangsverdacht vorliegen: die bloße Möglichkeit der Begehung des Deliktes, auch wenn sie auf Tatsachen gründet, genügt nicht, um die Verhängung von pauschalen Geldstrafen zu rechtfertigen, die Übertretungsstrafen ähnlich sind. Hinzu kommt, daß nicht einmal das vorherige Geständnis oder Einverständnis mit der Verfahrensweise durch den Beschuldigten Voraussetzung ist. Aus diesem Grunde müssen die handelnden Organe zu einem *hinreichenden Tatverdacht* gelangen. Dieser Wahrscheinlichkeitsgrad wird indessen in der Regel ohne weiteres zu erreichen sein, da die Feststellung des Deliktes vor Ort und durch die die pauschale Geldstrafe Aussprechenden selbst erfolgt.

In diesem Zusammenhang ist zu berücksichtigen, daß gemäß Art. 537 CPP der Beweis von Übertretungen in der Hauptverhandlung unter anderen durch Protokolle oder Berichte von Organen erfolgt, die mit der Kompetenz, Übertretungen festzustellen, ausgestattet sind. Dabei gelten diese Protokolle und Berichte bis zum Beweis des Gegenteils, der nur schriftlich oder durch Zeugen erbracht werden kann.

Liegen also die Voraussetzungen für die Erstellung eines die Übertretung feststellenden Protokolls vor, so überwiegt bereits die Wahrscheinlichkeit für eine Verurteilung. Das Erfordernis des hinreichenden Tatverdachts ist also erfüllt.

c. Die Feststellung der Straftat erfolgt entweder durch einen protokollaufnehmenden Beamten im Falle der „*amende forfaitaire*" oder durch einen vereidigten Angestellten des Transportunternehmers im Falle der „*indemnité forfaitaire*". Falls die Zahlung nicht unmittelbar erfolgt, wird von der Übertretung ein Protokoll erstellt. Eine mündliche und kontradiktorische Verhandlung findet selbstverständlich nicht statt.

d. Endgültig kann ein wegen einer Übertretung eingeleitetes Verfahren durch eine *amende forfaitaire* nur dann erledigt werden, wenn der Beschuldigte darauf verzichtet, von

---

[2237] Vgl. insoweit auch *Göhler/König/Seitz*: OWiG, 2002, § 56, Rn. 4 zur Verwarnung innerhalb des deutschen Ordnungswidrigkeitsverfahrens: über die Handlung selbst wird nicht entschieden.

[2238] Vgl. dazu *Le Page-Seznec*: Fondements des amendes forfaitaires, RSC 1996, S. 839 ff., 839, 844.

den verschiedenen Rechtsbehelfen Gebrauch zu machen. Verleiht er seiner mangelnden Übereinstimmung mit der pauschalen Geldstrafe jedoch durch Antrag auf Befreiung, Einspruch oder schließlich Beschwerde Ausdruck, so schlägt dieser Verfahrensabschluß fehl – der Staatsanwalt muß eine Entscheidung über das Ob und gegebenenfalls auch das Wie der Verfolgung treffen.

e. Die *Zahlung* der *amende forfaitaire* hat ebenso wie die *indemnité forfaitaire* gemäß Art. 529 Abs. 1 und 529-3 Abs. 1 CPP strafklageerlöschende Wirkung. Angesichts des Zwecks dieser Regelungen, die Polizeigerichte der Last häufig vorkommender, leichterer Straftaten wie bestimmter Verkehrsdelikte zu entheben,[2239] kann nichts anderes für die zwangsweise *Vollstreckung* gelten. Die öffentliche Klage erlischt – ebenso wie bei der *composition pénale*[2240] – nur im Hinblick auf die einbezogenen Delikte.[2241]

4. Ergebnis

Gemeinsam sind dem französischen Strafbefehl, der *ordonnance pénale*, und der pauschalen Geldstrafe, der *amende forfaitaire*, einerseits der Erlaß *ohne mündliches kontradiktorisches Verfahren* und andererseits die Abhängigkeit ihrer strafklageverbrauchenden Wirkung von der *Akzeptanz* der jeweiligen Verfahrensweise durch den Beschuldigten:

> Signalisiert neben dem Staatsanwalt auch der Verurteilte durch Verzicht auf den Einspruch sein *Einverständnis* mit dem Strafbefehl, erlangt dieser die *ne bis in idem*-Wirkung eines rechtskräftigen Urteils. *Wehrt sich* der Beschuldigte *nicht* mit den ihm zur Verfügung stehenden Rechtsbehelfen gegen die pauschale Geldstrafe, *erlischt die Strafklage* durch Zahlung oder Vollstreckung der festgesetzten Summe hinsichtlich der betroffenen Übertretungen.

Während der *Richter* des Polizeigerichtes oder der Vorsitzende des Korrektionalgerichtes die *ordonnance pénale* nur dann erläßt, wenn er anhand der ihm vorliegenden Akten von der Schuld des Angeschuldigten *überzeugt* ist, kann die pauschale Geldstrafe durch besonders befugte *Beamte oder Angestellte* schon dann ausgesprochen werden, wenn infolge deren eigener Feststellungen *hinreichender Verdacht* der Begehung einer Übertretung bejaht werden kann.

V. Auswertung

Im folgenden geht es darum, an den Strafverfahrensabschlüssen des französischen Rechts zu überprüfen, ob das jeweilige Entscheidungsorgan, der Verdachtsgrad, die Art der Sachverhaltsfeststellung und der Konsens als Verfahrenscharakteristika in einem Zusammenhang mit dem Umfang der Rechtskraft stehen.

[2239] Vgl. *Rassat*: Proc. pén., 2001, Rn. 308.

[2240] Vgl. *oben C. III. 3. e.*

[2241] Vgl. *Molins*: Action publique, in: Rép. pén. I, 2001, Rn. 176.

1. Charakteristikum Entscheidungsorgan[2242]

a. Staatsanwaltschaftliche Legalitätseinstellung und untersuchungsrichterliche *non-lieu*-Einstellung

Unter ansonsten vergleichbaren Voraussetzungen entscheiden Staatsanwalt und Richter im französischen Strafverfahren im Falle der *staatsanwaltschaftlichen* Legalitätseinstellung nach Art. 40 Abs. 1 CPP[2243] und der untersuchungsrichterlichen *non-lieu*-Entscheidung nach Art. 177 CPP:[2244] Beide Einstellungen basieren auf einer schriftlichen Sachverhaltsbasis, in beiden Fällen muß das Entscheidungsorgan prüfen, ob hinreichender Tatverdacht vorliegt. Während nach der staatsanwaltschaftlichen Entschließung aber kein Hindernis für die Wiederaufnahme der Verfolgung existiert, ist diese nach dem richterlichen Beschluß lediglich zulässig, falls der Staatsanwalt einen Antrag auf eine erneute gerichtliche Voruntersuchung gestellt hat und neues Belastungsmaterial (*charges nouvelles*) vorgebracht werden kann.

b. Transaktionen der Verwaltungen mit dem Beschuldigten und staatsanwaltschaftliche *composition pénale* mit richterlicher Zustimmung

Auch der Vergleich der Verfahrensabschlüsse durch die verschiedenen Verwaltungstransaktionen[2245] mit dem durch die *composition pénale*[2246] bestätigt bei näherem Hinsehen die Hypothese eines Zusammenhangs zwischen dem jeweiligen Entscheidungsorgan und dem Umfang der Sperrwirkung. Zwar scheint diese Gegenüberstellung auf den ersten Blick geeignet zu sein, die Bedeutsamkeit der richterlichen Beteiligung zu widerlegen: Obwohl beide Gruppen von Erledigungsformen, die hinsichtlich des vorausgesetzten Verdachtsgrades (hinreichender Tatverdacht), der Art der Sachverhaltsfeststellung (schriftlich) und des konsensuellen Elementes übereinstimmen, sich durch die richterliche Beteiligung bei der *composition pénale* unterscheiden, weisen sie doch die gleiche endgültig verfahrensbeendigende Wirkung für die jeweils berücksichtigten Straftaten auf und lassen die öffentliche Klage insoweit ohne Wiederaufnahmemöglichkeit erlöschen. Dies scheint gegen einen Einfluß des (Mit-)Entscheidungsorganes Richter zu sprechen.

Allerdings spielt hier noch eine andere wesentliche Komponente hinein: Es ist dies die *Schwere und Bedeutung der erledigten Straftat*. Die Verwaltungstransaktionen sind lediglich auf Delikte auf den Gebieten des Nebenstrafrechts anwendbar, während mit der *composition pénale* neben Übertretungen auch Vergehen des allgemeinen Strafrechts erledigt werden können. Bedeutung und Schwere der betroffenen Delikte unterscheiden sich demnach

---

2242 Vgl. *oben Kapitel 11, D. III.*

2243 Vgl. *oben C. I. 2.*

2244 Vgl. *oben C. II. 2.*

2245 Vgl. *oben C. III. 2.*

2246 Vgl. *oben C. III. 3.*

erheblich.[2247] Das Gewicht einer Straftat kann für die Art und Weise der Behandlung einer Sache wesentlich sein.

Dies wird auch an anderer Stelle bestätigt.[2248] So darf im *französischen* Recht die Schuldfrage lediglich bei Übertretungen und ausgewählten Vergehen durch ein schriftliches Verfahren (*procédure simplifiée*) geklärt werden, in der gegebenenfalls eine mit urteilsgleicher Rechtskraft ausgestattete *ordonnance pénale* erlassen wird.[2249] Ferner ist die vereinfachte Erledigung durch das Verfahren der *amende forfaitaire*, die zum Erlöschen der öffentlichen Klage führt, ebenfalls nur auf Übertretungen anwendbar. Zudem verzichtet die *deutsche* Regelung über die bedingte Opportunitätseinstellung nach § 153a Abs. 1 StPO auf die richterliche Zustimmung, sobald das Delikt eine gewisse Geringwertigkeitsschwelle unterschreitet[2250] – die Sperrwirkung verändert sich indes nicht. Die Maßgeblichkeit der Tatschwere spiegelt sich auch in den jeweiligen Urteilsverfahren wider: In allen untersuchten Rechtsordnungen kann die mit einer höheren Formalisierung verbundene Zunahme der Komplexität des Verfahrens bei steigender Straftatschwere beobachtet werden.[2251]

In *Deutschland* ist die Differenzierung zwischen dem Verfahren vor Strafrichter und Schöffengericht auf der einen Seite und dem Landgericht auf der anderen Seite zu sehen. Die Möglichkeit des beschleunigten Verfahrens existiert beispielsweise nicht vor dem Landgericht.[2252] In *Frankreich* muß bei Verbrechen immer eine richterliche Voruntersuchung durchgeführt und die *Cour d'assises* angerufen werden, deren Verfahren allein in gewisser Konsequenz dem Prinzip der mündlichen Beweisaufnahme entspricht.[2253] Bei einfachen Sachen, die keine ein Jahr übersteigende Gefängnisstrafe erwarten lassen, ist im *niederländischen* Strafprozeß ein vereinfachtes und beschleunigtes Verfahren durch den die Kammer ersetzenden Polizeirichter vorgesehen (Art. 367 ff. WSv). Weitere Vereinfachungen sehen die für das

---

2247 Darauf weist auch *Volff*: L'injonction pénale, D. 1995, Chron., S. 201 ff., 203 hin.

2248 Ähnl. auch *Corstens*: Strafprocesrecht, 1999, S. 12 und *Radtke*: Systematik des Strafklageverbrauchs, 1994, S. 381: „... *ist jedoch einzuräumen, daß der fehlenden richterlichen Kontrolle der staatsanwaltschaftlichen Einstellungsentscheidung in den Fällen des § 153a Abs. 1 S. 6 i. V. m. § 153 Abs. 1 S. 2* ein geringeres Gewicht *zukommt als bei Einstellungen gemäß § 170 Abs. 2. ... wird man* „unkontrollierte" *Einstellungen nach dem Opportunitätsprinzip eher akzeptieren können, weil es sich um* Fälle minderer Bedeutung *handelt, während die Abschlußentscheidung nach § 170 Abs. 2 die gesamte Bandbreite der Kriminalität erfaßt.*" (Hervorhebungen der *Verf.*).

2249 Ähnlich auch die Situation hinsichtlich des deutschen Strafbefehlsverfahrens, das nur auf Vergehen anwendbar ist: Allerdings ist insoweit zum einen auch die Wiederaufnahme erleichtert möglich, während zum anderen auch das konsensuale Element durch Verzicht auf den Einspruch eine Rolle spielt (vgl. dazu *oben B. IV. 4.*). Dies beiden Garantien aber wurden offenbar vom Gesetzgeber letztlich nur im Rahmen von *Vergehen* als ausreichend betrachtet, das ansonsten summarische Verfahren auszugleichen. Angesichts des Ausnahmecharakters der Wiederaufnahme sowie der Gefahr, daß sich der Verurteilte trotz dessen Unrichtigkeit mit dem Strafbefehl abfindet und eine geringe Bestrafung dem Risiko der Verschlechterung seiner Position vorzieht, spricht im Ergebnis auch viel für eine Beschränkung auf kleinere Delikte.

2250 Vgl. *oben B. I. 3.* und *III. 2.* sowie *Fn.2248.*

2251 Vgl. auch *EGMR* vom 21. 02. 1984, Serie A, Nr. 73 (*Öztürk*): Der *Gerichtshof* kommt unter Berücksichtigung der geringeren Beeinträchtigung des Beschuldigten („... *the latter penalty [Geldbuße, die Verf.] appears less burdensome ... than Geldstrafen ...*", „... *a minor offence hardly likely to harm the reputation of the offender ...*" [§ 53]) zu dem Schluß: „*Conferring the prosecution and punishment of* minor *offences on administrative authorities is not inconsistent with the Convention ...*" (§ 56). Bestätigend *EGMR* vom 25. 08. 1987, Serie A, Nr. 123 (*Lutz*).

2252 Ein weiteres Indiz ist die steigende Richterzahl.

2253 Vgl. dazu *oben Kapitel 9, C. III.*

Verfahren vor dem hauptsächlich für Übertretungen zuständigen Kreisrichter geltenden Vorschriften (Art. 382 ff. WSv) vor.[2254] Auch das englische Recht differenziert zwischen leichteren Delikten (*summary offences*), die in einem einfacheren Verfahren vor dem *Magistrates' Court* behandelt werden, und schwereren Straftaten (*indictable offences*), auf die das formalisierte Anklageverfahren vor dem *Crown Court* anwendbar ist. Gleichwohl weisen die bei unterschiedlicher Straftatschwere innerhalb eines Rechtssystems ergehenden Urteile grundsätzlich hinsichtlich ihrer *ne bis in idem*-Wirkung keine Ungleichheiten auf.

Aus all dem läßt sich schließen: Auf bestimmte Verfahrensgarantien wird demnach in den Strafverfahrensordnungen um so eher verzichtet, je leichter die betroffene Straftat ist, ohne daß dies Einfluß auf das Maß der Endgültigkeit des Verfahrensabschlusses haben muß. Grund dieses Einflusses der Schwere der Straftat ist zum einen das Gewicht der damit in Zusammenhang stehenden *Störung des Rechtsfriedens*: Je eingreifender diese Störung, desto sorgfältiger und gründlicher muß auch die Reaktion sein, um die Gesellschaft über den Verdacht einer Straftat zu beruhigen und den Rechtsfrieden wiederherzustellen.[2255] Zum anderen ist zu berücksichtigen, daß dem Beschuldigten bei schwereren Straftaten auch gravierendere Rechtsfolgen drohen. Die *Konsequenzen einer Fehlentscheidung* sind in diesem Falle noch tiefgreifender. Infolgedessen erfordern diese Fälle tendenziell höhere Gewährleistungen für die Richtigkeit der zu treffenden Entscheidung als bei leichteren Sachverhalten mit geringeren Folgen.[2256]

Daß Schwere und Bedeutung der Straftat tatsächlich gerade auch im Verhältnis von *composition pénale* und Verwaltungstransaktion von Einfluß sind,[2257] wird befestigt durch das Urteil des *Conseil constitutionnel* zur Vorgängerin der *composition pénale*, der *injonction pénale*:[2258] Der *Verfassungsrat* hat insbesondere beanstandet, daß mit dem ursprünglich ohne richterliche Beteiligung geplanten Verfahren „*délits de droit commun*" erledigt werden sollten.[2259]

Angesichts des Einflußfaktors des Gewichts der jeweils betroffenen Straftatengruppen für die Verfahrensausgestaltung der beiden Formen des strafrechtlichen Vergleiches wird deutlich: Aus der übereinstimmenden *ne bis in idem*-Wirkung in beiden Fällen trotz richterlicher Beteiligung lediglich bei der *composition pénale* läßt sich nicht darauf schließen, daß die Art der Entscheidungsorgane keine Bedeutung für den Umfang der Sperrwirkung besitzt. Im Gegenteil, bei der Erledigung der schwerwiegenderen Straftaten hat der Gesetzgeber bei gleicher Beendigungswirkung nicht auf die richterliche Beteiligung verzichten können.

2254 Vgl. dazu Cleiren/Nijboer-*Den Hartog*: WSv, 2001, Vor Art. 367, Rn. 1, Vor Art. 382, Rn. 1.

2255 Vgl. zum Rechtsfrieden als Verfahrensziel *oben Kapitel 11, B. IV.*

2256 Ebenso *Groenhuijsen/Knigge*: Algemeen Deel, in: Groenhuijsen/Knigge (Hrsg.): Onderzoek ter zitting, 2001, S. 1 ff., 21: „*In het algemeen geldt dat hoe ingrijpender de te nemen beslissing is, hoe groter de waarborgen dienen te zijn waarmee de feitsvaststelling is omringd.*" – „*Im allgemeinen gilt, daß die Garantien der Tatsachenfeststellung umso größer sein müssen, je eingreifender die zu treffende Entscheidung ist.*"

2257 So auch *Volff*: L'injonction pénale, D. 1995, Chron., S. 201 ff., 203.

2258 Vgl. *oben C. III. 3. a.*

2259 Vgl. *Cons. const.* vom 02. 02. 1995 Nr. 95-360 DC, D. 1997, Somm., S. 130 m. Anm. *Renoux*: „*Ainsi, le prononcé et l'exécution de telles mesures ... ne peuvent, s'agissant de la répression de* délits de droit commun, *intervenir à la seule diligence d'une autorité chargée de l'action publique mais requièrent la décision d'une autorité de jugement conformément aux exigences constitutionnelles ci-dessus rappelées.*" (Hervorhebung der *Verf.*).

c. Pauschale Geldstrafe (*amende forfaitaire*) durch besondere Beamte bzw. Angestellte und staatsanwaltschaftliche *composition pénale* mit richterlicher Zustimmung

Ähnlich ist auch das Verhältnis von *amende forfaitaire*[2260] und *composition pénale*[2261] zu bewerten. Zwar besitzen letztlich beide Verfahrensabschlüsse Sperrwirkung im gleichen Umfang, nämlich gegenüber einer erneuten Verfolgung der erledigten strafrechtlichen Qualifikationen. Gleichwohl hat nur im ersten Fall ein Richter mitgewirkt. Zudem erlangt die Entscheidung über die pauschale Geldstrafe Endgültigkeit schon mit Verzicht des Beschuldigten auf Inanspruchnahme der verschiedenen Rechtsbehelfe (passiver Konsens), während das Zustandekommen der *composition pénale* seine vorherige Zustimmung (aktiver Konsens) erfordert.[2262] Diese im Vergleich verringerten Voraussetzungen der Erledigung durch die *amende forfaitaire* erklären sich aber durch die wesentlich geringere Straftatschwere und die besonderen Deliktsfelder, für die dieses Verfahren zulässig ist: Nur Übertretungen der ersten vier Klassen, die durch den *Conseil d'Etat* festgestellt wurden sowie solche des Rechts der Bahntransportverwaltung und der öffentlichen Personenbeförderung können auf diese Weise erledigt werden. Ebenso wie für die Verwaltungstransaktion gilt auch hier, daß der Gesetzgeber die endgültige Erledigung ohne richterliche Beteiligung lediglich bei kleineren Straftaten anordnete. Im Vergehensbereich hingegen erfordert der endgültige Verfahrensabschluß die richterliche Validierung der *composition pénale.*

d. Zwischenergebnis

Die Resultate bestätigen die Hypothese, daß die Art des Entscheidungsorgans einer Verfahrenserledigung mit dem Umfang der Sperrwirkung gegenüber einer erneuten Verfolgung im Zusammenhang steht: Erläßt der Richter die Entscheidung, ist die *ne bis in idem*-Wirkung in der Regel höher. Ein nichtrichterlicher Verfahrensabschluß kann eine der Erledigung mit richterlicher Beteiligung vergleichbare verfahrensbeendende Wirkung lediglich dann zeitigen, wenn es sich um weniger gewichtige Straftaten handelt.

2. Charakteristikum Verdachtsgrad:[2263] Hinreichender Tatverdacht bei der *ordonnance de non-lieu* und Überzeugung bei der freisprechenden *ordonnance pénale*

Im französischen Strafverfahren lassen sich die untersuchungsrichterliche *ordonnance de non-lieu*[2264] und die *ordonnance pénale*[2265] des erkennenden Gerichts einander gegenüberstellen. Beide Entscheidungen ergehen ohne Beweisaufnahme in einer Hauptverhandlung auf

---

2260 Vgl. *oben C. IV. 3.*

2261 Vgl. *oben C. III. 3.*

2262 Zu aktivem und passivem Konsens siehe *oben Kapitel 11, D. II. 2.*

2263 Vgl. *oben Kapitel 11, D. IV.*

2264 Vgl. *oben C. II. 2.*

2265 Vgl. *oben C. IV. 2.*

Aktengrundlage. Im Rahmen der untersuchungsrichterlichen Einstellung ist zu prüfen, ob *hinreichender Tatverdacht* zu bejahen ist, während die *Überzeugung* von der Schuld der Maßstab beim Strafbefehl ist. Das Verfahren darf nach der *non-lieu*-Entscheidung bereits aufgrund neuer Belastungsgründe (*charges nouvelles*) fortgesetzt werden. Das belegt den erwarteten Zusammenhang. Nach Erlaß eines freisprechenden Strafbefehls, der auch kein zusätzliches Element des Konsenses in sich birgt,[2266] ist die Wiederaufnahme hingegen gänzlich ausgeschlossen. Aus diesem Grund kann im Vergleich von *ordonnance de non-lieu* und *ordonnance pénale* von einer Korrelation zwischen Verdachtsgrad und Sperrwirkung gegenüber der erneuten Verfolgung ausgegangen werden.

3. Charakteristikum Art der Sachverhaltsfeststellung[2267]

Verschiedene Beispiele deuten darauf hin, daß die Art der Sachverhaltsermittlung auch im französischen Strafverfahren von Bedeutung für die Beendigungswirkung eines Verfahrensabschlusses ist.

a. Kontumazverfahren und reguläre Hauptverhandlung

Stellt man beispielsweise das Abwesenheitsverfahren für Verbrechen, die *procédure de contumace*,[2268] einer normalen Hauptverhandlung[2269] vor der *Cour d'assises* gegenüber, so fällt auf, daß ersteres *nicht-kontradiktorisch* verläuft und auf den *schriftlichen* Aktenerkenntnissen basiert, während im schwurgerichtlichen Normalverfahren *kontradiktorisch* verhandelt und zum Teil auch *neues Beweismaterial* erhoben wird. Die schwurgerichtliche Kontumazverurteilung wird erst mit Eintritt der Vollstreckungsverjährung rechtskräftig. Dagegen tritt die Rechtskraft bei einem regulären Urteil sofort mit dessen Unanfechtbarkeit ein.

Wenn der Freispruch in der *procédure de contumace* dieselben Wirkungen wie ein im Normalverfahren ergangener erlangt, so kann dies damit erklärt werden, daß sich in diesem Fall die mangelnde Verteidigungsmöglichkeit des Beschuldigten im Abwesenheitsverfahren nicht nachteilig für das Ziel einer gerechten Entscheidung auswirkt. Wenn das Gericht bereits aufgrund des Aktenmaterials zu einem Freispruch gelangt, kann nicht angenommen werden, daß es aufgrund der Anwesenheit des eher entlastende Tatsachen vorbringenden Angeklagten zu einer gegenteiligen Entscheidung gelangen würde.

b. *Jugement par défaut*/ Strafbefehl und reguläre Hauptverhandlung

Das Abwesenheitsverfahren vor Korrektional- und Polizeigericht[2270] unterscheidet sich von der regulären Hauptverhandlung[2271] durch seinen nichtkontradiktorischen Verlauf.

[2266] Denn gegen einen freisprechenden Strafbefehl ist der Einspruch von vornherein nicht möglich und demnach auch keine Äußerung der Akzeptanz.durch Verzicht darauf.

[2267] Vgl. *oben Kapitel 11, D. V.*

[2268] Vgl. *oben Kapitel 9, C. VI. 1.*

[2269] Vgl. *oben Kapitel 9, C.*, insb. *III.*

[2270] Vgl. *oben Kapitel 9, C. VI. 2.*

Um ein aus diesem Verfahren resultierendes *jugement par défaut* in Rechtskraft erwachsen zu lassen, muß der Verurteilte auf den möglichen Einspruch verzichten. Nur in diesem Fall steht das Abwesenheits- dem regulären Verfahren in seinen verfahrensabschließenden Wirkungen gleich. Daraus ist ersichtlich, daß noch ein zusätzliches konsensuales Element erforderlich ist, um der aus einem nichtkontradiktorischen Verfahren hervorgegangenen Entscheidung zu derselben *ne bis in idem*-Wirkung zu verhelfen wie sie dem normalen, kontradiktorischen Verfahren innewohnt.

Gleiches gilt im Verhältnis des schriftlichen und ebenfalls nichtstreitigen Strafbefehlsverfahrens[2272] zur regulären Hauptverhandlung: Die Rechtskraft beider Verfahrensabschlüsse ist trotz dieser Differenzen identisch. Ein Abschluß des Verfahrens durch den Strafbefehl kommt aber auch hier nur zustande, wenn der Verurteilte den statthaften Einspruch nicht einlegt und damit seine Akzeptanz des Strafbefehls zum Ausdruck bringt. Für den Freispruch im Abwesenheits- und Strafbefehlsverfahren gilt das gleiche wie bereits zu jenem im Rahmen des Kontumazverfahrens Gesagte.[2273]

c. Zwischenergebnis

Bei einer Gegenüberstellung des aufgrund einer regulären Hauptverhandlung ergangenen Urteiles und der Verfahrensabschlüsse, die diesem gegenüber Defizite – hinsichtlich Streitigkeit bzw. Mündlichkeit des vorangegangenen Verfahrens – aufweisen, fällt auf, daß die urteilsgleiche Rechtskraft nur dann erreicht wird, wenn zusätzliche Faktoren wie die Vollstreckungsverjährung bei einem Kontumazurteil oder der Verzicht auf die zulässige Einspruchseinlegung bei den übrigen Abwesenheitsverfahren und dem Strafbefehl hinzukommen. Daraus läßt sich schließen, daß die Art der Sachverhaltsfeststellung während eines zu einer Entscheidung hinführenden Verfahrens in einem Zusammenhang mit der *ne bis in idem*-Wirkung dieser Entscheidung steht.

4. Charakteristikum Konsens:[2274] Staatsanwaltschaftliche Legalitätseinstellung (nichtkonsensual) und die strafrechtlichen Vergleichsformen (konsensual)

Der Vergleich der staatsanwaltschaftlichen Legalitätseinstellung nach Art. 40 CPP[2275] mit den Verwaltungstransaktionen[2276] sowie der *composition pénale*[2277], die alle die Prüfung des hinreichenden Tatverdachts verlangen und auf schriftlicher Grundlage ergehen, verdeutlicht die Korrelation von Konsens und Sperrwirkung. Die beiden konsensualen ver-

---

2271 Vgl. *oben Kapitel 9, C.*, insb. *III.*

2272 Vgl. *oben C. IV. 2.*

2273 Vgl. *oben C. V. 3. a.*

2274 Vgl. dazu *oben Kapitel 11, D. II.*

2275 Vgl. *oben C. I. 2.*

2276 Vgl. *oben C. III. 2.*

2277 Vgl. *oben C. III. 3.*

gleichsweisen Verfahrensabschlüsse verbieten eine wiederholte Verfolgung der erledigten Tatbestände. Demgegenüber zeitigt die bloße Einstellung ohne Element des Konsenses gar keine *ne bis in idem*-Wirkung.

5. Ergebnis

Auch in bezug auf das französische Strafverfahren hat sich die in *Kapitel zehn* aufgestellte Hypothese bestätigt: Eine Korrelation zwischen dem Entscheidungsorgan, dem Verdachtsgrad, der Art der Sachverhaltsfeststellung und Konsens auf der einen Seite und dem Umfang der Beendigungswirkung auf der anderen Seite läßt sich erkennen.

D. Verfahrensbeendende Entscheidungen im niederländischen Strafprozeß

I. Staatsanwaltschaftliche und polizeiliche Einstellungsentscheidungen

1. Einführung

Wenn der niederländische *Staatsanwalt* Kenntnis von dem Verdacht einer Straftat erlangt, muß er sich primär zwischen Verfolgung und Nichtverfolgung entscheiden. Wählt er die zweite Alternative, steht ihm neben einem Transaktionsangebot[2278] an den Beschuldigten die Möglichkeit offen, das Verfahren einfach oder unter Bedingungen einzustellen. Auch die niederländische *Polizei* vermag bereits – innerhalb gewisser Grenzen – über den Fortgang des Verfahrens zu entscheiden: Unter Umständen darf auch sie schon eine Transaktion anbieten oder die Sache einstellen.[2279]

Nach Beginn der Verfolgung[2280] durch Einschaltung eines Richters, also nach gerichtlicher Voruntersuchung, verhängter Untersuchungshaft oder erhobener Anklage, lauten die dann nur noch dem Staatsanwalt zur Wahl stehenden Alternativen *Weiter*verfolgung oder Nichtverfolgung.

Gründe der Anordnung staatsanwaltschaftlicher und polizeilicher Einstellungen können nicht nur die mangelnde Rechtmäßigkeit, sondern auch die fehlende Zweckmäßigkeit der Verfolgung bieten. Denn im niederländischen Strafverfahren gilt – wie in Frankreich

---

2278 Vgl. dazu *unten D. III. 2.*

2279 Vgl. dazu *unten D. III. 3., I., 3.*

2280 Der Begriff „*vervolgen*" („*verfolgen*") ist der mit der staatsanwaltschaftlichen Anrufung des Richters (Antrag auf gerichtliche Voruntersuchung, auf Untersuchungshaft oder Anklageerhebung) beginnenden und mit dem Unanfechtbarwerden der richterlichen Entscheidung endenden Phase des Strafprozesses vorbehalten (*Moons*: Opportuniteitsbeginsel, NJB 1969, 485 ff., 486). Vgl. allerdings auch Cleiren/Nijboer-*Valkenburg*: WSv, 2001, Art. 167, Rn. 3. a., wo der Unterschied zwischen diesem Verfolgungsbegriff und jenem – weiteren – des EGMR herausgestellt wird.

– bereits seit Anfang des 19. Jahrhunderts das Opportunitätsprinzip.[2281] Im Jahre 1926 trat mit der bis heute gültigen Strafprozeßordnung auch Art. 167 Abs. 2 WSv in Kraft, der diesem Grundsatz gesetzlichen Ausdruck verlieh:

„*Van vervolging kan worden afgezien op gronden aan het algemeen belang ontleend.*“[2282]

Diese Formulierung legt zunächst nahe, daß die Verfolgung der Grundsatz ist und nur in Ausnahmefällen, den Gründen des allgemeinen Interesses, davon abgesehen werden darf.[2283] Grundlage dieser vom Gesetz propagierten, sogenannten „*negativen Auffassung*“ des Opportunitätsprinzips ist die Vorstellung, daß grundsätzlich der Richter die Strafsachen endgültig beurteilen soll, auf die Verfolgung aber zur Vermeidung ihrer negativen Wirkungen unter gewissen Umständen verzichtet werden könne.[2284] Seit den siebziger Jahren allerdings nutzt man das Prinzip zusätzlich in weitem Umfang zu Einsparungszwecken in der Justiz.[2285] Die Frage „*warum verfolgen?*“ hat gegenüber der Frage „*warum nicht verfolgen?*“ den Vorrang errungen: Verfolgt wird lediglich, wenn das allgemeine Interesse dies verlangt. Damit hat sich die „*positive Auffassung*“ des Opportunitätsgrundsatzes in der Praxis durchgesetzt.[2286]

Das Opportunitätsprinzip in Verbindung mit dem Verfolgungsmonopol[2287] läßt die Staatsanwaltschaft zu einer sehr mächtigen Instanz innerhalb der Strafverfolgung werden.[2288] Die Verfolgung verschiedener Deliktsgruppen wiederholt verweigernd, löst sie einschneidende Rückkoppelungen auf die Tätigkeit der übrigen Strafverfolgungsorgane aus: Zum einen paßt sich die polizeiliche Ermittlungstätigkeit der Verfolgungspolitik an, zum anderen erreichen nur noch ausgewählte Verfahren überhaupt den gerichtlichen Tä-

---

2281 Dazu *Moons*: Opportuniteitsbeginsel, NJB 1969, 485 ff., 521 ff. Der Beginn der Anwendung des Opportunitätsprinzips wird auf ein Rundschreiben des damaligen Justizministers *van Maanen* aus dem Jahre 1924 zurückgeführt (vgl. Melai/Groenhuijsen-*Reijntjes*: WSv, Art. 167, Rn. 5 [Std. 02/01]).

2282 „*Von der Verfolgung kann aus Gründen des allgemeinen Interesses abgesehen werden.*“ Ähnlich auch Art. 242 Abs. 2 WSv, der aber erst nach Einleitung der Verfolgung durch Einschaltung eines Richters gilt: vgl. dazu *unten D. I. 4.*

2283 Cleiren/Nijboer-*Valkenburg*: WSv, 2001, Art. 167, Rn. 1. c.; a. A. *Schaffmeister*: Niederlande, in: Jescheck/Leibinger (Hrsg.): Anklagebehörde im ausländischen Recht, 1979, S. 83 ff., 122 f.

2284 Vgl. die vorsichtige Formulierung in der Begründung zu Art. 167 WSv: „*Niet zonder groote zorg wird de redactie van het besproken beginsel opgesteld. ... Het opportuniteitsbeginsel heeft geen ander doel dan om aan het legaliteitsbeginsel zijne scherpte te ontnemen.*“ („*Nicht ohne große Sorgfalt wurde der besprochene Grundsatz abgefaßt. ... Das Opportunitätsprinzip hat keinen anderen Zweck als den, dem Legalitätsprinzip seine Schärfe zu nehmen.*“) (Kamerstukken II 1913/14, 268, Nr. 3, S. 103, auszugsweise abgedruckt bei Melai/Groenhuijsen-*Reijntjes*: WSv, Art. 167, Rn. 5 [Std. 02/01]).

2285 Vgl. *Tak*: Opportuniteitsbeginsel, DD 2002, S. 356 ff., 357.

2286 Dafür namentlich *Moons*: Opportuniteitsbeginsel, NJB 1969, 485 ff., 521 ff. und *'t Hart*: Om het OM, 1983, S. 31 ff. Für die sog. negative Auslegung allerdings *van Bemmelen* und *van Veen* (Strafprocesrecht, 1993, S. 97).

2287 Dazu *Schaffmeister*: Niederlande, in: Jescheck/Leibinger (Hrsg.): Anklagebehörde im ausländischen Recht, 1979, S. 83 ff., 86 ff.; *Lensing/Mulder*: Strafprocesrecht, 1994, S. 136 ff.

2288 „*The prosecutor is the most important person in the judicial system under present conditions.*“ (*Franken*: Vervolgingsbeleid, 1973, S. 354 [in bezug auf die niederländische Situation zit. aus *Sutherland, Edwin H./Cressey, Donald R.*: Principles of criminology, 6th ed., Chicago 1960, S. 377]).

tigkeitsbereich. Rechtliche Streitpunkte werden einer höchstrichterlichen Klärung in großem Umfang vorenthalten, weil die Staatsanwaltschaft in Zweifelsfällen häufig zu einem Verzicht auf eine Anklage tendiert. Schließlich mündet die ausgedehnte Freiheit des *openbaar ministerie* (Staatsanwaltschaft) zu einer faktischen Geltungsreduzierung bestimmter Strafvorschriften. Dabei fällt besonders das heutige „*positive*" Verständnis des Opportunitätsgrundsatzes ins Gewicht: Des Gesetzgebers Aufgabe beschränkt sich weitgehend auf die Schaffung der gesetzlichen Voraussetzungen als Basis der Strafverfolgung, innerhalb deren Rahmens die Staatsanwaltschaft dann agieren kann.[2289] Allerdings wird eine generelle Anwendung des Opportunitätsgrundsatzes für bestimmte Deliktsgruppen zugunsten einer konkreten Prüfung im jeweiligen Einzelfall allgemein abgelehnt, da die Staatsanwaltschaft andernfalls „*op de stoel van de wetgever*"[2290] Platz nähme. Eine durchgängig innerhalb einer Kategorie vom Gesetzgeber für strafwürdig erachteten Verhaltens praktizierte Differenzierung wird jedoch insoweit akzeptiert, als dann immer nur die gesellschaftlich relevanten Verletzungen verfolgt werden.[2291]

2. Die informelle staatsanwaltschaftliche Einstellung nach Art. 167 WSv[2292] (*sepot*[2293])

a. Nach Erhalt der Ermittlungsakten von der Polizei, entscheidet der niederländische Staatsanwalt[2294] über den weiteren Fortgang der Sache.

Dabei kann er zunächst zu dem Resultat gelangen, daß die *Verfolgung*, sei dies rechtlich oder tatsächlich veranlaßt, *nicht begründet* ist. Fehlt es also schon an einem strafrechtlich relevanten Verhalten, erscheint dieses nicht beweisbar, ist die Anklage, beispielsweise wegen Strafverfolgungsverjährung oder Tod des Beschuldigten, unzulässig oder der Täter, z. B. wegen Unzurechnungsfähigkeit, nicht strafbar, dann steht eine Verurteilung nicht zu erwarten.[2295] Der Staatsanwalt ist in diesen Fällen verpflichtet, das Verfahren einzustel-

---

2289 *Rüter*: Grenzenlos glücklich(er)?, in: Jescheck et al. (Hrsg.): FS Tröndle, 1989, S. 855 ff., 864 f.; *Unger/Hajda*: Strafverfahren, 1995, S. 24; *Tak*: Netherlands, in: van der Beken/Kilchling (Hrsg.): Public Prosecutor, 1999, S. 125 ff.; *ders.*: Opportuniteitsbeginsel, DD 2002, S. 356 ff., 357. *Tak*: Opportunitätsprinzip, ZStW 1972, S. 220 ff., 228 vertritt hinsichtlich des strafrechtlich geschützten Ordnungsrechts die Auffassung, daß es richtig wäre „... *diese Delikte aus dem Kriminalbereich herauszunehmen und dabei anzuordnen, daß sie nur verfolgt werden dürfen, wenn dies aufgrund des Allgemeininteresses erforderlich ist.*"

2290 „*Auf des Gesetzgebers Stuhl*".

2291 Vgl. Melai/Groenhuijsen-*Reijntjes*: WSv, Art. 167, Rn. 8.1. (Std. 02/01).

2292 Zum Text dieser Vorschrift vgl. *oben D. I. 1. vor Fn. 2282.*

2293 Zu Ursprung und richtiger Benutzung des Terminus, der eigentlich erst nach dem Zweiten Weltkrieg verwendet wurde, siehe Melai/Groenhuijsen-*Reijntjes*: WSv, Art. 167, Rn. 4.2. (Std. 02/01).

2294 *Officier van justitie.*

2295 Siehe zu den Richtlinien für Einstellungsgründe (*Handleiding rubricering sepotgronden*): Melai/Groenhuijsen-*Reijntjes*: WSv, Art. 167, Rn. 10 f. (Std. 02/01). Insofern erfolgt eine antizipierte Prüfung der vom Gericht in der Hauptverhandlung zu beantwortenden Fragen der Art. 348 und 350 WSv: vgl. *Corstens*: Strafprocesrecht, 1999, S. 229.

len.[2296] Den so motivierten Verzicht auf die Verfolgung bezeichnet man *processueel, technisch, haalbaarheids*[2297]- oder *bewijssepot.*[2298]

Wäre die Verfolgung nach den vorgenannten Kriterien zulässig, prüft der unter dem Opportunitätsprinzip agierende niederländische Staatsanwalt die *Zweckmäßigkeit* der Verfolgung.[2299] In deren Beurteilung fließen sämtliche, dem konkreten Fall anhaftende Umstände ein, die die Verfolgung für die Gesellschaft nicht wünschenswert erscheinen lassen. Die nicht opportune Weiterbefassung mit der Sache führt zu einem *beleids*[2300]- oder *opportuniteitssepot.*

Bereits seit längerer Zeit arbeitet man mit Mitteln der Koordination wie Absprachen oder Richtlinien[2301] auf eine Angleichung der Verfolgungspolitik hin, um in der Vergangenheit bekanntgewordene

---

2296 Vgl. *Groenhuijsen/van Kalmthout*: Transactie en voorwaardelijk sepot, DD 1983, 474 ff., 474; Melai/Groenhuijsen-*Reijntjes*: WSv, Art. 167, Rn. 6 (Std. 02/01).

2297 „*Haalbaar*" heißt soviel wie machbar, durchführbar, realisierbar (siehe *van Dale*: Nederlands-Duits, 1986).

2298 Terminologisch ist es möglich, das *haalbarheidssepot* auch dem Art. 167 Abs. 2 WSv zuzuordnen (so wohl *Swart*: Netherlands, in: van den Wyngaert et al. (Hrsg.): Criminal Procedure Systems, 1993, S. 279 ff., 294): Schließlich liegt es auch nicht im allgemeinen Interesse, den Strafverfolgungsapparat ohne Aussicht auf eine Verurteilung, somit in ineffektiver Weise in Anspruch zu nehmen. Systematisch kann dagegen aber angeführt werden, daß Art. 242 WSv, der die Verfolgungsentscheidung nach gerichtlicher Voruntersuchung oder Untersuchungshaft regelt, davon spricht, von weiterer Verfolgung könne „auch *aus Gründen des allgemeinen Interesses*" abgesehen werden. Da man wohl annehmen kann, der Gesetzgeber habe in beiden Fällen die Wendung „*gronden aan het algemeen belang ontleend*" im gleichen Sinn verwendet, so erscheint es einleuchtender, den Verzicht auf die Verfolgung aus im Recht liegenden Gründen als vom Gesetz als selbstverständlich vorausgesetzt, die Absätze 2 der Art. 167 und 242 WSv als Hinweis auf das Opportunitätsprinzip und das „*auch*" der letzteren Vorschrift als besondere Betonung, daß es auch in diesem Stadium noch möglich sei, aus Zweckmäßigkeitsgründen einzustellen, zu betrachten (vgl. auch Melai/Groenhuijsen-*Reijntjes*: WSv, Art. 167, Rn. 4.5 [Std. 02/01]).

2299 Die zwei unterschiedlichen Einstellungsmotive lassen sich nicht in jedem Fall vollständig voneinander trennen (vgl. Melai/Groenhuijsen-*Reijntjes*: WSv, Art. 167, Rn. 6 [Std. 02/01]).

2300 Der Begriff „*beleid*" entspricht ungefähr der Bedeutung von „*Politik, Amtsführung, Vorgehen*", woraus der Zusammenhang dieser Gruppe des Absehens von der Verfolgung mit der allgemeinen Verfolgungspolitik ersichtlich wird: beide Faktoren wirken wechselseitig aufeinander ein. *Schaffmeister*: Niederlande, in: Jescheck/Leibinger (Hrsg.): Anklagebehörde im ausländischen Recht, 1979, S. 83 ff., 122, Fn. 94 weist zutreffend darauf hin, daß in der deutschen Rechtssprache kein entsprechendes Pendant für den Terminus „*beleidssepot*" existiert.

2301 Rundschreiben und Richtlinien des Justizministers und der Versammlung der Generalstaatsanwälte, insbesondere die „*Handleiding rubricering sepotgronden*" vom Juni 1979 (geändert am 01. 07. 1983; dazu Melai/Groenhuijsen-*Reijntjes*: WSv, Art. 167, Rn. 10 f. [Std. 02/01]). – Ähnlich wie auch im deutschen Recht, sind die Richtlinien grundsätzlich anzuwenden, es sei denn das Vorliegen besonderer Umstände rechtfertigt ein Abweichen. Hervorzuheben ist die Tatsache, daß ordnungsgemäß bekanntgemachte Richtlinien durch den *Hohen Rat* als Recht im Sinne des Art. 99 RO qualifiziert werden (*HR* vom 28. 03. 1991, NJ 1992, Nr. 118), woraus die Prüfungskompetenz des Kassationsgerichtes hinsichtlich der Auslegung der in den Richtlinien festgeschriebenen Regeln folgt. Allerdings bedeutet das nicht, daß die Richtlinien damit zu allgemein verbindlichen Regeln werden, denn trotz allem sind sie nicht legislativen Ursprungs. Sie binden aber – vermittelt durch die Grundsätze der ordentlichen Prowesentliche Unterschiede in der Verfolgungspraxis der einzelnen Staatsanwaltschaften zu schmälern. Unter diesen Richtlinien soll der Staatsanwalt aus Gründen des allgemeinen Interesses danach beispielsweise einstellen, wenn andere als strafrechtliche Maßnahmen oder Sanktionen vorzugswürdig oder effektiver wären, die Verfolgung im Verhältnis zur Natur der Tat oder aus beim Täter liegenden Gründen unangemessen, ungerecht oder ineffektiv oder gegen die Interessen des Staates oder des Opfers gerichtet erschiene.[2302]

Neben der Orientierung an den eben erwähnten Richtlinien setzen die *„beginselen van een goede procesorde“*[2303] der Staatsanwaltschaft in ihrer Entscheidungsfreiheit Grenzen.

Folgende Regeln sind zu berücksichtigen: Vertrauens- und Gleichheitsprinzip, Grundsatz der Redlichkeit der Absichten und Verbot der Willkür, Prinzip der gerechten und billigen Interessenabwägung und schließlich Begründungs- und Sorgfaltsgrundsatz.

In den achtziger Jahren war die Zahl der einfachen Einstellungen aus Opportunitätsgründen derart angestiegen, daß dies Anlaß zur Kritik durch das kriminalpolitische Konzept *„Gesellschaft und Kriminalität – Ein Programm für die kommenden Jahre“*[2304] war, in dem die Staatsanwaltschaft angewiesen wurde, die Zahl dieser Erledigungsform zugunsten von bedingten Einstellungen, Verwarnungen und Transaktionen zu verringern. Demgemäß schrumpfte der Anteil auch von damals ungefähr 28 % auf nur 4 % in den späten neunziger Jahren.[2305] Vorrangig bezieht sich diese Opportunitätseinstellung auf leichtere und häufig vorkommende Kriminalität.

Nicht ohne Grund nennt man die Einstellung nach Art. 167 Abs. 2 WSv – im Gegensatz zu derjenigen nach Art. 242 Abs. 2 WSv – auch *„informelle Einstellung“*.[2306] Abgesehen von der einer landeseinheitlichen Einstellungspolitik dienenden Pflicht, die Entscheidung einer der oben beispielhaft aufgezählten Einstellungskategorien zuzuordnen, unterliegt der Staatsanwalt grundsätzlich keiner Begründungspflicht.[2307] Auch eine Mitteilung an den Beschuldigten wird nicht generell verlangt:[2308] Eine rechtliche Pflicht existiert jedenfalls in

---

zeßführung – den Staatsanwalt. Die Richtlinien müssen vom Richter nicht von Amts wegen geprüft werden – eine Berufung darauf ist erforderlich (*HR* vom 13. 09. 1994, NJ 1995, Nr. 31).

2302 *Tak*: Legal scope of non-prosecution, 1986, S. 59 ff. Eine übersichtliche Systematisierung der Einstellungsgründe findet sich in deutscher Sprache bei *Tak*: Opportunitätsprinzip, ZStW 1972, S. 220, 234 ff.

2303 *„Prinzipien der guten Prozeßführung“*. Dazu siehe *Lensing*: Behoorlijk strafprocesrecht, DD 1988, 960 ff.; *Cleiren*: Goede procesorde, 1989; *Krabbe*: De ontvankelijkheid van het OM, in: Knigge (Hrsg.): Strafprocesrecht, 1998, S. 99 ff.; *Minkenhof*: Strafvordering, 1999, S. 31 f. *Borman*: Beginselen van behoorlijk bestuur, Trema 1981, 103 weist auf die Überschneidungen zwischen den einzelnen Grundsätzen hin.

2304 *„Samenleving en criminaliteit – Een beleidsplan voor de komende jaren“*.

2305 Dazu *Tak*: Dutch Criminal Justice System, 1999, S. 43.

2306 *Corstens*: Strafprocesrecht, 1999, S. 489.

2307 Dem Verletzten gegenüber, der den Inhalt seines Anspruchs und die Gründe, auf denen dieser beruht, beim zuständigen Staatsanwalt gemäß Art. 51b WSv angemeldet hat, ist allerdings eine schriftliche, mit Gründen versehene Mitteilung der Einstellung des Strafverfahrens gemäß Art. 51f Abs. 3 WSv notwendig, um ihm die Einreichung einer Klage nach Art. 12 ff. WSv zu ermöglichen.

2308 In bezug auf die Notwendigkeit der Mitteilung sowohl der Einstellung selbst als auch deren Gründe an den Beschuldigten herrscht Uneinigkeit in der Wissenschaft (*Corstens*: Strafprocesrecht, 1999, S. 489). Freilich ist angesichts der Rolle einer Einstellungsmitteilung als Anknüpfungspunkt für das Verdiesem Stadium[2309] nicht.[2310] Erfolgt dennoch eine Einstellungsmitteilung oder eine Zusage, die Sache nicht weiterzuverfolgen,[2311] so kann dies auf schriftlichem, mündlichem oder auch telefonischem[2312] Wege geschehen. Die Kundgebung der Einstellung erfordert nicht immer viele Worte: die Verfolgung zweier Straftaten unter Verzicht auf die der übrigen impliziert hinsichtlich derer den Einstellungswillen.[2313] Bedeutsam ist, daß neben der persönlichen Zusage im individuellen Fall auch die angemessene Bekanntmachung allgemeiner Richtlinien stehen kann, aus denen der Beschuldigte auf ein *sepot* seiner Sache schließen kann.[2314]

Vor der Einstellungsentscheidung[2315] steht dem Staatsanwalt die Möglichkeit offen, dem Beschuldigten die Erfüllung bestimmter Bedingungen vorzuschlagen.[2316] Anwendung findet diese Erledigungsform in der Praxis vorwiegend in den Fällen, in denen eine Transaktion aufgrund der in Art. 74 Abs. 2 WSr enumerativ beschränkten Bedingungen nicht tunlich erscheint.[2317] Die Einstellung unter Bedingungen unmittelbar nach dem poli-

---

trauen des Beschuldigten auf die Nichtverfolgung (siehe *unten D. I. 2. e.*) nicht zu verkennen, welche Interessenlage hinter dem Verzicht auf die Benachrichtigung steht (*Enschedé*: Strafrecht, 2000, S. 120).

2309 Anders im Falle einer Einstellung nach der gerichtlichen Voruntersuchung bzw. nach verhängter U-Haft: s. *unten D. I. 4. a.*

2310 In den Fällen, in denen mit Rücksicht auf den Verletzten von Art. 51f Abs. 3 WSv Gebrauch gemacht, dem Verdächtigen gegenüber eine mündliche oder schriftliche Verwarnung ausgesprochen wurde oder sich jener nach dem Stand des Verfahrens erkundigt hat, soll eine Benachrichtigung von der Einstellung erfolgen (vgl. Melai/Groenhuijsen-*Reijntjes*: WSv, Art. 167, Rn. 14 [Std. 02/01]). Die einfache Einstellung kann mit einer *waarschuwing* (Verwarnung) verbunden werden, in der dem Betroffenen die Unterlassung bestimmten Verhaltens angeraten wird, will er nicht mit dem Strafrichter in Konflikt geraten. Soweit dabei die Grenze zur Rüge nicht überschritten, also eine neutrale Formulierung gewählt wird, hält man dieses Vorgehen auch im Falle eines *technisch sepot* und gar gegenüber Unverdächtigen für zulässig (vgl. Melai/Groenhuijsen-*Reijntjes*: WSv, Art. 167, Rn. 16 [Std. 02/01]).

2311 Ein Versprechen, nicht weiter zu verfolgen, ist auch in der Mitteilung, daß die Sache eingestellt wurde, zu sehen (*HR* vom 15. 06. 1982, NJ 1983, Nr. 216; vom 26. 06. 1984, NJ 1985, Nr. 41).

2312 *HR* vom 18. 02. 1997, NJ 1997, Nr. 484 (telefonische Zusage der Nichtverfolgung durch Staatsanwalt an Sekretärin des Strafverteidigers).

2313 *HR* vom 09. 09. 1986, NJ 1987, Nr. 178; vom 02. 12. 1986, NJ 1987, Nr. 634.

2314 *HR* vom 19. 06. 1990, NJ 1991, Nr. 119. Auf solche Weise veröffentliche Verwaltungsvorschriften werden, weil deren Einhaltung zu den Regeln der *goede procesorde* zählt, als Recht i. S. d. Art. 99 RO betrachtet (ebenda). Nicht der Öffentlichkeit zugängliche, lediglich behördeninterne Handlungsanweisungen entbehren jedoch solcher Wirkung (*Krabbe*: De ontvankelijkheid van het OM, in: Knigge (Hrsg.): Strafprocesrecht, 1998, S. 91 ff., 103).

2315 Auch vor einer sog. formellen Einstellung kann der Staatsanwalt Bedingungen verhängen. Vgl. dazu noch *unten D. III. 4.*

2316 Zur geschichtlichen Entwicklung der bedingten Einstellung siehe i. e. *van den Biggelaar*: Buitengerechtelijke afdoening, 1994, S. 48 ff. Diese Form der Erledigung eingehend mit der Transaktion (vgl. *unten D. III. 2.*) vergleichend, kommen *Groenhuijsen/van Kalmthout*: Transactie en voorwaardelijk sepot, DD 1983, S. 474 ff., 484 zu dem Schluß, daß seit dem *Wet Vermoegenssancties* (Vermögenssanktionsgesetz) vom 31. 03. 1983, das den Anwendungsbereich der *transactie* wesentlich erweiterte, kein prinzipieller Unterschied mehr besteht.

2317 Melai/Groenhuijsen-*Reijntjes*: WSv, Art. 167, Rn. 17.2 (Std. 02/01).

zeilichen Ermittlungsverfahren ist im Gesetz nicht ausdrücklich vorgesehen, trotzdem aber allgemein anerkannt.[2318]

Zum einen stützt man sich auf die 1926 vom Gesetzgeber eingefügte Regelung der Art. 244 Abs. 3[2319] und 245 Abs. 3 WSv, die die Möglichkeit des Staatsanwaltes vorsieht, auf Antrag des Verdächtigen – gegebenenfalls unter Auferlegung bestimmter Bedingungen – bis zur Mitteilung über die (Nicht-)Weiterverfolgung nach Durchführung einer gerichtlichen Voruntersuchung oder verhängter Untersuchungshaft eine gewisse Frist festzusetzen.[2320] Diese gesetzgeberische Entscheidung spiegelt den Gedanken wider, die Verfolgungsentscheidung von der (Nicht-)Erfüllung von Bedingungen beeinflussen lassen zu können. Zum anderen wird ein *argumentum a forteriori ad minus* herangezogen.[2321]

Die zulässig verhängten Bedingungen betreffen Lebensweise und Verhalten des Verdächtigen.[2322] In der Regel rekurriert man auf die Bedingungen, die ein Richter bei der Aussetzung einer Strafe zur Bewährung aussprechen könnte:[2323]

Art. 14c Abs. 2 WSr erwähnt die Schadenswiedergutmachung (Nr. 1), den Aufenthalt in einer Anstalt (Nr. 2), die Einzahlung einer Kautionssumme (Nr. 3) oder eines Geldbetrages in einen Opferfond (Nr. 4) und andere besondere, verhaltensbezogene Bedingungen (Nr. 5). Vor allem aber ordnet man die allgemeine Auflage an, sich nicht innerhalb einer bestimmten Frist einer neuen Straftat schuldig zu machen.[2324]

Selbst nach Bedingungserfüllung durch den Beschuldigten ist der Staatsanwalt zur Einstellung nicht gezwungen.

2318 *Arnhem* vom 27. 05. 1930, W. 1932 Nr. 12414; Cleiren/Nijboer-*Valkenburg*, 2001, WSv, Art. 167, Rn. 7. a.

2319 *„De officier van justitie kan, op het verzoek van den verdachte, en al dan niet onder het stellen van bepaalde voorwaarden, voor het doen van kennisgevong overeenkomstig het eerste lid een bepaalden langeren termijn nemen."* – *„Der Staatsanwalt kann auf Antrag des Verdächtigen, gegebenfalls unter Auferlegung bestimmter Bedingungen, bis zur Veranlassung der Mitteilung gemäß Abs. 1 eine bestimmte längere Frist festsetzen."*

2320 Cleiren/Nijboer-*Valkenburg*, 2001, WSv, Art. 167, Rn. 7. a., Art. 244, Rn. 6.

2321 *Moons*: Opportuniteitsbeginsel, NJB 1969, S. 485 ff., 521 ff., 486; *van den Biggelaar*: Buitengerechtelijke afdoening, 1994, S. 48. Ähnlich auch *Arnhem* vom 27. 05. 1930, W. 1932 Nr. 12414 (*„O[verwegende] dat de straf is een uiterste maatregel tot handhaving der rechtsorde die achterwege behoort te blijven, wanneer langs anderen weg het doel kann worden bereikt ..."*. – *„In der Erwägung, daß die Strafe eine äußerste Maßnahme zur Wahrung der Rechtsordnung ist, die außer acht bleiben muß, wenn dieses Ziel auf einem anderen Weg erreicht werden kann ..."*). Krit. *Schaffmeister*: Afdoen buiten geding van economische delikten, DD 1974, S. 332 ff., 341, Fn. 21; *Groenhuijsen/van Kalmthout*: Transactie en voorwaardelijk sepot, DD 1983, S. 474 ff., 475 (bedingte Einstellung aliud im Verhältnis zur einfachen Einstellung); Melai/Groenhuijsen-*Reijntjes*: WSv, Art. 167, Rn. 17.1 (Std. 02/01).

2322 Melai/Groenhuijsen-*Reijntjes*: WSv, Art. 167, Rn. 17.3 (Std. 02/01). Vgl. insb. Art. 14 c Abs. 2 Nr. 5 WSr: *„... andere bijzondere voorwaarden, het gedrag van de veroordeelde betreffende ..."* (*„... andere besondere, das Verhalten des Verurteilten betreffende Bedingungen ..."*).

2323 *Mulder/Schootstra*: De voorwaardelijke veroordeling, in: Handelingen 1974, S. 3 ff., 86.

2324 Allgemeine Bedingung i. S. d. Art. 14 c Abs. 1 WSr (siehe *Lensing/Mulder*: Strafprocesrecht, 1994, S. 155).

Dies folgt aus dem Umstand, daß das Verfahren bereits wieder aufgenommen werden darf, sobald sich eine abweichende Abwägung des allgemeinen Interesses ergibt.[2325] Ist dies der Fall, wäre es widersinnig, zunächst eine Einstellung zu verfügen, um sodann die Verfolgung nachträglich einzuleiten.

Gegen die Einstellung kann der *unmittelbar Betroffene* (*rechtstreeks belanghebbende*) schriftlich bei dem Gerichtshof Klage erheben, innerhalb dessen Bezirk die Entscheidung, nicht weiter zu verfolgen, getroffen worden ist.[2326] Im Falle der informellen Einstellung erweist sich danach die Rechtssicherheit des Verdächtigen dem Recht des unmittelbar Betroffenen zu klagen nachgeordnet. Denn das Vertrauen des ersteren wird bei der Entscheidung, ob die Klage zulässig ist, nicht berücksichtigt.[2327] Das Verfahren dieses Rechtsbehelfs regeln die Art. 12 ff. WSv.[2328] Der Antragsteller ist nicht an eine Frist gebunden.[2329] Dies gilt auch, wenn der Beschuldigte bereits Bedingungen erfüllt hat.[2330]

Obwohl diese Lösung der gesetzgeberischen Linie entspricht, das Recht des Verletzten über das Vertrauen des Beschuldigten zu stellen, scheint dies gerade im Hinblick auf dessen Engagement einerseits und die wertungsmäßige Vergleichbarkeit mit der *transactie* andererseits zu unbilligen Ergebnissen zu führen.[2331] Diese unbefriedigende Situation veranlaßte bereits mehrfach Rufe nach einer Gleichstellung der bedingten Einstellung mit der *transactie*.[2332]

Der Gerichtshof widmet sich zunächst der Prüfung der Legalität der Verfolgung. Dabei versetzt er sich in die Position des Staatsanwaltes, beurteilt also in vorläufiger Weise, ob eine *begründete Aussicht, daß verurteilt werden wird*,[2333] besteht. Er beschränkt sich auf ein Wahrscheinlichkeitsurteil, welches für die Bejahung der *haalbarheids*-Frage zumindest eine *berechtigte Schuldvermutung* bedingt. Sodann prüft der Gerichtshof die Zweckmäßigkeit der Verfolgung. Denn Art. 12i Abs. 2 WSv gestattet ihm, die Anordnung der Verfolgung auch

---

2325 Vgl. dazu *unten D. I. 2. e.*

2326 Neben dem Verfahren nach den Art. 12 ff. WSv kann sich ein mit einer Einstellungsentscheidung nicht einverstandener Bürger bei den dem Entscheidenden hierarchisch übergeordneten staatsanwaltschaftlichen Behörden beschweren, die dann kraft ihrer Weisungsbefugnis die Verfolgung anordnen können (*van Bemmelen/van Veen*: Strafprocesrecht, 1993, S. 225).

2327 *HR* vom 02. 06. 1987, NJ 1988, Nr. 266.

2328 Dazu *van Buuren*: Beklag over niet vervolgen, AA 1985, S. 263 ff.

2329 Vgl. Art. 12k WSv: Umkehrschluß.

2330 *HR* vom 22. 06. 1987, NJ 1988, Nr. 266; *Arnhem* vom 07. 05. 1930, W. 1930, Nr. 12414; *Corstens*: Waarborgen, 1974, S. 77; *Groenhuijsen/van Kalmthout*: Transactie en voorwaardelijk sepot, DD 1983, S. 474 ff., 478.

2331 Bestätigt wird diese Tendenz gerade auch durch eine im Jahre 1994 entstandene Regelung. Damals wurde mit Art. 77e WSr eine besondere bedingte Einstellungsmöglichkeit für Jugendliche gesetzlich anerkannt. Während dessen Absatz 5 S. 2 das Recht zur Strafverfolgung nach Teilnahme an dem Projekt grundsätzlich verfallen läßt, gilt dies nicht für den Fall eines gerichtlichen Verfolgungsbefehls nach Art. 12i WSv. Allerdings ist die Teilnahme immerhin bei der Strafzumessung in Rechnung zu stellen (Satz 3).

2332 *Reijntjes*: Voorwaardelijk sepot, in: Balkema et. al. (Hrsg.): Lib. am. van Veen, 1985, S. 295 ff., 313; Melai/Groenhuijsen-*Reijntjes*: WSv, Art. 167, Rn. 20 (Std. 02/01). *Groenhuijsen/van Kalmthout*: Transactie en voorwaardelijk sepot, DD 1983, S. 474 ff., 483 betrachten Art. 74 WSr ohnehin als Basisregelung bezüglich des bedingten Absehens von der Verfolgung (S. 484 f.).

2333 Vgl. Cleiren/Nijboer-*Valkenburg*: WSv, 2001, Art. 12 i, Rn. 2.

aus Gründen des allgemeinen Interesses abzulehnen.[2334] Konsequenz ist, daß der Kläger nicht in allen Fällen, in denen die Anklage rechtlich Erfolgsaussichten hätte, in der Tat mit der Klage deren Einreichung auch erzwingen kann. Grundlage der richterlichen Entscheidung ist die aktuelle Situation. Zwischenzeitlich veränderte Umstände finden also auch Berücksichtigung, denn die Klage richtet sich nicht gegen die staatsanwaltschaftliche Einstellungsentscheidung, sondern gegen die bestehende Situation der Nichtverfolgung.[2335] Gegen die gerichtliche Entscheidung ist zwar kein Rechtsmittel statthaft.[2336] Gleichwohl aber erweist sich die gefundene Bewertung nicht als irreversibel.

Erteilt das Gericht keinen Verfolgungsbefehl, folgt das erstens aus Art. 12d Abs. 2 WSv, der auf die Möglichkeit der mehrmaligen Antragstellung durch ein- und denselben unmittelbar Betroffenen schließen läßt. Zweitens hat eine abweisende Entscheidung keinen Einfluß auf die Möglichkeit der Staatsanwaltschaft zur Verfolgung.[2337] Drittens befürwortet man allgemein auch die Befugnis des Justizministers zur Anordnung der Verfolgung nach Abweisung der Klage durch das Gericht.[2338] Daraus folgt, daß der gerichtlichen Entscheidung nur bei Stattgabe eine gewisse Bindungswirkung anhaftet, wobei es dem Staatsanwalt bei veränderten Umständen auch in diesem Falle gestattet sein soll, beim Gericht beantragen zu dürfen, doch – entgegen dessen Befehl – von der Verfolgung absehen zu dürfen.[2339]

b. Ebensowenig wie im französischen Strafverfahren[2340] findet man auch im niederländischen Recht eine ausdrückliche Antwort auf die Frage, von welcher Tatwahrscheinlichkeit die Staatsanwaltschaft ausgehen muß, um entweder eine Legalitäts- oder eine Opportunitätseinstellung anordnen zu können. Allerdings gelten ähnliche Erwägungen wie auch dort.

[2334] Das Gericht ist dabei völlig unabhängig in seiner Wertung, vor allem aber nicht durch staatsanwaltschaftliche Richtlinien oder Zusagen gebunden, weshalb *theoretisch* die Gefahr von „*Einbrüchen in die allgemeine, in der politischen Verantwortlichkeit des Justizministers stehende Verfolgungspolitik*" besteht (vgl. dazu *van den Biggelaar*: Buitengerechtelijke afdoening, 1994, S. 65; Cleiren/Nijboer-*Valkenburg*: WSv, 2001, Art. 12, Rn. 4. c.). Mit Zusagen kann der Staatsanwalt nur sich selbst binden. Der Richter übernimmt im Falle der Bejahung von Recht- und Zweckmäßigkeit der Verfolgung auch die Entscheidung, wegen welcher Delikte angeklagt werden soll (*HR* vom 25. 06. 1996, NJ 1996, Nr. 764). In der *Praxis* allerdings beschränken sich die Gerichtshöfe meist auf eine Nachprüfung der Opportunitätserwägungen der Staatsanwaltschaft, ohne selbst eine eigene Abwägung vorzunehmen (Melai/Groenhuijsen-*Knigge*: WSv, Art. 12i, Rn. 5 [Std. 03/94]; *Krabbe*: De ontvankelijkheid van het OM, in: Knigge (Hrsg.): Strafprocesrecht, 1998, S. 91 ff., 111). Zu den mit der gesetzlichen Befugnis verbundenen Problemen *Corstens*: Strafprocesrecht, 1999, S. 508 m. w. N.

[2335] Melai/Groenhuijsen-*Knigge*: WSv, Art. 12i, Rn. 5 (Std. 03/94); Cleiren/Nijboer-*Valkenburg*: WSv, 2001, Art. 12, Rn. 2. Als Argument dafür läßt sich auch Art. 12d Abs. 2 WSv heranziehen, der die Anhörung des Klägers im Falle einer erneuten Antragstellung wegen derselben Tat nur dann anordnet, wenn dieser „*... neue Umstände anführt, die, wären die dem Gerichtshof bekannt gewesen, zu einer anderen Entscheidung über die frühere Klage hätten führen können.*"

[2336] Cleiren/Nijboer-*Valkenburg*: WSv, 2001, Art. 12i, Rn. 7.

[2337] *Corstens*: Strafprocesrecht, 1999, S. 510.

[2338] Zu diesem Problemkreis vgl. den Aufsatz von *Wittop Koning*: Art. 12 WSv, DD 1972, S. 280 ff.

[2339] Melai/Groenhuijsen-*Knigge*: WSv, Art. 12i, Rn. 2 (Std. 03/94).

[2340] Vgl. *oben C. I. 2. b.*

Sobald der Betroffene zum *Verdächtigen* (*Verdachte*) geworden ist, muß es dem *Openbaar Ministerie*, der Staatsanwaltschaft gestattet sein, eine Einstellung aus *Opportunitätsgründen* zu verfügen. Dies ist der Fall, wenn Tatsachen oder Umstände eine begründete Vermutung veranlassen, daß er sich einer Straftat schuldig gemacht hat.[2341] Damit ist ein *Anfangsverdacht*[2342] umschrieben, der für die Zweckmäßigkeitseinstellung als ausreichend betrachtet werden muß. Denn gerade angesichts des Opportunitätsprinzips, dessen weites Verständnis nicht zuletzt durch Effektivitätsgründe motiviert ist,[2343] kann keine weitere Nachforschung verlangt werden, wenn bereits auf der Hand liegt, daß die Verfolgung nicht zweckmäßig ist.

Die Bejahung eines Anfangsverdachts genügt auch für die *informelle Einstellung nach Erfüllung von Bedingungen*. Zwar setzt das Angebot an den Beschuldigten, bestimmten Auflagen nachzukommen, die Bejahung des hinreichenden Tatverdachts voraus.

Zum einen wird die Erfüllung der Bedingungen durch den Beschuldigten wesentlich durch die drohende alternative Strafverfolgung forciert. Alternative kann die Verfolgung jedoch nur dann sein, wenn der Staatsanwalt deren Voraussetzung bejahen kann: den hinreichenden Tatverdacht.[2344] Zum anderen spielt auch der Charakter des niederländischen Strafverfahrens als im wesentlichen instruktorisches eine Rolle – selbst, wenn der Beschuldigte mit den Bedingungen einverstanden wäre, darf der Vorschlag staatlicherseits nur dann ausgesprochen werden, wenn auch genügend Anlaß zu strafrechtlichem Eingreifen existiert.[2345]

Dies bedeutet jedoch nicht, daß der Staatsanwalt nach dem zwischengeschalteten Bedingungsverfahren das Verfahren aus Opportunitätsgründen nicht auch einstellen dürfte, wenn er nachträglich aufgrund veränderter Umstände oder veränderter Sichtweise lediglich einen Anfangsverdacht bejahen kann. Denn mangels Bindung an die Bedingungserfüllung durch den Beschuldigten[2346] nimmt der Staatsanwalt eine erneute Beurteilung zum Zeitpunkt der Einstellungsentscheidung vor.[2347] In rechtlicher Hinsicht unterscheiden sich demnach die Voraussetzungen nicht von jenen der unbedingten Einstellung.

Tatächlich aber wird die Einstellung in der Regel auf der Basis eines durchermittelten Sachverhaltes erfolgen.

2341 Vgl. Art. 27 Abs. 1 WSv: „*Als verdachte wordt vóórdat de vervolging is aangevangen, aangemerkt degene te wiens aanzien uit feiten of omstandigheden een redelijk vermoeden van schuld aan eenig strafbaar feit voortvloeit.*" – „*Vor Beginn des Strafverfahrens wird als Verdächtiger derjenige angesehen, bezüglich dessen sich aus Tatsachen oder Umständen eine berechtigte Vermutung dafür ergibt, daß er sich irgendeiner Straftat schuldig gemacht hat.*" Vgl. dazu *Unger/Hajda*: Strafverfahren, 1995, S. 42.

2342 Vgl. im deutschen Recht ähnlich § 152 Abs. 2 StPO: „*... sofern zureichende tatsächliche Anhaltspunkte vorliegen.*"

2343 Vgl. *oben D. I. 1.*

2344 So auch *Hartmann*: Buitengerechtelijke afdoening II, in: Groenhuijsen/Knigge (Hrsg.): Dwangmiddelen en rechtsmiddelen, 2002, S. 79 ff., 83 zur *transactie*: darf nur angeboten werden, wenn ausreichender Grund gegeben wäre, um zu einer Anklage überzugehen.

2345 Vgl. *Corstens*: Strafprocesrecht, 1999, S. 487 f. und Cleiren/Nijboer-*Spronken*: WSv, 2001, Art. 27, Rn. 2. b., der bedingte Einstellung und *transactie* allerdings als Variante der Verfolgung betrachtet.

2346 Vgl. dazu *oben D. I. 2. a.*

2347 Vgl. dazu *oben D. I. 2. b.*

Erweist sich die Verfolgung allerdings als zweckmäßig, muß der Staatsanwalt entscheiden, ob Anklage erhoben werden soll. Diese Entscheidung muß aufgrund eines weitestgehend aufgeklärten Sachverhaltes getroffen werden. Ein Ermittlungsverfahren ist dabei nicht zwingend Voraussetzung.[2348]

Art. 149 WSv,[2349] der den Staatsanwalt zur Einleitung der „*notwendigen Ermittlungen*" anhält, widerspricht dem nicht. Zwar beabsichtigte der Gesetzgeber mit der Positionierung des Art. 167 WSv am Ende des Ermittlungsverfahrens, daß die Verfolgungsentscheidung erst nach dessen Abschluß getroffen werden soll. Dies folgt aus der Gesetzesbegründung, die die Tatsache, daß das Opportunitätsprinzip nicht im ersten, sondern zweiten Buch[2350] verortet wurde, damit erklärt, daß es „... *alleen tijdens den eersten aanleg van het geding toepassing kan vinden*"[2351] und der Staatsanwalt überdies regelmäßig von der Verfolgung nur dann absehen könne, wenn er ausreichend informiert, also ein Ermittlungsverfahren eingeleitet worden sei.[2352] Dahinter kommt der Gedanke zum Ausdruck, daß der Staatsanwalt über hinreichende Entscheidungsgrundlagen verfügen soll, die eben im allgemeinen erst durch ein Ermittlungsverfahren zu beschaffen sind. Unter dem Gesichtspunkt der Effektivität ist dessen Vorschaltung jedoch dann nicht zu fordern, wenn sein Zweck bereits erfüllt ist. Aus dieser Erkenntnis lassen sich Rückschlüsse auf das Verständnis des Begriffs der „*notwendigen Ermittlungen*" des Art. 149 WSv ziehen: als notwendig in diesem Sinne können die Ermittlungen nur insoweit betrachtet werden, als sie dem Staatsanwalt zu Klarheit über seine Entscheidung verhelfen.[2353]

Besteht allerdings noch Ermittlungsbedarf, für den die Mittel des Staatsanwalts nicht ausreichend sind, stellt er einen Antrag auf gerichtliche Voruntersuchung, in deren Rahmen besondere richterliche Zwangsmaßnahmen zur Verfügung stehen. Auf der Grundlage des durchermittelten Sachverhalts prüft die Verfolgungsbehörde dann, ob „... *voldoende uitzicht bestaat op een veroordeling* ...".[2354] Mit diesem Verdachtsgrad ist eine Wahrscheinlichkeit in Höhe eines *hinreichenden Tatverdachts* bezeichnet.[2355] Muß dies verneint werden, so stellt der Staatsanwalt die Sache aus *Legalitätsgründen* ein.

Bei einer Einstellung aus Opportunitätsgründen muß also zumindest ein *Anfangsverdacht* hinsichtlich der Schuld des Verdächtigen vorliegen, während die Legalitätseinstellung die Prüfung des *hinreichenden Tatverdachts* erfordert.

2348 Vgl. Melai/Groenhuijsen-*Knigge*: WSv, Art. 12i, Rn. 4 (Std. 03/94).

2349 „*Wanneer de officier van justitie kennis heeft gekregen van een strafbaar feit met welks vervolging hij is belast, stelt hij het noodige opsporingsonderzoek in en vordert, zoo daartoe termen zijn, dat tot het instellen dan een gerechtelijk vooronderzoek worde overgegaan.*" – „*Wenn der Staatsanwalt von einer Straftat, deren Verfolgung ihm obliegt, Kenntnis erlangt hat, leitet er die notwendigen Ermittlungen ein und beantragt, wenn dazu Anlaß besteht, die Eröffnung einer gerichtlichen Voruntersuchung.*"

2350 „*Strafverfahren erster Instanz*", dem systematisch das Ermittlungsverfahren zugeordnet ist.

2351 „... *lediglich während der ersten Instanz des Verfahrens Anwendung finden kann.*"

2352 Kamerstukken II 1913/14, 286, Nr. 3, S. 103 (auszugsweise abgedruckt bei Melai/Groenhuijsen-*Reijntjes*: WSv, Art. 167, Rn. 6 [Std. 02/01]).

2353 Dies kommt auch bei *Valkenburg* (in: Cleiren/Nijboer: WSv, 2001, Art. 167, Rn. 7. b.) zum Ausdruck: Die Erwägung, daß die Ergänzung des bisher unvollständigen Beweismaterials durch weitere Ermittlungen in keinem Verhältnis zu der Bedeutung der Sache stünde, kann zu einer Einstellung führen. Ähnlich auch Melai/Groenhuijsen-*Reijntjes*: WSv, Art. 167, Rn. 6 (Std. 02/01).

2354 „... *wenn eine genügende Aussicht auf eine Verurteilung besteht* ..." (*Minkenhof*: Strafvordering, 1999, S. 261). Ähnl. *Unger/Hajda*: Strafverfahren, 1995, S. 166.

2355 Vgl. dazu bereits *oben Kapitel 11, D. IV. 3. b.*

c. Die Informationsbasis der Staatsanwaltschaft bei der einfachen Einstellung beschränkt sich auf die polizeilichen Ermittlungen bzw. die vom Anzeigenerstatter gemachten Angaben. Eine richterliche Voruntersuchung hat noch nicht stattgefunden.[2356] Das polizeiliche Ermittlungsverfahren (*opsporingsonderzoek*), Teil der vorbereitenden Untersuchung, zu der auch die gerichtliche Voruntersuchung zählt, bezweckt „... *de verzameling van gegevens over het (vermoedelijk) gepleegde strafbare feit en over de persoon van de verdachte.*“[2357]

Diese vom Staatsanwalt zu berücksichtigenden Umstände finden sich in den Ermittlungsakten. Die Entscheidung erfolgt also auf *schriftlicher* Grundlage.

d. Konsensuale Elemente kommen allein im Rahmen der *Einstellung nach Bedingungserfüllung* in Betracht. Denn das Verhängen sowie die Erfüllung von Bedingungen durch den Staatsanwalt setzt die Zustimmung des Beschuldigten voraus, da das Verfahren auf Freiwilligkeit beruht und eine Vollstreckung gegen den Willen des Beschuldigten nicht möglich ist. Gleichwohl spielen diese Aspekte für die Einstellung an sich keinerlei Rolle. Infolge der Unabhängigkeit der staatsanwaltschaftlichen Verfügung von der Erfüllung der auferlegten Bedingungen kann ein Konsens zwischen Beschuldigtem und Staatsanwalt über die Bedingungserfüllung die Einstellung nicht tragen.

e. Das niederländische Strafverfahren enthält keine Regelung über die Wirkungen einer Einstellungsentscheidung nach Art. 167 WSv.[2358] Da man früher davon ausging, Garantien hinsichtlich einer Einstellung kenne der Strafprozeß nur in den vom Gesetz selbst geregelten Fällen,[2359] nahm der *Hohe Rat*, der niederländische *Oberste Gerichtshof*, zunächst an, eine Einstellung könne jederzeit ohne weiteres widerrufen werden.[2360]

Erst nach dem Zweiten Weltkrieg änderte sich allmählich diese Anschauung, beginnend mit einem Urteil (*arrest*) des *Obersten Gerichtshofes*.[2361]

Mit dem Verbot, eine zweite Ladung des Beschuldigten wegen derselben Sache auszubringen, solange der Richter über die erste noch nicht endgültig entschieden hat, stellte dieser eine auf die Unvereinbarkeit mit dem Verfahrensgang (*procesgang*) gestützte, nicht jedoch ausdrücklich im Gesetz festgeschriebene Regel auf.

Noch in Entscheidungen von 1964[2362] und 1975[2363] sah sich der *Hoge Raad* allerdings mit der Begründung, es gebühre dem Richter nicht, die Fälle auszuweiten, in denen das

---

2356 In jenem Fall richtete sich die Einstellungsentscheidung nach Art. 242 Abs. 2 WSv. Vgl. dazu *unten D. I. 4.*

2357 „... *das Zusammentragen von Tatsachen über die (mutmaßlich) begangene Straftat und über die Person des Verdächtigen.*“ (*Enschedé*: Strafrecht, 2000, S. 77).

2358 Für die Einstellung nach Art. 242 WSv im späteren Stadium existiert allerdings eine Vorschrift: Art. 255 WSv (vgl. dazu *unten D. I. 4. d.*).

2359 *Koopmans*: 348/350 Sv, 1999, S. 32.

2360 *Minkenhof*: Strafvordering, 1999, S. 51.

2361 *HR* vom 15. 02. 1949, NJ 1949, Nr. 305.

2362 *HR* vom 02. 06. 1964, NJ 1964, Nr. 419 (sog. *sepot-arrest*, der eine jahrelange Rechtsprechung begründete).

Gesetz an Zusagen Rechtsfolgen bindet, noch nicht in der Lage, in Fällen einzugreifen, in denen die Staatsanwaltschaft trotz des Versprechens, nicht zu verfolgen, dann doch dazu übergegangen war.[2364]

Erst Ende der siebziger Jahre vollzog der *Oberste Gerichtshof* mit dem sog. *Menten-arrest*[2365] eine Wende.

Zwar hielt das Gericht noch an der Doktrin fest, eine einfache Einstellungsmitteilung, der weder eine gerichtliche Voruntersuchung noch Untersuchungshaft vorangegangen waren, zeitige keinerlei Rechtsfolgen, so daß „... *die Staatsanwaltschaft trotz einer solchen durch den Justizminister an den Verdächtigen gemachten Mitteilung ... nachträglich jederzeit zur Verfolgung übergehen kann, solange die betreffende Tat nicht verjährt ist* ...“.[2366] Kernstück der Entscheidung aber war die Aussage, „... *daß indessen bei der Beantwortung der Frage, ob dies möglich ist, die Prinzipien der guten Prozeßordnung*[2367] *Berücksichtigung finden müssen, die unter anderem zur Folge haben, daß die für Justizpolitik verantwortlichen Organe nicht willkürlich handeln, sondern gegenüber dem Verdächtigen in Gebundenheit an Zusagen, die bei diesem gerechtfertigte Erwartungen erweckt haben, es sei denn, daß schwerwiegende Belange dem entgegenstehen.*“[2368]

Mit dieser Entscheidung führte der *Hohe Rat* gemeinsam mit den anderen ungeschriebenen Grundsätzen, die den Strafprozeß von nun an nicht unwesentlich bestimmen sollten,[2369] das Vertrauensprinzip ein. Im Jahre 1983 folgte ein *arrest*,[2370] in dem das Gericht

---

2363 *HR* vom 17. 06. 1975, NJ 1975, Nr. 467.

2364 Vgl. auch: *HR* vom 18. 10. 1977, NJ 1978, Nr. 128 (*Macintosh*).

2365 *HR* vom 29. 05. 1978, NJ 1978, Nr. 358: *Menten* berief sich gegenüber einer Anklage auf die ihm durch Justizminister *Donker* gegebene Zusage, wegen der ihm vorgeworfenen Kriegsverbrechen nicht verfolgt zu werden.

2366 „... *het O.M. ondanks een dergelijke door de minister van Justitie aan de verdachte gedane mededeling ... alsnog te allen tijde tot vervolging kan overgaan, zolang het desbetreffende feit niet is verjaard* ...“ (*HR* vom 29. 05. 1978, NJ 1978, Nr. 358).

2367 Indem durch Gesetz vom 14. 09. 1995 Art. 359a WSv eingefügt wurde, der die Unzulässigkeit der Anklage als einschneidendste Sanktion nicht mehr heilbarer Verstöße gegen Verfahrenserfordernisse der vorbereitenden Untersuchung, deren Rechtsfolgen sich nicht aus dem Gesetz ergeben, statuiert, erkannte das Gesetz die mit der Änderung der Rechtsprechung einhergehende neue Sichtweise an. Danach stellt die Unzulässigkeitserklärung der Anklage nicht mehr nur eine Entscheidung über eine Vorfrage des eigentlichen Sachausspruches – diesem untergeordnet – dar, sondern mehr und mehr eine Sanktion gegenüber der Einleitung der Verfolgung überhaupt.

2368 „... *dat toch bij de beantwoording van de vraag of zulks mogelijk is, rekening moet worden gehouden met de beginselen van een goede procesorde, welke onder meer medebrengen dat de voor het justitiële beleid verantwoordelijke organen niet handelen naar willekeur, doch – tenzij zwaarwichtiger belangen zich daartegen zouden verzetten – in gebondenheid jegens verdachte aan toezeggingen, welke bij laatstgenoemde gerechtvaardigde verwachtingen hebben opgewekt.*“ (*HR* vom 29. 05. 1978, NJ 1978, Nr. 358).

2369 Aus der Tatsache, daß Gericht, Staatsanwaltschaft oder Polizei im Einklang mit der Strafprozeßordnung gehandelt haben, geht demzufolge nicht zwingend hervor, dies keine Rechtsverletzung begründet werden kann (*Swart*: Netherlands, in: van den Wyngaert et al. (Hrsg.): Criminal Procedure Systems, 1993, S. 279 ff., 285).

2370 *HR* vom 13. 09. 1983, NJ 1984, Nr. 151 (Verfolgung trotz Ableistens gemeinnütziger Arbeit). Vgl. auch *HR* vom 26. 06. 1984, NJ 1985, Nr. 41.

den Vertrauensgrundsatz[2371] als strafprozessuale Regel erneut bestätigte. Aus diesem ist das Prinzip zu entnehmen, daß die Verfolgung im Widerspruch zu Richtlinien, die im konkreten Fall die Erwartung, es werde eingestellt, erweckt haben, zur Unzulässigkeit der Anklage führen soll. Außerdem wird der Staatsanwalt – besondere Umstände ausgenommen – an seiner in einer dem Beschuldigten durch sein Zutun bekannt gewordenen Einstellung enthaltenen Zusage der Nicht(weiter)verfolgung festgehalten.[2372]

Da das *Vertrauen* einen Anknüpfungspunkt besitzen muß, um überhaupt erst einmal zu entstehen, zeitigt eine Einstellung, die rein intern bleibt und nicht zur Kenntnis des Betroffenen gelangt, keinerlei Wirkungen.[2373] Eine Einstellungsmitteilung oder -zusage kann nur dann die weitere Verfolgung verhindern, wenn sie geeignet ist, gerechtfertigte Erwartungen hervorzurufen.

Dies ist zum einen nicht der Fall, wenn der Eindruck der Einstellung auf einem für den Beschuldigten erkennbaren Mißverständnis beruht.[2374] Erweckte die Staatsanwaltschaft hingegen den fehlerhaften Schein selbst, so ist ihr dies zuzurechnen – des Verdächtigen Vertrauen erfährt Schutz.[2375] Zum anderen wird schutzwürdiges Vertrauen auch dann nicht zu bejahen sein, wenn die Einstellung durch ein unbefugtes Organ ausgesprochen wurde. Freilich binden aus der Behörde Staatsanwaltschaft stammende Äußerungen diese in der Regel auch, tritt sie doch dem Bürger gegenüber als Einheit auf,[2376] während Zusagen anderer Organe grundsätzlich nicht Anknüpfungspunkt für Vertrauen sein können.[2377]

An ihre Grenze stößt die Bindung der Staatsanwaltschaft erst dann, wenn *schwerwiegende Belange* (*zwaarwichtige belangen*)[2378] eine Rolle spielen. Deren Ursprünge lassen sich ebenfalls auf den *Menten-arrest* zurückführen. Dabei kann man zwei Arten unterscheiden.[2379]

Zum einen geht es um das *Offenbarwerden neuer Umstände*. Diesbezüglich knüpft man auf der einen Seite an die gesetzliche Wertung in der ähnlichen Situation der Bekanntgabe der Nichtweiterverfolgung (nach der gerichtlichen Voruntersuchung) an und zieht den Grund des Art. 255 Abs. 1 WSv zur Neuaufnahme heran. Demzufolge könnten im nachhinein bekanntgewordene, die Tat betreffende „*nieuwe*

2371 Vgl. dazu *van den Biggelaar*: Buitengerechtelijke afdoening, 1994, S. 62, die diesen Grundsatz wegen seiner Vagheit im Hinblick auf die Rechtssicherheit für ungenügend hält und aus diesem Grunde nach einer gesetzlichen Regelung verlangt.

2372 *HR* vom 13. 09. 1983, NJ 1984, Nr. 151. Im konkreten Fall lagen allerdings besondere, zu einer Verfolgung berechtigende Umstände vor.

2373 *Van den Biggelaar*: Buitengerechtelijke afdoening, 1994, S. 60; Vademecum-*Franken*: Afdoeningsmogelijkheden (Std.: 08/1999), S. [23]-1 ff., [23]-158-160.

2374 *HR* vom 16. 01. 1996, NJ 1997, Nr. 425 (durch den Beschuldigten selbst verursachtes Mißverständnis); *Amsterdam* vom 09. 05. 1994, NJ 1994, Nr. 585 (kein Vertrauen auf Einstellung wegen Tat hinsichtlich derer U-Haft fortdauerte).

2375 *HR* vom 18. 02. 1997, NJ 1997, Nr. 484 und vom 18. 11. 1998, NJ 1998, Nr. 248 (unrichtige Wiedergabe einer telefonischen Einstellungsäußerung des Staatsanwaltes durch die Sekretärin des Verteidigers fällt in Risikosphäre des Staatsanwaltes, weil der dieses Mitteilungsmedium wählte).

2376 *Krabbe*: De ontvankelijkheid van het OM, in: Knigge (Hrsg.): Strafprocesrecht, 1998, S. 91, 102.

2377 *HR* vom 17. 12. 1985, NJ 1986, Nr. 591 (Nichtverfolgungszusage des Ministeriums für Volksgesundheit und Umwelthygiene).

2378 Vgl. dazu *Cleiren*: Goede procesorde, 1989, S. 214 ff.

2379 *Krabbe*: De ontvankelijkheid van het OM, in: Knigge (Hrsg.): Strafprocesrecht, 1998, S. 91 ff., 113.

bezwaren" (*neue Verdachtsgründe*) die Fortsetzung der Verfolgung zulässig machen.[2380] Auf der anderen Seite aber sollen auch sonstige erschwerende, nicht unmittelbar die Tat betreffende Umstände, die aber imstande sind, auf die gesamte Beurteilung ein anderes Licht zu werfen, Anlaß zur (Weiter-)Verfolgung sein.[2381] Zum zweiten soll sogar eine bloß *abweichende Abwägung* eines allgemeinen Interesses,[2382] basierend der bereits gegebenen Lage, namentlich im Falle sehr ernster Delikte, unter Umständen einen schwerwiegenden Belang darstellen, besonders dann, wenn die Meinungsänderung in kurzem Zeitabstand auf die Zusage der Nichtverfolgung folgt.[2383] Zur Begründung wird die letztendlich vorzunehmende Abwägung des Interesses an der Befolgung des Vertrauensgrundsatzes gegen schwerwiegende, für eine Verfolgung sprechende Belange ins Feld geführt. Dieser Gedanke kommt auch im Gesetz durch Art. 255 Abs. 4 WSv zum Ausdruck: Hat der Staatsanwalt danach eine bestimmte gesetzliche oder ihm vom Gericht gesetzte Frist versäumt,[2384] so führt dies grundsätzlich – vorbehaltlich des Auftretens neuer Verdachtsmomente – zur Unzulässigkeit der erneuten Verfolgung wegen der in Frage stehenden Tat (S. 1). Das Gericht ist aber befugt, dem Staatsanwalt auf dessen Antrag hin nachträglich eine neue Frist zu setzen, falls das allgemeine Interesse dies dringend erfordert (S. 2). Hinter beiden Situationen steht der Gedanke, daß Täter schwerer Straftaten ihrer verdienten Strafe nicht entgehen sollen.[2385]

Aus der Feststellung der neuen Umstände oder Abwägungsaspekte folgt nicht automatisch die zulässige Revidierung der Einstellung und damit die Zulässigkeit der Anklage. Die manifestierten Fehler in ihrem relativen Gewicht werden nun erst in die Waagschale gelegt und erst die *erneute Abwägung* ergibt, ob die weitere Verfolgung gerechtfertigt ist.[2386]

Aus dem Gesagten ergibt sich, daß sowohl neue tatsächliche Gesichtspunkte als auch – im letzten Fall – Fehleinschätzungen hinsichtlich der Bewertung zu einer Abänderung der Entscheidung führen können. Dies gilt über veränderte Abwägungen hinaus auch für abweichende rechtliche Bewertungen, trifft doch auch in diesen Fällen die obengenannte Argumentation zu, Urheber gravierender Straftaten nicht unbestraft zu lassen.

Die einfache staatsanwaltschaftliche Einstellung verkörpert demnach *kein abwägungsunabhängiges Hindernis* für die spätere (Wieder-)Aufnahme der Verfolgung – unabhängig auch davon, ob die Erfüllung von Bedingungen vorgeschaltet war.[2387] Sind jedoch die Voraussetzungen für *berechtigtes Vertrauen* des Beschuldigten auf ihren Bestand erfüllt, widersprechen Einleitung oder Fortführung der Verfolgung den Prinzipien der guten Pro-

---

2380 Cleiren/Nijboer-*Valkenburg*, 2001, WSv, Art. 167, Rn. 10. b.

2381 Z. B. Entdeckung weiterer gleichartiger Delikte im relevanten Zeitraum (Melai/Groenhuijsen-*Reijntjes*: WSv, Art. 167, Rn. 20 [Std. 02/01]).

2382 Darauf weist auch *Corstens*: Strafprocesrecht, 1999, S. 64 hin. Danach kann das Interesse des Opfers auch nach einer Einstellungszusage noch die Oberhand gewinnen. Vgl. in diesem Zusammenhang auch zu dessen Klagemöglichkeit: *oben D. I. 2. a.*

2383 *Amsterdam* vom 21. 03. 1983, NJ 1983, Nr. 301 (Rücknahme einer Einstellungszusage des unzuständigen Staatsanwaltes für Verkehrssachen). A. A. Melai/Groenhuijsen-*Reijntjes*: WSv, Art. 167, Rn. 20 [Std. 2/01].

2384 Die Fristversäumung hat nicht *ne bis in idem* zur Folge. Vgl. dazu *oben Kapitel 7, B. I.*

2385 Cleiren/Nijboer-*Valkenburg*, 2001, WSv, Art. 255, Rn. 5 hinsichtlich der neuen Fristsetzung.

2386 *HR* vom 22. 10. 1991, NJ 1992, Nr. 282; *Rotterdam* vom 08. 01. 1997, NJ 1997, Nr. 270.

2387 *Reijntjes*: Voorwaardelijk sepot, in: Balkema et. al. (Hrsg.): Lib. am. van Veen, 1985, S. 295 ff., 312; *van den Biggelaar*: Buitengerechtelijke afdoening, 1994, S. 63; *Corstens*: Strafprocesrecht, 1999, S. 488; *Minkenhof*: Strafvordering, 1999, S. 51.

zeßführung. Dies gilt jedoch nur solange, bis neue Umstände oder Abwägungsaspekte ein Überwiegen des Verfolgungsinteresses ergeben. Der Faktor Vertrauen wird schwerer wiegen, wenn der Beschuldigte bereits eine Leistung erbracht hat.[2388] Auch berechtigtes Vertrauen kann jedoch letztendlich in Anbetracht eines *gerichtlichen Verfolgungsbefehles*, der zeitlich unbefristet bis zur Verjährung der Tat möglich ist, bedeutungslos werden.

Daraus wird ersichtlich, daß die Einstellung nach Art. 167 Abs. 2 WSv ein einzelfall- und abwägungsabhängiges Verfolgungshindernis darstellt, das nicht als *ne bis in idem* verstanden werden kann.[2389]

3. Die polizeiliche Einstellung (*politiesepot*)[2390]

a. Wenn die Polizei Kenntnis von einer Straftat erlangt hat, soll sie, so schreibt es Artikel 152 WSv vor, über die von ihr ermittelte Straftat oder über das anläßlich der Ermittlung Unternommene oder Aufgefundene so schnell als möglich ein Protokoll (*proces-verbaal*) errichten. Dieses findet gemeinsam mit den Strafanzeigen, den Berichten über Straftaten und den beschlagnahmten Gegenständen den Weg zum Staatsanwalt,[2391] der dann über den Fortgang der Sache entscheidet.

Unter Umständen darf die Polizei aber trotz Bejahung eines Straftatverdachts auch von der Errichtung eines Protokolls absehen.[2392] Dieses damit anerkannte Einstellungsermessen entbehrt jedoch einer gesetzlichen Grundlage:

Bei der Lektüre der Art. 152, 153 WSv[2393] entsteht sogar der Eindruck, es bestehe gar eine Rechtspflicht zur Erstellung eines Protokolls[2394] und im Rahmen der Ermittlungsphase gelte das

---

2388 *Van den Biggelaar*: Buitengerechtelijke afdoening, 1994, S. 63.

2389 Vgl. dazu *oben Kapitel 7, C. III.*

2390 Anstelle eine eigenständige Kategorie der polizeilichen Einstellungen zu begründen, bietet sich auf den ersten Blick auch deren Zuordnung zu denen des Staatsanwalts an, indem man ihm die Zusage des Polizeibeamten zurechnet. Dabei käme aber das den Ermittlungsbeamten eigenständig zustehende Ermessen nicht ausreichend zur Geltung. Aus diesem Grunde ist es sinnvoller, die polizeilichen Äußerungen nur dann als solche der Staatsanwaltschaft zu sehen, wenn sie in deren Auftrag erfolgten (dazu *HR* vom 13. 09. 1988, NJ 1989, Nr. 403 [*Brigadier van gemeentepolitie*], krit.: *Corstens*: Strafprocesrecht, 1999, S. 64). Zur Begriffsbestimmung: *van der Molen-Maesen*: Politie-sepot, TvP 1984, S. 1 ff. und *van den Biggelaar*: Buitengerechtelijke afdoening, 1994, S. 39 ff.

2391 Art. 155-157 WSv.

2392 *Van Bemmelen/van Veen*: Strafprocesrecht, 1993, S. 99. Vgl. dazu auch *Tak*: Opportunitätsprinzip, ZStW 1972, 220 ff., 228 ff. Vgl. auch *Kühne*: Strafprozeßrecht, 2003, Rn. 308 m. w. N., der darauf hinweist, daß die Polizei auch in Deutschland, unter Billigung des *BGH*, aber ohne gesetzliche Grundlage aus pragmatischen Überlegungen weniger schwere Fälle aussondert, um sich den bedeutsameren widmen zu können.

2393 Vgl. insbesondere Art. 152 WSv: *„De ambtenaren, bedoeld in de artikelen 141 en 142, maken ten spoedigste proces-verbaal op van het door hen opgespoorde strafbare feit of van hetgeen door hen tot opsporing is verricht of bevonden.“* – *„Die Beamten, die in den Artikeln 141 und 142 benannt sind, erstellen schnellstens ein Protokoll über die von ihnen ermittelte Straftat oder über das, was von ihnen zur Ermittlung unternommen oder festgestellt worden ist.“*

Legalitätsprinzip.[2395] Demgegenüber wird in der polizeilichen Einstellung insofern eine praktische Notwendigkeit[2396] gesehen, als es unmöglich anmutet, hinsichtlich aller der Polizei bekanntgewordenen Straftaten ein Protokoll zu errichten.[2397] Darüber hinaus leuchtet folgende Argumentation ein: Ist von vornherein deutlich zu erkennen, daß der Staatsanwalt ohnehin nicht zur Verfolgung übergehen oder eine andere, rügende Reaktion folgen lassen wird, ist das Protokoll als überflüssig zu erachten. Unnötige Arbeit für Polizei und Staatsanwaltschaft kann durch den Verzicht darauf erspart werden.[2398] Primäre Funktion des Protokolls liegt nämlich in seinem nicht zu unterschätzenden Beweiswert in der Hauptverhandlung,[2399] insbesondere hinsichtlich der darin niedergelegten Aussagen des Verdächtigen und der Zeugen.[2400] Art. 167 WSv wirft also seinen Schatten bis in die Ermittlungsphase voraus.[2401]

2394 Nach *Langemeijer*: Adv.-Gen. in HR vom 31. 01. 1959, NJ 1950, Nr. 668 handelt die Praxis so entschieden und allgemein in einem anderen Sinn, daß die gesetzlichen Vorschriften nicht ausreichend erschienen, eine Rechtspflicht anzunehmen.

2395 *Pompe*: Anm. zu HR vom 31. 01. 1959, NJ 1950, S. 1175.

2396 In dieser im niederländischen Recht verbreiteten Auffassung, die Erwartung, alle auch noch so geringfügigen Straftaten würden dem Staatsanwalt vorgelegt, sei überzogen, scheint sich neben der *pragmatischen* Erwägung zur Begründung des Opportunitätsprinzips (Verhinderung der Überlastung der Justiz, vgl. auch *Moons*: Opportuniteitsbeginsel, NJB 1969, S. 485 ff., 521 ff., 486: *„Toch lijkt het reëler te erkennen, dat de wet nu eenmaal een ondeugdelijk instrument is om de werkelijkheid in al zijn nuanceringen te ordenen.“ – „Freilich scheint es realistischer zu erkennen, daß das Gesetz nun einmal ein ungeeignetes Instrument ist, um die Wirklichkeit in all ihren Schattierungen zu regeln.“*) jene *idealistische* des im Vergleich zum deutschen Recht anderen Verständnisses der Funktion des Strafrechts (nicht nur – wie nach deutscher Auffassung – die Pönalisierung eines Verhaltens, der Erlaß einer diesbezüglichen Strafvorschrift, sondern auch die Anwendung der gesetzlich angedrohten Strafe als *ultima ratio*, d. h. Politik des selektiven und moderaten Gebrauchs des Strafrechts, dazu: *Corstens*: Strafprocesrecht, 1999, S. 51; *Kangaspunta et al.*: Criminal Justice Systems, 1999, S. 323 ff., 325; *Tak*: Netherlands, in: van der Beken/Kilchling (Hrsg.): Public Prosecutor, 1999, S. 125 ff., 129) widerzuspiegeln: *„Het 'seponeren` door de politieambtenaar past bovendien zeer wel in het kader van een strafrechtspleging, die niet beoogt alle strafbare feiten op te sporen en te bestraffen doch slechts tot doel heeft het plegen van strafbare feiten binnen voor de maatschappij aanvaardbare grenzen te houden.“ – „Das 'Einstellen` durch den Polizeibeamten fügt sich außerdem sehr wohl in den Rahmen einer Strafrechtspflege ein, die nicht intendiert, alle Straftaten zu ermitteln und zu bestrafen, sondern die sich auf das Ziel beschränkt, die Begehung von Straftaten in für die Gesellschaft akzeptablen Grenzen zu halten.“* (*Moons*: Opportuniteitsbeginsel, NJB 1969, S. 485 ff., 521 ff., 486).

2397 *Lensing/Mulder*: Strafprocesrecht, 1994, S. 159; *Minkenhof*: Strafvordering, 1999, S. 50.

2398 *Van der Molen-Maesen*: Politie-sepot, TvP 1984, S. 1 ff., 2; *Lensing/Mulder*: Strafprocesrecht, 1994, S. 159; *Corstens*: Strafprocesrecht, 1999, S. 486; Melai/Groenhuijsen-*Reijntjes*: WSv, Art. 167, Rn. 7 (Std. 02/01).

2399 Vgl. dazu auch *Kapitel 11, D. V. 3.*

2400 Das gilt vor allem für die die Mehrzahl darstellenden Fälle (siehe dazu *Tak*: Netherlands, in: van der Beken/Kilchling [Hrsg.]: Public Prosecutor, 1999, S. 125 ff., 128), in denen keine gerichtliche Voruntersuchung stattgefunden hat. Zwar sind weder Staatsanwalt noch Gericht an die Annahme der im Protokoll festgehaltenen Version des Geschehens gebunden, doch kann der Richter das Protokoll als genügenden Beweis der strafrechtlichen Vorwürfe erachten. In der Tat ist in der Praxis bei Staatsanwaltschaft und Gericht eine Tendenz festzustellen, die Richtigkeit des Protokolls kaum zu hinterfragen. In der Mehrheit der Verfahren werden dann in der Hauptverhandlung keine Zeugen mehr gehört. (*Abbink/Rüter*: Een eenvoudige strafzaak, 1983, S. 8; *Hulsman/Nijboer*: Criminal justice system, in: Chorus et al. [Hrsg.]: Introduction to Dutch Law, 1993, S. 309 ff., 343).

2401 Melai/Groenhuijsen-*Reijntjes*: WSv, Art. 167, Rn. 3 (Std. 02/01).

Daraus leitet man ab, daß das Protokoll nicht errichtet werden muß in Fällen, die der Staatsanwalt bestimmt hat, darüber hinaus aber auch dann nicht, wenn die berechtigte Erwartung besteht, dieser werde das Verfahren ohne Bedingungen einstellen.[2402]

Nach Generalanwalt *Langemeijer* im *Broodjeshuis*-Fall[2403] müsse sich der Ermittlungsbeamte „... *nach der ihm bekannten oder vernünftigerweise anzunehmenden Beurteilung der zuständigen Organe der Staatsanwaltschaft richten. Nur bei bestehenden Gebräuchen darf er annehmen, auf das Protokoll bei solchen Taten verzichten zu dürfen, wenn auch die Staatsanwaltschaft nach begründeter Erwartung bei vollständiger Kenntnis der Umstände nicht verfolgen würde.*“[2404] Einen weiteren Spielraum läßt aber wohl noch der *Hohe Rat*. Nach der entsprechenden Entscheidung aus dem Jahre 1950[2405] soll eine Pflicht zur Errichtung eines Protokolls bestehen, wenn der Ermittlungsbeamte davon ausgehen konnte, „... *daß die von ihm festgestellte mutmaßlich begangene Übertretung dem gewöhnlichen Lauf der Dinge infolge der von ihm kraft Auftrags befolgten Verhaltensregeln Veranlassung zu der Erstellung eines Protokolls und/oder der Einleitung anderer gesetzlicher Maßnahmen gab.*“[2406]

Aus dieser Formel läßt sich schließen, daß nicht ohne weiteres eine Protokollierungspflicht der Straftat besteht, sondern eben nur in den Fällen, in denen die vom *Obersten Gerichtshof* genannten Umstände zutreffen. Auf diese Weise wird dem einzelnen Beamten ein nicht unwesentlicher eigener Beurteilungsspielraum zugestanden.[2407]

Zu dem Praktikabilitätsargument gesellt sich ein zweites, welches sich aus der der Polizei durch den Gesetzgeber im übrigen zuerkannten Position ergibt.

Seit 1958 gesteht das Gesetz (jetzt Art. 74c WSr) den Ermittlungsbeamten die Befugnis zur Anwendung der *transactie* zu. Bei den dabei wesentlichen Überlegungen handelt es sich um solche der Opportunität. Damit ist eine eigene polizeiliche Verantwortlichkeit auf diesem Gebiet implizit anerkannt worden,[2408] die im Rahmen des *politiesepots* trotz der generellen Anweisungen der Staatsanwaltschaft die im einzelnen Fall verbleibenden Freiräume bei der Einschätzung hinsichtlich der (Nicht-)Verfolgung ausfüllt. Im übrigen können auch Sinn und Zweck des Art. 167 WSv herangezogen werden, unnötige Belästigungen von Bürgern zu vermeiden, so daß eine Beendigung so früh wie möglich wünschenswert erscheint.[2409]

2402 *Van Bemmelen*: Het politiesepot, DD 1976, S. 524 ff., 526; *Lensing/Mulder*: Strafprocesrecht, 1994, S. 159; *van Bemmelen/van Veen*: Strafprocesrecht, 1993, S. 99.

2403 *HR* vom 31. 01. 1950, NJ 1950, Nr. 668 mit Anm. *Pompe*.

2404 „... *richten naar het oordeel van de bevoegde organen van het O.M. zoals hij dat kent of redelijkerwijze mag veronderstellen. Slechts mag hij bij de bestaande gebruiken veronderstellen, dat hij proces-verbaal achterwege mag laten van zodanige feiten, als ook het O.M. naar redelijkerwijze valt te verwachten bij volledige kennis van zaken onvervolgd zou laten.*“

2405 *HR* vom 31. 01. 1950, NJ 1950, Nr. 668 („*Amsterdams broodjeshuis*“) mit Anm. *Pompe*.

2406 „... *dat de door hen geconstateerde vermoedelijk gepleegde overtreding naar den normalen loop van zaken ingevolge de door hen krachtens opdracht gevolgde gedragslijn aanleiding gaf tot het opmaken van procesverbaal en/of treffen van andere wettelijke maatregelen.*“ So auch *Schalken*: Politie-sepot, TvP 1984, S. 5 ff.

2407 Ähnlich *Pompe*: Anm. zu *HR* vom 31. 01. 1959, NJ 1950, S. 1175 f., der den Maßstab des Gerichtshofs als dem Ermittlungsbeamten zu Recht größeren Spielraum im Vergleich zu dem des Generalanwaltes zugestehend betrachtet. Sich eher der Leitlinie des letzteren anschließend allerdings: *Melai/Groenhuijsen*: WSv, Art. 141, Rn. 3 [Std. 04/73]).

2408 *Van Bemmelen/van Veen*: Strafprocesrecht, 1993, S. 99.

2409 Melai/Groenhuijsen-*Reijntjes*: WSv, Art. 167, Rn. 7 (Std. 02/01).

Zusammenfassend kann damit festgehalten werden, daß die der Polizei gewohnheitsrechtlich[2410] zustehenden Möglichkeiten zur Einstellung aus Opportunitätsgründen einerseits das Einstellungsermessen der Staatsanwaltschaft reflektieren,[2411] welches ihr durch generelle oder spezielle Leitlinien letzterer vermittelt wird, im übrigen aber andererseits auch auf das der Polizei selbst anvertraute Opportunitätsermessen[2412] zurückzuführen sind.[2413]

Der Anwendungsschwerpunkt dieser Befugnis liegt allerdings auf den Übertretungen (*overtredingen*).[2414] Mit Rücksicht auf Verbrechen (*misdrijven*) muß eine Rücksprache mit dem Staatsanwalt stattfinden.[2415]

b. Bei der polizeilichen Opportunitätseinstellung muß dasselbe gelten wie bei der staatsanwaltschaftlichen: Spricht ein *Anfangsverdacht* für das Vorliegen einer Straftat, erweist sich die Verfolgung aber nach den obengenannten, in der Prüfungsbefugnis der Ermittlungsbeamten stehenden Kriterien als inopportun, so ist eine weitere Aufklärung nicht geboten. Dafür spricht das Effektivitätsargument, dessentwegen der Polizei das Absehen von der Protokollierung gerade gestattet wird. Im Hinblick auf die Einstellung aufgrund mangelnder Legalität der Verfolgung besteht aber eine Abweichung im Vergleich zu dem entsprechenden *sepot* des Staatsanwaltes. Die Polizei hat in diesen Fällen das Protokoll schon bei einem *Anfangsverdacht* an den Staatsanwalt weiterzuleiten. Denn nicht durch sie, sondern erst durch den Staatsanwalt wird die Existenz des die Anklage begründenden hinreichenden Tatverdachtes geprüft. Demzufolge ist Prüfungsmaßstab der polizeilichen Einstellungsentscheidung in beiden Fällen eine Wahrscheinlichkeit der Täterschaft in Höhe eines *Anfangsverdachts*.

2410 *Melai/Groenhuijsen*: WSv, Art. 141, Rn. 3 a. E. (Std. 04/73).

2411 *Van der Molen-Maesen*: Politie-sepot, TvP 1984, S. 1 ff.; *Tak*: Netherlands, in: van der Beken/Kilchling (Hrsg.): Public Prosecutor, 1999, S. 125 ff., 127.

2412 *De Doelder/ 't Hart*: Verbaliseringsbeleid, DD 1976, S. 204 ff. A. A. *van Bemmelen*: Het politiesepot, DD 1976, S. 524 ff.

2413 Dementsprechend werden hinsichtlich des Rechtscharakters des *politiesepots* zwei Lösungen vorgeschlagen. Zum einen kann die Befugnis zum Verzicht auf das Protokoll als eine durch den Staatsanwalt übertragene (*gemandateerde*) betrachtet werden, wobei die Verantwortlichkeit dann bei diesem liegen soll (Melai/Groenhuijsen-*Reijntjes*: WSv, Art. 167, Rn. 7 [Std. 02/01]). Zum anderen kann die polizeiliche Einstellung als Ausbreitung des Opportunitätsprinzips auf das Stadium der Ermittlungen (*opsporing*) und der Protokollierung (*verbalisering*) gesehen werden (*de Doelder/ 't Hart*: Verbaliseringsbeleid, DD 1976, S. 204 ff.; vgl. auch *Lensing/Mulder*: Strafprocesrecht, 1994, S. 159 f.). Beide Aspekte sind nicht unvereinbar: vgl. *Schalken*: Politie-sepot, TvP 1984, S. 5 ff., 11: *„De relatie tussen beide* [Polizei und StA, die *Verf.*] *is er een van vrijheid in gebondenheid. De gebondenheid geeft het kader aan, de vrijheid de ruimte van dat kader.*" – *„Das Verhältnis zwischen beiden ist eines der Freiheit in Gebundenheit. Die Gebundenheit gibt den Rahmen vor, die Freiheit den Raum dieses Rahmens.*"

2414 Zur Unterscheidung zwischen Übertretungen und Verbrechen vgl. *oben Kapitel 9, D. II.*

2415 *Van Bemmelen/van Veen*: Strafprocesrecht, 1993, S. 100; *Krabbe*: De ontvankelijkheid van het OM, in: Knigge (Hrsg.): Strafprocesrecht, 1998, S. 91 ff., 100.

c. Grundlage der polizeilichen Einstellungsentscheidung sind die ihr durch eigene Ermittlungen oder Anzeigen Dritter bekanntgewordenen Tatsachen. Diese liegen zum Teil *schriftlich* vor, zum Teil aber bildet auch die *eigene Wahrnehmung* der Beamten den Ausgangspunkt der Entscheidung.

d. Die veränderte Sichtweise, die die Entwicklung und Anwendung des *Vertrauensgrundsatzes* mit sich brachte, dessen Inhalt verlangt, daß den durch den Staat hervorgerufenen Erwartungen in angemessener Weise entsprochen werden muß, es sei denn, schwerwiegende Belange widersprechen dem,[2416] beanspruchte auch Geltung hinsichtlich der Arbeit der *Ermittlungspolizei*. Denn auch sie rechnet zu den *„voor het justitiële beleid verantwoordelijke organen"*.[2417] Dies verdeutlicht die Rechtsprechung des niederländischen *Obersten Gerichtshofes* im *„Parkwächter"*-Fall:[2418]

Ein Parkwächter, nach niederländischem Recht Ermittlungsbeamter, hatte, nachdem er dem Beschuldigten nach Feststellung eines Verkehrsdeliktes versichert hatte, dieses Mal noch von der Errichtung eines Protokolls abzusehen, den Verstoß gleichwohl an die Staatsanwaltschaft weitergeleitet. Die daraufhin eingeleitete Verfolgung wurde vom *Hoge Raad* unter Berufung auf den Vertrauensgrundsatz für unzulässig erklärt. Der Verzicht auf das Protokoll bedeute eine polizeiliche Einstellung; der Beschuldigte habe darauf vertrauen können, keine weitere Strafverfolgung befürchten zu müssen.

Geht es also um die Frage der Fortsetzung der Verfolgung nach einer polizeilichen Einstellung, ist ebenso eine Abwägung der Verfolgungsinteressen und des Vertrauens des Beschuldigten vorzunehmen wie bei der informellen staatsanwaltschaftlichen Einstellung.[2419] Eine *ne bis in idem*-Wirkung existiert allerdings nicht.[2420]

4. Die formelle staatsanwaltschaftliche Einstellung nach den Art. 242 ff. WSv

a. Mit Abschluß des Ermittlungsverfahrens trifft der Staatsanwalt gemäß Art. 167 WSv die Entscheidung über die weitere Behandlung der Sache. Die Konsequenzen einer Einstellung sind bereits behandelt worden. Gelangt der Staatsanwalt aufgrund der Ermittlungsergebnisse jedoch zu der Ansicht, daß die Verfolgung, also die Einschaltung eines Richters,[2421] stattfinden muß, stehen ihm verschiedene Wege offen:

2416 *Koopmans*: 348/350 Sv, 1999, S. 34.

2417 *„Für die Justizpolitik verantwortliche Organe"* (*Lensing/Mulder*: Strafprocesrecht, 1994, S. 42).

2418 *HR* vom 19. 09. 1988, NJ 1989, Nr. 379 *(parkeerwachter-arrest)*, dazu: *Schalken*: Politiesepot, NJB 1989, S. 917.

2419 Vgl. *oben D. I. 2. e.*

2420 Vgl. *oben Kapitel 7, C. III.*

2421 Zum Begriff der *Verfolgung* im niederländischen Strafverfahren vgl. bereits *oben D. I. 1. Fn. 2280.*

1) Er kann zunächst eine *gerichtliche Voruntersuchung* (*GVO*, Art. 181-241c WSv[2422]) beantragen. Den Antrag auf Einleitung einer *GVO*, der in jedem Falle und unabhängig von der Deliktsschwere zulässig ist, stellt der Staatsanwalt namentlich dann, wenn der Untersuchungsrichter über Aufklärungskompetenzen verfügt, deren Gebrauch für eine fundierte Entscheidung notwendig ist, oder, wenn die Einschaltung eines unabhängigen Richters wünschenswert erscheint.[2423] Nach Abschluß der Voruntersuchung setzt der Untersuchungsrichter den Staatsanwalt von deren Resultaten in Kenntnis, so daß dieser in die Lage versetzt wird, über die weitere Verfolgung entscheiden zu können.

Im niederländischen Strafverfahren befindet nach der Voruntersuchung seit der im Jahre 1926 in Kraft getretenen Strafprozeßordnung[2424] nicht – wie beispielsweise in Frankreich[2425] – der Untersuchungsrichter über den Fortgang der Verfolgung. Entsprechend der ausgeprägten Geltung des Opportunitätsprinzips auch nach Ingangsetzen der Verfolgung und der weitgehenden Herrschaft der Staatsanwaltschaft über die Strafklage kommt dieser die Entscheidung über das weitere Vorgehen zu.

Spätestens innerhalb von zwei Monaten,[2426] nachdem der Beschluß über den Abschluß der gerichtlichen Voruntersuchung für den Verdächtigen unanfechtbar geworden ist, muß der Staatsanwalt über den Fortgang der Verfolgung entscheiden und den Verdächtigen gegebenenfalls über die Einstellung in Kenntnis setzen.[2427]

Der niederländische Staatsanwalt ist infolge seiner ausgeprägten Stellung als *dominus litis* auch noch nach Beginn der Verfolgung durch Einschaltung richterlicher Organe zum Absehen von der Verfolgung berechtigt.[2428] Insbesondere ist es ihm gestattet, dem Richter nach dessen Anrufung die Kompetenz zu entziehen. Dementsprechend ist der Staatsanwalt befugt, bereits auch *während* der gerichtlichen Voruntersuchung von der Verfolgung abzusehen. Entscheidet er sich innerhalb dieser Verfolgungsphase für eine Einstellung, teilt er dies dem Untersuchungsrichter schriftlich mit, woraufhin die *GVO* endet (Art. 238 WSv). Von dieser Nichtverfolgungsentscheidung ist der Verdächtige gemäß Art. 243 WSv unverzüglich in Kenntnis zu setzen.

2422 Die die gerichtliche Voruntersuchung (*Gerechtelijk vooronderzoek*) betreffenden Vorschriften erfuhren in weiten Teilen Modifikationen durch Gesetz vom 27. 05. 1999 zur Änderung der gerichtlichen Voruntersuchung (Stb. 1999, Nr. 243; in Kraft seit 01. 02. 2000).

2423 Vgl. Cleiren/Nijboer-*Franken*: WSv, 2001, Art. 149, Rn. 4 sowie Cleiren/Nijboer-*Harteveld*: WSv, 2001, Art. 181, Rn. 1. b.

2424 Nach dem *Wetboek van Strafvordering* von 1838 lag die Entscheidung beim Richter. Vgl. Melai/Groenhuijsen-*de Doelder*: WSv, Art. 242-257, (Std. 04/02).

2425 Vgl. dazu *oben C. II. 1., 2.*

2426 Vgl. Art. 244 Abs. 1 WSv. Diese Frist kann allerdings gerichtlich auf Antrag des Staatsanwaltes verlängert werden (Art. 244 Abs. 2 WSv).

2427 Da Art. 242 Abs. 2 WSv verlangt, die Einstellungsentscheidung zu treffen, „*solange die Untersuchung in der Hauptverhandlung noch nicht begonnen hat* ...“, ist dies auch noch nach Ausbringen der Ladung möglich (*Minkenhof*: Strafvordering, 1999, S. 261).

2428 Anders ist dies in Frankreich: vgl. *oben C. I. 1.*

2) Daneben kann der Staatsanwalt gemäß Art. 63 Abs. 1 WSv auch einen Antrag auf *Untersuchungshaft* stellen.[2429] Die Anordnung der Untersuchungshaft liegt in der Kompetenz des Untersuchungsrichters.

Die niederländische Strafprozeßordnung verpflichtet den Staatsanwalt durch Art. 245 Abs. 1 WSv nach dem Erlaß eines Untersuchungshaftbefehls zu einer raschen Entscheidung über die weitere Verfolgung und deren Bekanntgabe an den Beschuldigten, „... *sobald die Sache geklärt ist* ...". Diese gesetzliche Anordnung kennzeichnet das besondere Interesse des von Untersuchungshaft betroffenen Beschuldigten an einer schnellstmöglichen Klarstellung seiner Situation. Zur zusätzlichen Beschleunigung kann das Bezirksgericht auf Antrag des Verdächtigen nach Art. 245 Abs. 2 WSv eine Fristbestimmung vornehmen.

3) Schließlich kann der Staatsanwalt gegen den Beschuldigten auch *unmittelbar Anklage* erheben. Auch *nach* der Anklageerhebung darf der Staatsanwalt bis zum Beginn der Hauptverhandlungsuntersuchung eine Entscheidung zugunsten einer Nichtverfolgung fällen. Dies ist mit der Rücknahme der Ladung verbunden. Von diesem Umstand muß der Verdächtige gemäß Art. 266 Abs. 3 WSv unverzüglich benachrichtigt werden.

Sieht der Staatsanwalt in all den genannten Konstellationen von der Verfolgung ab, kann er diese Entscheidung ebenso wie auch im Vorfeld der Voruntersuchung auf Gründe der *Legalität* als auch – dies verdeutlicht Art. 242 Abs. 2 WSv („... *ook op gronden aan het algemeen belang ontleend*"[2430]) – auf solche der *Opportunität* stützen.[2431]

Für die Bekanntgabe der Nichtweiterverfolgung genügt eine mündliche Mitteilung des Staatsanwaltes an den Beschuldigten oder seinen Verteidiger nicht.[2432] Zur Vermeidung von Mißverständnissen muß die Benachrichtigung stattdessen zugestellt werden (Art. 245a Abs. 1 WSv).[2433] Wird das Verfahren aus den in Art. 247 WSv aufgeführten (Legalitäts-)Gründen nicht weiter verfolgt, zu denen insbesondere die fehlende Strafbarkeit von Tat oder Verdächtigem und ungenügende Anzeichen von Schuld zählen, so ist der Staatsanwalt gehalten, davon in der Bekanntgabe Mitteilung zu machen. Von Gründen der Opportunität muß der Beschuldigte nicht im einzelnen in Kenntnis gesetzt werden.

2429 Dazu *Hulsman/Nijboer*: Criminal justice system, in: Chorus et al. (Hrsg.): Introduction to Dutch Law, 1993, S. 309 ff., 345 unten.

2430 „*Aus Gründen des allgemeinen Interesses*".

2431 Auch im Vorfeld der formellen Einstellung darf der Staatsanwalt Bedingungen verhängen. Dazu noch *unten D. III. 4.*

2432 *HR* vom 26. 06. 1951, NJ 1952, Nr. 245.

2433 Im Falle der Verfolgung wegen eines Verbrechens muß der Staatsanwalt unverzüglich auch den ihm bekannten unmittelbar Betroffenen benachrichtigen (Art. 245a Abs. 2 n. F., geändert durch Gesetz vom 01. 11. 2001, Stb. 2001, Nr. 531), um ihm die Einhaltung der Klagefrist gegen die Nichtverfolgung zu ermöglichen.

b. Die Voraussetzungen der Einstellung nach Einschaltung eines Richters, also nach Beginn der Verfolgung, gleichen im Verdachtsgrad denen der informellen Einstellung.[2434] Vor einer Einstellung aus Legalitätsgründen muß der Staatsanwalt, auch wenn Art. 242 Abs. 1 WSv[2435] über die Verdachtshöhe nichts aussagt, demzufolge prüfen, ob *hinreichender Tatverdacht* bejaht werden kann.[2436] Die durch die mangelnde Opportunität der Verfolgung motivierte Einstellung setzt aber auch nur die Bejahung eines *Anfangsverdachts* voraus. Denn wenn der Staatsanwalt anhand der ihm vorliegenden Unterlagen der Voruntersuchung zu dem Schluß kommt, daß die Sache zwar noch nicht anklagereif ist, dies jedoch unter Umständen durch ergänzende Untersuchungen erreicht werden könnte,[2437] würde eine Forderung nach weiteren Nachforschungen dem die Opportunitätseinstellung motivierenden Effektivitätsgedanken nicht gerecht, wenn gleichzeitig bereits die Unzweckmäßigkeit der Weiterverfolgung erkennbar ist.[2438]

c. Die Entscheidungsgrundlagen der formellen Einstellung differieren je nachdem, in welcher Verfolgungssituation der Staatsanwalt das Verfahren beendet. *Nach einer abgeschlossenen gerichtlichen Voruntersuchung* sind Grundlage der Entschließung die vom *Untersuchungsrichter* gewonnenen Erkenntnisse. Aus diesem Grunde lohnt es sich, kurz den Ablauf der *GVO* zu beleuchten.

Der *Rechter-commissaris*[2439] ordnet diejenigen Untersuchungen an, die er für erforderlich hält, um die für die Beurteilung des Ob und Wie der Strafbarkeit notwendigen Erkenntnisse über das in Frage stehende Geschehen und den Beschuldigten zu erlangen.[2440] Er hört den Verdächtigen, Zeugen und Sachverständige,[2441] nimmt Örtlichkeiten in Augenschein[2442] und ordnet Körperuntersuchungen, DNA-Analysen sowie Untersuchungen des Geisteszustandes an.[2443] In der Regel führt er die notwendigen Schritte persönlich durch. Er kann aber auch Polizeibeamte mit der Durchführung von Ermittlungen beauftragen.[2444] Der Staatsanwalt und unter gewissen Einschränkungen auch der Verteidiger und der Beschuldigte haben Gelegenheit, an den Vernehmungen teilzunehmen, Fragen zu

---

2434 Vgl. *oben D. I. 2. b.*

2435 *„Indien naar aanleiding van het ingestelde voorbereidende onderzoek het openbaar ministerie van oordeel is dat verdere vervolging moet plaats hebben, gaat het daartoe zoo spoedig mogelijk over."* – *„Falls die Staatsanwaltschaft aus Anlaß der eingeleiteten vorbereitenden Untersuchung zu der Überzeugung gelangt, daß eine weitere Verfolgung stattfinden muß, geht sie so schnell wie möglich über."*

2436 Vgl. *Unger/Hajda*: Strafverfahren, 1995, S. 166 und *Minkenhof*: Strafvordering, 1999, S. 261.

2437 Daß ihm grundsätzlich die Möglichkeit der Fortsetzung der Aufklärung zur Verfügung steht, ergibt sich aus Art. 241 WSv.

2438 Vgl. Melai/Groenhuijsen-*Harteveld*: WSv, Art. 237, Rn. 4.1. (Std. 01/90).

2439 Untersuchungsrichter.

2440 Vgl. *Corstens*: Strafprocesrecht, 1999, S. 305.

2441 Vgl. Art. 185 ff., 200 ff., 210 ff., 227 ff. WSv.

2442 Vgl. Art. 192 f. WSv.

2443 Vgl. Art. 195, 195a ff. und 196 ff. WSv.

2444 Vgl. Art. 177 WSv.

stellen[2445] und bestimmten Untersuchungshandlungen beizuwohnen.[2446] Insofern kann das Verfahren als parteiöffentlich bezeichnet werden.[2447]

Dem Staatsanwalt liegen bei Abschluß der Untersuchung die Akten der *GVO* vor. Darüber hinaus kann sein Urteil aber auch auf persönlichen Eindrücken beruhen, die er durch Ausübung seiner Anwesenheitsrechte sammeln konnte. Da es sich jedoch lediglich um Teilnahme*rechte*, nicht um *-pflichten* handelt, gründet die Einstellungsentscheidung im wesentlichen auf *schriftlichen* Unterlagen. Gerade im Unterschied zu der informellen Einstellungsentscheidung nach Art. 167 Abs. 2 WSv ist bei der Einstellung nach Art. 242 Abs. 2 WSv die Tatsachenerhebung durch einen unabhängigen und unparteiischen *Richter* herauszustellen. In dessen Objektivität muß zum einen „... *voor den verdachte een waarborg gezien ... worden*".[2448] Dies kommt zum anderen aber auch den Belangen der Gesellschaft und deren Interesse an der Wahrheit zugute.[2449] Anders liegt die Situation jedoch, wenn der Staatsanwalt noch *während der gerichtlichen Untersuchung* von der Verfolgung absieht. Dann steht ihm lediglich das *Aktenmaterial* des vorangegangenen Ermittlungsverfahrens zur Verfügung. Zwar können im Einzelfall denkbar bereits auch Erkenntnisse aus der begonnenen *GVO* einfließen. Dies ist dennoch nicht Voraussetzung der Einstellung in diesem Stadium und muß deshalb unberücksichtigt bleiben. Die Entscheidungsbasis differiert demzufolge nicht wesentlich von *der einer informellen Einstellungsentscheidung nach Art. 167 Abs. 2 WSv zugrundeliegenden Sachverhaltsfeststellung*. Ähnliches gilt auch für die *Einstellung nach Anklageerhebung*. Hier kann der Staatsanwalt ebenfalls noch nicht auf einen richterlich festgestellten Sachverhalt zurückgreifen. Entscheidet der Staatsanwalt *nach verhängter Untersuchungshaft*, liegen ihm bei der Beurteilung der Frage der Weiterverfolgung nicht nur die Ergebnisse der polizeilichen Ermittlungen vor, sondern gleichermaßen die im Zusammenhang mit dem Untersuchungshaftbefehl gewonnenen Erkenntnisse des Untersuchungsrichters. Aus diesem Grunde soll knapp auf die entsprechenden Möglichkeiten der richterlichen Sachverhaltserforschung eingegangen werden.

Voraussetzung für den Erlaß des Untersuchungshaftbefehls ist der einerseits der Haftgrund[2450] und andererseits der Verdacht auf die Begehung eines der enumerativ aufgezählten Verbrechen, „... *wenn sich aus Tatsachen oder Umständen ernsthafte Verdachtsmomente gegen den Verdächtigen ergeben.*"[2451] Ein vager Verdacht, selbst eine berechtigte Schuldvermutung im Sinne eines Anfangsverdachtes nach Art. 27 WSv ist nicht mehr ausreichend: Eine höhere Stufe der Wahrscheinlichkeit, daß der Beschuldigte die

---

2445 Vgl. Art. 186 ff. WSv.

2446 Vgl. z. B. Art. 193 (Augenschein) WSv.

2447 Vgl. *Corstens*: Strafprocesrecht, 1999, S. 299.

2448 „... *für den Verdächtigen eine Garantie gesehen ... werden*" (*Memorie von toelichting bij het ORO* – Begründung des ursprünglichen Regierungsentwurfes des Gesetzes zur Feststellung einer Strafprozeßordnung, Bijl. Hand. II 1913-1914, 286, no. 3, S. 18 [zit. nach *Corstens*: Strafprocesrecht, 1999, S. 287]).

2449 Vgl. *Corstens*: Strafprocesrecht, 1999, S. 287.

2450 Vgl. Art. 67a WSv.

2451 „... *wanneer uit feiten of omstandigheden blijkt van ernstige bezwaren tegen de verdachte.*" (vgl. Art. 67 Abs. 3 WSv).

Tat begangen hat, ist erforderlich.[2452] Ob solche, auf Tatsachen oder Umstände gestützte ernsthafte Verdachtsmomente existieren, beurteilt der Untersuchungsrichter auf der Basis des Vorbringens des Staatsanwaltes und des Beschuldigten, den er in der Regel vor seiner Entscheidung vernehmen muß,[2453] und aufgrund sämtlicher Verfahrensakten.[2454] Diese Informationen stehen, abgesehen von gewissen Einschränkungen,[2455] auch dem Verdächtigen und seinem Verteidiger zur Einsicht, die sich auf diese Weise gegen den Antrag des Staatsanwaltes vorbereiten können. Darüber hinaus gestattet Art. 36e n. F. WSv[2456] dem Untersuchungsrichter die Vornahme für nötig erachteter Untersuchungshandlungen von Amts wegen (sog. *mini-instructie*), um ihm einerseits Gelegenheit zu geben, entlastendes Material zu ermitteln und andererseits wesentliche Informationen zu verifizieren.[2457] Dem Untersuchungsrichter stehen also bei der Entscheidung über die Untersuchungshaft ähnliche Möglichkeiten der Sachverhaltsfeststellung zur Verfügung wie im Rahmen der *GVO*.[2458]

Das bedeutet auch, daß die Tatsachengrundlage, die der Verfolgungsentscheidung des Staatsanwalts nach verhängter Untersuchungshaft zugrunde liegt, derjenigen nach der *GVO* vergleichbar ist.

d. „*Door eene kennisgeving van niet verdere vervolging eindigt de zaak.*"[2459] Der Beschuldigte darf nach Zustellung der Bekanntgabe, daß eine weitere Verfolgung nicht stattfinden werde, gemäß Art. 255 Abs. 1 WSv wegen derselben Tat grundsätzlich „... *niet weder in rechten worden betrokken* ...".[2460]

Mit dieser Ausweitung des Grundsatzes *ne bis in idem*[2461] beabsichtigte der Gesetzgeber, die wiederholte Verfolgung einer Person, der bereits zu einem früheren Zeitpunkt die Nichtverfolgung kundgetan wurde, im Prinzip auszuschließen.[2462] Unterstrichen werden muß, daß dieses Verbot auch im Falle einer weiteren Verfolgung aufgrund einer anderen Strafbestimmung gilt.[2463] Als *dieselbe Tat* (*hetzelfde feit*) im Sinne des Art. 255 Abs. 1 WSv wird nämlich die materielle Tat im Sinne des Art. 68 WSr betrachtet.[2464] Indessen ist der

---

2452 Vgl. Cleiren/Nijboer-*Valkenburg*: WSv, 2001, Art. 167, Rn. 4; Melai/Groenhuijsen-*Reijntjes*: WSv, Art. 67, Rn. 3 (Std. 02/01).

2453 Art. 63 Abs. 3 WSv.

2454 Vgl. Melai/Groenhuijsen-*Reijntjes*: WSv, Art. 63, Rn. 7 (Std. 02/00).

2455 Vgl. Art. 30 Abs. 2 WSv.

2456 Eingefügt durch Gesetz vom 27. 05. 1999, Stb. 1999, Nr. 243.

2457 Vgl. Melai/Groenhuijsen-*Reijntjes*: WSv, Art. 63, Rn. 4 (Std. 02/00).

2458 Vgl. *Corstens*: Strafprocesrecht, 1999, S. 297.

2459 „*Durch die Mitteilung, daß die Strafverfolgung nicht fortgesetzt wird, endet die Sache.*" (Art. 246 Abs. 1 WSv).

2460 „... *nicht wieder belangt werden* ...". Dazu, was mit dieser Formulierung gemeint ist, Melai/Groenhuijsen-*Tonino*: WSv, Art. 255, Rn. 1, 2 (Std. 04/94): richterliche Befassung mit der Sache, Zwangsmittel; erlaubt sein sollen noch Ermittlungshandlungen, insb. im Falle des Auftretens neuer Verdachtsgründe, um deren Relevanz zu ergründen. Ähnl. *Harteveld*: Behoudens nova, DD 2002, S. 473 ff., 477 ff.

2461 *HR* vom 20. 12. 1956, NJ 1957, Nr. 174; *van Bemmelen/van Veen*: Strafprocesrecht, 1993, S. 210; Cleiren/Nijboer-*Valkenburg*: WSv, 2001, Art. 255, Rn. 1.

2462 Cleiren/Nijboer-*Valkenburg*: WSv, 2001, Art. 255, Rn. 1.

2463 *HR* vom 20. 11. 1956, NJ 1957, Nr. 174.

2464 Cleiren/Nijboer-*Valkenburg*: WSv, 2001, Art. 255, Rn. 1.

Schutz des Art. 255 Abs. 1 WSv nur ein bedingter, der in zwei verschiedenen Konstellationen durchbrochen werden kann.

1) Auf der einen Seite steht die Möglichkeit der *Neuaufnahme der Verfolgung bei Bekanntwerden neuer Verdachtsmomente*. Sie ist an eine materielle und eine prozessuale Voraussetzung geknüpft. In *materieller* Hinsicht darf der Staatsanwalt die Verfolgung wieder aufnehmen, wenn „*... nieuwe bezwaren zijn bekend geworden*".[2465] Unter neuen Verdachtsmomenten versteht das Gesetz Zeugenaussagen, Erklärungen des Verdächtigen, Schriftstücke, Bescheide und Protokolle, die – später bekannt geworden – noch nicht untersucht worden sind (Art. 255 Abs. 2 WSv).[2466] Dabei reicht es aus, wenn sie in der konkreten Untersuchung noch nicht als Beweismittel gedient haben. Nicht erforderlich hingegen ist, daß sie früher noch nicht bestanden haben – allein ihre spätere Aufdeckung genügt.[2467] Ein bloßer Meinungsumschwung des Staatsanwaltes kann indessen ebensowenig wie eine geänderte Rechtsprechung zur Neuaufnahme des Verfahrens führen.[2468] Aus den neuen Verdachtsmomenten muß sich ein *berechtigter Schuldverdacht*[2469] ergeben. Sie müssen geeignet sein, die ursprünglich für zu schwach befundenen Beweise zu verstärken oder die Tatsachen zur besseren Erforschung der Wahrheit weiterzuentwickeln.[2470] Läßt Art. 255 Abs. 1 WSv seine Sperrwirkung auch den Fällen der Unzulässigkeit der Anklage zuteil werden,[2471] führt dies dazu, daß Tatsachen, die jene entfallen lassen, als neue Verdachtsgründe im Sinne des Gesetzes betrachtet werden.[2472] Liegen die Voraussetzungen des Absatzes 2 des Art. 255 WSv vor, so muß in *prozessualer* Hinsicht in einer *gerichtlichen Voruntersuchung* zunächst der Wert der neuen Verdachtsmomente geprüft werden.[2473] Erst dann darf zu einer Ladung des Beschuldigten zur Hauptverhandlung geschritten werden (Art. 255 Abs. 3 WSv).

2465 „*... neue Verdachtsmomente bekannt geworden sind*"

2466 Krit. zur Koppelung der *nova* an die formalgesetzlichen Beweismittel: *Harteveld*: Behoudens nova, DD 2002, S. 473 ff., 488.

2467 *Van Bemmelen/van Veen*: Strafprocesrecht, 1993, S. 210; Melai/Groenhuijsen-*Tonino*: WSv, Art. 255, Rn. 6 (Std. 04/94).

2468 *Blok/Besier*: Strafproces I, 1925, S. 614.

2469 Vgl. Melai/Groenhuijsen-*Tonino*: WSv, Art. 255, Rn. 2 (Std. 04/94) sowie *Harteveld*: Behoudens nova, DD 2002, S. 473 ff., 485.

2470 Melai/Groenhuijsen-*Tonino*: WSv, Art. 255, Rn. 5 (Std. 09/79).

2471 Vgl. Art. 247 WSv. Nach Art. 255 Abs. 1, 246 Abs. 2 WSv sind allerdings nicht die Fälle der Unzuständigkeit des Bezirksgerichts und der Verbindung mit einer anderen Strafsache von der Sperrwirkung erfaßt.

2472 Melai/Groenhuijsen-*Tonino*: WSv, Art. 255, Rn. 5 (Std. 09/79); *Corstens*: Strafprocesrecht, 1999, S. 203. A. A. allerdings: *Blok/Besier*: Strafproces I, 1925, S. 614, die neue Verdachtsgründe mit neuen Beweismitteln gleichstellen.

2473 Alternativ dazu ist auch der Weg der Klage nach Art. 12 ff. WSv eröffnet, wenn der unmittelbar Betroffene neue Verdachtsmomente vorbringen kann (*HR* vom 10. 10. 1927, NJ 1927, S. 1433).

Der Bekanntgabe der Nichtweiterverfolgung kommt demnach eine *ne bis in idem*-Wirkung zu, die insoweit der der französischen *non-lieu*-Entscheidung vergleichbar ist.[2474]

2) Auf der anderen Seite zieht auch ein *Verfolgungsbefehl des Gerichtshofes* (Art. 12i Abs. 1 WSv) auf die Klage des unmittelbar Betroffenen gegen die Nichtverfolgung nach den Art. 12 ff. WSv[2475] nach sich, daß die strafklageverbrauchende und verfolgungsabschließende Wirkung der formellen Einstellung entfällt.

Nach Beendigung des Verfahrens durch die staatsanwaltschaftliche Einstellung nach Art. 242 WSv war der unmittelbar Betroffene grundsätzlich[2476] bis vor kurzem nicht mehr zugelassen, Klage gegen die Nichtverfolgung nach den Art. 12 ff. WSv zu erheben.[2477] Das entnahm man den Formulierungen von Art. 246 Abs. 1 („... *eindigt de zaak*“[2478]) und Art. 255 Abs. 1 („... *kan de verdachte ... niet weder in rechten worden betrokken* ...“[2479]).[2480]

Mit Gesetz vom 01. 11. 2001[2481] führte man jedoch eine Neuregelung ein, die die Rechte des unmittelbar Betroffenen wesentlich verbesserte. Dieser ist nun zur Klage innerhalb von drei Monaten berechtigt, nachdem er von der Bekanntgabe der Nichtverfolgung an den Beschuldigten Kenntnis erlangt hat (Art. 12l Abs. 2 n. F. WSv).[2482]

Daß es sich bei der Klagemöglichkeit nach den Art. 12 ff. WSv nicht um ein ordentliches Rechtsmittel handelt, welches den Eintritt der strafklageverbrauchenden Wirkung der staatsanwaltschaftlichen Einstellung von vornherein verhindert, ergibt sich aus folgendem: Zunächst wendet sich der unmittelbar Betroffene nicht unmittelbar gegen die staatsanwaltschaftliche Erledigung durch die formelle Einstellung, sondern möchte allgemein die Verfolgung des Beschuldigten erreichen. Konsequenterweise kann er den Antrag auch einreichen, wenn gar keine ausdrückliche Einstellungsentscheidung durch die Strafverfolgungsorgane ergangen ist. Dem entspricht auch, daß die Dreimonatsfrist die gewöhnlichen Fristen für ordentliche Rechtsmittel bei weitem überschreitet.[2483] Auch der Wortlaut des Art. 255 Abs. 1 WSv, der auf den gerichtlichen Verfolgungsbefehl verweist, spricht für eine nachträgliche Durchbrechung der *ne bis in idem*-Wirkung: „*Behoudens het bepaalde bij artikel 12i ... kan de verdachte ... na de hem beteekende kennisgeving van niet verdere vervolging ... ter zake van hetzelfde feit niet weder in rechten worden be-*

[2474] Vgl. dazu *oben C. II. 2. d.*

[2475] Vgl. zur Klagemöglichkeit des unmittelbar Betroffenen im Rahmen der informellen staatsanwaltschaftlichen Einstellung bereits *oben D. I. 2. a.*

[2476] Anderes galt nur, wenn der Betroffene die Wiederaufnahmevoraussetzungen mit der Klage nach Art. 12 ff. WSv geltend macht: dazu *unten D. I. 4. a.*

[2477] *HR* vom 10. 10. 1927, NJ 1927, S. 1433; *Arnhem* vom 01. 09. 1969, NJ 1970, Nr. 18.

[2478] „... *endet die Sache.*“

[2479] „... *kann der Verdächtige ... nicht wieder belangt werden* ...“.

[2480] Vgl. z. B. *Corstens*: Strafprocesrecht, 1999, S. 203.

[2481] Gesetz vom 01. 11. 2001 zur Änderung der die Garantien um die Verfolgung betreffenden Regelungen (Stb. 2001, Nr. 531).

[2482] Vgl. dazu auch *unten D. I. 4. a. Fn. 2433.*

[2483] Vgl. z. B. Art. 399 WSv: Einspruchseinlegung 14 Tage nach Verkündung/Bekanntwerden des Säumnisurteils; Art. 408 WSv: Berufungseinlegung 14 Tage nach Verkündung/Bekanntwerden des Urteils.

trokken ...".[2484] Denn die Formulierung entspricht derjenigen des Verhältnisses von Rechtskraft und Wiederaufnahmeverfahren beim Urteil in Art. 68 Abs. 1 WSr: „*Behoudens de gevallen waarin rechterlijke uitspraken voor herziening vatbaar zijn, kan niemand andermaal worden vervolgd wegens een feit waarover te zijnen aanzien bij gewijsde van de rechter in Nederland, de Nederlandse Antillen of Aruba onherroepelijk is beslist.*"[2485] Schließlich kann auch die Existenz der Klagefrist an sich nicht als ein Argument gegen die nachträgliche Durchbrechung der Sperrwirkung der Einstellung herangezogen werden. Zwar ist es sicherlich richtig, daß die meisten außerordentlichen Rechtsbehelfe nicht fristgebunden sind. Zwingend ist dies indes nicht: So war beispielsweise die Wiederaufnahme zuungunsten des Angeklagten in der DDR auf fünf Jahre nach Rechtskraft des Urteils befristet.[2486]

5. Ergebnis

Sowohl Staatsanwaltschaft als auch Polizei können im niederländischen Strafverfahren Einstellungsentscheidungen treffen. Für die Staatsanwaltschaft gilt dies nicht allein *vor*, sondern auch *nach* Einschaltung eines richterlichen Organs. Die Einstellung aufgrund mangelnder Zweckmäßigkeit der Verfolgung setzt stets zumindest die Bejahung eines *Anfangsverdachtes* voraus. Auf das Vorliegen *hinreichenden Tatverdachts* muß der Sachverhalt demgegenüber in der Regel[2487] bei einer Einstellung aus Rechtmäßigkeitsgründen geprüft werden. Die Sachverhaltsfeststellung erfolgt in allen Fällen nichtkontradiktorisch auf Grundlage der *Akten*. Zum Teil kann der Staatsanwalt bei der formellen staatsanwaltschaftlichen Einstellung auf einen *richterlich aufgeklärten Sachverhalt* zurückgreifen.

Im Gegensatz zur *formellen staatsanwaltschaftlichen* Einstellung *nach* Einschaltung eines Richters, die bis zu einer erneuten gerichtlichen Voruntersuchung aufgrund Auftauchens neuer Belastungselemente bzw. einem gerichtlichen Verfolgungsbefehl *Strafklageverbrauch* besitzt, zeitigen die *informelle staatsanwaltschaftliche* und die *polizeiliche* Einstellung keinerlei *ne bis in idem*-Wirkung.

2484 „*Vorbehaltlich der Bestimmungen in Art. 12i ... kann der Verdächtige ... nach Zustellung der Mitteilung, daß die Strafverfolgung nicht fortgesetzt wird ... wegen derselben Tat nicht wieder belangt werden ...*".

2485 „*Vorbehaltlich der Fälle, in denen Urteile der Wiederaufnahme unterliegen, kann niemand nochmals wegen einer Tat verfolgt werden, über die in bezug auf seine Person durch einen Urteilsspruch des Richters in den Niederlanden, in den Niederländischen Antillen oder Aruba rechtskräftig entschieden wurde.*"

2486 Vgl. § 328 Abs. 2 DDR-StPO; dazu: *Ziemba*: Wiederaufnahme zuungunsten, 1974, S. 145. Skeptisch gegenüber der Abgrenzung zwischen ordentlichem und außerordentlichem Rechtsmittel *Peters*: Fehlerquellen III, 1974, S. 4: „*Ebenso wie der 'Ausnahmecharakter' ist das Etikett: 'Außerordentlicher Rechtsbehelf' in das Gesetz hineininterpretiert worden.*"

2487 Für die Polizei gilt davon abweichend allerdings, daß jeder Vorgang, dessen Verfolgung zweckmäßig erscheint, auch bei Anfangsverdacht an die Staatsanwaltschaft weitergeleitet werden muß. Vgl. dazu *oben D. I. 3. b.*

II. Richterliche Einstellungsentscheidungen

1. Einführung

Vor der regulären Hauptverhandlung kann ein Strafverfahren durch Richterspruch nur dann beendet werden, wenn der Beschuldigte selbst gerichtliche Klärung verlangt. Im übrigen liegen sämtliche Verfolgungsentscheidungen in den Händen der Staatsanwaltschaft. So ist dem Beschuldigten die Möglichkeit gegeben, gegen die *Fortsetzung der Verfolgung* sowie die *Ladung zur Hauptverhandlung* vorzugehen.[2488] Ist seinem Antrag Erfolg beschieden, treten die *Wirkungen* des Art. 255 WSv ein.[2489]

Eine Klage des unmittelbar Betroffenen gegen die Nichtweiterverfolgung ist dann nicht mehr zugelassen. Früher schloß man dies aus Art. 255 Abs. 1 WSv, der die Sperrwirkung einer solchen Entscheidung anordnet, sowie der Gesetzesgeschichte, die offenbart, daß das Interesse des Beschuldigten an der Endgültigkeit[2490] der Einstellung in dieser Konstellation gegenüber dem des Antragstellers höher bewertet werden sollte.[2491] Heute bestimmt Art. 121 Abs. 1 WSv in der Fassung des Gesetzes vom 01. 11. 2001[2492] ausdrücklich:

„Die Klage ist nicht wegen einer Straftat zulässig, hinsichtlich derer der Verdächtige außer Verfolgung gestellt wurde ...“.[2493]

2. Die Außerverfolgungstellung auf die Beschwerde gegen Ladung oder Bekanntgabe der Verfolgung nach Art. 250, 262 WSv

a. Um den Verdächtigen gegen ungerechtfertigte Verfolgung zu schützen, bietet die niederländische Strafprozeßordnung diesem die Möglichkeit, sich gegen die Bekanntgabe

---

2488 Daneben kann der Beschuldigte einen *Antrag auf gerichtliche Erklärung der Beendigung der Sache* nach Art. 36 WSv stellen. Das Gericht gibt dem Begehren statt, wenn das Strafverfahren gegen den Beschuldigten nicht weiter betrieben wird. Die Möglichkeit der Anrufung des Gerichtes, um einen Ausspruch über die Beendigung der Sache zu erwirken, wird praktisch allerdings sehr selten genutzt. Dies hängt mit der Art. 6 Abs. 1 EMRK und Art. 14 Abs. 1 IPBPR entsprechenden Rechtsprechung zusammen. Die Berufung auf Art. 36 WSv zieht nur die Aufmerksamkeit der Verfolgungsbehörde auf die Sache, so daß letztendlich die Unzulässigkeit der Anklage oder eine Strafverminderung aufgrund der Überschreitung der angemessenen Frist aufs Spiel gesetzt wird (vgl. *Corstens*: Strafprocesrecht, 1999, S. 497).

2489 Vgl. *oben D. I. 4. d.*

2490 Dies gilt selbstverständlich lediglich innerhalb der Grenzen, in denen Art. 255 WSv selbst wirkt: Kann der Betroffene neue Verdachtsmomente im Sinne des Art. 255 Abs. 2 WSv vorbringen, so wird die erneute Verfolgung hingenommen (*HR* vom 10. 10. 1927, NJ 1927, S. 1433).

2491 Melai/Groenhuijsen-*Knigge*: WSv, Art. 12-13a, Rn. 5 (Std. 09/87).

2492 Stb. 2001, Nr. 531.

2493 *„Beklag ist niet toegelaten terzake van strafbare feiten waarvoor de verdachte buiten vervolging is gesteld ... .“*

der Fortsetzung der Verfolgung[2494] (Art. 250 WSv) sowie die Ladung zur Hauptverhandlung[2495] (Art. 262 WSv) mittels einer Beschwerde bei dem Bezirksgericht innerhalb von acht Tagen mit dem Ziel einer *Außerverfolgungsstellung* zu wehren.[2496]

Die zuständige Beschlußkammer des Bezirksgerichts (*Raadkamer van de rechtbank*) beurteilt bei der Entscheidung über die Beschwerde jene Punkte, über die auch der Richter in der öffentlichen Hauptverhandlung befindet.[2497] Eine Opportunitätsprüfung[2498] ist deshalb nicht vorgesehen.[2499] Trotz des Prüfungsumfanges trägt dieses Verfahren allerdings einen lediglich summarischen Charakter.[2500] Denn das Gericht greift nicht mehr als unbedingt notwendig der gegebenenfalls stattfindenden Hauptverhandlungsuntersuchung vor.

Ist die Anklage unzulässig, die Tat nicht strafbar oder liegen nicht hinreichende Anzeichen von Schuld vor, so setzt das Bezirksgericht den Beschuldigten gemäß Art. 250 Abs. 4 WSv unter Angabe der Gründe (Art. 254 WSv) außer Verfolgung.

Dagegen kann der Staatsanwalt gemäß Art. 252 Abs. 1 WSv innerhalb von 14 Tagen Berufung beim Gerichtshof und im Falle deren Scheiterns innerhalb von 14 Tagen einen Antrag auf Kassation einreichen. Mit dem letzteren Rechtsmittel kann sich nun auch wieder der Beschuldigte ebenfalls innerhalb von 14 Tagen gegen die ihm nachteilige Entscheidung des Bezirksgerichts zur Wehr setzen.

b. Die im Mittelpunkt des Verfahrens der Außerverfolgungstellung stehende Frage lautet: Ist es *höchst unwahrscheinlich*, daß ein später urteilender Strafrichter aufgrund der ihm vorgelegten Beweise die zur Last gelegte Tat ganz oder teilweise als erwiesen erachten wird?[2501] Der geforderte *unzureichende Schuldverdacht* kann nur dann bejaht werden, wenn „... *sich bereits sofort herausstellt, daß eine weitere Verfolgung mangels Zulässigkeit nicht gerechtfertigt ist* ...“.[2502] Lediglich evidente Fälle sind betroffen.[2503] Von dieser Ausnahmesituation

---

2494 Gemäß Art. 250a WSv ist gegen eine aufgrund einer gerichtlichen Anordnung (Art. 12i WSv) erfolgte Bekanntgabe der Verfolgungsfortsetzung die Beschwerde nur im Falle neuer Tatsachen und Umstände zulässig.

2495 Gegen die Ladung kann der Verdächtige nach Art. 262 Abs. 1 WSv nur vorgehen, soweit zuvor hinsichtlich dieser Tat nicht die Fortsetzung der Verfolgung bekanntgegeben wurde, gegen die er sich hätte primär wehren müssen. Findet das Verfahren vor dem Kreisrichter (*kantonrechter*), der im wesentlichen nur für Übertretungen zuständig ist, statt, ist die Beschwerde gegen die Ladung *nicht* zulässig (Art. 398 Nr. 3 WSv).

2496 *HR* vom 29. 09. 1951, NJ 1952, Nr. 58; vom 26. 03. 1985, NJ 1985, Nr. 669.

2497 *Van Bemmelen/van Veen*: Strafprocesrecht, 1993, S. 217.

2498 Allein im Rahmen der Prinzipien der guten Prozeßführung können diese Gesichtspunkte auch hier von Relevanz werden (Cleiren/Nijboer-*Valkenburg*: WSv, 2001, Art. 250, Rn. 4).

2499 Cleiren/Nijboer-*Valkenburg*: WSv, 2001, Art. 250, Rn. 4.

2500 *HR* vom 04. 06. 1985, NJ 1986, Nr. 93; vom 28. 05. 1985, NJ 1985, Nr. 906.

2501 *HR* vom 29. 09. 1951, NJ 1952, Nr. 58; vom 28. 05. 1985, NJ 1985, Nr. 906; vom 04. 06. 1985, NJ 1986, Nr. 93.

2502 Cleiren/Nijboer-*Valkenburg*: WSv, 2001, Art. 250, Rn. 4. b.

2503 *HR* vom 16. 06. 1941, NJ 1941, Nr. 705.

abgesehen, verbleiben Untersuchung und Entscheidung innerhalb der Kompetenz des gesetzlich vorgesehenen Richters.[2504]

Fraglich ist, ob die Beschlußkammer der Entscheidung einen aus ihrer Sicht vollständig ermittelten Sachverhalt zugrunde legen muß.[2505]

Dafür spricht, daß sie gemäß Art. 250 Abs. 2 WSv mit der Befugnis ausgestattet ist, vor ihrer Entscheidung eine als *GVO* geltende untersuchungsrichterliche Untersuchung einzuleiten und sich die betreffenden Akten vorlegen zu lassen. Denn diese Möglichkeit könnte zunächst darauf schließen lassen, daß unzureichendes Tatsachen- und Beweismaterial, auf dem die staatsanwaltschaftliche Verfolgungsentscheidung gründet, stets durch die im Rahmen des Beschlußverfahrens einzuleitende gerichtliche Voruntersuchung zu ergänzen ist.

Dem wird jedoch zu recht entgegengehalten, daß im Falle der Notwendigkeit weiterer Aufklärung über die Täterschaft des Beschuldigten dafür der Richter der Hauptverhandlung zuständig sei. Die staatsanwaltschaftliche Verfolgungsentscheidung kann dann nämlich in der Regel nicht als offensichtlich leichtfertig bezeichnet werden.[2506] Die gerichtliche Voruntersuchung muß demnach nicht bei jeder Unklarheit des Sachverhaltes eingeleitet werden. Die Außerverfolgungstellung darf nicht schon dann ausgesprochen werden, wenn hinsichtlich des Geschehens noch weitreichende Unsicherheiten existieren. Denn dem Beschuldigtenantrag ist nur stattzugeben, wenn die Richter die spätere Verurteilung, mithin auch das Auftauchen neuen Verdachtsmaterials in der Hauptverhandlung für höchst unwahrscheinlich und den Sachverhalt in diese Richtung für überwiegend aufgeklärt halten. Der Anteil der prospektiven, also noch unaufgeklärten Prognoseelemente muß zugunsten der retrospektiven, also bereits aufgeklärten Elemente stark reduziert sein.[2507] Dies gilt jedoch nur für die zuungunsten des Beschuldigten streitende Sachverhaltsseite. Größere Zweifel dürfen nur hinsichtlich der sich nachträglich gegebenenfalls noch zugunsten des Verdächtigen ergebenden Umstände verbleiben.

Erweisen sich nämlich die den Beschuldigten entlastenden Faktoren bereits als derart überwiegend, daß eine Verurteilung höchst unwahrscheinlich erscheint, schadet es nicht, wenn zum Entscheidungszeitpunkt offen bleibt, ob im nachhinein noch weitere entlastende Umstände bekannt werden. In dieser Hinsicht stellt sich die Konstellation bei der Außerverfolgungstellung im Vergleich zu der den hinreichenden Tatverdacht voraussetzenden Anklageentscheidung gerade umgekehrt dar. Denn in diesem Fall können Unsicherheiten im Hinblick auf eventuell nachträglich zu erwartende Tatsachen oder Beweise in Kauf genommen werden, die den bereits existierenden, in ausreichendem Grade bestehenden Verdacht noch weiter bestätigen. Prognostiziert werden muß nur, daß keine weiteren entlastenden Tatsachen bekannt werden, der Sachverhalt also in diese Richtung umfassend ermittelt ist. Auch die Verurteilung basiert im Grunde zum einen auf der Prognose, daß auch weitere Aufklärung keine Tatsachen oder Beweismittel ergeben würde, die für den Angeklagten sprechen, und zum anderen auf der,

---

[2504] *HR* vom 29. 09. 1951, NJ 1952, Nr. 58.

[2505] Vgl. dazu *oben Kapitel 11, D. IV. 3. a.*

[2506] Cleiren/Nijboer-*Valkenburg*. WSv, 2001, Art. 250, Rn. 7. h.

[2507] Vgl. dazu i. e. *oben Kapitel 11, D. IV. 3. a.*

aus den gegebenen, gegen den Angeklagten sprechenden Beweisen resultierenden richterlichen Einschätzung, daß dieser die Tat mit an Sicherheit grenzender Wahrscheinlichkeit[2508] begangen hat.

Das heißt, der Sachverhalt muß insoweit aufgeklärt sein, als die Prognose, daß weitere, gegen den Beschuldigten sprechende Umstände bekannt werden, äußerst gering ist.

Demnach verlangt die Beurteilung des Beweises einen sehr hohen, für die Unschuld des Beschuldigten sprechenden Wahrscheinlichkeitsgrad. Hinsichtlich des für die Täterschaft sprechenden Tatsachenmaterials muß die Einschätzung der Beschlußkammer dementsprechend ergeben, daß die Sache weitmöglichst aufgeklärt ist.

c. Das Verfahren in der Beschlußkammer folgt gemäß den Art. 21 ff. WSv den Grundsätzen der internen Öffentlichkeit. Demzufolge werden Staatsanwaltschaft und Verdächtiger angehört.[2509] Der der Entscheidung zugrundeliegende Sachverhalt ist dem Bezirksgericht im wesentlichen aus den Akten und damit in *schriftlicher* Form ersichtlich. Die Anhörungspflicht der Beteiligten bringt jedoch ein *kontradiktorisches* Element in das parteiöffentliche Verfahren.

3. Ergebnis

Die *bezirksgerichtliche* Entscheidung, den Beschuldigten außer Verfolgung zu stellen, nachdem ihm die Fortsetzung der Verfolgung bzw. die Ladung zur Hauptverhandlung bekanntgegeben wurde, basiert auf einer parteiöffentlichen Verhandlung, die infolge der Pflicht zur Anhörung der Beteiligten *kontradiktorischen* Charakter besitzt. Der entscheidungsrelevante Sachverhalt liegt der Beschlußkammer in *schriftlicher* Form vor. Die Außerverfolgungstellung setzt voraus, daß die spätere Verurteilung durch das erkennende Gericht *höchst unwahrscheinlich* ist und hat – ebenso wie die formelle staatsanwaltschaftliche Einstellung – zur Folge, daß die Verfolgung erst wiederaufgenommen werden darf, wenn *neue Verdachtsmomente* auftreten. Im Gegensatz zu jener schließt die Außerverfolgungstellung die Klage des unmittelbar Betroffenen gegen die Nichtverfolgung aus.

2508 Dieser Wahrscheinlichkeitsgrad ist allerdings noch höher als die „höchste Unwahrscheinlichkeit", die die Außerverfolgungstellung voraussetzt.

2509 Art. 23 Abs. 2 WSv. Vgl. Cleiren/Nijboer-*Valkenburg*: WSv, 2001, Art. 23, Rn. 2.

III. Strafrechtliche Vergleiche

1. Einführung

Die vergleichsähnliche Erledigung von Strafsachen hat im niederländischen Rechtsgebiet eine lange Tradition.[2510] Bereits im 16. Jahrhundert existierten zwei Vorläufer der heutigen *transactie*: die *submissie* einerseits, bei der sich der Beschuldigte der vom Richter aufzuerlegenden Strafe beugte, ohne daß dieser weiter Schuld oder Beweise untersuchte, und die *compositie* andererseits, die die Entscheidung eines Verfolgungsbeamten unter richterlicher Kontrolle gestattete.[2511] Beide Formen waren durch das Streben nach Erledigung durch Bezahlen einer Geldsumme außerhalb des Prozesses unter Vermeidung der mit diesem verbundenen Schwierigkeiten geprägt.[2512] Seit 1838 existierte in der neu geschaffenen eigenen niederländischen Strafprozeßordnung[2513] wiederum eine Vorschrift, die dem Beschuldigten im Fall einer mit Geldstrafe bedrohten Übertretung das Recht zugestand, durch freiwillige Zahlung der maximalen Geldstrafe die Einleitung eines Strafverfahrens zu vermeiden. Noch heute ist diese Regelung in Art. 74a des niederländischen Strafgesetzbuches (WSr) wiederzuerkennen, der dem Beschuldigten ebenfalls einen Anspruch auf Erledigung durch *transactie* einräumt. Im Jahre 1921[2514] wurde die Möglichkeit der transaktionellen Verfahrensbeendigung dahingehend erweitert, als nun auch die Erfüllung von durch die Verfolgungsbehörde gestellten Bedingungen zum Erlöschen des Strafverfolgungsrechts führt (Art. 74 WSr). Ursprünglich war die Transaktion beschränkt auf die Bezahlung einer Geldsumme als einzige Bedingung einerseits und auf ausgewählte Deliktskategorien andererseits. Die erste Einschränkung entfiel 1983 mit Inkrafttreten des *Wet vermogenssancties*,[2515] welches vier weitere Bedingungen einführte. Die zweite Einschränkung verringerte sich durch dasselbe Gesetz wesentlich, indem die *transactie* nun auf *alle* Übertretungen und vor allem auch auf die Mehrzahl der *Verbrechen* für anwendbar erklärt wurde.

Seit 1959[2516] ermöglicht das *Wetboek van Strafrecht* auch den niederländischen Ermittlungsbeamten, Verfahren, die Übertretungen betreffen, durch Transaktion zu erledigen. Zweck der Einführung des damaligen Art. 74bis WSr war es, der insbesondere durch Verkehrsdelikte veranlaßten Überbelastung des strafrechtlichen Systems in schneller und effektiver Weise zu begegnen.[2517] Während das Institut der Polizeitransaktion

---

[2510] Zum geschichtlichen Hintergrund der Transaktion im niederländischen Recht vgl. *s'Jacob*: Art. 74 WSr, 1936 (sehr ausführlich), *Osinga*: Transactie, 1992, S. 119 ff. und *van den Biggelaar*: Buitengerechtelijke afdoening, 1994, S. 67 ff.

[2511] Zu dem gegen die *compositie* gehegten Mißbrauchsverdacht vgl. *s'Jacob*: Art. 74 WSr, 1936, S. 14 f.

[2512] Vgl. dazu *s'Jacob*: Art. 74 WSr, 1936, S. 9; *Osinga*: Transactie, 1992, S. 121.

[2513] Von 1810 bis 1838 galt der französische *Code d'instruction criminelle*.

[2514] Gesetz vom 05. 07. 1921, Stb. 1921, Nr. 833. Vgl. dazu *Osinga*: Transactie, 1992, S. 135 ff.

[2515] Vermögenssanktionengesetz vom 31. 03. 1983.

[2516] Gesetz vom 09. 01. 1958 (Stb. 1958, Nr. 7, in Kraft seit 01. 05. 1959).

[2517] *Osinga*: Transactie, 1992, S. 245.

1989 aufgrund der Einführung des *Gesetzes zur verwaltungsrechtlichen Durchsetzung von Verkehrsvorschriften* vom 03. 07. 1989 (*WAHV*)[2518] Gefahr lief, wesentlich an Bedeutung zu verlieren, begann die Diskussion über die Erweiterung dieser Erledigungsart auch auf Verbrechen.[2519] Dies wurde 1993[2520] in gesetzliche Form gegossen.

Neben der Transaktion kann schließlich auch die formelle bedingte staatsanwaltschaftliche Einstellung als eine Art Vergleich betrachtet werden.

2. Die staatsanwaltschaftliche Transaktion gemäß Art. 74 ff. WSr (*OM transactie*)

a. Die *transactie* wird zum Teil als eine besondere Form der bedingten Einstellung charakterisiert.[2521] Im Unterschied zu jener findet diese Form des Absehens von der Verfolgung allerdings eine gesetzliche Grundlage im niederländischen Strafgesetzbuch (Art. 74 ff. WSr).[2522] Die zentrale Regelung Art. 74 Abs. 1 WSr lautet:

> *„Der Staatsanwalt kann vor dem Beginn der Hauptverhandlung eine oder mehrere Bedingungen stellen, um die Strafverfolgung wegen Verbrechen, mit Ausnahme derer, die nach dem Gesetz mit mehr als sechs Jahren Gefängnisstrafe bedroht sind, und wegen Übertretungen zu vermeiden. Durch Erfüllung dieser Bedingungen erlischt das Recht zur Strafverfolgung.“*[2523]

Die Vorteile dieser Erledigungsart existieren beidseitig und liegen für die Justizbehörden in einer wesentlichen Zeit- und Kostenersparnis, während der Beschuldigte vermeiden kann, in der Hauptverhandlung in der Öffentlichkeit stehen zu müssen.

Wie die bedingte Einstellung kommt auch die *transactie* lediglich in den Fällen in Frage, in denen die Verfolgung an sich erfolgreich wäre.[2524] Die Transaktion darf demzufolge nicht angeboten werden, wenn der Staatsanwalt der Ansicht ist, der Beschuldigte habe die

---

2518 *Wet administratiefrechtelijke handhaving verkeersvoorschriften* (Stb. 1989, Nr. 300), durch das der Gesetzgeber einen wesentlichen Teil von Verkehrsübertretungen entkriminalisierte und mit administrativen Sanktionen bedrohte. Weil in diesen Fällen straf(-verfahrens-)rechtliche Maßnahmen ausgeschlossen sind, tritt die Polizei insoweit als Verwaltungsorgan auf und verhängt nach Feststellung der Übertretung eine Sanktion durch Bescheid. Vgl. dazu ausführlich *Scholten*: Neue Wege, ZStW 1991, S. 760 ff. und *van den Biggelaar*: Buitengerechtelijke afdoening, 1994, S. 130 ff.

2519 Melai/Groenhuijsen-*Reijntjes*: WSv, Art. 167, Rn. 19 (Std. 02/01).

2520 Gesetz vom 16. 09. 1993, Stb. 1993, Nr. 516. Dazu *Osinga*: Politietransactie bij misdrijven, DD 1993, S. 399 ff.

2521 *Reijntjes*: Voorwaardelijk sepot, in: Balkema et al. (Hrsg.): Lib. am. van Veen, 1985, S. 295 ff., 299; *Franken*: Afdoeningsmogelijkheden, in: Vademecum, S. [23]-1 ff., [23]-121 (Std. 04/96); *Corstens*: Strafprocesrecht, 1999, S. 488; Melai/Groenhuijsen-*Reijntjes*: WSv, Art. 167, Rn. 17.9 (Std. 02/01).

2522 Zu spezialgesetzlichen Regelungen der *transactie* siehe *Osinga*: Transactie, 1992, S. 267 ff.; *van den Biggelaar*: Buitengerechtelijke afdoening, 1994, S. 100 ff.; Cleiren/Nijboer-*Koopmans*: WSr, 2002, Art. 74, Rn. 1.h.

2523 *„De officier van justitie kan voor de aanvang van de terechtzitting een of meer voorwaarden stellen ter voorkoming van de strafvervolging wegens misdrijven, met uitzondering van die waarop naar de wettelijke omschrijving gevangenisstraf is gesteld van meer dan zes jaar, en wegens overtreding. Door voldoening aan die voorwaarden vervalt het recht tot strafvordering.“*

2524 Cleiren/Nijboer-*Koopmans*: WSr, 2002, Art. 74, Rn. 1. a.; *Corstens*: Strafprocesrecht, 1999, S. 776.

Tat möglicherweise gar nicht begangen, werde aber auf das Zahlungsangebot eingehen, um weitere Untersuchungen zu vermeiden.[2525] Bei dem Entschluß für oder gegen die Anwendung einer Transaktion im konkreten Fall wird der Staatsanwalt unterstützt durch Richtlinien,[2526] die Tatumschreibungen enthalten und die Grundlagen für die Berechnung des Transaktionsbetrages anhand eines Punktesystems bieten.[2527]

Dieser Weg der Erledigung ist heute bei nahezu allen Straftaten zulässig. Ausgenommen sind nur Verfahren wegen Verbrechen, die gesetzlich mit einer Gefängnisstrafe von mehr als sechs Jahren bedroht sind.

Art. 74 WSr erlaubt dem Staatsanwalt, dem Beschuldigten eine oder mehrere Bedingungen zu stellen, bei deren freiwilliger[2528] Erfüllung das Recht zur Strafverfolgung erlischt. Als Bedingungen sieht Art. 74 Abs. 2 WSr vor:

1) Zahlung einer Geldsumme, deren Betrag zwei Euro nicht unter- und die gesetzlich vorgesehene Geldstrafe nicht überschreiten darf, an den Staat;[2529]

2) Verzicht auf in Beschlag genommene Gegenstände, die eingezogen oder aus dem Verkehr gezogen werden dürfen;

3) Auslieferung der Einziehung unterliegender Gegenstände oder Zahlung ihres geschätzten Wertes;

4) Zahlung eines Geldbetrages an den Staat oder Übereignung von beschlagnahmten Gegenständen zur vollständigen oder teilweisen Abgeltung des geschätzten Vorteils, einschließlich der ersparten Kosten, den der Beschuldigte mittels oder aus den Erträgen der Straftat oder artgleicher Taten erlangt hat;

5) vollständige oder teilweise Wiedergutmachung des durch die Straftat verursachten Schadens;

6) Verrichten von unbezahlter Arbeit oder Teilnahme an einem Ausbildungsprojekt von einer Dauer von höchstens 120 Stunden.

Ließen sich alle Bedingungen bisher als finanziell charakterisieren (1)-5)), erfolgte durch die Einführung der letztgenannten, sogenannten „*taakstraf*"[2530] im Jahre 2000[2531]

[2525] *Van Bemmelen/van Veen*: Strafprocesrecht, 1993, S. 101 f.

[2526] Unter bestimmten Bedingungen kann sich aus den Richtlinien in Verbindung mit dem Vertrauensgrundsatz auch eine Verpflichtung zum Angebot einer *transactie* ergeben. Wird dem nicht Folge geleistet, so folgt daraus unter Umständen sogar die Unzulässigkeit der Anklage (*HR* vom 13. 09. 1988, NJ 1989, Nr. 285; *van den Biggelaar*: Buitengerechtelijke afdoening, 1994, S. 86; Cleiren/Nijboer-*Koopmans*: WSr, 2002, Art. 74, Rn. 1.d.).

[2527] Dazu näher Cleiren/Nijboer-*Koopmans*: WSr, 2002, Art. 74, Rn. 2., 3. und *ebenda*, Bijlage 19 f., Polaris-richtlijnen sowie www.openbaarministerie.nl (>„*Beleidsregels*").

[2528] Zu dem Problem der Freiwilligkeit, auf das im vorliegenden Rahmen nicht weiter eingegangen werden soll: *EGMR* vom 27. 02. 1980, NJ 1980, Nr. 561 (Fall „*Deweer*"); *Franken*: Afdoeningsmogelijkheden, in: Vademecum, S. [23]-1 ff., [23]-74 ff. (Std. 08/99); *Corstens*: Strafprocesrecht, 1999, S. 776; Melai/Groenhuijsen-*Reijntjes*: WSv, Art. 167, Rn. 18.3 (Std. 02/01). Insbesondere kritisch zur Verfolgungspolitik der Staatsanwaltschaften, in der Hauptverhandlung die angebotenen Transaktienbeträge übersteigende Geldstrafen zu beantragen: *van den Biggelaar*: Buitengerechtelijke afdoening, 1994, S. 85.

[2529] Zur Praxis der Leeuwardener Staatsanwaltschaft, systematisch wesentlich höhere Transaktienbeträge anzubieten, als die Geldstrafe des Richters im Prozeß betrüge: *Anker/van der Goot*: Transactiebedragen, Advocatenblad 2001, S. 90.

insoweit eine Ausdehnung, die eine noch größere Annäherung an die bedingte Einstellung bewirkt. Gleichwohl bleibt die Aufzählung im Rahmen der *transactie* limitativ. Der Staatsanwalt kann demnach beispielsweise nicht einen Führerscheinentzug vorschlagen. Angesichts der dennoch bestehenden Möglichkeit, in entsprechenden Fällen auf die bedingte Einstellung zurückzugreifen, erscheint folgende Frage von *Groenhuijsen* und *van Kalmthout* vollkommen berechtigt: „*Welchen Sinn hat eine* einschränkende *Aufzählung von Bedingungen in Art. 74 Sr, wenn ein Staatsanwalt, der den Verdächtigen eine andere Leistung erbringen lassen will, dies unter Berufung auf einen anderen, seiner Entscheidung zugrunde zu legenden Titel erreichen kann?*“[2532]

Art. 74a WSr beinhaltet die zweite ältere[2533] „*afkoopmogelijkheid*“.[2534] Sie erschließt dem Beschuldigten bei einer nur mit Geldstrafe bedrohten Straftat die Möglichkeit, dem Staatsanwalt die Zahlung der Höchststrafe innerhalb einer von diesem festgelegten Zeitspanne sowie die Erfüllung aller gemäß Art. 74 Abs. 2 WSr gestellten Bedingungen anzutragen. In einem solchen Fall ist es dem Staatsanwalt dann verwehrt, sich zu weigern, die genannten Bedingungen zu stellen.[2535]

Der Staatsanwalt setzt in beiden Fällen gemäß Art. 578 Abs. 1 WSv eine bestimmte, verlängerbare Frist, innerhalb derer die Auflagen erfüllt werden müssen.[2536] Wichtig zu betonen ist, daß in der *Zustimmung* des Beschuldigten zu diesem Verfahren ebensowenig wie bei der bedingten Einstellung ein Geständnis der vorgeworfenen Tat zu erkennen ist. Eine ausdrückliche Äußerung der Annahme durch den Verdächtigen ist ebensowenig erforderlich wie bindend.[2537] Während das Angebot vor Beginn der Hauptverhandlung erfolgen muß,[2538] ist die Erfüllung der Bedingungen auch noch nach diesem Zeitpunkt möglich.[2539] Angebot als auch Erfüllung der Bedingungen sind indessen nach Erlaß des Urteils ausgeschlossen.

Soweit es sich um eine auf Art. 74 Abs. 2 b)-d) WSr gestützte *transactie* handelt, können Dritte gemäß Art. 552ab WSv gegen die Bedingungen unter der Voraussetzung Klage erheben, daß sich diese auf ih-

---

2530 „Aufgabenstrafe“.

2531 Gesetz vom 07. 09. 2000 (Stb. 2000, Nr. 365; in Kraft getreten: 01. 02. 2001).

2532 „*Welke zin heeft een* limitatieve *opsomming van voorwaarden in art. 74 Sr indien een OvJ die de verdachte een* andere *prestatie wil laten verrichten, dit kan bewerkstelligen door een andere titel aan zijn beslissing ten grondslag te leggen?*“ (*Groenhuijsen/van Kalmthout*: Transactie en voorwaardelijk sepot, DD 1983, S. 474 ff., 484).

2533 Vgl. *oben D. III. 1.*

2534 „*Freikaufsmöglichkeit*“. So *Corstens*: Strafprocesrecht, 1999, S. 775.

2535 Da der Richter nie zur höchsten Geldstrafe verurteilt, kommt diese Form der Transaktion kaum noch vor (*van Bemmelen/van Veen*: Strafprocesrecht, 1993, S. 101).

2536 Im Fallen einer unbilligen Fristbestimmung durch den Staatsanwalt kann sich der Angeklagte in der Hauptverhandlung dann übrigens auf eine Verletzung der Grundsätze ordentlicher Prozeßführung berufen und auf diese Weise die Unzulässigkeit der Anklage erreichen.

2537 Melai/Groenhuijsen-*Reijntjes*: WSv, Art. 167, Rn. 18.8 (Std. 02/01).

2538 Melai/Groenhuijsen-*Reijntjes*: WSv, Art. 167, Rn. 18.8 (Std. 02/01). A. A. *Osinga*: Transactie, 1992, S. 178, der sogar ein nach Beginn der Hauptverhandlung ausgesprochenes Angebot der Staatsanwaltschaft für zulässig hält. Dies wäre besonders in den Fällen sinnvoll, in denen erst anläßlich der Hauptverhandlung offenbar wird, daß die Sache in den Anwendungsbereich der Transaktion fällt.

2539 *HR* vom 27. 06. 1932, NJ 1933, S. 27.

nen zustehende Gegenstände beziehen und der Staatsanwalt sich nicht bereit gezeigt hat, diese zurückzugeben oder den Wert, den sie bei einem Verkauf redlicherweise hätten erzielen müssen, zu erstatten. Die Klage muß binnen drei Monaten nach Kenntnis des Klägers von der Erfüllung der Bedingungen eingereicht werden. Erachtet das Gericht die Klage für begründet, so erklärt es die in Frage stehenden Bedingungen gemäß Art. 552ab Abs. 4 S. 6 WSv für verfallen.[2540]

b. Der Staatsanwalt darf dem Beschuldigten eine *transactie* nur dann vorschlagen, wenn er diesen für *hinreichend verdächtig* hält. Dies ergibt sich aus der Funktion dieser Erledigungsform als Alternative zur Verfolgung, die selbst diesen Verdachtsgrad voraussetzt. Nur wenn die Voraussetzungen für deren Einleitung erfüllt wären, ist auch ein Transaktionsverfahren gestattet.[2541]

c. Grundlage der Entscheidung sind die dem Staatsanwalt vorliegenden *schriftlichen* Ermittlungsakten.

d. Voraussetzung der Beendigung eines Strafverfahrens durch eine *transactie* ist, daß der Beschuldigte mit dieser Art der Erledigung in ihrer konkreten Form einverstanden ist. Zwar ist ein Geständnis der in Rede stehenden Tat nicht erforderlich. Doch ohne Konsens zwischen Staatsanwalt und Beschuldigtem ist die Bedingungserfüllung in sachgerechter Weise nicht vorstellbar. Wesentlicher Pfeiler der *transactie* ist demnach einverständliches Vorgehen.

e. „*Door voldoening aan die voorwaarden vervalt het recht tot strafvordering.*“: Art. 74 Abs. 1 S. 2 WSr ordnet den Verlust des Strafverfolgungsrechts nach Erfüllung[2542] der Transaktionsbedingungen an.

Offen bleibt nach dieser gesetzlichen Regelung aber, ob lediglich eine erneute Verfolgung aufgrund der durch die *transactie* in Bezug genommene Strafbestimmung untersagt[2543] oder ob die gesamte materielle Tat (*feit*) im Sinne des Art. 68 WSr[2544] einer weite-

---

2540 Vgl. auch *unten D. III. 2. e. Fn. 2542.*

2541 Vgl. *Corstens*: Strafprocesrecht, 1999, S. 776.

2542 Erklärt das Gericht auf die Klage eines Dritten hin aufgrund Anerkennung von dessen Rechten die Bedingungen nach Art. 74 Abs. 2 b)-d) WSr für verfallen, hat der Beschuldigte die Bedingungen schon ursprünglich nicht erfüllt. Das Recht zur Strafverfolgung ist deshalb schon nicht erloschen. Vgl. dazu *Valkenburg*: Beklagprocedures, in: Groenhuijsen et al. (Hrsg.): Ontneming van voordeel, 1997, S. 217 ff., 232; *de Vries-Leemans*: Voordeelsontneming buiten geding, in: Groenhuijsen et al. (Hrsg.): Ontneming van voordeel, 1997, S. 195 ff., 200; Noyon et al.-*Machielse*: WSr, Art. 74, Rn. 6, 8 (Std. 06/98). *Osinga*: Transactie, 1992, S. 233 f. zur Rechtslage vor Einführung des Art. 552ab WSv: „*De transactie is niet rechtsgeldig tot stand gekommen.*“ („*Die Transaktion ist nicht rechtswirksam zustande gekommen.*“) – unter Hinweis auf *HR* vom 23. 06. 1902, W. 1902, Nr. 7800, der den Schluß zuläßt, daß das Recht zur Strafverfolgung nur entfällt, wenn die *transactie* den gesetzlichen Vorgaben entspricht.

2543 Die Verfolgung der artgleichen Taten i. S. d. Art. 74 Abs. 2 d) WSr, aufgrund derer erlangte Vorteile nach dieser Vorschrift auch entzogen werden können, ist – wie sich aus dem Wortlaut „*soortgelijke fei-*

ren Verfolgung nicht mehr zugänglich ist. In einer Entscheidung von 1963[2545] dehnte der *Hoge Raad* den Grundsatz des Art. 68 WSr auf die *transactie* aus:[2546] Die Vorschrift des Art. 74 Abs. 1 WSr bezwecke zu verhindern, daß jemand, der die Strafverfolgung hinsichtlich einer Tat aufgrund der in dieser Bestimmung vorgesehenen Weise vermieden hat, nachträglich wegen derselben Tat verfolgt werde. Es könne auch dann von *derselben Tat* in diesem Sinne die Rede sein, so der *Hohe Rat*, wenn die Delikte im Sinne der Konkurrenzvorschriften (Art. 57-62 WSr) als mehrere Taten aufzufassen wären. Denn letzteres schlösse nicht aus, daß die Taten unter Umständen begangen wurden, aus denen sich eine *enge Verknüpfung im Hinblick auf die Gleichzeitigkeit der Handlungen und den wesentlichen Zusammenhang hinsichtlich der Schuld des Täters*, offenbare.[2547] Mit der Verwendung dieser Formel, die bereits in Urteilen auftauchte, die Art. 68 WSr betrafen,[2548] stellt das Gericht klar, daß mit Rücksicht auf den Gegenstand der Sperrwirkung kein Unterschied zwischen einem gerichtlichen Urteil und einer Transaktion besteht. Dies leuchtet vor allem dann ein, wenn man sich die Zwecke von Art. 74 und 68 WSr im Vergleich vergegenwärtigt. Während die letztgenannte Vorschrift die doppelte Verfolgung und Bestrafung einer Person nach einer gerichtlichen Aburteilung vermeiden will, zielt erstere auf die endgültige Erledigung einfacher Sachen außerhalb eines Prozesses ab. Dieser Funktion kann die Transaktion nur dann in vollem Umfang gerecht werden, wenn sie die Verfolgung in eben jenem Ausmaß sperrt, wie es das rechtskräftige Urteil vermocht hätte.[2549] Zusammenfassend ist damit zu vermerken, daß ein erneutes Verfahren, welches die mit einer *transactie* erledigte Tat zum Gegenstand hat, auch nicht unter einer abweichenden Qualifikation möglich wäre: eine *transactie* wegen einer Übertretung blockiert auch die Verfolgung wegen eines Verbrechens.[2550]

---

ten" („*artgleiche Taten*") im Unterschied zu „*het strafbare feit*" („*die strafbare Tat*") ergibt – durch die Transaktion nicht gesperrt (*Keulen*: Crimineel vermogen en strafrecht, 1999, S. 309).

2544 Zu deren Definition im niedaerländischen Strafprozeßrecht näher *unten Kapitel 6, D. IV. 2.*

2545 *HR* vom 17. 12. 1963, NJ 1964, Nr. 385 (*Joy-riding II*).

2546 *Baauw*: Ne bis in idem, in Swart/Klip (Hrsg.): Int. Crim. L., 1997, S. 75 ff., 77; *van Bemmelen/van Veen*: Strafrecht AD, 1998, S. 265.

2547 *HR* vom 17. 12. 1963, NJ 1964, Nr. 385 (*Joy-riding II*): „*Er kann ook dan sprake zijn van hetzelfde feit in evenbedoelden zin, indien de feiten in den zin van de artt. 57 jo 62 Sr. als meerdere feiten zijn op te vatten, omdat dit laatste geval niet uitsluit dat de feiten begaan zijn onder omstandigheden waaruit blijkt van een zodanig verband met betrekking tot de gelijktijdigheid van de gedragingen en den wezenlijken samenhang in het handelen in de schuld van den dader ...*" – „*Es kann auch dann von derselben Tat in dem ebengenannten Sinn gesprochen werden, wenn die Tatsachen in dem Sinn der Art. 57 bis 62 Sr als mehrere Taten zu verstehen sind, weil dieser letzte Fall nicht ausschließt, daß die Taten unter Umständen begangen wurden, die eine enge Verknüpfung im Hinblick auf die Gleichzeitigkeit der Handlungen und den wesentlichen Zusammenhang hinsichtlich der Schuld des Täters offenbaren ...*".

2548 *HR* vom 21. 11. 1961, NJ 1962, Nr. 89; vom 05. 02. 1963, NJ 1963, Nr. 320.

2549 Vgl. *Osinga*: Transactie, 1992, S. 204.

2550 Melai/Groenhuijsen-*Reijntjes*: WSv, Art. 167, Rn. 20 (Std. 02/01). Nach *Corstens*: Strafprocesrecht, 1999, S. 202 sollen die gleichen Wirkungen – allerdings aufgrund des Vertrauensgrundsatzes – auch dann eintreten, wenn der Beschuldigte einer Transaktion in einem vom Gesetz nicht vorgesehenen Fall zugestimmt hat, oder wenn die Bedingungen dem Gesetz widersprechen.

Ebenso wie im Falle jeder anderen Nichtverfolgung ist der unmittelbar Betroffene berechtigt, gegen die staatsanwaltschaftliche Entscheidung, das Verfahren mittels einer *transactie* zu beenden, Klage nach den Art. 12 ff. WSv zu erheben.

Bis unlängst war dies allerdings nur möglich, wenn dessen Gegenstand ein Verbrechen war. Die Klagefrist von drei Monaten begann gemäß Art. 12k WSv a. F., nachdem die Auflagen erfüllt wurden.

Um die Rechtsstellung des unmittelbar Betroffenen zu verbessern, wurde das Klagerecht allerdings auch auf Vergehen ausgeweitet.[2551] Die dreimonatige Klagefrist beginnt nun erst mit dem Datum, an dem die Anwendung der Transaktionsvorschriften dem unmittelbar Betroffenen bekannt geworden sind.[2552] Konsequenz einer erfolgreichen Klage ist der gerichtliche Verfolgungsbefehl nach Art. 12k WSv, der gemäß Art. 74b Abs. 1 WSr das nach Erfüllung der Bedingungen erloschene Recht zur Strafverfolgung wiederaufleben läßt, „... *als ware het niet vervallen geweest.*“[2553]

Hinsichtlich des die strafklageverbrauchende Wirkung der Transaktion nachträglich durchbrechenden Charakters des Verfolgungsbefehls gilt das gleiche wie im Rahmen der formellen staatsanwaltschaftlichen Einstellung.[2554] Dies verdeutlicht insbesondere auch die Formulierung „ *läßt ... das Recht zur Strafverfolgung wiederaufleben als wäre es nie verfallen.*“

Ein Wiederaufnahmeantrag ist mangels richterlicher Verurteilung oder Tatüberführung des Beschuldigten gegen die Transaktion nicht statthaft.[2555]

3. Die polizeiliche Transaktion nach Art. 74c WSr (*politietransactie*[2556])

a. Mit der den Ermittlungsbeamten zugesprochenen Befugnis, Verfahren mittels der polizeilichen *transactie* zu erledigen, sprach das Gesetz diesen erstmalig die Kompetenz zu, von Fall zu Fall eigenständig über die Zweckmäßigkeit der Verfolgung zu befinden.

Gemäß Art. 74c Abs. 1 und 2 WSr dürfen Ermittlungsbeamte einem mindestens zwölfjährigen Verdächtigen einer *Übertretung* eine Transaktion anbieten. Die seit 1993 in Art. 74c Abs. 3 WSr zu findende Regelung erlaubt diese Erledigungsform nun auch zur

2551 Gesetz vom 01. 11. 2001 zur Änderung der die Garantien um die Verfolgung betreffenden Regelungen (Stb. 2001, Nr. 531).

2552 Vgl. Art. 12k Abs. 1 WSv. Aus diesem Grunde hat der Staatsanwalt den ihm bekannten unmittelbar Betroffenen unverzüglich schriftlich über das Datum, an dem er die Bedingungen gestellt hat, in Kenntnis zu setzen (vgl. Art. 74 Abs. 3 n. F.). Interessant ist insofern, daß der Gesetzgeber mit der Neuregelung die Klagemöglichkeit zwar auch auf Übertretungen ausdehnte, hinsichtlich derer aber keine Mitteilungspflicht an den unmittelbar Betroffenen statuierte.

2553 „... *als wäre es nie verfallen.*“ Art. 74b Abs. 2 und 3 WSr sehen für den Fall der Verfolgung bzw. der Verurteilung Rückerstattungs- sowie Anrechnungsregelungen vor.

2554 Vgl. dazu *oben D. I. 4. d.*

2555 *HR* vom 24. 02. 1930, NJ 1930, S. 514.

2556 Der Begriff „*Polizeitransaktion*“ ist insofern irreführend, als neben den Polizeibeamten auch die Königliche Marechaussee und bestimmte besondere Ermittlungsbeamte zur Beendigung mittels *transactie* befugt sind.

Beendigung einer Strafsache, die ein einfaches, in Art. 74 Abs. 1 WSr bestimmtes *Verbrechen* zum Gegenstand hat.

Diese Vorschrift zielt vor allem auf Ladendiebstahl und leichtere Fälle des Fahrens unter Alkohol- bzw. Rauschgifteinfluß ab.

Voraussetzung ist, daß die zu zahlende Summe 350 Euro nicht übersteigt und der Beschuldigte mindestens 18 Jahre alt ist.

Eine Alternative zur Verfolgung darstellend, erfordert die *politietransactie* ebenso wie die staatsanwaltschaftliche Transaktion die Zulässigkeit und Rechtmäßigkeit der Verfolgung. Der zuständige Ermittlungsbeamte hat eine Opportunitätsentscheidung zu treffen, wobei ihm aber weit weniger Spielraum zusteht als dem Staatsanwalt.[2557] Denn sein Ermessen ist zum größten Teil durch Richtlinien der Staatsanwaltschaft,[2558] die die entsprechenden Straftaten, den festzusetzenden Geldbetrag und die Zahlungsfrist vorgeben, abgesteckt. Einzig mögliche Bedingung ist die Bezahlung einer bestimmten Geldsumme, die auch durch Einzahlung oder Überweisung erfolgen kann.

Der Ermittlungsbeamte hat dem Verdächtigen die in Frage kommende Straftat und den zu zahlenden Geldbetrag bekanntzugeben. Um die Staatsanwaltschaft zur Kontrolle der Umsetzung der Transaktionsrichtlinien zu befähigen, ist er zu einem Vermerk über die Anwendung des Art. 74c WSr angehalten.

b. Der Ermittlungsbeamte darf die *transactie* nur anbieten, wenn er mit großer Sicherheit die Verurteilungsvoraussetzungen bejahen kann. Zum Teil wird sogar die Ansicht vertreten, es dürfe *kein Zweifel* am Beweis von Tat und Täter bestehen.[2559] Demnach ist ein Wahrscheinlichkeitsmaß gefordert, das dem des *hinreichenden Tatverdachts* bei Anklageerhebung mindestens gleichkommt.

c. Das Transaktionsangebot folgt in der Regel unmittelbar auf die Entdeckung der Gesetzesverletzung.[2560] Der zugrundeliegende Sachverhalt wird von dem transigierenden Ermittlungsbeamten festgestellt. Um Unsicherheiten bei der Ermittlung der Täterschaft zu vermeiden, werden von vornherein nur solche Sachverhalte für die Erledigung mittels *politietransactie* für geeignet betrachtet, die entweder auf frischer Tat entdeckt oder durch technische Hilfsmittel festgestellt wurden.[2561]

2557 Melai/Groenhuijsen-*Reijntjes*: WSv, Art. 167, Rn. 19 (Std. 02/01).

2558 Vgl. Cleiren/Nijboer-*Koopmans*: WSr, 2002, Art. 74c, Rn. 1. b) und www.openbaarministerie.nl („*Beleidsregels*").

2559 *Osinga*: Politietransactie bij misdrijven, DD 1993, S. 399 ff., 410: „*... moet met volledige zekerheid kunnen worden vastgesteld dat de vragen van de artt. 348 en 350 Sv positief kunnen worden beantwoord.*" – „*... muß mit vollkommener Sicherheit festgestellt werden können, daß die Fragen der Art. 348 und 350 Sv bejahend beantwortet werden können.*"

2560 *Van Bemmelen/van Veen*: Strafprocesrecht, 1993, S. 103.

2561 *Osinga*: Transactie, 1992, S. 251. Der Zeugenbeweis wird in diesem Kontext als zu unsicher betrachtet. Ausreichen soll indessen, wenn der eines mit technischen Mitteln festgestellten Verkehrsdeliktes zu-

d. Im Hinblick auf das durch die Zustimmung des Beschuldigten zum Ausdruck kommende konsensuale Element und die verfahrensbeendigende Wirkung entspricht die durch die Ermittlungsbeamten abgeschlossene Transaktion der staatsanwaltschaftlichen.[2562]

4. Die bedingte formelle staatsanwaltschaftliche Einstellung

Auch nach Einleitung der Verfolgung, also Einschaltung eines richterlichen Organs ist ein *bedingtes* Absehen von der Verfolgung möglich. Eine explizite gesetzliche Regelung existiert allerdings nicht. Dennoch leitet man die generelle Zulässigkeit des Verhängens von Bedingungen im Vorfeld der Einstellungsentscheidung aus Art. 244 Abs. 3 WSv ab, nach dem der Staatsanwalt auf Antrag des Beschuldigten unter Auferlegung bestimmter Bedingungen[2563] bis zur Veranlassung der Bekanntgabe des Schicksals der Verfolgung eine längere Frist setzen darf.[2564]

Diese Form der Verfahrensbeendigung kann gleichfalls als strafrechtlicher Vergleich verstanden werden. Zwar ist dies nicht so eindeutig wie bei der oben besprochenen *transactie*, denn noch nicht die Erfüllung der Bedingungen läßt die Strafklage erlöschen, sondern erst die Einstellungsentscheidung des Staatsanwaltes und deren darauffolgende Mitteilung an den Beschuldigten. Der Staatsanwalt aber ist zur Einstellung des Verfahrens verpflichtet, wenn der Verdächtige den geforderten Maßnahmen Genüge getan hat.[2565] Damit hat die Beschuldigtenmitwirkung mittelbar zur Folge, daß nur bei Bekanntwerden neuer Verdachtsmomente wieder verfolgt werden darf.[2566] Sicherlich ist diese Konstellation ein Grenzfall und auf die nicht ausdrückliche gesetzliche Regelung der bedingten Einstellung sowie die Folgen der Bedingungserfüllung durch den Beschuldigten zurückzuführen.

Im Hinblick auf den Verdachtsgrad (*hinreichender Tatverdacht*) und die *konsensualen Elemente* ist auf die *transactie* zu verweisen.[2567] Der zugrunde liegende *Sachverhalt* und die Art seiner Ermittlung (rein polizeilich-staatsanwaltschaftlich oder auch richterlich) hängen von der jeweiligen Entscheidungssituation ab.[2568] Eine nachfolgende Verfolgung ist gemäß Art. 255 Abs. 1 WSv lediglich bei Bekanntwerden neuer Verdachtsmomente oder einem gerichtlichen Verfolgungsbefehl nach Art. 12i WSv gestattet.[2569]

---

nächst Verdächtige nicht von der Möglichkeit Gebrauch macht anzugeben, wer der Fahrzeugführer im fraglichen Zeitraum war (a. a. O., S. 252).

2562 Vgl. *oben D. III. 2. d., e.*

2563 Zu den Bedingungen siehe *oben D. I. 2. a.*

2564 Für die Einstellung nach der Untersuchungshaft gilt dies durch einen Verweis des Art. 245 Abs. 3 auf Art. 244 Abs. 3 WSv.

2565 Vgl. Cleiren/Nijboer-*Valkenburg*: WSv, 2001, Art. 244, Rn. 6 a. E.

2566 Vgl. Art. 255 Abs. 1 WSv.

2567 Vgl. *oben D. III. 2. b., d.*

2568 Vgl. *oben D. I. 4. c.*

2569 Vgl. *oben D. I. 4. d.*

5. Ergebnis

Die durch den *Staatsanwalt* oder die *Polizei* angebotene niederländische *transactie* stimmt mit der bedingten formellen *staatsanwaltschaftlichen* Einstellung hinsichtlich ihrer Voraussetzungen überein: In allen Fällen muß aufgrund der *schriftlich* vorliegenden Ermittlungsfeststellungen *hinreichender Tatverdacht* bejaht werden können. Außerdem kann ein Verfahren auf diese Weise lediglich dann erledigt werden, wenn der Beschuldigte jeweils mit den ihm vorgeschlagenen Bedingungen *einverstanden* ist.

Bei deren vollständiger Erfüllung tritt – vorbehaltlich eines gerichtlichen Verfolgungsbefehls – im Falle der *transactie* ein *umfassendes Verbot gegenüber neuer Verfolgung* ein, während die darauffolgende staatsanwaltschaftliche Einstellung lediglich *Strafklageverbrauch bis zum Auftauchen neuer Verdachtsmomente* bewirkt. Denn mangels anderweitiger gesetzlicher Regelung gilt für die bedingte formelle Einstellung die Regelung des Art. 255 WSv ebenso wie für die einfache formelle Einstellung.

IV. Sonstige Erledigungsformen. *Voeging ad informandum*[2570]

1. Vermutlich in den dreißiger Jahren des 20. Jahrhunderts trat eine besondere Form der strafprozessualen Behandlung von Taten erstmals auf den Plan,[2571] deren Ziel darin besteht, „... *alle verdenkingen als een geheel af te doen*".[2572] Sie wird vor allem dann häufig angewandt, wenn ein Täter sich einer ganzen Serie gleichartiger Delikte schuldig gemacht hat.

Beschränkt sich der Staatsanwalt darauf, dem Richter lediglich eine mehrerer Straftaten detailliert vorzulegen, während er ihm die restlichen Taten zur Kenntnisnahme, *ad informandum*,[2573] mitteilt, ist dieser in der Lage, sie innerhalb des für die angeklagten Taten verhängten Strafmaßes zu berücksichtigen. Von diesem Verfahren kann nicht nur in erster, sondern auch noch in der Berufungsinstanz Gebrauch gemacht werden.[2574]

2570 Beifügen *ad informandum*. Bei dieser Erledigungsform handelt es sich nach der hier vorgenommenen Einteilung nicht um einen strafrechtlichen Vergleich (vgl. *oben A.*). Denn hier nimmt der Angeklagte keine freiwillige Zahlung oder Leistung vor, die zum Erlöschen des Strafklage führt. Die vom Richter zugemessene Strafe, in die die beigefügten Delikte mit einfließen, wird durch den Staat vollstreckt.

2571 Melai/Groenhuijsen-*Reijntjes*: WSv, Art. 167, Rn. 23 (Std.: 02/01).

2572 „... *jegliche Verdachtsgründe in einem zu erledigen.*" (*Josephus Jitta*: Voeging, DD 1989, S. 407 ff., 414 f.).

2573 Manche Autoren unterscheiden begrifflich noch zwischen *voeging ad informandum* (Straftaten, die in besonderen Akten, *dossiers ad informandum*, registriert sind) und sog. Blindgängern (Taten, die – weil kein eigenes Protokoll erstellt wurde – in den Akten der angeklagten Delikte geführt werden) (z. B. Melai/Groenhuijsen-*Reijntjes*: WSv, Art. 167, Rn. 23.1 [Std.: 02/01]. Vgl. auch *Josephus Jitta*: Voeging, DD 1989, S. 407 ff., 408 ff., der i. ü. eine eigene Kategorisierung aufstellt). Beide Formen werden aber schließlich in der gleichen Weise behandelt (*HR* vom 15. 07. 1985, NJ 1986, Nr. 312), so daß die Differenzierung nur verwaltungstechnische Bedeutung hat.

2574 *Josephus Jitta*: Voeging, DD 1989, S. 407 ff., 412; HR vom 13. 03. 1979, NJ 1979, Nr. 269.

Ihre heutige weitreichende praktische Bedeutung hat die *afdoening ad informandum*,[2575] der keine gesetzliche Regelung eigen ist,[2576] im wesentlichen drei Entscheidungen des *Hohen Rates* aus dem Jahre 1979[2577] zu verdanken, durch die sie einen „... *vaste plaats in de Nederlandse strafrechtspraktijk* ..."[2578] erwarb. In diesen Urteilen entwickelt der *Hohe Rat* einerseits ein Verbot der zusätzlichen, erneuten Verfolgung der durch *voeging ad informandum* erledigten Tat.[2579] Zum zweiten bestätigt er die Voraussetzung des Geständnisses für diese Verfahrensweise.[2580]

Will man etwas über die systematische Stellung dieser Erledigungsform aussagen, ist zu bedenken, daß über die so behandelte Tat nicht allein der Staatsanwalt entscheidet, was Kennzeichen der Einstellung (*sepot*) wäre, sondern auch der Richter mit der Sache befaßt wird,[2581] dieser aber wiederum nicht in prozessual gewöhnlich vorgesehener Weise urteilt. Aus diesen Gründen plaziert man sie in der niederländischen Strafprozeßrechtswissenschaft zwischen Einstellung und Verfolgung.[2582] Dabei soll die Möglichkeit des Staatsanwaltes zur Wahl dieses Weges aus dessen Befugnis resultieren, nach Art. 167 Abs. 2 und Art. 242 Abs. 2 WSv von der Verfolgung abzusehen.[2583]

Da die *ad informandum* beigefügte Strafsache nicht ausdrücklich durch Anklage, sondern als ein Anhang der angeklagten Taten der Beurteilung des Richters unterworfen wird, unterläßt der Staatsanwalt die hinsichtlich der Anklage geforderte sorgfältige Abwägung hinsichtlich der Straf- und Beweisbarkeit,[2584] denn die strengen Beweisvorschriften der Art. 338 ff. WSv gelten nur für die eigentlich angeklagten Taten, nicht hingegen für die *ad informandum* beigefügten.[2585] Dies bedeutet indessen nicht, daß die Verfolgungsbehörde auf diese Weise eine Erhöhung des Strafmaßes mit Hilfe aus ihrer Sicht nicht straf- oder

---

2575 Erledigung *ad informandum*.

2576 Vgl. zur Frage des Verstoßens dieser Praxis gegen Art. 1 WSv („*Strafverfahren finden nur statt auf die vom Gesetz vorgesehene Weise.*") siehe verneinend *Franken*: Voeging ad informandum, 1993, S. 87 ff. und bejahend Melai/Groenhuijsen-*Reijntjes*: WSv, Art. 167, Rn. 23.1 (Std.: 02/01).

2577 *HR* vom 13. 02. 1979, NJ 1979, Nr. 243; vom 13. 03. 1979, NJ 1979, Nr. 269; vom 27. 03. 1979, NJ 1979, Nr. 431.

2578 „... *festen Platz in der niederländischen Strafrechtspraxis* ..." (*Franken*: Voeging ad informandum, 1993, S. 1).

2579 Dazu siehe *unten D. IV. 5.*

2580 *HR* vom 12. 11. 1985, NJ 1986, Nr. 421.

2581 Melai/Groenhuijsen-*Reijntjes*: WSv, Art. 167, Rn. 23.1 (Std.: 02/01).

2582 *Frielink*: Voeging ad informandum, AA 1984, S. 245 ff., 246; *Stolwijk*: Voeging ad informandum, DD 1984, S. 519 ff., 520; *Tak*: Voeging ad informandum, DD 1978, S. 79 ff., 80: Zwischenform zwischen Einstellung und Anklage. Vgl. auch *Frielink*: Voeging ad informandum, AA 1984, S. 245 ff., 249, Fn. 21, der auf das *arg. a maiore ad minus* hinweist. Dagegen aber wendet sich *Franken*: Voeging ad informandum, 1993, S. 70, der die Beschränkung des Begriffs Verfolgung in diesem Zusammenhang auf die richterliche Aburteilung durch Anklage kritisiert und mit dem Argument der Vorlage an den Richter die Alternative der Verfolgung für *afdoening ad informandum* bejaht.

2583 *Tak*: Voeging ad informandum, DD 1978, S. 79 ff., 86 („*sepot ter voeging ad informandum*" – „*Einstellen zum Beifügen ad informandum*").

2584 *Tak*: Voeging ad informandum, DD 1978, S. 79 ff., 80 f.

2585 *Tak*: Voeging ad informandum, DD 1978, S. 79 ff., 81.

beweisbarer Taten anstreben darf. Sind auch die Anforderungen an die Intensität der Prüfung niedriger als bei einer Anklage, so dürfen Opportunitätserwägungen, die die Frage der Erledigung durch *voeging ad informandum* beinhalten, auch hier erst nach Bejahung der Legalität angestellt werden.[2586]

Der Richter darf seinerseits nur solche Taten in seiner Strafzumessung berücksichtigen, die den Akten zu diesem Zweck beigefügt wurden. Ansonsten erwiese sich das Verfolgungsmonopol der Staatsanwaltschaft als illusorisch.[2587] Um den Angeklagten in die Lage zu versetzen, sich gegebenenfalls gegen eine Berücksichtigung zur Wehr zu setzen, muß ihm gegenüber klar hervortreten, um welche Taten es sich genau handelt. Dabei dürfen die *ad informandum* in die Strafzumessung einfließenden Straftaten lediglich eine unterstützende Funktion wahrnehmen, mit anderen Worten, nicht schwerer wiegen als die angeklagten Taten.[2588] Voraussetzung ist schließlich, daß sich weder die verletzte Partei dem Strafverfahren im Hinblick auf die betreffende Tat anschließen will, noch Einziehung oder Führerscheinentzug, die nur bei bewiesenen Taten zulässig sind, beabsichtigt sind, oder eine vorläufige Festnahme, deren Abgeltung im Urteil dann nicht möglich wäre, stattgefunden hat.[2589]

Selbst wenn alle Voraussetzungen der *voeging ad informandum* vorliegen, ist der Richter nicht verpflichtet, die betreffende Straftat in die Strafzumessung aufzunehmen.[2590] Grund dafür ist die Betrachtung der *ad informandum* beigefügten Taten als besondere Gründe der Bestimmung der Strafe im Sinne des Artikels 359 Abs. 5 WSv. Denn auch hinsichtlich anderer straferschwerender Umstände trifft den Richter keinerlei Pflicht, deren Vorhandensein in der Strafe zum Ausdruck zu bringen.[2591] Finden die entsprechenden Straftaten aber Verwertung, so muß sie der Richter ausdrücklich im Urteil erwähnen.[2592]

2. Im Gegensatz zu einer Verurteilung muß der Richter, um eine Tat bei der Strafzumessung zu berücksichtigen und auf diese Weise zu erledigen, nicht von der Täterschaft des Angeklagten überzeugt sein. Statt dessen muß in der Sitzung lediglich *aannemelijk*, also glaubhaft und plausibel werden, daß der Angeklagte die beigefügten Straftaten begangen hat.[2593]

Dies bedeutet, daß ein der Überzeugung gegenüber geringeres Maß an subjektiver Sicherheit gefordert wird. Der Schluß von dem vorliegenden Tatsachenmaterial auf die

---

2586 *Frielink*: Voeging ad informandum, AA 1984, S. 245 ff., 249.

2587 *Minkenhof*: Strafvordering, 1999, S. 376.

2588 *Bos*: Voeging ad informandum, in Lib. am. Remmelink, 1987, S. 47 ff., 51; Melai/Groenhuijsen-*Reijntjes*: WSv, Art. 167, Rn. 23 (Std.: 02/01).

2589 *Bos*: Voeging ad informandum, in Lib. am. Remmelink, 1987, S. 47 ff., 53; *Josephus Jitta*: Voeging, DD 1989, S. 407 ff., 417.

2590 *HR* vom 01. 05. 1990, NJ 1991, Nr. 40; *Franken*: Voeging ad informandum, 1993, S. 38.

2591 *Franken*: Voeging ad informandum, 1993, S. 38.

2592 *Stolwijk*: Voeging ad informandum, DD 1984, S. 519 ff., 523.

2593 *HR* vom 25. 09. 1984, NJ 1985, Nr. 317.

Schuld des Täters muß weniger zwingend sein als bei der Verurteilung.[2594] Auf den vollen Beweis der Delikte wird also verzichtet.

3. Der Sachverhalt, auf den sich der Richter im Rahmen der Erledigung *ad informandum* stützt, liegt ihm schriftlich in den beigefügten Akten vor. Obgleich in der mündlichen Verhandlung theoretisch die Möglichkeit besteht, diese Straftaten zum Gegenstand einer kontradiktorischen Diskussion zu machen, wird dies praktisch nicht vorkommen. Denn der Angeklagte muß sich ja in vollem Umfang mit der tatsächlichen und rechtlichen Bewertung der beigefügten Taten einverstanden erklären. Dementsprechend steht die Untersuchung im Hinblick auf die *ad informandum* abgehandelten Taten „... *in geen verhouding ... tot het veel uitgebreidere (...) onderzoek naar de telastegelegde feiten* ...".[2595]

4. Der Verdächtige muß hinsichtlich dieser Tat *geständig*[2596] sein. Der Konsens mit der Anklageehörde muß sich dabei auf tatsächliche ebenso wie auf juristische Aspekte der Tat erstrecken.[2597] Mittlerweile soll auch ein Bekenntnis gegenüber einem Ermittlungsbeamten ausreichen.[2598] Auch in Abwesenheit des Angeklagten *ad informandum* beigefügte Delikte können bei der Strafzumessung berücksichtigt werden, wobei der *Hohe Rat* eine Mitteilung der Einbeziehungsabsicht an den Verdächtigen vor Beginn der Untersuchung in der Hauptverhandlung fordert.[2599] Ohne das Einverständnis des Angeklagten ist eine Erledigung *ad informandum* daher nicht möglich.[2600]

5. Die Erledigung einer Straftat durch Berücksichtigung in der Strafzumessung unter Verzicht auf eine gewöhnliche Anklage – *afdoening ad informandum* – bringt das Verbot der separaten Verfolgung mit sich.[2601]

[2594] *Melai*: Anm. zu *Amsterdam* vom 04. 05. 1979, NJ 1980, Nr. 48. Krit. *Franken*: Voeging ad informandum, 1993, S. 143.

[2595] „... *in keinem Verhältnis ... zu der viel ausgedehnteren (...) Untersuchung der angeklagten Taten* ... " (*Frielink*: Voeging ad informandum, AA 1984, S. 245 ff., 248).

[2596] *HR* vom 25. 09. 1984, NJ 1985, Nr. 317. Von diesem Kriterium in bestimmten Konstellationen absehend: Melai/Groenhuijsen-*Reijntjes*: WSv, Art. 167, Rn. 23.2 (Std.: 02/01). Dazu krit.: *Franken*: Voeging ad informandum, 1993, S. 146 ff.; *Corstens*: Consensualiteit, DD 1994, S. 4 ff., 5. Vgl. zu dem Sonderfall der Abwesenheitsurteile auch *unten Fn. 2599*.

[2597] *Franken*: Afdoeningsmogelijkheden, in: Vademecum, S. [23]-1 ff., [23]-43 (Std.: 08/98).

[2598] *Franken*: Voeging ad informandum, 1993, S. 20.

[2599] *HR* vom 25. 09. 1984, NJ 1985, Nr. 317; vom 02. 10. 1984, NJ 1985, Nr. 318. Diese Mitteilung soll nach dem *Hohen Rat* unter Verzicht auf ein Geständnis ausreichen. Dies ablehnend: *Franken*: Voeging ad informandum, 1993, S. 18 ff.; *Corstens*: Consensualiteit, DD 1994, S. 4 ff., 5.

[2600] Im Falle des Abwesenheitsurteils handelt es sich allerdings nicht wie grundsätzlich um einen aktiven, sondern ausnahmsweise um einen passiven Konsens. Vgl. dazu *oben Kapitel 11, D. II. 2.*

[2601] *HR* vom 13. 02. 1979, NJ 1979, Nr. 243; vom 13. 03. 1979, NJ 1979, Nr. 269; vom 27. 03. 1979, NJ 1979, Nr. 431. Solange das Urteil noch nicht rechtskräftig ist, soll ein Verfolgungshindernis aus dem Vertrauensgrundsatz fließen (*Corstens*: Strafprocesrecht, 1999, S. 206).

Während darüber Einigkeit herrscht, erweist sich die dogmatische Verankerung dieser Sperrwirkung als umstritten. Zwei unterschiedliche Ansatzpunkte werden gewählt. Zum einen stützt man sich auf den Grundsatz *ne bis in idem*,[2602] der seine gesetzliche Grundlage in Art. 68 WSr hat, welcher indessen selbst nicht direkt diese Wirkung zeitigen kann, ist er doch seinem Wortlaut nach nur auf Taten anwendbar, „*... über die in bezug auf seine Person durch einen Urteilsspruch des Richters ... rechtskräftig entschieden wurde ...*" (Art. 68 Abs. 1 WSr).[2603] Gefordert wird zum Teil dessen analoge Anwendung.[2604] Andere Stimmen verzichten auf die konkrete Anknüpfung an die gesetzliche Regelung und beziehen sich unmittelbar auf das genannte Prinzip[2605] bzw. den hinter Art. 68 WSr stehenden Gedanken.[2606] Zum anderen argumentiert man mit dem *Vertrauensprinzip*, welches Ausfluß der Prinzipien der guten Prozeßordnung ist.[2607] Berücksichtige der Richter die Taten, die ihm vom Staatsanwalt neben den eigentlichen Gegenständen der Anklage zur Kenntnis gebracht wurden, in der Strafzumessung, könne er „*... er op vertrouwen dat het OM die zaken niet meer zal vervolgen (...).*"[2608] Dies gelte erst recht für den Verdächtigen.[2609] Der *Oberste Gerichtshof* legte sich in seinen Urteilen nicht auf eine exakte Rechtsgrundlage fest. Zwar beruft er sich in einigen

---

2602 *Myjer*: Verdachte in het geding, DD 1974, S. 244 ff., 246 f.; *Tak*: Voeging ad informandum, DD 1978, S. 79 ff., 87 (Vorschlag, daß Richter die *ad informandum* erledigten Taten in seinem Urteil nach Art. 36 WSv für beendet erklärt, womit in Anbetracht dieser die Wirkung des Art. 255 WSv eintreten könnte); *Corstens*: De werkstraf, DD 1984, S. 25 ff., 27; *Rüter*: Grenzfall, JR 1988, S. 136 ff., 138; *Josephus Jitta*: Voeging, DD 1989, S. 407 ff., 409; *Franken*: Afdoeningsmogelijkheden, in: Vademecum, S. [23]-1 ff., [23]-49 (Std.: 04/96); *Hazewinkel-Suringa/Remmelink*: Strafrecht, 1996, S. 500; *van Bemmelen/van Veen*: Strafrecht AD, 1998, S. 343 f.; *Hendriks et al.*: Strafprocesrecht, 1999, S. 338 f.; *Cleiren/Nijboer*: WSv, 2001, Art. 258, Rn. 13. b.; Melai/Groenhuijsen-*Reijntjes*: WSv, Art. 167, 23.2 (Std.: 02/01).

2603 *Corstens*: Strafprocesrecht, 1999, S. 206: erneute Verfolgung zwar im Widerspruch zum *ne-bis*-Gedanken, aber nicht zu Art. 68 WSr. A.A. aber ist wohl *Franken*: Voeging ad informandum, 1993, S. 28 f., nach dem auch über die nichtangeklagten Taten „*onherroepelijk is beslist*" – „*rechtskräftig entschieden ist*". Er stützt sich in diesem Zusammenhang auf den weiteren, durch den *Hohen Rat* angewandten Begriff der Tat, der die Einbeziehung der *ad informandum* erledigten Delikte in den „*wezenlijke samenhang in handelen en schuld*" – „*wesentlichen Zusammenhang in Handeln und Schuld*" ermögliche.

2604 *Myjer*: Verdachte in het geding, DD 1974, S. 244 ff., 246 f.; *Josephus Jitta*: Voeging, DD 1989, S. 407 ff., 409 („*teleologische of ... welhaast analogische uitleg van art. 68 Sr*" – „*teleologische oder ... fast analoge Auslegung von Art. 68 Sr*"); *Wöretshofer*: Ne bis in idem, in: Hendriks et al. (Hrsg.): Strafprocesrecht, 1999, S. 335 ff., 338; Melai/Groenhuijsen-*Reijntjes*: WSv, Art. 167, 23.2 (Std.: 02/01).

2605 *Franken*: Hetzelfde feit, 1995, S. 56; *ders.*: Afdoeningsmogelijkheden, in: Vademecum, S. [23]-1 ff., [23]-49 (Std.: 04/96).

2606 *Corstens*: Strafprocesrecht, 1999, S. 206.

2607 *Van Veen*: Anm. zu HR vom 13. 02. 1979, NJ 1979, S. 732; *Willems*: Afdoening ad informandum bij vreemdlingen, Advbl. 1981, S. 283; *Frielink*: Voeging ad informandum, AA 1984, S. 245 ff., 247, der allerdings auch die Art. 68 WSr zugrundeliegenden Gedanken des „*nemo debet bis vexari*" und des „*non bis puniri*" als allgemeine Prinzipien des ordentlichen Prozeßrechts heranzieht; *Bos*: Voeging ad informandum, in Lib. am. Remmelink, 1987, S. 47 ff., 58 (Grundsätze der guten Prozeßführung); *Lensing/Mulder*: Strafprocesrecht, 1994, S. 150, Fn. 25.

2608 „*... darauf vertrauen, daß die Staatsanwaltschaft die Sachen nicht mehr verfolgen wird* (...)." (*Willems*: Afdoening ad informandum bij vreemdlingen, Advbl. 1981, S. 283).

2609 *Willems*: Afdoening ad informandum bij vreemdlingen, Advbl. 1981, S. 283.

Urteilen auf den Grundsatz *ne bis in idem,*[2610] stützt sich auf den Vertrauensgrundsatz[2611] oder stellt zum Teil auch beide Lösungsmöglichkeiten nebeneinander.[2612] Manchmal aber läßt er die rechtliche Basis auch völlig im Unklaren.[2613] Allerdings können die Urteile des *Hoge Raad* auf andere Weise zur Suche nach der Basis des Verfolgungsverbotes beitragen. Dabei ist im Auge zu behalten, daß die Prinzipien der guten Prozeßordnung, mithin auch der Vertrauensgrundsatz, lediglich relativ wirken.[2614] In keinem der Urteile aber ist auch nur ansatzweise eine Interessenabwägung zu erkennen.[2615] Selbst wenn schwergewichtige Belange offenbar werden, kann die Sache nicht noch einmal vor den Richter gebracht werden. Dies deutet auf ein abwägungsunabhängiges Verfolgungsverbot hin. Ein solches aber kann allein aus dem Grundsatz *ne bis in idem* resultieren,[2616] denn der Vertrauensgrundsatz hat – so wie er durch den *Hohen Rat* entwickelt wurde[2617] – einen relativen Charakter.[2618]

Zweifelhaft ist, ob sich die oben beschriebene Wirkung auch auf Taten bezieht, die dem Richter zwar neben den angeklagten Taten zur *afdoening ad informandum* vorgelegt wurden, angesichts derer aber keine Einbeziehung in die Strafzumessung erfolgen sollte oder konnte, etwa, weil hinsichtlich der Anklage freigesprochen wurde. Obwohl die betroffenen Sachverhalte in diesem Falle weder im nach der niederländischen Strafprozeßordnung vorgeschriebenen Sinne der richterlichen Prüfung unterzogen wurden noch auf eine andere Weise Spuren hinterlassen konnten, schreibt man zum Teil der schlichten Tatsache ihrer Teilhabe an dem Strafverfahren zum Teil eine Sperrwirkung für die Zukunft zu.[2619] Zuzustimmen ist indessen der überwiegenden Ansicht, die in einer solchen Konstellation kein Hindernis für eine erneute, eigenständige Strafverfolgung erkennen kann.[2620] Weil der Richter in diesem Falle nicht zu einem inhaltlichen Urteil kommt, ihm

---

[2610] *HR* vom 31. 10. 1989, DD 1990, 90.104 (erneute Berücksichtigung *ad informandum*); vom 20. 05. 1980, NJ 1980, Nr. 541 (*afdoening ad informandum* als Auslieferungshindernis i. R. d. Art. 9 S. 1 EuAlÜbk).

[2611] *HR* vom 13. 02. 1996, NJ 1996, Nr. 439.

[2612] *HR* vom 20. 05. 1986, NJ 1987, Nr. 192.

[2613] *HR* vom 13. 02. 1979, NJ 1979, Nr. 243; vom 13. 03. 1979, NJ 1979, Nr. 269; vom 27. 03. 1979, NJ 1979, Nr. 431; vom 09. 09. 1986, NJ 1987, Nr. 178 (allerdings argumentiert hier Adv.-Gen. *Remmelink* mit dem Vertrauensgrundsatz); vom 02. 12. 1986, NJ 1987, Nr. 634; vom 16. 01. 1990, DD 1990, 90.205.

[2614] Vgl. *oben D. I. 2. e.*

[2615] Vgl. auch *Lensing*: Ne bis in idem, 2000, S. 110, der feststellt, auf Grund Rechtsprechung gelte praktisch *ne bis in idem*, dies aber entweder auf Art. 68 WSr analog oder den Vertrauensgrundsatz stützt.

[2616] *Franken*: Voeging ad informandum, 1993, S. 27. Vgl. dazu auch *oben Kapitel 6, C. II.*

[2617] Vgl. *oben D. I. 2. e.*

[2618] *Van den Biggelaar*: Buitengerechtelijke afdoening, 1994, S. 353.

[2619] *Myjer*: Verdachte in het geding, DD 1974, S. 244 ff., 247; *Josephus Jitta*: Voeging, DD 1989, S. 407 ff., 408; *Amsterdam* vom 17. 06. 91, NJ 1991, Nr. 583.

[2620] *HR* vom 15. 06. 1982, NJ 1983, Nr. 216; *Willems*: Afdoening ad informandum bij vreemdlingen, Advbl. 1981, S. 283; *Stolwijk*: Voeging ad informandum, DD 1984, S. 519; *Frielink*: Voeging ad informandum, AA 1984, S. 245 ff., 247; *Franken*: Voeging ad informandum, 1993, S. 32; *ders.*: Afdoeningsmogelijkheden, in: Vademecum, S. [23]-1 ff., [23]-49 (Std.: 04/96).

andererseits aber auch nicht der Weg offensteht, sofort selbständig in vollem Umfang über die beigefügten Taten zu entscheiden, weil sich die Anklage nicht auf sie bezieht, existiert kein Grund, eine spätere Strafverfolgung verhindern zu wollen. Allein die Bereitschaft des Angeklagten zu gestehen und einer Erledigung auf diesem Wege zuzustimmen, die von den Befürwortern der Sperrwirkung verlangt wird, verdient es nicht, auf diese Weise honoriert zu werden. Betrachtet man schließlich die Seite des Staatsanwaltes, ist auch dort kein Grund für solch eine weitreichende Wirkung zu entschlüsseln, beabsichtigt er doch mit der Einbeziehung der Taten in das Strafverfahren in der Regel[2621] nicht von vornherein, jegliches Geschehen aus der Hand zu geben. Die verfahrensbeendende Wirkung der *afdoening ad informandum* beschränkt sich damit auf solche Taten, die in die Strafzumessung angeklagter Delikte eingegangen sind.

Man kann sich die Frage stellen, ob im Falle von *ad informandum* erledigten Taten die Wiederaufnahme des Verfahrens zulässig wäre. Dagegen sprechen aber die gleichen Erwägungen wie im Falle der *transactie.* Diesbezüglich hatte der *Hohe Rat* schon 1930 entschieden, daß das Wiederaufnahmeverfahren mangels richterlicher Verurteilung nicht statthaft ist.[2622] Die Verurteilung des Angeklagten umfaßt hier nicht auch die beigefügten Taten – hinsichtlich dieser mangelt es am Tatbeweis,[2623] denn nicht des Richters Überzeugung ist gefordert, sondern allein die *aannemelijkheid*, die Plausibilität der Täterschaft. Weil der Angeklagte somit dieser Straftaten nicht überführt wurde, erscheint der Gedanke der Rehabilitierung aufgrund der Rufeinbuße nicht in dem Maße vordringlich wie nach einer Verurteilung. Auch unter dem Gesichtspunkt der Einbeziehung der Taten in die Strafzumessung ergibt sich kein anderes Bild, denn die Wiederaufnahme zum Zwecke einer Strafminderung ist nicht zulässig.[2624]

Fraglich ist, ob sich der Verletzte mit einer Klage gegen die Nichtweiterverfolgung nach den Art. 12 ff. WSv gegen die Erledigung durch *voeging ad informandum* zur Wehr setzen kann. Im Prinzip sollte dies zulässig sein,[2625] denn diese Behandlung stellt nach h. M. keine reine Verfolgung dar.[2626] Ist die Straftat aber erst einmal rechtskräftig in die Strafzumessung eingeflossen, muß die Klage aus Gründen der Unzulässigkeit der Anklage abgewiesen werden, weil eine erneute Verfolgung dann nicht mehr möglich ist.

2621 Allenfalls besondere Umstände können, anknüpfend an eine Zusage des Staatsanwaltes, keinesfalls abgetrennt erneut zu verfolgen, aufgrund des Vertrauensprinzips zu einer Unzulässigkeit der Anklage im zweiten Verfahren führen (vgl. *Franken*: Voeging ad informandum, 1993, S. 33).

2622 *HR* vom 24. 02. 1930, NJ 1930, S. 514.

2623 Ebenso *Strijards*: Revisie, 1989, S. 144.

2624 *Corstens*: Strafprocesrecht, 1999, S. 757. Soweit ersichtlich wurde die Frage, ob das Verfolgungsrecht des Staatsanwaltes wiederauflebt, wenn wegen einer Tat, in deren Strafzumessung das *ad informandum* beigefügte Delikt berücksichtigt wurde, infolge einer Wiederaufnahme freigesprochen wurde, nicht erörtert.

2625 Melai/Groenhuijsen-*Knigge*: WSv, Art. 12i; Rn. 8 (Std.: 03/94); Cleiren/Nijboer-*Valkenburg*: WSv, 2001, Art. 12, Rn. 4. c.

2626 Siehe *oben D. IV. 1.*

6. Die Erledigung von Straftaten, die den Hauptverhandlungsakten *ad informandum* beigefügt und nicht angeklagt werden, durch *erkenntnisrichterliche* Berücksichtigung in der Strafzumessung ist eine nicht gesetzlich geregelte Erledigungsweise, die ein umfassendes *Geständnis* dieser Taten durch den Angeklagten voraussetzt. Unter diesen Umständen muß der Richter nicht von dessen Schuld überzeugt sein. Daß ihm diese aufgrund des ihm vorgelegten *schriftlichen* Aktenmaterials *glaubhaft und plausibel* erscheint, reicht aus. Die Einbeziehung solcher Taten in das wegen der angeklagten Delikte verhängte Strafmaß bewirkt einen *umfassenden Strafklageverbrauch*, der auch nicht im nachhinein durch einen gerichtlichen Verfolgungsbefehl beseitigt werden kann.

V. Auswertung

Die dargestellten Verfahrensabschlüsse des niederländischen Strafprozesses sollen nun daraufhin überprüft werden, ob auch sie einen Zusammenhang zwischen der Art des jeweiligen Entscheidungsorgans, dem Verdachtsgrad, der Art der Sachverhaltsfeststellung und schließlich dem Vorliegen konsensualer Elemente auf der einen Seite und dem Umfang des Strafklageverbrauches auf der anderen Seite erkennen lassen.

1. Charakteristikum Organ der Entscheidung bzw. der Sachverhaltsermittlung[2627]

a. Informelle und formelle staatsanwaltschaftliche Einstellung ohne oder mit richterliche(r) Sachverhaltserforschung

Der niederländische Staatsanwalt kann die Einstellung des Verfahrens aus Legalitäts- oder Opportunitätsgründen vor (informelle Einstellung)[2628] oder nach (formelle Einstellung)[2629] Einleitung der mit Einschaltung des Richters beginnenden Verfolgung beschließen. Deckungsgleichheit besteht im Hinblick auf beide Fälle bezüglich des jeweils zu prüfenden Verdachtsgrades (hinreichender Tatverdacht bei der Legalitäts- und Anfangsverdacht bei der Opportunitätseinstellung)[2630] und der Art und Weise der Feststellung des zugrundeliegenden Sachverhaltes (schriftliches Aktenmaterial). Dennoch resultiert im ersten Fall (Art. 167 WSv) aus *ne bis in idem* kein Schutz gegen ein zweites Verfahren, während im zweiten Fall (Art. 242 ff. WSv) grundsätzlich Strafklageverbrauch eintritt und eine Weiterverfolgung das Auftauchen neuer Verdachtsmomente voraussetzt.

Ein Umstand, der diesen Unterschied plausibel erscheinen läßt, findet sich in der Einschaltung eines *Richters* vor der formellen Einstellung. Falls zuvor eine gerichtliche Voruntersuchung durchgeführt oder Untersuchungshaft verhängt wurde, liegt die Aufklärung

---

2627 Vgl. *oben Kapitel 11, D. III.*

2628 Vgl. *oben D. I. 2.*

2629 Vgl. *oben D. I. 4.*

2630 Vgl. aber auch noch *unten D. V. 2. b.* zu gewissen Unterschieden bezüglich des Verdachtsgrades.

des Sachverhaltes bei einem objektiven und unparteiischen Untersuchungsrichter.[2631] Im diesem Rahmen stehen auch dem Beschuldigten bestimmte Teilnahmerechte zu. Da sowohl die Voruntersuchung als auch das zur Haftanordnung führende Verfahren zum Teil kontradiktorische Elemente aufweisen, vermag der Untersuchungsrichter den Sachverhalt von allen Seiten zu beleuchten. Der Staatsanwalt trifft seine abschließende Entscheidung demnach nicht lediglich auf der Basis der polizeilichen Ermittlungen. Stattdessen steht ihm zusätzlich der durch den Richter aufbereitete Sachverhalt zur Verfügung.

Wenngleich es hier ausnahmsweise nicht um eine richterliche *Entscheidung* geht, kann doch die Korrelation zwischen *richterlicher* Partizipation und höherer Sperrwirkung gesehen werden.[2632]

Die schwache *ne bis in idem*-Wirkung des Art. 255 WSv tritt allerdings auch schon bei denjenigen Fällen der formellen staatsanwaltschaftlichen Einstellung ein, in denen der Richter zwar bereits eingeschaltet wurde, ohne daß aber zwingend eine richterliche Sachverhaltsprüfung vorangegangen sein muß: Bekanntgabe der Nichtweiterverfolgung während der gerichtlichen Voruntersuchung (Art. 238, 243 WSv) und nach Ladung zur Hauptverhandlung (Art. 266 Abs. 3 WSv). Der somit gewährleistete Schutz vor einem erneuten Verfahren wird in diesen Konstellationen mit dem Umstand der bereits erfolgten Einleitung der Verfolgung begründet, die in besonderer Weise die Beendigung der Unsicherheit für den Verdächtigen gebietet:[2633] Wenn sich die Staatsanwaltschaft demzufolge zunächst für die Verfolgung und die Befassung eines Richters mit der Angelegenheit entscheidet, das Verfahren anschließend aber dennoch einstellt, soll sie lediglich im Falle des Auftauchens neuer Verdachtsmomente weiterverfolgen dürfen. Darin kommt ein der „*Verwirkung*" ähnlicher Gedanke zum Ausdruck, der der niederländischen Strafprozeßordnung auch an anderer Stelle nicht fremd ist: So kann das zuletzt mit der Verfolgung befaßte Tatsachengericht, ohne in der Sache selbst zu prüfen, gemäß Art. 36 WSv auf Antrag des Verdächtigen das Ende des Strafverfahrens erklären, falls dieses durch die Staatsanwaltschaft nicht weiter betrieben wird. Neben der Intention dieser Bestimmung, dem Verdächtigen zu dem Recht zu verhelfen, seine Situation klar definieren zu können,[2634] kommt in Anbetracht der Rechtsfolge des Art. 255 WSv zum Ausdruck, daß die Staatsanwaltschaft in gewissem Umfang ihres Verfolgungsrechts verlustig gehen soll, falls sie sich nicht den Prinzipien der zügigen Fortsetzung des Verfahrens beugt. Ähnliches spiegelt auch die Regelung[2635] wider, daß die Sperrwirkung des Art. 255 WSv grundsätzlich gleichermaßen bei Nichtbeachtung der gesetzlich oder gerichtlich angeordneten Fristen eintritt.[2636]

2631 Vgl. *oben D. I. 4. c.*

2632 Vgl. auch *oben Kapitel 11, D. III. 5.*

2633 Vgl. Melai/Groenhuijsen-*de Doelder*: WSv, Art. 266, Rn. 7, (Std. 04/02); Cleiren/Nijboer-*Valkenburg*: WSv, 2001, Art. 255, Rn. 1

2634 Vgl. *Corstens*: Strafprocesrecht, 1999, S. 497.

2635 Art. 244 Abs. 1, 245 Abs. 2, 253 Abs. 2 WSv.

2636 Dieses „*Verwirkungs*"element kann allerdings ebenso wenig wie die Schwere der vom Urteil betroffenen Straftat im Rahmen der Definition des Urteilsbegriffs seinen Niederschlag finden. Mag der dahinter stehende Gedanke im Einzelfall auch vorrangig zur Begründung des Verbotes der nochmaligen Verfolgung heranzuziehen sein, handelt sich dabei dennoch nicht um einen Faktor, der zu einem Merkmal des *Urteils* im Sinne des Art. 54 SDÜ werden könnte.

b. Formelle staatsanwaltschaftliche Legalitätseinstellung und richterliche Außerverfolgungsstellung

Daß richterliche Entscheidungen im allgemeinen durch den Gesetzgeber in ihrer Bestandskraft höher bewertet werden, offenbart sich auch an einer die Klage gegen die Nichtverfolgung gemäß Art. 12 ff. WSv[2637] betreffenden Neuregelung.[2638] Danach bleibt die Klage des unmittelbar Betroffenen – wie bisher schon – unzulässig wegen Taten, hinsichtlich derer der Beschuldigte durch *gerichtliche* Entscheidung[2639] außer Verfolgung gestellt wurde.[2640] Nach einer formellen *staatsanwaltschaftlichen* Einstellung[2641] hingegen ist die Klage, allerdings befristet, neuerdings gestattet.[2642] Ist sie von Erfolg gekrönt, so muß die Verfahrenseinstellung revidiert und die Verfolgung eingeleitet werden.

Zu einem Vergleich eignen sich diese beiden Verfahrensabschlüsse aufgrund der sich im übrigen entsprechenden Faktoren: Der Sachverhalt liegt in der Regel schriftlich vor.[2643] Die zu prüfenden Wahrscheinlichkeitsgrade,[2644] hinreichender Tatverdacht, also hohe Wahrscheinlichkeit einer Verurteilung bei der Einstellung, und hohe Wahrscheinlichkeit eines Freispruches bei der Außerverfolgungsstellung, beziehen sich zwar auf entgegengesetzte Prognosegegenstände: zum einen auf die Schuld und zum anderen auf die Unschuld des Beschuldigten. In beiden Fällen aber muß die jeweilige Grundlage der Prognose,[2645] der zugrunde liegende Sachverhaltsumfang, ähnlich hoch sein.

c. Staatsanwaltschaftliche/polizeiliche Transaktion und richterliche Erledigung durch *voeging ad informandum*

Auch die Gegenüberstellung der staatsanwaltschaftlichen bzw. polizeilichen *transactie*[2646] auf der einen Seite und der Erledigung durch *voeging ad informandum*[2647] bietet Anhaltspunkte für den Einfluß des Entscheidungsorgans auf den Umfang der Rechts-

---

2637 Vgl. dazu bereits *oben D. I. 2. a.*

2638 Vgl. das Gesetz vom 01. 11. 2001, Stb. 2001, Nr. 531.

2639 Vgl. *oben D. II. 2.*

2640 Vgl. Art. 12l Abs. 1 WSv n. F.

2641 Vgl. *oben D. I. 4.*

2642 Vgl. Art. 12l Abs. 2 WSv n. F.

2643 In beiden Fällen können *kontradiktorische* Elemente hinzukommen: Bei der staatsanwaltschaftlichen formellen Einstellung hat in der Regel der Untersuchungsrichter den Sachverhalt aufgeklärt, wobei dem Beschuldigten Beteiligungsrechte zustehen. Im Rahmen der bezirksgerichtlichen Außerverfolgungsstellung gilt das Prinzip der internen Öffentlichkeit – Staatsanwaltschaft und Verdächtiger werden gehört.

2644 Vgl. zur *Überzeugungskraft der prognostischen Schlußfolgerung* bereits *oben Kapitel 11, D. IV. 3. b.*

2645 Vgl. zur *Ausgangsbasis der Prognose* und dem *Verhältnis von bekannten und unbekannten Elementen oben Kapitel 11, D. IV. 3. a.*

2646 Vgl. *oben D. III. 2., 3.*

2647 Vgl. *oben D. IV.*

kraft. Obwohl beide Erledigungsformen die öffentliche Klage grundsätzlich erlöschen lassen, erlaubt das Gesetz dem unmittelbar Betroffenen nach der Transaktion, gegen die Nicht(weiter)verfolgung zu klagen und einen gerichtlichen Verfolgungsbefehl zu erwirken. Dieser Weg steht nach der rechtskräftigen Erledigung *ad informandum* nicht mehr zur Verfügung. Denn die daraus resultierende umfassende *ne bis in idem*-Wirkung errichtet ein Verfolgungshindernis, das auch durch eine gerichtliche Verfolgungsanordnung nicht mehr zu durchbrechen ist.

Noch deutlicher stellt sich der Vergleich zwischen der bedingten Einstellung[2648] und dem Verfahrensabschluß durch *voeging ad informandum* dar. Obgleich die Voraussetzungen der staatsanwaltschaftlichen Einstellung der der *transactie* entsprechen, ist die strafklageverbrauchende Wirkung noch geringer als bei dieser. Denn die Sperrwirkung der bedingten Einstellung existiert nur unter dem Vorbehalt des Auftauchens neuer Verdachtsmomente.

Die Vergleichbarkeit beider Erledigungswege folgt aus der übereinstimmenden schriftlichen Sachverhaltsgrundlage, den Ermittlungsakten, und den sich entsprechenden Verdachtsgraden: Der Staatsanwalt muß den Beschuldigten für hinreichend tatverdächtig halten und das Gericht muß von der Glaubhaftigkeit (*aannemelijkheid*) der Tatbegehung ausgehen. In beiden Fällen ist auch der aktive Konsens[2649] des Beschuldigten erforderlich.

d. Zwischenergebnis

Im niederländischen Strafverfahren kommt die hinsichtlich ihrer Endgültigkeit unterschiedliche Einstufung von Verfahrensabschlüssen, an denen lediglich der Staatsanwalt und solchen, an denen auch der Richter beteiligt ist, nicht so deutlich wie in den beiden anderen Verfahrenssystemen zum Ausdruck. Dies ist im wesentlichen darauf zurückzuführen, daß die Entscheidung über die Weiterverfolgung nach Ingangsetzen der Voruntersuchung, die – wie heute noch in Frankreich – ursprünglich dem Untersuchungsrichter oblag, im Jahre 1926 dem Staatsanwalt in die Hand gegeben wurde.[2650] Auf diese Weise wurde dessen Position aufgewertet, denn aufgrund der Kompetenzübertragung kann er nun eigenständig die Verfolgung mit einer beschränkten *ne bis in idem*-Wirkung für die Zukunft beenden.

Gleichwohl lassen sich auch im niederländischen Verfahren noch bestimmte Anhaltspunkte erkennen, die geeignet sind, die vertretene These der Bedeutung des jeweils in eine Entscheidung involvierten Organs für die Beendigungswirkung zu stützen: Die richterliche Partizipation bei der Sachverhaltsaufklärung im Rahmen der formellen staatsanwaltschaftlichen Einstellung korrespondiert im Gegensatz zur informellen Einstellung ohne richterliche Beteiligung mit einer strafklageverbrauchenden Wirkung. Entscheidet der Richter darüber hinaus auch selbst, wie dies bei der bezirksgerichtlichen Außerverfolgungstellung der Fall ist, korreliert damit ein vergleichsweise noch weiter gehender Schutz vor erneuter Strafverfolgung. Schließlich kommt auch bei Verfahrensabschlüssen mit

---

[2648] Vgl. *oben D. III. 4.*

[2649] Zur Unterscheidung zwischen aktivem und passivem Konsens vgl. *oben Kapitel 11, D. II. 2.*

[2650] Vgl. Melai/Groenhuijsen-*de Doelder*: WSv, Art. 242-257 (Std. 04/02).

konsensualen Elementen wie der staatsanwaltschaftlichen oder polizeilichen Transaktion und der richterlichen Erledigung *ad informandum* eine Abstufung im Hinblick auf die *ne bis in idem*-Wirkung zum Ausdruck.

2. Charakteristikum Verdachtsgrad[2651]

Verschiedene Fallgruppen deuten auch im niederländischen Strafverfahrensrecht auf einen Zusammenhang zwischen der Höhe des jeweils im Vorfeld des Verfahrensabschlusses zu prüfenden Verdachtsgrades und dem Maß des Strafklageverbrauches hin.

a. Richterliche Außerverfolgungstellung (Unwahrscheinlichkeit einer Verurteilung) und Urteil des erkennenden Gerichts (Überzeugung)

Die Gegenüberstellung von Außerverfolgungstellung nach den Art. 250, 262 WSv[2652] und dem Urteil des erkennenden Gerichts[2653] zeigt, daß der jeweils bewirkte Umfang des Strafklageverbrauchs stark differiert: Während nach der bezirksgerichtlichen Beschlußentscheidung die Verfolgung gegen den Beschuldigten bereits bei Bekanntwerden neuer Verdachtsgründe durch eine gerichtliche Voruntersuchung wiederaufgenommen werden kann, ist ein erneutes Verfahren zuungunsten des Angeklagten nach einem rechtskräftigen Urteil gänzlich ausgeschlossen. Damit einher geht eine Abstufung im Bereich des Verdachts. Das erkennende Gericht hat im Urteilsverfahren den im Vergleich zur *hohen Unwahrscheinlichkeit einer Verurteilung*, deren Prüfung dem Bezirksgericht obliegt, noch übersteigenden Grad der *Überzeugung* zu untersuchen. Obgleich die verschiedenartigen Sachverhaltsermittlungsmethoden[2654] den Unterschied zwischen den beiden Verfahrensabschlußformen verstärken, ist doch festzustellen: Mit der Überzeugung als Entscheidungsmaßstab korreliert ein stärkerer Strafklageverbrauch.

b. Informelle und formelle staatsanwaltschaftliche Einstellung: Unterschiedliche Ausgangsbasis der Verdachtsprognose

Schließlich kann auch der Vergleich zwischen der informellen[2655] und der formellen[2656] staatsanwaltschaftlichen Einstellung dazu beitragen, die These eines Zusammenhangs zwischen Verdachtsgrad und Strafklageverbrauch zu stützen. Während sie sich im Umfang ihrer Sperrwirkung wesentlich unterscheiden – die informelle Einstellung besitzt keinerlei *ne bis in idem*-Wirkung, die nach Einleitung der Verfolgung getroffene formelle Ein-

---

2651 Vgl. *oben Kapitel 11, D. IV.*

2652 Vgl. *oben D. II. 2.*

2653 Vgl. *oben Kapitel 9, D.*

2654 Vgl. dazu noch *unten D. V. 3. a.*

2655 Vgl. *oben D. I. 2.*

2656 Vgl. *oben D. I. 4.*

stellungsentscheidung hat vorbehaltlich des Auftauchens von *nova* oder eines richterlichen Verfolgungsbefehles strafklageverbrauchende Wirkung – stimmen beide Verfahrensabschlußformen hinsichtlich ihres Entscheidungsorganes sowie dem jeweils schriftlich vorliegenden Sachverhalt überein. Auf den ersten Blick läßt sich auch keinerlei Unterschied zwischen den Verdachtsgraden erkennen: In beiden Fällen erfordert die Opportunitäts- die Bejahung eines Anfangsverdachtes und die Legalitätseinstellung die Prüfung, ob der hinreichende Tatverdacht zu bejahen ist. Bei genauerem Hinsehen wird allerdings ein Unterschied deutlich, der sich auf einen Teilaspekt des Verdachts, die Ausgangsbasis der Prognose,[2657] bezieht: Praktisch wird das Verhältnis von bekannten und unbekannten Sachverhaltselementen bei der formellen Einstellung noch mehr in Richtung ersterer tendieren als bei der informellen Einstellung; das Geschehen wird aufgrund des fortgeschrittenen Verfahrensstadiums in der Regel weiter aufgeklärt sein. Insbesondere bei einer Einstellung, die durch die mangelnde Zweckmäßigkeit der Verfolgung motiviert ist, wird kaum mehr nur ein Anfangsverdacht vorliegen. Denn immerhin hatte sich der Staatsanwalt ja bereits in einem früheren Stadium für die Verfolgung entschieden. Demnach ist davon auszugehen, daß der Staatsanwalt seine Einstellungsentscheidung nach Einleitung der Verfolgung regelmäßig auf einer breiteren Sachverhaltsbasis als Ausgangspunkt der Prognose treffen kann, der tatsächliche Verdachtsgrad also erhöht sein wird. Daraus ist eine Korrelation zwischen Verdachtsgrad und *ne bis in idem*-Wirkung zu ersehen.

Dieser Faktor spielt mit jenem der Einschaltung des Richters zur Aufbereitung des Sachverhaltes bei der gerichtlichen Voruntersuchung und dem Verfahren zur Anordnung der Untersuchungshaft zusammen.[2658]

c. Zwischenergebnis

Die untersuchten Verfahrensabschlüsse des niederländischen Strafverfahrensrechts erhärten die Hypothese eines Zusammenhanges zwischen dem vor einer Entscheidung zu prüfenden Verdachtsgrad und dem Umfang der *ne bis in idem*-Wirkung dieser Entscheidung: Ein Urteil, in dessen Rahmen die Überzeugung von der Täterschaft zu prüfen ist, besitzt eine höhere Sperrwirkung gegenüber einem nachfolgenden Verfahren als die Außerverfolgungstellung, die lediglich eine hohe Wahrscheinlichkeit der Unschuld des Beschuldigten voraussetzt. Auch der Vergleich zwischen informeller und formeller staatsanwaltschaftlicher Einstellung, die sich durch den faktisch unterschiedlichen Aufklärungsstand unterscheiden, spiegelt eine differierende strafklageverbrauchende Wirkung wider.

2657 Vgl. *oben Kapitel 11, D. IV. 3. a.*

2658 Vgl. *oben D. V. 1. a.*

3. Charakteristikum Art der Sachverhaltsfeststellung[2659]

a. Richterliche Außerverfolgungstellung und reguläre Hauptverhandlung

Die bezirksgerichtliche Außerverfolgungstellung[2660] und das erkenntnisrichterliche Urteil[2661] unterscheiden sich hinsichtlich ihrer strafklageverbrauchenden Wirkung beträchtlich.

Eine nachteilige Wiederaufnahme ist nach einem rechtskräftigen Urteil überhaupt nicht möglich. Die Voraussetzungen für die günstige Wiederaufnahme (*herziening*) sind enger als für die Fortsetzung der Verfolgung nach einer Außerverfolgungstellung: Während das Verfahren der *herziening* nur durch ein mehrstufiges Verfahren[2662] eingeleitet werden kann, genügt nach einer Außerverfolgungstellung bereits eine gerichtliche Voruntersuchung. Gegenüber dem Erfordernis zweier miteinander unvereinbarer Bewiesenerklärungen oder eines neuen Umstandes, der die *ernsthafte* Vermutung begründet, zu einem günstigeren Urteil[2663] führen zu können, um die Rechtskraft des Urteils durchbrechen zu können, setzt die Einleitung der gerichtlichen Voruntersuchung lediglich eine *berechtigte* Schuldvermutung voraus.[2664]

Festzuhalten ist weiterhin, daß auch die Methoden der Sachverhaltsermittlung bei beiden Beendigungsformen Differenzen aufweisen. Wenngleich der Schwerpunkt im Urteilsverfahren auf der Diskussion der zuvor gesammelten Beweise liegt und nur selten neue Beweisaufnahmen stattfinden, verläuft dieses stets kontradiktorisch. Im Gegensatz dazu ist die Anhörung des Beschuldigten für die Beschlußkammer des Bezirksgerichts nicht immer obligatorisch: Denn zum einen ist das Gericht in der Regel nur zu dessen Ladung verpflichtet, ohne seine Anwesenheit auch sicherstellen zu müssen. Auch davon kann zum anderen abgesehen werden, wenn dies dem Untersuchungsinteresse zuwiderläuft. Das kontradiktorische Prinzip ist bei der Sachverhaltsfeststellung im Beschlußverfahren also nicht in gleicher Weise abgesichert wie in der regulären Hauptverhandlung.[2665]

Zwar weichen die beiden Verfahren daneben auch im Hinblick auf den jeweils zu prüfenden Verdachtsgrad voneinander ab, doch bleibt gleichwohl ein Zusammenhang zwischen den unterschiedlichen Methoden der Sachverhaltsfeststellung und dem Grad der Sperrwirkung zu erkennen.

2659 Vgl. *oben Kapitel 11, D. V.*

2660 Vgl. *oben D. II. 2.*

2661 Vgl. *oben Kapitel 9, D.*

2662 Vgl. i. e. *oben Kapitel 9, D. V. 2.*

2663 Freispruch, Entlassung aus der Rechtsverfolgung, Unzulässigkeit der Anklage oder Anwendbarkeit einer minderschweren Strafbestimmung. Vgl. zu den Entscheidungsformen auch *oben Kapitel 9, D. IV.*

2664 Zu der Abstufung zwischen „ernsthaft" und „berechtigt" vgl. Melai/Groenhuijsen-*van Woensel*: WSv, Art. 338, Rn. 26 (Std. 08/88); *de Hullu*: Rechtsmiddelen, 1989, S. 274; Cleiren/Nijboer-*Spronken*: WSv, 2001, Art. 27, Rn. 3; Cleiren/Nijboer-*Wedzinga*: WSv, 2001, Art. 56, Rn. 5.

2665 Vgl. dazu Cleiren/Nijboer-*Valkenburg*: WSv, 2001, Art. 23, Rn. 2.

b. *Verstekvonnis* (nichtkontradiktorisch) und reguläre Hauptverhandlung (kontradiktorisch)

Das Abwesenheitsurteil (*verstekvonnis*)[2666] im niederländischen Strafverfahren hebt sich von der regulären Hauptverhandlung[2667] durch seinen *nichtkontradiktorischen* Charakter ab. Eine aus diesem insoweit mangelhaften[2668] Verfahren resultierende Entscheidung kann jedoch nur dann im gleichen Maße in Rechtskraft erwachsen wie ein aus einer *kontradiktorischen* Hauptverhandlung hervorgegangenes Urteil, wenn der Verurteilte darauf verzichtet, sich mit einem Rechtsmittel gegen den Spruch zur Wehr zu setzen. Dabei spielt es keine Rolle, ob ihm im Einzelfall Einspruch oder Berufung zur Verfügung steht.[2669] Denn in beiden Fällen führte die zulässige Einlegung zu einer kontradiktorischen Hauptverhandlung. Das Fehlen der kontradiktorischen Sachverhaltsfeststellung als Grundlage des Säumnisurteils wird also nur dann vom Gesetz hingenommen, wenn ein zusätzliches konsensuales Element, die durch den Einspruchsverzicht zum Ausdruck kommende Akzeptanz des nichtstreitig zustande gekommenen Urteils, die Entscheidung trägt. Mittelbar läßt sich daher auf einen Zusammenhang zwischen der Art der Sachverhaltsermittlung und dem Maß des Strafklageverbrauchs schließen.

c. Zwischenergebnis

Der Vergleich der regulären kontradiktorischen Hauptverhandlung mit dem Verfahren der bezirksgerichtlichen Außerverfolgungstellung einerseits und der Erledigung durch Abwesenheitsurteil andererseits zeigt, daß im Vergleich zum regulären Urteilsverfahren hinsichtlich des kontradiktorischen Prinzips bestehende Defizite sich entweder in einer verringerten *ne bis in idem*-Wirkung niederschlagen (Außerverfolgungstellung) oder, um zu urteilsgleichem Strafklageverbrauch führen zu können, durch den zusätzlichen Faktor des Konsenses kompensiert werden müssen (Abwesenheitsurteil). Dies verdeutlicht den Zusammenhang zwischen der Methode der Sachverhaltsermittlung und dem Maß des Strafklageverbrauchs im niederländischen Strafverfahrensrecht.

4. Charakteristikum Konsens[2670]

a. Staatsanwaltschaftliche (in)formelle Legalitätseinstellung (nichtkonsensual) und staatsanwaltschaftliche Transaktion (konsensual)

Stellt man die staatsanwaltschaftliche Einstellung aus Gründen mangelnder Rechtmäßigkeit der Verfolgung[2671] der staatsanwaltschaftlichen Transaktion[2672] gegenüber, so fällt

---

2666 Vgl. *oben Kapitel 9, D. III., V.*

2667 Vgl. *oben Kapitel 9, D. VI.*

2668 Vgl. dazu bereits *oben Kapitel 11, D. V. 3.*

2669 Nach Art. 399 Abs. 3 WSv ist der Einspruch nur dann möglich, wenn keine Berufung eingelegt werden kann.

2670 Vgl. dazu *oben Kapitel 11, D. II.*

zum einen auf, daß letztere aufgrund der notwendigen Mitwirkung des Beschuldigten durch ein konsensuales Element geprägt ist. Zum anderen korrespondiert damit bei der *transactie* ein umfassenderer Strafklageverbrauch: Selbst eine Fortsetzung der Verfolgung bei Auftauchen von *nova* wie nach der formellen Einstellung ist hier im Gegensatz zur staatsanwaltschaftlichen Einstellung nicht möglich. Da sich die Verfahrensbedingungen, die Prüfung des hinreichenden Tatverdachts und die schriftliche Sachverhaltsfeststellung, im übrigen entsprechen, läßt sich auf einen Zusammenhang zwischen dem Vorhandensein eines konsensuellen Elements und einer weitgehenderen *ne bis in idem*-Wirkung schließen.

Diesem Schluß könnte allerdings die Existenz der bedingten Einstellung[2673] entgegengehalten werden. Denn ihre Voraussetzungen entsprechen, auch hinsichtlich des konsensualen Elementes, jenen der Transaktion, obwohl ihre *ne bis in idem*-Wirkung nur der der formellen einfachen staatsanwaltschaftlichen Einstellung gleicht. Dies spricht aber aus folgendem Grund nicht gegen die Bedeutung des Konsenses: Die bedingte Einstellung ist eine außergesetzlich entwickelte Verfahrensweise, die es ermöglicht, die limitativ aufgezählten Bedingungen der *transactie* zu umgehen und darüber hinaus andere Auflagen zu verhängen. Ihre Unstimmigkeit mit der gesetzlichen Regelung der *transactie* ist anerkannt und hat bereits Anlaß zu Forderungen nach einer Angleichung ihrer Wirkungen an die der *transactie* gegeben.[2674]

b. *Voeging ad informandum* (aktiver Konsens) und *verstekvonnis* (passiver Konsens)

An der Gegenüberstellung von erkenntnisrichterlicher Erledigung *ad informandum*[2675] und Abwesenheitsurteil (*verstekvonnis*),[2676] die beide unter Verzicht auf eine kontradiktorische Sachverhaltsfeststellung ergehen, läßt sich die unterschiedliche Bedeutung von aktivem und passivem Konsens[2677] erkennen: Obgleich der Richter im Rahmen der Erledigung *ad informandum* lediglich die Plausibilität der Täterschaft des Beschuldigten prüfen muß, zeitigt dieser Verfahrensabschluß sogar eine umfangreichere Sperrwirkung gegenüber einem nachfolgenden Verfahren als das Abwesenheitsurteil. Denn dieses Urteil, welches die richterliche Überzeugung erfordert, gestattet – im Gegensatz zur *afdoening ad informandum* – die nachträgliche Wiederaufnahme zugunsten des Verurteilten. Während die Rechtskraft eines Abwesenheitsurteils aber lediglich einen *passiven Konsens*, nämlich die Nichteinlegung von Einspruch oder Berufung, voraussetzt, darf der erkennende Richter die von der Staatsanwaltschaft den Akten beigefügten Straftaten in die Strafzumessung nur dann einfließen lassen, wenn der Angeklagte dem vorher *aktiv zugestimmt* hat. Trotz der im Hinblick auf den Verdachtsgrad niedrigeren Anforderungen der Erledigung *ad in-*

2671 Vgl. dazu *oben D. I. 2. 4.*

2672 Vgl. dazu *oben D. III. 2.*

2673 Vgl. dazu *oben D. III. 4.*

2674 *Reijntjes*: Voorwaardelijk sepot, in: Balkema et. al. (Hrsg.): Lib. am. van Veen, 1985, S. 295 ff., 313; Melai/Groenhuijsen-*Reijntjes*: WSv, Art. 167, Rn. 20 (Std. 02/01).

2675 Vgl. *oben D. IV.*

2676 Vgl. *oben Kapitel 9, D. III. V.*

2677 Zur Unterscheidung zwischen aktivem und passivem Konsens vgl. *oben Kapitel 11, D. II. 2.*

formandum korreliert die vorherige aktive Zustimmung demnach mit einer im Vergleich zum passiven nachträglichen Konsens höheren Sperrwirkung.

c. Zwischenergebnis

An den vorangegangenen Ausführungen zum Konsens ist zum einen deutlich geworden, daß die Existenz konsensualer Elemente als Voraussetzung eines Verfahrensabschlusses im Zusammenhang mit einer gesteigerten *ne bis in idem*-Wirkung steht. Zum anderen hat sich gezeigt, daß der aktive Konsens dabei von größerem Gewicht ist als der passive Konsens des Beschuldigten.

5. Ergebnis

Die Untersuchung der unterschiedlichen niederländischen Verfahrensabschlußformen hat die Hypothese des *Kapitels zehn* auch für dieses Strafverfahrenssystem bestätigen können: Das Entscheidungs- oder Sachverhaltsermittlungsorgan Richter, ein höherer Verdachtsgrad, eine kontradiktorische Sachverhaltsermittlung sowie das Vorhandensein konsensualer Elemente treffen jeweils mit einer gesteigerten *ne bis in idem*-Wirkung einer Entscheidung zusammen.

E. Zusammenfassung

Kapitel zwölf hat zunächst die Vielgestaltigkeit der neben dem Urteil existierenden Verfahrensabschlußformen in den drei Strafverfahrenssystemen Deutschlands, Frankreichs und der Niederlande aufgezeigt. In allen drei Staaten kommen *erstens* Entscheidungen vor, die eine Strafsache folgenlos beenden, weil die Verfolgung für entweder nicht zulässig (rechtmäßig) oder im Einzelfall nicht wünschenswert (zweckmäßig) erachtet wird. Hinsichtlich des letztgenannten Einstellungsmotives beschränkt sich der Unterschied zwischen Deutschland, wo grundsätzlich noch das Legalitätsprinzip Geltung beansprucht,[2678] und den beiden anderen, vom Opportunitätsprinzip geprägten Rechtsordnungen darauf, daß hier Zweckmäßigkeitsgründe lediglich im Rahmen bestimmter Straftatengruppen und unter den gesetzlich vorgegebenen Voraussetzungen Berücksichtigung finden dürfen.[2679] Beide Motive kommen auf verschiedenen Ebenen eines Strafverfahrens zum Tragen: In

---

[2678] Vgl. dazu *Heinz*: Die Staatsanwaltschaft im statistischen Graufeld, in: Albrecht et al. (Hrsg.): FS Kaiser, 1. Hb., 1998, S. 85 ff., 95: *„Das Legalitätsprinzip als Grundsatz des deutschen Strafverfahrensrechts, das lediglich von einigen Ausnahmen durchbrochen ist, gibt es in der Rechtswirklichkeit nicht mehr ... Einstellungen nach den sog. Ermessensvorschriften ... sind inzwischen zahlenmäßig häufiger als Anklagen einschließlich Anklagesurrogaten.“*

[2679] Vgl. dazu auch *Tak*: Opportuniteitsbeginsel, DD 2002, S. 356 ff., 359 zum Vergleich des deutschen *Legalitätsprinzips mit Ausnahmen* und dem niederländischen *Opportunitätsprinzip* sowie *oben B. I. 3., 4. und II. 4., 5.*

allen drei Rechtsordnungen können sowohl Staatsanwalt[2680] als auch Richter[2681] das Verfahren aus Legalitätsgründen beenden. Opportunitätsgründe werden vom Staatsanwalt[2682] geprüft, der in den Niederlanden sowohl vor als auch nach Einschaltung eines richterlichen Organs einstellen darf. Darüber hinaus darf dort auch die Polizei[2683] in beschränktem Umfang wegen mangelnder Zweckmäßigkeit von der Verfolgung absehen. In Deutschland ist dies auch dem Richter[2684] gestattet. *Ne bis in idem*-Wirkung besitzen die staatsanwaltschaftlichen (bzw. polizeilichen) Einstellungen – unabhängig von ihrem Motiv – im Gegensatz zu den richterlichen Einstellungen grundsätzlich nicht. Allein die Einstellung des niederländischen Staatsanwaltes nach Einschaltung eines Richters verbraucht die Strafklage in gewissem Umfang. *Zweitens* sind in allen drei Strafrechtssystemen Verfahrensabschlüsse festzustellen, die zwischen der folgenlosen Einstellung und der Verfolgung durch das reguläre Urteilsverfahren stehen: Obwohl die Verfolgung im Wege der zur Hauptverhandlung führenden Anklage zulässig wäre, soll stattdessen ein alternativer Weg der Reaktion auf den strafrechtlichen Vorwurf beschritten werden. Dahinter stehen häufig Erwägungen der Beschleunigung und der Effektivität des Strafverfahrens, aber auch der Gedanke der flexibleren und individuell angepaßten staatlichen Reaktion auf strafrechtlich relevantes Verhalten. In diesem Zusammenhang sind zum einen die strafrechtlichen Vergleichsformen zu erwähnen: Während dafür in Deutschland grundsätzlich der Staatsanwalt mit richterlicher Partizipation[2685] oder der Richter[2686] selbst zuständig sind, dürfen in Frankreich bei Straftaten der Spezialgebiete ausgewählte Verwaltungsbehörden[2687] und im übrigen in enumerativ aufgezählten Fällen ebenfalls der Staatsanwalt mit richterlicher Beteiligung[2688] tätig werden. In den Niederlanden ist es neben der Staatsanwaltschaft,[2689] die in sehr weitgehendem Maße strafrechtliche Vergleiche abschließen kann, in nicht unerheblichem Umfang sogar der Polizei[2690] gestattet, Verfahren auf diese Weise zu beenden. Zu einer richterlichen Befassung mit der Straftat kommt es nach niederländischem Recht nur dann, wenn der unmittelbar Betroffene gegen deren Nichtverfolgung klagt. Stets verbraucht ein Vergleich die Strafklage, wenngleich zum Teil auch begrenzte Möglichkeiten der späteren Neuaufnahme bestehen. Zum zweiten kann man

---

2680 *Deutschland*: § 170 Abs. 2 StPO (vgl. *oben B. I. 2.*); *Frankreich*: Art. 40 Abs. 1 CPP (vgl. *oben C. I. 2.*); *Niederlande*: Art. 167 und Art. 242 ff. WSv (vgl. *oben D. I. 2., 4.*).

2681 *Deutschland*: Verwerfung des Klageerzwingungsantrags und Nichteröffnung des Hauptverfahrens (vgl. *oben B. II. 2., 3.*); *Frankreich*: untersuchungsrichterliche Einstellung (vgl. *oben C. II. 2.*); *Niederlande*: Außerverfolgungstellung Art. 250, 262 WSv (vgl. *oben D. II. 2.*).

2682 *Deutschland*: §§ 153 Abs. 1, 154 Abs. 1 StPO (vgl. *oben B. I. 3., 4.*); *Frankreich*: Art. 40 Abs. 1 CPP (vgl. *oben C. I. 2.*); *Niederlande*: Art. 167 und Art. 242 ff. WSv (vgl. *oben D. I. 2., 4.*).

2683 Vgl. *D. I. 3.*

2684 *Deutschland*: §§ 153 Abs. 2, 154 Abs. 2 StPO (vgl. *oben B. II. 4., 5.*).

2685 Einstellung nach § 153a Abs. 1 StPO (vgl. *B. III. 2.*).

2686 Einstellung nach § 153a Abs. 2 StPO (vgl. *B. III. 3.*).

2687 Verwaltungstransaktion (vgl. *C. III. 2.*).

2688 *Composition pénale* (vgl. *C. III. 3.*).

2689 Staatsanwaltschaftliche *transactie* (vgl. *D. III. 2.*).

2690 Polizeiliche *transactie* (vgl. *D. III. 3.*).

dieser Gruppe auch die Erledigung durch Strafbefehl in Deutschland[2691] und Frankreich[2692] zurechnen. Dabei handelt es sich um Verfahren, die dem regulären Urteilsverfahren am nächsten kommen, von den Garantien einer kontradiktorischen (und in Deutschland auch unmittelbaren) Hauptverhandlung jedoch absehen und lediglich bei bestimmten Deliktsgruppen anwendbar sind. Der Umfang des Strafklageverbrauches eines rechtskräftigen Strafbefehls entspricht in Deutschland annähernd und in Frankreich gänzlich jenem des Urteils. Schließlich sind zum dritten auch Sonderformen wie die französische pauschale Geldstrafe,[2693] die lediglich bei Übertretungen zulässig ist, und die niederländische Erledigung *ad informandum*[2694] zu nennen. Beide stellen eine Sperre einer zukünftigen Verfolgung gegenüber dar.

Betrachtet man die drei Strafverfahrenssysteme in ihrer zeitlichen Dimension, so ist erkennbar, daß sich die zweitgenannte Gruppe der Verfahrensabschlüsse in einer raumgreifenden Entwicklung befindet.[2695] So sind in den letzten Jahrzehnten sowohl neue derartige Erledigungsformen geschaffen als auch die Anwendungsbereiche der vorhandenen ausgeweitet worden:

In *Deutschland* dehnte das Rechtspflegeentlastungsgesetz 1993 beispielsweise den Sanktionsrahmen des Strafbefehls und den Zielbereich des § 153a StPO auch auf Kriminalität mittlerer Schwere aus. Im Jahre 1999 schuf der *französische Gesetzgeber* mit der *composition pénale* die Möglichkeit, auch Delikte des sogenannten *droit pénal 'naturel'*[2696] vergleichsweise zu erledigen. Im Rahmen einer *ordonnance pénale*, des französischen Strafbefehls, dürfen seit diesem Zeitpunkt auch Nebenstrafen verhängt werden. Ende 2002 öffnete man diese Verfahrensart über seinen bisherigen Gegenstand der Übertretungen hinaus auch für bestimmte Vergehen. In den *Niederlanden* wird dieser Prozeß vor allem vom Bedeutungszugewinn der *transactie* reflektiert: Seit 1983 darf diese durch die Staatsanwaltschaft auch bei Verbrechen, die mit bis zu sechs Jahren Freiheitsstrafe bedroht sind, und seit 1993 durch polizeiliche Organe erstmals bei bestimmten Verbrechen abgeschlossen werden.

Geprägt ist dieser Wandel vor allem von zweierlei Tendenzen: Auf der einen Seite gewinnen Verfahrensabschlüsse mit *konsensualen Zügen* zunehmend an Wichtigkeit.[2697] Weil

---

2691 Vgl. *B. IV.*

2692 Vgl. *C. IV. 2.*

2693 Vgl. *C. IV. 3.*

2694 Vgl. *D. IV.*

2695 Vgl. dazu z. B. auch *Heinz*: Die Staatsanwaltschaft im statistischen Graufeld, in: Albrecht et al. (Hrsg.): FS Kaiser, 1. Hb., 1998, S. 85 ff., 87.

2696 Dazu *oben C. III. 1.* Insbesondere zur Erweiterung durch Gesetz Nr. 2004-204 vom 09. 03. 2004, Art. 69 ff. (JO vom 10. 03. 2004, S. 4567) vgl. *oben C. III. 3. Fn. .2127*

2697 Vgl. dazu *oben Kapitel 11, C. II. 2.* Diese Tendenz spiegelt sich auch in neueren Reformen und Reformentwürfen wider: So beinhaltet der Diskussionsentwurf zur StPO (*Fraktionen SPD/B90Grüne, BMJ*: Diskussionsentwurf StPO, 02/2004) einen § 257b StPO-E, der die Erörterung des Verfahrensstandes, genau betrachtet also der „Vergleichsbasis", in der Hauptverhandlung regeln soll. In Frankreich sieht das Gesetz Nr. 2004-204 vom 09. 03. 2004, Art. 137 (JO vom 10. 03. 2004, S. 4567) eine *„procédure de comparution sur reconnaissance préalable de culpabilité"* vor. Danach kann der Staatsanwalt bei Vergehen, die mit einer bis einschließlich fünfjährigen Freiheitsstrafe strafbar sind, dem geständigen Beschuldigten eine konkrete Strafe vorschlagen. Stimmt dieser zu, bedarf es einer richterlichen Genehmigung (*homologation*), bei der sowohl die Tatsachen als auch deren rechtliche Qualifikation geprüft werden deren Einleitung und Durchführung oftmals allein oder zumindest wesentlich in den Händen der *Staatsanwaltschaft* liegt, resultiert daraus auf der anderen Seite deren Bedeutungsgewinn im Bereich der Beendigung von Strafverfahren. In der Rollenverteilung zwischen Richter und Staatsanwalt verschiebt sich das Gewicht hin zu letzterem.[2698] Besonders deutlich wird dies in den Niederlanden, in denen die Position des Staatsanwalts darüber hinaus auch infolge ihrer Kompentenz zur Verfolgungsentscheidung nach Durchführung der gerichtlichen Voruntersuchung sehr stark ist.[2699]

So verschiedenartig die dargestellten Erledigungsformen auch sind, lassen sie doch im Hinblick auf die zu Beginn des Kapitels aufgeworfene Fragestellung gemeinsame Züge erkennen: In allen drei Rechtsordnung bestätigte sich der vermutete Zusammenhang zwischen dem Entscheidungs- bzw. Sachverhaltsermittlungsorgan, dem zu prüfendem Verdachtsgrad, dem Sachverhaltsermittlungsmethoden sowie den konsensualen Elementen auf der einen Seite und dem Maß der *ne bis in idem*-Wirkung auf der anderen Seite. Letztlich zeigt sich gerade auch an der oben festgestellten Parallelität der Zunahme konsensualer Elemente und des Bedeutungsgewinns der Staatsanwaltschaft in den einzelnen Strafverfahren, daß richterliche Entscheidungen nicht ohne weiteres, sondern nur unter der Voraussetzung der Zustimmung des Beschuldigten durch staatsanwaltschaftliche Verfahrensbeendigungen ersetzt werden können. Damit kann die in *Kapitel zehn* entwickelte Hypothese auch vom Aspekt des geltenden Rechts her als erhärtet gelten. Die Fragestellung I. am Ende des *Kapitels neun*[2700] beantwortend, kann als Resultat der *Kapitel elf* und *zwölf* also festgehalten werden: Die Charakteristika Art des Entscheidungsorganes *Richter*, zu prüfender Verdachtsgrad *Überzeugung*, Art der Sachverhaltsermittlung *kontradiktorische* (und zum Teil *materiell unmittelbare*) Hauptverhandlung sowie der *Konsens* sind für das Maß des Strafklageverbrauchs, die Funktion des Begriffs *Urteil* wesentlich.

Wenn daher nun von einer Relevanz der genannten vier Faktoren für den Umfang des Strafklageverbrauchs ausgegangen werden kann, muß im folgenden *Kapitel dreizehn* die Frage beantwortet werden, ob und inwieweit sie im einzelnen auch in die endgültige Definition des *Urteils* im Sinne des Art. 54 SDÜ einfließen.

---

sollen. Die entsprechenden Vorschriften, Art. 495-7 CPP n.F., die unverkennbare Ähnlichkeit mit der angloamerikanischen *guilty plea* aufweisen, sollen im Oktober 2004 in Kraft treten.

2698 Dazu auch *Jung*: Einheit und Vielfalt, GA 2002, S. 65 ff., 69 ff. sowie *Albrecht*: Die vergessene Freiheit, 2003, S. 94 f. Vgl. i. d. Zshg. auch *Eser*: Entwicklung des Strafverfahrensrechts in Europa, ZStW 1996, S. 86 ff., 94 ff. zur Schwerpunktverlagerung im Verhältnis von Ermittlungsorganen.

2699 Vgl. dazu auch *oben Kapitel 11, D. III. 4.*

2700 Vgl. *oben Kapitel 9, G.* a. E.

Kapitel 13. Definition des „Urteils“ im Sinne des Schengener Durchführungsübereinkommens

A. Einleitung

Im *vierten Teil* der Arbeit sollten folgende Fragen beantwortet werden:[2701]

Welche Charakteristika müssen Entscheidungsformen aufweisen, um die Bezeichnung *Urteil* im Sinne des Art. 54 tragen zu dürfen? Mit anderen Worten, die Sperrwirkung welcher Verfahrensabschlüsse wird durch Art. 54 in den zwischenstaatlichen Raum transformiert?

Ein Teil dieser Problematik wurde anhand der Untersuchungen der Kapitel *zehn bis zwölf* bereits insoweit beantwortet, als die Wesentlichkeit der Kriterien *richterliche Entscheidung, Überzeugung, kontradiktorische* (und z. T. *unmittelbare*) *Hauptverhandlung* sowie *Konsens* für die Funktion des zwischenstaatlichen Begriffs *Urteil*, die *ne bis in idem*-Wirkung, festgestellt wurde. Ungeklärt bleibt allerdings die Frage, ob und inwieweit diese Kriterien im einzelnen auch in die übergeordnete Begriffsbestimmung des *Urteils* einfließen. Müssen in einer Definition alle Kriterien, müssen sie kumulativ oder alternativ berücksichtigt werden? Daß eine Lösung nicht schematisch, etwa durch die automatische Orientierung am kleinsten gemeinsamen Nenner, zu finden ist, wurde bereits oben unterstrichen.[2702] Statt dessen muß sich das Ergebnis einer Auslegung im Zweifelsfall vor allem an Sinn und Zweck der in Rede stehenden Vorschrift ausrichten. Denn wenn der *telos* zwar in einem früheren Stadium der Auslegung noch nicht zu einer genauen Begriffsbestimmung beitragen konnte, da ein substantieller Anknüpfungspunkt für diesbezügliche Erwägungen fehlte,[2703] ist nun mittels rechtsvergleichender Auslegung das entsprechende Fundament geschaffen worden.

Im Mittelpunkt der Untersuchungen steht daher nun folgende Frage: Wie müssen die für den Strafklageverbrauch relevanten Kriterien in der Definition des Begriffes *Urteil* im Sinne des Art. 54 berücksichtigt und eingearbeitet werden (B.)?

Anhand der auf diese Weise erstellten Bestimmung des Begriffes *Urteil* kann anschließend zum einen beurteilt werden, welche der Verfahrensabschlüsse der untersuchten Rechtsordnungen aufgrund des Art. 54 in den anderen Schengenstaaten Strafklageverbrauch auslösen (C. I.) und wie zum anderen das Urteil des *Europäischen Gerichtshofes*[2704] zu dieser Norm im Ergebnis einzuordnen ist (C. II.).

2701 Vgl. *oben Teil 4.*

2702 Vgl. *oben Kapitel 5, B. V.*

2703 Vgl. *oben Kapitel 4, B. IV. 2. b.*

2704 Dazu *oben Kapitel 3, B. II.*

B. Auswahl der Definitionskriterien unter Berücksichtigung teleologischer Aspekte

I. Rückblick

Zunächst gilt es, noch einmal in Erinnerung zu rufen, in welcher Form die vier konstatierten Charakteristika im Rahmen der dem *Urteil* entsprechenden Rechtsinstitute der nationalen Rechtsordnungen auftreten.[2705]

All diese Verfahrensabschlüsse stammen von einem *Richter*. Der Verdachtsgrad der *Überzeugung* ist bei sämtlichen jener Entscheidungsformen der kontinentalen Systeme und im Rahmen der regulären Hauptverhandlung des englisch-adversarischen Systems zu prüfen. Verzichtet werden darf auf die richterliche Überzeugung nur im Falle einer *guilty plea* im angelsächsischen Verfahren. Die *kontradiktorische* Beweisaufnahme in der Hauptverhandlung, die zudem noch dem Prinzip der materiellen Unmittelbarkeit gehorcht, ist lediglich im deutschen Strafverfahrensrecht für das Vorliegen eines Urteils im Sinne dieser Rechtsordnung unerläßlich. In allen anderen Rechtsordnungen richten sich die regulären Urteilsverfahren zwar auch am kontradiktorischen (Frankreich, Niederlande) und gegebenenfalls auch materiell unmittelbaren Prinzip (Italien, England) aus. Darüber hinaus existieren nach dem jeweiligen Recht aber unter der dem Urteil entsprechenden Bezeichnung – *jugement*, *vonnis*, *sentenza* und *judgment* – auch Verfahrensabschlüsse, die einen Verzicht auf das kontradiktorische bzw. das materiell unmittelbare Prinzip zulassen. Dazu zählen zunächst einmal das eben bereits erwähnte englische Verfahren bei einem die Beweisaufnahme erübrigenden Schuldplädoyer (*guilty plea*) des Angeklagten. Außerdem verlaufen auch die Abwesenheitsverfahren in Frankreich und den Niederlanden nichtstreitig und stützen sich lediglich auf Aktenmaterial. Von einer kontradiktorischen Beweisaufnahme kann auch beim *patteggiamento* nicht gesprochen werden. Auf das im Rahmen der normalen italienischen Hauptverhandlung geltende materielle Unmittelbarkeitsprinzip verzichtet das *guidizio abbreviato*, wenngleich es auch kontradiktorisch verläuft. Einige dieser Verfahrensbeendigungsformen sind charakterisiert durch *konsensuale* Elemente. Für die regulären Urteilsverfahren mit Hauptverhandlung aller untersuchten Rechtsordnungen sowie das italienische *guidizio abbreviato*[2706] gilt dies allerdings nicht. Lediglich einen *passiven* Konsens setzt jeweils die strafklageverbrauchende Wirkung der französischen[2707] und der niederländischen Abwesenheitsverurteilung voraus. Bedingung des Zustandekommens eines Urteils aufgrund *patteggiamento* oder *guilty plea* ist hingegen der vorherige *aktive* Konsens.

[2705] Vgl. dazu auch schon *Kapitel 9, insb. G.*

[2706] Der sich lediglich auf das Verfahren beziehende Konsens, wie er im Rahmen des italienischen *guidizio abbreviato* vorkommt, ist in diesem Rahmen nicht zu berücksichtigen. Vgl. dazu *oben Kapitel 9, E. II. (guidizio abbreviato), Kapitel 11, D. II. 1. (Konsens).*

[2707] Dies gilt allerdings nicht für das Kontumazurteil. Dazu vgl. *oben Kapitel 9, C. VI.*

II. Diskussion

1. Richter als Entscheidungsorgan

Aufgrund der Tatsache, daß sämtliche unter die jeweilige innerstaatliche Kategorie des Urteils fallenden Entscheidungsformen von einem richterlichen Organ erlassen werden müssen, ist dieses Merkmal auch in der Definition des *Urteils* im zwischenstaatlichen Sinne zu berücksichtigen. Denn da sich insoweit die nationalrechtlichen begrifflichen Vorstellungen der einzelnen Vertragsstaaten decken, besteht kein Anlaß anzunehmen, daß die Parteien bei der Konzeption des zwischenstaatlichen Begriffs davon abweichen wollten.[2708] Dies konnte auch der *Europäische Gerichtshof* nicht belegen. Er gelangte seinerseits gleichwohl zu dem Ergebnis, daß auch staatsanwaltschaftliche Verfahrensabschlüsse von Art. 54 erfaßt seien.[2709]

Lapidar zieht sich der *EuGH* darauf zurück, daß die mangelnde gerichtliche Beteiligung als *„verfahrensrechtlicher und formaler Gesichtspunkt"* keinen Einfluß haben könne.[2710] Da Art. 54 keinen ausdrücklich gegenteiligen Hinweis enthalte, seien die *Wirkungen* einer verfahrensabschließenden Entscheidung allein ausreichend, um das zwischenstaatliche Doppelverfolgungsverbot auszulösen.[2711]

Daß diese Argumentation aus systematischen Gründen nicht überzeugen kann, wurde bereits oben dargestellt.[2712] Im übrigen widerlegen die Untersuchungen in *Kapitel elf* die Behauptung des *EuGH*, das Merkmal des Entscheidungsorgans habe bloß verfahrensrechtliche und formale Bedeutung. Im Gegensatz zu den Ausführungen des *EuGH* wurde dabei festgestellt, daß die Frage, ob ein Richter oder ein Staatsanwalt eine verfahrensbeendende Entscheidung erläßt, von maßgeblicher Relevanz für die Gerechtigkeitsgewähr eines auf Wahrheitsfindung basierenden Verfahrens ist und damit durchaus auch einen sachlichen Gesichtspunkt darstellt.[2713] Letztendlich läßt sich für die Berücksichtigung dieses sachlichen Gesichtspunkts bei der Auslegung auch und gerade im Bereich des transnationalen *ne bis in idem*[2714] bestätigend auch die historische Entwicklung auf diesem Gebiet heranziehen. Denn die Vorbehalte der Staaten gegenüber der Anerkennung einer ausländischen Entscheidung beruhten und beruhen maßgeblich auf dem Argwohn gegen-

---

[2708] So auch *Constantinesco*: Rechtsvergleichung II, 1972, S. 393, Fn. 252; *Hailbronner*: Völkerre. relevante Rechtsvergleichung, ZaöRV 1976, S. 190 ff., 222. Vgl. auch *oben Kapitel 5, B. III.*

[2709] Vgl. *EuGH* vom 11. 02. 2003, JZ 2003, S. 303 ff. (*Gözütok/Brügge*, mit Anm. *Kühne* = NJW 2003, S. 1173 ff.). Zur Auseinandersetzung mit der Entscheidung des *EuGH* vgl. i. e. bereits *oben Kapitel 3, B. II.*

[2710] Rn. 31, 41 bis 44 des Urteils.

[2711] Rn. 31 des Urteils.

[2712] *Kapitel 3, B. II.*

[2713] Vgl. dazu *Kapitel 11, D. III.*

[2714] Ob die Orientierung an diesen Kriterien auch heute noch gerechtfertigt erscheint, ist eine andere Frage, die sich aber nicht im Rahmen der Auslegung stellt, sondern die unter dem Topos der Notwendigkeit einer neuen und erweiterten Regelung zur Diskussion steht. Vgl. dazu *unten Schlußfolgerungen, D.*

über Richtigkeit und Gerechtigkeit fremder strafrechtlicher Verfahrensabschlüsse.[2715] Das Mißtrauen bezieht sich dabei nicht nur auf die jeweils nicht oder anders geltenden Straftatbestände, sondern gleichermaßen auf das zur Entscheidung führende Verfahren.[2716]

Diese Einstellung manifestiert sich beispielsweise in folgender Äußerung von *Rieß*:[2717] „*Auch wenn die Entwicklung insoweit* [d. h. im Hinblick auf die Internationalisierung der materiellen Rechtskraft, die *Verf.*] *in Bewegung geraten ist, dürfte eine volle Gleichstellung ausländischer Entscheidungen mit der weitgespannten und umfassenden Rechtskraftwirkung des innerstaatlichen Rechts in absehbarer Zeit nicht zu erwarten und* angesichts der unterschiedlichen verfahrensrechtlichen und materiell-rechtlichen Ausgestaltungen der verschiedenen nationalen Rechtsordnungen[2718] *auch nicht wünschenswert sein.*"[2719]

Angesichts dessen muß berechtigterweise davon ausgegangen werden, daß die von den eigenen Gerechtigkeitsvorstellungen dominierten Erwägungen der Nationalstaaten, die bis vor nicht allzu langer Zeit häufig die gänzliche Ablehnung der zwischenstaatlichen *ne bis in idem*-Wirkung veranlaßt haben,[2720] auch in der Formulierung der Reichweite der Schengener *ne bis in idem*-Regelungen zum Ausdruck gekommen sind. Ein gemeinsamer Nenner zwischen den unterschiedlichen Rechtsordnungen der einzelnen Staaten läßt sich dabei am besten auf einem Niveau mit ausgeprägten verfahrensrechtlichen Garantien finden. Im Hinblick auf das Entscheidungsorgan kommt dies in der Wahl des Vertragsbegriffes *Urteil* zum Ausdruck, mit dem nach den Begriffsvorstellungen aller innerstaatlichen Strafverfahrensordnungen der Verfahrensabschluß eines Richters assoziiert wird.

Demnach kann nur eine richterliche Entscheidung ein *Urteil* im Sinne des Art. 54 sein.

2. Prüfung der Überzeugung als Voraussetzung der Entscheidung

Nahezu alle unter den Bezeichnungen *Urteil*, *jugement*, *vonnis*, *sentenza* und *judgment* untersuchten Verfahrensabschlüsse des entsprechenden innerstaatlichen Rechts setzen die Prü-

---

[2715] *Oehler*: Int. Strafrecht, 1983, Rn. 960, 976; *Specht*: Ne bis in idem, 1999, S. 84; *Thomas*: Recht auf Einmaligkeit, 2002, S. 146. Vgl. auch *oben Kapitel 1, A.* und *D.*

[2716] In diesem Sinne auch *Kühne*: EGMR als Motor für eine Verbesserung der Beschuldigtenrechte, StV 2001, S. 73 ff., 74: „*Viel zu stark sind die nationalen Eitelkeiten und viel zu wichtig für das nationale Selbstverständnis erscheint das Strafverfahrensrecht als das neben dem Polizeirecht wichtigste Instrument für die Durchsetzung des staatlichen Gewaltmonopols.*" Vgl. auch *Schermers*: Non Bis In Idem, in: Capotorti et al. (Hrsg.): Lib. am. Pescatore, 1987, S. 601 ff., 611; *Pralus*: Non bis in idem en dr. pén. int. et en dr. commun., RSC 1996, S. 551 ff., 552.

[2717] LR-*Rieß*: StPO, Einl. J, Rn. 108 (Std. 08/98).

[2718] Hervorhebungen der *Verf.*

[2719] Vgl. auch *HansOLG Hamburg*, B. vom 08. 03. 1996, wistra 1996, S. 193 ff., 195: „*Unter diesem Gesichtspunkt kann ein Verfahrenshindernis lediglich angenommen werden, wenn die ausländische Entscheidung unter Beachtung von verfahrensrechtlichen Mindestanforderungen zustande gekommen ist.*"

[2720] Vgl. *Pralus*: Non bis in idem en dr. pén. int. et en dr. commun., RSC 1996, S. 551 ff., 552: „*La construction uropéenne tend ainsi, lentement, à affaiblir les méfiances réciproques entre les Etats impliqués et leurs justices répressives.*" (Hervorhebung der *Verf.*).

fung der richterlichen Überzeugung[2721] von der Täterschaft des Angeklagten voraus. Die Möglichkeit des englischen Richters, den Angeklagten allein aufgrund dessen Schuldbekenntnisses zu verurteilen, *ohne* die Schuldüberzeugung gewinnen zu müssen, wirft jedoch die Frage auf, ob es sich hierbei um ein Charakteristikum handelt, welches unter Umständen nicht mit in eine Definition des *Urteils* aufzunehmen ist.

Auf das Erfordernis der Prüfung der Überzeugung durch den Richter zu verzichten, hieße indessen, deren prägende Rolle für die untersuchten Entscheidungsformen und damit auch für die Gerechtigkeitsgewähr der auf Wahrheitssuche ausgerichteten Verfahren[2722] zu ignorieren. Von der Überzeugung als Voraussetzung einer verurteilenden Entscheidung kann zugunsten konsensualer Elemente lediglich in einem solchen Verfahren völlig abgesehen werden, das Rechtsfrieden im wesentlichen durch Konsens zu verwirklichen sucht.[2723] Auf der Ebene des Urteilsverfahrens hat sich diese Form allein im adversarischen System des englischen Rechts durchsetzen können.[2724] Die kontinentaleuropäischen Strafprozeßordnungen hingegen halten an der Wesentlichkeit des Nachweises der Schuld durch richterliche Überzeugung bislang fest.[2725] Die Bedeutsamkeit dieses Faktors für diesen Rechtskreis spiegelt sich im italienischen Recht wider: Mit der umfassenden Reform des Strafverfahrens im Jahre 1988[2726] nahm der Gesetzgeber weitreichende Änderungen vor, die dem originär instruktorischen Prozeß stark adversarische Züge und die Prägung eines Parteienprozesses verliehen. Gleichzeitig fand auch die Möglichkeit der Strafzumessung auf Antrag der Parteien (*patteggiamento*) Eingang in das Verfahren. Deren Pfeiler stellt die Übereinstimmung von Staatsanwalt und Angeklagtem hinsichtlich der Beurteilung von strafrechtlicher Verantwortlichkeit und konkreter Strafe dar. Der Absicht des Gesetzgebers entsprach es in diesem Zusammenhang, den Richter vom Nachweis der Schuld durch Überzeugungsbildung zu entbinden. Dieses Vorhaben scheiterte indes an der Rechtsprechung des italienischen *Verfassungsgerichts*, das bereits 1990, also im Jahr nach dem Inkrafttreten der Neuregelung, feststellte, daß auf die richterliche Überzeugung auch im Falle des *patteggiamento* nicht verzichtet werden dürfe.[2727]

2721 Darauf, daß es sich bei der richterlichen Überzeugung um einen *normativen* Begriff handelt, wurde bereits *oben* in *Kapitel 9, B. 4.* und in *Kapitel 11, D. IV. 3. b.* hingewiesen.

2722 Zum Verdachtsgrad der *Überzeugung* als Faktor der Gerechtigkeitsgewähr durch Wahrheitsfindung vgl. i. e. *oben Kapitel 11, D. IV.*

2723 Zu den Modellen des Gerechtigkeitsstrebens durch *Wahrheitsfindung* und durch *Konsens* vgl. *oben Kapitel 11, C. II. 2.*

2724 Dazu, daß das adversarische System konsensuale Erledigungsformen begünstigt, vgl. *oben Kapitel 11, C. II. 2.*

2725 In diesem Sinne auch *de Doelder/ 't Hart*: Aparte procedure?, NJB 1992, S. 629 f., 629, die hinsichtlich eines besonderen Verfahrens für geständige Täter von einer „unniederländischen" Erledigungsart sprechen, und *Garé*: De enkele bekentenis van de verdachte, NJB 1992, S. 631 ff., 633. Dagegen *Corstens*: Consensualiteit, DD 1994, S. 4 ff., 7.

2726 In Kraft seit 1989. Vgl. dazu *Kapitel 9, E. II.*

2727 Nachweise dazu *oben Kapitel 9, E. III.*

Folglich kann als *Urteil* im Schengener Sinne grundsätzlich lediglich eine verfahrensabschließende Entscheidung betrachtet werden, der die richterliche Prüfung der Überzeugung von der Täterschaft vorangegangen ist. Dies gilt freilich mit einer Einschränkung im Hinblick auf die im englischen Strafprozeß mögliche Verurteilung aufgrund des Schuldbekenntnisses des Angeklagten: Diese im adversarischen System tief verwurzelte Verfahrensform basiert auf dem Konzept des Gerechtigkeitsstrebens durch Konsens. Der Respekt gegenüber der angelsächsischen Rechtsordnung gebietet die besondere Berücksichtigung dieser Fallgruppe in der Begriffsbestimmung des *Urteils*.[2728]

3. Kontradiktorische (und materiell unmittelbare) Hauptverhandlung als Weg der Sachverhaltsermittlung?

In allen untersuchten Strafprozeßordnungen kommt unter der jeweiligen innerstaatlichen Kategorie des Urteils eine verfahrensabschließende Entscheidungsart vor, die eine ***kontradiktorische***, zum Teil aber zusätzlich auch den Grundsätzen der ***materiell unmittelbaren*** Beweisaufnahme[2729] gehorchende Hauptverhandlung voraussetzt. Dabei handelt es sich um die regulären Urteilsverfahren jeder Rechtsordnung. Dies veranlaßt die Frage, ob ein *Urteil* im Sinne des Art. 54 zumindest eine kontradiktorische Hauptverhandlung voraussetzt. Anzunehmen wäre dies in zweierlei Fällen: zum einen, wenn ersichtlich wäre, daß die Regelung des Art. 54 nur auf die ***regulären Urteilsverfahren*** abzielen wollte, und zum anderen, wenn die Vorschrift erkennen ließe, daß unter ihren Anwendungsbereich nur Verfahren fallen sollen, die unter der Bezeichnung Urteil und ihren Entsprechungen ***in allen Vertragsstaaten gleichermaßen*** existieren. Letzteres trifft ausschließlich auf das Verfahren mit einer kontradiktorischen Hauptverhandlung zu, denn nach deutschem Strafverfahrensrecht verdient eine Entscheidung den Namen Urteil nur, falls sie auf einer mündlichen Verhandlung beruht.

Für keine der beiden Annahmen aber liefern Wortlaut, Systematik oder *telos* des Art. 54 Argumente. Der Vorschrift selbst ist keine Abstufung zwischen regulären und besonderen Urteilsverfahren zu entnehmen. Auch in der systematischen Gesamtschau mit den anderen Artikeln desselben Kapitels deutet nichts auf eine derartige Restriktion hin. Ein auf Urteilsverfahren mit Hauptverhandlung beschränktes Verständnis des Art. 54 liefe letztlich auf eine Auslegung auf der Basis einer Art kleinsten gemeinsamen Nenners[2730] hinaus: Das zwischenstaatliche Doppelverfolgungsverbot reichte in diesem Fall nämlich nur soweit wie die zwischen den Verfahrensabschlüssen aller Vertragsstaaten bestehenden Kongruenzen. Solch eine Auslegung aber steht nicht mit Sinn und Zweck der *ne bis in idem*-Bestimmungen des SDÜ in Einklang. Umgekehrt sprechen hingegen sämtli-

---

[2728] Vgl. dazu noch *unten B. II. 4.*

[2729] Dies gilt für *Deutschland, Italien* und *England*, vgl. *oben Kapitel 9, B., E., F.*

[2730] Zur Problematik des *kleinsten gemeinsamen Nenners* bei der Bestimmung eines Begriffs durch einzelne Kriterien vgl. *oben Kapitel 5, B. V.*

che teleologische Überlegungen für eine möglichst weitgehende Einbeziehung fremdstaatlicher Entscheidungsformen in den Schengener Begriff des *Urteils*:[2731]

Vom Aspekt der ***individuellen Rechtssicherheit*** des Beschuldigten her gesehen, wäre es unverständlich, ein weiteres Verfahren zuzulassen, nur weil die Erstentscheidung nicht auf einer Hauptverhandlung mit kontradiktorischer Erörterung und gegebenenfalls materiell unmittelbarer Beweisaufnahme basierte. Die verringerten Garantien der Wahrheitsfindung durch die Sachverhaltsfeststellung in der kontradiktorischen Hauptverhandlung werden in der Regel[2732] durch konsensuale Elemente[2733] ersetzt. Dies trifft auf die Verurteilungen der Abwesenheitsverfahren Frankreichs[2734] und der Niederlande ebenso zu wie auf diejenige auf der Basis eines italienischen *patteggiamento*. Diese Verfahrensformen sind zum Teil (*patteggiamento*) Spiegelbild des Voranschreitens der konsensualen Erledigungsformen in Europa und verleihen damit partiell einem anderen Konfliktlösungsmechanismus Ausdruck: dem Umgang mit Störungen des Rechtsfriedens in einer Gesellschaft durch konsensuale Aufarbeitung. Da diese Entwicklung in Europa insgesamt Raum greift,[2735] muß sie auch im Rahmen der *ne bis in idem*-Problematik berücksichtigt werden. Gerade auch die ***Strafverfolgungseffizienz*** läßt sich für eine Einbeziehung dieser Verfahrensabschlüsse und damit für einen Verzicht auf die Notwendigkeit einer Hauptverhandlung anführen. Dies wird erkennbar, wenn man sich die Alternativen dieses Verständnisses vor Augen führt: Entweder vervielfachte sich die Anzahl zulässiger Strafverfahren im Falle von sich innerhalb Europas überschneidenden Kompetenzen in den Fällen, in denen ein Verfahren ohne Hauptverhandlung gewählt wurde, da dieses dann ja keine Sperre für nachfolgende Verfahren darstellte. Oder der Beschuldigte drängt im ersten Verfahren bereits auf die Durchführung einer Hauptverhandlung – er legt beispielsweise nach einem Abwesenheitsurteil Einspruch ein, nur um eine Hauptverhandlung mit dem Ziel des Schutzes vor einem zweiten Verfahren zu provozieren, unabhängig davon, ob er die Entscheidung inhaltlich akzeptiert. Die erste Konstellation erweist sich als unter gesamteuropäischen, die zweite unter innerstaatlichen Effektivitätsgesichtspunkten kontraproduktiv. Auch unter dem Blickwinkel der ***kollektiven Rechtssicherheit***, die mittlerweile nicht mehr nur unter nationalstaatlichen Aspekten, sondern gleichermaßen unter Einbeziehung des gemeinsamen Raumes der Freiheit, der Sicherheit und des Rechts der Europäischen Union gesehen werden muß, wäre es nicht nachvollziehbar, nur verfahrensbeendende Entscheidungen mit Hauptverhandlung im Rahmen des Art. 54 zu berücksichtigen. Denn das Verlangen nach Verläßlichkeit und Verbindlichkeit beschränkt sich nicht auf diese Art der

---

[2731] Ähnl. auch *Radtke/Busch*: Transnationaler Strafklageverbrauch in der Europäischen Union, NStZ 2003, S. 281 ff., 283 f.. Zu den teleologischen Auslegungsaspekten vgl. im einzelnen bereits ***oben** Kapitel 4, B. IV. 2. b.*

[2732] Dies gilt nicht im Falle eines Freispruchs in den Abwesenheitsverfahren. Der Eintritt der strafklageverbrauchenden Wirkung setzt in diesem Fall nicht den Verzicht auf den Einspruch voraus, der dem Freigesprochenen dann gar nicht zur Verfügung steht. Vgl. dazu auch ***oben** Kapitel 12, C. V. 3. a., b.*

[2733] Vgl. dazu noch ***unten** B. II. 4.*

[2734] Vgl. dazu aber ***oben** B. I. Fn. 2707.*

[2735] Vgl. ***oben** Kapitel 12, E.*

Verfahrensabschlüsse.[2736] Dafür streitet letztlich auch folgender Gedanke: Gerade bei den weniger schwerwiegenden Straftaten wendet man vereinfachte Verfahren ohne Hauptverhandlung nicht zuletzt deshalb an, weil diese häufig auch leichter aufklärbar sind. Bereits an anderer Stelle wurde festgestellt, daß die jeweils notwendige Reaktion der Gesellschaft auf eine durch die Verletzung von Strafvorschriften verursachte Störung des Rechtsfriedens auch von der Schwere dieser Verletzung beeinflußt wird.[2737] Die Gesellschaft über den Verdacht einer Straftat zu beruhigen,[2738] erfordert bei geringeren Verstößen tendenziell weniger Aufwand als bei schweren Verbrechen. Würde man die Anerkennung von ausländischen Verfahrensabschlüssen also auf jene beschränken, die auf der Grundlage einer Hauptverhandlung erlassen wurden, so benachteiligte man gerade die Beschuldigten, die leichterer Taten verdächtigt oder überführt wurden. Denn ihnen drohte – im Gegensatz zu den mit dem Vorwurf eines gravierenden Deliktes Konfrontierten – eine erneute Verfolgung in einem anderen europäischen Staat.[2739]

Wenn daher das Kriterium der kontradiktorischen bzw. materiell unmittelbaren Hauptverhandlung nicht generell in die Definition des *Urteils* einfließt, so fragt sich, ob dies jedoch alternativ zum Konsens erfolgen soll. Eine Begriffsbestimmung wäre daher beispielsweise folgendermaßen zu verstehen:

> Ein *Urteil* im Sinne des Art. 54 ist eine richterliche verfahrensabschließende Entscheidung, die die Prüfung der Überzeugung von der Täterschaft voraussetzt und entweder auf einer kontradiktorischen bzw. materiell unmittelbaren Hauptverhandlung oder dem konsensualen Verhalten des Angeklagten beruht.

Eine solche alternative Definition schlösse aber Entscheidungen wie den Freispruch im Abwesenheitsverfahren aus. Diese wäre jedoch aus den obengenannten Gründen des Sinns und Zwecks der Schengener *ne bis in idem*-Vorschriften nicht gerechtfertigt.

Dies bedeutet, daß ein *Urteil* im Sinne des Art. 54 ***keine kontradiktorische*** oder gar ***materiell unmittelbare*** Hauptverhandlung voraussetzt. Vorerst bleibt es also bei dem bisherigen Ergebnis, nach dem ein *Urteil* eine richterliche, nach Prüfung der Überzeugung von der Täterschaft ergangene verfahrensabschließende Entscheidung sein muß.

[2736] Dies steht in einem engen Zusammenhang mit der Frage, ob das ausländische Strafverfahren geeignet ist, den Rechtsfrieden in Deutschland wiederherzustellen. *Lagodny*: Gutachten BMJ, 2001, S. 38 bejaht diese Frage für die Staaten der Europäischen Union zu recht. Angesichts der trotz aller Differenzen im einzelnen im Großen und Ganzen bestehenden Nähe zwischen den strafrechtlichen Ordnungen kann dies in normativer Hinsicht wohl bejaht werden.

[2737] *Kapitel 12, C. V. 1. a.*

[2738] Vgl. *Schmidhäuser*: Ziel des Strafprozesses, in: Bockelmann/Gallas (Hrsg.): FS Eb. Schmidt, 1961, S. 511 ff., 522: Definition von *Rechtsfrieden*.

[2739] Vgl. auch *EuGH* vom 11. 02. 2003, JZ 2003, S. 303 ff. (*Gözütok/Brügge*, mit Anm. *Kühne* = NJW 2003, S. 1173 ff.), Rn. 39, 40.

4. Konsens als Grundlage einer Entscheidung?

Das Ergebnis, daß konsensuale Elemente in einem Zusammenhang mit dem Maß der Rechtskraft stehen, veranlaßt die Frage, ob nicht auch dieses Merkmal in die Definition aufgenommen werden muß. Der Konsens ist immer Charakteristikum von Entscheidungen, die von den Verfahrensgarantien der regulären Hauptverhandlung abweichen. Dies trifft auf das englische Verfahren nach einer *guilty plea* zu, die beides, sowohl die Beweisaufnahme als auch die richterliche Überzeugung von der Schuld, überflüssig werden läßt. Ähnliches gilt für das italienische *patteggiamento*, bei dem die Einigung zwischen Staatsanwalt und Beschuldigtem die Beweisaufnahme erübrigt und die Anforderungen an die richterliche Überzeugungsbildung vermindert. Auch im Rahmen der Abwesenheitsverfahren kompensiert der durch Nichteinlegung des Einspruchs signalisierte passive Konsens des Verurteilten den nichtstreitigen Charakter der Verhandlung. Ein konsensuales Element kommt daher nur bei bestimmten Verfahrensformen zum Tragen. Da daher bereits eine *kumulative* Einbeziehung des Konsenses entfällt, stellt sich lediglich noch die Frage nach der *alternativen* Aufnahme in die Definition. Diese konnte insofern bereits ausgeschlossen werden, als der Konsens die kontradiktorische Hauptverhandlung als Methode der Sachverhaltsfeststellung kompensieren soll. Berücksichtigt werden muß der Konsens als formelles Schuldbekenntnis jedoch im Rahmen des besonderen Falles der *guilty plea*. Insoweit ersetzt das konsensuale Verhalten des Angeklagten die richterliche Überzeugung von der Schuld und bedarf einer Berücksichtigung in der Begriffsbestimmung.[2740]

III. Ergebnis: Definition des Urteils

Die Überlegungen über die Bedeutung der für den Strafklageverbrauch wesentlichen Kriterien im Rahmen der Definition des Urteils haben also ergeben:

Als ein Urteil *im Sinne des Art. 54 ist entweder eine* richterliche, *verfahrensabschließende Entscheidung, die die Prüfung der* Überzeugung *von der Täterschaft des Angeklagten voraussetzt, oder eine richterliche auf einem Schuldbekenntnis des Angeklagten basierende Verurteilung im englisch-adversarischen Verfahren (*guilty plea*) zu verstehen.*

C. Zusammenfassung

I. Stellt das *Urteil* im Sinne des Art. 54 also eine richterliche Verfahrensbeendigung, die die Prüfung der Überzeugung von der Täterschaft voraussetzt oder eine Verurteilung im englisch-adversarischen Verfahren aufgrund einer *guilty plea* dar, so können die in der Arbeit untersuchten prozeßabschließenden Entscheidungsformen anhand dieser Definition gemessen und gegebenenfalls unter den Begriff subsumiert werden:

2740 Vgl. *oben B. II. 2. a. E.*

1. Neben der englischen *guilty plea*-Verurteilung lösen in allen fünf Rechtsordnungen diejenigen Entscheidungen ein zwischenstaatliches *ne bis in idem* in den anderen europäischen Staaten aus, die auf dem *regulären Urteilsverfahren mit Hauptverhandlung* basieren.

2. Im *deutschen Strafverfahren* trifft dies darüber hinaus auch auf die Verurteilung durch *Strafbefehl* zu. Denn der für die Entscheidung über den Strafbefehlsantrag zuständige Strafrichter oder Vorsitzende des Schöffengerichtes hat zu prüfen, ob ihn das schriftlich vorliegende Tatsachenmaterial von der Täterschaft des Angeschuldigten überzeugt.

3. Durch Art. 54 vermittelte zwischenstaatliche Anerkennung beanspruchen im *französischen Verfahren* die *in Abwesenheitsverfahren ergangenen Urteile* (Freispruch und Verurteilung durch *jugement par défaut*, Freispruch im Rahmen des Kontumazverfahrens). Eine Ausnahme bildet allerdings die Verurteilung durch das für Verbrechen geltende Kontumazverfahren:[2741]

> Diese Entscheidung erwächst erst mit Ablauf der Vollstreckungsverjährung in Rechtskraft. Daraus folgt, daß bis zu diesem Zeitpunkt unter einer anderen europäischen Rechtsordnung ein zweites Verfahren eingeleitet werden darf. Wird dieses seinerseits aber dann durch rechtskräftiges Urteil beendet, besteht ein Verfahrenshindernis für die französische Verfolgung. In diesem Falle müßten sowohl sämtliche Maßnahmen der *exécution par effigie*[2742] als auch der Zustand eines drohenden Normalverfahrens bei Habhaftwerden des Verurteilten beendet werden.

Darüber hinaus werden auch Freispruch und Verurteilung in der *procédure simplifiée* durch *Strafbefehl* von Art. 54 erfaßt. In beiden Fällen prüft der Polizei- oder Korrektionalrichter seine Überzeugung von der Täterschaft des Angeklagten.

4. Neben dem regulären Urteilsverfahren verursacht von den *niederländischen Verfahrensabschlüssen* lediglich das *Abwesenheitsurteil*, das *verstekvonnis*, transnationalen Strafklageverbrauch im Schengenbereich. Alle anderen richterlichen Entscheidungsformen setzen nicht die Prüfung der Überzeugung von der Täterschaft voraus.

5. Alle *italienischen Verfahrensabschlüsse*, die unter der Bezeichnung *sentenza* ergehen, lösen im Rahmen des Art. 54 zwischenstaatliches *ne bis in idem* aus. Dies bedeutet, daß sowohl das gewöhnliche Urteilsverfahren (*dibattimento*), das Schnellverfahren (*guidizio direttissimo*) und das sofortige Hauptverfahren (*guidizio immediato*) als auch das abgekürzte Verfahren (*guidizio abbreviato*) und das Verfahren mit Strafzumessung auf Antrag der Parteien (*patteggiamento*) zu einem *Urteil* im Sinne des Art. 54 führen.[2743]

[2741] Vgl. *oben Kapitel 9, C. VI. 1.*

[2742] Dazu *oben Kapitel 9, C. VI. 1.*

[2743] Vgl. dazu *Kapitel 9, E.*

Über die hier angesprochenen Entscheidungsformen hinaus fällt auch der aus dem *procedimento per decreto*, dem italienischen *Strafbefehlsverfahren*[2744] resultierende Verfahrensabschluß unter die Voraussetzungen des Begriffs *Urteil*.

II. Anhand dieses Ergebnisses kann nun auch beurteilt werden, ob der *Europäische Gerichtshof* mit seiner Entscheidung zu Art. 54[2745] Auslegung betrieben oder das Recht fortgebildet hat: Indem der *Gerichtshof* zu dem Ergebnis gelangte, daß auch die vergleichsweise Verfahrensbeendigung durch die Staatsanwaltschaft ein *Urteil* im Sinne des Art. 54 darstellt, dieses also keine gerichtliche Entscheidung voraussetzt, knüpft sein Ergebnis nicht mehr an die vertragliche Fixierung durch die Vorschrift selbst an. Zwar kann nicht ohne weiteres behauptet werden, daß der *Gerichtshof* mit seinem Verständnis die Grenze des zwischenstaatlichen Sinnes des Wortes *Urteil* überschritten hätte. Denn ein übernationaler Sinn des Wortes *Urteil* ist eben gerade noch nicht im transnational-strafverfahrensrechtlichen Bereich etabliert. Er muß erst durch Auslegung ermittelt werden, weswegen der Maßstab für eine solche Beurteilung fehlt.[2746] Nicht zu verkennen ist indes, daß der *Gerichtshof* dem innerstaatlichen strafverfahrensrechtlichen Vorverständnis der im Schengener Durchführungsübereinkommen benutzten Bezeichnungen wie *Urteil, jugement* und *vonnis* inhaltlich keine Beachtung geschenkt hat. Damit hat er sich über die im Text gegebenen begrifflichen Anhaltspunkte hinweggesetzt und in dieser Hinsicht die Grenze des Wortsinns überschritten, das Recht also fortgebildet.[2747] Dies ist besonders unter dem Gesichtspunkt bedenklich, daß gerade in Bezug auf den *Europäischen Gerichtshof* die Legitimationskette zum Volk als dem Träger der Staatsgewalt nicht sehr ausgeprägt ist: Die Richter werden von den Regierungen der Mitgliedsstaaten, also der Exekutive, im gegenseitigen Einvernehmen ernannt.[2748] Rechtsfortbildung bewegt sich immer an der Grenze zum Gewaltenbereich der Legislative, bei der die Kompetenz zur Rechtsetzung nach demokratischem Verständnis beheimatet ist. Die Erweiterung der zwischenstaatlichen *ne bis in idem*-Vorschrift des Art. 54 auf staatsanwaltschaftliche Verfahrensabschlüsse ist Aufgabe der vertragsschließenden Schengenstaaten, nicht aber die eines Gerichtes.[2749]

In dem sich anschließenden Abschnitt, den *Schlußfolgerungen*, soll das bisherige Ergebnis der Arbeit vor dem Hintergrund der Rechtsentwicklung in Europa beleuchtet werden.

2744 Vgl. Art. 459 ff. ital. CPP. Dazu *Bogner*: Absprachen im deutschen und italienischen Strafprozeßrecht, 2000, S. 147 f. und *Tonini*: Procedura Penale, 2000, S. 543 ff.

2745 *EuGH* vom 11. 02. 2003, JZ 2003, S. 303 ff. (*Gözütok/Brügge*, mit Anm. *Kühne* = NJW 2003, S. 1173 ff.). Vgl. dazu *oben Kapitel 3, B. II.*

2746 Vgl. dazu *oben Kapitel 2, B.* und *Kapitel 5, B. VII.*

2747 Von *„unzulässiger Rechtsfortbildung"* sprechen in diesem Zusammenhang auch *Radtke/Busch*: Transnationaler Strafklageverbrauch in der Europäischen Union, NStZ 2003, S. 281 ff., 283.

2748 Art. 223 Abs. 1 EGV. Vgl. auch *Everling*: Richterliche Rechtsfortbildung, JZ 2000, S. 217 ff., 221 sowie *Schubarth*: Der europäische Richter, in: Donatsch et al. (Hrsg.): FS Trechsel, 2002, S. 93 ff., 103 ff.

2749 Vgl. auch *Mansdörfer*: Anm. zu EuGH vom 11. 02. 2003, StV 2003, S. 313 ff., 314, der von wünschenswerter „Selbstbeschränkung" der Rechtsprechung spricht.

Schlußfolgerungen

Im folgenden soll der Frage nachgegangen werden, ob die gemäß dem Auslegungsergebnis *de lege lata* geltende Fassung des Art. 54 eine ausreichende Gewährleistung des grenzüberschreitenden Strafklageverbrauchs bietet oder ob die Rechtslage in einem sich mehr und mehr vereinigenden Europa *de lege ferenda* eine Ausdehnung des Grundsatzes *ne bis in idem* im zwischenstaatlichen Bereich verlangt. Gegebenenfalls werden erste Grundzüge einer zu schaffenden Regelung skizziert.

A. Beschränkte Geltung des Schengener *ne bis in idem*

In der *Einleitung* wurde im Hinblick auf Art. 54 von einem Erfolg für die Beschuldigtenrechte unter transnationalen Aspekten gesprochen.[2750] Eine Einschränkung erfuhr diese Bemerkung allerdings aufgrund der mit dieser zwischenstaatlichen *ne bis in idem*-Vorschrift verbundenen Verständnisschwierigkeiten. Dieser zu Beginn der Untersuchung noch allgemein gehaltene Vorbehalt kann nun dahingehend präzisiert und modifiziert werden, daß die Schengener *ne bis in idem*-Regelung einen nur begrenzt wirkenden Beschuldigtenschutz ausübt. Denn bei weitem nicht alle innerstaatlich mit Strafklageverbrauch ausgestatteten Strafverfahrensabschlüsse erfahren mittels Art. 54 auch schengenweite Anerkennung und bewirken auf diese Weise eine Sperre gegenüber erneuter Verfolgung in den anderen Staaten. Dies ergab die rechtsvergleichende Auslegung des Begriffs des *Urteils* im Sinne des Art. 54. Eine Vielzahl von Verfahrensabschlußformen des nationalen Strafverfahrensrechts findet demnach keine durch die geltende Version des Schengener Durchführungsübereinkommens vermittelte Anerkennung im europäischen Ausland.[2751] Dies gilt beispielsweise auch für die niederländische Form der Erledigung eines Verfahrens *ad informandum*. Hier schließt sich der Kreis zu dem in der *Einleitung* genannten Fall *Dost*. Genauer betrachtet, wäre die Wiederholung dieser Konstellation nämlich auch heute – zumindest theoretisch – durchaus noch möglich und denkbar. Denn ein Teil der damals durch das *Düsseldorfer Landgericht* in einem zweiten Verfahren abgeurteilten Taten war zuvor im ersten niederländischen Prozeß lediglich *ad informandum* bei der Strafzumessung berücksichtigt worden. Insoweit lag demnach kein Verfahrensabschluß durch *Urteil* im Sinne des Art. 54 vor.

2750 Vgl. *oben Einleitung, C.*

2751 Zwar wird dem weiten rechtsfortbildenden Verständnis der Vorschrift durch den *EuGH* eine faktisch ausdehnende Wirkung nicht abzusprechen sein. Nicht vergessen werden darf jedoch, daß es sich um eine Entscheidung im Einzelfall handelt, die zwar auf gewisse Tendenzen für gegebenenfalls zukünftige, dem *EuGH* vorzulegende Fälle schließen läßt, gleichwohl aber noch viele Fragen hinsichtlich der Behandlung einzelner Verfahrensabschlußformen offenläßt. Vgl. dazu auch *Stein*: Meilenstein für das europäische „ne bis in idem", NJW 2003, S. 1162 ff., 1164.

B. Sicherheit *versus* Freiheit: Ein Ungleichgewicht zu Lasten des Beschuldigten

Dieses Ergebnis bestätigt einmal mehr den vielerorts geäußerten Befund, daß die europäische Zusammenarbeit im repressiven Bereich bereits wesentlich weiter gediehen ist als im Bereich des Beschuldigtenschutzes.[2752] Dies entspricht einem gesamteuropäischen Sicherheitsstreben,[2753] das mit innerstaatlichen Tendenzen[2754] zusammen- und damit auf fruchtbaren Boden fällt.[2755] Die Ausdehnung des den Sicherheitsgedanken repräsentierenden Strafrechts vollzieht sich in der nationalstaatlichen Gesetzgebungswirklichkeit Europas – zum Teil bereits beeinflußt durch europäische Vorgaben[2756] – nicht nur auf materiellrechtlichem, sondern gleichermaßen auf verfahrensrechtlichem Gebiet. *Kühne* hat diese Entwicklung der letzten Jahrzehnte für den deutschen Rechtsbereich anhand zahlreicher Beispiele nachgezeichnet.[2757] Mit dem Blick auf das Schaffen der bundesrepublikanischen Legislative in der jüngsten Vergangenheit kann sich dieser Ein-

---

2752 Vgl. *Schünemann*: Bürgerrechte ernst nehmen!, StV 2003, S. 116 ff., 122: „*zwei Geschwindigkeiten*“; *Murmann*: Über den Zweck des Strafprozesses, GA 2004, S. 65 ff., 85. Ähnl. auch *Nelles*: Europäisierung des Strafverfahrens, ZStW 1997, S. 727 ff., 730 (Europäisierung zur Zeit ausschließlich Verpolizeilichung des Strafverfahrens) und *Gleß/Lüke*: Strafverfolgung über die Grenzen hinweg, Jura 1998, S. 70 ff., 79. *Gleß*: Die „Verkehrsfähigkeit von Beweisen“ im Strafverfahren, ZStW 2003, S. 131 ff., 132 verdeutlicht die unterschiedlichen Ebenen der europaweiten Zusammenarbeit im Bereich der Strafverfolgung. Eine rudimentäre parlamentarische Kontrolle und Legitimation der Gesetzgebung bei der intergouvernementalen Zusammenarbeit im Bereich des Strafrechts konstatieren *Brüner/Spitzer*: Der Europäische Staatsanwalt, NStZ 2002, S. 393 ff., 396.

2753 Ablesen läßt sich dies beispielsweise an der Betonung „... *der dringenden Probleme, die sich aus dem Terrorismus, dem illegalen Drogenhandel und sonstigen schwerwiegenden Formen der internationalen Kriminalität ergeben ...*“ sowie des daraus resultierenden Bedarfs „... *einer Verbesserung der polizeilichen Zusammenarbeit zwischen den Mitgliedsstaaten*“ in den Erwägungsgründen des Übereinkommens aufgrund von Art. K.3 des Vertrages über die Europäische Union über die Errichtung eines Europäischen Polizeiamts (Europol-Übereinkommen, vgl. http://www.europol.eu.int > Legal > Convention). Vgl. auch *Böse*: Prinzip der gegenseitigen Anerkennung, in: Momsen et al. (Hrsg.): FS Maiwald, 2003, S. 233 ff., 238: „*Das gemeinsame Interesse der in der EU vereinigten Mitgliedsstaaten geht dahin, die Strafverfolgung auf nationaler Ebene durch eine verbesserte Zusammenarbeit zu fördern und insbesondere durch den Wegfall der Binnengrenzen keine Sicherheitsdefizite zuzulassen.*“

2754 Dazu *Nelles*: Europäisierung des Strafverfahrens, ZStW 1997, S. 727 ff., 731. Vgl. auch *Greve*: Criminal law in the 21st century, in: Blume (ed.): Legal Issues, 1999, S. 37 ff., 49: „*The largest problem for criminal policy-making today, is that in many countries criminal policy has become an arena for politicians, who pander to the lowest prejudices of their voters, and who therefore need all sorts of symbolic legislation.*“

2755 An zusätzlichem Schub gewannen diese Tendenzen durch die Anschläge am 11. 09. 2001: Sowohl der Vorschlag für einen Rahmenbeschluß zur Terrorismusbekämpfung (KOM [2001] 521 endgültig, Abl. C 332 E vom 27. 11. 2001, S. 300 ff.) als auch der Vorschlag für einen Rahmenbeschluß über den Europäischen Haftbefehl (KOM [2001] 522 endgültig, Abl. C 332 E vom 27. 11. 2001, S. 305 ff.) wurden am 19. 09. 2001 von der Kommission vorgelegt.

2756 Dazu vgl. *Albrecht*: Die vergessene Freiheit, 2003, S. 44.

2757 *Kühne*: Der erstaunliche Bedeutungszuwachs des Strafrechts, in: Britz et. al (Hrsg.): FS Müller-Dietz, 2001, S. 419 ff., 420 ff. (zum materiellen Strafrecht), 426 ff. (zum formellen Strafrecht).

druck nur verfestigen: Man denke nur an das am 01. Januar 2002 in Kraft getretene umfangreiche Paket zur Bekämpfung des internationalen Terrorismus,[2758] durch das „... *zahlreiche Sicherheitsgesetze der neuen Bedrohungslage angepaßt* ...“[2759] wurden, um Kompetenzen der Sicherheitsbehörden zu erweitern sowie Kontroll- und Überwachungsmöglichkeiten auszubauen.[2760] Im Jahre 2002 wurde mit § 66a StGB die vorbehaltene Sicherungsverwahrung geschaffen,[2761] die, wie *Fischer* zu recht hervorhebt, „... *im Kern polizeirechtlicher Natur und mit dem Rechtsfolgensystem des StGB kaum vereinbar* ...“[2762] ist. Sie gestattet dem Tatgericht, die spätere Anordnung der Sicherungsverwahrung bei der Verurteilung vorzubehalten, wenn zu diesem Zeitpunkt nicht mit hinreichender Sicherheit festgestellt werden kann, ob der Täter für die Allgemeinheit gefährlich ist.[2763] In den anderen europäischen Staaten zeichnet sich ein ähnliches Bild ab: *Greve* weist darauf hin, daß in vielen Ländern Europas durch die Gesetzgebung zum einen die Unschuldsvermutung, zum anderen das Erfordernis der Verhältnismäßigkeit angegriffen werden.[2764] So hat man in Dänemark die Eigentumskonfiszierung mit umgekehrter Beweislast gegen wegen Handels mit Betäubungsmitteln oder anderer schwerer Delikte Verurteilte eingeführt.[2765] Der französische Gesetzgeber hat erst unlängst ein *Loi pour la sécurité intérieure*[2766] verabschiedet, welches unter dem Aspekt des „*Grundrechts auf Sicherheit*“[2767] unter anderem die territorialen Kompetenzen der *police judiciaire* ausdehnt,[2768] die Eingriffsschwelle für eine polizeiliche Identitätskontrolle vermindert,[2769] die in Art. 63-1 Abs. 1 CPP ursprünglich vorgese-

---

2758 Gesetz zur Bekämpfung des internationalen Terrorismus (Terrorismusbekämpfungsgesetz) vom 09. 01. 2002, BGBl. 2002 I, S. 361 ff. Vgl. auch *oben Fn. 2755*.

2759 *Bundesministerium des Innern*: Gesetz zur Bekämpfung des internationalen Terrorismus (http://www.bmi.bund.de/dokumente/Artikel/ix_66918.htm, Std. 25. 04. 2004).

2760 Krit. *Albrecht*: Die vergessene Freiheit, 2003, S. 16 f.

2761 Gesetz zur Einführung der vorbehaltenen Sicherungsverwahrung vom 21. 08. 2002, BGBl. 2002 I, S. 3344 ff. Zur kriminalpolitischen Bedeutung vgl. *Tröndle/Fischer*: StGB, 2003, § 66a, Rn. 2.

2762 *Tröndle/Fischer*: StGB, 2003, § 66a, Rn. 2.

2763 Vgl. zur Sicherungsverwahrung auch die umfassende Untersuchung von *Kinzig*: Die Sicherungsverwahrung auf dem Prüfstand, 1996.

2764 *Greve*: Criminal law in the 21st century, in: Blume (ed.): Legal Issues, 1999, S. 37 ff., 44.

2765 Vgl. *Greve*: Criminal law in the 21st century, in: Blume (ed.): Legal Issues, 1999, S. 37 ff., 44. Die nach § 43a StGB in Deutschland ursprünglich mögliche Verhängung der Vermögensstrafe ist durch Entscheidung des *Bundesverfassungsgerichts* (vom 20. 03. 2002, NJW 2002, S. 1779 ff.) für verfassungswidrig und nichtig erklärt worden (vgl. BGBl. 2002 I, S. 1340).

2766 Gesetz Nr. 2003-239 vom 18. 03. 2003, JO Nr. 66 vom 19. 03. 2003, S. 4761 ff.

2767 Vgl. Art. 1 dieses Gesetzes (Änderung des Art. 1 des Gesetzes Nr. 95-73 vom 21. 01. 1995 d'orientation et de programmation relative à la sécurité): „La sécurité est un droit fondamental et l'une des conditions de l'exercice des libertés individuelles et collectives.“ Generell äußerst krit. zum Grundrecht auf Sicherheit: Albrecht: Die vergessene Freiheit, 2003, S. 39 ff.

2768 Art. 8 des Gesetzes: Änderung des Art. 18 Abs. 4 CPP insofern, als das unter bestimmten Voraussetzungen zulässige frankreichweite Agieren der Hilfsbeamten der Staatsanwaltschaft nun nicht mehr wie früher an einen „*cas d'urgence*“ gebunden ist.

2769 Art. 10 des Gesetzes: Änderung des Art. 78-2 Abs. 1 CPP, indem die Verdachtsvoraussetzungen von ursprünglich „*un indice faisant présumer*“ ersetzt werden durch „*une ou plusieurs raisons plausibles de soupçon-*

hene Belehrung des sich in Polizeigewahrsam Befindlichen über sein Schweigerecht abschafft[2770] und die Vorschriften über DNA-Analyse und –Zentralregister[2771] erweitert.[2772] Aufzählen ließen sich an dieser Stelle weitere Modifikationen des *Code de procédure pénale*, die sämtlich dem Ausbau der Befugnisse der Strafverfolgungsorgane dienen.[2773] In ganz Europa wird die dem Effizienzgedanken unterworfene Entwicklung und die damit verbundene Verpolizeilichung des Strafverfahrens konstatiert, da „... *sich der Schwerpunkt der klassischen Aufgaben der Ermittlungsorgane praktisch immer weiter nach vorne verlagert.*"[2774] Faktisch ist beispielsweise in der Regel nicht mehr die Staatsanwaltschaft, sondern die Polizei Herrin des Ermittlungsverfahrens.[2775]

Auf der Ebene der europäischen Zusammenarbeit schuf man in den vergangenen Jahren insbesondere Europol[2776] und den Europäischen Haftbefehl.[2777] Der Rahmenbeschluß zum Europäischen Haftbefehl muß bis zum 31. Dezember 2003 in nationales Recht umgesetzt werden.[2778] Zudem ist im Rahmen der Verfolgung von Straftaten gegen die finanziellen Interessen der Gemeinschaft der Aufbau einer Europäischen Staatsanwaltschaft geplant.[2779] Insoweit haben sich bislang insbesondere drei Problemkreise herauskristallisiert: Erstens hat die *Kommission* in ihrem *Grünbuch zum strafrechtlichen Schutz*

---

ner". Eine erste Einschätzung dieser Formulierung ergibt, daß darin ein Verzicht auf den tatsächlichen Anknüpfungspunkt liegt.

2770 Art. 19 des Gesetzes.

2771 Vgl. Art. 706-54 – 706-56 CPP.

2772 Art. 29 des Gesetzes: Insbesondere ist die Aufbewahrung des genetischen Fingerabdruckes nicht nur mehr – wie früher – lediglich im Falle der Verurteilung, sondern auch schon bei Wahrscheinlichkeit der Täterschaft gestattet. Darüber hinaus wurde der Kreis der betroffenen Delikte ausgedehnt.

2773 Z. B. strafbewehrte Datenauskunftspflicht der öffentlichen Organisationen und der juristischen Personen des Privatrechts (Art. 60-1 CPP n. F.); Einführung einer präventiv-polizeilich zu qualifizierenden Vorschrift, die die Fahrzeugkontrolle „*[p]our prévenir une atteinte grave à la sécurité des personnes et des biens* ..." gestattet (Art. 78-2-4 CPP).

2774 *Eser*: Entwicklung des Strafverfahrensrechts in Europa, ZStW 1996, S. 86 ff., 94. Vgl. auch *Nelles*: Europäisierung des Strafverfahrens, ZStW 1997, S. 727 ff., 731; *Jung*: Einheit und Vielfalt, GA 2002, S. 65 ff., 66.

2775 Vgl. für Deutschland: *Heinz*: Die Staatsanwaltschaft im statistischen Graufeld, in: Albrecht et al. (Hrsg.): FS Kaiser, 1. Hb., 1998, S. 85 ff., 86.

2776 Vgl. Übereinkommen aufgrund von Art. K.3 des Vertrages über die Europäische Union über die Errichtung eines Europäischen Polizeiamts (Europol-Übereinkommen, vgl. http://www.europol.eu.int > Legal > Convention, Std. 25. 04. 2004).

2777 Vgl. *Rat der EU*: Rahmenbeschluß Europäischer Haftbefehl, Abl. L 190 vom 18. 07. 2002, S. 1 ff. Vgl. dazu auch *oben Fn. 2755*.

2778 Vgl. Art. 34 Abs. 1 des Rahmenbeschlusses. *Schünemann*: Bürgerrechte ernst nehmen!, StV 2003, S. 116 ff., 120 betrachtet den deutschen Gesetzgeber als durch den Rahmenbeschluß nicht wirksam verpflichtet, weil das demokratische Prinzip dem Bürger letztlich garantiert, grundsätzlich nur nach denjenigen Strafgesetzen eingesperrt zu werden, an deren Entstehung er als Aktivbürger mitwirken konnte.

2779 Vgl. *Kommission*: Grünbuch zum strafrechtlichen Schutz, KOM (2001) 715 endgültig. Zur bisherigen Entstehungsgeschichte vgl. *Brüner/Spitzer*: Der Europäische Staatsanwalt, NStZ 2002, S. 393 ff. sowie auch *Schünemann*: Bürgerrechte ernst nehmen!, StV 2003, S. 116 ff., 117.

der finanziellen Interessen der Europäischen Gemeinschaften und zur Schaffung einer Europäischen Staatsanwaltschaft vorgesehen, daß richterliche Entscheidungen im Vorverfahren von den anderen Staaten anerkannt werden müssen.[2780] Zweitens soll dem Europäischen Staatsanwalt bei der Wahl des Gerichtsstands Ermessen zustehen.[2781] Schließlich soll das Verfahren drittens dem Prinzip der gegenseitigen Zulassung der Beweismittel folgen[2782] – demnach wäre jeder Staat verpflichtet, jedes Beweismittel im Gerichtsverfahren zu gestatten, das nach dem innerstaatlichen Recht eines anderen Mitgliedsstaates rechtmäßig erhoben wurde.[2783] Alle drei Vorschläge geben Anlaß zur Frage nach dem angemessenen Schutz der Verteidigungsrechte. Denn insbesondere diese Verschmelzung würde dem Europäischen Staatsanwalt eine weitgehend unkontrollierte Freiheit einräumen, sich jeweils diejenige Rechtsordnung zu eigen zu machen, die im konkreten Fall die für die Durchsetzung der Verfolgungsinteressen günstigste ist.[2784] Letztlich bestünde die Gefahr, daß die Verfahrensrechte auf diese Weise auf ein Minimum reduziert werden, welches in seiner Gesamtheit aufgrund des Zusammenspiels der jeweiligen Mindeststandards unter dem jedes einzelnen Mitgliedsstaates liegt.[2785] Daraus folgte eine Zerstörung des jeder Strafverfahrensordnung eigenen ausgewogenen Gleichgewichts zwischen den Belangen von Verfolgung und Verteidigung.[2786] Insbesondere wird zu Recht bezweifelt, ob die Verteidigung in der Lage ist, in Anbetracht einer länderübergreifend operierenden und infolgedessen schlagkräftigen Staatsanwaltschaft die daraus erwachsenden organisatorischen und finanziellen Probleme angemessen zu bewältigen.[2787] Diese Vorbehalte haben

---

2780 Vgl. *Kommission*: Grünbuch zum strafrechtlichen Schutz, KOM (2001) 715 endgültig, 6.2.3.1., S. 55 ff. Dazu auch *Schünemann*: Bürgerrechte ernst nehmen!, StV 2003, S. 116 ff., 119: „*Noch prekärer sind die Komplikationen, die sich aus den in den einzelnen Mitgliedsstaaten höchst unterschiedlichen Kautelen und Anordnungsschwellen zunächst bei der Vollstreckung und sodann bei der etwaigen späteren beweismäßigen Verwertung ergeben.*“

2781 Vgl. *Kommission*: Grünbuch zum strafrechtlichen Schutz, KOM (2001) 715 endgültig, 6.3.1., S. 61.

2782 Zum Konzept des europaweit verkehrsfähigen Beweises und seinen Problemen vgl. eingehend *Gleß*: Die „Verkehrsfähigkeit von Beweisen“ im Strafverfahren, ZStW 2003, S. 131 ff.

2783 Vgl. *Kommission*: Grünbuch zum strafrechtlichen Schutz, KOM (2001) 715 endgültig, 6.3.4., S. 64 ff. Dazu krit. *Biehler* et al. *(MPI für Strafrecht)*: Analyse des Grünbuchs zum strafrechtlichen Schutz, 2002, S. 80 ff. und *Schünemann*: Bürgerrechte ernst nehmen!, StV 2003, S. 116 ff., 121: „*Meistbegünstigung der Staatsanwaltschaft*“.

2784 Auf die Gefahr des *forum shopping* weisen auch *Biehler* et al. *(MPI für Strafrecht)*: Analyse des Grünbuchs zum strafrechtlichen Schutz, 2002, S. 79 und *Eur. Parl.*: Bericht über Grünbuch zum strafrechtlichen Schutz, A5-0048/2003 endgültig, S. 10 hin. Zu der im Konsultationsverfahren geäußerten Kritik an unzureichend gewährleisteten Verfahrensgarantien vgl. *Kommission*: Follow-up. Grünbuch zum strafrechtlichen Schutz, KOM (2003) 128 endgültig, 3.2.2.2., S. 18 ff.

2785 So auch *Schünemann*: Bürgerrechte ernst nehmen!, StV 2003, S. 116 ff., 119: „... Kumulation der jeweils niedrigsten Eingriffsschwelle und geringsten Kautel ..., *daß also der 'Raum der Freiheit, der Sicherheit und des Rechts' dadurch gekennzeichnet wäre, daß eine Nivellierung der Bürgerrechte auf das jeweils niedrigste Niveau im Querschnitt aller Mitgliedsstaaten stattfindet.*“ (Hervorhebung im Original).

2786 Für ungenügend halten auch *Biehler* et al. *(MPI für Strafrecht)*: Analyse des Grünbuchs zum strafrechtlichen Schutz, 2002, S. 83 f. den Grundrechtsschutz durch das für den europäischen Staatsanwalt vorgeschlagene Verfahren.

2787 Vgl. *Schünemann*: Bürgerrechte ernst nehmen!, StV 2003, S. 116 ff., 118, der deshalb den Vorschlag einer aus den Finanzmitteln der Europäischen Gemeinschaften zu finanzierenden europäischen notden vom *Europäischen Parlament* zur Prüfung des *Grünbuches* beauftragten *Haushaltsausschuß* veranlaßt zu fordern, daß das vorgeschlagene System „... *unbedingt verbessert und ergänzt werden muß, um sicherzustellen, daß bei der Arbeit der neuen Institution die Grundrechte, insbesondere die Rechte jener Bürger, gegen die der Europäische Staatsanwalt ermittelt, geachtet werden* ...".[2788] Der Umsetzung des Grünbuch-Entwurfes von der Europäischen Staatsanwaltschaft in der geschilderten Form ist daher erfreulicherweise zunächst einmal Einhalt geboten. Wie auch im Rahmen des Konzeptes der Europäischen Staatsanwaltschaft funktioniert auch der Europäische Haftbefehl gemäß dem Prinzip der gegenseitigen Anerkennung.[2789] Demzufolge sind die Staaten der Europäischen Union grundsätzlich verpflichtet, jeden in einem der anderen Mitgliedsstaaten erlassenen Haftbefehl zu vollstrecken, der die Festnahme und Übergabe einer gesuchten Person zur Strafverfolgung oder zur Vollstreckung durch den anderen Mitgliedsstaat bezweckt.[2790] Dies birgt die Gefahr einer „... *europaweite[n] Herrschaft des jeweils punitivsten Strafrechts und damit ... [der] Schaffung eines 'Raumes der Unfreiheit und der Unsicherheit'*."[2791]

Zwischen der offenbar eher vorhandenen Bereitschaft zur Anerkennung in anderen Staaten ergangener Entscheidungen, die wie der ausländische Haftbefehl[2792] zu einer Beschränkung von Freiheitsrechten führen,[2793] und der Zurückhaltung bei der für den Beschuldigten günstigen Anerkennung ausländischer Verfahrensabschlüsse besteht eine we-

---

wendigen Verteidigung vorbringt, um tatsächlich „*Raum der Freiheit, der Sicherheit und des Rechts*" zu schaffen.

2788 *Eur. Parl.*: Bericht über Grünbuch zum strafrechtlichen Schutz, A5-0048/2003 endgültig, S. 8.

2789 Vgl. insb. Erwägungsgründe (2) und (6) des Rahmenbeschlusses: *Rat der EU*: Rahmenbeschluß Europäischer Haftbefehl, Abl. L 190 vom 18. 07. 2002, S. 1 ff., 1. Zum Prinzip der gegenseitigen Anerkennung in der justiziellen Zusammenarbeit generell vgl. insb. auch *Europ. Rat (Tampere)*: Schlußfolgerungen, 15./16. 10. 1999, Rn. 33 ff.

2790 Vgl. Art. 1 des Rahmenbeschlusses (*Rat der EU*: Rahmenbeschluß Europäischer Haftbefehl, Abl. L 190 vom 18. 07. 2002, S. 1 ff., 2).

2791 *Schünemann*: Bürgerrechte ernst nehmen!, StV 2003, S. 116 ff., 119. Aufgrund dessen erscheint die Schlußfolgerung, das Prinzip der gegenseitigen Anerkennung im Rahmen des Europäischen Haftbefehls lasse die Rechtsposition des Verfolgten im wesentlichen unangetastet, fragwürdig (so aber *Böse*: Prinzip der gegenseitigen Anerkennung, in: Momsen et al. [Hrsg.]: FS Maiwald, 2003, S. 233 ff., 246).

2792 Vgl. darüber hinaus zur Anerkennung bzw. Vollstreckung von Anordnungen im Rahmen des Ermittlungsverfahrens wie Sicherstellung von Beweismaterial, Einfrieren von Guthaben oder Festnahme von Personen *Rat der EU*: Maßnahmenprogramm, Abl. C 12 vom 15. 01. 2001, S. 10 ff., 14 ff.

2793 Zu Prinzip der „gegenseitigen Anerkennung" hinsichtlich Haftbefehl, Entscheidungen im Ermittlungsverfahren und Verwertbarkeit von Beweisen sehr krit. auch *Schünemann*: Bürgerrechte ernst nehmen!, StV 2003, S. 116 ff., 119: „*Man darf deshalb ohne Übertreibung den Grundsatz der Anerkennung zum Totengräber eines auf der Idee der Ausbalancierung von Verfahrensrollen beruhenden fair trial erklären.*" Die Geschichte des Prinzips der gegenseitigen Anerkennung im Gemeinschaftsrecht beschreibt *Böse*: Prinzip der gegenseitigen Anerkennung, in: Momsen et al. (Hrsg.): FS Maiwald, 2003, S. 233 ff., 234. Zu recht konstatiert *Böse*: Prinzip der gegenseitigen Anerkennung, in: Momsen et al. (Hrsg.): FS Maiwald, 2003, S. 233 ff., 247, 249, daß die richterliche Anordnung von Ermittlungsmaßnahmen „... *gerade nicht auf die Verwirklichung von Freiheitsrechten gerichtet ist, sondern ... in ... Grundrechte [des Beschuldigten eingreift,* die *Verf.]*", weshalb er eine großzügige Anerkennungspraxis angesichts des derzeitigen Harmonisierungsstandes zwischen den Strafverfahrensrechtsordnungen für verfehlt hielte.

sentliche Diskrepanz, die durch die oben bereits angesprochene, noch immer dem sogenannten Netzgedanken[2794] verhaftete Ausdehnung der Strafgewalten der Staaten in ihrer Wirkung verschärft wird.[2795] Damit wird ein dichtmaschiges Flechtwerk geschaffen, um die Verfolgung von Verdächtigen in jeder Beziehung sicherzustellen. Vor allem aber soll auch verhindert werden, daß Straftaten „... *unter Ausnutzung gerade dieser aus dem gegenwärtigen zersplitterten europäischen Strafrechtsraum resultierenden Unterschiede hinsichtlich Zuständigkeits-, Beweis- und Rechtsschutzregeln gestaltet werden, um eine erfolgreiche Strafverfolgung erheblich zu erschweren oder gar unmöglich zu machen.*“[2796] Bewußt oder unbewußt wird dabei indessen übersehen, daß sich mit den ergriffenen Gegenmaßnahmen das Gewicht zugunsten der Strafverfolgungsbehörden neigt, die sich ihrerseits nun die aus der strafrechtlichen Fragmentierung Europas resultierenden Differenzen zunutze machen und das Streben nach der geringsten Eingriffsschwelle und der höchsten Verurteilungschance erkennen lassen.[2797]

Die Ursachen dieser Entwicklung sind in einer gegenwärtig sehr starken Betonung der Sicherheit[2798] als Wert gegenüber der Freiheit und als deren Voraussetzung zu sehen. So läßt sich im Aktionsplan des Rates und der Kommission zur bestmöglichen Umsetzung der Bestimmungen des Amsterdamer Vertrags über den Aufbau eines Raumes der Freiheit, der Sicherheit und des Rechts nachlesen, „*[d]ie Vorteile eines Raumes der Freiheit können in vollem Umfang nur in einem Umfeld genossen werden, in dem sich die Menschen völlig sicher fühlen.*“[2799] Damit korrespondiert das an gleicher Stelle vermittelte Verständnis des Freiheitsbegriffes, der „... *auch ... die Gewißheit [beinhaltet], daß die Behörden (auf nationaler Ebene, auf Ebene der Union und darüber hinaus) alles in ihrer individuellen Macht Stehende tun, um gegen diejenigen vorzugehen, die diese Freiheit nicht anerkennen oder sie mißbrauchen.*“ Solch ehrgeizige Zielsetzungen geben Anlaß zu Fragen: Was ist mit „*völliger Sicherheit*“ gemeint? Läßt sich mit dem Streben nach einer sogenannten völligen Sicherheit nicht letztlich jede, auch

---

2794 Zum Begriff vgl. *Lagodny*: Viele Strafgewalten, in: Donatsch et al. (Hrsg.): FS Trechsel, 2002, S. 253 ff., 263.

2795 Dies widerspiegelt zudem, daß die Mitgliedsstaaten keine Beschränkung ihres als Ausdruck staatlicher Souveränität verstandenen Gewaltmonopols akzeptieren wollen (vgl. *Nelles*: Europäisierung des Strafverfahrens, ZStW 1997, S. 727 ff., 746).

2796 *Brüner/Spitzer*: Der Europäische Staatsanwalt, NStZ 2002, S. 393 ff., 397 zu den vorliegenden Erfahrungen aus der praktischen Arbeit von OLAF bei der Verfolgung von Straftaten zum Nachteil des EU-Haushalts.

2797 Dies unterstützen wohl auch *Brüner/Spitzer*: Der Europäische Staatsanwalt, NStZ 2002, S. 393 ff., 397.

2798 *Rechts*sicherheit als Grund der Geltung des *ne bis in idem*-Prinzips ist allerdings nicht Ausdruck des Sicherheitsgedankens im hier verstandenen Sinne, sondern bezweckt den Schutz gegen den Staat und offenbart sich damit als Ausprägung der Freiheit. Denn Freiheit ist Schutz vor obrigkeitlicher Gewalt. Nicht umsonst findet man gerade in Staaten, die *Albrecht*: Die vergessene Freiheit, 2003, S. 28 ff. als „*freiheitsverzehrende Sicherheitsstaaten*“ bezeichnet, eine profunde Mißachtung der Idee der Rechtssicherheit. Vgl. zur DDR i. d. Zshg. – m. w. N. – auch *Arzt*: Amerikanisierung der Gerechtigkeit, in: Schmoller (Hrsg.): FS Triffterer, 1996, S. 527 ff., 538.

2799 Vgl. *Rat der EU/Kommission der EU*: Aktionsplan zur bestmöglichen Umsetzung der Bestimmungen des Amsterdamer Vertrags, Abl. C 19 vom 23. 01. 1999, S. 1 ff., 3. Vgl. dazu *Albrecht*: Die vergessene Freiheit, 2003, S. 12, 39 ff.: „*Wird in Zeiten akuter Bedrohung öffentlicher Sicherheit von der Politik die Parole 'Freiheit' durch Sicherheit ausgegeben, so bezeichnen wir das als 'Antithese europäischer Aufklärung'.*“

noch so weitgehende Beschränkung der Freiheit rechtfertigen? Ist es nicht außerdem eine Fiktion anzunehmen, daß irgendwann ein solcher Zustand erreicht werden könnte? Wird schließlich nicht mit der Bezugnahme auf die Gruppe derjenigen, *„die die Freiheit nicht anerkennen oder sie mißbrauchen"*, deren unproblematische Erkennbarkeit und ausschließliche Betroffenheit von den in der Macht der Behörden stehenden Maßnahmen suggeriert?

Auf der Welle des Strebens nach Sicherheit konnte die Zusammenarbeit bei der grenzüberschreitenden Strafverfolgung große Sprünge nach vorn machen. Zurück blieb der Schutz der Freiheit, die nicht Schritt halten konnte mit der Geschwindigkeit der Vernetzung europäischer Verfolgungsstrukturen, die durch in den Mittelpunkt gerückte Bedrohungen vorangepeitscht wurde. *„Das Erbe europäischer Aufklärung verpflichtet indes zum Schutz der Freiheit, weil das Gegenkonzept der Verheißung totaler Sicherheit die Grundlagen dessen gefährdet, was es zu schützen vorgibt.*"[2800] Dem bleibt nichts hinzuzufügen.

Aus dieser Entwicklung im europäischen Raum resultiert ein Ungleichgewicht, das oftmals zu Lasten des Beschuldigten geht,[2801] sieht er sich doch mit den Resultaten der in Kooperation zwischen den Strafverfolgungsbehörden verschiedener Staaten geführten Ermittlungen konfrontiert, obwohl er umgekehrt unter Umständen doch noch mit mehrfachen Verfahren aufgrund einer einzigen Tat rechnen muß.

C. Der Europäische Gerichtshof: Ausgleich durch Rechtsfortbildung?

Der *Europäische Gerichtshof* hat dies nun offenbar zum Anlaß genommen, dieses Mißverhältnis durch rechtsfortbildende Rechtsprechung ansatzweise zugunsten des Beschuldigten zu beheben. Damit allerdings hat er ein neues Ungleichgewicht geschaffen. Denn indem er sich mit seinem Verständnis vom Vertragstext der Schengener ***ne bis in idem***-Regelungen löste und sich auf diese Weise über die vertraglich vereinbarte Substanz des Art. 54 hinwegsetzte, hat er seinen Kompetenzbereich zu Lasten der Legislative im europäischen Bereich überschritten. Dies ist besonders angesichts der Besetzungs- und Wiederwahlmechanismen des Europäischen Gerichtshofes bedenklich.[2802] Wenngleich das

---

2800 *Albrecht*: Die vergessene Freiheit, 2003, S. 11. Auf das „verfahrensrechtliche Paradoxon" zwischen weitest möglichem Schutz der Rechtssphäre des Bürgers vor Kriminalität (Freiheit) und der Beeinträchtigung eben dieser Rechtssphäre durch die schützenden Aktivitäten (Sicherheit) geht auch *Kühne*: Der erstaunliche Bedeutungszuwachs des Strafrechts, in: Britz et. al (Hrsg.): FS Müller-Dietz, 2001, S. 419 ff., 425 ein.

2801 Die *Kommission* ist allerdings bestrebt, den Schutz der Beschuldigtenrechte im europäischen Bereich zu verbessern: vgl. *Kommission*: Grünbuch. Verfahrensgarantien in Strafverfahren, KOM (2003) 75 endgültig.

2802 Vgl. dazu oben *Kapitel 13, C. II.* sowie *Schubarth*: Der europäische Richter, in: Donatsch et al. (Hrsg.): FS Trechsel, 2002, S. 93 ff., 103 ff. und *Albrecht*: Die vergessene Freiheit, 2003, S. 151.

Resultat auch in diesem Einzelfall im Ergebnis durchaus begrüßenswert erscheint,[2803] kann es nicht der richtige Weg sein, eine Schieflage durch Schaffung einer zweiten zu beseitigen.[2804] Dies muß letztlich immer Stückwerk bleiben. *De lege ferenda* zu fordern ist deshalb eine Ausweitung der europäischen *ne bis in idem*-Vorschriften.[2805] Geschähe dies, so könnte sich der *Europäische Gerichtshof* auf sein eigentliches Metier, die Rechtsprechung, beschränken und müßte nicht auf originär legislative Gebiete zugreifen.

D. Gebotene legislative Ausdehnung der europäischen *ne bis in idem*-Regelung

Eine Erweiterung der im europäischen Rechtsraum zwischenstaatlich geltenden *ne bis in idem*-Regelungen erscheint deshalb ebenso wünschenswert wie notwendig.[2806]

Wünschenswert ist eine ausgedehntere gegenseitige Anerkennung der strafverfahrensbeendenden Entscheidungen nicht nur aus der europäisch-strafprozessualen Gesamtperspektive, die eine Balance zwischen den Rechten der Beschuldigten und den Befugnissen der Verfolgungsbehörden gebietet. Auch die ureigensten Gründe für die Existenz der Regel *ne bis in idem* an sich, ihr Sinn und Zweck sprechen sämtlich für eine möglichst umfassende Berücksichtigung von Verfahrensabschlüssen. Die bereits im Rahmen der teleologischen Auslegung genannten Argumente[2807] gelten nicht nur im Bereich der Interpretation, sondern gehen darüber hinaus und erstrecken sich auch auf den rechtspolitischen Bereich.[2808] Insbesondere in Anbetracht der maßgeblichen Bedeutung der bislang vom Wortlaut des Art. 54 nicht erfaßten Erledigungsformen in der strafprozessualen Praxis wird die Dringlichkeit einer neuen Fassung des transnationalen Mehrfachverfolgungsverbotes augenscheinlich:

2803 Vgl. *Stein*: Meilenstein für das europäische „ne bis in idem", NJW 2003, S. 1162 ff., 1163 sowie *unten C.*

2804 Darauf, daß die Methodik der Argumentation des *EuGH* auch auf Fälle übertragen werden kann, in denen in Rechte von Beschuldigten eingegriffen wird, weist auch *Mansdörfer*: Anm. zu EuGH vom 11. 02. 2003, StV 2003, S. 313 ff., 315 hin.

2805 Vgl. dazu auch den Freiburger Vorschlag: *Biehler/Kniebühler/Lelieur-Fischer/Stein* (eds.): Freiburg Proposal, 2003.

2806 Ebenso van den *Wyngaert/Stessens*: International non bis in idem, ICLQ 1999, S. 779 ff., 804 („*At least in some respects, the time seems ripe to move ahead and to adopt a broader concept of non bis in idem. The Schengen Convention put in place the skeleton of a European ne bis in idem protection. It is now time to put some more flesh to its bones.*") und *Vander Beken/Vermeulen/Lagodny*: „Beste" Strafgewalt in Europa, NStZ 2002, S. 624 ff., 624 („*Mit Art. 54 SDÜ existiert ein beachtliches europäisches Ne-bis-in-idem. Es hat sich jedoch bereits als möglicherweise zu eng herausgestellt.*").

2807 Vgl. dazu *Kapitel 4, B. IV. 2. b.* und *Kapitel 13, B. II. 3.*

2808 Vgl. i. d. Zshg. auch zur Nähe zwischen Auslegung und Rechtsfortbildung insbesondere im teleologischen Bereich oben *Kapitel 3, B. II. 2.* m. w. N.

So erledigt die Staatsanwaltschaft in *Deutschland* beispielsweise nahezu halb so viele Verfahren durch Einstellung mit Auflage wie sie Sachen zur Anklage bringt.[2809] Auch die Amtsgerichte stellen immerhin ungefähr ein Sechstel der Anzahl von durch Urteil beendeten Verfahren mit Auflagen oder Weisungen ein.[2810] Die Richtung der Entwicklung verdeutlicht die stetig abnehmende relative Zahl der Anklagen, die auch nicht durch den Anstieg an Strafbefehlsanträgen kompensiert wird.[2811] *Heinz* spricht hinsichtlich des Verhältnisses von Anklagerate und grundsätzlich die Verfolgungsvoraussetzungen erfüllenden Verfahren sogar von einem „... *nachgerade als dramatisch zu bezeichnende[m] Rückgang der Anklagerate* ...", da nur noch in jedem vierten anklagefähigen Ermittlungsverfahren auch Anklage erhoben werde.[2812] In der *französischen* Erledigungsstatistik spiegelt sich die Wesentlichkeit der alternativen Erledigungen insofern wider, als gegenwärtig ungefähr ein Fünftel aller verfolgbaren Verfahren auf alternative Weise[2813] erledigt werden.[2814] In den *Niederlanden* werden rund dreißig Prozent der von der Staatsanwaltschaft erledigten Verbrechen (*misdrijven*) betreffenden Sachen durch eine *transactie* oder eine bedingte Einstellung beendet. Bei Übertretungen (*overtredingen*) sind dies ungefähr zwanzig Prozent.[2815]

Gegen das Ziel der Anerkennung ausländischer Entscheidungen wie der französischen *transaction*[2816] oder der niederländischen *transactie*,[2817] die weder die Einschaltung eines Richters überhaupt, noch die Bildung einer richterlichen Überzeugung von der Täterschaft erfordern und statt dessen in der staatsanwaltschaftlichen oder gar der polizeilichen Kompetenz liegen und eine stark konsensuale Prägung aufweisen, könnte man allerdings einwenden, daß auf diese Weise gewissermaßen die gegenseitige Akzeptanz und Billigung solcher Verfahrensformen verlangt würde, die nicht mehr durch die kontinentaleuropä-

---

2809 Im Jahre 1999 (1995) waren von 4.495.556 (4.204.153) Erledigungen insgesamt 547.564 (525.443) Fälle Anklagen und 241.296 (242.666) Fälle Einstellungen mit Auflagen (Quelle: *Stat. Bundesamt* (Hrsg.): Rechtspflege. Ausgewählte Zahlen. Fachserie 10, Reihe 1, 1999/2000, S. 9 sowie *dass.*: Rechtspflege. Gerichte und Staatsanwaltschaften. Fachserie 10, Reihe 2, 1995, S. 118).

2810 Im Jahre 2000 (1995) wurden von insgesamt 846.181 (775.228) erledigten Verfahren 400.931 (371.067) durch Urteil und 67.818 (61.650) durch Einstellung mit Auflage oder Weisung erledigt (Quelle: *Stat. Bundesamt* (Hrsg.): Rechtspflege. Gerichte und Staatsanwaltschaften. Fachserie 10, Reihe 2, 2000, S. 104 und 1995, S. 84).

2811 Für den Zeitraum zwischen 1981 und 1996 vgl. *Heinz*: Die Staatsanwaltschaft im statistischen Graufeld, in: Albrecht et al. (Hrsg.): FS Kaiser, 1. Hb., 1998, S. 85 ff., 88, 104.

2812 *Heinz*: Die Staatsanwaltschaft im statistischen Graufeld, in: Albrecht et al. (Hrsg.): FS Kaiser, 1. Hb., 1998, S. 85 ff., 88, 104.

2813 Dies umfaßt verschiedene Maßnahmen wie *médiations, réparations mineurs, injonctions thérapeutiques, orientation vers structure sanitaire, sociale, professionnelle* etc.

2814 Im Jahre 2000 wurden von 1.292.808 verfolgbaren Verfahren in 250.051 Fällen (ca. 19 Prozent) alternative Erledigungen gewählt. Das Verhältnis zwischen den tatsächlich (durch Übertragung an den Untersuchungsrichter, Anklageerhebung oder Strafbefehl) verfolgten (2000: rund 49 Prozent) und den alternativen Erledigungen folgt einem sich zugunsten letzterer entwickelnden Trend: noch 1998 wurden von insgesamt 1.193.994 verfolgbaren Fällen ca. 51 Prozent (613.354) auch verfolgt und nur ca. 14 Prozent (163.799) alternativ erledigt (in den übrigen Fällen wurde einfach und folgenlos eingestellt). (Quelle: *Ministère de la Justice*: Annuaire statistique, Séries 1996-2000, 2002, S. 103).

2815 Von 246.200 (187.000) Erledigungen bei Verbrechens- (Vergehens-)verdacht betrug der Anteil von Transaktionen und bedingten Einstellungen im Jahre 2002 74.700 (37.600) (vgl. *Openbaar Ministerie*: Jaarverslag OM 2002).

2816 Vgl. *oben Kapitel 12, C. III. 2.*

2817 Vgl. *oben Kapitel 12, D. III. 2., 3.*

isch-traditionellen Richtigkeitsgewährleistungen geprägt sind.[2818] Ob die Vorbehalte gegen die dem Effektivitätsstreben geschuldete Entwicklung in Richtung einer mehr und mehr konsensualen Verfahrenserledigung berechtigt sind, kann und soll hier nicht umfänglich erörtert werden. Zwar ist die Gefahr nicht zu leugnen, daß die Äußerung des Einverstandenseins des Beschuldigten mit der Sanktionsverhängung in diesen Fällen gewissen Zwängen unterliegen und in seiner Freiwilligkeit beschränkt sein kann.[2819] Auch mangelt es in der Regel an Transparenz und Öffentlichkeit des staatlichen Umgangs mit dem Verdacht einer Straftat. Eine Verweigerung der Anerkennung dieser Verfahrensabschlüsse bedeutete jedoch den Versuch, sich gegen eine in Europa vorherrschende Entwicklung zu stellen. Denn die Schwerpunktverlagerung vom Streben nach Rechtsfrieden durch Wahrheitssuche hin zu dem Versuch, den Zustand des Rechtsfriedens durch Konsens zwischen dem Beschuldigten und den Strafverfolgungsorganen herzustellen, vollzieht sich mehr oder weniger gleichmäßig in allen Rechtsordnungen. Daß sich diese Tendenz durch fortgesetzte Nichtanerkennung entsprechender Verfahrensabschlüsse plötzlich eindämmen ließe, kann nicht ernsthaft erwartet werden, vollzog sie sich doch in den vergangenen Jahrzehnten auch ungeachtet der mangelnden zwischenstaatlichen Sperrwirkung dieser Entscheidungsformen. Realisiert werden muß statt dessen, zu wessen Lasten deren fehlende *ne bis in idem*-Wirkung im transnationalen Bereich geht: Der Beschuldigte, dessen Rechte insbesondere auch mit den im Rahmen der alternativen Verfahrensformen als fehlend beanstandeten Garantien wie der Einschaltung des Richters geschützt werden soll, unterliegt darüber hinaus dem Risiko mehrfacher Verfahren. Damit offenbart sich eine zwischenstaatliche Nichtanerkennung dieser Gruppe von Verfahrensabschlüssen als kontraproduktiv. Die pragmatische Herangehensweise fordert daher auch insoweit eine transnationale *ne bis in idem*-Wirkung.

Neben diesen alternativen Verfahrensbeendigungen beanspruchen auch diejenigen im innerstaatlichen Bereich mit Sperrwirkung ausgestatteten Entscheidungen auf transnationaler Ebene Respekt, die das Strafverfahren aus Legalitätsgründen, das heißt, weil sich eine Verfolgung als unrechtmäßig herausstellt, vor dem Erreichen des Urteilsstadiums abbrechen (sog. Legalitätseinstellungen). Gemeint sind Entscheidungen wie der deutsche richterliche Beschluß der Nichteröffnung des Hauptverfahrens,[2820] die französische untersuchungsrichterliche *ordonnance de non-lieu*[2821] oder die niederländische formelle staatsanwaltschaftliche *buitenvervolgingstelling*.[2822] Insbesondere die Bedeutung von *ne bis in idem* als

---

[2818] Vgl. dazu auch *Kühne*: Strafprozeßrecht, 2003, Rn. 1127 zum Strafbefehl: „*Auf dem Altar der Effizienz werden die wichtigsten Errungenschaften des modernen, im 19. Jh. reformierten Strafverfahrens aufgegeben.*" sowie zur Situation im Ausland: „*In England, Italien und vor allem Spanien überwiegen strafrechtliche Erledigungsstrukturen vor-rechtsstaatlicher Natur schon seit langem.*"

[2819] Vgl. *Albrecht*: Die vergessene Freiheit, 2003, S. 127: „*Zweck des Konsenses ist die Beschleunigung des Verfahrens. Was ist aber mit den Rechten desjenigen, der diesen Konsens akzeptiert? Liegt in der Akzeptanz nicht vielmehr eine Unterwerfung des schwächeren gegenüber dem stärkeren Prozeßbeteiligten? An dieser Stelle ist der Grundsatz der Waffengleichheit aufgerufen.*"

[2820] Vgl. oben Kapitel 12, B. II. 3.

[2821] Vgl. oben Kapitel 12, C. II. 2.

[2822] Vgl. *oben Kapitel 12, D. I. 4.*

nemo debet bis vexari, in der das über das reine Verbot der Doppel*bestrafung* hinausgehende Verbot der Doppel*verfolgung* zum Ausdruck kommt, spricht für die Relevanz dieser Verfahrensbeendigungen als Sperre gegenüber weiterer Verfolgung im europäischen Bereich. Wurden gegen den Beschuldigten nämlich in einem der Schengen-Staaten bereits Untersuchungen geführt und dort aufgrund der Feststellung mangelnden Tatverdachts mit einer gewissen Verzehrwirkung abgeschlossen, besteht kein Grund, weitere Verfahren wegen desselben Gegenstandes in den anderen Staaten zu gestatten. Vor allem läßt sich dem nicht entgegnen, die Sperrwirkung sei möglicherweise zu gering, um im zwischenstaatlichen Raum überhaupt berücksichtigt zu werden. Eine auf diese Weise erfolgende Einstellung des Verfahrens hindert die Verfolgung in der Regel bis zum Auftauchen von *nova*. Hinsichtlich ihrer Beendigungswirkung unterscheidet sie sich damit nur in geringem Maße von dem Urteil eines österreichischen erkennenden Strafgerichtes.[2823] Niemand würde ernsthaft behaupten wollen, daß dessen Maß an *ne bis in idem*-Wirkung zu gering sei, um zwischenstaatlich anerkannt zu werden.

Die *Notwendigkeit* der Ausdehnung der europäischen *ne bis in idem*-Vorschriften resultiert primär aus der Tatsache, daß die Entwicklung eines gemeinsamen europäischen Strafverfahrensrechts – unabhängig davon, ob dies überhaupt erstrebenswert ist[2824] – noch längst nicht in Sicht erscheint.[2825] Daher besteht im Rahmen der zwischenstaatlichen Zusammenarbeit vorerst – zumindest hinsichtlich des Umgangs mit strafverfahrensabschließenden Entscheidungen – keine Alternative zum Prinzip der gegenseitigen Anerkennung.

Selbst wenn, wie *Lagodny* dies in seinem im Auftrag des Bundesjustizministeriums erstatteten Gutachten zur Frage „*Empfiehlt es sich, eine europäische Gerichtskompetenz für Strafgewaltskonflikte vorzusehen?*" vorschlägt, die nationalen Strafgewalten so reduziert würden, daß europaweit für jede Tat jeweils nur ein Staat zuständig wäre,[2826] kann eine weitreichende *ne bis in idem*-Regelung nicht als entbehrlich betrachtet werden.[2827] Gewisse Kompetenzüberschneidungen werden sich letztlich nie gänzlich vermeiden lassen. Unabhängig davon, ob man abstrakt-generelle oder individuell-konkrete Anknüpfungspunkte der Zuständigkeit in Europa für vorzugswürdig hält, kann die Konstellation, daß im nachhinein im Hinblick auf dieselbe Tat neue Tatsachen und damit auch Momente offenbar werden, die gleichermaßen neues Licht auf die Kompetenzfrage werfen, nicht völlig

---

2823 Vgl. dazu *oben Kapitel 3, B. VIII.*

2824 Vgl. z. B. *Greve*: Criminal law in the 21st century, in: Blume (ed.): Legal Issues, 1999, S. 37 ff., 52, der zu recht betont: „... *law, as all other cultural phenomena, has a specific national character which cannot be removed without causing serious damage.*"

2825 So auch *Lagodny*: Gutachten BMJ, 2001, S. 100. Skeptisch gleichermaßen aufgrund der Erfahrungen in den Benelux-Staaten: *Rüter*: Grenzenlos glücklich(er)?, in: Jescheck et al. (Hrsg.): FS Tröndle, 1989, S. 855 ff., 862 (selbst bei Angleichung noch unterschiedliche Handhabung).

2826 *Lagodny*: Gutachten BMJ, 2001, S. 103. Vgl. dazu auch *Vander Beken/Vermeulen/Lagodny*: „Beste" Strafgewalt in Europa, NStZ 2002, S. 624 ff.

2827 Ebenso *Kniebühler*: Transnationales '*ne bis in idem*', 2004, § 6, IV. (noch unveröffentl.), § 6 C. III. 2, der ein horizontal-grenzüberschreitendes *ne bis in idem* als Teil eines mehrstufigen Lösungsansatzes betrachtet (siehe a.a.O. § 14 G. II.).

ausgeschlossen werden. Für diese Fallgestaltungen ist eine europaweite Strafklageverbrauchsregelung als Auffangnetz unerläßlich. Denn nur auf diese Weise läßt sich sicherstellen, daß ein zweiter Staat nicht nach einem im Erstverfolgungsstaat abgeschlossenen Verfahren aufgrund einer sich abweichend darstellenden Lage nun die Verfolgungskompetenz für sich beansprucht. Der Verzicht auf eine *ne bis in idem*-Vorschrift für diese Fälle implizierte nämlich bei näherer Betrachtung die Gefahr der Entstehung eines gewissermaßen mit den Zuständigkeitskriterien verknüpften, zusätzlichen Neuaufnahmegrundes. Das Risiko einer neuen Bewertung steigerte sich, wenn man der von *Lagodny* vorgeschlagenen individuell-konkreten Ermittlung der jeweiligen Zuständigkeit nach dem sogenannten Qualitätsprinzip folgte.[2828] Der positive Strafgewaltskonflikt soll danach vermieden werden, indem im Einzelfall „Je-desto"-Relationen[2829] angewandt werden, um die – im Lichte sowohl der individualrechtlichen Belange als auch der transnationalen Verfolgungsinteressen – jeweils „beste" Strafgewalt zu bestimmen.[2830] Die insoweit notwendige Abwägung[2831] ermöglicht in besonderer Weise eine nachträglich abweichende Gewichtung bestimmter Kriterien, so daß der Versuch der späteren Zuständigkeitsbegründung durch einen zweiten Staat grundsätzlich denkbar bleibt. Daß trotz eines weit verstandenen zwischenstaatlichen *ne bis in idem* eine europaweite Reduktion der nationalen Strafgewalten auf Dauer unerläßlich ist,[2832] soll damit nicht in Frage gestellt werden. Deren politische Durchsetzbarkeit erscheint aber angesichts des gegenwärtig noch immer anhaltenden entgegengesetzten Trends äußerst fragwürdig.[2833]

Auch das ausdehnende Verständnis des Art. 54 durch die Entscheidung des *Europäischen Gerichtshofes* hat eine Neuregelung nicht überflüssig werden lassen.[2834] Zum einen handelt es sich bei den Vorlagesachen naturgemäß um eine fallbezogene Auslegung. Zwar

---

2828 Vorbehalte gegen dieses Prinzip resultieren vor allem aus der mit Abwägung der verschiedenen Anknüpfungskriterien verbundenen mangelnden Vorhersehbarkeit. Im Interesse der Rechtssicherheit erscheint eine Orientierung an abstrakt-generelle Strafgewaltskriterien vorzugswürdig. Krit. gegenüber der „Qualitätsüberprüfung" auch *Kniebühler*: Transnationales *'ne bis in idem'*, 2004, § 6, B. IV. (noch unveröffentl.).

2829 Gemeint ist damit folgendes: *„Ein Staat sollte um so eher die Strafgewalt zugewiesen bekommen,*

1. je mehr dieser Staat Tatort ist;

2. je mehr Beweismittel in diesem Staat verfügbar sind;

3. je mehr dieser Staat der gewöhnliche Aufenthaltsort des Verdächtigen ist; ..." (vgl. dazu *Lagodny*: Gutachten BMJ, 2001, S. 109).

2830 Vgl. *Lagodny*: Gutachten BMJ, 2001, S. 105 ff.

2831 Siehe *Vander Beken/Vermeulen/Lagodny*: „Beste" Strafgewalt in Europa, NStZ 2002, S. 624 ff., 626: *„Dies bedeutet z. B., daß die zu den Kriterien gehörenden Tatsachen des Einzelfalles ermittelt und gewichtet werden müssen."*

2832 Vgl. dazu auch *Vander Beken/Vermeulen/Lagodny*: „Beste" Strafgewalt in Europa, NStZ 2002, S. 624 ff., 624 f.

2833 Skeptisch in dieser Hinsicht auch *Vander Beken/Vermeulen/Lagodny*: „Beste" Strafgewalt in Europa, NStZ 2002, S. 624 ff., 624.

2834 Vgl. auch *Radtke/Busch*: Transnationaler Strafklageverbrauch in der Europäischen Union, NStZ 2003, S. 281 ff., 285.

lassen sich insofern gewisse verallgemeinernde Regeln aus dem Urteil ableiten,[2835] als davon ausgegangen werden kann, daß nach den Vorstellungen des *EuGH* das zwischenstaatliche *ne bis in idem* von all jenen nationalen vergleichsartigen Verfahrensabschlüssen ausgelöst werden soll, die in ihrer Struktur der deutschen Einstellung gegen Auflage[2836] und der niederländischen *transactie*[2837] gleichen. Dies würde beispielsweise auch auf die französische *transaction*[2838] und die *composition pénale*[2839] zutreffen. Gleichwohl bleiben Fragen offen: Wie ist die Gruppe der richterlichen oder zum Teil auch staatsanwaltschaftlichen Einstellungen aus Gründen der mangelnden Rechtmäßigkeit der Verfolgung zu behandeln, die nach innerstaatlichem Recht *ne bis in idem*-Wirkung besitzt? Lösen also auch Verfahrensabschlüsse wie der deutsche Beschluß der Nichteröffnung des Hauptverfahrens,[2840] die französische untersuchungsrichterliche *ordonnance de non-lieu*[2841] oder die Außerverfolgungsetzung (*buitenvervolgingstelling*) durch die niederländische Staatsanwaltschaft[2842] ein transnationales *ne bis in idem* aus? Dies läßt sich dem Urteil des *EuGH* nicht entnehmen.[2843] Zum zweiten läßt diese Entscheidung eine extensivere zwischenstaatliche *ne bis in idem*-Vorschrift auch deswegen nicht überflüssig werden, weil sich das Verständnis des *Gerichtshofes* gerade nicht in der Schengener Norm manifestiert. Theoretisch ist damit die Gefahr einer möglicherweise auch wieder restriktiveren Auslegung verbunden.

E. Leitlinien für eine neue europaweite *ne bis in idem*-Regelung[2844]

Abschließend lassen sich daher unter Berücksichtigung der Ergebnisse der Arbeit folgende Leitlinien für eine neue europaweite *ne bis in idem*-Regelung konkretisieren:

I. Als relevante, das zwischenstaatliche *ne bis in idem* auslösende *Erstentscheidungen* sind all jene einzubeziehen, die in der jeweiligen innerstaatlichen Rechtsordnung *ne bis in idem*-

---

[2835] Zu den aus der Entscheidung ableitbaren Kriterien sehr krit. *Radtke/Busch*: Transnationaler Strafklageverbrauch in der Europäischen Union, NStZ 2003, S. 281 ff., 283 ff.

[2836] Vgl. *oben Kapitel 12, B. III. 2., 3.*

[2837] Vgl. *oben Kapitel 12, D. III. 2.*

[2838] Vgl. *oben Kapitel 12, C. III. 2.*

[2839] Vgl. *oben Kapitel 12, C. III. 3.*

[2840] Vgl. dazu *oben Kapitel 12, B. II. 3.*

[2841] Vgl. dazu *oben Kapitel 12, C. II. 2.*

[2842] Vgl. dazu *oben Kapitel 12, D. I. 4.*

[2843] Vgl. auch *Radtke/Busch*: Transnationaler Strafklageverbrauch in der Europäischen Union, NStZ 2003, S. 281 ff., 282: „*Der EuGH hat in seinem Urteil die rechtlichen Probleme eines unionsweiten Strafklageverbrauchs auf der Grundlage von Art. 54 SDÜ bedauerlicherweise weitgehend umgangen und damit Chancen ungenutzt gelassen, weil der Gerichtshof kein verläßliches Kriterium zur Auslegung des EU-transnationalen ne bis in idem strafprozessualer Abschlußentscheidungen herausgearbeitet hat.*"

[2844] Siehe dazu auch den Freiburger Vorschlag einer *ne bis in idem*-Regelung: *Biehler/Kniebühler/Lelieur-Fischer/Stein* (eds.): Freiburg Proposal, 2003.

Wirkung besitzen. Darunter können demzufolge nicht nur erkenntnisrichterliche Urteile, sondern auch strafrechtliche Vergleiche und Legalitätseinstellungen fallen. Auch hinsichtlich des Entscheidungsinhaltes darf die Regelung nicht beschränkt sein: So müssen neben den Sachentscheidungen auch die aus prozessualen oder Opportunitätsgründen ergehenden Verfahrensabschlüsse zwischenstaatlich anerkannt werden, sofern diese im nationalen Bereich *ne bis in idem*-Wirkung besitzen.[2845]

Im Gegensatz dazu ist Art. 50 der Grundrechtscharta der Europäischen Union,[2846] der das Recht, wegen derselben Straftat nicht zweimal strafrechtlich verfolgt oder bestraft zu werden, festschreibt, äußerst eng konzipiert. Hinsichtlich der relevanten Vorentscheidung beschränkt sich die Vorschrift auf die rechtskräftige Verurteilung und den rechtskräftigen Freispruch. Nicht weniger restriktiv scheint auch die eigentliche *ne bis in idem*-Vorschrift der griechischen Initiative[2847] zu sein: Art. 2 Abs. 1[2848] setzt eine vorangegangene Verfolgung und rechtskräftige Aburteilung bzw. Freispruch oder Verurteilung voraus. Ein gewisser Widerspruch ergibt sich allerdings daraus, daß der Begriff „Entscheidung" in Art. 1 b) neben Verurteilung und Freispruch auch die endgültige von einem Strafgericht erlassene Einstellung der Strafverfolgung sowie das Ergebnis einer außergerichtlichen Schlichtung in Strafsachen umfassen soll. Das Wort „Entscheidung" aber taucht in Art. 2 Abs. 1, der *ne bis in idem*-Regelung selbst, überhaupt nicht auf. Unklar bleibt auch, ob ein Verfahrensabschluß wie die endgültige staatsanwaltschaftliche *buitenvervolgingstelling* aus Gründen mangelnder Rechtmäßigkeit der Verfolgung im Rahmen der griechischen *ne bis in idem*-Vorstellungen berücksichtigt werden soll. Denn zum einen handelt es sich insoweit nicht um eine strafgerichtliche Einstellung, zum anderen aber auch nicht um eine außergerichtliche Schlichtung.

II. Gesperrt sollte die Verfolgung im transnationalen Bereich jeweils für denjenigen Gegenstand sein, für den auch im nationalen Rahmen *ne bis in idem*-Wirkung existiert. Folglich bestimmt sich der *Tatbegriff* nach demjenigen des jeweiligen innerstaatlichen Rechts des Erstentscheidungsstaates. Insoweit kann auf die Ausführungen in *Kapitel 8* zur *höchsten* Ebene des *ne bis in idem*, auf die Funktionsweise des transnationalen Mehrfachverfolgungsverbotes, verwiesen werden.[2849]

Die Tat, das „idem" wird im griechischen Vorschlag einheitlich als ausschließlich derselbe oder im Wesentlichen selbe Sachverhalt unabhängig von der rechtlichen Einstufung definiert.[2850] Daß diese Umschreibung den Nachteil der Diskrepanz zwischen Kognitionspflicht und Strafklageverbrauch in den

---

2845 Vgl. dazu oben Kapitel 7, B. II.

2846 *„Niemand darf wegen einer Straftat, derentwegen er bereits in der Union nach dem Gesetz rechtskräftig verurteilt oder freigesprochen worden ist, in einem Strafverfahren erneut verfolgt oder bestraft werden."* Vgl. dazu Meyer-*Eser*: Grundrechte der EU, 2003, Art. 50.

2847 *Rat der EU*: Initiative der Hellenischen Republik zu „ne-bis-in-idem", Abl. C 100 vom 26. 04. 2003, S. 24 ff.

2848 *„Eine Person, die wegen der Begehung einer strafbaren Handlung in einem Mitgliedsstaat nach dessen Strafrecht und dessen Strafverfahrensrecht verfolgt und rechtskräftig abgeurteilt worden ist, darf in einem anderen Mitgliedsstaat wegen derselben Handlung nicht erneut verfolgt werden, wenn sie bereits freigesprochen wurde oder im Fall einer Verurteilung die Strafe bereits verbüßt wurde bzw. noch verbüßt wird oder nach den Rechtsvorschriften des Urteilsstaates nicht mehr vollstreckt werden kann."*

2849 Vgl. dazu *Kapitel 8, C. II. 2.*

2850 Vgl. Art. 1 e) der Initiative. Auch hier besteht wieder die Besonderheit, daß das definierte Wort „idem" nicht in der eigentlichen *ne bis in idem*-Vorschrift zu finden ist.

Rechtsordnungen nach sich ziehen kann, die einem engeren Tatbegriff folgen, wurde bereits oben erörtert.[2851]

III. Die Neuaufnahme sollte, selbst bei Vorliegen der Gründe ihrer Einleitung in einem anderen als dem Erstverfolgungsstaat, auf den letztgenannten beschränkt sein. Dies hat sich unter Abwägung aller Gesichtspunkte oben in *Kapitel 8* als vorzugswürdig erwiesen. Das bedeutet, daß das gesamte, einen Tatkomplex betreffende Verfahren auf eine einzige europäische Rechtsordnung konzentriert werden soll.[2852]

Einen anderen Ansatz verfolgt offenbar die griechische Initiative: Nach Art. 2 Abs. 2 des Vorschlages soll die Wiederaufnahme des Verfahrens möglich sein, falls neue Tatsachen und Umstände vorliegen, die nach Erlaß der Entscheidung bekannt werden oder das vorausgegangene Verfahren nach den materiellen Strafvorschriften und den Strafverfahrensvorschriften des Urteilsmitgliedsstaates schwere, möglicherweise den Ausgang des Verfahrens berührende Mängel aufweist. Die Regelung ist wohl so zu deuten, daß ein zweiter Staat in den genannten Fällen das Verfahren wieder eröffnen dürfen soll. Wer aber soll über die Frage der schweren, den Verfahrensausgang berührenden Mängel entscheiden? Falls dies in der Kompetenz des nachfolgend befaßten Staates liegen soll, ist der Umgehung des *transnationalen* Strafklageverbrauchs durch diese fristlose „Superrevisionsvorschrift" Tür und Tor geöffnet.

IV. In prozessualer Hinsicht erscheint eine zwischenstaatliche europaweit wirkende Institution erforderlich, die schnell und unproblematisch Auskünfte über die jeweilige Rechtsordnung des Erstentscheidungsstaates vermitteln kann.[2853] Dies ist Konsequenz der maßgeblichen Orientierung am geltenden Recht des Staates, aus dem der vorangegangene Verfahrensabschluß stammte. So stehen die Strafverfolgungsorgane des nachfolgend befaßten Staates unter anderem vor den Fragen: Betreffen die aktuellen Ermittlungen Aspekte, die nach dem Tatbegriff des erstentscheidenden Staates von der *ne bis in idem*-Wirkung umfaßt sind? Ist der damals ergangene Verfahrensabschluß nach dem Recht dieses Staates überhaupt mit *ne bis in idem*-Wirkung ausgestattet? Liegen möglicherweise die Voraussetzungen für eine Neuaufnahme nach dem Recht des Erstverfolgungsstaates vor? All diese Fragen erfordern die eingehende Beschäftigung mit dem Strafverfahrensrecht des im Vorfeld mit der Tat befaßten Mitgliedsstaates. Dies ist von den anderen nationalen Strafverfolgungsbehörden nicht zu leisten. Aus diesem Grunde ist die Existenz einer zwischenstaatlichen Stelle, die die notwendigen Informationen schnell und unbürokratisch kommunizieren kann, unerläßlich. Zu denken wäre beispielsweise an eine diesbezügliche Erweiterung der Aufgaben des *Europäischen Justiziellen Netzes*.[2854] Dabei handelt es sich derzeit um ein Netz justizieller Kontaktstellen, das die Zusammenarbeit zwischen den Mit-

---

2851 Siehe *oben Kapitel 8, C. II. 2.*

2852 Vgl. dazu *oben Kapitel 8, C. II. 1.*

2853 Vgl. dazu auch *Biehler/Kniebühler/Lelieur-Fischer/Stein* (eds.): Freiburg Proposal, 2003, § 8: „*Where the prosecution authority of a Member States or of a European organ when initiating a prosecution has reason to believe that it relates to an act that has been finally disposed of in the European Union, this authority shall request without delay the relevant information from the competent authority which has delivered the decision.*"

2854 Vgl. *Rat der EU*: Gemeinsame Maßnahme zur Errichtung eines Europäischen Justiziellen Netzes, Abl. L 191 vom 07. 07. 1998, S. 4 ff.

gliedsstaaten insbesondere bei der Verfolgung der schweren Kriminalität erleichtern, die erforderlichen rechtlichen und praktischen Informationen zur Verfügung stellen und die Koordinierung der justiziellen Zusammenarbeit verbessern soll. Zu den ausgetauschten Informationen gehören unter anderem auch kurzgefaßte rechtliche und praktische Informationen über das Gerichtswesen und die Verfahrenspraxis in den Mitgliedsstaaten.[2855] Gegenwärtig allerdings richtet sich die auf diese Weise angestrebte Verbesserung der justiziellen Zusammenarbeit primär auf den Bereich der Verfolgung vor allem schwerer Kriminalität.[2856] Es ist jedoch daran zu denken, diesen Fokus zu erweitern auf den grenzüberschreitenden Austausch von im Strafverfahren benötigten Informationen über die einzelnen Rechtssysteme im allgemeinen, so daß das *Europäische Justizielle Netz* auch im Rahmen der transnationalen *ne bis in idem*-Problematik nutzbar gemacht werden könnte.

[2855] Vgl. Art. 1, 4 und 8 der Gemeinsamen Maßnahme zur Errichtung eines Europäischen Justiziellen Netzes, (*Rat der EU*) Abl. L 191 vom 07. 07. 1998, S. 4 ff.

[2856] Vgl. die Erwägungsgründe der Gemeinsamen Maßnahme zur Errichtung eines Europäischen Justiziellen Netzes (*Rat der EU*), Abl. L 191 vom 07. 07. 1998, S. 4 ff.

Zusammenfassung der Ergebnisse

A. Überblick

Ziel der Arbeit war es, einen Beitrag zur Klärung von *Reichweite und Wirkungsweise der europäischen ne bis in idem-Vorschrift des Art. 54* des Schengener Durchführungsübereinkommens zu leisten. Diese Intention gebot zugleich eine nähere Beschäftigung mit der Problematik der Auslegung übernational geltender Begriffe in zwischenstaatlichen Regelungen. Unter diesem Gesichtspunkt konnte die *rechtsvergleichende Methode der Auslegung* präzisiert werden. Die Umsetzung der in dieser Hinsicht formulierten Leitlinien bei der Interpretation des Begriffes *Urteil* im Sinne des Schengener *ne bis in idem* erforderte einerseits eine Betrachtung des *Zusammenhangs zwischen dem Prinzip des Strafklageverbrauchs und dem Ziel des Strafverfahrens.* Andererseits verlangte sie auch eine Untersuchung der unterschiedlichen *strafverfahrensbeendenden Entscheidungen in Deutschland, Frankreich und den Niederlanden.*

B. Einheitliche und autonome Auslegung – Mehrsprachigkeit und Begriffsvorprägungen

Ausgangspunkt des Versuches, die Frage nach der Bedeutung der Wendung *rechtskräftig abgeurteilt* (*définitivement jugée* bzw. *onherroepelijk vonnis is berecht* in der französischen respektive niederländischen Fassung) im Sinne des Art. 54 zu beantworten, war die Feststellung des völkerrechtlichen[2857] Vertragscharakters dieser Vorschrift des Schengener Durchführungsübereinkommens. Derartige Verträge bilden kleine Rechtssysteme für sich, weshalb der einseitig beschränkte Blick durch die Brille einer einzigen Rechtsordnung zu einer falschen Sicht führt. Eine Auslegung unter Rückgriff auf das innerstaatliche Verständnis der im Übereinkommen benutzten fachsprachlichen Termini durch lediglich *einen* der Vertragsstaaten ist demnach nicht gestattet. Zu fragen ist statt dessen nach einer *gemeinsamen* zwischenstaatlichen Bedeutung. Denn ungeachtet mehrerer authentischer Vertragsversionen und unterschiedlicher innerstaatlicher Verständnishorizonte müssen die Vertragsbegriffe *einheitlich und autonom*, also unabhängig vom einzelnen nationalen Bedeutungshintergrund ausgelegt werden.[2858] Denkbar wäre an dieser Stelle eine Terminologie auf europäischer Ebene. Geschliffene und präzise Bestimmungen der Begriffe *rechtskräftig* und *Urteil* haben sich hier jedoch bislang nicht entwickeln können. Die jeweiligen Begriffsvorstellungen im innerstaatlichen Recht der fünfzehn Staaten differieren aufgrund ihrer Verknüpfung mit den spezifischen und unterschiedlich-nationalen Rechtsordnungen

---

[2857] Vgl. zur Abgrenzung von der europarechtlichen Auslegung *Kapitel 4, A. I.*

[2858] Vgl. *oben Kapitel 2, B. I.*

voneinander. Daraus resultiert das zentrale Dilemma der Auslegung zwischenstaatlich geltender Vorschriften, deren Gegenstand ein ausgeprägt systemspezifischer Sachbereich wie der juristische bildet: Die zur Formulierung der Regelungen zur Verfügung stehenden Termini haben ihren Ursprung in nationalen Gefilden, weswegen ihnen eine charakteristische begriffliche Vorprägung anhaftet. Die sich daraus ergebenden Schwierigkeiten werden durch die unterschiedlichen Ansätze und Ergebnisse bei Auslegung des Art. 54 reflektiert.[2859]

C. Rechtsvergleichende Auslegung

Da die herkömmlichen Auslegungsmethoden der Wiener Vertragsrechtskonvention ebenfalls keine spezifisch auf diese Problematik zugeschnittene Lösung bieten,[2860] mußte der Weg zur *rechtsvergleichenden Auslegung* führen, um die im Übereinkommen in zwölf authentischen Sprachversionen benutzten Wörter trotz allem mit *einem* begrifflichen Inhalt zu füllen. Dies bedeutet, daß die in den jeweiligen Vertragssprachen vorkommenden Worte zunächst auf ihre Bedeutung innerhalb der nationalen Rechtssysteme zu prüfen waren, um anhand eines Vergleiches dieser innerstaatlichen Rechtsinstitute einen zwischenstaatlich gültigen Begriff zu entwickeln. Kern der rechtsvergleichenden Auslegung ist also die *Gesamtschau* der verschiedenen nationalrechtlichen Begriffe. Um aus dieser Vielzahl innerstaatlicher Rechtsbegriffe einen zwischenstaatlich-übergeordneten Systembegriff erkennen zu können, der nicht der inhaltlichen Beliebigkeit anheimfällt, ist es unerläßlich, sich die Funktion des zwischenstaatlichen Begriffs im gegebenen Zusammenhang zu vergegenwärtigen. Auf diese Weise können die wesentlichen, also funktionsbezogenen Merkmale des Begriffes erfaßt und in der Definition berücksichtigt werden. Bei der sich anschließenden Frage, wie die Merkmalsauswahl im Falle von Differenzen zwischen den einzelnen innerstaatlichen Begriffen zu treffen ist, darf nicht schablonenhaft auf das kleinste gemeinsame Minimum der untersuchten Begriffscharakteristika zurückgegriffen werden. Statt dessen sind die übrigen Auslegungsmethoden heranzuziehen. Namentlich an Sinn und Zweck der völkerrechtlichen Vorschrift ausgerichtete Erwägungen gewinnen hier maßgebliche Bedeutung.[2861]

D. Die transformierende Funktion des Artikels 54

Der Begriff *rechtskräftig* verkörpert die *transformierende Funktion*[2862] des Art. 54, die in der Übertragung der nach innerstaatlichem Recht existierenden Sperrwirkung auf den zwi-

---

[2859] Vgl. dazu im einzelnen *Kapitel 3.*

[2860] Vgl. *Kapitel 4, B.*

[2861] Vgl. *Kapitel 5.*

[2862] Zur *transformierenden Funktion* des Art. 54 vgl. *oben Kapitel 2, A.* sowie *Teil 3, vor Kapitel 6.*

schenstaatlichen Bereich besteht. Schlüssel zu dieser Übertragung ist die Rechtskraft der jeweiligen innerstaatlichen Verfahrensabschlußentscheidung. Um die Bedeutung des Begriffs *rechtskräftig* im transnationalen Sinne auf rechtsvergleichendem Wege erfassen zu können, wurden drei unterschiedliche Ebenen des *ne bis in idem* untersucht. Ausgangspunkt bildete zunächst die Geltung des Prinzips im deutschen, französischen und niederländischen *innerstaatlichen* Strafverfahrensrecht (unterste Ebene).[2863]

I. „Rechtskräftig" im Sinne des SDÜ (mittlere Ebene)

Darauf gründend konnte der Begriff *rechtskräftig* in *zwischenstaatlich-autonomem* Sinne hinsichtlich seiner Voraussetzungen und Wirkungen umschrieben werden (mittlere Ebene): Ergebnis war dabei zum einen, daß dieser Begriff an sich nicht auf bestimmte Entscheidungsformen oder -organe beschränkt ist (keine *horizontale* Beschränkung[2864]).[2865] Ebensowenig wohnt ihm zum anderen eine Restriktion in Anbetracht der Entscheidungsthemen – Prozeß-, Sach- oder Opportunitätsfragen – inne (keine *vertikale* Einschränkung[2866]).[2867] Allerdings ist eine *Entscheidung* eines Strafverfolgungsorganes selbst, die vorangegangene Befassung mit der Tat – in Abgrenzung zu anderen Verfahrenshindernissen – notwendige Vorbedingung der Rechtskraft einer Verfahrensbeendigung.[2868] Auf der Seite der Wirkungen ergab sich, daß nur abwägungsunabhängige Hindernisse als *ne bis in idem* zu bezeichnen sind. Folgt die Sperre gegenüber erneuter Verfolgung nämlich erst aus der Abwägung unterschiedlicher Aspekte des Einzelfalls in ihrem relativen Gewicht, wie dies beim Vertrauensschutz der Fall ist, entspricht dies nicht dem Interesse der individuellen und kollektiven Rechtssicherheit, welches das Prinzip der Rechtskraft rechtfertigt.[2869] Demgegenüber ist der konkrete *Umfang* der Verfolgungssperre (Liegt ein komplettes Hindernis oder eine geringere Hürde gegenüber der Neuaufnahme vor?) für die Existenz des *ne bis in idem* ebenso irrelevant wie der umfaßte *Gegenstand* der Sperrwirkung, die Tat.[2870] Zusammenfassend kann demnach definiert werden:

Als *rechtskräftig* ist jede *Entscheidung* zu bezeichnen, die eine *abwägungsunabhängige Sperrwirkung* gegenüber erneuter Verfolgung auslöst.

[2863] Vgl. zu dieser *untersten Ebene oben Kapitel 6.*

[2864] Zum Begriff der *horizontalen Beschränkung* vgl. *oben Kapitel 2, A.* und *Kapitel 7, B. I.*

[2865] Vgl. *Kapitel 7, B. I.*

[2866] Zum Begriff der *vertikalen Einschränkung* vgl. *oben Kapitel 7, B. II.*

[2867] Vgl. *Kapitel 7, B. II.*

[2868] Vgl. *Kapitel 7, B. I.*

[2869] Vgl. *Kapitel 7, C. III.*

[2870] Vgl. *Kapitel 7, C. I.,II.*

II. Neuaufnahme und Tatbegriff im zwischenstaatlichen Bereich (höchste Ebene)

Die bei der Analyse der jeweils innerstaatlichen Funktionsweise des *ne bis in idem* zutage getretenen Verschiedenheiten in Umfang und Gegenstand der Sperrwirkung[2871] werfen die Frage nach ihren Auswirkungen im *transnationalen* Bereich, der höchsten Ebene des *ne bis in idem*, auf. Zunächst konnte festgestellt werden, daß mit Art. 54 selbst grundsätzlich einerseits die zulässige Neuaufnahme im Zweitverfolgungsstaat und auch deren Beschränkung auf den Erstverfolgungsstaat einerseits sowie andererseits ein eigenständiger Schengen-Tatbegriff und der Verweis auf den jeweils innerstaatlichen Tatbegriff andererseits vereinbar wären.[2872] Obgleich Reibungen angesichts der unterschiedlichen Strafverfahrenssysteme Europas auch auf diese Weise nicht gänzlich vermeidbar sind, sprach die Abwägung der Vor- und Nachteile beider zu den zwei Problemkreisen bestehenden Lösungsalternativen schließlich jedoch mehr zugunsten einer Konzentration der anläßlich einer Tat durchgeführten Verfahren auf den Erstverfolgungsstaat sowie für die Übertragung dessen Tatbegriffs auf den zwischenstaatlichen Bereich:

> Eine eventuelle *Neuaufnahme* soll demnach lediglich im *Erstverfolgungsstaat* erfolgen, die Verfolgungssperre reicht in den europäischen Staaten in gegenständlicher Hinsicht soweit wie der *Tatbegriff* im Erstverfolgungsstaat.[2873]

E. Die filternde Funktion des Artikels 54

Nicht jede im obengenannten Sinne rechtskräftige Entscheidung löst indessen auch einen europaweit reichenden Strafklageverbrauch im Rahmen des Art. 54 aus. Lediglich die Verzehrwirkung einer bestimmten Auswahl strafverfahrensbeendender innerstaatlicher Entscheidungen, nämlich der *Urteile*, wird in den zwischenstaatlichen Bereich transformiert. Dies ergibt sich aus dem systematischen Kontrast dieses in den Art. 54 bis 57 verwendeten Terminus zu jenem der *ausländischen Justizentscheidungen*, auf die Art. 58 mit der Bemerkung Bezug nimmt, deren nach innerstaatlichem Recht gegebenenfalls weitreichendere Anerkennung sei durch die Schengener *ne bis in idem*-Vorschriften nicht abgeschnitten.[2874] Der Weg zu dem zwischenstaatlichen Begriff des *Urteils*, der somit die *filternde Funktion*[2875] des Art. 54 repräsentiert, führte auch hier wieder über die Rechtsvergleichung. Dementsprechend wurden die hinter den in dieser Vorschrift benutzten Termini *Urteil*, *jugement*, *vonnis*, *sentenza* und *judgment* stehenden Rechtsinstitute des deutschen, fran-

---

[2871] Vgl. *Kapitel 6, B., C., D., jeweils IV., 1. und 2.*

[2872] Vgl. *Kapitel 8, C. I.*

[2873] Vgl. *Kapitel 8, C. II.*

[2874] Vgl. *Kapitel 2, A.*

[2875] Zur *filternden Funktion* des Art. 54 vgl. *oben Kapitel 2, A.* sowie *Teil 4, insb. vor Kapitel 9.*

zösischen, niederländischen, italienischen und englischen Strafverfahrensrechts untersucht.[2876]

I. Die innerstaatlichen Rechtsinstitute

Abgesehen von Deutschland gibt es in allen anderen überprüften Rechtsordnungen mehrere, unter diese Kategorie fallende Verfahrensabschlußformen. Außer einem regulären Verfahren, welches durch die *kontradiktorische* und zum Teil (Deutschland,[2877] Italien[2878] und England[2879]) auch *materiell unmittelbare* Hauptverhandlung, die Prüfung der *Überzeugung* von der Täterschaft und das *richterliche* Entscheidungsorgan gekennzeichnet ist, finden sich verschiedene Verfahren, die entweder keinen kontradiktorischen Charakter[2880] aufweisen, nicht – wie das entsprechende reguläre Verfahren in diesem Rechtssystem – dem Prinzip der materiell unmittelbaren Beweisaufnahme gehorchen[2881] oder für die Verurteilung keine richterliche Überzeugung von der Täterschaft (*guilty plea*)[2882] erfordern. Zum Teil setzt die Endgültigkeit der Entscheidung die Kundgebung einer Form von *Konsens* oder Akzeptanz durch den Angeklagten oder Verurteilten voraus.[2883]

II. Die Wesentlichkeit der die *ne bis in idem*-Wirkung beeinflussenden Entscheidungscharakteristika

Bei der Entscheidung, ob und inwieweit die Charakteristika *Richter*, *Überzeugung*, *kontradiktorische* Hauptverhandlung und *Konsens* in eine Definition des *Urteils* einfließen sollen, erwies sich der Maßstab der Funktionalität als sachgerecht.[2884] Im Vordergrund steht bei den hier betrachteten Entscheidungsformen ihre Funktion als *ne bis in idem* auslösende. Von Interesse ist demnach die Fähigkeit zur Sperre gegenüber weiteren Strafverfahren. Dabei konnten die einzelnen landesspezifischen, innerlich abgestimmten und austarierten Prozeßsysteme angemessene Berücksichtigung nur finden, indem nicht nach der Rechtskraftwirkung an sich, sondern *nach den diese bewirkenden Kriterien* gefragt wurde.[2885] Denn die

---

2876 Vgl. *Kapitel 9.*

2877 Vgl. *Kapitel 9, B.*

2878 Vgl. *Kapitel 9, E. I.*

2879 Vgl. *Kapitel 9, F. II.*

2880 Vgl. *Kapitel 9, C. VI.* (*Frankreich*); *D. VI.* (*Niederlande*); *E. III.* (*Italien*); *F. III.* (*England*).

2881 Vgl. *Kapitel 9, E. II.* (*Italien*); *F. III.* (*England*).

2882 Vgl. *Kapitel 9, F. III.* (*England*).

2883 Vgl. *Kapitel 9, C. VI.* (*Frankreich*); *D. VI.* (*Niederlande*); *E. III.* (*Italien*); *F. III.* (*England*).

2884 Vgl. bereits *Kapitel 5, B. IV.*

2885 Vgl. *Kapitel 10, A.*

tatsächliche Sperrwirkung, also die durch die in den Neuaufnahmevorschriften geregelten unterschiedlichen Voraussetzungen der Rechtskraftdurchbrechung, ist mit der Struktur der einzelnen Strafverfahren eng verbunden und stark von dieser geprägt. Welche Merkmale einer Verfahrensabschlußform sind also verantwortlich dafür, daß diese auf einer gewissen Stufe auf der Leiter der Sperrwirkungen unterschiedlichen Ausmaßes zu positionieren ist? Überprüft wurden die oben genannten Charakteristika,[2886] hinsichtlich derer in einer Hypothese von der Wesentlichkeit für den Strafklageverbrauch ausgegangen wurde.[2887] Diese Behauptung konnte zum einen strafverfahrenstheoretisch[2888] und zum anderen anhand der Realität der Strafverfahrenssysteme[2889] verifiziert werden.

III. Die Charakteristika im Lichte des Strafverfahrensziels Rechtsfrieden

Dazu wurde zunächst untersucht, ob die als Ausgangspunkt gewählten Kriterien auch in Anbetracht des *Zieles des Strafverfahrens* bestehen können. Betrachtet man als Ziel des Strafverfahrens die Wiederherstellung des durch den Verdacht einer Straftat gestörten Rechtsfriedens,[2890] so bilden die zum Teil einander widerstreitenden Komponenten Gerechtigkeit und Rechtssicherheit lediglich Zwischenziele auf dem Weg zum Rechtsfrieden. Die *ne bis in idem*-Wirkung ist dabei Ausdruck der Rechtssicherheit. Das Streben nach Gerechtigkeit kann auf zweierlei Weise erfolgen: zum einen durch die Suche nach *Wahrheit* und zum anderen durch den *Konsens* zwischen dem Beschuldigten und den Strafverfolgungsbehörden.[2891] Welches dieser Zwischenziele bei Aufeinandertreffen Vorrang genießt, ob also im Falle des Fehlerhaft-Erscheinens einer Entscheidung der Rechtsfrieden besser durch die Fortsetzung des Verfahrens oder durch ihre Unüberprüfbarkeit gewährleistet werden kann, ruht in der abwägenden Entscheidung des nationalen Gesetzgebers und wird beeinflußt durch gesellschaftlich und kulturell unterschiedliche Gegebenheiten. Insofern hat sich der Begriff des Rechtsfriedens nicht als ein empirischer, sondern als ein normativer erwiesen.[2892] Auf einer anderen Ebene aber bewegt sich die Frage, womit die Abstufungen von Verfahrensabschlüssen hinsichtlich der Fähigkeiten, ein Strafverfahren dauerhaft zu beenden, *innerhalb* eines Systems zusammenhängen. Hier spielt das Verhältnis von Rechtssicherheit und Gerechtigkeit wiederum eine Rolle, wobei eine graduelle Differenzierung beider Aspekte sichtbar wird: Als primäres Zwischenziel auf dem Weg zum übergeordneten Verfahrensziel Rechtsfrieden ist nämlich die Gerechtigkeit zu erkennen. Das Strafverfahren stellt verschiedenartige Garantien bereit, die der Erreichung dieses Ziels dienen sollen. Dem ungebremsten Gerechtigkeitsstreben wird jedoch dort

---

[2886] Vgl. *oben E. II.* a. E.: *Richter*, *Überzeugung*, *kontradiktorische* Hauptverhandlung und *Konsens*.

[2887] Vgl. *Kapitel 10.*

[2888] Vgl. *Kapitel 11.*

[2889] Vgl. *Kapitel 12.*

[2890] Vgl. *Kapitel 11, B.*

[2891] Vgl. *Kapitel 11, C. II. 2.*

[2892] Vgl. *Kapitel 11, C. I. sowie III. 1.*

eine Grenze gesetzt, wo nicht mehr die Gerechtigkeit, sondern nur noch die Rechtssicherheit in der Lage ist, Rechtsfrieden zu verbürgen. Die Priorität der Gerechtigkeit erklärt nun das von Entscheidung zu Entscheidung verschiedene Verhältnis von Rechtssicherheit und Gerechtigkeit, von *ne bis in idem*-Wirkung und Durchbrechungsmöglichkeit:

Je besser die Garantien für die Erreichung des Gerechtigkeitsziels in dem einer Beendigung vorangegangenen Verfahren, desto geringer ist generell das Bedürfnis, nach dieser Art Abschluß weiter nach Gerechtigkeit zu streben. Je größer demzufolge strukturell die Richtigkeitsgewähr einer Entscheidung, desto gerechtfertigter ist die Erwartung von Rechtssicherheit, desto größer ist die Sperrwirkung.[2893]

Können nun die Kriterien, die als bedeutsam für das Ausmaß der Sperrwirkung vermutet wurden, auch ein höheres Maß an Gerechtigkeit absichern, ist es gerechtfertigt, ihnen tatsächlich diese Bedeutung zuzubilligen. Im einzelnen konnte zum einen aufgezeigt werden, daß die drei Charakteristika, das Entscheidungsorgan *Richter*, der zu prüfende Verdachtsgrad *Überzeugung* und die *kontradiktorische* bzw. *materiell unmittelbare* Sachverhaltsermittlungsmethode, der Gerechtigkeit durch Wahrheitssuche in besonderem Maße zu dienen bestimmt sind. Die Formen der Einwilligung, Akzeptanz oder Billigung einer sachlichen Entscheidung durch den Angeklagten oder Verurteilten führen zum anderen zur Gerechtigkeit durch *Konsens*.[2894]

IV. Die Charakteristika anderer Entscheidungsformen

Sodann wurden die übrigen verfahrensabschließenden Entscheidungen im deutschen, französischen und niederländischen Strafprozeßsystem untersucht, um den Zusammenhang zwischen den bei den jeweiligen innerstaatlichen Urteilsformen gefundenen Charakteristika und dem Maß des Strafklageverbrauchs in phänomenologischer Hinsicht abzusichern.[2895] Denn erst die Kontrastierung dieser Kriterien mit den Ausprägungen von Entscheidungsorgan, Verdachtsgrad, Sachverhaltsermittlungsmethode sowie (Nicht-)Existenz konsensueller Elemente bei anderen Verfahrensabschlußformen kann Aufschluß über den tatsächlichen Effekt des (Nicht-)Vorhandenseins der relevanten Eigenschaften für das *ne bis in idem* geben. Auch diese Analyse im Spiegel der Strafverfahrensordnungen führte zu einer Bestätigung der Hypothese: Ein Zusammenhang zwischen dem Entscheidungsorgan,[2896] dem zu prüfenden Verdachtsgrad, den Sachverhaltsermittlungsmethoden sowie konsensualen Elementen auf der einen Seite und dem Umfang der *ne bis in idem*-Wirkung auf der anderen Seite konnte herausgearbeitet werden.

Aus alledem resultiert die Wesentlichkeit der Merkmale *Richter*, *Überzeugung*, *kontradiktorische* bzw. *materiell unmittelbare* Beweisaufnahme und *Konsens* für die strafverfahrensbeendende Funktion einer Entscheidung.

[2893] Vgl. *Kapitel 11, C. III. 2.*

[2894] Vgl. *Kapitel 11, D.*

[2895] Vgl. *Kapitel 12.*

[2896] Im Einzelfall kann auch das Sachverhaltsermittlungsorgan eine maßgebliche Rolle spielen: vgl. *oben Kapitel 10, B. II. 2.* a. E.

V. „Urteil" im Sinne des SDÜ

Mit der Erkenntnis der Wesentlichkeit dieser Kriterien blieb indes noch die Frage unbeantwortet, inwieweit sie nun auch tatsächlich in die Definition des zwischenstaatlichen Begriffs des Urteils einfließen. Denn, wie oben gesehen, treten sie in unterschiedlichem Maße in den innerstaatlichen Rechtsinstituten *Urteil*, *jugement*, *vonnis*, *sentenza* und *judgment* auf. Eine Lösung war unter Berücksichtigung des *telos* der Schengener *ne bis in idem*-Vorschrift zu finden. Dieser verlangt im Interesse des Beschuldigtenschutzes, der kollektiven Rechtssicherheit und der effektiven zwischenstaatlichen Kooperation bei der Strafverfolgung eine weitreichende Geltung des transnationalen Strafklageverbrauchs und dementsprechend die Einbeziehung möglichst vieler Strafverfahrensabschlußentscheidungen. Umgesetzt auf die Begriffsbestimmung bedeutet dies eine Reduktion der Begriffsmerkmale. Zu respektieren ist dabei allerdings der strukturelle Unterschied zwischen den kontinentalen Strafprozeßsystemen und dem angelsächsischen Verfahrensrecht. Dies führt zu folgender Definition:

> Ein *Urteil* im Sinne des Art. 54 der Schengener ne bis in idem-Vorschriften ist entweder eine *richterliche*, verfahrensabschließende Entscheidung, die die Prüfung der *Überzeugung* von der Täterschaft des Angeklagten voraussetzt, oder eine *richterliche*, auf einem *Schuldbekenntnis* des Angeklagten basierende Verurteilung im englisch-adversarischen Verfahren (*guilty plea*).[2897]

F. Die Begrenztheit des Schengener *ne bis in idem de lege lata* – Bedarf einer Ausdehnung *de lege ferenda*

Die Untersuchungen haben gezeigt, daß Art. 54 in seiner derzeitigen Fassung nur einen begrenzten transnational wirkenden Beschuldigtenschutz gewährleisten kann. Dies ist auf das Tatbestandsmerkmal *Urteil* zurückzuführen, das lediglich einer beschränkten Anzahl von Erledigungsformen im Strafverfahren zu einem schengenweiten Strafklageverbrauch verhilft, eine Vielzahl von Verfahrensabschlüssen hingegen vom Anwendungsbereich des Art. 54 ausschließt.[2898] Im Zusammenspiel mit der sich ausdehnenden europäisch-zwischenstaatlichen Kooperation im repressiven Bereich und der Betonung des Sicherheitsgedankens gegenüber dem Freiheitsgedanken auf zahlreichen Gebieten trägt diese eingeschränkte Geltung des Schengener *ne bis in idem* zu einem Ungleichgewicht zu Lasten des Beschuldigten bei.[2899] Dieses Ungleichgewicht läßt sich nicht angemessen durch richterliche Rechtsfortbildung seitens des *EuGH* beheben, mag dies im Einzelfall auch zu willkommenen Ergebnissen führen: Denn der mit der Rechtsfortbildung verbundene Übergriff der Judikative in den Kompetenzbereich der Legislative verursacht ein neues

---

[2897] Vgl. *Kapitel 13.*

[2898] Vgl. *Schlußfolgerungen, A.*

[2899] Vgl. *Schlußfolgerungen, B.*

Mißverhältnis.[2900] Daher ist eine legislative Ausweitung des Anwendungsbereiches des Art. 54 geboten: Insbesondere der Beschuldigtenschutz ruft angesichts der praktischen Bedeutung bisher – wie die verschiedenen strafrechtlichen Vergleichsformen – nicht erfaßter Verfahrensbeendigungen nach weitergehender Anerkennung von Strafverfahrensbeendigungen.[2901] In eine dementsprechend *de lege ferenda* zu schaffende Regelung sind alle mit strafklageverbrauchender Wirkung im zwischenstaatlichen Sinne[2902] ausgestatteten Entscheidungen, damit auch strafrechtliche Vergleiche und Verfahrenseinstellungen aus Legalitätsgründen, einzubeziehen. Der Tatbegriff sollte demjenigen des jeweiligen Erstentscheidungsstaates entsprechen. Auch eine Neuaufnahme des Verfahrens sollte stets in diesem Staat erfolgen, so daß sich die gesamte Verfolgung einer Tat auf eine einzige Rechtsordnung konzentriert. Um die Handhabung einer europaweiten *ne bis in idem*-Regelung, die die inländischen Strafverfolgungsbehörden oftmals zur Befassung mit dem ausländischen Recht zwingt, zu erleichtern, erscheint die Schaffung einer zwischenstaatlichen europaweiten Institution angeraten, die schnell und unbürokratisch Rechtsauskünfte erteilen kann: Ins Auge zu fassen wäre dabei beispielsweise eine Erweiterung der gegenwärtigen Kompetenzen des *Europäischen Justiziellen Netzes*.[2903]

2900 Vgl. *Schlußfolgerungen, C.*

2901 Vgl. *Schlußfolgerungen, D.*

2902 Zur Bedeutung des Begriffes *rechtskräftig* im zwischenstaatlichen Sinne vgl. *oben Kapitel 7.*

2903 Vgl. *Schlußfolgerungen, E.*

Ausblick

Eine gewisse Bewegung ist in Richtung einer Erweiterung der gegenwärtigen transnational-europäischen *ne bis in idem*-Regelungen erkennbar. Im *Maßnahmenprogramm zur Umsetzung des Grundsatzes der gegenseitigen Anerkennung gerichtlicher Entscheidungen in Strafsachen* wird die Lösung der *ne bis in idem*-Problematik als unmittelbare Priorität der Union bezeichnet. Dabei wird auf die Überprüfungsbedürftigkeit der Schengener *ne bis in idem*-Regelungen hingewiesen.[2904] In dem die Verfahrensgarantien im Strafverfahren betreffenden *Grünbuch* hat die *Kommission der Europäischen Gemeinschaften* eine eigene' weitere Untersuchung zu *ne bis in idem* angekündigt.[2905] Die Hellenische Republik ist unter der griechischen Ratspräsidentschaft mit der Vorlage einer *Initiative im Hinblick auf die Annahme eines Rahmenbschlusses des Rates über die Anwendung des „ne-bis-in-idem"-Prinzips*[2906] einen ersten Schritt gegangen.

Gravierende Probleme sind allerdings in diesem Zusammenhang, auch über die reinen *ne bis in idem*-Regelungen hinaus, noch zu bewältigen. Dazu zählt die bisher praktisch weitgehend ungeklärte Frage der Problematik der Kompetenzaufteilung zwischen den einzelnen Staaten, mit der sich *Lagodny* eingehend auseinandergesetzt hat.[2907] Bisher gilt bei konkurrierenden Strafgewalten das Prioritätsprinzip. Danach ist, wenn grundsätzlich mehreren Staaten die Strafgewalt über die betroffene Tat zufällt, derjenige Staat zuständig, der das Verfahren zuerst an sich gezogen hat. Dies birgt die Gefahr des sogenannten *forum shopping*, also der Wahl der aus der jeweiligen Sicht „günstigsten" Rechtsordnung auf Strafverfolgungs-, aber auch auf Beschuldigtenseite. Statt dessen muß nach einer Lösung gesucht werden, die einen sachgerechteren Anknüpfungspunkt als die Schnelligkeit der nationalen Strafverfolgungsorgane und damit auch mehr Rechtssicherheit verspricht.

Soll das Verfahren wegen einer Tat auf ein Rechtssystem konzentriert werden, müssen auch die Schwierigkeiten der Übermittlung von Beweismitteln von einem Staat in den anderen, von einem Rechtssystem in das andere einer adäquaten Lösung zugeführt werden.[2908] Denn der zwischenstaatliche Transfer von Beweisstücken wird nicht nur im Falle des gebündelten Erstverfahrens, sondern gleichermaßen bei Erfülltsein der Vorausset-

---

[2904] *Rat der EU*: Maßnahmenprogramm (2001/C 12/02), Abl. C 12 vom 15. 01. 2001, S. 10 ff.

[2905] Vgl. *Kommission*: Grünbuch. Verfahrensgarantien in Strafverfahren, KOM (2003) 75 endgültig, 2.6., S. 18.

[2906] *Rat der EU*: Initiative der Hellenischen Republik zu „ne-bis-in-idem", Abl. C 100 vom 26. 04. 2003, S. 24 ff.

[2907] Vgl. *oben Schlußfolgerungen D.* sowie *Lagodny*: Gutachten BMJ, 2001.

[2908] Vgl. zu dieser Problematik: *Gleß*: Die „Verkehrsfähigkeit von Beweisen" im Strafverfahren, ZStW 2003, S. 131 ff. insb. S. 148 ff., die zu recht dafür plädiert, in einem Modell für den EU-weiten Beweistransfer die Verschiedenheit der nationalen Beweisregelungen, beispielsweise in einem eigenen „europäischen Beweiszulassungsverfahren" zu berücksichtigen. I. ü. auch *Böse*: Prinzip der gegenseitigen Anerkennung, in: Momsen et al. (Hrsg.): FS Maiwald, 2003, S. 233 ff., 247 ff.

zungen der Neuaufnahme in einem anderen als dem Erstverfolgungsstaat relevant. Wurde das Erstverfahren beispielsweise in Frankreich mit einer *ordonnance de non-lieu* abgeschlossen und tauchen in Deutschland neue Tatsachen oder Beweismittel auf, so müssen diese nach Frankreich übertragen werden, um dort die Verfolgung wieder eröffnen zu können. Probleme resultieren insbesondere aus der Tatsache, daß bei einer vorbehaltlosen Anerkennung und Verwertung der in einer fremden Rechtsordnung aufgenommenen Beweise[2909] die Beschuldigtenrechte nicht in der gleichen Weise gewahrt werden können, wie dies innerhalb einer Ordnung möglich ist. Denn die Schutz- und Prüfungsmechanismen sind Resultat einer jedem Rechtssystem eigenen Abwägung und daher oftmals in unterschiedlichen Verfahrensstadien vorgesehen.[2910] Dies verhindert infolgedessen den unproblematischen Austausch von Beweismitteln zwischen den europäischen Strafverfahrensordnungen ohne Einbußen für Verteidigung und Wahrheitsfindung.[2911] In diesem Bereich sind noch adäquate, alle betroffenen Interessen angemessen in Bezug nehmende Lösungen zu entwickeln.

Wesentliches bleibt also noch zu tun, um mit der Erweiterung des Schutzes vor Doppelverfolgungen in Europa einen Beitrag zur Schaffung eines wahren Raums der Freiheit, der Sicherheit und des Rechts zu leisten.

2909 So aber der Vorschlag durch die *Kommission*: Grünbuch zum strafrechtlichen Schutz, KOM (2001) 715 endgültig, 6.3.4.1., S. 64. Vgl. dazu aber bereits *oben Schlußfolgerungen, B.*

2910 Vgl. *Gleß*: Die „Verkehrsfähigkeit von Beweisen" im Strafverfahren, ZStW 2003, S. 131 ff., 147.

2911 Mit dieser Frage setzt sich *Gleß*: Die „Verkehrsfähigkeit von Beweisen" im Strafverfahren, ZStW 2003, S. 131 ff. eingehend auseinander und gelangt zu dem Schluß, daß angesichts der Unterschiede der europäischen Strafprozeßordnungen die *Rechtmäßigkeit der Beweissammlung* in einem Mitgliedsstaat kein taugliches Kriterium für die Beurteilung der grenzüberschreitenden *Verwertbarkeit* sein kann.

Anhang

A. *Ne bis in idem*-Vorschriften des Schengener Durchführungsübereinkommens

Kapitel 3. Verbot der Doppelbestrafung
Chapitre 3. Application du principe *Ne bis in idem*
Hoofdstuk 3. Toepassing van het beginsel *ne bis in idem*

Artikel 54

„Wer durch eine Vertragspartei rechtskräftig abgeurteilt worden ist, darf durch eine andere Vertragspartei wegen derselben Tat nicht verfolgt werden, vorausgesetzt, daß im Fall einer Verurteilung die Sanktion bereits vollstreckt worden ist, gerade vollstreckt wird oder nach dem Recht des Urteilsstaats nicht mehr vollstreckt werden kann."

„Une personne qui a été définitivement jugée par une Partie Contractante ne peut, pour les mêmes faits, être poursuivie par une autre Partie Contractante, à condition que, en cas de condamnation, la sanction ait été subie ou soit actuellement en cours d´exécution ou ne puisse plus être exécutée selon les lois de la Partie Contractante de condamnation."

„Een persoon die bij onherroepelijk vonnis door een Overeenkomstsluitende Partij is berecht, kan door een andere Overeenkomstsluitende Partij niet worden vervolgd ter zake van dezelfde feiten, op voorwaarde dat ingeval een straf of maatregel is opgelegd, deze reeds is ondergaan of daafwerkelijk ten uitvoer wordt gelegd, dan wel op grond van de veroordelende Overeenkomstsluitende Partij niet meer ten uitvoer gelegd kan worden."

Artikel 55

1. Eine Vertragspartei kann bei der Ratifikation, der Annahme oder der Genehmigung dieses Übereinkommens erklären, daß sie in einem oder mehreren der folgenden Fälle nicht durch Artikel 54 gebunden ist:

Wenn die Tat, die dem ausländischen Urteil zugrunde lag, ganz oder teilweise in ihrem Hoheitsgebiet begangen wurde; im letzteren Fall gilt diese Ausnahme jedoch nicht, wenn diese Tat teilweise im Hoheitsgebiet der Vertragspartei begangen wurde, in dem das Urteil ergangen ist;

wenn die Tat, die dem ausländischen Urteil zugrunde lag, eine gegen die Sicherheit des Staates oder andere gleichermaßen wesentliche Interessen dieser Vertragspartei gerichtete Straftat darstellt;

wenn die Tat, die dem ausländischen Urteil zugrunde lag, von einem Bediensteten dieser Vertragspartei unter Verletzung seiner Amtspflichten begangen wurde.

2. Eine Vertragspartei, die eine solche Erklärung betreffend eine der in Absatz 1 Buchstabe b genannten Ausnahmen abgibt, bezeichnet die Arten von Straftaten, auf die solche Ausnahmen Anwendung finden können.

3. Eine Vertragspartei kann eine solche Erklärung betreffend eine oder mehrere in Absatz 1 genannten Ausnahmen jederzeit zurücknehmen.

4. Ausnahmen, die Gegenstand einer Erklärung nach Absatz 1 waren, finden keine Anwendung, wenn die betreffende Vertragspartei die andere Vertragspartei wegen derselben Tat um Verfolgung ersucht oder die Auslieferung des Betroffenen bewilligt hat.

1. Une Partie Contractante peut, au moment de la ratification, de l´acceptation ou de l´approbation de la présente Convention, déclarer qu´elle n´est pas liée par l´article 54 dans l´un ou plusieurs des cas suivants:

lorsque les faits visés par le jugement étranger ont eu lieu soit en tout, soit en partie sur son territoire; dans ce dernier cas, cette exception ne s´applique cependant pas si ces faits ont eu lieu en partie sur le territoire de la Partie Contractante où le jugement a été rendu;

lorsque les faits visés par le jugement étranger constituent une infraction contre la sûreté de l´Etat ou d´autres intérêts également essentiels de cette Partie Contractante;

lorsque les faits visés par le jugement étranger ont été commis par un fonctionnaire de cette Partie Contractante en violation des obligations de sa charge.

2. Une Partie Contractante qui a fait une déclaration concernant l´exception mentionnée au paragraphe 1 point b. précisera les catégories d´infractions auxquelles cette exception peut s´appliquer.

3. Une Partie Contractante pourra, à tout moment, retirer une telle déclaration relative à l´une ou plusieurs des exceptions mentionner au paragraphe 1.

4. Les exceptions qui ont fait l´objet d´une déclaration au titre du paragraphe 1 ne s´appliquent pas lorsque la Partie Contractante concernée a, pour les mêmes faits, demandé la poursuite à l´extradition de la personne concernée.

1. Een Overeenkomstsluitende Partij kan op het tijdstip van bekrachtiging, aanvaarding of goedkeuring van deze Overeenkomst verklaren dat zij in één of meer van de volgende gevallen niet door artikel 54 is gebonden:

indien de feiten op grond waarvan in het buitenland vonnis wird gewezen zich geheel of gedeeltelijk op haar eigen grondgebied hebben afgespeeld; in het laatste geval is deze uitzondering niet van toepassing indien de feiten zich gedeeltelijk hebben afgespeeld op het grondgebied van de Overeenkomstsluitende Partij waarin het vonnis wird gewezen;

indien de feiten op grond waarvan in het buitenland vonnis wird gewezen een inbreuk vormen op de veiligheid van de Staat of andere even wezenlijke belangen van deze Overeenkomstsluitende Partij;

indien de feiten op grond waarvan in het buitenland vonnis wird gewezen, zijn begann door een ambtenaar van deze Overeenkomstsluitende Partij in strijd met zijn ambtsplichten.

2. Een Overeenkomstsluitende Partij die een dergelijke verklaring aflegt met betrekking tot één van de in lid 1, onder b., genoemde iuzonderingen, dient de soort van inbreuken aan te geven waarop dergelijke uitzonderingen van toepassing kunnen zijn.

3. Een Overeenkomstsluitende Partij kan te allen tijde een dergelijke verklaring met betrekking tot één of meer van de in lid 1 genoemde uitzonderingen intrekken.

4. Uitzonderingen ten aanzien waarvan een verklaring uit hoofde van lid 1 is afgelegd, zijn niet van toepassing wanneer de betrokken Overeenkomstsluitende Partij ter zake van dezelfde feiten de andere Overeenkomstsluitende Partij om vervolging heefd verzocht od heeft ingestemd met de uitlevering van de betrokken persoon.

Artikel 56

Wird durch eine Vertragspartei eine erneute Verfolgung gegen eine Person eingeleitet, die bereits durch eine andere Vertragspartei wegen derselben Tat rechtskräftig abgeurteilt wurde, so wird jede in dem Hoheitsgebiet der zuletzt genannten Vertragspartei wegen dieser Tat erlittene Freiheitsentziehung auf eine etwa zu verhängende Sanktion angerechnet. Soweit das nationale Recht dies erlaubt, werden andere als freiheitsentziehende Sanktionen ebenfalls berücksichtigt, sofern sie bereits vollstreckt wurden.

Si une nouvelle poursuite est intentée par une Partie Contractante contre une personne qui a été définitivement jugée pour les mêmes faits par une autre Partie Contractante, toute période de privation de liberté subie sur le territoire de cette dernière Partie Contractante en raison de ces faits doit être déduite de la sanction qui sera éventuellement prononcée. Il sera également tenu compte, dans la mesure où les législations nationales le permettent, des sanctions autres que celles privatives de liberté qui ont déjà été subies.

Indien door een Overeenkomstsluitende Partij een nieuwe vervolging wordt ingesteld tegen een persoon die ter zake van dezelfde feiten bij onherroepelijk vonnis door een andere Overeenkomstsluitende Partij is berecht, dient iedere periode van vrijheidbeneming die wegens deze feiten op het grondgebied van laatsgenoemde Partij wird ondergaan op de eventueel op te leggen straf of maatregel in mindering te worden gebracht. Voor zover de nationale wetgeving dit toelaat, wordt tevens rekening gehouden met andere reeds ondergane straffen of maatregelen dan vrijheidsbeneming.

Artikel 57

1. Ist eine Person im Hoheitsgebiet einer Vertragspartei wegen einer Straftat angeschuldigt und haben die zuständigen Behörden dieser Vertragspartei Grund zu der Annahme, daß die Anschuldigung dieselbe Tat betrifft, derentwegen der Betreffende im Hoheitsgebiet einer anderen Vertragspartei bereits rechtskräftig abgeurteilt wurde, so ersuchen sie, sofern sie es für erforderlich halten, die zuständigen Behörden der Vertragspartei, in deren Hoheitsgebiet die Entscheidung ergangen ist, um sachdienliche Auskünfte.

2. Die erbetenen Auskünfte werden sobald wie möglich erteilt und sind bei der Entscheidung über eine Fortsetzung des Verfahrens zu berücksichtigen.

3. Jede Vertragspartei gibt bei der Ratifikation, der Annahme oder der Genehmigung dieses Übereinkommens die Behörden an, die befugt sind, um Auskünfte nach diesem Artikel zu ersuchen und solche entgegenzunehmen.

1. Lorsque une personne est accusée d´une infraction par une Partie Contractante et que les autorités compétentes de cette Partie Contractante ont des raisons de croire que l´accusation concerne les mêmes faits que ceux pour lesquels elle a déjà été définitivement jugée par une autre Partie Contractante, ces autorités demanderont, si elles l´estiment nécessaire, les renseignements pertinents aux autorités compétentes de la Partie Contractante sur le territoire de laquelle une décision a déjà été rendue.

2. Les informations demandées seront données aussitôt que possible et seront prises en considération pour la suite à réserver à la procédure en cours.

3. Chaque Partie Contractante désignera, au moment de la ratification, de l´acceptation ou de l´approbation de la présente Convention, les autorités qui seront habilitées à demander et à recevoir les informations prévues au présent article.

1. Indien door een Overeenkomstsluitende Partij iemand een strafbaar feit ten laste wordt gelegd en de bevoegde autoriteiten van deze Overeenkomstsluitende Partij redenen hebben om aan te nemen dat de tenlastelegging dezelfde feiten betreft als die ter zake waarvan deze persoon reeds bij onherroepelijk vonnis is berecht door een andere Overeenkomstsluitende Partij, verzoeken deze autoriteiten, indien zij zulks nodig achten, de bevoegde autoriteiten van de Overeenkomstsluitende Partij op wier grondgebied reeds vonnis wird gewezen om de nodige inlichtingen in dezen.

2. De aldus gevraagde inlichtingen worden zo spoedig mogelijk verstrekt en worden in overweging genomen bij de beslissing of de vervolging dient te worden voortgezet.

3. Iedere Overeenkomstsluitende Partij wijst op het tijdstip van bekrachtiging, aanvaarding od goedkeuring van deze Overeenkomst de autoriteiten aan die bevoegd zijn de in dit artikel bedoelde inlichtingen te vragen en te ontvangen.

Artikel 58

Die vorstehenden Bestimmungen stehen der Anwendung weitergehender Bestimmungen des nationalen Rechts über die Geltung des Verbots der Doppelbestrafung in bezug auf ausländische Justizentscheidungen nicht entgegen.

Les dispositions précédentes ne font pas obstacle à l´application de dispositions nationales plus larges concernant l´effet „ne bis in idem" attaché aux décisions judiciaire prises à l´étranger.

Bovenstaande bepalingen vormen geen beletsel voor de toepassing van verdergaande nationale bepalingen inzake de regel ne bis in idem in geval van buitenlandse rechterlijke beslissingen.

B. Auslegungsvorschriften der Wiener Vertragsrechtskonvention

Artikel 31
(Allgemeine Auslegungsregel)

1. Ein Vertrag ist nach Treu und Glauben in Übereinstimmung mit der gewöhnlichen, seinen Bestimmungen in ihrem Zusammenhang zukommenden Bedeutung und im Lichte seines Zieles und Zweckes auszulegen.

2. Für die Auslegung eines Vertrags bedeutet der Zusammenhang außer dem Vertragswortlaut samt Präambel und Anlagen

a. jede sich auf den Vertrag beziehende Übereinkunft, die zwischen allen Vertragsparteien anläßlich des Vertragsabschlusses getroffen wurde;

b. jede Urkunde, die von einer oder mehreren Vertragsparteien anläßlich des Vertragsabschlusses abgefaßt und von den anderen Vertragsparteien als eine sich auf den Vertrag beziehende Urkunde angenommen wurde.

3. Außer dem Zusammenhang sind in gleicher Weise zu berücksichtigen

a. jede spätere Übereinkunft zwischen den Vertragsparteien über die Auslegung des Vertrags oder die Anwendung seiner Bestimmungen;

b. jede spätere Übung bei der Anwendung des Vertrags, aus der die Übereinstimmung der Vertragsparteien über seine Auslegung hervorgeht;

c. jeder in den Beziehungen zwischen den Vertragsparteien anwendbare einschlägige Völkerrechtssatz.

4. Eine besondere Bedeutung ist einem Ausdruck beizulegen, wenn feststeht, daß die Vertragsparteien dies beabsichtigt haben.

1. A treaty shall be interpreted in good faith in accordance with the ordinary meaning to be given to the terms of the treaty in their context and in the light of its object and purpose.

2. The context for the purpose of the interpretation of a treaty shall comprise, in addition to the text, including its preamble and annexes:

a. any agreement relating to the treaty which was made between all the parties in connexion with the conclusion of the treaty;

b. any instrument which was made by one or more parties in connexion with the conclusion of the treaty and accepted by the other parties as an instrument related to the treaty.

3. There shall be taken into account, together with the context:

a. any subsequent agreement between the parties regarding the interpretation of the treaty or the application of its provisions;

b. any subsequent practice in the application of the treaty which establishes the agreement of the parties regarding its interpretation;

c. any relevant rules of international law applicable in the relations between the parties.

4. A special meaning shall be given to a term if it is established that the parties so intended.

Artikel 32
(Ergänzende Auslegungsmittel)

Ergänzende Auslegungsmittel, insbesondere die vorbereitenden Arbeiten und die Umstände des Vertragsabschlusses, können herangezogen werden, um die sich unter Anwendung des Artikels 31 ergebende Bedeutung zu bestätigen oder die Bedeutung zu bestimmen, wenn die Auslegung nach Artikel 31

a. die Bedeutung mehrdeutig oder dunkel läßt oder

b. zu einem offensichtlich sinnwidrigen oder unvernünftigen Ergebnis führt.

Recourse may be had to supplementary means of interpretation, including the preparatory work of the treaty and the circumstances of its conclusion, in order to confirm the meaning resulting from the application of article 31, or to determine the meaning when the interpretation according to article 31:

a. leaves the meaning ambiguous or obscure; or

b. leads to a result which is manifestly absurd or unreasonable.

Artikel 33
(Auslegung von Verträgen mit zwei oder mehr authentischen Sprachen)

1. Ist ein Vertrag in zwei oder mehr Sprachen als authentisch festgelegt worden, so ist der Text in jeder Sprache in gleicher Weise maßgebend, sofern nicht der Vertrag vorsieht oder die Vertragsparteien vereinbaren, daß bei Abweichungen ein bestimmter Text vorgehen soll.

2. Eine Vertragsfassung in einer anderen Sprache als einer der Sprachen, deren Text als authentisch festgelegt wurde, gilt nur dann als authentischer Wortlaut, wenn der Vertrag dies vorsieht oder die Vertragsparteien dies vereinbaren.

3. Es wird vermutet, daß die Ausdrücke des Vertrags in jedem authentischen Text dieselbe Bedeutung haben.

4. Außer in Fällen, in denen ein bestimmter Text nach Absatz 1 vorgeht, wird, wenn ein Vergleich der authentischen Texte einen Bedeutungsunterschied aufdeckt, der durch die Anwendung der Artikel 31 und 32 nicht ausgeräumt werden kann, diejenige Bedeutung zugrunde gelegt, die unter Berücksichtigung von Ziel und Zweck des Vertrags die Wortlaute am besten miteinander in Einklang bringt.

1. When a treaty has been authenticated in two or more languages, the text is equally authoritative in each language, unless the treaty provides or the parties agree that, in case of divergence, a particular text shall prevail.

2. A version of the treaty in a language other than one of those in which the text was authenticated shall be considered an authentic text only if the treaty so provides or the parties so agree.

3. The terms of the treaty are presumed to have the same meaning in each authentic text.

4. Except where a particular text prevails in accordance with paragraph 1, when a comparison of the authentic texts discloses a difference of meaning which the application of articles 31 and 32 does not remove, the meaning which best reconciles the texts, having regard to the object and purpose of the treaty, shall be adopted.

Literaturverzeichnis

Abbink, H./ Rüter, C. F. : Een eenvoudige Strafzaak, 2. druk, Nijmegen 1983

Achenbach, Hans: Strafprozessuale Ergänzungsklage und materielle Rechtskraft, ZStW 1975, S. 74 ff.

Akkermans, P. W. C./ Koekkoek, A. K. (Hrsg.): De Grondwet. Een artikelsgewijs commentaar, Zwolle 1992

Albrecht, Peter-Alexis: Die vergessene Freiheit. Strafrechtsprinzipien in der europäischen Sicherheitsdebatte, Berlin 2003

Algra, N. E. et al. : Fockema Andreae´s Verwijzend en verklarend juridisch woordenboek, 12. druk, Groningen 2001

Alternativkommentar zum Grundgesetz für die Bundesrepublik Deutschland: Wassermann, Rudolf (Hrsg.), Neuwied u. a. 1989, Band 2 (Art. 38-146, bearbeitet von Azzola, Axel) (zit.: AK-*Bearbeiter*: GG, 1989)

Alternativkommentar zur Strafprozeßordnung: Wassermann, Rudolf (Hrsg.), Neuwied u. a., Band 2, Teilband 1 (§§ 94-212b, bearbeitet von Achenbach, Hans) 1992; Band 3 (§§ 276-477, bearbeitet von Achenbach, Hans) 1996 (zit.: AK-*Bearbeiter*: StPO)

Angevin, Henri: Demandes en révision, in: Juris-Classeur de procédure pénale, Art. 622-626, Comm., Paris, Stand: 1990

Angevin, Henri: Contumace, in: Juris-Classeur de procédure pénale, Art. 627-641, Comm., Paris, Stand: 1993

Angevin, Henri: Mort d´un dogme. À propos de l´instauration, par la loi 15 juin 2000, d´un second degré de juridiction en matière criminelle, JCP 2000, I 260, S. 1795 ff.

Anker, W./ Goot, T. van der: Te hoge transactiebedragen, Advocatenblad 2001, S. 90 ff.

Archbold: *Richardson, P. J.* (ed.): Criminal Pleading, Evidence and Practice, London 2002

Arzt, Gunther: Amerikanisierung der Gerechtigkeit: Die Rolle des Strafrechts, in: Schmoller, Kurt (Hrsg.): Festschrift für Otto Triffterer zum 65. Geburtstag, Wien u. a. 1996, S. 527 ff.

Ashworth, Andrew: The Criminal Process. An Evaluative Study, 2nd edition, Oxford 1998

Auer, Wolfgang: Zu den Auswirkungen eines internationalen „ne bis in idem" für Österreich, ÖRiZ 2000, S. 52 ff.

Baauw, Peter: Ne bis in idem, in: Swart, Bert/ Klip, André (Hrsg.): International Criminal Law in the Netherlands, Freiburg im Breisgau 1997, S. 75 ff.

Barbarino, Otto: Die Rechtskraft des Strafurteils und ihre Wirkungen, Würzburg 1902

Barbey, Alec: De l´application internationale de la règle non bis in idem en matière répressive, Lausanne 1930

Barkhuysen, T./ Emmerik, M. L. van: Herzie het herzieningsvoorstel. Het wetsvoorstel heropening van strafzaken na uitspraken van het EHRM nader beschouwd, NJB 2001, S. 1291 ff.

Bartels, Hans-Joachim: Methode und Gegenstand intersystemarer Rechtsvergleichung, Tübingen 1982

Barth, Holger: Frankreich, in: Perron, Walter (Hrsg.): Die Beweisaufnahme im Strafverfahrensrecht des Auslands. Rechtsvergleichendes Gutachten im Auftrag des Bundesministeriums der Justiz, Freiburg im Breisgau 1995, S. 89 ff.

Batut, Anne-Marie: Autorité de la chose jugée, in: Juris-Classeur de procédure pénale, Art. 6, Fasc. 556, Paris, Stand: 1995

Bauknecht, Gesine/ Lüdicke, Lieselotte: Das französische Strafgesetzbuch. Code pénal, Freiburg im Breisgau 1999

Bayer, Wilhelm F. : Auslegung und Ergänzung international vereinheitlichter Normen durch staatliche Gerichte, RabelsZ 1955, S. 603 ff.

Beling, Ernst: Deutsches Reichsstrafprozeßrecht mit Einschluß des Strafgerichtsverfassungsrechts, Berlin u. a. 1928

Bemmelen, J. M. van: Het politiesepot, DD 1976, S. 524 ff.

Bemmelen, J. M. van/ Veen, Th. W. van: Ons Strafrecht 4. Strafprocesrecht, 11. druk, Alphen aan den Rijn 1993

Bemmelen, J. M. van/ Veen, Th. W. van: Ons Strafrecht 1. Het materiële strafrecht, Algemeen Deel, 13. druk, Deventer 1998

Bennecke, Hans: Lehrbuch des Deutschen Reichs-Strafprozeßrechts, Breslau 1895

Bernhardt, Rudolf: Die Auslegung völkerrechtlicher Verträge insbesondere in der neueren Rechtsprechung internationaler Gerichte, Köln u. a. 1963

Bernhardt, Rudolf: Eigenheiten und Ziele der Rechtsvergleichung im öffentlichen Recht, ZaöRV 1964, S. 431 ff.

Bernhardt, Rudolf: Zur Auslegung des Europäischen Gemeinschaftsrechts, in: Grewe, Wilhelm G. (Hrsg.): Europäische Gerichtsbarkeit und nationale Verfassungsgerichtsbarkeit. Festschrift zum 70. Geburtstag von Hans Kutscher, Baden-Baden 1981, S. 17 ff.

Bernhardt, Rudolf: Interpretation in International Law, in: ders. (Hrsg.): Encyclopedia of Public International Law, Vol. II, Amsterdam 1995, S. 1416 ff.

Berr, Claude J./ Trémeau, Henri: Le droit douanier. Communautaire et national, 5e édition, Paris 2001

Berthéas, Claudius: Amende, in: Répertoire de droit pénal et de procédure pénale Dalloz, Tome I, Paris, Stand: 1982

Beulke, Werner: Der prozessuale Tatbegriff. Anmerkungen zur neueren Entwicklung des Verhältnisses des prozessualen zum materiell-rechtlichen Tatbegriff, in: Canaris, Claus-Wilhelm et al. (Hrsg.): 50 Jahre Bundesgerichtshof. Festgabe aus der Wissenschaft, Band IV. Strafrecht, Strafprozeßrecht (Hrsg. : Roxin, Claus/ Widmaier, Gunter), München 2000, S. 781 ff.

Beulke, Werner: Strafprozeßrecht, 6. Auflage, Heidelberg 2002

Bieber, Roland/ Ress, Georg: Die Dynamik des Europäischen Gemeinschaftsrechts als Rechtsproblem, in: dies. (Hrsg.): Die Dynamik des Europäischen Gemeinschaftsrechts: die Auslegung des Europäischen Gemeinschaftsrechts im Lichte nachfolgender Praxis der Mitgliedsstaaten und der EG-Organe, Baden-Baden 1987, S. 13 ff.

Biehler, Anke/ Gleß, Sabine/ Parra, Nina/ Zeitler, Helge Elisabeth (Max-Planck-Institut für ausländisches und internationales Strafrecht): Analyse des Grünbuchs zum strafrechtlichen Schutz der finanziellen Interessen der EG und zur Schaffung einer Europäischen Staatsanwaltschaft. Studie im Auftrag des Haushaltsausschusses des Europäischen Parlamentes, Freiburg im Breisgau 2002 (vgl. http://europa.eu.int/comm/anti_fraud/green_paper/contributions/pdf/gp_mplanck_de.pdf, Std. 25. 04. 2004)

Biehler, Anke/ Kniebühler, Roland/ Lelieur-Fischer, Juliette/ Stein, Sibyl (eds.): Freiburg Proposal on Concurrent Jurisdictions and the Prohibition of Multiple Prosecutions in the European Union, Freiburg im Breisgau 2003 (http://www.iuscrim.mpg.de/forsch/straf/projekte/nebisinidem.html, Std. 25. 04. 2004)

Biggelaar, G. J. M. van den: De buitengerechtelijke afdoening van strafbare feiten door het openbaar ministerie, Arnhem 1994

Bleckmann, Albert: Die Rolle der Rechtsvergleichung in den Europäischen Gemeinschaften, ZvglRwiss 1976, S. 106 ff.

Bleckmann, Albert: Zu den Auslegungsmethoden des Europäischen Gerichtshofs, NJW 1982, S. 1177 ff.

Bleckmann, Albert: Die wertende Rechtsvergleichung bei der Entwicklung europäischer Grundrechte, in: Baur, Jürgen F. et al. (Hrsg.): Europarecht, Energierecht, Wirtschaftsrecht. Festschrift für Bodo Börner zum 70. Geburtstag, Köln u. a. 1992, S. 29 ff.

Bleckmann, Albert: Probleme der Auslegung europäischer Richtlinien, ZGR 1992, S. 364 ff.

Bleckmann, Albert: Europarecht. Das Recht der Europäischen Union und der Europäischen Gemeinschaften, 6. Auflage, Köln u. a. 1997

Blok, A. J./ Besier, L. Ch. : Het Nederlandsche Strafproces, Eerste Deel, Haarlem 1925

Boer, Monica den: Schengen: A New Security Regime for Europe, in: Hailbronner, Kay (Hrsg.): Zusammenarbeit der Polizei- und Justizverwaltungen in Europa, Heidelberg 1996, S. 95 ff.

Bogner, Udo: Absprachen im deutschen und italienischen Strafprozeßrecht. Verfahrensbeschleunigung durch die applicazione della pena su richiesta delle parti und das guidizio abbreviato, ein Modell für den künftigen deutschen Strafprozeß?, Marburg 2000

Bohnert, Jean-François/ Lagodny, Otto: Art. 54 SDÜ im Lichte der nationalen Wiederaufnahmegründe. Zugleich Besprechung von BGH, Urteil vom 10. 6. 1999 – 4 StR 87/98, NStZ 2000, S. 636 ff.

Boitard, Michel: La transaction pénale en droit français, RSC 1941, S. 151 ff.

Bolze, Christian: Le refus d´informer: une sanction exceptionnelle en procédure pénale, RSC 1982, S. 311 ff.

Bömeke, Patrick M. : Rechtsfolgen fehlgeschlagener Absprachen im deutschen und englischen Verfahren. Eine rechtsvergleichende Untersuchung der Folgeprobleme strafprozessualer Verständigung, Frankfurt am Main 2001

Borman, J. A. : Openbaar ministerie en beginselen van behoorlijk bestuur, Trema 1981, S. 103 ff.

Bos, Maarten: A: Methodology of International Law, Amsterdam u. a. 1984

Bos, P. A. H. : Voeging ad informandum, in: Naar eer en geweten. Liber amicorum J. Remmelink, Arnhem 1987, S. 47 ff.

Böse, Martin: Das Prinzip der gegenseitigen Anerkennung in der transnationalen Strafrechtspflege in der EU. Die „Verkehrsfähigkeit" strafgerichtlicher Entscheidungen, in: Momsen, Carsten et al. (Hrsg.): Fragmentarisches Strafrecht. Beiträge zum Strafrecht, Strafprozeßrecht und zur Rechtsvergleichung. Für Manfred Maiwald aus Anlaß seiner Emeritierung, verfaßt von seinen Schülern, Mitarbeitern und Freunden, Frankfurt am Main 2003, S. 233 ff.

Böse, Martin: Der Grundsatz „ne bis in idem" in der Europäischen Union (Art. 54 SDÜ), GA 2003, S. 744 ff.

Bothe, Michael: Die Bedeutung der Rechtsvergleichung in der Praxis internationaler Gerichte, ZaöRV 1976, S. 280 ff.

Bothe, Michael: Die Wiener Konvention über das Recht der Verträge zwischen Staaten und internationalen Organisationen und zwischen internationalen Organisationen, NJW 1991, S. 2169 ff.

Bouzat, Pierre/ Pinatel, Jean: Traité de droit pénal et de criminologie, Tome II. Procédure pénale. Régime des mineurs. Domaine des lois pénales dans le temps et dans l´espace, 2e édition, Paris 1970

Braga, Sevold: Zur Methode der rechtsvergleichenden Arbeit, in: Lüke, Gerhard et al. (Hrsg.): Rechtsvergleichung, Europarecht und Staatenintegration. Gedächtnisschrift für Léontin-Jean Constantinesco, Köln u. a. 1983, S. 99 ff.

Braselmann, Petra: Übernationales Recht und Mehrsprachigkeit. Linguistische Überlegungen zu Sprachproblemen in EuGH-Urteilen, EuR 1992, S. 55 ff.

Brüner, F. H./Spitzer, H. : Der Europäische Staatsanwalt – ein Instrument zur Verbesserung des Schutzes der EU-Finanzen oder ein Beitrag zur Verwirklichung eines Europas der Freiheit, der Sicherheit und des Rechts?, NStZ 2002, S. 393 ff.

Bundesrat: Denkschrift zu dem Übereinkommen zwischen den Mitgliedsstaaten der Europäischen Gemeinschaften über das Verbot der doppelten Strafverfolgung, BR-DS 283/97, S. 9 ff.

Bundesrat: Entwurf eines Gesetzes zur Entlastung der Rechtspflege, BT-DS 12/1217, S. 1 ff.

Bundesregierung: Entwurf eines Strafverfahrensänderungsgesetzes 1984 (StVÄG 1984), BT-DS 10/1313, S. 1 ff.

Bundesregierung: Denkschrift zum Schengener Durchführungsübereinkommen, BT-DS 12/2453, S. 91 ff.

Busse, Dietrich: Juristische Semantik – Grundfragen der juristischen Interpretationstheorie in sprachwissenschaftlicher Sicht, Berlin 1993

Buuren, P. J. J. van: Beklag over niet vervolgen van strafbare feiten, AA 1985, S. 263 ff.

Causse, François Louis Méry: La transaction en matière pénale, Paris 1945

Cédras, Jean: Action publique, in: Juris-Classeur de procédure pénale, Art. 6, Fasc. 2, Paris, Stand: 1995

Chambon, Pierre: Le juge d'instruction. Théorie et pratique de la procédure, 4e édition, Paris 1997

Chevalier, René: Der Grundsatz „Ne bis in idem" im bernischen Strafprozeß, Bern 1941

Chiavario, Mario: La justice négociée: une problématique à construire, ACP 1993, S. 27 ff.

Christensen, Ralph/ Jeand'Heur, Bernd: Themen einer problembezogenen Zusammenarbeit zwischen Rechtstheorie und Linguistik, in: Müller, Friedrich (Hrsg.): Untersuchungen zur Rechtslinguistik. Interdisziplinäre Studien zu praktischer Semantik und Strukturierender Rechtslehre in Grundfragen der juristischen Methodik, Berlin 1989, S. 9 ff.

Clec'h, Jules le: De l'autorité de la chose jugée, in: Juris-Classeur d'instruction criminelle, Art. 1-4, Paris 1951

Cleiren, C. P. M. : Beginselen van een goede procesorde. Een analyse van de rechtspraak in strafzaken, Arnhem 1989

Cleiren, C. P. M./ Nijboer, J. F. : Strafvordering. Tekst & Commentaar, 4. druk, Deventer 2001

Cleiren, C. P. M./ Nijboer, J. F. : Strafrecht. Tekst & Commentaar, 4. druk, Deventer 2002

Coing, Helmut: Juristische Methodenlehre, Berlin u. a. 1972

Coing, Helmut : Aufgaben der Rechtsvergleichung in unserer Zeit, NJW 1981, S. 2601 ff.

Constantinesco, Léontin-Jean: Rechtsvergleichung. Band II. Die rechtsvergleichende Methode, Köln u. a. 1972

Constantinesco, Léontin-Jean: Les buts et les methodes du droit comparé, ZvglRwiss 1976, S. 144 ff.

Conte, Philippe/ Maistre du Chambon, Patrick: Procédure Pénale, 4e édition, Paris 2002

Corstens, G. J. M. : Waarborgen rondom het vervolgingsbeleid, Ijmuiden 1974

Corstens, G. J. M. : Ne bis in idem, in: Corstens, G. J. M. et al. (Hrsg.): Vademecum Strafzaken, Arnhem 1983 (Loseblattausgabe), S. [26]-92-94 ff.

Corstens, G. J. M. : De werkstraf, ne bis in idem, bis bis, DD 1984, S. 25 ff.

Corstens, G. J. M. : Consensualiteit, DD 1994, S. 4 ff.

Corstens, G. J. M. : Het Nederlands Strafprocesrecht, 3. druk, Deventer 1999

Cramer, Peter: Absprachen im Strafprozeß, in: Eyrich, Heinz et al. (Hrsg.): Festschrift für Kurt Rebmann zum 65. Geburtstag, München 1989, S. 145 ff.

Dadomo, Christian/ Farran, Susan: The French Legal System, 2nd edition, London 1996

Daele, D. van: Het openbaar ministerie en de afhandeling van strafzaken in Duitsland, Leuven 2000

Daig, Hans-Wolfram: Zu Rechtsvergleichung und Methodenlehre im Europäischen Gemeinschaftsrecht, in: Bernstein, Herbert et al. (Hrsg.): Festschrift für Konrad Zweigert zum 70. Geburtstag, Tübingen 1981, S. 395 ff.

Damaška, Mirjan R. : The Faces of Justice and State Authority. A Comparative Approach to the Legal Process, New Haven u. a. 1986

Dannecker, Gerhard: Community Fines and non-Member State Sanctions: the Effect of the Principle „ne bis in idem", in: Eser, Albin/ Rabenstein, Christiane (Hrsg.): Neighbours in Law.

Are Common Law and Civil Law Moving Closer Together? Papers in honour of Barbara Huber on her 65th birthday, Freiburg im Breisgau 2001, S. 153 ff.

Deleuze, Barbara: Le système anglais, in: Delmas-Marty, Mireille (Hrsg.): Procédures pénales d'Europe (Allemagne, Angleterre et pays de Galles, Belgique, France, Italie), Paris 1995, S. 125 ff.

Delmas-Marty, Mireille (Hrsg.): Procédures pénales d'Europe (Allemagne, Angleterre et pays de Galles, Belgique, France, Italie), Paris 1995

Deml, Peter: Zur Reform der Wiederaufnahme des Strafverfahrens, Ebelsbach 1979

Dippel, Karlhans: Zur Reform des Rechts der Wiederaufnahme des Verfahrens im Strafprozeß, GA 1972, S. 97 ff.

Dippel, Karlhans: Das geltende deutsche Wiederaufnahmerecht und seine Erneuerung, in: Jescheck, Hans-Heinrich/ Meyer, Jürgen (Hrsg.): Die Wiederaufnahme des Strafverfahrens im deutschen und ausländischen Recht, Bonn 1974, S. 13 ff.

Ditzen, Wilhelm: Dreierlei Beweis im Strafverfahren, Leipzig 1926

Dobkine, Michel: La transaction en matière pénale, D. 1994, Chron., S. 137 ff.

Doehring, Karl: Völkerrecht. Ein Lehrbuch, Heidelberg 1999

Doelder, H. de / 't Hart, A. C. : Verbaliseringsbeleid en opportuniteitsbeginsel, DD 1976, S. 204 ff.

Doelder, H. de / 't Hart, A. C. : Aparte procedure voor bekennende verdachten?, NJB 1992, S. 629 f.

Doelder, H. de/ Hulst, J. W. van der: EEG-sancties en ne bis in idem, SEW 1993, S. 722 ff.

Dölle, Hans: Zur Problematik mehrsprachiger Gesetzes- und Vertragstexte, RabelsZ 1961, S. 4 ff.

Dörr, Oliver: Das Schengener Durchführungsübereinkommen. Ein Fall des Art. 24 Abs. 1 GG, DÖV 1993, S. 696 ff.

Dorst, A. J. A. van: Bezwaarschrift tegen de kennisgeving van verdere vervolging of de dagvaarding, in: Corstens, G. J. M. et al. (Hrsg.): Vademecum Strafzaken, Arnhem 1983 (Loseblattausgabe), S. [51]-253 ff.

Dorst, A. J. A. van: Vervolgingsbeletselen, Zwolle 1989

Doucet, Michel/ Fleck, Klaus E. W. : Wörterbuch der Rechts- und Wirtschaftssprache. Teil I. Französisch-Deutsch, 5. Auflage, München 1997

Drobnig, Ulrich: Rechtsvergleichung und Rechtssoziologie, RabelsZ 1953, S. 295 ff.

Dupré, Jean-François: La transaction en matière pénale, Paris 1977

Duttge, Gunnar: Möglichkeiten eines Konsensualprozesses nach deutschem Strafprozeßrecht, ZStW 2003, S. 538 ff.

Düwel, Hans: Der Grundsatz „ne bis in idem" im Strafverfahren, Rostock 1926

Ebensperger, Stefan: Strafrechtliches „ne bis in idem" in Österreich unter besonderer Berücksichtigung internationaler Übereinkommen, ÖJZ 1999, S. 171 ff.

Ebert, Andreas: Der Tatverdacht im Strafverfahren unter spezieller Berücksichtigung des Tatnachweises im Strafbefehlsverfahren, Frankfurt am Main u. a. 2000

Ebert, Kurt Hanns: Rechtsvergleichung. Einführung in die Grundlagen, Bern 1978

Eidgenössisches Justiz- und Polizeidepartment (Hrsg.): Aus 29 mach 1. Konzept einer eidgenössischen Strafprozeßordnung (Bericht der Expertenkommission „Vereinheitlichung des Strafprozeßrechts"), Bern 1997 (zit. : *EJPD* [Hrsg.]: Aus 29 mach 1, 1997)

Eidgenössisches Justiz- und Polizeidepartment/ Bundesamt für Justiz (Hrsg.) : Begleitbericht zum Vorentwurf für eine Schweizerische Strafprozeßordnung, Bern 2001 (zit. : *EJDP/BJ* [Hrsg.]: Vorentwurf Schw. StPO, 2001)

Endriß, Rainer/ Kinzig, Jörg: Eine Straftat – zwei Strafen. Nachdenken über ein erweitertes „ne bis in idem", StV 1997, S. 665 ff.

Engisch, Karl: Logische Studien zur Gesetzesanwendung, 3. Auflage, Heidelberg 1963

Enschedé, Ch. J. : Beginselen van strafrecht, 9. druk, Deventer 2000

Epp, Helmut: Der Grundsatz „Ne bis in idem" im internationalen Rechtsbereich, ÖJZ 1979, S. 36 ff.

Epping, Volker: Völkerrechtssubjekte, in: Ipsen, Knut (Hrsg.): Völkerrecht, 4. Auflage, München 1999, S. 51 ff.

Escande, Pierre: Pourvoi en cassation, in: Juris-Classeur de procédure pénale, Art. 567-621, Fasc. 35, Paris, Stand: 1988

Escande, Pierre: Action publique, in: Juris-Classeur de procédure pénale, Art. 6, Fasc. 1, Paris, Stand: 1989

Eser, Albin: The Need for a General Part, in: Bassiouni, Cherif (Hrsg.): Commentaries on the International Law Commission´s 1991 Draft Code of Crimes Against the Peace and Security of Mankind, Toulouse 1993, S. 43 ff.

Eser, Albin: Entwicklung des Strafverfahrensrechts in Europa. Orientierung an polizeilicher Effektivität oder an rechtsstaatlichen Grundsätzen?, ZStW 1996, S. 86 ff.

Eser, Albin: Funktionen, Methoden und Grenzen der Strafrechtsvergleichung, in: Albrecht, Hans-Jörg et al. (Hrsg.): Internationale Perspektiven in Kriminologie und Strafrecht. Festschrift für Günther Kaiser zum 70. Geburtstag, Berlin 1998, 2. Halbband, S. 1499 ff.

Essaid, Mohammed-Jalal: La présomption d´innocence, Rabat 1971

Esser, Robert: Auf dem Weg zu einem europäischen Strafverfahrensrecht. Die Grundlagen im Spiegel der Rechtsprechung des Europäischen Gerichtshofs für Menschenrechte (EGMR) in Straßburg, Berlin 2002

Europäischer Rat (Tampere): Schlußfolgerungen des Vorsitzes, 15. und 16. 10. 1999 (vgl. http://europa.eu.int/council/off/conclu/oct99/oct99_de.htm, Std. 25. 04. 2004)

Europäisches Parlament: Entschließung zur Funktionsweise und zur Zukunft von Schengen, ZFIS 1997, S. 188 ff.

Europäisches Parlament (Ausschuß für Haushaltskontrolle): Bericht über das Grünbuch der Kommission zum strafrechtlichen Schutz der finanziellen Interessen der Europäischen Gemeinschaften und zur Schaffung einer Europäischen Staatsanwaltschaft, Plenarsitzungsdokument vom 24. 02. 2003, A5-0048/2003 endgültig (vgl. http://www.europarl.eu.int/plenary/default_de.htm > Berichterstatter [Theato], Std. 25. 04. 2004)

Europäisches Parlament (Ausschuß für die Freiheiten und Rechte der Bürger, Justiz und innere Angelegenheiten): Bericht zu der Initiative der Hellenischen Republik im Hinblick auf die Annahme eines Rahmenbeschlusses des Rates über die Anwendung des „ne-bis-in-idem"-Prinzips, Plenarsitzungsdokument vom 14. 07. 2003, A5-0275/2003 endgültig (http://www.europarl.eu.int/plenary/default_de.htm > Berichterstatter [Turco], Std. 25. 04. 2004)

European Parliament: The „non bis in idem" principle in criminal law in the EEC. Report of the Legal Affairs Committee of 20 February 1984 (Doc. 1-1397/83), HRLJ 1984, S. 391 ff.

Everling, Ulrich: Richterliche Rechtsfortbildung in der Europäischen Gemeinschaft, JZ 2000, S. 217 ff.

Fairchild, Erika/ Dammer, Harry R. : Comparative Criminal Justice Systems, 2nd edition, Belmont, CA 2001

Fastenrath, Ulrich: Lücken im Völkerrecht. Zu Rechtscharakter, Quellen, Systemzusammenhang, Methodenlehre und Funktionen des Völkerrechts, Berlin 1991

Fezer, Gerhard: Vereinfachte Verfahren im Strafprozeß, ZStW 1994, S. 1 ff.

Fikentscher, Wolfgang: Methoden des Rechts in vergleichender Darstellung. Band III. Mitteleuropäischer Rechtskreis, Tübingen 1976

Fliedner, Ortlieb: Die verfassungsrechtlichen Grenzen mehrfacher staatlicher Bestrafungen aufgrund desselben Verhaltens. Ein Beitrag zur Auslegung des Art. 103 Abs. 3 GG, AöR 1974, S. 242 ff.

Foregger, Egmont/ Fabrizy, Ernst Eugen: Die österreichische Strafprozeßordnung (Strafprozeßordnung 1975) samt den wichtigsten Nebengesetzen. Kurzkommentar, 8. Auflage, Wien 2000

Forsthoff, Ernst: Recht und Sprache. Prolegomena zu einer richterlichen Hermeneutik, Darmstadt 1964 (Sonderausgabe)

Fossereau, Joële: Chose jugée, in: Répertoire de droit pénal et de procédure pénale Dalloz, Tome II, Paris, Stand: 1967

Fraktion der SPD im Deutschen Bundestag, Fraktion Bündnis 90/Die Grünen im Deutschen Bundestag, Bundesministerium der Justiz: Diskussionsentwurf für eine Reform des Strafverfahrens vom 18. 02. 2004, Berlin (http://stpo-reform.de, Std. 25. 04. 2004)

Franken, A. A. : Alternatieve afdoeningsmogelijkheden, in: Corstens, G. J. M. et al. (Hrsg.): Vademecum Strafzaken, Arnhem 1983 (Loseblattausgabe), S. [23]-1 ff.

Franken, A. A. : Voeging ad informandum in strafzaken, Arnhem 1993

Franken, A. A. : 'Hetzelfde feit'. Over samenloop van strafbare feiten en het non bis in idem-beginsel, 2. druk, Nijmegen 1995

Franken, H. : Vervolgingsbeleid. Een jurimetrisch onderzoek betreffende het vervolgingsbeleid van het openbaar ministerie inzake artikel 26 Wegenverkeerswet, Arnhem 1973

Freund, Georg: Der Zweckgedanke im Strafrecht, GA 1995, S. 4 ff.

Freund, Georg: Die Tatfrage als Rechtsfrage. „Persönliche Gewißheit", „objektive Schuldwahrscheinlichkeit" und rechtsgenügender Beweis, in: Eser, Albin et al. (Hrsg.): Strafverfahrensrecht in Theorie und Praxis. Festschrift für Lutz Meyer-Goßner zum 65. Geburtstag, München 2001, S. 409 ff.

Frielink, Paul: Voorwaarden ter voeging ad informandum, AA 1984, S. 245 ff.

Frisch, Wolfgang: An den Grenzen des Strafrechts, in: Küper, Wilfried/ Welp, Jürgen (Hrsg.): Festschrift für Walter Stree und Johannes Wessels zum 70. Geburtstag, Heidelberg 1993, S. 69 ff.

Frister, Helmut: Schuldprinzip, Verbot der Verdachtsstrafe und Unschuldsvermutung als materielle Grundprinzipien des Strafrechts, Berlin 1988

Frowein, Jochen Abraham/ Peukert, Wolfgang: Europäische Menschenrechtskonvention. EMRK-Kommentar, 2. Auflage, Kehl u. a. 1996

Fuss, Ernst-Werner: Rechtssatz und Einzelakt im Europäischen Gemeinschaftsrecht, NJW 1964, S. 945 ff.

Gadamer, Hans-Georg: Gesammelte Werke 1. Hermeneutik I. Wahrheit und Methode. Grundzüge einer philosophischen Hermeneutik, Tübingen 1990

Gantzer, Peter: Die Rechtskraft strafprozessualer Beschlüsse und Verfügungen, München 1967

Garcin, Claude: Procédure pénale, 2e édition, Lyon 1996

Garé, Dorothé: De enkele bekentenis van de verdachte als uitsluitend bewijs in strafzaken, NJB 1992, S. 631 ff.

Garé, Dorothé: Het onmiddellijkheidsbeginsel in het Nederlandse strafproces, Arnhem 1994

Garé, Thierry/ Ginestet, Catherine: Droit pénal, Procédure pénale, 2e édition, Paris 2002

Garraud, R. : Traité théorique et pratique d´Instruction Criminelle et de Procédure Pénale, Tome I, Paris 1907

Garraud, R. : Précis de droit criminel, 15e édition, Paris 1934

Gassin, Raymond: Transaction, in: Répertoire de droit pénal et de procédure pénale Dalloz, Tome VI, Paris, Stand: 2001

Gaul, Hans Friedhelm: Die Frage nach dem Zweck des Zivilprozesses, AcP 1968, S. 27 ff.

Gavalda, Christian: Aspects actuels du problème de l´autorité de la chose jugée au criminel sur le criminel, JCP 1957, I., 1372

Geiger, Andreas: Strafrechtsharmonisierung aus Luxemburg, EuZW 2002, S. 705

Geiger, Theodor: Vorstudien zu einer Soziologie des Rechts, 4. Auflage, Berlin 1987

Geimer, Reinhold: Anmerkung zu EuGH vom 06. 10. 1976, NJW 1977, S. 489 ff., NJW 1977, S. 492 ff.

Geis, Mark: Überzeugung beim Strafbefehlserlaß?, Frankfurt am Main 2000

Genin-Meric, Régine: Être jugé dans un délai raisonnable: réflexions sur le contrôle de la recevabilité de l´action publique, RSC 1980, S. 77 ff.

Geouffre de la Pradelle, Geraud de: Essai d´introduction au droit français. I. Les normes, Nanterre 1990

Geppert, Klaus: Gedanken zur Rechtskraft und Beseitigung strafprozessualer Beschlüsse, GA 1972, S. 165 ff.

Germer, Peter: Interpretation of Plurilingual Treaties. A Study of Article 33 of the Vienna Convention on the Law of Treaties, HILJ 1970, S. 400 ff.

Ginestet, Catherine: Procédure de contumace et procès equitable, DP 2001 (11), S. 4 ff.

Gleß, Sabine: Rechtsvergleichender Querschnitt, in: Gleß, Sabine/ Grote, Rainer/ Heine, Günter (Hrsg.): Justitielle Einbindung und Kontrolle von Europol. Rechtsvergleichendes Gutachten im Auftrag des Bundesministeriums der Justiz. Band 1 (Nationale und europäische Strafverfolgung), Freiburg im Breisgau 2001, S. 643 ff.

Gleß, Sabine: Die „Verkehrsfähigkeit von Beweisen" im Strafverfahren, ZStW 2003, S. 131 ff.

Gleß, Sabine/ Grote, Rainer/ Heine, Günter (Hrsg.) : Justitielle Einbindung und Kontrolle von Europol. Rechtsvergleichendes Gutachten im Auftrag des Bundesministeriums der Justiz. Band 1 (Nationale und europäische Strafverfolgung), Freiburg im Breisgau 2001

Gleß, Sabine/ Lüke, Monika: Strafverfolgung über die Grenzen hinweg. Formen der Zusammenarbeit europäischer Länder bei der Kriminalitätsbekämpfung, Jura 1998, S. 70 ff.

Göhler, Erich et al. : Gesetz über Ordnungswidrigkeiten, 13. Auflage, München 2002

Goldschmidt, James: Der Prozeß als Rechtslage. Eine Kritik des prozessualen Denkens, Berlin 1925

Gorlé, Ph. : L´action publique, in: Bosly, Henri-D./ Masset, A. (Hrsg.): Recueil de Jurisprudence de Procédure Pénale, Brüssel 1996 (Loseblattausgabe)

Gössel, Karl Heinz: Strafverfahrensrecht, Stuttgart 1977

Gössel, Karl Heinz: Die Stellung des Verteidigers im rechtsstaatlichen Strafverfahren, ZStW 1982, S. 5 ff.

Grebing, Gerhardt: Die Wiederaufnahme des Strafverfahrens in Frankreich, in: Jescheck, Hans-Heinrich/ Meyer, Jürgen (Hrsg.): Die Wiederaufnahme des Strafverfahrens im deutschen und ausländischen Recht, Bonn 1974, S. 297 ff.

Grebing, Gerhardt: Frankreich, in: Jescheck, Hans-Heinrich/ Leibinger, Rudolf (Hrsg.): Funktion und Tätigkeit der Anklagebehörde im ausländischen Recht, Baden-Baden 1979, S. 13 ff.

Greve, Vagn: Criminal law in the 21st century, in: Blume, Peter (ed.): Legal Issues at the Dawn of the New Millennium. Papers from the Faculty of Law University of Copenhagen, Copenhagen 1999, S. 37 ff.

Gridel, Jean-Pierre: Introduction au droit et au droit français. Notions fondamentales. Méthodologie. Synthèses, 2e édition, Paris 1994

Groenhuijsen, Marcus S./ Hullu, J. de: Het stelsel van rechtsmiddelen in strafzaken, 3. druk, Nijmegen 1994

Groenhuijsen, Marcus S./ Kalmthout, A. M. van: Transactie en voorwaardelijk sepot: lood OM oud ijzer?, DD 1983, S. 474 ff.

Groenhuijsen, Marcus S./ Knigge, G. : Algemeen Deel, in: Groenhuijsen, Marcus S./ Knigge, G. (Hrsg.): Het Onderzoek ter zitting. Eerste interimrapport onderzoeksproject Strafvordering 2001, Groningen 2001, S. 1 ff.

Grossfeld, Bernhard: Kernfragen der Rechtsvergleichung, Tübingen 1996

Grossfeld, Bernhard: Rechtsvergleichung, Wiesbaden 2001

Grotz, Michael: Das Schengener Durchführungsübereinkommen und der Grundsatz ne bis in idem, StraFo 1995, S. 102 ff.

Grundmann, Stephan M. : Die Auslegung des Gemeinschaftsrechts durch den Europäischen Gerichtshof: zugleich eine rechtsvergleichende Studie zur Auslegung im Völkerrecht und im Gemeinschaftsrecht, Konstanz 1997

Grünwald, Gerald: Die materielle Rechtskraft im Strafverfahren der Bundesrepublik Deutschland, ZStW-Beiheft 1974, S. 94 ff. (Deutsche strafrechtliche Landesreferate, Teheran)

Grützner, Heinrich: Die zwischenstaatliche Anerkennung europäischer Strafurteile, NJW 1969, S. 345 ff.

Grützner, Heinrich/ Pötz, Paul-Günter: Internationaler Rechtshilfeverkehr in Strafsachen der für die Rechtsbeziehungen der BRD mit dem Ausland in Strafsachen maßgeblichen Bestimmungen, 2. Auflage, Heidelberg (Loseblattausgabe)

Guardia, Charles de: Changes et transaction avec l´administration des douanes, GP 1984, Doctr., S. 412 ff.

Guéry, Christian: Les paliers de la vraisemblance pendant l´instruction préparatoire, JCP 1998, I, S. 1031 ff.

Guggenheim, Paul: Landesrechtliche Begriffe im Völkerrecht, vor allem im Bereich der internationalen Organisation, in: Schätzel, Walter/ Schlochauer, Hans-Jürgen (Hrsg.): Rechtsfragen der internationalen Organisation. Festschrift für Hans Wehberg zu seinem 70. Geburtstag, Frankfurt am Main 1956, S. 133 ff.

Guillien, Raymond/ Vincent, Jean: Lexique des termes juridiques, 12ᵉ édition, Paris 1999

Guinchard, Serge/ Buisson, Jacques: Procédure pénale, 2ᵉ édition, Paris 2002

Haas, Nina: Die Schengener Abkommen und ihre strafprozessualen Implikationen, Wien 2001

Häberle, Peter: Grundrechtsgeltung und Grundrechtsinterpretation im Verfassungsstaat. Zugleich zur Rechtsvergleichung als „fünfter" Auslegungsmethode (JZ 1989, S. 913 ff.), abgedruckt in: ders. : Rechtsvergleichung im Kraftfeld des Verfassungsstaates – Methoden und Inhalte, Kleinstaaten und Entwicklungsländer, Berlin 1992, S. 27 ff.

Häberle, Peter: Verfassungslehre als Kulturwissenschaft, 2. Auflage, Berlin 1998

Hailbronner, Kay: Ziele und Methoden völkerrechtlich relevanter Rechtsvergleichung, ZaöRV 1976, S. 190 ff.

Hanack, Ernst-Walter: Zur Reform des Rechts der Wiederaufnahme des Verfahrens im Strafprozeß, JZ 1973, S. 393 ff.

Hanack, Ernst-Walter: Maßstäbe und Grenzen richterlicher Überzeugungsbildung im Strafprozeß. OLG Celle, NJW 1976, 2030, JuS 1977, S. 727 ff.

Hanack, Ernst-Walter et al. : Denkschrift zur Reform des Rechtsmittelrechts und der Wiederaufnahme des Verfahrens im Strafprozeß. Erarbeitet und vorgelegt vom Strafrechtsausschuß der Bundesrechtsanwaltskammer, Tübingen 1971

Haraszti, György: Some Fundamental Problems of the Law of Treaties, Budapest 1973

Hardy, Jean: The interpretation of plurilingual treaties by international courts and tribunals, BYIL 1961, S. 72 ff.

Harms, Monika: Von Transactien, ordonnances de non-lieu und anderen europäischen Besonderheiten – der lange Weg zu einer einheitlichen Strafrechtsordnung, in: Hanack, Ernst-Walter et al. (Hrsg.): Festschrift für Peter Rieß zum 70. Geburtstag am 4. Juni 2002, Berlin 2002, S. 725 ff.

Hart, A. C. 't: Om het OM, in: 't Hart, A. C. : Strafrecht en beleid. Essays, Leuven 1983, S. 21 ff.

Harteveld, A. E. : Behoudens nova. Over het strafprocessuele 'ne bis in idem' van art. 255 Sv, DD 2002, S. 473 ff.

Hartmann, A. R. : Buitengerechtelijke afdoening II, in: Groenhuijsen, Marcus S./ Knigge, G. (Hrsg.): Dwangmiddelen en rechtsmiddelen. Derde interimrapport onderzoeksproject Strafvordering 2001, Deventer 2002, S. 79 ff.

Hatz, Helmut: Rechtssprache und juristischer Begriff. Vom richtigen Verstehen des Rechtssatzes, Stuttgart 1963

Hazewinkel-Suringa, D./ Remmelink, J. : Inleiding tot de studie van het Nederlandse Strafrecht, 15. druk, Deventer 1996

Hébraud, Pierre: L'autorité de la chose jugée au criminel sur le civil, Paris 1929

Hecker, Bernd: Besprechung von BGH vom 02. 02. 1999, NStZ 1999, S. 250 ff., JA 2000, S. 15 ff.

Hecker, Bernd: Besprechung von BGH vom 10. 06. 1999, StV 1999, S. 478 ff., JAR 2000, S. 49 ff.

Hecker, Bernd: Das Prinzip „Ne bis in idem" im Schengener Rechtsraum (Art. 54 SDÜ), StV 2001, S. 306 ff.

Heffter, August Wilhelm: Non bis in idem im Hinblick auf den gedruckten Entwurf einer Deutschen Strafprocess-Ordnung, Berlin 1873

Hegel, Georg Wilhelm Friedrich: Werke in zwanzig Bänden. Band 8: Enzyklopädie der philosophischen Wissenschaften im Grundrisse (1830) (Erster Teil – Die Wissenschaft der Logik – Mit mündlichen Zusätzen), Frankfurt am Main 1970

Heidelberger Kommentar zur Strafprozeßordnung: Lemke, Michael et al. (Hrsg.), 3. Auflage, Heidelberg 2001 (zit. : HK-*Bearbeiter*: StPO, 2001)

Heintschel von Heinegg, Wolff: Die völkerrechtlichen Verträge als Hauptrechtsquelle des Völkerrechts, in: Ipsen, Knut (Hrsg.): Völkerrecht, 4. Auflage, München 1999, S. 92 ff.

Heintschel von Heinegg, Wolff: Die weiteren Quellen des Völkerrechts, in: Ipsen, Knut (Hrsg.): Völkerrecht, 4. Auflage, München 1999, S. 180 ff.

Heinz, Wolfgang: Die Staatsanwaltschaft. Selektions- und Sanktionsinstanz im statistischen Graufeld, in: Albrecht, Hans-Jörg et al. (Hrsg.): Internationale Perspektiven in Kriminologie und Strafrecht. Festschrift für Günther Kaiser zum 70. Geburtstag, 1. Halbband, Berlin 1998, S. 85 ff.

Hélie, Faustin: Traité de l'instruction criminelle, 2e édition, Paris (Tome I, 1866/ Tome II, 1866/ Tome V, 1867)

Henkel, Heinrich: Strafverfahrensrecht. Ein Lehrbuch, 2. Auflage, Stuttgart u. a. 1968

Henkel, Heinrich: Einführung in die Rechtsphilosophie. Grundlagen des Rechts, 2. Auflage, München 1977

Herberger, Maximilian/ Koch, Hans-Joachim: Zur Einführung: Juristische Methodenlehre und Sprachphilosophie, JuS 1978, S. 810 ff.

Herdegen, Matthias: Europarecht, 3. Auflage, München 2001

Herrmann, Joachim: Die Reform der deutschen Hauptverhandlung nach dem Vorbild des angloamerikanischen Strafverfahrens, Bonn 1971

Herzberg, Rolf Dietrich: Ne bis in idem. Zur Sperrwirkung des rechtskräftigen Strafurteils, JuS 1972, S. 113 ff.

Herzog, Peter: Die Rechtskraft strafgerichtlicher Beschlüsse und ihre Beseitigung, Freiburg im Breisgau 1971

Hilf, Meinhard: Die Auslegung mehrsprachiger Verträge. Eine Untersuchung zum Völkerrecht und zum Staatsrecht der Bundesrepublik Deutschland, Berlin u. a. 1973

Hindte, Volker von: Die Verdachtsgrade im Strafverfahren, Kiel 1973

Hoffmann, Bernd von: Internationales Privatrecht einschließlich der Grundzüge des internationalen Zivilverfahrensrechts, 6. Auflage, München 2000

Homney, Alphonse: De l´autorité de la chose jugée en matière criminelle, Caen 1869

Hreblay, Vendelin: Les accords de Schengen. Origine, fonctionnement, avenir, Bruxelles 1998

Hruschka, Joachim: Die Konstitution eines Rechtsfalles. Studien zum Verhältnis von Tatsachenfeststellung und Rechtsanwendung, Berlin 1965

Hruschka, Joachim: Der Begriff der „Tat" im Strafverfahrensrecht, JZ 1966, S. 700 ff.

Huber, Barbara: England und Wales, in: Perron, Walter (Hrsg.): Die Beweisaufnahme im Strafverfahrensrecht des Auslands. Rechtsvergleichendes Gutachten im Auftrag des Bundesministeriums der Justiz, Freiburg im Breisgau 1995, S. 11 ff.

Hugger, Heiner: Strafrechtliche Anweisungen der Europäischen Gemeinschaft, Baden-Baden 2000

Huguenev, Louis: Anmerkung zu Cour d´appel d´Amiens vom 12. 07. 1954, D. 1955, Jur., S. 317, D. 1955, Jur., S. 318

Huguenev, Louis: Anmerkung zu Crim. vom 20. 03. 1956, D. 1957, Jur., S. 33, D. 1957, Jur., S. 33

Hullu, J. de: Over rechtsmiddelen in strafzaken, Arnhem 1989

Hullu, J. de/ Rüter, C. F. : Een gewone strafzaak, 2. druk, Nijmegen 1996

Hulsman, L. H. C./ Nijboer, J. F. : Criminal Justice System, in: Chorus, Jeroen et al. (Hrsg.): Introduction to Dutch Law. For Foreign Lawyers, 2nd edition, Deventer 1993, S. 309 ff.

Hummer, Waldemar: „Ordinary" versus „Special" Meaning. Comparison of the Approach of the Vienna Convention on the Law of Treaties and the Yale School Findings, ÖZÖR 1975, S. 87 ff.

International Law Commission: Draft articles on the law of treaties. Document A/6309/Rev. 1. Report of the International Law Commission on the work of its eighteenth session, 4 May – 19 July 1966, YBILC 1966 II, S. 177 ff. (zit. : *ILC* Final Draft, YBILC 1966 II, S. 177 ff.)

Ipsen, Hans Peter: Europäisches Gemeinschaftsrecht, Tübingen 1972

Ipsen, Knut: Regelungsbereich, Geschichte und Funktion des Völkerrechts, in: ders. (Hrsg.): Völkerrecht, 4. Auflage, München 1999, S. 1 ff.

Jeand'Heur, Bernd: Gemeinsame Probleme der Sprach- und Rechtswissenschaft aus der Sicht der Strukturierenden Rechtslehre, in: Müller, Friedrich (Hrsg.): Untersuchungen zur Rechtslinguistik. Interdisziplinäre Studien zu praktischer Semantik und Strukturierender Rechtslehre in Grundfragen der juristischen Methodik, Berlin 1989, S. 17 ff.

Jeand'Heur, Bernd: Der Normtext: Schwer von Begriff oder Über das Suchen und Finden von Begriffsmerkmalen, in: Müller, Friedrich (Hrsg.): Untersuchungen zur Rechtslinguistik. Interdisziplinäre Studien zu praktischer Semantik und Strukturierender Rechtslehre in Grundfragen der juristischen Methodik, Berlin 1989, S. 149 ff.

Jeandidier, Wilfrid: Requiem pour la chambre d'accusation, JCP 2000, I 270, S. 2059 ff.

Jeandidier, Wilfrid/ Belot, Jacques: Les grandes décisions de la jurisprudence. Procédure pénale, Paris 1986

Jennings, Robert/ Watts, Arthur: Oppenheim's International Law, Volume I. Peace, Parts 2 to 4, 9th edition, London 1992

Jescheck, Hans-Heinrich: Entwicklung, Aufgaben und Methoden der Strafrechtsvergleichung, Tübingen 1955

Jescheck, Hans-Heinrich: Die internationalen Wirkungen der Strafurteile. Schlußfolgerungen für den endgültigen Generalbericht zum Thema IV des IX. Internationalen Strafrechtskongresses 1964 im Haag auf Grund des Freiburger Colloquiums vom 5.-7. September 1963, ZStW 1964, S. 172 ff.

Jescheck, Hans-Heinrich/ Weigend, Thomas: Lehrbuch des Strafrechts. Allgemeiner Teil, 5. Auflage, Berlin 1996

Jörg, N./ Field, S./ Brants, Ch. : Are Inquisitorial and Adversarial Systems Converging?, in: Fennell, Ph. et al. (Hrsg.): Criminal Justice in Europe. A Comparative Study, Oxford 1995, S. 41 ff.

Jörg, N./ Kelk, C. : Strafrecht met mate, 10. druk, Amsterdam 1998

Josephus Jitta, A. N. A. :Voeging in het strafproces, DD 1989, S. 407 ff.

Joubert, Chantal/ Bevers, Hans: Schengen Investigated. A Comparative Interpretation of the Schengen Provisions on International Police Cooperation in the Light of the European Convention on Human Rights, The Hague 1996

Jung, Heike: Zur „Internationalisierung" des Grundsatzes „ne bis in idem", in: Albrecht, Peter-Alexis et al. (Hrsg.): Festschrift für Horst Schüler-Springorum zum 65. Geburtstag, Köln u. a. 1993, S. 493 ff.

Jung, Heike: Die Europäische Menschenrechtskonvention und das deutsche Strafrecht. Eine Fallstudie am Beispiel des Begriffs der „strafrechtlichen Anklage" i. S. d. Art. 6 EMRK, EuGRZ 1996, S. 370 ff.

Jung, Heike: Grundfragen der Strafrechtsvergleichung, JuS 1998, S. 1 ff.

Jung, Heike: Einheit und Vielfalt der Reformen des Strafprozeßrechts in Europa, GA 2002, S. 65 ff.

Juy-Birmann, Rodolphe: Le système allemand, in: Delmas-Marty, Mireille (Hrsg.): Procédures pénales d'Europe (Allemagne, Angleterre et pays de Galles, Belgique, France, Italie), Paris 1995, S. 69 ff.

Kangaspunta, Kristiina et al. (Hrsg.): Profiles of Criminal Justice Systems in Europe and North America 1990-94, Helsinki 1999

Karlsruher Kommentar zur Strafprozeßordnung und zum Gerichtsverfassungsgesetz mit Einführungsgesetz: Pfeiffer, Gerd (Hrsg.), 5. Auflage, München 2003 (zit. : KK-*Bearbeiter*: StPO, 2003)

Katrakis, Andreas: The Schengen Treaty, Athens 1998

Kattau, Thomas: Strafverfolgung nach Wegfall der europäischen Grenzkontrollen. Eine Untersuchung der Schengener Abkommen, Pfaffenweiler 1993

Keulen, Berend F. : Crimineel vermogen en strafrecht. Een commentaar op de ontnemingswetgeving, Deventer 1999

Kimmel, Richard: Der Grundsatz „ne bis in idem“, seine Rechtsnatur und sein Geltungsgebiet im Strafverfahren, Breslau 1926

Kinzig, Jörg: Die Sicherungsverwahrung auf dem Prüfstand. Ergebnisse einer theoretischen und empirischen Bestandsaufnahme des Zustands einer Maßregel, Freiburg im Breisgau 1996

Kirch, Hermann Josef: Das Strafbefehlsverfahren nach dem Strafverfahrensänderungsgesetz 1987. Kritische Anmerkungen, Köln 1987

Kleinknecht, Theodor: Das Legalitätsprinzip nach Abschluß des gerichtlichen Strafverfahrens, in: Frisch, Wolfgang/ Schmid, Werner (Hrsg.): Festschrift für Hans-Jürgen Bruns zum 70. Geburtstag, Köln u. a. 1978, S. 475 ff.

Kleinknecht, Theodor/ Meyer-Goßner, Lutz: Strafprozeßordnung, 46. Auflage, München 2003 (zit. : *KMG*: StPO, 2003)

Kleinknecht, Theodor/ Müller, Hermann/ Reitberger, Leonhard: Heintschel-Heinegg, Bernd von/ Stöc??kel, Heinz (Hrsg.): Kommentar zur Strafprozeßordnung, Neuwied u. a. 1998 (zit. : KMR-*Bearbeiter*: StPO)

Klip, André: Ne bis in idem en Bouterse, NJB 1998, S. 2069 ff.

Kniebühler, Roland: Transnationales *'ne bis in idem'*. Zum Verbot der Mehrfachverfolgung in horizontaler und vertikaler Dimension, Freiburg im Breisgau 2004 (noch unveröffentlicht)

Koch, Hans-Joachim: Unbestimmte Rechtsbegriffe und Ermessensermächtigungen im Verwaltungsrecht. Eine logische und semantische Studie zur Gesetzesbindung der Verwaltung, Frankfurt am Main 1979

Koch, Hans-Joachim/ Rüßmann, Helmut: Juristische Begründungslehre. Eine Einführung in Grundprobleme der Rechtswissenschaft, München 1982

Koch, Harald: Rechtsvergleichung im Internationalen Privatrecht. Wider die Reduktion des IPR auf sich selbst, RabelsZ 1997, S. 623 ff.

Koch, Harald et al. : IPR und Rechtsvergleichung. Ein Studien- und Übungsbuch zum Internationalen Privat- und Zivilverfahrensrecht und zur Rechtsvergleichung, 2. Auflage, München 1996

Köck, Heribert Franz: Vertragsinterpretation und Vertragsrechtskonvention: Zur Bedeutung der Artikel 31 und 32 der Wiener Vertragsrechtskonvention 1969, Berlin 1976

Kokkini-Iatridou, D. : Enkele methodologische aspecten van rechtsvergelijking. Het derde deel van een (pre-)paradigma, Deventer 1985

Kommission der Europäischen Gemeinschaften: Mitteilung an den Rat und das Europäische Parlament. Gegenseitige Anerkennung von Endentscheidungen in Strafsachen, KOM (2000) 495 endgültig (26. 07. 2000) (http://europa.eu.int/comm/justice_home/doc_centre/criminal/doc_criminal_intro_en.htm > Communications, Std. 25. 04. 2004)

Kommission der Europäischen Gemeinschaften: Vorschlag für einen Rahmenbeschluß des Rates zur Terrorismusbekämpfung, KOM (2001) 521 endgültig (19. 11. 2001), Abl. C 332 E/300 vom 27. 11. 2001

Kommission der Europäischen Gemeinschaften: Vorschlag für einen Rahmenbeschluß des Rates über den Europäischen Haftbefehl und die Übergabeverfahren zwischen den Mitgliedstaaten, KOM (2001) 522 endgültig (19. 11. 2001), Abl. C 332 E/305 vom 27. 11. 2001

Kommission der Europäischen Gemeinschaften: Grünbuch zum strafrechtlichen Schutz der finanziellen Interessen der Europäischen Gemeinschaften und zur Schaffung einer Europäischen Staatsanwaltschaft, KOM (2001) 715 endgültig (vgl. http://europa.eu.int/comm/anti_fraud/green_paper/document/green_paper_de.pdf, Std. 25. 04. 2004)

Kommission der Europäischen Gemeinschaften: Grünbuch. Verfahrensgarantien in Strafverfahren innerhalb der Europäischen Union, KOM (2003) 75 endgültig (vgl. http://europa.eu.int/eur-lex/de/com/pdf/2003/com2003_0075de01.pdf, Std. 25. 04. 2004)

Kommission der Europäischen Gemeinschaften: Follow-up-Mitteilung. Grünbuch zum strafrechtlichen Schutz der finanziellen Interessen der Europäischen Gemeinschaften und zur Schaffung einer Europäischen Staatsanwaltschaft, KOM (2003) 128 endgültig (vgl. http://europa.eu.int/comm/anti_fraud/green_paper/suivi/suivi_de.pdf, Std. 25. 04 2004)

Koopmans, F. A. J. : Het Beslissingmodel van 348/350 Sv, 7. druk, Deventer 1999

Kötz, Hein: Rechtsvergleichung und Rechtsdogmatik, RabelZ 1990, S. 203 ff.

Krabbe, H. G. M. : De ontvankelijkheid van het OM en de beginselen van een goede procesorde, in: Knigge, G. (Hrsg.): Leerstukken van Strafprocesrecht, 4. druk, Groningen 1998, S. 91 ff.

Kreß, Claus: Zur Methode der Rechtsfindung im Allgemeinen Teil des Völkerstrafrechts. Die Bewertung von Tötungen im Nötigungsnotstand durch die Rechtsmittelkammer des Internationalen Straftribunals für das ehemalige Jugoslawien im Fall Erdemovic, ZStW 1999, S. 597 ff.

Kropholler, Jan: Internationales Einheitsrecht. Allgemeine Lehren, Tübingen 1975

Kropholler, Jan: Internationales Privatrecht, 2. Auflage, Tübingen 1994

Krüger, Hartmut: Eigenart, Methode und Funktion der Rechtsvergleichung im öffentlichen Recht, in: Ziemske, Burkhardt et al. (Hrsg.): Staatsphilosophie und Rechtspolitik. Festschrift für Martin Kriele zum 65. Geburtstag, München 1997, S. 1393 ff.

Kühl, Kristian: Unschuldsvermutung, Freispruch und Einstellung, Köln u. a. 1983

Kuhlen, Lothar: Die Denkform des Typus und die juristische Methodenlehre, in: Koch, Hans-Joachim (Hrsg.): Juristische Methodenlehre und analytische Philosophie, Kronberg 1976, S. 53 ff.

Kühne, Hans-Heiner: Strafprozessuale Beweisverbote und Art. 1 I Grundgesetz. Zugleich ein Beitrag zur Auslegung des Rechtsbegriffs Menschenwürde, Köln u. a. 1970

Kühne, Hans-Heiner: Strafverfahrensrecht als Kommunikationsproblem. Prolegomena einer strafverfahrensrechtlichen Kommunikationstheorie, Heidelberg 1978

Kühne, Hans-Heiner: Die Definition des Verdachts als Voraussetzung strafprozessualer Zwangsmaßnahmen, NJW 1979, S. 617 ff.

Kühne, Hans-Heiner: Kriminalitätsbekämpfung durch innereuropäische Grenzkontrollen? Auswirkungen der Schengener Abkommen auf die innere Sicherheit, 1991

Kühne, Hans-Heiner: Urteil, in: Ulsamer, Gerhard (Hrsg.): Lexikon des Rechts. Strafrecht/ Strafverfahrensrecht, 2. Auflage, Neuwied u. a. 1996, S. 1102 f.

Kühne, Hans-Heiner: Ne bis in idem in den Schengener Vertragsstaaten. Die Reichweite des Art. 54 SDÜ im deutsch-französischen Kontext, JZ 1998, S. 876 ff.

Kühne, Hans-Heiner: Anmerkung zu BGH vom 10. 06. 1999, StV 1999, S. 478, StV 1999, S. 480 ff.

Kühne, Hans-Heiner: Der erstaunliche Bedeutungszuwachs des Strafrechts: Gibt es Wachstumsgrenzen?, in: Britz, Guido et. al (Hrsg.): Grundfragen staatlichen Strafens. Festschrift für Heinz Müller-Dietz zum 70. Geburtstag, München 2001, S. 419 ff.

Kühne, Hans-Heiner: Die Rechtsprechung des EGMR als Motor für eine Verbesserung des Schutzes von Beschuldigtenrechten in den nationalen Strafverfahrensrechten der Mitgliedsstaaten, StV 2001, S. 73 ff.

Kühne, Hans-Heiner: Anmerkung zu EuGH vom 11. 02. 2003, JZ 2003, S. 303 ff., JZ 2003, S. 305 ff.

Kühne, Hans-Heiner: Strafprozeßrecht. Eine systematische Darstellung des deutschen und europäischen Strafverfahrensrechts, 6. Auflage, Heidelberg 2003

Kuijper, P. J. : Some Legal Problems associated with the Communitarization of policy and visa, asylum and immigration under the Amsterdam Treaty and incorporation of the Schengen Acquis, CMLR 2000, S. 345 ff.

Kurz, Anton: Die Rechtskraft im Strafprozeß, Stuttgart 1913

Lacoste, Paul: De la chose jugée en matière civile, criminelle, disciplinaire et administrative, Paris 1894

Lagodny, Otto: Grundkonstellationen des internationalen Strafrechts. Zugleich ein Rückblick auf das internationale Kolloquium über „International Cooperation in Criminal Matters“ an der Harvard Law School, ZStW 1989, S. 987 ff.

Lagodny, Otto: Teileuropäisches „ne bis in idem" durch Art. 54 des Schengener Durchführungsübereinkommens (SDÜ), NStZ 1997, S. 265

Lagodny, Otto: Anmerkung zu BGH vom 13. 05. 1997, NStZ 1998, S. 149, NStZ 1998, S. 154

Lagodny, Otto: Auslieferung und Überstellung deutscher Staatsangehöriger, ZRP 2000, S. 175

Lagodny, Otto: Empfiehlt es sich, eine europäische Gerichtskompetenz für Strafgewaltskonflikte vorzusehen? Gutachten im Auftrag des Bundesministeriums der Justiz, Berlin 03/2001 (vgl. http://www.sbg.ac.at/ssk/lago.pdf, Std. 25. 04. 2004)

Lagodny, Otto: Viele Strafgewalten und nur ein transnationales ne-bis-in-idem?, in: Donatsch, Andreas et al. (Hrsg.): Strafrecht, Strafprozeßrecht und Menschenrechte. Festschrift für Stefan Trechsel zum 65. Geburtstag, Zürich 2002, S. 253 ff.

Lampe, Ernst-Joachim: Richterliche Überzeugung, in: Gamm, Otto Friedrich Freiherr von et al. (Hrsg.): Strafrecht, Unternehmensstrafrecht, Anwaltsrecht. Festschrift für Gerd Pfeiffer zum Abschied aus dem Amt als Präsident des Bundesgerichtshofes, Köln u. a. 1988, S. 353 ff.

Landau, Herbert: Verwirklichung eines europaweiten „ne bis in idem" im Rahmen der Anwendung des § 153 c Abs. 1 Nr. 3 StPO, in: Köbler, Gerhard (Hrsg.): Europas universale rechtsordnungspolitische Aufgabe im Recht des dritten Jahrtausends. Festschrift für Alfred Söllner zum 70. Geburtstag, München 2000, S. 627 ff.

Langemeijer: Gutachten des Advocaat-Generaal in HR vom 31. 01. 1950, NJ 1950, 668, S. 1172 ff.

Langendorf, Hans: Wörterbuch der deutschen und niederländischen Rechtssprache. Teil I. Niederländisch-Deutsch, München 1976

Larenz, Karl/ Canaris, Claus-Wilhelm: Methodenlehre der Rechtswissenschaft, 3. Auflage, Heidelberg 1995

Larguier, Jean: Droit pénal général, 18e édition, Paris 2001

Larguier, Jean: Procédure pénale, 18e édition, Paris 2001

Le Page-Seznec, Brigitte: Fondements des amendes forfaitaires pour infraction au code de la route, RSC 1996, S. 839 ff.

Leblois-Happe, Jocelyne: Quelles réponses à la petite délinquance? Etude du droit répressif français sous l'éclairage comparé du droit répressif allemand, Strasbourg 1998

Leblois-Happe, Jocelyne: De la transaction pénale à la composition pénale. Loi n° 99-515 du 23 juin 1999, JCP 2000, I., S. 63 ff.

Leblois-Happe, Jocelyne/ Barth, Holger: Frankreich, in: Gleß, Sabine et al. (Hrsg.): Justitielle Einbindung und Kontrolle von Europol. Rechtsvergleichendes Gutachten im Auftrag des Bundesministeriums der Justiz. Band 1 (Nationale und europäische Strafverfolgung), Freiburg im Breisgau 2001, S. 239 ff.

Lecheler, Helmut: Einführung in das Europarecht, München 2000

Légal, A. : Anmerkung zu Crim. vom 30. 01. 1937, S. 1939, I., S. 193, S. 1939, I., S. 193

Leijten, J. C. M. : De Puttense strafzaak, NJB 2001, S. 1603 ff.

Lemoine, Léon: De la révision des procès criminels et correctionnels, Paris 1896

Lensing, J. A. W. : De Hoge Raad en beginselen van behoorlijk strafprocesrecht, DD 1988, S. 960 ff.

Lensing, J. A. W. : „Feit". Artikel 68 Wetboek van Strafrecht en dubbele vervolging, in: Balkema, J. P. et al. (Hrsg.): Dynamisch Strafrecht, Arnhem 1995, S. 203 ff.

Lensing, J. A. W. : Ne bis in idem in strafzaken. Een rechtsvergelijkende en internationaal strafrechtelijke oriëntatie, in: Nederlandse Vereniging voor Rechtsvergelijking (Hrsg.): Preadviezen uitgebracht voor de Nederlandse Vereniging voor Rechtsvergelijking No. 60, Deventer 2000, S. 91 ff.

Lensing, J. A. W./ Mulder, G. E. : Hoofdbeginselen van Strafprocesrecht, Zwolle 1994

Lesch, Heiko Hartmut: Strafprozeßrecht, 2. Auflage, Neuwied u. a. 2001

Leser, Hans G. : Ernst Rabel – Begründer der modernen Rechtsvergleichung, JuS 1987, S. 852 ff.

Levasseur, Georges et al. : Droit pénal général et procédure pénale, 13e édition, Paris 1999

Lipstein, Kurt: Some Practical Comparative Law. The Interpretation of Multi-Lingual Treaties with Special Regard to the EEC Treaties, TLR 1973/74, S. 907 ff.

Lohner, Erwin: Der Tatverdacht im Ermittlungsverfahren. Begriff, rechtliche Ausgestaltung, praktische Handhabung und Kontrolle am Beispiel der polizeilichen Verdachtsfeststellung, Frankfurt am Main u. a. 1994

Loos, Fritz: Probleme der beschränkten Sperrwirkung strafprozessualer Entscheidungen, JZ 1978, S. 592 ff.

Lottig, Hans: Die Verfassung der Fünften Französischen Republik, Frankfurt am Main u. a. 1961

Löwe-Rosenberg: Rieß, Peter (Hrsg.): Die Strafprozeßordnung und das Gerichtsverfassungsgesetz. Großkommentar, 25. Auflage, Berlin u. a. (zit.: LR-*Bearbeiter*: StPO, [Std.])

Lüderssen, Klaus: Die Verständigung im Strafprozeß. Überlebensstrategie oder Paradigmawechsel?, in: ders. Abschaffen des Strafens?, Frankfurt am Main 1995, S. 323 ff.

Lundberg, Udo: Beweiserhebung im Zwischenverfahren zur Entscheidung über den hinreichenden Tatverdacht, Göttingen 1993

Lutter, Marcus: Die Auslegung angeglichenen Rechts, JZ 1992, S. 593 ff.

Lüttger, Hans: Der „genügende Anlaß" zur Erhebung der öffentlichen Klage, GA 1957, S. 193 ff.

Maier, Julio B. J. : Rechtsstaatliches Denken und Wiederaufnahme des Verfahrens zuungunsten des Angeklagten, in: Dornseifer, Gerhard et al. (Hrsg.): Gedächtnisschrift für Armin Kaufmann, Köln u. a. 1989, S. 789 ff.

Makarov, Alexander N. : Zur Auslegung mehrsprachiger Staatsverträge, Recueil d´études de droit international (En hommage à Guggenheim), Genf 1968, S. 403 ff.

Malibert, Paul: Ministère public, in: Juris-Classeur de procédure pénale, Art. 31-44, Comm., Paris 1994

Mansdörfer, Marco: Anmerkung zu EuGH vom 11. 02. 2003, StV 2003, S. 201 f., StV 2003, S. 313 ff.

Mansel, Heinz-Peter: Rechtsvergleichung und europäische Rechtseinheit, JZ 1991, S. 529 ff.

Marsat, Claire: Exception de chose jugée, DP 2002 (7/8), S. 6

Martiny, Dieter: Autonome und einheitliche Auslegung im Europäischen Internationalen Zivilprozeßrecht, RabelsZ 1981, S. 427 ff.

Marxen, Klaus/ Tiemann, Frank: Die Wiederaufnahme in Strafsachen, Heidelberg 1993

Maunz, Theodor/ Dürig, Günter et al. : Grundgesetz. Kommentar, München (zit. : MD-*Bearbeiter*: GG)

Mayer, Markus: Ne-bis-in-idem-Wirkung europäischer Strafentscheidungen, Frankfurt am Main u. a. 1992

Mayer, S. : La question de la révision des procès crimineles et correctionnels et des indémnités à accorder aus victimes des erreurs judiciaires devant la chambre et le sénat, Paris 1894

Mazard, Jean: Anmerkung zu Crim. vom 19. 02. 1964, D. 1964, Jur., S. 376, D. 1964, Jur., S. 378

Melai, A. L. : Anmerkung zu *Amsterdam* vom 04. 05. 1979, NJ 1980, Nr. 48

Melai, A. L./ Groenhuijsen, M. S. : Het Wetboek van Strafvordering, Arnhem 1982 (Loseblattausgabe)

Merle, Roger/ Vitu, André: Traité de droit criminel, Tome II, Procédure pénale, 15e édition, Paris 2001

Mertens de Wilmars, J. : Le droit comparé dans la jurisprudence da la Cour de justice des Communautés européennes, JT 1991, S. 37 ff.

Meyer, Jürgen: Aktuelle Probleme der Wiederaufnahme des Strafverfahrens, ZStW 1972, S. 909 ff.

Meyer, Jürgen: Kommentar zur Charta der Grundrechte der Europäischen Union, Baden-Baden 2003 (zit.: Meyer-*Bearbeiter*: Grundrechte der EU, 2003)

Meyer, Peter: Die Grundsätze der Auslegung im Europäischen Gemeinschaftsrecht, Jura 1994, S. 455 ff.

Miehe, Olaf: Anklage und Eröffnung, in: Samson, Erich et al. (Hrsg.): Festschrift für Gerald Grünwald zum siebzigsten Geburtstag, Baden-Baden 1999, S. 379 ff.

Ministère de la Justice (éd.): Annuaire statistique de la Justice, Édition 2002, Séries 1996-2000, Paris 2002

Minkenhof, A. : De Nederlandse Strafvordering, 8. druk, Deventer 1999

Molen-Maesen, P. M. H. van der: OM en politie-sepot, TvP 1984, S. 1 ff.

Molins, François: Action publique, in: Répertoire de droit pénal et de procédure pénale Dalloz, Tome I, Paris, 2001

Mols, G. P. M. F. : Gerechtelijk vooronderzoek, in: Hendriks, L. E. M. et al. (Hrsg.): Hoofdstukken Strafprocesrecht, 5. druk, Deventer 1999, S. 193 ff.

Momberg, Rolf: Die Wiederaufnahme bei Einstellungen nach § 154 StPO und ihre rechtliche Kontrolle, NStZ 1984, S. 535 ff.

Mongibeaux, Paul: Des solutions apportées en droit pénal français au problème de l´erreur judiciaire. Révision et réparation, Romorantin 1906

Moons, J. M. A. V. : Het opportuniteitsbeginsel. Enige notities over zijn inhoud en omvang, NJB 1969, S. 485 ff., 521 ff.

Mosler, Hermann: Rechtsvergleichung vor völkerrechtlichen Gerichten, in: Marcic, René et al. (Hrsg.): Internationale Festschrift für Alfred Verdross zum 80. Geburtstag, München u. a. 1971, S. 381 ff.

Mössner, Jörg Manfred: Die Auslegung mehrsprachiger Staatsverträge. Bemerkungen zu Artikel 33 der Wiener Konvention über das Recht der Verträge vom 23. Mai 1969, ArchVR 1971/72, S. 273 ff.

Mulcahy, Aogan: The justifications of ´justice'. Legal Practioners´ Accounts of Negotiated Case Settlements in Magistrates´ Courts, BJC 1994, S. 411 ff.

Mulder, G. E./ Schootstra, H. : De voorwaardelijke veroordeling, in: Handelingen 1974 der Nederlandse Juristen-Vereniging, deel 1, 2. stuk, Zwolle, S. 3 ff.

Müller, Joachim: Die Wiederaufnahmegründe im kommenden Strafverfahren, Breslau-Neukirch 1940

Müller, Klaus Jochen: Das Strafbefehlsverfahren (§§ 407 ff. StPO). Eine dogmatisch-kriminalpolitische Studie zu dieser Form des schriftlichen Verfahrens unter besonderer Berücksichtigung der geschichtlichen Entwicklung. Zugleich ein Beitrag zum StVÄG 1987, Frankfurt am Main u. a. 1993

Murmann, Uwe: Über den Zweck des Strafprozesses, GA 2004, S. 65 ff.

Myjer, Egbert: De verdachte in het geding – ter informatie, DD 1974, S. 244 ff.

Nabokov, Vladimir: Lolita. Über ein Buch mit dem Titel „Lolita" (Nachwort), Paris 1955, Deutsche Ausgabe: 407.-414. Auflage, Hamburg 1997

Najarian, Krikor: L'autorité de la chose jugée au criminel sur le criminel, Paris 1973

Nelle-Rublack, Ursula: Der modernisierte Strafprozeß. Zur Soziologie konsensorientierter Wirtschaftsstrafverfahren, Münster 1999

Nelles, Ursula: Europäisierung des Strafverfahrens – Strafprozeßrecht für Europa?, ZStW 1997, S. 727 ff.

Neu-Berlitz, Mechthild: Bestandskraft der Einstellungsverfügung nach § 170 II 1 StPO, Münster 1983

Neuhaus, Ralf: Der strafverfahrensrechtliche Tatbegriff - 'ne bis in idem', Bochum 1985

Neumann, Ulfrid: Materiale und prozedurale Gerechtigkeit im Strafverfahren, ZStW 1989, S. 52 ff.

Nicolopoulos, Panayotis: La procédure devant les juridictions répressives et le principe du contradictoire, RSC 1989, S. 1 ff.

Nieboer, W. : Schets materieel strafrecht, Arnhem 1991

Nijboer, J. F. : Strafrechtelijk bewijsrecht, 4. druk, Nijmegen 2000

Nijboer, J. F. : 'You're first a criminal, and then a Brit!' Enkele rechtsvergelijkende opmerkingen over 'ne bis in idem' in het straf(proces)recht van het Verenigd Koninkrijk, AA 2001, S. 428 ff.

Nilsson, Hans G. : Mutual Trust and Mutual Recognition of our Differences. A Personal View, in: Kerchove, Gilles de/ Weyembergh, Anne (Hrsg.): La reconnaissance mutuelle des décisions judiciaires pénales dans l'Union européenne, Bruxelles 2001, S. 155 ff.

Novalis: Wasmuth, Ewald (Hrsg.): Werke, Briefe, Dokumente. Band 3. Fragmente II, Heidelberg 1957

Noyon, T. J. et al. (Hrsg.) : Het Wetboek van Strafrecht, 7. druk, Deventer 1982 (Loseblattausgabe)

Oehler, Dietrich: Die Identität der Tat, in: Wegner, Arthur (Hrsg.): Festschrift für Ernst Heinrich Rosenfeld zu seinem 80. Geburtstag, Berlin 1949, S. 139 ff.

Oehler, Dietrich: Internationales Strafrecht, 2. Auflage, Köln u. a. 1983

Oehler, Dietrich: The European System, in: Bassiouni, Cherif (Hrsg.): International Criminal Law, Vol. II. Procedural and Enforcement Mechanisms, 2nd ed., New York 1999, S. 607 ff.

Openbaar Ministerie: Jaarverslag OM 2002 (vgl. http://www.om.nl/publikat/jv_02frm.htm, Std. 25. 04. 2004)

Ophüls, C. F. : Über die Auslegung der Europäischen Gemeinschaftsverträge, in: Greiß, Franz (Hrsg.): Wirtschaft, Gesellschaft und Kultur. Festgabe für Alfred Müller-Armack, Berlin 1961, S. 279 ff.

Oppermann, Thomas: Europarecht. Ein Studienbuch, 2. Auflage, München 1999

Ortolan, J. : Éléments de droit pénal. Pénalité – Juridictions – Procédure, Tome II, 5e édition, Paris 1886

Osinga, P. : Transactie in strafzaken. Een onderzoek naar de positie van de transactie in het strafrechtelijk systeem, Arnhem 1992

Osinga, P. : Politietransactie bij misdrijven, DD 1993, S. 399 ff.

Pagenstecher, Max: Zur Lehre von der materiellen Rechtskraft, Berlin 1905

Paridaens, D. J. M. W. : De overdracht van de tenuitvoelegging van strafvonnissen. Een onderzoek naar de voorwaarden naar Nederlands recht, Arnhem 1994

Pauli, Franz-Josef: Das Europäische Übereinkommen über die Internationale Gültigkeit von Strafurteilen aus der Sicht der Bundesrepublik Deutschland, Gießen 1978

Peifer, Karl-Heinz: Die Rechtskraft der Einstellungsbeschlüsse nach den §§ 153 ff. StPO, Witterschlick 1965

Perron, Walter: Rechtsvergleichender Querschnitt und rechtspolitische Bewertung, in: Perron, Walter (Hrsg.): Die Beweisaufnahme im Strafverfahrensrecht des Auslands. Rechtsvergleichendes Gutachten im Auftrag des Bundesministeriums der Justiz, Freiburg im Breisgau 1995, S. 549 ff.

Pescatore, Pierre: Le recours, dans la jurisprudence de la Cour de justice des Communautés européennes à des normes déduites de la comparaison des droits des Etats membres, RIDC 1980, S. 337 ff.

Pescatore, Pierre: Recht in einem mehrsprachigen Raum, ZEuP 1998, S. 1 ff.

Peters, Karl: Die Parallelität von Prozeß- und Sachentscheidungen, ZStW 1956, S. 374 ff.

Peters, Karl: Anmerkung zu BayObLG, B. vom 06. 05. 1970, JR 1970, S. 391 f., JR 1970, S. 392

Peters, Karl: Fehlerquellen im Strafprozeß. Eine Untersuchung der Wiederaufnahmeverfahren in der Bundesrepublik Deutschland, Karlsruhe (1. Band. Einführung und Dokumentation 1970; 3. Band. Wiederaufnahmerecht 1974)

Peters, Karl: Begleitwort, in: Wasserburg, Klaus: Die Wiederaufnahme des Strafverfahrens, Stuttgart u. a. 1983, S. IX

Peters, Karl: Strafprozeß. Ein Lehrbuch, 4. Auflage, Heidelberg 1985

Pfeiffer, Gerd: Strafprozeßordnung und Gerichtsverfassungsgesetz, 4. Auflage, München 2002

Philonenko, Maximilien: La reprise de l'instance sur charges nouvelles, RSC 1954, S. 355 ff.

Pickert, Dietmar: Verfolgungsbeschränkung gem. § 154a StPO und das Problem des Strafklageverbrauchs. Ein Beitrag zur strafprozessualen Rechtskraftlehre, Spardorf 1984

Pinatel, Jean: Le fait nouveau en matière de révision, Paris 1935

Pintens, Walter: Inleiding tot de Rechtsvergelijking, Leuven 1998

Plöckinger, Oliver/ Leidenmüller, Franz: Zum Verbot doppelter Strafverfolgung nach Art. 54 SDÜ 1990, wistra 2003, S. 81 ff.

Podlech, Adalbert: Rechtslinguistik, in: Grimm, Dieter (Hrsg.): Rechtswissenschaft und Nachbarwissenschaften (Bd. 2 [Geschichte, Logik, Linguistik, Informatik, Friedensforschung, Finanzen, Didaktik], München 1976, S. 105 ff.)

Pompe, W. : Anmerkung zu HR vom 31. 01. 1950, NJ 1950, Nr. 668, NJ 1950, S. 1175 ff.

Popp, Peter: Grundzüge der internationalen Rechtshilfe in Strafsachen, Basel 2001

Pradel, Jean: Anmerkung zu Crim. vom 21. 02. 1968, D. 1968, Jur., S. 691, 692

Pradel, Jean: L'instruction préparatoire, Paris 1990

Pradel, Jean: D'une loi avortée à un projet nouveau sur l'injonction pénale, D. 1995, Chron., S. 171 ff.

Pradel, Jean: Le juge d'instruction, Paris 1996

Pradel, Jean: Travail d'intérêt général et médiation pénale. Aspects historiques et comparatifs, in: Mary, Philippe: Travail d'intérêt général et médiation pénale. Socialisation du pénal ou pénalisation du social? Brüssel 1997, S. 31 ff.

Pradel, Jean: Une consécration du „plea bargaining" à la française: la composition pénale instituée par la loi n° 99-515 du 23 juin 1999 D. 1999, Chron., S. 379 ff.

Pradel, Jean: La procédure pénale française à l'aube du troisième millénaire, D. 2000, Chron., S. 1 ff.

Pradel, Jean: La loi n° 2002-307 du 4 mars 2002: un placebo pour guérir certains maux de la réforme du 15 juin 2000 sur la présomption d'innocence, D. 2002, Chron., S. 1693 ff.

Pradel, Jean: Manuel de droit pénal général, 14ᵉ édition, Paris 2002

Pradel, Jean: Manuel de procédure pénale, 11ᵉ édition, Paris 2002

Pradel, Jean/ Casorla, Francis: Code de Procédure Pénale, 44ᵉ édition, Paris 2003

Pralus, Michel: Etude en droit pénal international et en droit communautaire d'un aspect du principe ***non bis in idem***: ***non bis***, RSC 1996, S. 551 ff.

Pralus, Michel: À propos de la règle ***non bis in idem***, valeur en droit interne de l'un de ses aspects: ***non bis*** ?, APC 1997, S. 37 ff.

Prébois, Gaston: La révision des procés criminels et correctionnels, Paris 1902

Rabel, Ernst: Rechtsvergleichung und internationale Rechtsprechung, RabelsZ 1927, S. 5 ff.

Rabel, Ernst: Das Problem der Qualifikation, RabelsZ 1931, S. 241 ff.

Rabel, Ernst: Aufgabe und Notwendigkeit der Rechtsvergleichung (1924), München 1925 (selbständige Ausgabe), abgedruckt in: Zweigert, Konrad/ Puttfarken, Hans-Jürgen (Hrsg.): Rechtsvergleichung, Darmstadt 1978, S. 85 ff.

Rached, Aly A. : De l´intime conviction du juge. Vers une théorie scientifique de la preuve en matière criminelle, Paris 1942

Radbruch, Gustav: Einführung in die Rechtswissenschaft, 2. Auflage, Leipzig 1913

Radtke, Henning: Zur Systematik des Strafklageverbrauchs verfahrenserledigender Entscheidungen im Strafprozeß, Frankfurt am Main 1994

Radtke, Henning: Bestandskraft staatsanwaltschaftlicher Einstellungsverfügungen und die Identität des wiederaufgenommenen Verfahrens, NStZ 1999, S. 481 ff.

Radtke, Henning: Anmerkung zu BGH vom 28. 02. 2001, NStZ 2001, S. 662 ff.

Radtke, Henning/ Busch, Dirk: Transnationaler Strafklageverbrauch in den sog. Schengen-Staaten, EuGRZ 2000, S. 421 ff.

Radtke, Henning/ Busch, Dirk: Transnationaler Strafklageverbrauch in der Europäischen Union, NStZ 2003, S. 281 ff.

Ranft, Otfried: Strafprozeßrecht. Systematische Lehrdarstellung für Studium und Praxis, 2. Auflage, Stuttgart u. a. 1995

Rassat, Michèle-Laure: Anmerkung zu Crim. vom 22. 06. 1994, JCP 1994, II., 22310, JCP 1994, II., S. 328

Rassat, Michèle-Laure: Traité de procédure pénale, 1re édition, Paris 2001

Rat der Europäischen Union: Gemeinsame Maßnahme vom 29. Juni 1998 – vom Rat aufgrund von Artikel K.3 des Vertrages über die Europäische Union angenommen – zur Errichtung eines Europäischen Justiziellen Netzes, Abl. L 191/4 vom 07. 07. 1998

Rat der Europäischen Union: Aktionsplan des Rates und der Kommission zur bestmöglichen Umsetzung der Bestimmungen des Amsterdamer Vertrags über den Aufbau eines Raums der Freiheit, der Sicherheit und des Rechts, Abl. C 19/1 vom 23. 01. 1999

Rat der Europäischen Union: Beschluß vom 29. 05. 2000 zum Antrag des Vereinigten Königreichs Großbritannien und Nordirland, einzelne Bestimmungen des Schengen-Besitzstands auf sie anzuwenden (2000/365/EG), Abl. L 131/43 vom 01. 06. 2000

Rat der Europäischen Union: Maßnahmenprogramm zur Umsetzung des Grundsatzes der gegenseitigen Anerkennung gerichtlicher Entscheidungen in Strafsachen, Abl. C 12/10 vom 15. 01. 2001

Rat der Europäischen Union: Beschluß vom 28. 02. 2002 zum Antrag Irlands auf Anwendung einzelner Bestimmungen des Schengen-Besitzstands auf Irland (2002/192/EG), Abl. L 64/20 vom 07. 03. 2002

Rat der Europäischen Union: Rahmenbeschluß des Rates vom 13. Juni 2002 über den Europäischen Haftbefehl und die Übergabeverfahren zwischen den Mitgliedsstaaten (2002/584/JI), Abl. L 190/1 vom 18. 07. 2002

Rat der Europäischen Union: Initiative der Hellenischen Republik im Hinblick auf die Annahme eines Rahmenbschlusses des Rates über die Anwendung des „ne-bis-in-idem"-Prinzips, Abl. C 100/24 vom 26. 04. 2003

Rat der Europäischen Union/Kommission der Europäischen Union: Aktionsplan des Rates und der Kommission zur bestmöglichen Umsetzung der Bestimmungen des Amsterdamer Vertrags über den Aufbau eines Raums der Freiheit, der Sicherheit und des Rechts, Abl. C 19/1 vom 23. 01. 1999

Rayar, Louise/ Lensing, Hans: Wetboek van Strafrecht. The Dutch Penal Code, Littleton/Colorado 1997

Reijntjes, J. M. : Voorwaardejijk sepot, in: Balkema et al. (Hrsg.): Liber amicorum Th. W. van Veen. Opstellen aangeboden aan Th. W. van Veen ter gelegenheid van zijn vijfenzestigste verjaardag, Arnhem 1985, S. 295 ff.

Reijntjes, J. M. : Het openbaar ministerie: naar een nieuw evenwicht, DD 2002, S. 21 ff.

Reinhardt, Michael: Europäische Rechtssprache – Verspätete Randbemerkungen über einen fortgeschrittenen Verfall, NJW 2003, S. 3449 ff.

Renault-Brahinsky, Corinne: Procédure pénale. La poursuite, l'enquête et l'instruction, le jugement, le mineur, 4e édition, Paris 2001

Renoux, Thierry S. : Anmerkung zur Entscheidung des *Conseil constitutionnel* vom 02. 02. 1995 Nr. 95-360 DC, D. 1997, Somm., S. 131

Ress, Georg: Die Bedeutung der Rechtsvergleichung für das Recht internationaler Organisationen, ZaöRV 1976, S. 227 ff.

Ress, Georg: Verfassung und völkerrechtliches Vertragsrecht. Überlegungen anläßlich der Ratifikation der Wiener Vertragsrechtskonvention durch die Bundesrepublik Deutschland, in: Hailbronner, Kay et al. (Hrsg.): Staat und Völkerrechtsordnung. Festschrift für Karl Doehring, Berlin u. a. 1989, S. 803 ff.

Reuter, Paul: Introduction to the Law of Treaties. Translation of: Introduction au droit des traités, London u. a. 1989

Reyt, Ingrid W. D. M. van de et al. : Niederlande, in: Eser, Albin/ Huber, Barbara (Hrsg.): Strafrechtsentwicklung in Europa 4 Teil 2 – Landesberichte 1989/1992 über Gesetzgebung, Rechtsprechung und Literatur, Freiburg im Breisgau 1994, S. 887 ff.

Reyt, Ingrid van de: Niederlande, in: Perron, Walter (Hrsg.): Die Beweisaufnahme im Strafverfahrensrecht des Auslands. Rechtsvergleichendes Gutachten im Auftrag des Bundesministeriums der Justiz, Freiburg im Breisgau 1995, S. 283 ff.

Rheingans, Horst: Die Ausbildung der strafprozessualen Rechtskraftlehre, Breslau-Neukirch 1937

Rheinstein, Max: Einführung in die Rechtsvergleichung, 2. Auflage, München 1987

Riese, Otto: Das Sprachenproblem in der Praxis des Gerichtshofs der Europäischen Gemeinschaften, in: Caemmerer, Ernst von et al. (Hrsg.): Vom deutschen zum europäischen Recht. Festschrift für Hans Dölle, Band II (Internationales Recht, Kollisionsrecht und internationales Zivilprozeßrecht, Europäisches Recht), Tübingen 1963, S. 507 ff.

Rieß, Peter: Prolegomena zu einer Gesamtreform des Strafverfahrensrechts, in: Hassenpflug, Helwig (Hrsg.): Festschrift für Karl Schäfer zum 80. Geburtstag, Berlin u. a. 1980, S. 155 ff.

Rieß, Peter: Die Zukunft des Legalitätsprinzips, NStZ 1981, S. 2 ff.

Rieß, Peter: Anmerkung zu BGH vom 12. 06. 1985, NStZ 1986, S. 36, NStZ 1986, S. 36 f.

Rieß, Peter: Zweifelsfragen zum neuen Strafbefehlsverfahren, JR 1988, S. 133 ff.

Robert, Jean: Chronique de jurisprudence. Procédure Pénale, RSC 1974, S. 609 ff.

Roche, Paul: De la réparation des erreurs judiciaires, Lyon 1899

Rosenne, Shabtai: Developments in the Law of Treaties 1945-1986, Cambridge u. a. 1989

Rosheuvel, Ch. A. : Beginselen van het nederlandse straf- en strafprocesrecht, Ijmuiden 1974

Rösler, Hannes: Rechtsvergleichung als Erkenntnisinstrument in Wissenschaft, Praxis und Ausbildung, JuS 1999, S. 1084 ff. und 1186 ff.

Roxin, Claus: Strafverfahrensrecht. Ein Studienbuch, 25. Auflage, München 1998

Rümelin, Max: Die Gerechtigkeit, Tübingen 1920

Rümelin, Max: Die Rechtssicherheit, Tübingen 1924

Rüter, Christiaan Frederik: Ein Grenzfall: Die Bekämpfung der internationalen Drogenkriminalität im Spannungsfeld zwischen den Niederlanden und der Bundesrepublik Deutschland. Zugleich eine Besprechung des Urteils des Bundesgerichtshofs vom 8. 4. 1987 – 3 StR 11/87, JR 1988, S. 136 ff.

Rüter, Christiaan Frederik: 1990: Grenzenlos glücklich(er)?, in: Jescheck, Hans-Heinrich et al. (Hrsg.): Festschrift für Herbert Tröndle zum 70. Geburtstag am 24. August 1989, Berlin 1989, S. 855 ff.

s'Jacob, Paul: Geschiedenis, theorie en practijk van artikel 74 Wetboek van Strafrecht, 's-Gravenhage 1936

Sacco, Rodolfo: Einführung in die Rechtsvergleichung, Baden-Baden 2001

Salas, Denis: Le rôle du juge, in: Delmas-Marty, Mireille (Hrsg.): Procédures pénales d'Europe (Allemagne, Angleterre et pays de Galles, Belgique, France, Italie), Paris 1995, S. 424 ff.

Salditt, Franz: Möglichkeiten eines Konsensualprozesses nach deutschem Strafprozeßrecht. Ergänzende Überlegungen aus forensischer Sicht, ZStW 2003, S. 570 ff.

Sanders, Andrew/ Young, Richard: Criminal Justice, 2nd edition, London u. a. 2000

Sandrock, Otto: Über Sinn und Methode zivilistischer Rechtsvergleichung, Frankfurt am Main 1966

Satzger, Helmut: Die Europäisierung des Strafrechts. Eine Untersuchung zum Einfluß des Europäischen Gemeinschaftsrechts auf das deutsche Strafrecht, Köln u. a. 2001

Savigny, Friedrich Karl von: System des heutigen römischen Rechts, Band 1, Berlin 1840, 2. Neudruck, Aalen 1981

Schaal, Hans-Jürgen: Hinreichender Tatverdacht oder richterliche Überzeugungsbildung für den Strafbefehlserlaß?, in: Geppert, Klaus/ Dehnicke, Diether (Hrsg.): Gedächtnisschrift für Karlheinz Meyer, Berlin u. a. 1990, S. 427 ff.

Schäfer, Gerhard: Die Praxis des Strafverfahrensrechts anhand einer Akte, 5. Auflage, Stuttgart 2000

Schäfer, Karl: Strafprozeßrecht. Eine Einführung, Berlin u. a. 1976

Schaffmeister, Dieter: Die Wiederaufnahme des Strafverfahrens in den Niederlanden, in: Jescheck, Hans-Heinrich/ Meyer, Jürgen (Hrsg.): Die Wiederaufnahme des Strafverfahrens im deutschen und ausländischen Recht, Bonn 1974, S. 428 ff.

Schaffmeister, Dieter: Het afdoen buiten geding van economische delikten in het Duitse en Nederlandse recht, DD 1974, S. 332 ff.

Schaffmeister, Dieter: Niederlande, in: Jescheck, Hans-Heinrich/ Leibinger, Rudolf (Hrsg.): Funktion und Tätigkeit der Anklagebehörde im ausländischen Recht, Baden-Baden 1979, S. 83 ff.

Schalken, T. M. : Het politie-sepot en de mandaatsverhouding tussen openbaar ministerie en politie, TvP 1984, S. 5 ff.

Schalken, T. M. : HR en politiesepot, de carrière van een parkeerwachter, NJB 1989, S. 917 f.

Schermers, Henry G. : Non Bis In Idem, in: Capotorti, F. et al. (Hrsg.): Du droit international au droit de l´intégration. Liber amicorum Pierre Pescatore, Baden-Baden 1987, S. 601 ff.

Schiffauer, Peter: Wortbedeutung und Rechtserkenntnis. Entwickelt an Hand einer Studie zum Verhältnis von verfassungskonformer Auslegung und Analogie, Berlin 1979

Schlosser, Peter: Vertragsautonome Auslegung, nationales Recht, Rechtsvergleichung und das EuGVÜ, in: Baltzer, Johannes et al. (Hrsg.): Gedächtnisschrift für Rudolf Bruns, München 1980, S. 45 ff.

Schlüchter, Ellen: Das Strafverfahren, 2. Auflage, Köln u. a. 1983

Schmidhäuser, Eberhard: Objektive Strafbarkeitsbedingungen, ZStW 1959, S. 545 ff.

Schmidhäuser, Eberhard: Zur Frage nach dem Ziel des Strafprozesses, in: Bockelmann, Paul/ Gallas, Wilhelm (Hrsg.): Festschrift für Eberhard Schmidt zum 70. Geburtstag, Göttingen 1961, S. 511 ff.

Schmidt, Eberhard: Zur Rechtsstellung und Funktion der Staatsanwaltschaft als Justizbehörde, in: ders. : Strafprozeß und Rechtsstaat. Strafprozeßrechtliche Aufsätze und Vorträge (1952 bis 1969), Göttingen 1970, S. 176 ff. (= MDR 1964, S. 629 ff., 713 ff.)

Schmidt, Eberhard: Lehrkommentar zur Strafprozeßordnung und zum Gerichtsverfassungsgesetz, Teil I. Die rechtstheoretischen und die rechtspolitischen Grundlagen des Strafverfahrensrechts, 2. Auflage, Göttingen 1964

Schmidt, Eberhard: Materielle Rechtskraft – materielle Gerechtigkeit, JZ 1968, S. 681 ff.

Schoen, Gérard: Douanes, in: Répertoire de droit pénal et de procédure pénale Dalloz, Tome III, Paris 1997

Scholten, Hans-Joseph: Neue Wege bei der Bekämpfung der leichten Verkehrsdelinquenz. Das niederländische Gesetz zur verwaltungsrechtlichen Erledigung von Verstößen gegen bestimmte Verkehrsvorschriften, ZStW 1991, S. 760 ff.

Scholz, Franz: Die Rechtssicherheit, Berlin 1955

Schomburg, Wolfgang: Strafrecht und Rechtshilfe im Geltungsbereich von Schengen II, NJW 1995, S. 1931 ff.

Schomburg, Wolfgang: Strafrecht und Rechtshilfe im Geltungsbereich des Schengener Durchführungsübereinkommens, in: Kroell, Werner/ Helmers, Josef (Hrsg.): Grenzüberschreitende Zusammenarbeit der Schengener Staaten: Internationales Seminar vom 17. bis 19. September 1996, Münster 1996, S. 45 ff.

Schomburg, Wolfgang: Internationales „ne bis in idem" nach Art. 54 SDÜ. Zugleich eine Anmerkung zu einem Urteil des OLG Saarbrücken vom 16. 12. 1996 – Ss 90/95 122/95, StV 1997, S. 383 ff.

Schomburg, Wolfgang: Das Schengener Durchführungsübereinkommen. Anmerkungen und Bewertungen zu Titel III (Polizei und Sicherheit) aus einer deutschen justiziellen Sicht, JBl 1997, S. 553 ff.

Schomburg, Wolfgang/ Lagodny, Otto: Internationale Rechtshilfe in Strafsachen, 3. Auflage, München 1998

Schomburg, Wolfgang: Anmerkung zu BGH vom 02. 02. 1999, StV 1999, S. 244, StV 1999, S. 246 ff.

Schomburg, Wolfgang: Die Europäisierung des Verbots doppelter Strafverfolgung – Ein Zwischenbericht, NJW 2000, S. 1833 ff.

Schöneborn, Christian: Strafprozessuale Wiederaufnahmeproblematik. Eine funktionalistisch angelegte Aktenanalyse gescheiterter Wiederaufnahmeverfahren, Tübingen 1980

Schrijvers, P. M. B./ Smeets, H. C. M. : Strafrecht en Strafprocesrecht. Recht en beleid, Groningen 1985

Schroeder, Friedrich-Christian: Legalitäts- und Opportunitätsprinzip heute, in: Baumann, Jürgen/ Tiedemann, Klaus (Hrsg.): Einheit und Vielfalt des Strafrechts. Festschrift für Karl Peters zum 70. Geburtstag, Tübingen 1974, S. 411 ff.

Schroeder, Friedrich-Christian: Zur Rechtskraft staatsanwaltschaftlicher Einstellungsverfügungen, NStZ 1996, S. 319 f.

Schroeder, Friedrich-Christian: Die Rechtsnatur des Grundsatzes „ne bis in idem", JuS 1997, S. 227 ff.

Schroeder, Friedrich-Christian: Strafprozeßrecht, 3. Auflage, München 2001

Schulze, Reiner: Vergleichende Gesetzesauslegung und Rechtsangleichung, ZfRV 1997, S. 183 ff.

Schubarth, Martin: Der europäische Richter – ein unabhängiger Richter?, in: Donatsch, Andreas et al. (Hrsg.): Strafrecht, Strafprozeßrecht und Menschenrechte, Festschrift für Stefan Trechsel zum 65. Geburtstag, Zürich 2002, S. 93 ff.

Schünemann, Bernd: Reflexionen über die Zukunft des deutschen Strafverfahrens, in: Gamm, Otto Friedrich Freiherr von et al. (Hrsg.): Strafrecht, Unternehmensstrafrecht, Anwaltsrecht. Festschrift für Gerd Pfeiffer zum Abschied aus dem Amt als Präsident des Bundesgerichtshofes, Köln u. a. 1988, S. 461 ff.

Schünemann, Bernd: Bürgerrechte ernst nehmen bei der Europäisierung des Strafverfahrens!, StV 2003, S. 116 ff.

Schwaighofer, Klaus: Auslieferung und Internationales Strafrecht. Eine systematische Darstellung des ARHG, Wien 1988

Schwaighofer, Klaus/ Ebensperger, Stefan: Internationale Rechtshilfe in strafrechtlichen Angelegenheiten. Einführung. Texte. Materialien, Wien 2001

Schwarplies, Giesbert: Die rechtsgeschichtliche Entwicklung des Grundsatzes „ne bis in idem" im Strafprozeß, Zürich 1970

Schwarze, Jürgen (Hrsg.) : EU-Kommentar, Baden-Baden 2000 (zit.: Schwarze-*Bearbeiter*: EU-Komm., 2000)

Schwarz-Liebermann von Wahlendorf, H. A. : Droit Comparé. Théorie générale et Principes, Paris 1978

Seidl-Hohenveldern, Ignaz: Die Rolle der Rechtsvergleichung im Völkerrecht, in: Heydte, F. A. Frhr. v. d. et al. (Hrsg.): Völkerrecht und rechtliches Weltbild. Festschrift für Alfred Verdross, Wien 1960, S. 253 ff.

Seidl-Hohenveldern, Ignaz/ Loibl, Gerhard: Das Recht der Internationalen Organisationen einschließlich der Supranationalen Gemeinschaften, 7. Auflage, Köln u. a. 2000

Sevestre, André: De la révision des procès criminels et correctionnels et des indemnités à accorder aux victimes d'erreurs judiciaires, Paris 1899

Simmat-Durand, Laurence: La lutte contre la toxicomanie. De la législation à la réglementation, Paris u. a. 2000

Simons, Th. G. M. : De rechterlijke organisatie in Nederland, 1996

Sinclair, Sir Ian: The Vienna Convention on the Law of Treaties, 2nd edition, Manchester 1984

Sinner, Stefan: Der Vertragsgedanke im Strafprozeßrecht, Frankfurt am Main u. a. 1999

Smidt, H. J. : Geschiedenis van het wetboek van strafrecht. Eerste deel, Haarlem 1881

Smith, A. T. H. : England and Wales, in: Wyngaert, Christine van den et al. (Hrsg.): Criminal procedure systems in the European Community, London u. a. 1993, S. 73 ff.

Sommer, Ulrich: Auswirkung des Schengener Übereinkommens für die Strafverteidigung, StraFo 1999, S. 37 ff.

Soyer, Jean Claude: Droit pénal et procédure pénale, 16e édition, Paris 2002

Specht, Britta: Die zwischenstaatliche Geltung des Grundsatzes ne bis in idem, Berlin u. a. 1999

Spencer, John: La preuve, in: Delmas-Marty, Mireille (Hrsg.): Procédures pénales d'Europe (Allemagne, Angleterre et pays de Galles, Belgique, France, Italie), Paris 1995, S. 515 ff.

Spielmann, Alphonse/ Spielmann, Dean: Luxembourg, in: van den Wyngaert et al. (Hrsg.): Criminal procedure systems in the European Community, London u. a. 1993, S. 261 ff.

Spinellis, Dionysios D. : Die materielle Rechtskraft des Strafurteils. Unter besonderer Berücksichtigung des Grundsatzes ne bis in idem, München 1962

Sprack, John: Emmins on Criminal Procedure, 9th edition, London 2002

Stange, Falk/ Rilinger, Nadine: Art. 54 des Schengener Durchführungsübereinkommens (SDÜ) – ne bis in idem?, StV 2001, S. 540 f.

Starck, Christian: Rechtsvergleichung im öffentlichen Recht, JZ 1997, S. 1021 ff.

Statistisches Bundesamt (Hrsg.): Rechtspflege. Ausgewählte Zahlen für die Rechtspflege. Fachserie 10, Reihe 1, Wiesbaden 1999/2000

Statistisches Bundesamt (Hrsg.): Rechtspflege. Gerichte und Staatsanwaltschaften. Fachserie 10, Reihe 2, Wiesbaden 1995 und 2000

Stefani, Gaston: Révision, in: Répertoire de droit pénal et de procédure pénale Dalloz, Tome VI, Paris 1969

Stefani, Gaston/ Levasseur, Georges/ Bouloc, Bernard: Droit pénal général, 17e édition, Paris 2000

Stefani, Gaston/ Levasseur, Georges/ Bouloc, Bernard: Procédure pénale, 18e édition, Paris 2001

Stein, Sibyl: Ein Meilenstein für das europäische „ne bis in idem", NJW 2003, S. 1162 ff.

Stein, Torsten: Die Auslieferungsausnahme bei politischen Delikten. Normative Grenzen, Anwendung in der Praxis und Versuch einer Neuformulierung, Berlin u. a. 1983

Stock, Ulrich: Das Ziel des Strafverfahrens, in: Engisch, Karl/ Maurach, Reinhart (Hrsg.): Festschrift für Edmund Mezger zum 70. Geburtstag, München u. a. 1954, S. 429 ff.

Stolwijk, S. A. M. : Voeging ad informandum, DD 1984, S. 519 ff.

Streinz, Rudolf: Europarecht, 5. Auflage, Heidelberg 2001

Strijards, G. A. M. : De internationale erkenning van strafgewijsden, in: Naar eer en geweten. Liber amicorum J. Remmelink, Arnhem 1987, S. 587 ff.

Strijards, G. A. M. : Revisie. Inbreuken en executiegeschillen betreffende het strafgewijsde, Arnhem 1989

Strijards, G. A. M. : Hoofdstukken van materieel strafrecht, Utrecht 1992

Stuckenberg, Carl-Friedrich: Untersuchungen zur Unschuldsvermutung, Berlin u. a. 1997

Swart, A. H. J. : The Netherlands, in: van den Wyngaert, Christine van den et al. (Hrsg.): Criminal procedure systems in the European Community, London u. a. 1993, S. 279 ff.

Systematischer Kommentar zur Strafprozeßordnung und zum Gerichtsverfassungsgesetz: Rudolphi, Hans-Joachim (Hrsg.), Neuwied u. a. 1986/87 (zit. : SK-*Bearbeiter*: StPO)

Tabory, Mala: Multilingualism in International Law and Institutions, Alphen aan den Rijn u. a. 1980

Tak, Peter J. P. : Einige Aspekte des Opportunitätsprinzips bei der Strafverfolgung nach niederländischem Strafprozeßrecht, ZStW 1972, S. 220 ff.

Tak, Peter J. P. : Voorstellen rond de voeging ad informandum, DD 1978, S. 79 ff.

Tak, Peter J. P. : The legal scope of non-prosecution in Europe, Helsinki 1986

Tak, Peter J. P. : The Dutch Criminal Justice System. Organisation and Operation, Den Haag 1999

Tak, Peter J. P. : The Netherlands, in: Van der Beken, Tom/ Kilchling, Michael (Hrsg.): The Role of the Public Prosecutor in the European Criminal Justice Systems, 2-3 December 1999, S. 125 ff.

Tak, Peter J. P. : Das Ermittlungsverfahren in den Niederlanden, ZStW 2000, S. 170 ff.

Tak, Peter J. P. : Opportuniteitsbeginsel en minimumstraf. Problemen bij harmonisering binnen het Europese strafrecht?, DD 2002, S. 356 ff.

Taschner, Hans Claudius: Schengen, Baden-Baden 1997

Terré, François: Introduction générale au droit, 3e édition, Paris 1996

Theobald, Sven: Barrieren im strafrechtlichen Wiederaufnahmeverfahren. Die Wiederaufnahme wegen neuer Tatsachen oder Beweismittel zugunsten des Verurteilten, Berlin u. a. 1998

Thiry, Roger: Précis d'Instruction Criminelle en Droit Luxembourgeois, Luxembourg (Volume I – 1971; Volume II – Mise à jour et complément – 1984)

Thomas, Herbert: Das Recht auf Einmaligkeit der Strafverfolgung. Vom nationalen zum internationalen ne bis in idem, Baden-Baden 2002

Tiedemann, Klaus: Entwicklungstendenzen der strafprozessualen Rechtskraftlehre, Tübingen 1969

Többens, Hans W. : Der Freibeweis und die Prozeßvoraussetzungen im Strafprozeß, Freiburg im Breisgau 1979

Többens, Hans W. : Der Freibeweis und die Prozeßvoraussetzungen im Strafprozeß, NStZ 1982, S. 184 ff.

Tonini, Paolo: Manuale di Procedura Penale, 2. Auflage, Milano 2000

Trepper, Thomas: Zur Rechtskraft strafprozessualer Beschlüsse, Frankfurt am Main u. a. 1996

Tröndle, Herbert/ Fischer, Thomas: Strafgesetzbuch und Nebengesetze, 51. Auflage, München 2003

Tulkens, Françoise: La justice négociée, in: Delmas-Marty, Mireille (Hrsg.): Procédures pénales d´Europe (Allemagne, Angleterre et pays de Galles, Belgique, France, Italie), Paris 1995, S. 551 ff.

Unger, Jens-Peter/ Hajda, Uwe: Strafverfahren in den Niederlanden, der Bundesrepublik Deutschland und der Deutschen Demokratischen Republik, Frankfurt am Main 1995

Valkenburg, W. E. C. A. : Beklagprocedures, in: Groenhuijsen, M. S et al. (Hrsg.): Ontneming van voordeel in het strafrecht. De nieuwe wetgeving in theorie en praktijk, Deventer 1997, S. 217 ff.

Valticos, Nicolas: L´autorité de la chose jugée au criminel sur le civil, Paris 1953

Van Dale: Groot woordenboek Nederlands – Duits, Utrecht/Antwerpen 1986

Vander Beken, Tom/ Vermeulen, Gert/ Lagodny, Otto: Kriterien für die jeweils „beste" Strafgewalt in Europa. Zur Lösung von Strafgewaltskonflikten jenseits eines transnationalen Ne-bis-in-idem, NStZ 2002, S. 624 ff.

Vattel, Emer de: Le droit des gens ou principes des la loi naturelle, Buch II (1758), Tübingen 1959 (dt. Übersetzung)

Veen, Th. W. van: Anmerkung zu HR vom 13. 02. 1979, NJ 1979, Nr. 243, NJ 1979, S. 732 ff.

Ven, J. J. M. van der: De „herziening" van rechterlijke gewijsden in het Nederlandse procesrecht, Themis 1937, S. 271 ff.

Vennix, R. M. : Herziening ten nadele van de verdachte?, DD 2001, S. 711 ff.

Verdross, Alfred/ Simma, Bruno: Universelles Völkerrecht, 3. Auflage, Berlin 1984

Vergé, Emmanuel/ Hamel, Joseph (Hrsg.) : Chose jugée, in: Nouveau répertoire de droit Dalloz, Tome I, 2e édition, Paris 1962

Vernimmen, Gisèle: A propos de la reconnaissance mutuelle des décisions sentencielles en général, in: Kerchove, Gilles de/ Weyembergh, Anne (Hrsg.): La reconnaissance mutuelle des décisions judiciaires pénales dans l´Union européenne, Bruxelles 2001, S. 147 ff.

Viala, Albert/ Amadio, Mario: La protection du contribuable, Fiscalité – Douanes, Transactions Fiscales et Douanières, Versailles 1978

Villiers, Michel de/ Renoux, Thierry S. : Code Constitutionnel 2001, 2e édition, Paris 2000

Vincent, Louis: Jugement, In: Répertoire de droit pénal et de procédure pénale Dalloz, Tome IV, Paris 1969

Vitu, André: Crimes et délits contre la chose publique, RSC 1980, S. 123 ff.

Vitu, André: Die Grundzüge des französischen Strafverfahrens, in: Jung, Heike (Hrsg.): Der Strafprozeß im Spiegel ausländischer Verfahrensordnungen (Frankreich, Österreich, Schweiz, UdSSR, USA), Berlin u. a. 1990, S. 7 ff.

Vogel, Joachim: Juristische Methodik, Berlin u. a. 1998

Vogler, Theo: Die Rechtskraft des Strafbefehls. Ein Rechtskraftproblem, Karlsruhe 1959

Volff, Jean: Un coup pour rien! L´injonction pénale et le Conseil constitutionnel, D. 1995, Chron., S. 201 ff.

Volk, Klaus: Prozeßvoraussetzungen im Strafrecht, Ebelsbach 1978

Volk, Klaus: Wahrheit und materielles Recht im Strafprozeß, Konstanz 1980

Volk, Klaus: Entkriminalisierung durch Strafwürdigkeitskriterien jenseits des Deliktsaufbaus, ZStW 1985, S. 871 ff.

Volk, Klaus: Diverse Wahrheiten, in: Eser, Albin et al. (Hrsg.): Straf- und Strafverfahrensrecht, Recht und Verkehr, Recht und Medizin. Festschrift für Hannskarl Salger zum Abschied aus dem Amt als Vizepräsident des Bundesgerichtshofes, Köln u. a. 1995, S. 411 ff.

Volk, Klaus: Strafprozeßrecht, 3. Auflage, München 2002

Vries-Leemans, M. J. H. J. de: Voordeelsontneming buiten geding, in: Groenhuijsen, M. S. et al. (Hrsg.): Ontneming van voordeel in het strafrecht. De nieuwe wetgeving in theorie en praktijk, Deventer 1997, S. 195 ff.

Wagner, Eckart: The integration of Schengen into the framework of the European Union, LIEI 1998/2, S. 1 ff.

Waldock, Humphrey: Third Report on the Law of Treaties. Document A/CN.4/167 and Add. 1-3, 1964, YBILC 1964 II, S. 5 ff.

Waldock, Humphrey: Sixth Report on the Law of Treaties. Document A/CN.4/186 and Add. 1-7, 1966, YBILC 1966 II, S. 51 ff.

Walter, Tonio: Entwurf einer Richtlinie zur sprachlichen Gestaltung europarechtlicher Texte, NJW 2004, S. 582 ff.

Wank, Rolf: Die Auslegung von Gesetzen. Eine Einführung, Köln u. a. 1997

Wasserburg, Klaus: Die Wiederaufnahme des Strafverfahrens, Stuttgart u. a. 1983

Weber, Dieter: Die zwischenstaatlichen und innerstaatlichen Voraussetzungen des Gegenseitigkeitsprinzips im Europäischen Auslieferungsübereinkommen vom 13. 12. 1957, Freiburg im Breisgau 1962

Weber, Hellmuth von: Die strafrechtliche Bedeutung der europäischen Menschenrechtskonvention, ZStW 1953, S. 334 ff.

Weber-Klatt, Karin: Die Wiederaufnahme von Verfahren zu Ungunsten des Angeklagten, Frankfurt am Main u. a. 1997

Weigend, Thomas: Abgesprochene Gerechtigkeit. Effizienz durch Kooperation im Strafverfahren?, JZ 1990, S. 774 ff.

Weigend, Thomas: Absprachen in ausländischen Strafverfahren. Eine rechtsvergleichende Untersuchung zu konsensualen Elementen im Strafprozeß, Freiburg im Breisgau 1990

Weigend, Thomas: Die Reform des Strafverfahrens. Europäische und deutsche Tendenzen und Probleme, ZStW 1992, S. 486 ff.

Weigend, Thomas: Das „Opportunitätsprinzip" zwischen Einzelfallgerechtigkeit und Systemeffizienz, ZStW 1997, S. 103 ff.

Weir, Tony: Die Sprachen des europäischen Rechts. Eine skeptische Betrachtung, ZEuP 1995, S. 368 ff.

Westermann, Harry/ Lepsien, Wolfgang: Die sogenannten Auslaufmandate nach dem Aktiengesetz 1965. Zugleich einige Bemerkungen zur Auslegungsmethode, NJW 1965, S. 430 ff.

Wetzel, Ralf Günter/ Rauschning, Dietrich: Die Wiener Vertragsrechtskonvention. Materialien zur Entstehung der einzelnen Vorschriften, Frankfurt am Main 1978

Wilde, de L./ Hellin, L. : Strafrecht 2000, bijgewerkt bis 01. 01. 2000, Antwerpen 2000

Willems, A. : Afdoening van strafzaken ad informandum bij vreemdlingen, Advbl. 1981, S. 283 ff.

Wimmer, Rainer: Bemerkungen zum Exposé von Christensen/ Jeand'Heur, in: Müller, Friedrich (Hrsg.): Untersuchungen zur Rechtslinguistik. Interdisziplinäre Studien zu praktischer Semantik und Strukturierender Rechtslehre in Grundfragen der juristischen Methodik, Berlin 1989, S. 13 ff.

Winkler, Rolf: Die Rechtsnatur der Geldbuße im Wettbewerbsrecht der Europäischen Wirtschaftsgemeinschaft. Ein Beitrag zum Wirtschaftsstrafrecht der Europäischen Gemeinschaften, Tübingen 1971

Wittop Koning, J. P. : Enkele opmerkingen bij art. 12 W.v.Sv., DD 1972, S. 280 ff.

Wolffers, Artur: Logische Grundformen der juristischen Interpretation, Bern u. a. 1971

Wolfrum, Rüdiger: Rechtswissenschaftliches Gutachten zu der Frage, ob der Grundsatz „ne bis in idem" nach Titel III, Kapitel 3 des Übereinkommens zur Durchführung des Übereinkommens von Schengen ein Strafverfolgungshindernis darstellt, Heidelberg, 15. 02. 1995 (unveröffentlicht)

Wolfrum, Rüdiger: Zusätzliches Rechtsgutachten zu der Auslegung des Grundsatzes „ne bis in idem" gemäß Titel III, Kapitel 3 des Übereinkommens zur Durchführung des Übereinkommens von Schengen, Heidelberg, 19. 02. 1996 (unveröffentlicht)

Wolter, Jürgen: Tatidentität und Tatumgestaltung im Strafprozeß. Zur Begründung eines normativfunktionalen Tatbegriffs, GA 1986, S. 143 ff.

Wöretshofer, J. : Ne bis in idem, samenloop en wetsconcursus, in: Hendriks, L. E. M. et al. (Hrsg.): Hoofdstukken Strafprocesrecht, 5. druk, Deventer 1999, S. 335 ff.

Wróblewski, Jerzy: The Relativity of Judicial Concepts, ÖZÖR 1959/60, S. 269 ff.

Würtenberger, Thomas: Rechtsfriede und Strafrecht, in: Baumann, Jürgen/ Tiedemann, Klaus (Hrsg.): Einheit und Vielfalt des Strafrechts. Festschrift für Karl Peters zum 70. Geburtstag, Tübingen 1974, S. 209 ff.

Würz, Karl: Das Schengener Durchführungsübereinkommen. Einführung. Erläuterungen. Vorschriften, Stuttgart u. a. 1997

Wyngaert, Christine van den et al. (Hrsg.) : Criminal procedure systems in the European Community, London u. a. 1993

Wyngaert, Christine van den: Belgium, in: dies. et al. (Hrsg.): Criminal procedure systems in the European Community, London u. a. 1993, S. 1 ff.

Wyngaert, Christine van den: Anmerkung zu BGH vom 13. 05. 1997, NStZ 1998, S. 149 ff., NStZ 1998, S. 153

Wyngaert, Christine van den: The transformations of international criminal law in response to the challenge of organized crime, RIDP 1999, S. 133 ff.

Wyngaert, Christine van den/ Stessens, Guy: The international *non bis in idem* principle: Resolving some of the unanswered questions, ICLQ 1999, S. 779 ff.

Yasseen, Mustafa Kamil: L´interprétation des traités d´après la Convention de Vienne sur le droit des traités, Rec. des Cours 1976 III, S. 1 ff.

Zaczyk, Rainer: Bindungswirkungen eines rechtskräftigen Strafurteils für das materielle Strafrecht, GA 1988, S. 356 ff.

Zemanek, Karl: Was kann die Vergleichung staatlichen öffentlichen Rechts für das Recht der internationalen Organisationen leisten?, ZaöRV 1964, S. 453 ff.

Ziemba, Hartmut: Die Wiederaufnahme des Verfahrens zuungunsten des Freigesprochenen oder Verurteilten (§§ 362 ff. StPO), Marburg 1974

Zimmermann, Horst: Rechtsanwendung als Rechtsfortbildung. Untersuchungen zu einem „hermeneutischen" Problem, Frankfurt am Main u. a. 1977

Zippelius, Reinhold: Juristische Methodenlehre. Eine Einführung, 6. Auflage, München 1994

Zippelius, Reinhold: Das Wesen des Rechts. Eine Einführung in die Rechtsphilosophie, 5. Auflage, München 1997

Zitelmann, Ernst: Aufgaben und Bedeutung der Rechtsvergleichung, Deutsche Juristen-Zeitung V (1900), S. 329 ff., abgedruckt in: Zweigert, Konrad/ Puttfarken, Hans-Jürgen (Hrsg.): Rechtsvergleichung, Darmstadt 1978, S. 11 ff.

Zollinger, Louis: L´intime conviction du juge, in: Léauté, Jacques (Hrsg.): L´innocence, Paris 1977, S. 33 ff.

Zuleeg, Manfred: Die Auslegung des Europäischen Gemeinschaftsrechts, EuR 1969, S. 97 ff.

Zweigert, Konrad: Rechtsvergleichung als universale Interpretationsmethode, RabelsZ 1949/50, S. 5 ff.

Zweigert, Konrad: Die Rechtsvergleichung im Dienste der europäischen Rechtsvereinheitlichung, RabelsZ 1951, S. 387 ff.

Zweigert, Konrad: Der Einfluß des Europäischen Gemeinschaftsrechts auf die Rechtsordnungen der Mitgliedstaaten, RabelsZ 1964, S. 601 ff.

Zweigert, Konrad/ Kötz, Hein: Einführung in die Rechtsvergleichung auf dem Gebiete des Privatrechts, 3. Auflage, Tübingen 1996

Internationales und Europäisches Strafverfahrensrecht

Herausgegeben von Hans-Heiner Kühne und Robert Esser

Band 1 Sibyl Stein: Zum europäischen *ne bis in idem* nach Artikel 54 des Schengener Durchführungsübereinkommens. Zugleich ein Beitrag zur rechtsvergleichenden Auslegung zwischenstaatlich geltender Vorschriften. 2004.

www.peterlang.de

FSC
www.fsc.org
MIX
Papier | Fördert
gute Waldnutzung
FSC® C083411

Kolibri 360 GmbH
Ferdinand-Jühlke-Straße 7
99095 Erfurt, Deutschland
produktsicherheit@kolibri360.de

Druck:
CPI Druckdienstleistungen GmbH
im Auftrag der
Kolibri 360 GmbH
Ferdinand-Jühlke-Str. 7
99095 Erfurt